Feminist and Critical Political Economy

Herausgegeben von

Prof. Dr. Brigitte Young, Universität Münster

Prof. Dr. Uta Ruppert, Johann Wolfgang Goethe-Universität Frankfurt am Main

Band 4

Daniela Gottschlich

Kommende Nachhaltigkeit

Nachhaltige Entwicklung aus
kritisch-emanzipatorischer Perspektive

Die Arbeit wurde mit dem Christiane Busch-Lüty Förderpreis der Vereinigung Ökologische Ökonomie ausgezeichnet.

Die Deutsche Nationalbibliothek verzeichnet diese Publikation in der Deutschen Nationalbibliografie; detaillierte bibliografische Daten sind im Internet über http://dnb.d-nb.de abrufbar.

Zugl.: Osnabrück, Univ., Diss., 2013
Diese Veröffentlichung ist die leicht modifizierte Fassung der Dissertation „Kommende Nachhaltigkeit. Bausteine für ein kritisch-emanzipatorisches Konzept nachhaltiger Entwicklung aus feministischer, diskurstheoretischer Perspektive", die am Fachbereich Sozialwissenschaften der Universität Osnabrück angenommen wurde.

ISBN 978-3-8487-1675-3 (Print)
ISBN 978-3-8452-5730-3 (ePDF)

1. Auflage 2017
© Nomos Verlagsgesellschaft, Baden-Baden 2017. Gedruckt in Deutschland. Alle Rechte, auch die des Nachdrucks von Auszügen, der fotomechanischen Wiedergabe und der Übersetzung, vorbehalten. Gedruckt auf alterungsbeständigem Papier.

Danksagung

„Hauptweg und Nebenwege" – so heißt ein buntstrahlendes Gemälde von Paul Klee, das 1929 nach seiner Rückkehr aus Ägypten entstand. Links und rechts des gradlinigen Hauptweges verlaufen die verschlungenen und ungeordneten Nebenwege, die manchmal im Nichts zu enden scheinen, bisweilen aber auch bis zu jenem Horizont führen, auf den auch der Hauptweg als Ziel zuläuft.

Die Arbeit an meiner Dissertation gleicht einer Reise, die mich nie nur entlang des Hauptweges führte. Dies hat sich auch nach meiner Disputation am Fachbereich Sozialwissenschaften an der Universität Osnabrück nicht geändert: Vertretungsprofessuren und andere, zeitintensive Forschungsprojekte und das damit verbundene nomadische Wissenschaftsleben haben die Veröffentlichung des Manuskriptes verzögert. Die Reise wurde also erneut auf Nebenwegen fortgesetzt. Dass ich schließlich doch glücklich am Ziel angekommen bin, hat mit vielen Menschen zu tun, die mich auf dem Weg begleitet, inspiriert und ermutigt haben. Ihnen allen gilt mein tief empfundener Dank.

Meinen herzlichsten Dank möchte ich den Betreuer_innen meiner Arbeit aussprechen. Mohssen Massarrat hat mir bereits während meines Studiums die Wege transformativer Wissenschaft eröffnet und mich auf meinem Weg in die Nachhaltigkeitsforschung unterstützt und gefördert. Ich danke ihm sehr herzlich für seine Begleitung in all den Jahren gemeinsamen Diskutierens und für die hervorragenden Arbeitsbedingungen am Fachbereich Sozialwissenschaften der Universität Osnabrück. Adelheid Biesecker hat mich auf allen, bisweilen verschlungenen, theoretischen und methodischen Pfaden der Dissertation begleitet. Ihr wissenschaftlicher Rat war ein unverzichtbarer Kompass, ihr emotionaler Zuspruch gerade für die mühevolleren Etappen dieser Reise wichtige Stärkung. Für diese wertvolle Mischung (vor)sorgender Betreuung meiner Arbeit danke ich ihr sehr herzlich.

Dafür, dass ich meine Reise starten konnte, danke ich der Heinrich-Böll-Stiftung, die mir ein Promotionsstipendium gewährte. Dass ich mein Ziel erreicht habe, verdanke ich nicht zuletzt dem konstruktiven Arbeitsumfeld der Forschungsnachwuchsgruppe „PoNa – Politiken der Naturgestaltung" im Fach Umweltplanung an der Fakultät Nachhaltigkeit der Leuphana Universität Lüneburg mit all den wunderbaren Kolleg_innen dort.

Für wissenschaftliche Inspiration und Austausch auf verschiedenen Wegstrecken danke ich ferner Susanne Dölle, Michael Eisele, Nora Fuhrmann, Katja Gehne, Friederike Habermann, Dieter Kinkelbur, Lena Partzsch, meinen Kolleginnen aus der AG Frauen im Forum Umwelt & Entwicklung, vom Netzwerk Vorsorgendes Wirtschaften und von *genanet* – Leitstelle für Gender, Umwelt und

Nachhaltigkeit sowie den Lokale-Agenda 21-Weggefährtinnen aus Osnabrück, Münster und der niederländischen Euregio-Region.

Ein ganz besonderer Dank geht an Naif Bezwan, Nina Katz und Tanja Mölders, die Teile der Arbeit gelesen und klug kommentiert haben und die mir intellektuelle und emotionale Gefährt_innen in all den Jahren waren.

Einen ganz herzlichen Dank an Finn Roth für die Unterstützung bei der Erstellung der Bibliographie.

Für das sorgfältige Lektorat danke ich Petra Schilling und Alexander Schölch.

Dem Nomos-Verlag gilt mein Dank, dass er das Buchmanuskript für mich layoutet hat. Für die kompetente und geduldige Begleitung vom Vertragsabschluss bis zur Manuskripteinreichung danke ich Beate Bernstein und Doris Hirsch und für die freundliche Aufnahme in die Reihe „Feminist and Critical Political Economy" Brigitte Young und Uta Ruppert.

Für die finanzielle Unterstützung des Drucks meiner Dissertation danke ich ganz herzlich den Jury-Mitgliedern der Vereinigung für Ökologische Ökonomie, die meine Dissertation für würdig gehalten haben, den Christiane Busch-Lüty Förderpreis verliehen zu bekommen. Mein besonderer Dank gilt den Stifter_innen dieses Preises, die es damit möglich gemacht haben, dass ich einen Preis bekomme, der in Gedenken an eine Wissenschaftlerin vergeben wird, die Nachhaltigkeit als integratives Lebensprinzip verstanden hat und die es für unverzichtbar gehalten hat, „der Substanz dieses Begriffs – gerade angesichts seiner globalen Blitzkarriere – immer wieder nachzuspüren und sie neu zu justieren" (Busch-Lüty 2004: 129).

Allen Freund_innen danke ich sowohl für ihr Interesse als auch für das gelegentlich bewusste Desinteresse an meiner Arbeit und für den wohlwollenden Umgang mit meiner ständigen Zeitknappheit.

Die rückhaltlose Unterstützung meiner großen Familie, vor allem meiner Eltern, Christel und Peter Gottschlich, meiner Geschwister sowie Margret Fänger und Klaus-Dieter Goldmann kann ich gar nicht genug würdigen. Ganz herzlichen Dank!

Mein größter Dank gilt meinem Mann, Boris Jarecki, der sich mit mir auf den Weg gemacht hat, mit Musik, Geschichten und Filmen im Gepäck, der meine Bücherlogistik unterstützt und die Bibliographie miterstellt hat, der die gesamte Arbeit Korrektur gelesen hat und der dabei nicht müde wurde zu betonen, dass gutes Leben nicht nur ein theoretisches Konstrukt ist.

Inhaltsverzeichnis

Tabellenverzeichnis	13
Abkürzungsverzeichnis	15
Teil A: Nachhaltigkeit neu denken	21
1. Einleitung: nachhaltige Entwicklung als Leerformel?	21
2 Theoretische Orientierungen	23
2.1 Nachhaltigkeit als Diskurs begreifen	23
2.2 Prämissen transparent machen	32
2.3 Diskursstränge verknüpfen	41
3. Forschungsziele und eigenes Nachhaltigkeitsverständnis	47
4. Forschungszugang, Methode und Aufbau der Arbeit	51
Teil B: Diskursfeld nachhaltige Entwicklung	69
Diskursstrang B.I: Nachhaltigkeit als politisch-institutioneller Diskurs – Analyse politischer Nachhaltigkeitsdokumente	69
1. Der Brundtland-Bericht „Unsere gemeinsame Zukunft" von 1987	71
1.1 Historischer und politischer Kontext	71
1.2 Ökonomieverständnis	73
1.3 Politikverständnis	82
1.4 Gerechtigkeitsverständnis	88
2. Die UN-Konferenz für Umwelt und Entwicklung von 1992: die Rio-Deklaration und die Agenda 21	95

2.1	Historischer und politischer Kontext		95
2.2	Ökonomieverständnis		99
2.3	Politikverständnis		105
2.4	Gerechtigkeitsverständnis		111

3. Die europäischen Nachhaltigkeitsstrategien von 2001 und 2006 119
   3.1 Historischer und politischer Kontext 119
       3.1.1 Die europäische Nachhaltigkeitsstrategie 2001 121
       3.1.2 Zum Verhältnis zwischen der Lissabon-Strategie (2000) und der Göteborger Nachhaltigkeitsstrategie (2001) 123
       3.1.3 Die erneuerte europäische Nachhaltigkeitsstrategie von 2006 124
   3.2 Ökonomieverständnis 125
   3.3 Politikverständnis 135
   3.4 Gerechtigkeitsverständnis 139

4. Die nationale Nachhaltigkeitsstrategie „Perspektiven für Deutschland" von 2002 143
   4.1 Historischer und politischer Kontext 143
       4.1.1 Entwicklung des politisch-institutionellen Diskurses um Nachhaltigkeit in Deutschland in den 1990er-Jahren 143
       4.1.2 Entstehungszusammenhang der deutschen Nachhaltigkeitsstrategie und die Rolle des Nachhaltigkeitsrates 144
       4.1.3 Kernelemente der deutschen Nachhaltigkeitsstrategie 146
   4.2 Ökonomieverständnis 147
   4.3 Politikverständnis 155
   4.4 Gerechtigkeitsverständnis 158

5. Der Weltgipfel für nachhaltige Entwicklung von 2002: die Johannesburg-Deklaration und der Plan of Implementation 163
   5.1 Historischer und politischer Kontext 163
   5.2 Ökonomieverständnis 165
   5.3 Politikverständnis 175
   5.4 Gerechtigkeitsverständnis 180

6. Zwischenfazit I 188
   6.1 Kontinuitäten, diskursive Veränderungen, Widersprüche 188
       6.1.1 ... in den Ökonomieverständnissen 188
       6.1.2 ... in den Politikverständnissen 190
       6.1.3 ... in den Gerechtigkeitsverständnissen 192

6.2 Bausteine für ein kritisch-emanzipatorisches Konzept
nachhaltiger Entwicklung aus dem politisch-institutionellen
Diskursstrang 193
    6.2.1 Neues Ökonomie- und Arbeitsverständnis 193
    6.2.2 Partizipation und innovatives politisches Potenzial 194
    6.2.3 Vorsorgeprinzip 195
    6.2.4 Menschenrechte und kosmopolitische Demokratie 196

Diskursstrang B.II: Diskursinterventionen – skeptische und
ablehnende Stimmen im deutschen Diskurs um nachhaltige
Entwicklung 198

1. Kritik am herrschenden Nachhaltigkeitsdiskurs aus den Bereichen
Internationalismus-Bewegung und postmoderne Wissenschaft 199
   1.1 Bundeskoordination Internationalismus (BUKO) 200
      1.1.1 Zum Hintergrund der BUKO 200
      1.1.2 Hauptkritikpunkte der BUKO am Konzept nachhaltiger
Entwicklung 202
   1.2 Johannes Dingler 207
      1.2.1 Postmoderne Theorie als Basis für
Nachhaltigkeitsforschung 207
      1.2.2 Kritik am hegemonialen Konzept nachhaltiger
Entwicklung als Ausdruck ökologischer Modernisierung .. 208

2. Alternative Perspektiven für sozial-ökologische Transformationen 213
   2.1 BUKO: Abwicklung des Nordens 214
   2.2 Joachim Hirsch: Radikaler Reformismus 218
   2.3 Ulrich Brand: Gegen-Hegemonie 220

3. Zwischenfazit II 226
   3.1 Zur Kritik der Kritik 227
   3.2 Gemeinsamkeiten und Unterschiede 228
      3.2.1 Facetten von Herrschaftskritik: Kapitalismuskritik,
Staatskritik und Skepsis gegenüber
Kooperationsmodellen 228
      3.2.2 Ablehnung des hegemonialen, des herrschenden oder des
gesamten Diskurses? 235
   3.3 Bausteine für ein kritisch-emanzipatorisches Konzept
nachhaltiger Entwicklung aus dem diskursinterventionistischen
Diskursstrang 236
      3.3.1 Widerstand und Gegenmacht durch Selbstorganisation .. 236

3.3.2 Materialistische Fundierung der Menschenrechte 237

Diskursstrang B.III: Diskurs um Nachhaltigkeit und Gender – feministische Kritiken und Alternativen 239

1. Spurensuche: (inter)nationale feministische Diskurse zu Umwelt und Entwicklung 242
   1.1 Entstehungshintergründe und Entwicklung der Genderdimension im deutschen Nachhaltigkeitsdiskurs 242
   1.2 Der Bielefelder Subsistenzansatz 250

2. Vorsorgendes Wirtschaften: Netzwerk und theoretisches Konzept 256
   2.1 Genese und politischer Kontext 256
   2.2 Ökonomieverständnis 258
   2.3 Politikverständnis 263
   2.4 Gerechtigkeitsverständnis 270

3. Frauenökonomie 275
   3.1 Genese und theoretischer Kontext 275
   3.2 Ökonomieverständnis 278
   3.3 Politikverständnis 282
   3.4 Gerechtigkeitsverständnis 286

4. Sustainable Livelihoods als Grundlage nachhaltiger Entwicklung: der DAWN-Ansatz 290
   4.1 Genese und politischer Kontext 290
   4.2 Ökonomieverständnis 292
   4.3 Politikverständnis 298
   4.4 Gerechtigkeitsverständnis 309

5. Zwischenfazit III 317
   5.1 Gemeinsamkeiten und Unterschiede 318
       5.1.1 ... in den Ökonomieverständnissen 318
       5.1.2 ... in den Politikverständnissen 319
       5.1.3 ... in den Gerechtigkeitsverständnissen 321
   5.2 Diskursive Besonderheit: die Rezeption des Sustainable-Livelihoods-Ansatzes 322
   5.3 Bausteine für ein kritisch-emanzipatorisches Konzept nachhaltiger Entwicklung aus dem feministischen Diskursstrang .. 325
       5.3.1 Das Ganze der Ökonomie 325
       5.3.2 Neue politische Partizipationskultur 326

5.3.3 Erweiterungen von Gerechtigkeit: Ethik der Für_Sorge und Ökologische Gerechtigkeit 327

Diskursstrang B.IV: Integrative Nachhaltigkeitsansätze – mehr als nur ökologische Modernisierung 329

1. Das integrative Nachhaltigkeitskonzept der Helmholtz-Gemeinschaft (HGF) 331
   1.1 Entstehungskontext und Grundzüge des HGF-Konzepts 331
   1.2 Ökonomieverständnis 334
   1.3 Politikverständnis 343
   1.4 Gerechtigkeitsverständnis 349

2. Die Greifswalder Theorie starker Nachhaltigkeit von Konrad Ott und Ralf Döring 358
   2.1 Entstehungskontext und Grundzüge der Theorie starker Nachhaltigkeit 358
   2.2 Ökonomieverständnis 361
   2.3 Politikverständnis 369
   2.4 Gerechtigkeitsverständnis 377

3. Der Osnabrücker Ansatz von Mohssen Massarrat: Nachhaltigkeit als revolutionäre Reform 383
   3.1 Entstehungskontext und Grundzüge des Ansatzes von Massarrat .. 383
   3.2 Ökonomieverständnis 385
   3.3 Politikverständnis 392
   3.4 Gerechtigkeitsverständnis 399

4. Das Institut für sozial-ökologische Forschung (ISOE): Soziale Ökologie und das Konzept der gesellschaftlichen Naturverhältnisse ... 405
   4.1 Entstehungskontext und Grundzüge der Sozialen Ökologie als Wissenschaft von den gesellschaftlichen Naturverhältnissen 405
   4.2 Ökonomieverständnis 407
   4.3 Politikverständnis 416
   4.4 Gerechtigkeitsverständnis 423

5. Zwischenfazit IV 427
   5.1. Gemeinsamkeiten und Unterschiede 427
      5.1.1 ... in den Ökonomieverständnissen 427
      5.1.2 ... in den Politikverständnissen 428
      5.1.3 ... in den Gerechtigkeitsverständnissen 429

5.2 Bausteine für ein kritisch-emanzipatorisches Konzept
nachhaltiger Entwicklung aus dem integrativen Diskurs 432
    5.2.1 Neugestaltung der Arbeit 432
    5.2.2 Demokratisierung und Politisierung 432
    5.2.3 Intra- und intergenerative Gerechtigkeit als permanent
          ausgleichende Gerechtigkeit 433

Teil C: Nachhaltigkeit, quo vadis? 435

1. Die UN-Konferenz für nachhaltige Entwicklung von 2012:
„The future we want" 435
    1.1 Historischer und politischer Kontext 435
    1.2 Ökonomieverständnis 438
    1.3 Politikverständnis 446
    1.4 Gerechtigkeitsverständnis 448

2. Diskursverläufe 455
    2.1 ... in den Ökonomieverständnissen 455
    2.2 ... in den Politikverständnissen 457
    2.3 ... in den Gerechtigkeitsverständnissen 460

3. Kommende Nachhaltigkeit 463
    3.1 Kommende Nachhaltigkeit als Reflexionspostulat und
        Mehrfachstrategie 463
    3.2 Bausteine für ein kritisch-emanzipatorisches Konzept
        nachhaltiger Entwicklung 466
        3.2.1 Das Ökonomische neu denken: für eine erhaltende
            Gestaltung gesellschaftlicher Naturverhältnisse 466
        3.2.2 Das Politische neu denken: für eine demokratische
            Gestaltung gesellschaftlicher Naturverhältnisse 483
        3.2.3 Gerechtigkeit neu denken: für eine gerechte und
            für_sorgende Gestaltung gesellschaftlicher
            Naturverhältnisse 490

Bibliographie 503

Internetquellen ohne Autor_innenangabe 575

Tabellenverzeichnis

Tabelle 1: Analyseheuristik für das Diskursfeld nachhaltige
Entwicklung 54

Tabelle 2: Meilensteine für Nachhaltigkeit in Europa 120

Tabelle 3: System von Nachhaltigkeitsregeln des HGF-Ansatzes 333

Tabelle 4: Greifswalder Ansatz starker Nachhaltigkeit 360

Tabelle 5: Quellen, Formen und Funktionen der Macht nach Massarrat 393

Abkürzungsverzeichnis

AIS	Fraunhofer-Institut für Autonome Intelligente Systeme
BAG-SHI	Bundesarbeitsgemeinschaft der Sozialhilfe-, Erwerbslosen- und JoberInneninitiativen
BDKJ	Bundesvorstand des Bundes der Deutschen Katholischen Jugend
BMBF	Bundesministerium für Bildung und Forschung
BMFSFJ	Bundesministerium für Familie, Senioren, Frauen und Jugend
BMBau	Bundesministerium für Raumordnung, Bauwesen und Städtebau
BMW	Bayrische Motoren Werke
BMU	Bundesministerium für Umwelt, Naturschutz und Reaktorsicherheit
BMZ	Bundesministerium für wirtschaftliche Zusammenarbeit und Entwicklung
BUKO	Bundeskoordination Internationalismus (zuvor von 1977 bis 2001: Bundeskongreß entwicklungspolitischer Aktionsgruppen)
BUND	Bund Umwelt und Naturschutz Deutschland
CAF	Agenda-Transfer – Agentur für Nachhaltigkeit GmbH
CEDAW	Convention on the Elimination of All Forms of Discrimination Against Women
CFS	Committee on World Food Security
CSD	Commission on Sustainable Development
DAWN	Development Alternatives with Woman for a New Era
DGVN	Deutsche Gesellschaft für die Vereinten Nationen
DIFU	Deutsches Institut für Urbanistik
DIFD	Department for International Development
DLR	Deutsches Zentrum für Luft- und Raumfahrt

ECOSOC	Economic and Social Council
EED	Evangelischer Entwicklungsdienst
EG	Europäische Gemeinschaft
EGV	Vertrag zur Gründung der Europäischen Gemeinschaft
EP	Europäisches Parlament/Europaparlament
ER	Europäischer Rat
EthNa	Forum Ethik und Nachhaltigkeit
EU	European Union/Europäische Union
EU-NaS 2006	Erneuerte europäische Nachhaltigkeitsstrategie von 2006
EWG	Europäische Wirtschaftsgemeinschaft
EZ	Entwicklungszusammenarbeit
FAO	Food and Agriculture Organization of the United Nations/ Ernährungs- und Landwirtschaftsorganisation der Vereinten Nationen
FIRST	Fraunhofer-Institute für Rechnerarchitektur und Softwaretechnik
FZJ	Forschungszentrum Jülich
FZK	Forschungszentrum Karlsruhe
GATS	General Agreement on Trade in Services
GATT	General Agreement on Tarifs and Trade
genanet	Leitstelle für Gender, Umwelt und Nachhaltigkeit
HGDÖ	Hessische Landesstiftung der Heinrich-Böll-Stiftung e.V.
HGF	Helmholtz-Gemeinschaft deutscher Forschungszentren
ICCPR	International Covenant on Civil and Political Rights/Internationale Pakt über bürgerliche und politische Rechte (Zivilpakt)
ICESCR	International Covenant on Economic, Social and Cultural Rights/Internationale Pakt über wirtschaftliche, soziale und kulturelle Rechte (Sozialpakt)
ICPD	International Conference on Population and Development
ICPQL	Independent Commission on Population and Quality of Life
IISD	International Institute for Sustainable Development
ILO	International Labour Organization

ISOE	Institut für sozial-ökologische Forschung
ITAS	Institut für Technikfolgenabschätzung und Systemanalyse
IUCN	International Union for Conservation of Nature and Natural Resources
IWF	Internationaler Währungsfond
JD	Johannesburg Declaration/ Johannesburg-Deklaration
KAB	Katholische Arbeiter-Bewegung
KOM	Europäische Kommission
LCA	Life Cycle Assessment
MDGs	Millennium Development Goals/Millenniumsentwicklungsziele
MEA	Multilaterale Umweltabkommen
MURL	Ministerium für Umwelt, Raumordnung und Landwirtschaft des Landes Nordrhein-Westfalen
MUT	Programmgruppe Mensch-Umwelt-Technik
NEDS	Forschungsnachwuchsgruppe „Nachhaltige Entwicklung zwischen Durchsatz und Symbolik" im Förderschwerpunkt Sozial-ökologische Forschung (SÖF)
NWWO	Neue Weltwirtschaftsordnung
NRW	Nordrhein-Westfalen
NGO/NRO	Nongovernmental Organisation/Nichtregierungsorganisation
OHCHR	Office of the United Nations High Commissioner for Human Rights
PoI	Johannesburg Plan of Implementation/Durchführungsplan des Weltgipfels für nachhaltige Entwicklung
PPP	Public-Private-Partnership
PRSP	Poverty Reduction Strategy Papers
PrepCom	UN-Vorbereitungskonferenz
PRAI	Principles for Responsible Agricultural Investment
REACH	Registration, Evaluation, Authorisation and Restriction of Chemicals
RNE	Rat für Nachhaltige Entwicklung Deutschland
SDG/SDGs	Sustainable Development Goal/Goals

SEF	Stiftung Entwicklung und Frieden
SERI	Sustainable Europe Research Institute
Shell AG	Shell Aktiengesellschaft
SÖF	Sozial-ökologische Forschung
SPD	Sozialdemokratische Partei Deutschlands
SRGR	Sexuelle und reproduktive Gesundheit und Rechte
SRU	Sachverständigenrat für Umweltfragen
STE	Programmgruppe Systemforschung und technologische Entwicklung
SWP	Stiftung Wissenschaft und Politik
UBA	Umweltbundesamt
UG	Umweltgutachten
UN/UNO	United Nations/United Nations Organization
UNCED	United Nations Conference on Environment and Development
UNCSD	United Nations Conference on Sustainable Development
UNCTAD	United Nations Conference on Trade and Development
UNDP	United Nations Development Programme
UNEP	United Nations Environmental Programme
UNESCO	United Nations Educational, Scientific and Cultural Organization
UNFPA	United Nations Population Fund
UNLOS	United Nations Convention on the Law of the Sea
VGR	Volkswirtschaftliche Gesamtrechnung
VN	Vereinte Nationen
VÖÖ	Vereinigung Ökologische Ökonomie
WBGU	Wissenschaftlicher Beirat der Bundesregierung Globale Umweltveränderungen
WCED	World Commission on Environment and Development
WCS	World Conservation Strategy
WECF	Women in Europe for a Common Future
WEDO	Women's Environment and Development Organization

WHO	World Health Organization
WiBIG	Wissenschaftlichen Begleitung der Interventionsprojekte gegen häusliche Gewalt
WSSD	World Summit on Sustainable Development
WTO	World Trade Organisation
WWF	World Wide Fund for Nature

Teil A: Nachhaltigkeit neu denken

„Ich habe mir vorgenommen [...], den Menschen zu zeigen, daß sie weit freier sind, als sie meinen; daß sie Dinge als wahr und evident akzeptieren, die zu einem bestimmten Zeitpunkt in der Geschichte hervorgebracht worden sind, und daß man diese sogenannte Evidenz kritisieren und zerstören kann" (Foucault 1993: 16).

„Der Ausdruck ‚kommende Demokratie' steht zweifellos für eine kämpferische und schrankenlose politische Kritik oder verlangt doch danach. Als Waffe gegen die Feinde der Demokratie erhebt sie Widerspruch gegen jede naive oder politisch mißbräuchliche Rhetorik, die als gegenwärtige oder faktisch bestehende Demokratie ausgibt, was dem demokratischen Anspruch in der Nähe oder Ferne, zu Hause oder in der Welt, unangemessen bleibt, überall dort, wo die Diskurse um Menschenrechte und Demokratie zum obszönen Alibi verkommen, wenn sie sich mit dem entsetzlichen Elend von Milliarden Sterblicher abfinden, die der Unterernährung, Krankheit und Erniedrigung preisgegeben sind, die nicht nur in erheblichem Maße Wasser und Brot, sondern auch Gleichheit und Freiheit entbehren und denen die Rechte entzogen sind, die jedem, irgendwem, zukommen (vor jeder metaphysischen Bestimmung des ‚Irgendwer' als Subjekt, menschliche Person, Bewußtsein, vor jeder rechtlichen Festlegung als Gleicher, Landsmann, Artgenosse, Bruder, Nächster, Glaubensbruder oder Mitbürger [...])" (Derrida 2006: 123).

1. Einleitung: nachhaltige Entwicklung als Leerformel?

Über nachhaltige Entwicklung[1] zu schreiben, ist – erst recht, wenn dies in kritisch emanzipatorischer Absicht geschehen soll – eine komplizierte Angelegenheit sowohl in wissenschaftlicher wie in politischer Hinsicht. „Kompliziert" (Kluge 1995: 467) ganz im etymologischen Sinn, denn es handelt sich um einen „verwickelten" (ebd.) Gegenstand, in den die unterschiedlichsten Welt-, Menschen- und Naturbilder „verflochten und ineinander gefügt" (ebd.) sind. Nachhaltige Entwicklung, das ist der Begriff der tausendundeinen möglichen Interpretationen, auf den sich die verschiedensten Akteure stürzten – nicht zuletzt auch die entwicklungs- und umweltpolitischen Bewegungen, die zunächst glaubten, mit ihm einen Weg zu einer globalen Partnerschaft für eine friedliche, gerechte und ökologisch intakte Welt gefunden zu haben. Doch der Kampf um die inhaltliche Bestimmung und Konkretisierung des Begriffs Nachhaltigkeit führte schon bald zur Ernüchterung: Während der Begriff mittlerweile seinen Platz in Parteiprogrammen und Unternehmensleitlinien erobert hat, plädieren vor allem Akteure aus den sozialen Bewegungen dafür, auf die „Leerformel" (Schmitz 1996) Nachhaltigkeit zu verzichten, mit der ihrer Meinung nach lediglich eine Stabilisierung des Kapitalismus erreicht und der neoliberale Aus- und Umbau von Gesellschaften in

---
1 Die Begriffe nachhaltige Entwicklung und Nachhaltigkeit werden in dieser Arbeit synonym verwendet.

Form von Privatisierungs-, Deregulierungs- und Liberalisierungsprozessen weltweit legitimiert und vorangetrieben werden soll.[2]

Wenn aber Nachhaltigkeit alles oder nichts heißen kann (vgl. Jüdes 1997), wenn Regierungen, die Weltbank, transnationale Konzerne wie Procter & Gamble, Bayer und Co für sich genauso beanspruchen können, nachhaltige Projekte durchzuführen, wie beispielsweise BUND, Friends of the Earth, DAWN oder lokale Solidaritätsinitiativen, ist dann eine emphatische Bezugnahme auf nachhaltige Entwicklung in kritisch-emanzipatorischer Absicht, wie ich sie mit meiner Arbeit leisten möchte, überhaupt noch möglich? Lohnt der Kampf um den „Containerbegriff" (Arts 1994: 6; kritisch Brand 1994) oder wird von dem „Wieselwort Sustainability" (Altvater 1998) nie mehr bleiben als die Hülle eines ausgesaugten Eies? Wäre es nicht besser, sich von diesem „Alleskleber" (Sachs 1997: 99) zu verabschieden?

Die Antwort, die ich in dieser Arbeit geben werde, ist eindeutig. Sie lautet: Nein. Eine Verabschiedung von diesem Begriff und vielen der Ideen, die unter diesem Dach firmieren, würde keine Verbesserung bringen. Allerdings geht es darum zu zeigen, was wie warum und von wem „zusammengeklebt" wurde und wird und welche Qualitäten und Folgen die verschiedenen „Container"-Füllungen haben, die für sich beanspruchen, diese Welt in Richtung Nachhaltigkeit zu verändern. Meine These ist, dass in den verschiedenen Strängen des Nachhaltigkeitsdiskurses – aller berechtigter Kritik und aller neoliberaler Ausdeutung der Termini im Kampf um die hegemoniale Besetzung des Diskurses zum Trotz – ein emanzipatorisches Potenzial steckt,[3] das ich mithilfe eines feministisch geprägten, diskursanalytischen Ansatzes herausarbeiten werde (siehe A.4). D. h., es ist kein neuer Begriff vonnöten, aber es braucht sehr wohl Bilanzierungen und Systematisierungen[4] des sich immer weiter ausdifferenzierenden und sich verändernden

---

2 Ich werde bei der Analyse der Positionen der Diskursinterventionist_innen in Diskursstrang B.II ausführlich auf diese Interpretation von Nachhaltigkeit eingehen. Der schillernde Begriff des Neoliberalismus wird in dieser Arbeit in Anlehnung an das Verständnis von Ralf Ptak (2008: 13ff.) verwendet: als dominante Ideologie des Kapitalismus seit dem Ende des 20. Jahrhunderts, mit der die Marktgesellschaft langfristig durchgesetzt und dauerhaft stabilisiert werden soll. Ptak weist darauf hin, dass dieses „Kernanliegen des Neoliberalismus" gerade „keine *neue* Erscheinung" (ebd.: 16; Herv. i. O.) sei, „sondern eine modernisierte und erweiterte Variante des Wirtschaftsliberalismus in der Tradition von Klassik und Neoklassik" (ebd.) darstelle. Vgl. dazu auch Fußnote 22 in dieser Arbeit.

3 Ulrich Grober (2001, 2010), der sich mit der Kulturgeschichte des Begriffs auseinandergesetzt hat, bezeichnet die Idee der Nachhaltigkeit als Weltkulturerbe: In ihr verdichteten sich jene vorsorgeorientierten Praktiken, Träume und Hoffnungen aus vielen Jahrhunderten nun zu einer Zukunftsvision der Menschheitsgeschichte.

4 Es hat relativ früh mehrere solcher Systematisierungsversuche und -vorschläge gegeben, z. B. von Arts (1994), Eblinghaus/Stickler (1996), Sachs (1997), die sich auf die Nachhaltigkeitsvorstellungen des internationalen Diskurses beziehen, sowie von Brand (1997); Brand/Jochum (2000); Tremmel (2003), die vor allem die im deutschen Nachhaltigkeitsdiskurs rezipierten Ansätze und Konzepte hinsichtlich ihrer Nachhaltigkeitsvorstellungen systematisieren. Wissenschaftlich spannend sind dabei u. a. aufscheinende Widersprüche, so z. B. die Bewertung der Studie „Zukunftsfähiges Deutschland" (BUND/Misereor 1996) durch Dingler (2003) als ein Beispiel für den nicht-hegemonialen Nachhaltigkeitsdiskurs, die Ver-

Diskursfelds,[5] die die zugrunde liegenden Prämissen der verschiedenen Ansätze nicht nur hinsichtlich des Naturverständnisses,[6] sondern auch hinsichtlich der unterschiedlichen Ökonomie-, Politik- und Gerechtigkeitsverständnisse sichtbar machen. Dafür erscheint es mir notwendig, Nachhaltigkeit in mehrfacher Hinsicht neu und weiter zu denken und dabei die Erkenntnisse der kritischen Debatten, die in den vergangenen knapp 30 Jahren über dieses Neu-, Anders- und Weiterdenken geführt worden sind, einzubeziehen.

Was ich mit dem Neudenken von Nachhaltigkeit verbinde, werde ich im Folgenden ausführen und dabei zugleich die theoretischen Orientierungen dieser Arbeit verdeutlichen und den Stand der Forschung reflektieren: Ich plädiere dafür, erstens Nachhaltigkeit als Diskurs und damit als einen Akt des Politischen zu begreifen (siehe A.2.1), zweitens die im Diskurs vorhandenen normativen Prämissen transparent zu machen (siehe A.2.2) und drittens die verschiedenen (kritischen) Diskursstränge stärker als bisher in der Forschung zu verknüpfen (siehe A.2.3). Daran anschließend werde ich die dieser Arbeit zugrunde liegenden Forschungsziele und mein Verständnis von *kommender Nachhaltigkeit* in Anlehnung an Jacques Derridas Verständnis von kommender Demokratie skizzieren (siehe A.3) und schließlich das Analyseraster und die Vorgehensweise der Untersuchung (siehe A.4) vorstellen.

2 Theoretische Orientierungen

2.1 Nachhaltigkeit als Diskurs begreifen

Diese Arbeit wird von der theoretischen Annahme geleitet, dass ein Neu- und Weiterdenken von Nachhaltigkeit ein Verständnis von Nachhaltigkeit als Diskurs braucht. In Anlehnung an Foucault (1974: 8ff.) wird hier ‚Diskurs' als Ort verstanden, in dem Machtverhältnisse wirken, Macht reproduziert, geschaffen und neu verteilt wird. Nachhaltige Entwicklung in dieser Weise als diskursiven Begriff zu fassen, heißt anzuerkennen, dass die inhaltliche Bestimmung immer diskursiv

---

treter_innen der Bundeskoordination Internationalismus (BUKO) gerade als exemplarisch für die hegemoniale Nachhaltigkeitsauffassung einordnen (vgl. Eblinghaus/Stickler 1996; Schwertfisch 1997).

5 In Anlehnung an Karl-Werner Brand (1997: 18) wird von mir der Begriff Diskursfeld synonym zum Begriff Diskurs verwendet. Der Begriff betont explizit die Bandbreite der Positionen, zwischen denen sich das weite Feld des Diskurses aufspannt.

6 Für alle Systematisierungsversuche, die in Fußnote 4 dieser Arbeit aufgeführt sind, spielen Naturverständnisse eine zentrale Rolle, die jedoch nicht mein expliziter Forschungsgegenstand sind. Da sie aber verwoben mit Ökonomie-, Politik- und Gerechtigkeitsverständnissen sind, werde ich sie an einigen Stellen bei der Analyse mitberücksichtigen. Vertiefend zu dieser Thematik vgl. exemplarisch die Arbeiten von Holland-Cunz (1994, 2014); Görg (1999, 2003); Jungkeit et al. (2002); Mölders (2010) sowie die Arbeiten der Forschungsnachwuchsgruppe „NEDS – Nachhaltige Entwicklung zwischen Durchsatz und Symbolik": Luks et al. (2003); Höhler/Luks (2004).

umkämpft sein wird. Nachhaltigkeit kann folglich nicht nur unterschiedlich, sondern sogar antagonistisch gefüllt, interpretiert und zur Verfolgung unterschiedlichster Ziele und Interessen genutzt werden – und daraus gerade auch einen Teil ihrer Attraktivität beziehen.[7] Nimmt man (insbesondere die deutsche) Forschung zu Nachhaltigkeit, die ähnlich heterogen und vielfältig wie die mannigfaltigen Interpretationen des Begriffs Nachhaltigkeit ist, in den Blick, so lässt sich als Gemeinsamkeit festhalten, dass lange vernachlässigt worden ist, dass die Analyse und das Aufzeigen von Transformationspfaden (auch) eine Analyse von Nachhaltigkeit als Diskurs(feld) erfordern, in dem bestimmte Wissens- und Machtordnungen konstituiert, reproduziert bzw. transformiert werden. Der Begriff der Transformation wird von mir emphatisch verwendet. D. h., ich erfasse mit diesem Begriff nicht den permanent stattfindenden Wandel der Gesellschaft-Natur-Beziehungen, sondern die normative Orientierung auf Nachhaltigkeit, auf Prozess-, Inhalts- und Strukturveränderungen, die es braucht, um nicht nachhaltige Zustände zu beseitigen und Gesellschaft(en) inklusive ihres Wirtschaftssystems nachhaltig umzubauen.[8]

Postmoderne Theorien wie Diskurs- und Hegemonietheorien,[9] die auf Macht- und Herrschaftsbeziehungen fokussieren und neben feministischen Theorien den theoretischen Referenzrahmen dieser Arbeit bilden, bieten Potenziale für eine Weiterentwicklung von Nachhaltigkeitsforschung, der ja nicht zuletzt vorgehalten wird, sie vernachlässige Macht- und Herrschaftsverhältnisse.[10]

---

7 Auf diesen Aspekt hat Lélé (1991) schon Anfang der 1990er-Jahre hingewiesen.
8 Vgl. zur Diskussion um den Transformationsbegriff, die sich im deutschsprachigen Raum mit der Veröffentlichung des Gutachtens „Welt im Wandel. Gesellschaftsvertrag für eine Große Transformation" des Wissenschaftlichen Beirats der Bundesregierung Globale Umweltveränderungen (WBGU 2011) intensiviert hat, z. B. Bauriedl/Wichterich (2013); Enquete-Kommission (2013) sowie Brie (2014).
9 Neben den Arbeiten von Foucault (1978, 1981, 1993); Derrida (1999, 2002, 2004, 2006); Gramsci (1991) und Laclau/Mouffe (2006) stütze ich mich zudem auch auf solche Arbeiten, die mit den erst genannten Ansätzen arbeiten und diese in Bezug auf ihren jeweils eigenen wissenschaftlichen Gegenstand weiterentwickelt bzw. mit anderen Theoriesträngen verknüpft haben – etwa auf die Dissertationen von Habermann (2008) und Wullweber (2010). Explizit im Bereich der Nachhaltigkeitsforschung sind es die folgenden diskurstheoretischen Arbeiten, die mich inspiriert haben – vor allem jene von Dingler (2003), aber auch von Hajer (1995); Timpf (2000, 2003); Luks et al. (2003); Höhler/Luks (2004); Hausknost (2005).
10 Die nachfolgenden Ausführungen zur Begriffserklärung von Macht und Herrschaft basieren auf Friedrich et al. (2010: 22f.). Wenngleich ich von einer Vielzahl von Machtbegriffen und Machtformen ausgehe (vgl. z. B. Mann 1994 sowie auch Massarrat 2006) und mich nicht auf ein einziges Verständnis von Macht beschränke, so teile ich explizit das positive Machtverständnis von Arendt (2005: 44ff.), die – in Unterscheidung zur Gewalt – Macht als die Möglichkeit definiert, sich mit anderen Menschen zusammenzuschließen und im Einvernehmen mit ihnen zu handeln. Diese „Macht miteinander" ist kein Gehorsamsverhältnis, sondern ein Kollektivphänomen. Die Vorstellung von Macht im Sinne von gesellschaftlichem Gestaltungsvermögen liegt auch dem Empowerment-Gedanken zugrunde (siehe auch B.III.4). Unter Herrschaft verstehe ich zum einen die „auf Dauer gestellten, entpersonalisierten, regulierten, integrierten und legitimierten Machtbeziehungen" (Inhetveen 2008: 266). Zum anderen beschränke ich meinen Herrschaftsbegriff nicht auf „institutionalisierte politische Macht als Voraussetzung erfolgreichen Regierens in politischen Systemen" (Aden 2004: 12). Zwar sind Regierungsformen zugleich Herrschaftsformen, jedoch sind umgekehrt, „nicht alle Herrschaftsformen Spielarten von Regieren, z. B. die alten ebenso wenig wie die neuen ‚Herr-Knecht'-Beziehungen im Arbeitsleben"

In einer ersten Annäherung geht es mir im Folgenden zunächst darum, die Verwendung des Diskursbegriffs im Kontext nachhaltiger Entwicklung nachzuzeichnen (a), auf die unterschiedlichen Ansätze der Diskurstheorie(n) einzugehen und dabei die Diskursbegriffe von Habermas (b) und Foucault (c) voneinander abzugrenzen bzw. aufeinander zu beziehen und Nachhaltigkeit schließlich als politisches Konzept zu konzeptualisieren (d).

(a) Betrachtet man die Veränderungen im Diskursverständnis bzw. in der Verwendung des Diskursbegriffs im Verlauf des Nachhaltigkeitsdiskurses, so lässt sich feststellen, dass der Begriff „Diskurs" bis Mitte der 1990er-Jahre in der deutschsprachigen Nachhaltigkeitsliteratur kaum auftaucht. Vom „Konzept", von der „Idee", vom „Leitbegriff", vom „Leitbild" der nachhaltigen Entwicklung und vom „Rio-Prozess" ist die Rede. Wenn das Wort Diskurs überhaupt vorkommt, dann nur als Synonym für Debatte und Diskussion, die dazu beitragen soll, „*das* Leitbild" zu konkretisieren. Angesichts der verhaltenen Rezeption von Diskurstheorien in den deutschsprachigen Geschichts-, Politik- und Sozialwissenschaften verwundert dies nicht, gehörte doch der Diskursbegriff auch Anfang der 1990er-Jahre noch eher zum Insidervokabular von Soziolinguist_innen (vgl. Keller et al. 2001). Mittlerweile haben aber nicht nur in den Sozialwissenschaften die Ansätze der *Diskurstheorie* bzw. Methoden der *Diskursanalyse* zunehmend an Bedeutung und Einfluss gewonnen (vgl. dazu z. B. Jäger 1993; Stäheli 2000; Keller et al. 2001, 2004; Keller 2004, 2005). Auch in der gesellschaftlichen und politischen Öffentlichkeit hat sich der Diskursbegriff in den letzten Jahren stark verbreitet. Allerdings wird er vielfach als „modisches Passepartout" (Maset 2002: 27) verwendet, häufig ohne auf die tiefergehenden Bedeutungen der verschiedenen Ansätze der Diskurstheorie bzw. Diskursanalyse zu rekurrieren[11] oder die unterschiedlichen wissenschaftlichen und alltagssprachlichen Bedeutungen zu berücksichtigen und voneinander abzugrenzen. Alltagssprachlich bezeichnen Diskurse nach Keller et al. (2001: 7) in der Regel „öffentliche, geplante und organisierte Diskussionsprozesse [...], die sich auf je spezifische Themen von allgemeinem gesellschaftlichen Belang beziehen". Auch wird der Begriff

---

(ebd.). Dies gilt auch für die Herrschaftsverhältnisse von Menschen/Gesellschaft über Natur sowie Herrschaftsverhältnisse zwischen Menschen (einschließlich der hierarchischen Geschlechterbeziehungen) oder in Nord-Süd-Beziehungen. All jenen zuletzt genannten Herrschaftsformen gilt meine Kritik.

11 Keller (2005: 107ff.) beispielsweise unterscheidet im Feld der Discourse Studies zwischen sprachwissenschaftlich basierter Diskursanalyse einerseits und poststrukturalistisch-diskurstheoretischen Perspektiven von Michel Foucault sowie solchen, die an Foucault anschließen, andererseits. Eine Übersicht über poststrukturalistische Soziologien, die Diskurstheorie als postmoderne Gesellschaftstheorie konzeptualisieren, bietet Stäheli (2000). Wullweber (2010: 28ff.) wiederum unterscheidet drei Theorierichtungen innerhalb der Diskursanalysen bzw. Diskurstheorien: Erstens jene Diskursanalysen, die den Diskursbegriff im engen linguistischen Sinne verwenden, zweitens die Diskursanalysen, die soziale Praktiken in den Diskursbegriff miteinschließen (hierzu zählt er auch die Arbeiten des jüngeren Foucault sowie die von Jessop), und schließlich den dritten Strang der Diskursanalysen, den er Diskurstheorie nennt, der alle sozialen Phänomene umfasst und damit das Soziale und Politische als Gesamtheit begreift (zu den Vertreter_innen zählt er z. B. Laclau und Mouffe sowie den älteren Foucault).

synonym für „Rede, Redezusammenhang, Gespräch, Meinungsaustausch, [...], Dialog, Kommunikationsgemeinschaft" (Maset 2002: 27) verwendet. Die unterschiedliche Verwendung des Diskursbegriffs lässt sich auch in der Literatur zu nachhaltiger Entwicklung entdecken: Wenngleich im Bereich der deutschen Nachhaltigkeitsforschung wie auch auf politischer Ebene mittlerweile wie selbstverständlich und fast durchgängig von Nachhaltigkeit als Diskurs gesprochen wird, ist nicht immer ersichtlich, ob das Begriffsverständnis über die alltagssprachliche Bedeutung hinausgeht bzw. auf welche Ansätze der Diskurstheorie Bezug genommen wird – und ob z. B. die Foucault'sche Diskursanalyse mit der Habermas'schen Diskursethik vermengt bzw. gleichgesetzt wird.[12] Dabei verweisen die Unterschiede des Habermas'schen und des Foucault'schen Diskursbegriffs u. a. auf unterschiedliche Konzeptionalisierungen von Macht und ihrer Kritik.

(b) In der Theorie des kommunikativen Handelns des Sozialphilosophen Jürgen Habermas spielt das Ideal eines herrschaftsfreien Diskurses eine zentrale Rolle. Diskurse im Sinne von Habermas sind organisierte (Diskussions)Prozesse, in denen argumentative Auseinandersetzungen ohne Zwang in gegenseitiger reflexiver Verständigung zur Verbesserung der Welt ausgetragen und gelöst werden können. Eine rationale Verständigung, die über das Aushandeln von Individualinteressen hinausgeht, ist hiernach prinzipiell möglich und kann als Legitimation für kollektiv verbindliche Normen dienen (vgl. Habermas 1973: 148, 1981a: 369ff., 1981b). Das konsensuelle Ergebnis wird nach Habermas durch die Einhaltung von Diskursregeln erzielt: Jedes sprach- und handlungsfähige Subjekt darf an Diskursen teilnehmen. Jede_r darf jede Behauptung aufstellen, jede_r darf jede Behauptung, die begründungspflichtig ist, problematisieren, jede_r darf seine_ihre Einstellungen, Wünsche und Bedürfnisse äußern. Keine_r darf durch diskursinterne oder -externe Zwänge daran gehindert werden, seine_ihre Rechte auf sprachliche Artikulation bzw. Argumentation wahrzunehmen (vgl. Habermas 1983: 99). Genau diese auf Verständigung ausgerichtete Habermas'sche *Diskursethik* scheint implizit in der Vorstellung von Nachhaltigkeit als dem viel zitierten gemeinsamen Prozess des Suchens, Experimentierens und Lernens unter Einbeziehung aller gesellschaftlichen Akteure auf. Forderungen nach deliberativen Politikformen finden sich in verschiedenen Dokumenten des politisch-institutionellen Diskursstrangs von Nachhaltigkeit (siehe B.I), insbesondere in der Agenda 21, die von den verschiedensten Akteuren aufgegriffen wurden (und werden), ohne allerdings die Grenzen konsensueller Politik zu reflektieren, die sich in bestehenden Rahmenbedingungen und Machtverhältnissen manifestieren. Dies blieb nicht ohne Folgen: Wenngleich eine umfassende Evaluierung zu der Frage, ob

---

12 Vgl. zur Kritik an der Gleichsetzung bzw. Vermischung der Foucault'schen Diskursanalyse und der Habermas'schen Diskursethik allgemein und nicht konkret auf den Nachhaltigkeitsdiskurs bezogen die Ausführungen von Schöttler (1997).

2 Theoretische Orientierungen

und inwieweit Agenda 21-Prozesse z. B. in Deutschland den nachhaltigen Umbau von Gesellschaft vorangetrieben haben,[13] noch aussteht, so lässt sich in der Praxis doch beobachten, dass es um die weltweit initiierten lokalen Agenda 21-Prozesse merklich ruhiger geworden ist. Vielerorts ist seit den 2000er-Jahren ein Abbrechen der Agenda-Prozesse zu beobachten.[14] Die anfängliche Kooperationseuphorie, die in den Auftaktveranstaltungen von den Akteuren artikuliert wurde,[15] wich vor allem bei den Akteuren aus den umwelt-, entwicklungs- und frauenpolitischen Bewegungen der Erkenntnis, dass sowohl bei den konzeptionellen als auch bei den operativen Überlegungen für nachhaltige Entwicklung auf lokaler bzw. regionaler Ebene zum einen die strukturellen Transformationshindernisse und zum anderen die vorhandenen Zielkonflikte der einzelnen Akteure nur ungenügend berücksichtigt wurden oder gar vollständig ausgeblendet blieben. Gerade die Konsensorientierung erschwerte bzw. verhinderte es häufig, Prozessziele festzulegen, die über einen Minimalkonsens hinausgingen (vgl. Oels 2000: 182ff., 2003; Schachtscheider 2002: 11). Und selbst mühsam erarbeitete Konsensergebnisse flossen vielfach nicht in politische Entscheidungsprozesse der kommunalen Parlamente ein, sondern verschwanden in den Schubladen der Verwaltung und der örtlichen Politik (vgl. Born/Kreuzer 2002: 9ff.).

Die Erkenntnis, dass politische Beschlüsse noch nichts über die konkrete Umsetzung sagen und dass Kooperationen aufgrund von unterschiedlichen Interessen an ihre Grenzen stoßen (können), diskreditiert nicht die Kooperationsidee selbst. Vielmehr verweist sie darauf, dass Deliberationsprozesse und Kooperationen voraussetzungsvoll sind, was Kontextbedingungen und Machtverhältnisse angeht. Auch die Diskursethik als normativer Maßstab verliert nicht ihre Gültigkeit, nur weil der Diskurs um nachhaltige Entwicklung nicht dem Habermas'schen Diskursideal entspricht. Allerdings ist aus emanzipatorisch-kritischer Sicht die Frage genauer zu untersuchen, unter welchen Bedingungen eine Strategie, die auf Expertise, Lobbyarbeit, Kooperation, Appelle und Dialog setzt, Gefahr läuft, zu einer „Strategie der Schwäche[16]" zu verkommen, und dazu beiträgt,

---

13 Born und Kreuzer (2002) weisen in ihrer „Zwischenbilanz 10 Jahre nach Rio" zur Situation der „Lokale[n] Agenda 21 in Deutschland" darauf hin, dass bisher nur wenige empirische Studien vorliegen: „Viele Umfragen beziehen sich auf die Erfassung politischer Beschlüsse und die anfängliche Initiierung des Agenda-Konsultationsprozesses, weniger auf die konkreten Handlungsprogramme und Umsetzungsstrategien und -ergebnisse" (ebd.: 7). Vgl. dazu auch die Umfragen des Deutschen Instituts für Urbanistik (DIFU 1997, 1999) bzw. Rösler (1996). Untersuchungen von Einzelbeispielen auf lokaler, regionaler und Länderebene liegen hingegen zahlreich vor, vgl. exemplarisch Feindt (2001: 169ff.); Stark (2000); Rösler (2000).
14 Vgl. dazu etwa die Beispiele, die das Bayerische Landesamt für Umweltschutz (2001) anführt. Auch die Arbeit von CAF-Agenda Transfer, jener Agentur für Nachhaltigkeit GmbH, die die lokalen Agenda 21-Prozesse dokumentierte und zum Teil begleitete, wurde zum 31. Dezember 2006 eingestellt, da das Land Nordrhein-Westphalen (NRW) seine Förderung beendete.
15 Vgl. stellvertretend hier die Aussagen der verschiedenen Akteure in MURL (1998: 15).
16 Dieser Begriff geht auf den Theologen Michael Ramminger vom Institut für Theologie und Politik in Münster zurück.

eher den Status quo aufrecht zu erhalten als ihn zu verändern.[17] Foucaults Verständnis vom ubiquitären, kapillaren Charakter der Macht könnte dabei hilfreich sein.

(c) Denn für die Theoretisierung von Machtbeziehungen in diskursiven, partizipativen Prozessen bieten sich in den Arbeiten Foucaults zahlreiche Anknüpfungspunkte. Macht, darauf weisen Bublitz et al. (1999) hin, zeigt sich im Foucault'schen Verständnis gerade darin, „*dass* etwas zum ‚diskursiven Ereignis' und damit zum Gegenstand des Wissens wird. Diskurse erscheinen als historisch-situierte Problematisierungen des bis dahin geltenden Wahren, mit dem Effekt, erneut Wahrheiten zu produzieren" (ebd.: 11; Herv. D. G.). In jedem Diskurs konkurrieren verschiedene Diskursstränge und damit unterschiedliche Ansätze, Konzepte, Modelle – letztlich verschiedene Wahrheiten – um die diskursive Hegemonie. Aus einer solchen Perspektive gewinnen Antworten auf die Fragen ‚Wer spricht wie über was?' und ‚Wer erringt über Definitionsmacht auch gesellschaftliche Gestaltungsmacht?' an Bedeutung. Denn es geht sowohl um die Machtverteilung innerhalb des Diskurses als auch um die Macht, die der hegemoniale Diskurs selbst auf die Produktion und Transformation von Wirklichkeiten hat, indem er die Möglichkeiten definiert, was gesagt bzw. was nicht gesagt werden kann, was in den Blick gerät und was nicht. D. h., nach Foucault sind Diskurse „Praktiken […], die systematisch die Gegenstände *bilden*, von denen sie sprechen" (Foucault 1981: 74; Herv. D. G.). Ein zentrales Erkenntnisinteresse diskursanalytischer Ansätze ist daher, die sprachvermittelte Rezeption und Konstruktion von Wirklichkeit sichtbar zu machen. Sprache selbst wird nicht als neutrales Medium verstanden, sondern als Instrument im Kampf um Deutungsmacht. Zum einen wird in der Diskustheorie der „semantische Naturalismus (d. h. die naive Annahme, dass Wörter gegebene Sachverhalte bezeichnen und Bedeutungen an sich existieren)" problematisiert (Laugstien 1995: 728), zum anderen damit gleichzeitig die Verbindung zwischen Diskurs und Macht thematisiert (vgl. Foucault 1978: 51; 1994: 243ff.).

Beide Aspekte sind von zentraler Bedeutung für eine Weiterentwicklung kritischer Nachhaltigkeitstheorie und -praxis. Denn ein Großteil der deutschen Diskussion zu nachhaltiger Entwicklung bewegt sich nach wie vor zwischen den Polen des Beklagens der Vieldeutigkeit einerseits (ohne zu erkennen, dass es eine

---

17 Die betonte, weitgehend unreflektierte Rede vom ‚Leitbild nachhaltige Entwicklung', das sich ‚mehr und mehr durchsetzt', das an ‚enormer Bedeutung gewonnen hat', das ‚allgemein akzeptiert' ist (und diese Reihe der Formulierungen ließe sich ohne Schwierigkeiten weiter fortsetzen) ist ein Beispiel für die Stabilisierung des Status quo. Denn in dieser Rede schwingt eine *diskursfunktionale Beruhigung* mit: Wird nur vom anerkannten Leitbild gesprochen (ohne gleichzeitig auf den Diskurscharakter von Nachhaltigkeit hinzuweisen, das dieses Leitbild notwendigerweise interpretiert werden muss und dass fundamental kontroverse Interpretationen existieren), dann wird damit zumindest teilweise der Subtext transportiert, dass die derzeitigen politischen Entscheidungen weltweit sich nun bereits tatsächlich schon an Nachhaltigkeit – im Sinne einer gerechten, gesunden, menschenwürdigen Entwicklung – orientieren würden. Die globalen Trends bezeugen jedoch das Gegenteil.

2 Theoretische Orientierungen

eindeutige statische Definition nicht geben kann) und des Preisens der Offenheit des Konzepts andererseits (ohne dezidiert den damit verbundenen Machtaspekt und das Ringen um Handlungspotenziale und Entscheidungsmacht zu thematisieren). Dies zeigt exemplarisch auch das nachfolgende Zitat von Ines Weller mit Bezug auf einen Aufsatz von Peter Wehling:

> „In der Bewertung der bisherigen Definitionsversuche und Debatten von Nachhaltigkeit gehen die Meinungen auseinander. Auf der einen Seite wird insbesondere von Umweltverbänden das Fehlen verbindlicher, konkreter Definitionen und Zielsetzungen kritisiert. Auf der anderen Seite wird Offenheit als konstitutives Merkmal einer nachhaltigen Entwicklung betrachtet. In dieser Perspektive erscheint Nachhaltigkeit als ein Prozess, bei dem unter Beteiligung der verschiedenen gesellschaftlichen Gruppen die allgemeinen Ziele und Prinzipien einer nachhaltigen Entwicklung konkretisiert und Umsetzungswege für ihre Erreichung und Realisierung gesucht werden. Nachhaltige Entwicklung wird als ein ‚historisch offenes gesellschaftliches Entwicklungs- und Transformationskonzept verstanden, das sich nicht auf evolutionäre Trends und langfristige Kontinuitätsannahmen stützen kann, sondern allein auf die Handlungsmöglichkeiten und -ziele gesellschaftlicher Akteure und Akteursgruppen' (Wehling 1997: 35)" (Weller 2004: 66).

Doch wie diese Handlungsmöglichkeiten und -ziele der verschiedenen Akteursgruppen aussehen, ist in der Nachhaltigkeitsforschung bisher kaum untersucht worden. Obwohl nachhaltige Entwicklung aus politikwissenschaftlicher und sozialwissenschaftlicher Perspektive als „politisches Konzept" (Wehling 1997: 36) verstanden und darauf hingewiesen wurde, dass der Diskurs um Nachhaltigkeit ein neues Feld gesellschaftlicher Konflikte eröffnet über den Fragenkomplex, welches (bzw. welche)[18] Gesellschafts- und Wirtschaftsmodell(e) wie angestrebt wird (werden) (vgl. z. B. Brand 1997; Brand/Jochum 2000; Brand/Fürst 2002; Brand et al. 2002), so wenig wurden die häufig erwähnten neuen Interessenkoalitionen und -gegensätze, die neuartigen Verhandlungsarenen oder die neuen politischen Akteure systematisch analysiert.

Wie fruchtbar sich der Bezug auf die Diskurstheorie von Foucault und seine Analyse der Macht dafür erweist, die Herrschaftsverhältnisse und Machtwirkungen in Diskursen zu analysieren, zeigen Beispiele[19] aus dem Rio-Folgeprozess in Großbritannien. Dort wurden in Anlehnung an Foucault zu Beginn der Agenda 21-Prozesse die Grenzen und Möglichkeiten von Partizipationsprozessen von vornherein reflektiert: „For Foucault, ignoring the possibilities of a ‚dark side' of any liberation project is the sure recipe for the demobilization of social activists once the liberation project turns sour or becomes obviously unfulfillable" (Darier 1999: 20[20], zit. n. Oels 2003: 21).

---

18 Bereits in der Verwendung von Singular oder Plural liegt hier eine immense Differenz.
19 Vgl. neben Darier (1999) auch Allen (1996); Forester (1996); Richardson (1996). Der Hinweis auf alle diese Quellen geht auf Oels (2003) zurück.
20 Autor_innen, die ich nach anderen Quellen zitiere, gebe ich nicht im Literaturverzeichnis an – es sei denn, ich arbeite selbst an anderer Stelle in der Arbeit mit dieser Originalquelle. Dann ist diese auch in meiner Bibliografie zu finden.

(d) Um also die im Nachhaltigkeitsdiskurs vorhandenen kritischen und emanzipatorischen Stränge und Ansätze zu stärken und Vernetzungen möglich zu machen und gleichzeitig bestehende Herrschaftsverhältnisse in die Analyse und in die Lösungsvorschläge einzubeziehen, wird es darum gehen, den Nachhaltigkeitsdiskurs als „Ort symbolischer Auseinandersetzungen" (Timpf 2003: 439) zu benennen, wie Siegfried Timpf dies in Anlehnung an Foucault tut. Damit verbunden ist ein Verständnis von nachhaltiger Entwicklung „als ein Akt des Politischen" (Dingler 2003: 175), d. h., Nachhaltigkeit ist immer auch als ein *politisches Konzept* zu verstehen, das, je nachdem wie die inhaltliche Ausdifferenzierung ausfällt, die verschiedensten sozialen, kulturellen, ökologischen und ökonomischen Folgen nach sich zieht. Jede Antwort auf die Frage ‚Was ist nachhaltig?' bewegt sich in einem Feld kontroverser gesellschaftlicher Wahrnehmungs- und Bewertungsprozesse.

Diesen konstruierten Charakter von Nachhaltigkeit zugrunde legend begreife ich das Fehlen einer von allen akzeptierten Definition von nachhaltiger Entwicklung nicht als Problem, es eröffnet vielmehr – das ist meine diskurstheoretische Sicht darauf – die Möglichkeit, die gesellschaftliche Bedeutung, die Nachhaltigkeit gerade aufgrund ihres diskursiven Charakters gewinnen konnte, zu analysieren und Nachhaltigkeit als politisch umkämpftes Konzept zu untersuchen. Denn sobald die programmatische Ebene einer „gesicherte[n], gedeihlichere[n] Zukunft" (BMU 1992a: 9) für alle verlassen wird, offenbart sich das enorme Konfliktpotenzial, das sich aus der Konkurrenz der unterschiedlichen Nachhaltigkeitsverständnisse ergibt:

> „Man weiß zwar, dass Probleme neuer Art und globaler Verkettung vorliegen und dass – unter Bezug auf langfristige allgemeine Interessen – Lösungen dafür gefunden werden müssen. Aber man ist sich in vieler Hinsicht weder über das Gewicht, die Ursachen und komplexen Wechselwirkungen der diagnostizierten Probleme, noch über die Definition der allgemeinen Interessen bzw. der Kriterien nachhaltiger Entwicklung, und schon gar nicht über die Strategien und Instrumente einig, mit denen diese Ziele am besten realisiert werden können" (Brand/Fürst 2002: 23).

Wie wichtig die Identifizierung von Nachhaltigkeit als Diskursfeld, als Ort symbolischer Auseinandersetzungen, als politisches Konzept für die Weiterentwicklung kritisch-emanzipatorischer Nachhaltigkeitsforschung und -praxis ist, möchte ich an folgendem Beispiel zeigen: „Nachhaltigkeit neu denken" – so lautete der Titel der Tagung anlässlich des 15-jährigen Jubiläums des Instituts für sozialökologische Forschung (ISOE) in Frankfurt am Main am 3. April 2003, in der es darum ging, sich über den Gehalt und die Aktualität von Nachhaltigkeit neu zu verständigen. Volker Hauff, der gebeten war, einen Kommentar zu Paul Raskins Konzept einer „Great Transition", den das ISOE als „neuen" und „einzigartigen Denkansatz" (ISOE/HGDÖ 2003: 7) qualifiziert, abzugeben, war der Meinung, dass „kein neues, zweites Paradigma" gebraucht werde. „Statt ‚Nachhaltigkeit neu denken' müssen wir Nachhaltigkeit konkret denken und machen. Das Problem ist die Umsetzung, nicht das Paradigma" (Hauff 2003: o. S.). Ähnlich – nämlich dahingehend, dass es bei Nachhaltigkeit nur noch um Umsetzungsfragen ginge – argumentierten auch eingeladene Unternehmensvertreter_innen wie Hanns Michael Hölz (Deutsche Bank) und Klaudia Martini (Adam Opel AG). Aber waren – mit der Vergabe von Mikrokrediten im Falle der Deutschen Bank oder mit dem Bau schadstoffarmer Erdgasautos in Serie und der Entwicklung von Brennstoffzellen-Antrieben für PKWs im Falle von Opel – die Unternehmen tatsächlich so konsequent auf Nachhaltigkeit ausgerichtet, wie es ihre Vertreter_innen behaupteten? Zu dieser Frage hätte es, wären die im Plenum versammelten, vorrangig aus der Wissenschaft stammenden Teilnehmer_innen der Tagung gefragt worden, keine einheitliche Antwort gegeben. Dies hat etwas damit zu tun, dass – und hier komme ich wieder zu meinem Ausgangsverständnis von Nachhaltigkeit als Diskurs zurück – entgegen der Behauptung von Volker Hauff *kein* eindeutiges und klar definiertes Paradigma nachhaltiger Entwicklung existiert, dass es *keine* allgemein anerkannten ‚objektiven' ökologischen, sozialen, ökonomischen, politischen und kulturellen Nachhaltigkeitskriterien gibt, nach denen sich die Umsetzung richten könnte.

Der Diskurs um Nachhaltigkeit lässt sich zu keinem Zeitpunkt nur auf die Frage des ‚Wie' reduzieren. Es geht immer um grundsätzliche Fragen der Gestaltung der Mensch-/Gesellschaft-Natur-Verhältnisse. Denn es ist nicht nur eine Frage der semantischen Varianz, ob man Nachhaltigkeit in der Herstellung von Brennstoffzellenautos sieht oder ein alternatives Konzept von Mobilität etwa im Sinne des Konzepts einer ‚Stadt der kurzen Wege' stärker in den Mittelpunkt rückt, ob man Mikrokredite befürwortet oder für die Abschaffung von Zinsen eintritt – um noch einmal Beispiele aus der Diskussion der eben genannten ISOE-Tagung zu zitieren. Ebenso wenig ist es nur eine Frage der Vermittlung oder Mediation, ob vielleicht die verschiedenen Vorschläge in Kombination zu einer nachhaltigen Zukunft führen. Es ist gleichzeitig auch ein Kampf um Hegemonie, in dem die zugrunde liegenden Prämissen und Rationalitäten in Konkurrenz treten. Wer in den miteinander konkurrierenden Nachhaltigkeitsdiskurssträngen nur einen symmetrisch gestalteten ‚Markt der Möglichkeiten' sieht, auf dem das Ganze dieser Vielfalt mehr sein kann als die Summe seiner Teile, die oder der übersieht erstens, dass die beteiligten Akteure „mit unterschiedliche[r] Definitionsmacht [...] um die Durchsetzung ihrer spezifischen Deutung von Nachhaltigkeit [...] kämpfen" (Brand/Fürst 2002: 22). Und zweitens lässt sich die Frage nach der Kompatibilität der Ansätze/Konzepte und nach dem Nutzen von Synergieeffekten erst dann beantworten, wenn transparent ist, auf was für ein Nachhaltigkeits*verständnis* bei der Produktion von Handlungswissen Bezug genommen wird. Diese immanenten Annahmen gilt es transparent zu machen.

2.2 Prämissen transparent machen

Und damit komme ich zum zweiten Punkt, der forschungsleitend für meine Arbeit (und m. E. notwendig für das Neu- und Andersdenken von Nachhaltigkeit) ist: dem Offenlegen und der Reflexion der normativen Prämissen, der sogenannten *Preanalytic Vision*.[21] D. h., es geht um die verschiedenen Natur-, Welt- und Menschenbilder, um all die Grundannahmen, Werte und Rationalitäten, die die jeweiligen Verständnisse von Politik, Ökonomie, Gerechtigkeit oder auch von Wissenschaft prägen und die den jeweiligen Analysen, Konzepten, Vorschlägen und Sichtweisen auf nachhaltige Entwicklung zugrunde liegen. Die spezifische Preanalytic Vision der Ansätze hat wiederum Auswirkungen auf das, was (nicht) in den Blick gerät bei der Problemdefinition bzw. bei der Analyse der Krisenursachen und damit der Entwicklung möglicher Lösungsvorschläge. Sie beeinflusst sowohl die analytische Ebene als auch die darauf aufbauende Ebene der Umsetzung.

Die Frage nach der Preanalytic Vision betrifft insbesondere den integrativen Anspruch nachhaltiger Entwicklung. Wenn Nachhaltigkeit als integratives Konzept den Anspruch erhebt, die ökonomische, soziale, ökologische, politische und kulturelle Dimension zusammenzuführen, dann hängt die Beantwortung der Frage, ob und wie dies gelingen kann, von dem jeweiligen Ökonomie-, Gesellschafts-, Ökologie-, Politik-, Kulturverständnis und der hiermit verbundenen Transformationsreichweite ab. Gemeinsamkeiten und Unterschiede der jeweiligen Nachhaltigkeitsdiskursstränge und -konzeptionen ließen sich durch eine Explizierung ihrer Begriffe und Konzeptionen näher bestimmen. Dies möchte ich im Folgenden beispielhaft am Verständnis von Ökonomie und Arbeit (a) und an der Verhältnisbestimmung von Nachhaltigkeit und Globalisierung aufzeigen (b). Zum Transparentmachen der normativen Prämissen gehört zudem die Analyse der unterschiedlichen Wissenschaftsverständnisse. Nachhaltigkeit neu denken bedeutet in diesem Zusammenhang, Nachhaltigkeitsforschung als Wissenschaftskritik zu stärken und die Notwendigkeit der Selbstreflexion von kritischer Forschung ins Zentrum zu rücken (c).

(a) Nimmt man exemplarisch das Ökonomieverständnis, dann zeigt sich, dass – je nachdem ob der Nachhaltigkeitsansatz z. B. durch Annahmen der Neoklassik[22] oder der Ökologischen Ökonomie geprägt ist – sehr unterschiedliche Ver-

---

21 Der österreichische Wirtschaftswissenschaftler Joseph Alois Schumpeter (1883-1950) hat für die der Theoriebildung vorgelagerten bzw. zugrunde liegenden Annahmen, also für den „preanalytic cognitive act", den Begriff „vision" geprägt, der in den Wirtschaftswissenschaften zum Begriff „preanalytic vision" weiterentwickelt worden ist (vgl. Biesecker/Kesting 2003: 2).
22 Der Begriff Neoklassik vereint verschiedene wirtschaftswissenschaftliche Theorien, die ab der zweiten Hälfte des 19. Jahrhunderts entwickelt wurden. In Anlehnung an Hofmann (1971: 120f.) geben Biesecker und Kesting (2003) als gemeinsame Charakteristika der Frühen Neoklassischen Mikroökonomik an: (a) „das Verständnis der Ökonomik als Naturwissenschaft"; (b) „die einzelwirtschaftliche

ständnisse davon bestehen, wie das Verhältnis zwischen Ökonomie und Natur aussieht und zu gestalten ist.²³ Geht man davon aus, dass nicht zuletzt die gegenwärtigen Formen unseres Wirtschaftens maßgeblich für die derzeitigen weltweit zu konstatierenden Krisen der gesellschaftlichen Naturverhältnisse verantwortlich sind, dann müsste sich eine nachhaltige Ökonomie grundlegend von herrschenden Leitlinien und Handlungsprinzipien kapitalistischen Wirtschaftens unterscheiden (vgl. Gottschlich 2008: 125). Es gibt zahlreiche Ansätze, die diese Position ebenfalls vertreten. Wo jedoch jenseits der Zustimmung zu dieser allgemeinen Aussage konkrete Schnittstellen, aber auch Unvereinbarkeiten zwischen diesen Ansätzen liegen, läßt sich nur anhand des jeweils vertretenen spezifischen Ökonomieverständnisses analysieren. Auch Widersprüche zwischen der programmatischen und der operationalen Ebene könnten dabei genauso in den Blick genommen werden (i) wie die krisenhafte Verfasstheit von Erwerbsarbeit und ‚Reproduktionsarbeit' (ii).

(i) Ein genauer Blick auf die normativen Grundlagen (und damit auch auf das zugrunde liegende Verständnis von Ökonomie) ermöglicht beispielsweise eine Differenzierung auch zwischen jenen Ansätzen/Arbeiten/Modellen, die bisher bei Systematisierungsversuchen des Diskursfelds ein und demselben Diskursstrang zugeordnet worden sind, wie es sich etwa für Vertreter_innen eines integrativen Ansatzes beobachten lässt (siehe Diskursstrang B.IV). Von ihnen wird *die Befriedigung der materiellen Bedürfnisse aller Menschen* als ökonomisches Nachhaltigkeitsziel definiert. Dieses Ziel wird in der Regel in zweierlei Hinsicht konkretisiert: Zum einen werden mit ihm Forderungen nach Wohlstand²⁴ und Verbesserung der Lebensqualität verbunden, die deutlich machen, dass es um mehr als die Befriedigung von Grundbedürfnissen geht, zum anderen wird auf die enge Verflechtung von Ökonomie und Ökologie hingewiesen und somit die Notwendigkeit vertreten, dass Wohlstand naturverträglich sein und die „ökologischen Leitplanken" berücksichtigen müsse (vgl. exemplarisch Massarrat 1995; BUND/ Misereor 1996; Forum Umwelt & Entwicklung 1997). Im deutschen Nachhaltigkeitsdiskurs offenbaren sich jedoch zwischen programmatischer Ebene und operationalen Konkretisierungen gewichtige Unterschiede: Während einerseits immer

---

Analogie, später methodisch als ‚methodologischer Individualismus' bezeichnet", da die Theorien davon ausgehen, dass alle wirtschaftlichen Phänomene „ausgehend von einem isoliert wirtschaftenden Individuum erklärt werden" können; (c) „der Verlust der Geschichtlichkeit, verbunden mit dem Anspruch auf eine allgemeine ökonomische Theorie", mit diesem Charakteristikum geht die historische Einbettung verloren, auch wird damit „eine unveränderliche Natur des Menschen als Hypothese unterstellt", und schließlich (d) „die Idee des Grenznutzens" (ebd.: 88f.). Letzter bezeichnet den Nutzenzuwachs, den eine Person durch den Konsum einer zusätzlichen Einheit eines spezifischen Gutes erfährt.

23 Vgl. die kurze Gegenüberstellung bei Arts (1994), ausführlicher z. B. Biesecker/Kesting (2003: 125ff.).
24 Zur Frage nach dem Ökonomieverständnis gehört auch die Frage nach der Definition von Wohlstand und ob er „im Sinne von Lebensqualität aus seiner Beschränkung auf materiellen Wohlstand oder auf monetarisierbaren Wohlstand (wie etwa im BSP) herausgelöst und auf materiellen und immateriellen, monetarisierbaren und nicht monetarisierbaren Wohlstand bezogen" (Forum Umwelt & Entwicklung 1997: 12) wird.

wieder Leitprinzipien einer nachhaltigen Verteilung des Wohlstands (intragenerative Gerechtigkeit) und damit auch der Überwindung des ökonomischen Nord-Süd-Gegensatzes in den verschiedenen Papieren als entscheidende Bestandteile der ökonomischen Dimension von nachhaltiger Entwicklung normativ herausgestellt werden, stehen andererseits vor allem angestrebte Reparaturen der Dysfunktionalitäten des Marktes im Zentrum der Aufmerksamkeit (vgl. z. B. von Weizsäcker 1994: 143ff.; van Dieren 1995; Simonis 1996). Als primäres Kriterium für ökonomische Nachhaltigkeit wird wie selbstverständlich Effizienz bzw. Effizienzsteigerung genannt, womit keine grundsätzlich andere ökonomische Zielperspektive verbunden wird (vgl. Biesecker/Gottschlich 2005a: 34f.).[25] Potenziale für eine nachhaltige Ökonomie sind daher vornehmlich in jenen Ansätzen zu vermuten, die den Effizienzbegriff kritisch reflektieren und neu füllen (vgl. ebd.) und bei der Suche nach Strategien auf einen Mix aus Effizienz-, Suffizienz- und Konsistenzstrategien setzen.

(ii) Zwar wurde die Frage, welche verschiedenen menschlichen Tätigkeiten für nachhaltiges Wirtschaften und die nachhaltige Gestaltung und Erhaltung gesellschaftlicher Naturverhältnisse erforderlich sind, von feministischer Seite immer wieder als zentrale Nachhaltigkeitsfrage in den Diskurs eingebracht (vgl. z. B. Biesecker 1997; Scurrell 1997; Immler/Hofmeister 1998). Doch erst seit Ende der 1990er-Jahre gewann das Thema „Zukunft der Arbeit" im Nachhaltigkeitsdiskurs überhaupt an Bedeutung. Zuvor war es in der Auseinandersetzung über Stoffstrom- und Energiebilanzen, die in Deutschland nach Erscheinen der Studie „Zukunftsfähiges Deutschland" (BUND/Misereor 1996) und der Berichte der Enquete-Kommission (1993, 1994, 1997, 1998) verstärkt geführt wurde, fast vollständig an den Rand gedrängt worden. Mit dem Forschungsprojekt „Arbeit + Ökologie", das die Hans-Böckler-Stiftung in Auftrag gab, reagierte ein interdisziplinärer Projektverbund – bestehend aus dem Deutschen Institut für Wirtschaftsforschung (DIW) in Berlin, dem Wissenschaftszentrum Berlin für Sozialforschung und dem Wuppertal Institut für Klima, Umwelt, Energie (WI) – genau auf dieses Defizit (vgl. Hans-Böckler-Stiftung 2000).[26]

In der Analyse der derzeitigen nicht nachhaltigen Strukturen fehlte anfangs jedoch nicht nur eine genauere Betrachtung der Krise der Erwerbsarbeit und damit ein kritischer Blick auf die herrschenden Produktionsbedingungen samt ihrer geschlechterpolitischen Prägungen (wie geschlechtlich segregierte Arbeitsmärkte,

---

25 Effizienzsteigerungen beziehen sich lediglich auf Quantitäten: Mittels verbesserter Technologie lassen sich Stoff- und Energiemengen effizienter ausnutzen, sodass mehr produziert werden kann (angestrebt wird eine Entkopplung von Wachstum und Ressourcenverbrauch).

26 Wenngleich dem Forschungsprojekt ein erweiterter Arbeitsbegriff zugrunde liegt, der explizit die unbezahlten und schlecht bezahlten Sorgearbeiten einschließt, so sei an dieser Stelle darauf hingewiesen, dass das im Rahmen des Forschungsprojekts entworfene Konzept der „Mischarbeit" (Hans-Böckler-Stiftung 2000) von feministischer Seite zum Teil auch kritisiert wird – wie z. B. von Biesecker/Hofmeister (2006: 13).

gravierende Unterschiede in der Verteilung von Geld, Macht, Status, Zeit) (vgl. u. a. Kurz-Scherf 1994, 1995; Wetterer 1995). Ausgeblendet blieben weitestgehend auch die „Krise der Reproduktionsarbeit" (Bock/Heeg/Rodenstein 1993: 16) und damit all jene Themenbereiche, zu denen umfangreiche Vorarbeiten der feministischen Forschung zu Themen wie Versorgungsökonomie,[27] erweiterter Arbeitsbegriff, Formen der (alternativen) Existenzsicherung, informeller Sektor, Subsistenzproduktion, Zeitbudgeterhebungen zur Belastung durch und Verteilung von bezahlter und unbezahlter Arbeit zwischen den Geschlechtern, aber auch zwischen Frauen entlang ethnischer Zugehörigkeit und sozioökonomischer Schicht Mitte der 1990er-Jahre bereits vorlagen.[28]

Der Begriff „Reproduktionsarbeitskrise", der auf die gemeinsamen Arbeiten von Stephanie Bock, Susanne Heeg und Marianne Rodenstein (vgl. 1993, Rodenstein/Bock/Heeg 1996) zurückgeht, wurde von der feministischen Ökonomie und der feministischen Nachhaltigkeitsforschung schnell aufgegriffen bzw. parallel konzeptualisiert (vgl. z. B. Beik/Spitzner 1996; Spitzner 1996, 1999; Scurrell 1997; Gottschlich/Mölders 2008) und im Kontext der Erfahrungen neoliberaler Umbaumaßnahmen des Sozialstaates bzw. sich verändernder Geschlechterverhältnisse in der postfordistischen Arbeitsgesellschaft weiterentwickelt (vgl. z. B. von Werlhof 2003; Wichterich 2003; Aulenbacher 2009; Winker 2009; König/Jäger 2011). Der Begriff beschreibt den Wandel der Bedingungen, unter denen Ende der 1980er-Jahre bzw. Anfang der 1990er-Jahre ‚Reproduktions'- und Erwerbsarbeit geleistet wird:

> „Wenn Frauen erwerbstätig werden, muß sich das traditionelle bürgerliche Modell der familialen Reproduktion verändern. Die nichtentlohnte Arbeit für Reproduktion, Hausarbeit und Kindererziehung, gerät in die Krise, weil die Reproduktionsarbeit nicht mehr im gesamten bisherigen Umfang von den Frauen übernommen werden kann und in unserer patriarchalen Kultur andere Instanzen (Familienväter, Staat, Wirtschaft) die erkennbaren Defizite nicht in adäquatem Maße ausgleichen können oder wollen" (Bock/Heeg/Rodenstein 1993: 16).

Die Ausblendung von ‚Reproduktionsarbeiten' und der Krise der ‚Reproduktion' im hegemonialen Nachhaltigkeitsdiskurs zeigt, wie sehr dieser Diskurs vom Verständnis der herrschenden ökonomischen Theorie geprägt wurde (und wird), die unter Wirtschaft ausschließlich marktvermittelte Tätigkeiten subsumiert, während die monetär nicht entlohnten Leistungen unsichtbar bleiben und die gesellschaftliche Bedeutung der Sorgeökonomie nicht anerkannt wird. Indem also das

---

27 Zur Definition von Versorgungsökonomie vgl. stellvertretend Biesecker/Kesting (2003: 201ff.). Der Begriff der Versorgungökonomie wird zunehmend durch den Begriff der Care-Ökonomie ersetzt, was die diskursiven Verschiebungen in der feministischen Forschung anzeigt. Siehe dazu auch meine Ausführungen zur Versorgungsarbeit – ‚Reproduktionsarbeit' – Care-Arbeit in Kapitel A.4.
28 Vgl. z. B. die Arbeiten von Becker-Schmidt (1987); Scheich/Schultz (1987); Bennholdt-Thomsen/Mies/von Werlhof [1983] (1992); Biesecker (1993); Schultz (1993); Quistorp (1993); Bakker (1994); Busch-Lüty et al. (1994); Elson (1994); Harcourt (1994a, 1994b); Dörr (1995); Märkte (1995).

Produktion-,Reproduktion'-Verhältnis nicht kritisch reflektiert wird, liegt das „Ganze der Arbeit" (Biesecker 1999: 1) weiterhin im Schatten: Bestehende geschlechtlich kodierte Trennungen und Hierarchien (z. B. zwischen Produktion und ,Reproduktion', bezahlter und unbezahlter Arbeit, Öffentlichem und Privatem, Schützen und Nutzen, Effizienz und Suffizienz) werden reproduziert und zum Teil durch Nachhaltigkeitsstrategien und -maßnahmen sogar verschärft (vgl. kritisch dazu auch Biesecker/Gottschlich 2013).[29]

(b) Aufschlussreich für die Einordnung von Nachhaltigkeitsansätzen ist auch ihr Verständnis vom Verhältnis zwischen Nachhaltigkeit und Globalisierung. Obwohl allen Nachhaltigkeitskonzepten (zumindest implizit) Vorstellungen von zukünftiger Weltgestaltung zugrunde liegen und damit die Frage aufgeworfen ist, welche Form von Globalisierung angestrebt oder eben nicht angestrebt wird (wie z. B. neoliberale Globalisierung, globaler Öko-Keynesianismus, Öko-Sozialismus, De-Globalisierung etc.), so muss gerade für die erste Hälfte der 1990er-Jahre konstatiert werden, dass das Thema Globalisierung (und insbesondere die Auseinandersetzung mit neoliberaler Globalisierungspolitik) eher einen blinden Fleck im Nachhaltigkeitsdiskurs bzw. in der Nachhaltigkeitsforschung darstellte.[30]

Die vorhandenen kritischen Arbeiten und politischen Stellungnahmen zu diesem Themenfeld lassen sich gewissermaßen in zwei Lager einteilen: Nachhaltigkeit kontra Globalisierung (i) und Nachhaltigkeit und Globalisierung als zwei Bestandteile ein und desselben Herrschaftsdiskurses (ii).

(i) Die erste Position wird vor allem von Wissenschaftler_innen aus dem Umkreis des Wuppertal Instituts und der Heinrich-Böll-Stiftung wie Wolfgang Sachs und anderen Autor_innen des Jo´burg-Memos vertreten:

---

29 Mittlerweile zeigen sich allerdings gerade für die Organisation und Bewertung von Ökonomie und Arbeit Diskursverschiebungen: Insbesondere in Projekten im Förderschwerpunkt Sozial-ökologische Forschung (SÖF) des BMBF, die von der Sozialen Ökologie des ISOE geprägt sind, werden seit Anfang der 2000er-Jahre Teilaspekte des Themenkomplexes „Ökonomie und Arbeit" unter geschlechtsspezifischen Fragestellungen aufgegriffen (vgl. Schäfer 2006a: 68).

30 Es ist erstaunlich, wie wenige explizite Verbindungslinien bis Mitte der 1990er-Jahre vonseiten der anwendungsorientierten und problembezogenen Nachhaltigkeitsforschung zum Globalisierungsdiskurs gezogen wurden. Zu den Vorreitern gehörte in Deutschland am Wuppertal Institut eine Quergruppe, die sich unter dem Dach der Frage „Welche Globalisierung ist zukunftsfähig?" mit dem Spannungsgefüge von transnationaler neoliberaler Ökonomie, Gerechtigkeit und Umweltfragen beschäftigt. Auch an der Universität Hamburg existiert seit 2003 eine Forschungsgruppe, die sich diesem Themenkomplex widmet; 2004 wurde dort das Zentrum für Globalisierung und Governance (CGG) gegründet. Vgl. außerdem die Arbeiten der Attac AG „Globalisierung und Ökologie" (z. B. 2003). Mittlerweile ist die Literatur, die sich den sozialen, ökologischen, politischen und ökonomischen Folgen von neoliberaler Globalisierung widmet, kaum noch zu überschauen. Allerdings lassen sich, obwohl es wichtige Schnittmengen gibt, Forschung und Literatur zur Globalisierungskritik nicht ohne Weiteres dem Nachhaltigkeitsdiskurs zuordnen. Denn das Selbstverständnis der Anti-Globalisierungs- bzw. der globalisierungskritischen Bewegung(en) äußert sich bisweilen in Abgrenzung zum Nachhaltigkeitsdiskurs (vgl. stellvertretend Ferenschild 2002).

„Lediglich zwei Jahre dauerte es, bis die gleichen Regierungen, die sich in Rio noch als Anwälte der Erde präsentiert hatten, in Marrakesch als Verkäufer der Erde zusammenkamen. Mit der Gründung der Welthandelsorganisation (WTO) im Januar 1995 gingen sie unbekümmert Verpflichtungen ein, deren unbeabsichtigte Auswirkungen auf einen schnellen Ausverkauf des Naturerbes weltweit hinauslaufen. Sorgte man sich in Rio noch um einen besonnenen Umgang mit der Natur, legte man es in Marrakesch zum Abschluss der Uruguay-Runde unter GATT [General Agreement on Tarifs and Trade; D. G.] darauf an, transnationalen Unternehmen den bedingungslosen Zugang zu Naturschätzen zu ermöglichen. Galt in Rio noch die effektive Autorität von Staaten, um Regeln für das Gemeinwohl einzuführen, wurde in Marrakesch der Einfluss staatlicher Macht zugunsten unbeschränkter Unternehmensmobilität geschwächt. […] Die Eliten im Norden und Süden betrachteten also die Freiheit der Märkte als wichtigsten Wert in der Politik und waren weit davon entfernt, der Nachhaltigkeit oder Demokratie beim Umgang mit Weltproblemen Priorität einzuräumen. Rio war rhetorisch gelungen, aber Marrakesch wurde in die Tat umgesetzt" (Sachs et al. 2002: 13).

In dem hier ausführlich wiedergegebenen Zitat wird die Konzeption von UNCED/Nachhaltigkeit und WTO/Globalisierung als Antipoden deutlich sichtbar. Ich werde in meiner Analyse der Dokumente des politisch-institutionellen Diskursstrangs von Nachhaltigkeit zeigen, dass diese strikte Polarisierung, für die Rio und Marrakesch stellvertretend stehen, nicht aufrechterhalten werden kann. Diese dichotomisierende Konzeption versperrt den Blick dafür, dass die ambivalente Ökonomisierung des Nachhaltigkeitsdiskurses schon 1992 in Rio begann, während andererseits auch die Ausgestaltung der WTO den Einflüssen des Nachhaltigkeitsdiskurses ausgesetzt war und ist.[31]

(ii) Die zweite Position, die vor allem von Autor_innen aus dem Umfeld der Bundeskoordination Internationalismus (BUKO) vertreten wird, bezweifelt die von Sachs und anderen beschriebene Umkehrung der Prioritäten. Es gehe gerade nicht um die Konkurrenz zweier entgegenstehender Diskurse mit unterschiedlichen Vorstellungen von Weltgestaltung, wie die Formulierungen wie „Marrakesch schlug Rio" (ebd.) bzw. „Marrakesch gängelt Rio" (Attac AG „Globalisierung und Ökologie" 2003: 15) suggerieren. Vielmehr seien „Nachhaltigkeit und Globalisierung" als zwei Bestandteile ein und desselben Herrschaftsdiskurses zu identifizieren – eines Diskurses, „der das politische Terrain nach dem Zusammenbruch des Entwicklungsdiskurses neu organisiert" (Spehr/Stickler 1997: 217). In meiner Analyse der Positionen der Diskursinterventionist_innen, zu denen ich die hier zitierten Autor_innen zähle, werde ich aufzeigen, dass auch das Ineinssetzen von Nachhaltigkeit und Globalisierung den Ambivalenzen des Nachhaltigkeitsdiskurses nicht gerecht wird, da kritisch-emanzipatorische Antei-

---

31 Diese zweite Seite der wechselseitigen Durchdringung der – von Wolfgang Sachs als getrennt konzipierten – Diskurse werde ich in meiner Arbeit nicht weiter untersuchen. Erste Ansätze einer solchen Analyse bietet die Dissertation von Katja Gehne (2011).

le so mit herrschaftlichen gleichgesetzt werden, wodurch Ansatzpunkte für Transformationen verstellt bleiben (siehe Diskursstrang B.II).

Ein Verbindungsglied zwischen den beiden Forschungs- und Gesellschaftsdiskursen zu Nachhaltigkeit und Globalisierung stellt der Diskurs um Global Governance dar, der sich seit Mitte der 1990er-Jahre zu einem eigenen wissenschaftlichen Forschungsbereich entwickelt hat.[32] Global-Governance-Konzepte werden als Antwort für die Bearbeitung globaler Krisen- und Problemfelder von zunehmender Komplexität und Interdependenz gehandelt. Mit ihnen wird der Anspruch verbunden, die neoliberale Globalisierung und ihre Folgen im Sinne einer globalen Ordnungspolitik regulierend in den Griff zu bekommen – durchaus „mit dem Ziel, die politisch-ideologische Hegemonie vom neoliberalen Lager zurückzuerobern" (Brand et al. 2000: 13). Notwendig dafür seien, neue Formen der Kooperation, neue formelle und informelle Regelwerke, eine Vernetzung der verschiedenen politischen Handlungsebenen zu einer Mehrebenenpolitik sowie die Einbeziehung nichtstaatlicher Akteure aus Nichtregierungsorganisationen, Gewerkschaften und Privatwirtschaft, um die Defizite bisheriger Entscheidungsverfahren durch verhandlungsdemokratische Verfahren und Institutionenarrangements auszugleichen bzw. zu beseitigen.

Kooperations- und Partizipationsideen in diesem Sinne finden sich, so viel sei als Ergebnis meiner Analyse der unterschiedlichen Diskursstränge (Teil B) bereits an dieser Stelle vorweggenommen, vor allem in den politisch-institutionellen Nachhaltigkeitsdokumenten (im Brundtland-Bericht, in der Agenda 21). Die UN-Konferenz zu Umwelt und Entwicklung (UNCED) 1992 in Rio de Janeiro bildete gewissermaßen den Auftakt für die Serie der Weltkonferenzen in den 1990er-Jahren, die eine erste Annäherung an eine Politik der Global Governance darstellten. Der Diskurs um die Frage nach der Gestaltung und Durchsetzung globaler Politik verstärkte sich 1995 mit der Veröffentlichung des Berichts der Commission on Global Governance (CGG) (Commission on Global Governance 1995; dt.: Stiftung Entwicklung und Frieden (SEF) 1995).[33] Mit ihm wurden die „drei paradigmatischen Ideale – souveräne Nationalstaatlichkeit, Gleichheitsuniversalismus und parlamentarischer Mehrheitsentscheid", die bis dato nach Holland-Cunz

---

32 Vgl. exemplarisch für die Anfänge dieses Diskurses: Rosenau/Czempiel (1992); Commission on Global Governance (1995); Die Gruppe von Lissabon (1997); Rosenau (1997) sowie die Publikationsreihen der Stiftung Entwicklung und Frieden (SEF). Die SEF versteht sich nach eigener Darstellung „als Motor in der deutschen und internationalen Debatte über die politische Gestaltung der Globalisierung – kurz ‚Global Governance'" (http://www.sef-bonn.org/de/diesef/profil/index.php). Zu der Frage, ob und was Governance in Zeiten neoliberal dominierter Globalisierungsprozesse für eine nachhaltige Entwicklung leisten kann, vgl. stellvertretend auch das SÖF-Projekt „Governance and Sustainability: Neue Zugänge und Netzwerke für eine sozial-ökologische Steuerung". Vgl. für Governance aus feministischer Perspektive bzw. Fragen nach demokratischen Gestaltungsräumen, Nachhaltigkeit und Geschlechtergerechtigkeit von Braunmühl/von Winterfeld (2003) sowie Holland-Cunz/Ruppert (2000).

33 Ähnlich wie der Brundtland-Bericht weist der Bericht der CGG stark normative und emphatische Züge auf, strebt er doch danach, eine „Vision für eine bessere Welt" (SEF 1995: 14) zu entwickeln.

(2000: 25) „die politiktheoretischen Vorstellungen einer idealtypischen demokratischen Ordnung" bildeten, explizit auf den globalen Prüfstand gestellt. „Die neuen Perspektiven [des Berichts; D. G.] lauten: Transnationalität neben Nationalstaatlichkeit, differente Vielfalt neben universaler Gleichheit, neue neben den gewohnten Entscheidungsverfahren" (ebd.). Hieraus ergeben sich neue Handlungsspielräume für eine nachhaltige Politik, die genutzt werden sollten – so die These derjenigen, die eine Vereinbarkeit von Globalisierung und Nachhaltigkeit nicht grundsätzlich ausschließen (z. B. Schleicher-Tappeser/Hey 1997).[34]

Die Kritik, die am Bericht der CGG und an anderen Governance-Konzepten, die in der Folgezeit entstanden, bzw. an der UN-Governance-Politik[35] formuliert wurde und wird, ist weitgehend identisch mit der Kritik am Politik- bzw. Partizipationsverständnis des Nachhaltigkeitsdiskurses. Kritisiert wird zum einen die technokratische Ausrichtung. Neben der Kritik an Expertokratie und Managerismus wird zum anderen problematisiert, „dass trotz erweiterter Partizipationsformen [...] Macht- und Herrschaftsverhältnisse sowie ökonomische (und durchaus widersprüchliche) Interessen weiterhin entscheidend sind für die konkrete Gestaltung der Globalisierung" (Brand/Brunnengräber 2005: 70; vgl. auch Brand et al. 2000; Ruf 2000).

Vor einer Änderung der Perspektive (nämlich die treibenden Kräfte der neoliberalen Globalisierung als Teil ihrer Lösung und nicht als Teil des Problems zu definieren) haben vor allem Ulrich Brand und Christoph Görg im Vorfeld des Nachhaltigkeitsgipfels in Johannisburg (2002) gewarnt. Die Autoren konstatieren sowohl auf UNO-Ebene als auch bei NGOs eine Diskursverschiebung: Es gehe nicht (mehr) um ein Gegen von Globalisierung und nachhaltiger Entwicklung, sondern um deren „richtiges Zusammenspiel" (Brand/Görg 2002: 18). Dabei würden jedoch die Ursachen der Krisen der gesellschaftlichen Naturverhältnisse nicht benannt. Mit dieser These verweisen Brand und Görg auf die hegemonialen Kämpfe und auf die neoliberale Durchdringung des Diskurses um nachhaltige Entwicklung, für die es im politisch-institutionellen Diskursstrang von Beginn an Anzeichen gegeben hat. Wenn jedoch verhindert werden soll, dass mithilfe des Nachhaltigkeitsdiskurses neoliberale Globalisierung ‚von oben' durchgesetzt wird, dann müsse „die nachhaltige Zurückdrängung ihrer treibenden Kräfte [...] das Ziel einer wirklich nachhaltigen Entwicklung sein" (Brand/Görg 2002: 43; siehe dazu Diskursstrang B.II).

---

34 Petschow et al. (1998) verweisen auf die enormen politischen Anstrengungen, die dazu nötig sind. In ihrer Studie kommen sie zu dem Ergebnis, dass bisher „Governance-Strukturen, die [...] Nachhaltigkeit [...] sichern könnten, auf globaler Ebene nicht existieren" (ebd.: 294) und insbesondere „ökologische Nachhaltigkeit [...] im Vergleich zu der Liberalisierung des Handels [...] in ihrer Durchsetzungsfähigkeit deutlich schwächer eingeschätzt werden" (ebd.) müsse.
35 Als Stichworte seien hier die Global Compact Initiative von Kofi Annan oder die Bestrebungen für Public-Private-Partnerships im Rahmen der Typ-2-Abkommen in Johannesburg genannt.

(c) Im Nachhaltigkeitsdiskurs knüpfen bereits einige Wissenschaftler_innen an die ethisch und politisch motivierte Wissenschaftskritik der 1970er- und 1980er-Jahre an (vgl. Becker/Jahn 2006c: 13). Neben der Kritik, dass nachhaltige Wissenschaft sich eben nicht länger an einer Fortschrittsideologie und am Paradigma der Naturbeherrschung orientieren dürfe, wurde und wird aus postmoderner Perspektive vor allem die Epistemologie der Moderne selbst hinterfragt: Eine Wissenschaft, die für sich beansprucht, ‚objektives', ‚wahres', ‚sicheres', ‚universelles', ‚ahistorisches', ‚transkulturelles' und ‚kontextfreies' Wissen zu produzieren, trägt laut einer Reihe von Wissenschaftler_innen selbst zur Krisenverursachung bei und wird dies auch künftig tun, wenn keine methodischen und konzeptionellen Änderungen vorgenommen werden (vgl. z. B. Werlhof 1994: 171ff.; von Winterfeld et al. 2001: 174ff.; Brand/Fürst 2002: 23f.; Dingler 2003: 23ff.). Nachhaltigkeit sei daher „als Herausforderung für eine neue Wissenschaft" (Biesecker et al. o. J.: II) zu verstehen, die nach neuen Arbeits- und Kommunikationsformen in der Praxis der Wissensproduktion und damit nach konsequenter Inter- und Transdisziplinarität[36] verlangt (vgl. ebd. sowie Brand 2000: 9ff.; Weller 2005: 163ff.; Heintze 2002: 372; Becker/Jahn 2006h: 287; Schneidewind 2009).

Sowohl die Forderung, sich an lebensweltlichen Problemlagen zu orientieren, als auch die Forderung nach selbstreflexiver Wissenschaft und Forschung berührt erneut die Frage nach dem Verhältnis von Wissenschaft und Macht. Neben den bereits dargestellten feministischen Ansätzen haben gerade die jüngsten diskurstheoretischen Arbeiten zur Erhellung der verschiedenen Vermachtungsdimensionen des Nachhaltigkeitsdiskurses beigetragen. Ein diskurstheoretischer Zugang schärft den Blick dafür, dass jede Konzeptualisierung von Nachhaltigkeit „ein Produkt des Politischen" (Dingler 2003: 494) darstellt, das sich selbst notwendigerweise als historisch und kontingent problematisieren muss. Bauriedl und Höhler (2004: 1) betonen, dass „wissenschaftliche Aussagen und Nachhaltigkeitsziele [...] nicht als irgendwie ‚natürlich' gegeben oder selbstverständlich begriffen werden" können. Sie seien sowohl Teil der „Macht-Wissen-Relationen, die bestimmte Regime von Wahrheit und Wirklichkeit begünstigen" (ebd.), als

---

36 Transdisziplinarität ist eine neue Art der Wissensproduktion. Sie ist u. a. durch die Integration verschiedener Wissensformen und durch einen dezidierten Praxisbezug gekennzeichnet. Problemlagen aus der Lebenswelt sollen – mit dem Ziel nachhaltige Entwicklungspfade zu identifizieren – Gegenstand der Forschung werden, die dafür sowohl ihre jeweiligen Disziplingrenzen überschreiten als auch gesellschaftliche, außerwissenschaftliche Akteure in den Forschungsprozess einbeziehen muss. Transdisziplinarität geht es also nicht nur um die Frage nach dem „Was", nach dem „neuen" Wissen, das gebraucht wird, sondern gleichermaßen um die Frage nach dem „Wie" – nämlich wie sich dieses lösungsorientierte und „sozial robuste Wissen" (Nowotny 1999; Nowotny et al. 2005) idealiter in Lernprozessen partizipatorisch-dialogisch erzeugen lässt (vgl. z. B. Weller 2005; Hayn/Hummel 2002). „Je neuartiger und komplexer das zu lösende Problem und je unsicherer das verfügbare Wissen für mögliche Problemlösungen", so betonen Egon Becker und Florian Keil (2006: 288), „desto wichtiger werden diese Grenzüberschreitungen" (ebd.).

auch ein Versuch, politische Realitäten zu kritisieren und zu verändern. Andere Wirklichkeiten seien denk- und machbar (vgl. ebd. sowie Foucault 1993: 16).

2.3 Diskursstränge verknüpfen

Kritisch-emanzipatorische Nachhaltigkeitsforschung als selbstreflexive Forschung muss daher nicht nur „Zusammenhänge verdeutlichen und durch Kritik des Bestehenden Alternativen aufzeigen" (Biesecker 2003a: 53). *Nachhaltigkeit neu denken* erfordert – neben Nachhaltigkeit als Diskurs zu begreifen und die Prämissen der jeweiligen Nachhaltigkeitsverständnisse transparent zu machen – als dritten Punkt auch, die verschiedenen (kritischen) Diskursstränge zueinander in Verbindung zu setzen und nach gemeinsamen theoretischen wie methodischen Elementen für nachhaltige Forschungen, Strategien und Politiken zu suchen.

Für eine solche Verknüpfung bieten sich zahlreiche Ansatzpunkte, wie die nachfolgende Analyse in Teil B zeigen wird: Prinzipien wie inter- und intragenerative Gerechtigkeit, Globalität und Langfristigkeit, Forderungen nach Partizipation sowie nach kooperativer und integrativer Problemlösung werden sowohl von integrativen Nachhaltigkeitsansätzen als auch von feministischen Ansätzen als normative und konstitutive Elemente eines Nachhaltigkeitskonzepts betrachtet (siehe die Diskursstränge B.III und B.IV). Diese Sichtweise enthält ebenfalls Verbindungspunkte und Überschneidungen zu jenen kritischen Ansätzen, die sich nicht affirmativ auf Nachhaltigkeit beziehen (siehe Diskursstrang B.II). Eine Verschränkung der Diskursstränge, die derzeit eher punktuell als systematisch erfolgt, beinhaltet die Chance, die jeweiligen Stärken und Schwächen aus anderer Perspektive zu erhellen, die Ansätze eines Diskursstrangs zu systematisieren und Forschungslücken zu identifizieren.

Das Vorhaben, die Diskursstränge zu verknüpfen, zu dem ich mit dieser Arbeit einen Beitrag leisten möchte, beginnt nicht bei null. In der feministischen Forschung zu nachhaltiger Entwicklung wurden bereits einerseits die Schnittstellen, Verknüpfungen und Bezüge zwischen Geschlechterforschung und Nachhaltigkeitsforschung herausgearbeitet und andererseits die Blockaden, die einer Verknüpfung im Wege stehen, problematisiert (a). Dennoch besteht nach wie vor Bedarf sowohl für eine tiefergehende Verschränkung von feministischer und integrativer Nachhaltigkeitsforschung als auch für eine epistemologische Auseinandersetzung mit dem Erkenntnispotenzial, das ein Genderansatz bietet, der über „das Zählen von Frauen- und Männerbeinen" (Gottschlich/Mölders 2006: 339) hinausgeht (b). Die Notwendigkeit, Diskurse bzw. Diskursstränge zu verknüpfen, zeigt sich aber auch im Hinblick auf die feministische Nachhaltigkeitsforschung und die Frauen- und Geschlechterforschung allgemein (c). Gerade weil Nachhaltigkeitsforschung auch den Anspruch erhebt, „transformative Wissenschaft" (Schneidewind/Singer-Brodowski 2013) zu sein, braucht es eine permanente Reflexion der inhaltlichen Ausrichtung, für die eine dialogische Auseinandersetzung zwischen Ansätzen, die sich affirmativ auf Nachhaltigkeit beziehen, mit solchen, die nachhaltiger Entwicklung kritisch bis ablehnend gegenüberstehen, mir besonders lohnend erscheint (d).

(a) Inter- und Transdisziplinarität haben sowohl in der Frauen- und Geschlechterforschung als auch in der Nachhaltigkeitsforschung einen hohen Stellenwert – die feministische sozial-ökologische Forschung hat dies wiederholt betont (vgl. Weller 1999, 2004; Schultz 2004; Kahlert/Thiessen/Weller 2005; Hofmeister/Mölders 2006; Schutz/Wendorf 2006; Gottschlich 2008; Hofmeister/Katz/Mölders 2013). In der Umweltforschung reicht die Debatte über Inter- und Transdisziplinarität bis in die 1960er-Jahre zurück (vgl. Weller 2005). Und seit fast fünf Jahrzehnten ist es erklärtes Ziel feministischer Forschung unter Einbeziehung der Kategorie Geschlecht, sowohl Frauen und ihre Lebenszusammenhänge sichtbar zu machen, die hierarchisch strukturierten Geschlechterverhältnisse zu analysieren und Wissenschaftskritik zu leisten, als auch die tief in allen gesellschaftlichen Strukturen verwurzelte geschlechtliche Ungleichheit zugunsten einer egalitären Gesellschaftsordnung für alle Menschen zu überwinden. Feministische Forschung ist dabei grundsätzlich interdisziplinär orientiert, wie Brück et al. (1992: 11) betonen.[37] Feministische Forschung als kritische Wissenschaft zur Veränderung hierarchischer Geschlechterverhältnisse kann zudem als transdisziplinäre Forschung identifiziert werden – verortet zwischen den Polen Theorie und Alltagspraxis, „zwischen wissenschaftlicher Erkenntnis und politischem Handeln" sowie „zwischen Normativität und Offenheit" (Wohlrab-Sahr 1993: 129). Dass sie ausgehend von Parteilichkeit und gemeinsamer Betroffenheit von Forscherinnen und beforschten Frauen (vgl. Mies 1978) auf gemeinsame Lernprozesse zwischen diesen zielte, war und ist gleichwohl auch innerhalb der Frauen- und Geschlechterforschung nicht unumstritten.[38]

---

37 Bereits an anderer Stelle (Gottschlich 1999) hab ich darauf verwiesen, dass dies nicht im Widerspruch zu der Tatsache steht, dass fast alle Disziplinen einer feministischen Re-Vision unterzogen worden. Das Fach Politikwissenschaft, in dem diese Arbeit verortet ist, ist verhältnismäßig spät unter feministischer Perspektive in den Blick genommen worden. Der Arbeitskreis „Politik und Geschlecht" gründete sich erst 1991 innerhalb der Deutschen Vereinigung für Politische Wissenschaft, während es bereits seit 1979 eine Sektion Frauenforschung in den Sozialwissenschaften in der Deutschen Gesellschaft für Soziologie gab. Eva Kreisky hat darauf verwiesen, dass dies nicht zuletzt in der Definition des Bereiches des Politischen selbst begründet liege, und kritisiert, dass die traditionelle Politikwissenschaft als Disziplin dazu beitrage, Politik als eine Männerwelt zu bewahren, da „die zentralen Begriffe der Politikwissenschaft (Staat, Öffentlichkeit, Politik, Macht, Institutionen, Interessen, Entscheidungen, Konflikt, Partizipation usw.) [...] eine männlich gestaltete und männlich beherrschte Welt" (Kreisky 1994: 14) reflektierten. Zu den mittlerweile vorliegenden Ansätzen etwa zur feministischen Staatstheorie vgl. u. a. Biester/Sauer/Young (1992); Seemann (1996); Sauer (2001); Ludwig/Sauer/Wöhl (2009); Löffler (2011); Ludwig (2014).

38 Mit den „Methodische[n] Postulate[n] zur Frauenforschung" hat Maria Mies (1978: 41ff.) eine langanhaltende Debatte über methodologische und epistemologische Fragen entfacht. U. a. forderte sie, das Postulat der Wertfreiheit, der Neutralität und Indifferenz gegenüber den Forschungsobjekten durch bewusste Parteilichkeit zu ersetzen, die vertikale Beziehung zwischen Forscherinnen und Erforschten durch eine gemeinsame Sicht ‚von unten' auszutauschen und die uninvolvierte ‚Zuschauer-

2 Theoretische Orientierungen

Neben der inter- und transdisziplinären Ausrichtung gehört es zu den Gemeinsamkeiten von feministischer Wissenschaft(skritik) und Nachhaltigkeitsforschung, dass sie zu einem guten Teil Ausdruck der „Verwissenschaftlichung von Protest(bewegungen)" (Kahlert 2005: 42) sind. Politisch zielen beide auf emanzipatorische Transformationsprozesse (List 1989; Bock-Landweer 1994; Becker/Jahn 2006b) und damit auf den Abbau der bestehenden krisenverursachenden Herrschaftsverhältnisse.

Doch die vor diesem Hintergrund zu erwartende Verschränkung von integrativer Nachhaltigkeitsforschung und feministischer Nachhaltigkeitsforschung ist im deutschen Nachhaltigkeitsdiskurs in den 1990er-Jahren zunächst ausgeblieben. Wissenschaftler_innen haben wiederholt auf diese Rezeptionsblockaden des Nachhaltigkeits-Mainstreams gegenüber feministischer Forschung hingewiesen (z. B. Weller 1999; Jungkeit et al. 2001; Schön/Keppler/Geißel 2002; Gottschlich 2008; Katz et al. 2015). Bereits zu Beginn des deutschen Nachhaltigkeitsdiskurses haben sie die damit verbundenen Folgen bezogen auf einzelne Handlungsfelder wie Mobilität, Müll, Ernährung, Arbeit und Produktentwicklung analysiert und dafür plädiert, längerfristige Forschungen auf der Metaebene nicht zu vernachlässigen. Doch auch diese Forderungen und kritischen Kommentare schienen lange nur innerhalb des feministischen Diskurses Gehör zu finden und dringen erst allmählich bis zur (nicht-feministischen) Scientific Community vor.

Die Problematik der Nichtrezeption feministischer Forschung ist bisher mindestens eine doppelte. Denn zum einen wurden und werden die bestehenden diskriminierenden Strukturen auch im und durch den Nachhaltigkeitsdiskurs reproduziert – mit der Folge einer affirmativen Reproduktion des hierarchischen Geschlechterverhältnisses. Und zum zweiten konnten und können Konzeptualisierungen von Nachhaltigkeit ohne die Einbeziehung von Fragen nach Geschlechterverhältnissen kein Orientierungswissen und damit keine anpassungsfähigen Lösungsstrategien hervorbringen – die entwickelten Ansätze sind häufig realitäts- und praxisfern, gerade weil „der Einfluss der Geschlechterverhältnisse […] sich […] selten explizit [äußert], sondern […] sich überwiegend als Subtext und ‚hidden curriculum' zwischen den Zeilen ein[schreibt]" (Weller 2004: 7). Nicht-Nachhaltigkeit ist in beiden Fällen die Folge.

(b) In den seit 1999 bestehenden Förderschwerpunkt Sozial-ökologische Forschung (SÖF)[39] im Rahmenprogramm „Forschung für nachhaltige Entwicklung" (FONA) des Bundesministeriums für Bildung und Forschung (BMBF) ist die Kategorie Geschlecht daher schon gleich zu Beginn integriert worden, verbunden

---

forschung' in die Forschungsmethode der aktiven Teilnahme an emanzipatorischen Aktionen zu transformieren. Nicht zuletzt ihre vierte Forderung, in der sie die Veränderung gesellschaftlicher Verhältnisse zum Ausgangspunkt wissenschaftlicher Erkenntnis erklärt, zeigt die große Ähnlichkeit zur Nachhaltigkeitsforschung. Zur Kritik an den Postulaten vgl. stellvertretend Thürmer-Rohr (1984).

39 Auf die SÖF und ihr Verhältnis zum ISOE und der Sozialen Ökologie gehe ich in B.IV.4 ein.

mit der Aufforderung an jedes Forschungsprojekt, diese Kategorie bei der Bearbeitung von Problemen gesellschaftlicher Naturverhältnisse mitzudenken.[40] Die Erfahrungen, die in den ersten Jahren im Förderschwerpunkt Sozial-ökologische Forschung bei der Integration der Kategorie Gender in Forschungen zu nachhaltigkeitsrelevanten Fragestellungen gemacht worden sind, zeigen, dass einerseits Gender als Variable und damit als Kategorie sozialer Differenzierung immer häufiger Eingang in die empirisch-analytische Arbeit der Forschungsprojekte gefunden hat und findet. Andererseits ist ein inhaltlich-konzeptioneller Genderzugang, der sowohl eine Erweiterung des Blicks auf den Forschungsgegenstand als auch eine Veränderung der Perspektive darauf ermöglicht, weit weniger häufig anzutreffen (vgl. Daschkeit et al. 2002: 563ff.).

Dabei leistet die feministische Nachhaltigkeitsforschung einen wissenschaftstheoretischen Beitrag zur systematischen Dekonstruktion und Rekonstruktion von zentralen Begriffen.

> „Der durch die Frauen- und Geschlechterforschung geschärfte Blick auf Dichotomien und ihre hierarchische Verfasstheit macht jenseits der Kategorie Geschlecht und den konkreten Lebenszusammenhängen von Männern und Frauen auf *systematische Abwertungen und Ausgrenzungen* aufmerksam" (Schön 2005: 81; Herv. D. G.).

Mit anderen Worten: Ein inhaltlich-konzeptioneller Genderzugang als kritische Forschungsperspektive rückt Fragen danach, welche Denk-, Verhaltens- und Rationalitätsmuster auf- bzw. abwertet werden, welche Formen des Wissens und der Wissensgenerierung anerkannt werden und welche nicht und welche Formen von Arbeit und Ökonomie im Nachhaltigkeitsdiskurs thematisiert werden und welche nicht, in den Mittelpunkt des Erkenntnisinteresses. Ein solcher Genderansatz eröffnet die Möglichkeit, neues Wissen zu produzieren; altes Wissen kann revidiert und neu geordnet werden.

(c) Auch wenn die feministische Nachhaltigkeitsforschung an die sich in den letzten drei Jahrzehnten zunehmend etablierende Frauen- und Geschlechterforschung anknüpft, so blieben bis Anfang der 2000er-Jahre doch die Verbindungslinien zwischen den Forschungssträngen weitgehend lose, wie Schön, Keppler und Geißel (2002: 7) in ihrer Sondierungsstudie zu „Gender und Nachhaltigkeit" konstatieren. „Neuere Debatten der Genderforschung wurden von der gendersensiblen Nachhaltigkeitsforschung vielfach noch nicht in vollem Umfang aufgenommen" (ebd.: 5). Die Autorinnen verweisen auf die kritische Auseinandersetzung mit homogenen Konstruktionen von Männlichkeit und Weiblichkeit, auf die Veränderung der Kategorie Gender als relationale Kategorie im Kontext anderer Ungleichheitsachsen (vor allem Schicht und ethnische Zugehörigkeit, aber

---

40 Dem vorangegangen waren allerdings auch jahrelange Auseinandersetzungen in den Forschungszusammenhängen des ISOE über die Notwendigkeit, Gender als Querschnittskategorie zu begreifen (vgl. Schultz 1987).

auch z. B. Alter, Behinderung) sowie auf die Kritik an der Konstruktion von Geschlecht, Zweigeschlechtlichkeit und Heteronormativität (vgl. ebd.).[41] Gerade wenn feministische Nachhaltigkeitsforschung vermeiden will, bestehende Geschlechterverhältnisse und damit verbundene Ordnungen zu reproduzieren, dann ergeben sich hieraus wichtige Fragen für Methodologie und Methodenentwicklung.[42] Wichtige Impulse für das Schließen dieser Lücke zwischen feministischer Nachhaltigkeitsforschung und anderen Forschungsbereichen der Frauen- und Geschlechterforschung liefern die neueren Arbeiten von Sabine Hofmeister und Christine Katz (2011) sowie das von den beiden Autorinnen gemeinsam mit Tanja Mölders herausgegebene Lehrbuch „Geschlechterverhältnisse und Nachhaltigkeit" (Hofmeister/Katz/Mölders 2013), in dem verschiedene Verständnisse von Geschlecht, die unterschiedliche Analyseperspektiven bieten, systematisiert werden: „Geschlecht als Differenzkategorie" (ebd.: 50ff.), „Geschlecht als epistemologische Kategorie" (ebd.: 55ff.), „Geschlecht als Strukturkategorie" (ebd.: 62ff.) sowie „Geschlecht als Prozesskategorie" (ebd.: 67ff.). Auch Christine Bauhardt hat in ihrem Ansatz der Ressourcenpolitik Verbindungen zwischer feministischer Ökonomik und Queer Ecologies gestiftet (vgl. Bauhardt 2011).

Das Potenzial von Verbindungen zwischen Handlungsfeldern der ‚allgemeinen' Frauen- und Geschlechterforschung und -politik und feministischer Nachhaltigkeitsforschung ist damit jedoch noch nicht erschöpft. Sowohl Ansätze und Ergebnisse der (feministischen) Konflikt- und Friedensforschung und praktischen Friedensarbeit,[43] des Frauen-Menschenrechtsdiskurses als auch der feministischen Staats- und Demokratietheorie bieten Anknüpfungspunkte für eine ge-

---

41 Bei jeder Form des Bezugs auf *die* Frauen- und Geschlechterforschung gilt es jedoch zu bedenken, dass es feministische Theorie im Singular nicht gibt (vgl. Collins 1993). Die Forderungen von Schön, Keppler und Geißel (2002) nach Verknüpfung zwischen gendersensibler Nachhaltigkeitsforschung und sozialwissenschaftlicher Genderforschung beziehen sich aber vor allem auf die im deutschen Diskurs als Differenzansatz bekannt gewordene feministische Strömung, der (de)konstruktivistische Annahmen zugrunde liegen. Geschlecht (hier ist sowohl Sex als auch Gender gemeint) wird von dieser Strömung als Konstrukt begriffen. Die Frage nach Geschlechterdifferenz verliert in diesem Ansatz ihren Stellenwert, insofern als klassifizierendes, dichotomisierendes Denken allgemein kritisiert wird. Die Produktion von Geschlechtsidentität wird als Herrschaftsakt kritisiert. Weder die Differenz zwischen den Geschlechtern noch das System der Zweigeschlechtlichkeit werden als essenziell betrachtet. Zielvorstellung ist einerseits die Demontage der dualistischen Scheineinheiten und andererseits die Anerkennung von Differenz(en) und Vielfalt (vgl. Gottschlich 1999: 14). Gegenstand solcher feministischen Theorie und Politik ist damit nicht nur die Frau als Objekt der Diskriminierung, sondern – wie Christina Thürmer-Rohr anmerkt – „ebenso die westliche Kultur als Subjekt der Diskriminierung Anderer, das heißt derjenigen, die von dieser Kultur als Andere konstruiert werden" (Thürmer-Rohr 1995: 88).
42 Eine erste Auswertung der verschiedenen Genderzugänge speziell für die SÖF bietet der Sammelband von Schäfer/Schultz/Wendorf (2006).
43 Bereits an anderer Stelle (Gottschlich 1999: 50f.) hab ich darauf verwiesen, dass die Erkenntnis, dass die gegenwärtigen globalen Herausforderungen dazu drängen, sowohl eine Theorie- als auch eine Praxisarbeit gegen alle Formen von Gewalt zu pflegen, vor allem von der internationalen Frauenbewegung in den globalen Nachhaltigkeitsdiskurs hineingetragen wurde und wird – etwa von der „Women's Action Agenda 21" (1991) sowie von der „Women's Action Agenda for a healthy planet 2015" (WEDO 2002). Fragen von Gewalt und Militarismus werden allerdings in der feministischen deutschen Forschung kaum thematisiert. In Deutschland lag und liegt der Fokus der feministischen Bear-

meinsame Suche und Ausgestaltung der politisch-institutionellen Dimension von Nachhaltigkeit. Bisher wurden friedenspolitische, menschenrechtsorientierte und staats- und demokratietheoretische Arbeiten der Frauen- und Geschlechterforschung nur vereinzelt aufgenommen und mit feministischer Nachhaltigkeitsforschung verknüpft und weitergeführt (z. B. Lang 2003a, 2003b; von Braunmühl/von Winterfeld 2003; Forum Umwelt & Entwicklung 2007).[44] Eine systematische Auf- und Ausarbeitung steht noch aus.

(d) Eine systematische Suche nach den Gemeinsamkeiten und Unterschieden, die zwischen nachhaltigkeitsaffirmativen und nachhaltigkeitskritischen Ansätzen bestehen, kann für ein kritisch-emanzipatorisches Konzept nachhaltiger Entwicklung in mindestens zweierlei Hinsicht fruchtbar sein: Erstens sind gerade Arbeiten, die dem Konzept nachhaltiger Entwicklung kritisch oder sogar ablehnend gegenüberstehen (siehe Diskursstrang B.II), hilfreich für die Ausgestaltung einer integrativen Perspektive, weil sie zum Teil auf wichtige Auslassungen und Verzerrungen im Diskurs verweisen. Zweitens erfolgt durch die ‚Diskurspartisan_innen'[45] eine stärkere Politisierung des Diskurses, die dazu beitragen kann, die jeweils vorhandene normative Orientierung transparent zu machen. Mit Hunecke (2006: 37) lässt sich argumentieren, dass nur eine bewusst reflektierte normative Ausrichtung die Gefahr für die Nachhaltigkeitsforschung bannen kann, „sich zu einer abstrakten Formalwissenschaft von Natur-Gesellschafts-Interaktionen ohne inhaltlichen Bezug zu entwickeln" (ebd.).

Gerade weil Nachhaltigkeitsforschung als „transformative Wissenschaft" (Schneidewind/Singer-Brodowski 2013) nicht nur Systemwissen, sondern auch Ziel- und Transformationswissen produziert und damit Wissen über wünschenswerte Zustände und Zukunftspfade bereitstellt, ist mit ihr immer auch eine Diskussion über die Rolle von Wissenschaft in der Gesellschaft verbunden sowie die Frage nach Werturteilen in der Wissenschaft. Als dezidiert normative Wissenschaft gehört es zum Selbstverständnis von Nachhaltigkeitsforschung das entwickelte Zielwissen der wissenschaftlichen Reflexion zugänglich zu machen (vgl. ebd.). Die Ausrichtung an einem normativen Begriff erfordert es mithin, die Annahmen und Orientierungen, die dem Forschungsprozess zugrunde liegen, herzuleiten bzw. überhaupt offen zu legen. Das bedeutet, dass Nachhaltigkeitsfor-

---

beitung der Nachhaltigkeitsidee und das Sich-Einbringen sowie die Einmischung in Agenda 21-Prozesse vor allem in Bereichen wie Stadtentwicklung, Mobilität/Verkehr, Energie, Produktions- und Konsummuster, Textilien und zunehmend im Bereich Ökonomie und Arbeit.

44 Wenn bisher auch nur stichwortartig als Teil von politischen Kampagnen – wie der Kampagne „Globale Gerechtigkeit ökologisch gestalten" der deutschen Umwelt- und Entwicklungsorganisationen zum Weltgipfel für Nachhaltige Entwicklung in Johannesburg 2002 – so wurden „Frieden, Gewaltfreiheit, Frauen- und Menschenrechte" von feministischer Seite durchaus in den Nachhaltigkeitsdiskurs eingebracht (etwa als einer von „14 Punkte[n] zum Anpacken" im gemeinsamen Papier des NRO-Frauenforum und AG Frauen im Forum Umwelt & Entwicklung 2002).

45 Dieser Begriff (allerdings im Singular) wurde von Siegfried Timpf (2003: 442) geprägt für die Rolle, die die BUKO-Autor_innen im Nachhaltigkeitsdiskurs übernehmen (siehe auch B.II.1.1).

schung sowohl normative Vorschläge für Problemlösungsstrategien erarbeitet als auch sich selbst einer Normenanalyse unterziehen muss. Notwendiger wird damit das jeweilige Nachhaltigkeitsverständnis selbst zum Gegenstand der Forschung.

3. Forschungsziele und eigenes Nachhaltigkeitsverständnis

Vor dem Hintergrund der skizzierten Forschungsaufgabe, Nachhaltigkeit neu zu denken, verfolge ich drei Ziele. Es geht mir in meiner Arbeit
a) um eine kritische Analyse bisheriger Konzeptionalisierungen, die ein Hinterfragen und Offenlegen der jeweils zugrunde liegenden Annahmen (vor allem hinsichtlich ihres Ökonomie-, Politik- und Gerechtigkeitsverständnisses) einschließt,
b) um ein bisher nicht systematisch erfolgtes Inbeziehungsetzen und eine Verknüpfung der feministischen, integrativen und (ablehnend)kritischen Nachhaltigkeitsansätze, damit Kontinuitäten und Brüche, blinde Flecken, Übereinstimmungen und Unterschiede der einzelnen Ansätze besser identifiziert werden können,
c) um eine Spurensuche nach Bausteinen für ein kritisch-emanzipatorisches Konzept kommender Nachhaltigkeit im Diskurs selbst, die insbesondere im Zusammendenken der verschiedenen Ansätze bislang ungenutztes Potenzial für emanzipatorische Aspekte und Anknüpfungspunkte sichtbar werden lässt.

Meine Arbeit bewegt sich damit zwischen zwei forschungsleitenden Ansprüchen: Einerseits werde ich Teile des Nachhaltigkeitsdiskurses diskursanalytisch untersuchen[46]. Andererseits geht es um einen eigenen Diskursbeitrag zu einem kritisch-emanzipatorischen Konzept nachhaltiger Entwicklung. Hierfür beziehe ich mich vor allem auf die normativen Konzeptionalisierungen der nicht-hegemonialen Nachhaltigkeitsdiskursstränge (siehe B.II, B.III, B.IV) und zeige Verbindungslinien auf, die bislang wenig beachtet wurden.

Die eigene Positionierung mit dieser Arbeit im Diskurs ist mit einem Plädoyer verbunden, sich für ein Verständnis von Nachhaltigkeit starkzumachen, das die radikale Offenheit des Konzepts betont und Selbstreflexion als konstitutives Element versteht: Nachhaltigkeit – ihre Ziele sowie die Wege und Methoden, sie zu erreichen – müssen nicht nur neu, sondern immer wieder neu gedacht und praktiziert werden. Ausgedrückt wird dieses Verständnis in dem Begriff *kommende Nachhaltigkeit*, den ich in Anlehnung an Jacques Derridas Begriff der „kommen-

---

[46] Zum genauen Forschungszugang und zur Methode siehe A.4, Abschnitte (b) und (c).

den Demokratie" („la démocratie à venir") formuliert habe.⁴⁷ Derrida hat immer wieder zu diesem Thema gearbeitet (vgl. insbesondere Derrida 2004: 96f., 123, 2006: 111ff.). Demokratie muss nach Derrida (1992) nicht nur gegen „die Wirkungen einer Zensur, [...] gegen die Akkumulation, Konzentration, Monopolisierung" (ebd.: 91) und „Entpolitisierung" (ebd.: 92) verteidigt, sondern immer wieder neu „erfunden werden" (ebd.: 90). Es geht „um den Versuch [...] durch die [...] Dekonstruktion des Politischen (und, in ihm, des Demokratischen) hindurch eine andere Politik, eine andere Demokratie zu denken, zu interpretieren, in die Tat umzusetzen" (Derrida 2002: 155). Es geht Derrida damit immer auch um die „Re-Konstruktion des Politischen" (ebd.). Derridas Betonung des noch Kommenden verweist auf ein „transformative and disruptive potential at the heart of democracy, it points to a promise of change in the here and now" (Matthews 2013: o. S.). Mit anderen Worten:

> „Das Politische realisiert sich [...] als Aufschub, als Öffnung auf die Zukunft, die notwendig undefiniert bleiben muss. Derridas Demokratie ist jedoch nicht nur eine, die kommen *kann* (und zugleich niemals gekommen sein wird), im Begriff der *démocratie à venir* steckt vielmehr auch die Forderung, dass sie kommen *soll* (dass aber jeder Behauptung entschieden zu widersprechen ist, sie sei bereits da)" (Bröckling/Feustel 2010: 15f.; Herv. i. O.).

Kommende Demokratie umfasst damit Kritik und Verheißung zugleich.

Die analoge Prägung des Begriffs kommende Nachhaltigkeit erscheint mir deswegen passend, weil in ihr zum einen das Prozesshafte, genauer das Unabschließbare eines offenen gesellschaftlichen, immer auch umkämpften und damit nicht konflikt- und nicht machtfreien Suchprozesses zum Ausdruck kommt. Für diese unabgeschlossene und unabschließbare Nachhaltigkeit gilt wie für die „unerledigte Demokratie": Sie „bleibt [...] jeder Abhängigkeit von einer Ontologie entzogen" (Derrida 2006: 129). D. h., das, was Derrida für den Begriff der Demokratie formuliert, lässt sich auf den Begriff der Nachhaltigkeit übertragen: Er hat keinen „eigentlichen, stabilen und eindeutigen Sinn" (ebd.: 53). Dieser „begriffslose Begriff" (ebd.) bedeutet aber *nicht*, dass keine Inhalte mit ihm verbunden sind, sondern dass seine Inhalte erstens als spezifisch historische, im Wandel begriffene verstanden werden müssen und dass diese zweitens nicht verordnet werden können und dürfen, sondern nur diskursiv zu bestimmen sind. Der Diskurs wird zum Ort der Auseinandersetzung, in dem Macht (auch) produktiv wirkt und wo gleichzeitig Widerstand und „Gegen-Hegemonie" (Brand 2005a) möglich sind.

---

47 Inspiriert zur Auseinandersetzung mit Derrida hat mich nicht zuletzt die Reihe mit dem Titel „Die kommende Demokratie", hrsg. von Wolfgang Dietrich, und hier speziell der erste Band von Daniel Hauksnost, der aus dekonstruktivistischer Perspektive danach fragt, wie das politische Projekt der Ökologiebewegung neu formuliert werden könnte (Hauksnost 2005).

Nachhaltigkeit als Diskurs umfasst die vielfältigen und verschiedenen Vorstellungen von Lebensqualität und von der Art und Weise, wie Menschen zusammenleben und gesellschaftliche Naturverhältnisse gestalten wollen. Für poststrukturalistische Theorieansätze, die sich an Vielfalt und Differenz orientieren, erscheint diese Einsicht grundlegend. Nahezu revolutionär erscheint sie nach wie vor für einen Großteil der Nachhaltigkeitsforschung, der in bester Absicht der „zunehmenden Neoliberalisierung des Diskurses" (Gottschlich/Mölders 2006) begegnen will, indem er fragt: „Welche Interpretation von ‚nachhaltiger Entwicklung' kommt den ursprünglichen Absichten am nächsten, die die Grundlage für die Einführung des Begriffes bildeten?" (Arts 1994: 6). Hierin offenbart sich ein Verständnis, das in der Tat auch von vielen Diskursakteuren aus der Praxis geteilt wird, die nach wie vor von dem ‚einen richtigen' Konzept von Nachhaltigkeit ausgehen „und sich über eine ‚Verwässerung' der eigentlich doch klaren harmonischen Vision beklagen" – wie Ulrich Schachtschneider (2005: 10) es ausdrückt. In der Regel wird (sowohl vonseiten der Bewegung als auch in der wissenschaftlichen Auseinandersetzung) in diesem Zusammenhang immer auf den Brundtland-Bericht als Referenztext für die Definition von Nachhaltigkeit verwiesen. Das ist in mehrfacher Hinsicht problematisch: Denn während der Brundtland-Bericht einerseits nachhaltige Entwicklung als Prozess gemeinsamer Zukunftsgestaltung aller gesellschaftlich relevanten Gruppen entlang inter- und intragenerativer Gerechtigkeitsgebote ausweist (und damit in jedem Fall Anknüpfungspunkte für ein kritisch-emanzipatorisches Konzept bietet, wie ich in B.I.1 zeigen werde), enthält er andererseits zahlreiche Widersprüche und vereint in sich *verschiedene* Sichtweisen auf und Möglichkeiten für die Gestaltung von gesellschaftlichen Naturverhältnissen.[48] Ihn zur alleinigen, reinen Quelle zu machen, aus der die vermeintlich wahren konstitutiven Elemente des Nachhaltigkeitsgedankens ableitbar wären, übersieht nicht nur die Widersprüche, sondern widerspricht auch der hier vertretenen Ansicht, dass Nachhaltigkeit immer als ein *dynamischer Prozess* verstanden werden muss, dessen Elemente und Prinzipien permanent reflektiert werden (müssen).

Ein solcher Ansatz muss sich dabei weder von einer inter- und intragenerativen Gerechtigkeitsperspektive noch von einem integrativen Problemverständnis unter Einbeziehung der Kategorie Gender und auch nicht von einer herrschaftskritischen Ausrichtung oder einer dekonstruktivistischen Analyse krisenverursachender Trennungen verabschieden, solange es Akteure gibt, die sich hierfür stark machen. Welche Bausteine zu einer so verstandenen kritisch-emanzipatori-

---

[48] Von mehreren Autor_innen ist problematisiert worden, dass gerade der Brundtland-Bericht eine dezidiert moderne Zielrichtung aufweise (vgl. z. B. Dingler 2003; Höhler/Luks 2004) und gerade für die (Um)Form(ulier)ung des Begriffsverständnisses von Natur im Nachhaltigkeitsdiskurs als fragile, knappe Ressource eine maßgebliche Rolle spiele (vgl. z. B. Luks 2005: 42; Timpf 2003: 432).

schen Perspektive[49] einen Beitrag leisten können, werde ich in dieser Arbeit untersuchen.

Wenn von mir die Position vertreten wird, dass radikal unentscheidbar bleibt, was nachhaltige Entwicklung beinhaltet, dann heißt das nicht, dass Transformationsprozesse in Richtung Nachhaltigkeit nicht in Gang gesetzt werden können. Es heißt nur, dass niemand einen Anspruch auf die eine ‚wahre' Nachhaltigkeit hat, aber für alle Menschen ein Anspruch auf und damit auch eine Verpflichtung für eine Wahl, eine Positionierung besteht. Ein solches Verständnis von Nachhaltigkeit bedeutet nicht den Verlust jeglicher theoretisch-normativer Kategorien, die als analytische Werkzeuge fungieren, um andere Interpretationen von Nachhaltigkeit zu untersuchen und zu bewerten. Auch ein politisches Eintreten für angestrebte gesellschaftliche Veränderungs- und Gestaltungsprozesse wird dadurch nicht unmöglich gemacht – im Gegenteil.

Denn kommende Nachhaltigkeit steht wie der Ausdruck kommende Demokratie immer auch für eine kämpferische Kritik und das unentwegte Infragestellen der gegenwärtigen Herrschaftsverhältnisse. Das dieser Arbeit in Teil A vorangestellte Zitat von Derrida ließe sich daher für den Nachhaltigkeitskontext folgendermaßen umformulieren:

„[Kommende Nachhaltigkeit erhebt] Widerspruch gegen jede naive oder politisch missbräuchliche Rhetorik, die als gegenwärtige […] [Nachhaltigkeit] ausgibt, was dem […] [nachhaltigen] Anspruch in der Nähe oder Ferne, zu Hause oder in der Welt, unangemessen bleibt, überall dort, wo die Diskurse um Menschenrechte und Demokratie [und Nachhaltigkeit] zum obszönen Alibi verkommen, wenn sie sich mit dem entsetzlichen Elend von Milliarden Sterblicher abfinden, die der Unterernährung, Krankheit und Erniedrigung preisgegeben sind, die nicht nur in erheblichem Maße Wasser und Brot, sondern auch Gleichheit und Freiheit entbehren und denen die Rechte entzogen sind, die jedem [und jeder] […] zukommen" (Derrida 2006: 123; Erg. D. G.).

Ein (de)konstruktivistisches und damit poststrukturalistisches Verständnis von nachhaltiger Entwicklung im Sinne von kommender Nachhaltigkeit ist daher gerade nicht beliebig und auch nicht moralisch indifferent. Es ist vielmehr der Ausgangspunkt für die Arbeit an Rekonstruktionsprozessen und neuen Kategorien. In diesem Sinne verstehe ich meine Arbeit an der Konkretisierung einer solchen Konzeption kommender Nachhaltigkeit als Beitrag zur Weiterentwicklung einer kritisch-emanzipatorischen Nachhaltigkeitsforschung, die Antworten auf die Fragen zu geben versucht, wie die krisenhaften Beziehungen innerhalb von und zwischen Gesellschaften sowie zwischen Gesellschaften und Natur analysiert, begrif-

---

49 Bereits an anderer Stelle habe ich mit Kolleg_innen aus der Forschungsnachwuchsgruppe „PoNa – Politiken der Naturgestaltung" „eine herrschaftskritische Ausrichtung, die Ermöglichung intra- und intergenerationeller Gerechtigkeit, die Dechiffrierung und Dekonstruktion krisenverursachender Trennungen und die Erarbeitung integrativer Perspektiven als neue Bezogenheiten zwischen diesen Trennungen sowie das Infragestellen vermeintlicher Gewissheiten als Merkmale eines kritisch-emanzipatorischen Zugangs" (Friedrich et al. 2010: 3) beschrieben.

fen und gestaltet werden können. Weder die Kritik noch die Vision stehen außerhalb des Diskurses, sondern sind ein Teil von ihm (vgl. Jäger 2001: 83).

4. Forschungszugang, Methode und Aufbau der Arbeit

Den Hauptteil der Arbeit bildet die Analyse des Diskursfelds nachhaltige Entwicklung (Teil B). Folgende Diskursstränge werden untersucht:
- Nachhaltigkeit als politisch-institutioneller Diskurs – Analyse politischer Nachhaltigkeitsdokumente (B.I)
- Diskursinterventionen – skeptische und ablehnende Stimmen im deutschen Diskurs um nachhaltige Entwicklung (B.II)
- Diskurs um Nachhaltigkeit und Gender – feministische Kritiken und Alternativen (B.III)[50]
- Integrative Nachhaltigkeitsansätze – mehr als nur ökologische Modernisierung (B.IV)[51]

Unter welchen Gesichtspunkten wurden in der vorliegenden Arbeit diese einzelnen Diskursstränge bzw. Nachhaltigkeitsansätze aus dem Nachhaltigkeitsdiskurs für die Untersuchung ausgewählt (a)? Nach welcher Methode werden sie untersucht (b)? Worin und wie äußert sich die feministische bzw. diskurstheoretische Perspektive (c)? Und schließlich: Wie ist die Arbeit aufgebaut (d)? Diesen Fragen gehe ich in den folgenden Abschnitten nach.

(a) Erstens verstehe ich meine Arbeit als einen Beitrag zur Verknüpfung feministischer und integrativer Nachhaltigkeitsforschung in Deutschland und lege daher meinen Fokus insbesondere auf Ansätze aus dem Nachhaltigkeitsdiskurs im deutschsprachigen Raum.

Zweitens erfolgt die Auswahl der zu untersuchenden Diskursstränge über die Einbeziehung verschiedener Ebenen (politisch-institutionell, bewegungsorientiert,

---

50 Diese Ansätze werden von mir unter der Bezeichnung feministische Nachhaltigkeitsansätze zusammengefasst – und nicht unter dem Begriff gendersensible Nachhaltigkeitsforschung. Dem Einwand, nicht jede Forschung, die mit der Kategorie Geschlecht bzw. Gender arbeite, sei feministisch, stimme ich auf einer allgemeinen Ebene zu. Feministische Forschung wird von mir als transformative Forschung zur Überwindung von hierarchischen Geschlechterverhältnissen im Besonderen und von Herrschaftsverhältnissen im Allgemeinen definiert (vgl. List 1989: 10). Die in dieser Arbeit zitierten Ansätze und Publikationen zu Nachhaltigkeit und Gender eint diese transformative Perspektive. Daher scheint mir die Zusammenfassung unter dem Terminus feministische Ansätze gerechtfertigt.

51 Die integrative Perspektive gilt als ein zentrales Charakteristikum von Nachhaltigkeit. Muss dann nicht eine Bezeichnung irritieren, die nur einigen Ansätzen das Adjektiv integrativ zuspricht? Anspruch und Wirklichkeit klaffen, was die tasächliche Integrationsleistung bzw. die Reflexion der Bedingungen für eine Integration der verschiedenen Nachhaltigkeitsdimensionen angeht, weit auseinander. Daher bezeichne ich in meiner Arbeit bewusst nur solche Ansätze als integrativ, die über eine additive Konzeptualisierung, wie sie dem Drei-Säulen-Modell in der Regel zugrunde liegt, hinausgehen.

wissenschaftlich).⁵² Denn in all diesen „institutionellen Feldern" (Keller 2005: 234) werden – wenn auch in unterschiedlichem Maße – Potenziale für den nachhaltigen Umbau von gesellschaftlichen Naturverhältnissen von mir vermutet.

Drittens ist die Auswahl der Ansätze mit dem Anspruch der Arbeit verbunden, Bausteine für ein kritisch-emanzipatorisches Nachhaltigkeitskonzept zu identifizieren. Damit liegt der Schwerpunkt gerade *nicht* auf der Abbildung der Heterogenität, die den Diskurs um nachhaltige Entwicklung kennzeichnet (einen entsprechenden Überblick bietet u. a. Timpf 2000, 2003). Und es geht auch nicht um den Versuch, antagonistische Interessen und die verschiedensten Diskurspositionen in Einklang zu bringen. Untersucht werden vielmehr jene Diskursstränge und Ansätze, die ihrem erklärten Selbstverständnis nach nicht den Status quo erhalten wollen, sondern denen es darum geht, integrative Lösungen für gesellschaftliche Probleme zu finden. Aus dieser Forschungsperspektive entfallen damit zugleich zwei Arten von Diskurssträngen bzw. Ansätzen, die den Nachhaltigkeitsdiskurs prägen: zum einen solche Ansätze, die den Begriff Nachhaltigkeit lediglich im Sinne ‚nachhaltigen Profits' deuten und die von Bas Arts schon 1994 unter der Überschrift „business as usual" zusammengefasst wurden.⁵³ Zum anderen auch jene, die vorrangig auf Effizienzrevolution setzen und damit einem technokratischen Nachhaltigkeitsansatz folgen, der – legt man die von mir angeführte Ökonomie- und Wissenschaftskritik (siehe A.2.2) zugrunde – ebenfalls eher als ein Teil des Problems zu identifizieren ist denn als ein konstruktiver Beitrag zu Transformationen für kommende Nachhaltigkeit.

Viertens wurden in die Auswahl neben den integrativen und feministischen Ansätzen (siehe B.III und B.IV), die sich (bei aller Kritik im Einzelnen) in ihrer Gesamtheit affirmativ auf Nachhaltigkeit beziehen, auch solche Ansätze aufgenommen, die dem Nachhaltigkeitsdiskurs skeptisch bis ablehnend gegenüberstehen (siehe B.II). Im Kern richtet sich die Kritik dieser Diskursintervenionist_innen⁵⁴ gegen die Herrschaftsvergessenheit des Diskurses um nachhaltige Entwicklung. Genau aus diesem Grund greife ich die kritischen Analysen und die Perspektiven der Diskursintervenionist_innen auf, um über deren radikale Kritik den Raum für Reflexion zu erhalten bzw. diesen ganz im Sinne eines Verständnisses von kommender Nachhaltigkeit zu erweitern – gerade durch das Infragestellen dessen, was vermeintlich evident erscheint.

---

52 Wobei die Trennungen nicht als haarscharfe Grenzziehungen gemeint sind und in keinem Fall beispielsweise solchen Ansätzen, die ich dem Feld der sozialen Bewegungen zuordne, ihre Wissenschaftlichkeit abgesprochen werden soll.

53 Gleichwohl ist die Analyse dieser Ansätze aufschlussreich, um einen Eindruck vom Spektrum des Diskursfelds zu bekommen. Zum Teil sind hier schon Untersuchungen durchgeführt worden: Die Nachhaltigkeitsvorstellungen des Bundesverbands der Deutschen Industrie und der Shell AG wurden z. B. von Timpf (2000, 2003) untersucht; den Ansatz der Weltbank analysierte Dingler (2003); zum Nachhaltigkeitsverständnis der WTO vgl. Gehne (2011).

54 Wie ich auf diesen Begriff gekommen bin und im Sinne welcher Bedeutung ich ihn verwende, erläutere ich zu Beginn von B.II.

4. Forschungszugang, Methode und Aufbau der Arbeit

Die Ansätze der Diskursinterventionist_innen lassen sich als nicht-hegemoniale Ansätze klassifizieren. Die von ihnen vertretenen Positionen stellen keinen gesamtgesellschaftlichen Konsens dar, vielmehr unterlagen diese Positionen bisher im Ringen um die Deutungshoheit, was Nachhaltigkeit ausmacht und welche Politik daraus erfolgt. Diesen Aspekt teilen sie mit den feministischen und integrativen Ansätzen, deren Positionen im Nachhaltigkeitsdiskurs ebenfalls nicht vorherrschend sind. Allen drei nicht-hegemonialen Diskurssträngen (siehe B.II, B.III, B.IV) ist gemeinsam, dass sie sich gegen die Hegemonie des neoliberalen Paradigmas in Politik, Gesellschaft und Wirtschaft wenden. Ihre Kritik gilt dabei auch dem Drei-Säulen-Modell der Nachhaltigkeit, das sie als nicht ausreichend erachten, um als Gegenmodell zum Neoliberalismus zu fungieren und eine sozial-ökologische Transformation in Richtung Nachhaltigkeit einzuleiten, da im Drei-Säulen-Modell die Zielkonflikte zwischen der sozialen, ökologischen und ökonomischen Dimension nicht thematisiert würden. Auch bleibe im Drei-Säulen-Modell als Ziel für die ökonomische Dimension die Forderung nach ökonomischem Wachstum bzw. wirtschaftlicher Stabilität durch (nachhaltiges) Wachstum – der genaue Wortlaut der Zieldefinition variiert je nach Ausprägung leicht – unverändert erhalten. Dieses weit verbreitete und -akzeptierte Drei-Säulen-Modell (das die Zielkonflikte nicht thematisiert und am Wachstumsimperativ festhält) ist derzeit als hegemoniale Ausprägung des Nachhaltigkeitsdiskurses zu bezeichnen.

Es prägt auch die Dokumente des politisch-institutionellen Diskursstrangs (siehe B.I), die daher als ‚Repräsentanten' eines hegemonialen Nachhaltigkeitsverständnisses begriffen werden können. Allerdings sind diese Dokumente, auf die sich fast alle beziehen und die insbesondere von den Diskursinterventionist_innen abgelehnt werden, die aber auch von den feministischen Vertreter_innen ob ihrer hegemonialen Positionen kritisiert werden, nicht frei von Widersprüchen. Ich werde zeigen – und hier konkretisiert sich mein fünfter Auswahlpunkt –, dass sich in den Dokumenten des hegemonialen politisch-institutionellen Diskursstrangs eben auch nicht-hegemoniale, von den Kritiker_innen aber bisher kaum beachtete Positionen finden lassen, die Anknüpfungspunkte für ein Konzept von kommender Nachhaltigkeit bieten, und die daher auch von mir analysiert werden (siehe dazu auch Zwischenfazit B.I.6 sowie die Bausteine in Teil C).

Tabelle 1: Analyseheuristik für das Diskursfeld nachhaltige Entwicklung

Diskursfeld nachhaltige Entwicklung			
Diskursstrang	**Diskursstrang**	**Diskursstrang**	**Diskursstrang**
B.I: Nachhaltigkeit als politisch-institutioneller Diskurs – Analyse politischer Nachhaltigkeitsdokumente	**B.II:** Diskursinterventionen – skeptische und ablehnende Stimmen im deutschen Diskurs um nachhaltige Entwicklung	**B.III:** Diskurs um Nachhaltigkeit und Gender – feministische Kritiken und Alternativen	**B.IV:** Integrative Nachhaltigkeitsansätze – mehr als nur ökologische Modernisierung

Die genaue Auswahl der einzelnen Ansätze und Dokumente wird jeweils zu Beginn der jeweiligen Diskursstränge (B.I, B.II, B.III und B.IV) erläutert. Mit Ausnahme der Untersuchung der Positionen der Diskursinterventionist_innen erfolgt die Analyse der einzelnen Ansätze innerhalb der Diskursstränge anhand der nachstehenden Analyseheuristiken und damit anhand der Frage nach dem spezifischen Ökonomie-, Politik- und Gerechtigkeitsverständnis.

Analyseheuristiken			
Allgemein	**Ökonomieverständnis**	**Politikverständnis**	**Gerechtigkeitsverständnis**
Genese Politischer Kontext Kritik	Rolle des Wirtschaftswachstums Thematisierung von Effizienz-, Suffizienz- und Konsistenzstrategien Verständnis von Produktivität Thematisierung von Markt- und Versorgungsökonomie sowie von bezahlten und unbezahlten Arbeitsformen	Partizipationsverständnis Kooperationsverständnis Staatsverständnis Governance-Verständnis Thematisierung von Gewalt	Verhältnis von intragenerativer und intergenerativer Gerechtigkeit Geschlechtergerechtigkeit Menschenbild Rationalitätsvorstellungen

Quelle: eigene Zusammenstellung

4. Forschungszugang, Methode und Aufbau der Arbeit

(b) Die Frage, welchen Beitrag die einzelnen Ansätze, die innerhalb dieser verschiedenen Diskursstränge analysiert werden, zu einer kritisch-emanzipatorischen Theorie und Praxis nachhaltiger Entwicklung leisten können, werde ich mithilfe meiner Analyseheuristik (siehe Tabelle 1) konkretisieren. Mein Untersuchungsinteresse gilt nicht ganz allgemein dem Nachhaltigkeitsverständnis eines Ansatzes. Es geht mir vielmehr darum, das jeweils zugrunde liegende Ökonomie-, Politik- und Gerechtigkeitsverständnis zu untersuchen und im Anschluss daran zu fragen, was diese spezifischen Verständnisse beizutragen haben für eine Neufassung des Politischen, für ein Neudenken und damit für ein Andersdenken des Ökonomischen und welche Gerechtigkeitsvorstellungen diesen Transformationsprozess vorantreiben könnten.

Bei der Analyse der jeweiligen Ökonomie-, Politik- und Gerechtigkeitsverständnisse fungieren diese nicht als rein inhaltsanalytische Kategorien (etwa im Sinne von Mayring 2010, wenngleich ich mich an seinem Verfahren der qualitativen Inhaltsanalyse durchaus orientiere). Sie werden von mir (eher) als Analyseheuristiken, als *Sensitizing Concepts* im Sinne von Blumer (1954) verwendet. Sie sind Sprachcontainern vergleichbar, die im Laufe der Analyse mit Textmaterial gefüllt werden, um Sinnstrukturen herauszuarbeiten (vgl. Kruse 2014: 390f.; Kelle et al. 2003: 239ff.). D. h., in meiner Arbeit bewege ich mich damit zwischen einem kategorisierenden und einem rekonstruktiv-hermeneutischen Verfahren: Denn während einerseits die in Tabelle 1 erfassten Unterkategorien – also beispielsweise die Frage nach der Rolle von Wirtschaftswachstum für die Konkretisierung der übergeordneten Frage nach dem Ökonomieverständnis – bereits vor der Textarbeit vorlagen (strukturiertes, deduktives Vorgehen), wurden andererseits im Laufe der Analyse ausgehend von den jeweiligen Dokumenten – und damit textnah – neue Kategorien identifiziert (offenes, induktives Vorgehen). Beispielsweise ist im Ansatz der Sozialen Ökologie (siehe B.IV.4.2) auffällig wenig von „Marktökonomie", von „Produktion" als eigenständiger Kategorie oder von „Wirtschaftswachstum" die Rede. Das Ökonomieverständnis der Sozialen Ökologie kann somit gar nicht unter die vorab gebildeten Klassifikationen aus Tabelle 1 subsumiert werden. Stattdessen arbeite ich – so viel sei an dieser Stelle vorweggenommen – in sinnrekonstruktiver Weise als ökonomische Referenzkategorien für diesen Ansatz u. a. „Reproduktion" bzw. das „Kategorienpaar Produktion-Reproduktion", „Versorgungssysteme" und „Transformationen" heraus. Mit Jan Kruse (2012) lässt sich meine Methode daher als *strukturiert-offene Vorgehensweise* bezeichnen, mit der ich offen bleibe für die Begriffe und Kategorien, die sich inhaltlich aus den jeweiligen Ansätzen rekonstruieren lassen.

Aber auch wenn ich die in Tabelle 1 angeführten Kategorien und Unterkategorien lediglich als Sprachcontainer begreife, aus dessen Textmaterial ich weitere Kategorien generieren kann, findet diese Forschung nicht losgelöst von meinen

Vorannahmen und meinem Vorwissen statt.⁵⁵ Vielmehr beruht auch das, was ich jenseits der vorformulierten Kategorien als relevant für meinen jeweiligen Sprachcontainer klassifiziere, auf meiner theoretischen Verortung und meinen normativen Orientierungen. Diese werde ich im Folgenden sowohl mit Blick auf das Ökonomieverständnis (i), Politikverständnis (ii) und Gerechtigkeitsverständnis (iii) transparent machen. Mein eigener Zugang zum Thema erschließt sich aber nicht nur aus der Erläuterung der Unterkategorien, sondern wird gespeist von bzw. spiegelt sich in der feministischen wie diskurstheoretischen Perspektive wider, die auch ein Stück meiner wissenschaftlichen Biographie sichtbar werden lässt (siehe dazu auch den folgenden Abschnitt (c)).

(i) Die Frage, wie eine Gesellschaft wirtschaftet und was konkret unter Ökonomie verstanden wird, ist zentral für die Entwicklung und Umsetzung von Nachhaltigkeitskonzepten und -strategien. Im Verlauf der letzten 20 Jahre hat innerhalb des Nachhaltigkeitsdiskurses eine Verschiebung von der Ökologie zur (neoklassischen) Ökonomie als Leitwissenschaft stattgefunden.⁵⁶ Doch in den Fokus geriet die Frage, was denn die Dimension des Ökomischen beinhalte (und was wieder ausgeschlossen bliebe), erst, als feministische Kritik an der beharrlichen Ignoranz auch im Nachhaltigkeitsdiskurs gegenüber allen sorgenden und pflegenden Tätigkeiten, die außerhalb des Erwerbsarbeitsraums angesiedelt sind, laut wurde (vgl. z. B. Busch-Lüty et al. 1994; AG Frauen im Forum Umwelt & Entwicklung 1997, 2001; Biesecker et al. 2000a).

Von dieser feministischen Grundsatzkritik ist mein Blick auf das Ökonomische geprägt. Die feministische Ökonomik, auf die ich mich in meiner Analyse immer wieder beziehe, hat gezeigt, wie Markt- und Versorgungsökonomie miteinander verwoben sind und

> „auch, wie variabel die Grenzziehung zwischen Produktion und Reproduktion ist. Denn was marktförmiger Vergesellschaftung unterliegt, ist nicht unveränderlich gegeben, sondern historisch kontingent. Immer wieder neu werden einzelne Bereiche kommodifiziert, also dem Markt unterworfen, oder dekommodifiziert, also dem Markt entzogen" (Niechoj/Tullney 2006: 15).

Diese Prozesse sind nicht zuletzt von entscheidender Bedeutung für die Transformation von Geschlechterverhältnissen. Schließlich sind Geschlechterverhältnisse nach wie vor integraler Bestandteil von ‚Reproduktions'- und Produktionsverhältnissen. Die jeweiligen Grenzziehungen zwischen den beiden Sphären verweisen zudem auf das Zusammenspiel von Ökonomie und Politik: Denn es wird gesellschaftlich entschieden, was über Märkte koordiniert wird und was nicht, wie

---

55 Eine rein induktive Datenanalyse ist gar nicht möglich. In der Auseinandersetzung um qualitative Forschung und ihre methodologischen Anforderungen wird in diesem Zusammenhang auch vom „induktivistischen Selbstmißverständnis" (Kelle/Kluge 1999: 2) gesprochen.
56 Vgl. dazu u. a. die Analysen von Jungkeit et al. (2001) und die Rezeption und Verbreitung dieser Erkenntnis durch z. B. Wichterich (2002a).

4. Forschungszugang, Methode und Aufbau der Arbeit

‚Reproduktions'- und Produktionsprozesse strukturiert und die Übergänge zwischen ihnen organisiert sind. Lösungswege aus der Krise der Erwerbsarbeit und der Krise der ‚Reproduktionsarbeit' samt ihrer negativen sozial-ökologischen Folgen lassen sich nur finden, wenn die derzeitige Trennung von Produktion und ‚Reproduktion' kritisch analysiert wird. Unter Einbeziehung der Forschungsergebnisse von Baier et al. (2005) verweist Tanja Mölders (2010: 276) darauf, dass eine solche Analyse unmittelbar mit einer Kritik an der herrschenden ökonomischen Rationalität verbunden sein müsse. Denn

> „[d]ass Frauen für die Versorgung zuständig sind und Männer sich diesbezüglich zurückhalten, ist nicht nur in Bezug auf die ‚Geschlechtergerechtigkeit' ein Problem, sondern schafft die Voraussetzung für die mangelnde Beachtung, die die herrschende Ökonomie den Menschen und ihren Bedürfnissen insgesamt zollt" (Baier et al. 2005: 91, zit. n. Mölders 2010: 276).

Bei der Analyse des jeweils zugrunde liegenden Ökonomieverständnisses geht es daher im Rahmen meiner Arbeit neben der Offenlegung vorherrschender ökonomischer Rationalitätsverständnisse vor allem darum zu fragen, ob das Ganze der Ökonomie in den Blick genommen wird. Mich interessiert, ob Prozesse der Ausblendung, Aneignung und Abwertung von Versorgungsarbeit bzw. ‚reproduktiven' Arbeiten (siehe Kasten 1) fokussiert werden und ob die Verteilung dieser Arbeiten – und damit auch die vergeschlechtlichte, intrafamiliale Arbeitsteilung[57] – ein Thema ist.

Ich untersuche nicht nur, ob Produktion und ‚Reproduktion', Markt- und Versorgungsökonomie, bezahlte und unbezahlte Arbeitsformen in ihren wechselseitigen Verbindungen in der Konzeption für eine nachhaltige Ökonomie berücksichtigt werden, sondern auch, welcher Zweck Wirtschaften an sich beigemessen wird und welche Rolle der Themenkomplex Wirtschaftswachstum spielt. Die Frage nach der Qualität und Notwendigkeit von Wirtschaftswachstum in einer nachhaltigen Ökonomie bildet einen zentralen Konfliktpunkt innerhalb des Diskurses und verweist auf ein Forschungsfeld mit vielen offenen Fragen.

(ii) Aus politikwissenschaftlicher Perspektive nach einer (neuen, alternativen) Politik der Nachhaltigkeit – bzw. in poststrukturalistischer Diktion vielmehr im Plural nach (neuen, alternativen) Politiken für Nachhaltigkeit – zu fragen, ist nicht nur naheliegend, sondern auch notwendig, da die wissenschaftlichen wie politisch-praktischen Auseinandersetzungen darüber, was sozial-ökologische Transformationen im Einzelnen für politische Rahmenbedingungen bedeuten, eher noch am Anfang stehen (vgl. dazu Heins 1997; Enquete-Kommission „Schutz des Menschen und der Umwelt" 1998; Brand/Fürst 2002; Gehrs 2006).

---

57 Die Frage nach der intrafamilialen Arbeitsteilung bezieht sich sowohl auf die vergeschlechtlichte Arbeitsteilung als auch auf die eventuelle Abgabe der Versorgungsarbeit an Dritte (z. B. an Familienmitglieder wie Großmütter, deren Arbeit in der Regel ebenfalls unbezahlt bleibt, oder an Au-pairs, Tagesmütter etc. (die häufig schlecht bezahlt werden).

Explizit wird von Vertreter_innen der Sozialen Ökologie die Krise der gesellschaftlichen Naturverhältnisse als eine „Krise des Politischen" (Becker 2006: 53) verstanden. Daher verweist die Frage „Braucht Nachhaltigkeit einen neuen Politiktypus?" (Brand/Fürst 2002: 43) nicht nur auf die Steuerungs- und Legitimationsprobleme moderner Demokratien. In ihr steckt auch die Chance auf eine Reflexion des Politikbegriffs und damit auf eine analytische Prüfung, ob – und wenn ja, welche – „herrschaftslogische[n] Verengungen und Verzerrungen" (von Braunmühl/von Winterfeld 2003: 54) im Politikbegriff der verschiedenen Nachhaltigkeitskonzeptionen enthalten sind, die, wie Claudia von Braunmühl und Uta von Winterfeld es fordern, „in einen zukunftstüchtigen Entwurf des Verhältnisses von Nachhaltigkeit und Demokratie im Kontext von Globalisierung nicht übernommen werden sollten" (ebd.).

Bei der Analyse des Politikverständnisses werde ich u. a. die Partizipationsvorstellungen der einzelnen Ansätze untersuchen und dabei herausarbeiten, ob und wie sie die bereits (in A.2.1) erwähnten Probleme, die kooperative, integrative und partizipative Nachhaltigkeitspolitiken mit sich bringen können, reflektieren. Zum anderen frage ich danach, welches Staatsverständnis den einzelnen Ansätzen zugrunde liegt. Denn wenngleich im Nachhaltigkeitsdiskurs „die Rolle des Staates zunehmend problematisiert" wird, wie Opielka (2000: o. S.) feststellt, bleiben dessen künftige Konturen doch eher undeutlich (vgl. ebd.). Die Frage nach der Zukunft des Staates und die nach seiner Ausgestaltung – beispielsweise als Wohlfahrts- oder Wettbewerbsstaat, als ermöglichender oder aktivierender Staat – ist häufig unmittelbar mit dem Governance-Verständnis verknüpft. Sie hängt zudem mit der Konzeption und Theoretisierung des Verhältnisses zwischen öffentlichem und privatem Bereich sowie zwischen gesellschaftlicher (vergesellschafteter) und individueller Verantwortung zusammen und damit auch mit der Frage, ob und inwieweit politische Maßnahmen hierarchische Geschlechterverhältnisse zementrieren, verstärken oder einen Beitrag zu ihrer Überwindung leisten. Von analytischem Interesse ist für mich auch, ob neue gesellschaftliche Arrangements als nötig angesehen werden – und wenn ja, welche Vorschläge dazu gemacht werden, die über eine deklamatorische Ebene hinausgehen.

Kasten 1: Versorgungsarbeit – ‚Reproduktionsarbeit' – Sorgearbeit – Care-Arbeit

„Versorgungsarbeit" bezeichnet laut DUDEN (2013: o. S.) die „in der Versorgung des Haushalts, der Kinder, der Partner, der Familienangehörigen bestehende Arbeit." Der Begriff ersetzt damit den im Diskurs der letzten 25 Jahre immer seltener verwendeten Begriff der Haus- und Familienarbeit. In der feministischen Theorie und Praxis wird Versorgungsarbeit häufig synonym mit den Begriffen ‚Reproduktionsarbeit', Sorgearbeit oder Care-Arbeit verwendet.

Sowohl im englischen Begriff Care-Arbeit als auch im Begriff der Versorgungsarbeit ist das Sorgen als (semantischer) Kern enthalten – das Sorgen für uns selbst, für andere Erwachsene (die theoretisch auch für sich selbst sorgen könnten), insbesondere aber für Menschen, die nicht oder nur bedingt für sich sorgen können: Kinder/Jugendliche, ältere Menschen, Menschen mit Behinderungen, kranke und pflegebedürftige Menschen. Neben Pflegearbeit gehören auch Erziehungs- und Bildungsarbeiten dazu. In einem weitgefassten Verständnis von Care (in Anlehnung an Tronto/Fisher 1990: 40; Tronto 1993: 103), auf dass ich hier – wie schon in anderen Arbeiten (vgl. Gottschlich 2012; Gottschlich et al. 2104) – aufbaue, schließt der Begriff auch die Sorgearbeiten für zukünftige Generationen und Natur, Tiere und Pflanzen mit ein – unter Berücksichtigung ihrer jeweiligen Eigenzeiten und Eigenentwicklungen. Care-Tätigkeiten setzen Menschen in Beziehung zu anderen Menschen und ökologischer Mitwelt, erfordern Empathiefähigkeit und Umsicht. Sie gründen auf einer Rationalität der Für- *und* Vorsorge (siehe dazu insbesondere Diskursstrang B.III.5.3 sowie C.3.2.3).

Eine synonyme Verwendung der verschiedenen Begriffe ist allerdings nicht unproblematisch, da mit jedem neuen Begriff auch diskursive Verschiebungen und neue Perspektiven und Schwerpunktsetzungen im Bereich (sozial-ökologischer) feministischer Ökonomik verbunden sind, die nicht unumstritten sind (vgl. zur Kritik am Care-Diskurs z. B. Haug 2011). Allerdings ist es umgekehrt ebenso wenig möglich, eine allgemeingültige, trennscharfe Definition der Begriffe vorzunehmen. Denn zum einen überlappen sich die mit diesen Begriffen verbundenen Diskurse und gehen in einander über. Zum anderen sind die Begriffe selbst diskursiv. Während Biesecker und Hofmeister (2013) beispielsweise Sorge und Fürsorge bzw. fürsorgliche Praxis (als eine mögliche Übersetzung von Care) im Prinzip der Vorsorge (als dem umfassenderen Begriff) enthalten sehen, gibt es Definitionen von Care, die durchaus synonym mit diesem umfassenden Verständnis von Vorsorge, das auch die zeitliche Dimension berücksichtigt, verwendet werden könnten (zu den verschiedenen Ausdeutungen und Entstehungskontexten von Care vgl. Gottschlich et al. 2014). Dies erschwert auch eine Übersetzung von Care. In dieser Arbeit benutze ich daher im Folgenden bei meiner Analyse zunächst die in den jeweiligen Ansätzen und Diskursen gewählten Begriffe. Diese Begriffe geben auch Auskunft über die jeweilige Verortung in einem spezifischen Diskurs zu einer bestimmten Zeit. Im zusammenführenden Teil C verwende ich dann den Care-Begriff im oben beschriebenen weit gefassten Sinn bzw. die Schreibweise Für_Sorge/Care.

(iii) Was Gerechtigkeit im Einzelnen ausmacht, „ist sowohl im Alltag als auch in der Philosophie heftig umstritten" (Höffe 2004: 26). Im Rahmen der Analyse werde ich daher untersuchen, was in den jeweiligen Ansätzen unter Gerechtigkeit verstanden wird und ob beispielsweise auch Geschlechtergerechtigkeit als eine Ausprägung von Gerechtigkeit explizit berücksichtigt wird. Auch nach normativen Prinzipien und nach Rationalitäten frage ich und danach, welches Menschenbild dem jeweiligen Ansatz zugrunde liegt.

Die Analyse des jeweiligen Gerechtigkeitsverständnisses gibt zugleich Aufschluss über die Verfasstheit des Nachhaltigkeitsdiskurses insgesamt. Denn was die Frage der Gerechtigkeit anbetrifft, so scheint der Diskurs um nachhaltige Entwicklung von einem bemerkenswerten Paradox geprägt. Sich auf Nachhaltigkeit zu beziehen, heißt in der Regel, sich auf einen Gerechtigkeitsdiskurs zu beziehen, der auf Bedürfnisbefriedigung heutiger und künftiger Generationen abzielt. Daraus ließe sich ableiten, dass Prozesse nachhaltiger Entwicklung auf den Abbau von direkter, struktureller und symbolisch-kultureller Gewalt[58] abzielen (müssten), wenn man Gewalt versteht als die Deprivation von Überlebens-, Wohlbefindens-, Identitäts- und Freiheitsbedürfnissen (vgl. Galtung 1998). Denn Bedürfnisdeprivation – hier schlösse sich der Kreis – wird als nicht nachhaltig angesehen. Doch die Frage, wie Gesellschaften, Gruppen und Individuen mit vorhandenen Gewaltpotenzialen (also mit Ungerechtigkeitsquellen) umgehen, wird im Nachhaltigkeitsdiskurs – so scheint es zumindest auf den ersten Blick – kaum gestellt.

Anfang des 21. Jahrhunderts ist die Bedürfnisbefriedigung für alle Menschen nicht gewährleistet und auch die im September 2000 beschlossenen acht Millennium Development Goals (u. a. die Halbierung der Anzahl der weltweit in Armut lebenden Menschen, Bildung für alle Kinder und die Verbesserung der Gesundheit von Müttern und Kindern) können bis 2015 nicht, wie anvisiert, erreicht werden (General Assembly 2000a; vgl. dazu auch die von UNDP herausgegebenen Human Development Reports 1990 bis 2013). Im Nachhaltigkeitsdiskus wird der Gerechtigkeitsbezug auf programmatischer Ebene zwar vielfach hergestellt, er gleicht jedoch eher einer Eintrittskarte zur Teilnahme am Diskurs, um an der Produktion von Nachhaltigkeitsbedeutungen und eigenen Subjektivie-

---

58 Eine vertiefende Bearbeitung der verschiedenen Formen der Gewalt und ihrer Zusammenhänge kann an dieser Stelle nicht geleistet werden. Meine Definition stützt sich vor allem auf die wissenschaftlichen Arbeiten von Johan Galtung (vgl. 1998). Gewaltverhältnisse umfassen hiernach u. a.: direkte Mittel der Beherrschung (wie Töten, Verstümmeln, Folter, Entzug von Lebensmöglichkeiten, Repression); strukturelle Verankerungen, die vor allem die ökonomische Gewaltdimension spiegeln (wie z. B. Ausbeutung, Marginalisierung, Zugang zu Ressourcen, Eigentumsverteilung), aber auch Diskriminierung nach Kategorien und Rollenzuweisungen (wie Geschlecht, Nation, ‚Rasse'/Ethnie, Alter, Bildungsstand etc.) sowie Formen der herrschaftlichen Legitimierung von direkter und struktureller Gewalt (mittels Ideologie, Religion, Wissenschaft, Sprache, Medienkontrolle etc.).

rungen[59] mitzuwirken. Siegfried Timpf bezeichnet dieses Phänomen folglich auch nicht als Paradox, sondern als „Regeln der diskursiven Formation" (Timpf 2003: 433):

> „Die Regeln der diskursiven Formation sind – was auch immer an konkreten Vorschlägen entwickelt wird – ablesbar an dem Auftauchen der ethischen Grundaussage des Brundtland-Berichts. Ist das Ritual der Wiederholung der Grundformel: ‚Befriedigung der Bedürfnisse der Gegenwart ohne Gefährdung der Bedürfnisbefriedigung zukünftiger Generationen' vollzogen, so ist innerhalb polarisierter Bedeutungen eine Positionierung möglich (Markt – Gerechtigkeit, Natur – Mensch, Wachstum – Entwicklung, Technik (Effizienz) – Lebensweise (Suffizienz), und dies völlig unabhängig davon, ob eine kritische oder zustimmende Position gebildet wird" (ebd.).

Mit anderen Worten: Der „obligatorische Bezug zur ethischen Basisaussage" (ebd.: 435) des Brundtland-Berichts garantiert gerade nicht, dass auf theoretischer und/oder konzeptioneller Ebene eine Auseinandersetzung um die Frage stattfindet, was unter Gerechtigkeit verstanden wird. Insbesondere von den nicht-hegemonialen Diskurssträngen, die in dieser Arbeit untersucht werden, wird jedoch vermutet, dass sie Gerechtigkeitsaspekte gleichwertig und konsequent integrativ im Zusammenhang mit ökologischen Fragen berücksichtigen. Ich frage entsprechend nach den Vorstellungen, die das Verhältnis von inter- und intragenerativer Gerechtigkeit betreffen.

Aber nicht nur die explizite theoretische wie praktische Auseinandersetzung um Gerechtigkeitsvorstellungen nahm lange Zeit relativ wenig Raum im Nachhaltigkeitsdiskurs ein (für Ausnahmen vgl. z. B. Heins 1998; Acker-Widmaier 1999; Diefenbacher 2001; Müller/Reder 2003a, 2003b; Vogt 2003; Massarrat 2004a; Ott/Döring 2004) – auch eine Analyse der implizit zugrunde gelegten Gerechtigkeitsvorstellungen ist bisher nicht systematisch geleistet worden. Häufig wird ganz allgemein soziale Gerechtigkeit gefordert. Doch die inhaltliche Füllung hängt ganz entscheidend von dem jeweils zugrunde liegenden Theorieparadigma ab. Auch im Nachhaltigkeitsdiskurs werden Verteilungsideen und -konzepte unterschiedlicher politisch-philosophischer Strömungen reproduziert, gleichzeitig prägen sie ihn nicht nur, sondern verändern diesen auch – je nach diskursiver Schwerpunktverlagerung. Nach Huber (1995: 87ff.) konkurrieren miteinander *Bedürfnisgerechtigkeit* (‚Jedes Individuum nach seinen Fähigkeiten und Bedürfnissen'), *Leistungsgerechtigkeit* (‚Jedes Individuum nach seinen Leistungen') und *Besitzstandsgerechtigkeit* (‚Jedes Individuum nach seinem Besitzstand'). Bei der

---

59 Timpf arbeitet in seiner Dissertation heraus, dass der Nachhaltigkeitsdiskurs den unterschiedlichen gesellschaftlichen Akteuren die Möglichkeit bietet, ihre Identität zu verändern. Indem z. B. Akteure wie Bayer, BMW, der Bundesverband der Deutschen Industrie oder die Shell AG sich zur Nachhaltigkeit als Ziel bekennen, würden sie zunächst zu potenziellen Partner_innen im Kampf gegen die nicht nachhaltigen Herausforderungen der Gegenwart – völlig unabhängig davon, ob NGOs ihre Aktivitäten als Prozesse des Greenwashings kritisieren. Die Konfrontation z. B. zwischen Vertreter_innen transnationaler Konzerne und Umweltaktivist_innen weiche auf. Die Probleme würden zum Gegenstand gemeinsamer Governance-Aktivitäten.

Frage nach dem jeweiligen Gerechtigkeitsverständnis untersuche ich daher auch, ob Ansätze, die beispielsweise *soziale Gerechtigkeit* und/oder *Verteilungsgerechtigkeit* fordern, diese konkretisieren und ob sie ausführen, nach welchen Kriterien innerhalb von und zwischen Generationen Verteilung stattfinden soll.

(c) Diese Arbeit verfolgt das Ziel, Bausteine für ein kritisch-emanzipatorisches Konzept nachhaltiger Entwicklung aus feministischer, diskurstheoretischer Perspektive zu liefern.

Worin und wie äußert sich die feministische Perspektive?

Zu den zentralen Annahmen meiner Arbeit gehört, dass ohne die Einbeziehung der Kategorie Geschlecht kein nachhaltiges Transformations- und Handlungswissen für das Konzept kommender Nachhaltigkeit gewonnen werden kann. Die Bedeutung und die Berücksichtigung von Geschlechterverhältnissen stellen sich in meiner Arbeit wie folgt dar:

Erstens: Ich frage im Zuge der Untersuchung des jeweils zugrunde liegenden Gerechtigkeitsverständnisses der ausgewählten Nachhaltigkeitsansätze explizit danach, ob und wie in ihnen Geschlechtergerechtigkeit theoretisiert und berücksichtigt wird.

Zweitens: Ich rezipiere Ergebnisse der feministischen Nachhaltigkeitsforschung, stelle ihre Kritik am hegemonialen Nachhaltigkeitsdiskurs vor und analysiere einige ihrer Alternativkonzepte (siehe B.III).

Drittens: Ich knüpfe bereits bei der Entwicklung meiner Analyseheuristiken an Erkenntnisse der feministischen Theorien, insbesondere an die feministische Ökonomik, an. Im Zentrum des interdisziplinären Feldes feministischer Theoriebildung stehen die Analyse von Geschlechterverhältnissen und die Kritik an ihrer hierarchischen Verfasstheit. Feministische Theorien haben dafür sensibilisiert, dass Dichotomien nicht neutral oder gleichwertig verfasst sind. Ein Teil dominiert den anderen, anstatt dass Unterschiede gleichberechtigt in ihrer Vielfalt anerkannt werden.[60] Die Prozesse der Hierarchisierung prägen sowohl die materielle als auch die symbolische Ebene, sowohl die individuelle als auch die strukturelle Ebene. Feministische Forschung hat nicht nur den ungleichen Zugang zu Ressourcen, die ungleiche Verteilung von Einkommen, Macht und Entscheidungsbefugnissen, Lebenschancen und Verantwortlichkeiten von Frauen und Männern in den Blick genommen. Sie hat auch aufgezeigt, dass geschlechtlich kodierte Werturteile und Handlungsprinzipien in fast allen gesellschaftlichen Bereichen und Themenfeldern dazu führen, dass bestimmte Denk-, Verhaltens- und Rationalitätsmuster auf- bzw. abgewertet werden. Die Kritik an der Ausblendung von Lebenswelt(en) – d. h. des Privaten, des menschlichen ‚Reproduktionsbereichs' –

---

60 Vgl. stellvertretend für die Vielzahl von feministischen Arbeiten den Aufsatz von Lenz (2006: 101ff.) und den Kommentar von Becker-Schmid (2006: 116ff.) dazu.

sowohl als Forschungsgegenstand von Wissenschaft und Politik als auch als Ort, an dem Handlungs-, System- und Transformationswissen durch Alltagserfahrung und -kompetenz erzeugt werden, bildet den Ausgangspunkt für feministische Theorie und Praxis, den systematischen Abwertungen und Ausgrenzungen auch über die Kategorie Geschlecht hinaus entgegenzutreten (vgl. dazu Schön 2005: 78ff.; Gottschlich/Mölders 2006: 336ff.; Forschungsverbund „Blockierter Wandel?" 2007: 11ff.). Dieser kritischen Perspektive gegenüber Ausblendungen, Abwertungen und Ausgrenzungen schließe ich mich an, wenn ich beispielsweise bei der Analyse des Ökonomieverständnisses danach frage, ob ein enges oder erweitertes Ökonomie- bzw. Arbeitsverständnis zugrunde gelegt wird. Mein feministischer Zugang drückt sich damit methodisch/paradigmatisch in einer inhaltlich-konzeptionellen Genderperspektive aus. Es geht mir auch immer um das Sichtbarmachen von krisenverursachenden und verschärfenden dichotomen Denk- und Handlungsmustern, die einer nachhaltigen Entwicklung im Wege stehen.

Viertens begreife ich in Anlehnung an List (1989: 10) die feministische Perspektive als transformative Perspektive und Feminismus als transformativen Ansatz, der sich auf die gesamte Gesellschaft bezieht: D. h., es geht nicht nur um die Beseitigung von hierarchischen Geschlechterverhältnissen einschließlich der in Ökonomie und Politik eingeschriebenen vergeschlechtlichten Strukturen, sondern um die Bearbeitung und Auflösung auch anderer Herrschaftsverhältnisse. Die Frage nach der Verfasstheit der Geschlechterverhältnisse dient dabei gewissermaßen als eine Art „Eye Opener" (Schultz/Hummel/Hayn 2006: 224) für Ungleichheitsverhältnisse verschiedenster Art: Sie ermöglicht es, neben geschlechtsspezifischen auch weitere soziale Differenzierungen etwa in Bezug auf ethnische Zugehörigkeit, Behinderungen, Alter, Einkommen/Klasse zu erfassen, den damit verbundenen Hierarchisierungs- und Ausgrenzungsprozessen kritisch-analytisch nachzuspüren und diese für transformierende Gestaltungsperspektiven zu operationalisieren – zugunsten einer egalitären Gesellschaftsordnung für alle Menschen (vgl. ebd.; siehe dazu auch IV.4.3). Diese Definition von Feminismus, die ihren Fokus auf Fragen der Herrschaft (und ihrem Abbau) und Macht (im Sinne eines Empowerments der bisher Machtlosen)[61] richtet, weist inhaltliche Gemeinsamkeiten mit meiner kritisch-emanzipatorischen Konzeption kommender Nachhaltigkeit auf bzw. wird von mir als wichtig für deren Konkretisierung verstanden.

Worin und wie äußert sich die diskurstheoretische Perspektive meiner Arbeit?

Ich habe bereits ausführlich dargestellt (siehe A.2.1), wie fruchtbar und konstruktiv es ist, die Auseinandersetzungen um nachhaltige Entwicklung als einen

---

61 Zu dieser analytischen Trennung vgl. vor allem Hannah Arendt (2005). Zu meiner Definition von Macht und Herrschaft siehe Fußnote 10 in dieser Arbeit.

Diskurs im postmodernen Sinne zu identifizieren, als einen Kampf um unterschiedliche semantische Füllungen von Nachhaltigkeit. Mittels diskurstheoretischer Methoden lässt sich dieser Diskurs samt seiner hegemonialen und nicht-hegemonialen Diskursstränge beschreiben und analysieren. Mein zweiter paradigmatischer Zugang ist entsprechend von poststrukturalistischer politischer Theorie(bildung) und ihrer Kritik an der Epistemologie der Moderne geprägt (siehe auch A.2.2, Abschnitt (c)).

Bis Anfang der 2000er-Jahre bestand ein zentrales Defizit der wenigen Versuche, poststrukturalistisches Denken mit Nachhaltigkeitsforschung im Allgemeinen und mit sozial-ökologischer Forschung im Besonderen zu verknüpfen, gerade darin, dass kaum genau erläutert wurde, was unter Postmoderne verstanden wurde und wie postmoderne Begriffe und Methoden daraus abgeleitet wurden. Johannes Dingler und Siegfried Timpf haben dieses Manko nicht nur benannt, sondern mit ihren Dissertationen über „Postmoderne und Nachhaltigkeit" (Dingler 2003) bzw. über „Das Dispositiv der zukunftsfähigen Entwicklung" (Timpf 2000) auch wichtige Grundlagenarbeiten für die sozial-ökologische Forschung[62] geliefert, indem sie ausführlich postmoderne Theoriebildung dargestellt und im Zusammenhang mit Nachhaltigkeit diskutiert haben. Bevor ich auf die diskurstheoretische Analyse[63] nach Dingler (2003: 1-188) eingehe, auf die ich mich – in einer modifizierten Variante – in meiner Arbeit beziehe, werde ich knapp auf einige diskurstheoretische Grundlagen rekurrieren, die zum Teil bereits in den vorangegangenen Ausführungen zur Notwendigkeit, Nachhaltigkeit neu zu denken, angesprochen wurden, hier aber noch einmal zusammengefasst werden sollen.

Ich begreife den Nachhaltigkeitsdiskurs wie alle Diskurse als kontingent.[64] Genau wie bei einem Zeichen oder einem Text existiert auch bei zentralen Diskursbegriffen kein authentischer Sinn an sich, keine Bedeutung, die nicht instabil und an ihren lokalen und historischen Kontext gebunden ist.[65] In der postmodernen Theoriebildung ist die Dekonstruktion die Methode „des Befragens von Begründungszusammenhängen" (Schulz 2012: 107). Mit ihrer Hilfe lassen sich Kontingenzen und Instabilitäten eines Texts, eines Konzepts, eines Begriffs aufzeigen.

> „Die Dekonstruktion weist Essentialisierungen als ungerechtfertigte Repräsentationsbehauptungen aus, sie entlarvt Notwendigkeitsansprüche als Kontingenzen, Unterstellungen

---

62 Die Forschungsnachwuchsgruppe NEDS z. B. bezieht sich in ihrer methodischen und paradigmatischen Ausrichtung explizit sowohl auf die Arbeit von Johannes Dingler (2003) als auch auf die Arbeiten von Siegfried Timpf (2000, 2003).
63 Der besondere Verdienst von Dingler liegt darin, dass er wie kaum ein anderer weit über das übliche Maß hinaus zu einer metatheoretischen Erörterung einer angewandten Diskursanalyse beigetragen hat.
64 „Kontingent ist etwas, was weder notwendig ist noch unmöglich ist; was also so, wie es ist (war, sein wird), sein kann, aber auch anders möglich ist. Der Begriff bezeichnet mithin Gegebenes [...] im Hinblick auf mögliches Anderssein" (Luhmann 1984: 152, zit. n. Dingler 2003: 71).
65 Vgl. dazu auch die Ausführungen von Donna Haraway (1988, 1995) zum situierten Wissen.

4. Forschungszugang, Methode und Aufbau der Arbeit

der Referenz als textinterne Verweisungsakte, Behauptungen der Stabilität als Verschleierung von Instabilitäten und transzendentale Signifikate als metaphysische Prämissen. Durch eine dekonstruktive Analyse kann somit jeder Universalismusanspruch, jede Ambition auf allgemeine ahistorische Geltung, jedes Streben nach endgültiger Bedeutungsfixierung delegitimiert und als ungerechtfertige Setzung ausgewiesen werden" (Dingler 2003: 72f.).

Mittels Dekonstruktion werden die Begriffe und ihre Entstehungsgeschichte selbst hinterfragbar. Mit in den Blick gerät neben dem Gesagten, dem Sichtbaren gerade das, was nicht gesagt, sondern vernachlässigt, verneint, verschleiert, entnannt[66] wird. Von der feministischen Forschung ist die Methode der Dekonstruktion für eine kritische Revision der verschiedensten wissenschaftlichen Ansätze fast aller Einzeldisziplinen genutzt worden, um Wissenschaftskritik zu leisten, vergeschlechtlichte Verzerrungen und geschlechtshalbierte Konstruktionen der Wirklichkeit aufzudecken und um Wege der Veränderung aufzuzeigen. Entscheidend für solche Transformationsprozesse waren und sind – und das betrifft auch die Ausrichtung meiner Arbeit – die auf die Dekonstruktion folgenden Rekonstruktionsprozesse. Denn der Dekonstruktion geht es nicht um „Zerstörung, sondern Zerlegung" (Zima 1994: 30), um daran anschließend zu neuen Begriffen und Konzepten in veränderter Perspektive zu kommen, wohl wissend, dass auch diese neu gewonnenen Ausgangspunkte wiederum soziale Konstruktionen darstellen (vgl. zur feministischen Dekonstruktions- und Rekonstruktionsanalyse auch Rodenstein 1992: 24f. sowie Weller 2004: 8ff.).

Mein Ziel ist die Konkretisierung von kommender Nachhaltigkeit durch die Analyse und das In-Bezug-Setzen der bisher marginalisierten Stränge im Nachhaltigkeitsdiskurs. In diesem Sinne weicht meine Arbeit von jenen diskursanalytischen Verfahren ab, deren Ziel es ist, „sich möglichst ‚neutral' dem Gegenstand zu nähern" (Jäger 2004: 338).

Obwohl jeder Versuch, postmoderne Diskurstheorie und Diskursanalyse auf den Diskurs um nachhaltige Entwicklung anzuwenden, zunächst vor dem Problem steht, dass es „keine einzelne, allgemein anerkannte Methode der Diskursanalyse" (Dingler 2003: 182) gibt,[67] so wird von Vertreter_innen diskursanalytischer Verfahren wie z. B. Margret Jäger (2004) betont, dass eine Diskursanalyse ein Themenfeld möglichst in seiner gesamten Aussagenbreite untersuchen sollte:

---

66 Das aussagekräftige Wort des *Ent-nennens*, das seinen Weg in den Duden noch nicht gefunden hat, ist mir zum ersten Mal in einer Arbeit von Iris Nowak (2005) begegnet. Es wird vor allem in kritischen Analysen, die sich mit performativen Prozessen beschäftigen, benutzt. Denn dieses Wort thematisiert den Unterschied zu den unabsichtlichen blinden Flecken. In seiner Bedeutung, „etwas aus dem Diskurs heraus- bzw. unsichtbar zu halten", kommt es der Aktivität des Verschweigens nahe, ist mit diesem aber nicht deckungsgleich.

67 Entsprechend bezeichnet Reiner Keller seine eigenen Arbeiten an einer „[w]issenssoziologischen Diskursanalyse" auch als die „Grundlegung eines Forschungsprogramms" (Keller 2005) und nicht in erster Linie als Methode.

„Es kann und darf bei Diskursanalysen nicht darum gehen, nur bestimmte, z. B. sexistische, Ideologiefragmente zu erfassen. Analysiert wird [sic] ein Aussagenfeld und alle, also z. B. auch nicht-sexistische, Elemente. Wenn die Analyse zeigt, dass z. B. sexistische Momente vorherrschend oder dominant sind, dann lässt sich ein solcher Diskurs deshalb als sexistisch strukturiert bezeichnen, weil wesentliche Teile von dieser Perspektive durchdrungen sind" (ebd.: 338).

Keller (2005: 257) weist jedoch darauf hin, dass die (wissenssoziologische) Diskursanalyse sehr unterschiedliche Aspekte fokussieren kann und deshalb „eine forschungspragmatische Auswahl" getroffen werden muss. Bei meiner eigenen forschungspragmatischen Auswahl beziehe ich mich sowohl auf die bereits vorliegenden Ergebnisse der diskurstheoretisch orientierten Forschung allgemein als auch auf die diskursanalytischen Arbeiten im und zum Themenfeld Nachhaltigkeit – insbesondere auf die Diskursanalyse nach Dingler (2003: 148ff.), deren Schritte ich im Folgenden vorstelle.

In einem ersten Schritt geht es nach Dingler um die Festlegung dessen, was als Diskurs untersucht werden soll, diese Abgrenzung/Typisierung kann z. B. thematisch, disziplinspezifisch oder akteurspezifisch erfolgen. Ein zweiter Schritt „umfasst die Beschreibung der diskurstheoretisch konzeptualisierten Realisierung von Diskursen, in deren Verlauf meist ein hegemonialer und verschiedene marginalisierte Diskurse entstehen" (ebd.: 183). Denn wenngleich Diskurse einem ständigen Wandel unterliegen, so kann ein hegemonialer Diskurs dennoch „temporäre Stabilität erlangen und alternative Konkurrenten zurückdrängen" (ebd.: 184), ohne dass diese sich damit gänzlich auflösten. Dingler betont, dass dabei auch der hegemoniale Diskurs gleichzeitig von Heterogenität im Inneren geprägt sein kann, so dass „weiterhin eine Heterogenität diskursiver Alternativen" (ebd.) besteht. In einem dritten Schritt der Diskursanalyse wird der hegemoniale Diskurs eingehend analysiert (vgl. ebd.: 185f.). Untersucht werden sollen dabei sowohl die interne Kontinuität als auch die internen Diskontinuitäten. Da ein Diskurs sich immer aus anderen Diskursen entwickelt bzw. aus Diskursverschränkungen besteht, lassen sich zudem externe Kontinuitäten bzw. externe Diskontinuitäten feststellen. Auch die temporale Kontinuität bzw. die temporalen Diskontinuitäten müssen analysiert werden, um feststellen zu können, ob und wie sich welche diskursiven Elemente im zeitlichen Verlauf des Diskurses verändern und wie sie rekonfiguriert werden. Nach der Analyse des hegemonialen Diskurses werden viertens die marginalisierten Diskurse jeweils auf interne, externe und temporale Kontinuitäten und Diskontinuitäten untersucht. Ähnlichkeiten und Unterschiede zwischen den marginalisierten Diskursen sollen herausgearbeitet werden (vgl. ebd.: 187). In einem fünften Schritt geht es schließlich um die Analyse der wesentlichen Konzepte, Elemente und Strukturen der Diskurse. Dazu wird eine Dekonstruktion dieser Konzepte, Elemente und Strukturen durchgeführt, indem ihre wesentlichen Grundannahmen, ihre impliziten Prämissen, ihre Bezüge untereinander und ihre Instabilitäten aufgezeigt werden (vgl. ebd.: 187f.).

Nimmt man das aus fünf Schritten bestehende diskursanalytische Verfahren nach Dingler (vgl. ebd.) zum Maßstab, dann lässt sich zeigen, dass ein Schwerpunkt bisheriger (diskursanalytischer) Arbeiten in der eingehenden Untersuchung der ersten drei Schritte gelegen hat. Zur Erschließung des diskursiven Kontextes wurde vielfach der historische Verlauf des untersuchten Diskurses dargestellt und analysiert. Antworten auf die Frage, welche Bezüge der Nachhaltigkeitsdiskurs zu anderen, historisch vorangehenden oder parallel situierten, konkurrierenden Diskursen enthält, wurden bisher im Hinblick auf die Verschränkung von Umwelt- und Entwicklungsdiskurs(en) bzw. auf die Ökologisierung des entwicklungspolitischen Diskurses gegeben (siehe dazu meine Ausführungen in A.2.1). Bearbeitet wurden ferner Fragen nach den im Nachhaltigkeitsdiskurs enthaltenen Formationen der Gegenstände, der Äußerungsmodalitäten, der Begriffe und der Strategien.[68] Im Fokus von Analyse (und Kritik) stand dabei in der Regel der hegemoniale Nachhaltigkeitsdiskurs. Die Untersuchung der marginalisierten bzw. zumindest nicht-hegemonialen Diskursstränge erfolgte bisher vorrangig mit Blick auf die Untermauerung der Kritik am hegemonialen Nachhaltigkeitsdiskurs. Das in den nicht-hegemonialen Anteilen enthaltene Potenzial für alternative Nachhaltigkeitskonzepte war bisher nur selten Gegenstand von De- bzw. Rekonstruktionsprozessen. Mein diskurstheoretisch inspiriertes Interesse gilt nun genau dieser Lücke: der Untersuchung der Ähnlichkeiten und Unterschiede jener nicht-hegemonialen Ansätze sowie ihrer wesentlichen Grundannahmen als auch ihrer Verbindungen zum hegemonialen Diskurs um nachhaltige Entwicklung. Und damit komme ich zum Aufbau meiner Arbeit.

(d) Im Hauptteil B meiner Arbeit untersuche ich die eingangs genannten vier Diskursstränge – politisch-institutionelle (siehe B.I), skeptisch-ablehnende (siehe B.II), feministische (siehe B.III), und integrative (siehe B.IV) Ansätze – aus dem Diskurs um nachhaltige Entwicklung. Eine Begründung der Auswahl jener Ansätze, die ich als repräsentativ für den jeweiligen Diskursstrang ansehe, erfolgt jeweils zu Beginn – als Einführung in die vier Diskursstränge. Mit Ausnahme der Untersuchung der Positionen der Diskursinterventionist_innen analysiere ich die Ansätze anhand der bereits beschriebenen Analyseheuristiken und damit anhand der Frage nach dem jeweils spezifischen Ökonomie-, Politik- und Gerechtigkeits-

---

68 Timpf beispielsweise hat sich eingehend mit Formationsregeln des Nachhaltigkeitsdiskurses auseinandergesetzt und den „Prozess der symbolischen Strukturierung" (Timpf 2000: 10) nachgezeichnet. Anknüpfend an Luke (1999) argumentiert Timpf, dass es zu den „Wirkungen des Dispositivs der Nachhaltigkeit"(Timpf 2003: 430) gehört, „dass Ökologie aus dem moralischen Kontext gelöst und für Rationalisierungstechniken geöffnet wurde" (ebd.: 434). Den „Preis für die Einschreibung von Natur in die symbolische Ordnung der Nachhaltigkeit" sieht der Autor in der massiven Umdeutung von Natur und ihrer „Umschreibung als fragile systemische Ressource" (ebd.: 432). Siehe dazu auch Fußnote 48 in dieser Arbeit.

verständnis. Jeder Nachhaltigkeitsansatz wird zuvor einleitend kontextualisiert. Jeder untersuchte, mehrere Ansätze umfassende Diskursstrang endet mit einem Zwischenfazit: Während im Zwischenfazit B.I.6 zum politisch-institutionellen Nachhaltigkeitsdiskurs die Frage nach den Kontinuitäten, diskursiven Verschiebungen und Widersprüchen zwischen den verschiedenen Dokumenten im Vordergrund steht, womit dem historischen Verlauf über einen Zeitraum von fast drei Jahrzehnten Rechnung getragen wird, frage ich in den Zwischenfazits zu den feministischen (siehe B.III.5) und integrativen Ansätzen (siehe B.IV.5) nach den Gemeinsamkeiten und Unterschieden der zeitnah oder sogar parallel entstandenen Nachhaltigkeitsansätze. Die identifizierten und in den Zwischenfazits festgehaltenen Bausteine stellen einen ersten Schritt für die Zusammenführung dieser Aspekte in Teil C dar. Den Auftakt des letzten Teils der Arbeit bildet die Analyse der 2012 abgehaltenen Rio+20-Konferenz (siehe C.1). Damit schlage ich den Bogen zum politisch-institutionalisierten Diskursstrang zurück, um ausgehend vom letzten Großereignis des Nachhaltigkeitsdiskurses den Blick auf die Diskursverläufe der letzten 25 Jahre in den Ökonomie-, Politik- und Gerechtigkeitsverständissen zu lenken (siehe C.2). Die von mir erarbeiteten Bausteine für ein kritisch-emanzipatorisches Konzept nachhaltiger Entwicklung (siehe C.3) stellen eine – im Sinne kommender Nachhaltigkeit notwendigerweise unabgeschlossene – Antwort auf die feststellbaren Lücken, Widersprüche und Ambivalenzen der analysierten Diskursverläufe dar. Sie schließen dabei an bereits vorhandene, spezifische Entwicklungslinien und Ideen an und setzen diese in Beziehung zueinander. Im letzten Teil der Arbeit wird auch das Konzept der kommenden Nachhaltigkeit als Reflexionspostulat und Mehrfachstrategie konkretisiert.

Teil B: Diskursfeld nachhaltige Entwicklung

„There is a crack in everything – that's how the light gets in" (Cohen 2012: o. S.).

Diskursstrang B.I:
Nachhaltigkeit als politisch-institutioneller Diskurs – Analyse politischer Nachhaltigkeitsdokumente

Die untersuchten Dokumente dieses Diskursstrangs sind keine wissenschaftlichen, sondern politische Texte. Klarheit und Konsistenz fallen in ihnen bisweilen der diplomatischen Formulierung zum Opfer. Nichtsdestoweniger sind diese Dokumente unter wissenschaftlichen Gesichtspunkten von großer Bedeutung, da sie den Anspruch haben, einen politisch verbindlichen Konsens zu formulieren. Sie sind so zugleich Ausdruck herrschender Kräfteverhältnisse und lassen sich als die entscheidenden Referenzpunkte des Nachhaltigkeitsdiskurses charakterisieren, auf die in anderen (wissenschaftlichen) Arbeiten und Nachhaltigkeitsansätzen Bezug genommen wird – und zwar unabhängig davon, ob sie sich dabei ablehnend oder kritisch oder affirmativ zu Nachhaltigkeit positionieren.

Wie die Vereinten Nationen nachhaltige Entwicklung charakterisieren und welches Verständnis von Ökonomie, Politik und Gerechtigkeit dabei zugrunde gelegt wird, zeigt die nachfolgende Analyse des Berichts der Weltkommission für Umwelt und Entwicklung[69] (WCED)[70] 1987 (siehe B.I.1), der Dokumente der Konferenz der Vereinten Nationen für Umwelt und Entwicklung (UNCED) in Rio de Janeiro 1992 (insbesondere der *Rio-Deklaration* und der *Agenda 21*) (siehe B.I.2) sowie der Dokumente des Weltgipfels über nachhaltige Entwicklung (WSSD) in Johannesburg 2002 (der *Johannesburg-Deklaration* und des *Plan of Implementation*) (siehe B.I.4). Ebenso werden die *europäischen Nachhaltigkeitsstrategien* von 2001 und 2006 (siehe B.I.3) und die *deutsche Nachhaltigkeitsstrategie* von 2002 (siehe B.I.5) auf ihre ökonomischen, politischen und gerechtigkeitstheoretischen Annahmen hin untersucht.

Die Auswahl der Texte begründet sich wie folgt: Zum einen soll das Mehrebenensystem, das im Nachhaltigkeitsdiskurs eine Rolle spielt, abgebildet werden.[71]

---

69 Im Folgenden als Brundtland-Bericht zitiert; deutsche Ausgabe hrsg. von Volker Hauff (1987a).
70 Die Abkürzung in Klammern bezieht sich immer auf den englischen Titel: WCED = World Commission on Environment and Development, UNCED = United Nations Conference on Environment and Development, WSSD = World Summit on Sustainable Development.
71 Nicht untersucht wird die lokale Ebene im Rahmen der Analyse des politisch-institutionellen Diskursstrangs, wenngleich sie zum Mehrebenensystem gehört. Eine systematische Aufarbeitung der Frage, ob und wenn ja welche diskursiven Verschiebungen in lokalen Agenda 21-Prozessen in Deutschland, in anderen europäischen Ländern bzw. weltweit zu verzeichnen sind, steht noch aus und gehört zu den spannenden Forschungsdesiderata in diesem Themenfeld.

Daher sind sowohl internationale, europäische als auch nationale Dokumente Gegenstand der Analyse. Zum anderen soll die Entwicklung des politisch-institutionellen Diskurses anhand der ausgewählten Dokumente nachgezeichnet und untersucht werden. Mit dem *Brundtland-Bericht* wird der Diskurs um nachhaltige Entwicklung eröffnet: Auch mehr als 20 Jahre nach seinem Erscheinen beziehen sich internationale, nationale und lokale Arbeiten zu nachhaltiger Entwicklung auf unterschiedlichste Art immer noch direkt auf ihn (wie z. B. Harris 2006; Feindt et al. 2008; Ökoreferat Leuphana Universität 2009). Während der Brundtland-Bericht im Nachhaltigkeitsdiskurs mit Dingler (2003: 221) als die „diskursive Basis" bezeichnet werden kann, werden mit der UN-Konferenz für Umwelt und Entwicklung die Konkretisierung des Nachhaltigkeitsgedankens und die Initiierung von Implementierungsprozessen assoziiert. Spätestens seit Rio sei Nachhaltigkeit zum Leitbild der Staatenwelt avanciert (vgl. stellvertretend Katz/Vinz 2005: 126). Die UNCED brachte mehrere Abschlussdokumente hervor (siehe B.I.2.1). Für die Analyse habe ich von diesen Abschlussdokumenten nur die *Agenda 21* und die *Rio-Deklaration* ausgewählt, da mein Interesse den Ökonomie-, Politik- und Gerechtigkeitsverständnissen gilt, die in übergreifenden, programmatischen Texten der Vereinten Nationen artikuliert werden. Nicht untersucht werden daher Texte, die sich auf ein spezifisches Politikfeld wie Klimaschutz, nachhaltige Waldnutzung oder Biodiversität beziehen. Aus forschungspragmatischen Gründen werden auch UN-Texte aus der Zeit zwischen den beiden großen Nachhaltigkeitsgipfeln, der Rio-Konferenz 1992 und dem World Summit on Sustainable Development 2002 in Johannesburg, nicht untersucht. Den Abschlusspunkt innerhalb des politisch-institutionellen Diskursstrangs bildet die Analyse der *Johannesburg-Deklaration für nachhaltige Entwicklung* und des *Plan of Implementation of the World Summit on Sustainable Development*.

Neben der Analyse der politisch-institutionellen Konzeptionalisierungen von nachhaltiger Entwicklung in Dokumenten, die auf verschiedenen Ebenen im politischen Mehrebenensystem angesiedelt sind, geht es in meiner Untersuchung um Fragen nach den Kontinuitäten und Diskontinuitäten im politisch-institutionellen Diskurs selbst: Durchlaufen die ökonomischen, politischen und gerechtigkeitstheoretischen Auffassungen einen Wandel? Wenn ja, welche Rekonfigurationen von Annahmen und Verständnissen werden sichtbar? Sind die politisch-institutionellen Dokumente in ihren Aussagen sowohl anschlussfähig an systemstabilisierende Interpretationen als auch an sozial-ökologische Transformationsentwürfe?

Sowohl Antworten auf den Fragenkomplex nach Kontinuitäten, diskursiven Veränderungen und Widersprüchen als auch auf den Fragenkomplex, welche Bausteine für ein kritisch-emanzipatorisches Konzept nachhaltiger Entwicklung sich im politisch-institutionellen Nachhaltigkeitsdiskurs finden lassen, werde ich im Zwischenfazit (siehe B.I.6) geben.

1. Der Brundtland-Bericht „Unsere gemeinsame Zukunft" von 1987

1.1 Historischer und politischer Kontext

Der Brundtland-Bericht, der im Original den Titel „Our Common Future" trägt, gilt als *der* Referenztext des Nachhaltigkeitsdiskurses. Mit ihm wurde die Nachhaltigkeitsidee nicht nur in die öffentlichen und politischen Debatten eingeführt, sondern gleichzeitig eine breite akademische Diskussion um die Ausgestaltung von Nachhaltigkeit initiiert. Sein entscheidender Beitrag wird vor allem darin gesehen, dass er aus den umwelt-, entwicklungs- und friedenspolitischen Diskursen einen einzigen Diskurs machte – den der nachhaltigen Entwicklung (vgl. Becker 1992: 47ff.; Eblinghaus/Stickler 1996: 36; Gottschlich 1999: 27; Weiland 2007: 26).

Zu den integrativen Vorarbeiten, die das Selbstverständnis der Brundtland-Kommission geprägt haben, gehören vor allem der Bericht der Nord-Süd-Kommission „Das Überleben sichern" (1980) und der Bericht der Unabhängigen Kommission für Abrüstung und Sicherheit „Die gemeinsame Sicherheit" (1982). In diesen Arbeiten wurden bereits die Verflechtung von sozialen, ökonomischen und friedenspolitischen Entwicklungszielen betont und die Entwicklung eines globalen, integrierten Ansatzes gefordert.[72] Die Brundtland-Kommission fügte ganz explizit die ökologische Dimension hinzu. Indem die Kommission ihr Nachhaltigkeitsverständnis gleichermaßen auf Umwelt und Entwicklung gründete, erweiterte sie den von den Vereinten Nationen vorgegebenen Sustainability-Begriff, der sich bis dahin an der Begrifflichkeit der World Conservation Strategy (IUCN 1980) orientiert hatte und damit vorrangig ökologisch besetzt war (vgl. Gottschlich 1999: 23ff.; Di Giulio 2004: 24ff.).

Es wäre allerdings falsch zu behaupten, dass erst mit dem Brundtland-Bericht Forderungen nach weltweiter Gerechtigkeit, Umweltschutz und Frieden und deren integrativer Betrachtung erhoben wurden. Sowohl globale soziale Bewegungen (wie die Friedens-, Frauen-, Internationalismus- und Ökologiebewegungen) als auch Wissenschaftler_innen (insbesondere Vertreter_innen kapitalismuskritischer Ansätze wie Ecodevelopment, Self-reliance, Weltsystemtheorie und ökofeministischer Strömungen)[73] hatten bereits zuvor auf die Zusammenhänge zwi-

---

72 An dieser Stelle sei Michael Eisele gedankt, der in den gemeinsamen Seminaren zu nachhaltiger Entwicklung den Blick beharrlich auf den Bericht der Nord-Süd-Kommission (1980) als Vorläufer des Brundtland-Berichts lenkte. Dieser Bericht wurde nach seinem Vorsitzenden Willy Brandt auch bekannt unter dem Namen „Brandt-Report". Ähnlich verhält es sich beim Bericht der Unabhängigen Kommission für Abrüstung und Sicherheit (1982), der häufig auch als Palme-Bericht zitiert wird, nach dem damaligen schwedischen Minsterpräsidenten und Vorsitzenden der Kommission Olof Palme.

73 Stellvertretend seien hier die Arbeiten von Wallerstein (1979); Glaeser/Vyasula (1979, 1984); Sachs (1984); Galtung (1985); Merchant [1980] (1987); Bennholdt-Thomsen/Mies/von Werlhof [1983] (1992) genannt.

schen Naturzerstörung, Armut, industrieökonomischer Produktionsweise und Lebensformen, Bedürfnisdeprivation und Gewalt hingewiesen. Allerdings waren bis zu diesem Zeitpunkt Umwelt-, Entwicklungs- und Friedensprozesse in ihren wechselseitigen Abhängigkeiten noch nicht von politisch-institutioneller Seite auf internationaler Ebene analysiert, artikuliert und anerkannt worden (vgl. Mármora 1990b: 35).

Mit der Gründung der Weltkommission für Umwelt und Entwicklung wurde nun offiziell anerkannt, dass es „einen ganz neuen Entwicklungspfad zu ebnen" (Hauff 1987a: 4) gelte, da viele der Anfang der 1980er-Jahre zu konstatierenden Entwicklungstrends nicht zukunftsfähig seien, sondern vielmehr Armut und Elend produzierten und die Umwelt schädigten (vgl. ebd.). Entsprechend lautete der Auftrag an die laut Beschluss 38/161 der Generalversammlung der Vereinten Nationen ins Leben gerufene Kommission, „ein weltweites Programm des Wandels" zu erstellen und dabei den Interdependenzen zwischen „Menschen, Ressourcen, Umwelt und Entwicklung" Rechnung zu tragen (General Assembly 1983,[74] vgl. auch Brundtland 1987: XIX). Die dafür zuständige, unabhängige Sachverständigenkommission setzte sich aus 22 Mitgliedern (drei Frauen und 19 Männern) aus 21 Staaten weltweit zusammen. Neben Journalisten und Wissenschaftler_innen gehörten Diplomaten und Politiker_innen zu den Mitgliedern, die sich jedoch als Einzelpersonen, nicht als Vertreter_innen ihrer Regierungen an der Kommission beteiligten. Damit war die Kommission einerseits organisatorisch mit den Vereinten Nationen verbunden, unterlag aber andererseits keiner direkten staatlichen oder UN-Überwachung (vgl. Hauff 1987a: 391). Vorsitzende[75] war die damalige Ministerpräsidentin von Norwegen, Gro Harlem Brundtland, die der Kommission und auch dem drei Jahre später vorgelegten Bericht ihren Namen gab.

Analysiert und mit Handlungsvorschlägen versehen wurden darin die Problemfelder Bevölkerung[76] und menschliche Ressourcen, Welternährung, Artenvielfalt und Ökosysteme, Energie, Industrie und Siedlungsökologie. Der Bericht wurde 1987 nicht nur von den Kommissionsmitgliedern, sondern auch von der

---

74 Vgl. dazu den Beschluss der Generalversammlung der Vereinten Nationen vom 19. Dezember 1983 (General Assembly 1983).
75 Zum stellvertretenden Vorsitzenden ernannte der UN-Generalsekretär, Javier Pérez de Cuéllar, den sudanesischen Außenminister Mansour Khalid. Deutschlands Vertreter in der Kommission war der Stellvertretende Vorsitzende der SPD-Bundestagsfraktion, Volker Hauff, der auch der Herausgeber des Berichts auf Deutsch ist.
76 Hier kann nicht näher auf die Problematik des im Brundtland-Bericht hergeleiteten Zusammenhangs zwischen Umweltzerstörung und Bevölkerungsentwicklung eingegangen werden. Eine Kritik an einer ökologisch ‚begründeten' Bevölkerungspolitik ist von mir bereits an anderer Stelle geleistet worden, vgl. Gottschlich (1999: 100-115) und (2006). Vgl. zudem exemplarisch für feministische Kritik an Bevölkerungspolitik Schlebusch (1994); Wichterich (1994); Hummel (1998); Schneider (2000); Schultz (2003).

Generalversammlung der Vereinten Nationen mit der Resolution 42/187[77] einstimmig angenommen. Mit diesem feierlichen Akt übernahm die Generalversammlung die Definition des Brundtland-Berichts und erklärte nachhaltige Entwicklung zu einem zentralen Leitprinzip der Vereinten Nationen, an dem sich nationale und internationale Politik ebenso wie private Institutionen, Organisationen und Unternehmen (re-)orientieren sollten:

> „sustainable development, which implies meeting the needs of the present without compromising the ability of future generations to meet their own needs, *should become a central guiding principle* of the United Nations, Governments and private institutions, organizations and enterprises, [...]
> [The General Assembly is] [c]onvinced of the importance of a *reorientation* of national and international policies towards sustainable development patterns" (General Assembly 1987b: 1; Herv. D. G.).

Mit der Verschränkung der Diskurse fanden allerdings auch inhaltliche Kontroversen Eingang in den Brundtland-Bericht – und damit gleichzeitig in den nun immer populärer und dominanter werdenden Diskurs um nachhaltige Entwicklung. Zu den Kontroversen, die der Bericht aufnahm und zu entschärfen versuchte, gehören insbesondere die Auseinandersetzungen um das Verhältnis von Ökologie und Ökonomie sowie um das Verständnis von Wachstum – wobei „Die Grenzen des Wachstums" (Meadows et al. 1972) sowohl von fortschrittsoptimistischen Positionen einer nachholenden Entwicklung als auch von Vertreter_innen der „Grenzen des Elends"[78] (Herrera et al. 1977) kritisiert wurden. Da die Auseinandersetzungen um das zugrunde liegende Entwicklungsverständnis des Brundtland-Berichts seine Rezeption maßgeblich prägen und da hierbei die Frage nach der Ökonomie eine zentrale Rolle spielt, nimmt die nachfolgende Analyse des Ökonomieverständnisses auch den größten Raum ein.

1.2 Ökonomieverständnis

Zentral für das Ökonomieverständnis des Brundtland-Berichts sind Forderungen nach Wirtschaftswachstum, die sich durch den gesamten Bericht ziehen (a). Die kritische Auseinandersetzung mit der Orientierung an der Wachstums- und Frei-

---

77 Report of the World Commission on Environment and Development, 11. Dezember 1987 (General Assembly 1987b).
78 Das Werk „Grenzen des Elends", auch bekannt als Bariloche-Modell und benannt nach der gleichnamigen argentinischen Stiftung, die die Arbeit finanzierte, entstand in kritischer Auseinandersetzung mit den Club of Rome-Modellen, die bei anhaltenden Trends den vollständigen Kollaps der Ökosysteme voraussagten. Das Bariloche-Modell kritisierte das Projektmodell von Meadows et al. (1972) als nicht „objektiv" und setzte bewusst ein sozialistisches „Normativmodell" dagegen. Dessen Anliegen war es, einen Weg aufzuzeigen, der zu einer Welt „ohne Rückständigkeit und Elend" führe (Herrera et al. 1977: 19). Die Hauptprobleme seien, so die lateinamerikanischen Autor_innen, nicht physischer, sondern sozialpolitischer Natur. Ihre Ursachen lägen in der ungleichen Machtverteilung sowohl im internationalen Rahmen wie auch innerhalb der einzelnen Länder (vgl. ebd.: 20).

handelstheorie, die der Brundtland-Bericht aufweist, bildet einen Schwerpunkt der (ablehnenden) Rezeption des Berichts (b). Bereits bei einigen Kritiken an den ökonomischen Prämissen des Brundtland-Berichts wird jedoch deutlich, dass diesem kein konsistentes Ökonomieverständnis zugrunde liegt. Der Bericht gleicht vielmehr einem Steinbruch, in dem sich Material für die unterschiedlichsten ökonomischen Ansätze finden lässt (c). Ich werde zeigen, dass sich im Brundtland-Bericht auch zahlreiche Aspekte eines „neuen" Ökonomieverständnisses finden lassen, das eine zwischen Ökonomie und Ökologie vermittelnde Position einnimmt (d).

(a) Die Brundtland-Kommission fordert eine „neue Ära des wirtschaftlichen Wachstums" (Hauff 1987a: 2, 10, 44f., 78, 92f. sowie Hauff 1987b: XIV), um die Probleme drängender Armut, Unterentwicklung und Umweltzerstörung „zu lindern"[79] und zu überwinden. Wirtschaftswachstum wird als Beitrag zur Problemlösung eingestuft. Ein Wachstumsbedarf wird sowohl für die Entwicklungsländer als auch für die Industrieländer gesehen. Denn als „Teil einer wechselseitig abhängigen Weltwirtschaft" hingen die Chancen der Entwicklungsländer „auch ab von den Grenzen und Mustern des Wachstums in den Industrienationen" (Hauff 1987a: 54f.). Bezug nehmend auf Einschätzungen „internationale[r] Finanzinstitutionen", die allerdings nicht weiter spezifiziert werden, quantifiziert die Kommission die Wachstumsanforderungen in den Industrienationen auf drei bis vier Prozent als Minimum, „wenn diese Länder zur Entwicklung der Weltwirtschaft beitragen sollen" (ebd.: 55). Für die Entwicklungsländer wird „ein hoher Exportzuwachs insbesondere von *nicht*traditionellen Gütern" als notwendig erachtet, „um Importe zu finanzieren, für die durch die schnelle Entwicklung Nachfrage entsteht" (ebd.; Herv. D. G.).

Mit diesen Vorschlägen folgt die Brundtland-Kommission zentralen Annahmen der liberalen Wirtschaftsökonomik – insbesondere in Gestalt der *engine-of-growth*-Theorie und des *trickle-down*-Ansatzes. Die engine-of-growth-Theorie besagt, dass Wirtschaftswachstum im Wesentlichen durch Exporte, genauer gesagt durch die Importnachfrage einer anderen, meist höherentwickelten Region oder eines anderen Landes induziert wird. Gleichsam wie eine Lokomotive soll das Wirtschaftswachstum der Industrieländer die Entwicklungsländer aus der Armutszone ziehen (vgl. Luks 2000: 21). Der trickle-down-Ansatz geht davon aus, dass die Akkumulation von Reichtum durch Industrialisierung, Technologisierung und vor allem durch (internationale) Arbeitsteilung langfristig auch den ärmsten Mitgliedern einer Gesellschaft nütze. Steigender Wohlstand sickere auch bis zu den ärmsten Bevölkerungsschichten durch und führe im Sinne der Moder-

---

79 Die Forderung nach einer „Linderung" von Armut (z. B. Hauff 1987a: 2) unterscheidet sich in ihrem Zielanspruch von der Forderung nach der „Beseitigung" bzw. „Abschaffung" der Armut (z. B■ ebd.: 53, 55). Beide Formulierungen finden sich im Brundtland-Bericht, wobei die zweite Perspektive überwiegt.

nisierungstheorie zur Überwindung der als traditionell und entwicklungshemmend angesehenen Strukturen. Bereits der schottische Moralphilosoph Adam Smith hatte in seinem zweiten großen Werk „An Inquiry into the Nature and Causes of the Wealth of Nations"[80] erklärt:

> „It is the great multiplication of the productions of all the different arts, in consequence of the division of labour, which occasions, in a well-governed society, that universal opulence *which extends itself to the lowest ranks of the people*" (Smith [1776] 2003: 18f.; Herv. D. G.).

(b) Diese Orientierung an herrschenden Wachstums- und Freihandelstheorien hat zu zahlreichen Kritiken geführt. Das Festhalten am Wachstumsparadigma mache den Brundtland-Bericht zu einem „highly regressive document" (Trainer 1990: 84). Denn hier werde die Überzeugung verfestigt, dass ökonomisches Wachstum nicht (nur) Teil der ökologischen und sozialen Krise, sondern vielmehr notwendiger Teil ihrer Lösung sei (vgl. ebd. sowie Eblinghaus/Stickler 1996; Dingler 2003). Die Forderungen nach einem schnelleren Wirtschaftswachstum für Industrie- und Entwicklungsländer sowie nach einer fünf- bis zehnfachen Ausweitung der weltweiten Industrieproduktion (vgl. Hauff 1987a: 18) widersprächen jedoch Zielen der ökologischen Dimension von Nachhaltigkeit, die zuvorderst die Überentwicklung des Nordens zu stoppen hätte. Hingegen fehlten Ansätze eines (vorrangig) armenzentrierten Wachstums oder die Strategie eines Süd-Süd-Handels ebenso wie eine deutlichere Kritik am Überkonsum in den Industrieländern (vgl. Harborth 1993: 59ff., 105f.).

Dass der Brundtland-Bericht das Problem der Terms of Trade benennt, wurde von den Kritiker_innen durchaus positiv gewertet. Denn bereits seit Anfang der 1950er-Jahre beklagten die Länder des Südens sinkende Rohstoffpreise und die Verschlechterung ihrer Terms of Trade. Die ökonomischen Verheißungen des trickle-down-Ansatzes hätten sich ebenso wie der Freihandel als Mythos erwiesen (vgl. Massarrat 1993a: 17; Harborth 1993: 64). Gerade die Erfahrungen der 1980er-Jahre zeigen, dass die in Folge der Schuldenkrise geforderten Strukturanpassungsmaßnahmen des Internationaler Währungsfonds (IWF) und der Weltbank die monostrukturelle Ausrichtung der Ökonomien der verschuldeten Länder nur noch verstärkt hätten. Statt einer Verminderung seien eine Zunahme der Armut und eine wachsende Einkommenspolarisierung zu verzeichnen gewesen. Der Zwang zur Devisenerwirtschaftung habe nicht die Produktion und den Export „nichttraditioneller Güter" zum Ergebnis gehabt, sondern – vor allem in

---

80 Häufig wird dieses ökonomische Werk von Smith als sein Hauptwerk bezeichnet. Biesecker und Kesting (2003: 48) weisen allerdings darauf hin, dass es als Teil des Gesamtwerks von Smith über Moralphilosophie entstanden ist, das insgesamt aus drei Teilen bestehen sollte: der Theorie der ethischen Gefühle (1759), dem Wohlstand der Nationen (1776) und schließlich der Theorie und Geschichte des Rechts und der Regierung. Das letzte Werk wurde nie abgeschlossen und 1790 auf Anweisung von Smith kurz vor seinem Tod vernichtet.

afrikanischen Ländern – die Abhängigkeit vom Export eines in der Regel agrarischen bzw. mineralischen Rohstoffs verfestigt und zu „Dumpingpreisen" geführt (Massarrat 1993a; vgl. auch Rolf 1993; Willenborg 1993), die den „Raubbau an Mensch und Natur" (Mármora/Messner 1991: 106) weiter in Gang hielten. Der Brundtland-Bericht, der an vielen Stellen genau auf diese Problematiken eingehe und sie kritisch reflektiere, falle mit seinen Handlungsvorschlägen, die sich wieder an Wachstum und am trickle-down-Ansatz orientierten, hinter seine eigene Problemanalyse zurück und relativiere damit die zuvor aufgestellten sozialen und ökologischen Forderungen.

Bei der Beantwortung der Frage, wie dies zu bewerten bzw. was daraus zu folgern sei, spalten sich die Kritiker_innen in zwei Lager: Der eine Teil der Kritiker_innen reagiert zwar enttäuscht auf die Handlungsempfehlungen, kann aber dennoch der Problemanalyse der Verflochtenheit der verschiedenen Nachhaltigkeitsdimensionen Positives abgewinnen (vgl. z. B. Mármora 1990a, 1990b; Harborth 1993; Märkte 1995: 51). Der andere Teil der Kritiker_innen sieht im Brundtland-Bericht vor allem den Versuch, dem Kapitalismus einen grünen Anstrich zu geben, ohne den nicht nachhaltigen Status quo substantiell zu verändern: „It is growth (read: capitalist market expansion), and not the environment, that has to be sustained" (Escobar 1995: 195). Mit der engine-of-growth-Wachstumsdirektive und dem Vorschlag, lediglich 25 Prozent der Einkommens*zuwächse* des reichsten Fünftels der Bevölkerung gleichmäßig auf die anderen zu verteilen (vgl. Hauff 1987a: 54f.), schlage der Brundtland-Bericht keinen neuen, alternativen Weg ein. Er verzichte nach Meinung der Kritiker_innen auf Forderungen nach radikalen strukturellen Veränderungen des ökonomischen und kulturellen Systems ebenso wie auf eine kritische Reflexion der Lebensstile (vgl. Trainer 1990: 73; Eblinghaus/Stickler 1996: 66f.). Statt um eine Anerkennung der Grenzen des Wachstum gehe es vielmehr um ein Wachstum der Grenzen (vgl. Dingler 2003: 226).

(c) In der Tat lässt sich gerade in Bezug auf die ökonomischen Prämissen, Lösungsinstrumente und Handlungsempfehlungen ein hohes Maß an Widersprüchlichkeit bzw. zumindest Mehrdeutigkeit im Brundtland-Bericht feststellen. Gründe dafür liegen zum einen in dem bereits skizzierten politischen Charakter des Berichts und in der Absicht, einen möglichst weitreichenden Konsens von Wissenschaftler_innen und Politiker_innen aus allen Weltregionen zu formulieren und damit dem Brundtland-Bericht auf der UN-Ebene eine breite Akzeptanz zu verschaffen (vgl. Brundtland 1987: XXIV). Katja Gehne (2011: 131) verweist in ihrer Analyse des Brundtland-Berichts auf die historischen Bedingungen, die den Text prägen:

> „Die Suche nach einem ‚gerechten' Wirtschaftsmodell stellte im Jahr 1987 im Nachklang der gescheiterten Neuen Weltwirtschaftsordnung (NWWO) und während des Kalten Krieges eine fragile diplomatische Gratwanderung dar. Wirtschaftspolitische Fragen wa-

ren sehr umstritten und mussten diplomatisch gehandhabt werden. [...] Die Wachstumstheorie vereint alle Wirtschaftsmodelle, egal ob diese markt- oder planwirtschaftlich geprägt sind" (ebd.).

Zum anderen sind die Widersprüche des Berichts bedingt durch die verschiedenen, sich widersprechenden Vorgängerdiskurse und -ansätze (etwa die Grenzen des Wachstums, Ansätze der nachholenden Entwicklung bzw. Ecodevelopment), deren Ökonomieverständnisse und Konfliktlinien der Brundtland-Bericht in sich aufnahm, ohne sie (gänzlich) aufzulösen. Folglich sprechen Konrad Ott und Ralf Döring (2008: 32) auch von der „Quadratur des Kreises". Die Brundtland-Kommission habe versucht,

> „die älteren Modelle nachholender Industrialisierung nicht völlig zu negieren, die „self-reliance"-Ideen vorsichtig zu integrieren ohne sozialistischen Ideen allzu nahe zu rücken, auf die ökologischen Grenzen des Wachstums hinzuweisen, das alte UN-Ziel der Bekämpfung von Armut nicht aus den Augen zu verlieren, westliche Lebensstile nicht grundsätzlich in Frage zu stellen, das ‚Malthus-Thema' des Bevölkerungswachstums anzusprechen und dabei nach möglichst vielen Seiten politisch-diplomatisch anschlussfähig zu bleiben" (ebd.).

Diese vielfältigen ökonomischen Einflüsse lassen eine doppelte Lesart des Ökonomieverständnisses des Brundtland-Berichts zu: Zum einen ergibt sich aus dem bisher Gesagten, dass dem Brundtland-Bericht kein konsistentes ökonomisches Verständnis zugrunde liegt, sondern vielmehr mehrere ökonomische Verständnisse unverbunden nebeneinander stehen bzw. in Konkurrenz zueinander treten. Zum anderen lässt sich der Brundtland-Bericht als Versuch einer Synthese für ein neues Ökonomieverständnis lesen. In dieser Lesart erscheint er gerade nicht als ein (reines) Plädoyer für eine nachholende Entwicklung im Stil der neoklassischen Modernisierungstheorien der 1950er- und 1960er-Jahre, sein Menschenbild ist eben nicht der *homo oeconomicus*, wie ich im Folgenden noch zeigen werde. Seine Wachstums- und Liberalisierungsziele sind weder isoliert von anderen Parametern noch als übergeordnete entwicklungspolitische Prinzipien zu begreifen (vgl. Gehne 2011: 132), sondern in das normative Gewand nachhaltiger Entwicklung gekleidet:

> „Heute wissen wir, daß Wachstum unerläßlich ist zur Überwindung der Massenarmut und zur Befriedigung der Bedürfnisse einer wachsenden Zahl von Menschen. Die Mitglieder der Kommission waren davon überzeugt, daß dieses Wachstum nicht nur notwendig, sondern auch realisierbar ist: *allerdings nur dann, wenn dieses Wachstum im Rahmen einer dauerhaften Entwicklung stattfindet*" (Hauff 1987b: XV; Herv. D. G.).

(d) Dieses (teilweise) „neue" Ökonomieverständnis der Brundtland-Kommission ist dabei von folgenden Annahmen geprägt:

(i) Ökonomie ist immer (auch) Wirtschaften im sozialen und ökologischen Kontext unter Berücksichtigung der zeitlichen Dimension. Der angestrebte Wohlstand soll allen Menschen zugutekommen, nicht nur einigen (vgl. Hauff

1987a: 32). „Wachstum allein ist nicht genug. Ein hohes Ausmaß an Produktivität und weit verbreitete Armut können nebeneinander existieren und die Umwelt gefährden" (ebd.: 47). Die Kommission macht mit diesem Zitat deutlich, dass Marktprozesse allein nur zu eingeschränkter Wohlfahrt führen. Ihr Verständnis geht (zumindest an dieser Stelle) über einen engen Wohlfahrtsbegriff, der nichts über die Verteilung des produzierten Reichtums aussagt, hinaus: Die Kommission fordert entsprechend, „das produktive Potential [zu] vergrößern und zugleich gerechte Chancen für alle sicher[zu]stellen" (ebd.). Ökonomische und soziale Ziele werden hier miteinander verkoppelt und mit dem Hinweis auf politische Regulation verknüpft (siehe dazu auch Abschnitt iii):

> „Jedes Land wird einen Teil der Verantwortung übernehmen müssen, wenn es darum geht, laufende Entwicklungen zu beeinflussen und ein internationales Wirtschaftssystem abzulösen, das Ungleichheit, Armut und Hunger eher fördert als einschränkt" (ebd.: 26).

Hier nimmt der Brundtland-Bericht Bezüge zur Auseinandersetzung über eine Neue Weltwirtschaftsordnung (NWWO) auf, die im Entwicklungsdiskurs der 1970er-Jahre eine wichtige Rolle spielte (vgl. dazu auch Höhler/Luks 2004: 24).

Um die Bedürfnisbefriedigung auch künftiger Generationen sicherzustellen, hat sich, so die Forderung der Kommission, die angestrebte wirtschaftliche Entwicklung nicht an kurzfristigen Zielen auszurichten (vgl. Hauff 1987a: 31, 41), sondern an der längerfristigen Perspektive, die die Übernutzung von Ressourcen und Böden vermeidet. Auch dafür ist eine andere Verteilung z. B. von Land nötig, wie der Bericht fordert. Die Kommission konstatiert, dass „Umweltbelastungen und wirtschaftliche Entwicklung miteinander verbunden" (ebd.: 42) sind. Daher fordert sie, „Wirtschaft und Ökologie insgesamt in Entscheidungs- und Gesetzgebungsprozesse" (ebd.: 43) einzubeziehen, „nicht nur um die Umwelt zu schützen, sondern auch, um die Entwicklung zu erhalten und voranzutreiben" (ebd.).

(ii) Der Brundtland-Bericht verwirft damit „die Annahme der Inkommensurabilität von industrieller Ökonomie und ökologischer Nachhaltigkeit" (Dingler 2003: 221), von welcher die fortschrittspessimistisch geprägten Auseinandersetzungen um die These der Grenzen des Wachstums bestimmt waren. Die Kommission erkennt jedoch gleichzeitig den strukturellen Charakter von Umweltproblemen an, hält diese aber für lösbar. D. h., in der Auseinandersetzung zwischen den Vertreter_innen der Grenzen des Wachstums einerseits und den Fortschrittsoptimist_innen (vgl. z. B. Barnett/Morse 1963; Baumol 1986), auch „Promethianer" (Weiland 2007: 35) genannt, andererseits, denen die Vorstellung der Begrenztheit von Ressourcen haltlos erscheint und die dem Substitutionsparadigma anhängen, das Natur (verstanden als ein Gut wie jedes andere) für ersetzbar durch andere Kapitalformen hält (vgl. ebd.: 32ff.) – in dieser Auseinandersetzung nimmt die Brundtland-Kommission eine vermittelnde Position ein. Denn Umweltschutz und

Wirtschaftswachstum könnten nach Ansicht der Kommission in der Art eines Positivsummenspiels zugleich verwirklicht werden (vgl. Hauff 1987a: 92f.). Entscheidend dafür sei, die destruktive und defizitäre Nutzungspraxis zu ändern und ein Wirtschaftswachstum *neuer Art* zu etablieren,

> „das die Grenzen der Umweltressourcen respektiert, das also die Luft, die Gewässer, die Wälder und Böden *lebendig* hält, ein Wachstum, das die genetische Vielfalt erhält und das die Energie und Rohmaterialien optimal nutzt" (Hauff 1987b: XV, vgl. auch Hauff 1987a: 48; Herv. D. G.).

Mit der Position des umweltverträglichen Wirtschaftens lässt sich der Brundtland-Bericht somit einem Konzept zuordnen, das seine Wurzeln in Deutschland hat und hier stark von den Arbeiten von Joseph Huber und Martin Jänicke geprägt worden ist: das der ökologischen Modernisierung.[81] Kerngedanke ist die Entkoppelung von Wirtschaftswachstum und Ressourcenverbrauch durch technologische Innovation, auf die auch der Brundtland-Bericht setzt:

> „Wachstumsraten können dauerhaft im [sic] Bezug auf die Umwelt sein, wenn die Industrienationen weiterhin wie kürzlich ihr Wachstum derart verändern, daß *weniger material- und energieintensiv gearbeitet* wird und daß die *effiziente Nutzung von Materialien und Energie verbessert wird*" (Hauff 1987a: 55; Herv. D. G.; vgl. auch ebd.: 65, 90).

Der Brundtland-Bericht plädiert für die typischen Instrumente ökologischer Modernisierung: Effizienzsteigerung, Umweltmanagement und Internalisierung. Durch Effizienzsteigerung soll der Naturverbrauch bei der Produktion deutlich gesenkt werden (vgl. zu den bereits genannten Stellen zusätzlich ebd.: 17ff., 206), mit Hilfe eines globalen Umweltmanagements und internationaler Abkommen für gemeinsame Ökosysteme (beispielsweise die Verwaltung der Ozeane, des Weltraums und der Antarktis) ließe sich der internationale und nationale Ressourcenverbrauch besser steuern (vgl. ebd.: 22), zudem sei eine Internalisierung externer Effekte anzustreben (vgl. ebd.: 56, 86f., 199, 220).

(iii) Wirtschaftliches Wachstum braucht Regulierung. Ausgangspunkt der Arbeit der Brundtland-Kommission waren die negativen Folgen des gegenwärtigen Entwicklungsmodell bzw. die nicht zukunftsfähigen Vorstellungen von Entwicklung, wie sie die zentralen wirtschaftlichen Institutionen wie IWF und Weltbank vertreten: „Viele der gegenwärtigen Entwicklungstrends haben bei immer mehr Menschen Armut und Elend zur Folge und schädigen zudem auch noch die Umwelt" (Hauff 1987a: 4). Die Kommission empfiehlt zwar Maßnahmen, die zu einer Intensivierung des globalen Wirtschaftswachstums beitragen sollen. Sie vertraut dabei jedoch nicht auf eine nachhaltigkeitsförderliche Selbstregulierung des

---

81 Vgl. dazu die Arbeiten von Huber (1982, 1985) und Jänicke (1982, 1993). Sabine Weiland (2007: 39, dort Fn. 4) weist darauf hin, dass die Formel „ökologische Modernisierung" einer Debatte aus dem Berliner Abgeordnetenhaus vom Januar 1982 entstammt, in der der umweltpolitische Sprecher einer Oppositionspartei der Regierung die ökologische Modernisierung ihrer Politik empfahl. Dieser Umweltsprecher soll – nach eigenem Bekunden (Jänicke 1993) – Martin Jänicke selbst gewesen sein.

Marktes, sondern plädiert für eine gesellschaftliche Regulierung der ökonomischen Rahmenbedingungen (z. B. in Form von Umweltverträglichkeitsprüfungen, geeigneter Subventionspolitik, Bekenntnis zum Verursacherprinzip/„Polluter-Pays-Principle"), die eine Externalisierung von Kosten der Umweltvernutzung und -verschmutzung verhindern und das Allgemeinwohl stärken (vgl. ebd.: 218ff. sowie auch Brand/Jochum 2000).

(iv) Eine Nutzenmaximierung auf Kosten der Allgemeinheit wird von der Kommission an verschiedenen Stellen kritisiert. Damit favorisiert der Brundtland-Bericht – wie bereits erwähnt – ausdrücklich *nicht* den *homo oeconomicus*, der seine (ökonomischen) Entscheidungen ausschließlich an der Maximierung seines eigenen Interesses orientiert. Die Vorstellung, dass, wenn jede/r danach strebt, seinen Eigennutzen zu vermehren, auch der Gesamtnutzen für alle steigt, wird von der Brundtland-Kommission nicht vertreten. Betont werden nicht der „possessive Individualismus"[82] oder die Autonomie, sondern die wechselseitige Abhängigkeit, die Fähigkeit und Notwendigkeit zu kooperieren und das eigene Verhalten kritisch mit Blick auf die Folgen für andere zu reflektieren (vgl. z. B. Hauff 1987a: 41, 51). Menschen werden also als Menschen in sozialen Kontexten verstanden (vgl. Biesecker/Kesting 2003: 6), die – als Gemeinschaft – allerdings Antworten auf die negativen Folgen von individueller Profitmaximierung finden müssen:

> „Alle wären besser dran, wenn jeder in Betracht ziehen würde, wie sein oder ihr Handeln andere beeinflußt. Aber da man nicht damit rechnet, daß die anderen sich derart sozial wünschenswert verhalten, verfolgt man weiter sein enges Eigeninteresse. Gemeinden und Regierungen können gegen diese Vereinzelung mit Gesetzen, Erziehung, Steuern, Subventionen und anderen Methoden vorgehen. Rechtskräftige Vorschriften und strikt verpflichtende Gesetzgebung können schädliche Nebeneffekte einschränken" (Hauff 1987a: 51).

Nach Meinung der Brundtland-Kommission kann der Staat die Anreize so setzen, dass auch Handeln aus „enge[m] Eigeninteresse" (ebd.) – das die Kommission nicht ausschließt – nicht zu „schädliche[n] Nebeneffekte[n]" (ebd.) führen muss. Mit anderen Worten: Es kommt auf die regulierenden Rahmenbedingungen an, ob auch ein *homo oeconomicus* im gesellschaftlichen Sinne moralisch gut handelt (vgl. Homann/Suchanek 2005: 373ff.; Biesecker/Kesting 2003: 132). Die Diskrepanz zwischen „sozial wünschenswert[em] [V]erhalten" (Hauff 1987a: 51) und selbstsüchtigem, ausnutzendem oder gar ausbeutendem Verhalten macht (Wirtschafts-)Ethik daher nicht etwa hinfällig, sondern im Gegenteil überhaupt erst nötig (vgl. Ulrich 2001: 27).

(v) Ist dieses (teilweise) neue Ökonomieverständnis des Brundtland-Berichts auch mit einem neuen Arbeitsverständnis verbunden? Die Antwort darauf fällt zweigeteilt aus: Zum einen wird Arbeit im Brundtland-Bericht (primär) als Er-

---

82 Vgl. zum Begriff des „possessiven Individualismus" Ulrich (2001: 190f.).

werbsarbeit begriffen, durch die Wohlstand hergestellt wird. Entsprechend erhält Erwerbsarbeit einen zentralen Stellenwert im Bericht und wird als zu befriedigendes *Grundbedürfnis* eingestuft (vgl. Hauff 1987a: 47). Mit diesem Arbeitsverständnis knüpft der Brundtland-Bericht an eine ökonomische Tradition an, die zurückgeht auf Adam Smith, der bereits 1776 forderte, dass die Gesellschaft für ausreichend Arbeitsplätze bei hinreichenden und steigenden Löhnen Sorge tragen müsse. Sah Smith doch die eigene Arbeitskraft als das am meisten geheiligte und unverletzliche Eigentum („the most sacred and inviolable [property; D. G.]" Smith [1776] 2003: 168) an, das die ursprüngliche Quelle jeden weiteren Eigentums darstelle („as it is the original foundation of all other property", ebd.). Das Erbe eines armen Mannes liege in der Stärke und Geschicklichkeit seiner Hände. Ihn an der Ausnutzung dieser Stärke und Geschicklichkeit zu hindern, sei eine klare Verletzung dieses am meisten geheiligten Eigentums („to hinder him from employing this strength [...] is a plain violation of this most sacred property") (ebd.).

Indem Arbeit im Brundtland-Bericht nur als Erwerbsarbeit verstanden wird, bleibt das Arbeitsverständnis eng gefasst, die ‚reproduktiven', die sorgenden und pflegenden Tätigkeiten, die weltweit meist unbezahlt und überwiegend von Frauen geleistet werden, bleiben ausgeblendet. Auch hier schließt der Brundtland-Bericht an Adam Smith an, der

> „im Entwurf der Theorie der neuaufkommenden kapitalistischen Ökonomie die alte geschlechtliche Arbeitsteilung nicht nur mitschleppt, sondern sie in eine Teilung von Ökonomie und Nicht-Ökonomie umdefiniert. Was in der Erwerbsarbeit, in den Unternehmen, am Markt geschieht, ist Ökonomie – was in der Sorge-Arbeit, in der Familie, in den Haushalten geschieht, ist Nicht-Ökonomie" (Biesecker/Kesting 2003: 49)

Sehr wohl in den Blick nimmt der Brundtland-Bericht jedoch zum anderen die *informelle Arbeit* und *Beiträge der Subsistenz* und geht in dieser Hinsicht über das Verständnis neoklassischer Wirtschaftstheorie hinaus, in der allein Märkte und Unternehmen als Entstehungsorte von Wohlstand identifiziert und adressiert werden. Unter der Überschrift „Selbstversorgung und Bürgerbeteiligung" führt die Kommission aus:

> „Dieser informelle Sektor ist eine wichtige Quelle der Beschäftigung innerhalb der Stadt, insbesondere für niedrige und ungelernte Arbeit. Er ist nicht kapital- oder technologieintensiv, nicht energieintensiv und in der Regel wird auch keine fremde Währung gebraucht. In gewisser Weise leistet dies einen Beitrag zu einigen der wichtigsten Entwicklungsziele des Landes. Darüber hinaus werden auf flexible Weise die örtlichen Bedürfnisse und die Nachfrage befriedigt, insbesondere in den ärmeren Haushalten, die sich gewöhnlich nirgends anders hinwenden können. Viele Regierungen sind inzwischen so klug, diese Arbeit zu tolerieren, statt sie zu unterdrücken. [...] Die Regierungen sollten den informellen Sektor mehr unterstützen und *seine lebenswichtigen Funktionen für die Stadtentwicklung anerkennen*" (Hauff 1987a: 246f.; Herv. D. G.).

Diese Würdigung der lebenswichtigen Funktionen der informellen Arbeiten, die die Brundtland-Kommission hier vornimmt, sowie die Aufforderung an nationale und lokale Regierungen, diese Arbeiten zu unterstützen, ist ihrer Zeit ein Stück voraus – in ihr spiegelt sich bereits (wenn auch in nur ersten kleinen) Ansätzen die Auseinandersetzung um das Ganze der Arbeit und die Bestimmung nationalen Wohlstands, die auf der internationalen politisch-institutionellen Ebene einige Jahre später von Wissenschaftler_innen wie beispielsweise Diane Elson (1998, 2002; vgl. auch Elson/McGee 1995; Çağatay/Elson/Grown 1995) geführt werden.

An anderer Stelle plädiert die Kommission dafür, eine „städtische Landwirtschaft" (ebd.: 252) zuzulassen und zu fördern, um den Ernährungs- und Gesundheitsstandard der Armen zu verbessern. D. h., die Brundtland-Kommission schließt nicht aus, dass Armut auch (und gerade) durch Subsistenzarbeit, traditionelle Versorgungsstrukturen und informelle Arbeit bekämpft werden kann (vgl. dazu auch Gehne 2011: 135). Wie genau die Unterstützung für den informellen Sektor und die dort geleistete Arbeit aussehen soll, bleibt im Brundtland-Bericht jedoch vage.

1.3 Politikverständnis

In ihrer Krisendiagnose kommt die Brundtland-Kommission zu dem Schluss, dass das alte, staatenzentrierte Weltsystem die Umwelt- und Entwicklungsprobleme einer komplexen und interdependenten Welt nicht mehr mit herkömmlichen Mitteln zu lösen vermag (a). Neue politische Herausforderungen verlangen im Verständnis der Kommission nach neuen politischen Formen der Steuerung, Maßnahmen und Instrumente. Der Brundtland-Bericht ist daher zu Recht als Vorläufer des Global-Governance-Diskurses identifiziert worden (vgl. Brand et al. 2000: 24). Seine Vorschläge zur Bewältigung der Krise zielen auf eine Wiederbelebung bzw. Stärkung des Multilateralismus als Prinzip internationaler Zusammenarbeit (b), einen institutionellen und rechtlichen Wandel (c), eine Neuorientierung von Politik, die staatliche und nichtstaatliche Akteure in einer Mehrebenen-Governance zusammenbringt (d), und schließlich auf die Etablierung von nachhaltiger Entwicklung als partizipativem Konzept unter besonderer Berücksichtigung lokaler Demokratie(n) und einem Staatsverständnis, das den Staat für fähig und willens erachtet, politisch regulierend Marktversagen zu korrigieren (e).

(a) „Die globalen Herausforderungen überforderten offenkundig die vorhandenen Lösungskapazitäten von Politik" – dieses von Erika Märkte (1995: 9) Mitte der 1990er-Jahre im Rückblick auf die Entwicklung und Bearbeitung der sozial-ökologischen Krisen getroffene Urteil beschreibt treffend die Einschätzung, die die Brundtland-Kommission bereits Ende der 1980er-Jahre selbst in ihrem Bericht vornahm. In „einer Phase der Menschheitsgeschichte, da koordiniertes politisches Handeln und politische Verantwortlichkeit nötiger sind denn je" (Brundtland 1987: XX), mangelt es an „Weltsicht und Internationalismus" (Hauff 1987b: XVII).

> „Die Veränderungen gehen so schnell vonstatten, daß die wissenschaftlichen Disziplinen und die gegenwärtig vorhandenen Einrichtungen zur Beurteilung und Beratung nicht mithalten können. Die Versuche politischer und wirtschaftlicher Institutionen [...], sich auf die Schwierigkeiten einzustellen und sie zu bewältigen, scheitern" (Hauff 1987a: 337f.).

Die „Phase der Menschheitsgeschichte", von der Gro Harlem Brundtland spricht, ist von sich überlagernden, widersprüchlichen Globalisierungsprozessen der schnell voranschreitenden Integration und Fragmentierung geprägt. Diese „Turbulent World" (Rosenau 1997, vor allem: 55ff.) wird damit strukturell unübersichtlicher, in ihr werden die Grenzen zwischen nationalen und internationalen Räumen unschärfer und durchlässiger. Wenn die Grenzen von Außen- und Innenpolitik porös werden und verschwimmen, so verlieren damit auch die in ihnen definierten Ordnungs- und Legitimationsmuster an Bedeutung, ohne jedoch gänzlich hinfällig zu sein. Zu den alten Institutionen, die an Bedeutung verlieren und die zumindest nicht mehr wie bisher allein adäquate Antworten auf die Krisen einer komplexen und interdependenten Welt finden können, gehört die Institution des Nationalstaates, den das nachfolgende Zitat des Brundtland-Berichts adressiert:

> „Den spezifischen Zusammenhang der Entwicklungs- und Umweltkrisen der 80er Jahre haben die derzeitigen nationalen und internationalen politischen und wirtschaftlichen Institutionen nicht überwunden, vielleicht nicht überwinden können" (Hauff 1987a: 69).

Dieser Problembeschreibung setzt die Brundtland-Kommission jedoch nicht ein resigniertes Bild einer nun in Chaos und Anarchie versinkenden Welt entgegen, sondern den optimistischen Glauben an die Beherrschbarkeit der aufgetretenen globalen Probleme. „Die internationale Gemeinschaft ist in der Lage, sich den Anforderungen dauerhaften menschlichen Fortschritts zu stellen" (ebd.: 45). Voraussetzung sei „ein entschlossenes politisches Vorgehen" (ebd.: 2).

(b) Angesichts der Globalität der ökologischen und sozialen Probleme plädiert die Brundtland-Kommission für kooperatives Handeln der Staatengemeinschaft. Bereits im Vorwort formuliert die Vorsitzende: „Vielleicht ist es heute unsere dringlichste Aufgabe, die Länder davon zu überzeugen, dass sie wieder zu multilateralem Denken zurückkehren müssen" (Brundtland 1987: XX). Das Konzept des Multilateralismus, das nach Czempiel (1999: 238f.) als „Vorform" von Global Governance anzusehen ist, beruht auf der Grundlage gemeinsamer Interessen. Multilaterales Handeln kommt zustande, wenn Staaten der Auffassung sind, die eigenen nationalen Interessen nur – oder doch am besten – in der Zusammenarbeit mit anderen erreichen zu können. Wie durchdrungen der Brundtland-Bericht von diesem Geist ist, davon zeugen schon der Titel: „Unsere gemeinsame Zukunft" und Aussagen wie die folgende:

> „Die Einheitlichkeit menschlicher Bedürfnisse erfordert ein multilaterales System, das das demokratische Prinzip der Zustimmung respektiert und anerkennt, daß nicht nur die Erde, sondern auch die Welt eins ist" (Hauff 1987a: 45).

Die emphatische Botschaft des Brundtland-Berichts lautet, dass nur durch gemeinsame Anstrengungen aller Staaten Armut bekämpft, Friede erhalten, Sicherheit gestärkt und die Zerstörung der Umwelt bis zur atomaren Vernichtung abgewehrt werden können: „Die Verantwortung für all dies liegt nicht bei einer Gruppe von Staaten" (ebd.: 302) – sie liegt bei allen (vgl. ebd.: 303).

Ähnlich oft wie die Ära eines neuen Wachstums gefordert wurde, plädiert der Brundtland-Bericht mit Emphase für eine „neue Ära internationaler Zusammenarbeit", „eine Neuorientierung in den internationalen Beziehungen", eine „verbesserte internationale Zusammenarbeit", denn kein Land könne „sich ohne die anderen entwickeln", es sei wichtig, „daß der Übergang zu dauerhafter Entwicklung gemeinsam von allen Ländern getragen" werde (ebd.: 45).

Die dem Bericht zugrunde liegende Ausrichtung am Multilateralismus entsprach dem in den 1980er-Jahren herrschenden theoretischen Paradigma: Zum Zeitpunkt der Entstehung des Brundtland-Berichts hatten jene Theorien der Internationalen Beziehungen Hochkonjunktur, die die gewinnbringende kooperative internationale Bearbeitung globaler Problemfelder vertraten.[83] Die wissenschaftliche Empfehlung für eine an Multilateralismus ausgerichtete Politik speist sich aus der Einsicht, dass „[u]nilateral leadership under the conditions of complex interdependence is [...] unlikely to be effective" (Keohane/Nye 1977: 232). Unter politikwissenschaftlichen Gesichtspunkten wie auch aus politischer Perspektive ergibt sich daraus eine interessante Rekonfiguration des Effektivitätsbegriffs: Nicht Konkurrenz oder Alleingang, sondern Kooperation und abgestimmtes gemeinsames Vorgehen werden als effizient angesehen.

(c) Vor diesem Hintergrund verfolgte die Brundtland-Kommission das Ziel, sowohl die Vereinten Nationen (als Inbegriff des Multilateralismusgedankens) zu stärken, als auch die von ihr getragenen Institutionen nicht zuletzt mit Blick auf die neuen Herausforderungen zu reformieren. Die Forderungen nach institutionellen Reformen betrafen u. a. eine Neuausrichtung der einzelnen Ressorts der Verwaltung, deren sektorale Ausrichtung eine angemessene Bearbeitung verflochtener Problembereiche nach Auffassung der Kommission erschwere. Umweltpolitik sollte fortan als Querschnittsaufgabe in allen UN-Organisationen begriffen werden (vgl. Hauff 1987a: 306). Als gewichtig für den geforderten institutionel-

---

83 Vgl. neben dem Konzept der Interdependenz (exemplarisch Keohane/Nye 1977) dazu auch regimetheoretische bzw. neoinstitutionalistische Ansätze (z. B. Keohane 1984; Axelrod/Keohane 1986; Oye 1986).

len Wandel lässt sich auch der Umstand werten, dass die Kommission sich bereits im analytisch geprägten ersten Teil des Berichts dafür aussprach, die Weltbank sowie alle anderen Organisationen der Entwicklungszusammenarbeit programmatisch auf das Ziel nachhaltige Entwicklung zu verpflichten und ihre Praxis daran auszurichten (vgl. ebd.: 20). Die im dritten Teil des Berichts empfohlenen Maßnahmen reichten von einem anzustrebenden Übergang einer folgen- zu einer *vorsorge*orientierten Umweltpolitik bis hin zu dem Vorschlag, „einen besonderen UNO-Ausschuß für dauerhafte Entwicklung" (ebd.: 313) unter dem Vorsitz des UNO-Generalsekretärs einzurichten und ein „UNO-Programm für dauerhafte Entwicklung" (ebd.: 338) zu initiieren, nicht zuletzt, um die Aktualisierung des Berichts sicherzustellen.[84]

(d) Der Adressatenkreis des Brundtland-Berichts war aber nicht nur auf nationale Regierungen, die Vereinten Nationen und regionale Organisationen beschränkt, sondern umfasste auch kollektive Akteursgruppen wie die Wirtschaft sowie letztendlich alle Menschen als Verantwortliche. Die Brundtland-Kommission hatte sich nicht nur das Mandat gesetzt, Vorschläge „für neue Formen der internationalen Zusammenarbeit [zu erarbeiten], die geeignet sind, politische Entscheidungen und Abläufe in Richtung notwendiger Änderungen zu beeinflussen", sondern sie sah ihren Auftrag auch im „Wecken von Verständnis und Bereitschaft zum Handeln bei Einzelpersonen, Hilfsorganisationen, Unternehmen, Einrichtungen und Regierungen" (Hauff 1987a: 4). Darin spiegelt sich die Annahme wider, dass es zur Bewältigung der globalen Probleme letztlich weder reiche, sich auf staatliche Akteure zu beschränken (auch wenn diese kooperativ zusammenarbeiten), noch auf von Staaten getragene Organisationen.[85] Die Brundtland-Kommission, die die sozial-ökologische Krise als politisches Problem globalen Ausmaßes charakterisiert hatte, forderte in Erweiterung des inter-*nationalen* Gedankens, dieses auf *allen weltgesellschaftlichen Ebenen* unter Zuhilfenahme *aller gesellschaftlichen Kräfte* anzugehen (vgl. dazu auch Dingler 2003: 222). Auch wenn die Debatte um Global Governance (und um die Einhegung neoliberaler Globalisierungspolitik) erst in den 1990er-Jahren begann, so kann im Rückblick der Brundtland-Bericht als ein zentraler Meilenstein, ganz sicher als „historischer Vorläufer" (Brand et al. 2000: 23) eines Global-Governance-Ansatzes bezeichnet werden. Denn Global Governance steht stellvertretend für eine Vielzahl

---

84 Diese Anregung der Brundtland-Kommission wurde von der Generalversammlung der Vereinten Nationen aufgegriffen (vgl. dazu die Beschlüsse der General Assembly 1987a, 1987b sowie 1988) und mündete in die Einberufung der UNCED einschließlich der Gründung der Commission on Sustainable Development (CSD) (vgl. General Assembly 1993).

85 Im Verlauf der 1990er-Jahre wird im Zuge der erstarkenden Debatte über Globalisierung dieser Umstand als „Krise und Wandel des Nationalstaats" (z. B. Held 1995; Albert 1998: 49ff.; Zürn 1998: 490ff.; Take 2006: 270ff.) bzw. als „Krise des Multilateralismus" (z. B. Nuscheler 2001: 3ff.; Najam/Robins 2001: 64ff.; Messner/Nuscheler 2003: 14ff.) diskutiert (siehe dazu auch B.I.2.3 und B.I. 5.3).

politischer Steuerungsmechanismen, Verfahrensnormen und Regelsysteme, die staatliche und nichtstaatliche Akteure in gemeinsame Entscheidungsprozesse einbinden. In seinem Plädoyer für eine demokratische nachhaltige Weltordnungspolitik und in der Betonung weltumspannender, kooperativer Lösungen unter Einbeziehung aller relevanten Akteure – Staat, Zivilgesellschaft und (multinationale) Unternehmen (vgl. Hauff 1987a: 21) – weist der Brundtland-Bericht große Ähnlichkeit[86] nicht nur mit Rosenaus (1997) bzw. Rosenaus und Czempiels (gesammelten) Analysen (1992), sondern auch mit den späteren Veröffentlichungen der UN-Commission on Global Governance (1995), des Instituts für Frieden und Entwicklung (z. B. Hauchler/Messner/Nuscheler 1997)[87] und der Gruppe von Lissabon (1997) auf.

(e) Nachhaltige Entwicklung erfordert die Beteiligung der gesamten Gesellschaft – so lässt sich eine weitere Prämisse des Politikverständnisses der Brundtland-Kommission zusammenfassen. Der Mehrebenencharakter des Governance-Konzepts, das demokratische Mitgestaltung und eine transparentere, partizipativere Politik ermöglichen soll, konkretisiert sich in der Einbeziehung der Zivilgesellschaft (vgl. dazu auch Walk 2008: 13ff.). Die Brundtland-Kommission plädiert für „ein politisches System, das wirksame Beteiligung von Bürgern an Entscheidungsprozessen sicherstellt" (Hauff 1987a: 69), und misst dabei einer *Local Governance* insgesamt eine entscheidende Rolle bei. Städte und Gemeinden als Orte lokaler Demokratie(ermöglichung) sollen gestärkt werden. Darüber hinaus wird es nach Auffassung der Kommission „auch erforderlich sein, Bürgerinitiativen zu fördern, öffentliche Organisationen zu ermächtigen und lokale Demokratie zu stärken" (ebd.: 68). Im Zusammenhang mit Partizipation thematisiert die Kommission auch die Verteilung von Macht und Einfluss – ein Aspekt, der ansonsten in dem Bericht eher unterbelichtet bleibt:

> „Man könnte sogar sagen, daß die Verteilung von Macht und Einfluß innerhalb einer Gesellschaft die meisten Umwelt- und Entwicklungsprobleme bedingt. Daher müssen also neue Ansätze Programme sozialer Entwicklung einbeziehen, insbesondere die gesellschaftliche Stellung der Frauen verbessern, schwache Gruppen [...] schützen und lokale Teilnahme an Entscheidungsprozessen [...] fördern" (ebd.: 43).

Dem partizipativen Anspruch folgend hat die Kommission selbst von Beginn an die Öffentlichkeit in ihre eigene Arbeit einbezogen. Volker Hauff betont in sei-

---

86 Die Ähnlichkeiten reichen bis in die verwendeten Bilder hinein. So lautet der deutsche Titel des Berichts der Commission on Global Governance „Nachbarn in der Einen Welt". Das Bild des Nachbarn wird im Brundtland-Bericht ebenfalls verwendet und unterstreicht die emphatische Botschaft des Berichts: „Die Dauerhaftigkeit des Fortschritts der Menschheit hängt zu einem ganz wesentlichen Teil davon ab, dass wir erkennen, dass wir *Nachbarn* sind auf einem kleinen und verwundbaren Planeten, und dass *unsere Pflicht, füreinander zu sorgen, eine Verpflichtung auf Gegenseitigkeit ist*" (Hauff 1987b: XVII; Herv. D. G.).

87 Vgl. darüber hinaus auch die Arbeiten, die von Dirk Messner und Franz Nuscheler im Kontext des INEF produziert worden sind (z. B. Messner/Nuscheler 1996, 2003; Messner 1998; Nuscheler 2001).

nem Vorwort, dass die Kommission auf „so breiter Basis" (Hauff 1987b: IX) gearbeitet habe wie noch keine andere internationale Kommission „mit globalem Auftrag" (ebd.). Es gab öffentliche Anhörungen in allen Kontinenten, bei denen unterschiedlichste Ziel- und Lobbygruppen ihre Positionen vortrugen. Antonietta Di Giulio (2004: 59) weist allerdings darauf hin, dass aus dem Bericht nicht hervorgehe, welchen Einfluss diese Anhörungen im Detail auf die Arbeit der Brundtland-Kommission hatten, und dass nicht ersichtlich sei, in welcher Form und in welchem Umfang Anliegen und Anregungen aus den Anhörungen in den Brundtland-Bericht Eingang fanden. Über den gesamten Bericht verteilt werden einzelne Statements aus den Anhörungen in Form von Zitaten in separaten Textkästen ausgewiesen. Diese Zitate bilden ein breites (Meinungs-)Spektrum ab, zu dem sich die Kommission weder zustimmend noch ablehnend äußert. Über diese Methode wird so im Bericht auch Positionen eine Stimme gegeben, welche die Kommission in dieser Deutlichkeit möglicherweise nicht hätte formulieren wollen oder können. Kriterien der Auswahl bleiben jedoch unbestimmt. Im Kontext der Forderung einer Neubestimmung der Politik sei hier dennoch exemplarisch die machtkritische Äußerung von Aristides Katoppo[88] während der öffentlichen Anhörung der WCED in Djakarta im März 1985 hervorgehoben:

> „Ich will also drauf hinweisen, daß wir Umwelt und Entwicklung nicht diskutieren können, ohne *politische Entwicklung* zu diskutieren, und man kann Armut nicht abschaffen nur durch Neuverteilung von Wohlstand und Einkommen, sondern es muß auch eine *Neuverteilung von Macht* stattfinden" (Zitat von Katoppo, in Hauff 1987a: 33; Herv. D. G.).

In der Rezeption des Brundtland-Berichts wird dieses von Partizipation und Global Governance geprägte Politikverständnis der Kommission allerdings wenig berücksichtigt. Es verschwindet gleichsam hinter der erhobenen Kritik an Experto- und Technokratie. So wird weder das damit verbundene emphatische Politikverständnis gesehen (und gewürdigt), noch werden die Ansätze von Diskursethik (Habermas) und deliberativer Politikformen zur Kenntnis genommen, die im Bericht sichtbar werden. Zwar ist Eblinghaus und Stickler (1996: 66) zuzustimmen, dass das Politik- und Gesellschaftsverständnis der Kommission „insgesamt durch einen hohen Steuerungs- und Technikoptimismus gekennzeichnet" (ebd.) sei. Doch die Maßnahmen der Kommission gehen über „technozentrische Lösungsansätze" (Conrad 1993: 115) hinaus. Auch die von Wolfgang Sachs (1992) formulierte Kritik, dass die von der Brundtland-Kommission verfolgte Strategie einer Herrschaft globaler Experten Vorschub leiste, trifft daher nur bedingt zu, wie Brand und Jochum (2000: 26) anmerken. Auch Ted Trainer (1990: 83) über-

---

88 Aristides Katoppo ist Herausgeber des „Sinar Harapan" Magazines, Direktor der Sinah Kasih Publishing Group in Indonesien. Er gehörte zu den Tausenden von Personen, die der Brundtland-Kommission Rat und Unterstützung während der öffentlichen Anhörungen haben zukommen lassen.

sieht und unterschätzt die demokratietheoretische Bedeutung von Partizipation und Governance, wenn er schreibt:

> „that the report's recommendations for action [...] focus only on the institutional and legal level. All that is needed is greater concern to streamline the functioning of environmental protection agencies, to create better laws and to set up more effective regulatory institutions" (ebd.).

Das Politikverständnis des Brundtland-Berichts ist – ähnlich wie das Wachstumsverständnis – differenzierter zu bewerten, als es viele Kritiker_innen tun, denn es umfasst verschiedene Bereiche: einerseits die institutionelle und rechtliche Ebene, andererseits Partizipationsprozesse und lokale Demokratie.

Der in allen Bereichen aufscheinende Steuerungsoptimismus verweist auf ein Verständnis von Staat, das diesem das Primat über die Ökonomie zuschreibt. Der Staat wird als fähig und willens erachtet, Marktversagen korrigieren zu können. Von der Vorstellung ausgehend, dass staatliche Politik auf das Allgemeinwohl abzielt, wird im Brundtland-Bericht der moderne Staat als ein Instrument verstanden, das von allen gesellschaftlichen Kräften gleichermaßen benutzt werden kann. Im Vorgriff auf die nachhaltigkeitskritischen Positionen (siehe B.II) lässt sich hier einwenden: Indem die Orientierung am Gemeinwohl von der Brundtland-Kommission nicht mehr als herzustellendes Ergebnis gesamtgesellschaftlicher Prozesse, sondern als etwas Gegebenes betrachtet wird, werden die dem modernen Staat zugrunde liegenden spezifischen, insbesondere klassen- und geschlechterförmigen Herrschaftsverhältnisse nicht thematisiert. Der Brundtland-Bericht unterscheidet sich damit in seiner Einschätzung über die Rolle und Funktion des Staates von einer materialistischen Staatsauffassung, nach der der Staat den „kapitalistischen Produktionsverhältnissen und den sozialen Beziehungen, die ihre Grundlage sind", gerade „nicht äußerlich gegenüber" stehe (Hirsch 2007: 182), sondern mit ihr verwoben sei. Struktur und Entwicklung des Staates würden wesentlich von der Dynamik der Kapitalakkumulation angetrieben und stabilisierten diese zugleich (vgl. ebd.; siehe auch B.II).

1.4 Gerechtigkeitsverständnis

In ihrer Charakterisierung des Brundtland-Berichts geben Sabine Höhler und Fred Luks als das Besondere des Berichts seine Perspektive auf die Welt und die Verknüpfung dieser Perspektive mit neuen Konzepten wie intergenerative Gerechtigkeit an:

> „Der Blick auf den Planeten als ein politisch und wissenschaftlich organisierbares, zu managendes Gebilde verknüpft die Qualität des Globalen, des Umfassenden und des Entgrenzten mit neuen Konzepten, wie intergenerative Gerechtigkeit, und neuen Elementen, wie einem integrativen Ansatz und einer deutlich normativen Haltung" (Höhler/Luks 2004: 27).

Neu dabei ist nicht nur die Einbeziehung von intergenerativer Gerechtigkeit, sondern auch die Anerkennung der *Gleichrangigkeit* und *Zusammengehörigkeit* von inter- und intragenerativer Gerechtigkeit, die in der berühmt gewordenen Formel des Brundtland-Berichts zum Ausdruck gebracht wird: „Dauerhafte Entwicklung ist Entwicklung, die die Bedürfnisse der Gegenwart befriedigt, ohne zu riskieren, dass künftige Generationen ihre eigenen Bedürfnisse nicht befriedigen können" (Hauff 1987a: 46). Gerechtigkeit wird im Brundtland-Bericht explizit als *soziale Gerechtigkeit* verstanden: „Dauerhaftigkeit bedeutet die Verantwortung für soziale Gerechtigkeit zwischen den Generationen, die sich logischerweise auch bezieht auf die Gerechtigkeit innerhalb jeder Generation" (Hauff 1987a: 46; vgl. auch S. 52).

Die Konzeptualisierung dieser sozialen Gerechtigkeit ist somit global und generationenübergreifend angelegt (a), sie enthält Elemente sowohl der Verteilungs- bzw. Ergebnisgerechtigkeit als auch der Chancen- bzw. Verfahrensgerechtigkeit[89] (b), sie ist anthropozentrisch begründet an Langfristigkeit orientiert (c). Intragenerative Gerechtigkeit wird in erster Linie als Nord-Süd-Gerechtigkeit konzeptualisiert (d), gleichzeitig gibt es Anknüpfungspunkte für Geschlechtergerechtigkeit (e) und für die Reflexion von Lebensstilen und Vorstellungen des „guten Lebens" (f). Verantwortlicher Adressat ist im Brundtland-Bericht die „Menschenfamilie" (g).

(a) Im Brundtland-Bericht wird die Sicherung einer menschenwürdigen Existenz für *alle* jetzt und in Zukunft lebenden Menschen als Verpflichtung anerkannt und als Auftrag an *alle* Länder – „Industrie- und Entwicklungsländer, marktorientiert oder zentral gelenkte" (Hauff 1987a: 46) – formuliert. Indem der Ansatz sich ausdrücklich auf die Befriedigung der Bedürfnisse und Wünsche der gesamten heutigen und künftigen Weltbevölkerung erstreckt (vgl. auch ebd.: 10, 47), werden „oligarchische Verhältnisse"[90] von der Brundtland-Kommission als ungerecht (dis)qualifiziert – Verhältnisse, in denen eine Minderheit auf Kosten der Mehrheit lebt und in denen nicht einmal die Grundbedürfnisse weiter Teile der Weltbevölkerung befriedigt werden. Die globale und generationenübergreifende Konzeption nachhaltiger Entwicklung, der eine Kritik an bisherigen Ent-

---

89 Interessanterweise wird in der Rezeption des Brundtland-Berichts häufig nur ein Teil dieses auch in dieser Hinsicht doppelten Gerechtigkeitsverständnisses zum Ausgangspunkt gemacht und der jeweils andere Bestandteil ausgeblendet. Dingler (2003: 223) spricht beispielsweise von „Zugangsgerechtigkeit". Dieses Gerechtigkeitsverständnis wird häufig in der (neo)liberalen Verfahrensgerechtigkeit verortet. Die Autor_innen des HGF-Ansatzes (Kopfmüller et al. 2001: 135ff.) erklären den Brundtland-Bericht dagegen vorrangig von „Verteilungsgerechtigkeit" geprägt. Angemerkt sei, dass bisweilen Verteilungsgerechtigkeit synonym mit sozialer Gerechtigkeit verwendet wird, gleichsam als Dach, was noch nichts darüber aussagt, wie und nach welchen Kriterien verteilt wird.

90 Zum Begriff der „oligarchischen Lebensstandards" vgl. Harborth (1993: 35ff.). Traurige Berühmtheit im Nachhaltigkeitsdiskurs haben Zahlenbefunde erreicht, die dieses Missverhältnis deutlich werden lassen – etwa dass das reichste Fünftel der Weltbevölkerung 72 Prozent der Energie verbraucht, ca. 73 Prozent des Welthandels kontrolliert und 80 Prozent aller Güter und Dienstleistungen weltweit erwirtschaftet (von-armut-bis-zucker.de/home/neuwied/neuwied_index.htm.).

wicklungskonzeptionen und -anstrengungen zugrunde liegt, steht für ein neues entwicklungspolitisches Paradigma, das sich auch an der Perspektive der Langfristigkeit orientiert (vgl. dazu auch Harborth 1993: 14ff.; Höhler/Luks 2004: 36; Di Giulio 2004: 45). Dem Brundtland-Bericht kommt der Verdienst zu, intergenerative Gerechtigkeit in den Diskurs um (nachhaltige) Entwicklung eingeführt zu haben. Bei der Bestimmung der Bedürfnisse künftiger Generationen lässt sich jedoch eine Reihe von offenen Fragen und Schwierigkeiten identifizieren. So bleibt im Bericht u. a. ungeklärt, wie sich die Rechte und Bedürfnisse künftiger Generationen im Falle eines Interessenkonfliktes zu denen heutiger Generationen verhalten. Di Giulio (2004: 47) verweist in diesem Zusammenhang auf die im Brundtland-Bericht offen gebliebenen Fragen, welche Bedürfnisse und Rechte dann Priorität hätten und wer die Anwaltschaft für künftige Generationen übernähme.

(b) Der Brundtland-Bericht macht die Bedürfnisbefriedigung aller Menschen zum Kern und zum übergeordneten Ziel einer nachhaltigen Entwicklung. Insbesondere die Befriedigung der „Grundbedürfnisse der Ärmsten der Welt" sollte „überwiegende Priorität haben" (Hauff 1987a: 46f.). Zu den Grundbedürfnissen zählt die Kommission „Nahrung, Kleidung, Wohnung, Arbeit" (ebd.: 47). Ott und Döring (2008: 33) ist zuzustimmen, dass damit ein „ganzes ‚humanistisches' Zielbündel gegeben" ist: Der Brundtland-Bericht strebt eine Welt an, in der niemand hungert, in der niemand den Witterungsbedingungen ohne Kleidung schutzlos ausgeliefert ist, in der niemand obdachlos ist und keinen Rückzugsraum hat und in der jeder Mensch die Möglichkeit hat, seine Existenz durch die eigene Arbeit zu sichern.

In der Bereitstellung dieser Güter strebt die Brundtland-Kommission Ergebnisgerechtigkeit an. In Anlehnung an Huber, der zwischen *Bedürfnisgerechtigkeit* („Jeder nach seinen Fähigkeiten und jede nach ihren Bedürfnissen") als Prinzip des Kommunismus, *Leistungsgerechtigkeit* („Jede nach ihren Leistungen") als Leitidee des Liberalismus und *Besitzstandsgerechtigkeit* („Jedem nach seinem Besitzstand") als Verteilungsprinzip des Konservatismus unterscheidet (vgl. Huber 1995: 87ff.), lässt sich bis zum Level der Erfüllung der Grundbedürfnisse (der „basic needs") das Gerechtigkeitsverständnis des Brundtland-Berichts damit auch als „Bedürfnisgerechtigkeit" charakterisieren.

Oberhalb dieser Schwelle fordert der Brundtland-Bericht einen „gerechten Zugang" zu natürlichen und kulturellen Ressourcen (Hauff 1987a: 44). Der Brundtland-Bericht vertritt, so lässt sich resümieren, eine Kombination aus Bedürfnis- und Zugangsgerechtigkeit. Letztere ist die Grundlage für Leistungsgerechtigkeit, in der die Tatkraft und Initiative des Einzelnen „belohnt" werden (vgl. Huber 1995: 88). Mitentscheidend sind dafür die Rahmenbedingungen, die so gestaltet sein müssen, dass alle Menschen die Chance haben, ihre eigenen Wünsche zu verfolgen und ihre eigenen Fähigkeiten auch ausüben zu können.

Die Brundtland-Kommission konstatiert, dass sowohl lokal, national wie international viele – soziale und ökologische – Probleme aus dem ungleichen Zugang zu Ressourcen resultieren (vgl. Hauff 1987a: 52). Der Brundtland-Bericht belässt es zwar bei der Nennung weniger Beispiele (Landverteilung; Kontrolle und Möglichkeiten der „Ausbeutung" globaler öffentlicher Güter (ebd.)), die zentralen Punkte sind damit aber bereits angesprochen: Zugangsgerechtigkeit spielt sowohl für das Individuum (und zwar auf nationaler wie auf globaler Ebene) als auch für die Ausgestaltung von Nord-Süd-Gerechtigkeit als *inter*nationale Gerechtigkeit eine Rolle (siehe dazu auch den Abschnitt (d) sowie den Ansatz von Mohssen Massarrat (siehe B.IV.3)).

(c) Dass der Brundtland-Bericht seine Definition nachhaltiger Entwicklung dezidiert an der Befriedigung der Bedürfnisse heute und zukünftig lebender Menschen ausrichtet, klassifiziert ihn als anthropozentrischen Ansatz. Seine Ausrichtung an der „explizite[n] Zukunftsverantwortung" ist als „wesentliche Innovation" hervorgehoben worden (Höhler/Luks 2004: 36). Die diskursive Verschiebung von „Nachhaltigkeit von Ressourcen, wie es im bisherigen Diskurs in der Tradition der Stockholm Konferenz[91] üblich war, auf Bedürfnisse und Entwicklung" (Dingler 2003: 222) ist dabei gleichzeitig kritisiert worden: Es gehe im Brundtland-Bericht nun nicht mehr (zumindest nicht primär und nicht gleichermaßen) um den „Schutz der Natur als Natur" (Höhler/Luks 2004: 36), nicht um den Erhalt von Natur und Umwelt als „Eigenwert" (Brand/Jochum 2000: 23). In der Bewahrung der ‚Umwelt' ausschließlich als Grundlage jeder wirtschaftlichen Entwicklung spiegele sich der instrumentelle Charakter des Natur- bzw. letztlich des gesamten Nachhaltigkeitsverständnisses des Brundtland-Berichts (vgl. Höhler/Luks 2004: 36; auch Dingler 2003: 222).

Eine solche Interpretation, die einen anthropozentrischen Ansatz generell mit einem instrumentell-herrschaftlichen Naturverständnis gleichsetzt, gibt die inhaltlich vielseitigere Ausrichtung des Berichts nur verkürzt wieder: Mit der doppelten Gerechtigkeitskonzeption entfaltet die Brundtland-Kommission nachhaltige Entwicklung ausdrücklich als ein Konzept, das ökologische und soziale Anforderungen *vereint*. Aus der moralischen Verpflichtung gegenüber zukünftigen Generationen ergibt sich eine ökologische Langfristorientierung, die natürlichen Lebensgrundlagen nicht zu zerstören, sondern zu erhalten. Die Anerkennung der menschlichen Angewiesenheit auf Natur erschöpft sich nicht im reduktionistischen Blick auf Natur als Ressource, sie enthält zugleich die Perspektive eines „unverkürzten Anthropozentrismus" (Krebs 1997a: 378): Obwohl der Aspekt der Erhaltung von Natur im Brundtland-Bericht unmittelbar mit dem Aspekt der

---

91 Im Juni 1972 fand in Stockholm die *United Nations Conference on the Human Environment* statt – die erste UN-Konferenz zum Thema Umwelt. Mit ihr wird der Beginn der internationalen Umweltpolitik assoziiert. In ihrer Folge wurde noch im selben Jahr das Umweltprogramm der Vereinten Nationen (UNEP) mit Sitz in Nairobi/Kenia gegründet.

Entwicklung verknüpft ist, deren Hauptziel als die „Befriedigung menschlicher Bedürfnisse und Wünsche" (Hauff 1987a: 46) verstanden wird, reduziert der Brundtland-Bericht Natur nicht (nur) auf ihre Ressourcenfunktion, sondern gesteht ihr auch jene verschiedenen Formen von eudämonistischem[92] Eigenwert zu, die nach Angelika Krebs (1997a) den unverkürzten Anthropozentrismus kennzeichnen: „ästhetischen Eigenwert, Heimateigenwert und (nicht-transzendente) Heiligkeit" (ebd.: 378; vgl. dazu auch Hauff 1987a: 39, 116, 118). Neben dem Verständnis von Natur als „ökologische[m] Kapital" (Hauff 1987a: 6, 9) findet sich im Brundtland-Bericht ein weiteres Naturverständnis, das die *Lebendigkeit* von Natur betont, die es respekt- und verantwortungsvoll zu erhalten gelte (vgl. ebd.: 117 sowie Hauff 1987b: XV, XVII).

An dieser Stelle sei noch einmal betont: Weder das Naturverständnis noch die jeweils vertretene Naturethik sind expliziter Gegenstand meiner Arbeit. Für meine Analyse des Verständnisses von intragenerativer und insbesondere von intergenerativer Gerechtigkeit sind jedoch der Aspekt der Aufrechterhaltung von Zukunftsoffenheit, für die sich die Brundtland-Kommission starkmacht, sowie der Gedanke der Bewahrung von Natur als ökologisches Menschenrecht relevant. Gleichwohl ist die Frage, welche Maßstäbe eine Naturethik für die Gestaltung gesellschaftlicher Naturverhältnisse bietet, hochspannend, muss aber an anderer Stelle untersucht werden.[93]

(d) Intragenerative Gerechtigkeit, die zu mehr Gerechtigkeit innerhalb wie zwischen Nationen führen soll, wird im Brundtland-Bericht in erster Linie als Nord-Süd-Gerechtigkeit konkretisiert, die das Verhältnis zwischen Industrie- und Entwicklungsländern thematisiert. Beispielsweise wird bereits im Vorwort von Volker Hauff die Hauptverantwortung der Industrieländer für die globalen ökologischen Bedrohungen hervorgehoben.

> „In den Entwicklungsländern ist Armut die Hauptursache für Umweltzerstörung. [...] Armut ist sowohl Ursache als auch Folge von Umweltzerstörung. Wir dürfen daraus nicht den falschen Schluß ziehen, die Entwicklungsländer seien heute die Hauptquelle der weltweiten Verschmutzung. Die gegenwärtigen globalen Bedrohungen für unsere Erde haben in erster Linie ihren Ursprung in den Industrieländern. Nukleare Unfälle, Zerstörung der Ozonschicht, Treibhauseffekt, Wettrüsten und ungleich reiche Ressourcenverteilung bei Energie und mineralischen Rohstoffen gehen von dort aus" (Hauff 1987b: XIV).

---

92 Der griechische Begriff „eudaimonia" bedeutet Glück. In der Antike bezeichnete er das Gedeihen oder Gelingen der Lebensführung. Als Kennzeichen des guten Lebens galt, dass man das Glück in sich selbst findet, indem man sich richtig – im Sinne von tugendhaft – verhält. Als Eudämonismus wird die philosophische Lehre bezeichnet, die im Glück des Einzelnen oder der Gemeinschaft die Sinnerfüllung menschlichen Daseins sieht. Kant kritisierte diese Lehre stark, in jüngerer Zeit wird aber gerade das Eudaimoniekonzept von Aristoteles wieder stärker rezipiert.

93 Eine grundlegende Auswahl von Texten zur tier- und ökoethischen Diskussion bietet z. B. Krebs (1997b). Eine Einführung in die jüngeren Human-Animal Studies und damit in gesellschaftliche Mensch-Tier-Verhältnisse leistet der Sammelband von Chimaira (2011). Eine politische Theorie der Tierrechte haben Donaldson und Kymlicka (2011) vorgelegt.

Auch im Kapitel zum Bevölkerungswachstum wird der unterschiedliche Pro-Kopf-Ressourcenverbrauch explizit benannt:

> „Jede weitere Person in einem Industrieland verbraucht erheblich mehr und übt mehr Druck auf die natürlichen Ressourcen aus als jede weitere Person in der Dritten Welt" (Hauff 1987a: 97).

Die Kritik an den Strukturen der von ungleicher „wirtschaftliche[r] Macht" (ebd.: 51) geprägten internationalen Wirtschaftsbeziehungen, die die Asymmetrien zwischen Industrie- und Entwicklungsländern stabilisieren und vertiefen, durchzieht den Brundtland-Bericht (vgl. z. B. Brundtland 1987: XXIII; Hauff 1987a: 70ff., 230f.), der damit auch an die Berichte der Nord-Süd-Kommission (1980, 1983) und an die „Grenzen des Elends" (Herrera et al. 1977) anschließt.

Die Analyse und Bewertung von Verteilungsunterschieden innerhalb von Nationen fällt dagegen kürzer aus. An einigen Stellen werden die Verteilungsunterschiede innerhalb von Entwicklungsländern thematisiert, etwa wenn der „Abbau von Privilegien der Großgrundbesitzer" gefordert wird (vgl. Hauff 1987b: XVII) oder wenn bisher marginalisierte Gruppen wie die der Indigenen gestärkt und ihre Rechte anerkannt und geschützt werden sollen (vgl. z. B. Hauff 1987a: 14, 117ff.). Doch insbesondere „Verteilungsunterschiede in den reichen Ländern erscheinen zweitrangig", so Brand und Jochum (2000: 24). „Erst im deutschen Diskurs wurde – in unterschiedlichem Ausmaß – auch die Frage der innergesellschaftlichen Gerechtigkeit miteinbezogen" (ebd.) (siehe dazu auch B.I.4).

(e) Der Begriff der Geschlechtergerechtigkeit taucht im Brundtland-Bericht nicht explizit auf. Wie bereits angesprochen, thematisiert er unbezahlte, in der Regel von Frauen geleistete Versorgungsarbeiten nicht. Dennoch bietet der Bericht eine Reihe von Anknüpfungspunkten für die Ausgestaltung von Geschlechtergerechtigkeit. Denn Entwicklung ist im Brundtland-Bericht nicht (gänzlich) geschlechtsneutral konzeptualisiert. Immer wieder wird auf die besondere Berücksichtigung der Variable Geschlecht bei der Bewältigung der Aufgaben für eine nachhaltige Entwicklung hingewiesen. Ziel ist es, die Rechte von Frauen zu stärken – angefangen beim Zugang zu Entscheidungsprozessen und Bodentiteln bis hin zur Gewährleistung reproduktiver Rechte (vgl. Hauff 1987a: 43, 98, 106, 108f.). Hier zeigt sich, dass der Fokus vor allem auf Frauen in Entwicklungsländern liegt. Seltener finden sich Forderungen, die sich auf Frauen weltweit beziehen, etwa die Kritik an der mangelnden Repräsentanz in Forschung, Lehre und Dienstleistung. Der Bezug zur Land- und Forstwirtschaft erzeugt allerdings auch in diesen Forderungen erneut eine entwicklungspolitische Verzerrung:

> „Obwohl die Rolle der Frauen in der Landwirtschaft besonders wichtig ist, haben sie schlechteren Zugang zur Ausbildung und sind in Forschung, Lehre und anderen unterstützenden Dienstleistungen unangemessen repräsentiert. Frauen sollten dieselben Ausbildungsmöglichkeiten haben wie Männer. Es sollte mehr Ausbilderinnen geben, [...]. Frau-

en sollten mehr Macht haben, Entscheidungen zu treffen hinsichtlich landwirtschaftlicher und forstwirtschaftlicher Programme" (ebd.: 143).

(f) Mit der Forderung, „die Grundbedürfnisse aller zu befriedigen und für alle die Möglichkeit zu schaffen, ihren Wunsch nach einem besseren Leben zu befriedigen" (Hauff 1987a: 47), schließt der Brundtland-Bericht explizit an Forderungen zur Armutsbekämpfung und an Konzepte zur Erfüllung von *basic needs* an, geht aber gleichzeitig darüber hinaus. Der Bericht stützt sich auf die Prämisse, „dass jedes menschliche Wesen – wir hier und künftige Generationen – ein Recht auf Leben hat, und zwar auf ein gutes Leben" (ebd.: 45). Der Brundtland-Bericht lässt die Bestimmung dieses ‚guten Lebens' offen. Während er keinen Zweifel lässt, was unter Grundbedürfnissen zu verstehen ist – nämlich „Nahrung, Kleidung, Wohnung, Arbeit" (ebd.: 47), abstrahiert er von spezifischen Vorstellungen vom ‚guten Leben'. Stattdessen werden, wie Peter Feindt (2008) formuliert, „folgenorientierte Bedingungen" angegeben, „denen die Realisierung unterschiedlicher Vorstellungen vom ‚guten Leben' genügen soll. Daher kann sie für Gruppen mit sehr unterschiedlichem kulturellem, weltanschaulichem und religiösem Hintergrund akzeptabel sein" (ebd.: 53). Doch so unterschiedlich die Vorstellungen vom ‚guten Leben' sein mögen, auch sie haben dem Verständnis der Brundtland-Kommission nach die „langfristige Dauerhaftigkeit in Betracht zu ziehen" (Hauff 1987a: 47). Die Anerkennung der sozio-kulturellen Prägung von Bedürfnissen (und vom ‚guten Leben') geht im Brundtland-Bericht daher einher mit der Forderung, die jeweils eigenen Lebens- und Verbrauchsstandards hinsichtlich ihrer nachhaltigen oder nicht nachhaltigen Folgen zu reflektieren:

> „Was wir für Bedürfnisse halten, ist sozial und kulturell bedingt; im Hinblick auf dauerhafte Entwicklung sollten wir solche Werte fördern, die Verbrauchsstandards innerhalb der Grenzen des ökologisch Möglichen setzen und nach denen alle sich richten können" (ebd.).

Die Frage nach Lebensqualität erschöpft sich im Brundtland-Bericht nicht in einer einkommenszentrierten Perspektive. Nachhaltigkeit erfordere vielmehr

> „eine Auffassung von menschlichen Bedürfnissen und menschlichem Wohlergehen, die solche nicht-wirtschaftlichen Variablen einbezieht wie Erziehung und Gesundheit *um ihrer selbst willen*, saubere Luft und Wasser und den Schutz der Natur" (ebd.: 57; Herv. D. G.).

Bildung und Gesundheit stellen für die Brundtland-Kommission damit eigene Zwecke dar, sie sind nicht (nur) Mittel zur Reduktion von Einkommensarmut. Dieses Verständnis der Kommission bietet Anknüpfungspunkte zum Fähigkeitenansatz, wie ihn (in unterschiedlicher Form) der Ökonom Amartya Sen (z. B. 1980, 2000) und die Philosophin Martha C. Nussbaum (z. B. 1999, 2003) vertreten[94] und auf den ich später zurückkommen werde.

---

[94] Vgl. zu den Unterschieden zwischen Sen und Nussbaum die Ausführungen von Knobloch (2003: 33).

(g) Der Brundtland-Bericht adressiert immer wieder die „gesamte Menschheit" (z. B. Hauff 1987a: 2, 9, 32, 43, 149, 152, 303). An einer Stelle in der deutschen Fassung wird sogar von der „Menschenfamilie"[95] (ebd.: 147) gesprochen, deren Bedürfnisse mit den vorhandenen Ressourcen befriedigt werden könnten. Die Anrufung der ‚Familie' verlässt die Ebene der internationalen Diplomatie, der strategischen Partnerschaften, sie rückt Bindungen, Verantwortung und Sorge füreinander in den Mittelpunkt und unterstreicht den normativ-emphatischen Charakter des Berichts. Das Bild der Familie, die den meisten Kulturen und Religionen als die ‚Urzelle' des gesellschaftlichen Lebens gilt, löst u. a. Assoziationen vom Zusammenleben mehrerer Generationen aus und vermag im konkreten Sinne des Wortes intra- und intergenerative Gerechtigkeit zu versinnbildlichen. Gleichzeitig suggeriert das Bild der Familie eine Nähe und eine Übereinstimmung von Interessen, die so nicht existieren. Gerade die Familie, das hat vor allem die feministische Forschung gezeigt, kann nicht nur als ein Ort des Schutzes, sondern auch als ein Ort der Gewalt identifiziert werden (vgl. u. a. Okin 1998; BMFSFJ 2004; Hagemann-White/Bohne 2004; Kavemann/Kreyssig 2007). Die Geschichte der Institution Familie ist gleichzeitig auch eine Geschichte der Ideologisierungen und asymmetrischen Machtverhältnisse (vgl. u. a. Pateman 1988, 1994; Appelt 1997; Jochimsen 2003a, 2003b). Dem emphatischen Harmonieverständnis des Brundtland-Berichts (vgl. u. a. Hauff 1987a: 69) steht eine weitgehende Ausblendung von Machtasymmetrien gegenüber, von denen auch und gerade die „Menschenfamilie" geprägt ist. Auf diese Kritik werde ich bei der Analyse der Positionen der Diskursinterventionist_innen (siehe B.II) noch einmal zurückkommen.

2. Die UN-Konferenz für Umwelt und Entwicklung von 1992: die Rio-Deklaration und die Agenda 21

2.1 Historischer und politischer Kontext

Die UN-Konferenz für Umwelt und Entwicklung (UNCED) fand 1992 in Rio de Janeiro statt. Die aufgrund ihres Veranstaltungsortes auch als „Rio-Konferenz" bzw. aufgrund der gleichzeitigen Thematisierung von Umwelt- und Entwicklungsfragen auch als „Erdgipfel" bekannt gewordene UN-Konferenz brachte mehrere Abschlussdokumente hervor: Von den 178 teilnehmenden Nationen

---

95 In der englischen Fassung werden die Begriffe „human family" bzw. „human family of nations" sogar fünfmal benutzt, im Deutschen dann weniger pathetisch als „Weltbevölkerung" oder „Menschheit" übersetzt.

wurden mit der *Rio-Deklaration zu Umwelt und Entwicklung*,[96] der *Agenda 21* und der *„Walderklärung"* drei völkerrechtlich nicht-rechtsverbindliche Dokumente verabschiedet. Zwei rechtsverbindliche Konventionen – die *Klimarahmenkonvention* und die *Biodiversitätskonvention* – wurden auf der UNCED zur Unterzeichnung ausgelegt. Auf Initiative insbesondere der afrikanischen Delegierten wurde auf der UNCED zudem der Beschluss zur *Erarbeitung einer Konvention gegen die Ausbreitung der Wüsten* gefasst.

Die nachfolgende Analyse bezieht sich insbesondere auf das Kerndokument der UNCED, die 40 Kapitel umfassende Agenda 21 (BMU 1992a[97]); die 27 Grundsätze umfassende Rio-Deklaration wird ergänzend in die Untersuchung einbezogen.[98] Die Popularisierung und Aufnahme des Begriffs der Nachhaltigkeit in die verschiedensten Politikkonzepte ist vor allem auf die Agenda 21 und ihre Botschaft, nachhaltige Entwicklung auf allen weltgesellschaftlichen Ebenen umzusetzen, zurückzuführen. Die immense Dynamik und normative Kraft, die die Agenda 21 trotz des fehlenden völkerrechtlich bindenden Charakters seitdem entfaltet hat, zeigt sich nicht zuletzt darin, dass überall auf der Welt lokale, regionale und nationale Aktionspläne in Anlehnung an den „Globalen Aktionsplan für das nächste Jahrtausend" entstanden sind, deren genaue Anzahl nicht mehr zu überschauen ist.[99]

Der Brundtland-Bericht und die UNCED stehen in unmittelbarem Zusammenhang: Denn mit dem im Dezember 1989 getroffenen Entschluss,[100] im Juni 1992 eine Konferenz für Umwelt und Entwicklung in Rio de Janeiro durchzuführen, folgte die Generalversammlung dem Vorschlag der Brundtland-Kommission. Zweieinhalb Jahre lang erarbeiteten Regierungsdelegationen, UN-Mitarbeiter_innen und Vertreter_innen von NGOs sowie von internationalen Organisationen (wie der Weltbank) Entwürfe jener Dokumente, die in Rio verhandelt und unterzeichnet werden sollten (vgl. Schmitz/Stephan 1996: 176). Die UNCED ist die

---

96 Die *Rio Declaration on Environment and Development* war ursprünglich als völkerrechtsverbindliche Erd-Charta geplant, konnte als solche jedoch nicht verabschiedet werden (vgl. Schmitz/Stephan 1996: 181). Dieses Vorhaben ist aber noch nicht ad acta gelegt. Beaucamp – auf Wirth (1995) und Pallemaerts (1996) verweisend – führt aus, dass es Bemühungen gebe, die Rio-Deklaration zu einer sogenannten Earth Charta auszubauen (vgl. Beaucamp 2002: 87).
97 In der deutschen Ausgabe fehlt der Hinweis auf den Veröffentlichungszeitpunkt. Auf die formal korrekte Angabe o. J. wird von mir dennoch verzichtet und stattdessen das bekannte Veröffentlichungsjahr 1992 eingefügt. Im Folgenden wird zusätzlich zur Seitenzahl direkt nach der Jahresangabe auch der genaue Kapitelverweis genannt.
98 Die anderen Abschlussdokumente sind dagegen nicht Gegenstand der Untersuchung, auf sie gehe ich lediglich im Rahmen der Skizzierung des historisch-politischen Kontextes der UNCED kurz ein.
99 So hatten beispielsweise im Juli 2006 allein in Deutschland 2610 Kommunen, was gut einem Fünftel aller deutschen Kommunen entspricht, einen Beschluss zur Aufstellung einer Lokalen Agenda 21 gefasst (vgl. www.agenda-service.de; Stand 14.7.2006). Neuere Zahlen liegen allerdings nicht vor. Denn Agenda-Transfer (die Agentur für Nachhaltigkeit GmbH, die diese Prozesse dokumentierte und zum Teil begleitete) wurde, wie bereits in Teil A erwähnt, zum 31.12.2006 aufgelöst, da das Land NRW seine Förderung beendete.
100 Vgl. dazu die Resolution 44/228 der Generalversammlung der Vereinten Nationen (1989).

2. Die UN-Konferenz für Umwelt und Entwicklung von 1992

zweite Konferenz einer Reihe von Weltkonferenzen,[101] die in den 1990er-Jahren „wichtige Foren internationaler Kommunikation und Kooperation, der Artikulation von Interessen und Problemsichten, der Sondierung von Konflikten [...] und der Suche nach Problemlösungen" (Messner/Nuscheler 1996: 164) bildeten. Der Erdgipfel war mit über 15.000 Delegierten aus insgesamt 178 Staaten und 115 teilnehmenden Staatsoberhäuptern nicht nur die bis dahin größte internationale Konferenz (vgl. Simonis 1993), er wurde auch von einem großen Medienaufgebot begleitet. Über 7.000 Journalist_innen und über 1.400 NGO-Vertreter_innen trugen mit dazu bei, die Frage nach der derzeitigen und zukünftigen Gestaltung von Mensch-Natur-Verhältnissen in den Mittelpunkt der Weltöffentlichkeit zu rücken (vgl. Johnson 1993; Schmitz/Stephan 1996: 176).

Die Ziele der UNCED bestanden gemäß dem Beschluss der Generalversammlung darin, die vorliegenden Erkenntnisse über das Ausmaß sozialer Verelendung und globaler Umweltzerstörung in konkrete Strategien und Maßnahmen umzusetzen. Mit Blick auf die folgende Analyse des ökonomischen und politischen Verständnisses, das die Agenda 21 prägt, ist der in der Resolution 44/228 von der Generalversammlung formulierte Anspruch an den geplanten Erdgipfel aufschlussreich:

> „UNCED soll den Übergang von einem fast ausschließlich auf die Förderung wirtschaftlichen Wachstums ausgerichteten Wirtschaftsmodell zu einem Modell herbeiführen, das von den Prinzipien einer dauerhaften Entwicklung ausgeht, bei der dem Schutz der Umwelt und der rationellen Bewirtschaftung der natürlichen Ressourcen entscheidende Bedeutung zukommt. Ferner soll UNCED dazu beitragen, eine neue globale Solidarität zu schaffen, die nicht nur aus wechselseitiger Abhängigkeit erwächst, sondern darüber hinaus aus der Erkenntnis, dass alle Länder einem gemeinsamen Planeten gehören und eine gemeinsame Zukunft haben" (Generalversammlung 1989, in dt. Übersetzung zit. n. Forum Umwelt & Entwicklung 1997: 11).

Diese hohen Erwartungen – etwa eine „neue globale Solidarität" (ebd.) zu erzeugen – korrespondieren mit der in Teil A dieser Arbeit bereits angesprochenen Nachhaltigkeitseuphorie, die mit der Konferenz der Vereinten Nationen über Umwelt und Entwicklung ihren Ausgangspunkt nahm. Der „Geist von Rio" wurde zum sprichwörtlichen und in nachfolgenden Publikationen und Veranstaltungen immer wieder beschworenen Symbol „globaler Partnerschaft":

> „The second achievement of our Conference, I believe, is that our road is now illuminated by a new light, *which I along with many others have called the spirit of Rio*. It comprises, I think, three dimensions: an intellectual dimension, that of coherence; an economic dimension, that of planet-wide development; and, lastly, a political dimension, name-

---

101 Zu den Weltkonferenzen der 1990er-Jahre zählen u. a.: der Weltkindergipfel in New York (1990), die UN-Konferenz über Menschenrechte in Wien (1993), die Weltwaldkonferenz in Jakarta (1993), die UN-Konferenz zu Bevölkerung und Entwicklung in Kairo (1994), die UN-Konferenz über soziale Entwicklung in Kopenhagen (1995), die Weltfrauenkonferenz in Peking (1995), die Weltsiedlungskonferenz (Habitat II) in Istanbul (1996) sowie der Welternährungsgipfel in Rom (1996).

ly the sense of duration, that is to say of responsibility" (Boutros-Gali 1993, zit. n. Di Giulio 2004: 86; Herv. D. G.).

Andererseits waren und sind die Einschätzungen darüber, ob die UNCED als Erfolg zu werten sei oder nicht, durchaus geteilt. Sie variier(t)en vor allem aufgrund theoretischer Grundlagen und Bewertungskriterien (a) sowie unterschiedlicher Interessen (b).

(a) Nach Simonis (1993) erklären sich die Bewertungsunterschiede vor allem durch die jeweiligen „theoretischen Interpretationsmuster" (ebd.: 12): Am Beispiel der Rezeption der Klimarahmenkonvention zeigt er, dass etwa aus regimetheoretischer Sicht die Einschätzung der Konvention eher positiv ausfalle, denn schließlich seien neue institutionelle Grundsteine für einen wichtigen Folgeverhandlungsprozess gelegt worden. Dagegen führe beispielsweise eine Beurteilung aus der Perspektive der Verhandlungstheorie, die sich an der Frage orientiere, ob das Erreichte aus sozialer und ökologischer Sicht das Gebotene sei, weitgehend negativ aus, denn in der Klimarahmenkonvention sind keine konkreten Ziele und Zeitpläne enthalten (vgl. ebd.: 12ff.). Auch die Rezeption der Konvention zur biologischen Vielfalt weist solche Unterschiede auf.[102]

(b) Schmitz und Stephan (1996: 178) betonen, dass die Akteure und deren Interessenlagen in Rio weitaus zahl- und facettenreicher gewesen seien als noch während der ersten Umweltkonferenz in Stockholm, die im Zeichen der Nord-Süd- bzw. West-Ost-Gegensätze gestanden habe. Mit dem Ende des Kalten Krieges habe nun einerseits ein anderes Klima der politischen Gestaltung geherrscht, und gerade in der nun frei werdenden Friedensdividende setzten viele Akteure große Hoffnungen. Gleichzeitig bringe dieser Wandel auch andere Probleme zum Vorschein. Gerade die Vielzahl der Akteure habe die Verhandlungen in Rio schwierig gemacht. Viele Vorschläge seien „an unüberwindlichen Differenzen und Partikularinteressen" (ebd.) gescheitert. Nach Einschätzung von Karin Stahl zeigte die UNCED auch, dass die Verhandlungsposition der Entwicklungsländer in der unipolaren Weltordnung schwächer geworden sei als zu jener Zeit, als diese Ost gegen West auszuspielen vermochten (vgl. Stahl 1993: 300). Die Gruppe 77, die im Rahmen der UNCED zwar ein Comeback erlebte, aber innerlich gespalten war und schon lange keine homogene Verhandlungsgruppe mehr bildete, konnte sich nur noch auf die gemeinsame Forderung nach zusätzlicher Entwick-

---

102 Beispielsweise bescheinigen Juristen wie Guy Beaucamp (2002: 110ff.) der Konvention innovativen Charakter und sehen in ihr und durch sie die Zieltrias einer nachhaltigen Entwicklung verwirklicht, da sie eine Integration von ökologischen (Erhalt der Biodiversität), ökonomischen (zukunftsfähige Nutzung) und sozialen (gerechte Verteilung der Gewinne) Aspekten anstrebe. Dagegen reflektieren Ulrich Brand und Christoph Görg (2002: 31) am Beispiel der biologischen Vielfalt sehr kritisch, dass die Frage der Nicht-Kommodifizierung von Natur und traditionellem Wissen auf internationaler Ebene kaum (noch) gestellt wird. Die internationalen Abkommen dienten der institutionellen Verregelung des Umgangs mit genetischen Ressourcen. Im Nord-Süd-Verhältnis gehe es dabei primär um die Rechts- und Planungssicherheit für die dominanten Akteure (etwa Agrar- und Pharmaindustrie) und ihren gesicherten und kostengünstigen Zugang zu Ressourcen der biologischen Vielfalt.

lungshilfe einigen. Vor diesem Hintergrund kritisierten die NGO-Vertreter_innen die Ergebnisse der Konferenz dann vielfach auch als interessenbedingt und zu kurzfristig angelegt (vgl. exemplarisch Unmüßig/Wahl 1992). So konnte beispielsweise die Klimarahmenkonvention auf der UNCED nicht weiter durch verbindliche Reduzierungsziele konkretisiert werden, da die USA sich dem widersetzen. Und die beabsichtigte Wälder-Konvention war bereits zuvor in den Vorbereitungskonferenzen am Widerstand vieler waldreicher Entwicklungsländer gescheitert, die um die nationale Souveränität über ihre Wälder fürchteten, so dass es auf der UNCED lediglich zur Verabschiedung der Walderklärung kam (vgl. Schmitz/Stephan 1996: 181ff.).

2.2 Ökonomieverständnis

Den UNCED-Dokumenten, der Agenda 21 und der Rio-Deklaration, liegt wie dem Brundtland-Bericht ein wachstumsorientierter Ansatz zugrunde. Allerdings werde ich im Folgenden zeigen, dass die Bedeutung und Funktion von wirtschaftlichem Wachstum – insbesondere in der Agenda – einen anderen Stellenwert einnimmt als im Brundtland-Bericht und inhaltlich rekonfiguriert wird (a). Mit Blick auf das zu identifizierende Ökonomieverständnis lässt sich konstatieren, dass die Agenda 21 genau wie der Brundtland-Bericht in sich unterschiedliche ökonomische Rationalitäten und Verständnisse vereint. In der Agenda 21 findet allerdings eine Radikalisierung dieser im Widerstreit zueinander stehenden ökonomischen Auffassungen statt. Neben politökonomischen Steuerungsansätzen, die auf eine sozial-ökologische ‚Zähmung' der kapitalistischen Marktökonomie abzielen (b), lassen sich neoliberale Forderungen finden (c), die im Kern um Prozesse von Freihandel und Liberalisierung kreisen. Elemente eines über den engen Fokus auf Markt und Erwerbsarbeit hinausgehenden Ökonomie- und Arbeitsverständnisses werden in den UNCED-Dokumenten im Kontext der Thematisierung des informellen Sektors sichtbar (d).

(a) War das Thema Wirtschaftswachstum im Brundtland-Bericht als Mittel zur Lösung ökologischer Krisenphänomene allgegenwärtig, so nimmt es in der Agenda 21 weniger und anders Raum ein; Rekonfigurationen sind auf quantitativer und qualitativer Ebene feststellbar. Konkrete Erwähnungen und Bezüge zum ökonomischen Wachstum finden sich (nur) in „Teil I. Soziale und wirtschaftliche Dimensionen" (hier insbesondere im Kapitel 2 „Internationale Zusammenarbeit zur Beschleunigung nachhaltiger Entwicklung in den Entwicklungsländern und damit verbundene nationale Politik" und im Kapitel 4 „Veränderung der Konsumgewohnheiten") und an ein paar weiteren Stellen in den Teilen II. und IV.[103]

---

103 Insgesamt wird Wirtschaftswachstum an 30 Stellen in acht verschiedenen Kapiteln im gesamten Dokument der Agenda 21 thematisiert.

Inhaltlich wird in der Agenda 21 jenes Verständnis von Wachstum dominant, dass Wirtschaftswachstum per se keinen Beitrag zur Problemlösung bietet. Um sicherzustellen, dass „Wirtschaftswachstum und Umweltschutz einander unterstützen" (BMU 1992a, 2.9.d: 12), bedarf es national wie international einer fördernden und unterstützenden Politik (vgl. ebd. sowie 33.6: 244). Das bereits im Brundtland-Bericht vorhandene Verständnis der sozial-ökologischen Rahmung und Steuerung von Wirtschaften wird in der Agenda 21 aufgegriffen und gestärkt. Damit gehen gleichzeitig Verschiebungen und Abgrenzungen zur *engine-of-growth*-Theorie und zum *trickle-down*-Ansatz einher, die beide (aber eben auch nur zum Teil) das ökonomische Wachstumsverständnis des Brundtland-Berichts prägen:

(i) So wird in der Agenda 21 die Bedeutung von Wirtschaftswachstum vor allem für Entwicklungsländer betont – etwa im Kapitel zur Armutsbekämpfung (vor allem ebd., 3.3: 18) aber auch bei der Nennung von Möglichkeiten der Umsetzung im Teil IV: „Das wirtschaftliche Wachstum, die soziale Entwicklung und die Beseitigung der Armut sind die primären und vorrangigen Prioritäten in den Entwicklungsländern" (ebd., 33.3: 244). Nachhaltiges ökonomisches Wachstum wird als „legitimes Bedürfnis" dieser Länder festgestellt: Bei Maßnahmen zum Schutz der Erdatmosphäre „sollen die legitimen vorrangigen Bedürfnisse der Entwicklungsländer im Hinblick auf die Erzielung eines dauerhaften Wirtschaftswachstums und die Bekämpfung der Armut in vollem Umfang berücksichtigt werden" (ebd., 9.3: 68).

(ii) Dabei wird die wirtschaftliche Süd-Süd-Zusammenarbeit als relevante Entwicklungs- und Wachstumsstrategie anerkannt, die zukünftig von der internationalen Staatengemeinschaft unterstützt werden soll:

> „Seit langem wird anerkannt, daß eine intensivere wirtschaftliche Zusammenarbeit innerhalb der Entwicklungsländer ein wichtiger Bestandteil der Bemühungen um die Förderung des Wirtschaftswachstums und des technologischen Potentials und um die Beschleunigung der Entwicklung in der Dritten Welt ist. Aus diesem Grund sollen die Bemühungen der Entwicklungsländer um die Förderung dieser Zusammenarbeit verstärkt und auch in Zukunft von der internationalen Staatengemeinschaft unterstützt werden" (ebd., 2.40: 17).

(iii) Anders als im Brundtland-Bericht rücken statt der armutsbedingten Umweltzerstörung die Produktions- und Konsummuster der Industrieländer ins Zentrum der Ursachenanalysen und Lösungsstrategien. Bestimmte Formen von Wachstum und übermäßiger Konsum werden als nicht nachhaltig kritisiert (vgl. ebd., 4: 22ff.). Somit wird erstmalig „die Wirtschaftsweise des Nordens als wesentliches krisenproduzierendes Problem akzeptiert" (Dingler 2003: 234). Der Ansatzpunkt, den die Agenda 21 zur Überwindung krisenhafter Zustände hervorhebt, ist die „Reformierung der *nördlichen* Wirtschaftsweise hin zu nachhaltigen Produktions- und Konsummustern" (ebd.: 236; Herv. D. G.). Diese Lösungsstrategie

2. Die UN-Konferenz für Umwelt und Entwicklung von 1992

kann daher als dominante Strategie in dem UNCED-Dokument identifiziert werden (vgl. stellvertretend BMU 1992a, 4.3: 22).

Wichtig ist an dieser Stelle dennoch, nochmals auf den brüchigen Charakter der Dokumente des politisch-institutionellen Diskurses hinzuweisen, der auch die Agenda 21 charakterisiert. Denn die ökologische Neuausrichtung von Wirtschaften bzw. die soziale und ökologische Regulierung von Wirtschaftswachstum wird in der Agenda 21 nicht ohne Widersprüche verfolgt. Das Ausmaß des Ringens und der offensichtlichen Brüche wird in Kapitel 4.11 deutlich. Dort heißt es:

> „Berücksichtigung sollen *sowohl die derzeitigen Wachstumskonzepte* finden *als auch* die Notwendigkeit, *neue Konzepte* zur Schaffung von Wohlstand und Wohlergehen zu entwickeln, die einen höheren Lebensstandard durch eine veränderte Lebensweise ermöglichen, in geringerem Maße auf die erschöpfbaren Ressourcen der Erde zurückgreifen und mit der Tragfähigkeit der Erde besser im Einklang stehen. Dies soll sich in der Entwicklung eines neuen Systems volkswirtschaftlicher Gesamtrechnungen (VGR) und anderer Indikatoren für eine nachhaltige Entwicklung widerspiegeln" (ebd., 4.11: 23; Herv. D. G.).

Mit der Berücksichtigung der „derzeitigen Wachstumskonzepte" (ebd.) bleibt „business as usual" nach wie vor eine – wenn auch zurückgedrängte – Option.

(b) Die Anerkennung der „nicht nachhaltigen Verbrauchs- und Produktionsmuster" (BMU 1992a, 4.3: 22) als „Hauptursache für die allmähliche Zerstörung der globalen Umwelt" (ebd.) ist *eine entscheidende Veränderung* im ökonomischen Verständnis des Diskurses um nachhaltige Entwicklung. In der Agenda 21 wird festgehalten, dass nicht nachhaltige Produktions- und Verbrauchsgewohnheiten „Anlaß zu ernster Besorgnis" (ebd.) geben und „zunehmende Armut und Ungleichgewichte verursachen" (ebd.). Um gegenzusteuern und die Ziele „einer Verringerung von Umweltbelastungen" und der „Befriedigung der menschlichen Grundbedürfnisse" (ebd., 4.7.a: 22) zu erreichen, werden zahlreiche Reformschritte in der Agenda 21 benannt. Zu dem Maßnahmenbündel gehören insbesondere Effizienzsteigerung, Entwicklung umweltfreundlicher Technologien, Versuche der Entkoppelung von Wirtschaftswachstum und Energie- und Ressourcenverbrauch, reflexiver Konsum und Wertewandel, Ausbau von Ressourcenmanagement und Planungssystemen, Gesetze und Rechtsverordnungen, marktwirtschaftliche Instrumente zur Internalisierung externer Umwelt- und Sozialkosten sowie die Erweiterung der Wissensbasis für nachhaltige Entwicklung.[104] Einige dieser Maßnahmen sind bereits im Rahmen des Brundtland-Be-

---

104 Zur Effizienzsteigerung, Entwicklung umweltfreundlicher Technologien, zu Versuchen der Entkoppelung von Wirtschaftswachstum und Energie- und Ressourcenverbrauch vgl. z. B. die Kapitel 4.15, 4.17.a, 9.13, 11.7, 11.22.g., 30.6. in der Agenda 21. Angaben zu reflexivem Konsum und Wertewandel finden sich vor allem in Kapitel 4. Zum Ausbau von Ressourcenmanagement und Planungssystemen vgl. insbesondere Kapitel 8. Zu Vorschlägen zu Gesetzen und Rechtsverordnungen vgl. u. a. 8.14, 8.21, 14.9.e, 28.3 und 30.8 sowie zu marktwirtschaftlichen Instrumenten zur Internalisierung externer Umwelt- und Sozialkosten vgl. 17.22.d und 30.9.

richts thematisiert und als Elemente einer ökologischen Modernisierung klassifiziert worden.

Kritiker_innen bemängeln in diesem Zusammenhang zum einen, dass die strukturelle Basis der bisherigen sozio-ökonomischen Ordnung mit diesen Methoden nicht herausgefordert und weiterhin am Wachstumsimperativ und Industrialismus festgehalten werde, da „nicht Wachstum, sondern mangelnde Effizienz und fehlende Modernisierung als krisengenerierend betrachtet" (Dingler 2003: 239) würden. Zum anderen wird kritisiert, dass Forderungen nach einer gesellschaftlichen Steuerung von ökonomischen Prozessen zu kurz kämen. Ebenso würden Fragen einer veränderten Welthandels- und Wirtschaftsordnung vernachlässigt (vgl. Spehr 1996a: 23). Entsprechend wird – im Vergleich zum als „sozialdemokratisch" charakterisierten Brundtland-Bericht – in der wissenschaftlichen Rezeption die Agenda 21 „eher als eine ‚wirtschaftsliberale' Strategie zu nachhaltiger Entwicklung" (Brand/Jochum 2000: 31) eingestuft. Während die erste Einordnung zutrifft (siehe dazu B.I.1), ist die zweite nur bedingt richtig (siehe dazu auch den folgenden Abschnitt (c)). Denn die Agenda plädiert für eine Kombination aus ordnungsrechtlichen, ökonomischen und freiwilligen Konzepten (BMU 1992a, 8.32.a: 63) und fordert die Schaffung eines wirksamen ordnungsrechtlichen Rahmens – und zwar mindestens so konkret, wenn nicht dezidierter, als es der Brundtland-Bericht tut:

> „Gesetze und Rechtsverordnungen gehören mit zu den wichtigsten Instrumenten, die Bewegung in die Umwelt- und Entwicklungspolitik bringen, nicht nur mit ‚Geboten und Verboten', sondern auch als *normativer Rahmen* für die Wirtschaftsplanung und Marktinstrumente" (ebd., 8.13: 60; Herv. D. G.).

Sowohl die anvisierten umweltpolitischen Maßnahmen als auch die Forderungen nach Schuldenreduzierung bzw. -umwidmung, Finanztransfers und internationaler Hilfe (vgl. z. B. ebd., 2.24: 14f., 33.14.e: 246, 36.7.e: 264) schränken die vorherrschende ökonomische Rationalität ein (vgl. dazu auch Acselrad 2002: 49).

(c) Gleichzeitig – und das verdeutlicht gut die beiden Pole des Ökonomieverständnisses in der Agenda 21[105] – ist die *zweite wesentliche Veränderung* in der Verschiebung von allgemeinen Wachstumsforderungen des Brundtland-Berichts (und hier ist es für die Argumentation gleichgültig, welche Qualität das geforderte Wachstum hat) hin zur Forderung nach Liberalisierungsprozessen zu sehen. An die Stelle der im Brundtland-Bericht geforderten Ära eines neuen Wachstums zur Erzielung von Nachhaltigkeit tritt in der Agenda 21 die Forderung nach „günstige[n] internationale[n] und binnenwirtschaftliche[n] Rahmenbedingungen, die ein dauerhaftes Wirtschaftswachstum und eine nachhaltige Entwicklung

---

105 Acselrad (2002) stellt für die UNCED insgesamt fest, „dass es von Anfang an große Spannungen gab zwischen der Gesamtlogik der ökonomischen Liberalisierung und Deregulierung einerseits und den Erwartungen, die internationale Umweltpolitik würde grundlegende Beschränkungen der ökonomischen Rationalität etablieren" (ebd.: 49).

ermöglichen" (BMU 1992a, 33.17: 246). Zu diesen günstigen Rahmenbedingungen zählt die Agenda 21 u. a. die Liberalisierung des Handels. Bedingungslose Marktöffnung soll nachhaltige Entwicklung beschleunigen (vgl. dazu die Programmbereiche A und B des Kapitel 2 der Agenda, ebd., 2: 10ff.). Wenngleich die Wahrnehmung der Agenda 21 als liberale Strategie nur eine von mehreren Lesarten darstellt, so kann gleichzeitig festgehalten werden, dass die im Dokument enthaltenen Forderungen nach Liberalisierung die bisherigen sozio-ökonomischen Strukturen kapitalistischer Marktökonomie nicht nur nicht infrage stellen, sondern sie gemäß einer zentralen Norm neoliberaler Globalisierungspolitik umstrukturieren (helfen) und damit eine neue Qualitätsstufe der Akkumulation möglich machen.

Wurde im Brundtland-Bericht die Vereinbarkeit von Wachstum und Nachhaltigkeit postuliert, so verschiebt sich der Fokus nun auf die Verbindung von Liberalisierung (des Handels) und Nachhaltigkeit. Damit tritt die Forderung nach weltweiter Ausdehnung der Märkte, die im Dienste nachhaltiger Entwicklung stehen soll, stärker ins Zentrum. Beibehalten und ausgebaut wird das liberale Wohlfahrtsversprechen für alle Marktteilnehmer_innen, dass der Tausch zwischen gleichen und freien Wareneigentümern zur bestmöglichen Verteilung (Allokation) der Waren und der zu ihrer Produktion benötigten Produktionsfaktoren führe (vgl. Biesecker/von Braunmühl/Wichterich/von Winterfeld 2007: 33):

> „Ein offenes multilaterales Handelssystem ermöglicht eine effizientere Allokation und Nutzung der vorhandenen Ressourcen und trägt damit zu einer Steigerung von Produktion und Einkommen und einer geringeren Inanspruchnahme der Umwelt bei. So stellt es die für Wirtschaftswachstum und Entwicklung sowie einen verbesserten Schutz der Umwelt benötigten zusätzlichen Mittel bereit" (BMU 1992a, 2.19: 13).

Es gehört zu den Paradoxien der Agenda 21, dass zwar einerseits erklärt wird, dass die Wechselwirkungen zwischen Umwelt- und Handelspolitik „vielfältiger Natur und [...] bisher noch nicht in ihrer Gesamtheit untersucht" (ebd., 2.8: 11) seien. Und dass andererseits trotz dieser konstatierten Ungewissheit direkt im Anschluss die Annahme formuliert wird:

> „Ein baldiges ausgewogenes, umfassendes und erfolgreiches Ergebnis der multilateralen Verhandlungen im Rahmen der Uruguay-Runde würde eine weitere Liberalisierung und Expansion des Welthandels mit sich bringen, die Wirtschaftsmöglichkeiten der Entwicklungsländer verbessern und das internationale Wirtschaftsgefüge sicherer und berechenbarer machen" (ebd.).

Wurde im hegemonialen entwicklungspolitischen Diskurs bisher das Problem der Armut als Problem des Ausschlusses vom Weltmarkt konzipiert (vgl. Ziai 2006: 125), so wird nun auch das Problem der Umweltzerstörung als Problem des Ausschlusses vom Weltmarkt verstanden. Das Wohlfahrtsversprechen im Kontext des Plädoyers für den Freihandel lautet entsprechend, dass die Weltmarktintegration – zumindest auf lange Sicht – zu weniger Armut, zu weniger Umweltzerstörung und zu mehr Wohlstand, mit anderen Worten zu einer nachhaltigen Entwicklung führen werde: „Ein offenes, multilaterales Handelssystem, das durch die Verfolgung einer vernünftigen Umweltpolitik unterstützt wird, hätte einen positiven Einfluß auf die Umwelt und würde zu einer nachhaltigen Entwicklung beitragen" (BMU 1992a, 2.19: 13). Nicht näher ausgeführt wird, was „vernünftige" (ebd.) Umweltpolitik heißen soll. Bereits in Kapitel 2.20 der Agenda 21 ist aber der Gedanke angelegt, der die WTO später prägt, nämlich dass Umweltschutzvorschriften „nicht zu ungerechtfertigten Handelsbeschränkungen führen" (ebd.) sollen.

(d) Folgt man den (neo)liberalen Argumentationssträngen in der Agenda 21, dann tritt deutlich ein Ökonomieverständnis zutage, das die kapitalistische Marktwirtschaft für die am besten geeignete Wirtschaftsordnung erachtet, um nachhaltige Entwicklung zu gewährleisten. Auch die in Abschnitt (b) beschriebenen sozial-ökologischen Modernisierungsbestrebungen verwerfen nicht das Verständnis vom Markt als effizientem Mittel der Ressourcenallokation. Indem sie jedoch durch Eingriffe in die Ökonomie –

> wie durch „die vermehrte Hinwendung zu einer Berücksichtigung sozialer und ökologischer Kosten bei ökonomischen Aktivitäten, damit die Preise die relative Knappheit und den Gesamtwert der Ressourcen auch wirklich angemessen widerspiegeln und mit zu einer Verhütung der Umweltzerstörung beitragen" (BMU 1992a, 8.31(b): 63; vgl. zusätzlich auch 2.7: 11, 2.34: 16, 3.10(f): 20, 4.24: 24, 8.31(a): 63), 30.3: 235) –

die bisher aufgetretenen Dysfunktionalitäten des Marktes zu reparieren beabsichtigen, stellen sie bereits ein Stück weit die Rationalität der kapitalistischen Ökonomie, die auf maximale Kapitalverwertung durch Externalisierung zielt, infrage.

Neben den verschiedenen marktwirtschaftlichen Varianten, die sich hinsichtlich ihres Grades der Regulierung und damit auch in ihren ökonomischen Rationalitäten unterscheiden,[106] lässt sich in der Agenda 21 – gewissermaßen als dritter Strang – auch ein Verständnis von Ökonomie finden, das sich nicht auf den Markt und den formalen Sektor beschränkt. An zahlreichen Stellen thematisiert die Agenda 21 die Bedeutung des informellen Sektors. Sie erkennt an, dass die informelle Wirtschaft einen Beitrag zur Selbsthilfe (BMU 1992a, 7.69.f: 55), zur Existenzsicherung (ebd., 30.1: 235) sowie zur Innovation (ebd., 16.7.a: 131) leistet, und fordert, diese Strukturen u. a. durch Kredite (insbesondere für Frauen, 24.2.f: 218), durch gerechte Entlohnung (ebd., 24.3.f: 219) sowie durch technische Hilfe (ebd., 21.24.b: 209) zu unterstützen.

Informelle und unbezahlte Arbeiten, die weltweit in den verschiedensten Bereichen – beispielsweise im Abfallbereich (ebd., 21.26.b) – und von bestimmten Gruppen (Frauen, Bauern und Bäuerinnen, Familienbetrieben) geleistet werden,

---

106 Siehe dazu analog das in der europäischen Nachhaltigkeitsstrategie von 2001 aufscheinende Verständnis von Wettbewerb, dessen Spektrum von „Wettbewerb für Nachhaltigkeit" bis hin zu „Nachhaltigem Wettbewerb" reicht (siehe B.I.3).

werden sichtbar gemacht und als wohlstandsfördernd anerkannt. Die Agenda 21 drückt damit gleichzeitig aus, dass bei einer nachhaltigen Transformierung dieser Wirtschaftsbereich nicht unberücksichtigt bleiben darf.

Dass an einigen Stellen in der Agenda der Blick auf das Ganze der Ökonomie und das Ganze der Arbeit vorhanden ist, drückt sich vor allem in der Kritik an bisherigen ökonomischen Meßgrößen und dem Vorschlag einer Reform der Volkswirtschaftlichen Gesamtrechnung (VGR) aus: Da eine nachhaltige Entwicklung soziale, wirtschaftliche und ökologische Komponenten beinhalte, sei es wichtig, dass die VGR sich nicht nur auf die Erfassung der produzierten Güter und der erbrachten Dienstleistungen beschränke:

> „Vielmehr muß ein gemeinsames System entwickelt werden, in dessen Rahmen der Beitrag all derjenigen Sektoren und Aktivitäten der Gesellschaft, die in der bisher praktizierten Volkswirtschaften Gesamtrechnung keine Berücksichtigung gefunden haben [...], erfasst [wird]" (ebd., 8.41: 65).

Die Agenda 21 bricht in dem Unterkapitel „Schaffung von Systemen integrierter umweltökonomischer Gesamtrechnungen" (ebd., 8.D: 65) mit der Vorstellung, dass nur monetär vergütete Arbeiten produktiv seien und bietet unmittelbare Anknüpfungspunkte zur feministischen Ökonomie (siehe dazu auch B.III) über den folgenden Vorschlag:

> „Die Definition ökonomischer Aktivität könnte auf die Menschen ausgedehnt werden, die in allen Ländern produktive, aber unbezahlte Arbeit leisten. Auf diese Weise könnte deren Leistung angemessen bewertet und bei der Entscheidungsfindung berücksichtigt werden" (ebd., 8.42: 65).

2.3 Politikverständnis

Das Politikverständnis des Brundtland-Berichts und das der Agenda 21 weisen eine Reihe von Ähnlichkeiten auf. Die Agenda 21 ist ebenfalls geprägt von einem Steuerungsoptimismus, der, ausgehend von den unterstellten gemeinsamen Interessen der „Menschheit" (BMU 1992a, 1.1: 9) und dem Willen und der Notwendigkeit zur internationalen Kooperation, auf eine Intensivierung des Multilateralismus setzt (a). Der Gedanke des Multilateralismus wird bereits in der Präambel der Agenda 21 zu einer Global Governance erweitert (b). Das Verständnis vom „Government-Staat" wird ergänzt um ein Verständnis vom „Governance-Staat" (Wissen 2004: 43), dem Mediations- und Koordinierungsaufgaben zufallen (c). Mit ihrem Plädoyer „für eine möglichst umfassende Beteiligung der Öffentlichkeit und eine tatkräftige Mithilfe der nichtstaatlichen Organisationen (NRO) und anderer Gruppen" (BMU 1992a, 1.3: 9) baut die Agenda 21 die dialogische, kooperative und partizipative Orientierung, die auch schon den Brundtland-Bericht prägte, weiter aus (d). Besonders betont wird in der Agenda 21 die Bedeutung der lokalen Ebene bei der Umsetzung einer nachhaltigen Entwicklung (e). Kaum thematisiert – und auch hier besteht eine Parallele zum Brundtland-Bericht – werden hingegen Machtasymmetrien in Partizipationsprozessen (f).

(a) Die Agenda 21 setzt auf „globale Partnerschaft" (ebd., 1.1: 9) durch internationale Kooperation und eine Intensivierung des Multilateralismus. Fragen nach neuen internationalen institutionellen Rahmenbedingungen und Rechtsinstrumenten für eine nachhaltige Entwicklung, die die auf nationaler Ebene unternommenen Anstrengungen unterstützen und ergänzen sollen, werden dabei ebenso aufgegriffen wie Fragen nach der Finanzierung (vgl. ebd., 33: 244ff.).

Dass im Rahmen der UNCED neben den zur Unterschrift vorgelegten Konventionen auch weitere supranationale Strukturen etabliert und Prozesse für multilaterale Entscheidungsfindungen eingeleitet worden sind – etwa die verschiedenen Vertragsstaatenkonferenzen, die Nebenorgane für wissenschaftliche, technische und technologische Beratung, Protokolle zu Rahmenverträgen –, wird auch von Kritiker_innen der Jo'burg-Memorandum-Gruppe (Sachs et al. 2002: 10) explizit gewürdigt.

In der Agenda 21 bringt vor allem Kapitel 38 den Gedanken der Revitalisierung und Intensivierung des Multilateralismus zum Ausdruck:

> „Der zwischenstaatliche Folgeprozeß (Follow-up) im Anschluß an die Konferenz soll im Rahmen des Systems der Vereinten Nationen stattfinden, wobei die Generalversammlung als oberstes politisches Entscheidungsforum fungieren soll, das den Regierungen, dem System der Vereinten Nationen und einschlägigen Vertragsgremien beratend zur Seite stehen würde" (BMU 1992a, 38.1: 272).

Zur Erfüllung des Mandats der UNCED wird zum einen auf den vorhandenen „reichen Erfahrungsschatz einiger Sonderorganisationen" (ebd., 38.3: 272) verwiesen, den es zu nutzen gelte, gleichzeitig aber wird zum anderen auch die Notwendigkeit weiterer „institutionelle[r] Vorkehrungen" im Rahmen „der Umstrukturierung und Revitalisierung der Vereinten Nationen" (ebd., 38.2) eingeräumt. Damit offenbart sich in der Agenda 21 ein Politikverständnis, das Institutionen in den internationalen Beziehungen eine zentrale Rolle beimisst: Angesichts komplexer Interdependenzbeziehungen sind die bestehenden multilateralen bzw. supranationalen Strukturen auf ihre Tragfähigkeit und Umsetzungseffizienz zu reflektieren und ggf. neu auszurichten. Mit anderen Worten: Kooperation über Staatsgrenzen hinweg wird im gemeinsamen Interesse aller Staaten als möglich und nötig angesehen.[107] Dazu bedarf es auch der Einführung zusätzlicher Ordnungsstrukturen, wie sie die Agenda 21 mit der Einrichtung einer Kommission für nachhaltige Entwicklung (CSD), als Unterkommission der ECOSOC, fordert:

> „Zur Gewährleistung eines wirksamen Folgeprozesses der Konferenz sowie zur Verbesserung der internationalen Zusammenarbeit und zur Rationalisierung der zwischenstaatli-

---

107 Vgl. zur hier aufscheinenden regimetheoretischen Perspektive Zangl (2006: 121).

chen Entscheidungskapazität für die Integration von Umwelt- und Entwicklungsfragen und für die Untersuchung des Fortschrittes bei der Umsetzung der Agenda 21 auf nationaler, regionaler und internationaler Ebene soll eine hochrangige Kommission für nachhaltige Entwicklung gemäß Artikel 68 der Charta der Vereinten Nationen gebildet werden[108]" (ebd., 38.11: 273).

(b) Das Verständnis von globaler Partnerschaft der Agenda 21 geht über eine Intensivierung des Multilateralismus jedoch hinaus. Angesichts der „gemeinsamen Überlebenssicherung" (Messner/Nuscheler 1996: 34) rückt die Agenda 21 die Grenzen staatlicher Gesellschaftssteuerung und repräsentativer Demokratie in den Blick. Zwar erklärt sie in der Präambel, dass den nationalen Regierungen die Hauptverantwortung für die Umsetzung nachhaltiger Entwicklung zukommt. Sie macht aber gleichzeitig deutlich, dass die Problembearbeitung in einem Prozess interaktiver Entscheidungsfindung unter Beteiligung auch anderer internationaler, regionaler und subregionaler Organisationen erfolgen müsse und eine wirksame Politikgestaltung ebenfalls auf wirtschaftliche und zivilgesellschaftliche Akteure und ihre Kompetenzen und Einflussmöglichkeiten angewiesen sei (vgl. BMU 1992a, 1.3: 9).

Dieses Verständnis, das Government um Governance erweitert, findet sich auch in der Rio-Deklaration. Dort heißt es in Prinzip 10: „Environmental issues are best handled with the participation of all concerned citizens, at the relevant level" (General Assembly 1992: 3). Das Politikverständnis der beiden UNCED-Dokumente reflektiert damit die Verzahnung der verschiedenen räumlichen und akteursspezifischen Handlungsebenen im Mehrebenensystem (vgl. dazu auch Brunnengräber/Hirschl 2004: 28).

(c) Diese Forderungen nach umfassender Partizipation bedingen nicht zuletzt auch ein neues Staatsverständnis: Denn um solche Prozesse interaktiver Entscheidungsfindung zu gewährleisten, müssen an die Stelle klassischer regulativer Staatstätigkeit Mediations- und Koordinierungsaufgaben treten. D. h., neben das herkömmliche Verständnis vom Staat als „jener mit Rechtsetzungskompetenz ausgestattete Apparat, der die Bedingungen gesellschaftlicher Verhandlungssysteme gestaltet, ihre Ergebnisse korrigiert oder auch einspringt, wenn sich Verhandlungsblockaden ergeben, der dabei aber von gesellschaftlichen Einflüssen unberührt bleibt" (Wissen 2004: 43), tritt ein zweites Verständnis vom Staat als „jene[r] Instanz, die unmittelbar in Verhandlungen mit gesellschaftlichen Akteuren involviert ist bzw. diese moderiert und dabei sowohl deren je spezifische Potentiale aktiviert, als auch Konsens stiftend wirkt" (ebd.). Dieses Verständnis einer Zweiteilung des Staates in einen „Government-Staat" und einen „Governance-

---

[108] Die 47. Generalversammlung der Vereinten Nationen folgte diesem Vorschlag und setzte die CSD eigens zur Überwachung der Umsetzung sowie zur Fortentwicklung der Agenda 21 und der Waldgrundsatzerklärung ein. Die CSD gilt als „das zentrale politische Beschlussorgan im Rio-Folgeprozeß" (BMU 1992b: 3).

Staat" (ebd.), die Markus Wissen als typisch für das Staatsverständnis der politikwissenschaftlichen Debatte um neue Steuerungsformen herausgearbeitet hat, liegt auch der Agenda 21 zugrunde.

(d) Bereits im Brundtland-Bericht wurden partizipative Politikformen „als geeignete Mittel für die Entwicklung lokal und regional angepasster Nachhaltigkeitsstrategien hervorgehoben" (Baranek/Walk 2005: 66). Doch in der Agenda 21 wird Partizipation zu einem zentralen und unverzichtbaren Prinzip nachhaltiger Entwicklung festgeschrieben. Zehn der 40 Kapitel beschäftigen sich allein mit der Stärkung der Rolle wichtiger Gruppen (BMU 1992a, Teil III: 217ff.), und in beinahe jedem Kapitel der Agenda 21 wird Partizipation gefordert. Nur eine „echte Partnerschaft" (ebd., 27.2: 228) unter Beteiligung aller Menschen, insbesondere jener, die bisher weitgehend von Entscheidungsfindungen ausgeschlossen waren, könne „ein gemeinsames Zielbewusstsein im Namen aller gesellschaftlichen Bereiche" (ebd.) aktivieren. Mit der Konferenz in Rio wurden daher nicht nur die Themen, Akteure und Handlungsebenen einer Global Governance als neuer globaler Ordnungsform sichtbar. Das Politikverständnis der Agenda 21 lässt sich mit Heike Walk (2008: 14ff.) als „partizipative Governance" fassen. Denn die Frage, wie die Menschen jetzt und in Zukunft auf diesem Planeten leben wollen, die mit der UNCED auf die Tagesordnung der Weltöffentlichkeit gesetzt wurde, ist nicht „top down" zu verordnen – das betont die Agenda 21. Durch das gesamte Dokument zieht sich die Überzeugung: „Eine Grundvoraussetzung für die Erzielung einer nachhaltigen Entwicklung ist die umfassende Beteiligung der Öffentlichkeit an den Entscheidungsprozessen" (BMU 1992a, 23.2: 217). In die gesellschaftlichen (Selbst-)Verständigungs- und Lernprozesse sollen insbesondere jene Gruppen einbezogen werden, die bisher (häufig) von Entscheidungsprozessen ausgeschlossen waren: Frauen, Indigene, Kinder und Jugendliche. Die Gewichtigkeit dieser Forderung zeigt sich nicht nur darin, dass in der Agenda 21 jeder Gruppe ein eigenes Kapitel gewidmet ist (Kapitel 24, 25, 26) und in fast allen Kapiteln zielgruppenspezifische Partizipationsforderungen enthalten sind, sondern auch darin, dass in der Rio-Deklaration drei der insgesamt 27 Prinzipien emphatisch die Partizipationsnotwendigkeit betonen (Prinzip 20, 21, 22): „women", „the youth of the world" und „indigenous people", sie alle spielen „a vital role" für „a better future for all" (General Assembly 1992: 4).

(e) Ein Steuerungs- und Beteiligungsverständnis, das nicht (nur) auf Expert_innenzirkel und gut organisierte Interessengruppen (wie Unternehmen, Gewerkschaften, Wissenschaft) setzt, braucht für die Ausgestaltung von partizipativer Governance vor allem die lokale Ebene: Das Kapitel 28 der Agenda 21 betont die Schlüsselrolle, die Kommunen als Orten der Daseinsvorsorge weltweit „bei der Informierung und Mobilisierung der Öffentlichkeit und ihrer Sensibilisierung für eine nachhaltige [...] Entwicklung" (BMU 1992a, 28.1: 231) zukommt. Diese besondere Rolle resultiert nicht zuletzt aus dem Umstand, dass „viele der in der Agenda 21 angesprochenen Probleme und Lösungen auf Aktivitäten auf der örtlichen Ebene zurückzuführen sind" (ebd.). Die „Kommunalisierung der Aufgabenzuständigkeit" (Greiner 2002: 51) leitet sich zudem aus einem doppelten Verständnis des Begriffs Kommune ab: Bezeichnet doch dieser sowohl die administrative Ebene, die den Bürger_innen am nächsten ist, als auch die Gesamtheit aller gesellschaftlichen Akteure, die in diesem Gemeinwesen leben, (politisch) handeln, wirtschaften und planen, und die ihre Bedürfnisse, Erfahrungen und Kompetenzen für die Gestaltung einer lebenswerten Zukunft einbringen.

Im Kapitel 28 fordert die Agenda 21 die Kommunen auf, mit all ihren Bürger_innen in einen Konsultations- und Dialogprozess zur Erarbeitung einer Lokalen Agenda 21 zu treten (vgl. BMU 1992a, 28.2.a: 231). Da jeder Ort anders ist, bietet ein solcher Prozess die Chance, gemeinsam zu beratschlagen und (bestenfalls) einvernehmlich zu entscheiden, welche drängenden Fragen wie und mit welcher Perspektive lokal anzugehen sind. Dieser Dialog ist als wechselseitiger Lernprozess zwischen der Kommunalverwaltung, den Bürger_innen, den örtlichen Organisationen sowie der Privatwirtschaft angelegt (vgl. ebd., 28.3: 231). Damit wird Partizipation nicht als formaler Akt verstanden, sondern als kommunikativer Prozess zur Ausschöpfung kreativer Potenziale zur Problembewältigung und Zukunftsgestaltung. Hier lässt sich ein grundlegender Wandel im Verständnis von Politik ausmachen, denn bislang wurde Beteiligung vorrangig unter dem Gesichtspunkt der Akzeptanzgewinnung für staatlich-administrative Vorhaben gesehen (vgl. z. B. Schachtner 1998).

Verschiedentlich ist betont worden, dass sich die Lokale Agenda 21 weder als fertiges Produkt noch als ein klar strukturierter Planungsprozess definieren ließe. „Beide, Produkt und Prozeß, entwickeln sich von unten" (Sternberg 1998: 3), indem die (Alltags-)Kompetenz und die Problemwahrnehmung der Bürger_innen zum Ausgangspunkt für Planungs-, Entscheidungs- und Umsetzungsprozesse gemacht würden. Mit der Anerkennung und Ermöglichung des Bürgers/der Bürgerin, in kommunalen Fragen als Mitgestalter_in und Auftraggeber_in zu fungieren, bekommen Kommunen gleichzeitig selbst die Chance, sich in Richtung „Bürgerkommune" (Holtkamp/Bogumil 2007) zu transformieren. Der Einsatz direkter Formen der Partizipation neben ‚konventionellen' Formen erhöhe die Reflexivität gesellschaftlichen Handelns und ermögliche zumindest teilweise eine „diskursive Öffnung von Normfindungsprozessen" (Enquete-Kommission „Schutz des Menschen und der Umwelt" 1998: 27). Ausdrücklich fordert die Agenda 21 im Kapitel 28 die Ergänzung tradierter politischer Kommunikations- und Entscheidungsprozesse. Damit stellt sie einerseits hohe Anforderungen an die Konsultationsprozesse vor Ort: Um zu den angestrebten Konsensentscheidungen zu gelangen (vgl. BMU 1992a, 28.2.a: 231), erfordert es bei einer Vielzahl von unterschiedlichen Interessen eine professionelle Mediation.[109] Andererseits sind in dieser Forderung gleichzeitig Konflikte mit der institutionellen Ordnung angelegt.

(f) Die in der Agenda 21 im Besonderen und in der UNCED im Allgemeinen zu konstatierende Ausrichtung an dialogischen, auf Konsens und Kooperation ausgerichteten Politikformen ist einerseits als Innovation wahrgenommen und klassifiziert worden. Aus dem Anspruch der integrierten Problembearbeitung und -lösung erwüchsen gleichermaßen Anforderungen an die Form und Gestaltung eines solchen Prozesses. Nachhaltige Entwicklung verlange sowohl in der wissenschaftlichen wie in der politischen Praxis nach neuen, insbesondere partizipativen Formen der Bearbeitung (vgl. z. B. Hofmeister 2003: 374). Andererseits ist dieses Politikverständnis einer partizipativen Governance auch immer wegen seiner Nicht- bzw. Dethematisierung von Machtstrukturen kritisiert worden. Folgende Kritikpunkte lassen sich dabei systematisieren:

(i) In letzter Konsequenz werde in der Agenda 21 nicht genau ausgeführt, was unter Beteiligung konkret zu verstehen sei. Damit bleibe unklar, wie groß der Einfluss der jeweiligen Akteure sein solle. Fragen, ob es um aktive Mitgestaltung oder um Konsultationen zu bereits entwickelten Strategien gehe bzw. wie weit das Maß der Mitentscheidung reiche, blieben offen (vgl. z. B. Di Giulio 2004: 131).

(ii) Der anvisierte gemeinsame Lernprozess gründe auf der Annahme einer generell erreichbaren Harmonisierung bestehender Interessenkonflikte. Die bestehenden Machtstrukturen und Entscheidungshierarchien, denen gesellschaftliche Partizipation an politischen Entscheidungsprozessen unterliege, böten unterschiedliche Möglichkeiten der Durchsetzung der jeweiligen Interessen für diejenigen, die ‚nur' partizipierten, und für diejenigen, die letztendlich entscheiden würden. Diese Unterschiede würden in der Agenda 21 ausgeblendet bzw. nicht hinreichend reflektiert (vgl. z. B. Walk 2008: 256).

(iii) Im offenen und viel zitierten Suchprozess der Gestaltung nachhaltiger Entwicklung werde nicht mehr danach gefragt, wie die Problemidentifikation zu Stande gekommen sei. Aus dem Blick gerate, wie bestimmte machtvolle Akteure ihre Problemsicht durchsetzten und alternative Problemdefinitionen marginalisierten (vgl. z. B. Wissen 2004: 43f.).

(iv) Indem Partizipation in der Agenda 21 als Konsensbildungsprozess konzipiert werde, würden eher konfrontative Proteststrategien als vermeintlich nicht konstruktiv (dis)qualifiziert, obwohl sich gerade hier Potenzial für eine nachhaltige Entwicklung zeige (vgl. z. B. Oels 2007: 42).

---

109 Die Enquete-Kommission „Schutz des Menschen und der Umwelt" (1998) weist darauf hin, dass laut Umfrageergebnis des DIFU gerade die Initiierung breit angelegter Beteiligungsprozesse von einer Reihe von Kommunen als Überforderung angesehen wird.

2.4 Gerechtigkeitsverständnis

Wenngleich in den Dokumenten der UNCED der Begriff nachhaltige Entwicklung nirgends explizit definiert ist bzw. die Definition des Brundtland-Berichts nicht direkt zitiert wird, so enthalten die Agenda 21 und die Rio-Deklaration einige Formulierungen, die die Gleichrangigkeit von intra- und intergenerativer Gerechtigkeit sowie die anthropozentrische, globale und langfristige Ausrichtung erklären und bekräftigen. In ihrer ethischen Ausrichtung und in ihrem Gerechtigkeitsverständnis schließt die UNCED somit an den Brundtland-Bericht an. Dennoch lässt sich auch im Gerechtigkeitsverständnis eine leichte Verschiebung konstatieren: War es die Besonderheit des Brundtland-Berichts, intergenerative Gerechtigkeit und damit die zeitliche Dimension von Gerechtigkeit als zentrales Element im Nachhaltigkeitsdiskurs zu etablieren, so leistet die Agenda 21 vor allem einen Beitrag zur Konkretisierung von intragenerativer Gerechtigkeit.[110] Fragen nach der Ausgestaltung intergenerativer Gerechtigkeit treten hingegen zurück bzw. werden teilweise nur implizit beantwortet (a). In der Agenda 21 wird die Frage der intragenerativen Gerechtigkeit wie im Brundtland-Bericht als Nord-Süd-Gerechtigkeit konzipiert (b), darüber hinausgehend aber ganz ausdrücklich auch als Geschlechtergerechtigkeit (c) und als Frage des Empowerments bisher marginalisierter gesellschaftlicher Gruppen, die u. a. von der Etablierung des Vorsorgeprinzips profitieren (d). Nachhaltige Entwicklung – und hier ist die Agenda 21 wieder ganz nah am Brundtland-Bericht – steht nicht nur für die Bedürfnisbefriedigung aller Menschen, sondern gleichermaßen für das Streben nach einer höheren Lebensqualität (e). Zudem erhält das Konzept nachhaltiger Entwicklung mit der Agenda 21 und der Rio-Deklaration explizit eine menschenrechtliche Fundierung (f). Die UNCED adressiert genau wie der Brundtland-Bericht „die Menschheit" als Akteur von Veränderung. An die Stelle des Bildes der „Nachbarn" bzw. der „Familie" tritt nun die „globale Partnerschaft" (g).

(a) In der Präambel der Agenda 21 klingen in verdichteter Form sowohl die im Brundtland-Bericht bereits identifizierten Probleme als auch integrativ und partizipativ ausgerichtete Lösungsmöglichkeiten an:

> *Die Menschheit* steht an einem entscheidenden Punkt ihrer Geschichte. Wir erleben eine zunehmende *Ungleichheit zwischen Völkern und innerhalb von Völkern*, eine immer größere Armut, immer mehr Hunger, Krankheit und Analphabetentum sowie eine fortschreitende Schädigung der Ökosysteme, von denen unser Wohlergehen abhängt. Durch eine Vereinigung von Umwelt- und Entwicklungsinteressen und ihre stärkere Beachtung kann es uns jedoch gelingen, die Deckung der Grundbedürfnisse, die Verbesserung des Lebens-

---

110 In der wissenschaftlichen Auseinandersetzung gehen die Meinungen in der Frage auseinander, wie es sich mit der sozialen Dimension in den Dokumenten der UNCED verhält. Während beispielsweise Dingler (2003: 234) argumentiert, dass die soziale Dimension in den Hintergrund gedrängt werde, betont Reed bei aller Kritik, dass UNCED „giving greater attention to changing North-South relations" (Reed 1996: 31).

standards *aller* Menschen, einen größeren Schutz und eine bessere Bewirtschaftung der Ökosysteme und eine *gesicherte, gedeihlichere Zukunft* zu gewährleisten. Das vermag keine Nation allein zu erreichen, während es uns gemeinsam gelingen kann: in einer globalen Partnerschaft, die auf eine nachhaltige Entwicklung ausgerichtet ist" (BMU 1992a, 1.1: 9; Herv. D. G.).

Die Bedürfnisse der kommenden Generationen, die im Brundtland-Bericht ausdrücklich genannt wurden, sind hier nur implizit in die Formulierung einer gesicherten und gedeihlicheren Zukunft für alle Menschen eingeschlossen. Dennoch verweist schon der Name des Dokuments „Agenda 21" auf ein Aktionsprogramm, das die Zukunft im Blick haben soll und das aufgestellt worden ist, um „die Welt auf die Herausforderungen des nächsten Jahrhunderts vorzubereiten" (ebd.). Damit wird einerseits das Element der Langfristigkeit für alle aufgeführten Ziele und Maßnahmen unterstrichen, andererseits sind in den 40 Kapiteln der Agenda 21 nur wenige Hinweise auf künftige Generationen vorhanden.[111] Die Konzeptualisierung und Konkretisierung von intergenerativer Gerechtigkeit vollzieht sich vor allem implizit über die ökologische Dimension von nachhaltiger Entwicklung: Indem die Agenda 21 den qualitativ guten Erhalt der natürlichen Ressourcen fordert, bleiben zukünftigen Generationen ausreichende Wahlmöglichkeiten, um ihre Bedürfnisse zu befriedigen und die eigenen Gestaltungsvorstellungen umzusetzen. Mit Edith Brown Weiss lassen sich diese Grundforderungen der intergenerativen Gerechtigkeit, die in der Agenda 21 vorhanden sind, als „conservation of options" und als „conservation of quality" (Brown Weiss 1990: 126ff.) bezeichnen. Die dritte Grundforderung, die Brown Weiss angibt, um das Konzept der intergenerativen Gerechtigkeit zu präzisieren, ist der gerecht verteilte Zugang aller lebenden Menschen zu den Ressourcen der Erde („conservation of access") (ebd.; vgl. auch Brown Weiss 1989: 38). Guy Beaucamp, der sich mit Brown Weiss auseinandersetzt, argumentiert, dass mit diesem letzten Grundsatz die intergenerative Gerechtigkeit in das Feld intragenerativer Gerechtigkeit übergreife:

> „Man kann dies überzeugend damit begründen, daß extreme Armut zur Vernichtung von Umweltressourcen führt, so daß die ersten beiden Grundsätze der intergenerationellen Gerechtigkeit ohne ein Minimum an sozialer Gerechtigkeit innerhalb der bestehenden Generation nicht zu wahren sind" (Beaucamp 2002: 89).

Genau diese Verbindung und Bedingtheit von intra- und intergenerativer Gerechtigkeit ist auch in der Rio-Deklaration enthalten: In Prinzip 3 wird die Nachhaltigkeitsdefinition der Brundtland-Kommission aufgriffen, wenn gleich in leicht verändertem Wortlaut, und die Bedürfnisbefriedigung heutiger und kommender Generationen mit dem Recht auf Entwicklung verknüpft:

---

111 Vgl. dazu in der Agenda 21 die folgenden Kapitel: 8.7; 8.31; 31.8; 33.3; 33.4 und 38.45.

2. Die UN-Konferenz für Umwelt und Entwicklung von 1992

„The right to development must be fulfilled so as to equitably meet development and environmental needs of present and future generations" (General Assembly 1992, Prinzip 3: 2).

Der Bezug auf das Recht auf Entwicklung ist gleichzeitig ein Verweis auf die alten Auseinandersetzungen um eine gerechtere Ausgestaltung der Weltwirtschaftsordnung in den 1970er- und 1980er-Jahren und die daraus entstandenen UN-Vereinbarungen. Bereits 1986 wurde in der – völkerrechtlich allerdings nicht verbindlichen und damit dem *soft law* zuzuordnenden – Resolution 41/128 der Generalversammlung der Vereinten Nationen das Recht auf Entwicklung anerkannt. Es geht von einem weiten Entwicklungsbegriff aus, der neben dem ökonomischen Aspekt auch die Achtung, den Schutz und die Gewährleistung *aller* Menschenrechte sowie die Teilhabe an der Formulierung und Umsetzung von Entwicklungsstrategien beinhaltet. Entsprechend der Resolution geht es jedoch nicht nur darum, dass Individuen ihren Anspruch auf das Recht auf Entwicklung ihrem jeweiligen Staat gegenüber geltend machen können, sondern dass das Recht auf Entwicklung auch Ansprüche zwischen Staaten begründet. Letzteres betrifft die Umgestaltung der Weltwirtschaftsordnung sowie die Verpflichtung zu internationaler Zusammenarbeit und Finanz- und Wissenstransfer von Industrie- zu Entwicklungsländern[112] (vgl. Kämpf 2008: 22f.). An dieser Stelle soll und kann es nicht um die juristisch umstrittene Frage gehen, ob Staaten überhaupt Träger von Menschenrechten sein können. Herausstreichen möchte ich vielmehr, dass das Prinzip 3 der Rio-Deklaration (vgl. General Assembly 1992: 1) den Aspekt der Nord-Süd-Gerechtigkeit stärkt und dabei ausdrücklich auf den Vorgängerdiskurs um eine neue Weltordnung Bezug nimmt.[113] Gleichzeitig verweist Prinzip 3 implizit auf die Konflikte, die mit der Anerkennung der Gleichwertig- und Gleichwichtigkeit der beiden Gerechtigkeitsdimensionen einhergehen: Intergenerative Gerechtigkeit kann zum Hebel werden, einem Teil der heute lebenden Menschen ihre Rechte vorzuenthalten; intragenerative Gerechtigkeit, die die Bedürfnisse kommender Generationen nicht mitdenkt, läuft Gefahr, Zukunftsoptionen zu zerstören.

(b) Unmittelbar verknüpft mit der Ausgestaltung von Nord-Süd-Gerechtigkeit ist das Ziel der Armutsbekämpfung auf nationaler und internationaler Ebene (vgl. BMU 1992a, 3.1: 18). Zwei Aspekte sind dabei zentral: Erstens wird in der Agenda formuliert, dass „[d]er Kampf gegen die Armut [...] in der gemeinsam

---

112 So lautet Artikel 3 Absatz 3 der UN-Resolution 41/128 von 1986: „States have the duty to cooperate with each other in ensuring development and eliminating obstacles to development. States should realize their rights and fulfil their duties in such a manner *as to promote a new international economic order* based on sovereign equality, interdependence, mutual interest and co-operation among all States, as well as to encourage the observance and realization of human rights" (Herv. D. G.).

113 In der völkerrechtlichen Auseinandersetzung wird Prinzip 3 (vgl. General Assembly 1992: 1) dahingehend interpretiert, dass den Entwicklungsinteressen der heutigen Generationen ein gewisser Vorrang eingeräumt wird (vgl. Beaucamp 2002).

[sic] Verantwortung aller Länder" liege (ebd.). Lokale und nationale Armutsbekämpfungsprogramme seien durch „internationale Bemühungen" zu unterstützen (ebd.). Zweitens erscheint Armutsbekämpfung in der Agenda 21 als ein Ziel an sich. Es wird nicht utilitaristisch im Sinne eines aufgeklärten Eigeninteresses begründet, um die Länder der Nordhalbkugel vor Migration oder Terroranschlägen zu schützen. Menschliches Elend in Form von Hunger und Armut wird als nicht akzeptabel qualifiziert. Sprach der Brundtland-Bericht an einigen Stellen noch von der Notwendigkeit, „Armut zu lindern" (z. B. Hauff 1987a: 2), so fordert die Agenda 21 durchgängig eine „Ausrottung der Armut" (BMU 1992a, 3.1, 3.3: 18 sowie 3.5.c: 19). Armutsbekämpfung wird menschenrechtlich begründet und gleichzeitig mit der Forderung nach „nachhaltiger Ressourcenbewirtschaftung" konfrontiert und gekoppelt. Armuts-, Entwicklungs- und Umweltprobleme sollen „zur gleichen Zeit angegangen werden" (ebd., 3.2: 18), um „alle Menschen in die Lage zu versetzen, ihre Existenz nachhaltig zu sichern" (ebd., 3.4: 18). Die derzeitigen Asymmetrien der Verteilung, die einer solchen Forderung im Wege stehen, werden in der Agenda 21 benannt: „Während in bestimmten Teilen der Welt übermäßig konsumiert wird, bleiben die Grundbedürfnisse eines großen Teils der Menschheit unbefriedigt" (ebd., 4.5: 22).

(c) Geschlechterverhältnisse berühren auf vielfältige Weise die Gestaltung gesellschaftlicher Naturverhältnisse – sowohl im Mikrokosmos des Alltagshandelns wie auf gesellschaftlicher Makroebene (vgl. dazu Poferl 2001: 9). Eine Ausblendung dieser hierarchisch strukturierten Beziehungen und der Kategorie Geschlecht bei der Analyse und Bearbeitung der sozial-ökologischen Krise(n) verhindert adäquate Lösungen. Positiv gewendet: Nachhaltige Entwicklung braucht Geschlechtergerechtigkeit, die wiederum nur zu erreichen ist, wenn der Beteiligung von Frauen und Mädchen in den Entscheidungs- und Umsetzungsprozessen eine bedeutende Rolle zugemessen wird. Diese Sichtweise der internationalen Frauenbewegung hat durchgängig Eingang in die Agenda 21 gefunden. Als Ergebnis umfangreicher Lobbyarbeit im Vorfeld der UNCED sind frauenpolitische Maßnahmen und Forderungen in 31 von 40 Kapiteln verankert. Darüber hinaus bietet das Kapitel 24, „der globale Aktionsplan für Frauen zur Erzielung einer nachhaltigen und gerechten Entwicklung" (BMU 1992a, 24: 218ff.), einen neuen frauenpolitischen Handlungs- und Bezugsrahmen,[114] der sich auf eine Vielzahl bereits bestehender internationaler Übereinkommen[115] stützt. Die Berücksichtigung von Fraueninteressen – gestützt auf die Anerkennung bestehender Frauen-

---

114 Auch in der Bundesrepublik Deutschland sahen Feministinnen die Chance, über den Nachhaltigkeitsdiskurs, über die nationale und lokale Umsetzung der Agenda 21, die „elementare und auch in der Bundesrepublik immer noch nur teilweise eingelöste Forderung der Frauenpolitik nach politischer Gleichberechtigung" (Weller 1999: 15) wieder neu zu beleben und voranzutreiben.

115 Die Agenda 21 bezieht sich explizit auf die Zukunftsstrategien der Weltfrauenkonferenz 1985 in Nairobi zur Förderung der Frau, auf die Resolution 34/180 der UN-Generalversammlung zur Beseitigung jeder Form der Diskriminierung der Frau, auf die Übereinkommen der Internationalen Arbeits-

2. Die UN-Konferenz für Umwelt und Entwicklung von 1992

Menschenrechte – kann damit als systematisch gewährleistet angesehen werden (vgl. dazu auch Gottschlich 1999: 95, Tabelle 4.1). Die geschlechtergerechte Prägung der Agenda 21 ist allerdings ein Ergebnis sozialer Kämpfe und der konkreten Kritik am Zustand der Unsichtbarkeit, der sich nach der Durchsicht der Entwürfe der Konferenz-Dokumente nach dem ersten UNCED-Vorbereitungstreffen (PrepCom) offenbarte (vgl. Wichterich 1992: 8ff.). Hätten sich Wissenschaftler_innen und Frauen aus der Praxis nicht in die Vorbereitung und Durchführung der UNCED eingemischt, wären sie in der Agenda 21 unerwähnt geblieben, abgesehen von einer Passage im Kapitel zur Armutsbewältigung.[116]

(d) Eine wesentliche Weiterentwicklung der internationalen Umwelt- und Gesundheitspolitik stellt das Vorsorgeprinzip dar, das an mehreren Stellen in der Agenda 21 (vgl. vor allem BMU 1992a, 35.3: 253, 35.6.c: 254) und in der Rio-Deklaration (General Assembly 1992, Prinzip 15: 3) verankert wurde und damit weltweite Anerkennung erfuhr. Vorsorgende Ansätze und Maßnahmen zielen darauf ab, Schäden für Mensch und Umwelt im Voraus zu vermeiden bzw. so weit wie möglich zu verringern. Das vorsorgende Handeln ist dabei unabhängig von der Eintrittswahrscheinlichkeit, der Art oder des Ausmaßes eines zu erwartenden Schadens.

> „Angesichts der Gefahr irreversibler Umweltschäden soll ein Mangel an vollständiger wissenschaftlicher Gewißheit nicht als Entschuldigung dafür dienen, Maßnahmen hinauszuzögern, die in sich selbst gerechtfertigt sind. Bei Maßnahmen, die sich auf komplexe Systeme beziehen, die noch nicht voll verstanden worden sind und bei denen die Folgewirkungen von Störungen noch nicht vorausgesagt werden können, könnte der Vorsorgeansatz als Ausgangsbasis dienen" (BMU 1992a, 35.3: 253).

Die Weiterentwicklung vom reagierenden, reparierenden zum vorsorgenden Umweltschutz ist nicht nur von ökologischer Relevanz: Schadensvermeidung statt Schadensbehebung leistet auch einen Beitrag zur Realisierung von (ökologischer) Gerechtigkeit. Denn sowohl die Folgen von Umweltbeeinträchtigungen und -zerstörung als auch die Möglichkeiten, auf diese zu reagieren, sind ungleich innerhalb der Bevölkerung eines Landes, aber auch zwischen Ländern, verteilt. Environmental-Justice-Bewegung und -Forschung haben gezeigt, dass die ärmsten und sozial exkludierten Bevölkerungsgruppen die Hauptlast dieser Zerstörung

---

organisation (ILO) sowie der UNESCO. Mit Blick auf die Rechte von Mädchen sind sowohl die Welterklärung über das Überleben, den Schutz und die Entwicklung der Kinder von 1990 als auch der dazugehörige Aktionsplan relevant (vgl. BMU 1992a, 24.1: 218). Ein dynamisches Verständnis der Agenda 21, wie es in der Präambel vorgestellt wird, impliziert bereits die Ergänzungsoffenheit um wichtige Ergebnisse späterer Konferenzen, insbesondere der IV. Weltfrauenkonferenz 1995 in Peking.

116 Vgl. zum Thema „Frauen im UNCED-Prozess" auch Eva Quistorps Dokumentation zu „Frauen, Umwelt und Entwicklung" (1993) sowie die Dokumentation des nordrhein-westfälischen Ministeriums für Umwelt, Raumkunde und Landwirtschaft „Nachhaltigkeit und Zukunftsfähigkeit aus Frauensicht" (MURL 1997a).

tragen[117] (vgl. dazu u. a. Bullard 1990, 2009; Schlosberg 2007; Schlüns 2007, 2008). Die Agenda 21 nimmt Aspekte dieser Debatte auf, indem sie die verschiedenen Personengruppen als unterschiedlich betroffen und verletzungsoffen charakterisiert.

(e) Die Agenda 21 teilt mit dem Brundtland-Bericht sowohl die Auffassung, dass sich Lebensqualität nicht in der Befriedigung von Grundbedürfnissen erschöpft, als auch den Optimismus, dass es gelingen kann, „die Verbesserung der Lebensstandards aller Menschen […] und eine gesicherte, gedeihlichere Zukunft zu gewährleisten" (BMU 1992a, 1.1: 9). Auch die Rio-Deklaration geht über die Forderung nach Bedürfnisbefriedigung und Armutsbekämpfung (Prinzipien 3 und 5) hinaus und betont als Ziel „a higher quality of life for all people" (General Assembly 1992, Prinzip 8: 2).

Worin ein gutes Leben *genau* liegt, wird in der Agenda 21 und in der Rio-Deklaration so wenig konkret ausgeführt wie zuvor im Brundtland-Bericht. Ausführlicher als der Brundtland-Bericht widmet sich die Agenda 21 aber der Frage nach den Lebensstilen und fordert die Entwicklung von Werten, die nachhaltige Konsumgewohnheiten fördern (BMU 1992a, 4.1-4.27: 22ff.). Ein gutes Leben wird also implizit innerhalb der Grenzen nachhaltiger Produktions- und Konsummuster angesiedelt. Konsum als Möglichkeit der Einflussnahme in gesamtgesellschaftlich relevanten Bereichen betrifft hier die Ebene individueller Verantwortung.

(f) Mit ihrer Forderung nach einem angemessenen Lebensstandard für alle Menschen, der den Zugang zu Nahrung, Bekleidung und Obdach, das Recht auf Bildung, das Recht auf physische und psychische Gesundheit, das Recht auf gesellschaftliche Teilhabe einschließt, bezieht sich die Agenda 21 auf die Allgemeine Erklärung der Menschenrechte vom 10. Dezember 1948 und auf den Internationalen Pakt über wirtschaftliche, soziale und kulturelle Rechte vom 16. Dezember 1966. Entscheidend – und durchaus anschlussfähig an die weltweiten Kämpfe um globale soziale Rechte – ist die Tatsache, dass damit die aufgeführten Bedürfnisse als Rechte legitimiert werden (Schulze/AG Globale Soziale Rechte 2007: 3). Implizit bezieht die Agenda 21 auch die bürgerlichen und politischen Rechte vom 16. Dezember 1966 mit ein, entstanden doch die wirtschaftlichen, sozialen und kulturellen Rechte in Anlehnung an und Ergänzung zu eben jenen bürgerlichen und politischen Rechten.

(g) Die Rio-Konferenz adressiert genau wie der Brundtland-Bericht „die *Menschheit*" als Akteur von Veränderung. An die Stelle des Bildes der „Nach-

---

117 Die Beispiele reichen von den unterschiedlichen Kapazitäten von Ländern wie den Niederlanden oder Bangladesh, mit den Folgen eines steigenden Meeresspiegels aufgrund von Klimaveränderungen umzugehen, bis hin zu Untersuchungen von Wohngebieten, die von Verseuchung mit toxischen Stoffen, aber auch von Lärm besonders betroffen sind. Ethnische Zugehörigkeit und Einkommen sind Faktoren, die bei Fragen, wer in welcher Weise davon betroffen ist, eine ausschlaggebende Rolle spielen.

2. Die UN-Konferenz für Umwelt und Entwicklung von 1992

barn", der „Familie" tritt allerdings nun die „globale Partnerschaft". Allein dreimal wird in der nur knapp eine Seite umfassenden Präambel der Begriff „globale Partnerschaft", die „auf eine nachhaltige Entwicklung ausgerichtet ist" (BMU 1992a, 1.1, 1.2, 1.6: 9), verwendet. Und auch die nachfolgende Einführung des Kapitels 2, in dem die „internationale Zusammenarbeit zur Beschleunigung nachhaltiger Entwicklung in den Entwicklungsländern" und die damit „verbundene nationale Politik" thematisiert werden, beginnt mit dem Statement, dass sich die Staaten entschlossen hätten, „eine neue globale Partnerschaft einzugehen (BMU 1992a, 2.1: 10).[118]

Aus diskursanalytischer Perspektive lassen sich dazu zwei – in einem Spannungsverhältnis stehende – Aussagen treffen:

(i) Die Orientierung an einem alles umfassenden Menschheitsinteresse ist eine Frage der Ethik und eine der zugrunde liegenden Menschenbilder. Die Agenda 21 sowie die Rio-Deklaration enthalten somit ein „Plädoyer für eine ethische Fundierung der Politik" (Ziai 2006: 77) und verweisen gleichzeitig auf die menschliche Fähigkeit zur Empathie und zur gegenseitigen Sorge als entscheidende Grundlage für eine nachhaltige Entwicklung und als Grundlage, auf die die Vereinten Nationen und das Völkerrecht letztendlich aufgebaut sind. Denn diese Sorge ist nicht instrumentell gedacht, sie geht über das Prinzip der direkten Reziprozität hinaus. Vielmehr qualifiziert sich der Mensch durch sie als Mensch.[119]

(ii) Die Orientierung an einem alles umfassenden Menschheitsinteresse ist ohne grundlegende Reflexion (und Transformation) der bestehenden Strukturen und der zahlreichen Interessenkonflikte nicht durchzusetzen. Wenn die Anrufung eines allgemeinen Interesses nur auf einer abstrakten Ebene erfolge, dann laufe sie Gefahr, zu einer „Partnerschaftsideologie" zu verkommen. Markus Wissen und Ulrich Brand (2008: 79) sprechen in diesem Zusammenhang von einem „abstrakten Normativismus", dem „ein materialistisches, an Menschenrechten ausgerichtetes Verständnis der Gestaltung gesellschaftlicher Naturverhältnisse entgegenzustellen" (ebd.) wäre (siehe B.II.2.3 sowie B.II.3.3). Denn Umweltprobleme beträfen gerade nicht ‚die' Menschheit, sondern seien verbunden mit Macht- und Verteilungsfragen. Auch Aram Ziai, der neuere Konzepte des entwicklungspolitischen Diskurses untersucht, kritisiert die postulierte weltweite Interessenidentität

---

118 Das Bild der globalen Partnerschaft durchzieht nicht nur die Agenda 21, sondern findet sich ebenfalls als erklärtes Ziel in der Präambel der Rio-Deklaration „with the goal of establishing a *new and equitable global partnership*" (General Assembly 1992, Präambel: 1; Herv. D. G.) sowie in Prinzip 7, in dem es heißt: „States shall cooperate *in a spirit of global partnership* to conserve, protect and restore the health and integrity of the Earth's ecosystem" (ebd., Prinzip 7: 2; Herv. D. G.).

119 Dieser Gedanke kommt auch in dem Gedicht zum Ausdruck, das den Eingang der Halle der Nationen des UN-Gebäudes in New York ziert. Es stammt von dem persischen Dichter Saadi (1190-1283): „Als Adams Nachfahr sind wir eines Stammes Glieder. Der Mensch schlägt in der Schöpfung als Juwel sich nieder. Falls Macht des Schicksals ein Organ zum Leiden führt, sind alle anderen von dem Leid nicht unberührt. Wenn niemals Du in Sorge um den anderen brennst, verdienst Du nicht, dass Du Dich einen Menschen nennst.".

(in Bezug auf Zukunftsentwurf, Ziele, zu lösende Probleme und zu ergreifende Maßnahmen) als „kognitiv entmündigend, analytisch ungenügend und politisch folgenreich" (Ziai 2006: 129). Der Topos des gemeinsamen Interesses nehme den Individuen die Möglichkeit einer selbstbestimmten Artikulation des eigenen Interesses, differenziere nicht zwischen den extrem ungleichen sozio-ökonomischen Bedingungen der Akteure und lenke in der Betonung gemeinsamer Interessen und notwendiger Zusammenarbeit schließlich von bestehenden Privilegien und Interessenkonflikten ab (vgl. ebd.).

Gerade das in Beziehung setzen dieser beide Positionen kann einen Beitrag dazu leisten, ein Verständnis, das nach Verantwortung und Betroffenheit differenziert, zu stärken und weitervoranzutreiben. In ersten Ansätzen sind solche Differenzierungsversuche an einigen Stellen in den Dokumenten der Vereinten Nationen selbst zu finden: etwa im Prinzip 6 der Rio-Deklaration („The special situation and needs of developing countries, particularly the least developed and the most environmentally vulnerable, shall be given special priority", General Assembly 1992, Prinzip 6: 2) als auch in der Agenda 21, die bei der Weiterentwicklung des internationalen Rechts für nachhaltige Entwicklung „die besonderen Bedürfnisse der Entwicklungsländer" zu berücksichtigen fordert und darauf hinweist: „Viele der bestehenden internationalen Rechtsinstrumente und Vereinbarungen im Bereich Umwelt sind ohne angemessene Beteiligung und Mitwirkung der Entwicklungsländer entwickelt worden und bedürfen somit einer eventuellen Überarbeitung, damit auch die Belange und Interessen der Entwicklungsländer darin Berücksichtigung finden" (BMU 1992a, 39.1.c: 279). Gleichwohl bleiben deutliche Unterschiede in der radikaldemokratischen Ausrichtung und Absicht zwischen den oben zitierten Autoren und den Positionen der Vereinten Nationen zu konstatieren. Die Kritik am Topos des gemeinsamen Interesses ist auch insofern ein wirksames Instrument, als dass es sensibilisiert für jedwede Formen von Homogenisierung: die Interessen von ‚Entwicklungsländern' zu berücksichtigen ist angesichts der Dominanz der Länder des globalen Nordens mithin ein wichtiger, aber kein hinreichender Schritt, zumal weder homogene Interessen unterstellt werden können, noch automatisch eine Interessensidentität zwischen der jeweiligen Regierung und der Bevölkerung angenommen werden kann.

3. Die europäischen Nachhaltigkeitsstrategien von 2001 und 2006

3.1 Historischer und politischer Kontext

Auf dem Brüsseler EU-Ratsgipfel vom 15. und 16. Juni 2006 hat der Europäische Rat[120] die *erneuerte europäische Nachhaltigkeitsstrategie* (EU-NaS 2006) verabschiedet. Er bekräftigte damit die fünf Jahre zuvor in Göteborg verabschiedeten Schlussfolgerungen, die die *europäische Nachhaltigkeitsstrategie* (ER Göteborg 2001)[121] enthielten.

Eingang fand der Begriff der nachhaltigen Entwicklung auf europäischer Ebene jedoch schon vor der Verabschiedung der europäischen Nachhaltigkeitsstrategie von 2001: Bereits im Vertrag von Amsterdam 1997, der die modifizierten Texte des EU-Vertrages und des EG-Vertrages umfasst, bekennt sich die Union in der Präambel des EU-Vertrages dazu, „den wirtschaftlichen und sozialen Fortschritt ihrer Völker unter Berücksichtigung des Grundsatzes der nachhaltigen Entwicklung zu fördern" (Vertrag von Amsterdam 1997: 19). Auch im geänderten Artikel 2 des EG-Vertrages[122] legt sich die Europäische Gemeinschaft auf eine „harmonische, ausgewogene und nachhaltige Entwicklung des Wirtschaftslebens" fest (ebd.: 56).

Doch anders als im Brundtland-Bericht und in den Dokumenten der UNCED wird im Vertrag von Amsterdam nachhaltige Entwicklung (noch) nicht als Gesamtkonzept verstanden: Nachhaltige Entwicklung wird expressis verbis nur auf das Wirtschaftsleben bezogen – ein Zusatz übrigens, den NGOs bei dem freudigen Verweis, nachhaltige Entwicklung sei seit 1997 Teil des europäischen Vertragswerks, häufig nicht zitieren. In Artikel 2 des Vertrags von Maastricht 1992 war – ganz in der Tradition der Gründungsidee der Europäischen Wirtschaftsge-

---

120 Der *Europäische Rat* (European Council) ist ein Organ der EU, in dem die Staats- und Regierungschefs der EU-Mitgliedstaaten etwa viermal im Jahr zusammentreten, um die politischen Zielvorstellungen der EU zu erörtern (vgl. www.european-council.europa.eu/home-page.aspx?lang=en). Er ist nicht zu verwechseln mit dem *Rat der Europäischen Union*, kurz „Rat", in dem die jeweiligen nationalen Minister_innen aller Mitgliedstaaten zusammentreten, um Rechtsvorschriften zu verabschieden und politische Strategien zu koordinieren (vgl. europa.eu/about-eu/institutions-bodies/council-eu/index_de.htm).
121 Die europäische Nachhaltigkeitsstrategie von 2001 ist Teil der Schlussfolgerungen des Rates von Göteborg und kein eigenständiges Dokument. Daher zitiere ich sie nicht analog zu EU-NaS 2006 als EU-NaS 2001, sondern im Folgenden immer als ER Göteborg.
122 Der geänderte, vollständige Artikel 2 des Vertrages zur Gründung der Europäischen Gemeinschaft (EGV) lautet: „Aufgabe der Gemeinschaft ist es, durch die Errichtung eines Gemeinsamen Marktes und einer Wirtschafts- und Währungsunion sowie durch die Durchführung der in den Artikeln 3 und 4 genannten gemeinsamen Politiken und Maßnahmen in der ganzen Gemeinschaft eine harmonische, ausgewogene und nachhaltige Entwicklung des Wirtschaftslebens, ein hohes Beschäftigungsniveau und ein hohes Maß an sozialem Schutz, die Gleichstellung von Männern und Frauen, ein beständiges, nichtinflationäres Wachstum, einen hohen Grad von Wettbewerbsfähigkeit und Konvergenz der Wirtschaftsleistungen, ein hohes Maß an Umweltschutz und Verbesserung der Umweltqualität, die Hebung der Lebenshaltung und der Lebensqualität, den wirtschaftlichen und sozialen Zusammenhalt und die Solidarität zwischen den Mitgliedstaaten zu fördern."

meinschaft (EWG) von 1957 – nicht von „sustainable development", sondern von „sustainable growth" (ebd.: 11) die Rede.

Gerade diese auf Ökonomie begrenzte Einführung von Nachhaltigkeit verweist darauf, dass die Frage, wie sich das Nachhaltigkeitsverständnis der Europäischen Union charakterisieren lässt, in besonderer Weise verbunden ist mit der Frage nach dem Verhältnis von Wirtschaftswachstum und nachhaltiger Entwicklung.

Tabelle 2: Meilensteine für Nachhaltigkeit in Europa

1997	1998	2001	2006
Vertrag von Amsterdam	Schlussfolgerungen des ER von Cardiff	Schlussfolgerungen des ER von Göteborg (darin: europäische Nachhaltigkeitsstrategie)	erneuerte europäische Nachhaltigkeitsstrategie

Quelle: eigene Zusammenstellung

Betrachtet man die Meilensteine für nachhaltige Entwicklung in Europa (Tabelle 2), dann zeigt sich, dass sich ähnlich wie in der Bundesrepublik Deutschland (siehe B.I.4) die europäische Nachhaltigkeitsstrategie aus der europäischen Umweltpolitik entwickelte. Forderungen nach integriertem Umweltschutz, wie sie der Amsterdamer Vertrag[123] enthält, führten im Juni 1998 zur Initiierung des sogenannten Cardiff-Prozesses. Auf Beschluss des Europäischen Rates in Cardiff[124] wurden verschiedene Formationen[125] des Ministerrates aufgefordert, jeweils eigene Strategien für ihre Tätigkeitsbereiche[126] auszuarbeiten, um den Erfordernissen des Umweltschutzes Rechnung zu tragen. Während der Ministerrat und damit die einzelnen Ratsformationen gebeten wurden, die Ausarbeitung ihrer Integrationsstrategien bis zum Treffen des Europäischen Rates 2001 in Göteborg zu beenden, wurde die Europäische Kommission vom Europäischen Rat aufgefordert, bis zu diesem Zeitpunkt eine Strategie für nachhaltige Entwicklung vorzulegen (vgl. ER Cardiff 1998: 7).

---

123 Artikel 6 des Vertrages zur Gründung der Europäischen Gemeinschaft (EG) in der Fassung vom 2. Oktober 1997 legt fest: „Die Erfordernisse des Umweltschutzes müssen bei der Festlegung und Durchführung der in Artikel 6 [vormals Artikel 3; D. G.] genannten Gemeinschaftspolitiken und -maßnahmen insbesondere zur Förderung einer nachhaltigen Entwicklung einbezogen werden" (Vertrag von Amsterdam 1997: 58f.).

124 Vgl. dazu www.europarl.europa.eu/summits/car1_de.htm sowie die Ausführungen des BMU zu Europa und Umwelt (www.bmu.de/europa_und_umwelt/cardiff-prozess/doc/2246.php).

125 Als Formationen oder Ratsformationen werden die je nach Politikbereich unterschiedlichen Zusammensetzungen bezeichnet, in denen der Rat der Europäischen Union tagt. Jeder Mitgliedstaat entsendet eine/n Vertreter/in aus dem entsprechenden Ressort in die jeweilige Formation.

126 Erging diese Aufforderung 1997 zunächst an die Ratsformationen Energie, Landwirtschaft und Transport, so folgten nach den Europäischen Räten in Wien (1998) und Köln (1999) die Ratsformationen Industrie, Binnenmarkt, Fischerei und Finanzen.

3.1.1 Die europäische Nachhaltigkeitsstrategie 2001

Ähnlich wie „Rio" avancierte „Göteborg" als Veranstaltungsort des EU Ratsgipfels 2001 insbesondere für NGO-Vertreter_innen zum Symbol für (europäische) Nachhaltigkeit. Als Inbegriff des neoliberalen Umbaus der EU galt und gilt hingegen vielen Kritiker_innen die 2000 beschlossene Lissabon-Strategie, deren Ziel es ist, die EU zum wettbewerbsfähigsten und dynamischsten wissensgestützten Wirtschaftsraum der Welt zu machen. Da die Göteborger Nachhaltigkeitsstrategie von 2001 unmittelbar mit der Lissabon-Strategie verwoben ist, werde ich im Folgenden nicht nur die beiden europäischen Nachhaltigkeitsstrategien von 2001 und 2006 analysieren und dabei den Veränderungen und Abweichungen in den zugrunde liegenden ökonomischen, politischen und gerechtigkeitsbezogenen Prämissen nachspüren, sondern auch das Verhältnis zwischen der Lissabon- und der Göteborg-Strategie untersuchen.

Drei Aspekte sind für die Einordnung der europäischen Nachhaltigkeitsstrategie (2001) von übergreifender Bedeutung:
(i) Die Göteborger Nachhaltigkeitsstrategie ist *weder ein umfassendes noch ein eigenständiges Dokument*, vielmehr muss sie im Kontext der verschiedenen Prozesse und Dokumente gesehen werden, die sie ergänzen und fortschreiben.[127] Dies ist zum Teil auf den Umstand zurückzuführen, dass sich nicht alle Mitgliedstaaten auf den von der Kommission vorgelegten Vorschlag für eine europäische Nachhaltigkeitsstrategie einigen konnten. Daher fügte der Europäische Rat von Göteborg unter der Überschrift „Eine Strategie für nachhaltige Entwicklung" lediglich *14 allgemeine Abschnitte*, die thematische wie prozedurale Orientierungspunkte beinhalten (durchnummeriert von 19 bis 32), in sein Abschlussdokument von Göteborg ein (vgl. ER Göteborg 2001: 4-8).
(ii) Mit der Aufnahme der europäischen Nachhaltigkeitsstrategie in die Schlussfolgerungen des Rates von Göteborg hatte das Thema Nachhaltigkeit dennoch die höchste Ebene der politischen Agenda in Europa erreicht. Und obwohl die Göteborger Nachhaltigkeitsstrategie lediglich fünf Seiten des gesamten Dokumentes umfasst, besaß sie von Anfang an einen *hohen Symbolwert* – gerade, wie erwähnt, für Nichtregierungsorganisationen und kritische Wissenschaftler_innen im Nachhaltigkeitsdiskurs. War doch nun ein politischer Bezugspunkt geschaffen und damit die Möglichkeit, in den Kampf um die konzeptionelle Hegemonie für zukünftige Entwicklungspfade einzusteigen.[128]

---

127 Neben den jährlichen Berichten zum Fortgang des Lissabon-Prozesses sind hier die Berichte der Kommission zu nennen, insbesondere die Kommissionsmitteilung „Ein nachhaltiges Europa für eine bessere Welt" sowie die nun erneuerte Nachhaltigkeitsstrategie von 2006.
128 In diesen Zusammenhang gehört auch, dass die Nachhaltigkeitsstrategie von 2001 zum Teil positiver rezipiert wurde, als es eine wörtliche Auslegung erlaubt hätte. So charakterisierten beispielsweise Mitarbeiterinnen vom Öko-Institut im Rückblick die Nachhaltigkeitsstrategie von 2001 als „umfassend" (Wolff/Schmitt 2006: 38), während hingegen Christian Hey, der Generalsekretär des Sachver-

(iii) Der Europäische Rat verabschiedete in Göteborg jedoch nicht nur die Nachhaltigkeitsstrategie, sondern bezeichnete sie gleichzeitig als „*Umweltdimension*" *der Lissabon-Strategie* – jener Agenda, die der „wirtschaftlichen und sozialen Erneuerung Europas" (ER Lissabon 2000: 1) dienen soll. Dieser Zusammenhang, diese enge Verwobenheit mit der 2000 beschlossenen Lissabon-Strategie, ist der dritte Aspekt, der für das Verständnis der Göteborger Nachhaltigkeitsstrategie von 2001 zentral ist. „Angespornt durch einen lange anhaltenden Konjunkturaufschwung in den USA in den 1990er-Jahren und die Vision einer ‚New Economy'" (Dräger 2005: 17) beschloss der Europäische Rat auf dem Gipfel in Lissabon am 23. und 24. März 2000, die EU

> „zum wettbewerbsfähigsten und dynamischsten wissensbasierten Wirtschaftsraum in der Welt zu machen – einem Wirtschaftsraum, der fähig ist, ein dauerhaftes Wirtschaftswachstum [in der englischen Version: sustainable growth] mit mehr und besseren Arbeitsplätzen und einem größeren sozialen Zusammenhalt zu erzielen" (ER Lissabon 2000: 2; Erg. D. G.).

Auf dem Gipfel in Göteborg 2001 vereinbarte der Europäische Rat nun

> „eine Strategie für nachhaltige Entwicklung, mit der das politische Engagement der Union für wirtschaftliche und soziale Erneuerung *ergänzt*, der Lissabonner Strategie eine dritte, *die Umweltdimension*, hinzugefügt und ein neues Konzept für die Politikgestaltung eingeführt wird" (ER Göteborg 2001: 4; Herv. D. G.).

Die Bezeichnung der 14 Abschnitte als europäische Nachhaltigkeitsstrategie einerseits und als Umweltdimension des Lissabon-Prozesses andererseits lässt sich als Coup der *doppelten Reduzierung* identifizieren: Erstens wird die Eigenständigkeit der Nachhaltigkeitsstrategie 2001 infrage gestellt, sie wird unter das Dach des laufenden Lissabon-Prozesses subsumiert. Zweitens wird Nachhaltigkeit mit der Umweltdimension gleichgesetzt, obwohl die 14 Abschnitte thematisch[129] breiter angelegt sind, wenngleich der Umweltaspekt dominiert. Hinzu kommt, dass bei der Umsetzung der Lissabon-Strategie Umweltaspekte wiederum benachteiligt werden, denn von den 14 Indikatoren, die den Fortschritt des Lissabon-Prozesses messen sollen, beziehen sich nur drei auf den Umweltbereich.[130]

---

ständigenrates für Umweltfragen, im Rahmen des Konsultationsprozesses für die erneuerte EU-Nachhaltigkeitsstrategie kritisch von einer „Rhetorik von der ‚Göteborg-Strategie'" (Hey 2005: 24) sprach, um das Thema Nachhaltigkeit überhaupt auf der Agenda zu halten, obwohl es eine Strategie bei genauer Betrachtung noch gar nicht gäbe (vgl. ebd.).

129 Folgende acht Schwerpunkte werden in den 14 Abschnitten thematisiert: „Ein neues Konzept für die Politikgestaltung", „Die globale Dimension", „Festlegung von Umweltprioritäten für die Nachhaltigkeit", „Bekämpfung der Klimaänderungen", „Gewährleistung der Nachhaltigkeit im Verkehrssektor", „Abwendung von Gefahren für die Gesundheit der Bevölkerung", „Verantwortungsvollerer Umgang mit natürlichen Ressourcen", „Einbeziehung der Umweltdimension in die Gemeinschaftspolitiken" (ER Göteborg 2001: 4ff.).

130 Die drei dem Bereich Umwelt zugeordneten Indikatoren sind: die Emission von Treibhausgasen, die Energieintensität der Wirtschaft sowie das Transportvolumen. Ursprünglich waren insgesamt 35 Indikatoren vorgesehen, seit 2004 werden nur noch 14 Indikatoren zur Bewertung des Lissabon-Prozesses verwendet. Umweltverbände und -forschungsinstitute kritisieren, dass ein Indikator fehle, der

3.1.2 Zum Verhältnis zwischen der Lissabon-Strategie (2000) und der Göteborger Nachhaltigkeitsstrategie (2001)

Im Kern geht es in der Auseinandersetzung zwischen „Lissabon" und „Göteborg", das pointiert Hey, „um die Prioritätensetzung der politischen Agenda, [...] um die ideologische Lufthoheit in der Debatte, um den Bezugspunkt, auf den sich alle Akteure beziehen müssen" (Hey 2005: 23). Während die Lissabon-Strategie von den Kritiker_innen als Inbegriff neoliberaler Restrukturierung verstanden wird, erscheint die Göteborger Nachhaltigkeitsstrategie als Perspektive für grundlegende sozial-ökologische Transformationsprozesse. Doch die Darstellung dieser beiden Strategien als Antagonismus ist irreführend. Die Inhalte der Lissabon[131]- und der Göteborg-Strategie von 2000 bzw. 2001 verhalten sich zueinander weit weniger eindeutig antagonistisch als die auf sie folgenden Prozesse, Weiterentwicklungen und Interpretationen – wie insbesondere die nachfolgende Analyse des Ökonomieverständnisses der Göteborger Nachhaltigkeitsstrategie zeigen wird.

Im Falle der Lissabon-Strategie kam die mit der Evaluierung betraute Hochrangige Sachverständigengruppe unter Vorsitz des ehemaligen niederländischen Ministerpräsidenten, Wim Kok, in ihrem Abschlussbericht 2004 zu dem Ergebnis, „dass Lissabon in jedem Fall in die richtige Richtung weist, dass die Umsetzung aber beschleunigt werden muss" (Kok 2004: 19). Die Sachverständigengruppe empfahl der EU und den Mitgliedstaaten auch vor dem Hintergrund geänderter globaler makroökonomischer Bedingungen, „sich auf Wachstum und Beschäftigung zu konzentrieren, um den sozialen Zusammenhalt und die nachhaltige Entwicklung zu stützen" (ebd.: 45). Diese Empfehlung kündigte „den schon kurz nach der Implementierung der Nachhaltigkeitsdimension in Göteborg in stillschweigender Erosion begriffenen Integrationsansatz der Lissabon-Strategie nun offiziell auf" (Sello 2005: 1023). Zum vorausgegangenen Erosionsprozess zählten eine Vielzahl von Entscheidungen und politischen Maßnahmen, in denen eine Unterordnung sozial-ökologischer Themen unter Wettbewerb und Wachstum offen zutage trat.[132] Weder wurden Politikziele und -felder gleichran-

---

in umfassender Weise über das gesamte Umweltbelastungspotenzial der EU und ihrer Mitgliedsländer Auskunft gibt und den absoluten Verbrauch an natürlichen Ressourcen in Europa misst (vgl. Giljum/Rocholl 2005 im Auftrag von SERI/Friends of the Earth Europe).

131 Benjamin Sello (2005: 1018) streicht in seiner Analyse der Lissabon-Strategie heraus, dass diese „keine in Stein geschlagene Verfassung, sondern ein beweglicher, sich modifizierender policy-Katalog ist", die auf dem Papier ähnlich unterschiedlich ausdeutbar ist wie die europäische Nachhaltigkeitsstrategie von 2001. Während die einen in der Lissabon-Strategie ein Instrument sehen, das den europäischen Sozialstaat erhält und fortentwickelt (vgl. z. B. Diamantopoulou 2004), kritisieren die anderen die neoliberale Um- und Restrukturierung (vgl. z. B. Cassen 2000; Dräger 2005) bzw. feiern diese als Erfolg (etwa Financial Times 15.3.2000).

132 Auf eine umfangreiche Analyse muss an dieser Stelle verzichtet werden. Exemplarisch seien hier nur genannt: (1) die Beschlüsse auf dem Gipfel des Europäischen Rates in Barcelona 2002, die beschäftigungs- und sozialpolitische Vorgaben den Vorgaben einer wachstums- und wettbewerbsorientierten

gig behandelt, noch die zahlreichen Zielkonflikte sowohl zwischen als auch innerhalb der Komponenten der Lissabon-Strategie bearbeitet (vgl. dazu ausführlich Dräger 2005: 24f.). Klaus Dräger führt in seiner Bewertung dazu aus:

> „[D]ie Kritik des Kok-Berichts [...] an der Vielzahl der Ziele der Lissabon-Strategie und einer mangelnden Fokussierung [ist] durchaus zutreffend. Allerdings: Die Mitgliedstaaten haben sich in der Regel ohnehin überwiegend an jene Lissabon-Ziele gehalten, welche einen neoliberalen ‚Reformkurs' unterstützen. Eine Arena, um Zielkonflikte zwischen und innerhalb der Komponenten der Strategie zu bearbeiten, haben die jährlichen Frühjahrsgipfel der Regierungschefs nie geboten" (ebd.: 25).

3.1.3 Die erneuerte europäische Nachhaltigkeitsstrategie von 2006

Während die Empfehlungen des Kok-Berichts wie auch die Vorschläge der EU-Kommission, die Lissabon-Strategie „neu zu starten" (KOM 2005), den neoliberalen Kurs verstärk(t)en, bilden die Evaluierung und Neubearbeitung der Nachhaltigkeitsstrategie von 2006 einen Kontrapunkt dazu, wie die nachfolgende Analyse zeigen wird. Ausdrücklich wird dort nachhaltige Entwicklung als „ein im Vertrag festgelegtes übergeordnetes Ziel der Europäischen Union" (EU-NaS 2006: 2) benannt, „das für alle Politikbereiche und Maßnahmen der Union maßgebend ist" (ebd.). War die Nachhaltigkeitsstrategie 2001 als komplementärer, aber untergeordneter Teil der Lissabon-Strategie konzipiert, so dreht sich – zumindest auf dem Papier – dieses Verhältnis nun um. Zwar geht der Europäische Rat auch weiterhin davon aus, dass sich beide Strategien „ergänzen" (ebd.: 6). Doch nun ist vorgesehen, dass die Lissabon-Strategie „einen wesentlichen Beitrag zum übergeordneten Ziel der nachhaltigen Entwicklung" (ebd.) leistet und die EU-Strategie für nachhaltige Entwicklung dabei „den umfassenden Rahmen" (ebd.) bildet, „innerhalb dessen die Lissabonner Strategie mit ihrer Neuausrichtung auf Wachstum und Beschäftigung als Motor einer dynamischen Wirtschaft fungiert" (ebd.). Dass dieses Plädoyer für die „Nutzbarmachung von Synergien" zwischen beiden Strategien, dem der Europäische Rat in der Eu-NaS 2006 immerhin ein eigenes Unterkapitel widmet, nicht frei von dem Wissen um Zielkonflikte ist, zeigt sich nicht zuletzt in der Konjunktivformulierung:

> „Mit diesen beiden Strategien wird anerkannt, dass sich wirtschaftliche, soziale und ökologische Ziele gegenseitig verstärken *können* und diese daher gemeinsam vorangebracht werden *sollten*" (ebd.; Herv. D. G.).

Wirtschaftspolitik unterordneten; (2) Barrosos Rede von dem kranken Kind „Wirtschaft", das im Gegensatz zu den anderen Kindern „Ökologie und Soziales" besonders viel Aufmerksamkeit verdiene (Barroso 2005, zit. n. www.bpb.de/gesellschaft/umwelt/dossier-umwelt/61179/eu-umweltpolitik?p=al l), sowie (3) Verhandlungen zur neuen, umstrittenen Chemikalienverordnung REACH, die auf Eigenverantwortung der Industrie setzt (vgl. Verordnung (EG) Nr. 1907/2006).

3.2 Ökonomieverständnis

Nachfolgend werden zunächst das Ökonomieverständnis der europäischen Nachhaltigkeitsstrategie von 2001 und danach das der erneuerten europäischen Nachhaltigkeitsstrategie von 2006 untersucht.

Das Engagement und die Verpflichtung auf nachhaltige Entwicklung werden in der *europäischen Nachhaltigkeitsstrategie von 2001* vor allem mit ökonomischer Rationalität begründet – und zwar sowohl mit Blick auf die negativen (i) wie auf die positiven (ii) Folgen für das mit der Lissabon-Strategie angestrebte europäische Wirtschaftswachstum von durchschnittlich drei Prozent (a). Diese Argumentation, in deren Zentrum Effizienzsteigerung und Wettbewerbsvorteile durch nachhaltiges Wirtschaften stehen, lässt sich als Versuch einer Ökologisierung von Ökonomie im Sinne ökologischer Modernisierung werten (b). Unter dem Dach der ökologischen Modernisierung findet jedoch eine diskursive Auseinandersetzung um das Verhältnis von Nachhaltigkeit und Wettbewerbsfähigkeit statt, die sich auch in der europäischen Nachhaltigkeitsstrategie von 2010 wiederfindet: Während die Position „Wettbewerb für Nachhaltigkeit" (i) Ökonomie als Mittel versteht, das für eine sozial-ökologische Transformation eingesetzt werden kann, gilt im Rahmen der Position „Nachhaltiger Wettbewerb" (ii) Nachhaltigkeit als das Mittel, um Wachstum zu erzielen.

(a) Der Europäische Rat legte in seinen Schlussfolgerungen des Göteborg-Gipfels 2001 – also in demselben Dokument, das auch die Nachhaltigkeitsstrategie enthält – gleichzeitig „Leitlinien für die Wirtschaftspolitik zur Gewährleistung des Wachstums und zur Förderung der Strukturreformen" fest (ER Göteborg 2001: 1, 8f.). Von diesem programmatischen Rahmen, der neben einem Plädoyer für eine Effizienzoffensive auch neoliberale Politikempfehlungen zur Freisetzung von Marktdynamiken enthält, ist das Ökonomieverständnis der Nachhaltigkeitsstrategie von 2001 stärker geprägt, als bisher von denjenigen rezipiert wurde, die sich auf die Göteborg-Strategie als Kontrapunkt zur Lissabon-Strategie beziehen. Nachhaltigkeit, so wird in der europäischen Nachhaltigkeitsstrategie von 2001 argumentiert, sei ökonomisch vernünftig und damit geboten:

(i) Denn zum einen werde es zu teuer, auf die sichtbar werdenden sozial-ökologischen Krisen nicht zu reagieren. Dieses Argument, die negative Beeinflussung von Wachstumsprozessen durch Nicht-Nachhaltigkeit abzuwenden und damit auf lange Sicht Kosten zu sparen, findet sich gleich im ersten Abschnitt der Nachhaltigkeitsstrategie: „Gelingt es nicht, Tendenzen umzukehren, die die künftige Lebensqualität bedrohen, so werden die Kosten für die Gesellschaft drastisch ansteigen" (ebd.: 4). Diese Begründung für nachhaltige Entwicklung ähnelt der Argumentation, mit der in den 1970er-Jahren Umweltschutzmaßnahmen in Europa auf den Weg gebracht wurden. Als 1973 das Erste Umweltrahmenprogramm der EG etabliert wurde, geschah dies unter dem Einfluss der Erkenntnis, dass die jeweiligen nationalstaatlichen Umweltschutzmaßnahmen der einzelnen Mitglieder in Konflikt geraten könnten mit Zielen einer wachstumsorientierten Politik des freien Wettbewerbs.

> „That economic considerations were one of the primary reasons for the Union's involvement in environmental protection policy is not surprising, given the original *raison d'être* of the Union. It is nevertheless important to note because it reminds us that historically the Union has based its environmental protection not so much on a belief in the legitimacy of environmental protection measures as such but rather on the assumption that environmental protection measures have economic and, particularly, trade consequences" (Baker 1997: 91f.).

Diese Tradition, die negativen Auswirkungen von Umweltzerstörung auf das Wirtschaftswachstum durch gemeinsam abgestimmte Umweltschutzmaßnahmen gering zu halten, wird in der europäischen Nachhaltigkeitsstrategie von 2001 somit fortgesetzt.

(ii) Der zweite Argumentationsstrang – es könnte wachstums- und wettbewerbsförderlich sein, neue umweltfreundliche Technologien insbesondere in den Bereichen Energie und Verkehr zu entwickeln – wird ebenfalls gleich zu Beginn (im letzten der drei Einleitungsabschnitte der Strategie von 2001) benannt:

> „Klare und stabile Ziele für die nachhaltige Entwicklung werden beträchtliche wirtschaftliche Möglichkeiten eröffnen. Hierdurch kann eine Welle technologischer Innovationen und Investitionen ausgelöst werden, durch die Wachstum und Beschäftigung entstehen" (ER Göteborg 2001: 4).

Diese zweite Begründung beinhaltet eine neue Qualität, die potenziell genutzt werden könnte für eine ökologische Umstrukturierung – ich werde darauf im Abschnitt (b) eingehen. An dieser Stelle bleibt zunächst festzuhalten: Bisher galten hohe Umwelt- und Sozialstandards in der Europäischen Union als Wettbewerbshindernisse. Doch im vorangegangenen Zitat der europäischen Nachhaltigkeitsstrategie von 2001 wird das Verhältnis von Wettbewerb und umweltpolitischen Zielen nicht mehr (ausschließlich) als ein Widerspruch wahrgenommen. Der Fokus liegt dabei auf dem ökologisch-ökonomischen Nutzen von nachhaltigkeitsorientierten Wettbewerbsstrategien und bereits festgestellten Synergieeffekten.[133] Entsprechend fordert der Europäische Rat die Kommission auf, einen Bericht vorzulegen, „in dem untersucht wird, wie die Umwelttechnologie Wachstum und Beschäftigung fördern kann" (ER Göteborg 2001: 5). Gleichzeitig weist in diesem Zusammenhang „der Europäische Rat nachdrücklich darauf hin, dass Wirtschaftswachstum und Ressourcenverbrauch von einander abgekoppelt werden müssen" (ebd.: 4). Eine Forderung, die sowohl im Brundtland-Bericht als

---

133 Stellvertretend für die Vielzahl der Studien sei hier auf das Papier des Network of Heads of European Environment Protection Agencies (2005) verwiesen, das sich mit dem Nutzen anspruchsvoller Umweltpolitik auf Wettbewerb beschäftigt, sowie auf die Arbeiten von Dyllick/Belz/Schneidewind (1997).

auch in der Agenda 21 vorgebracht wurde und die zum Repertoire ökologischer Modernisierung gehört.

(b) Die Argumentation der ökologischen Modernisierung bleibt marktorientiert. In ihrem Zentrum stehen Effizienzsteigerung und Wettbewerbsvorteile durch nachhaltiges Wirtschaften. Doch das Verhältnis von Nachhaltigkeit und Wettbewerbsfähigkeit/Wachstum ist nicht eindeutig bestimmt. Diese Argumentation ist damit anschlussfähig an diverse Vorstellungen von Entwicklung, die die diskursive Auseinandersetzung um Nachhaltigkeit und Wettbewerbsfähigkeit auf europäischer Ebene prägen. Diese in ihrer normativen Begründung unterschiedlichen bzw. widersprüchlichen Positionen sind auch in der europäischen Nachhaltigkeitsstrategie von 2001 enthalten.

(i) Die eine Position, die sich als „Wettbewerb für Nachhaltigkeit"[134] beschreiben lässt, begreift Ökonomie als Mittel für sozial-ökologische Transformationsprozesse. Für sie bieten die Kernideen „Effizienzsteigerung" und „Wettbewerbsvorteile durch nachhaltige Maßnahmen" Ansatzpunkte, den Strukturwandel von Wirtschaft und Gesellschaft in Richtung Nachhaltigkeit zu gestalten. Nachhaltigkeitsorientierte Wettbewerbsstrategien, die effizient, innovativ und transformativ sind, können zu einer Verbesserung von Produktivität und Effizienz, zu einer Differenzierung im Markt und zu breitflächigen Transformationen ganzer Bedürfnisfelder führen (vgl. Dyllick 2003: 268ff.). NGOs aus dem Nachhaltigkeitsspektrum fordern schon lange, dass institutionelle Rahmenbedingungen und Politikinstrumente geschaffen werden, die soziales und ökologisches Verhalten von Wirtschaftsakteuren gezielt fördern (vgl. stellvertretend Hochfeld/Schmitt/Wolff 2006: 6ff.). Zu so einer Veränderung der institutionellen Rahmenbedingungen trägt der Europäische Rat bei, indem er in der Göteborger Nachhaltigkeitsstrategie die Europäische Investitionsbank ersucht, die Strategie für nachhaltige Entwicklung zu fördern und „bei der Umsetzung der EU-Politik zu Klimaänderungen mit der Kommission zusammenzuarbeiten" (ER Göteborg 2001: 6). Auch bei dem Vorschlag, soziale und ökologische Kosten zu internalisieren, der unter der Überschrift „Ein neues Konzept für die Politikgestaltung" Eingang in die Nachhaltigkeitsstrategie von Göteborg fand, handelt es sich um ein ökonomisches Steuerungsinstrument, das in die Markt- bzw. Preisgestaltung bewusst eingreift:

> „Eine ‚korrekte Preisgestaltung', bei der die Preise die tatsächlichen Kosten verschiedener Tätigkeiten für die Gesellschaft besser widerspiegeln, wäre ein besserer Anreiz für Verbraucher und Hersteller bei den täglichen Entscheidungen darüber, welche Erzeugnisse und Dienstleistungen angeboten oder gekauft werden sollten" (ebd.: 4).

---

134 Vgl. dazu auch das gleichnamige Papier der Mitarbeiter_innen des Öko-Instituts e.V. (Hochfeld/Schmitt/Wolff 2006), das im Rahmen des Projektes „Competitive, Innovative and Sustainable (CIS) Europe" erarbeitet worden ist.

Beispiele für nachhaltige Marktentwicklung – wie etwa Produktion und Vertrieb von Lebensmitteln aus kontrolliert biologischem Anbau, Strom aus erneuerbaren Energien oder Fische aus nachhaltig bewirtschafteten Fanggebieten – finden sich heute in den Mitgliedstaaten der EU und haben bereits ihre Nischen auf dem gemeinsamen Binnenmarkt erobert. Dieser verantwortungsvolle „Umgang mit natürlichen Ressourcen" wird vom Europäischen Rat unterstützt (ebd.: 7). Er dient als Kriterium sowohl für die 2002 anstehende Überprüfung der Gemeinsamen Fischereipolitik (ebd.: 8) als auch für die Ausrichtung der Gemeinsamen Agrarpolitik, die auch

> „einen Beitrag zur Erreichung einer nachhaltigen Entwicklung [...] leisten [soll], indem mehr Gewicht auf die Förderung gesunder, qualitativ hochwertiger Erzeugnisse, umweltfreundlicher Produktionsmethoden – einschließlich der ökologischen Erzeugung –, nachwachsender Rohstoffe und des Schutzes der biologischen Vielfalt gelegt wird" (ebd.: 7).

Der gerade beschriebenen Position, die Wettbewerbsstrategien für nachhaltige Entwicklung nutzen will, liegt die normative Prämisse zugrunde, dass hohe Sozial- und Umweltstandards erstrebenswert sind. Dieses Ziel soll über den Markt mit ökonomischen Instrumenten erreicht werden. Hinter den angestrebten marktbasierten Steuerungsformen stehen gestaltende Politikakteure, die das Verhältnis von Nachhaltigkeit und Wettbewerb komplementär einschätzen: „Handels- und Umweltpolitik [sollen] sich gegenseitig unterstützen" (ebd.: 5).

(ii) Die Argumentation, dass „[k]lare und stabile Ziele für die nachhaltige Entwicklung [...] beträchtliche wirtschaftliche Möglichkeiten eröffnen [werden]" (ER Göteborg 2001: 4), ist jedoch gleichzeitig auch anschlussfähig an ein Verständnis, das Nachhaltigkeit der Steigerung der europäischen Wettbewerbsfähigkeit *unterordnet*. Die Botschaft, die hier mitschwingt, lautet: Nachhaltigkeit rechnet sich, sie kann als Mittel für auf Wachstum ausgerichtete wirtschaftspolitische Ziele eingesetzt werden. Mit Ausnahme des unmittelbaren Bezugs auf den Brundtland-Bericht, mit dem die europäische Nachhaltigkeitsstrategie von 2001 eingeleitet wird, werden in der Strategie die politischen Maßnahmen gemäß dieser engen ökonomischen Rationalität, nicht aber ethisch begründet. D. h., auf normative Wertbegründungen wird verzichtet, soziale und umweltpolitische Ziele bekommen nicht ausdrücklich einen eigenen, nicht-monetären Wert zugemessen, sondern werden auf Aspekte der ökonomischen Nützlichkeit abgestellt.

Wenngleich einige Schattenseiten der Modernisierung der europäischen Wirtschaft in der Nachhaltigkeitsstrategie 2001 implizit genannt werden, indem eine Abkehr von bisheriger Politik – wie etwa in Bezug auf die Chemikalienpolitik, die Höhe des Ressourcenverbrauchs und der Abfallerzeugung (vgl. ebd.: 7) – gefordert wird, so führt dies nicht zu einem kritischen Vergleich zwischen den in den 14 Abschnitten der Nachhaltigkeitsstrategie empfohlenen Instrumenten mit jenen, die zwei Seiten weiter in dem Kapitel „Allgemeine wirtschaftliche Aussichten und Grundzüge der Wirtschaftspolitik" (ebd.: 8) favorisiert werden. Gefordert und forciert werden hier vielmehr Maßnahmen, mit denen Liberalisierungs-, Privatisierungs- und Deregulierungsprozesse weiter vorangetrieben werden:

> „Eine rasche Durchführung der Strukturreformen, die auf einen stärkeren Wettbewerb auf den Märkten für Güter, Dienstleistungen und Kapital ausgerichtet sind, ist von entscheidender Bedeutung. Die Bemühungen zur Vereinfachung des ordnungspolitischen Regelwerks für den Binnenmarkt müssen fortgesetzt werden, dass sich der ‚Circulus vitiosus' der Schaffung von Arbeitsplätzen und eines wachsenden Wohlstands, der die Wirtschaft der Europäischen Union in den letzten Jahren gekennzeichnet hat, fortsetzt. Die Mitgliedstaaten müssen die gesamte Arbeitskräftereserve der Union nutzen, indem sie den Frauen verbesserte Möglichkeiten des Zugangs zum Arbeitsmarkt bieten und die Beschäftigungsquote älterer Arbeitnehmer erhöhen" (ebd.).

Genau wie in der Nachhaltigkeitsstrategie der Bundesregierung 2002 (siehe B.I. 4) sind die Forderungen nach verbessertem Zugang von Frauen und älteren Arbeitnehmer_innen zum Arbeitsmarkt im Kern an einer Kosten-Nutzen-Logik ausgerichtet, bei der es darum geht, ‚Humanressourcen' effizient auszuschöpfen. Weder Fragen der Gerechtigkeit noch der Chancengleichheit werden in den Abschnitten zur „Vollbeschäftigung und Qualität der Arbeit in einer wettbewerbsfähigen Union" (ER Göteborg 2001: 8)[135] zur normativen Orientierung und Begründung für eine Politik der Vollbeschäftigung herangezogen. Welche Folgen diese Politik für die Gesamtorganisation aller notwendigen Arbeiten – eben auch der unbezahlten Pflege- und Sorgearbeiten – hätte, wird ebenfalls nicht thematisiert. Arbeit kommt in den Schlussfolgerungen des Europäischen Rates und damit in der Nachhaltigkeitsstrategie von Göteborg nur als Erwerbsarbeit vor.

D. h., die europäische Nachhaltigkeitsstrategie von 2001 ist eingebettet in ein Dokument, dessen Intention nicht eine Reflexion und Aufhebung der Widersprüche ist, die zwischen einer vorrangig kapitalistisch ausgerichteten Ökonomie und sozialen und ökologischen Zielen bestehen. Die Schlussfolgerungen des Rates von Göteborg sind in ihrer Gesamtheit eher geprägt von einem Ökonomieverständnis, das die Steigerung der Wettbewerbsfähigkeit und des Wirtschaftswachstums als oberste Priorität ansieht:

> „Die Union wird die in den Grundzügen der Wirtschaftspolitik verankerte wirtschaftspolitische Strategie weiterhin entschlossen umsetzen. Sie muss weiterhin eine wachstums- und stabilitätsorientierte makroökonomische Politik verfolgen" (ebd.: 8).

Die vorsichtigen Bemühungen um einen Integrationsansatz, um eine veränderte Gestaltung von „Wirtschafts-, Sozial- und Umweltpolitik", so „dass sie sich gegenseitig stärken" (ebd.: 4), und die in der Nachhaltigkeitsstrategie in Göteborg dafür aufscheinenden Möglichkeitsräume werden bereits im selben Papier, konkret in den Ausführungen zum weiteren Vorgehen in der Wirtschaftspolitik der

---

135 Diese Abschnitte sind zwar nicht unmittelbarer Teil der Nachhaltigkeitsstrategie 2001, sie schließen sich aber im Text direkt an und bilden einen weiteren Bestandteil der Schlussfolgerungen von Göteborg.

EU, zurückgedrängt. Eine stichprobenartige Analyse von weiteren Dokumenten und Verlautbarungen, die im Zusammenhang mit dem Fortgang beziehungsweise der Evaluierung des Lissabon-Prozesses stehen, zeigt, dass das Verständnis von Nachhaltigkeit als *„sustainable growth"*, jene Formulierung, die an Stelle der Formulierung „sustainable development" Eingang in den Vertrag von Maastricht[136] 1992 fand, wieder stärker an Relevanz gewinnt.

Das Europäische Parlament (2005) beispielsweise erklärte in seiner Entschließung zur Halbzeitüberprüfung der Lissabon-Strategie, es glaube daran, „dass *nachhaltiges Wachstum und nachhaltige Beschäftigung Europas vordringlichste Ziele* sind und die *Grundlage* für den sozialen und ökologischen Fortschritt bilden" (EP 2005: Abs. 2, o. S. (0164); Herv. D. G.). Das Parlament sei sich außerdem darüber im Klaren,

> „dass die Union vor einer Reihe von Herausforderungen im Zusammenhang mit den natürlichen Ressourcen und der Umwelt steht, [...], die, wenn man sich nicht umgehend mit ihnen auseinandersetzt, Kosten verursachen und auf die Wachstumsziele von Lissabon unmittelbare Auswirkungen haben werden; hält es *deshalb* für notwendig, die Umweltgesichtspunkte in den überarbeiteten Prozess von Lissabon einzubeziehen" (ebd.: Abs. 5; Herv. D. G.).

Soziale und ökologische Ziele werden also erneut an die Konjunkturentwicklung gekoppelt und damit von dieser abhängig gemacht – es sei denn, es lässt sich nachweisen, dass Maßnahmen zum Schutz von Umwelt und Gesundheit sowie Lebensmittelsicherheit sich gleichzeitig und unmittelbar positiv auf die Wachstumsziele auswirken (vgl. ebd.: Abs. 1f. sowie Kok 2004: 40ff.).

Wie umkämpft dieses Ökonomieverständnis in der EU-Kommission selbst ist, zeigt die Aussage von Margot Wallström, die hier stellvertretend für jene Position, die „sustainable growth" kritisch gegenübersteht, angeführt werden kann. Die von Oktober 1999 bis November 2004 für Umweltpolitik zuständige EU-Kommissarin kritisierte die dominante Bedeutung, die ökonomisches Wachstum im Prozess der Überprüfung der EU-Strategie für nachhaltige Entwicklung einnimmt, als eines der größten Hindernisse für zukunftsfähige Transformationspfade:

> „As you can see, the EU's record in advancing sustainable development both in the EU and globally is impressive. However, we must not fool ourselves by painting too rosy a picture. We are not there yet. We have the tools, we have the knowledge, we have the commitments. So, what is missing? [...] One problem I see is that economic growth is still regarded as the main key to improving human welfare. And during times of economic downturn, all the other aspects of sustainable development – its social, environmen-

---

136 Vertrag von Maastricht 1992, Titel II (2), Artikel 2; Susan Baker weist unter Bezugnahme auf Verhoeve/Bennett/Wilkinson (1992) darauf hin, dass „when the formulation ‚sustainable growth' appeared in the first draft of the Maastricht Treaty under the Luxembourg Presidency [...] there was some (unsuccessful) pressure to revert to the original term 'sustainable development'" (Baker 1997: 92f.).

tal, future-oriented and intra-generational dimensions – tend to be considered 'unaffordable extras'" (Wallström 2005: 11).

In der *erneuerten europäischen Nachhaltigkeitsstrategie* von 2006 findet nun auf der programmatischen Ebene tendenziell eine Umkehrung dieser in erster Linie an monetärem Wachstum ausgerichteten Maßstäbe statt. Mit der Unterordnung der Lissabon-Strategie unter die Nachhaltigkeitsstrategie kommt es auf programmatischer Ebene zu einer Kräfteverschiebung, die sich auch in einem anderen Ökonomieverständnis ausdrückt. Wohlstand ist im Verständnis der europäischen Nachhaltigkeitsstrategie von 2006 nicht nur monetär zu messen (a), Wirtschaften wird als Mittel (nicht als Zweck) beschrieben, diesen Wohlstand zu erreichen (b). Allerdings sind auch in der erneuerten europäischen Nachhaltigkeitsstrategie die konfligierenden Diskurspositionen und bestehenden Zielkonflikte nicht gänzlich aufgehoben, was sich gerade an der Rolle, die Wirtschaftswachstum (dennoch) spielt, zeigen lässt (c). Und auch im Unterschied zum eng gefassten Arbeitsbegriff wird in der Nachhaltigkeitsstrategie von 2006 die Bedeutung der unbezahlten Arbeit zwar reflektiert, zugleich bleibt der Fokus aber vorrangig auf Erwerbsarbeit gerichtet (d).

(a) Nicht-monetäre Ziele bestimmen die Ausrichtung und den Charakter der erneuerten EU-Strategie für nachhaltige Entwicklung von 2006 deutlich mehr, als es in der Nachhaltigkeitsstrategie von Göteborg der Fall war. In den Worten des Europäischen Rates:

> „Gegenstand der Strategie für nachhaltige Entwicklung sind in erster Linie die Lebensqualität, die Generationengerechtigkeit (innerhalb einer bzw. zwischen mehreren Generationen) und die Kohärenz zwischen allen Politikfeldern" (EU-NaS 2006: 6).

Nicht nominelles Wirtschaftswachstum, Wettbewerbsfähigkeit und Exporte stehen im Zentrum, sondern „eine kontinuierliche Verbesserung der Lebensqualität und des Wohlergehens auf unserem Planeten für die heute lebenden und für die künftigen Generationen" (ebd.: 2). Diesem Zweck sind die Förderung einer „dynamische[n] Wirtschaft und Vollbeschäftigung" (ebd.) untergeordnet.

Das mehrdimensionale Nachhaltigkeitsverständnis der EU-Strategie von 2006 erklärt „wirtschaftlichen Wohlstand" neben „Umweltschutz" und „Sozialer Gerechtigkeit und Zusammenhalt" zum dritten Hauptziel, das durch die europäische Politik befördert werden soll, und fügt mit dem vierten Ziel „Unserer internationalen Verantwortung nachkommen" (ebd.: 3f.) noch explizit die globale Dimension hinzu. Mit dem Begriff „Wohlstand" wird für die ökonomische Nachhaltigkeitsdimension ein Ziel gewählt, das sowohl anhand monetärer als auch nicht-monetärer Indikatoren gemessen werden kann. Zuvor wurde die „ökonomische Säule" der Nachhaltigkeit mit „wirtschaftlicher Stabilität" bzw. „Wettbewerbsfähigkeit" assoziiert, wie beispielsweise aus der Mitteilung der Kommission vom 20. April 2004 über die Industriepolitik für die erweiterte Union hervorgeht. Der – wenn auch nur graduelle – Wandel vollzog sich in Vorbereitung der erneuerten europäischen Nachhaltigkeitsstrategie bereits im Juni 2005, als die Staats- und Regierungschefs in ihrer „Erklärung über die Leitprinzipien der Nachhaltigen Entwicklung" die vier oben genannten Hauptziele festlegten, womit „Wohlstand" als Ziel in die Nachhaltigkeitsstrategie integriert wurde.[137] Zwar muss mit der Zielsetzung Wohlstand nicht zwangsläufig ein Wandel im ökonomischen Verständnis einhergehen. Ist doch Wohlstand die Zielkategorie der modernen Wirtschaftstheorie seit Adam Smith (1776) – nicht zu reden von kapitalistischen (und damit profitmaximierenden) Unternehmen und (expandierenden) Märkten als seinen Entstehungsorten. Dennoch und gerade vor dem Hintergrund der Absicht, Anknüpfungspunkte, Schnittstellen und Bausteine für eine emanzipatorisch-kritische Nachhaltigkeitskonzeption zu identifizieren, kann festgehalten werden, dass der Europäische Rat in der erneuerten europäischen Nachhaltigkeitsstrategie Wohlstand nicht (ausschließlich) als Güterwohlstand definiert, der durch die Steigerung der Produktivkräfte der Erwerbsarbeit vermehrt wird. Als ein Indiz dafür kann der Vorschlag gewertet werden, Nichterwerbsarbeit (die – und das erkennt der Europäische Rat an – einen Beitrag zum gesamtgesellschaftlichen Wohlstand in einem weiten Sinne leistet) in die volkswirtschaftliche Gesamtrechnung aufzunehmen (vgl. EU-NaS 2006: 23 sowie im Folgenden den Abschnitt (d)).

Um die Lebensqualität für alle zu verbessern und Wohlstand zu erreichen, sei, so die Ausführungen in der erneuerten europäischen Nachhaltigkeitsstrategie, die „Förderung einer blühenden, innovationsfreudigen, wissensstarken, wettbewerbsfähigen und ökologisch effizienten Wirtschaft" (ebd.: 4) nötig, „die in der gesamten Europäischen Union einen hohen Lebensstandard, Vollbeschäftigung und eine hohe Qualität der Arbeitsplätze gewährleistet" (ebd.). Die Forderung nach Wettbewerbsfähigkeit steht mitten in dieser Aufzählung, vorher ist sie nicht aufgetaucht; das Gewicht liegt stärker auf Wohlstand als explizit auf Wachstum.

(b) Ökonomisches Handeln wird dabei als Mittel charakterisiert, einen Beitrag zur Verbesserung der Lebensqualität zu erreichen. Gleichzeitig erklärt der Europäische Rat, eine der größten Herausforderungen sei es, die „derzeitigen nicht nachhaltigen Konsum- und Produktionsmuster [...] schrittweise zu ändern" (ebd.: 2). Sollte es sich hier nicht um einen papierinternen, von den politischen Akteuren in Kauf genommenen Widerspruch handeln, so liegt die Interpretation nahe, der Europäische Rat sei bereit anzuerkennen, dass es veränderter Wirtschaftspraktiken und normgebundener ökonomischer Instrumente bedarf, um zu nachhaltigen Transformationen zu gelangen. Allerdings ist die explizite Normbindung von Innovationspolitik auch in der Nachhaltigkeitsstrategie von 2006 wenig ausgeprägt. Zwar fordert der Europäische Rat auf der politischen Ebene

---

137 Vgl. www.consilium.europa.eu/ueDocs/cms_Data/docs/pressData/de/ec/85350.pdf.

„nachhaltige Gemeinschaften [...], die in der Lage sind, die Ressourcen effizient zu bewirtschaften und zu nutzen und das ökologische und soziale Innovationspotenzial der Wirtschaft zu erschließen, wodurch" – und hier wird noch einmal der Charakter des Mittels unterstrichen – „Wohlstand, Umweltschutz und sozialer Zusammenhalt gewährleistet werden" (ebd.: 3).

Doch einen Kriterienkatalog, was besonders nachhaltige Innovationen ausmacht, liefert er nicht mit – mit Ausnahme des durchgängigen Plädoyers für Ressourceneffizienz.

(c) Die Nachhaltigkeitsstrategie von 2006 setzt auf De-Materialisierung. Wirtschaftswachstum wird in der Nachhaltigkeitsstrategie immer im Zusammenhang mit der Forderung nach Entkoppelung vom Ressourcenverbrauch thematisiert (vgl. z. B. ebd.: sowie 10, 12). Explizite Forderungen nach Wirtschaftswachstum finden sich in der Erneuerten Nachhaltigkeitsstrategie nicht. Damit wird aber auch die wichtige Frage ausgeklammert, in welcher Form und in welchen Bereichen Wachstum einen Beitrag zu nachhaltiger Entwicklung leisten kann und in welchen nicht. Zumal Wachstumsorientierung und Wettbewerbsfähigkeit nicht gänzlich aus der Nachhaltigkeitsstrategie, schon gar nicht aus der europäischen Politik, verschwunden sind. Implizit sind sie in der anvisierten, oben zitierten „dynamischen Wirtschaft" enthalten. In der Nachhaltigkeitsstrategie selbst bleibt zwar genau genommen unklar, was mit „dynamischer Wirtschaft" gemeint ist. Der Kok-Bericht definiert jedoch in seiner Bewertung der Lissabon-Strategie, dass sich „wirtschaftliche Dynamik [...] in der Steigerung der Wachstums- und Beschäftigungsquoten" (Kok 2004: 9) manifestiere.

Der Rat für Nachhaltige Entwicklung Deutschland (RNE) hatte in seiner Stellungnahme zum Entwurf der Kommission, den diese im Dezember 2005 vorlegte, angeregt, ein siebtes Schwerpunktthema „Langfristige Wettbewerbsfähigkeit" in die Nachhaltigkeitsstrategie aufzunehmen, um so den Begriff „wissensbasierter Wirtschaftsraum" in seiner sozialen und umweltpolitischen Tragweite konkret ausbuchstabieren zu können (vgl. RNE 2006). Der Geschäftsführer des deutschen Nachhaltigkeitsrates, Manuel Rivera, bedauert, dass es dazu nicht gekommen und somit die Möglichkeit vergeben worden sei, das Verhältnis zwischen Wachstum, Wettbewerbsfähigkeit und Nachhaltigkeit genauer zu bestimmen (vgl. Rivera 2006: 8f.). Stattdessen wird in einem Unterkapitel in drei Abschnitten die „Nutzbarmachung von Synergien zwischen der EU-Strategie für nachhaltige Entwicklung und der Lissabon-Strategie für Beschäftigung und Wachstum" (EU-NaS 2006: 6) gefordert. Noch einmal wird betont, dass die EU-Strategie für nachhaltige Entwicklung „den umfassenden Rahmen" (ebd.) bildet, „innerhalb dessen die Lissabonner Strategie mit ihrer Neuausrichtung auf Wachstum und Beschäftigung als Motor einer dynamischeren Wirtschaft fungiert" (ebd.). Beide Strategien sollen sich „ergänzen" (ebd.), „[b]eide Strategien zielen" nach dem Verständnis des Europäischen Rates

„darauf ab, die erforderlichen strukturellen Änderungen zu unterstützen, die die Volkswirtschaften der Mitgliedstaaten in die Lage versetzen, die Herausforderungen der Globalisierung zu bewältigen, indem gleiche Wettbewerbsbedingungen geschaffen werden, unter denen Dynamik, Innovation und kreatives Unternehmertum unter Wahrung sozialer Gerechtigkeit und einer gesunden Umwelt gedeihen können" (ebd.).

Dieser harmonistischen, die Zielkonflikte ausblendenden Position halten Kritiker_innen zum einen einige der Empfehlungen der Neuausrichtung der Lissabon-Strategie entgegen, die aller Wahrscheinlichkeit nach zu einer Verschärfung von sozialen Asymmetrien und Umweltproblemen, nicht aber zu einer integrierten, abwägenden und vermittelnden Politik führen werden (vgl. Dräger 2005: 25f.). Zum anderen kritisieren sie die derzeitige Praxis der Folgenabschätzung:

„Die größte Gefährdung des Nachhaltigkeitsprozesses kommt aus der Debatte um ‚better regulation' und um das ‚Impact Assessment'. [...] Bei genauer Betrachtung hat aber der Lissabon-Prozess mit dem sogenannten Impact Assessment ein zum Teil effektives Instrument, um die unter die Nachhaltigkeitsagenda fallenden Politiken und Maßnahmen zu kontrollieren. Bisherige Untersuchungen zeigen, dass die EU-Gesetzesfolgenabschätzungen Schlagseite haben: Ökonomische Kosten und der Aufwand für die betroffenen Wirtschaftszweige werden bei umweltpolitischen Maßnahmen besonders gründlich untersucht, die Umweltfolgen von sektoralen und wirtschaftspolitischen Maßnahmen werden dagegen vernachlässigt" (Hey 2006: 11).

Diese Kritik spricht nicht gegen die Leitfäden der Europäischen Kommission für ein integriertes Impact Assessment im Allgemeinen, sondern für die Notwendigkeit der Verbesserung der Methode der Folgenabschätzung beispielsweise durch Ex-post-Analysen, die in der erneuerten europäischen Nachhaltigkeitsstrategie vom Rat selbst als Instrumente einer besseren Politikgestaltung angeführt werden (vgl. EU-NaS 2006: 7), um inhaltliche Schieflagen in der Bewertung von Politikinitiativen zu vermeiden. Hochfeld, Schmitt und Wolff (2006: 7) betonen beispielsweise, dass Ex-post-Analysen helfen würden, aufzuzeigen,

„inwieweit Vorabschätzungen der Auswirkungen auf Wettbewerbsfähigkeit überzogen waren und Erfahrungswerte liefern, um einer systematischen Überschätzung von Kosten entgegenzutreten. Mögliche Kosten politischen Nicht-Handelns gilt es ebenso systematisch in Folgenabschätzungen zu integrieren wie den mittel- und langfristigen ökonomischen Nutzen einer Politikinitiative – dies beinhaltet Gewinne an Effizienz und Arbeitssicherheit, Innovationen, First Mover-Vorteile etc. ebenso wie sinkende Gesundheitskosten als externer Nutzen" (ebd.).

(d) Wenn in der erneuerten europäischen Nachhaltigkeitsstrategie gefordert wird,

„[D]ie Mitgliedstaaten sollten als Beitrag zu den EU-Zielen Beschäftigungssteigerung und Umweltschutz weitere Schritte erwägen, um die Steuerlast vom Faktor Arbeit auf die Faktoren Ressourcen- und Energieverbrauch und/oder Umweltverschmutzung kosteneffizient zu verlagern" (EU-NaS 2006: 24),

dann ist mit dem Faktor Arbeit Erwerbsarbeit gemeint. Doch auch wenn in der Nachhaltigkeitsstrategie von 2006 der Fokus auf Erwerbsarbeit gerichtet bleibt, so unterscheidet sich dies von dem engen Ökonomie- und Arbeitsverständnis, das in den Göteborger Schlussfolgerungen von 2001 (stärker) identifizierbar ist. Denn Erwerbsarbeit wird in der erneuerten europäischen Nachhaltigkeitsstrategie (auch) als Mittel der gesellschaftlichen Teilhabe verstanden. Die Betonung liegt dabei auf „qualitativ hochwertige[n] Arbeitsplätzen" (ebd.: 4, vgl. auch 6, 22), die auch weiblichen und älteren Arbeitnehmer_innen und Migrant_innen zugänglich sein sollen (vgl. ebd.: 17). Ebenfalls fordert der Europäische Rat, „die Teilhabe von Menschen mit Behinderung am Arbeitsmarkt" (ebd.: 18) zu verbessern. Gleichzeitig sollen die „negativen Auswirkungen der Globalisierung auf Arbeitnehmer und ihre Familien" (ebd.: 17) verringert werden. Damit wird einerseits anerkannt, dass die bisherigen Globalisierungsprozessen zu sozialen Verwerfungen auf Seiten der Arbeitnehmer_innen geführt haben. Andererseits lässt sich gleichzeitig anhand der Formulierung „Arbeitnehmer und ihre Familien" die alte, patriarchal geprägte Vorstellung des Familienernährer-Modells samt Hausfrau und/oder Zuverdienerin identifizieren und kritisieren, dass das Arbeitsverständnis der Nachhaltigkeitsstrategie auch 2006 nicht von seinen vergeschlechtlichten Zuweisungen befreit ist. Dennoch gibt es (wie oben schon erwähnt) einen Ansatzpunkt in der erneuerten europäischen Nachhaltigkeitsstrategie, der eine erweiterte Betrachtung von Ökonomie und Arbeit für den Nachfolgeprozess befördern könnte. Unter der Überschrift „Forschung und Entwicklung" findet sich in Abschnitt 20 der Vorschlag, dass

> „[f]ür ein besseres Verständnis der Zusammenhänge zwischen den drei Dimensionen der nachhaltigen Entwicklung [...] das Kernstück der Volkswirtschaftlichen Gesamtrechnung ausgeweitet werden [könnte], indem u. a. [...] *Nichterwerbsarbeit* integriert [wird]" (EU-NaS 2006: 23; Herv. D. G.).

Die vielfältigen unbezahlten Sorgearbeiten sichtbar zu machen, sie in ihrer gesellschaftlichen Bedeutung anzuerkennen und in das makroökonomische Denken als Grundvoraussetzung des Wirtschaftens konzeptionell zu integrieren, waren zentrale Forderungen der Genderexpertisen, die im Konsultationsprozess, auf den ich im folgenden Abschnitt genauer eingehe, abgegeben wurden (vgl. AG Frauen im Forum Umwelt & Entwicklung/genanet/WECF 2006 sowie Paust-Lassen 2006). Mit dem obigen Vorschlag ist eine Möglichkeit eröffnet, vorliegende und künftige Erkenntnisse der Frauen- und Genderforschung in die theoretische wie praktische Ausgestaltung der europäischen Nachhaltigkeitsstrategie einzubeziehen.

3.3 Politikverständnis

Im Folgenden wird das Politikverständnis der beiden europäischen Nachhaltigkeitsstrategien ebenfalls vergleichend dargestellt, wobei der Schwerpunkt der Analyse auf der Nachhaltigkeitsstrategie von 2006 liegt.

Während die europäische Nachhaltigkeitsstrategie von 2001 als komplementärer Ansatz konzeptionalisiert ist, lässt sich die erneuerte europäische Nachhaltigkeitsstrategie von 2006 als integrierter Ansatz charakterisieren (a). Diese integrative Politikstrategie der Erneuerten Strategie zielt dabei sowohl auf eine inhaltliche wie auf eine prozessuale Integration (b). Für die geforderte „bessere Politikgestaltung" (EU-NaS 2006: 6) sollen alte Politikformen (wie das Subsidiaritätsprinzip) mit neuen Politikformen (wie den Multi-Stakeholder-Partnerschaften) verbunden werden (c). Der favorisierte (Global-)Governance-Ansatz einer „konstruktiven Politik" (Weiland 2007: 15) erweitert das Staatsverständnis: Der Staat wird sowohl als autoritäre, als kooperative und kooperierende als auch als verhandelnde Instanz verstanden (d).[138]

(a) Als eine der wichtigsten Herausforderungen, die einer nachhaltigen Entwicklung entgegenstehen, wird in der erneuerten europäischen Nachhaltigkeitsstrategie 2006 der derzeit „nicht integrierte Ansatz bei der Politikgestaltung" genannt, den es „schrittweise zu ändern" gelte (EU-NaS 2006: 2). Dieser Bestandsaufnahme entsprechend hat der Europäische Rat das Prinzip der „Integration der Politikfelder" (ebd.: 5) in die Liste der Leitprinzipien einer Politik für nachhaltige Entwicklung aufgenommen und „die Förderung einer *integrierten Betrachtung* wirtschaftlicher, sozialer und ökologischer Belange" (ebd.; Herv. D. G.) beschlossen, „so dass sie miteinander in Einklang stehen und sich gegenseitig verstärken" (ebd.).

Der Gedanke, dass Wirtschafts-, Sozial- und Umweltpolitik so zu gestalten sind, „dass sie sich gegenseitig *verstärken*" (ER Göteborg 2001: 4; Herv. D. G.), findet sich in der identischen Formulierung auch schon in der europäischen Nachhaltigkeitsstrategie von 2001. Nicht benutzt wird hingegen in der Göteborger Nachhaltigkeitsstrategie der Begriff der integrierten Politik bzw. eines integrativen Ansatzes. Im Dokument wird lediglich von *verbesserter Koordinierung* gesprochen:

> „Die EU-Strategie für nachhaltige Entwicklung beruht auf dem Grundsatz, dass die wirtschaftlichen, sozialen und ökologischen Auswirkungen aller Politikbereiche *in koordinierter Weise* geprüft und bei der Beschlussfassung berücksichtigt werden sollten" (ebd.; Herv. D. G.).

Diese sprachliche Nuancierung in dem politischen Konsenspapier ist kein semantischer Zufall, sondern muss als Ergebnis von vorausgegangenen Verhandlungen gewertet werden. D. h., die europäische Nachhaltigkeitsstrategie von 2001 ist eher als ein *komplementärer Ansatz* konzipiert (vgl. dazu auch Klasing/Meyer-Ohlendorf/von Hohmeyer 2004: 75), während sich die erneuerte europäische Nachhaltigkeitsstrategie (zumindest) auf der programmatischen Ebene als *integrierter Ansatz* identifizieren lässt. In ihr sollen die verschiedenen Nachhalti-

---

138 Auch in Abschnitt (b) sind Ausführungen zum Staatsverständnis enthalten.

keitsdimensionen gleichberechtigt, gleichgewichtig und im „Einklang" miteinander berücksichtigt werden, um die aktuelle und zukünftige „Lebensqualität" für Menschen in (und auch außerhalb von) Europa zu verbessern.

> „Das Gesamtziel der neuen EU-Strategie für nachhaltige Entwicklung besteht darin, Maßnahmen zu ermitteln und auszugestalten, die die EU in die Lage versetzen, eine kontinuierliche Verbesserung der Lebensqualität sowohl der heutigen als auch künftiger Generationen zu erreichen" (EU-NaS 2006: 3).

(b) Der Ansatz einer integrativen Politikstrategie ist in der erneuerten europäischen Nachhaltigkeitsstrategie – genau wie im Brundtland-Bericht und in der Agenda 21 – ein doppelter: Neben der inhaltlichen Integration, die die verschiedensten Aspekte des gesamtgesellschaftlichen Wandels in seinen Wechselbeziehungen thematisiert, geht es auch um die prozessuale Integration, um die Öffnung politischer Entscheidungsprozesse auf allen Ebenen für neue Akteure (vgl. dazu auch Weiland 2007: 15). Als Leitprinzipien der Politik in der Erneuerten Nachhaltigkeitsstrategie weist der Europäische Rat entsprechend die „Beteiligung der Bürgerinnen und Bürger" sowie die „Beteiligung der Unternehmen und Sozialpartner" (EU-NaS 2006: 5) aus.

Auf der einen Seite wird Nachhaltigkeit also verstanden als Aufgabe sowohl der in der EU zusammengeschlossen Nationalstaaten als auch der EU selbst als supranationaler Institution. Dabei wird das „Bekenntnis" zu nachhaltiger Entwicklung in der erneuerten Nachhaltigkeitsstrategie eingebettet in die Tradition europäischer Werthaltungen. In den Worten des Europäischen Rates baut nachhaltige Entwicklung „auf den Grundsätzen der Demokratie, der Gleichstellung der Geschlechter, der Solidarität, der Rechtsstaatlichkeit und der Achtung der Grundrechte, wozu Freiheit und Chancengleichheit gehören, auf" (EU-NaS 2006: 2). Auf der anderen Seite wird der Weg, Europa nachhaltiger zu gestalten, nicht als Aufgabe gesehen, die die Mitgliedstaaten bzw. der Europäische Rat/die Europäische Kommission allein bewältigen, ausschließlich ‚von oben' verordnen bzw. nur mit dem spezifisch staatlichen Mittel des Rechts erfüllen könnten. Das Staatsverständnis, das beiden Nachhaltigkeitsstrategien zugrunde liegt, ist damit weder auf eine laissez-faire-Politik ausgerichtet, die Individuen und Unternehmen die Aufgabe zuteilt, die Probleme ausschließlich eigenverantwortlich bzw. über den Markt zu lösen,[139] noch unterstellt es den Staat bzw. die in der EU zusammengeschlossenen Staaten als alleinige politikgestaltende Akteure. Vielmehr schließt dieses Staatsverständnis an die Vorstellungen von Global Governance an,

---

139 D. h. nicht, dass es in der Erneuerten Nachhaltigkeitsstrategie keine Forderungen nach Eigenverantwortung und markt- bzw. unternehmenspolitischen Antworten gibt. „Die EU begrüßt Initiativen der Zivilgesellschaft, die auf die Schaffung von mehr Eigenverantwortung für nachhaltige Entwicklung abzielen, und wird daher den Dialog mit den einschlägigen Organisationen und Plattformen intensivieren, die wertvolle Beratung bieten können, indem sie auf die wahrscheinlichen Auswirkungen derzeitiger Politiken auf künftige Generationen aufmerksam machen" (EU-NaS 2006: 26).

die in den letzten zwei Jahrzehnten entwickelt worden sind, und verbindet alte mit neuen Politikformen.

(c) So soll die geforderte „bessere Politikgestaltung" (EU-NaS 2006: 6) der Erneuerten Nachhaltigkeitsstrategie auch das alte Subsidiaritätsprinzip stärken – entsprechend sieht der Europäische Rat insbesondere vor, lokale Nachhaltigkeitsprozesse (wie etwa die Lokalen Agenda 21-Prozesse) zu stabilisieren und auszubauen (vgl. ebd.: 25). Der Rat plädiert gleichzeitig für eine kohärentere Politik im Mehrebenensystem durch Zusammenarbeit und gegenseitige Unterstützung aller Regierungsebenen (vgl. ebd.).

Zu dem neuen „approach to policy-making" (Presidency Conclusion, zit. n. EC 2002: 9), den der Europäische Rat mit der Göteborger Nachhaltigkeitsstrategie zu etablieren versucht, gehören die Multi-Stakeholder-Partnerschaften, wie sie vor allem in Johannesburg 2002 auf dem Weltgipfel für nachhaltige Entwicklung (WSSD) ins Leben gerufen wurden (siehe dazu auch B.I.5). In der Betonung der „gemeinsame[n] Verantwortung zur Erreichung nachhaltiger Produktions- und Konsummuster" (EU-NaS 2006: 5) fordert der Europäische Rat die stärkere Intensivierung des sozialen Dialogs mit den Unternehmen und plädiert für den Ausbau der öffentlich-privaten Partnerschaften.

(d) Der Gedanke, nichtstaatliche Akteure aus dem Privatsektor der Wirtschaft und der Zivilgesellschaft einzubeziehen, um in Kooperation mit allen gesellschaftlichen Akteuren den nicht nachhaltigen Prozessen zu begegnen, ist nach Weiland als „ein konstruktives Politikverständnis" zu charakterisieren (Weiland 2007: 15). Wie aber bereits in der Analyse des Politikverständnisses der Agenda 21 (siehe B.I.2) problematisiert wurde, ist es für ein auf Kooperation und Konsens gerichtetes Politikverständnis (bisher noch) kennzeichnend, dass die Machtfrage zwischen den einzelnen beteiligten Akteuren in der Regel nicht gestellt wird. Alle seien für nachhaltige Entwicklung verantwortlich, alle gewännen davon, dass durch die Institutionalisierung von Konsultationsprozessen, wie es beide europäischen Nachhaltigkeitsstrategien vorsehen, Räume für einen Ausgleich konkurrierender Wertvorstellungen geschaffen würden. Als entscheidend dafür werden vor allem Informations-, Sensibilisierungs- und Kommunikationsarbeit angesehen. Diese Position, die im Grunde das Selbstverständnis liberaler Demokratien zusammenfasst, lässt sich aus den folgenden Ausführungen im Kapitel „Kommunikation, Mobilisierung von Akteuren und Multiplikationseffekte" gewinnen:

> „Die Kommission wird den Aspekt der nachhaltigen Entwicklung in ihre Informations-, Sensibilisierungs- und Kommunikationsarbeit einbeziehen und auch weiterhin, zusammen mit den anderen EU-Institutionen, Veranstaltungen und Zusammenkünfte für Interessengruppen zu den einzelnen Bereichen der Strategie organisieren, um neue Ideen publik zu machen und bewährte Verfahren auszutauschen. [...]

3. Die europäischen Nachhaltigkeitsstrategien von 2001 und 2006

Die Kommission sollte eine konkrete und realistische Vision der EU auf ihrem Weg hin zu einer nachhaltigen Entwicklung für die kommenden 50 Jahre erarbeiten. Diese Vision sollte unter Einbeziehung aller Interessengruppen erstellt werden und die wichtigsten langfristigen Ziele ermitteln sowie die Zwischenstufen und Schritte zu ihrer Verwirklichung beschreiben" (EU-NaS 2006: 25).

Neben die Vorstellung von „kooperierender" Politik tritt ein Verständnis von „verhandelnder" Politik – beiden Auffassungen ist gemein, dass sie ein autoritäres Politikverständnis ersetzen (vgl. Offe 2003: 12). Ein Blick auf die Interessengruppen offenbart jedoch die Heterogenität. Der verhandelnde Staat verkehrt

> „mit gesellschaftlichen Kollektivakteuren auf ‚gleicher Augenhöhe' [...] und [wertet] diese damit bei der Produktion kollektiv bindender Entscheidungen zu faktischen Teilnehmern, wenn nicht ihrerseits zu Befehlsgebern und Veto-Akteuren auf [...]" (ebd.).

Zum einen wirft die Eröffnung solcherart Einflussnahme durch mächtige Kollektivakteure Legitimationsprobleme auf. Entscheidungsprozesse sind vielfach nicht mehr transparent für die Bevölkerung, die jedoch von den Entscheidungen betroffen ist. Auch die Auswahl der Akteure führt zu Fragen, die die Legitmation betreffen.

3.4 Gerechtigkeitsverständnis

Beide europäischen Nachhaltigkeitsstrategien beziehen sich auf die Definition des Brundtland-Berichts, der Nachhaltigkeit als Verbindung von inter- und intragenerativer Gerechtigkeit beschreibt, konkretisieren diesen Gerechtigkeitsgedanken jedoch unterschiedlich (a). In der Strategie von 2006 macht der Europäische Rat den Begriff der „Solidarität – innerhalb und zwischen den Generationen" ausdrücklich zum „Leitprinzip von Politik" (EU-NaS 2006: 4) (b). Auch Bezüge zur Geschlechtergerechtigkeit finden sich nur in der erneuerten europäischen Nachhaltigkeitsstrategie von 2006 (c).

(a) Sowohl in der EU-Nachhaltigkeitsstrategie von 2001 als auch in der erneuerten europäischen Nachhaltigkeitsstrategie von 2006 werden explizit inter- und intragenerative Gerechtigkeit als Inbegriff von Nachhaltigkeit genannt:

> „Nachhaltige Entwicklung, d. h. die Erfüllung der Bedürfnisse der derzeitigen Generation, ohne dadurch die Erfüllung der Bedürfnisse künftiger Generationen zu beeinträchtigen, ist ein grundlegendes Ziel der Verträge" (ER Göteborg 2001: 4).
> „Nachhaltige Entwicklung bedeutet, dass den Bedürfnissen der heutigen Generation dergestalt Rechnung getragen werden sollte, dass die Fähigkeit künftiger Generationen, ihre Bedürfnisse zu befriedigen, nicht gefährdet wird" (EU-NaS 2006: 2).

Dennoch gibt es deutliche Unterschiede zwischen beiden EU-Strategien. Denn die Herstellung des Bezuges zur Definition des Brundtland-Berichts, in der die Gleichwertigkeit und Gleichrangigkeit beider Gerechtigkeitsformen betont wird, geschieht gemäß der von Timpf identifizierten Diskursregeln, auf die ich mich bereits in Teil A bezogen habe:

> „Ist das Ritual der Wiederholung der Grundformel: „Befriedigung der Bedürfnisse der Gegenwart ohne Gefährdung der Bedürfnisbefriedigung zukünftiger Generationen" vollzogen, so ist innerhalb polarisierter Bedeutungen eine Position möglich (Markt – Gerechtigkeit, Natur – Mensch, Wachstum – Entwicklung, Technik (Effizienz) – Lebensweise (Suffizienz), und dies völlig unabhängig davon, ob eine kritische oder zustimmende Position gebildet wird" (Timpf 2003: 433).

Nachhaltigkeit als politikleitendes Konzept wird in der Göteborg-Strategie von 2001 *nicht* an einen Gerechtigkeitsdiskurs gebunden oder in ihn eingebunden. Nicht ein einziges Mal taucht der Begriff Gerechtigkeit – nach der ritualisierten Nennung zu Beginn – in den folgenden Abschnitten wieder auf. Der Europäische Rat argumentiert gerade nicht – wie die Vielzahl[140] derjenigen, die Nachhaltigkeit als doppeltes Gerechtigkeitskonzept begreifen –, dass die räumliche und zeitliche Entgrenzung wirtschaftlicher und sozialer Interaktionen in einer zunehmend globalisierten Welt eine entsprechende räumliche und zeitliche Erweiterung von Ethik in Form von globaler Gerechtigkeit und Generationengerechtigkeit notwendig mache. Der Rat argumentiert nicht, dass bereits jetzt Umweltbelastungen sozial ungleich verteilt seien und dass die massiven, zum Teil nicht umkehrbaren Eingriffe in die Natur die Lebenschancen zukünftiger Generationen zu einer abhängigen Variable der gegenwärtigen Lebens- und Wirtschaftsweise machten, der die heutige Politik Rechnung tragen müsse. Die Begründung für eine Ausrichtung an Nachhaltigkeit orientiert sich ausschließlich an ökonomischen und politischen Nützlichkeitserwägungen, die das Wirtschaftswachstum und den (geo)politischen Einfluss der EU mehren sollen.

Dagegen geht es in der erneuerten europäischen Nachhaltigkeitsstrategie von 2006 um mehr als ein einmaliges Ritual, um mehr als eine „Eintrittskarte" in den Diskurs – wie ich es in Teil A formuliert habe. Inter- und intragenerative Gerechtigkeit werden hier vom Europäischen Rat als konstitutive Bestandteile des eigenen Nachhaltigkeitsverständnisses formuliert. Dieses doppelte Gerechtigkeitsverständnis wird nicht nur mehrfach artikuliert (vgl. etwa die Abschnitte 5, 6, 7, 13). Es erfolgt auch eine Konkretisierung, die eng mit den Idealen der Europäischen Union (u. a. Demokratie, Rechtsstaatlichkeit, Geschlechtergerechtigkeit, Chancengleichheit) verknüpft ist. Die Achtung kultureller Vielfalt gehört dabei ebenso dazu wie Aspekte „einer friedlichen und sicheren Welt" (ebd.).

(b) Der entscheidende und für die Entwicklung des Diskurses um nachhaltige Entwicklung bemerkenswerte Unterschied zur Strategie von 2001 liegt darin, dass der Europäische Rat in der Strategie von 2006 den Begriff der „Solidarität –

---

[140] Die weitere Untersuchung wird zeigen, dass gerade für die feministischen und integrativen Ansätze dieses Verständnis von Nachhaltigkeit konstitutiv ist. Vgl. darüber hinaus exemplarisch die Arbeiten von Vogt (2003: 138ff.) und Ekardt (2005).

innerhalb und zwischen den Generationen" zum „Leitprinzip von Politik" erhebt (EU-NaS 2006: 4). Damit wird der Gerechtigkeitsbegriff des Brundtland-Berichts – den der Solidaritätsbegriff hier gewissermaßen synonym ersetzt – spezifisch kontextualisiert. Denn Solidarität drückt nicht nur ganz allgemein ein Zusammengehörigkeitsgefühl von Individuen oder Gruppen und im weiteren Sinne auch von Staaten aus, die bereit sind, sich wechselseitig (oder auch einseitig) zu unterstützen. Das Solidaritätsprinzip ist untrennbar verbunden sowohl mit der europäischen Arbeiter- und Gewerkschaftsbewegung des 19. Jahrhunderts, die sich gegen soziale Ungleichheit und existenzielle Bedrohungen während der kapitalistischen Industrialisierung zur Wehr setzte, als auch mit Solidaritätsbewegungen, die sich im 20. Jahrhundert gegen sowjetische bzw. realsozialistische Zwangsherrschaft, Ungerechtigkeit und fehlende Rechtsstaatlichkeit richten.[141] Solidarität lässt sich als *Gegenprinzip* zu Konkurrenz und individualisierter Eigenverantwortung verstehen. Sie begreift „Menschen als Teil einer Gemeinschaft" (Göpel 2007: 208) und institutionalisiert den Anspruch, „sich gegen schicksalhafte individuelle Gefährdungen und Einschränkungen von Lebensmöglichkeiten zur Wehr zu setzen" (ebd.). Solidarische Sicherungssysteme helfen, Risiken zu minimieren, indem die Stärkeren für die Schwächeren, die seltener Kranken für die häufiger Kranken und die weniger Armen für die Ärmeren eintreten. Friedhelm Hengsbach (2007: 8) weist darauf hin, dass dieses Solidaritätsprinzip den Interessenausgleich ganz anders regelt als der Markt, der eine „solche asymmetrische Gegenseitigkeit" nicht kennt, „weil er ausschließlich auf Signale der individuellen Kaufkraft und des Leistungsvermögens reagiert" (ebd.).

Mit der Betonung von Solidarität als solcherart alternativer gesellschaftlicher Steuerungsform setzt die erneuerte europäische Nachhaltigkeitsstrategie von 2006 Kontrapunkte zu neoliberaler Politik und zu Entsolidarisierungstendenzen,[142] die in den letzten Jahren auf unterschiedlichste Weise deutlich geworden sind: Die staatsbürgerliche Solidarität wird bekräftigt, sie wird aber gleichzeitig in räumlicher und zeitlicher Hinsicht erweitert. Die Stärkung des Solidaritätsgedankens ist im Kontext der aktuellen Entwicklung zu betrachten. Denn für das Projekt einer politischen Union insbesondere vor dem Hintergrund des Erweiterungsprozesses ist der Solidaritätsgedanke auf EU-Ebene unerlässlich.

---

141 Das bekannteste Beispiel ist sicherlich die Solidarnosc-Bewegung in Polen unter Lech Walesa.
142 Neben wachsendem Rassismus, der Menschen mit Migrationshintergrund, Andersgläubige und Andersfarbige trifft, sind hier Entsolidarisierungen zu nennen, „die", wie Habermas (1998: 808) es formuliert, „sich an Fragen der Umverteilung entzünden" – etwa die Lega Nord, die den ökonomisch reichen Norden Italiens vom Rest des Landes abtrennen will oder die Diskussionen über den Abbau des Solidaritätszuschlages in Deutschland. Insbesondere sind hier aber Kampagnen gemeint, die die sozialen Sicherungssysteme auf den Prüfstand stellen wollen und dabei erkämpfte Errungenschaften des Sozialstaates als zu teuer und auf Dauer nicht mehr finanzierbar infrage stellen, die vor Risiken wie Krankheit und Arbeitslosigkeit schützen bzw. Altersvorsorge garantieren sollen – wie beispielsweise die Kampagnen der Initiative Neue Soziale Marktwirtschaft, die vom Arbeitgeberverband Gesamtmetall gegründet wurde (www.insm.de).

Damit wird in der erneuerten europäischen Nachhaltigkeitsstrategie von 2006 ein Menschenbild zugrunde gelegt, das den Menschen für fähig hält, solidarisch zu handeln, um jetzigen und künftigen Generationen ein menschwürdiges Leben zu ermöglichen. D. h., die Frage, „ob und inwieweit der Mensch überhaupt die Voraussetzungen und Anlagen besitzt, um in einer so komplexen und unüberschaubaren Situation ethisch verantwortlich handeln zu können" (Müller/Reder 2003: XII), wird vom Europäischen Rat implizit positiv beantwortet.

(c) In der europäischen Nachhaltigkeitsstrategie von Göteborg aus dem Jahr 2001, die, wie oben bereits ausgeführt, außer dem ritualisierten Bezug zum Gerechtigkeitsverständnis des Brundtland-Berichts Gerechtigkeit in keiner Weise konzeptualisiert, finden sich dementsprechend auch keine Ausführungen zu Geschlechtergerechtigkeit. Die 14 Abschnitte differenzieren an keiner Stelle nach Geschlecht, adressieren ausschließlich an einer Stelle die „Bürger" und blenden Fragen und Anforderungen der Alltagswelt bis auf den sehr allgemein gehaltenen nachfolgenden Passus völlig aus:

> „Die Europäische Union muss auf die Sorgen der Bürger eingehen, die die Sicherheit und Qualität der Nahrungsmittel, die Verwendung von Chemikalien und Fragen im Zusammenhang mit dem Ausbruch von Infektionskrankheiten und Antibiotikaresistenzen betreffen" (ER Göteborg 2001: 7).

Diese Ausblendung von geschlechterpolitischen Fragen erstaunt angesichts des von der EU forcierten Gender-Mainstreaming-Anspruchs.

In der erneuerten europäischen Nachhaltigkeitsstrategie von 2006 wird der Genderbezug dagegen bereits im ersten Abschnitt hergestellt. Die „Gleichstellung der Geschlechter" wird u. a. zum einen neben den Grundsätzen der Demokratie, der Rechtsstaatlichkeit, der Achtung der Grundrechte (die im Übrigen alle ebenfalls Gleichberechtigungsrechte enthalten) *als Grundlage* für eine nachhaltige Entwicklung gekennzeichnet (EU-NaS 2006: 2). Zum anderen konkretisiert die geforderte Förderung der „Gleichstellung von Männern und Frauen" (ebd.: 4) das Ziel „Soziale Gerechtigkeit und Zusammenhalt". Abgesehen von geschlechtergerechter Sprache und der Forderung, „Bürgerinnen und Bürger an der Entscheidungsfindung" für die Gestaltung einer nachhaltigen Entwicklung stärker als bisher zu beteiligen (ebd.: 5), bleibt die Konkretisierung von Geschlechtergerechtigkeit in den einzelnen Themenbereichen jedoch aus. Anders als beispielsweise in der Agenda 21 ist die Geschlechter-Dimension in der erneuerten europäischen Nachhaltigkeitsstrategie nicht querschnittsorientiert angelegt (vgl. dazu AG Frauen im Forum Umwelt & Entwicklung/genanet/WECF 2006: 21).

4. Die nationale Nachhaltigkeitsstrategie „Perspektiven für Deutschland" von 2002

4.1 Historischer und politischer Kontext

4.1.1 *Entwicklung des politisch-institutionellen Diskurses um Nachhaltigkeit in Deutschland in den 1990er-Jahren*

In Deutschland wurde nachhaltige Entwicklung vorrangig mit Umweltpolitik identifiziert und als solche kommuniziert.[143] Bereits auf der Umschlagseite des vom Bundesumweltministerium 1992 herausgegebenen UN-Aktionsprogramms für das 21. Jahrhundert, der Agenda 21, prangte „Umweltpolitik" als Überschrift in großen Lettern. Und auch die Studie des Umweltbundesamt (UBA) „Nachhaltiges Deutschland" von 1997 war untertitelt mit „Wege zu einer dauerhaft umweltgerechten Entwicklung".

Nicht zuletzt aufgrund der wiederholten Hinweise aus dem kritischen NGO- und Wissenschaftsbereich, alle Dimensionen von Nachhaltigkeit gleichwertig und in ihrer jeweiligen Wechselwirkung zu betrachten, fand seit etwa Mitte der 1990er-Jahre die Anerkennung der Zusammenhänge von ökologischer, sozialer, politischer und ökonomischer Nachhaltigkeit Eingang in die politisch-institutionelle Debatte in Deutschland und in die entsprechenden politischen Absichtserklärungen. Insbesondere nach dem Regierungswechsel 1998 ist unter der rot-grünen Bundesregierung Nachhaltigkeit „zu einem bedeutsamen Referenzpunkt politischer und gesellschaftlicher Rhetorik für eine umfassende Modernisierung von Staat, Wirtschaft und Gesellschaft geworden" (Notz 2003: 423). Doch weder auf der handlungsstrategischen noch auf der inhaltlich-konzeptionellen Ebene ist der Anspruch einer integrierten Perspektive umfassend eingelöst worden.[144] Während nachhaltige Entwicklung in den internationalen Dokumenten als doppeltes Gerechtigkeitskonzept konzipiert wurde, das Antworten auf die Verflechtung der sozialen und ökologischen Krisen geben soll, wurden die ersten Handreichungen zur Operationalisierung von Nachhaltigkeit auf lokaler Ebene diesem Anspruch nicht gerecht. Soziale Nachhaltigkeitsaspekte fielen häufig heraus.[145] Symptoma-

---

143 Diese einseitige Wahrnehmung und Interpretation von nachhaltiger Entwicklung lässt sich nach Joachim Spangenberg tendenziell für Ansätze des globalen Nordens feststellen, während in Ländern des globalen Südens der Entwicklungsaspekt stärker betont wurde/wird (vgl. Spangenberg 2000: 6). Von Anfang an hat es jedoch gleichzeitig Kritik an der Engführung von Nachhaltigkeit auf Umweltpolitik gegeben.
144 Das gilt beispielsweise auch für die Berichte der Enquete-Kommission „Schutz des Menschen und der Umwelt" (1994, 1998), die sich ihrem eigenen Selbstverständnis nach als „integrative" Ansätze verstehen (siehe dazu Diskursstrang B.IV). Vgl. zur Kritik am nicht eingelösten Integrationsanspruch u. a. Jungkeit et al. (2001); Notz (2003).
145 Vgl. exemplarisch das Handbuch „Lokale Agenda 21. Wege zur nachhaltigen Entwicklung in den Kommunen" (BMU/UBA 1998).

tisch in diesem Zusammenhang ist auch, dass bis 2002 Genderaspekte in den für den politisch-institutionellen Nachhaltigkeitsdiskurs relevanten Studien[146] nicht berücksichtigt und feministische Forschungsergebnisse nicht aufgegriffen worden sind (vgl. Jungkeit et al. 2001: 62). Erst im Zuge der Vorbereitungen für den Weltgipfel für nachhaltige Entwicklung (WSSD) in Johannesburg wurde die Rezeptionssperre teilweise durchbrochen: Neben einer vom Umweltbundesamt und dem Bundesumweltministerium gemeinsam erarbeiteten Broschüre (UBA/BMU 2002), die sich explizit mit Nachhaltigkeit und Geschlechtergerechtigkeit im Rio+10-Kontext auseinandersetzt, fand der Hinweis auf die Wichtigkeit von Geschlechtergerechtigkeit auch Eingang in die neue Studie des Umweltbundesamt (UBA 2002). Sabine Hofmeister und Ines Weller weisen jedoch darauf hin, dass auch in diesen beiden Beispielen, die Gender zumindest thematisieren, „die konzeptionelle Seite von Gender, die die Grundannahmen und -begriffe bei der Nachhaltigkeitsdebatte kritisch hinterfragt, kaum Berücksichtigung [findet]" (Hofmeister/Weller 2004: 7; siehe auch Diskursstrang B.III).

4.1.2 Entstehungszusammenhang der deutschen Nachhaltigkeitsstrategie und die Rolle des Nachhaltigkeitsrates

Im April 2002 hat die deutsche Bundesregierung die 230 Seiten starke nationale Nachhaltigkeitsstrategie unter dem Titel „Perspektiven für Deutschland. Unsere Strategie für eine nachhaltige Entwicklung" verabschiedet. Sie wurde durch den neu gebildeten *Staatssekretärsausschuss der Bundesregierung zur Nachhaltigen Entwicklung* erarbeitet. Den Vorsitz dieses auch als Green Cabinet bezeichneten Ausschusses hatte der Staatsminister im Bundeskanzleramt, Hans Martin Bury, inne. Zu den weiteren Mitgliedern des Ausschusses zählten die Staatssekretäre der Ressorts Auswärtiges Amt, Finanzen, Wirtschaft, Verbraucherschutz und Landwirtschaft, Arbeit, Inneres, Verkehr, Umwelt, Bildung/Forschung, Gesundheit, wirtschaftliche Zusammenarbeit und Familie, Senioren, Frauen und Jugend[147] (vgl. Bundesregierung 2002: 55).

Der Forderung der Agenda 21 aus dem Jahr 1992, unter Beteiligung aller gesellschaftlich relevanten Gruppen[148] eine nationale Nachhaltigkeitsstrategie aufzustellen (vgl. BMU 1992a, 8.7: 60), kam die Bundesregierung damit relativ spät

---

146 Etwa die Arbeiten der Enquete-Kommission (1993, 1994, 1997, 1998), UBA (1997). Gleiches gilt auch für die Studie „Zukunftsfähiges Deutschland" (BUND/Misereor 1996), die allerdings nicht im engeren Sinne dem politisch-institutionellen Diskurs zugeordnet werden kann. Eine erwähnenswerte Ausnahme bildet dagegen die explizite Aufnahme von Gender als Analysekategorie in das Rahmenprogramm der Sozial-ökologischen Forschung (vgl. BMBF 2000).
147 Für einen diskursanalytischen Zugang ist die genannte Reihenfolge der Ressorts nicht unerheblich – das BMFSFJ wird an letzter Stelle genannt.
148 Die geforderte Beteiligung aller gesellschaftlich relevanten Akteure beschränkte sich aufgrund der knappen Zeiträume auf zwei recht kurze Dialogphasen (Oktober/November 2001 sowie Februar 2002), in der sich Bürger_innen schriftlich bzw. per Internet zur Strategie äußern konnten. Ergänzt

4. Die nationale Nachhaltigkeitsstrategie „Perspektiven für Deutschland" von 2002 145

nach. Erst im Zuge der Vorbereitungen für die Johannesburg-Konferenz von 2002 setzte Bundeskanzler Gerhard Schröder am 4. April 2001 den *Rat für Nachhaltige Entwicklung* als Beratungsgremium der Bundesregierung ein. Dessen Aufgabe bestand zunächst darin, den eben genannten Staatssekretärsausschuss zu unterstützen und Beiträge für eine zu erarbeitende nationale Strategie zur Nachhaltigkeit zu liefern.

Nachhaltigkeit als „prozedurales Konzept" (Hauff 2003: o. S.) begreifend, war geplant, dass es im Zwei-Jahres-Rhythmus eine Überprüfung in Form eines Fortschrittsberichts zum Stand der Umsetzung einer nachhaltigen Entwicklung in Deutschland geben sollte.[149] Bereits die Überarbeitung der Strategie von 2002 durch die Bundesregierung wurde von einer Dialogphase mit der (Fach-)Öffentlichkeit begleitet (vgl. Bundesregierung 2002, Teil G „Erfolgskontrolle und Weiterentwicklung der Strategie").

Der Nachhaltigkeitsrat selbst wird als „eine neue Form des Dialogs zwischen Bundesregierung und Gesellschaft" (Bundesregierung 2002: 56) beschrieben. Ihm kommt die Aufgabe zu, zum einen die Bundesregierung in nachhaltigkeitsrelevanten Fragen zu beraten. In der Phase der Fortschreibung der Strategie und der Bilanzierung der Implementierungsschritte soll der Nachhaltigkeitsrat zum anderen „ein Forum des Dialogs für die vielfältigen Aktivitäten und Ideen in der Gesellschaft" (ebd.: 55) bilden. Da seine Mitglieder aus den verschiedensten Bereichen[150] kommen, spiegele der Rat „eine breite Vielfalt gesellschaftlicher Akteure" und sei daher in der Lage, „sowohl die Anforderungen aus der Gesellschaft an das politische Handeln für eine nachhaltige Entwicklung zu formulieren, als auch die entwickelten Ziele und Maßnahmen in die Gesellschaft und die Verantwortungsbereiche jedes Einzelnen hineinzutragen" (ebd.: 55f.).

Von feministischer Seite ist die hier unterstellte Repräsentanz kritisiert worden (z. B. genanet 2004: 2; Hofmeister/Weller 2004): Die Vielfalt der Lebens- und Arbeitsbedingungen von Frauen und Männern spiegele sich gerade nicht in der personellen Zusammensetzung des Rates, dem 14 Männer und lediglich drei Frauen angehören. Vielmehr setze sich auch hier das Problem der Unterrepräsen-

---

wurde der Dialog in beiden Phasen durch direkte Konsultationsrunden mit ausgewählten Organisationen und Verbänden (vgl. Bundesregierung 2002: 55ff.).

149 Mittlerweile liegen vier Fortschrittsberichte aus den Jahren 2004, 2006, 2008 und 2012 vor. Ab 2008 wurde ein Vier-Jahres-Rhythmus zur Überprüfung gewählt. Die Fortschrittsberichte sind nicht expliziter Teil meiner Analyse. Es wurde nur punktuell untersucht, ob sich die Stoßrichtung der Berichte ändert oder ob sie im Grunde eine Fortschreibung im wahrsten Sinne des Wortes sind. An einigen Stellen sind diese Stichproben wie im Fall der Schwerpunktsetzung auf die Haushaltskonsolidierung und der Verwendung des Begriffs Generationengerechtigkeit eingeflossen.

150 Zu den Mitgliedern des Rates unter Vorsitz von Volker Hauff, der bereits in der Brundtland-Kommission mitarbeitete, gehören Persönlichkeiten aus den Bereichen Wirtschaft, Umwelt- und Verbraucherschutz, Internationales/Entwicklung, Landwirtschaft, Wissenschaft, Gewerkschaften, Kirchen und Kommunen (vgl. www.nachhaltigkeitsrat.de).

tanz von Frauen in politikberatenden Institutionen[151] fort. Zudem repräsentierten die dem Nachhaltigkeitsrat angehörenden Frauen sogenannte weiche Politikfelder (Verbraucherschutz und Ernährung, Kirchen, Umwelt- und Naturschutz); keines dieser Ressorts wird zudem von ihnen allein vertreten. Damit sei der Nachhaltigkeitsrat als für die Erstellung der nationalen Nachhaltigkeitsstrategie in verschiedener Weise mitverantwortliches Gremium geprägt von einem weitgehend homogenen, männlich dominierten Erfahrungs- und Wertehintergrund (vgl. Hofmeister/Weller 2004: 8).

4.1.3 Kernelemente der deutschen Nachhaltigkeitsstrategie

Anstelle des ‚üblichen', auch von der Enquete-Kommission „Schutz des Menschen und der Umwelt" verwendeten sozial-ökologisch-ökonomischen Nachhaltigkeitsansatzes (Drei-Säulen-Modell) erfolgt die sektor- und dimensionenübergreifende Ausarbeitung des Leitbildes nachhaltiger Entwicklung in der deutschen Nachhaltigkeitsstrategie entlang von „vier Koordinaten" (Rid 2003: 24): Generationengerechtigkeit, Lebensqualität, Sozialer Zusammenhalt und Internationale Verantwortung (vgl. Bundesregierung 2002, Teil B:[152] 5-53). Diese werden in Kapitel B der Nachhaltigkeitsstrategie zunächst inhaltlich eingeführt und in Kapitel D anhand von Zielen und Indikatoren konkretisiert.

Der Anspruch, die verschiedenen Dimensionen der Nachhaltigkeit integrativ zu verbinden, stellt einen substanziellen Entwicklungsschritt im Diskurs dar. Denn trennende „Denkstrukturen, die mit der Nachhaltigkeitsidee eigentlich überwunden werden sollen" (Rid 2003: 23), werden benannt und in der die deutsche Nachhaltigkeitsstrategie begleitenden Öffentlichkeitsarbeit vom Referatsleiter des Kanzleramtes, Urban Rid, kritisiert:

> „Das [Drei-Säulen-Modell; D. G.] führte nicht selten dazu, dass in der politischen Auseinandersetzung je nach Interessenschwerpunkt die ökologische, soziale oder ökonomische Dimension isoliert im Zentrum der Argumentation stand" (ebd.).

Mit der explizit integrativen Konzeption von Nachhaltigkeit soll „das Thema ganz bewusst aus der Öko-Nische" (ebd.: 24) geholt und zu „einem umfassenden Reform- und Modernisierungsansatz" (ebd.) entwickelt werden.

Erklärtes Ziel der nationalen Nachhaltigkeitsstrategie ist es darum, die für die Umsetzung notwendigen konkreten und praktischen Schritte so weit wie möglich aufzuzeigen (vgl. Bundesregierung 2002: 4). Daher folgte die Bundesregierung dem Vorschlag des Nachhaltigkeitsrates, Pilotprojekte[153] für prioritäre Hand-

---

151 Zur Repräsentanz von Frauen in der Politik vgl. die Arbeiten von Hoecker (1998a; 1998b); Hoecker/Fuchs (2004).
152 Die deutsche Nachhaltigkeitsstrategie ist in sieben Kapitel (von A bis G) gegliedert.
153 Bei den Pilotprojekten handelt es sich um 1.) Energie-Contracting bei Bundesliegenschaften, Gebäudesanierung auf Niedrigenergiestandard, 2.) Kommunikationsstrategie für nachhaltiges Verkehrsver-

lungsfelder zu initiieren, um praktische Erfahrungen darüber zu sammeln, mit welchen konkreten Maßnahmen nachhaltige Entwicklung in Deutschland vorangebracht werden kann. Ausgewählt wurden dabei vor allem solche Projekte, bei denen sich erstens „im hohen Maße die Optimierungsaufgabe zwischen ökonomischen, ökologischen und sozialen Belangen" (ebd.) stelle und von denen zweitens „neben dem Schutz der Umwelt Impulse für Wirtschaft und Beschäftigung zu erwarten" seien (ebd.).

4.2 Ökonomieverständnis

Nachhaltige Entwicklung wird in der Nachhaltigkeitsstrategie der Bundesregierung als Modernisierungsansatz verstanden, der Anpassungen an veränderte ökonomische Rahmenbedingungen weltweit ermöglichen soll. Die deutsche Nachhaltigkeitsstrategie weist Querverbindungen zu anderen zeitnah stattfindenden Reformprozessen zum Umbau des Sozialstaates wie der Konsolidierung des Bundeshaushaltes und der Steuerreform auf (a). Die Kontroverse um die Frage nach der Rolle von Wirtschaftswachstum (b) und Effizienz (c) lässt sich auch in der deutschen Nachhaltigkeitsstrategie finden. Allerdings liegt die Betonung innerhalb des Dokumentes anders als bei den internationalen Dokumenten des politisch-institutionellen Diskurses nun nicht mehr vor allem auf Wachstumspolitik, sondern Sparpolitik wird zur ökonomischen Norm politischen Handelns erhoben. Die Brüche, die entstehen, wenn verschiedene Ökonomievorstellungen Eingang in politische Texte finden, zeigen sich in der deutschen Nachhaltigkeitsstrategie insbesondere in der Art und Weise der (Nicht-)Thematisierung der unbezahlten Arbeiten (d).

(a) Den Ausgangspunkt für das Ökonomieverständnis der Nachhaltigkeitsstrategie bildet die bestehende Weltwirtschaftsordnung. Auf die im einleitenden Kapitel A der Nachhaltigkeitsstrategie selbst gestellte Frage, was eine solche Strategie leisten und was sie nicht leisten kann (vgl. Bundesregierung 2002: 4), folgt die Antwort:

> „Sie soll die wichtigen Trends in Wirtschaft und Gesellschaft aufzeigen und auf dieser Grundlage die für unser Land notwendigen Weichenstellungen deutlich machen, das Leitbild einer nachhaltigen Entwicklung entwerfen und Ziele festlegen" (ebd.).

Die angesprochenen „wichtigen Trends in Wirtschaft und Gesellschaft" stellen somit den Rahmen dar, *innerhalb dessen* nach Weichenstellungen für Nachhaltigkeit gesucht wird. Nachhaltigkeit als umfassender „Reform- und Modernisierungsansatz" (Rid 2003: 24) soll dazu beitragen, „den durch die Globalisierung ausgelösten Strukturwandel wirtschaftlich erfolgreich und umweltverträglich zu

---

halten sowie um 3.) die Kampagne: Zukunft gestalten durch Verbraucherverhalten, Welthunger bekämpfen mit nachhaltiger, standortgerechter Landnutzung (vgl. Hauff 2003).

gestalten" (ebd.: 23). Mit der Nachhaltigkeitsstrategie wird keine substanzielle Kritik am neoliberal geprägten Strukturwandel vorgelegt, der Wandel selbst bleibt weitestgehend unhinterfragt. Damit vollzieht sich in der Übersetzung von der internationalen zur nationalen Ebene eine für die Ausrichtung des Diskurses relevante Veränderung in den ökonomischen Nachhaltigkeitsvorstellungen: Neben die Frage, wie die Bundesrepublik Deutschland wirtschaften müsste, um den sozialen und ökologischen Krisen zu begegnen – eine Frage, die die internationale Dokumente prägte (unabhängig davon, welche Handlungsanleitungen daraus folgten) –, tritt ein Verständnis, das nachhaltige Entwicklung als *Anpassungsstrategie* an den Kontext ökonomischen Handelns in Deutschland und weltweit konzipiert.

Bereits auf der ersten Seite der Nachhaltigkeitsstrategie offenbart sich die das Dokument prägende wirtschafts- und finanzpolitische Stoßrichtung:

> „Die Bundesregierung hat Nachhaltigkeit als Querschnittsaufgabe erkannt und macht sie zu einem Grundprinzip ihrer Politik. Die wichtigsten Reformprojekte dieser Legislaturperiode orientieren sich daran. *Grundlage ist die Konsolidierung des Bundeshaushaltes*: Mit dem Ziel, die Neuverschuldung bis zum Jahre 2006 auf Null [sic] zu senken, schaffen wir finanzpolitische Stabilität und geben den nachfolgenden Generationen ihre Entscheidungs- und Gestaltungsfreiheit zurück. Mit der *Steuerreform* und den beiden Gesetzen zur Familienförderung entlasten wir Familien und Arbeitnehmer und bieten den Unternehmen mehr Handlungsspielräume. Die ökologische Steuerreform gibt Impulse für die Steigerung der Energieeffizienz und reduziert die Lohnnebenkosten. Die Reform der Altersvorsorge gewichtet die Verantwortung zwischen den Generationen neu, indem sie mit der staatlich geförderten Zusatzvorsorge die *Eigenverantwortung* stärkt. Damit sind die Voraussetzungen dafür geschaffen, die gesetzliche Rentenversicherung auch in Zukunft für die Beitragszahler finanzierbar zu halten" (Bundesregierung 2002: 1f.; Herv. D. G.).

Nachhaltiges Wirtschaften bedeutet im Verständnis der Bundesregierung unter Bundeskanzler Schröder „einen strikten Konsolidierungskurs" (ebd.: 12). Die Verringerung der Staatsschulden wird zur Grundlage und Voraussetzung von Nachhaltigkeit erhoben, um „den nachfolgenden Generationen ihre Entscheidungs- und Gestaltungsfreiheit zurück [zu geben]" (ebd.). Schließlich müsse im Bundeshaushalt 2002 bereits jeder fünfte Euro[154] aus Steuereinnahmen für Zinsen ausgegeben werden (vgl. ebd.: 11).

---

154 Michael Krätke kritisiert die Messung der Zinsausgaben an den Einnahmen aus den reinen Bundessteuern – wie sie auch hier in der Nachhaltigkeitsstrategie vorgenommen wird – als politische „Demagogie" (Krätke 2001: 32). Da die Bundesrepublik Deutschland ein föderativ aufgebautes Finanzsystem habe, in dem nur die Einnahmen einiger weniger Steuern exklusiv „dem Bund" gehören würden (nämlich die Mineralölsteuer, die Tabaksteuer, die Branntweinabgabe, die Versicherungssteuer, die Stromsteuer und die sonstigen speziellen Verbrauchssteuern sowie der ab Anfang 1995 erhobene „Solidaritätszuschlag"), erscheine durch diese Art der Messung der Anteil der Zinsausgaben bzw. der Schuldenberg besonders groß und damit die Notwendigkeit zu sparen alternativlos. „Mit Blick auf den gesamten Staatshaushalt", so Krätke, „sind die entscheidend wichtigen Zinsquoten deutlich niedriger, und sie sind sogar verhältnismäßig stabil geblieben. Das gesamte Ausmaß der öffentlichen Verschuldung aller öffentlichen Haushalte, einschließlich der diversen ‚Sondervermögen' [...] ist weder extrem hoch noch besonders dramatisch gewachsen" (ebd.).

Diese Schwerpunktsetzung findet sich auch zehn Jahre später im vierten Fortschrittsbericht der Bundesregierung (2012a). In der Pressemitteilung zum Erscheinen des Berichts wird betont: „Besonders wichtig ist der Bundesregierung [...] die fiskalische Nachhaltigkeit. Zentrales Ziel ist und bleibt, die öffentlichen Haushalte zu konsolidieren" (Bundesregierung 2012b: o. S.; wortgleich ebenfalls unter Bundesregierung 2015).

In der Tat wird der Spielraum für Ausgaben im Bereich nachhaltiger Entwicklung (etwa für öffentliche Kinderbetreuung, den Ausbau regenerativer Energien, Bildung und Forschung, Gesundheit, Förderung von ökologischem Landbau etc.) desto geringer, je mehr Mittel ein Staat für den Schuldendienst in Form von Zins- und Tilgungsleistungen aufbringen muss. Daher wird das Ziel der Nachhaltigkeitsstrategie, die Schuldenquote zu senken, um Handlungsspielräume zu erhalten bzw. zu schaffen (vgl. Bundesregierung 2002: 103), auf allgemeiner Ebene sowohl von neoliberalen (vgl. z. B. Sinn 2004; Bonin 2001) als auch von kapitalismuskritischen (vgl. z. B. Lang 2003b: 32; Eicker-Wolf et al. 2002: 39) Wissenschaftler_innen geteilt. Ob jedoch die Reduzierung der Defizitquote auf null – wie sie der Indikator 6 der Nachhaltigkeitsstrategie: „Staatsverschuldung" ganz im Sinne des Amsterdamer Stabilitäts- und Wachstumspaktes vorsieht (Bundesregierung 2002: 103) – in der Konsequenz nachhaltig ist, entscheidet sich an den Fragen, *wo* gespart wird (i), ob Sparpolitik *das einzige Mittel* zur Senkung der Staatsverschuldung darstellt (ii) und schließlich, ob die *sozialen und ökologischen Folgen* der Sparpolitik antizipiert werden (iii).

(i) Auf die erste Frage wird in der Nachhaltigkeitsstrategie an dieser Stelle nur eine allgemein gehaltene Antwort gegeben. Die Konsolidierung der Staatsfinanzen sei „eine gesamtstaatliche Aufgabe" (Bundesregierung 2002: 103). Bund, Länder, Gemeinden und Sozialversicherungssysteme müssten „– jeder für sich und gemeinsam – ihren Beitrag zur Sicherung nachhaltiger Staatsfinanzen leisten" (ebd.). Indem jedoch nicht gesagt wird, wo genau gespart werden soll und welcher Sinn dahinter steckt, bekommt der Indikator einen rein instrumentellen Charakter. Er verliert seine Funktion als Nachhaltigkeitsanzeiger, wenn als alleiniges Erfolgskriterium der entkontextualisierte Einspareffekt gilt, nicht aber reflektiert wird, welche Folgen das Sparen zeitigt[155] (siehe dazu auch Abschnitt (iii)).

(ii) Um die oben aufgeworfene zweite Frage nach Sparpolitik als einzigem infrage kommenden Mittel wieder aufzugreifen: Der Abbau von Staatsverschuldung kann auch durch Einnahmeerhöhungen erfolgen. Diese Alternative und/ oder Ergänzung zu Ausgabenkürzungen – etwa in Form von Vorschlägen zu

---

155 Zu den restriktiven Auswirkungen von rigoroser Sparpolitik und der Kritik an ihrer Bagatellisierung vgl. Priewe/Sauer (1999: 401ff.) sowie die detaillierte Analyse von Krätke (2001).

Steuermehreinnahmen (Vermögenssteuer, Finanztransaktionssteuer, Tobin Tax[156] etc.) – findet sich in der Nachhaltigkeitsstrategie nicht. Stattdessen wird sowohl im Unterkapitel zur Bewältigung der Staatsverschuldung (vgl. Bundesregierung 2002: 103f.) als auch an anderen Stellen in der Strategie die „große Steuerreform" als nachhaltiger Erfolg für private Haushalte, Familien und Unternehmen angeführt (vgl. ebd.: 1f., 110, 249). Doch der hier angesprochene Nutzen ist alles andere als gleich zwischen den erwähnten Akteuren[157] verteilt. In ihrem Aufsatz „Haushaltspolitik zu Lasten des Sozialen – durch die Geschlechterbrille gesehen" weist Wiebke Buchholz-Will darauf hin, dass nicht nur die Ausgabenseite, sondern auch die Einnahmenseite des Bundeshaushaltes in den letzten Jahren von sozialen und geschlechterpolitischen Schieflagen geprägt ist:

> „Die aktuellen Steuerentlastungsgesetze bedeuten für den Zeitraum 2002-2005 kumulierte Steuerausfälle in Höhe von 180 Mrd. DM bzw. 92 Mrd. Euro. Die immer größer werdende Schere zwischen steigendem Lohnsteueraufkommen und sinkendem Gewinnsteueraufkommen widerspricht dem Prinzip der Besteuerung nach der wirtschaftlichen Leistungsfähigkeit und verstößt damit gegen den Gerechtigkeitsgrundsatz. Vorrangig profitieren große Kapitalgesellschaften (fördert die Konzentration!) sowie die Bezieher großer Einkommen von den Steuerentlastungen; Niedrigverdiener [die Mehrzahl von ihnen ist weiblich; D. G.] haben wenige oder keine (Sozialhilfeempfänger) Vorteile" (Buchholz-Will 2002: 2).

(iii) Schließlich werden drittens an keiner Stelle in der Nachhaltigkeitsstrategie die sozialen und ökologischen Folgen des Sparens thematisiert. Im Gegenteil: Mit dem Verweis auf Generationengerechtigkeit wird der strikte Konsolidierungskurs gerechtfertigt (vgl. Bundesregierung 2002: 11f.; siehe dazu auch Abschnitt (a) in B.I.4.4). Dabei war bereits kurz nach dem Regierungswechsel 1998 deutliche

---

156 Die Idee der Tobin Tax geht auf den Wirtschafts-Nobelpreisträger James Tobin zurück, der vorschlug, weltweit einheitlich eine Steuer auf alle grenzüberschreitenden Devisentransaktionen zu erheben, um kurzfristige Spekulationen vor allem auf Währungsschwankungen einzudämmen. In einem Interview mit dem SPIEGEL erklärte Tobin: „Die Idee ist ganz simpel: Bei jedem Umtausch von einer Währung in die andere würde eine kleine Steuer fällig, sagen wir von einem halben Prozent des Umsatzes. So schreckt man Spekulanten ab. Denn viele Investoren legen ihr Geld sehr kurzfristig in Währungen an. Wird dieses Geld plötzlich zurückgezogen, müssen die Länder die Zinsen drastisch anheben, damit die Währung attraktiv bleibt. Hohe Zinsen aber sind oft desaströs für die heimische Wirtschaft, wie die Krisen in Mexiko, Südostasien und Russland während der neunziger Jahre gezeigt haben. Meine Steuer würde Notenbanken kleiner Länder Handlungsspielraum zurückgeben und dem Diktat der Finanzmärkte etwas entgegensetzen" (Tobin 2001: 122f.).
Wie ich mit zwei Kolleginnen schon an einem anderen Ort ausgeführt habe (Çağlar/Gottschlich/Habermann 2012: 6) ist die Finanztransaktionssteuer umfassender als die Tobin Tax. Während letztere nur auf die Besteuerung von Devisentransaktionen (also auf den Handel mit Währungen) abzielt, weitet erstere die Besteuerung auf den Handel mit allen Arten von Finanzvermögen wie Aktien, Anleihen, Schatzbriefe, Zertifikate, Derivate etc. aus.

157 Dies ist eines der Beispiele für vermeintliche win-win-Situationen, die die Nachhaltigkeitsstrategie präsentiert – vgl. dazu die vom Gerechtigkeitskriterium losgelösten Vorstellungen des Pareto-Optimums der neoklassischen Ökonomie.

Kritik an der rot-grünen Sozial- und Wirtschaftspolitik formuliert worden.[158] Durch den Wechsel im Amt des Finanzministers von Oskar Lafontaine zu Hans Eichel sei eine Sparpolitik eingeleitet worden, die Sparen „mit drastischen Kürzungen im Sozialbereich und Verschiebungen der Kosten von der Bundes- auf die Länder- und Gemeindeebene gleichsetzt" (Butterwegge 2002: 1) und sich somit zumindest teilweise zulasten der Beschäftigten, Bedürftigen und sozial Benachteiligten vollziehe. Zudem rissen Bemühungen, den Staatshaushalt durch Ausgabenkürzungen zu konsolidieren, neue Löcher in den Etat und bedingten somit ein sogenanntes „Sparparadox": Sinkende Staatsausgaben führten zu geringerer Produktion, höherer Arbeitslosigkeit und zu sinkenden Einkommen, was beim Staat wiederum Einnahmeausfälle bei den Steuern und höhere Sozialabgaben nach sich ziehe (vgl. Eicker-Wolf et al. 2002: 41). Mit dieser Kritik wird das wiederholt angeführte Argument der Generationengerechtigkeit infrage gestellt. Die Folgen einer Sparpolitik gefährdeten nicht nur den Handlungsspielraum der jetzt lebenden Bevölkerung, etwa wenn der Staat nicht mehr ausreichend in die öffentliche Infrastruktur investiere oder wenn die Verfügbarkeit und die Qualität der elementaren öffentlichen Leistungen (wie im Bildungs- und Gesundheitsbereich) abnehmen würde, sondern genau diese langfristig angelegten Investitionen blieben auch für zukünftige Generationen nicht mehr erhalten (vgl. Krätke 2001: 57). Die vielfach bemühte Analogie zur privatwirtschaftlichen Verschuldung wird von Kritiker_innen wie Eicker-Wolf et al. (2002: 39) entsprechend als unzulässig kritisiert, weil von einer Generation zu anderen nicht nur Zahlungsverpflichtungen, sondern auch die jeweiligen Vermögenstitel weitergegeben würden.

(b) Als eines der vier Leitmotive einer nachhaltigen Entwicklung wird in der deutschen Nachhaltigkeitsstrategie „Lebensqualität" und nicht „Wachstum" gewählt. Lebensqualität umfasse „weit mehr als materiellen Wohlstand", so die Ausführungen der Bundesregierung (2002: 109). Zu diesem erweiterten, nicht nur monetären Verständnis von Wohlstand passt, dass im einleitenden Teil A der Strategie, betitelt mit „Von der Idee zur Strategie" der Begriff Wachstum[159] gar nicht vorkommt: Von „wirtschaftlich leistungsfähiger [...] Entwicklung" (ebd.: 1) ist die Rede, von „mehr Handlungsspielräume[n]" für Unternehmen (ebd.: 2), von einer „freiwilligen Vereinbarung mit der Wirtschaft" zur Verminderung von CO^2 (ebd.), von „Einführung des ‚Bio-Siegels'" (ebd.), um für Transparenz beim Einkauf zu sorgen und nachhaltigen Konsum zu unterstützen (ebd.). Analog zur Agenda 21 (BMU 1992a) wird auch in der nationalen Nachhaltigkeitsstrategie bestätigt, dass „unsere Produktions- und Konsummuster, unser Ressourcenver-

---

158 So etwa von Priewe/Sauer (1999); Hengsbach (1999); Brumlik (1999); Eicker-Wolf et al. (2002). Zu einer eher positiven Einschätzung der Sozial- und Wirtschaftspolitik der rot-grünen Koalition vgl. Eichhorst/Zimmermann (2008).

159 In den Fortschrittsberichten ändert sich dies wieder. Im letzten Fortschrittsbericht von 2012 wird vor allem auf grünes Wachstum gesetzt.

brauch unmittelbare Folgen für die globale Verfügbarkeit natürlicher Ressourcen und die Entwicklungsmöglichkeiten anderer Länder" (Bundesregierung 2002: 3) haben. Doch gerade die Industrieländer könnten „mit einer Strategie der nachhaltigen Entwicklung beweisen, dass damit auch eine erfolgreiche wirtschaftliche Entwicklung möglich ist" (ebd.). Nachhaltigkeit im Verständnis der Bundesregierung stellt sich als „Optimierungsaufgabe zwischen ökonomischen, ökologischen und sozialen Belangen" (ebd.: 4) dar. Implizit wird unterstellt, dass eine solche Optimierung möglich ist. Mögliche Zielkonflikte, unterschiedliche, sich widersprechende Rationalitäten oder mit den verschiedenen Belangen verbundene Interessen werden nicht thematisiert. Sie sind aber in der Nachhaltigkeitsstrategie enthalten, wie hier am Beispiel des Ziels „Wirtschaftlicher Wohlstand" illustriert werden soll. Dieses Ziel dient der in Teil D vorgenommenen näheren Bestimmung von „Lebensqualität". Es trägt den Zusatz „Wirtschaftsleistung umwelt- und sozialverträglich steigern" (ebd.: 110). Bereits dieser Zusatz macht deutlich, dass die alte *Orientierung an Wachstum* als Garant von Lebensqualität und Wohlstand nicht aufgegeben wird. Gesellschaftlicher Wohlstand wird mit „steigende[r] Wirtschaftsleistung" gleichgesetzt (ebd.). Der Zusatz „umwelt- und sozialverträglich" verweist allerdings auf die neue Qualität, die dieses Wachstum haben soll. Diese Absichtserklärung wird in den folgenden Erläuterungen des Ziels zwar noch einmal wiederholt – „Wichtig ist daher, dass die Steigerung der Wirtschaftsleistung umwelt- und sozialverträglich erfolgt" (ebd.) – genauer spezifiziert wird sie an dieser Stelle jedoch nicht.

Der Versuch, die alte Wachstumsorientierung und die sozial-ökologische Einhegung derselben zusammenzubringen, wird bei der Betrachtung des dafür ausgewählten Indikators augenscheinlich: „In diesem Sinne strebt die Bundesregierung eine kontinuierliche, *umwelt- und sozialverträgliche Steigerung des Bruttoinlandsproduktes* je Einwohner an" (ebd.; Herv. D. G.). Doch der Indikator „Bruttoinlandsprodukt (BIP)" misst ausschließlich *ökonomische Marktaktivität*. Seine Schwächen zur Wohlstandsbestimmung sind vielfach kritisiert worden: Im BIP werden die Marktpreise aller formellen Tätigkeiten addiert, völlig unabhängig davon, ob diese positive oder negative Wirkungen auf die Lebensqualität haben. Informelle ökonomische Aktivitäten wie Eigenarbeit sowie unbezahlte ‚reproduktive' Arbeit werden ebenso wenig erfasst wie Fragen nach der Verteilung des zur Verfügung stehenden monetären ‚Wohlstands' (vgl. stellvertretend für die Kritik Forum Umwelt & Entwicklung 1997: 12ff.).[160] Die Umwelt- und Sozial-

---

[160] Auch an anderer Stelle bleibt die Nachhaltigkeitsstrategie dem neoliberalen Wachstumsgedanken verhaftet: So sollen auch „die Ärmsten an den Vorteilen wirtschaftlicher Entwicklung und internationaler Vernetzung teilhaben" (Bundesregierung 2002: 10). Statt Fragen einer „gerechten" Umverteilung zu thematisieren, wird das Vergrößern von wirtschaftlichem Wachstum der Verteilungsfrage vorangestellt (vgl. Katz/Mölders 2004).

verträglichkeit des Wachstums kann mit diesem Indikator nicht gemessen werden.

(c) Unter dem inhaltlichen Dach der Generationengerechtigkeit (siehe dazu auch den Abschnitt (a) in B.I.4.4) wird sowohl die aus der Sicht der Bundesregierung notwendige Sparpolitik als fiskalische Nachhaltigkeit konzeptionalisiert als auch für eine Entkopplungsstrategie plädiert. Die angestrebten Wachstumsziele werden entsprechend verknüpft mit der Forderung nach einer Erhöhung der Energie- und Ressourceneffizienz: „Nachhaltige Entwicklung verlangt die Entkopplung des Energie- und Ressourcenverbrauchs vom Wirtschaftswachstum" (Bundesregierung 2002: 10). „Effizienzsteigerung allein" (ebd.), die neben der Haushaltskonsolidierung in den Mittelpunkt der Strategie gerückt wird, sei jedoch „kein Wundermittel" (ebd.). Die rein quantitativ auf die Reduzierung der Ressourcen- bzw. Schadstoffmenge abzielende Strategie müsse ergänzt werden um die Reflexion von Lebensstilen und Konsumverhalten. Die Betonung der Suffizienzstrategien erfolgt jedoch nur auf der Ebene der Privathaushalte (als Konsumeinheiten), nicht auf der Ebene der Produktion. Auch wird in der Nachhaltigkeitsstrategie nicht nach dem Gesamtbezug, der eingeschlagenen Richtung und den qualitativen Aspekten gefragt, wie es Konsistenzstrategien anstreben. Stattdessen wird wiederholt betont, dass sich Effizienz rechnet. „Die gezielt betriebene Effizienzrevolution ist ein Gebot nicht nur der ökologischen, sondern auch der ökonomischen Vernunft" (ebd.) – gerade hinsichtlich der globalen Wettbewerbsfähigkeit. Ressourceneffizienz in Zeiten knapper werdender Güter werde zum „Markenzeichen erfolgreicher Volkswirtschaften" (ebd.). Hinter dem geforderten „Quantensprung" im Effizienzbereich im Energie- und Mobilitätsbereich (ebd.: 9) und den geforderten technischen Maßnahmen verliert sich die postulierte Überwindung intragenerativer Ungerechtigkeit und weiterer „sich krisenhaft zuspitzende(r) Widersprüche des globalen Kapitalismus" (Görg 1996: 178). In der deutschen Nachhaltigkeitsstrategie wird ein Effizienzverständnis vertreten, das Fragen der Verteilung beiseite lässt.

(d) In der Nachhaltigkeitsstrategie wird Wirtschaft (fast) ausschließlich als Erwerbsökonomie verstanden, der Bereich der Versorgungsökonomie und ihr Beitrag zur gesellschaftlichen Reichtumsproduktion bleiben entsprechend nahezu vollständig ausgeklammert. Dort, wo es um ‚ehrenamtliche'[161] Arbeit geht, wird ihre Funktion gerade in der Reparatur der dysfunktionalen Marktökonomie gesehen.[162] Die Nachhaltigkeitsstrategie orientiert sich sowohl in der Beschreibung

---

161 Der Begriff der ‚ehrenamtlichen' Arbeit wird von mir in einfache Anführungstriche gesetzt, weil es im feministischen Diskurs eine kritische Diskussion dazu gibt. Gerade Frauen würden häufig solche zivilgesellschaftlichen Arbeiten leisten, in denen es zwar viel Amt, aber wenig Ehre gäbe. Daher wird bisweilen auch dafür plädiert, ganz auf diesen Begriff zu verzichten.
162 Vgl. dazu u. a. den Schwerpunkt „Demographischen Wandel gestalten" (Bundesregierung 2002: 248ff.), der auf eine verlängerte *Verfügbarkeit* für Arbeitsmarkt und ‚Ehrenamt' von älteren Menschen zielt.

der krisenhaften Ausgangslage als auch bei der Suche nach Lösungen an der ‚männlichen' Normal-Erwerbsbiographie und am „Arbeitnehmer" (Bundesregierung 2002: 2, 12, 22, 33, 120ff., 248ff.) – an keiner Stelle der Nachhaltigkeitsstrategie ist von Arbeitnehmerinnen die Rede, auch die Berufs- und Funktionsbezeichnungen blieben durchgängig auf die männliche Form beschränkt: „Ärzte", „Apotheker", „Patientenvertreter" (ebd.: 26).

Die Verwendung einer Sprache, die nicht geschlechtersensibel ist, korrespondiert mit dem halbierten Blick einerseits auf das, was als Arbeit gilt, nämlich Erwerbsarbeit, und andererseits auf das, was als Problem definiert wird: die „viel zu hohe Arbeitslosigkeit" (ebd.: 34), die über den Strukturwandel in der Wirtschaft und in der Arbeitswelt (vgl. ebd.: 29) noch verstärkt werden und mögliche soziale Konflikte zur Folge haben könnte: „Der Wegfall einfacher industrieller Arbeitsplätze kann oft durch Schaffung neuer Arbeitsplätze in anderen Bereichen nicht ausgeglichen werden. Noch sind soziale Brennpunkte die Ausnahme" (ebd.: 22). Als Lösung (insbesondere zur Bewältigung der Arbeitslosigkeit in Ostdeutschland) identifiziert die Bundesregierung die Konzentration der Wirtschaftsförderung auf „die Industrie und produktionsnahe Dienstleistungen" (ebd.: 34).

Der in der deutschen Nachhaltigkeitsstrategie unterstellte Lebenslauf – bestehend aus Ausbildung, Erwerbsarbeit und ‚Ruhestand' – war nach dem zweiten Weltkrieg immer eher nur für Männer die Regel und wird dies in Zukunft für immer weniger Menschen sein. Zunehmend werden Biographien geprägt sein von einer Mischung aus Erwerbsarbeit und vielen anderen Arbeiten sowie lebensphasenspezifischen Aufgaben. Dennoch reflektiert die Bundesregierung diese Zusammenhänge und Übergänge zwischen den verschiedenen Arbeitsbereichen, zwischen Erwerbsarbeit und Sorgearbeit, die es neu zu gestalten gäbe, nicht. Vor allem Frauen sind schon lange mit dem Problem konfrontiert, dass arbeits- und reformpolitische Konzepte die Zusammenhänge von „Arbeit und Leben" weitgehend ignorieren. Die deutsche Nachhaltigkeitsstrategie reiht sich hier ein (vgl. zur Kritik daran Gottschlich 2004a). Der reduzierte Blick auf Arbeit und die Gestaltung ihrer Rahmenbedingungen muss umso problematischer gewertet werden, als gerade in ökonomischen Krisenzeiten die Last der Überlebenssicherung durch neue Grenzziehungen zwischen öffentlichem und privatem Bereich wächst. In Europa führt(e) der Umbau des Sozialstaates in Folge neoliberal geprägter Politik und seit 2009 im Zuge der ‚Bewältigung' der multiplen Eurokrise zu Kürzungen im Bereich öffentlicher Infrastruktur. Die Folgen beschreiben Claudia von Braunmühl und Uta von Winterfeld (2003) als „doppelte Privatisierung" (ebd.: 22): Zum einen werden Teile der öffentlichen (vorrangig kommunalen) Daseinsvorsorge an privatwirtschaftliche Akteure übergeben, für deren Dienste die Bürger_innen nun als Kund_innen zahlen müssen. Zum anderen werden ehemals vergesellschaftete Aufgaben in die privaten Haushalte und damit an die Versorgungsarbeiter_innen und/oder ins ‚Ehrenamt' (zurück-)verlagert. Sorgende Praktiken sind so vielfach das „letzte sozial-ökologische Netz für nicht nachhaltige Entwicklungen" (Gottschlich/Mölders 2008: 80). Wobei durch Prozesse der doppelten Privatisierung eine Abwärts- und Armutsspirale in Gang gesetzt wird, die geschlechterungerechte, nicht nachhaltige Verhältnisse noch weiter verschärft (vgl. dazu auch Biesecker/von Braunmühl/Wichterich/von Winterfeld 2007).

4.3 Politikverständnis

In der deutschen Nachhaltigkeitsstrategie findet sich einerseits ein partizipatives, partnerschaftliches und dialogorientiertes Politikverständnis (a). Gleichzeitig sieht die Bundesregierung (2002: 55) ihre Rolle im Nachhaltigkeitsprozess vornehmlich als „Impulsgeber" und hebt das Prinzip der Eigenverantwortung zur Bewältigung des Strukturwandels in der Strategie hervor (b). Internationale Verantwortung wird in der Nachhaltigkeitsstrategie nicht nur, aber auch als Wahrung nationaler Interessen in einer globalisierten Welt konzeptualisiert (c).

(a) Im programmatischen Kapitel A „Von der Idee zur Strategie" unterstreicht die Bundesregierung, dass „der Auftrag von Rio Verpflichtung" (Bundesregierung 2002: 2) sei. Eine nationale Nachhaltigkeitsstrategie, wie sie die Agenda 21 von allen Staaten fordert, ist dabei auf breite Partizipation angewiesen:

> „Wir brauchen einen intensiven gesellschaftlichen Dialog darüber, wie wir in Zukunft leben wollen. [...] Für die ganze Gesellschaft eröffnet er die Möglichkeit, einen möglichst breiten Konsens über die notwendigen Weichenstellungen herbeizuführen und das Wort Gemeinwohl neu zu buchstabieren" (ebd.: 3).

Ein solcher Dialog setze „kreative Kräfte für neue Wege" (ebd.) frei, Jung und Alt biete ein „solcher Dialog die Chance, gemeinsam einen neuen Generationenvertrag zu entwickeln" (ebd.). „Gerade in einer offenen und pluralistischen Gesellschaft" müsse „der Konsens über Werte und gesellschaftliche Leitbilder immer wieder neu bestimmt werden" (ebd.: 7). Dies gelte auch und gerade für die Erarbeitung der nationalen Nachhaltigkeitsstrategie. Die Bundesregierung verweist dabei ausdrücklich auf den Entstehungsprozess der Strategie selbst: Sie „wurde [...] durch einen breit angelegten gesellschaftlichen Dialog begleitet, dessen Ergebnisse in dieses Dokument eingeflossenen sind" (ebd.). Über die Erarbeitung der Nachhaltigkeitsstrategie hinaus werde der Dialog gerade auch gebraucht, „wenn es um die Umsetzung der hier festgelegten Ziele und Maßnahmen geht" (ebd.). Sowohl dem Partizipations- und Partnerschaftsgedanken als auch der Beschreibung des Erarbeitungsprozesses der Nachhaltigkeitsstrategie wird ein eigener Teil gewidmet (vgl. ebd., Kapitel C: „Strategie als gesellschaftlicher Prozess": 54ff.). Die wesentlichen Ergebnisse des öffentlichen Dialogs und der Konsultationen (u. a. mit Wissenschafter_innen, Entwicklungshilforganistionen, Kirchenvertreter_innen, Umwelt- und Naturschutzverbänden, Vertreter_innen der Wirtschaft, Gewerkschaften, Verbraucherschützer_innen, Landwirtschaftsverbänden und Kommunen) sind Bestandteil der Nachhaltigkeitsstrategie geworden. Die Bundesregierung macht transparent, ob und wie sie welchen Vorschlägen gefolgt ist und welchen nicht, und stellt Schwerpunkte des Dialogs vor, der via Internet stattgefunden hat (vgl. ebd.: 56ff.).

(b) Die Analyse der Bedeutung des Partizipationsgedankens und der Konsultierung aller relevanten gesellschaftlichen Akteure wirft die Frage nach der Koordination zwischen und von staatlichem und zivilgesellschaftlichem Handeln auf. Die bereits behandelten Dokumente des Nachhaltigkeitsdiskurses sehen zwar die Verantwortlichkeit für nachhaltige Entwicklung auf allen weltpolitischen Ebenen und bei den unterschiedlichsten Akteuren, gleichwohl sind auch in Zeiten der Denationalisierungsprozesse (vgl. Zürn 1992: 490ff.) die *nationalen Ebenen* bzw. die jeweiligen nationalstaatlichen Regierungen von entscheidender Bedeutung. Denn kein anderer politischer Akteur als eine demokratisch gewählte Regierung ist vergleichbar in der Lage bzw. besitzt die Legitimität, „der Politik einen neuen [nachhaltigen; D. G.] Richtungssinn zu geben und verbindliche wie auch sanktionsfähige Eckpunkte für das Handeln gesellschaftlicher Akteure festzulegen" (Linne/Schwarz 2003: 14). Die Bundesregierung (2002: 55) zieht sich in diesem Punkt jedoch auf die Rolle des „Impulsgebers" zurück. Sie ist in einigen Bereichen nicht nur hinter den Forderungen und Vorschlägen des Nachhaltigkeitsrates geblieben (vgl. dazu kritisch Hauff 2003), sondern sie benutzt den Gedanken von Nachhaltigkeit als diskursivem, partizipativ angelegtem gesamtgesellschaftlichem Suchprozess, um das Prinzip „Eigenverantwortung" zu etablieren – auch als Bestandteil der eingangs analysierten Sparmaßnahmen zur Konsolidierung des Haushalts:

> „Die Strategie der Nachhaltigkeit verlangt auch eine kritische Überprüfung der Aufgaben, die von Bund, Ländern und Gemeinden wahrgenommen werden. Wo sollten wir in Zukunft mehr auf die Eigenverantwortung der Betroffenen setzen, wo brauchen Menschen Unterstützung, um den Strukturwandel zu bewältigen? Die Erfahrungen der letzten Jahrzehnte zeigen, dass diese Frage immer wieder neu gestellt und beantwortet werden muss. Staatliche Leistungen dürfen nicht generell als unantastbarer Besitzstand gelten" (Bundesregierung 2002: 12).

Auch an anderer Stelle lässt sich in der nationalen Nachhaltigkeitsstrategie eine ähnliche Argumentation des ‚Förderns und Forderns' als Bestandteil einer übergeordneten Austeritätspolitik finden – etwa wenn betont wird: „Doch staatliche Initiative allein reicht nicht aus. Die Menschen *müssen* in ihren Wohnbezirken auch selbst aktiv werden" (Bundesregierung 2002: 18; Herv. D. G.). Diese Argumentation prägt bereits das „Zukunftsprogramm der Bundesregierung zur Sicherung von Arbeit, Wachstum und sozialer Stabilität" (1999) und die Agenda 2010. So erklärte Bundeskanzler Gerhard Schröder in der Regierungserklärung „Mut zum Frieden und Mut zur Veränderung (Agenda 2010)" am 14. März 2003: „Wir werden Leistungen des Staates kürzen, Eigenverantwortung fördern

4. Die nationale Nachhaltigkeitsstrategie „Perspektiven für Deutschland" von 2002

und mehr Eigenleistung von jedem Einzelnen abfordern müssen" (Schröder, zit. n. Deutscher Bundestag 2003).

Die Entlastung des Staates geht einher mit einer programmatischen Verschiebung der Verantwortung – in diesem Fall für den sozialen Zusammenhalt als Bestandteil einer nachhaltigen Entwicklung – auf alle Bürger_innen und auf zivilgesellschaftliche Akteure ungeachtet vom jeweiligen Macht- und Ressourcenpotenzial (was nicht bedeutet, dass ihre Interessen und Positionen gleichermaßen bei der Erstellung der Nachhaltigkeitsstrategie bzw. in den Fortschrittsberichten berücksichtigt oder kontroverse Standpunkte transparent dargelegt werden):

> „Angesichts des schnellen Strukturwandels in Wirtschaft und Gesellschaft kann der soziale Zusammenhalt nur gewahrt bleiben, wenn jeder an seinem Platz dazu beiträgt, dass niemand ausgegrenzt und auch denjenigen geholfen wird, denen es schwer fällt, sich auf Veränderungen einzustellen. Kirchen und Wohlfahrtsverbände, Schulen und Vereine, Arbeitgeber und Gewerkschaften, letztlich die gesamte Zivilgesellschaft sind hier gefordert. Diese Aufgabe kann nicht allein an den Sozialstaat delegiert werden" (Bundesregierung 2002: 6).

Auch für jene Ansätze, die nicht dem hegemonialen Diskurs zuzurechnen sind, ist nachhaltige Entwicklung ohne eine in sozial-ökologischer Hinsicht engagierte Zivilgesellschaft undenkbar. Um diese zu unterstützen, bedarf es jedoch eines ermöglichenden Staates. Die deutsche Nachhaltigkeitsstrategie dagegen thematisiert weder den politischen Kontext noch die tatsächlichen Hintergründe und Implikationen des „Strukturwandels" (ebd.: 11), stattdessen wird der Maßstab der „notwendigen Flexibilisierung" übernommen, wie Bundeskanzler Schröder (2003) anlässlich der dritten Jahreskonferenz des Nachhaltigkeitsrates ausführte.[163]

(c) In der Nachhaltigkeitsstrategie der Bundesregierung wird zum einen ein klares Bekenntnis zum Multilateralismus (trotz Skepsis an der Leistungsfähigkeit der UN) und zu einer sich ergänzenden und wechselseitigen Mehrebenenpolitik für Nachhaltigkeit abgegeben:

> „Nachhaltigkeitsziele müssen international umgesetzt und abgesichert werden. Sie sind nicht allein durch nationale Anstrengungen zu erreichen – weltweite Zusammenarbeit ist unerlässlich. Auch wenn die Vereinten Nationen für diese Aufgaben noch unzureichend ausgestattet sind, gibt es doch keine Alternative zu diesem universellen Forum der Völker. Deutschland ist bereit, in diesem Rahmen weitere Verantwortung zu übernehmen und sich weiter konsequent für eine Stärkung multilateraler Strukturen einzusetzen" (Bundesregierung 2002: 49).

Als schwierig wird andererseits eingeschätzt, „in der Welthandelsorganisation und in anderen Institutionen" (ebd.: 45), die nicht weiter spezifiziert werden, „Umwelt- und Sozialstandards als Mindeststandards weltweit durchzusetzen"

---

[163] Vgl. dazu auch die Rede des Bundeskanzlers Gerhard Schröder (2003) anlässlich der dritten Jahreskonferenz des Nachhaltigkeitsrates.

(ebd.), da Entwicklungsländer diese als „neue Handelshemmnisse" (ebd.) verstehen würden. Die Verantwortung für die Nichtumsetzung von menschenrechtlichen Standards wird damit bei den Entwicklungsländern verortet, nicht bei den Industrienationen. Stattdessen verweist die Bundesregierung in der Nachhaltigkeitsstrategie auf die „großen Chancen" (ebd.) der Globalisierung und argumentiert damit zumindest teilweise für einen Weg der Durchsetzung von Menschenrechten, der in der Theorie der Internationalen Beziehungen als „Wandel durch Handel" firmiert:

> „[Globalisierung; D. G.] verspricht mehr Wohlstand und Stabilität für alle. Sie eröffnet neue Kommunikationswege und ermöglicht damit mehr Begegnungen von Menschen, mehr Austausch zwischen Kulturen und Völkerverständigung. Globalisierung setzt Zeichen für die Universalität der Menschenrechte" (ebd.).

Für internationale Krisen, Kriege und Konflikte genau wie für Armut und die Zerstörung ökologischer Lebensgrundlagen in anderen Teilen der Welt seien schon aus nationalem Eigeninteresse Strategien der Bewältigung zu suchen, so die Botschaft des Kapitels „National handeln in Verantwortung für die Eine Welt" (ebd.: 42f.). In diesem Kapitel wird betont, dass die deutsche Volkswirtschaft heute in einem so hohen Maße in die Weltwirtschaft eingebunden und vom Export abhängig sei, dass der Verlauf der Weltkonjunktur und ein funktionierender Welthandel wirtschaftliche Entwicklung und Beschäftigung in Deutschland maßgeblich prägen würden (vgl. ebd.: 43) und sich „menschenunwürdige oder krass ungleiche Lebensverhältnisse und Lebenchancen in den Entwicklungsländern auch negativ auf uns auswirken" (ebd.).

4.4 Gerechtigkeitsverständnis

Ausdrücklich wird im ersten Teil der Nachhaltigkeitsstrategie betont, dass „der Nachhaltigkeit ein ethischer Ansatz zugrunde" (Bundesregierung 2002: 43) liegt. Schon auf der ersten Seite der Nachhaltigkeitsstrategie wird die Nachhaltigkeitsdefinition des Brundtland-Berichts zitiert und durch das Textlayout mittels Einrahmung deutlich herausgehoben:

> „Nachhaltige Entwicklung ist eine Entwicklung, die den Bedürfnissen der heutigen Generation entspricht, ohne die Möglichkeit künftiger Generationen zu gefährden, ihre eigenen Bedürfnisse zu befriedigen" (Brundtland-Kommission 1987, zit. n. Bundesregierung 2002: 1).

Die Bundesregierung rekonfiguriert dieses Verständnis in ihren Ausführungen allerdings: Der doppelte und gleichwertige Ansatz von intergenerativer und intragenerativer Gerechtigkeit des Brundtland-Berichts wird in der deutschen Nachhaltigkeitsstrategie über die Einführung des Begriffs Generationengerechtigkeit (a) auf besondere Weise modifiziert. Zentraler Kern dieser Modifizierung ist eine Engführung des Gerechtigkeitsverständnisses auf intergenerative Gerechtigkeit.

4. Die nationale Nachhaltigkeitsstrategie „Perspektiven für Deutschland" von 2002   159

Intragenerative Gerechtigkeit wird zwar als sozialer Zusammenhalt (b) – insbesondere als Geschlechtergerechtigkeit (c) und Chancengleichheit für Menschen mit Migrationshintergrund (d) – konkretisiert, im gesamten Dokument aber dennoch eher in den Hintergrund gedrängt und programmatisch neu und in Abgrenzung zum traditionellen sozialdemokratischen Verständnis von Gerechtigkeit bewertet.

(a) Zunächst fällt auf, dass der Begriff der „Gerechtigkeit" bzw. der Begriff der „sozialen Gerechtigkeit" als Stichwort im Stichwortregister gar nicht vorhanden ist, hingegen der Begriff der „Generationengerechtigkeit" aufgeführt wird. Während im Text nur in fünf Kontexten von (sozialer) Gerechtigkeit die Rede ist – erstens als wiedergegebene Forderung der Gewerkschaften, zweitens als Beschreibung der Werte, an denen sich kirchliche Arbeit orientiert, drittens als Ziel, zu dem vielfältige gesellschaftliche Akteure bereits beitragen, viertens als Voraussetzung für den Frieden, um neue Bedrohungen wie internationalen Terrorismus abzuwenden, und schließlich fünftens als globale Gerechtigkeit, die sich in freien Märkten und der Verbesserung der wirtschaftlichen Chancen für Entwicklungsländer ausdrückt – wird der Begriff der „Generationengerechtigkeit" hingegen 18-mal verwendet.

Generationengerechtigkeit ist das Thema, das die Bundesregierung an die erste Stelle setzt, mit ihm beginnt die Konkretisierung des „Leitbild[es] der nachhaltigen Entwicklung" (Bundesregierung 2002: 5). Erarbeitet werden soll ein Generationenvertrag, dessen Kern aus Konsolidierungspolitik besteht (vgl. ebd.: 5ff.).

Auch zehn Jahre später hält die nunmehr schwarz-gelbe Bundesregierung im vierten Fortschrittsbericht der Nationalen Nachhaltigkeitsstrategie an dieser Rekonfiguration des doppelten Gerechtigkeitsbegriffs des Brundtland-Berichts zu Generationengerechtigkeit fest. Wenngleich in dem nachstehenden Zitat der Gedanke des Brundtland-Berichts paraphrasiert wird – allerdings mit einer Verlagerung von Bedürfnisbefriedigung zu wirtschaftlichem Wohlstand – so ist der Gerechtigkeitsbegriff, der fällt, der der Generationengerechtigkeit:

> „Es liegt in unserer Hand, die Weichen dafür zu stellen, dass die Menschen heute, aber auch im Jahr 2050 in einer Welt leben können, in der wirtschaftlicher Wohlstand für alle einhergeht mit sozialem Zusammenhalt und dem Schutz der natürlichen Lebensgrundlagen – in einer Welt, die sich der *Generationengerechtigkeit* und dem friedlichen Miteinander der Völker verpflichtet fühlt" (Bundesregierung 2012a: 12; Herv. D. G.).

Und auch die Begründungszusammenhänge und damit verwobenen Legitimierungspraktiken sind stabil geblieben, denn auch im vierten Fortschrittsbericht werden Konsolidierungsprozesse durch Verweise auf Generationengerechtigkeit begründet:

> „Dazu gehört vor allem auch das fiskalische Handeln des Staates, denn Generationengerechtigkeit wird neben soliden Sozialversicherungssystemen wesentlich durch einen soli-

den Staatshaushalt geprägt. [...] Zentrales Ziel der Bundesregierung ist und bleibt deshalb, die öffentlichen Haushalte zu konsolidieren (ebd.: 13).

(b) „Gelebte Solidarität und sozialer Zusammenhalt sind elementare Voraussetzungen einer sozial gerechten *und wirtschaftlich erfolgreichen* Gesellschaft" (Bundesregierung 2002: 29; Herv. D. G.). In diesen Satz der deutschen Nachhaltigkeitsstrategie von 2002 sind sowohl das Bekenntnis der sozialdemokratisch geführten deutschen Bundesregierung zu den Werten der sozialdemokratischen Bewegung als auch gleichermaßen die programmatische Neubewertung von sozialer Gerechtigkeit enthalten. In sozialdemokratischer Tradition verkörpert der Begriff der sozialen Gerechtigkeit die angestrebte Überwindung, in jedem Fall zumindest die Reduktion der bestehenden sozialen Ungleichheiten und ökonomischen Unsicherheiten (vgl. Bischoff/Lieber 2001: 1f.). Diese Orientierung findet sich auch in der Nachhaltigkeitsstrategie im Abschnitt zur Konkretisierung der dritten „Konstante" des Leitbildes nachhaltige Entwicklung „Sozialer Zusammenhalt":

> „Armut und sozialer Ausgrenzung so weit wie möglich vorzubeugen, eine Spaltung der Gesellschaft in Gewinner und Verlierer zu verhindern, alle Bevölkerungsschichten an der wirtschaftlichen Entwicklung zu beteiligen und ihre Teilhabe am gesellschaftlichen und politischen Leben zu ermöglichen, diese Elemente kennzeichnen die soziale Dimension der nachhaltigen Entwicklung" (Bundesregierung 2002: 29).[164]

Die programmatische Modifizierung und diskursive Rekonfiguration liegt nun darin, dass die Werte von Gleichheit und Solidarität nicht länger als Selbstzweck angesehen werden, sondern durchaus (auch) in einem instrumentellen Verhältnis zu wirtschaftlichem Erfolg stehen, wie das Eingangszitat deutlich macht. Formen sozialer Ausgrenzung sind aus Sicht der Bundesregierung zu vermeiden, weil sie in einen Konkurrenznachteil umschlagen können.[165] Nur durch sozialen Zusammenhalt lassen sich, so die Argumentation, „die vor uns liegenden Herausforderungen bewältigen" (ebd.), nur „auf dieser Grundlage" kann der „Strukturwandel in der Wirtschaft und der Arbeitswelt aktiv" (ebd.) gestaltet werden. Der im Verständnis der modernen Sozialdemokrat_innen Europas nicht mehr aufzuhaltende Strukturwandel erfordert eine Erneuerung der Sozialdemokratie selbst, eine Strategie des „Dritten Weges" (Giddens 1998), die die Suche nach einer „neuen" und „zeitgemäß[en]" Gerechtigkeitskonzeption (Scholz 2003: o. S.) einschließen müsse. Diese in anderen europäischen Ländern und in Deutschland geführte sozialdemokratische Auseinandersetzung über die historische Neustrukturierung von Wirtschafts- und Sozialpolitik hinterlässt auch Spuren bei der Erstellung der Nachhaltigkeitsstrategie. Die Ähnlichkeiten zu Formulierungen und Ar-

---

164 Ähnlich argumentiert die Bundesregierung mit Blick auf Perspektiven, die gerade jungen Menschen gegeben werden müssen (vgl. Bundesregierung 2002: 34ff.).
165 Bischoff und Lieber (2001) zeigen diesen Wandel des Begriffs der sozialen Gerechtigkeit am Beispiel des SPD Leitantrages „Sicherheit im Wandel" aus dem Jahr 2001.

gumentationen in anderen richtungsweisenden Papieren sind somit alles andere als zufällig:

> „Wirtschaft wie auch Gesellschaft werden ärmer, wenn die Menschen nicht ihre Gleichwertigkeit bestätigt und nicht alle Beschäftigten die gleichen Rechte eingeräumt bekommen, und wenn nicht in ihre Talente investiert wird. Gesellschaftlicher Ausschluss, schlechte Ausbildung, hohe Arbeitslosigkeit, Rassismus und Sexismus sind nicht nur sozial falsch, sondern wirtschaftlich unproduktiv" (Blair 2001: 11).

Der Anspruch, mit dem die SPD 1998 angetreten ist, nämlich „Deutschland fit zu machen für das 21. Jahrhundert",[166] erfordert Anpassungs- und Umbauleistungen, die aus sozialdemokratischer Sicht in der Verbindung von sozialer Gerechtigkeit und wirtschaftlicher Effizienz liegen:

> „Es bedarf [...] einer innovativen Neugestaltung unseres Sozialsystems, die gleichermaßen sozial gerecht und wirtschaftlich effizient ist. [...] Der Strukturwandel geht weiter. Die Aufgabe bleibt: Wir müssen unseren Sozialstaat laufend überprüfen, modernisieren und den Erfordernissen anpassen" (Bundesregierung 2002: 30f.).

(c) Sucht man in der deutschen Nachhaltigkeitsstrategie von 2002 nach dem Begriff Geschlechtergerechtigkeit, so wird man nicht fündig. Dennoch ist die Förderung von Gleichberechtigung als Ziel verankert (vgl. Bundesregierung 2002: 125): Und auch im Kapitel „Nachhaltigkeit gemeinsam gestalten" (ebd., Kapitel C, I.: 54ff.) wird der gleichberechtigten Teilhabe von Männern und Frauen ein kurzes Unterkapitel gewidmet. Bemerkenswert ist, dass als Indikator für Gleichberechtigung der Einkommensunterschied zwischen Frauen und Männern eingeführt wird. Der Missstand der ungleichen Verteilung von Einkommen und Vermögen zwischen den Geschlechtern ist von feministischer Seite genauso wie die mangelnde Repräsentation von Frauen in Führungspositionen in Politik und Wirtschaft oder die ungleiche Verteilung der unbezahlten oder schlecht bezahlten Sorgearbeit wiederholt kritisiert worden. Der Fokus des Indikators Gleichberechtigung (vgl. ebd.: 125f.) liegt jedoch nicht auf einer Kritik der vergeschlechtlichten Arbeitsteilung, sondern auf der Verbesserung der „Bedingungen der Frauenerwerbstätigkeit" (ebd.: 125). Erwerbsarbeit bleibt damit der Maßstab im Gleichberechtigungsstreben. D. h., die Zielsetzung der Bundesregierung beschränkt sich in diesem Zusammenhang auf die aktive Frauenförderung, die eine effektive *Vereinbarung von Familie und Beruf* für Frauen ermöglichen soll (vgl. dazu auch Katz/Mölders 2004: 4). Obwohl auch in die Nachhaltigkeitsstrategie ein Hinweis auf die Verpflichtung der Bundesregierung, „im Sinne des Gender Mainstreaming geschlechtsspezifische Aspekte in allen Fachpolitiken zu berücksichtigen" (Bundesregierung 2002: 84), aufgenommen wurde, zeigen sich die

---

166 Dieses Zitat stammt aus dem Leitantrag des SPD Parteivorstandes für den Parteitag 2001. Es wurde von mir zit. n. Bischoff/Lieber (2001: 1).

Schwierigkeiten dieses top-down-Instruments[167] bereits in der Nachhaltigkeitsstrategie selbst. Denn trotz des Bekenntnisses zu Gender Mainstreaming ist die Kategorie Geschlecht nicht durchgängig in der Nachhaltigkeitsstrategie berücksichtigt worden, die einzelnen Handlungsfelder erscheinen bis auf das Handlungsfeld der Erwerbsarbeit vermeintlich geschlechtsneutral.[168]

(d) „Um den sozialen Zusammenhalt zu stärken", so fordert es die Bundesregierung in der deutschen Nachhaltigkeitsstrategie (2002: 52), soll „sozialer Ausgrenzung soweit wie möglich vorgebeugt" werden. Als Ziel wird u. a. die „Integration ausländischer Mitbürger" (ebd.: 127) bestimmt, als Indikator dafür die Prozentzahl „ausländischer Schulabgänger_innen ohne Hauptschulabschluss" (ebd.) festgelegt. Ähnlich wie beim zuvor analysierten Ziel Gleichberechtigung und der angestrebten Erhöhung der Frauenquote in der Erwerbsarbeit ist auch die Zielbestimmung „Integration ausländischer Mitbürger" (ebd.) nicht ohne ökonomistische und instrumentelle Verzerrung. Denn auch Integration wird in der Nachhaltigkeitsstrategie letztlich bestimmt über den Zugang zum deutschen Arbeitsmarkt, für den die Qualifizierung erreicht werden soll: „Mangelnde Sprachkenntnisse und Defizite bei der beruflichen Qualifizierung sind die wichtigsten Gründe für die hohe Arbeitslosenquote von Ausländern in Deutschland" (ebd.), die damit als ein zentrales Problem identifziert wird.

Frauen, ältere Menschen, ausländische Mitbürger_innen erscheinen in der deutschen Nachhaltigkeitsstrategie als Potenziale, um dem durch den demographischen Wandel verursachten Erwerbsarbeitskräftemangel zu begegnen. Diskutiert werden diese Überlegungen aber nicht unter dem Stichwort Humankapital, sondern unter dem inhaltlich mehrheitsfähigen und Konsens garantierenden Dach des sozialen Zusammenhalts, der Beteiligung und Integration (vgl. ebd.: 120ff.). Diese Prozesse der – im wahrsten Sinne des Wortes – Um*schreibungen*, also neu gewählter Legitimierungskontexte für alte ökonomische Ansinnen, zeigen, dass die Kritik an sozialer Exklusion sich nicht erschöpft in der Forderung nach Inklusion, sondern dass die Frage nach Inklusion immer auch gestellt werden muss als Frage nach „Inklusion in was?".

---

167 In der feministischen Politikwissenschaft ist darauf hingewiesen worden, dass die Umsetzung von Gender Mainstreaming auch immer eine Frage des politischen Drucks ist, der ‚von unten' erzeugt wird, vgl. von Braunmühl/ von Winterfeld (2003); Gottschlich (2003).
168 Vgl. dazu die kritische Analyse aus Genderperspektive u. a. für die Bereiche Klima, Energie, Biodiversität, Bildung, Landwirtschaft, Flächenverbrauch, demographischer Wandel, Entwicklungszusammenarbeit der Nachhaltigkeitsstrategie von genanet (2004).

5. Der Weltgipfel für nachhaltige Entwicklung von 2002: die Johannesburg-Deklaration und der Plan of Implementation

5.1 Historischer und politischer Kontext

Gemessen an der Beteiligung stellte der Weltgipfel für nachhaltige Entwicklung (WSSD) alle bisherigen Weltkonferenzen in den Schatten: Im südafrikanischen Johannesburg trafen sich vom 26. August bis zum 4. September 2002 mehr als 20.000 Teilnehmer_innen aus 191 Ländern, darunter 104 Staats- und Regierungsoberhäupter, ca. 9.000 offizielle Delegierte, 8.000 NGO-Vertreter_innen und 4.000 Journalist_innen. Zahlreiche Unternehmen nutzten die Möglichkeit, ihre Corporate-Social-Responsibility-Aktivitäten vorzustellen und sich als Partner für Nachhaltigkeitsprojekte zu empfehlen (vgl. UN 2002: 175). Abseits des offiziellen Gipfels nahmen Tausende von Menschen an Alternativ- und Parallelveranstaltungen teil (vgl. Martens/Sterk 2002: 3).

Ziel des Weltgipfels war es, zehn Jahre nach Rio die Fortschritte in der Umsetzung der getroffenen UNCED-Vereinbarungen zu überprüfen, dabei effektivere Strategien zur Implementierung der Agenda 21 zu beschließen sowie weitere Bereiche zu identifizieren, in denen zusätzliche Anstrengungen nötig seien, um eine nachhaltige Entwicklung weltweit zu realisieren (vgl. General Assembly 2000b). Johannesburg war als „Implementierungsgipfel" (Martens/Sterk 2002: 4) geplant: Die zentralen UNCED-Dokumente – die Agenda 21 und die Rio-Deklaration – wurden ausdrücklich als Referenzrahmen bekräftigt, gleichzeitig wurde mit Besorgnis ihre unzureichende Umsetzung zum Ausgangspunkt für neue Vereinbarungen gemacht (vgl. General Assembly 2000b). Denn darin, dass bei allen Erfolgen im Kleinen zehn Jahre nach dem Erdgipfel in Rio ein „Kurswechsel" in Richtung Nachhaltigkeit noch nicht geschafft sei, waren sich die meisten staatlichen wie zivilgesellschaftlichen Akteure einig (vgl. z. B. Mbeki 2002; Annan 2003: 4; Hens/Nath 2005: 2ff.).

Zu den wichtigsten Ergebnissen des WSSD gehören die *Johannesburg-Deklaration für nachhaltige Entwicklung*[169] und der *Plan of Implementation of the World Summit on Sustainable Development*.[170] Neben diesen zwischenstaatlichen „Typ 1"-Abkommen wurden zudem erstmals auf einer UN-Konferenz die sogenannten „Typ 2"-Partnerschaften zu den offiziellen Konferenzergebnissen gezählt. Bei diesen handelt es sich um nicht-verhandelte, freiwillige Partnerschaften

---

169 Wenn ich im Folgenden aus der Johannesburg-Deklaration zitiere, gebe ich nicht die Seitenzahl innerhalb des Dokumentes an, da es verschiedene Print- und pdf-Versionen gibt, sondern den konkreten jeweiligen Absatz, auf den ich mich beziehe, um die Nachvollziehbarkeit zu erleichtern. Mit Zitaten aus dem Plan of Implementation verfahre ich ebenso.

170 Auch kurz nur Plan of Implementation, Johannesburg Plan of Implementation bzw. Aktions- oder Umsetzungsplan genannt. Die deutsche amtliche Übersetzung lautet: Durchführungsplan des Weltgipfels für nachhaltige Entwicklung.

zwischen Regierungen, internationalen Organisationen und nichtstaatlichen Akteuren sowohl aus dem Privatsektor als auch aus der Zivilgesellschaft (vgl. Partzsch 2007).

Bei der Beurteilung des WSSD waren es nicht nur diese Partnerschaften, die kontrovers diskutiert wurden. NGO-Vertreter_innen kritisierten zum einen, dass nur wenige neue Ziele mit konkreten Zeitvorgaben verabschiedet wurden.[171] Zum anderen zielte die Kritik auf die Zeitpläne und Zielsetzungen in den ausgewählten Politikfeldern. Sie seien zu ehrgeizig gesetzt, ohne dass ein Zeichen dafür sichtbar sei, woher nach dem Gipfel ein wesentlich neuer Impuls der Entwicklungsdynamik kommen sollte (vgl. Wolff 2003).

Obwohl im Vorfeld von der Generalversammlung der Vereinten Nationen bekräftigt wurde, dass die Inhalte der Agenda 21 und der Rio-Deklaration über Umwelt und Entwicklung nicht zur Disposition stünden und entsprechend nicht erneut verhandelt werden sollten,[172] so wurde doch vor und während der Konferenz sowohl über das *Vorsorgeprinzip* als auch über das *Prinzip der gemeinsamen, aber unterschiedlichen Verantwortung* gestritten.

> „Angesichts der Konflikte bei den umwelt- und entwicklungspolitischen Weltkonferenzen der letzten Jahre, von Kyoto über Doha bis Monterrey, war durchaus zu erwarten, dass in Johannesburg auch die positiven Ergebnisse von Rio [...] unter Beschuss geraten würden. Überraschend war dennoch, mit welcher Vehemenz die ‚Dinosaurierkoalition' der rückwärtsgewandten Kräfte, allen voran die USA, die Axt an die Grundwurzeln des Rio-Prozesses legte" (Martens/Sterk 2002: 5).

Dass gegen Ende des Gipfels die Regierungen in Johannesburg nicht hinter alte Entwicklungsziele zurückfielen und bereits Vereinbartes erneut bestätigten, wurde daher von einigen NGOs schon als Erfolg gefeiert (vgl. stellvertretend Flasbarth 2002). Doch insgesamt überwog die Enttäuschung auf Seiten der zivilgesellschaftlichen Aktivist_innen.[173] Dabei ging es nicht nur um die aus Bewegungssicht wenigen konkreten Ergebnisse, sondern auch um die Konfrontation mit den Grenzen der eigenen Lobbypolitik und der Wahrnehmung der Zersplitterung der

---

171 Im Plan of Implementation finden sich Ziele mit konkreten Zeitvorgaben in folgenden Bereichen: Im Bereich Trinkwasser/sanitäre Grundversorgung soll bis 2015 der Anteil der Weltbevölkerung, die keinen Zugang zu unbedenklichem Trinkwasser bzw. zu sanitärer Grundversorgung, insbesondere zur Abwasserversorgung, besitzt (PoI 2002: Abs. 7 und 8), halbiert werden. Im Bereich Chemikalien soll bis zum Jahr 2020 eine Minimierung der gesundheits- und umweltschädlichen Auswirkungen von Chemikalien erreicht werden (ebd.: Abs. 23). Im Bereich Fischerei sollen bis 2015 die Fischbestände – wenn möglich – auf einem nachhaltig bewirtschaftbaren Level angekommen sein (ebd.: 31).
172 In der Resolution 55/199 der General Assembly vom 5. Februar 2001 heißt es: „Agenda 21 and the Rio Declaration on Environment and Development should *not be renegotiated*".
173 Auf den Greenpeace-Websites zur Johannesburg-Konferenz war bereits unmittelbar nach Ende des Gipfels vom „Scheitern von Rio+10" und der „Unfähigkeit der Regierungen" die Rede (www.archiv. greenpeace.de/wssd/was_laeuft.html). Vandana Shiva sprach in einem Interview mit der Jungen Welt von einem „manipulierten" Gipfel und vom „Ausverkauf" der Nachhaltigkeitsagenda von Rio zugunsten einer „Freihandels- und Globalisierungsagenda" (Junge Welt, 6.9.2002). Die Bundeskoordination Internationalismus (BUKO) hatte bereits vorab NGOs zum Boykott der Johannesburg-Konferenz aufgerufen (siehe B.II.1.1.1).

internationalen zivilgesellschaftlichen Nachhaltigkeitsbewegung(en). „No more shameful summits" lautet entsprechend das Fazit von Teilnehmer_innen aus dem inoffiziellen wie offiziellen Gipfellager, das aus Akteurssicht das Ende einer Ära von UN-Konferenzen markiert – und zwar sowohl mit Blick auf die Inhalte (in denen der neoliberale Gegenwind spürbar sei) als auch auf die politisch-strategische Form (die die Grenzen konkreter Governance-Strukturen und kooperativer Verfahren zeige) (vgl. u. a. Cramer 2002; Martens/Sterk 2002; Unger 2002; Wichterich 2002b).

5.2 Ökonomieverständnis

Das Jahrzehnt nach der Konferenz für Umwelt und Entwicklung in Rio de Janeiro 1992 war in einem Ausmaß geprägt von Prozessen der Globalisierung, die zum Zeitpunkt der UNCED so nicht gegenwärtig waren.[174] Wenngleich sich Globalisierung nicht auf ökonomische Prozesse begrenzen lässt, so sind es doch gerade die (je nach Sichtweise intendierten bzw. nicht-intendierten) Folgen der Globalisierung von Finanz-, Waren-, Dienstleistungs- und Arbeitsmärkten, die die Fragen nach der Vereinbarkeit von Nachhaltigkeit und Globalisierung bzw. die nachhaltige Gestaltung von Globalisierungsprozessen zu umstrittenen Fragen machen. Im Zentrum der Analyse des Ökonomieverständnisses der WSSD-Dokumente steht daher zunächst die in den Dokumenten selbst vorgenommene Bestimmung des Verhältnisses von Nachhaltigkeit und Globalisierung (a). Das in den WSSD-Dokumenten zum Ausdruck kommende Ökonomieverständnis ist sowohl geprägt von den Ergebnissen der Ministerkonferenz der WTO-Mitgliedstaaten 2001 in Doha als auch gleichzeitig von den Auseinandersetzungen um die Klärung des Verhältnisses zwischen der WTO und den Multilateralen Umweltabkommen (b). Wenngleich ökonomische Instrumente und Maßnahmen, die sich an Liberalisierung und Deregulierung orientieren, in den WSSD-Dokumenten dominieren, sind dennoch im Plan of Implementation gleichzeitig auch Ansätze zur sozial-ökologischen Regulierung und Gestaltung der kapitalistischen Marktökonomie enthalten (c). Im Bereich der Effizienzforderungen zeichnen sich Kontinuitätslinien vom Brundtland-Bericht bis zum WSSD ab, allerdings konkretisiert und erweitert um ein Plädoyer für Lebenszyklusanalysen (d). Neue Aspekte finden sich mit der Aufnahme der Begriffe „caring society" und „livelihood" in den Papieren des Johannesburg-Gipfels im Hinblick auf ein (er)weit(ert)es Ökonomie- und Arbeitsverständnis (e).

---

174 Ulrich Petschow et al. (1998: VII) erklären im Vorwort zu ihrer von der Enquete-Kommission „Schutz des Menschen und der Umwelt" in Auftrag gegebenen Studie „Nachhaltigkeit und Globalisierung", die heutige Verwendung beider Begriffe dränge den Eindruck auf, sie entstammten unterschiedlichen Zeitaltern. Auf der semantischen Ebene wird diese Einschätzung gestärkt: Das Wort „Globalisierung" kommt in den Dokumenten der UNCED nicht vor.

(a) „Die Globalisierung im Sinne nachhaltiger Entwicklung zu gestalten" – diese Forderung stellte den gemeinsamen Nenner für die verschiedensten Akteure im Vorfeld des WSSD dar: Das Forum Umwelt & Entwicklung (2002) rief dazu in Deutschland eine breite öffentliche Kampagne *Globale Gerechtigkeit ökologisch gestalten – Neuer Schwung für nachhaltige Entwicklung*[175] ins Leben, unterstützt von einer Reihe kritischer NGOs (wie dem NRO-Frauenforum, WEED, der Agrar Koordination – dem Forum für internationale Agrarpolitik e. V.). Aus dem deutschen Bundesministerium für wirtschaftliche Zusammenarbeit und Entwicklung war zu hören, die Nachhaltigkeitskonferenz solle nichts weniger erreichen, als „die Folgen der Globalisierung und der politischen Umwälzungen der 90er-Jahre mit dem Leitbild der nachhaltigen Entwicklung in Einklang [zu] bringen" (GTZ 2002: 4). Und der Generalsekretär der Vereinten Nationen, Kofi Annan, erklärte:

> „The notion that globalization has generally been beneficial was questioned in all the regional preparatory meetings for the Summit and has been a major issue of debate in civil society in recent years. The world's poorest countries have generally been left behind and important segments of the population in most countries have not benefited. Globalization must be managed so as to advance economic growth and sustainable development in all countries and spread the benefits more widely. Commitments should be made and initiatives agreed upon aiming at: Developing and strengthening coordinated macroeconomic policy management at both the national and international levels that is responsive to the concerns over globalization and sustainable development" (Annan 2001: o. S.).

Das Zitat von Kofi Annan enthält drei Aspekte zum Verhältnis von nachhaltiger Entwicklung und Globalisierung, die ebenfalls in den WSSD-Dokumenten zu identifizieren sind:

(i) Es gibt Gewinner und Verlierer der Globalisierung. Globalisierungsprozesse wirken sehr unterschiedlich auf die konkreten Lebens- und Arbeitsbedingungen von Menschen in Industrie- und Entwicklungsländern, aber auch innerhalb nationaler Volkswirtschaften. In der Johannesburg-Deklaration wird Globalisierung konkretisiert als die „rasche Integration der Märkte, die Mobilität des Kapitals und die erhebliche Zunahme der weltweiten Investitionsströme" (JD 2002: Abs. 14), durch die die sozialen und ökologischen „Probleme eine neue Dimension gewonnen" (ebd.) hätten. „Der Nutzen und die Kosten der Globalisierung" seien „ungleich verteilt" (ebd.), vor allem die Entwicklungsländer sähen sich „besonderen Schwierigkeiten bei der Bewältigung dieser Herausforderungen gegenüber" (ebd.). Statt von ‚Problemen' – wie in der Johannesburg-Deklaration – wird im Plan of Implementation, obwohl es um die gleichen Inhalte wie Finanzkrisen, Unsicherheit, Armut, Ausgrenzung und Ungleichheit innerhalb der Gesellschaften und zwischen ihnen geht (PoI 2002: Abs. 47) geht, ausschließlich von ‚Herausforderungen' der Globalisierung gesprochen (ebd.; vgl. auch

---

175 Vgl. www.rio-10.de/pdfs/kampagnenaufruf.pdf.

Abs. 127(b)). Gleichwohl wird auch im Plan of Implementation anerkannt, dass mit der Globalisierung „external factors have become critical in determining the success or failure of developing countries in their national efforts" (ebd.: Abs. 4) und dass gerade die meisten afrikanischen Staaten „have not benefited fully from the opportunities of globalization, further exacerbating the continent's marginalization" (ebd.: Abs. 62).

(ii) Doch die Einschätzung, dass Globalisierung und Nachhaltigkeit keinen unauflöslichen Gegensatz darstellen, sondern dass Globalisierung vielmehr „Chancen für die Verwirklichung einer nachhaltigen Entwicklung" schaffe, durchzieht die Dokumente des Weltgipfels ebenso (JD 2002: Abs. 14) wie die Forderung, „Globalization should be fully inclusive and equitable" (PoI 2002: Abs. 47). Entsprechend überwiegen insgesamt nicht die kritischen Bezugnahmen auf die Internationalisierung der Märkte, sondern die Betonungen der „Chancen":

> „We recognize that globalization and interdependence are offering *new opportunities* for trade, investment and capital flows and advances in technology, including information technology, for the growth of the world economy, development and the improvement of living standards around the world" (ebd.; Herv. D. G.).

(iii) Die Optimierung der Chancen und die Minimierung der Globalisierungsrisiken für Individuen und Gesellschaften erfordern allerdings ein „coordinated macroeconomic policy management" (Annan 2001). In den Worten des Plan of Implementation besteht „a strong need for policies and measures at the national and international levels" (PoI 2002: Abs. 47). Die zu ergreifenden politischen Maßnahmen sollen u. a. die Entwicklungsländer verstärkt dazu befähigen, „to benefit from liberalized trade opportunities" (ebd.: Abs. 47(c)). Zentrale Bedeutung hat weiterhin die Förderung von „open, equitable, rules-based, predictable and non-discriminatory multilateral trading and financial systems that benefit all countries in the pursuit of sustainable development" (ebd.: Abs. 47(a)). Entsprechend wird die Umsetzung der Ergebnisse der WTO-Ministerkonferenz in Doha (2001) als wichtiger Beitrag für eine nachhaltige Entwicklung verstanden[176] (siehe dazu auch den folgenden Abschnitt (b)).

Dass nun gerade in und durch die WTO die Bearbeitung der ökonomischen Dimension nachhaltiger Entwicklung erfolgen soll und Handelsliberalisierungen stärker als noch zehn Jahre zuvor und weitgehend unangefochten zur Hauptstrategie für nachhaltigen Wohlstand erklärt werden, hat zu massiver Kritik bei

---

176 Wie eng die Verknüpfung dieser unterschiedlichen Bereiche internationler Zusammenarbeit zu diesem Zeitpunkt sind, zeigt auch der Absatz 6 der ein paar Monate zuvor verabschiedeten Doha-Erklärung: „We welcome the WTO's continued cooperation with UNEP and other inter-governmental environmental organizations. We encourage efforts to promote cooperation between the WTO and relevant international environmental and developmental organizations, especially in the lead-up to the World Summit on Sustainable Development to be held in Johannesburg, South Africa, in September 2002" (WTO 2001: 2).

NGOs, Aktivist_innen und Wissenschaftler_innen geführt. Erstens sehen sie damit den „Bock zum Gärtner gemacht" (Frein 2002: 11), zweitens führe das Nichthinterfragen von dominanten Globalisierungsprozessen dazu, bestehende Rahmenbedingungen zu akzeptieren und keine vertiefte, strukturelle Gründe mit einbeziehende Ursachenanalyse der Defizite des Rio-Prozesses vorzunehmen (vgl. Unmüßig 2001). Drittens sei die bereits in der Agenda 21 vorgetragene Annahme, dass Freihandel dazu beitrage, dass sich Wirtschaftswachstum und Umweltschutz unterstützen, noch nicht verifiziert worden (vgl. Mayer/Frein/Reichert 2002; Döppe et al. 2002). Mit Verweis auf die Daten von SAPRIN (2002) argumentieren Brand und Görg (2002), dass die neoliberale Strategie der Weltmarktintegration ein höchst selektives Wachstum erzeugt habe, welches in erster Linie zu Erhöhung nationaler und internationaler Ungleichheit und der ungleichen globalen Machtverteilung beitrüge. Vor allem im Hinblick auf die Armutsbekämpfung habe sich gezeigt, dass die neoliberalen Strukturanpassungsprogramme von IWF und Weltbank auf breiter Linie gescheitert seien (vgl. ebd.: 15):

> „Gedacht, um auf dem Wege einer beschleunigten Öffnung für den Weltmarkt die Wettbewerbsfähigkeit der Entwicklungsländer zu erhöhen, hat die Überprüfung der Programme [durch SAPRIN; D. G.] nun z. T. verheerende Ergebnisse zu Tage gefördert – verheerend vor allem für die ärmere ländliche Bevölkerung, insbesondere gilt dies für die Frauen in diesen Regionen, und für die natürlichen Lebensgrundlagen [...]" (ebd.).

Vorstellungen zur politischen Gestaltung von Globalisierungsprozessen lassen die Unterschiede zwischen staatlichen Stellen bzw. politisch-institutionellen Vertreter_innen und Zivilgesellschaft deutlich sichtbar werden. Das Forum Umwelt & Entwicklung (2002: o. S.) forderte u. a. im Punkt 3 seines 10-Punkte-Entwurfs für eine nachhaltige Entwicklung „tiefgreifende Reformen der Welthandelsorganisation (WTO), des internationalen Finanzpolitiksystems" einschließlich des IWF und der Weltbank. Doch der Umbau[177] des internationalen Finanzsystems stand in Johannesburg nicht zur Debatte. Der Plan of Implementation stellt entsprechend keinen Gegenentwurf zum neoliberalen Entwicklungsparadigma dar – im Gegenteil.

(b) Bereits auf der WTO-Ministerkonferenz in Doha im November 2001 war das Verhältnis zwischen den Multilateralen Umweltabkommen (MEAs) und dem Regelwerk der Welthandelsorganisation auf die Agenda gesetzt worden, ohne es abschließend zu bestimmen. Als Ergebnis von Doha wurde vielmehr festgehalten, diese Frage zum Gegenstand weiterer Verhandlungen zu machen – allerdings unter der Maßgabe, dass sowohl die Ergebnisse als auch die Verhandlungen selbst, die das Verhältnis Handel und Umwelt betreffen – namentlich die Paragraphen 31(i) und (ii) –,

---

[177] Diskussionen darüber fanden jedoch außerhalb der offiziellen Konferenz statt, wie Martens und Sterk (2002) berichten, vgl. dazu auch das „Jo´burg Memo" der Heinrich-Böll-Stiftung (Sachs et al. 2002).

5. Der Weltgipfel für nachhaltige Entwicklung von 2002

„shall be compatible with the open and non-discriminatory nature of the multilateral trading system, *shall not add to or diminish the rights and obligations of Members under existing WTO agreements*, in particular the Agreement on the Application of Sanitary and Phytosanitary Measures, nor alter the balance of these rights and obligations, and will take into account the needs of developing and least-developed countries" (WTO 2001: Abs. 7; Herv. D. G.).

Da einerseits ausdrücklich die Kooperation mit UNEP und anderen intergovernmentalen Umweltorganisationen begrüßt und der Vorbereitungsprozess des WSSD als politische Plattform genannt wurde (ebd.), andererseits NGOs aber für den Konfliktfall gerade die Priorität von Umweltabkommen und nicht ihre Unterordnung unter die laut dem obigen Zitat nicht zur Disposition stehenden Regeln der WTO forderten, bestimmte diese umkämpfte Frage die Verhandlungen in Johannesburg. Gleichzeitig spiegelt sich in ihr sowohl das Verhältnis von Umwelt und Handel bzw. das von UNEP und WTO. Kritik entzündete sich an einer noch aus der PreCom in Bali stammenden Formulierung, dass die Staaten weiterhin die gegenseitige Unterstützung von Handel, Umwelt und Entwicklung stärken sollen, dies allerdings in Übereinstimmung mit den WTO-Abkommen. Die letztendliche Streichung des Zusatzes „in Übereinstimmung mit WTO-Abkommen" wurde von den einen als Sieg umweltpolitischen Lobbyismus gefeiert, für die anderen wurde nur das Schlimmste verhindert, wobei zusätzlich kritisiert wurde, dass die WSSD-Dokumente keine grundsätzliche Aussage über das Verhältnis von Umweltabkommen und WTO-Abkommen enthalten (vgl. Frein 2002: 12). Vielmehr orientiert sich der Plan of Implementation an der Vorstellung der gegenseitigen Unterstützung von multilateralen Handels- und multilateralen Umweltabkommen:

„States should cooperate to promote a supportive and open international economic system that would lead to economic growth and sustainable development in all countries to better address the problems of environmental degradation. Trade policy measures for environmental purposes should not constitute a means of arbitrary or unjustifiable discrimination or a disguised restriction on international trade. Unilateral actions to deal with environmental challenges outside the jurisdiction of the importing country should be avoided. Environmental measures addressing transboundary or global environmental problems should, as far as possible, be based on an international consensus" (PoI 2002: Abs. 101).

Die Kritik am Prozess der Neoliberalisierung des Konzepts nachhaltiger Entwicklung im Allgemeinen und an den Dokumenten des Johannesburg-Gipfels im Besonderen speist sich nicht zuletzt aus dem Befund, dass es zahlreiche Verweise auf die Beschlüsse der WTO-Ministerrunde in Doha im Plan of Implementation gibt und ganze Passagen aus den Doha-Papieren fast wortwörtlich zitiert werden. Bei den Verhandlungen beispielsweise um Marktzugang für Entwicklungsländer und Subventionsabbau seitens der Industrieländer setzte sich die EU, mit Frankreich als treibender Kraft, durch und erreichte ein Streichen der vorgesehenen

Forderung nach Abbau der Agrarsubventionen. Verwiesen wurde stattdessen auf die Doha-Deklaration (2001) und weitere Verhandlungen im Rahmen der WTO, bei denen die Interessen der Entwicklungsländer berücksichtigt werden sollen:

> „Welcome the decision contained in the Doha Ministerial Declaration to place the needs and interests of developing countries at the heart of the work programme of the Declaration, including through enhanced market access for products of interest to developing countries" (PoI 2002: Abs. 47(a)).

Aus politikwissenschaftlicher Perspektive ist die Frage nach Regulierung, Re-Regulierung oder De-Regulierung des Welthandels für die Steuerung von nachhaltiger Entwicklung von großer Relevanz. Die Verweise auf die Ergebnisse der Welthandelsrunden, vor allem der Doha-Runde, in den WSSD-Dokumenten zeigen die Verflechtung der Institutionen der globalen Ökonomie mit jenen Programmen, Fonds und Fachkommissionen für soziale und ökologische Fragen innerhalb der komplexen Struktur der Vereinten Nationen (vgl. Sautter 2004). Einerseits erhalten damit im Diskursfeld nachhaltige Entwicklung Handelsliberalisierungen und das exportorientierte Entwicklungsmodell Auftrieb, und die mit der WTO verbundenen Prinzipien wie Meistbegünstigung, Inländerbehandlung und Reziprozität[178] werden so – zumindest implizit – zu ökonomischen Bezugspunkten der WSSD-Dokumente. Andererseits – und dieser Aspekt geht häufiger in den Einschätzungen unter – ergeben sich umgekehrt „nachhaltige" Rückkopplungseffekte für die Ausgestaltung der WTO-Verhandlungen:

> „By recognising trade as a means of implementing sustainable development, the World Summit sent a strong political signal to WTO negotiators to integrate sustainable development paradigms in the current round of trade negotiations" (Heinrich-Böll-Stiftung 2002).

Die Kritik, die WSSD-Ergebnisse als zu neoliberal abzulehnen, weil in ihnen an 25 Stellen Bezüge zur Doha-Erklärung enthalten sind, unterstellt, dass alle Ergebnisse von Doha einer nachhaltigen Entwicklung grundsätzlich abträglich seien. Jurist_innen wie Katja Gehne (2011), die sich mit Nachhaltigkeitsvölkerrecht (*international sustainable development law*) befassen, plädieren dafür, jeweils im Einzelnen eine Bewertung vorzunehmen. Um nur ein Beispiel herauszugreifen: Auch die Doha-Erklärung (WTO 2001) unterstreicht in Absatz 13 das im Welthandelsrahmen verhandelte Anliegen des „special and differentiated treatment" (ebd.: 3) der Entwicklungsländer; es sollte als Prinzip sowohl in zukünftigen Ver-

---

178 Das Prinzip der Meistbegünstigung sieht vor, dass Handelsprivilegien allen Vertragspartnern gewährt werden müssen. Ausnahmen von diesem Prinzip gelten nur für regionale Integrationsabkommen. Das Prinzip der Inländerbehandlung beinhaltet die grundsätzliche Gleichbehandlung von ausländischen und inländischen Anbietern. Das dritte Kernelement der weltweiten Handelsliberalisierung, das Reziprozitätsprinzip, beinhaltet, dass Handelspräferenzen, die Land A dem Land B einräumt, umgekehrt auch von Land B dem Land A gewährt werden müssen. Es bezieht sich auf bilaterale Verhandlungsprozesse. Auch hier ist im Falle von Entwicklungsländern eine Ausnahme von diesem Prinzip im Rahmen der *enabling clause* möglich.

handlungsrunden beherzigt werden, als auch in den auszuhandelnden Regeln und Handelsdisziplinen seinen Niederschlag finden. Gehne (2011: 47ff.) kommt in ihrer völkerrechtlichen Einschätzung daher trotz der Spannungslagen in den WTO-Verhandlungen und der schwierigen Realisierbarkeit effektiver Zugeständnisse in relevanten Bereichen zu dem Schluss, dass die Doha-Runde einen entwicklungspolitischen Meilenstein markiere.

(c) Alle bisher untersuchten Dokumente des politisch-institutionellen Diskurses waren von Widersprüchen geprägt. Doch im Diskursverlauf lässt sich eine Zuspitzung der Widersprüche identifizieren, die ihren Niederschlag in den Dokumenten des Weltgipfels für nachhaltige Entwicklung in Johannesburg findet. Neben Forderungen nach ökonomischen Instrumenten und Maßnahmen, die sich an Liberalisierung und Deregulierung orientieren, sind im Plan of Implementation gleichzeitig auch Ansätze zur sozial-ökologischen Regulierung und Gestaltung der kapitalistischen Marktökonomie enthalten. Zur Verdeutlichung der Widersprüche möchte ich hier auf einige Beispiele eingehen:

(i) Auf der einen Seite stärkt etwa die Forderung nach „ein[em] förderliche[n] Investitionsumfeld" (PoI 2002: Abs. 4) die Position der Kapitaleigner und des Managements transnationaler Konzerne. Ansätze zur sozial-ökologischen Regulierung und Gestaltung der kapitalistischen Marktökonomie geben hingegen der Bedürfnisbefriedigung der Armen den Vorrang, wie sich an den Ausführungen im Bereich Wasser zeigen lässt:

> „Provide access to potable domestic water, hygiene education and improved sanitation and waste management at the household level through initiatives to encourage public and private investment in water supply and sanitation *that give priority to the needs of the poor within stable and transparent national regulatory frameworks provided by Governments*, while *respecting local conditions involving all concerned stakeholders* and monitoring the performance and improving the accountability of public institutions and private companies; and develop critical water supply, reticulation and treatment infrastructure, and build capacity to maintain and manage systems to deliver water and sanitation services in both rural and urban areas" (ebd.: Abs. 60(a); Herv. D. G.).

(ii) Die Verweise in der Tradition bisheriger Nachhaltigkeitsdokumente, dass nachhaltige Entwicklung nur durch einen integrierten Ansatz zu erreichen sei (vgl. PoI 2002: Abs. 37, 40(b)), stehen Hierarchisierungsprozessen und einer Bevorzugung der ökonomischen Dimension entgegen.

(iii) Die Bezugnahme auf die Erklärung der Internationalen Arbeitsorganisation (vgl. JD 2002: Abs. 28) stärkt Arbeiter_innen-Rechte im Bereich der bezahlten Arbeit und steuert gegen die Aufweichung von sozialen Standards, die gemäß eines race-to-the-bottom[179] im Zuge der Verschärfung des Wettbewerbs durch weltweite Liberalisierung (zumindest teilweise) stattgefunden hat.

---

179 Der Begriff „race to the bottom" lässt sich als Abwärts-Wettlauf übersetzen und bezieht sich auf Prozesse des Abbaus von sozialen und ökologischen Standards im globalisierten Wettbewerb. Unter glo-

(iv) Selbst Macht- und Verteilungsfragen, die Landreformen bzw. Landbesitz und -nutzung thematisieren, bleiben nicht ausgeklammert:

> „Promote and support efforts and initiatives to secure equitable access to land tenure and clarify resource rights and responsibilities, through land and tenure reform processes that respect the rule of law and are enshrined in national law, and provide access to credit for all, especially women, and that enable economic and social empowerment and poverty eradication as well as efficient and ecologically sound utilization of land and that enable women producers to become decision makers and owners in the sector, including the right to inherit land" (PoI 2002: Abs. 67(b)).

Festzuhalten ist zudem, dass die widersprüchlichen Rationalitäten folgenden Strategien der De-Regulierung und Regulierung in den WSSD-Dokumenten weitestgehend unverbunden nebeneinander stehen. An einigen wenigen Stellen eröffnet sich in den Dokumenten eine Reflexionsebene, die beide ins Verhältnis setzt, etwa wenn im Plan of Implementation angeregt wird, „das Verhältnis zwischen Handel, Umwelt und Entwicklung zu prüfen" (ebd.: Abs. 47(e)).

(d) Im Bündel der Maßnahmen, die darauf zielen, eine „Veränderung nicht nachhaltiger Konsumgewohnheiten und Produktionsweisen" (PoI 2002: Kapitel III) zu erreichen, sticht die Verbesserung der „Ökoeffizienz" (ebd.: Abs. 15(f), 16, 16(b), 16(c)) als zentraler Faktor hervor und zieht sich als Forderung auch durch die anderen Kapitel des Plan of Implementation (z. B. vgl. ebd.: Abs. 9(a), 9(c), 26, 26(c)). Neu bei den bisher recht allgemein und abstrakt gehaltenen Forderungen nach einer effizient(er)en Nutzung von Ressourcen ist der Vorschlag, ggf. bestimmte „wissenschaftlich fundierte Verfahren" wie die „Lebenszyklusanalyse" (ebd.: Abs. 15(a), 15 (c)) einzusetzen. Eine Lebenszyklusanalyse, auch als Ökobilanz oder Life Cycle Assessment (LCA) bekannt, erfasst die relevanten Stoff- und Energieströme von Produkten und Dienstleistungen in ihrer materiellen Dynamik „von der Wiege bis zur Bahre" (*cradle to grave*) – sowohl bezogen auf die Inputs wie Energie, Rohstoffe, Wasser als auch auf die Outputs etwa in Form von Emissionen in Luft, Wasser, Boden) und bewertet die damit verbundenen Umwelteinwirkungen. Ressourceneffizienz wird dadurch konkretisiert und erweitert. Denn sie bezieht sich nicht nur auf eine spezifische Technologie oder einen einzelnen Produktionsschritt, sondern auf die gesamte Produktionskette. Mit der Aufnahme dieses systemanalytischen Instrumentes rezipiert der Plan of Implementation die internationale Diskussion um das Paradigma des Lebenszyklusgedankens und trägt damit selbst dazu bei, international gültige Normen und einheitliche Verfahrensstandards (wie die ISO 14040 bzw. 14044) zu reproduzieren und zu stär-

---

balisierten Bedingungen treten Nationen bzw. Regionen zueinander in Konkurrenz um die Gunst von Wirtschaftsakteuren (z. B. für Investitionen). Sie beginnen ein *race to the bottom*, d. h., sie beginnen, die Standards der anderen zu unterbieten, um aufgrund vermeintlich lukrativerer Bedingungen (niedrigere Löhne, weniger Umweltauflagen etc.) den Zuschlag der ökonomischen Akteure zu erhalten.

ken.[180] Die ganzheitliche Betrachtung des Lebenszyklus kann Entscheidungsprozesse im Kontext der Technologieentwicklung in Richtung Nachhaltigkeit unterstützen – beispielsweise, wenn es um den Vergleich verschiedener technischer Optionen geht. In Verbindung mit Verfahren der Risikobewertung kann sie dazu beitragen, menschliche Gesundheit und Umwelt zu schützen (vgl. dazu auch die Forderungen nach einem umweltverträglichen Umgang mit Chemikalien im PoI 2002: Abs. 23). Gleichwohl bleibt die Lebenszyklusanalyse in letzter Konsequenz noch immer der linearen Logik zu wirtschaften verhaftet (Ressourcen werden aus der Natur entnommen und später als Abfall zurückgegeben) und wird insbesondere mit Blick auf Wettbewerbsvorteile für eine ‚nachhaltige Globalisierung' propagiert.

(e) Indem in den WSSD-Dokumenten die Grundsätze von Rio, namentlich die Rio-Deklaration und die Agenda 21, bekräftigt werden (vgl. z. B. JD 2002: Abs. 8; PoI 2002: Abs. 1), besteht einerseits implizit eine Kontinuität auch hinsichtlich der dort vorhandenen Ansatzpunkte, die über ein enges Verständnis von Wirtschaften und Arbeiten hinausgehen (siehe B.I.2.2.d). Andererseits wird dieses weite Verständnis nicht bzw. nur bedingt unterfüttert. Von unbezahlter Arbeit ist beispielsweise in den Johannesburg-Dokumenten an keiner Stelle die Rede. Auch der informelle Sektor wird lediglich an einer Stelle im Plan of Implementation genannt. Wenn in dem Kapitel „Beseitigung der Armut" gefordert wird, „durch geeignete einzelstaatliche Politiken [...] den in den Städten lebenden Armen mehr Möglichkeiten zu bieten, eine menschenwürdige Arbeit zu finden" (PoI 2002: Abs. 11(c), dann ist mit „Arbeit" Erwerbsarbeit, in jedem Fall bezahlte Arbeit gemeint (ebenso in 10(b)). Entsprechend geht es darum, „*unnötige regulatorische und sonstige Hindernisse für* Kleinstunternehmen und *den informellen Sektor* zu beseitigen" (ebd.: Abs. 11(d); Herv. D. G.). Ähnlich wie bei den Abkommen zu Biodiversität und den mit ihnen verknüpften umstrittenen Prozessen der Kommodifizierung[181] wird damit zwar die Existenz des informellen Sektors (und auch seine Bedeutung) anerkannt, als Strategie wird jedoch seine Einbettung und Einspeisung als Teil der Marktökonomie angestrebt.

Zwei Begriffe in den WSSD-Dokumenten bieten neue Anknüpfungspunkte für ein alternatives Ökonomieverständnis: Care (i) und Livelihoods (ii). Anders als bei den feministischen Ansätzen (siehe Diskursstrang B.III) handelt es sich zwar weder um einen Perspektivwechsel, der sich konsistent in den Dokumenten nachvollziehen lässt, noch um eine konsequente Bezugnahme auf die dahinterstehenden Konzepte. Dennoch steckt in der Aufnahme dieses Vokabulars ein Potenzial,

---

180 Fünf Jahre später benennt beispielsweise die Europäische Union in ihrem 7. Forschungsrahmenprogramm die Lebenszyklusanalyse als wichtiges Instrument zur Stärkung der Wissensgrundlage. Auch in der Hightech-Strategie für Deutschland (BMBF 2006) ist der Lebenszyklusgedanke verankert.
181 Vgl. zu den ambivalenten Prozessen im Bereich der internationalen Biodiversitätspolitik Görg (2003: 219); Brand (2004: 119); Egziabher (2002).

das ich als emanzipatorische Rucksäcke bezeichnen möchte – ein Potenzial, das für das Zusammenführen von verschiedenen Traditionslinien Relevanz besitzt (siehe Teil C dieser Arbeit).

(i) „Wir verpflichten uns, eine humane, gerechte und *fürsorgende* globale Gesellschaft aufzubauen" (JD 2002: Abs. 2; Herv. D. G.).[182] In keinem der bisher untersuchten Dokumente des politisch-institutionellen Nachhaltigkeitsdiskurses ist der Begriff „caring" oder „care" im Sinne von Sorge, Fürsorge oder Vorsorge verwendet worden. Ähnlich wie im Plan of Implementation findet sich „care" ausschließlich im Kontext der Gesundheitsversorgung (health-care). Eine Definition, was unter einer fürsorgenden Gesellschaft, wie sie die Johannesburg-Deklaration anvisiert, genau zu verstehen ist, gibt die Deklaration nicht. Der Begriff einer „caring global society" (ebd.) eröffnet jedoch semantische Assoziationsräume und schafft Verbindungen zu Ansätzen feministischer Ökonomik, speziell zu Care-Economy-Ansätzen. Diese betonen die Bedeutung der sorgenden und pflegenden Tätigkeiten; sie werden als Fundament der gesellschaftlichen Grundversorgung begriffen. Zu den sorgenden Tätigkeiten gehören nicht nur Pflege, Erziehung, Betreuung, sondern ebenso (Umwelt-)Bildung, präventive und kurative Gesundheitsmaßnahmen, Anti-Gewalt- und Integrationsarbeit (vgl. Gottschlich 2008, 2012). Sorgende Tätigkeiten werden in der Marktökonomie, vor allem aber in der Versorgungsökonomie, im Nonprofit-Sektor und im staatlichen Bereich erbracht (vgl. u. a. Biesecker/Kesting 2003: 196; Elson 2002). Sie sind nicht zuletzt deshalb ein „Garant des sozial-ökologischen Gemeinwohls" (Gottschlich/Mölders 2008), weil sie sich von der vorherrschenden Vorstellung von ökonomischer Vernunft als beständiger Nutzenmaximierung emanzipieren. Orientierungsmaßstab einer von Care geprägten Gesellschaft sind nicht die vom Markt vorgegebenen Handlungslogiken. Das Menschenbild des isolierten und an Konkurrenz orientierten *homo oeconomicus* herrschender Ökonomiekonzepte wird vielmehr hinter sich gelassen (vgl. Biesecker/Gottschlich 2012; Giegold/Embshoff 2008). Care wird in der Johannesburg-Deklaration auch nicht als individuelle Tätigkeit, sondern als kollektive, die Gesellschaft prägende Praxis eingebracht. Hier ergeben sich nicht nur Anknüpfungspunkte zu den in dieser Arbeit vorgestellten feministischen Ansätzen (siehe Diskursstrang B.III), sondern auch zu den Veröffentlichungen von Joan Tronto (2000, 2013)[183] und Christa Schnabl (2005) (siehe C.3.2.3).

---

182 Die englische Fassung mit der Hervorhebung durch mich lautet: „We commit ourselves to building a humane, equitable and *caring* global society, cognizant of the need for human dignity for all.".
183 Diese Arbeit aus dem Jahr 2013 stand mir bis zum Zeitpunkt der Abgabe meiner Dissertation im Februar 2013 nicht zur Verfügung. Da die Argumentation von Tronto (2013) für eine „*caring democracy*" meiner Argumentation in C.3.2.3 „Gerechtigkeit neu denken: Für eine für_sorgende und gerechte Gestaltung gesellschaftlicher Naturverhältnisse" ähnelt, habe ich sie bei der Überarbeitung nun an einigen Stellen berücksichtigt.

(ii) In Rio de Janeiro auf dem Alternativgipfel zur UNCED machten sich insbesondere Frauen-Netzwerke des Südens wie beispielsweise DAWN (Development Alternatives with Women for a New Era, siehe B.III.4) für den Sustainable-Livelihoods-Ansatz stark, um den vielfältigen Krisen zu begegnen. Diese auf die Mikroebene bezogene Strategie spricht sich gegen reine Effizienzstrategien und monetäres Wachstum als Wohlstands- und Entwicklungsindikator aus und setzt die Sicherung der sozialen und ökologischen Lebensgrundlagen ins Zentrum (Wiltshire 1992; vgl. auch Wichterich 2004). Dass der Terminus Sustainable Livelihoods 20 Jahre später Eingang in ein offizielles WSSD-Dokument gefunden hat – und zwar im Zusammenhang mit der Verbesserung der Lebensbedingungen für Arme (vgl. PoI 2002: Abs. 10(f)), der Durchsetzung von Wasser- und Landnutzungsrechten (vgl. ebd.: Abs. 40(i)) sowie der Unterstützung von ländlichen Gemeinschaften in Entwicklungsländern (vgl. ebd.: Abs. 10(d)) bzw. Kleinerzeugersystemen („small-scale production systems", ebd.: 42(d)) – zeigt einerseits die Wirkmächtigkeit von emanzipatorischen Konzepten auch auf Prozesse des *soft laws*. In völkerrechtlichen Dokumenten sind damit nun Ankerpunkte vorhanden, auf die bei Transformationsprozessen in Richtung Nachhaltigkeit in der Praxis Bezug genommen werden kann. Analog zu der Kritik an der Vereinnahmung von radikal-kritischen Konzepten und Ideen durch den Mainstream könnte dieser Befund jedoch andererseits auch als Ausdruck der Anpassungsfähigkeit und Assimilierungskraft eines Systems gewertet werden, das eine Sicherung der Lebensgrundlagen für Millionen von Menschen gerade nicht geleistet hat.

5.3 Politikverständnis

Der Weltgipfel für nachhaltige Entwicklung wurde in der politikwissenschaftlichen Diskussion und in der bewegungsorientierten Praxis wiederholt zum Anlass genommen, die Verfasstheit des Multilateralismus (a) zu thematisieren. In der Tat spiegelt der Johannesburg-Gipfel die Veränderungen des etablierten Systems multilateraler Strukturen in der internationalen Politik wider: Die Modifizierungen des klassischen Multilateralismus betreffen sowohl neue Formen der multilateralen Entscheidungsfindung, die eine Einigung auf den kleinsten gemeinsamen Nenner zu umgehen suchen, als auch eine weitere Öffnung in Richtung Governance-Architektur (b). Die Bearbeitung der Probleme bleibt in den WSSD-Dokumenten partizipativ, kooperativ und dialogisch. Alle relevanten gesellschaftlichen Gruppen, die in der Agenda 21 benannt werden, adressiert der Plan of Implementation (erneut) mit dem multi-stakeholder approach (vgl. JD 2002: Abs. 26; PoI 2002: Abs. 32). Die Forderung nach „konstruktiven Partnerschaften zu Gunsten des Wandels und für die Verwirklichung" von nachhaltiger Entwicklung (JD 2002: Abs. 16) durchzieht beide Dokumente. Gleichzeitig verweisen die geforderten Partnerschaften bzw. die bereits vor und während des Gipfels geschlossenen „Partnerschaftsabkommen", die Typ 2-Abkommen, auf eine neue Qualität der Einbindung der Privatwirtschaft als wichtigem Akteur zur Bewältigung verschiedenster globaler „Herausforderungen". Deutlicher als in der Rio-Deklaration wird Frieden eine herausragende Bedeutung für eine nachhaltige Entwicklung beigemessen (c).

(a) Das erneute Bekenntnis zum Multilateralismus, das in den Johannesburg-Dokumenten (z. B. JD 2002: Abs. 31-33) zum Ausdruck gebracht wird, schließt – allerdings modifiziert – an die steuerungsoptimistischen Forderungen nach Intensivierung der zwischenstaatlichen Zusammenarbeit der UNCED an. Die Abgabe von zusehends mehr Kompetenzen an internationale Organisationen hatte in den 1990er-Jahren zwar eine Debatte über die Legitimität multilateraler Strukturen in Gang gesetzt (vgl. stellvertretend dazu Habermas 1998; Zürn 1998). Gleichwohl behielt das Leitbild des Multilateralismus sein positives Image als Teil einer Global-Governance-Struktur – nicht nur als Möglichkeit, die Rahmenbedingungen für eine nachhaltige Gestaltung von Globalisierungsprozessen freiwillig und unter Bedingungen formaler Gleichheit zu verbessern, sondern auch als Alternativkonzept zu den unilateralen Erzwingungspolitiken der US-amerikanischen Regierung, die mit der ‚neuen Weltordnung' von Bush senior eingeleitet und nach dem 11. September 2001 unter Bush junior zu offensiver Hegemonialmachtpolitik zugespitzt wurden (vgl. Dembinski 2002; Wahl 2007; Saxer 2009).

Auf dem WSSD wurden zwei Alternativen zum klassischen Multilateralismus sichtbar: erstens die „Koalition der Willigen" (i), die die EU als Alternative zum gescheiterten Typ1-Ergebnis im Bereich erneuerbare Energien präsentierte, sowie zweitens ein Modell „multilateralism minus one" bzw. „minus x" (ii), das sich z. B. für das Kyoto-Protokoll ergab (vgl. Partzsch 2003: 94ff.).

(i) Das Ausbauziel für erneuerbare Energien war bis zum Schluss ein offener Streitpunkt. Weder das von der EU vorgeschlagene Ziel, den Anteil ‚alternativer Energien' auf 15 Prozent bis zum Jahr 2015 zu steigern,[184] noch der brasilianische Vorschlag, bis 2010 den Anteil der ‚echten und modernen erneuerbaren Energien' auf zehn Prozent zu heben, waren erfolgreich. Als Reaktion darauf, dass die Aufnahme eines festen Ausbauziels in den Plan of Implementation verhindert wurde, bildete sich auf Initiative der EU eine Gruppe von Staaten, die gemeinsam die erneuerbaren Energien mit vereinbarten Ausbauzielen unterhalb der UN-Ebene vorantreiben wollen. Diese Vorreiter-Initiative der EU, der sich 80 Staaten – unter ihnen auch Erdöl exportierende Länder wie Mexiko und Venezuela – anschlossen, stellt nach Jürgen Maier (2002) eine „kreative Weiterentwicklung des Multilateralismus" (ebd.: 5) dar, denn sie zeige, dass das quasi-Vetorecht der Blo-

---

184 Dieser Vorschlag wurde vor allem von NGO-Seite massiv kritisiert. So erklärte Gerald Dick (zit. n. Der Standard v. 29.8.2002) vom WWF: „Das ist reine Augenauswischerei. [...] Die EU zählt nämlich große Wasserkraftwerke und die Holzverbrennung dazu. Wenn man so zählt, beträgt der Anteil der alternativen Energien an der Energieerzeugung bereits 14 Prozent."

ckierer in multilateralen, konsensorientierten Verhandlungen durch eine sogenannte Koalition der Willigen umgangen werden könne. Die positive Einschützung einer solchen Koalition gründet auf der Annahme, dass einmal getroffene Vereinbarungen, selbst wenn sie nicht von allen Staaten ratifiziert würden, trotzdem internationale (Umwelt-)Standards setzten, die nicht so leicht ignoriert werden könnten und sich in der Folge entsprechend dem Diffusionsansatz weltweit verbreiten würden (vgl. Partzsch 2003: 95).

(ii) Am Beispiel der Ratifizierung des Kyoto-Protokolls zeigte sich die zweite Alternative, dass multilaterale Vereinbarungen auch ohne die USA, die von ihrer Exit-Option Gebrauch gemacht hatten, weiter getragen werden (können):

> „Der ‚Multilateralism minus x' unterscheidet sich insofern von der Koalition der Willigen, als dass er den Anspruch hat, durch internationale Abkommen weltweit verbindliches Recht zu setzen. Die Koalition der Willigen dagegen beschränkt sich auf die Vorreiterstaaten, die bereit sind, in ihrer nationalen Politik freiwillig noch weiter zu gehen, als von internationalen Abkommen verlangt" (Partzsch 2003: 96).

Beide Beispiele zeigen, dass die These eines allgemeinen Scheiterns multilateraler Politik so nicht haltbar ist. In der Johannesburg-Deklaration wird emphatisch betont: „Multilateralism is the future" (JD 2002: o. S.). Die sich unter dieser Überschrift befindenden Ausführungen bleiben allerdings recht vage. Nur abstrakt werden in der Johannesburg-Deklaration die Formen und Bedingungen kollektiven Handelns auf internationaler Ebene reflektiert: „Wenn wir unsere Ziele der nachhaltigen Entwicklung erreichen wollen, benötigen wir wirksamere und demokratischere internationale und multilaterale Institutionen mit erhöhter Rechenschaftspflicht" (ebd.: Abs. 31; Übersetzung D. G.). Eine Benennung und Analyse der „Krise der Repräsentativität" (Saxer 2009: 2), die u. a. eine Analyse der undemokratisch strukturierten multilateralen Institutionen wie IWF[185] und Weltbank, aber auch der WTO, einzuschließen hätte, wäre damit theoretisch denkbar, sie wird in den WSSD-Dokumenten aber weder angeregt noch gefordert. Durch diese Nicht-Thematisierung geraten gleichzeitig die Krisen, die Ambivalenzen und Widersprüche aus dem Blick. „Der Multilateralismus-Diskurs", darauf weist Peter Wahl (2007: 129) hin, „bekommt eine ideologische, d. h. herrschaftsverschleiernde Funktion, wenn der normative Anspruch auf Gleichberechtigung und Freiwilligkeit für Realität gehalten wird."

(b) Genau wie in der Agenda 21 wird auf dem WSSD bekräftigt, dass Regierungen zwar die Hauptverantwortung für die Transformationsprozesse in Richtung Nachhaltigkeit tragen, sie diese Aufgabe aber nicht allein bewältigen können:

---

185 Die Vorsitzenden von IWF und Weltbank werden traditionell jeweils von Europa oder den USA gestellt. Das Quoten- und Stimmrechtssystem des IWF ergibt ein Übergewicht für die europäischen Staaten. Trotz der begrenzten Stimmrechtsreform, die es im März 2008 gegeben hat, haben z. B. bis heute die Benelux-Länder immer noch eine höhere Quote als China.

„Governments bear the primary responsibility, but they cannot do the job alone. Civil society groups have a critical role to play as partners, advocates and watchdogs; so does the private sector, with its command of resources, technology and know-how" (Annan 2003: 4).

Der Fokus auf Partizipation, Demokratisierung und Dezentralisierung durch die Stärkung der lokalen und kommunalen Ebene, der die Agenda 21 auszeichnet, wird in Johannesburg beibehalten – sowohl indirekt durch die in den WSSD-Dokumenten hervorgehobene Bestätigung der UNCED-Ergebnisse, als auch direkt durch zahlreiche Verweise in der Johannesburg-Deklaration und dem Plan of Implementation auf Frauen, Indigene, Unternehmen, Wissenschaft, lokale Gemeinschaften im Kontext der Notwendigkeit ihrer breiten Mitwirkung an Politikformulierung, Entscheidungsfindung und Umsetzung auf allen Ebenen (vgl. insbesondere Teil I des elften Kapitels des PoI 2002).

Doch in Johannesburg bekam die Frage nach den akteurszentrierten Strategien und Maßnahmen einer Global Governance eine neue Qualität: Während Rio zum Symbol der Beteiligung von NGOs an der internationalen Politik wurde, rückten in Johannesburg Partnerschaftsprojekte, die sogenannten freiwilligen „Typ 2"-Abkommen, ins Zentrum (nicht nur) von Entwicklungspolitik. Die mehr als 220 Partnerschaftsprojekte mit der Wirtschaft wurden als innovativ und nachhaltig gefeiert und waren integraler Bestandteil des offiziellen Prozesses. Insbesondere die USA machten sich dafür stark, freiwillige Selbstverpflichtungsabkommen (Typ 2) an die Stelle von verbindlichen Abkommen zwischen Staaten (Typ 1) zu setzen.

Zwar gehören auch in der Agenda 21 privatwirtschaftliche Unternehmen im dritten Teil des Aktionsprogramms zu den sogenannten Major Groups, ohne die eine nachhaltige Entwicklung nicht umgesetzt werden könne. Ebenso ist die Präsenz privatwirtschaftlicher Akteure auf der internationalen Bühne nicht neu. Doch seit der im Plan of Implementation mehrfach zitierten Monterrey-Konferenz wurde erstmals in der Geschichte der UN Wirtschaftsvertreter_innen die Möglichkeit der Akkreditierung gegeben, die so direkt an den Verhandlungen teilnehmen konnten.

„Mit dieser Entscheidung wurde ein Präzedenzfall geschaffen, der die bisherigen Beteiligungsregeln für nichtstaatliche Organisationen, wie sie zuletzt 1996 in einer Resolution des ECOSOC festgelegt wurden, faktisch unterläuft. Welche völkerrechtlichen Konsequenzen sich daraus ergeben, ist noch nicht absehbar" (Martens 2004: 151).

Die Forderung nach Public-Private-Partnerships durchzieht den Plan of Implementation durchgängig[186] – angefangen vom Bereich der Ernährungssicherheit und Armutsbekämpfung

---

186 Vgl. exemplarisch die Abs. 7(j), 9(g), 20(t), 25(g), 50, 54(l), 56(a), 86(e), 96, 99 im PoI (2002).

"Transfer basic sustainable agricultural techniques and knowledge, including natural resource management, to small and medium-scale farmers, fishers and the rural poor, especially in developing countries, including through multistakeholder approaches and *public-private partnerships aimed at increasing agriculture production and food security*" (PoI 2002: 7(j); Herv. D. G.).

bis hin zu Partnerschaften zur Finanzierung von Entwicklungsmaßnahmen:

"Support new and existing public/private sector financing mechanisms for developing countries and countries with economies in transition, to benefit in particular small entrepreneurs and small, medium-sized and community-based enterprises and to improve their infrastructure, while ensuring the transparency and accountability of such mechanisms" (ebd.: 86(e)).

Dadurch werden die Grenzen von privater und gemeinschaftlicher Verantwortung und Politikgestaltung neu vermessen, indem bisher öffentliche Staatsaufgaben der Daseinsvorsorge (z. B. Wasser- und Energieversorgung, Abfallwirtschaft, Mobilität, Bildung und Gesundheit) zunehmend privaten Unternehmen überantwortet werden. Für einen emanzipatorischen-kritischen Nachhaltigkeitsansatz wird damit die Frage zentral: Welche Rolle spielt der Staat bei der Bereitstellung und dem Erhalt einer öffentlichen Infrastruktur für eine nachhaltige Entwicklung?

Die Befürwortung von öffentlich-privaten Partnerschaften – ob als klassische öffentlich-privatwirtschaftliche Zweiervariante oder erweitert um NGOs und andere zivilgesellschaftliche Stakeholder – folgt in der Regel einer doppelten Argumentation, die auch auf dem WSSD vertreten wurde: Erstens könne der Staat in Zeiten leerer Kassen die Kosten einer nachhaltigen Entwicklung nicht allein aufbringen, Zivilgesellschaft und private Unternehmen seien ebenfalls als Kapitalgeber gefragt. Zweitens ließe sich Nachhaltigkeit nur gemeinsam, nicht gegeneinander erreichen.[187] Die Argumentation der geteilten Kosten und gemeinsamen, verantwortlichen Partnerschaft übersieht allerdings die ungleichen Startbedingungen und die mit dem Kapital verbundene Machtposition zur Aushandlung bzw. dessen systemische Sachzwänge. Es unterstellt ein gemeinsames Interesse an partnerschaftlicher Verantwortung, das so nur bedingt vorhanden ist. Darüber hinaus – und darauf haben kritische NGOs, Wissenschaftler_innen und Journalist_innen vor und nach Johannesburg wiederholt hingewiesen – geht es um einen Kapitaltransfer aus öffentlichen Kassen in private Taschen. Denn diese Entwicklungspartnerschaften werden in erheblichem Umfang mit öffentlichen Mitteln subventioniert. Während der Nutzen des Einsatzes von Entwicklungsgeldern kaum zu

---

187 Vgl. dazu auch die Neuausrichtung des deutschen Bundesministerium für wirtschaftliche Zusammenarbeit und Entwicklung (BMZ) unter Carl-Dietrich Spranger (1998): "Ich sage, dass neues Denken gefragt ist, um den aktuellen Herausforderung und Entwicklungen wirksam zu begegnen. Dazu brauchen wir Kreativität, Weitsicht, Führung und neue Formen der Partnerschaft. Das Stichwort von der ‚öffentlich-privaten Partnerschaft' [...] ist in diesem Zusammenhang in aller Munde" (zit. n. Hoering 2003: 4).

erkennen ist – insbesondere nicht für die ärmsten Länder oder Bevölkerungsgruppen – profitieren private Unternehmen von PPP-Projekten, die vorrangig in Schwellenländern wie China, Brasilien oder Südafrika durchgeführt werden.[188]

> „Vielfach handelt es sich dabei um reine Investitions- und Wirtschaftsförderung. Oft gelingt es beteiligten Unternehmen – nicht selten Großunternehmen – ihre eigenen Kosten gering zu halten und Risiken auf die öffentliche Hand abzuwälzen – als Trittbrettfahrer der Entwicklungspolitik" (Hoering 2003: 47).

Die von Kofi Annan (2002) ausgegebene Devise „We are not asking corporations to do something different from their normal business: we are asking them to do their normal business differently", in der Möglichkeiten, qualitativ anders zu wirtschaften, aufscheinen, wird (nicht nur, aber vor allem) von NGOs angesichts der negativen realen Entwicklungskennzahlen und Berichte angezweifelt.

(c) Die Johannesburg-Deklaration endet mit der Verpflichtung, gemeinsam „[v]om Plan zur Tat" zu schreiten – „geeint durch unsere Entschlossenheit, unseren Planeten zu retten, die menschliche Entwicklung zu fördern und allgemeinen Wohlstand und Frieden zu schaffen" (JD 2002: Abs. 35). Nicht zuletzt die „Bestimmung des guten Lebens" werde dadurch konkretisiert, dass Frieden in den WSSD-Dokumenten explizit als zu erreichendes Ziel erwähnte werde, so Antonietta Di Giulio (2004: 388):

> „*Peace*, security, stability and respect for human rights and fundamental freedoms, including the right to development, as well as respect for cultural diversity, are essential for achieving sustainable development and ensuring that sustainable development benefits all" (PoI 2002: Abs. 5; Herv. D. G.).

Auch an anderen Stellen wird die Bedeutung von Frieden für nachhaltige Entwicklung hervorgehoben (vgl. z. B. ebd.: Abs. 62(a), 138).

5.4 Gerechtigkeitsverständnis

In den WSSD-Dokumenten bekräftigen „die Vertreter der Völker der Welt" nicht nur allgemein ihr „Bekenntnis zur nachhaltigen Entwicklung" (JD 2002: Abs. 1). Sie unterstreichen ausdrücklich erneut den „interdependenten" Charakter von Nachhaltigkeit (ebd.: Abs. 5): Problemlösungen seien integrativ und partizipativ anzulegen und hätten daher sowohl ökologische, soziale und ökonomische Entwicklungsaspekte[189] zu berücksichtigen als auch „alle wichtigen Gruppen und alle Regierungen [einzuschließen], die an dem historischen Gipfeltreffen von Jo-

---

188 Der Syntheseberichte, der vom BMZ (2002) zur Evaluierung der deutschen PPP durchgeführt wurde, kommt u. a. zu folgendem Ergebnis: „Die Praxis, Ideen deutscher Unternehmen zum Ausgangspunkt für Projekte zu nehmen, führt in der Tendenz zu einer Konzentration der Maßnahmen auf Schwellenländer mit erheblichem Marktpotenzial und auf vergleichsweise entwickelte Regionen innerhalb der jeweiligen Länder. Dies steht im Konflikt mit dem Ziel, die EZ [Entwicklungszusammenarbeit; D. G.] auf ärmere Länder, Regionen und Zielgruppen zu konzentrieren".(ebd.: 52).
189 Vgl. z. B. JD (2002: Abs. 5, 8); PoI (2002: Abs. 2, 4, 20(k), 42(a)).

hannesburg teilgenommen haben" (ebd.: Abs. 34). Mit der erneuten und wiederholten Verpflichtung auf die „Agenda 21" und die „Rio-Erklärung" (ebd.: Abs. 8; PoI 2002: Abs. 1, 2) schließen die Johannesburg-Deklaration und der Plan of Implementation an das doppelte Gerechtigkeitsverständnis der UNCED an und erklären: „Von diesem Kontinent aus, der Wiege der Menschheit, bekennen wir uns mit dem Durchführungsplan und dieser Erklärung zu unserer Verantwortung füreinander, für alle Lebewesen und für unsere Kinder" (JD 2002: Abs. 6).

Die Orientierung an intergenerativer Gerechtigkeit (a) wurde in Johannesburg nicht zuletzt durch den Auftritt von Kindern und Jugendlichen zu Beginn der offiziellen Verhandlungen des Weltgipfels am 2. September 2002 unterstrichen. Der südafrikanische Staatspräsident Thabo Mbeki erklärte bereits in seiner Eröffnungsrede am 26. August 2002: „A global human society based on poverty for many and prosperity for a few, characterised by islands of wealth, surrounded by a sea of poverty, is unsustainable" – und rückte damit das Thema intragenerativer Gerechtigkeit (b) in den Mittelpunkt seiner Rede. Auch wenn es im Johannesburg-Prozess so schien, als ob internationale Frauennetzwerke an Dynamik verloren hätten und es nicht gelang, sich mit feministischen Analysen zum Verhältnis nachhaltiger Entwicklung und neoliberaler Globalisierung in den Diskurs einzubringen (vgl. Wichterich 2002b: 18), so sind Frauenrechte, Gender Mainstreaming und Empowerment-Forderungen fester Bestand der WSSD-Dokumente (c). Wenngleich hart umkämpft, wurde auch das Bekenntnis zum Vorsorgeprinzip erneuert (d). Zudem wird erstmalig das Prinzip der Unternehmensverantwortung in einem UN-Dokument verankert (e). Auch die Bezüge auf die Menschenrechte der Vereinten Nationen werden in der Johannesburg-Deklaration deutlich hervorgehoben (f).

(a) Intergenerative Gerechtigkeit wurde in Johannesburg auf eine besondere Art repräsentiert: Der Johannesburg-Gipfel war der erste UNO-Gipfel, an dem Jugendliche auch als Teil der Regierungsdelegation[190] teilnahmen. Ihre Aufgabe bestand darin, die Interessen der kommenden Generation zu vertreten und den Entscheidungsträger_innen zu verdeutlichen: „It's us you are negotiating". Kinder als Stellvertreter_innen für kommende Generationen (vgl. dazu auch JD 2002: Abs. 4) trugen ihre Botschaft zu Beginn der offiziellen Verhandlungen am 2. September 2002 vor. In der Johannesburg-Deklaration wird mehrfach darauf Bezug genommen:

---

190 Aus Deutschland engagieren sich die Jugenddelegierten Jonas Meckling (Jugendbündnis für Johannesburg) und Carolin Zerger (BUNDjugend). Sie haben die deutsche Regierungsdelegation auch zur letzten Vorbereitungskonferenz nach Bali in Indonesien begleitet.

> „Zum Auftakt dieses Gipfels[191] haben uns die Kinder der Welt in einfachen und klaren Worten gesagt, dass ihnen die Zukunft gehört, und sie haben uns allen die Aufgabe gestellt, ihnen durch unser Tun eine Welt zu hinterlassen, in der die unwürdigen und beschämenden Lebensbedingungen beseitigt sind, die durch Armut, Umweltzerstörung und nicht nachhaltige Entwicklungsmuster verursacht werden" (ebd.: Abs. 3).

Als *ein* Ergebnis – denn auf die gleichzeitig stattfindenden und sich im Text niederschlagenden gegenläufigen Entwicklungen werde ich unter Punkt (g) eingehen – kann also festgehalten werden, dass Kinder als Botschafter_innen zukünftiger Generationen intergenerative Gerechtigkeit im wahrsten Sinne des Wortes mit Leben füllen und auch das Prinzip der Langfristigkeit von Maßnahmen erneute Bestätigung findet (vgl. u. a. ebd.: Abs. 26 sowie PoI 2002: Abs. 20(b), 40(c), 110(b), 132(a)).

(b) In ihrem „Bericht über die menschliche Entwicklung" stellte die UNDP 1999 fest, dass die Ungleichheit sowohl zwischen den Ländern als auch innerhalb der Länder im vergangenen Jahrzehnt drastisch zugenommen hat: Das Verhältnis der Einkommen zwischen dem reichsten Fünftel der Weltbevölkerung und dem ärmsten Fünftel lag 1999 bei 78:1, während es 1990 noch bei 60:1 und 1960 bei 30:1 lag. Dass Ungleichheiten bei der Verteilung von Lebenschancen in diesem Ausmaß mit einer nachhaltig zukunftsverträglichen Entwicklung nicht vereinbar seien, wurde immer wieder von den verschiedensten Akteuren auf dem Weltgipfel betont. Entsprechend wurde in den WSSD-Dokumenten das Primat der Armutsbekämpfung (Prinzip 5 in der Rio-Deklaration von 1992) bekräftigt:

> „In der Erkenntnis, dass sich die Menschheit an einem Scheidepunkt befindet, haben wir uns gemeinsam entschlossen, alle notwendigen Anstrengungen zu unternehmen, um einen pragmatischen und sichtbaren Plan auszuarbeiten, der zur Beseitigung der Armut führt und die menschliche Entwicklung fördert" (JD 2002: Abs. 7).
>
> „Eradicating poverty is the greatest global challenge facing the world today and an indispensable requirement for sustainable development, particularly for developing countries. Although each country has the primary responsibility for its own sustainable development and poverty eradication and the role of national policies and development strategies cannot be overemphasized, concerted and concrete measures are required at all levels to enable developing countries to achieve their sustainable development goals as related to the internationally agreed poverty-related targets and goals, including those contained in Agenda 21, the relevant outcomes of other United Nations conferences and the United Nations Millennium Declaration" (PoI 2002: Abs. 7).

---

191 Am 2. September 2002 eröffnete Thabo Mbeki, Staatspräsident von Südafrika und Präsident des Weltgipfels, die „general debate of high-level officials". Zum Auftakt dieses 12. Treffens hielten Analiz Vergara (Ecuador), Justin Friesen (Kanada), Liao Mingyu (China), Tiyiselani Manganyi (Südafrika) and Julius Ndlovena (Südafrika) Vorträge und überbrachten ihre Botschaft im Namen der Kinder dieser Welt.

Bereits in seiner Ansprache an die Regierungsvertreter_innen hatte Staatspräsident Mbeki gefordert, diese „globale Apartheid"[192] aufs Schärfste zu bekämpfen. Der Bekämpfung der Armut ist gleich das erste Kapitel nach der Einleitung des Plan of Implementation gewidmet. Hier finden sich einige der konkreten Zielvereinbarungen, die der Johannesburg-Gipfel hervorgebracht hat:

> „Halve, by the year 2015, the proportion of the world's people whose income is less than 1 dollar a day and the proportion of people who suffer from hunger and, by the same date, to halve the proportion of people without access to safe drinking water" (PoI 2002: Abs. 7(a)).

(c) Während 1992 als Erfolg gefeiert wurde, dass es dank der internationalen Frauenlobbypolitik gelang, in fast jedem Kapitel der Agenda 21 Genderaspekte zu verankern, fällt die Bewertung des Lobbyings während des Weltgipfels in Johannesburg kritisch(er) aus: „Das Lobbying bei den Vorverhandlungen des Abschlussdokuments bestand primär im Einfügen kleiner Floskeln wie ‚gender-sensitive', ‚einschließlich Frauen' oder ‚Frauen wie Männer' nach der Sprenklermethode" (Wichterich 2002b: 18). Wenngleich der allgemeinen Einschätzung, dass ‚Gendersprengsel' aus einem umwelt- und entwicklungspolitisch schwachen Dokument kein besseres machen (vgl. ebd.), zuzustimmen ist, widersprechen die Ergebnisse der nachfolgenden Analyse der Auffassung, dass Geschlechtergerechtigkeit in den Abschlussdokumenten des WSSD „schwach wegkomm[t]" (ebd.: 19). Im Gegenteil: Es muss als Verdienst der internationalen Frauenbewegung gewertet werden, dass eine systematische Verankerung von Frauenrechten, Gender Mainstreaming und Geschlechtergerechtigkeit als elementarer Bestandteil nachhaltiger Entwicklung verstanden und an zahlreichen Stellen in den Dokumenten zum Ausdruck gebracht wird.[193] So heißt es in der Johannesburg-Deklaration unter der Überschrift „Unser Bekenntnis zur nachhaltigen Entwicklung":

> „Wir sind fest entschlossen, dafür zu sorgen, dass die Ermächtigung und Emanzipation der Frau und die Gleichstellung der Geschlechter in alle Aktivitäten eingebunden werden, die im Rahmen der Verwirklichung der Agenda 21, der Millenniums-Entwicklungsziele und des Durchführungsplans des Gipfels stattfinden" (JD 2002: Abs. 20).

Mit dem Verweis auf die Millenniumsentwicklungsziele,[194] die einen wichtigen Referenzmaßstab in der internationalen Politik darstellen, wird die Bedeutung

---

192 Mbeki (2002: o. S.) erklärte: „It would be correct that from here, the home of our common ancestors, the leaders of the peoples of the world communicate a genuine message that they really care about the future of all humanity and the planet we inhabit, that they understand and respect the principle and practice of human solidarity, and are therefore determined to defeat global apartheid.".
193 Vgl. dazu neben den im Folgenden zitierten Absatz des PoI insbesondere die Absätze 62(a); 144(g); 166.
194 Im September 2000 verabschiedeten hochrangige Vertreter von 189 Ländern, die meisten von ihnen Staats- und Regierungschefs, auf einem Gipfeltreffen der Vereinten Nationen in New York die sogenannte Millenniumserklärung. Sie beschreibt die Agenda für die internationale Politik im 21. Jahrhundert und definiert vier programmatische, sich wechselseitig beeinflussende und bedingende Handlungsfelder für die internationale Politik: (1) Frieden, Sicherheit und Abrüstung, (2) Entwicklung und

von Frauenrechten unterstrichen. Auch der Plan of Implementation bezieht sich wiederholt ganz explizit auf das dritte Millenniumsentwicklungsziel der „Gleichstellung der Geschlechter und Stärkung der Rolle der Frauen", mit dem angestrebt wird, das Geschlechtergefälle in der Grund- und Sekundarschulbildung zu beseitigen, vorzugsweise bis 2005 und auf allen Bildungsebenen spätestens bis 2015 (vgl. dazu auch PoI 2002: Abs. 116(a), 120).

Good Governance ist im Verständnis der Vereinten Nationen nicht ohne „gender equality" zu denken (vgl. ebd.: Abs. 4): Seien es Maßnahmen und Strategien zur Armutsbeseitigung (vgl. ebd.: Abs. 7(d)) oder zur Veränderung nicht nachhaltiger Konsumgewohnheiten und Produktionsweisen (vgl. ebd.: Abs. 25(a)), seien es Fragen zum Schutz und zur Bewirtschaft der natürlichen Ressourcenbasis für die wirtschaftliche und soziale Entwicklung (vgl. ebd.: Abs. 40) oder Fragen, die die Gesundheit (vgl. ebd.: Abs. 53, 54(l)) betreffen, bei allen fordert der Plan of Implementation die volle Partizipation von Frauen, wie ein Zitat aus dem Kapitel zur Armutsbekämpfung exemplarisch zeigt:

> „Promote women's equal access to and full participation in, on the basis of equality with men, decision-making at all levels, mainstreaming gender perspectives in all policies and strategies, eliminating all forms of violence and discrimination against women and improving the status, health and economic welfare of women and girls through full and equal access to economic opportunity, land, credit, education and health-care services" (ebd.: Abs. 7(d)).

Als *ein* Ergebnis lässt sich also festhalten, dass die sowohl in Rio de Janeiro als auch auf der 4. Weltfrauenkonferenz in Peking geforderte Doppelstrategie – bestehend aus erstens *Empowerment* als Teilhabe an Entscheidungsmacht, als Zugang zu Ressourcen und Landrechten sowie gezielter Frauenförderung zum Ausgleich von Ungleichheiten und zweitens *Gender Mainstreaming* als systematischer Einbeziehung einer Geschlechterperspektive in alle Felder und Aufgaben von Politik – sich in den Dokumenten des WSSD durchaus widerspiegelt.

Doch gleichzeitig sind drei Einschränkungen zu machen: Die erste betrifft die an manchen Stellen immer wieder zum Ausdruck kommende Vagheit als Charakteristikum eines internationalen politischen Dokumentes. So wird beispielsweise bei dem Themenkomplex, wie Gebirgsökosysteme zu schützen seien, als eine Maßnahme nur einschränkend empfohlen, *„gegebenenfalls*[195] geschlechtsspezifisch differenzierende Politiken und Programme auszuarbeiten und umzusetzen" (ebd.: Abs. 42(c); Herv. D. G.). Und an anderer Stelle wird insbesondere auf das

---

Armutsbekämpfung, (3) Schutz der gemeinsamen Umwelt, (4) Menschenrechte, Demokratie und gute Regierungsführung. In der Millenniumserklärung legt die Staatengemeinschaft dar, wie sie den zentralen Herausforderungen zu Beginn des neuen Jahrtausends begegnen will. Aus der Erklärung wurden später acht internationale Entwicklungsziele abgeleitet, die Millenniumsentwicklungsziele; vgl. www.un.org/millenniumgoals.

195 Die englische Entsprechung „*where appropriate*" findet sich an 27 weiteren, nicht nur Genderaspekte betreffenden Stellen im Plan of Implementation.

Prinzip der „Freiwilligkeit" abgestellt: „Encourage further work on indicators for sustainable development by countries at the national level, including integration of gender aspects, *on a voluntary basis*, in line with national conditions and priorities" (ebd.: Abs. 130; Herv. D. G.).

Die zweite Einschränkung bezieht sich auf die Tatsache, dass die Verankerung von Frauenrechten in den Dokumenten keine unumstößliche Selbstverständlichkeit darstellt. Sie ist das Ergebnis von zähen Kämpfen, die nötig waren und sind, um nicht hinter einmal Erreichtes internationales soft-law zurückzufallen, wie der Streit um die Bestätigung des Rechts auf reproduktive und sexuelle Gesundheit im Plan of Implementation zeigte.[196] „Though we feel some measure of success on the issue of women's right to health services, we weigh this against the unnecessary time and energy we have all been forced to expend to hold the ground" – so die Einschätzung des Women's Causus am letzten Tag der Konferenz.[197]

Die dritte Einschränkung wiegt am schwersten und erklärt sicherlich auch ein Stück weit die Enttäuschungen und negativen Einschätzungen der internationalen feministischen Community. Denn sie betrifft den inhaltlichen Kern dessen, was von den Vereinten Nationen unter Good Governance, Geschlechtergerechtigkeit und nachhaltiger Entwicklung verstanden wird. Im nachfolgenden Zitat werden die verschiedensten Ziele additiv aneinander gereiht, ohne dass die zugrunde liegenden, das Gesamtsystem prägenden Annahmen einer Wohlstand durch (wenn auch nachhaltiges) ökonomisches Wachstum versprechenden globalisierten Marktökonomie reflektiert werden – und ohne dass diese als Widerspruch zur Verwirklichung von „gender equality" gesehen werden:

> „Good governance is essential for sustainable development. Sound economic policies, solid democratic institutions responsive to the needs of the people and improved infrastructure are the basis for sustained economic growth, poverty eradication, and employment creation. Freedom, peace and security, domestic stability, respect for human rights, including the right to development, and the rule of law, gender equality, market-oriented policies, and an overall commitment to just and democratic societies are also essential and mutually reinforcing" (ebd.: Abs. 138).[198]

---

196 In der Berichterstattung ist hierbei immer vom Streit um den Paragraphen 47 die Rede, der zuvor die Formulierung enthielt, dass Gesundheitsversorgung „in Übereinstimmung mit nationalen Gesetzen, ethischen und religiösen Werten" zu erfolgen habe. In der endgültigen Fassung handelt es sich um das Kapitel VI und hier vor allem um den Absatz 54(j).
197 WSSD Women's Causus: www.un.org/events/wssd/statements/womenE.htm.
198 In Absatz 4 der Einleitung des PoI folgt in den Charakterisierungen, was Good Governance ausmacht, dem Hinweis auf die notwendige „Gleichstellung der Geschlechter" zwar keine Forderung nach *„markt-oriented policies"*, dafür aber nach einem *„förderlichen Investitionsumfeld"*: „Good governance within each country and at the international level is essential for sustainable development. At the domestic level, sound environmental, social and economic policies, democratic institutions responsive to the needs of the people, the rule of law, anti-corruption measures, gender equality and *an enabling environment for investment* are the basis for sustainable development" (ebd.: Abs. 4; Herv. D. G.).

Geschlechtergerechtigkeit wird nicht verbunden mit dem Blick auf das Ganze der Ökonomie, nicht mit den Krisen der informellen, ‚reproduktiven' Arbeiten, nicht mit der geschlechtsspezifischen Einbettung der Ökonomie. Die Analyse der strukturellen Ursachen von Armut und Umweltzerstörung blieb auf dem WSSD ausgeklammert. Entsprechend wurden auch die negativen Auswirkungen neoliberaler Strukturanpassungsprogramme auf die konkreten Lebensverhältnisse von Frauen, wie sie von SAPRIN (2002) festgestellt wurden, nicht thematisiert. Auf diese Defizite werde ich in der Analyse des feministischen Diskursstrangs (siehe B.III) zurückkommen.

(d) Dass Weltkonferenzen nicht nur zu einer Verbesserung des Standardsettings führen (können), sondern auch die Gefahr bergen, dass der bestehende Status der Verrechtlichung international weitgehend anerkannter Prinzipien infrage gestellt wird, zeigte die erbitterte Diskussion über das Vorsorgeprinzip (vgl. Gehne 2011: 60f.). Schlussendlich wurden die Rio-Prinzipien – und damit implizit auch das Vorsorgeprinzip – bereits in der Einleitung des Plan of Implementation bekräftigt:

> „The United Nations Conference on Environment and Development, held in Rio de Janeiro in 1992, provided the fundamental principles and the programme of action for achieving sustainable development. *We strongly reaffirm our commitment to the Rio principles*, the full implementation of Agenda 21 and the Programme for the Further Implementation of Agenda 21" (PoI 2002: Abs. 1; Herv. D. G.).

Diese erneute Verpflichtung auf die in Rio verabschiedeten Prinzipien war das Ergebnis von Paket-Verhandlungen und keinesfalls von Anfang an Konsens. Es war nicht zuletzt diese Infragestellung der neuerlichen Verankerung des Vorsorgeprinzips durch die USA, Kanada und Australien, die bei Vertreter_innen von NGOs zu der Einschätzung führte, dass kein Rückschritt bereits als Fortschritt zu werten sei. Sowohl durch die implizite Erwähnung des Vorsorgeprinzips (wie in der Einleitung des Plan of Implementation) als auch durch die explizite Nennung im dritten Kapitel im Zusammenhang mit dem Umgang mit Chemikalien und im zehnten Kapitel, in dem in Absatz 109(f) der genaue Wortlaut des Prinzips 15 der Rio-Deklaration als Zitat wiederholt wird, bleibt der Status quo der UNCED erhalten. Mit der Anerkennung des Vorsorgegedankens und seiner Verrechtlichung im Bereich Umwelt und Gesundheit wurde ein Zeichen gesetzt, das u. a. für die Streitschlichtungsverfahren vor dem WTO-Appellate-Body von Bedeutung ist. Die mit dem Vorsorgeprinzip verbundene Rationalität, die über den jeweils aktuellen naturwissenschaftlich nachweisbaren Befund hinausweist, orientiert sich am vorausschauenden Schutz von Mensch und Natur und leistet damit einen wichtigen Beitrag zur in der Johannesburg-Deklaration geforderten „Verantwortung füreinander, für alle Lebewesen und für unsere Kinder" (JD 2002: Abs. 6).

(e) Von der Jo'burg-Memorandum-Gruppe der Heinrich-Böll-Stiftung um Wolfgang Sachs wurde im Vorfeld des WSSD angeregt, Verhandlungen über eine

5. Der Weltgipfel für nachhaltige Entwicklung von 2002

Konvention zur Umwelt- und Sozialpflichtigkeit transnationaler Unternehmen zu beginnen (vgl. Sachs et al. 2002: 68ff.). Dahinter steht die Annahme, dass die Weltgesellschaft das Recht darauf habe, Unternehmen im Hinblick auf das Gemeinwohl verantwortlich zu machen. Bisherige freiwillige Vereinbarungen – sofern sie nicht vor allem dem Greenwashing der jeweiligen Unternehmen dienten, sondern als sozial-ökologisch verantwortlicher Beitrag zu werten seien – seien zwar lobenswert, sie könnten aber keine verbindlichen Regelungen ersetzen, welche ein Basisniveau an Rechten, Pflichten und Verhaltensmaßstäben definierten. Angesichts der Tatsache, dass Kofi Annan sich gerade für die freiwilligen Vereinbarungen wie den Global Compact[199] oder die Global Reporting Initiative starkgemacht hatte, ist es ein Erfolg, der insbesondere der fokussierten Kampagne von Friends of the Earth International zuzuschreiben ist, dass das Thema Unternehmensverantwortung Eingang in die WSSD-Dokumente fand: So heißt es in der Johannesburg-Deklaration:

> „Wir sind uns einig, dass große wie kleine Unternehmen der Privatwirtschaft im Rahmen ihrer legitimen Geschäftstätigkeit verpflichtet sind, zur Entwicklung gerechter und bestandsfähiger Gemeinwesen und Gesellschaften beizutragen" (JD 2002: Abs. 27).

Und in Absatz 49 des Plan of Implementation werden die Staaten aufgefordert, die Unternehmensverantwortung „aktiv" voranzutreiben – zusätzlich zu den freiwilligen Vereinbarungen, die ebenfalls im Dokument erwähnt werden:

> „Actively promote corporate responsibility and accountability, based on the Rio principles, including through the full development and effective implementation of intergovernmental agreements and measures, international initiatives and public-private partnerships and appropriate national regulations, and support continuous improvement in corporate practices in all countries" (PoI 2002: Abs. 49).

Mit diesem Passus, so die Einschätzung von NGO-Seite, sei es gelungen, „einen Fuß in der Tür für global verbindliche soziale und ökologische Regeln zur Unternehmensverantwortung" (Mittler 2002: 22) zu bekommen und einen Prozess für die Arbeit an einem international verbindlichen Regelwerk anzustoßen. Denn wenngleich der PoI die Entwicklung globaler Regeln für Konzerne zwar (noch) nicht explizit fordere, so sei sie implizit enthalten, da ja auf bestehenden Abkommen aufgebaut werden solle (vgl. ebd. sowie Maier 2002: 4).

(f) Es gehört zu den wenig rezipierten Ergebnissen[200] der WSSD, dass – u. a. anknüpfend an den Weltsozialgipfel von Kopenhagen – neben dem Prinzip der Rechtsstaatlichkeit (PoI 2002: Abs. 4) die Bedeutung der Menschenrechte, namentlich die „Unteilbarkeit menschlicher Würde" (JD 2002: Abs. 18) für eine nachhaltige Entwicklung besonders hervorgehoben wird. Die inhaltliche Füllung dessen, was Nachhaltigkeit ausmacht, wird konkretisiert durch die Verpflichtung

---

199 Vgl. zur Kritik am Global Compact als Teil der Privatisierung der Weltpolitik Paul (2001: 104ff.).
200 Vgl. als Ausnahme z. B. Barral (2003). Für diesen Hinweis danke ich Katja Gehne.

der Regierungsvertreter_innen, „eine humane, gerechte und fürsorgende globale Gesellschaft aufzubauen, die der Wahrung der Würde aller Menschen stets eingedenk ist" (ebd.: Abs. 2).

6. Zwischenfazit I

Die Ergebnisse der Analyse der politisch-institutionellen Konzeptionalisierungen von nachhaltiger Entwicklung und der sie prägenden ökonomischen, politischen und gerechtigkeitstheoretischen Annahmen sollen nun mit Blick auf Kontinuitäten, Brüche bzw. Rekonfigurationen im politisch-institutionellen Diskurs – an einigen Stellen auch unter Einbeziehung von Kritik an dem feststellbaren Diskurskonsens – resümiert und diskutiert werden (siehe B.I.6.1). Zudem werde ich eine erste Bilanz ziehen, welche Bausteine für ein kritisch-emanzipatorisches Konzept nachhaltiger Entwicklung sich im politisch-institutionellen Nachhaltigkeitsdiskurs identifizieren lassen (siehe B.I.6.2).

6.1 Kontinuitäten, diskursive Veränderungen, Widersprüche

6.1.1 ... in den Ökonomieverständnissen

In der Sekundärliteratur, die aus kritischer Ökonomieperspektive den politisch-institutionellen Nachhaltigkeitsdiskurs analysiert, wird in der Regel konstatiert und kritisiert, dass am Wachstumsimperativ festgehalten wird (vgl. z. B. Daly 1996; Dingler 2003; Höhler/Luks 2004; BUND/Brot für die Welt/eed 2009). Mehr noch, dieses Festhalten wird „als der wesentliche Paradigmenwechsel und fundamentale diskursive Bruch" (Dingler 2003: 243) zu den Anfängen des umweltpolitischen Diskurses, insbesondere der Politischen Ökologie, eingeschätzt (vgl. ebd.). Es sei geradezu ein Charakteristikum des Nachhaltigkeitsdiskurses, die „Vereinbarkeit von Wachstum und Nachhaltigkeit zu begründen" (ebd.: 244) bzw. „die Ambivalenz von Wachstum und Nachhaltigkeit durch Formelkompromisse zu überbrücken" (BUND/Brot für die Welt/eed 2009: 92). An der Prämisse, dass Entwicklung vorrangig durch wirtschaftliches Wachstum erreicht werden soll, ändere sich nichts. Im Nachhaltigkeitsdiskurs würden lediglich die Methoden des Wachstumsmanagements und der Wachstumsregulation transformiert und modernisiert (vgl. Dingler 2003: 244; siehe auch B.II.1.2). Der Fokus auf Wirtschaftswachstum sowie auf die damit verbundene Annahme, durch technische Innovationen eine Entkoppelung vom Ressourcenverbrauch zu erreichen, führe dazu, dass Fragen nach Verteilung bzw. Umverteilung gesellschaftlichen Reichtums nachgeordnet blieben (vgl. BUND/Brot für die Welt/eed 2009: 93).

6. Zwischenfazit I

Meine Untersuchung der den Dokumenten des politisch-institutionellen Nachhaltigkeitsdiskurses zugrunde liegenden Ökonomieverständnisse hat bestätigt, dass in keinem der Dokumente auf die Forderung nach Wirtschaftswachstum verzichtet wird und für die angestrebte Verwirklichung eines ‚nachhaltigen Wirtschaftswachstums' in allen Dokumenten zudem Forderungen enthalten sind, die dafür zuvorderst auf effizienzsteigernde Maßnahmen setzen. Doch das Festhalten am Wachstumsimperativ – und hier weichen meine Ergebnisse von den oben aufgeführten Autor_innen ab – erfolgt in keinem der Dokumente durchweg konsistent und gänzlich unwidersprochen. Denn gleichzeitig scheinen immer wieder, wenn auch quantitativ nicht im gleichen Maße, alternative, das dominante Verständnis infrage stellende Positionen in den Nachhaltigkeitsdokumenten auf, die damit auch in ökonomischer Hinsicht zumindest Fragmente, wenn auch keine ganzen Bausteine für ein kritisch-emanzipatorisches Konzept nachhaltiger Entwicklung in sich bergen. Schaut man sich die Widersprüche noch einmal genauer an, dann lässt sich mit Blick auf die Chronologie der politischen Nachhaltigkeitsdokumente feststellen, dass der hohe Stellenwert von Wirtschaftswachstum, angefangen vom Brundtland-Bericht 1987 bis zum Gipfel in Johannesburg 2002, bestehen bleibt. Das im Brundtland-Bericht eingeführte Verständnis eines Wachstums ‚neuer Art' – eines Wirtschaftswachstums, das perspektivisch (möglichst zur Gänze) vom Verbrauch natürlicher Ressourcen entkoppelt werden soll, wird dabei zur Standardforderung aller weiteren Nachhaltigkeitsdokumente. Doch die Bewertung der Elemente einer solchen ökologischen Modernisierung (von Effizienzsteigerung bis hin zur De-Materialisierung oder auch zu Forderungen nach Kosteninternalisierungen) geht nicht auf in einer Charakterisierung, die diese lediglich als Assimilierungs- und Restrukturierungsprozesse einer kapitalistischen Ökonomie bestimmt. In ihnen steckt gleichzeitig auch der Keim für eine andere Qualität von Wirtschaften im ökologischen Kontext, wenn beispielsweise im Brundtland-Bericht ein Wirtschaftswachstum gefordert wird, das „die Luft, die Gewässer, die Wälder und Böden *lebendig* hält" (siehe dazu B.I.1 dieser Arbeit sowie den folgenden Abschnitt (b)). Die Analyse der politischen Nachhaltigkeitsdokumente offenbart diese Widersprüche und damit die – bisher wenig beachtete – Heterogenität in den Ökonomieverständnissen, die in Konkurrenz zueinander stehen und keine diskursive Einheit[201] bilden.

Zu diesen Prozessen des Ringens um Hegemonie gehört auch, dass im Bereich der Ökonomieverständnisse des politisch-institutionellen Nachhaltigkeitsdiskurses seit Ende der 1980er-Jahre der Einfluss des neoliberalen Denkens wächst, sich im temporalen Verlauf des Diskurses in den Nachhaltigkeitsdokumenten widerspiegelt und gleichzeitig durch diese reproduziert wird. Die großen Wachstumschancen, die globale Märkte böten, betonen alle untersuchten UN-Dokumente;

---

201 Der Begriff der „diskursiven Einheit" geht auf Dingler (2003: 185) zurück.

das in diesem Diskursstrang zuletzt untersuchte UN-Dokument, der Plan of Implementation, enthält jedoch die meisten Liberalisierungsbezüge. Und er steht durch seine Verweise auf die WTO-Abkommen und die Doha-Runde am deutlichsten (aber eben nicht nur) für ein Wirtschaftsverständnis, das sich gegen politische Regulierungen zu verwahren sucht und wirtschaftliche Institutionen als für die Bearbeitung der ökonomischen Dimension nachhaltiger Entwicklung zuständig erachtet. Auch die deutsche Nachhaltigkeitsstrategie spiegelt die innenpolitischen Umbrüche und neoliberalen Prozesse im Kontext der Agenda 2010. Stärker als die UN-Dokumente betont die deutsche Nachhaltigkeitsstrategie beispielsweise die Prinzipien der Eigenverantwortung und Flexibilisierung. Wie selbstverständlich wird damit einerseits in den politischen Nachhaltigkeitsdokumenten von der Lebensdienlichkeit des (Welt-)Marktes ausgegangen, ohne dass die gegensätzlichen Rationalitäten von Markt und dem, was dem Leben dienlich ist (vgl. Ulrich 2001), gleichermaßen ins Zentrum der Betrachtung gerückt würden. Doch andererseits gibt es auch ein Bewusstsein für die erzeugten Widersprüche und existierenden Zielkonflikte zwischen sozialen, ökologischen *und* ökonomischen Aspekten von (nachhaltiger) Entwicklung. Während auf der einen Seite Liberalisierungs- und Deregulierungsforderungen, Forderungen nach Privatisierung, mehr Eigenverantwortung und individueller Flexibilisierung erhoben werden, wird auf der anderen Seite ökologischer und sozialer Steuerungsbedarf angemahnt, um der in der herrschenden ökonomischen Sachlogik schon vorhandenen Normativität korrigierend zu begegnen (zur Kritik an der normativen Logik des Marktes vgl. ebd.). Parallel zur Neoliberalisierung des Nachhaltigkeitsdiskurses, die sich in Forderungen nach politischen Maßnahmen wie Privatisierungen und Deregulierungen ausdrückt, die sich wiederum „prekär auf die Politik des Nationalstaates als traditionellem Adressaten zur Einhaltung der Menschenrechte aus[wirken]" (Lukas 2002: 159) bzw. zumindest auswirken können, finden sich politische Ansätze der (Re-)Regulierung, wie das konkrete Beispiel des Schutzes von (globalen) öffentlichen Gütern wie der Wasserversorgung zeigt, zu der sich z. B. der Plan of Implementation (2002) ausdrücklich bekennt. Diese setzen neben der Berücksichtigung ökologischer Fragen auch menschenrechtliche Standards als Rahmenbedingungen für wirtschaftliche Aktivitäten und überantworten Leistungen öffentlicher Daseinsvorsorge gerade nicht der privatwirtschaftlichen Dynamik.

6.1.2 ... in den Politikverständnissen

Die untersuchten Dokumente des politischen Nachhaltigkeitsdiskurses teilen die Anerkennung von *Interconnectedness*, also der wechselseitigen Abhängigkeit und Verflechtung von Umwelt-, Entwicklungs- und Friedensaspekten, die ein neues Denken erfordert, das in Zusammenhang bringt, was als zusammengehörig bislang kaum ins öffentliche Bewusstsein getreten ist: das Globale und das Lokale, die ökologische, soziale, politische, ökonomische und kulturelle Dimension. Bestandteil der dafür angestrebten Politikstrategie ist neben einer inhaltlichen Integration, die die verschiedensten Aspekte des gesamtgesellschaftlichen Wandels in seinen Wechselbeziehungen thematisiert, vor allem auch eine prozessuale Integration, die die Öffnung politischer Entscheidungsprozesse auf allen Ebenen für neue Akteure umfasst. Denn es gehört zu den internen und temporalen Kontinuitäten des politisch-institutionellen Nachhaltigkeitsdiskurses, dass einerseits der Staat als die Institution angesehen wird, die die Verantwortung für die Umsetzung von nachhaltiger Entwicklung trägt, gleichzeitig die herkömmlichen gesellschaftlichen und politischen Institutionen zur Bewältigung der sozial-ökologischen Herausforderungen als nicht ausreichend eingeschätzt werden. Als notwendig wird daher die Partizipation aller gesellschaftlich relevanten – zivilgesellschaftlichen wie privatwirtschaftlichen – Akteure erachtet. Dieses partizipative, partnerschaftliche und dialogorientierte Politikverständnis ist Konsens in den analysierten Dokumenten.

Diese Ausrichtung an dialogischen, auf Konsens und Kooperation ausgerichteten Politikformen ist einerseits von mir (wie auch von anderen) als Innovation wahrgenommen und klassifiziert worden. Andererseits ist dieses Politikverständnis einer partizipativen Governance auch immer wegen seiner Nicht- bzw. Dethematisierung von Machtstrukturen kritisiert worden. Schärfer und stärker noch als bei der UNCED 1992 (und im Übrigen auch bei anderen Weltkonferenzen der 1990er-Jahre) war der programmatische Bezug auf das gemeinsame Menschheitsinteresse bei der Bewältigung der drängenden Probleme beim WSSD 2002 Gegenstand der Kritik insbesondere von zivilgesellschaftlichen Akteuren. Zwar versuchten gerade die südafrikanischen Gastgeber_innen nicht zuletzt angesichts der realen verheerenden sozial-ökologischen Bilanz zehn Jahre nach Rio auf dem Gipfel und in seinen Dokumenten den ‚Geist von Rio' erneut zu aktivieren. Doch weckten der spürbare politische Einfluss der WTO-Verhandlungen und die Erfahrungen mit Globalisierungspolitik seit Mitte der 1990er-Jahre das Misstrauen und die Kritik vor allem von NGOs und sozialen Bewegungen gegenüber einem universalistischen ‚Wir', das von allen machtpolitischen Asymmetrien abstrahiert. Die Konzeptualisierung bestehender Probleme als Herausforderungen, die vermeintlich alle Gesellschaften und Menschen in ähnlicher Weise betreffen und an deren effektiver Bearbeitung folglich alle ein Interesse haben müssten (siehe dazu auch die Kritik in Diskursstrang B.II sowie Brand 2005c: 154), verhindert eine genaue Analyse der unterschiedlichen Interessen und eine Spezifizierung des Akteurs ‚Menschheit'. Auf diese Ambivalenz des den Nachhaltigkeitsdiskurs prägenden Verständnisses von Global Governance und Partizipation werde ich in Teil C noch zurückkommen.

6.1.3 ... in den Gerechtigkeitsverständnissen

Dass im politisch-institutionellen Nachhaltigkeitsdiskurs der letzten zwanzig Jahre im Zusammenhang mit Fragen nach der Ausgestaltung des doppelten Gerechtigkeitsverständnisses der Bezug auf die Menschenrechte – und dies gilt insbesondere für die Nachhaltigkeitsdokumente der Vereinten Nationen – eine kontinuierliche Verstärkung erfahren hat und damit gleichzeitig auch Bestandteil und Motor des Menschenrechtsdiskurses selbst geworden ist, wurde bisher kaum als interne und temporale Kontinuität herausgestrichen und untersucht. Die immer wieder als Referenz gewählte Definition der Brundtland-Kommission, die die gleichberechtigte Bedürfnisbefriedigung heutiger und künftiger Generationen als Kern nachhaltiger Entwicklung qualifiziert, weist den Brundtland-Bericht zunächst als bedürfniszentrierten Ansatz aus. Gleichzeitig zeugt bereits der Brundtland-Bericht von Veränderungen im entwicklungspolitischen Diskurs und steht für den Übergang vom bedürfniszentrierten zum rechtszentrierten Ansatz, in dem Arme nicht nur als Träger von Bedürfnissen, sondern als Träger von Rechten verstanden werden (vgl. BUND/Brot für die Welt/eed 2009: 200; Hamm 2004). Besonders deutlich wird dies in den Forderungen, die Rechte von Marginalisierten und eher machtfernen Gruppen zu stärken (etwa Indigene, Landlose, Arme, Frauen) – angefangen bei der Ermöglichung politischer Teilhabe, Zugang zu Land, Krediten und Markt sowie Gesundheitsversorgung einschließlich der Gewährleistung reproduktiver Rechte (vgl. Hauff 1987a: 43, 98, 106, 108f.).

Die vielfältig und umfassend ausgeführte Forderung nach einem angemessenen Lebensstandard für alle Menschen stellt auch die Agenda 21 gleichermaßen in die Traditionslinie der Allgemeinen Erklärung der Menschenrechte der Generalversammlung der Vereinten Nationen vom 10. Dezember 1948. Insbesondere sind in diesem Zusammenhang das „Recht auf soziale Sicherheit" (Artikel 22), das „Recht auf Arbeit" und auf „gleichen Lohn für gleiche Arbeit" (Artikel 23), das „Recht auf Wohlfahrt" (Artikel 25) sowie das „Recht auf Bildung" (Artikel 26) zu erwähnen. In der Erklärung von Johannesburg wird mit der dezidierten Betonung der „Unteilbarkeit der Menschenwürde" (JD 2002: Abs. 18) zudem explizit Bezug auf die Präambel und den Artikel 1 der Menschenrechte genommen, der lautet: „Alle Menschen sind frei und gleich an Würde und Rechten geboren. Sie sind mit Vernunft und Gewissen begabt und sollen einander im Geist der Brüderlichkeit begegnen" (Generalversammlung der Vereinten Nationen 1948, Art. 1). Die staatliche Verpflichtung, die sich aus der Mitgliedschaft in völkerrechtlichen Verträgen wie den ILO-Konventionen ergibt und zu deren Kernrechten („Core Labor Standards") das Recht auf Vereinigungsfreiheit, das Recht auf Kollektivverhandlungen, die Abschaffung der Zwangsarbeit und das Verbot von Kinderarbeit gehört, wird durch die erneute Bezugnahme im Plan of Implementation verstärkt (PoI 2002: Abs. 10(b)). Zusätzlich wird mit der Verankerung des Bekenntnisses zur Unternehmensverantwortung in den Dokumenten von Johannesburg weiteres *soft law* etabliert.

Während sich in der Anerkennung der Gleichwertigkeit von inter- und intragenerativer Gerechtigkeit eine klare Kontinuität in den Dokumenten der *Vereinten Nationen* vom Brundtland-Bericht über die Agenda 21 und die Rio-Erklärung bis hin zu den Dokumenten des Weltgipfels für nachhaltige Entwicklung in Johannesburg feststellen lässt, weicht die Nachhaltigkeitsstrategie der *Bundesrepublik Deutschland* von diesem doppelten Gerechtigkeitsverständnis ab. Die diskursive Rekonfiguration vollzieht sich über die Einführung des Begriffs der Generationengerechtigkeit. Zentraler Kern dieser Modifizierung ist eine Engführung des Gerechtigkeitsverständnisses auf intergenerative Gerechtigkeit – doch nicht vorrangig zum Zwecke der Repräsentanz bisher marginalisierter Interessen von zukünfigen Generationen und Natur, sondern als Mittel zur Legitimation in der Auseinandersetzung um Austeritätspolitik. Intragenerative Gerechtigkeit wird zwar einerseits als sozialer Zusammenhalt – insbesondere als Geschlechtergerechtigkeit und Chancengleichheit für Menschen mit Migrationshintergrund – konkretisiert, im gesamten Dokument aber andererseits dennoch eher in den Hintergrund gedrängt. Diese Verschiebung von einer gleichwertigen und gleich wichtigen Betrachtung von intra- und intergenerativer Gerechtigkeit (und Maßnahmen zu ihrer Verwirklichung) hin zu einer Priorisierung von intergenerativer Gerechtigkeit ist im Zusammenhang mit der diskursiven Verschiebung im stärker neoliberal ausgerichteten Ökonomieverständnis der deutschen Nachhaltigkeitsstrategie zu sehen. Sie steht nicht für eine generelle Verminderung der Bedeutung der sozialen Dimension nachhaltiger Entwicklung, wie sie Johannes Dingler (2003: 255) für den temporalen Verlauf des Diskurses konstatiert.

6.2 Bausteine für ein kritisch-emanzipatorisches Konzept nachhaltiger Entwicklung aus dem politisch-institutionellen Diskursstrang

Nicht alle von mir identifizierten Bausteine sind im Folgenden gleich gewichtet, gleich entfaltet. Genau genommen müsste bisweilen von halben Bausteinen oder Fragmenten die Rede sein. Mit Blick auf den von mir formulierten Anspruch, Verbindungen zwischen den verschiedenen Strängen des Nachhaltigkeitsdiskurses zu stiften, werden diese Anknüpfungspunkte im Verlauf der Arbeit jedoch teilweise wieder aufgegriffen und ihre Inhalte weiterentwickelt.

6.2.1 Neues Ökonomie- und Arbeitsverständnis

Als ein erster Baustein für ein neues Ökonomieverständnis kann den Dokumenten des politisch-institutionellen Diskurses die Vorstellung einer ökologisch-sozial regulierten Marktwirtschaft entnommen werden. Wenngleich dieser Baustein nicht den Endpunkt meiner Konzeption neuer nachhaltiger Ökonomie darstellt, so bietet eine solche sozial-ökologische Regulierung einen potenziellen Anknüpfungspunkt für eine kritische Weiterentwicklung und die Transformation des kapitalistischen Wachstumsmodells. Denn sie verschafft Zeit für weitergehende Veränderungen, indem sie versucht, soziale und ökologische Externalisierungen (wieder) einzuhegen. Das Konzept ökologisch-sozialer Marktwirtschaft enthält bereits die Kritik an der ‚reinen' ökonomischen Vernunft und an ihrer normativen Überhöhung zum Ökonomismus (vgl. Ulrich 2001) und setzt statt des Glaubens an den globalen Markt als Regulationsmechanismus auf die politische Gestaltung durch Regelwerke, die das ökonomische Handeln an hohen sozialen und ökologischen Qualitätsstandards ausrichten. Dieser Baustein gründet auf der durchaus umstrittenen Annahme, dass Wettbewerb sowie die vielfach beschriebenen Elemente einer ökologischen Modernisierung dazu beitragen können, den Strukturwandel von Wirtschaft in Richtung Nachhaltigkeit zu gestalten. Welcher institutionellen Rahmenbedingungen und Politikinstrumente es dafür bedarf, muss noch genauer untersucht werden. Eine Analyse ihrer konkreten Ausgestaltung und der beteiligten Akteure ist dabei genauso unabdingbar wie eine kritische Reflexion der Grenzen von ökonomischer Transformation, die mit einem solchen Verständnis verbunden sind.

Trotz der in den Dokumenten des politisch-institutionellen Diskurses vorfindbaren hegemonialen Bestimmung von Arbeit als Erwerbsarbeit werden dennoch teilweise auch die informellen und unbezahlten Arbeiten – ob Subsistenz- oder Eigenarbeit, ‚reproduktive' oder ‚ehrenamtliche' Arbeiten – in ihrer Bedeutung für das Allgemeinwohl und damit für eine nachhaltige Entwicklung in den Blick genommen. Wenn auch in unterschiedlicher Gewichtung ist damit die Verwobenheit der „Lebensweltökonomie" (Jochimsen/Kesting/Knobloch 2004) und ihrer Tätigkeiten mit der Marktökonomie, der Erwerbswirtschaft thematisiert. Orientierungspunkte für ihre jeweilige nachhaltige Ausgestaltung sowie für die Gestaltung ihrer Verbindung lassen sich allerdings im politisch-institutionellen Diskurs nur vereinzelt erkennen und sind auf die normativen Vorschläge von Ansätzen aus den folgenden Diskurssträngen (siehe B.II, B.III und B.IV) angewiesen.

6.2.2 Partizipation und innovatives politisches Potenzial

Aus einer transformativen Perspektive ist die in den Dokumenten des politisch-institutionellen Nachhaltigkeitsdiskurses vorfindbare partizipative, partnerschaftliche und dialogische Orientierung in ihrer Bedeutung für ein emanzipatorisches Konzept nachhaltiger Entwicklung nicht hoch genug einzuschätzen.[202] Denn diese Orientierung an politischer Teilhabe eröffnet auch die Möglichkeit, die derzeitige Verfasstheit von Demokratie selbst zum Gegenstand der Auseinandersetzung zu machen. Partizipation an Entscheidungs-, Planungs- und Umsetzungsprozessen für nachhaltige Entwicklung bietet zudem – zumindest potenziell und als Anknüpfungspunkt für soziale Kämpfe – die Option, alle Bereiche des Zusammenlebens demokratisch zu gestalten, d. h. auch Wirtschafts- und Eigentumsverhältnisse. Ohne demokratische Selbstbestimmung in diesem umfassenden Sinne, ohne die aktive Gestaltung durch alle gesellschaftlichen Kräfte wird es keinen Wandel in Richtung Nachhaltigkeit geben können. So wie „[d]er Dialog [...] ein unverzichtbares Element sozialen Fortschritts [ist]" (Schachtner 1998: 5), so ist es nicht zuletzt auch die Stärkung der lokalen Demokratie. Vor Ort besteht die Chance, neue Beteiligungsformen, die einen geringen Grad an Formalisierung und Hierarchisierung aufweisen und die die politische Arbeit weder von Alltagserfahrungen noch Gefühlen abspalten (vgl. ebd.), zu erproben und zu etablieren. Mehr noch: Es besteht die Möglichkeit, neue politische Räume zu eröffnen – etwa für Energiedemokratie, Solidarische Landwirtschaft usw.

Die Analyse der Bedeutung des Partizipationsgedankens und des Konzepts der Einbeziehung aller relevanten gesellschaftlichen Akteure wirft jedoch zugleich zahlreiche Fragen auf, die ebenfalls im Verlauf der Arbeit in der Analyse weiterer Nachhaltigkeitsansätze mitbedacht werden sollen. Es geht dabei um Fragen nach der Koordination zwischen und von staatlichem und zivilgesellschaftlichem Handeln, nach der Restrukturierung des öffentlichen Raums sowie danach, welche Institutionen ermächtigt und welche entmachtet werden und wie umfassende politische Partizipation unter Berücksichtigung ungleicher Ausgangsbedingungen und Machtpotenziale überhaupt zu ermöglichen ist.

6.2.3 *Vorsorgeprinzip*

Obwohl das Vorsorgeprinzip auf nationaler Ebene bereits Anfang der 1970er-Jahre als Maßstab des Handelns anerkannt wurde,[203] wurde es erst über die Rio-Deklaration 1992 zu einem Bestandteil internationalen Rechts.[204] Dieses Hand-

---

202 Ohne dabei die Ambivalenzen und Grenzen von Partizipation negieren zu wollen, die ich bereits in B.I.6.1.2 reflektiert habe und im nachfolgenden Diskursstrang B.II noch einmal ausdifferenziert werde.
203 So fand das Vorsorgeprinzip 1971 Eingang in das erste Umweltprogramm der deutschen Bundesregierung: „Der auf moderner Technik und Wettbewerb beruhende Wirtschaftsprozeß führt zu wachsendem materiellen Wohlstand. Damit ist unvermeidlich ein rasch zunehmender Stoff- und Energieumsatz verbunden; zugleich vermehren sich sprunghaft die Abfälle aller Art. Aus Gründen der Vorsorge für künftige Generationen darf die natürliche Aufnahmekapazität für Belastungen aller Art auf keinen Fall bis auf das letzte ausgenutzt werden" (Bundesregierung 1971: 7).
204 Auf internationaler Ebene wurde das Vorsorgeprinzip zuerst in die sogenannte Erdcharta aufgenommen, die 1982 von der UN-Generalversammlung verabschiedet wurde. Auf europäischer Ebene wur-

lungsprinzip ist wesentlich für ein kritisch-emanzipatorisches Konzept nachhaltiger Entwicklung. Denn es fordert auf zu verantwortlichem Handeln in Ökonomie und Politik, um Handlungs- und Entscheidungsspielräume auch für zukünftige Generationen zu sichern. Auf das Vorsorgeprinzip kann beispielsweise zurückgegriffen werden, um rasch und angemessen auf potenzielle Gefahren zu reagieren, die als Folge von einem Ereignis, Produkt oder Verfahren etwa für die Gesundheit von Menschen, Tieren oder Pflanzen drohen, auch wenn sich das Risiko nicht mit hinreichender Sicherheit bestimmen lässt. Der Rückgriff auf das Vorsorgeprinzip zur Entscheidung für oder gegen ein Tätigwerden stellt entsprechend eine politische Entscheidung dar, die dabei die Langfristperspektive mitberücksichtigt. Trotz fehlender Gewissheit, ob tatsächlich ein Schaden eintritt, welches Ausmaß dieser Schaden hätte oder wie wahrscheinlich er wäre, zielt das Vorsorgeprinzip darauf ab, so zu handeln, dass irreversible Schäden für heutige und zukünftige Generationen vermieden werden.

6.2.4 Menschenrechte und kosmopolitische Demokratie

Nicht zuletzt zur Stärkung intragenerativer Gerechtigkeit und um Prozessen der Entrechtlichung[205] im Zuge von neoliberaler und neoimperialer[206] Politik entgegenzuwirken, stellen die Achtung, die Förderung und der Schutz der Menschenrechte einen wichtigen Baustein für ein kritisch-emanzipatorisches Konzept nachhaltiger Entwicklung dar, der kosmopolitische Züge trägt. Nach Seyla Benhabib (2009: o. S.) sind es genau diese globalen Normen, die „den Grundstein für jedes Projekt zu einer Weltverfassung[207] und zur globalen Harmonisierung des Rechts" darstellen. In den Dokumenten des politisch-institutionellen Nachhaltigkeitsdiskurses wird mit Blick auf die notwendige Beteiligung aller relevanten gesellschaftlichen Akteure im politischen Mehrebenensystem auch die globale Zivilgesellschaft adressiert. Dem Wunsch nach und dem Versuch der Einbindung von globaler Zivilgesellschaft in politische Gestaltungsprozesse geht ihre Anerken-

---

de es 1992 in den Vertrag zur Gründung der Europäischen Gemeinschaft aufgenommen. Neuen Bestimmungen in der EU-Chemikalienpolitik (vgl. dazu die Verordnung EG Nr. 1907/2006, REACH-VO; EU 2006) liegt das Vorsorgeprinzip ebenfalls zugrunde. Vgl. zur historischen Entwicklung des Vorsorgeprinzips www.juraforum.de/lexikon/vorsorgeprinzip sowie die Mitteilung der Europäischen Kommission zur Anwendbarkeit des Vorsorgeprinzips (europa.eu/legislation_summaries/consumers/consumer_safety/l32042_de.htm).

205 Sehr ausdrücklich verweist Seyla Benhabib (2009: o. S.) auf die vielfältigen Prozesse der Entrechtlichung, die weltweit im Gange sind: von der Verbringung ‚feindlicher Kämpfer' an unbekannte Orte im ‚Kampf gegen den Terror' über die Entstehung der *Maquiladoras* in Zentral- und Südamerika bis zu den freien Wachstumszonen in China und Südostasien.
206 Der Begriff „neoimperial" wird von Ulrich Brand übernommen.
207 Inwieweit dies noch ein Projekt im Werden ist, wird unterschiedlich gesehen: Die neue Wuppertal-Studie „Zukunftsfähiges Deutschland in einer globalisierten Welt" (BUND/Brot für die Welt/Evangelischer Entwicklungsdienst 2009) spricht beispielsweise davon, dass die Weltgesellschaft mit dem Menschenrechtskanon bereits über eine Verfassung verfügt.

6. Zwischenfazit I

nung voraus. Indem akzeptiert wird, dass sich eine globale Zivilgesellschaft als heterogener neuer politischer Akteur gebildet hat, wird eine neue Phase erreicht, „die durch den Übergang von internationalen zu kosmopolitischen Gerechtigkeitsnormen charakterisiert" (Benhabib 2009: o. S.) werden kann. Dabei handelt es sich nicht nur um eine semantische Unterscheidung:

> „Während Normen des internationalen Rechts aus Vertragsverpflichtungen entstehen, die Staaten und deren Repräsentanten eingegangen sind, kommen kosmopolitische Normen den Individuen zu, die in einer weltweiten Zivilgesellschaft als moralische und Rechtspersonen aufgefasst werden. Kosmopolitische Normen unterscheiden sich von jenen Vertragsverpflichtungen der Staaten dadurch, dass sie Staatsbürger als Rechtssubjekte einer Weltgesellschaft ermächtigen und, andererseits, Staaten dazu verpflichten, ihre Bürgerinnen und Bürger gemäß allgemeinen menschenrechtlichen Prinzipien zu behandeln. So wird die staatliche Souveränität durch die Anerkennung von kosmopolitischen Normen eingeschränkt" (ebd.).

Dass neben der Verantwortung von Staaten für den Schutz der Menschenrechte auch (transnationale) Unternehmen in die Pflicht genommen werden und sich selbst dazu verpflichten, für solche Rahmenbedingungen Sorge zu tragen, die die Verwirklichung der Menschenrechte unterstützen, gibt den demokratiestärkenden Aspekten internationaler Normen und transnationalen Rechts insgesamt Auftrieb (siehe dazu auch die Analyse der WSSD-Dokumente in B.I.5).

Diskursstrang B.II: Diskursinterventionen – skeptische und ablehnende Stimmen im deutschen Diskurs um nachhaltige Entwicklung

Bei der nachfolgenden Analyse der skeptischen und ablehnenden Positionen im Nachhaltigkeitsdiskurs weiche ich vom Untersuchungsdesign ab, das ich auf die politisch-institutionellen, feministischen und auf die integrativen Nachhaltigkeitsdokumente und -ansätze anwende: Ich analysiere nicht die zugrunde liegenden Ökonomie-, Politik- und Gerechtigkeitsverständnisse. Im Zentrum der Untersuchung steht vielmehr die Kritik, die von der internationalen politischen Bewegung und der postpositivistischen bzw. poststrukturalistischen Wissenschaft an Nachhaltigkeit geübt wird. Stellvertretend dafür habe ich Arbeiten aus dem Kreis der Bundeskoordination Internationalismus (BUKO) (siehe B.II.1.1) und die Dissertation von Johannes Dingler (siehe B.II.1.2) ausgewählt. Bei beiden handelt es sich um Ansätze, die sich nicht affirmativ auf das Ziel nachhaltige Entwicklung beziehen. Ihr Ausgangspunkt ist die kritische Dekonstruktion, zum Teil sogar die Delegitimierung des Konzepts Nachhaltigkeit, mit dem nach ihrem Verständnis die bestehenden Herrschaftsverhältnisse nicht infrage gestellt, sondern stabilisiert werden. Die in diesem Diskursstrang untersuchten Positionen sind Teil eines Gegendiskurses, der sich Mitte der 1990er-Jahre zu formieren beginnt.

Ich werde zeigen, dass dieser Gegendiskurs Aspekte thematisiert, die in anderen Nachhaltigkeitssträngen keine oder zu wenig Berücksichtigung finden. „Interventionen von links" (Wissen/Habermann/Brand 2003: 43) sind jedoch ausgesprochen wichtig für den Nachhaltigkeitsdiskurs. Denn die Perspektive radikaler Kritik erhält den Raum für reflexive Prozesse und damit für ein Infragestellen dessen, was als evident oder vermeintlich alternativlos erscheint.

Meine Analyse sowohl der Hauptkritikpunkte (siehe B.II.1) der Diskursinterventionist_innen, wie ich sie nenne, als auch ihrer Perspektiven für sozial-ökologische Transformationen (siehe B.II.2), die sie als Alternative zum hegemonialen Nachhaltigkeitsdiskurs entfalten, wird zeigen, dass es durchaus Übereinstimmungen und Parallelen zu anderen nicht-hegemonialen Nachhaltigkeitsansätzen gibt (wie etwa dem feministischen Diskursstrang, siehe B.III) bzw. dass Verbindungen zwischen ihnen gestiftet werden können. In B.II.3 erfolgt eine Zusammenschau und Gesamteinschätzung der Kritik und der Perspektiven der Diskursinterventionist_innen, die für ein kritisch-emanzipatorisches Konzept nachhaltiger Entwicklung fruchtbar gemacht werden sollen. Ich werde überdies Gemeinsamkeiten und Unterschiede herausarbeiten (siehe B.II.3), denn auch der Gegendiskurs stellt keinen homogenen Block dar und ist selbst Teil diskursiven Wandels.

1. Kritik am herrschenden Nachhaltigkeitsdiskurs aus den Bereichen Internationalismus-Bewegung und postmoderne Wissenschaft

Wenngleich kritische Positionen im Nachhaltigkeitsdiskurs von Anfang an artikuliert worden sind, auf die ich bereits in der Analyse des Brundtland-Berichts und der Agenda 21 eingegangen bin, so verstärkt sich die Kritik im Anschluss an die Rio-Konferenz Mitte der 1990er-Jahre. Sie wird sowohl von denjenigen formuliert, die sich bis zu diesem Zeitpunkt affirmativ auf das neue Entwicklungsparadigma bezogen haben, als auch von jenen, die der Nachhaltigkeitsidee schon von Beginn an skeptisch bis ablehnend gegenüber gestanden haben. Es entbrennt eine Auseinandersetzung über Fragen nach den Ambivalenzen von Partizipation und Partnerschaft vor dem Hintergrund bestehender Herrschaftsstrukturen in Weltwirtschaft und Weltpolitik. Damit rückt vor allem die Frage nach dem Verhältnis von Nachhaltigkeit und neoliberaler Globalisierungspolitik ins Zentrum (siehe A.2.2.2). Kritiker_innen des Nachhaltigkeitsdiskurses fangen an, verstärkt die Gefahren der Vereinnahmung widerständiger Potenziale zu diskutieren und warnen sowohl vor einer Entradikalisierung von Nichtregierungsorganisationen, ihrer Arbeit und Programme (vgl. stellvertretend Geden 1998) als auch vor einem Prozess des Greenwashings, der „einer neoliberalen Wirtschaft ein menschenrechtliches oder umweltbewusstes Mäntelchen" (Ferenschild 2003: 56) umhänge. Im Mittelpunkt der Kritik steht die „weitestgehende Nichtthematisierung von Macht- und Herrschaftsverhältnissen" (Eblinghaus/Stickler 1996: 12): Kein Paradigmenwechsel sei mit dem Konzept verbunden, es diene vielmehr zur Durchsetzung ökologischer Modernisierung und stelle damit bestehende Herrschaftsverhältnisse nicht infrage, sondern stabilisiere sie (vgl. z. B. Redcliff 1987; Eblinghaus/Stickler 1996; Bergstedt 1998a, 1998b). Nachhaltige Entwicklung verspreche, die inneren Widersprüche des Kapitalismus zu überwinden, ohne auch nur an den kapitalistischen, patriarchalen Grundstrukturen zu kratzen (vgl. z. B. Bernhard 1995, 1996; Görg 1996; Hausknost 2005). Damit sei Nachhaltigkeit im besten Fall nur eine „wunderschöne Illusion" (Hausknost 2005: 138) und laufe Gefahr „zum ideologischen Kitt des neoliberalen Scherbenhaufens" (Brand/Görg 2002: 42) zu werden.

In der Bundesrepublik Deutschland war es vor allem die Bundeskoordination Internationalismus (BUKO), die Mitte der 1990er-Jahre den Gegendiskurs prägte und die „mehr oder weniger die einzige überregionale Organisation [war], die sich die Fundamentalkritik leistete, der Nachhaltigkeits-Debatte mit einem klaren ‚Nein danke' entgegenzutreten" (Eblinghaus 1996: 9). Die BUKO-Position wurde nicht zuletzt durch die 1996 von Helga Eblinghaus und Armin Stickler verfasste Publikation „Nachhaltigkeit und Macht. Zur Kritik von Sustainable Development" bekannt – zum einen weil die Autor_innen aus dem BUKO-Zusammenhang kommen und sowohl in der BUKO-Arbeitsgruppe „Danke für den

Fisch" als auch später in der Gruppe „Schwertfisch" aktiv waren (siehe dazu ausführlicher 1.1.1), zum anderen weil im zweiten Teil des Buches „[d]ie Debatte um die Studie ‚Zukunftsfähiges Deutschland'" (Eblinghaus/Stickler 1996: 201ff.) dokumentiert ist. „Nachhaltigkeit und Macht" (ebd.) avancierte – gewissermaßen als Gegenstück zur Studie „Zukunftsfähiges Deutschland" (BUND/Misereor 1996) – ebenfalls zum ‚Klassiker' im deutschen Nachhaltigkeitsdiskurs. Denn fast immer, wenn (ausgeblendete) Machtfragen thematisiert werden, wird auf das Werk von Eblinghaus und Stickler verwiesen – und zwar gerade von denjenigen, die Nachhaltigkeit mit einem kritisch-emanzipatorischen Kern verbinden und diesen nicht aufgeben wollen und daher die Kritik der BUKO an der Machtblindheit im herrschenden Diskurs aufgreifen. Dieser Umstand zeigt, wie sehr sich Diskurs und Gegendiskurs überlagern und miteinander verflochten sind. Siegfried Timpf hat die Rolle, die die BUKO-Autor_innen übernehmen, einmal als „Diskurspartisan/in" (Timpf 2003: 442) bezeichnet: Die Kritiker_innen seien sich bewusst, dass eine Position der Exdiskursivität nicht möglich sei. Auch ihr Protest sei Teil des Diskurses, gleichzeitig versuchten sie aber, nicht in die kulturelle Falle der Kritik zu gehen, die darin bestünde, mit Kritik das Bestehende nur zu modernisieren (vgl. ebd.). Die BUKO-Autoren Christoph Spehr und Armin Stickler beschreiben diese Position mit folgenden Worten:

> „Wir akzeptieren in vielen Punkten den neuen Diskurs, so wie wir gezwungen sind, die Spielregeln der Herrschaft an vielen Punkten zu akzeptieren, da wir nicht einfach ‚außerhalb' leben können. Eine gesellschaftliche Gegenbewegung, die die neue Ordnung herausfordern, die Kräfteverhältnisse verschieben oder Entwicklungsrichtungen umkämpfen könnte, entsteht aber nicht, indem wir unsere Erfahrungen und Widersprüche in den herrschenden Diskurs ‚einbringen'. [...] Eine gesellschaftliche Gegenbewegung muß [...] einen eigenen Diskurs schaffen [...]. Sie muß die alten Spielregeln ‚kaputtdenken' (Wallerstein 1995) und eigene formulieren [...]. Gesellschaftliche Gegenmacht und Gegendiskurs sind wechselseitig miteinander verbunden" (Spehr/Stickler 1997: 223f.).

Auf den Gegendiskurs der BUKO gehe ich nun im Folgenden näher ein.

1.1 Bundeskoordination Internationalismus (BUKO)

1.1.1 Zum Hintergrund der BUKO

Die BUKO[208] ist ein unabhängiger Dachverband, dem über 120 entwicklungspolitische Gruppen und Organisationen, internationalistische Initiativen, Solidari-

---

208 Bei ihrer Gründung 1977 stand die Abkürzung BUKO noch für den „Bundeskongreß entwicklungspolitischer Aktionsgruppen". Die Namensänderung erfolgte 2001 im Kontext der Namensänderung, die die Redaktion der ehemaligen BUKO-Zeitschrift *FORUM entwicklungspolitischer Aktionsgruppen* beantragte, da sie u. a. die Bezeichnung ‚entwicklungspolitisch' für politisch überholt und zu sehr an den ‚Fortschrittsmythen der kapitalistischen Metropolen' angelehnt empfand; vgl. dazu die Ausgabe 202/203 vom FORUM (1996: 45). Seit 1997 hieß die Zeitschrift *alaska – Zeitschrift für Interna-*

tätsgruppen, Eine-Welt- und/oder Buch-Läden, Kampagnen und Zeitschriftenprojekte sowie fast 100 Einzelpersonen angehören.[209] Jährlich findet ein Kongress der BUKO zu wechselnden Themen statt. Die BUKO versteht sich als Forum linker, herrschaftskritischer Debatten und vernetzt dabei BUKO-Kampagnen und Arbeitszusammenhänge,[210] die ursprünglich aus den Solidaritätsbewegungen mit den Befreiungskämpfen in Ländern des globalen Südens hervorgegangen sind. Im Zentrum der Arbeit der BUKO steht die Kritik am „Kapitalismus in all seinen Vergesellschaftungsformen [...]. Kapitalismuskritik bezieht sich dabei nicht nur auf Klassen- und imperiale Nord-Süd-Verhältnisse, sondern auch auf Geschlechterverhältnisse, Rassismus und Antisemitismus" (BUKO 2009a).[211] Aus diesen Perspektiven kritisiert die BUKO „die unterschiedlichen Strategien, Institutionen und Diskurse neoliberaler Globalisierung" (ebd.) und auch den Diskurs um nachhaltige Entwicklung.

Die BUKO ist eines der wenigen Netzwerke, das bereits Mitte der 1990er-Jahre in der deutschen Debatte seine fundamentale Kritik am Begriff und Konzept nachhaltiger Entwicklung artikulierte und mehrheitlich die Einbindung in lokale Nachhaltigkeitsprozesse, z. B. in Form von Agenda 21-Prozessen, ablehnte (vgl. stellvertretend Stock 1998).[212] Insbesondere die vom Wuppertal Institut erstellte und 1996 erschienene Studie „Zukunftsfähiges Deutschland" (BUND/Misereor 1996) wurde von der Nachhaltigkeits-AG „Danke für den Fisch", die mit dem politischen Mandat des BUKO ausgestattet war, heftig kritisiert.[213] Im Anschluss an den 20. Bundeskongress 1996 in Heidelberg, der unter dem Motto „Herrschende Nachhaltigkeit – Nachhaltige Herrschaft" stand, konstituierte sich die AG zum BUKO-Arbeitsschwerpunkt „Nachhaltigkeit und Herrschaft" (auch „Schwertfisch" genannt) und setzte ihre Kritik am Nachhaltigkeitsdiskurs fort (vgl. Schwertfisch 1997). Im Vorfeld der Johannesburg-Konferenz 2002 rief die

---

tionalismus, ihre letzte Ausgabe erschien 2005. Die Debatten der BUKO werden derzeit u. a. in der Zeitschrift *ak – analyse & kritik* dokumentiert.
209 Die Zahl der der BUKO angehörenden Gruppen bezieht sich auf den Stand 2015. Zur Organisation der BUKO (Geschäftsstelle, Sprecher_innenrat, Bundeskongress, Ratschlag, Mitgliedsgruppen) vgl. die Homepage (www.buko.info).
210 Zu den derzeitigen Arbeitsschwerpunkten und Kampagnen gehören: „Soziale Ökologie, „Stadt-Raum", „Weltwirtschaft" (ruht derzeit), Agrar Koordination, die Kampagne zur Biopiraterie sowie die BUKO-Pharma-Kampagne. Auch die BUKO-Kampagne „Stoppt den Rüstungsexport!" ruht derzeit.
211 Dieses Zitat war 2009 noch auf der Hompage der BUKO zu finden, durch Kürzungen und Aktualisierungen findet es sich nun nur noch auf den Seiten von linksnet (2015) unter dem Stichwort „Bundeskoordination Internationalismus" wieder.
212 Ganz ähnlich argumentiert Jörg Bergstedt (1998a, 1998b).
213 Schon bei der Vorstellung und Diskussion der Studie im Oktober 1995 protestierte die BUKO-AG „Danke für den Fisch" mit Transparenten. Die kritische Stellungnahme führte zu einer Vielzahl von Anfragen zu Diskussionsbeiträgen, Interviews und Artikeln. Ihren Namen wählte sich die AG in Übrigen in Anlehnung an eine Geschichte in Douglas Adams' „Per Anhalter durch die Galaxis". Dort heißt es, dass die Signale der Delphine, die versuchten, die Menschen vor dem Untergang der Erde zu warnen, nicht verstanden wurden. Die Delphine verließen die Erde schließlich und verabschiedeten sich mit einem letzten Sprung, der übersetzt hieß: „Macht's gut und danke für den Fisch".

BUKO beispielsweise gezielt zum Boykott des Weltgipfels für nachhaltige Entwicklung auf und warnte in diesem Zusammenhang vor der Metapher der „nachhaltigen Globalisierung" (BUKO o. J.: 3; vgl. dazu auch Brand/Görg 2002). Als in der BUKO engagierte kritische Intellektuelle erhoben auch Ulrich Brand (2002) und Christoph Görg (2002) die Forderung „Rio+10" zu boykottieren. Denn

> „[a]ngesichts der Erkenntnis, dass alle Versuche zur Umsetzung nachhaltiger Entwicklung weitgehend an der Realität neoliberaler Globalisierung gescheitert sind, ist zu befürchten, dass nun der Bock erst Recht zum Gärtner erklärt wird. Es zeichnet sich ab, dass unter dem Label der ‚nachhaltigen Globalisierung' ausgerechnet jenen Institutionen, die diese neoliberale Strategie vorangetrieben haben, eine zentrale Rolle zugebilligt wird. Das wäre noch weniger als nichts. So bleibt die traurige Erkenntnis, dass die Aussicht auf die globalen Krisenerscheinungen ohne Gipfel weniger verstellt wäre" (Görg 2002: o. S.; Herv. D. G.).

Auf den BUKO-Arbeitsschwerpunkt „Nachhaltigkeit und Herrschaft" folgte zunächst der Arbeitsschwerpunkt „Soziale Ökologie (ASSÖ)". Mittlerweile wird im Arbeitsschwerpunkt „Gesellschaftliche Naturverhältnisse (GesNat)" zu Fragen sozial-ökologischer Transformation gearbeitet.[214]

Die folgenden Kritikpunkte (siehe B.II.1.1.2) beziehen sich vor allem auf die Auseinandersetzung der BUKO mit dem Nachhaltigkeitsdiskurs in den 1990er-Jahren. Bis heute ist es jedoch die Position der BUKO, dass sich Lösungen für die globalen sozial-ökologischen Krisen nicht ‚von oben', nicht durch Expert_innen und auch nicht kooperativ durchsetzen lassen (BUKO o. J.: 3, 2009b, 2015). Solange auf eine radikale Kapitalismuskritik und damit auf eine Analyse der zugrundeliegenden Ursachen der multiplen Krise verzichtet werde, solange herrschende Praktiken und Machtverhältnisse ausgeblendet blieben, würden letzlich allenfalls Symptome bekämpft (ebd.). Internationale Umweltpolitik wird mithin „eher für ein Instrument der Aufrechterhaltung bestehender Ungleichheiten als [für] einen Ort des Aufbruchs [ge]halten" (BUKO 2015: o. S.; Erg. D. G.), der es soziale Kämpfe ‚von unten' entgegenzusetzen gelte.

1.1.2 Hauptkritikpunkte der BUKO am Konzept nachhaltiger Entwicklung

Die Hauptkritikpunkte der BUKO am Konzept nachhaltiger Entwicklung ergeben sich als Kontrapunkte aus dem eigenen Selbstverständnis und der eigenen Zielsetzung. Nach Auffassung der BUKO sei Nachhaltigkeit als Konzept nicht geeignet, um einem herrschaftsfreien Zusammenleben aller Menschen näherzukommen. Der Begriff enthalte keine emanzipatorische Handlungsperspektive. Vielmehr verschleiere er bestehende Machtverhältnisse und trage zur Systemsta-

---

[214] Vgl. www.buko.info/buko-projekte/as-ges-naturverhaeltnisse/gesnat-positionen/.

1. Kritik am herrschenden Nachhaltigkeitsdiskurs

bilisierung bei (vgl. BUKO o. J.: 1). Die Systemfrage steht im Mittelpunkt der Auseinandersetzungen um Nachhaltigkeit. Der Begriff Nachhaltigkeit sei – so die offizielle und mehrheitlich geteilte Darstellung der BUKO – nicht geeignet, die „scheinbare Alternativlosigkeit kapitalistischer Globalisierung infrage" (ebd.) zu stellen. Denn die mit Nachhaltigkeit verbundenen Vorstellungen brächen weder „mit den herrschenden Normen von Wirtschaftswachstum und kapitalistischer Eigentumsordnung" (ebd.) noch mit „den aktuellen Ausformungen des Patriarchats" (Bernhard 1999: 118). Genau diese Herrschaftsverhältnisse – „Profitzwang", „patriarchales Geschlechterverhältnis", „Aufteilung der Welt in Nationalstaaten, die sich als Wirtschafts- und Wettbewerbsgemeinschaften verstehen" (Brand 1996: 7) – gelten für Mitglieder der BUKO als Ursachen für heutige Krisen.

Die BUKO-Autor_innen stützen ihre ablehnende Haltung gegenüber dem Nachhaltigkeitskonzept auf die Analyse nationaler Dokumente zur Ausgestaltung und Umsetzung – vor allem auf die Studie „Zukunftsfähiges Deutschland"[215] (a) – als auch auf die Analyse einer Reihe von internationalen politischen Nachhaltigkeitsdokumenten (b).

(a) Im Fall der Studie „Zukunftsfähiges Deutschland" (BUND/Misereor 1996) richtete sich die BUKO-Kritik beispielsweise gegen das idealistische Gesellschaftsbild der Studie, das unterstelle, dass es keine – oder zumindest keine gravierenden – Interessensunterschiede gäbe (vgl. Eblinghaus 1996: 9; Spehr/Stickler 1997: 215). Statt einer „schonungslose[n] Benennung von Verantwortlichkeiten" (BUKO 1996: 210) von Akteuren wie „multinationale Konzerne, Banken, Regierungen, Militär und Wissenschaft" (ebd.) werde zum einen eine undifferenzierte Verantwortlichkeit aller konstruiert. Zum anderen würden sich die Politikempfehlungen der Studie in erster Linie an die privaten Haushalte und damit an die Verbraucher_innen richten, die zu einem geringeren Ressourcenverbrauch beitragen sollen. Der Versuch der *Ökologisierung des Bereiches der unbezahlten Arbeit*, die durch Verzicht, Sparen und neue Bescheidenheit (Suffizienz) erreicht werden soll, wird von den Frauen aus der AG „Danke für den Fisch" als „ökologische Modernisierung der Diskriminierung" (ebd. 1996: 4) bezeichnet:[216] „Das heißt, die die ohnehin in einer schlechteren, [sic] sozialen und ökonomischen Lage sind wie Frauen, Arme oder Menschen in der sogenannten Dritten Welt sol-

---

215 Integrative Konzepte – wie z. B. der HGF-Ansatz oder der Osnabrücker Ansatz (Massarrat) (siehe B.IV) – oder feministische Ansätze (siehe B.III), die sich ebenfalls kritisch mit dem Nachhaltigkeitsdiskurs auseinandersetzen, aber den Nachhaltigkeitsbegriff nicht aufgeben, wurden Mitte der 1990er-Jahre von der BUKO allerdings nicht rezipiert.

216 Neben den Autor_innen der BUKO-Nachhaltigkeits-AG (insbesondere Bernhard 1996, 1997a,b, 1999) haben auch andere Wissenschaftler_innen unter dem Stichwort Feminisierung der Umweltverantwortung kritisiert, dass im umweltpolitischen Diskurs bestehende Ungleichheiten zwischen den Geschlechtern nicht reflektiert, sondern die vergeschlechtlichte Arbeitsteilung noch verstärkt werde, indem die umweltrelevanten Verhaltensänderungen vorrangig denjenigen, die Versorgungsarbeit leisten, zugewiesen werde (siehe dazu B.III.1.1 und B.IV.2.2).

len ihre Ansprüche noch weiter reduzieren" (Bernhard 1997a: 153). Gleichzeitig ziele der von den Autor_innen der Studie „Zukunftsfähiges Deutschland" angestrebte *ökologische Umbau der bezahlten Arbeit* auf die Steigerung der internationalen Wettbewerbsfähigkeit ab: Eine Effizienzrevolution, so die Argumentation der Studie, käme nicht nur der Natur zugute, sondern könne gleichzeitig auch den Standort Deutschland sichern. Die BUKO-Autor_innen kritisierten „den unverfrorenen Bezug auf Standortpolitik" und die „nationalistische[n] Phantasien von einer deutschen Ökologieführerschaft auf dem Weltmarkt" (Eblinghaus 1997: 9). Eine Sicherung von Standortvorteilen sei Teil des Problems und nicht seine Lösung. Sie entspringe der Logik, sich auf dem Weltmarkt unter den Konkurrenzbedingungen zu behaupten, und verringere „die Chancen wirksamer internationaler Vereinbarungen zu ‚Umwelt und Entwicklung' gegen Null" (ebd.: 215). Kritisiert wird von den BUKO-Autor_innen zudem ein Verständnis, das Politiker_innen vorrangig als Vertreter_innen eines sozial-ökologischen Gemeinwohls definiere, statt das „Spannungsfeld organisierter und unterschiedlich mächtiger gesellschaftlicher Interessen" (ebd.) zu analysieren, in dem Politiker_innen agieren. Eine noch größere Einflussnahme von Wirtschaftsverbänden – „Unternehmungen beteiligen sich an Gesetzgebungsverfahren und initiieren Lösungen im Sinne freiwilliger Selbstverpflichtungen", wie sie in der Studie „Zukunftsfähiges Deutschland" (BUND/Misereor 1995: 165[217], zit. n. BUKO 1996: 215) gefordert wird, – wird in der BUKO-Stellungnahme scharf kritisiert. Zudem weisen die BUKO-Autor_innen darauf hin, dass, würden alle Unternehmer_innen auf soziale und ökologische Externalisierungen, auf denen die kapitalistische Wirtschaft beruht, verzichten, dies das Ende des Kapitalismus bedeuten würde. Eine solche Selbstentmachtung sei aber alles andere als wahrscheinlich (BUKO 1996: 215).

(b) Die zweite Grundlage für die Ablehnung des Nachhaltigkeitskonzepts bildete die Auseinandersetzung mit den internationalen Nachhaltigkeitsdokumenten der Vereinten Nationen. Im Zentrum der Analyse der Mitglieder der AG „Danke für den Fisch" bzw. des Arbeitsschwerpunkts „Nachhaltigkeit und Herrschaft" stand zunächst der Brundtland-Bericht. Dieser wie auch die Dokumente der Rio-Konferenz aus dem Jahr 1992 offenbaren ihrer Meinung nach ein Politikverständnis, das nicht auf einen „grundlegende[n] Umbau" abziele, „sondern lediglich Reformen der existierenden Strukturen und Institutionen als ausreichend" (BUKO o. J: 1) betrachte. Entsprechend sei nicht nur problematisch zu

---

217 Dieses Zitat, das die BUKO-Autor_innen anführen, stammt aus dem vorläufigen Endbericht des Wuppertal Instituts. Es ist auf Seite 165 in der Studie „Zukunftsfähiges Deutschland" (BUND/Misereor 1996) nicht (mehr) zu finden. Stattdessen heißt es dort auf Seite 191: „Die wirtschaftlichen Institutionen sind auf der ganzen Welt die mächtigsten Kräfte. Deshalb können nur mit ihnen die notwendigen Veränderungen herbeigeführt werden. Sie müssen Teil der grundlegenden systemischen Transformationsprozesse sein" (ebd.).

bewerten, dass im Nachhaltigkeitsdiskurs die „Hoffnung auf zivilisatorische Bändigung des Kapitalismus" (BUKO 1996: 207) suggeriert werde. Die größere Gefahr gehe von der ökologischen Modernisierung des Kapitalismus aus. Denn aus der Perspektive der BUKO (1999: o. S.) spielt die „‚ökologische Frage' [...] eine bedeutende Rolle in den aktuellen Restrukturierungsprozessen der kapitalistischen Ökonomie" (ebd.). Allerdings geschehe diese Restrukturierung sehr selektiv – „je nach Kräfteverhältnissen, der Durchsetzungsmöglichkeit bestimmter Strategien, technologischen Optionen, Nachfragepräferenzen, internationalen Bedingungen" (ebd.) – und sie geschehe „vor allem nicht losgelöst von den Imperativen der Kapitalakkumulation und Wettbewerbsfähigkeit" (ebd.). Zu einer internationalistischen Perspektive gehöre, zu verstehen, dass „[d]ie Bearbeitung der ‚ökologischen Krise' [...] nicht per se hinderlich für den kapitalistischen Umbau" (ebd.) sei: In ihrer heute dominanten Ausprägung führe und bedeute sie vor allem die Schaffung neuer Märkte für umweltfreundlichere Produkte und Dienstleistungen (ebd.). Entsprechend hält die BUKO den dominanten umweltpolitischen Diskurs, der unter dem Label nachhaltiger Entwicklung geführt wird, durchaus für „kompatibel mit der neoliberalen Globalisierung" (ebd.) und spricht von einem „Öko-Kapitalismus" (ebd.). Dieser suche nicht nur nach neuen Formen der Kapitalverwertung und Ressourcenvernutzung, „ohne an den patriarchalen, kapitalistischen, imperialistischen Grundstrukturen der nördlichen Industriegesellschaft etwas zu ändern" (Spehr 1996b: 14), sondern binde kritisches Potenzial auch hegemonial ein:

> „Immer wieder haben die Herrschenden Kritikpunkte an den offensichtlichen Mißständen doch lediglich deshalb aufgegriffen, um durch Integrationsangebote ihre Politik legitimieren zu können, aber doch nicht um strukturell etwas zu ändern" (FORUM 1996: 29).

Ökologie avanciere zum neuen Herrschaftsdiskurs – so argumentieren Christoph Spehr und Armin Stickler (1997) auch an anderer Stelle: Die alten Themen und Fragestellungen würden so transformiert, dass kaum noch etwas von dem übrig bleibe, was den neuen sozialen Beziehungen einst lieb und teuer gewesen sei (vgl. ebd.: 212).

Gerade weil soziale und ökologische Ziele nach BUKO-Ansicht nur durch „gesellschaftliche Gegenmacht", „soziale Kämpfe" und die „Widerständigkeit sozialer Bewegungen" (BUKO 1996: 216) erreicht werden können, wird auch die Teilnahme an Agenda 21-Prozessen abgelehnt. Die BUKO-Kritik an einem Engagement an Lokalen Agenda 21-Prozessen bezieht sich auf folgende Aspekte:

(i) Erstens sei es naiv, *lokale Verantwortung für globale Probleme* einzufordern. Die an sich nicht falsche Maxime „Global denken, lokal handeln!" drohe in den Lokalen Agenda 21-Prozessen erneut trivialisiert zu werden, indem die Verantwortung für globale Probleme vorrangig dem Individuum angetragen werde. Grundlegende Strukturveränderungen gerieten dabei jedoch nicht in den Blick:

„Wer Konsumverzicht übt, fair gehandelten Kaffee trinkt [...], wird sich irgendwann fragen, was das alles soll, wenn gleichzeitig durch [...] die Freihandelspolitik ein Umwelt- und Sozialdumping stattfindet, das alle gutgemeinten individuellen Bemühungen ad absurdum führt" (Stock 1998: 7).

(ii) Den zweiten grundsätzlichen Fehler der Lokalen Agenda 21-Prozesse sehen die BUKO-Autor_innen in der zu positiven und euphorischen *Bewertung der Agenda 21* selbst. Denn diese bestehe zu 90 Prozent aus „nichtssagende[n] Verlautbarungen" (ebd.) und befürworte zudem krisenverursachende Technologien wie Gentechnik und Atomenergie.

(iii) Drittens – und hier liegt der Schwerpunkt der BUKO-Kritik – müsse die Instrumentalisierung von NGOs im Zusammenhang mit der *starken Betonung des Konsensgedankens in den Lokalen Agenda 21-Prozessen* gesehen werden: Denn „[w]as kann schon schief laufen, wenn die globale Zivilgesellschaft mit am Tisch sitzt?" (Brand 2002: o. S.). Die Kritik der BUKO richtet sich in dieser Frage zum einen gegen NGO-Vertreter_innen und Mitglieder der globalen Zivilgesellschaft, die sich selbst nicht länger im antagonistischen Kampf gegen Staat und Kapital sehen, sondern gemeinsam mit Repräsentant_innen aus Politik und Wirtschaft auf internationalen Weltkonferenzen für nachhaltige Entwicklung streiten (vgl. Spehr/Stickler 1997: 212). Zum anderen werden etablierte staatliche Institutionen kritisiert, die mit einer Politik der Runden Tische, die durch Konfliktvermeidung geprägt sei, politische Widersprüche vernebeln und konfrontative Politiken delegitimieren (vgl. BUKO o. J.: 3). Zu den Spielregeln des Diskurses gehöre, von den Kritiker_innen Alternativen, zumindest „was Vergleichbares" zu verlangen (Eblinghaus 1996: 10): „Wer kein fertiges, womöglich noch global gültiges Modell vorweisen kann oder möchte, darf gar nicht erst mitreden" (ebd.). Das unbedingte Streben nach Harmonie bewirke „die Befriedung und Entpolitisierung potentieller Kritiker_innen, die im Interesse ‚konstruktiver' Auseinandersetzung lieber ihren Mund halten, um nicht als notorische Querulanten dazustehen" (Stock 1998: 7).

(iv) Viertens blieben beim Engagement an Lokalen Agenda 21-Prozessen Inhalte auf der Strecke, wenn Organisatorisches, Formales und Methodisches zu sehr in den Vordergrund treten. *Lobbyismus*[218] sei nicht nur auf Kompromisse angewiesen, er binde auch viel Arbeitskraft und Energie. Auf der einen Seite ließe sich also das Phänomen eines „Partizipations-Overkills" (ebd.) feststellen, auf der anderen Seite würden NGOs auspartizipiert (vgl. ebd.).

---

218 Die Position der Kritik an Lobbyismus wird in der BUKO kontrovers geführt. So ist z. B. die BUKO Agrar Koordination Mitglied im Forum Umwelt & Entwicklung, welches die Umsetzung der Agenda 21 in Deutschland kritisch begleitet, und nimmt selbst teil an Lobbypolitik.

1.2 Johannes Dingler

1.2.1 *Postmoderne Theorie als Basis für Nachhaltigkeitsforschung*

Ebenso wie die Kritik der BUKO im Nachhaltigkeitsdiskurs breit rezipiert wurde, ist auch Johannes Dinglers Arbeit zu „Postmoderne und Nachhaltigkeit" (2003) zu einem wichtigen Referenzpunkt innerhalb der Nachhaltigkeitsforschung, insbesondere der Sozial-ökologischen Forschung geworden. Sozial-ökologisch arbeitende Forschungsprojekte (wie beispielsweise die von Fred Luks geleitete Gruppe „NEDS – Nachhaltige Entwicklung zwischen Durchsatz und Symbolik") sahen in der von Dingler vorgelegten diskurstheoretischen Analyse der sozialen Konstruktionen von nachhaltiger Entwicklung ein bedeutsames Gegengewicht zu den eher von der ökologischen Ökonomie oder naturwissenschaftlich technischen Bearbeitung relevanter Nachhaltigkeitsfelder geprägten Nachhaltigkeitsforschung, an dem sie ihre eigenen Arbeiten orientieren konnten (vgl. Höhler/Luks 2004). Dingler ist von mir aber nicht nur deswegen ausgewählt worden, weil er mit aller Deutlichkeit für eine Ausrichtung der Nachhaltigkeitsforschung an einer Epistemologie der Postmoderne plädiert. Er ist auch deswegen interessant, weil er im Gegensatz zu den BUKO-Autor_innen die Studie „Zukunftsfähiges Deutschland" (BUND/Misereor 1996) aufgrund ihrer Orientierung an Suffizienz gerade nicht als hegemonialen Nachhaltigkeitsansatz einstuft. Er verortet die Studie vielmehr „zwischen dem hegemonialen und dem nicht-hegemonialen Diskurs nachhaltiger Entwicklung" (Dingler 2003: 344), aus der für ein postmodernes Nachhaltigkeitsverständnis einiges zu gewinnen wäre. Auf diese unterschiedlichen Einschätzungen ein- und derselben Studie durch Kritiker_innen des Nachhaltigkeitsdiskurses werde ich in B.II.3.1.2 zurückkommen.

Der Verdienst von Dingler, der Politikwissenschaft, Soziologie und Philosophie studiert hat, besteht nicht zuletzt darin, dass er die postmoderne Theorie als vielversprechende Basis für die sozial-ökologische Forschung ausgewiesen hat. In seiner Dissertation vertritt er die These, dass die Herrschaft über die Natur bereits in den konzeptionellen Strukturen der Moderne enthalten ist. Den Diskurs um nachhaltige Entwicklung interpretiert er als „reflexive Modernisierung der Moderne" (ebd.: 316): Nachhaltige Entwicklung soll die Folgeschäden der Moderne durch eine Anwendung der Moderne auf die Moderne beheben – in Form einer ökologischen Modernisierung (vgl. ebd.: 483f.). Damit werden aber nach Dingler genau jene Strukturen reproduziert, die maßgeblich ökologische Krisentendenzen[219] produzieren. Der hegemoniale Nachhaltigkeitsdiskurs führe entsprechend,

---

219 Obwohl Dingler in der Analyse von Dokumenten wie dem Brundtland-Bericht und der Agenda 21 sehr wohl die soziale Dimension von nachhaltiger Entwicklung untersucht und die von ihm konstatierte zunehmende Vernachlässigung sozialer Fragen kritisiert, spricht er selbst nicht von sozial-öko-

so seine Schlussfolgerungen, zu keiner Lösung der Krise, er bewirke vielmehr „eine Stabilisierung des sich selbst destabilisierenden Diskurses der Moderne und könne somit langfristig genau jene Probleme verschärfen, zu deren Lösung er angetreten" (ebd.: 484) sei. Als Forschungsdesiderat und Aufgabe für die Zukunft stellt Dingler die Erarbeitung einer postmodernen Theorie von (ökologischer) Nachhaltigkeit heraus (vgl. ebd.: 494). Eine solche postmoderne Theoriebildung müsste seiner Meinung nach von der Kritik an der Nicht-Nachhaltigkeit der Moderne, die die menschliche Zivilisation an den Rand des Kollaps gebracht hätte (vgl. ebd.). ausgehen. Sie hätte dabei die nachfolgenden Kritikpunkte reflektierend aufzunehmen.

1.2.2 Kritik am hegemonialen Konzept nachhaltiger Entwicklung als Ausdruck ökologischer Modernisierung

Die Kritik, die Dingler (vgl. ebd.: 258ff.) am hegemonialen Konzept nachhaltiger Entwicklung übt, betrifft die Thesen der Grenzen des Wachstums, die Ideen von Effizienzrevolution, Entkoppelung und Dematerialisierung sowie die Vorstellungen vom Umweltmanagement (a), die Themenkomplexe Armut und Bevölkerungswachstum (b) und Bedürfnisse (c), die Vernachlässigung der Analyse von Herrschaftsverhältnissen (d), das Verhältnis von nachhaltiger Entwicklung und Globalisierung (e) sowie potenzielle Widersprüche zwischen der sozialen Entwicklung und Ökosystemen (f).

(a) Für Dingler steht und fällt das hegemoniale Konzept von Nachhaltigkeit „mit der Haltbarkeit der These, dass ökonomisches Wachstum und ökologische Nachhaltigkeit prinzipiell vereinbar" (ebd.: 258) seien. Diese Annahme kritisiert Dingler scharf. Der Wachstumsimperativ des hegemonialen Nachhaltigkeitsdiskurses stellt für ihn einen „strukturellen Widerspruch" (ebd.: 263) zu (einer postmodern gedachten) Nachhaltigkeit dar. Die Akzeptanz, die die Forderung nach Wachstum im hegemonialen Nachhaltigkeitsdiskurs genießt, erklärt Dingler aus der Übernahme der kapitalistischen Strukturbedingungen in den Diskurs. Allerdings gilt Dinglers Kritik nicht nur der kapitalistischen, sondern ebenso jeder anderen Ökonomie, die auf unbegrenztes ökonomisches Wachstum setzt. Letzteres sei aufgrund der prinzipiellen Begrenztheit von Natur unmöglich und führe zwangsläufig in ökologische Krisen (vgl. ebd.: 262). Mit dieser Argumentation schließt Dingler an die These um die Grenzen des Wachstums an, die davon ausgeht, dass mehr ökonomisches Wachstum mehr Verbrauch an Ressourcen und Energie sowie einen Anstieg der Emissionsquantität bedeutet: Begrenztheit und

---

logischen Krisen oder ökologischen und sozialen Krisen, sondern konzentriert sich hauptsächlich auf die ökologische Krise.

Erschöpflichkeit von Natur stehen unendlichem materiellem Wachstum unvereinbar gegenüber.[220]

Eine nachhaltige Entwicklung, so folgert Dingler, wäre also „nur durch die Preisgabe des Wachstumsimperativs realisierbar" (ebd.: 264). Denn weder ein Konzept der relativen Grenzen, das durch Strategien der Effizienzsteigerung und Dematerialisierung die Entkopplung von ökonomischem Wachstum und der Zunahme des Naturverbrauchs anstrebt, noch ein rationales, globales Umweltmanagement scheinen ihm geeignete Ansatzpunkte für Nachhaltigkeit. Die Grenzen des Wachstums würden lediglich später erreicht: Effizienzsteigerungen könnten zwar Ressourcen einsparen helfen, seien aber als alleiniges Instrument nicht ausreichend (vgl. ebd.: 264ff.). Auch Strategien der Dematerialisierung könnten in gewissem Umfang zu einer ressourcenschonenderen Produktionsweise führen. Dennoch beruhten erstens viele der dematerialisierten Güter aus den Bereichen Dienstleistung und Information einer angestrebten postindustriellen Gesellschaft letztlich auf einem materiellen Kern, beschleunigten zweitens die Zirkulation des Kapitals, das wiederum zur Produktion materieller Güter eingesetzt werde, und stünden drittens unter Druck, erneut im Zuge von Rationalisierungsprozessen durch technische Substitution wieder rematerialisiert zu werden. Zudem funktioniere eine Dienstleistungs- und Informationsökonomie viertens nur auf der Grundlage einer bereits entwickelten materiellen Industriestruktur mit hohem stofflich-energetischen Verbrauch, diese Voraussetzungen seien aber aus ökologischen Gründen gerade nicht universalisierbar. Schließlich sei fünftens eine rein virtuelle Steigerung des Mehrwerts nichts als inflationäre Ausdehnung und als solche Zeichen und nicht Lösung der Krise[221] (vgl. ebd.: 267ff.). Dingler argumentiert, dass Methoden des Umweltmanagements zwar zu einer verminderten oder optimierten Nutzung von Natur führen könnten, letztlich aber ökologische Übernutzungen, die sich als ökosystemische Instabilitäten manifestierten, nie prinzipiell ausschließen. Sie basierten zudem auf zweifelhaften Annahmen einer umfassenden technischen Kontrolle, lückenloser Information und Planbarkeit von Natur. Ein solches Management von Natur hält Dingler weder für möglich noch aus einer herrschaftskritischen Perspektive für wünschenswert (vgl. ebd.: 270f.).

(b) Die Art und Weise wie Armut und Bevölkerungswachstum im hegemonialen Nachhaltigkeitsdiskurs thematisiert werden, wird von Dingler ebenfalls kritisiert. Dingler zeigt, dass die These, Armut stelle eine wesentliche Ursache für die

---

220 Vgl. exemplarisch zur Wachstumskritik Meadows et al. (1972); Daly (1977); Immler (1985); Altvater (1991). Von den Bewegungen zu Postwachstum, degrowth und decroissance wird diese Kritik aufgegriffen und weiterentwickelt; vgl. stellvertretend für den deutschen Diskurs zu Postwachstum Muraca (2009); Muraca/von Egan-Krieger (2010); Rätz et al. (2011).

221 Die fünf Argumente, die es nach Dingler zweifelhaft erscheinen lassen, dass eine Dienstleistungs- und Informationsgesellschaft tatsächlich dazu führen könnte, ökonomisches Wachstum und Naturverbrauch zu entkoppeln, übernimmt Dingler von Altvater und Mahnkopf [1996] (1999).

ökologische Krise dar, funktional zur Untermauerung der Notwendigkeit von ökonomischem Wachstum herangezogen wird. Dingler bestreitet nicht, dass auf lokaler und regionaler Ebene beispielsweise durch Brandrodung Naturzerstörung verursacht werde. Allerdings kritisiert er die Verschiebung der Gewichtung in der Verantwortung für die globalen ökologischen Krisenerscheinungen und -tendenzen: Die „armutsbedingte Übernutzung der Natur" (ebd.: 272) existiere zwar, sei aber nicht im gleichen Maß wie die „wohlstandsbedingte Übernutzung" (ebd.) für die Krise verantwortlich. Auch die Problematisierung von Bevölkerungswachstum als ökologisches Problemfeld weist Dingler als Verschleierung realer Verantwortlichkeiten zurück und fordert, dass zur Analyse der globalen Natur(ver)nutzung „der *tatsächliche* Ressourcenverbrauch der jeweils spezifischen verbrauchenden Weltbevölkerungsteile betrachtet werden [muss] und nicht der *potentielle* Verbrauch der Gesamtbevölkerung im Falle der Verallgemeinerung des pro Kopf Konsums" (ebd.: 274f.; Herv. i. O.). Dingler charakterisiert beide Argumentationslinien – einerseits Armut, andererseits Bevölkerungswachstum für Naturzerstörung verantwortlich zu machen – als „argumentationstheoretische Instrumente zur Rekonfiguration des Diskurses um nachhaltige Entwicklung […], durch die die paradigmatische Wende zur Aufrechterhaltung des Wachstumsimperativs ermöglicht wurde" (ebd.: 276) und wird.

(c) Dingler problematisiert den Bedürfnisbegriff, der den meisten hegemonialen Definitionen nachhaltiger Entwicklung zugrunde liegt (ebd.: 276). Seine Kritik richtet sich gegen die Annahme „der temporalen und transkulturellen Konstanz von Bedürfnissen" (ebd.: 277), die letztlich auf einem essentialistischen Bedürfnisbegriff basiere. Dieser geht davon aus, dass Bedürfnisse bereits im Wesen des Menschen enthalten sind. Menschliche Bedürfnisse würden somit als ahistorisch, universell und transkulturell angenommen. Aus der Perspektive postmoderner Diskurstheorie ließen sich aber, so Dingler, die Kontingenz und Instabilität von Bedürfnissen zeigen. Bedürfnisse seien ein diskursives Konstrukt und damit abhängig von sozialen, historischen und kulturellen Kontexten (vgl. ebd.). Dinglers Kritik, angelehnt vor allem an Arbeiten von Beckerman (1994) und Ekins (1993), ist weitreichend: Folgt man ihr, dann ist es erstens „unmöglich zu wissen, was die Bedürfnisse zukünftiger Generationen sein werden, denn sie müssen nicht mit jenen der heutigen Generation korrespondieren" (Dingler 2003: 278). Zweitens sind Bedürfnisse als heterogenes Konstrukt „nicht homogen bestimmbar" (ebd.: 279). Entscheidende Fragen seien vielmehr: „Welche Bedürfnisse? Und: wessen Bedürfnisse?" (Sachs 1997: 99, zit. n. Dingler 2003: 279). Wird jedoch eine historisch und kulturell partikulare Konstruktion wie im Fall des Brundtland-Berichts verallgemeinert, handelt es sich laut Dingler um eine „ethnozentrische[...] Universalisierung" (ebd.) bzw. um einen „ethnozentrischen Bedürfnisbegriff" (ebd.), was wiederum einen Akt der Macht darstelle. Entsprechend kommt Dingler zu dem Schluss, dass die Definition des Brundt-

1. Kritik am herrschenden Nachhaltigkeitsdiskurs

land-Berichts „unbrauchbar" (ebd.: 278), „letztendlich gar nicht operationalisierbar sei" (ebd.: 279), müssten doch „zu viele mehr oder weniger willkürliche, kontingente Annahmen getroffen werden, die den potenziell denkbaren Lebensverhältnissen zukünftiger Generationen nicht gerecht" (ebd.: 281) würden.

Auf die Frage, ob und inwiefern mit dieser postmodernen Diskussion von Bedürfnissen, die Bedürfnisse zukünftiger Generationen als letztlich nicht bestimmbar erklärt, die Gefahr einer Aushebelung des intergenerativen Gerechtigkeitsansatzes einhergeht, werde ich im Zwischenfazit von B.II eingehen.

(d) Genau wie die BUKO kritisiert auch Dingler (ebd.: 281ff.) die Ausklammerung von Macht- und Herrschaftsverhältnissen im hegemonialen Nachhaltigkeitsdiskurs. Es handle sich dabei nicht um einen blinden Fleck, sondern um eine systematische und strukturelle Ausblendung. Indem die ökologische Krise als Effizienz-, Management- bzw. Modernisierungsproblem konzeptualisiert werde, bedürfe es keiner Analyse der gesellschaftlichen Verhältnisse. Die Vernachlässigung der Berücksichtigung von Herrschaftsverhältnissen bilde somit einen immanenten Bestandteil des hegemonialen Ansatzes nachhaltiger Entwicklung. Dinglers Kritik unterscheidet sich nicht von der Kritik der BUKO, allerdings verbindet er seine Kritik explizit mit der analytischen Perspektive von Environmental-Justice-Ansätzen[222], denen es nicht um eine allgemeine Analyse des Verhältnisses von Gesellschaft und Natur, sondern um eine Differenzierung geht, die die unterschiedliche Verantwortung und Betroffenheit verschiedener gesellschaftlicher Gruppen beleuchtet. Environmental-Justice-Ansätze, die sich unter das große Dach der Politischen Ökologie[223] fassen lassen, konzentrieren sich vorrangig auf empirische Fallstudien, in denen die Korrelation zwischen ‚Rasse'/Ethnie, Geschlecht, Klasse und der Betroffenheit von Naturzerstörung, ihrer Verursachung sowie Auswirkungen von Umweltschutzstrategien untersucht werden. D. h., sie zeigen sowohl Umweltrassismus als auch klassen- und geschlechtsspezifische Implikationen von Umweltzerstörung und Umweltschutz auf. Vor diesem Hintergrund pointiert Dingler (ebd.: 283) seine Kritik in Form von Fragen, die zur Bearbeitung der ökologischen Krise bestehende Herrschaftsverhältnisse analytisch erfassen helfen: Wer ist vor allem verantwortlich für ökologische Krisen, wer profitiert davon,

---

222 In den 1980er-Jahren gründeten sich in den USA vornehmlich aus Kreisen der schwarzen Bürgerrechtsbewegung Hunderte von Bürgerinitiativen, die gegen die soziale Ungleichheit von Umweltbelastungen protestierten. Im Kontext dieser Bewegung entwickelte sich ein komplexer Forschungsbereich zu *environmental (in)justice* bzw. *environmental (in)equality*, der mittlerweile über die USA hinausgehend rezipiert und weiterentwickelt wird. In zahlreichen Fallstudien wurde im Gegensatz zu Becks' (1986: 48) Annahme, dass Not hierarchisch, Smog aber demokratisch sei und alle gleichermaßen betreffe, nachgewiesen, dass und wie Umweltzerstörung Arme und Reiche, Schwarze und Weiße, Menschen in Süd und Nord, Frauen und Männer, Indigene und Nichtindigene unterschiedlich betrifft (vgl. exemplarisch Bullard 1990, 2009; Bryant 1995; Westra/Wenz 1995; Harvey 1996; Rocheleau et al. 1996; Shrader-Frechette 2002; Becker 2003; Schlosberg 2007; Schultz 2009; Bullard/Johnson/Torres 2011).

223 Zur Politischen Ökologie vgl. exemplarisch Bryant/Bailey (1997); Mayer-Tasch (1999); Latour (2001); Robbins (2012); Perreault/Bridge/McCarthy (2015).

wer ist hauptsächlich davon betroffen? Wem nützen Strategien nachhaltiger Entwicklung, wem bieten sie geringere Vorteile?

(e) Dingler stellt die Frage, inwieweit eine nachhaltige Entwicklung innerhalb der Dynamiken einer globalisierten bzw. sich globalisierenden Ökonomie überhaupt möglich erscheint, und kommt zu dem Schluss, dass Globalisierung – obwohl sich beispielsweise in Form von Global Governance neue Gestaltungsmöglichkeiten und Chancen eröffnen – insgesamt eher zu einem vermehrten Druck auf die Natur und zu einer Verhinderung der Implementierung von Strategien nachhaltiger Entwicklung führe (vgl. ebd.: 284ff.). Letztlich bestehe ein „strukturelle[s] Dilemma" (ebd.: 293): Hegemoniale Ansätze nachhaltiger Entwicklung würden einerseits die bestehenden sozio-ökonomischen Strukturen nicht grundsätzlich infrage stellen, sondern ihre Reformierung anstreben. Andererseits verhindert nach Dingler gerade die Akzeptanz der bestehenden sozio-ökonomischen Strukturen eine angemessene ökologisch nachhaltige Reform eben dieser Strukturen:

> „Um die Vorstellungen des eigenen Ansatzes umsetzen zu können, müsste der hegemoniale Ansatz nachhaltiger Entwicklung demnach auf die Affirmation der vorherrschenden Ordnung verzichten, würde damit aber gerade den eigenen definitorischen Charakter als reformistischer Ansatz aufgeben" (ebd.).

(f) Innerhalb der Strukturen einer kapitalistischen Ökonomie ist nachhaltige Entwicklung kaum realisierbar – zu dieser Einschätzung kommt Dingler (ebd.: 293ff.) über eine vergleichende Betrachtung der zentralen Ordnungsprinzipien von kapitalistischer Ökonomie und Ökologie. Insbesondere in der Organisation von Raum und Zeit identifiziert Dingler grundsätzliche Widersprüche. Während die kapitalistische Dynamik auf eine Beschleunigung zeitbedingter und auf eine Entterritorialisierung raumbedingter Prozesse zielt, sind ökologische Systeme an bestimmte Räume und ihre (Re)Produktionsfähigkeiten an spezifische, heterogene Zeiten gebunden. In der Entbettung der ökonomischen Raum-Zeit Konstruktionen aus den ökologisch räumlich-zeitlichen Strukturen zeigen sich die Widersprüche zwischen kapitalistischen und ökologischen Systemen genauso wie in der eindimensionalen ökonomischen Betrachtung aller Güter als monetarisierbar. Statt des homogenisierenden, warenförmigen Blicks zeichnen sich die Elemente in ökologischen Systemen durch ihre Mehrdimensionalität aus. Auch bestehe „ein Widerspruch zwischen einer reversiblen Kreislaufökonomie und irreversiblen, sich mehrdimensional entfaltenden ökologischen Systemen", so Dingler (ebd.: 295; in Anlehnung an Altvater 1991: 330).

In kritischer Auseinandersetzung mit als nicht-hegemonial identifizierten Nachhaltigkeitsansätzen – wie dem Ansatz der feministischen ökologischen Ökonomie, speziell dem Vorsorgenden Wirtschaften (siehe B.III.2)[224] – fügt Dingler schließlich der Kritik, „dass die produktive Ökonomie des Kapitalismus nicht nur auf der strukturellen Prämisse der Entbettung der Ökonomie aus der Ökologie basiert" (ebd.: 482), einen weiteren Aspekt hinzu. Er betont, dass die produktive Ökonomie des Kapitalismus über die Entbettung der Ökonomie aus dem gesamten Bereich des ökologischen und sozialen ‚Reproduktiven' „darüber hinaus auch auf der Entkörperung des ökonomischen Subjekts aus seiner eigenen Körperlichkeit" (ebd.) beruht. Auf die notwendige Akzeptanz der Körperlichkeit des Menschen sowie der damit einhergehenden Verletzlichkeit und Abhängigkeit als Bestandteil einer vor- und fürsorglichen und gerechten Gestaltung gesellschaftlicher Naturverhältnisse werde ich im letzten Teil dieser Arbeit (siehe C.3.2.3) zurückkommen.

2. Alternative Perspektiven für sozial-ökologische Transformationen

Neben den Perspektiven der BUKO, die vor allem von der Gruppe „Schwertfisch" erarbeitet wurden, werden in diesem Perspektivenkapitel auch weitere Ansätze wie der *radikale Reformismus* (Joachim Hirsch) und die *Gegen-Hegemonie* (Ulrich Brand) ergänzend mit aufgenommen. Diese Ansätze hängen sowohl auf einer inhaltlichen wie auf einer personellen Ebene eng zusammen: Ulrich Brand ist nicht nur einer der profiliertesten Kritiker des Nachhaltigkeitsdiskurses, er ist auch ein Verfechter der Idee des radikalen Reformismus, der vor allem von Joachim Hirsch in Zusammenarbeit mit Christoph Görg und Josef Esser unter dem Dach einer kritischen Auseinandersetzung mit der Regulationstheorie entwickelt worden ist, und er arbeitet ebenfalls in der BUKO mit. Brands Positionen ähneln teilweise der frühen BUKO-Kritik (siehe B.II.1) und schreiben diese fort, nicht zuletzt durch seine Mitarbeit im aktuellen BUKO-Arbeitsschwerpunkt „Gesellschaftliche Naturverhältnisse". Zudem ist sein Konzept der Gegen-Hegemonie (Brand 2005a) auch im Kontext der BUKO, im Austausch mit anderen dort aktiven Personen, erarbeitet worden. Da es aber nicht deckungsgleich ist mit den Perspektiven, die von der Gruppe „Schwertfisch" präsentiert werden, und auch die Unterschiede innerhalb der BUKO sichtbar werden lässt, ist es als eigene, wenn auch nicht als trennscharf zu fassende Alternative hier aufgeführt. Zumal so auch deutlich wird, dass einzelne Personen als kritische Intellektuelle im Rahmen

---

224 Dingler (2003: 481) kommt in seiner Analyse u. a. zu dem Schluss, dass auch das Konzept des Vorsorgenden Wirtschaftens durch seinen affirmativen Bezug auf die von Frauen getragene Versorgungsökonomie zu einer Feminisierung der ökologischen Verantwortung beitrage. Allerdings liegt hier ein Missverständnis vor: Nicht der Übergang zu einer nachhaltigen Wirtschaftsweise soll vorrangig von Frauen ausgehen, wie Dingler (ebd.) es interpretiert, sondern der Wandel soll sich über die Orientierung an den Handlungsprinzipien der Versorgungsökonomie vollziehen (siehe B.III.2).

des Gegendiskurses eigene Konzepte entwickeln und Begriffe prägen, die dann wiederum in den Prozess der Erarbeitung von kollektiven Positionen einfließen (können).

2.1 BUKO: Abwicklung des Nordens

Der Begriff „Abwicklung des Nordens" entstand im Zuge der Diskussionen darüber, ob es über die von der BUKO formulierte Kritik am Konzept nachhaltiger Entwicklung hinaus eine eigene „Zielperspektive" (Hüttner 1997: 139) der BUKO gäbe, die auf „ein[en] einprägsame[n] Begriff" (ebd.) gebracht werden könnte. Wenngleich der von Christoph Spehr (1996a, b) vorgeschlagene Begriff der Abwicklung des Nordens niemandem so richtig gefiel, es aber keine besseren Alternativen gab, so wurde von den meisten die mit dem Begriff verbundene Intention geteilt (vgl. Hüttner 1997: 139).

Die Position der Abwicklung geht davon aus, dass das Problem weder in der ökologisch ineffektiven Technik der Industriegesellschaft noch in den überzogenen Ansprüchen der Menschen liegt, sondern vielmehr im herrschaftsförmigen Zugriff auf Natur und Arbeit (vgl. Spehr 1996b: 14). Das antihegemoniale Modell der Abwicklung, „das laut Selbstverständnis gar kein ‚Modell' sein will" (Hüttner 1997: 142), lehnt die ‚Entwicklung' im Süden genauso ab wie die ökologische Modernisierung von Herrschaft im Norden (vgl. ebd.: 141). Es setzt an konkreten sozial-ökologischen Krisen, hierarchischen Geschlechterverhältnissen sowie rassistischer und patriarchaler Dominanzkultur an. Schaut man sich den theoretischen Hintergrund der Position der Abwicklung an – den Weltsystemansatz von Immanuel Wallerstein, den ökofeministischen Bielefelder Subsistenzansatz (siehe B.III.1.2), die Regulationstheorie, die feministische Sozialökologie sowie den sozialrevolutionären Ansatz (vgl. ebd.: 143) –, dann wird die Nähe sowohl zum Ansatz des Vorsorgenden Wirtschaftens (siehe B.III.2) als auch zur Sozialen Ökologie des ISOE (siehe B.IV.4) offenkundig. Trotz bestehender Unterschiede im Einzelnen verbindet die Kritik am herrschenden Entwicklungs-, Politik- und Wissenschaftsverständnis alle aufgeführten Ansätze.

Die Mitglieder der BUKO-AG „Danke für den Fisch" haben sich im Prozess des Nachdenkens über eine eigene Zielperspektive ganz bewusst für die Formulierung „Bausteine für Perspektiven[225]" (Bernhard et al. 1997) entschieden: Es ging nie um umfassende, konsistente, universelle „Alternativmodelle" oder um die „Durchsetzung abstrakter Vorstellungen vom ‚guten Leben'", wie Heinz-Jürgen Stolz (1996: 11) betont. Vielmehr geht es bei der Suche nach „Ansätze[n]

---

225 Dieses Bausteine-Papier ist in unterschiedlichen Versionen an unterschiedlichen Orten veröffentlicht worden; die einzelnen Bestandteile, die dann gekürzt zusammengefügt wurden, wurden zudem vorher in der Zeitschrift FORUM entwicklungspolitischer Initiativen veröffentlicht.

einer alternativen Politik" (ebd.) um die Vielzahl kontextspezifischer emanzipatorischer Praxen, etwa u. a.

(a) um die „Herstellung und Aufwertung verläßlicher Beziehungen" (ebd.) als Gegengewicht zu den Flexibilisierungsanforderungen einer neoliberalen Gesellschaft. Ausgehend von der Reflexion und dem Versuch der Zurückdrängung der alltäglichen Zurichtung, der die meisten Menschen ausgesetzt sind bzw. die sie sich selbst zufügen, suchen die Mitglieder der BUKO nach „lebbaren Alternativen" (ebd.: 12), „gemeinsam mit konkreten Menschen – und nicht durch individuelle Zurichtung und durch die Abhängigkeit von institutioneller Macht" (Bernhard et al. 1997: 197).

(b) Dazu gehört nicht zuletzt die „Aufhebung der Differenz von Produktion und Reproduktion" (Stolz 1996: 11; genauso Bernhard et al. 1997: 198). In der kritischen Analyse unterscheiden sich die BUKO-Autor_innen kaum von den Positionen der sozial-ökologischen feministischen Ökonomik (siehe B.III, insbesondere B.III.1.2, B.III.2.2). Sie geben jedoch zu bedenken, dass die Abwertung und Kolonialisierung des ‚Reproduktiven' (Natur, unbezahlte Sorgearbeit, Subsistenz, der globale Süden) auch als Riss durch ‚uns' als Individuen gehe – als „Mechanismus der Selbstdisziplinierung" (Stolz 1996: 12), als innere Kolonialisierung, die es zu überwinden gelte. Die Frage, wo die Kraft auch für politische Arbeit herkomme, dürfe nicht länger als Privatsache ausgeblendet werden, obwohl das bisher auch in Bewegungszusammenhängen eher die Regel als die Ausnahme sei (vgl. ebd.).

(c) Dafür brauche es die „Aufhebung der Auftrennung von Lebenszusammenhängen in ökonomische, politische, kulturelle und soziale Faktoren" (Bernhard et al. 1997: 198) und den Aufbau alternativer Strukturen, in denen „Ideen wie konsensorientierte Entscheidungsfindung, Herstellung einer Beziehung zwischen politischer Arbeit und Alltag sowie der Anspruch herrschaftsfreier Kooperation eine tragende Rolle spielen" (ebd.).

(d) Veränderungen seien nur über konkrete Auseinandersetzungen vor Ort, über die dort gesammelten Erfahrungen und den Austausch darüber zwischen Gruppen überall auf der Welt, möglich. Die BUKO-Autorinnen drehen das Motto ‚Think globally, act locally' um. Verbunden mit ihrer Devise „Lokal denken, global handeln" (Bernhard et al. 1997: 198) ist die Aufforderung „sich vorrangig um die Veränderung der Verhältnisse im eigenen Land zu kümmern" (ebd.), die gleichzeitig auch eine Kritik an der entwicklungspolitischen Praxis von „Projekteförderung in der ‚Dritten Welt'" (Stolz 1996: 13) darstellt.

(e) Zu einem neuen Politikverständnis gehöre zudem, „Kollektividentitäten ab[zu]bauen" (Stolz 1996: 13). Es gehe nicht um die Wendung ins Positive, nicht um die Frage „Was macht unsere Stärke als ProletarierInnen, Frauen, Schwarze etc. aus?" (ebd.). Die eigenen Erkenntnisschranken wahrzunehmen, „sich von beiden der jeweiligen Stereotypie zu lösen" (ebd.), sich jeder Zuschreibung zu verweigern, die eigenen Verstrickungen und Täteranteile zu begreifen, um sich schließlich von kollektiven Identitäten zu befreien, wird im BUKO-Papier „Bausteine für Perspektiven" (Bernhard et al. 1997) als eine von vielen Emanzipationsstrategien favorisiert.

Nicht ideologische Vereinheitlichung, aber eine Auseinandersetzung über Kriterien für neue Konzepte, Verständnisse, veränderte Lebenspraktiken sei dafür entscheidend:

> „Wir werden keinen Kreuzzug zur ‚Abwicklung des Nordens' und/oder zur globalen Durchsetzung subsistenzorientierter Lebensformen starten. Dies bedeutet aber nicht, daß das Bemühen um ein herrschaftsfreies Zusammenleben ohne Kriterien auskommen müßte" (ebd.: 11);

Kriterien, anhand deren analysiert werden kann, „was in die richtige Richtung geht" bzw. „was nur das Bestehende neu tapeziert" (Spehr 1996a: 34).

Die konkreten Ausführungen zur Abwicklung des Nordens sind ebenfalls Teil des gemeinsamen BUKO-Bausteine-Papiers (Bernhard et al. 1997). Die Abwicklung des Nordens umfasst die folgenden fünf von Christoph Spehr formulierten Hauptpunkte, die er an verschiedenen Stellen, in Lang- (1996a) und Kurzversion (1996b: 14ff.) veröffentlicht hat:

(1) „Das Unterbinden jedweder Intervention": Im Zentrum steht das Ziel, die Fähigkeit des Nordens zur militärischen Intervention im Süden zu blockieren. Dafür sei eine Erhöhung des innenpolitischen Drucks nötig, um Militäreinsätze des Nordens für Ressourcen und geopolitische Hegemonie zu delegitimieren (vgl. dazu auch die BUKO-Abrüstungskampagne). Gleichzeitig gehe es aber auch um „ökonomisch-ökologische und finanzpolitische Abrüstung" (Spehr 1996b: 15).

(2) „Zurückdrängung des globalen Sektors": Spehr plädiert hier dafür, dem „Wirtschafts- und Gesellschaftssektor, der für Weltmarktkonkurrenz auf globalen Märkten arbeitet, das Wasser ab(zu)graben" (Spehr 1996a: 34). Inhalt ist hier eine konsequente Regionalisierung, die sich der bereits vorhandenen Instrumente bemächtigt, um den globalen Sektor zurückzudrängen. Spehr (1996b: 15) nennt hier beispielsweise Strategien wie De-Investition in Exporttechnologien, De-Subventionierung, Flächenverweigerung und die Besteuerung des Profitgefälles zwischen Inlandsproduktion und Produktion mit ausländischer Billigarbeit.

(3) „Die Entprivilegierung der formalen Arbeit": Ausgehend von der Kritik, dass sowohl die sozialen Sicherungssysteme als auch die Teilhabemöglichkeiten an Gesellschaft über formale Arbeit, d. h. bezahlte Erwerbsarbeit, organisiert sind, wird hier die Forderung nach einer unabhängigen Existenzsicherung für alle gestellt. Patriarchale und rassistische Strukturen, die in die Dichotomie von formaler und informeller Arbeit eingelassen sind, könnten so zwar nicht direkt abgebaut werden. Entscheidend, so Spehr, sei jedoch die „Unabhängigkeit" (Spehr 1996b: 16). Voraussetzung dafür sei ein ermöglichender Staat, der derzeit jedoch (noch) nicht in Sicht sei. Umso wichtiger seien daher die Kämpfe und Bestrebun-

gen sozialer Bewegungen, das Normal-Arbeitszeitverhältnis aufzubrechen und Räume für alternative Arbeits- und Lebenskonzepte zu schaffen. Nicht „Arbeitsplätze", sondern vielmehr „Verteilungskämpfe" und der „Aufbau von sozialen Beziehungen und Organisationsformen, die mit der patriarchalen geschlechtlichen Arbeitsteilung brechen" (ebd.), stünden hier im Vordergrund.

(4) „Die autonome Aneignung von Räumen und Zusammenhängen": Diese Forderung versucht, die Ideen der Referenztheorien, auf die die BUKO sich bezieht (u. a. den Bielefelder Subsistenzansatz), auf urbane, industrialisierte und arbeitsteilige Strukturen zu übertragen. „Die Entsprechung zu ‚Land und Freiheit' liegt hier in der Wiederaneignung von Räumen und Zusammenhängen, in der Selbstbestimmung und Selbstversorgung auf allen Ebenen" (Spehr 1996b: 16) – ohne Ausbeutungsstrukturen (beispielhaft führt Spehr Hausbesetzungen, Erzeuger_innen-Verbraucher_innen-Gemeinschaften, autonome Medien- und Kommunikationseinrichtungen, selbst organisierte Kinderbetreuung an).

(5) „Maßnahmen zur direkten Überlebenssicherung": Um den Flächenzugriff und -anspruch des Nordens zu verringern, sollen die Grundnahrungsmittel aus dem Weltmarkt herausgenommen werden zugunsten regionaler Versorgungsstrukturen. Die Abwicklung des Nordens bedeute Reduktion des bisherigen Zugriffs auf globale Energie und Rohstoffe (vgl. Spehr 1996b: 16). Das BUKO-Perspektiven-Papier nimmt mit dieser fünften Forderung bereits Mitte der 1990er-Jahre ein Thema auf, das in den kommenden Jahren unter dem Stichwort Landgrabbing intensiv diskutiert werden wird.

Eine Politik der Abwicklung, die diese fünf Aspekte konsequent berücksichtige, führe zu einer „herrschaftsarmen Gesellschaft, die nicht mehr auf Kosten anderer Gesellschaften lebt und sich keinen ‚Herrschaftskonsum' leistet" (Bernhard et al. 1997: 197). Nur so sei eine Lösung der sozial-ökologischen Krise zu erreichen. Weitere Vorgaben gäbe es nicht, das Modell sei mit keinem „kulturelle[n] Diktat von Lebensformen" verbunden – seien sie „‚subistent' oder ‚urban', ‚ökologisch korrekt' oder ‚anarchisch'" (ebd.). Das zentrale Argument der Abwicklung des Nordens („Nicht die Technik des Nordens muss geändert werden, sondern sein soziales System", Hüttner 1997: 143) findet gut 15 Jahre später seine Entsprechung in dem Slogan „system change, not climate change"[226] in den Kampagnen zu Klimagerechtigkeit, die die BUKO mitträgt.

Die Programmatik der Abwicklung des Nordens weist in Teilen auch eine deutliche Nähe zum nachfolgenden Konzept des radikalen Reformismus[227] auf:

---

226 Vgl. www.systemchangenotclimatechange.org/.
227 Dies ist insofern interessant, als dass Joachim Hirsch in seinem Kommentar zu dem einige Jahre später von Christoph Spehr im Rahmen einer Ausschreibung der Rosa Luxemburg Stiftung verfassten Text „Gleicher als andere. Eine Grundlegung der freien Kooperation" (Spehr 2003) anmerkt, dass Spehrs Ausführungen zu freien Kooperationen eine philosophische Fundierung des Konzepts des radikalen Reformismus liefern könnten – ein Konzept, das Spehr aber wohl nicht kenne, da er nicht darauf verweise (vgl. Hirsch 2003: 277).

So wird beispielsweise der „postmoderne[...] Aufstand" (ebd.) der zapatistischen Bewegung[228] von den BUKO-Autor_innen als ein neuer Typ sozialer Auseinandersetzungen gewertet, von dem sich lernen lasse. Die Zapatisten wollten nicht den Staat übernehmen und setzten auch auf kein fertiges Konzept einer Umgestaltung ‚von oben' (vgl. ebd.).

2.2 Joachim Hirsch: Radikaler Reformismus

Die Entwicklung des radikalen Reformismus begann Mitte der 1980er-Jahre. Zentral für diesen staatskritischen Ansatz ist das Plädoyer für einen neuen theoretischen wie praktizierten Begriff von Politik und Zivilgesellschaft (vgl. u. a. Hirsch 1990, 2008; Esser/Görg/Hirsch 1994; Brand et al. 2000: 167ff.). Das Konzept des radikalen Reformismus, das theoretisch u. a. an Marx, Gramsci und Poulantzas anschließt, geht davon aus, dass sich sozial-ökologische Transformationen des „krisengeschüttelte[n] [kapitalistischen; D. G.] System[s]" (Hirsch 2008: o. S.) nicht primär über staatliches Handeln konstituieren. Um derartige Prozesse voranzutreiben, bedürfe es vielmehr politisch-sozialer Bewegungen (vgl. ebd.).

Den Hintergrund für diese Annahme bilden nach Joachim Hirsch die Versuche des 20. Jahrhunderts, die Gesellschaft durch die Übernahme der Staatsmacht zu verändern: Sowohl die kommunistische Revolution als auch „die sozialdemokratische Politik einer staatsreformistischen ‚Zivilisierung' oder gar Überwindung des Kapitalismus auf parlamentarisch-demokratischen Wege" (ebd.) seien gescheitert. Dies hänge insbesondere mit dem in der Geschichte der linken Bewegungen und Parteien weit verbreiteten Irrtum zusammen, dass der moderne Staat ein neutrales Instrument sei, das von allen gesellschaftlichen Akteuren gleichermaßen benutzt werden könne. Der Staat der kapitalistischen Gesellschaft sei aber „nicht der Sitz von Macht, sondern ein Ausdruck dahinter liegender gesellschaftlicher Machtverhältnisse" (ebd.), also die institutionelle Verfestigung von „spezifischen, nicht zuletzt klassen- und geschlechterförmigen Ausbeutungs- und Herrschaftsverhältnissen" (Hirsch 2007: 182; vgl. auch Hirsch 2005). Entsprechend fordert Hirsch (2008: o. S.), nicht „auf staatliche Macht zu setzen". Für ihn kommt es in Anlehnung an Marx vorrangig darauf an, „die Gesellschaft ‚prak-

---

228 Die zapatistische Bewegung besteht überwiegend aus indigenen revolutionären Gruppierungen im Südosten Mexikos, vor allem in Chiapas. Sie wurde 1994 in Folge des bewaffneten Aufstands der Ejército Zapatista de Liberación Nacional unter Subcomandante Marcos international bekannt. „Die friedlichste Guerilla der Welt", wie die Zapatistas sich selbst nennen, ist in den letzten 20 Jahren zu einem wichtigen Bezugspunkt für linke Bewegungen weltweit geworden. Dies hängt nicht zuletzt mit dem Selbstverständnis der zapatistischen Bewegung zusammen, die „für alle alles, nichts aber für sich selbst" fordert, die „fragend voranschreitet" und „gehorchend regiert". Der Name der Zapatistas geht zurück auf Emiliano Zapata (1879-1919), einen der historischen Führer der mexikanischen Revolution und dessen Befreiungsarmee des Südens (Ejército Libertador del Sur) (vgl. www.mexiko-mexico.de/mexlex/EZLN.html).

2. Alternative Perspektiven für sozial-ökologische Transformationen 219

tisch zu revolutionieren'" (ebd.). Diese praktische Revolutionierung der Gesellschaft bezeichnet Hirsch als „radikalen Reformismus" (ebd.) – „,radikal' deshalb, weil auf die Wurzel der gesellschaftlichen Verhältnisse gezielt wird, ,reformistisch', weil dies ein langwieriger und konflikthafter Prozess ist" (ebd.). Schließlich ginge es „um eine Selbstrevolutionierung der Gesellschaft" (ebd.).

Mit anderen Worten: Die Re-Politisierung der Gesellschaft und die Herstellung dauerhafter, selbst organisierter, von den herrschenden politischen und ökonomischen Apparaten unabhängiger politischer Zusammenhänge werden als Teil eines notwendigen Prozesses zur Veränderung von Verhaltens- und Bewusstseinsformen gesehen. Es käme nach Hirsch dabei darauf an, einen Politikbegriff zu praktizieren, der das ,Private' ins Zentrum rücke. Das sei nicht neu. Orientierung bieten könnten hierbei zum einen frühere Beispiele wie die studentische(n) Protestbewegung(en) als auch die Ökologie- und Frauenbewegungen, deren Erfolge zu Verhaltens- und Bewusstseins(ver)änderungen geführt hätten. Zum anderen sieht Hirsch in der radikalen Machtkritik der Zapatisten, die sich von traditionellen Konzepten einer Übernahme der Staatsmacht verabschiedet hätten und die den politischen Kampf gegenüber dem militärischen Kampf betonten, eine große Nähe zu Vorstellungen des radikalen Reformismus (vgl. Hirsch im Gespräch mit Hufschmid et al. 2003: 35). Ausgehend von der Vorstellung, dass sich die Menschen im Prozess der Revolte selbst verändern und entwickeln müssten – und zwar in der praktischen Gestaltung ihres Lebens –, hätten die Zapatisten, statt sich auf einen affirmativen Zivilgesellschaftsbegriff zu beziehen, gezeigt, dass es darum gehen müsse, „eine ,demokratische Zivilgesellschaft' erst zu schaffen" (ebd.). Denn die real existierende Zivilgesellschaft sei ebenfalls von Macht- und Herrschaftsverhältnissen durchzogen und stehe in enger Verbindung mit dem staatlichen Apparat.

> „Genau genommen ist sie [die Zivilgesellschaft; D. G.] also viel weniger ,zivil', als mit dem Begriff suggeriert wird. [...] Sie ist das Terrain, auf dem die herrschende Hegemonie wurzelt und auf dem um (Gegen-)Hegemonie gekämpft wird. Es geht also um eine Veränderung der Zivilgesellschaft in der Weise, dass andere Lebens- und Vergesellschaftungsweisen verwirklicht werden und darauf aufbauend autonomere politische Organisationsformen entstehen, die sich der Logik des Staates und der Herrschaft, den bestehenden Routinen politischen Handelns, von Interessenartikulation und Repräsentation entziehen. Eine ,demokratische Zivilgesellschaft' ist keinesfalls schon vorhanden, sondern muss in politischen und sozialen Kämpfen durchgesetzt werden" (ebd.: 38).

Die Kritik an der Staatsfixierung macht für die Vertreter_innen des radikalen Reformismus eine auf den Staat und die politischen Machtapparate bezogene Politik aber keinesfalls unwichtig. Denn auf der staatlichen Ebene würden wichtige Rahmenbedingungen gesetzt und erkämpfte soziale Rechte verbindlich festgeschrieben. Deshalb sei staatliche Reformpolitik auch ein Bestandteil des radikalen Reformismus, allerdings nicht der Hauptansatzpunkt emanzipatorischen

Handelns. Das emanzipatorische Potenzial liege in der Zivilgesellschaft – jenem Ort, an dem um Inhalte gesellschaftlichen Bewusstseins und die einzuschlagenden Entwicklungsrichtungen gerungen werde (vgl. Brand et al. 2000: 161).

Wenn sich praktische Gesellschaftsveränderungen durchsetzten, wenn sich Bewusstseins- und Lebensformen durch Erfahrungs-, Lern- und Aufklärungsprozesse veränderten, dann – aber auch nur dann – ließe sich staatliche Reformpolitik erfolgreich vorantreiben (vgl. Hirsch 2008). Die Schwierigkeit bestehe dabei darin, „Politik in Bezug auf den Staat zu machen, ohne sich dabei selbst in staatlichen Formen zu bewegen und damit tatsächlich Herrschaft zu reproduzieren" (Hirsch im Gespräch Hufschmid et al. 2003: 40).

Ein entscheidendes Ziel des radikalen Reformismus ist daher „die praktische Realisierung eines Politikbegriffs, der sich von herrschenden bürgerlichen und etatistischen radikal unterscheidet" (ebd.). Um strukturelle Macht- und Herrschaftsverhältnisse (etwa Formen der Arbeitsteilung, Produktionsbeziehungen, Rationalitäten der Unterdrückung in Natur- und Geschlechterverhältnissen) zu überwinden, sei es höchste Zeit, „radikal über das Bestehende hinaus zu denken, grundlegende gesellschaftliche Alternativen anzuvisieren, andere Orte und Formen der Politik ins Auge zu fassen und praktisch zu machen" (Hirsch 2009: o. S.). Genau wie die anderen in diesem Diskursstrang vorgestellten Kritiker_innen geht Hirsch davon aus, dass das nicht möglich sein wird, „ohne die Kapitalismusfrage zu stellen. Geschieht dies nicht", so seine Einschätzung, „wird die gesellschaftlich-ökonomische Krise mit ihren verheerenden Folgen zum Dauerzustand werden" (ebd.).

2.3 Ulrich Brand: Gegen-Hegemonie

Ulrich Brand weist aus einer hegemonietheoretischen und -politischen Perspektive daraufhin, dass diese von Joachim Hirsch geforderten anderen Orte und Formen der Politik in Ansätzen bereits existieren: „Die praktische Kritik an Herrschaft findet permanent statt, Alternativen werden immerzu formuliert und gelebt" (Brand 2011a: 13). Deshalb plädiert Brand auch dafür, „progressive Ansätze und Akteure nicht ‚nachträglich' am Ende einer systemischen Analyse hinzuzunehmen, sondern bereits bei der Analyse vielfältiger Herrschaftsverhältnisse […] zu berücksichtigen" (ebd.), und damit die Krisendiagnose stärker mit den vorhandenen vielfältigen emanzipatorischen Anliegen und Praxen verschiedener Akteure zusammenzudenken, um gegen-hegemoniale Perspektiven in allen gesellschaftlichen Bereichen zu entwickeln, zu stärken und zu vertiefen.

Der Begriff der Gegen-Hegemonie wird von Brand als strategisches Projekt verstanden: Er „soll dazu beitragen, dass emanzipatorische Bewegungen strategische Perspektiven entwickeln" (Brand 2007: 66), die u. a. ein Denken und Handeln befördern, „das über die kapitalistische Vergesellschaftung, ihre dominanten

2. Alternative Perspektiven für sozial-ökologische Transformationen

Formen der Naturaneignung und ihre Vermittlung mit patriarchalen, imperialen und rassistischen Verhältnissen hinausweist" (Brand 2011b: 111).

Eine gegen-hegemoniale Perspektive beinhalte immer auch die Auseinandersetzung mit den Strategien der herrschenden – neoliberalen und neoimperialen – Hegemonie. In Anlehnung an Antonio Gramsci versteht Brand Hegemonie

> „als Fähigkeit herrschender Gruppen und Klassen, ihre Interessen durchzusetzen, so dass sie von subalternen Gruppen und Klassen als Allgemeininteresse angesehen werden und es weitgehend gemeinsame gesellschaftliche Vorstellungen über die Verhältnisse und ihre Entwicklung gibt. Insofern erzeugt Hegemonie einen ‚Konsens der Regierten'" (Brand 2005b: 9).

Dieser Konsens entspricht nicht einem harmonischen Interessenausgleich, er wird vielfach als alternativlos angesehen und ist vor dem Hintergrund sozialer Kämpfe zu verstehen (vgl. ebd.: 9f.). Ort der Kämpfe um Hegemonie ist die Zivilgesellschaft. Entsprechend können innerhalb der Zivilgesellschaft gegen-hegemoniale Projekte entstehen. Gegen-hegemoniale Projekte stehen für Brand sowohl „für ein wahrnehmbares ‚Nein!' zu den Zumutungen bürokratischer und ökonomischer Macht" (Brand 2011a: 14), als auch für „die Suche nach grundlegenden Alternativen" (ebd.).

Insbesondere für die Suche nach Antworten auf sozial-ökologische Krisen und Konflikte hält Brand die folgenden Punkte, die er in verschiedenen Publikationen (Brand 2008, 2009a,b, 2011b) benannt hat, für wichtig, um gegen-hegemoniale Strategien voranzubringen:

(a) „Erfahrungen ernst nehmen" (Brand 2011b: 112): Es gäbe „vielfältige nicht-kapitalistische Naturverhältnisse sowie mannigfaltige Widerstände gegen die herrschende Naturaneignung" (ebd.). Zudem wären die gesellschaftlichen Naturverhältnisse in vielen Regionen der Welt „nie vollständig modern und kapitalistisch" (ebd.) gewesen. Von dem Widerstand und den verschiedenen Versuchen von Akteuren aus Regionen, wie beispielsweise Chiapas, sich der gewaltförmigen Integration in den Weltmarkt zu widersetzen, ließe sich nach Brand daher lernen – und ebenso von den internationalen Kampagnen gegen den Einsatz von Gentechnik in der Landwirtschaft, gegen die Privatisierung von Wasser oder gegen die Kommodifizierung von biologischer Vielfalt (vgl. ebd.).

(b) „Formen und Inhalte ökonomischen Wachstums infrage stellen" (Brand 2011b: 112): Die Alternative zum krisenverursachenden ökonomischen Wachstum, das auf der Vernutzung ökologischer Ressourcen und der Ausbeutung spezifischer „weniger konkurrenzfähiger Regionen und Bevölkerungsgruppen" (ebd.) beruht, ist nach Brand „nicht einfach ökonomische Schrumpfung" (ebd.). Vielmehr müsse „die mit der kapitalistischen Lebensweise verbundene Rationalität, die in Wissenschaft und Technologie, in politische Institutionen und Subjektivitäten eingeschrieben" (ebd.) sei, umfassend transformiert werden. In Anlehnung an die feministische Ökonomik fordert Brand zudem eine Auseinandersetzung mit der Krise der ‚Reproduktion': Das herrschende Ökonomieverständnis, das die ‚reproduktiven', unbezahlten Tätigkeiten ausblende, müsse ebenfalls grundlegend verändert werden (vgl. ebd.).[229]

(c) „Verknüpfungen schaffen" (Brand 2011b: 113): Brand sieht in der Aufspaltung von Politik in verschiedene Felder und in der Hierarchisierung von beispielsweise Finanzpolitik gegenüber Umweltpolitik wichtige Techniken der Stabilisierung bürgerlich-kapitalistischer Herrschaft. Dagegen gelte es, verschiedene emanzipatorische Perspektiven zu verbinden, etwa „emanzipatorische Perspektiven der Naturaneignung und Geschlechtergerechtigkeit zu verknüpfen" (ebd.) sowie „bezogen auf Ungleichheiten in der Verursachung von Umweltproblemen, auf das Tragen der Folgen und auf die Möglichkeiten, auf die herrschenden Umweltpolitiken Einfluss zu nehmen" (ebd.).

(d) „Staatliche Politik ist wichtig" (Brand 2011b: 113): Sozial-ökologische Transformationen müssen mit einer Veränderung des Politischen einhergehen. Es braucht nach Brand daher auch einen demokratischen Transformationsprozess, „der auf eine gerechtere, auf Solidarität basierende Welt hinwirkt – jenseits des Dogmas von Wettbewerbsfähigkeit und Profitabilität" (ebd.). Ausgehend von dieser Forderung werden Staat und zwischenstaatliche Politik von Brand eher als Teil des Problems als der Lösung angesehen. Genau wie Hirsch fasst Brand den Staat „als institutionelle Verdichtung gesellschaftlicher Kräfteverhältnisse" (ebd.) auf. Die Erfahrungen in Lateinamerika zeigen für ihn jedoch, „dass auch emanzipatorische Strategien darauf angewiesen sind, ihre Anliegen rechtlich zu kodifizieren und sie finanziell, diskursiv und physisch abzusichern" (ebd.). Wichtiger Bestandteil von Gegen-Hegemonie seien daher sowohl die Kritik staatlicher Politiken als auch ein linkes Staatsprojekt (vgl. ebd.).

(e) „Sozial-ökologische Konflikte als Ausgangspunkte" (Brand 2011b: 113) nehmen: Brand argumentiert, dass sowohl die ökologische Krise als auch die unzureichenden Formen ihrer politischen Bearbeitung Räume für veränderndes Denken und Handeln eröffnen. Entscheidend sei daher, die vielen Auseinandersetzungen um Fragen nach den Möglichkeiten einer Demokratisierung gesellschaftlicher Naturverhältnisse, nach der Aufwertung unbezahlter Sorgearbeiten, nach der Teilhabe an Wissensproduktion etc. zu nutzen, um Alternativen zum technokratischen Ressourcenmanagement sichtbar zu machen (vgl. ebd. sowie Brand 2005c: 159). Der „Rio-Typ von Politik" (Brand 2011b: 114) hätte „kritische Akteure wie NGOs in die Rolle von Lobbyisten und aufgeklärten Warnern" (ebd.) gebracht. Kern emanzipatorischer Politik sollten jedoch nicht Lobbying und Kooperationen sein, sondern eine radikale Kritik an den Herrschaftsverhältnissen (vgl. ebd.). Frank Adler und Ulrich Schachtschneider, die verschiedene

---

[229] Diese kritischen Positionen hat Brand als Sachverständiger auch in die Enquete-Kommission „Wachstum, Wohlstand, Lebensqualität" hineingetragen (Enquete-Kommission 2013).

„Konzepte für gesellschaftliche Wege aus der Ökokrise" in ihrem gleichnamigen Buch (Adler/Schachtschneider 2010) untersuchen, bringen diese Dimension gegen-hegemonialer Strategien auf die Formel „Eigene Praxis statt Mitgestaltung" (ebd.: 36): Gegen-hegemoniale Transformationsprozesse entstünden „wesentlich durch die Verweigerung der Mitwirkung" (ebd.), sie eröffneten „sich eher von unten als von oben" (ebd.).

(f) Diskursverschiebungen analysieren: Zu einer solchen Kritik an Herrschaftsverhältnissen im Rahmen von gegen-hegemonialen Perspektiven gehört für Brand auch die Analyse von Diskursverschiebungen. Im Vorfeld des Nachhaltigkeitsgipfels in Johannesburg 2002 hatte er – wie bereits erwähnt (siehe B.II. 1.1.1) – zusammen mit Christoph Görg und im Kontext der BUKO zur Verweigerung der Mitwirkung aufgerufen und vor dem Verlust auch noch des letzten emanzipatorischen Gehalts des Begriffs gewarnt (vgl. auch Brand 2011c: 181): Im Nachhaltigkeitsdiskurs würden die treibenden Kräfte der neoliberalen Globalisierung mittlerweile als Teil der Lösung und nicht als Teil des Problems definiert. Sowohl auf UNO-Ebene als auch bei NGOs finde eine Diskursverschiebung statt, es gehe nicht um ein „gegen" von Globalisierung und nachhaltiger Entwicklung, sondern um „ihr richtiges Zusammenspiel" (Brand/Görg 2002: 18), ohne jedoch die Ursachen der Krisen der gesellschaftlichen Naturverhältnisse zu benennen. Mit dieser These verweisen Brand und Görg auf die hegemonialen Kämpfe und kritisieren die neoliberale Durchdringung des Diskurses um nachhaltige Entwicklung. Wenn jedoch verhindert werden soll, dass mit Hilfe des Nachhaltigkeitsdiskurses neoliberale Globalisierung ‚von oben' durchgesetzt wird, dann, so die beiden Autoren, müsse „die nachhaltige Zurückdrängung ihrer treibenden Kräfte [...] das Ziel einer wirklich nachhaltigen Entwicklung sein" (ebd.).

(g) An „Umweltgerechtigkeit" (Brand 2011b: 114) orientieren: Dieser Begriff stellt nach Brand einen wichtigen theoretischen wie praktischen Orientierungspunkt für die Analyse und Bearbeitung sozial-ökologischer Konflikte dar. Umweltgerechtigkeit als analytisches und normatives Konzept bezieht sich auf die soziale Verfasstheit gesellschaftlicher Naturverhältnisse und rückt Verteilungsfragen ins Zentrum. Brand greift hier die Forderungen und Erkenntnisse der mittlerweile transnational agierenden Environmental-Justice-Bewegung auf. Seit Anfang der 2000er-Jahre gewinnt die Auseinandersetzung um Umweltgerechtigkeit auch in Deutschland zunehmend an Bedeutung und die Anzahl der wissenschaftlichen Untersuchungen, die das Verhältnis von Umwelt, sozialen Ungleichheitslagen und Gesundheit fokussieren, wächst (vgl. zum Stand der deutschen Debatte Hornberg 2009; Hornberg/Bunge/Pauli 2011, Elvers 2011). Auch Johannes Dingler (2003: 282f.) hatte bereits auf das Potenzial von Environmental-Justice-Ansätzen für eine neue Konzeptionalisierung von Nachhaltigkeit hingewiesen. Als Konsequenz einer praktizierten umweltgerechten Politik ließen sich nicht nur die positiven wie negativen Umweltauswirkungen gerechter verteilen, sondern möglicherweise, wie Brand (2011b: 114) anmerkt, auch „die transnational dominanten Formen der Produktion, Distribution und Konsumtion" (ebd.) hinterfragen und „die machtförmige Rahmung von Umweltproblemen" (ebd.) aufbrechen.

(h) „Radikale Realpolitik" (Brand 2011b: 114) praktizieren: Gegen-hegemoniale Projekte entstehen in der Zivilgesellschaft. Ideen, Forderungen und Vorschläge, die aus den sozialen Bewegungen kommen, haben, so die Position von Brand, prinzipiell das Potenzial, gesellschaftliche Debatten zu formen – nicht zuletzt, wenn sie an den „gesellschaftlichen Alltagsverstand" (ebd.: 115) anknüpfen und als Einstiegspunkte für den gesellschaftlichen Diskurs beispielsweise steigende Energiepreise für Verbraucher_innen mit den wachsenden Profiten der Energieunternehmen kontrastieren. Sie könnten Handlungsspielräume eröffnen – etwa wenn es um Alternativen zu umstrittenen Privatisierungen staatlicher Unternehmen geht. In der Politisierung dieses Konfliktfeldes ließen sich ökologische Fragen mit solchen nach der demokratischen Gestaltung gesellschaftlicher Naturverhältnisse verknüpfen. Wichtig seien nach Brand „auch radikale Antworten auf die Frage, wie die unmittelbaren Bedürfnisse der Lohnabhängigen nach günstigem Essen, billiger Energie und anderen Waren, die meist umweltzerstörend produziert werden, transformiert werden können" (ebd.).

(i) „Lernprozesse" initiieren und Demokratisierung vorantreiben (Brand 2011b: 115): Die (schrumpfenden) Mittelklassen der westlichen Länder und die wachsende Zahl neuer Konsument_innen des globalen Südens profitierten von der globalisierten Naturausbeutung. Brand spricht hier „von einer tief verankerten imperialen Subjektivität" (ebd.; siehe auch den nächsten Abschnitt (j)), die ausblende, dass das eigene Leben auf sozial-ökologischen Zerstörungen und Verwerfungen in anderen Teilen der Welt basiere. Eine Transformation der hegemonialen Produktions- und Konsumnormen hin zu alternativen Lebensweisen sei einerseits zwar auf Kooperation, Solidarität und gemeinsame Lernprozesse angewiesen, aber andererseits eben immer auch auf Kämpfe, auf die Bereitschaft, Konflikte nicht zu scheuen – beispielsweise wenn es darum geht, welche Technologie entwickelt werden und zum Einsatz kommen soll (vgl. ebd.). Die Demokratisierung gesellschaftlicher Naturverhältnisse schließt damit Fragen ein, wer anhand welcher Kriterien etwa über Investitionen und Produktionsformen entscheidet, wer „über die entsprechenden Mittel und das Wissen [verfügt]" (ebd.).

(j) „Materialistische Menschenrechtspolitik" erstreiten und „imperiale Lebensweise" überwinden (Wissen/Brand 2008: 71, 80; Brand/Wissen 2011): Diese zusammenhängenden Aspekte, die Ulrich Brand gemeinsam mit Markus Wissen erarbeitet hat, ergänzen sowohl die Kritik staatlicher Politiken als auch ein linkes Staatsprojekt. Die Notwendigkeit der Stärkung der Menschenrechte setzen Brand und Wissen in Beziehung zu den Kämpfen um eine demokratische Gestaltung der gesellschaftlichen Naturverhältnisse und damit zu den Versuchen, die imperiale

Lebensweise[230] zu überwinden. Sowohl mit dem Begriff der materialistischen Menschenrechtspolitik als auch mit dem Begriff der imperialen Lebensweise stellen Brand und Wissen die Krise der gesellschaftlichen Naturverhältnisse in den Kontext der sozialen Kräfteverhältnisse und der grundlegenden Krisenhaftigkeit kapitalistischer Gesellschaften, die Menschenrechte gerade nicht allen Menschen zubilligen.

Bereits im politisch-institutionellen Diskurs wurden erstmals in der Agenda 21 die Produktions- und Verbrauchsgewohnheiten der Industrieländer als ein entscheidendes krisenproduzierendes Problem identifiziert und materialintensives Wirtschaftswachstum und solche Produktionsprozesse, die nicht „den vollen Wert des Naturkapitals in Rechnung stellen" sowie „übermäßige[r] Konsum" als nicht nachhaltig kritisiert (BMU 1992a, Kap. 4: 22f.). Auch Brand und Wissen kritisieren die Produktions- und Konsummuster des globalen Nordens als nicht nachhaltig. Allerdings erfolgt ihre Kritik nicht allgemein und theoretisch unspezifisch, sondern wird in Anlehnung an die neo-marxistische Regulationstheorie[231] entfaltet. Die Weiterentwicklung besteht darin, dass die Autoren der zentralen Kategorie der Entwicklungsweise die Kategorie der Lebensweise hinzufügen. Damit heben sie die Bedeutung von Alltagspraktiken, Alltagskultur und Alltagsverstand hervor. Denn die tiefe Verankerung von „herrschaftliche[n] Produktions-, Distributions- und Konsummuster[n] [...] in die Alltagspraktiken der Ober- und Mittelklassen im globalen Norden und zunehmend auch in den Schwellenländern des globalen Südens" (Brand/Wissen 2011: 80) ist für die beiden Autoren der Grund, warum einerseits der sich verschärfende krisenhafte Zustand gesellschaftlicher Naturverhältnisse (an)erkannt wird, andererseits aber die Ursachen nicht beseitigt werden. Im Gegenteil: Die krisenverursachenden Produktions- und Konsummuster „scheinen sich [...] – mit staatlich-politischer Unterstützung – zu verfestigen und global zu verallgemeinern" (ebd.). Die herrschenden Verhältnisse werden permanent stabilisiert.

---

230 Im Rahmen einer Artikelserie in der Zeitschrift *analyse und kritik (ak)* haben sich neben Brand und Wissen auch andere Mitglieder des BUKO-Arbeitsschwerpunktes „Gesellschaftliche Naturverhältnisse" mit dem Begriff der imperialen Lebensweise auseinandergesetzt (vgl. www.buko.info/buko-projekte/as-ges-naturverhaeltnisse/gesnat-positionen/).

231 Der Fokus der Regulationstheorie richtet sich sowohl auf die Prozesse der Herstellung und des Verbrauchs von Gütern und/ oder Dienstleistungen, als auch auf die dabei zugrundeliegenden Muster, die gesellschaftliche Wirklichkeit konstruieren. Die Kategorie der Entwicklungsweise „bezeichnet die temporäre Kohärenz zwischen der historischen Entwicklung der Produktions- und Distributionsmuster einerseits und der Konsummuster andererseits, die ein Akkumulationsregime konstituieren" (Brand/Wissen 2011: 81). Mit dieser Kategorie wird nicht nur erfasst, was, wie viel und auf welche Weise in einer Gesellschaft produziert und konsumiert wird. In den Blick genommen werden zudem auch die damit verbundenen sozial-ökologischen Konstruktionsprozesse: Denn spezifische Produktions- und Konsummuster strukturieren die Verhältnisse in einzelnen Politikfeldern wie Ernährung, Wohnen, Mobilität, Arbeit, Bildung; sie bringen gesellschaftlich geteilte Auffassungen beispielsweise von Individualität, Kollektivität und Familiarität hervor; und sie etablieren hegemoniale Verständnisse von dem, was als öffentlich oder als privat gilt (vgl. ebd.: 83).

Gerade weil die imperiale Lebensweise des globalen Nordens auf sozial-ökologischen Externalisierungsprozessen und letztlich Zerstörung beruhe und in ihrer derzeitigen Form damit zu menschenrechtlichen Exklusionen an vielen Produktions- und Lebensorten führe, unterstreichen Brand und Wissen die Notwendigkeit, „über die Ansatzpunkte, Inhalte und Formen einer materialistischen Menschenrechtspolitik nachzudenken" (Wissen/Brand 2008: 72, siehe auch B.II.3.3). Wenngleich die beiden Autoren selbst keine explizite Definition von materialistischer Menschenrechtspolitik vornehmen, so verweisen sie doch auf die Notwendigkeit der Veränderung von Produktions- und Konsummustern, Eigentumsverhältnissen und Zugangs- und Nutzungsrechten, um Menschenrechte weltweit zu gewährleisten. Angesichts der sozio-ökonomischen und ökologischen Verwerfungen des neoliberalen Kapitalismus nehme die Bereitschaft zur sozial-ökologischen Gestaltung der Globalisierung in den Institutionen und Parteien jedoch zu und eröffne vielfältige Möglichkeiten, bereits vorhandene diesbezügliche Praktiken sichtbar zu machen und zu stärken (vgl. ebd.).

3. Zwischenfazit II

Ich beginne mein zweites Zwischenfazit mit einer Kritik an Teilen der Kritik, die im Gegendiskurs der Diskursinterventionist_innen formuliert wird. Meine Kritik ist gleichzeitig ein Plädoyer dafür, wichtige Differenzen innerhalb des Diskurses um nachhaltige Entwicklung nicht zu übersehen und zu verwischen (siehe B.II.3.1).

Das Zwischenfazit dient auch der verdichtenden inhaltlichen Zusammenführung der zuvor vorgestellten, aber eher isoliert analysierten Positionen der Kritiker_innen (siehe B.II.3.2). Diese Zusammenführung erfolgt über einen Vergleich von für die Herrschaftskritik relevanten Themenfeldern (Kapitalismuskritik, Staatskritik und Kritik gegenüber Kooperationsmodellen) (siehe B.II.3.2.1) sowie in der Frage, ob die Kritik nur dem hegemonialen oder dem gesamten Nachhaltigkeitsdiskurs gilt (siehe B.II.3.2.2). Dabei sollen insbesondere – trotz und gerade aufgrund der Nähe der Positionen der einzelnen Autor_innen – Unterschiede zwischen ihnen herausgearbeitet werden, die zum Teil auch den historischen Wandel innerhalb des Gegen-Diskurses selbst spiegeln.

Den Schluss des Zwischenfazits bilden die Ausführungen zur materialistischen Fundierung der Menschenrechte: In B.II.3.3 stelle ich die Bausteine vor, die ich aus den Positionen der Diskursinterventionist_innen für ein kritisch-emanzipatorisches Nachhaltigkeitsverständnis mitnehme.

3. Zwischenfazit II

3.1 Zur Kritik der Kritik

Die grundsätzliche, kapitalismus- und machttheoretisch angelegte Kritik an nachhaltiger Entwicklung als einem Konzept, dessen Intention nicht radikal genug angelegt sei, um systemtransformierend zu sein, eint auf den ersten Blick die hier in Diskursstrang B.II analysierten Positionen. Dies entspricht auch der allgemeinen Rezeption: Über die Kapitalismus- und Herrschaftskritik werden die Positionen der Diskursinterventionist_innen im Nachhaltigkeitsdiskurs auf- und wahrgenommen.

Insbesondere für die Anfänge der artikulierten Kritik in den 1990er-Jahren gilt, dass es sich dabei nicht um eine korrigierende Perspektive handelt – eine Perspektive, die im Sinne einer positiven Bezugnahme auf das Konzept nachhaltiger Entwicklung dieses macht- und herrschaftskritisch wenden und weiterentwickeln möchte –, sondern um eine Ablehnung. Diese Ablehnung von Nachhaltigkeit, die bei Autor_innen aus dem Umfeld der BUKO deutlicher als bei Johannes Dingler zum Ausdruck kommt, wird wiederum zu einem Teil des Nachhaltigkeitsdiskurses selbst und bleibt nicht ohne Folgen. Diskurstheoretisch betrachtet tragen die Interventionen der Nachhaltigkeitsskeptiker_innen als performative Konstruktionsprozesse von (Be)Deutungen so auch dazu bei, dass ‚radikale sozial-ökologische gesellschaftliche Transformationsprozesse' als Gegensatz zu ‚nachhaltiger Entwicklung' konzipiert werden. Unter dem Namen Nachhaltigkeit sind solche Transformationsprozesse nicht oder kaum mehr zu erwarten – so die explizit und implizit transportierte Botschaft der Diskursinterventionist_innen. Es besteht die Gefahr, dass Nachhaltigkeit als Begriff und Konzept damit (eines Teils) seines emanzipatorischen Potenzials beraubt wird, und zwar nicht nur von denjenigen, die unter dem Banner Nachhaltigkeit entwicklungspolitische ‚business as usual'-Modelle mittels Greenwashing politikfähig halten wollen, sondern eben teilweise auch von denjenigen, die überzeugt sind, diese modernisierungs- und wachstumstheoretischen Besetzungsversuche des Nachhaltigkeitsbegriffs als seinen eigentlichen Wesenskern identifiziert zu haben.

Meine Kritik an dieser Stelle gilt einer Kritik, die im Grunde nur für bestimmte Strömungen und Ansätze im Nachhaltigkeitsdiskurs zutrifft, die jedoch bisweilen zu einer die bestehenden Unterschiede verwischenden Kritik an nachhaltiger Entwicklung insgesamt heranwächst. Insbesondere dann, wenn Nachhaltigkeit pauschal auf ein kapitalistisches Wachstumsmodell reduziert wird, werden wichtige und gewichtige Differenzierungen innerhalb des Nachhaltigkeitsdiskurses ausgeblendet.

Vor dem Hintergrund der Analyse des politisch-institutionellen Diskursstrangs (siehe B.I) lässt sich an dieser Stelle festhalten, dass das Greenwashing und damit die Instrumentalisierung von nachhaltiger Entwicklung zur Aufrechterhaltung kapitalistischer Strukturen nur einen (wenn auch nicht unbedeutenden und im

Zuge der Vorbereitungen auf Rio+20 wachsenden) Teil des Diskurses um nachhaltige Entwicklung betrifft. Der Nachhaltigkeitsdiskurs insgesamt ist ungleich vielfältiger, widersprüchlicher und eben auch Ort emanzipatorischer Positionen.

3.2 Gemeinsamkeiten und Unterschiede

Der soeben von mir vorgetragenen Kritik wäre aber ebenfalls der Vorwurf der Einseitigkeit und Holzschnittsartigkeit zu machen, wenn sie außer Acht ließe, dass in den Arbeiten der Diskursinterventionist_innen selbst – und dies ist in der Rezeption bisher kaum wahrgenommen und produktiv genutzt worden – unterschiedliche Positionen vertreten werden. Beispielsweise ist das Verständnis von Staat oder die Beurteilung von Kooperation ambivalenter, als es die Nachhaltigkeit ablehnenden Stellungnahmen auf den ersten Blick vermuten lassen. Genau dieser Doppelcharakter von radikalem Protest einerseits und kritischer Reflexion und (eben doch) (Gegen)Rekonfiguration als Folge hegemonialer Kämpfe andererseits (die mit einer alternativen Füllung der Konzepte und der Bestimmung von notwendigen Rahmenbedingungen einhergeht – etwa von und für Partizipation) bietet Anknüpfungspunkte zu den in den folgenden Diskurssträngen untersuchten feministischen und integrativen Ansätzen und ist für die Weiterentwicklung und Fundierung eines kritisch-emanzipatorischen Nachhaltigkeitsverständnisses entsprechend wertvoll. Der Umgang mit Ambivalenzen, das Nachzeichnen der unterschiedlichen Graustufen zwischen den Polen schwarz und weiß ist in den einzelnen Positionen der Diskursinterventionist_innen unterschiedlich stark ausgeprägt, wie die folgende Diskussion von Gemeinsamkeiten und Unterschieden zeigen wird.

3.2.1 Facetten von Herrschaftskritik: Kapitalismuskritik, Staatskritik und Skepsis gegenüber Kooperationsmodellen

Der zentrale gemeinsame Ausgangspunkt der dem Nachhaltigkeitsdiskurs skeptisch begegnenden Ansätze ist die generelle Kritik, dass im Diskurs über Nachhaltigkeit bestehende Herrschaftsverhältnisse zum einen verschleiert, zum anderen herrschaftlich rekonfiguriert werden. Versuchen einer ‚grünen' Restrukturierung des Kapitalismus als Antwort auf vor allem ökologische Krisenphänomene wird daher genauso eine Absage erteilt wie einem Staatsverständnis, in dem die Rolle eines ermöglichenden bzw. als Mediator auftretenden Staates adressiert wird. Neben Kapitalismuskritik (a), die auf zwei Ebenen angesiedelt ist, und Staatskritik (b) lässt sich die kritische Bewertung von Global Governance sowie von kooperativen Politikformen mit staatlichen bzw. quasi-staatlichen Institutionen (c) als dritter Aspekt der herrschaftskritischen Perspektive auf den Diskurs nachhaltiger Entwicklung identifizieren.

3. Zwischenfazit II

(a) Reflexionen über die Ursachen von sozialen und ökologischen Krisenphänomenen finden nach Einschätzung der Diskursinterventionist_innen im Nachhaltigkeitsdiskurs nicht oder nur unzureichend statt. Insbesondere die strukturell notwendige Gewaltförmigkeit des kapitalistischen Weltsystems werde nicht thematisiert. Eine genauere Analyse und Systematisierung der kapitalismuskritischen Ausführungen der Diskursinterventionist_innen zeigt, dass ihre Kritik auf zwei Ebenen angesiedelt ist.

(i) Auf einer ersten Ebene, von mir als *Metaebene der Diskurskritik* bezeichnet, zeigen die Diskursinterventionist_innen am Beispiel Kapitalismus die Nichtthematisierungen des Diskurses als Teil der Herrschaftsförmigkeit des Diskurses selbst auf. Diese Kapitalismuskritik ist also gleichzeitig Kritik an den Regeln und Grenzen des Sprechens darüber, was Nachhaltigkeit ist oder sein könnte. Mit Macht werde ein Diskurs durchgesetzt, in dem Kapitalismus zum Tabuwort mutiere. Entsprechend wenden sich die Diskursinterventionist_innen gegen spezifische Argumentationsfiguren und die verwendete Terminologie im Nachhaltigkeitsdiskurs – etwa wenn von „Marktwirtschaft" statt von „Kapitalismus" gesprochen wird oder wenn transnationale Konzerne nicht kritisiert, sondern als zentrale Akteure für Nachhaltigkeit umworben werden. Sie werten die Grundannahmen, die sich in diesen Nichtthematisierungen zeigen, zu denen auch das Schweigen darüber gehöre, wer von den empfohlenen Nachhaltigkeitsmaßnahmen profitiere, als Ein- und Ausschlusskriterien für die Teilnahme am Nachhaltigkeitsdiskurs (vgl. z. B. Eblinghaus/Stickler 1996: 14, 64ff.). Radikale (Kapitalismus-)Kritik sei nicht erwünscht, Kooperations- und Kompromissbereitschaft sowie das unbedingte Aufzeigen von anschlussfähigen Alternativen dagegen schon. Eine gesellschaftskritische Analyse des patriarchalen Weltkapitalismus werde so verunmöglicht (vgl. z. B. BUKO 1996: 210).

Diese Diagnose trifft vor allem auf das Reden und Schreiben über Nachhaltigkeit bis Ende der 1990er-Jahre zu. Der Begriff Kapitalismus taucht weder in den politisch-institutionellen Dokumenten noch in der Studie „Zukunftsfähiges Deutschland" (BUND/Misereor 1996) auf.

(ii) Da die Diskursinterventionist_innen jedoch davon ausgehen, dass die ökologische Krise als durch die hegemonialen Herrschaftsverhältnisse des Kapitalismus produzierte Krise analytisch nur erfasst werden kann, wenn diese Herrschaftsverhältnisse einbezogen werden (vgl. z. B. Dingler 2003: 283), lenken sie auf der zweiten Ebene, *der Ebene der inhaltlichen Auseinandersetzung um den Themenkomplex Umwelt und Entwicklung*, den Blick auf die Widersprüche im kapitalistischen System. Sie verweisen dabei z. B. auf die widersprüchlichen Raum-Zeit-Modalitäten, mit denen das ökonomische System einerseits und das ökologische System andererseits operieren. Während die kapitalistische Dynamik auf eine Beschleunigung zeitbedingter und auf eine Entterritorialisierung raumbedingter Prozesse ziele, seien ökologische Systeme nicht herauslösbar aus spezifischen Räumen und Strukturen. „Dieser Prozess" [fortschreitender Beschleunigung, Entterritorialisierung und Entbettung der kapitalistischen Ökonomie; D. G.], so resümiert Dingler (2003: 294), „muss früher oder später in krisenhafte Bedingungen münden." Auch die BUKO (1996: 207) schlussfolgert: „[i]nnerhalb des gegenwärtigen Weltsystems [ist] eine sozial gerechte und ökologisch verträgliche Lebensweise schlicht nicht realisierbar." Um den permanenten und zerstörerischen Zugriff auf menschliche und außermenschliche Natur zu begrenzen, bedarf es, so die Botschaft der Diskursinterventionist_innen, einer genauen Betrachtung des kapitalistischen Herrschaftssystems, seiner zentralen Triebfedern sowie der ihm zugrunde liegenden Rationalitäten.

Im Nachhaltigkeitsdiskurs werde aber weder eine Analyse der kapitalistischen Widersprüche geleistet, noch werde angestrebt, jene sozio-ökonomischen Strukturen zu überwinden, die die sozialen und ökologischen Grundlagen zerstören. Vielmehr trage der Nachhaltigkeitsdiskurs zum Erhalt und zur beständigen Erneuerung der kapitalistischen Dynamik bei. Stellvertretend sei hier noch einmal auf Johannes Dingler verwiesen, der hervorhebt, dass die Strategien des hegemonialen Diskurses der nachhaltigen Entwicklung keine adäquaten Lösungen der ökologischen Krise bewirken könnten, da sie von den strukturellen Kontradiktionen der kapitalistischen Ökonomie und ökologischer Systeme ausgingen. Allenfalls könnten sie dazu beitragen, die Widersprüchlichkeit der ökologischen und ökonomischen Systemlogik zeitweilig zu kompensieren (vgl. Dingler 2003: 295).

Eine Einbindung von Wirtschaftsvertreter_innen in Entscheidungs- und Umsetzungsprozesse für nachhaltige Entwicklung gleicht damit für die Diskursinterventionist_innen der sprichwörtlichen Ernennung des Bocks zum Gärtner (vgl. BUKO 1996: 214; später ähnlich Frein 2002 sowie Görg 2002). Sie wenden sich gegen ein Verständnis, wie es auch der Studie „Zukunftsfähiges Deutschland" (BUND/Misereor 1996: 191) zugrunde liegt, dass notwendige Veränderungen nur gemeinsam mit wirtschaftlichen Institutionen als den mächtigsten Kräften weltweit zu erreichen seien (vgl. dazu Informationsbüro Nicaragua e. V. 1996: 203f.). Hauptverursacher_innen der ökologischen Krise können für Diskursinterventionist_innen keine Leitfiguren der ökologischen Erneuerung sein (vgl. Spehr/ Stickler 1997: 212f.), eine „Renovierung des Kapitalismus à la Nachhaltigkeit" (Informationsbüro Nicaragua e. V. 1996: 205) wird abgelehnt. Statt einer Ökologisierung und Erweiterung des „Herrschaftssystem[s] des ‚Nordens'" (ebd.) geht es ihnen um ein Zurückdrängen desselben. Kapitalismuskritik wird von ihnen verbunden mit einer Kritik an (neuer) imperialer Politik und der Forderung nach einer anti-rassistischen, nicht-eurozentristischen Perspektive. Im Unterschied zu vielen integrativen Ansätzen (siehe Diskursstrang B.IV) wird in diesem Zusammenhang nicht nur der Wachstumsbegriff, sondern auch der Entwicklungsbegriff als weitestgehend unbrauchbar kritisiert, da mit ihm traditionelle oder nicht-moderne Gesellschaften und ihre Kulturen als strukturell minderwertig und trans-

3. Zwischenfazit II

formationsbedürftig konstruiert würden. Eine Weiterentwicklung könne nach Vorstellungen des herrschenden Nachhaltigkeitsdiskurses nur durch die Übernahme der ökologisch modernisierten Moderne und deren Kultur erreicht werden. Eine solche Herrschaft der ökologisch modernisierten Moderne, die zudem verwoben sei mit einer „Orientalisierung des Unterentwickelten" (Said 1978, zit. n. Dingler 2003: 331), lehnen die Diskursinterventionist_innen ab (vgl. ebd.) und greifen hier Erkenntnisse und Positionen der Post-Development- bzw. der postkolonialen Ansätze[232] auf.

(b) Während bei der Kritik am Kapitalismus in der Einschätzung seines systemisch bedingten Zerstörungspotenzials keine Unterschiede zwischen den verschiedenen Vertreter_innen, die hier den Diskursinterventionist_innen zugerechnet werden, bestehen, ist diese Eindeutigkeit bei der Beurteilung der Rolle des Staates für eine nachhaltige Entwicklung so nicht gegeben. Gemeinsam ist den Diskursinterventionist_innen zunächst zwar eine allgemeine staatskritische Perspektive. Die Kritik richtet sich dabei vor allem auf die ‚Staatsfixierung' bei der Suche nach Lösungen für bestehende soziale und ökologische Probleme. Eine solche Staatsfixierung übersehe, so die Argumentation, dass Politiker_innen als Repräsentanten des Staates in einem Spannungsfeld organisierter gesellschaftlicher Interessen handelten. „Sie können und wollen nicht als eine Art Schiedsrichter zwischen diesen Interessen um das ‚Gemeinwohl' ringen, sondern sind im wahrsten Sinn des Wortes selbst Partei" (BUKO 1996: 215). Diese Sichtweise von Staaten als „Herrschaftsverbände" (vgl. stellvertretend Informationsbüro Nicaragua e. V 1996: 203) wird von Autoren wie Joachim Hirsch und Ulrich Brand geteilt, allerdings streichen letztere die Ambivalenz des Staates stärker heraus. Auch von ihnen wird einerseits die Vorstellung kritisiert, dass staatliche Politik als Adressat von wissenschaftlichen oder aus den sozialen Bewegungen kommenden Vorschlägen nur darauf warte und ausgerichtet sei, die richtigen politischen Rahmenbedingungen und Anreize zu schaffen, um sozial-ökologische Probleme zu lösen und die Transformation in Richtung Nachhaltigkeit voranzutreiben. Denn, so Brand und Hirsch, Veränderungen vollzögen sich eben gerade nicht primär über staatliches Handeln, sondern über Bewegungen ‚von unten'. Gleichwohl erachten Brand und Hirsch als Vertreter des radikalen Reformismus *staatliche Reformpolitik* als relevanten zusätzlichen Bestandteil für emanzipatorische Politik. Ulrich Brand spricht von der Notwendigkeit eines linken Staatsprojektes, zu dem gehöre, was auch Joachim Hirsch in seinen Arbeiten immer wieder betont: die Wichtigkeit, erkämpfte Rechte auf der Ebene des Staates verbindlich festzuschreiben. Bei aller Kritik an dem, was Staat ist und sein kann, wird hier deutlich, dass

---

232 Wenngleich es lohnend wäre, gerade diese postkolonialen Perspektiven auf Entwicklung als Praxis, Konzept und Begriff für eine herrschaftskritische Reflexion von Nachhaltigkeit zu nutzen, und hier ein Forschungsdesiderat aufscheint, kann eine genaue Analyse für die einzelnen Diskursstränge im Rahmen dieser Arbeit nicht geleistet werden.

Rechtsstaatlichkeit und die Kodifizierung der Ergebnisse aus Emanzipationsprozessen in Form von Rechten, die für jeden Menschen gelten, nicht im Widerspruch stehen (müssen) zu einem linken Politik- bzw. Staatsverständnis.

(c) Es gehört zu einer weiteren Gemeinsamkeit der dem Nachhaltigkeitsdiskurs kritisch gegenüberstehenden Akteure, dass in der Konstruktion eines undifferenzierten „Wir-alle-sind-verantwortlich", verbunden mit der Konstruktion eines angenommenen gleichermaßen großen gemeinsamen Interesses an Lösungen für sozial-ökologische Probleme, ein weiterer Aspekt der Herrschaftsdimension gesehen wird, den es offenzulegen gelte. Die Forderungen nach umfassender Partizipation und einem gemeinsamen Lernprozess aller relevanten Akteure, die verstärkt im Zusammenhang mit der Umsetzung der Agenda 21 auf lokaler Ebene formuliert wurden, gründen, so die Kritik der Diskursinterventionist_innen, auf der Annahme einer generell erreichbaren Harmonisierung bestehender Interessenkonflikte. Die bestehenden Machtstrukturen und Entscheidungshierarchien, denen gesellschaftliche Partizipation an politischen Entscheidungsprozessen unterliege und die unterschiedliche Möglichkeiten der Durchsetzung der eigenen Interessen für ‚Partizipierende' und ‚Entscheidende' böten, würden dabei weitestgehend ausgeblendet bzw. nicht hinreichend reflektiert (vgl. auch Brand et al. 2000: 160ff.). Aus einer herrschaftskritischen Perspektive sei es zudem kritikwürdig, wenn im offenen Suchprozess der Gestaltung nachhaltiger Entwicklung nicht mehr danach gefragt werde, wie die Problemidentifikation zu Stande gekommen sei. Aus dem Blick gerate, wie bestimmte machtvolle Akteure ihre Problemsicht durchsetzten und alternative Problemdefinitionen marginalisierten (vgl. stellvertretend Wissen 2004: 43f.). Indem Partizipation als Konsensbildungsprozess konzeptionalisiert werde, würden eher konfrontative Proteststrategien als nicht „konstruktiv" (dis)qualifiziert (vgl. dazu auch Oels 2007: 42). „Radikalität ist out, Kooperation ist in", so haben Vertreter_innen des Informationsbüros Nicaragua e. V. (1996: 205) in ihrer Einleitung zur Dokumentation der Debatte um die Studie „Zukunftsfähiges Deutschland" den Tenor der Reaktionen zusammengefasst, die die BUKO auf ihre klare Ablehnung bekommen hat, sich konstruktivkritisch und damit letztlich positiv an der Nachhaltigkeitsdebatte zu beteiligen.

Die Kritik der Diskursinterventionist_innen richtet sich aber nicht nur gegen eine Kooperationsrhetorik, die unterschiedliche Verantwortlichkeiten verwischt, sondern auch gegen eine damit verbundene Konstruktion von Bedrohungsszenarien, die im Sinne einer „Es-ist-fünf-vor-zwölf" Rhetorik das Tempo des politischen Handelns zu erhöhen versucht. „Sofort"-Imperative führen nach Ansicht der Diskursinterventionist_innen jedoch nicht zu einer Auseinandersetzung mit potenziellen Akteuren emanzipatorischer Praxis außerhalb des etablierten Institutionengefüges (vgl. dazu stellvertretend Brand et al. 2000: 159), sondern zu einer Aufwertung von Expert_innen. Der Verweis auf den Zeitdruck trage auch dazu bei, bestehende politische und wirtschaftliche Institutionen als Problemlöser

3. Zwischenfazit II

(und nicht als Problemverursacher) zu konzeptualisieren. Zum Gesamtbild der Kritik an Nachhaltigkeit als Herrschaftsdiskurs gehört insbesondere für Mitglieder der BUKO die Kritik an den einseitig an die Verbraucher_innen gerichteten Appellen, nämlich ‚weniger', ‚grüner' und ‚aufgeklärter' zu konsumieren.

Entsprechend mahnten die Diskursinterventionist_innen in den Auseinandersetzungen um die Studie „Zukunftsfähiges Deutschland" (BUND/Misereor 1996) sowie mit Blick auf den von ihnen diagnostizierten Rückgang sozialer Bewegung und weltweiter Umbrüche eine Debatte um ein linkes Politikverständnis an:

> „Das Erstarken der Nichtregierungsorganisationen geht einher mit dem Bedeutungsverlust sozialer Bewegungen und der Angleichung der Positionen an die der Weltbank. Politikberatung und Lobbying ersetzen Widerständigkeit und Kritik an den herrschenden Verhältnissen" (Informationsbüro Nicaragua e. V. 1996: 205).

Lobbying aber koste Zeit und Engagement, es binde Kräfte, ohne dass sichergestellt werde, dass mit der Aufnahme von Begriffen und Konzepten aus den sozialen Bewegungen in politische Dokumente auch deren Implementierung erfolge.

Die Prozesse der Instrumentalisierung und des Auspartizipierens, vor denen die Diskursinterventionist_innen bereits Mitte der 1990er-Jahre gewarnt hatten, decken sich zumindest teilweise mit Erfahrungen, die engagierte Menschen in den vielen lokalen Agenda 21-Prozessen, die in der Bundesrepublik Deutschland seit der UNCED in Rio 1992 angestoßen wurden, gemacht haben (vgl. Gottschlich 1999). Ihre Erfahrungen mit „Bürgerbeteiligung als Herrschaftsinstrument" (Wagner 2013) und eben nicht als Instrument zur Transformation bestehender krisenverursachender Verhältnisse bilden wichtige Ausgangspunkte für das Nachdenken darüber, wie in einem kritisch-emanzipatorischen Konzept von Nachhaltigkeit echte Teilhabe und transformative Partizipation gewährleistet werden können.

Doch die zum Teil heftige Kritik an einer kooperationsorientierten Politik wird in verschiedener Hinsicht in den Arbeiten der Diskursinterventionist_innen selbst differenziert. Der erste Aspekt der Differenzierung der Vor- und Nachteile beispielsweise von „Runden Tischen" lässt sich aus dem Konzept der Freien Kooperation von Christoph Spehr entnehmen:

> „Die Kritik am ‚herrschaftsignoranten' Charakter Runder Tische hat ihre Berechtigung, geht jedoch häufig an der Tatsache vorbei, dass der Einfluss der weniger Privilegierten auf einen übergeordneten ‚demokratischen' Entscheidungsprozess eher schlechter ist und dass Strukturen korporativer Entscheidungsfindung immer stattfinden, nur nicht offen und nicht egalitär. Es spricht daher nichts dagegen, weite Bereiche dessen, was heute an gesellschaftlicher ‚Umverteilung' und staatlicher ‚Steuerung' stattfindet, an Strukturen eines egalitären Korporatismus zu übertragen. Es wäre mit Sicherheit kein Nachteil für die Bezieher von staatlichen Unterstützungsleistungen, wenn diese Gegenstand ‚Runder Tische' wären, anstatt von Regierungen gottgleich festgelegt zu werden" (Spehr 2003: 100).

Der zweite Aspekt lässt sich aus der Darstellung der von den Diskursinterventionist_innen entworfenen Alternativen ableiten. So liegt der Annahme und Forderung, wie sie sich insbesondere im radikalen Reformismus finden lässt, dass gesellschaftliche Veränderungen Angelegenheiten der Menschen selbst sind, die in den unmittelbaren Lebenszusammenhängen ansetzen müssen, ein Verständnis vom Menschen als sozialem Wesen und als gemeinschaftlich ausgerichtetem Akteur zugrunde. Ohne die prinzipielle Fähigkeit zur Kooperation und Solidarität wäre die bewusste Selbstorganisation der Gesellschaft, die von den Diskursinterventionist_innen als zentraler Bestandteil emanzipatorischer Politik gewertet wird, gar nicht denkbar. Zudem wäre „[w]enn jeder ‚sein Ding' macht, [...] Herrschaft nicht mehr in Gefahr" (Spehr 2007: 69). D. h. aber auch, dass auch aus Sicht der Diskursinterventionist_innen *Kooperationen für Transformationsprozesse unabdingbar sind.*

Hier wird der oben bereits angesprochene Doppelcharakter des Kooperationsverständnisses der Diskursinterventionist_innen deutlich: Neben die Kooperationskritik – als Kritik an der vernebelnden Wirkung von kooperativer Konfliktaustragung in asymmetrischen Konflikten, in denen mit unterschiedlicher Handlungsmacht ausgestattete Akteure interagieren – tritt die „freie Kooperation" (Spehr 2003: 50) als Grundlage von gesellschaftlicher Selbstorganisation im Allgemeinen, aber auch für alternative Formen des Wirtschaftens wie etwa der Solidarischen Ökonomie im Besonderen.

(d) Diskursinterventionist_innen gehen davon aus, dass die Herrschaft über die Natur im Nachhaltigkeitsdiskurs nicht ab-, sondern weiter zunimmt, bedingt durch eine Modernisierung des Herrschaftsverhältnisses. Das alte Herrschaftsnarrativ der Moderne, nach dem der Mensch danach strebt, die Natur zu beherrschen und sie zu seinem Nutzen zu unterwerfen, werde im Nachhaltigkeitsdiskurs zwar rekonfiguriert, jedoch ohne dass die Herrschaftslogik tatsächlich angetastet werde. Ebenso werde versucht, die ungezügelte Ausbeutung der Natur, die zu Schäden und Krisen führt, zu ersetzen durch eine kontrollierte, gesteuerte Beherrschung der Naturherrschaft. Doch strebe „nachhaltige Entwicklung damit eine optimiertere, effizientere Herrschaft des Menschen über die Natur durch wissenschaftlich-rationale Kontrolle an" (Dingler 2003: 307). Selbst die Anerkennung von Nichtwissen und der Zweifel an der vollständigen Berechenbarkeit von Natur im Nachhaltigkeitsdiskurs führe nicht zwangsläufig zu Alternativen jenseits der Naturbeherrschung, sondern vielmehr zu einer Strategie „reflexiver Naturbeherrschung" (Görg 2012: 178). In dieser ökologischen Modernisierung der herrschaftlichen Gesellschaft-Natur-Beziehung sehen die Diskursinterventionist_innen jedoch kaum einen Fortschritt. Das „Programm der rationalen Weltbeherrschung" (Altvater 1994: 191, zit. n. Dingler 2003: 308), das Baconsche „Projekt der Unterwerfung der Natur durch Wissenschaft, Erkenntnis und Rationalität" (Dingler 2003: 308) werde fortgeschrieben.

3. Zwischenfazit II

3.2.2 Ablehnung des hegemonialen, des herrschenden oder des gesamten Diskurses?

Betrachtet man die Positionen der Diskursinterventionist_innen, so werden Unterschiede in der Haltung gegenüber dem Nachhaltigkeitsdiskurs insgesamt deutlich. Die Positionspapiere der BUKO zum Thema Nachhaltigkeit lesen sich als Gesamtablehnung des herrschenden Diskurses. Die Kritik stützt sich allerdings vor allem auf die Studie „Zukunftsfähiges Deutschland" (BUND/Misereor 1996), die vom Wuppertal Institut erarbeitet wurde, sowie auf die Vorbereitungen rund um den zweiten Nachhaltigkeitsgipfel in Johannesburg. Dennoch ist nicht immer klar, was die Bezugstexte und Referenzdebatten sind, wenn Christoph Spehr beispielsweise formuliert: „Der herrschende Nachhaltigkeits-Kurs hat nichts, aber auch gar nichts mit Emanzipation zu tun, ganz im Gegenteil. Er ist Teil einer verbesserten und erweiterten Unterwerfungsstrategie" (Spehr 1996a: 148). Zum herrschenden Nachhaltigkeitsdiskurs gehören offenkundig für die Diskursinterventionist_innen aus dem Umfeld der BUKO nicht jene Ansätze, von denen ich im Folgenden (siehe B.III und B.IV) einige analysieren werde, die sich affirmativ auf Nachhaltigkeit beziehen und die dennoch kritisch die Annahmen der Nachhaltigkeitsdokumente des politisch-institutionellen Diskursstrangs hinterfragen.

Johannes Dingler (2003) hingegen unterscheidet zwischen dem hegemonialen und dem marginalisierten bzw. nicht-hegemonialen Nachhaltigkeitsdiskurs. Er zählt den Brundtland-Bericht, den Ansatz der Weltbank und die Agenda 21 der Rio-Konferenz zum hegemonialen Diskurs um Nachhaltigkeit und schließt von diesen, wie er selbst sagt, „induktiv auf den hegemonialen Diskurs" (ebd.: 220). Allerdings identifiziert er bereits vorher diese drei Positionen als repräsentativ für den hegemonialen Ansatz. Wann ein Ansatz und ein Dokument als hegemonial gelten, beantwortet er nicht. In seiner zuvor vorgenommenen Systematisierung der Definitionen von nachhaltiger Entwicklung unterscheidet er lediglich zwei Idealtypen, die seiner Meinung nach mit den idealtypischen Diskursausprägungen von hegemonialer und marginaler, schwacher und starker Nachhaltigkeit korrespondieren, ohne dass er diesen Zusammenhang begründet oder herleitet. Dingler wählt folgende Setzung: Der hegemoniale Ansatz entspricht der Definition nachhaltiger Entwicklung, „in der innergesellschaftliche Konzepte eine zeitliche Dauerhaftigkeit aufweisen sollen, ohne dass die Natur definitorisch erwähnt würde" (ebd.). Der marginalisierte und von Dingler favorisierte Nachhaltigkeitsansatz korrespondiert mit der Definition von Nachhaltigkeit, „welche sich durch einen Naturbezug auszeichnet" (ebd.). Entsprechend kommt Dingler – ganz anders als die BUKO – auch zu einer Bewertung der Studie „Zukunftsfähiges Deutschland" (BUND/Misereor 1996), die diese zumindest in Teilen als ein Beispiel nicht-hegemonialer Nachhaltigkeit wertet. Insbesondere die Integration von Suffizienzstrategien bedeuten für ihn „einen weitgehenden Bruch mit den hegemonialen Konzepten der Nachhaltigkeit" (ebd.: 343). Obgleich Dingler viele der als Reaktion auf die Studie des Wuppertal Instituts genannten Kritikpunkte[233] teilt, wertet er die Ökobilanzen und die Reduktionszenarien als „einen wichtigen Beitrag zur Debatte um nachhaltige Entwicklung" (ebd.: 366).

3.3 Bausteine für ein kritisch-emanzipatorisches Konzept nachhaltiger Entwicklung aus dem diskursinterventionistischen Diskursstrang

In Teil A habe ich als ein Merkmal eines kritisch-emanzipatorischen Zugangs die herrschaftskritische Ausrichtung genannt. Herrschaftskritik ist damit auch ein Auswahlkriterium dafür, was als Baustein für ein Konzept kommender Nachhaltigkeit gesammelt und festgehalten wird. In diesem Sinne enthalten die herausgearbeiteten Facetten von Herrschaftskritik (siehe B.II.3.2.1) ebenfalls wichtige Baustein-Elemente, auch wenn sie dort als Zusammenführungs- und Vergleichsmoment für die Unterschiede und Gemeinsamkeiten im Diskursstrang der Diskursinterventionist_innen fungieren. Neben der aufgezeigten Kapitalismuskritik fließen insbesondere die Staatskritik und die Skepsis gegenüber Kooperationsmodellen in meine Ausführungen in Teil C ein und prägen auch die nachfolgenden Bausteine.

3.3.1 Widerstand und Gegenmacht durch Selbstorganisation

Welche Akteure braucht es, um das krisenhafte, kohlenstoffbasierte, kapitalistische System zu verändern, das die Existenzgrundlagen eines großen Teils heutiger und künftiger Generationen gefährdet? Die Antwort der Diskursinterventionist_innen, dass sozial-ökologische Transformationsprozesse von sozialen Bewegungen getragen werden (müssen) und sich nicht vorrangig auf staatliches Handeln gründen (können), enthält mehrere Aspekte, die bedenkenswert für eine kritisch-emanzipatorische Ausgestaltung von Nachhaltigkeit sind. Dadurch, dass die Diskursinterventionist_innen die Ambivalenz von Staat und Kooperation in den Blick nehmen, hebt sich ihre Position deutlich von anderen Ideen, wie eine „Große Transformation" (WBGU 2011) gelingen könnte, ab. Nicht die Forderung nach einem „gestaltenden Staat, der dem Transformationsprozess durch entsprechende Rahmensetzung Entfaltungsmöglichkeiten in eine bestimmte Rich-

---

233 So teilt er die Kritik an der Privatisierung der ökologischen Frage, die letztlich eine Feminisierung der Umweltverantwortung darstelle. Das Hauptproblem sieht Dingler (2003: 366) darin, dass die Studie „Zukunftsfähiges Deutschland" (BUND/Misereor 1996) eine Doppelstrategie von Effizienz und Suffizienz verfolgt, „bei der versucht wird, den Diskurs der Moderne in der öffentlichen Sphäre mit einem amodernen Diskurs in der privaten Sphäre zu vereinbaren". Die Wuppertal-Studie scheitert letztendlich an der Unvereinbarkeit dieser beiden Diskursausprägungen (vgl. ebd.).

tung eröffnet" (ebd.: 7) und der die Pioniere des Wandels aktiv fördert (vgl. ebd.), dient als entscheidender Ausgangspunkt, sondern die vielfältigen Kämpfe sozialer Bewegungen etwa gegen Landgrabbing, die Privatisierung von Wasser, Environmental Racism und beispielsweise für Umweltgerechtigkeit, Energiedemokratie, Klimagerechtigkeit, Anerkennung und Aufwertung unbezahlter Sorgearbeiten. (Wenngleich – und das ist wesentlicher Inhalt des nächsten Bausteins – der Staat dabei nicht vollends aus der Verantwortung entlassen werden soll.)

Davon ausgehend, dass es kein fertiges Konzept einer sozial-ökologischen Transformation ‚von oben' gibt, sondern dass die Ideen für gesellschaftliche Veränderungen vor allem ‚von unten' kommen (müssen), betonen die Diskursinterventionist_innen die Wichtigkeit der Herstellung und Wiederaneignung von Räumen der Selbstbestimmung und Selbstorganisation, in denen alternative Arbeits- und Lebenskonzepte ohne Ausbeutungsstrukturen ausprobiert werden können, in denen voneinander gelernt werden kann. Um solche Räume für veränderndes Denken und Handeln überhaupt zu eröffnen, braucht es neben kooperativen auch konfrontative Politikformen, braucht es auch Widerstand und Protest sowie konkrete Auseinandersetzungen vor Ort, in denen auch die jeweils eigene Lebensgestaltung reflektiert und zum Gegenstand von Veränderung gemacht werden kann.

Denn gesellschaftliche Veränderung ist nicht erreichbar ohne die gleichzeitige Veränderung von Verhaltens- und Bewusstseinsformen von Individuen. Schließlich prägen die gesellschaftlichen Widersprüche nicht nur den individuellen Alltag, sie werden auch durch Individuen reproduziert. Entsprechend gehört zur Etablierung von emanzipatorischen Praxen, wie Mitglieder der BUKO betonen, jene alltägliche Zurichtung zurückzudrängen, der die meisten Menschen ausgesetzt sind bzw. die sie sich selbst und zum Teil anderen zufügen, und sich über Gelingensbedingungen, aber auch über die Schwierigkeiten, ihre Lebensweise zu ändern, auszutauschen.

3.3.2 Materialistische Fundierung der Menschenrechte

Der globale Diskurs um Entwicklungspolitik war immer auch ein Diskurs um die Erfüllung von Menschenrechten – nicht nur von politischen Rechten, sondern auch jener zweiten Generation von Menschenrechten, die soziale und ökonomische Rechte umfassen, die allen Menschen zwar überall auf der Welt gleichermaßen zustehen, allerdings ohne tatsächlich zu ihrer Realisierung zu gelangen. Von den Positionen der Diskursinterventionist_innen greife ich daher die Forderung nach einer materialistischen Fundierung der Menschenrechte als Baustein auf und beleuchte damit den Zusammenhang von Menschenrechten und ökonomischen Verhältnissen in Form herrschaftlicher Produktions-, Distributions- und Konsummuster.

Mit der Idee eines materialistischen Menschenrechtsbegriffs verbinden sich erstens ein kritisches Staatsverständnis und die Suche nach einem neuen, weiten Politikbegriff, der über Institutionen hinausgeht. Mit Blick auf die Rolle des Staates sei hier ein Aspekt festgehalten, der die in Kapitel B.I.6.2.4 beschriebene völkerrechtliche Weiterentwicklung ergänzt, nämlich der Aspekt der vor-staatlichen Rechte: Materialistische Menschenrechtspolitik umfasst nicht nur staatlich verbriefte Rechte, sondern auch „grundlegende, vor-staatliche Rechte, wie friedliche Formen des Zusammenlebens und der Konfliktaustragung" sowie das Angleichen „grundlegende[r] materielle[r] Lebenschancen und -bedürfnisse" (Wissen/Brand 2008: 78). „Entsprechend darf nicht nur (aber auch) vom Staat erwartet werden, dass über ihn Gerechtigkeit geschaffen wird" (ebd.: 79). An Menschenrechte gebunden und für sie verantwortlich sind in solch einem Verständnis auch internationale Institutionen – wie beispielsweise die Weltbank oder auch die Eliten eines Landes. Anknüpfungspunkte zur Vertiefung dieser Debatte bieten zudem die Aktivitäten und Arbeiten zu globalen sozialen Rechten, die in den globalen sozialen Bewegungen zu finden sind.

Zweitens adressiert eine materialistische Menschenrechtspolitik die unmittelbaren Konflikte um die Gestaltung gesellschaftlicher Naturverhältnisse, fragt nach Ursachen und Verursachern der jeweiligen Krisen und reflektiert die Problemlösungsstrategie (etwa ob Privatisierung das geeignete Mittel zur Krisenbewältigung sei).

Drittens gehört zu einer materialistischen Fundierung der Menschenrechte auch die Analyse von konkreten Macht- und Verteilungsfragen und damit die Kritik an einem abstrakten Normativismus, der mit einer „Wir-alle-sind-verantwortlich" Rhetorik spezifische Verantwortlichkeiten verdeckt und entnennt. Umweltgerechtigkeitsansätze und -bewegungen in ihren vielfältigen Ausprägungen sind eine wichtige Inspirationsquelle für eine solche theoretische wie praktische Weiterentwicklung von Nachhaltigkeit als kritisch-emanzipatorischem Konzept. Denn sie beziehen sich auf Natur als politisches Verhältnis, untersuchen Eigentums- und Zugangsfragen und rücken insbesondere die Analyse und Beseitigung von Ungleichheiten in der Verteilung von sozial-ökologischen Risiken und zu tragenden Kosten ins Zentrum. Neben den Fragen nach den Ursachen leistet die in den Fragen nach Verursacher_innen, Gewinner_innen und Verlierer_innen deutlich werdende Akteursorientierung einen Beitrag zur theoretischen wie praktischen Herrschaftskritik und kann dabei helfen, die spezifischen Bedingungen für einen Wandel in Richtung Nachhaltigkeit auszuloten.

Diskursstrang B.III: Diskurs um Nachhaltigkeit und Gender – feministische Kritiken und Alternativen

Der dritte, in dieser Arbeit untersuchte Strang im Diskursfeld nachhaltige Entwicklung umfasst die unterschiedlichen Positionen der feministischen Auseinandersetzung mit Konzeptualisierungen und Konkretisierungen von nachhaltiger Entwicklung. In Deutschland war er zunächst, d. h. von Anfang bis Ende der 1990er-Jahre, von zwei Zugängen geprägt: erstens von Kritik sowohl an Theorie als auch an Praxis des Nachhaltigkeitsdiskurses sowie zweitens von der Entwicklung sozial-ökologischer Transformationskonzepte ausgehend von dezidert feministischen Perspektiven auf umweltpolitische Handlungsfelder wie Stadt- und Freiraumplanung, Abfall, Verkehr, Risikoabschätzung und Gesundheitsverantwortung.[234]

Während der 2000er-Jahre lassen sich Verschiebungen im Diskurs um Nachhaltigkeit und Gender feststellen: Diese betreffen zum einen die Erweiterung des Fokus von „Gender and Environment" hin zu „Gender and Sustainability". Diese Erweiterung erfolgte zeitgleich mit dem Erstarken von integrativen Ansätzen im deutschen Nachhaltigkeitsdiskurs insgesamt und der Abnahme der vorrangigen Fokussierung der ökologischen Dimension von Nachhaltigkeit (siehe Diskursstrang B.IV). Gleichzeitig waren es gerade Forschungsarbeiten feministischer Wissenschaftler_innen, die mit dazu beigetragen haben, die ökologische Frage als (auch) gesellschaftspolitische Frage zu konzeptualisieren und die verschiedenen Krisendimensionen als eine sozial-ökologische Krise der gesellschaftlichen Naturverhältnisse zusammenzudenken. Die feministischen Beiträge zur Konzeptualisierung und Etablierung der Sozialen Ökologie (siehe B.IV.4) in Deutschland beispielsweise wirkten gleichermaßen zurück auf den feministischen deutschsprachigen Nachhaltigkeitsdiskurs und erweiterten sein Themenspektrum um Fragen, in denen nun die Verfasstheit des Ökonomischen und Politischen stärker in den Blick genommen wurde. Die feministische Auseinandersetzung ergänzte zunehmend die Kritik um eigene feministisch geprägte Nachhaltigkeitskonzeptualisierungen. Allerdings wurde der Frage nach den Möglichkeiten und Voraussetzungen für konkrete Umsetzungsversuche und positive Gegenentwürfe von feministischen Wissenschaftler_innen und Aktivist_innen selbst durchaus mit Skepsis begegnet. So wurde beispielsweise noch Ende der 1990er-Jahre aufgrund der infrastrukturellen Bedingungen für Forschung und Forschungsförderung die Erarbei-

---

234 Überblicke zum feministischen Diskussions- und Forschungsstand in den Bereichen „Gender and Environment" bzw. „Gender and Sustainable Development" bieten auch die Sammelbände von Buchen et al. (1994); Schultz/Weller (1995); von Winterfeld et al. (1997); Hofmeister/Spitzner (1999); Weller/Hoffmann/Hofmeister (1999); Nebelung/Poferl/Schultz (2001); Hofmeister et al. (2002); Hofmeister/Mölders/Karsten (2003); Schäfer/Schultz/Wendorf (2006); Schultz/Hummel/Padmanabhan (2010); Hofmeister/Katz/Mölders (2013) sowie Katz et al. (2015).

tung umfassender feministischer Gegenentwürfe als schwierig eingestuft (vgl. Hoffmann/Weiland 1999: 211). Auch wurden mit dem Erstarken postmoderner, dekonstruktivistischer Strömungen im feministischen Diskurs einer homogenisierenden Identitätspolitik – einer Politik ‚für' und im Namen ‚von' Frauen im Nachhaltigkeitsdiskurs – zunehmend Absagen erteilt (vgl. Poferl 2001: 11).

Dieser anfänglichen Skepsis zum Trotz ist ausgehend von der Kritik und von der Notwendigkeit des Ausleuchtens (geschlechter-)blinder Flecken sowie der Modifizierung von Forschungsperspektiven und Begriffen in den Konzepten, die im Zentrum der nachfolgenden Analyse stehen – dem Vorsorgenden Wirtschaften (siehe B.III.2) und der Frauenökonomie (siehe B.III.3) –, etwas *Neues* entstanden. Im Kern geht es bei beiden Konzepten um die Neubestimmung vor allem des Ökonomischen. Diese inhaltlichen Vertiefungen und konzeptuellen Weiterentwicklungen – im Falle des Konzepts des Vorsorgenden Wirtschaftens entlang der theoretischen Kategorie der (Re)Produktivität und im Falle des Konzepts der Frauenökonomie über das Verständnis von Ökonomie als ineinander greifenden Handlungsfeldern – lassen sich daher sehr wohl als feministische „Gegenmodelle" (Hoffmann/Weiland 1999: 211) bezeichnen. Sie bündeln in sich dabei auch zahlreiche Erkenntnisse aus nicht-feministischen (Nachhaltigkeits-)Ansätzen sowie den Stand der vielfältigen und jahrelangen Diskussionen zu Frauen/Geschlechterverhältnissen/Gender und nachhaltiger Entwicklung.

Der Diskursstrang Nachhaltigkeit und Gender gründet u. a. in den (inter)national geführten Diskursen zu Umwelt-, Entwicklungs- und Friedensfragen aus den 1970er- und 1980er-Jahren, die nicht nur von theoretischen Studien und politischen Dokumenten, sondern auch von den unzähligen Projekten der Frauen-, Umwelt- und Entwicklungsarbeit geprägt waren.[235] Ein Rückblick auf diese seit Jahrzehnten geführten internationalen feministischen Diskurse zeigt, dass insbesondere der feministischen Ökonomik eine entscheidende Rolle bei der Erarbeitung von feministischen Alternativen gesellschaftlicher Naturgestaltung zukommt.

Im Folgenden biete ich zunächst einen Überblick über die verschiedenen Vorläuferdiskurse, Entwicklungslinien und relevanten Ansätze und Positionen (siehe B.III.1.1), auf denen neuere feministische Nachhaltigkeitskonzeptionen aufbauen. Mit dem Bielefelder Subsistenzansatz (siehe B.III.1.2) stelle ich einen der prominentesten Ansätze aus dem Bereich Ökofeminismus[236] vor, der die weitere fe-

---

235 Vgl. stellvertretend Quistorp (1981, 1982, 1993); Boserup (1982); Merchant (1987); Plant (1989); Shiva (1989); Diamond/Orenstein (1990); Dankelman/Davidson (1990); Agarwal (1992); Wichterich (1992); Schultz (1993); Braidotti et al. (1994); Harcourt (1994a); Märkte (1995); Mies/Shiva (1995); Klingebiel/Randeria (1998); Ruppert (1998); Randzio-Plath (2004); Schultz/Hummel/Padmanabhan (2010).

236 Der Begriff wurde von Françoise d'Eaubonne (1975) geprägt. Ziel des Ökofeminismus sollte ein breites politisches Bündnis für „einen neuen Humanismus" (ebd.: 180) sein. Angelegt als universelle Ge-

3. Zwischenfazit II

ministische Theoriebildung maßgeblich beeinflusst hat – zum Teil gerade auch durch die Kontroversen, die sich an ihm entzündeten.

Im Anschluss an diese Spurensuche untersuche ich in diesem Diskursstrang drei Ansätze anhand des ihnen zugrundeliegenden jeweiligen Ökonomie-, Politik- und Gerechtigkeitsverständnisses: das Vorsorgende Wirtschaften (siehe B.III.2), die Frauenökonomie (siehe B.III.3) und den Sustainable-Livelihoods-Ansatz von DAWN (siehe B.III.4).

Während die entwicklungssoziologischen und makroökonomischen Diskurse den Entstehungskontext der Frauenökonomie bilden, die damit auch die internationalen Diskurse aus den 1980er-Jahren aufgreift, kommt das Vorsorgende Wirtschaften aus der eingangs beschriebenen Kritik am Nachhaltigkeitsdiskurs in Deutschland. Es ist maßgeblich geprägt durch die Erkenntnisse der (deutschsprachigen) feministischen Umweltforschung sowie der sozial-ökologischen Forschung in den 1990er-Jahren, aber auch durch die zahlreichen Erfahrungen, die zu dieser Zeit im Zusammenhang mit Versuchen der Umsetzung und Konkretisierung von Nachhaltigkeit (etwa im Rahmen von lokalen Agenda 21-Prozessen) gesammelt wurden. Neben dem bereits erwähnten Forschungszugang „Gender & Environment", der einen Teil der Sozialen Ökologie bildet und daher auch in diesem Kontext analysiert wird (siehe B.IV.4), ist das Vorsorgende Wirtschaften nicht nur der bekannteste, sondern auch der bisher theoretisch-konzeptionell ausgearbeiteste feministische sozial-ökologische Ansatz in Deutschland.

Der Ansatz von DAWN wurde von mir für die Analyse ausgewählt wurde, da er das Konzept Sustainable Livelihoods, das an Alltagsbedingungen und -erfahrungen von Frauen ansetzt, ins Zentrum rückt. Dieses Konzept wurde und wird im deutschen feministischen Diskurs um Nachhaltigkeit breit rezipiert: Sowohl das Vorsorgende Wirtschaften (vgl. Forschungsverbund „Blockierter Wandel?" 2007: 85f.) als auch die Frauenökonomie (vgl. Lachenmann 2001b: 92) beziehen sich darauf. Doch obwohl dieser Ansatz in der feministischen Auseinandersetzung um nachhaltige Entwicklung gerade auch in Deutschland einerseits eine bemerkenswerte Aufmerksamkeit erfahren hat (vgl. z. B. Weller 1999: 20, 2004: 79ff.; Stiefel 2001: 9; Wichterich 2004; Hofmeister/Mölders 2006: 28), bleibt es andererseits häufig bei knappen Verweisen, ohne genauer die spezifischen Annahmen des Sustainable-Livelihoods-Ansatzes und die damit verbunde-

---

sellschaftstheorie wollte dieser Ansatz – als Philosophie und als politische Bewegung – vor allem den Natur-Kultur-Gegensatz aufbrechen, „Patriarchatskritik mit einer radikalen Zivilisations- und Wissenschaftskritik [...] verknüpfen" und „eine neue politische und kulturelle Praxis an der Vision einer anderen Mensch-Natur- und Mensch-Mensch-Beziehung [ausrichten]" (Wichterich 1995: 107). Diese Neuausrichtung der Mensch-Mensch-Beziehung umfasst auch intergenerative Gerechtigkeitsvorstellungen, wie sie später im Brundtland-Bericht artikuliert wurden, kombiniert mit einer scharfen Patriarchatskritik (vgl. u. a. d'Eaubonne 1975; Daly 1981; Plant 1989; King 1989; Shiva 1989, 1995; Diamond/Orenstein 1990; Mellor 1994a, 1994b; Mies/Shiva 1995).

nen, mögliche Anknüpfungspunkte zu beleuchten (siehe B.III.5.2). Diese Lücke werde ich durch meine Analyse (siehe B.III.4) ein Stück weit zu füllen versuchen.

1. Spurensuche: (inter)nationale feministische Diskurse zu Umwelt und Entwicklung

1.1 Entstehungshintergründe und Entwicklung der Genderdimension im deutschen Nachhaltigkeitsdiskurs

Fokussiert man das Verhältnis zwischen Nachhaltigkeitsforschung und -praxis und feministischer Theorie und Praxis, dann werden die Ambivalenzen, die dieses Verhältnis prägen, augenfällig. Einerseits wurde Anfang der 1990er-Jahre Nachhaltigkeit als kritischer Gesellschaftstheorie zur sozial-ökologischen Transformation gesellschaftlicher Naturverhältnisse von feministischer Seite großes Interesse entgegengebracht (vgl. hierzu und zur folgenden Argumentation Gottschlich 2008: 123f.): Denn das Plädoyer für integrative und partizipative Lösungen für Umwelt- und Entwicklungsprobleme, das sich in der inter- und transdisziplinäre Orientierung von Nachhaltigkeit(sforschung) ausdrückte, schien besonders geeignet, die Komplexität und Verflechtungen der gegenwärtigen sozial-ökologischen Krisen zu durchdringen. Entsprechend verwiesen Wissenschaftler_innen früh auf eine Reihe potenzieller Anknüpfungspunkte und Gemeinsamkeiten zwischen Nachhaltigkeitsforschung und feministischer Wissenschaft:

(1) Nachhaltigkeit als intra- und intergeneratives Gerechtigkeitskonzept beinhalte dezidiert auch Geschlechtergerechtigkeit und sei ohne sie weder theoretisch zu konzeptionieren noch praktisch umzusetzen (vgl. Buchen et al. 1994; Weller/Hoffmann/Hofmeister 1999),

(2) als normative, kontextbezogene sowie auf integrative Problembetrachtung orientierte Wissenschaften seien Nachhaltigkeits- und feministische Forschung auch strukturell sehr ähnlich (vgl. Hofmeister/Mölders 2006: 19),

(3) und die ausdrückliche Forderung nach Partizipation aller gesellschaftlichen Gruppen bei der Planung und Umsetzung von nachhaltiger Entwicklung stelle ebenfalls eine Gemeinsamkeit zwischen Nachhaltigkeitsforschung und -politik und feministischer Bewegung und Wissenschaft dar (vgl. Schultz/Weller 1995; Weller 1999: 13ff.).

Die Hoffnung, dass die Gestaltung nicht-hierarchischer Geschlechterverhältnisse ihren theoretischen wie gesellschaftlichen Ort im Nachhaltigkeitsdiskurs finden könnte, hatte viele Aktivist_innen erfasst; die in Rio de Janeiro 1992 verabschiedete Agenda 21, die zur Umsetzung von nachhaltiger Entwicklung auf allen weltgesellschaftlichen Ebenen beitragen sollte, erschien zunächst als die Möglichkeit, feministische Anliegen endlich einzubeziehen, ja, sie erschien als

> "eine wichtige, vielleicht so bald nicht wiederkehrende historische Chance [...], auf alle Fälle aber [als] eine Plattform für die Herausbildung einer Neuen Frauenbewegung, mit der sich eine breitere Basis von Frauen als jemals zuvor in der Geschichte der Deutschen Frauenbewegung identifizieren [könnte]" (Freer, zit. n. MURL 1998: 15).

Doch die Erwartungen, geschlechtergerechte Ideen und nachhaltige Entwicklung verbänden sich in Theorie und Praxis wie selbstverständlich, wurden jäh enttäuscht. Feministische Forschungsansätze und -ergebnisse wurden im Mainstream der Nachhaltigkeitsforschung kaum rezipiert, und Genderaspekte fanden zunächst ebenfalls keine Berücksichtigung bei der Erarbeitung von praktischen Umsetzungsvorschlägen etwa für eine nachhaltige Stadtentwicklung im Rahmen von lokalen Agenda 21-Prozessen.

Feministische Perspektiven auf Nachhaltigkeit entwickelten sich damit andererseits früh als Kritikperspektive. Die kritische feministische Revision bestehender Nachhaltigkeitsansätze und -maßnahmen erfolgte sowohl auf der politisch-praktischen (a) wie auf der theoretischen (b) Ebene und führte von dort zur Erarbeitung eigener Positionen und konzeptioneller Alternativen (c).

(a) Die Erfahrungen, dass Genderaspekte außer Acht gelassen wurden und Geschlechtergerechtigkeit keine oder aber eine zu vernachlässigende Zielorientierung bei der Ausarbeitung lokaler Nachhaltigkeitsstrategien darstellte, machten Frauen in Agenda 21-Prozessen bundesweit (vgl. FUN 1996; Röhr 1999). Entsprechend gründeten sich Frauen-Agenda 21-Gruppen zum Teil auch aus Protest gegenüber Nachhaltigkeitskonzeptionen, die sich vorrangig an ökologisch-technischen Projekten und Themen – vermeintlich ohne Geschlechterrelevanz – orientierten (vgl. dazu ausführlich sowie für die folgende Argumentation Gottschlich 1999: 116ff.).

> "[D]ie Lokale Agenda ist ein für Frauen zähes und langwieriges Geschäft – darüber müssen wir uns alle im Klaren sein. Mag die Agenda 21 auch noch so viele Ansatzpunkte und Ziele bieten – in der kommunalen Realität bedeutet es mühsame Kleinarbeit, sie durchzusetzen. Die Hoffnung, daß mit den Festlegungen der Agenda 21 in bezug auf Geschlechtergerechtigkeit diese Kleinarbeit leichter werden würde, hat sich (jedenfalls bisher) nicht erfüllt. Offensichtlich ist es leichter, die Vereinten Nationen von der Notwendigkeit der Durchsetzung der Geschlechtergerechtigkeit zu überzeugen als kommunale Verwaltungen, Politiker und Vertreter von NGO und Wirtschaft. Das ist eine harte Wahrheit, aber mal ehrlich – haben Sie etwas anderes erwartet?" (Röhr, zit. n. FUN 1998: 6).

Bemerkenswert ist die Parallele zu den Frauenaktivitäten auf internationaler Ebene, die auch erst einsetzten, als ersichtlich wurde, dass weder ‚Frauen' als relevante Gruppe noch Genderaspekte in der ursprünglichen Fassung der Agenda 21 thematisiert wurden. Bundesweit haben sich Frauen in die nationale Debatte zur Agenda 21 bzw. in die lokalen Agenda 21-Prozesse ab dem Zeitpunkt verstärkt eingebracht, als eine Durchsicht der Materialien und Tagungsbände zur Lokalen

Agenda[237] gezeigt hatte, dass Frauenbelange, wenn überhaupt, nur sehr marginal berücksichtigt wurden.

Aber nicht nur die Kommunen, auch Bund und Länder taten sich im Anschluss an die UN-Konferenz in Rio de Janeiro schwer, die Frauenforderungen der Agenda 21 zu operationalisieren. 1997 kam die AG Frauen im Forum Umwelt & Entwicklung, die die nationale Umsetzung des „Globalen Aktionsplanes für Frauen zur Erzielung einer nachhaltigen und gerechten Entwicklung" (Kapitel 24) der Agenda 21 (BMU 1992a) untersucht hatte, zu dem Ergebnis, dass sich erstens im Blick der Bundesregierung der Geltungsbereich des Kapitels 24 auf die Bereiche Gleichstellungspolitik und Entwicklungszusammenarbeit reduziere (vgl. AG Frauen im Forum Umwelt & Entwicklung 1997: 9). Zweitens würden die Forderungen nach dem Aufbau geschlechtsspezifischer Datenbanken und Informationssysteme sowie der Erforschung des strukturellen Zusammenhanges zwischen Geschlechterbeziehungen, Umwelt und Entwicklung von der Bundesregierung nicht umgesetzt bzw. ignoriert (vgl. ebd.: 10). Drittens werde der Themenkomplex „Frauen und Umwelt" von der Bundesregierung nicht als Aufgabenstellung wahrgenommen. Die von der Bundesregierung vorgenommene Zuordnung der Zuständigkeit für die Umsetzung der Agenda 21 zu bestimmten Fachministerien verhindere zudem eine übergreifende, ökologische, ökonomische und soziale Dimensionen verknüpfende Herangehensweise, die die Umsetzung des Kapitels 24 als Querschnittsaufgabe integriere (vgl. ebd.: 11). Dass das Thema „Frauen und Agenda 21" Ende der 1990er-Jahre doch zu einer „echten Erfolgsstory" geworden ist, wie die Ministerin für Umwelt, Raumordnung und Landwirtschaft (MURL) des Landes Nordrhein-Westfalen, Bärbel Höhn, im Vorwort zu einer Broschüre des MURL (1998) bemerkte, war nicht zuletzt ein Verdienst frauenpolitischer Netzwerke und Initiativen, insbesondere des FrauenUmweltNetzes (FUN)[238] mit Sitz in Frankfurt. Durch seine bundesweite Informations- und Vernetzungsarbeit wurden Frauenaktivitäten in lokalen Agenda-Prozessen unterstützt, gefördert und forciert. Vor allem die im März 1996 veranstaltete zweitägige Fachtagung „Frauenblicke auf die Lokale Agenda 21" und der dort entwickel-

---

237 Vgl. z. B. die Empfehlungen des Deutschen Städtetages (1995) an die Kommunen zur Lokalen Agenda, die Veröffentlichung des Bundesbauministeriums „Lokale Agenda 21 – Stand und Perspektiven der Umsetzung in Deutschland" (1996) sowie die vom Deutschen Institut für Urbanistik (Difu) im Auftrag des Deutschen Städtetages durchgeführten Erhebungen zum Stand der Umsetzung der Lokalen Agenda 21 (Rösler 1996; vgl. kritisch dazu MURL 1997b: 9).
238 Das FrauenUmweltNetz wurde 1993 als Projekt von dem seit 1985 bestehenden Verein *Life e.V. – Frauen entwickeln Ökotechnik* ins Leben gerufen, um das Thema „Frauen und Umwelt" stärker in die öffentliche Diskussion zu bringen und die Leistungen von Frauen in den Bereichen Umweltpolitik, -planung, -forschung und -bildung deutlich herauszustellen. Informationstransfer, Öffentlichkeitsarbeit und Lobbypolitik bildeten die Schwerpunkte (vgl. FUN 1997: 238f.).

te Frauenforderungskatalog,[239] der sich ausdrücklich an Kommunen, Initiativen und Verbände (wie z. B. ICLEI, Städtetag, Klima-Bündnis) richtete, bewirkten eine Initialzündung hinsichtlich der Entwicklung von Frauenaktivitäten im Rahmen von Agenda-Prozessen. Die vom FUN erstellten Materialien,[240] Informationsbroschüren[241] und Handreichungen zum Beteiligungsverfahren[242] wurden bundesweit von in Agenda-Prozessen engagierten Frauen (-beauftragten, -gruppen und -initiativen) angefordert und genutzt. FUN verzichtete dabei auf eine verbindliche Festlegung von Handlungsfeldern aus Frauensicht; die gesammelten und dokumentierten Beispiele aus der Praxis stammten aus den unterschiedlichsten Themenfeldern und Bereichen: Öffentlichkeitsarbeit, Motivations- und Beteiligungsformen, Arbeit/Ökonomie, Bildung und Ausbildung, Freizeit und Infrastruktureinrichtungen, Stadt- und Regionalplanung, Wohnen, Verkehr, Umwelt, Nord-Süd-Zusammenarbeit (vgl. MURL 1997a, 1997b sowie 1998).

Das hier zum Ausdruck kommende Verständnis, dass alle Themen „Frauenthemen" und entsprechend unter Einbeziehung der Kategorie Gender zu bearbeiten und zu analysieren seien, wird allerdings weder im Nachhaltigkeitsmainstream noch im NGO-Spektrum ohne Weiteres geteilt, wie das Beispiel der AG Frauen im Forum Umwelt & Entwicklung zeigt. Während das Forum bereits ein halbes Jahr nach der Rio-Konferenz, am 16. Dezember 1992, von 35 Verbänden gegründet wurde, um u. a. national und international auf die Umsetzung der Rio-Beschlüsse zu drängen und in verschiedenen Arbeitsgruppen Analysen, Kriterien und Empfehlungen zu Themen zu entwickeln, die für eine nachhaltige Zukunft weiter bearbeitet und verfolgt werden müssen, konstituierte sich die AG Frauen erst im Herbst 1995. Die relativ späte Gründung der AG Frauen ist darauf zurückzuführen, dass zunächst versucht worden war, Gender als eine zentrale Analysekategorie bei der Bearbeitung der verschiedensten Themen in allen Arbeitsgruppen zu verankern. Die in der Agenda 21 selbst geforderte querschnittartige Berücksichtigung von Frauenaspekten ließ sich jedoch selbst in einem Zusammenschluss von NGOs, wie ihn das Forum darstellt, nicht ausreichend realisieren: „[A]uch beim Forum Umwelt und Entwicklung geht ein Großteil der Zeit und Energie von Frauen verloren, weil die unterschiedlichen Arbeitsebenen des

---

239 Dieser umfasst: 1. Schaffung einer gleichstellungsorientierten Datenbasis, 2. Ermittlung der Naueninteressen in den verschiedenen Bereichen der Lokalen Agenda 21, 3. Einbeziehung von Ergebnissen der Frauenforschung in alle Planungen, 4. Absicherung der Beteiligung von Frauen, 5. Bewertung/Evaluation, 6. Koordination/Austausch, 7. Finanzen; vgl. dazu das Faltblatt „Frauenforderungen an eine Lokale Agenda 21" (o. J.).
240 Das FUN arbeitet eng mit dem Ministerium für Umwelt, Raumordnung und Landwirtschaft des Landes Nordrhein-Westfalen (MURL), insbesondere mit der Gleichstellungsbeauftragten, zusammen. Bislang hat das MURL drei Publikationen, die vom FUN erarbeitet worden sind, herausgegeben (MURL 1997a, 1997b, 1998).
241 Vgl. u. a. das Handbuch „WHO IS WHO. Initiativen und Expertinnen zu ‚Frauen und Umwelt'" (FUN 1997).
242 Vgl. FUN (1998): „Frauen – Lokale – Agenda 21. Ein Wegweiser zum Einmischen, Mitmischen, Aufmischen".

Forums von den Frauenaspekten erst überzeugt werden müssen" (MURL 1997b: 56).

(b) Auf theoretischer Ebene war es vor allem die Studie „Zukunftsfähiges Deutschland" (BUND/Misereor 1996), an der sich die feministische Kritik entzündete (vgl. u. a. AG Nachhaltigkeit im Verein Frauen in Naturwissenschaft und Technik (NUT) 1996; Bernhard 1996; Schultz 1996a, 1996b, 1999; AG Frauen im Forum Umwelt & Entwicklung 1997). Dem Anspruch einer tiefgehenden und konsequenten integrativen Perspektive, die sozialen, ökologischen und ökonomischen Fragen zusammenzudenken, werde die vom Wuppertal Institut erstellte Studie nicht gerecht, so die feministische Kritik. Der Studie sei als Verdienst anzurechnen, die Nord-Süd-Gerechtigkeit wieder stärker in den Blick gerückt zu haben. Gleichwohl – und hier liege ein entscheidender blinder Fleck – werde die Frage nach sozialer Gerechtigkeit für Deutschland konzeptionell ausgespart. Mit der auf die Begründung von Umweltzielen ausgerichteten Konkretisierung blieben die unterschiedlichen Gestaltungsmöglichkeiten der verschiedenen sozialen Gruppen (etwa die Situation von Menschen mit Migrationshintergrund) und insbesondere die ungleichen Machtverhältnisse zwischen den Geschlechtern ausgeblendet. Die Problematisierung der geschlechtsspezifischen Arbeitsteilung erfolge lediglich auf individueller, nicht jedoch auf strukturell gesamtgesellschaftlicher Ebene. Daher sei, so Irmgard Schultz (1999: 103), „der Vorwurf eines wissenschaftlichen und politischen Androzentrismus [...] gerechtfertigt und um den Vorwurf eines politischen Chauvinismus zu ergänzen". Neben der Defizitanalyse leisteten feministische Wissenschaftler_innen mit Blick auf die theoretischen Grundannahmen und das Wissenschaftsverständnis der Studie „Zukunftsfähiges Deutschland" (BUND/Misereor 1996) gleichzeitig Dechiffrierungsarbeit: Ihre dekonstruktivistische Kritik bezog sich vor allem auf die „Vorliebe der Männer zu nachhaltigen Zahlen" (Schultz 1996a), auf das Auseinanderreißen von quantitativer und qualitativer Perspektive bei gleichzeitiger Identifizierung des Quantitativen mit einer ökologischen Perspektive – die nochmals „zur Perspektive der technisch-ökologischen Effizienzsteigerung" (Schultz 1999: 105) verkürzt werde – und einer Reduzierung der Perspektive des Sozialen auf ausschließlich qualitative Zusammenhänge (vgl. ebd.).

Diese Kritik an der Studie „Zukunftsfähiges Deutschland" (BUND/Misereor 1996) bildet gleichzeitig die beiden großen Themenkomplexe ab, die gerade die Anfänge der feministischen Auseinandersetzung mit dem Konzept nachhaltiger Entwicklung prägten: erstens die Frage nach der Gestaltungsmacht und nach der Berücksichtigung der Kategorie Geschlecht bei der Erarbeitung von Gestaltungs- und Handlungsvorschlägen und zweitens die Frage nach den Deutungs- und Bewertungsmustern in der Wissenschaft (vgl. dazu auch Schäfer 2006a: 66ff.).

Letztere gründete in der bereits geleisteten feministischen (Natur-)Wissenschaftskritik (z. B. Haraway 1988; List 1989, Keller 1989; Harding 1990; Schiebinger 1993, 1995) und konnte die Kritik an androzentrischer Wissenschaft, an Vorstellungen eines objektiven, ahistorischen, neutralen, universellen Wissens am Beispiel der Nachhaltigkeitsforschung fortsetzen bzw. weiter vertiefen (vgl. z. B. Scheich 1987; Orland/Rössler 1995; Jungkeit et al. 2002; Bauhardt 2004; Mölders 2010: 60ff.).

Die erste Forderung nach der konsequenten Berücksichtigung von Genderaspekten bei der Formulierung von Handlungsstrategien fußt auf der Überzeugung, dass sich Nachhaltigkeitskonzeptionen nur auf Grundlage der Berücksichtigung der Diversität von Bedürfnisstrukturen einerseits und unter Einbeziehung der unterschiedlichen Kompetenzen und des kontextualisierten Wissens andererseits sinnvoll erarbeiten lassen. Feministische Nachhaltigkeitsforschung (vgl. stellvertretend Zillmann 1996; Schultz 1998) konnte hier auf feministische Vorarbeiten in zahlreichen Disziplinen wie etwa der feministischen Raum-, (Stadt-)Planungs- und Verkehrswissenschaft sowie der Konsum- und Lebensstilforschung zurückgreifen (z. B. Siemonsen/Zauke 1991; Rodenstein 1992; Karhoff/Ring/Steinmaier 1993; Kleinheins/Klinkhart 1993; Schäfer 1993). Vor allem sind in diesem Zusammenhang die Arbeiten der feministischen Umweltforschung[243] (z. B. Schultz/Weiland 1991; Schultz/Weller 1995) zu nennen, die gezeigt haben, dass Umweltkrisen und -katastrophen nicht nur geschlechtsspezifisch unterschiedlich wahrgenommen werden, sondern auch, dass die derzeitige Umweltpolitik eine Privatisierung der Umweltverantwortung vorantreibt, die in ihren Folgen sowohl in Bezug auf Nachhaltigkeit im Allgemeinen als auch auf die Geschlechterverhältnisse im Besonderen reflektiert werden muss.[244] Umweltpolitische Maßnahmen zielen vielfach implizit oder sogar explizit auf unbezahlte Mehrarbeit vor allem im Haushalt.[245] Da die ‚reproduktive' Arbeit nach wie vor hauptsächlich von Frauen geleistet wird, mündete diese Erkenntnis in die These der gegenwärtig zu beobachtenden Feminisierung von Umweltverantwortung. Die feministische Kritik richtet

---

243 In den 1980er-Jahren zielte die feministische Auseinandersetzung mit Natur- und Ingenieurswissenschaften vorwiegend auf die Ebene der Metatheorie, es gab kaum frauenbezogene Arbeiten zu konkreten Ansätzen im Umweltschutz. Mittlerweile liegt eine Vielzahl von wissenschaftlichen Arbeiten vor. Am sozial-ökologischen Institut in Frankfurt haben Wissenschaftler_innen den Forschungsansatz *gender and environment* entwickelt (vgl. Schultz/Weller 1995 sowie auch Mölders 2013). An der TU Berlin fand im Sommersemester 1993 eine Ringvorlesung zu „Frauen und Umweltschutz" statt, die auf großes Interesse stieß und in der Publikation „Das Umweltproblem ist nicht geschlechtsneutral" (Buchen et al. 1994) dokumentiert ist.
244 Zur Müllentsorgung und zur Müllverantwortung von Frauen vgl. Schultz/Weiland (1991); Schultz (1994) sowie Hofmeister (1998). Im Handlungsfeld Müll zeigt sich auch die globale Dimension von nachhaltiger Entwicklung – etwa über Prozesse des Abfallexports oder über den zu entsorgenden Müll, der beim Abbau von Ressourcen in Ländern des globalen Südens entsteht (vgl. Looß 1993: 84).
245 In Bezug auf die Studie „Zukunftsfähiges Deutschland" (BUND/Misereor 1996) ist von feministischer Seite der gewählte „nachfrageorientierte" Ansatz kritisiert worden, der den Ressourcenverbrauch von Staat und Wirtschaft ausblendet und sich in seiner Ressourcenschonung vorrangig auf private Haushalte konzentriert (vgl. dazu z. B. das BUKO-Papier, in: Eblinghaus/Stickler 1996: 210f.). Claudia Bernhard beispielsweise bezeichnet diesen Ansatz daher als einen „fundamentalen Angriff auf die gesamte Lebens- und Arbeitswelt von Frauen" (1996: 7; siehe auch B.II.1.1.2).

sich dabei nicht gegen die notwendige Ökologisierung der ‚Reproduktionsarbeit'. Eine solche Ökologisierung müsste sich jedoch, so die Kritikerinnen, an den Alltagsbedürfnissen und -erfordernissen orientieren und nach tatsächlichen Handlungsspielräumen von Haushalten (samt ihrer Akteure und deren Lebensstilen) in einer industriellen Gesellschaft fragen[246] und wäre partizipativ zu entwickeln. Die Perspektive der Stärkung von Gestaltungsmacht von Frauen – der der Ansatz der feministischen Umweltforschung folgt – habe sich nicht nur auf die Wahl zwischen ökologischen und nichtökologischen Produkten beim Einkauf, Konsum und Gebrauch zu beziehen, sondern fange bereits bei der abfallarmen Produktplanung und -gestaltung an. Die notwendige nachhaltige Beeinflussung der Produktgenese setze jedoch „eine Diskussion über die Anforderungen voraus, die aus *Sicht des Gebrauchs*, das heißt *aus der Perspektive von NutzerInnen(gruppen)* an Produkte bzw. an die Befriedigung der verschiedenen Bedürfnisse gestellt werden" (AG Frauen im Forum Umwelt & Entwicklung 1997: 16; Herv. i. O.). Das beinhalte auch Fragen nach funktionalen und symbolischen Alternativen – wie etwa nach Konsumbefreiung (Mies 1994: 21) bzw. den später formulierten „Reflexionen zur Suffizienz als politischer Angelegenheit" (von Winterfeld 2002).

(c) Zunächst parallel zur Kritikperspektive und zum Versuch, Nachhaltigkeitsthemen je nach Kontext zu „gendern" bzw. zu „ent-gendern", konzentrierten sich sowohl in der lokalen Nachhaltigkeitspraxis engagierte Frauen als auch Wissenschaftler_innen zunehmend ab Mitte der 1990er-Jahre auf die Erarbeitung eigener Positionen und konzeptioneller Alternativen, um mit ihren eigenständigen Beiträgen sowohl den öffentlichen Nachhaltigkeitsdiskurs wie auch die jeweils internen Diskussionen, in denen sie sich bewegten (etwa in dem konkreten Agenda 21-Prozess, der NGO, der wissenschaftlichen Einrichtung), zu ergänzen und zu korrigieren.

Als *das* Großthema – das anfänglich von einigen eher als Überraschungsthema bewertet wurde – kristallisierte sich sowohl auf der theoretisch-konzeptionellen als auch auf der praktisch-politischen Seite *die Organisation und Bewertung von Ökonomie und Arbeit* heraus (vgl. z. B. Jansen 1997; Gottschlich 2001; Schäfer 2006a: 67).

Ökonomie sowie das Verhältnis und die Verteilung von bezahlter und unbezahlter Arbeit waren von Anfang an zentrale Themenfelder der Frauenbewegung. Sie sind heute nicht minder Gegenstand feministischer Kritik – gerade vor dem Hintergrund von Globalisierungsprozessen, der Krise der Erwerbs- *und* ‚Reproduktionsarbeit' und Tendenzen, die sich mit Feminisierung der Umweltverant-

---

246 Zu den Handlungsspielräumen von Haushalten vgl. Dörr (1993; 1995). Dörr (1995: 144) betont, dass der Modus der Hausarbeit keine „soziale oder gar natürlich-unveränderbare Konstante" sei, sondern von verschiedenen Faktoren wie Einkommen, Erwerbstätigkeit, Kinderbetreuungsmöglichkeiten, technischer Ausstattung etc. abhänge.

wortung und der Armut beschreiben lassen. Ab Mitte der 1990er-Jahre bildet das klassische Thema feministischer Theorie und Praxis, dessen Bedeutung in der Agenda 21 und in der Plattform der IV. Weltfrauenkonferenz herausgestellt wird, eines der Hauptthemen in lokalen Agenda-Prozessen.[247]

Im Thema Arbeit/Ökonomie verbanden sich *erstens* die Ergebnisse der feministischen Umweltforschung mit den umfangreichen Vorarbeiten der Geschlechterforschung: Damit rückten die Krise der ‚Reproduktionsarbeit' (siehe A.2.2) und Fragen nach Bewältigungsstrategien ihrer sozial-ökologischen Folgen ins Zentrum der Aufmerksamkeit.

Die Beschäftigung mit der Zukunft von Arbeit, ihrer Bewertung und Verteilung, vor allem der spezielle Blick auf unsichtbare oder nicht sozial abgesicherte Versorgungsarbeit sowie Forderungen nach eigenständiger Existenzsicherung für Frauen und der Vereinbarkeit von Familie und Erwerbstätigkeit (für Mütter und Väter) bildeten *zweitens* gemeinsame Schnittstellen für die verschiedensten Fraueninitiativen und neue Bündniskonstellationen in der Praxis.

Drittens wurde im Rahmen von Agenda 21-Prozessen eine neue Verbindung von feministischer Theorie und Praxis gestiftet. Projektfrauen rezipierten feministische Kritik und Alternativen, luden Wissenschaftler_innen zu Vorträgen ein und formulierten auf dieser Grundlage ihre Forderungen an politische Vertreter_innen.

Viertens bot das Thema Arbeit/Ökonomie eine Verbindung zu der feministischen Kritik an Globalisierungsprozessen; Nachhaltigkeits- und Globalisierungsdiskurs konnten (wieder) enger zusammengeführt werden.

In diesem Dialogkontext und ausgehend von der intensiven Beschäftigung mit den kritisierten nicht nachhaltigen Ökonomievorstellungen im Nachhaltigkeitsdiskurs wurden schließlich *fünftens* alternative feministische Konzepte für eine nachhaltige Ökonomie entwickelt, die das Ganze der Ökonomie und Arbeit in den Blick nehmen – so wie das Konzept Vorsorgendes Wirtschaften (siehe B.III.2) und das Konzept Frauenökonomie (siehe B.III.3).

---

247 Vgl. z. B. die sächsische Konferenz „Frauen & Arbeit im Kontext nachhaltiger Entwicklung", die Anfang 1998 in Leipzig stattfand; die Frauen-Agenda aus Münster 1998, in der dieses Thema einen Schwerpunkt bildete; oder den Workshop in Hannover 1997 „Arbeit neu verteilen, bewerten, schaffen. Frauen für eine demokratische Neugestaltung der Arbeit". Auch in Osnabrück zog sich das Thema Arbeit/Existenzsicherung wie ein roter Faden durch alle Frauenaktivitäten im Rahmen der Lokalen Agenda 21 (vgl. z. B. Gottschlich 2001) und mündete in das Frauen-Euregio-Projekt (2003-2004) (vgl. u. a. Biesecker 2004; Gottschlich/Meyer 2004; Gottschlich 2004b). Mit den Auflösungsprozessen, die die Agenda 21-Prozesse ab Mitte der 2000er-Jahre kennzeichneten, ging auch das Dach für die frauenpolitischen Aktivitäten zum Themenkomplex „Arbeit und andere Ökonomie" verloren. Eine Aufarbeitung dieser Transformationsprozesse ist bisher noch nicht geleistet worden.

1.2 Der Bielefelder Subsistenzansatz[248]

Der Bielefelder Subsistenzansatz[249] wurde gegen Ende der 1970er-Jahre von Veronika Bennholdt-Thomsen, Claudia von Werlhof und Maria Mies an der Fakultät für Soziologie der Universität Bielefeld begründet und in den 1980er-Jahren innerhalb und außerhalb des Wissenschaftsbetriebs weiterentwickelt. Auf ihn beziehen sich sowohl die Vertreter_innen des Vorsorgenden Wirtschaftens (siehe B.III.2) als auch der Frauenökonomie (siehe B.III.3). Die Vertreter_innen des Bielefelder Ansatzes haben schon sehr früh einen Beitrag zur feministischen ökologischen Ökonomik geleistet (wenngleich sie eher unter dem Ökofeminismus-Label bekannt geworden sind). Ihre zentralen Argumente werden im Folgenden dargestellt und als Positionen gewürdigt, die die feministischen Diskurse zu Umwelt und Entwicklungen maßgeblich geprägt haben, bevor diese zum feministischen Diskurs zu Nachhaltigkeit verschmolzen.

In Anlehnung an Immanuel Wallersteins kritische Weltsystem-Analyse lenken die Bielefelderinnen in ihrer feministischen Makrotheorie den Fokus auf die *vergeschlechtlichte* Arbeitsteilung innerhalb der kapitalistischen Weltwirtschaft. Sie gehen davon aus, „daß die Frauenfrage mit der Kolonialfrage und beide mit dem herrschenden, weltweiten kapitalistisch-patriarchalischen Akkumulationsmodell zusammenhängen" (Bennholdt-Thomsen/Mies/von Werlhof 1992: IV).[250] Sie greifen damit die zentrale Erkenntnis der in den 1970er- und 1980er-Jahren geführten Hausarbeitsdebatte auf, dass Hausarbeit eine wesentliche Grundlage der kapitalistischen Produktionsweise darstellt (vgl. z. B. Dalla-Costa/Jones 1973). Sie erweitern und radikalisieren diese feministische Erkenntnis jedoch, indem sie sie mit ihren Erfahrungen aus langjährigen Studien in Indien (Mies), Mexiko (Bennholdt-Thomsen) und Venezuela (von Werlhof) verknüpfen und argumentieren, „dass die kapitalistische Produktionsweise in noch viel größerem Ausmaß als in der Hausarbeitsdebatte angenommen auf der Ausbeutung der Nichtlohnarbeit beruht" (Baier 2004: 72). Den Bielefelderinnen geht es darum,

---

248 Dieses Kapitel ist ein Auszug aus meiner unveröffentlichten Magisterarbeit (vgl. Gottschlich 1999: 65-71), der überarbeitet und aktualisiert wurde.

249 Obwohl die Subsistenzperspektive maßgeblich für diesen Ansatz ist, wurde er zunächst unter dem Namen „Bielefelder Ansatz" bekannt – benannt nach dem Ort der gemeinsamen Theorieentwicklung. Seit der Gründung (1995) des Instituts für Theorie und Praxis der Subsistenz e.V. in Bielefeld, das der Vernetzung der neueren Aktivitäten dient, verwenden seine Vertreter_innen und andere in der Regel die Formulierung „Subsistenzansatz". Zu dessen Weiterentwicklung haben nicht nur die neueren Studien der drei Begründerinnen, sondern auch Arbeiten von Andrea Baier, Brigitte Holzer, Christa Müller und Karin Werner beigetragen (vgl. z. B. Baier/Bennholdt-Thomsen/Holzer 2005; Baier/Müller/Werner 2007).

250 In der 1983 erschienenen Publikation „Frauen, die letzte Kolonie. Zur Hausfrauisierung der Arbeit" sind in verschiedenen Aufsätzen die zentralen Thesen der Autorinnen zusammengefasst. In meiner Vorstellung, Analyse und Bewertung des Bielefelder Ansatzes beziehe ich mich hauptsächlich auf dieses zentrale Werk, das 1992 zum dritten Mal unverändert neu aufgelegt wurde.

"aufzuzeigen, daß die hierarchische geschlechtliche Arbeitsteilung, die Unterwerfung und Ausbeutung der Frauen den Grundstock und Schlußstein aller weiteren Ausbeutungsverhältnisse darstellt und daß die Kolonisierung der Welt, die Ausplünderung von Natur, Territorien und Menschen, wie sie vor allem der Kapitalismus als Voraussetzung braucht, nach diesem Muster erfolgt" (Bennholdt-Thomsen/Mies/von Werlhof 1992: IX).

Die Argumentation der Bielefelderinnen, dass die Ausbeutung der Frauen(arbeit und -körper) nach dem gleichen Muster erfolgt wie die Ausbeutung der Natur und der Subsistenzproduktion der Kleinbauern und -bäuerinnen, ähnelt durchaus der These der Gleichursprünglichkeit der ökologischen Krise und der Krise der ‚Reproduktionsarbeit', die Adelheid Biesecker und Sabine Hofmeister (2006) vertreten (siehe B.III.2): Es geht um die Ausbeutung des ‚Reproduktiven', deren Lebendigkeit und Produktivität genutzt wird – gleichermaßen einverleibt wie ausgegegrenzt und abgewertet vom Kapitalismus.

Die Ausgangsthese der Subsistenztheoretikerinnen lautet, dass die Subsistenzproduktion[251] kein überkommenes Element traditioneller Gesellschaften sei, das im Zuge ‚nachholender Entwicklung' verschwinden würde. Trotz der Zerstörung eigenständiger regionaler Subsistenzökonomien könne die Subsistenzproduktion als Produktion der unmittelbaren Lebensgrundlagen gar nicht verschwinden. Sie verändere nur ihren Charakter, wenn sie der kapitalistischen Warenproduktion untergeordnet sei (vgl. Baier 2004: 73). Diese Perspektive, die den bisher als zentral geltenden Widerspruch zwischen Lohnarbeit und Kapital in einen viel umfassenderen Widerspruch – nämlich zwischen Arbeit, die gerade auch Nichtlohnarbeit einschließt, und Kapital – auflöst (vgl. Bennholdt-Thomsen/Mies/von Werlhof 1992: Vf.), unterscheidet sich grundlegend von bürgerlichen und marxistischen Erklärungsversuchen für die bestehende und zunehmende Armut in der Dritten Welt.

Für die Vertreter_innen des Bielefelder Ansatzes stellt die lebensnotwendige Subsistenzarbeit „die allgemeinste Basis der Kapitalakkumulation" (ebd.: X) dar. Charakteristisch für diese Arbeit sei, dass sie angeeignet und nicht gekauft werde. Die Subsistenztheoretikerinnen bezeichnen diese kapitalistische Aneignungs-

---

251 Nach Mies (1983: 116) entstand der Begriff der „Subsistenzproduktion" zwischen 1976 und 1978 in Bielefeld und wurde weiterentwickelt im Rahmen der Bielefelder Konferenzen über „Unterentwicklung und Subsistenz*re*produktion" in den Jahren 1978-1980. „Subsistenzproduktion", von den Autorinnen analog auch „Produktion des Lebens" bzw. „Überlebensproduktion" genannt, umfasst alle menschlichen Tätigkeiten zur Herstellung und Erhaltung des unmittelbaren Lebens (Schwangerschaft, Gebären, Nähren, Kleidung, Hausbau, Putzen, psychische und sexuelle Versorgung). Subsistenzproduktion ist jedoch mehr als unbezahlte Hausarbeit in den kapitalistischen Zentren: Im weitesten Sinne als „Aneignung von Natur durch Arbeit zum unmittelbaren Konsum" (Bennholdt-Thomsen 1992b: 60) verstanden, zählen die Bielefelderinnen zu ihr die gebrauchswertorientierte Produktion von Kleinbauern und Kleinbäuerinnen sowie die Arbeit der Marginalisierten (wie Slumbewohner_innen, Kleinhändler_innen, Kleinhandwerker_innen) in Ländern der Dritten Welt, die ihr Überleben durch (zusätzliche) unbezahlte Arbeit sichern müssen (vgl. Mies 1983; Bennholdt-Thomsen 1992b). Andrea Baier, Christa Müller und Karin Werner (2007: 13) definieren Subsistenz in ihrem Forschungsprojekt „Wovon Menschen leben" als das, „was die Menschen zum Leben brauchen: Nahrung, Kleidung, Wohnung, soziale Beziehungen, Sinn, Bildung".

form als „Raub", während die Ausbeutung der Lohnarbeit die zweite grundlegende (wenngleich quantitativ minoritäre)[252] Aneignungsform der kapitalistischen Produktionsweise darstelle. Die raubförmige Aneignung entspreche dem Prozess der „permanenten ursprünglichen Kapitalakkumulation". Die Vertreter_innen des Bielefelder Subsistenzansatzes greifen in ihrer Argumentation auf die These Rosa Luxemburgs zurück, dass Kapitalakkumulation immer die Ausbeutung nichtkapitalistischer Milieus erfordert, und erweitern sie dahingehend,

> „daß Kapitalismus immer einen Prozeß der ‚fortgesetzten ursprünglichen Akkumulation', die auf direktem gewaltsamen Raub [...] basiert, mit einem Prozeß der sogenannten ‚kapitalistischen Akkumulation' verbunden hat, der auf der [...] Ausbeutung der Lohnarbeiter gründet. Die Arbeitskraft von Frauen gehört genau wie die der kolonialisierten Völker zur sogenannten ‚primitiven Akkumulation'" (Müller 1996: 83).

Der Unterschied zu Luxemburgs Theorie liegt darin, dass die Subsistenzproduzent_innen und ihre Produktion nicht mehr als *vor-* oder *nicht*kapitalistisch, sondern als zentraler Bestandteil der kapitalistischen Produktionsweise begriffen werden (vgl. Mies 1988: 107f.). Die Bielefelderinnen betonen die Gewaltförmigkeit[253] der Prozesse, die für die Durchsetzung und Aufrechterhaltung der Subsumtion der Arbeit aller Subsistenzproduzent_innen unter das Kapital nötig sind. Zur ideologischen Rechtfertigung der raubförmigen Aneignung werde eine Politik der Naturalisierung sozialer Verhältnisse betrieben:

> „Frauen und unterworfene Völker werden so behandelt, als gehörten sie nicht zur eigentlichen Gesellschaft, die aus (männlichen) Lohnarbeitern und Kapitalisten besteht. Sie werden behandelt, als wären sie notwendige Produktionsbedingungen oder ‚Naturressourcen' wie Wasser, Luft, Erde. Die ökonomische Logik hinter dieser Kolonisierung besteht darin, daß Frauen (als Produzentinnen von Menschen) und Land Güter sind, die auf keine Weise kapitalistisch herzustellen sind. Kontrolle über Frauen und Land ist daher die Grundlage jedes auf Ausbeutung basierenden Systems. Es geht also darum, diese ‚Produktionsbedingungen' zu *besitzen*. Das Verhältnis zu ihnen ist ein Aneignungsverhältnis. Dieses Aneignungsverhältnis ist einerseits die Voraussetzung für die Entstehung des zentralen Produktionsverhältnisses zwischen Lohnarbeit und Kapital, andererseits bedingt das letztere die Aneignung von Frauen und Kolonien als ‚Naturressourcen'" (Bennholdt-Thomsen/Mies/von Werlhof 1992: IX; Herv. i. Org.).

Zur Charakterisierung der Aneignungsprozesse von Frauenarbeit prägten die Bielefelderinnen den Begriff der „Hausfrauisierung", den sie anhand von fünf Bedeutungsebenen konkretisierten (vgl. dazu auch Mies 1983: 115ff.).

---

252 Nach Claudia von Werlhof (1991: 84) arbeiten 80 bis 90% der Produzent_innen der Welt im Nichtlohnarbeitsbereich, wobei Frauen den größten Anteil stellen.

253 Die Bielefelderinnen widersprechen dem Verständnis von Gewalt als einem Überbleibsel „feudaler" oder „semifeudaler" Produktionsverhältnisse auf dem Land, sondern sehen in der Ausübung direkter Gewalt „das Geheimnis der ‚Modernisierung', des ‚Fortschritts'" (Mies 1992a: 23). Zu Verbindungen der Zunahme *sexueller Gewalt* und der kapitalistischen Durchdringung der Landwirtschaft vgl. ebenfalls Mies' Analyse der Klassen- und Frauenkämpfe in Indien (ebd.: 18ff.).

(1) Der Begriff entstand während der Forschungsarbeiten von Maria Mies u. a. über die Spitzenmacherinnen in Narsapur (Südindien) zur Kennzeichnung von Heimarbeit, die auf der unbezahlten Hausarbeit beruht. Konzeptionell geht die Ausweitung von Heimindustrien – vor allem des Handarbeitssektors in den ländlichen Gebieten – von der nicht voll ausgenutzten Arbeitskraft der (‚müßigen') Hausfrauen und ihrer Abhängigkeit vom Einkommen eines Mannes aus. Im Falle der Spitzenmacherinnen finde zwar Kapitalakkumulation, aber eben keine Proletarisierung der Produzentinnen statt. Die soziale Definition der Frauen als Hausfrauen stellt nach Mies die notwendige Vorbedingung für die Entwertung ihrer Arbeit als ‚Zeitvertreib/Freizeitbeschäftigung' dar und damit für die unbegrenzte Ausbeutung ihrer Arbeit in den Heimindustrien und im informellen Sektor. Solange diese Mystifikation bestehe, könne man sie unorganisiert und atomisiert halten und Löhne unterhalb des Niveaus von Landarbeitern zahlen: „Hausfrauisierung heißt also nicht nur lohnlose, abhängige Hausarbeit, sondern zeigt sich hier auch als strukturelle Bedingung für die Entwertung aller weiblicher Erwerbsarbeit im Kapitalismus" (Mies 1983: 118; vgl. auch Mies 1992b: 95).

(2) Hausfrauisierung der Verhältnisse stellt „kein Übergangsphänomen hin zum entfalteten Kapitalismus, sondern Ergebnis von dessen Entfaltung selbst" (Bennholdt-Thomsen 1979: 76) dar. Annette Treibel (1995: 81) fasst diese Erkenntnis mit den Worten zusammen: „Die Hausfrau ist eine spezifische und höchst wichtige Erfindung im Kapitalismus."

(3) Mit der Entstehung der bürgerlich-kapitalistischen Gesellschaft etabliert sich die Spaltung in eine private, ‚reproduktive', den Frauen zugewiesene Sphäre und eine öffentliche, produktive, den Männern zugewiesene Sphäre (vgl. Hausen 1976). Bezogen auf diese historische Entwicklung beschreibt Hausfrauisierung den Vorgang der Domestizierung der Frauen des europäischen Bürgertums. Hausfrauisierung als Modell der vergeschlechtlichten Arbeitsteilung wird auch im Proletariat durchgesetzt und führt zur „praktisch unvergütete(n) Doppelarbeit" (Treibel 1995: 81).

(4) Ausgehend von der unter Punkt 1 formulierten Begriffsbestimmung von „Hausfrauisierung" als gegensätzlicher Bewegung zur „Proletarisierung" entwickelt Claudia von Werlhof Anfang der 1980er-Jahre die vierte Bedeutungsebene. Ihre These ist, dass die weltweiten neoliberalen Umstrukturierungsprozesse im Bereich der Arbeit darauf abzielen, Lohnarbeitsverhältnisse durch „hausfrauisierte" Arbeitsverhältnisse zu ersetzen. Die Zukunft der Ökonomie wird nicht bestimmt durch die Prinzipien der Organisation der proletarischen Lohnarbeit, sondern durch Merkmale der Hausarbeit wie ungesicherte und schutzlose Arbeitsverhältnisse, Isolation/Nichtorganisiertheit, Flexibilität, geringer Lohn, zeitlich nahezu unbegrenzte Verfügbarkeit (von Werlhof 1992a: 122ff.). Auch Män-

ner werden in der Zukunft gezwungen sein, in „hausfrauisierte" Arbeitsverhältnisse einzutreten.[254]

(5) „Internationale Hausfrauisierung" in Form der ideologischen Propagierung und Übertragung des Hausfrauenmodells in Länder des Südens durch internationale und nationale Entwicklungsprogramme (vor allem Weltbank, UN-Organisationen etc.) stellt für die Subsistenztheoretikerinnen die fünfte Bedeutungsebene dar. Die Integration von Frauen in die Weltwirtschaft erfolgt nicht mit dem Zweck ihrer selbstständigen Existenzsicherung. An Beispielen aus Mexiko und Venezuela zeigen Bennholdt-Thomsen (1992b) und von Werlhof (1992b), dass die sogenannten einkommensschaffenden Programme für Frauen (z. B. Kreditvergabe gebunden an exportorientierte Produktion) das ideologische Grundmodell des männlichen Familienernährers und der „müßigen" Hausfrau, deren verbleibende Arbeitskraft effektiv genutzt werden soll, transportieren. Maria Mies (1983: 119) verweist in diesem Zusammenhang auf die Terminologie der Entwicklungsprogramme, in denen Frauen nie als „Arbeiterinnen", d. h. als „Proletarierinnen", sondern als „Hausfrauen" bzw. als „Selbstständige" bezeichnet werden, um ihre Arbeitskraft weit über das Lohnarbeitsniveau auszubeuten. „Hausfrau-Sein heißt also nicht, keine Warenproduzentin zu sein, sondern trotz Warenproduktion weiterhin als Subsistenzproduzentin zu gelten" (von Werlhof 1992b: 70). Wenngleich alle Frauen dem Prozess der Hausfrauisierung unterworfen seien, so finde dennoch eine Aufspaltung entlang der klassenmäßigen und internationalen Arbeitsteilung in hauptsächlich produzierende und hauptsächlich konsumierende Hausfrauen statt (vgl. Mies 1992a: 34).

Dem Selbstverständnis nach ist der Bielefelder Subsistenzansatz kritische Gesellschaftstheorie (vgl. Baier 2004: 75). Es ging und geht den Vertreter_innen dieses Ansatzes sowohl um Erkenntnisgewinn durch Analyse als auch um die Veränderung der bestehenden Verhältnisse.

> „Die Kategorie der Subsistenzproduktion enthielt schon immer mehr, als die blosse [sic] Aussage, dass Frauen, Bauern und Kolonien vermittelt über deren Funktionalisierung durch das Kapital ausgebeutet werden. Die andere Kennzeichnung als ‚Überlebensproduktion' macht dies schon deutlich" (Bennholdt-Thomsen 1992a: o. S.).

Die Subsistenzperspektive ist damit sowohl kritisches als auch visionäres Instrument. Als Überlebensproduktion bietet sie eine Möglichkeit zur Überwindung von Kapitalismus und Patriarchat. Denn die Subsistenzorientierung beinhaltet für ihre Vertreter_innen „nicht mehr und nicht weniger, als dass die Prinzipien des lebenserhaltenden Wirtschaftens in allen Bereichen der Ökonomie und Politik wieder Vorrang erringen" (Bennholdt-Thomsen 2003: 250), Vorrang – und

---

254 Im Rahmen der Konferenz „Frauen, stoppt GATS", die vom Frauennetz Attac im Mai 2003 in Köln organisiert wurde, hat Claudia von Werlhof (2003) in ihrer Analyse der geschlechtsspezifischen Folgen des *General Agreement on Trade in Services* (GATS) diese Entwicklungen erneut nachgewiesen.

hier zitiert Veronika Bennholdt-Thomsen Karl Polanyi – vor einem „Glaubensbekenntnis [...] alle menschlichen Probleme könnten durch das Vorhandensein einer unbeschränkten Menge materieller Güter gelöst werden" (Polanyi 1977: 61, zit. n. Bennholdt-Thomsen 2003: 250). Die Orientierung an der gesellschaftlich notwendigen Arbeit, an der Überlebensproduktion steht für eine alternative Lebensweise, Philosophie und Kultur, die als Gegenstück konzipiert ist zur „Geldorientierung" (Bennholdt-Thomsen 2003: 243), zur Wachstums- und Fortschrittsideologie[255] des modernen Patriarchats und in der der „fundamentale Widerspruch zwischen Produktion und Reproduktion", wie es Christa Müller 1996 in einem Vortrag formulierte, gelöst wird. Zentrale Kategorien des Subsistenzansatzes sind Selbstversorgung, Regionalität, Dezentralität, Anerkennung der Endlichkeit der Natur, Aufhebung der hierarchisch strukturierten Arbeitsteilungen (zwischen Mann-Frau, Stadt-Land, Hand-Kopf, Norden-Süden), Entmilitarisierung der Männer, Politik ‚von unten', Konsumbefreiung, Abstimmung der Produktion mit ‚wirklichen' Konsumbedürfnissen, partizipative Produktentwicklung (vgl. z. B. Mies 1994; Müller 1996; Mies/Shiva 1995). Insbesondere mit den Studien der Subsistenztheoretikerinnen aus den 2000er-Jahren, die ihren Fokus auf Fragen richten, „Wie gesellschaftlicher Reichtum entsteht" (Baier/Bennholdt-Thomsen/Holzer 2005) und „Wovon Menschen leben" (Baier/Müller/Werner 2007), verschieben sich die Akzente jedoch ein Stück weit. Anliegen der Autorinnen ist es, darauf aufmerksam zu machen, dass Menschen nicht allein oder noch nicht einmal in erster Linie von Erwerbsarbeit allein leben; diese mache nur etwa ein Drittel der gesellschaftlich notwendigen Arbeit aus (vgl. dazu auch BMFSFJ/ Statistisches Bundesamt 2003). Versorgungsarbeit, Eigenarbeit, ‚ehrenamtliches' Engagement seien sowohl für jedes Gemeinwesen als auch für die private Versorgung unabdingbar. Subsistenz und Eigenarbeit werden somit als Fundament der gesellschaftlichen Grundversorgung begriffen. Eine Orientierung an der Subsistenz sei grundsätzlich auch unter globalisierten Bedingungen möglich, sie setze „mitnichten die Abschaffung bezahlter Arbeit, gesellschaftlicher Arbeitsteilung und die Existenz landwirtschaftlicher Selbstversorgung etc. [voraus]" (Baier 2004: 75). Dem Verständnis der Subsistenztheoretikerinnen nach können auch bezahlte Arbeit oder die Erwirtschaftung von Geldeinkommen Subsistenzcharakter haben, sofern sie der Versorgung von Menschen und ihrem guten Leben dienlich seien (vgl. ebd.). Die Vertreter_innen dieses Ansatzes eint die Überzeugung,

---

255 Die Autorinnen des Bielefelder Ansatzes sehen in der Wachstumsideologie des bürgerlichen Kapitalismus und in der Fortschrittsideologie des Sozialismus (Fortschritt durch weitere Produktivkraftentwicklung) keinen Unterschied, was die Zerstörung der ökologischen Grundlagen selbst betrifft, auf denen sich ein menschliches „sozialistisches" Leben überhaupt entwickeln könnte (vgl. Bennholdt-Thomsen/Mies/von Werlhof [1983] 1992: VIf.). Daher geht es ihnen auch nicht um die Transzendierung des Reiches der Notwendigkeit, sondern um die Bewahrung der Regenerationsfähigkeit und der Vielfalt des Lebens. Wirtschaftliche Aktivitäten müssen vielmehr nach Mies (1995: 414) auf neuen respektvollen und kooperativen Beziehungen zur Natur beruhen.

dass eine Aufwertung der „Lebensweltökonomie" (Jochimsen/Kesting/Knobloch 2004) notwendig sei, „als Gegengewicht zur fortschreitenden Neoliberalisierung von Ökonomie und Gesellschaft" (Baier/Müller/Werner 2007: 17). Ihrer Meinung nach braucht die Subsistenzperspektive öffentliche und wissenschaftliche Aufmerksamkeit, braucht Fürsprecher_innen und Forschung sowie eine realistische Einschätzung, was sie leisten kann und wo sie selbst durch nicht nachhaltige Entwicklungen gefährdet ist (vgl. ebd.: 16f.).

2. Vorsorgendes Wirtschaften: Netzwerk und theoretisches Konzept

2.1 Genese und politischer Kontext

In der Bundesrepublik Deutschland hat das Konzept Vorsorgendes Wirtschaften des gleichnamigen Netzwerkes den Diskurs um Nachhaltigkeit und Gender maßgeblich geprägt. Die Arbeit an diesem gemeinsamen Ansatz begann 1992 während der 5. oikos-Konferenz an der Hochschule St. Gallen im Rahmen einer Arbeitsgruppe, die die Frage stellte, wie denn „nachhaltiges Wirtschaften aus weiblicher Perspektive" aussähe, und damit einen Prozess in Gang setzte, der bis heute andauert: Nämlich andere, eigenständige Positionen für eine ökologisch und sozial verträgliche Wirtschaftsweise zu erarbeiten (vgl. Jochimsen/Knobloch 2000: 15).[256] 1996 wurde der Arbeitskreis Vorsorgendes Wirtschaften zum Netzwerk, in dem im Jahre 2015 rund 50 Frauen verschiedener Disziplinen und verschiedener Arbeits- und Lebensorte aus dem gesamten deutschsprachigen Raum aktiv sind.[257] Die Verknüpfung von Theorie und Praxis ist für das Vorsorgende Wirtschaften inhaltlich wie methodisch zentral: Über die Aufarbeitung von Fallbeispielen wird die eigene Theorie weiterentwickelt. Entsprechend verstehen die beteiligten Wissenschaftler_innen ihre Arbeit an diesem Ansatz als „work in progress" (Theoriegruppe Vorsorgendes Wirtschaften 2000: 65).

Ausgangspunkt des Vorsorgenden Wirtschaftens war und ist die Kritik an der herrschenden Wirtschaftsweise und an dem Ökonomieverständnis, das dieser zu-

---

256 Dem Workshop in St. Gallen folgte ein weiterer 1993 in München, auf dem ebenfalls die Frage diskutiert wurde, welche Vorstellungen Frauen von einer nachhaltigen Wirtschaftsweise haben und wo Anknüpfungspunkte und Widersprüche zu herrschenden Vorstellungen liegen. Die Ergebnisse sind in dem Sonderheft 6 der Politischen Ökonomie dokumentiert (vgl. Busch-Lüty et al. 1994). 1998 veranstaltete das Netzwerk eine große Tagung in der Evangelischen Akademie Tutzing mit dem Titel: „Vorsorgendes Wirtschaften. Von Frauen entwickelte Perspektiven zur Nachhaltigkeit." Daraus entstand das Buch „Vorsorgendes Wirtschaften auf dem Weg zu einer Ökonomie des Guten Lebens" (Biesecker et al. 2000a). Insbesondere diese beiden Publikationen (Sonderheft und Buch sowie die neueren Arbeiten aus dem Forschungsverbund „Blockierter Wandel?" (2007), der aus dem Netzwerk des Vorsorgenden Wirtschaftens hervorgegangen ist und auch einen Teil des Netzwerks repräsentiert, bilden die Grundlage für das vorliegende Kapitel, ergänzt durch die hinzugezogenen Arbeiten und Projekte der einzelnen Mitglieder des Netzwerks.

257 Vgl. www.vorsorgendeswirtschaften.de/frauen.html.

grunde liegt – einem Verständnis, das Ökonomie als autonomes System begreift, das Ökonomie vor allem auf die Zirkulation der Waren- und Geldwirtschaft auf (effizienten) Märkten bezieht und das sowohl die ökologische Natur als auch die soziale Lebenswelt, also die Versorgungswirtschaft der Haushalte (für die nach wie vor Frauen die Hauptverantwortung tragen) und des Gemeinwesens (in Form von ‚ehrenamtlicher‘, freiwilliger Arbeit, NGO-Arbeit), als unhinterfragte Voraussetzungen aus dem ökonomischen Bereich auslagert (vgl. Busch-Lüty 1994: 15; vgl. auch Gottschlich 2004c: 28).

Das gemeinsame Nachdenken im Netzwerk darüber, wie lebensdienliche Formen des Wirtschaftens aussehen könnten, markiert gleichzeitig auch den Beginn einer kritischen Auseinandersetzung mit den blinden Flecken und den androzentrischen Verzerrungen des Nachhaltigkeitsdiskurses, in dem die Kategorie Gender bis Mitte/Ende der 1990er-Jahre zunächst fast gänzlich ausgeschlossen blieb[258] und insbesondere der Zusammenhang von Produktivität und ‚Reproduktivität‘ vernachlässigt wurde. Die unterschiedlichen Perspektiven, Erfahrungen und Sichtweisen von Frauen und Männern, die aus den in der Regel immer noch unterschiedlichen vergeschlechtlichten lebensweltlichen Verortungen (wie etwa der vergeschlechtlichten Arbeitsteilungen) herrühren, würden – so die Kritik des Netzwerks – nicht bzw. zu wenig in den Nachhaltigkeitsdiskurs eingebracht.

Neben dem zentralen Ausgangspunkt der eigenen Erfahrungen, Sichtweisen und Interessen von Frauen knüpfen die Vertreter_innen des interdisziplinären Ansatzes Vorsorgendes Wirtschaften an Theorierichtungen und -diskussionen an, „die Leben als wissenschaftliche Kategorie ernst nehmen" (Theoriegruppe Vorsorgendes Wirtschaften 2000: 32): Ökologische Ökonomie, Wirtschaftsethik, institutionelle Ökonomieansätze, Subsistenzansatz der Bielefelder Schule und feministische Wissenschaftstheorie. Diese Wurzeln werden auch bei der nachfolgenden Analyse sichtbar.

Obwohl die Marktökonomien der westlichen Industriegesellschaften gegenwärtig massiv in die Krise geraten, da die Produktion immer mehr die ‚Reproduktion' gefährde und zerstörerisch auf die soziale Lebenswelt und die natürliche Mitwelt wirke (vgl. Biesecker 1997: 181), bliebe auch bei der Suche nach Alternativen im herrschenden Nachhaltigkeitsdiskurs das ‚Reproduktive' unterbelichtet. Die Ausblendung des versorgungswirtschaftlichen Bereichs und seiner Anforderungen hat jedoch nach Meinung der Vertreter_innen des Vorsorgenden Wirtschaftens Konsequenzen für die Wissensproduktion und das Innovationspotenzial und die Tragfähigkeit der Lösungsvorschläge: Denn wenngleich im Nachhaltigkeitsdiskurs viel Neues entsteht, wird gleichzeitig mit der Orientierung an einem engen Wirtschafts- und Arbeitsbegriff, der sich ausschließlich auf Markt-

---

258 Die Analyse der Diskursstränge (siehe B.I, B.II, B.IV) zeigt deutlich, dass nach wie vor in der Frage der Integration der Kategorie Gender in den einzelnen Ansätzen große Unterschiede bestehen.

ökonomie und Erwerbsarbeit bezieht, „viel Altes mitgeschleppt, blinde Flecken, die das Neue gleichzeitig wieder kränkeln lassen" (Biesecker et al. 2000b: 9).

2.2 Ökonomieverständnis

Das Konzept des Vorsorgenden Wirtschaftens nimmt hingegen das Ganze des Wirtschaftens in den Blick und versteht Wirtschaften als Einheit von Markt- und Versorgungsökonomie. Dieses Verständnis von Produktion und ‚Reproduktion' als zu erhaltender und zu gestaltender Einheit macht den Kern des Konzepts Vorsorgendes Wirtschaften aus. Der Blick auf das Ganze der Ökonomie ist verbunden mit einem Perspektivwechsel (a), mit der neuen Kategorie der (Re)Produktivität (b), mit einem umfassenden Arbeitsbegriff (c) und einer neuen ökonomischen Rationalität des erhaltenden Gestaltens, die nicht auf Profitmaximierung und ökonomisches Wachstum zielt (d).

(a) Den Ausgangspunkt für die Gestaltung einer nachhaltigen Wirtschaftsweise bildet im Vorsorgenden Wirtschaften die „Lebenswelt" und damit „der versorgungswirtschaftliche Alltag" (Theoriegruppe Vorsorgendes Wirtschaften 2000: 31; vgl. dazu auch Joachimsen/Kesting/Knobloch 2004: 11f.; Büscher 2004: 43ff.; Weller 2004: 163ff.). Der Zweck von Wirtschaften wird entsprechend in der Erfüllung menschlicher bzw. gesellschaftlicher Bedürfnisse gesehen. Für das Ökonomieverständnis des Vorsorgenden Wirtschaftens ist kennzeichnend, dass die ‚reproduktiven' Prozesse in das makroökonomische Denken integriert werden. Mit der Einbeziehung der Versorgungsökonomie als dem „weiblichen Zwilling" (Biesecker 2004: 47) der Marktökonomie und der Betrachtung des Gesamtzusammenhangs der ‚reproduktiven' und produktiven Prozesse verbindet das Konzept des Vorsorgenden Wirtschaftens Ansätze der Sozio-Ökonomik, des Kritischen Institutionalismus, der Praktischen Sozialökonomik und der Ökologischen Ökonomik, es geht jedoch gleichzeitig über sie hinaus: Vorsorgendes Wirtschaften plädiert für ein Verständnis einer kontextualisierten, einer in die soziale Lebenswelt, aber auch in die natürliche Mitwelt eingebetteten Ökonomie – verstanden als Einheit von Versorgungsökonomie und Marktökonomie. Wirtschaften hat in diesem Verständnis nicht nur eine monetäre Dimension, sondern zunächst eine physische und soziale[259] (vgl. Theoriegruppe Vorsorgendes Wirtschaften 2000: 47ff; Biesecker/Gottschlich 2012).

---

259 Dieser Satz, der zentrale Aspekte des ökonomischen Verständnisses des Vorsorgenden Wirtschaftens erschließt, bekommt durch die neueren Arbeiten von Adelheid Biesecker und Sabine Hofmeister (2003, 2006, 2008, 2009, 2010) eine dynamische Grundierung. Die beiden Mitglieder des Vorsorgenden Wirtschaftens entwickelten den Gedanken der Einbettung weiter. Sie weisen immer wieder darauf hin, dass Natur nicht statisch sei. Natur sei kein Bestand, in den Gesellschaft bzw. Ökonomie sich lediglich einbetten oder anpassen könnten. Vielmehr betonen die Autorinnen, dass in der Natur die Prozesse des Erhaltens und Gestaltens nicht voneinander zu trennen seien: „Und wenn inzwischen das menschliche (Mit)Gestalten ökologischer Bedingungen und Lebensräume mitgedacht und mitbe-

Indem der Blick von den ‚reproduktiven' Prozessen auf die produktiven Prozesse gelenkt wird (von der Versorgungsökonomie als Grundlage allen Wirtschaftens auf die Marktökonomie), werden die vergeschlechtlichten Strukturen dieser Spaltungen sichtbar und damit gleichzeitig auch kritisier- und transformierbar (vgl. Theoriegruppe Vorsorgendes Wirtschaften 2000: 68). Darüber hinaus wird mit diesem Perspektivwechsel ein „Wechsel in den konstitutiven Metaphern der Ökonomik" (Hoppe 2002: 114) gefordert, denn die Handlungsprinzipien und normativen Grundannahmen des herrschenden neoklassischen Paradigmas tragen nach Auffassung der Vertreter_innen des Vorsorgenden Wirtschaftens nicht zur Lösung, sondern zur Verschärfung der bestehenden Probleme bei. Bereits zu Beginn der Entwicklung des Konzepts wurden drei zentrale Handlungsprinzipien aus dem versorgungswirtschaftlichen Bereich identifiziert, an denen langfristig das Ganze der Ökonomie auszurichten sei. Eine für alle Menschen nachhaltige Wirtschaftsweise verlange die Transformation der Handlungsprinzipien der autonomen Marktökonomie (Nachsorge, Konkurrenz, Orientierung an monetären Größen) gemäß denen des Vorsorgenden Wirtschaftens. In diesem Sinne plädiert das Netzwerk Vorsorgendes Wirtschaften für *Vorsorge* statt Nachsorge, *Kooperation* statt Konkurrenz sowie *Orientierung am für das gute Leben Notwendigen*[260] statt der Orientierung an monetären Größen bzw. an Wachstumsraten (vgl. Theoriegruppe Vorsorgendes Wirtschaften 2000: 49ff.).

Die drei Handlungsprinzipien lassen sich gleichzeitig als analytische und theoretische Kategorien fassen. Sie stellen – erweitert zu Themenkomplexen – zentrale Elemente einer Theoriebildung des Vorsorgenden Wirtschaftens dar (vgl. Theoriegruppe Vorsorgendes Wirtschaften 2000: 58ff.), die im Folgenden in die Analyse des Politik- und Ethikverständnisses des gleichnamigen Konzepts einbezogen werden.

(b) Die Tatsache, dass die Handlungsprinzipien des Vorsorgenden Wirtschaftens zunächst in Kontrast zu den dominanten ökonomischen Setzungen entwickelt wurden, wenngleich in der Absicht, diese Prinzipien in den Markt hereinzutragen und zu Handlungsprinzipien für die ganze Ökonomie zu machen (vgl. Biesecker/Jochimsen/Knobloch 1997: 7), brachte dem Konzept den Vorwurf ein, dass in der „Strategie der inversiven Umbewertung" (Dingler 2003: 464) die Gefahr lauere, „die klassische Herrschaftstrennung zu wiederholen" (Padmanabhan 2003: 61). Die Vertreter_innen des Vorsorgenden Wirtschaftens waren sich – auch in Auseinandersetzung mit der geäußerten Kritik – bereits frühzeitig be-

---

dacht werden muss, dann folgt daraus: Die Naturproduktivität, die uns künftig zur Verfügung stehen wird, ist immer auch schon ein gesellschaftliches (Mit)Produkt. [...] Natur ist längst schon auch eine gesellschaftliche (politische) Gestaltungsaufgabe" (Biesecker/Hofmeister 2008: 112).

260 Ursprünglich wurde als drittes Handlungsprinzip die „Orientierung am Lebensnotwendigen" formuliert (vgl. Jochimsen/Knobloch/Seidl 1994), dieses Handlungsprinzip wurde dann jedoch begrifflich erweitert (vgl. Theoriegruppe Vorsorgendes Wirtschaften 2000: 62).

wusst, dass ein neuer methodischer Zugang erforderlich ist, um die kritisierten Dichotomien aufzulösen und damit den Prozess der beständigen Abspaltung nicht selbst fortzusetzen:

> „Indem vom Bestehenden ausgegangen wird, indem dieses kritisiert wird, beginnt die Ausarbeitung des Neuen zwangsläufig an den Trennungskategorien. Oft wird dann in Betonung des Ausgegrenzten die Trennung spiegelbildlich übernommen, statt sie zu überwinden. Deshalb ist es nötig, sich bei der Neubestimmung der theoretischen Kategorien irgendwann von der Kritik des Bestehenden zu lösen und diese Neubestimmung von vornherein von der Einheit von Reproduktion und Produktion ausgehend zu versuchen" (Biesecker/Hofmeister 2003: 53).

In der Weiterführung des Konzepts und in der Ausdifferenzierung des Genderansatzes im sozial-ökologischen Forschungsverbund „Blockierter Wandel?" (2007) richten Vertreter_innen des Netzwerks daher den Blick genau auf gesellschaftliche Dichotomien, die hierarchisch, damit herrschaftsförmig, verfasst sind (‚Reproduktivität' – Produktivität, Natur – Kultur, Produktion – Konsum, Erwerbsarbeit – Versorgungsarbeit, Schützen – Nutzen etc.), und fragen nach Wegen ihrer Überwindung durch neue Bezogenheiten und die Bildung alternativer Kategorien. Um die anhaltenden ökologischen und sozialen Krisen moderner Gesellschaften zu überwinden, bedarf es nach Ansicht einiger Vertreter_innen des Vorsorgenden Wirtschaftens einer „Neuerfindung des Ökonomischen" (Biesecker/Hofmeister 2006). Notwendig sei ein Ökonomieverständnis, das nicht länger die ökologischen und die sozial weiblichen Produktivitäten als ‚reproduktiv' abwertet, abtrennt, ausgrenzt und unsichtbar macht. Entsprechend führen Biesecker und Hofmeister eine neue Kategorie[261] ein, die Kategorie der „(Re)Produktivität" (ebd.: 19), um „jenseits der Trennungen das Vermittelnde zu denken" (Biesecker/Hofmeister 2008: 114). Die Kategorie der (Re)Produktivität drücke die „prozessuale, nicht durch Abwertungen getrennte Einheit aller produktiven Prozesse in Natur und Gesellschaft [aus], bei gleichzeitiger Unterschiedenheit" (Biesecker/Hofmeister 2006: 19). Im Kontext der Weiterentwicklung des Vorsorgenden Wirtschaftens wird diese Kategorie sowohl als *Analysekategorie* als auch als *gestalterische Kategorie* verwendet.

Als Analysekategorie verdeutlicht (Re)Produktivität den Zusammenhang zwischen sozialen und ökologischen Krisenphänomenen. Sie zeigt die Gleichurspünglichkeit der ökologischen Krise und der Krise der ‚Reproduktionsarbeit', die durch die Trennungsstruktur zwischen dem Produktiven und dem ‚Reproduktiven' bedingt ist. Positiv gewendet steht (Re)Produktivität im Zusammenhang mit

---

261 Bereits in der Theoriearbeitsgruppe des Vorsorgenden Wirtschaftens (2000: 10) war dieser Zusammenhang zwischen Prozessen der Produktion und ‚Reproduktion' mit diesem Begriff (allerdings mit Bindestrich) vermittelnd benannt worden: „Die [drei; D. G.] Handlungsprinzipien entspringen nicht dem anderen Wesen von Frauen, sondern der Qualität der (Re-)Produktionsprozesse und ihrer Ergebnisse.".

einem neuen Produktivitätsbegriff, in dem die ‚reproduktiven' Grundlagen jedweder Produktivität nicht nur enthalten sind, sondern selbst als produktiv verstanden werden. Es geht also um die Notwendigkeit der „Entdeckung der Produktivität des ‚Reproduktiven'" (Biesecker/Hofmeister 2006: 19).

Als perspektivisch gestalterische Kategorie verweist (Re)Produktivität auf das Ziel, die Lebens- und Entwicklungsbedingungen der Menschen und ihrer natürlichen Mitwelt zu gestalten *und* dabei zu erhalten (vgl. Biesecker/Elsner 2004; Hofmeister 2004: 13ff.). (Re)Produzieren soll zum „Grundprinzip des Wirtschaftens" (Biesecker/Hofmeister 2008: 123) werden. Dafür müssen die Prozesse des Erhaltens und Erneuerns von vornherein in der Produktion von Gütern und Dienstleistungen mitbedacht und der Fokus auf das nachhaltige Vermitteln des bisher kategorial Getrennten gerichtet werden. So lassen sich Möglichkeitsräume der Verbindung zwischen dem produktiven und dem ‚reproduktiven' System der Industriemoderne für eine nachhaltige Gestaltung gesellschaftlicher Naturverhältnisse schaffen bzw. unterstützen (vgl. ebd.: 114f.).

(c) Entsprechend dem „weiten" Ökonomiebegriff liegt der angestrebten Gestaltung einer (re)produktiven Ökonomie im Konzept des Vorsorgenden Wirtschaftens auch ein umfassender Arbeitsbegriff zugrunde, der das „Ganze der Arbeit" (Biesecker 2000) und seine Vielfalt von Arbeitsformen inklusive ihrer spezifischen Produktivität sowie ihrer spezifischen Zeiten in den Blick nimmt. Neben Erwerbsarbeit (produktives Ergebnis: Waren und Dienstleistungen) werden darüber auch Versorgungsarbeit (produktives Ergebnis: Lebensmöglichkeiten), bürgerschaftliches Engagement (produktives Ergebnis: Gemeinschaftsgüter) und Eigenarbeit (produktives Ergebnis: Selbstversorgung und Autonomie) sichtbar (vgl. Biesecker 2004: 48). Arbeit im Verständnis des Vorsorgenden Wirtschaftens ist nicht mehr „Produktionsfaktor, sondern produktive und reproduktive Tätigkeit zugleich" (Biesecker/Kesting 2003: 385). Entscheidend für eine Transformation der Arbeit aus vorsorgender Perspektive ist die Gestaltung der kooperativen Beziehungen zwischen den einzelnen gleichwertigen Tätigkeiten. Gleichzeitig sind die einzelnen Arbeitsformen jeweils neu zu gestalten in einem nachhaltigen Sinne (nachhaltige Erwerbsarbeit, nachhaltige Vorsorgungsarbeit, nachhaltige Gemeinwesenarbeit, nachhaltige Eigenarbeit), damit „Wirtschaft, Gesellschaft und natürliche Mitwelt dauerhaft lebensfähig sind" (ebd.). Was das jeweils konkret heißt, ist für die Vertreter_innen des Vorsorgenden Wirtschaftens einerseits Ergebnis gesellschaftlicher Verständigung, andererseits arbeiten sie selbst an Gestaltungsvorschlägen.[262]

---

262 Zu Kriterien für nachhaltige Erwerbsarbeit vgl. z. B. Biesecker (2006a), für nachhaltige Vorsorgungsarbeit vgl. z. B. Jochimsen (2003a), für nachhaltige Gemeinwesenarbeit vgl. z. B. Biesecker (2006b), für nachhaltige Eigenarbeit vgl. z. B. Baier/Redler (2006).

(d) Da im Verständnis der Vertreter_innen des Vorsorgenden Wirtschaftens Industriegesellschaften und ihre Ökonomien (sowie die in die ökonomische Logik eingebetteten Sozialsysteme) systematisch die (Re)Produktionsfähigkeit ökologischer und sozialer Systeme untergraben und unterlaufen (vgl. Forschungsverbund „Blockierter Wandel?" 2007: 83), kann eine nachhaltige Entwicklung, die sich an der gestalterischen Perspektive der Kategorie der (Re)Produktivität orientiert, nicht in einer „nachhaltige[n] Reformierung des industrieökonomischen Entwicklungsmodells" (ebd.) liegen. Eine nachhaltige Ökonomie ziele nicht auf Maximierung von Profit oder ökonomisches Wachstum, sondern auf die Gestaltung eines guten Lebens. Was das heiße, müsse entsprechend des dritten Handlungsprinzips im gesellschaftlichen Diskurs immer wieder neu bestimmt werden (vgl. Theoriegruppe Vorsorgendes Wirtschaften 2000: 64).[263]

Hella Hoppe kommt in ihrer Untersuchung zum Vorsorgenden Wirtschaften zu der Einschätzung, dass die neoliberale, neoklassische, aber auch die neokeynesianische Forderung nach permanentem ökonomischem Wachstum vom Vorsorgenden Wirtschaften abgelehnt wird, „soweit dessen soziale und ökologische Kosten den Nutzen des Wachstums übersteigen" (Hoppe 2002: 117). In der Offenlegung der eigenen normativen Annahmen im Forschungsverbund „Blockierter Wandel?" (2007: 85) machen die Vertreter_innen des Vorsorgenden Wirtschaftens hingegen ihren noch grundlegenderen Perspektivwechsel sehr deutlich: „Es geht *nicht um Wachstum*, sondern um die *dauerhafte Gestaltung von Lebensprozessen*" (ebd.; Herv. D. G.). Die Wissenschaftler_innen selbst verweisen auf die Gemeinsamkeiten des Vorsorgenden Wirtschaftens, die über das Ansetzen an lokalen Lebensbedingungen und Alltagserfahrungen zu Konzepten aus Ländern des globalen Südens wie dem Sustainable-Livelihoods-Konzept erkennbar sind – allerdings ohne auf die Arbeiten von DAWN einzugehen (vgl. ebd.: 85f.).

Die ökonomische Rationalität des Vorsorgenden Wirtschaftens, die hier aufscheint, lässt sich als eine haushaltsökonomische Rationalität des Schützens und Erhaltens der Lebensgrundlagen durch Gestalten beschreiben. Das bedeutet zum einen „die Überwindung der heute vorherrschenden Vorstellung von ökonomischer Vernunft als einer den (privaten) Eigennutz bzw. das (gesellschaftliche) Wachstum maximierenden Vorstellung von vernünftigem Wirtschaften" (Biesecker/Elsner 2004: 7). Es bedeutet auch, dass nicht nur aus pflichtgemäßer Verantwortung, sondern auch aufgrund einer Verantwortung aus Mit-Gefühl gewirtschaftet wird. „Vernunft ist daher nicht nur praktische,[264] sondern auch emotionale Vernunft" (Biesecker/Kesting 2003: 171).

---

263 Hier wird der Einfluss der Diskursethik deutlich. Anknüpfungspunkte ergeben sich auch zu dem Konzept der Chancengleichheit von Massarrat (siehe B.IV.2.3).
264 Praktische Rationalität kennzeichnet die Realitätskonzepte des Kritischen Institutionalismus und der Praktischen Sozialökonomik: Das Vorsorgende Wirtschaften ähnelt ihnen, geht aber über diese Konzepte hinaus.

2.3 Politikverständnis

Eine nachhaltige Gesellschaft im Sinne des Vorsorgenden Wirtschaftens ist durch Kooperation geprägt (a). Die Annahme, dass die bestehenden politisch-administrativen Strukturen geändert und neue institutionelle Arrangements durch und für kooperative Politik gefunden werden müssen, prägt auch das Verständnis des Vorsorgenden Wirtschaftens zur Rolle des Staates. Wenngleich der Arbeit des Netzwerks kein einheitliches Staatsverständnis zugrunde liegt, so überwiegt dennoch die Auffassung eines aktivierenden und ermöglichenden Staates (b). Bisweilen ist das Konzept des Vorsorgenden Wirtschaftens als Konzept für ‚Gutmenschen' abqualifiziert worden. Herrschafts- und Machtfragen kämen zu kurz. Mit der Forderung nach Eröffnung von Aushandlungsräumen als Räumen der Beteiligung reiht sich das Netzwerk ein in die Tradition deliberativer Politikverständnisse, die allesamt mit ähnlicher Kritik konfrontiert sind (c).

(a) Das Plädoyer für Kooperation beginnt mit einer Kritik am „symmetrische[n] Prinzip der individualistischen Konkurrenz" (Biesecker 1994: 28) des Kapitalismus, das seit Adam Smith „zum Credo ganzer Generationen von Ökonomen, Praktikern sowie Theoretikern" (ebd.) geworden ist: Menschen, die nichts zum Verkauf anzubieten hätten, würden durch dieses Prinzip genauso ausgeschlossen wie die natürliche Mitwelt, die zwar viel anzubieten habe, aber eine Gegenleistung dafür nicht einfordern und ihre Zerstörung nicht verhindern könne (vgl. ebd.). Entsprechend seien neue Wirtschaftsprinzipien gefordert:

> „Wir sind", so Adelheid Biesecker, jedoch „*nicht* zur Konkurrenz verdammt und können heute, da wir die enormen sozialen und natürlichen Kosten dieses Modells allmählich erahnen, nach anderen Wirtschaftsprinzipien suchen" (ebd.; Herv. i. O.).

Diese anderen Wirtschaftsprinzipien hätten sich dann gerade nicht an der Symmetrie, sondern an der Asymmetrie zu orientieren. In der Kooperation wird von den Vertreter_innen des Vorsorgenden Wirtschaftens genau jenes Prinzip gesehen, das auch für die sorgt, die nichts anzubieten haben bzw. die ihre Bedürfnisse (noch) nicht artikulieren können (wie die natürliche Mitwelt oder zukünftige Generationen). Das Prinzip der Kooperation sei weder ein Idealbild noch unrealistisch, sondern werde bereits vielfältig verwirklicht[265] – nicht zuletzt handle es sich um ein „altes Prinzip der Versorgungsökonomie" (Theoriegruppe Vorsorgendes Wirtschaften 2000: 51): Im Mittelpunkt des Wirtschaftens in der Familie stünde das Sorgen für die Familienmitglieder. Wirtschaften sei hier „ein interaktiver Mensch-Mensch-Prozess" (Biesecker 1994: 30), in dem es darum gehe, sich über

---

[265] Als Anknüpfungspunkte nennen die Vertreter_innen des Vorsorgenden Wirtschaftens Allmenden bzw. „Common Ressources", Genossenschaften, Kibbuzim, gemeinschaftliche Haushalts- und Wohnformen und Netzwerke. Sie verweisen zudem auf Instrumente der politischen Planung und Entscheidungsfindung, die auf kooperativen Handlungsprinzipien basieren, wie Zukunftswerkstätten, Mediation und Planungszellen.

die Ziele, Mittel und Formen des Wirtschaftens zu verständigen (vgl. ebd.). Diese gegenseitige Verständigung erfolge in der Regel über „Sprache", nicht über „Preise", und sei häufig auch von Mitgefühl geprägt (vgl. Theoriegruppe Vorsorgendes Wirtschaften 2000: 60).

Im Konzept des Vorsorgenden Wirtschaftens wird zwischen zwei Kooperationstypen unterschieden: der *verständigen* und der *vorsorgend-verantwortlichen Kooperation*. Beide stehen nicht nur im Gegensatz zum *Konkurrenzprinzip*, sondern auch zur *strategischen Kooperation* der neoklassischen bzw. neoliberalen Marktökonomie (vgl. Theoriegruppe Vorsorgendes Wirtschaften 2000: 51f.; Biesecker/Kesting 2003: 180ff.). Denn auch die *strategische Kooperation* gründe wie das Konkurrenzprinzip auf Symmetrie. Es sei eine Kooperation unter Gleichen, in der eigennützige homines oeconomici „Gemeinsamkeit" entwickelten.

> „In ihren Handlungsplänen sind die anderen Akteure Mittel zur Erreichung der eigenen Ziele. Deshalb handeln sie strategisch – das Handeln der anderen geht in ihre eigenen Handlungspläne ein. Strategische Kooperationen sind somit Kooperationen, die wirtschaftlich handelnde Individuen eingehen, um die je eigenen Ziele mit Hilfe von Anderen zu maximieren" (Biesecker/Kesting 2003: 180).

Nach Ansicht der Vertreter_innen des Vorsorgenden Wirtschaftens ist die strategische Kooperationsform jedoch nicht geeignet, ungleichen Kooperationspartner_innen (z. B. Eigentümer_innen und Nichteigentümer_innen) den gleichen Einfluss auf den Handlungsprozess zu garantieren (vgl. ebd.: 181). Wenn bestehende Machtverhältnisse zwischen den ungleichen Beteiligten nicht ergebnisbestimmend sein sollen, dann müsse das *Prinzip der Fairness* berücksichtigt werden, das impliziere, andere trotz ihrer Ungleichheit als gleichberechtigt und damit als eigenständigen Zweck und nicht als Mittel der eigenen Gewinnmaximierung anzusehen (vgl. ebd.). Fairness als gesellschaftliches Konstrukt entstehe in einem gesellschaftlichen Verständigungsprozess.

> „In solchen ‚*verständigen Kooperationen*' sind die KooperationspartnerInnen nicht nur am Erreichen ihrer eigenen Ziele, sondern auch an der Verständigung mit anderen interessiert. Diese Art der Kooperation beinhaltet daher ein qualitativ anderes Gegenseitigkeitsprinzip als das der strategischen Kooperation: Die Gegenseitigkeit besteht in der Anerkennung der anderen als gleichberechtigt, gleich wichtig" (ebd.; Herv. D. G.).

Die Nähe zur Habermas'schen Diskursethik, zum „kommunikativen Handeln" wie auch zu den ebenfalls auf Habermas aufbauenden Arbeiten einer integrativen Wirtschaftsethik von Peter Ulrich (1997), auf dessen „kommunikationsethisches Gegenseitigkeitsprinzip" (Ulrich 1993: 42) sich Biesecker und Kesting (2003: 181) explizit beziehen, wird hier deutlich.[266]

---

266 In der Anfangsphase hat Biesecker (1994: 30) diese Kooperationsform in Anlehnung an Ulrich (1993) „kommunikativ-ethische Kooperation" genannt.

2. Vorsorgendes Wirtschaften: Netzwerk und theoretisches Konzept 265

Der zweite Kooperationstyp des Vorsorgenden Wirtschaftens, die *vorsorgendverantwortliche Kooperation*, versucht dem Problem zu begegnen, dass nicht alle Betroffenen am sprachlich vermittelten Diskurs beteiligt sein können (dies betrifft sowohl künftige Generationen als auch die natürliche Mitwelt). Im Prozess der Verständigung müsse hier das Handlungsprinzip der Vorsorge hinzukommen (siehe dazu auch den Abschnitt (a) in B.III.3.4). Solche Handlungsentscheidungen gründen sich auf Sorge für andere, Mitgefühl und Verantwortung (vgl. ebd.: 182).[267]

Kooperation als *politisches Mittel* zur effektiven, kreativen, machtvollen Problembewältigung ist nach Auffassung der Vertreter_innen des Vorsorgenden Wirtschaftens immer gebunden sowohl an die beiden anderen Handlungsprinzipien (die Vorsorge und die Orientierung am für das gute Leben Notwendigen) als auch an *Bedingungen ermöglichender Politik*. So bedarf es für die Umsetzung und Konkretisierung verständiger Kooperation der Etablierung neuer institutioneller Arrangements wie z. B.
– „Kooperatives Eigentum: Nutzung statt Eigentum;
– Kooperative Zeiten: neue Arbeitszeitmodelle für Männer und Frauen, neue Arbeitsverteilungen;
– Kooperative Räume: Häuser der Eigenarbeit, Wohngruppen, Nutzgärten, Unternehmen;
– Kooperative Geldversorgung: lokale Währungen, Tausch ohne Geld, Kreditvergabe nach sozialen und ökologischen Kriterien" (Theoriegruppe Vorsorgendes Wirtschaften 2000: 61).

Denn Vorsorgendes Wirtschaften könne „in falschen Strukturen nicht ausreichend wirksam werden" (Lang 2004: 327; vgl. auch Biesecker/von Winterfeld 2005a: 75ff.). In dieser allgemeinen Formulierung besteht ein Konsens mit Positionen des integrativen Nachhaltigkeitsdiskurses (siehe dazu Diskursstrang B.IV). Soll eine Transformation des bisherigen, nicht nachhaltigen Systems ermöglicht werden, dann führt kein Weg daran vorbei, auch die derzeitigen politisch-administrativen Strukturen auf den Prüfstand zu stellen (vgl. dazu auch Brand/Fürst 2002: 84ff.; Gehrs 2006) und der Frage nachzuspüren: Welche politischen Rahmenbedingungen, Voraussetzungen und Strukturen sind notwendig, damit nachhaltiges Wirtschaften möglich ist und befördert wird und eben nicht verhindert oder erschwert wird?

(b) Das Vorsorgende Wirtschaften sieht hier vor allem, wenn auch nicht nur, eine Gestaltungsaufgabe des Staates. Obwohl im gemeinsamen ersten Buch des Netzwerkes (Biesecker et al. 2000a) der Rolle des Staates im Konzept des Vorsor-

---

267 Hier werden auch die Grenzen deutlich, denn beispielsweise bleibt die „[k]ooperative Gestaltung von Atomkraft [...] aus dem Kooperationsverständnis des Vorsorgenden Wirtschaftens ausgeschlossen" (Theoriegruppe Vorsorgendes Wirtschaften 2000: 61).

genden Wirtschaftens bereits ein eigenes Kapitel gewidmet ist (vgl. Lang 2000: 215ff.), existiert dennoch keine einheitliche Staatsauffassung, wird im Netzwerk also *nicht* von *einem* Staatsverständnis ausgegangen. Darüber hinaus sind explizite, theoretisierende Bezüge auf den Staat von solchen zu unterscheiden, die den Staat allgemein ohne weitere Reflexion der dabei zugrunde gelegten Staatskonzeption als Adressaten von politischen Forderungen fassen, und zwar je nach bestimmten Aspekten, die aus der Perspektive des Vorsorgenden Wirtschaftens relevant erscheinen (etwa Wohnungsbau, Ernährung etc.).

Ich beginne mit der Analyse der Arbeiten von Eva Lang (2000, 2003a, 2004), die explizit nach der Rolle des Staates im Vorsorgenden Wirtschaften fragt. Sie konzeptualisiert Staat in Abgrenzung zur Sichtweise der neoklassischen Ökonomie nicht als additiven, sondern „als integrative[n] Bestandteil des Ganzen" (Lang 2000: 216). In dieses Ganze, so Eva Lang, habe sich der Staat als ein Subsystem „intelligent einzufügen [...] im Sinne eines gestalterisch suchenden, lernenden und sich wandelnden, kurz im Sinne eines ko-evolutionären Systems" (ebd.). Beide Bilder – der eingebettete Staat und der Staat als Organismus, die in dem Zitat bereits mitschwingen, werden von Lang wie folgt wieder aufgegriffen und explizert:

> „Das Bild des zukunftsfähigen Staates ist für mich der eingebettete Staat. Das heißt, der Organismus als lebendiges System, das sich als kulturelle Organisation einfügt und auf die Gesunderhaltung von Ökosystem, Wirtschaft und Gesellschaft einwirkt" (Lang 2003a: 8f.).

Wenngleich die Formulierung der „Gesunderhaltung von [...] Gesellschaft" vor dem Hintergrund der deutschen Geschichte irritiert und auch der Begriff des „Staatsorganismus"[268] problematische Assoziationen eines homogenen Volkskörpers zu wecken vermag, kommt hier dennoch ein für die Suche nach Transformationspotenzial interessantes Staatsverständnis zum Vorschein, das geprägt ist sowohl durch den Gedanken von *Lebendigkeit* (ohne den Staat zu personifizieren oder ihn in eine Herrscher-Gesellschaft und damit Subjekt-Objekt-Beziehung zu spalten) als auch durch den Gedanken von *Wandelbarkeit bzw. Kontingenz*. Der Staat wird als ein von Menschen zu gestaltendes „Set von Institutionen [verstanden], die in Organisationen des Staates entwickelt, produziert und kontrolliert werden" (Lang 2004: 330), das sich verändern kann. Denn die diese Organisationen tragenden und gestaltenden vielfältigen Akteure werden selbst wiederum

---

268 Organische Ansätze in der Staatslehre haben eine lange Tradition. Schon Aristoteles bezeichnete den Staat als „ein beseeltes Lebewesen". Welche problematischen und autoritären Verästelungen diese Traditionslinie aufweist, zeigen – um nur ein Beispiel zu nennen – die Arbeiten des schwedischen Staatstheoretikers Rudolf Kjellén, dessen opus magnum „Der Staat als Lebensform" (1917) ihm den Ruf als Vordenker der völkischen Ideologie einbrachte, ohne dass er selbst zu Lebzeiten Nationalsozialist war. Ein kritischer, an der gerechten und menschlichen Gestaltung der Lebensgrundlagen orientierter Ansatz wie das Vorsorgende Wirtschaften müsste diese Traditionen reflektieren und sich klar abgrenzen.

2. Vorsorgendes Wirtschaften: Netzwerk und theoretisches Konzept

als willens und fähig zum Dialog und mit Bereitschaft, zu Veränderungen beizutragen, eingeschätzt – und zwar nicht nur bezogen auf das „Subsystem Staat" (ebd.: 331), sondern auf das „Ganze" von „Natur, Gesellschaft und Wirtschaft" (ebd.). Entsprechend sieht Eva Lang die „Zielbestimmung des Staates" auch in der Rolle

> „des Mediators, des Anschiebers und vor allem des Organisators eines gesellschaftlichen Diskurses über die Frage: Wie wollen und wie dürfen wir – unter den Begrenzungen der quantitativen und qualitativen Erhaltung der natürlichen Lebensgrundlagen und der Rücksichtnahme auf andere und zukünftige Generationen – leben?" (Lang 2000: 217).

In diesem Sinne kann als ein explizit formuliertes Staatsverständnis im Konzept des Vorsorgenden Wirtschaftens das eines ermöglichenden bzw. aktivierenden Staates bestimmt werden (vgl. Lang 2000, 2004; Biesecker/Kesting 2003: 461). Ziel ist der „Umbau der Staatsmaschinerie hin zu einem *lebendigen System*, das Optionen für Selbstorganisationsprozesse eröffnet" (Lang 2000: 222; Herv. D. G.). Der Staat erscheint als Förderer gemeinschaftlicher Eigeninitiative, möglichst dezentral organisiert, damit lokale Probleme auch lokal angegangen werden können (vgl. Biesecker/Kesting 2003: 453).

Wie die folgenden Ausführungen[269] andererseits nahelegen, sind die Debatten um einen Begriff des Staates und seine Funktionen im Zusammenhang mit dem Vorsorgenden Wirtschaften facettenreich(er). Da die Charakterisierungen meistens nur auf der Grundlage des jeweils fokussierten Aspekts vorgenommen werden, entstehen bisweilen sich ausschließende Auffassungen von Staat bzw. seiner Rolle bei der Durchsetzung und Verwirklichung von vorsorgendem Wirtschaften. So taucht in den Beiträgen anderer Vertreter_innen des Vorsorgenden Wirtschaftens ein eher personifiziertes Staatsverständnis (nämlich im Bild des dem Gemeinwohl verpflichteten Staates), das Eva Lang (2004: 329) kritisiert als zu vereinfacht und zu dualistisch gedacht ist, sehr wohl auf. In diesem Kontext werden dann auch zumeist rechtliche, ökonomische und soziale Rahmenbedingungen, die vom Staat bereitzustellen seien, eingefordert (vgl. zu dieser allgemeinen Forderung z. B. Redler 2000: 168; Behrendt/Scurrell 2000: 189): Susanne Schön (2000: 143f.) beispielsweise sieht es als „prioritäre staatliche Aufgabe" an, für „mehr Verteilungsgerechtigkeit" im Bereich Wohnungsbau zu sorgen, Sigrid Stagl (2000: 134) zeigt, wie durch staatliche Förderung ökologischer Landbau und Bioprodukte unterstützt werden können.

Das Bereitstellen von Rahmenbedingungen für vorsorgendes Wirtschaften steht dabei nicht zwangsläufig im Widerspruch zum ermöglichenden und aktivierenden Staat. Je nach Autorin bzw. Ko-Autorinnenschaft fallen die Schwerpunktsetzungen jedoch etwas anders aus. So betonen etwa Adelheid Biesecker und Uta

---

269 Vgl. beispielsweise das Staatsverständnis in den Forderungen nach intergenerativer Gerechtigkeit von Christiane Busch-Lüty in B.III.2.4, Abschnitt (e).

von Winterfeld (2005a: 77) genau wie Eva Lang, dass das Prinzip der Subsidiarität eine neue, „an Nachhaltigkeit und Existenzsicherung orientierte[...] Qualität[...] des Politischen" besitzt. Gleichzeitig verweisen sie aber auch darauf, dass Subsidiarität voraussetzungsvoll sei. Denn „[s]taatliche Aufgaben lassen sich nur dann an eine untergeordnete Ebene delegieren", so Biesecker und von Winterfeld, „wenn die für deren Erfüllung notwendigen Mittel zusätzlich bereitgestellt werden" (ebd.).

Die Spannweite des Staatsverständnisses des Vorsorgenden Wirtschaftens reicht also von sozialstaatsinterventionistisch bis kommunitaristisch: Während der Staat im Verständnis von Schön für Verteilungsgerechtigkeit zu sorgen hat und im Verständnis von Biesecker/von Winterfeld (2005b) zuständig für die Absicherung von Möglichkeitsräumen ist, durch die aber keine staatlichen Leistungen substituiert werden sollen und der Staat nicht aus seiner *sozialstaatlichen Verantwortung* entlassen werden soll (vgl. ebd. sowie Biesecker/von Winterfeld 2005a), orientiert sich das Staatsverständnis von Biesecker/Kesting[270] (2003: 460f.) und Lang (2004) stärker am *Kommunitarismus*, dessen wichtigster Bestandteil die Gemeinschaft und dessen zentrale Idee eine neue Verantwortungsteilung ist. Neben Staat und Markt tragen Gemeinschaften zu einem nicht unerheblichen Teil zur Wohlfahrtsproduktion für die Bürger_innen und zu ihrer sozialen Absicherung bei, während der Staat sich in der neuen Verantwortungsteilung als Produzent sozialer Leistungen zurücknimmt. Mit Biesecker/von Winterfeld ließe sich auf die Gefahren einer neoliberalen Vereinnahmung von Eigeninitiative und Gemeinschaft verweisen und diskutieren, dass es spezifische Bedingungen braucht, damit der Staat sich tatsächlich „als Produzent sozialer Leistungen zurücknehmen und seine regulierende, moderierende und Bürgerengagement und gesellschaftliche Initiative fördernde bzw. ermöglichende Rolle betonen [kann]" (Biesecker/Kesting 2003: 461).

(c) Der aktivierende bzw. ermöglichende Staat unterstützt die von seinen Bürger_innen ergriffenen Initiativen – nicht zuletzt dadurch, dass „er öffentliche Räume diskursiver Verständigung herstellt" (ebd.). Solche Räume auszufüllen und zu nutzen, erfordert neben „tätige[n] BürgerInnen" eine „neue politische Kultur", zu der das Handlungsprinzip der verständigen Kooperation des Vorsorgenden Wirtschaftens gehört. Als positive Beispiele für eine solche (neue) Verständigungskultur nennt das Vorsorgende Wirtschaften Kooperationen „zwischen Haushalten, Unternehmen und Kommunalpolitik" und „Runde Tische im Rahmen der Agenda 21" (Theoriegruppe Vorsorgendes Wirtschaften 2000: 61).

In der Beurteilung der drei Handlungsprinzipien ist es vor allem dieses Prinzip der Kooperation, das in die Kritik geraten ist. Ähnlich wie am politisch-institu-

---

270 Obwohl eine Ko-Autorenschaft vorliegt, ist für die Ausrichtung des Staatsverständnisses eher Stefan Kesting bestimmend.

tionellen Nachhaltigkeitsdiskurs seine naiv-idealistische Gesellschaftskonzeption sowie seine undifferenzierte „Wir-alle"-Verantwortlichkeit kritisiert wird (siehe dazu vor allem die Kritik der BUKO, B.II.1), wird das Konzept Vorsorgendes Wirtschaften bisweilen als ‚Gutmenschentum'[271] abqualifiziert, da es vor allem auf ethische Handelungsprinzipien setze, dabei aber politische Widersprüche zu wenig in den Blick nähme. Wichtige Herrschafts- und Machtfragen kämen so zu kurz.

Das Netzwerk hat sich nach eigenen Angaben in den ersten Jahren „mit der Frage nach Herrschaftsverhältnissen kaum auseinandergesetzt. Im Vordergrund stand zunächst, eigene Ansätze in Wissenschaft und Praxis zu finden" (Theoriegruppe Vorsorgendes Wirtschaften 2000: 54). Spätestens im Kontext der Forschungen zum „Blockierten Wandel?" und der Einführung der Kategorie (Re)Produktivität lässt sich dem Vorsorgenden Wirtschaften der Vorwurf der Vernachlässigung von Macht- und Herrschaftsstrukturen, die zu nicht nachhaltigen Zuständen (zur Krise der gesellschaftlichen Naturverhältnisse) führen, nicht mehr machen.[272] Ganz explizit führen die Forscherinnen des Verbundprojektes „Blockierter Wandel?" (2007: 153) als Resümee ihrer Untersuchung um die Auseinandersetzung um Denk- und Handlungsräume für eine nachhaltige Regionalentwicklung in Anlehnung an Brand (2005d: 24f.) aus, dass diese Auseinandersetzung „ein komplexer und von Machtverhältnissen durchdrungener Prozess" sei. Diese Machtverhältnisse seien durch die spezifischen gesellschaftlichen Naturverhältnisse vermittelt, in denen auch „‚natürliche' Elemente" (Forschungsverbund „Blockierter Wandel?" 2007: 153) eine Rolle spielten. So habe etwa die Elbe mit ihrem Hochwasser oder der „Stadtbiber" als Hybrid zwischen Natur und Kultur für die Notwendigkeit neuer Aushandlungsprozesse gesorgt (vgl. ebd.). Wenngleich die Ableitungen der Vertreter_innen des Vorsorgenden Wirtschaftens hier nicht vollständig überzeugen, dass „natürliche Elemente" *Aushandlung(en)* „fordern" und „erzwingen", denn statt Aushandlung wäre genauso gut Regulation in einem rein bürokratisch-technischen Steuerungssinn als Antwort auf die jeweiligen Herausforderungen überfluteter Deiche und Weiden denkbar, so schaffen die Krisen (in Form des Hochwassers) nicht nur die Notwendigkeit, sondern auch die Möglichkeit für Aushandlung. Und so scheinen hier – ohne dass dies ex-

---

271 Diese Kritik ist nicht schriftlich belegt, sie ist mir jedoch mehrfach mündlich entgegengebracht worden, wenn ich über den Ansatz des Vorsorgenden Wirtschaftens referiert habe. Neben der berechtigten Frage, ob und wie sich die derzeitigen Verhältnisse durch die Handlungsprinzipien des Vorsorgenden Wirtschaftens transformieren ließen, schwingt bisweilen in dieser Kritik auch Skepsis an der Relevanz von vorsorgender bzw. fürsorglicher Praxis mit. Daher habe ich diesen Hinweis hier auch ohne konkrete Quelle aufgenommen und werde in Teil C bei der Darstellung der Bausteine für ein Konzept kommender Nachhaltigkeit erneut darauf zurückkommen.

272 Für einzelne Mitgliedsfrauen des Netzwerkes gilt diese Kritik schon gar nicht, vgl. z. B. die Habilitationsschrift von Uta von Winterfeld (2006) „Naturpatriarchen", in der sie aus herrschaftskritischer Perspektive „Geburt und Dilemma der Naturbeherrschung bei geistigen Vätern der Neuzeit" untersucht.

pressis verbis genannt wird – zum einen Möglichkeitsräume auf, um die jeweils spezifischen gesellschaftlichen Naturverhältnisse zu reflektieren und ggf. anders zu gestalten, und zum anderen wird implizit die normative Vision des Vorsorgenden Wirtschaftens sichtbar, die sich schließlich in der Forderung nach Deliberation in Form von Aushandlungsräumen, die eröffnet werden sollen, konkretisiert.

Möglichkeitsräume und Aushandlungsräume sind nicht deckungsgleich. Auch in diesem Zusammenhang lassen sich ähnlich wie beim Staatsverständnis unterschiedliche Positionen im Netzwerk des Vorsorgenden Wirtschaftens identifizieren, wobei die Arbeit mit und an dem Konzept der Aushandlungsräume größeren Raum einnimmt. So wurde im Forschungsverbund „Blockierter Wandel?" (2007: 153ff.) beispielsweise ein Aushandlungskonzept erarbeitet, das auf der Annahme gründet, wie sie bereits vorbereitend von Babette Scurrell (2004: 150) formuliert wurde, dass nachhaltige Entwicklung im Allgemeinen und vorsorgendes Wirtschaften im Besonderen auf das Vorhandensein von Fähigkeiten und Institutionen angewiesen seien, die das Aushandeln von Bedürfnissen, Zielen und Mitteln ermöglichen, unterstützen und fördern. Daran anschließend erklärt auch Tanja Mölders (2010: 285), dass „das Aushandeln, verstanden als dauerhafte demokratische Diskussion", als das „Wesensmerkmal der Gestaltung gesellschaftlicher Naturverhältnisse" anzusehen sei. Inspiriert sind die Aushandlungsräume des Vorsorgenden Wirtschaftens durch die Idee der „Experimentellen Demokratie" von Kropp (2002) (vgl. Mölders 2010: 287; Forschungsverbund „Blockierter Wandel?" 2007: 154f.). Sie reihen sich ein in die Suche nach Politikinnovationen, die helfen sollen, die Demokratisierung der Demokratie voranzutreiben. Für die theoretisch-konzeptionelle Weiterentwicklung ist die besondere Herausforderung, auf die Mölders (2010: 286f.) hinweist, gleichermaßen anregend wie kompliziert in ihrer Bearbeitung, wie nämlich nicht-menschliche Akteure mitgedacht und in jene „Räume des Partizipierens, des Gestaltens, des Lernens und der Emanzipation" (Forschungsverbund „Blockierter Wandel?" 2007: 154) integriert werden können, in denen Aushandlung stattfindet.

2.4 Gerechtigkeitsverständnis

Das Vorsorgende Wirtschaften ist „ein explizit normatives Konzept" (Theoriegruppe Vorsorgendes Wirtschaften 2000: 32). Ebenso wie die sich langsam entwickelnden Ansätze der Wirtschaftsethik geht es davon aus, dass alles wirtschaftliche Denken und Handeln mit normativen Fragen verbunden ist, die zu reflektieren und (wieder) sichtbar zu machen sind. Zentral für das ethische Verständnis des Vorsorgenden Wirtschaftens sind die beiden Handlungsprinzipien der Vorsorge (a) und der Orientierung am für das gute Leben Notwendigen (b), die beide auf das Bild des Menschen als soziales Wesen verweisen (c). In der ethischen Fundierung von Wirtschaften, in der Gestaltung einer lebensdienlichen und naturgemäßen Ökonomie offenbart sich ein Gerechtigkeitsverständnis, das explizit auf Geschlechtergerechtigkeit zielt (d) und das intra- und intergenerative Gerechtigkeit gleichermaßen durch eine Ethik des Sorgens bzw. eine Vorsorgerationalität konkretisiert (e).

(a) Das Handlungsprinzip der Vorsorge ist für die Vertreter_innen des Vorsorgenden Wirtschaftens verbunden mit den Begriffen der Verantwortung und des Sorgens. Vorsorge bedeutet ein „bewusstes Sich-in-Beziehung-Setzen des Menschen zu seinen Mitmenschen (einschließlich zukünftiger Generationen), zu seiner Mitwelt, [...] zu sich selbst" (vgl. Theoriegruppe Vorsorgendes Wirtschaften 2000: 58). Aus dem Vorsorgeprinzip können Kriterien für eine nachhaltige ökonomische Entwicklung abgeleitet werden, die gegenwärtiges Handeln an Zukunft bindet und langfristige Wirkungen sowie Nebenfolgen antizipiert. D. h., Sorge und Fürsorge werden als im Prinzip der Vorsorge enthalten konzeptioniert. Adelheid Biesecker und Sabine Hofmeister definieren Vorsorge entsprechend als „ein um die Dimension des Zeitkontiuums erweiterter Begriff der ‚Sorge'" (Biesecker/ Hofmeister 2013: 241). Eine solche Entwicklung orientiert sich an Fehlerfreundlichkeit,[273] Rückholbarkeit, Umkehrbarkeit, Bedachtsamkeit, Langsamkeit, Überschaubarkeit in räumlicher und zeitlicher Hinsicht, fragt nach langfristigen Handlungsfolgen und Rückwirkungen und nimmt Rücksicht, die sich in Begrenzung eigener Ansprüche ausdrückt (vgl. Jochimsen/Knobloch/Seidl 1994; Theoriegruppe Vorsorgendes Wirtschaften 2000: 50f.).

(b) Das Vorsorgende Wirtschaften zielt auf das gute Leben für *alle*, das durch Ökonomie und Politik erreicht werden soll. Die *Orientierung am für das gute Leben Notwendigen* geht somit explizit über die Sicherung des „Überlebens" hinaus.[274] Vorstellungen vom „guten Leben" sind für die Vertreter_innen des Vorsorgenden Wirtschaftens vielfältig, immer auch kulturell geprägt und stehen bisweilen in Konflikt zueinander. Entsprechend gibt dieses Prinzip keine konkreten Inhalte vor und will zur reflexiven und diskursiven Auseinandersetzung über Bedürfnisse und die eigenen Vorstellungen vom „guten Leben" anregen. Fragen nach Lebensstilen, nach Konsum- und Produktionsmustern gehören genauso dazu wie die Kategorie der partizipativen Produktentwicklung (Jochimsen/ Knobloch/Seidl 1994: 9).

Die Orientierung am für das gute Leben Notwendigen stellt gleichzeitig ein übergeordnetes Handlungsziel und damit „das eigentliche Wohlfahrtskriterium des Vorsorgenden Wirtschaftens" (Biesecker/Kesting 2003: 429) dar. Es beinhaltet „die gesellschaftliche Bereitstellung dessen, was Menschen für ein von ihnen

---

273 Zur Definition dieses Begriffs vgl. von Weizsäcker/von Weizsäcker (1984: 167ff.).
274 Inwiefern hier eine Abgrenzung zur Subsistenzposition vorliegt, kann m. E. nicht abschließend geklärt werden, da die Positionen im Netzwerk selbst nicht ganz eindeutig sind. Die unterschiedlichen Mitglieder des Netzwerks bringen ihre Theoriehintergründe mit, die aber nicht immer völlig widerspruchsfrei zusammengebracht werden können.

definiertes gutes Leben benötigen" (Biesecker/Hofmeister 2003: 51). Das gute Leben, zu dem Menschen befähigt werden sollen, ist zu unterscheiden von einer Konzeption des Guten, die Knobloch (2003: 35) für jede Art von Ökonomik und Wirtschaftsethik für unverzichtbar hält, und die eine Orientierung für die Entwicklungsrichtung moderner Gesellschaften zu geben vermag, indem die Bedingungen benannt und geschaffen werden, die Menschen erst dazu in die Lage versetzen, ein für sie gutes Leben überhaupt leben zu können (vgl. Knobloch 2003: 36). Vertreter_innen des Vorsorgenden Wirtschaftens wie Ulrike Knobloch sehen im Fähigkeitsansatz von Martha Nussbaum eine solche Konzeption des Guten, die das Potenzial hat, „sowohl dem Subjektivismus der präferenzbasierten Ansätze [zu] entgeh[en], als auch die mangelnde Differenzierung ressourcenbasierter Ansätze [zu] überwinde[n]" (ebd.). Im Anschluss an den Nussbaumschen Fähigkeitsansatz verweisen Vertreter_innen des Vorsorgenden Wirtschaften auf die dienende Rolle von Wirtschaften: Ziel ökonomischer Maßnahmen sollte sein, dazu beizutragen, dass Menschen die Möglichkeit bekommen, die grundlegende Fähigkeiten, die Nussbaum (2006) formuliert, auch zu wirklichen (vgl. Knobloch 2013; siehe auch B.IV.2.4).

(c) Die beiden zuvor beschriebenen Handlungsprinzipien sowie die vom Vorsorgenden Wirtschaften vertretene Position „Wir sind nicht zur Konkurrenz verdammt" (Biesecker 1994) verweisen auf ein Menschenbild, das sich vom methodischen Individualismus und den Hobbes'schen Annahmen der wölfisch-menschlichen Natur grundlegend unterscheidet. Der Mensch wird verstanden als *soziales Wesen*, das fähig ist, für sich und andere, für zukünftige Generationen und die natürliche Mitwelt zu sorgen. Dieses „sorgende Selbst" ist, wie Biesecker und Kesting (2003: 170) formulieren, „immer ein Selbst im Kontext", das nicht ausschließlich eigene Interessen verfolgt, sondern fähig ist zur Weitsicht und zur Einfühlung in andere (vgl. Biesecker/Gottschlich 2012: 321). Der *homo oeconomicus* ist in diesem Menschenbild nicht nur verschwunden, sondern wird dezidiert für ein falsches ökonomisches Konstrukt erklärt, mit dem nachhaltige Entwicklung nicht realisierbar sei (vgl. Biesecker/Kesting 2003: 172).

(d) Das Vorsorgende Wirtschaften versteht sich „als eine um die ethische und soziale Dimension erweiterte und gendersensible Konzeption Ökologischer Ökonomie" (Theoriegruppe Vorsorgendes Wirtschaften 2000: 49). Ausgangspunkt des Nachdenkens über eine nachhaltige Ökonomie waren die Erfahrungen von Frauen und die Frage, welche Vorstellungen sie von einer zukunftsfähigen Wirtschaftsweise haben (vgl. Jochimsen et al. 1994: 3). Das Vorsorgende Wirtschaften reagierte damit auf den Ausschluss von Frauen und frauenpolitischen Anliegen zu Beginn des deutschen Nachhaltigkeitsdiskurses. In seiner Weiterentwicklung und Ausdifferenzierung ist es jedoch weder nur ein Konzept von Frauen für Frauen, noch glorifiziert es das „Weibliche", wie Dingler (2003: 480) argumentiert. Vertreter_innen des Vorsorgenden Wirtschaftens lenk(t)en den Blick auch auf die strukturellen und symbolischen Genderbezüge, auf die Ausblendungen von Lebenswelten, Rationalitäten, Qualitäten und hierarchischen Dichotomien innerhalb der herrschenden Ökonomik, die auch im Nachhaltigkeitsdiskurs ihren Niederschlag fanden (und zum Teil finden). Mit dem Aufdecken dieser Genderbezüge wird deutlich, dass die vergeschlechtlichten, Krisen verursachenden Spaltungen und Dichotomisierungen – etwa von Produktion und ‚Reproduktion', Öffentlichem und Privatem – in Nachhaltigkeitskonzepten und -strategien reproduziert werden (vgl. Gottschlich/Mölders 2006). Darüber hinaus leistet das Vorsorgende Wirtschaften einen wichtigen Beitrag für eine inhaltlich-konzeptionelle Weiterentwicklung von nachhaltiger Entwicklung, indem darauf gedrängt wird, die Verflechtungen, Interaktionen und die (re)produktiv neu zu gestaltenden Verhältnisse (z. B. der verschiedenen Arbeits- und Produktionsformen, von Konsum und Produktion, von Schützen und Nutzen etc.) zum Ausgangspunkt der Analyse zu machen (vgl. Schön 2005), sie gleichzeitig zu *ent-gendern* und die Frage der Verteilung von sorgenden und pflegenden Tätigkeiten, von bezahlter und unbezahlter Arbeit zwischen Männern und Frauen zu politisieren, um sie einer gerechten Verteilung zugänglich zu machen (vgl. Gottschlich 2008: 128f.).

(e) Die philosophische Grundlage für das Konzept des Vorsorgenden Wirtschaftens bildet nach Adelheid Biesecker und Stefan Kesting (2003) die „Ethik des Sorgens" („Ethic of Care"),[275] in deren Zentrum die Qualität der Sorge-Beziehungen zwischen sorgender und zu versorgender Person steht (vgl. ebd.: 170).[276] Verbunden damit sind nicht nur Fragen nach Kriterien, was gutes Sorgen ausmacht, sondern auch Fragen nach dem Spannungsverhältnis von Autonomie und Dependenz, die sich aus unterschiedlichen Sorgebeziehungen (symmetrische wie asymmetrische) ergeben (vgl. Jochimsen 2003b: 38ff.). Diese Ethik des Sorgens impliziert, darauf zu achten, dass auch für diejenigen gesorgt wird, die ihre Interessen (noch) nicht artikulieren können – wie etwa die zukünftigen Generationen (vgl. Biesecker 1994: 28).

Wie ich bereits eingangs erwähnt habe, versteht sich das Vorsorgende Wirtschaften als work in progress. In den letzten Jahren hat es u. a. eine Weiterentwicklung bezogen auf die Verhältnisbestimmung von Sorge, Fürsorge und Vorsorge gegeben – angestoßen nicht zuletzt durch den auch in Deutschland erstarkenden Diskurs um den Begriff *Care*. Diese Weiterentwicklung spiegelt sich in der Verwendung veränderter analytischer Begriffen des Vorsorgenden Wirtschaftens wider: 2003 nennen Biesecker und Kesting noch die Ethik des Sorgens in Anlehnung an Tronto (1993) als philosophische Grundlage und identifizieren als Rationalitätskonzept die „emotionale Vernunft" (ebd.: 171). 2012 beschreiben

---

275 Vgl. dazu die Diskussion im anglo-amerikanischen Raum seit Mitte der 1980er-Jahre, insbesondere die Arbeiten von Carol Gilligan (1984).
276 Umstritten ist im Vorsorgenden Wirtschaften, ob dazu auch die Sorge um die natürliche Mitwelt zählt und wie sich diese gestalten lässt (vgl. Knobloch 2013; Hofmeister/Mölders 2013).

Biesecker und Gottschlich die Rationalität des Vorsorgenden Wirtschaftens in Anlehnung an die Arbeiten von Eva Senghaas-Knobloch als „Fürsorgerationalität" (Biesecker/Gottschlich 2012: 321). 2013 betonen Biesecker und Hofmeister die Bedeutung von Zeitprozessen für eine Ökonomie der Vorsorge: „Gegenwärtiges Gestalten bedeutet Erhalten und Erneuern des Gewordenen für die Zukunft" (ebd.: 247). Die Rationalität einer solchen (re)produktiven Ökonomie, die der Gestaltung des Zeitkontinuums unter Berücksichtigung der sozialen und ökologischen Eigenzeiten zugrundeliegt, bezeichnen sie als „*Vorsorge*rationalität" (ebd.; Herv. i. O.). Im Begriff der Vorsorge seien Sorge und Fürsorge aufgehoben.

Sowohl in der Ethik des (Vor)Sorgens als auch in der Kategorie der (Re)Produktivität ist *intergenerative Gerechtigkeit* als Zukunftsoffenheit, als Mitdenken und Mitberücksichtigen von Eigenentwicklung, Interessen, Bedürfnissen und Wünschen auch sehr junger bzw. noch nicht geborener Menschen im Vorsorgenden Wirtschaften auf einer abstrakten Ebene verankert. Angelehnt an die Arbeiten des dänischen Soziologen Esping-Andersen (1990), der für ein neues Wohlfahrtsstaatmodell plädiert, das u. a. an einer Lebenslauf-Perspektive orientiert ist, konkretisiert Christiane Busch-Lüty (2004: 142) die Anforderungen an eine *vorsorgende Nachwuchs- und Familienpolitik*: Zusätzlich zur sozialen Sicherung von Älteren, die das umlagefinanzierte System der Rentenversicherung leistet, bedarf es ihrer Meinung nach einer „Jugendrente", einer Absicherung der „Reproduktionsseite des Generationenverbunds" (ebd.: 143) durch eine Politik des „child-centred social investments", um Problemen fehlender intergenerativer Gerechtigkeit wie Kinderarmut, aber auch Kinderlosigkeit, zu begegnen. Die Lebenslauf-Perspektive des Sozialinvestitionsstaats

> „erlaubt durch ihre Fokussierung auf die Bedingungen für den *Beginn* eines menschlichen Lebenswegs, im besten Sinne vorsorgend nachwuchspolitische Rahmenbedingungen so zu gestalten, dass sie als soziale Investition optimal der Wohlfahrt im Lebensprozess des Ganzen dienen können, dank einer ‚*child-centred social investment strategy*'" (ebd.: 141; Herv. i. O.).

Intragenerative Gerechtigkeit wird im Vorsorgenden Wirtschaften nicht nur als Geschlechtergerechtigkeit konzeptionalisiert (siehe dazu auch Abschnitt (d)). Intragenerative Gerechtigkeit ist ebenfalls in der Kategorie der (Re)Produktivität wie im Handlungsprinzip der Orientierung am für das gute Leben Notwendigen enthalten. In beiden wird Ökonomie als Mittel zum Lebenszweck definiert, Lebensprozesse sollen und dürfen gerade nicht dem Markt untergeordnet werden (vgl. Biesecker et al. 2000b: 10). Die Möglichkeit, gut zu leben und nicht nur zu überleben, gilt als Prinzip für Menschen überall auf der Welt. Intragenerative Gerechtigkeit im Verständnis des Vorsorgenden Wirtschaftens hat damit eine globale Dimension. Doch Aspekte der *Globalität*, der Nord-Süd-Beziehungen und damit die Frage, wie sich vorsorgendes Wirtschaften gerade in Zeiten und Räumen der Globalisierung umsetzen lässt, kommen im Vorsorgenden Wirtschaften (etwas) zu kurz. Dies hat einerseits mit der Genese des Vorsorgenden Wirtschaftens zu tun, das aus der Kritik an der Nachhaltigkeitsdebatte in Deutschland kommt, gleichzeitig verweist es jedoch auf notwendige weitere Forschungspraxis. Adelheid Biesecker betont zwar, dass die globale Dimension nachhaltiger Entwicklung gerade nicht bedeuten kann, dass es um die Entwicklung einer „allgemeingültige[n] Theorie für alle Gesellschaften mit ihren je unterschiedlichen Ökonomien" (Biesecker 2003b: 71) geht. Doch auch raum- und zeitgebundene, d. h. kontextualisierte theoretische Konzeptionen wie das Vorsorgende Wirtschaften müssen entsprechend ihres eigenen Anspruchs globale Folgewirkungen antizipieren. Die Entscheidung für eine vorrangige Regionalisierung von Wirtschaften beispielsweise hat über bestehende Weltmarktstrukturen Auswirkungen auf andere Teile der Welt, insbesondere auf Länder des globalen Südens. Deren (National-)Ökonomien sind derzeit immer noch auf Deviseneinnahmen angewiesen, nicht nur, um die Zinsen zu tilgen, sondern auch, um öffentliche Infrastruktur bereitzustellen (Bildungs-, Gesundheitssystem etc.). Wie kann nachhaltiges Wirtschaften hier gelingen? Anknüpfungspunkte zur Beantwortung dieser Frage ergeben sich sowohl zum Ansatz der Frauenökonomie als auch zum Konzept der Sustainable Livelihoods, auf das einige Vertreter_innen des Vorsorgenden Wirtschaftens selbst verweisen (vgl. Forschungsverbund „Blockierter Wandel?" 2007).

3. Frauenökonomie

3.1 Genese und theoretischer Kontext

Das Konzept der Frauenökonomie wurde maßgeblich von Gudrun Lachenmann am Forschungsschwerpunkt Entwicklungssoziologie/Sozialanthropologie an der Fakultät für Soziologie der Universität Bielefeld entwickelt. Unter ihrer Federführung wurden im Arbeitsbereich „Frauen in Entwicklungsländern" von Lehrenden, Studierenden und Forschenden ab den 1990er-Jahren Erkenntnisse zur „*geschlechtsspezifischen Einbettung der Ökonomie*" (Lachenmann/Dannecker 2001a; Herv. D. G.) zusammengetragen. Der geschlechtsspezifische Blick auf ökonomisches Handeln im Allgemeinen und auf Veränderungsprozesse unter Bedingungen von Globalisierung(spolitik) im Besonderen kann als paradigmatisch für diesen Ansatz und für seine „Betrachtung der Einbettung der Wirtschaft in Kultur und Gesellschaft angesehen werden" (Lachenmann 2001a: 15). Gemeinsam ist den Arbeiten aus dem Umfeld der Frauenökonomie, dass sie die Kategorie „Geschlecht" in den Mainstream der Entwicklungstheorie einbringen und vor allem den Diskurs der (neueren) ökonomischen Soziologie erweitern und differenzieren.

Im Gegensatz zur neoklassischen Ökonomik, die Ökonomie als autonome Sphäre begreift, geht die neuere Wirtschaftssoziologie davon aus, dass soziale Beziehungen ökonomische Handlungen beeinflussen. Gerade im Zusammenhang mit der Analyse von Globalisierungs- und Lokalisierungsprozessen wurde und wird das Konzept der kulturellen und sozialen Einbettung von ökonomischen Aktivitäten, Entscheidungen und Mechanismen (vgl. Polanyi 1977) wieder aufgegriffen und modifiziert (im Sinne von Granovetter 1985)[277] – allerdings, und hier setzt die Kritik und Weiterentwicklung von Lachenmann und anderen Vertreter_innen der Frauenökonomie an, ohne die geschlechtsspezifische Strukturierung der Wirtschaft, durch die wiederum Geschlechterverhältnisse beständig neu (re)konstruiert werden, in die Analyse mit einzubeziehen (vgl. Lachenmann/ Dannecker 2001b: 3).

Der von Lachenmann gewählte Begriff der Frauenökonomie soll „dem systemischen Charakter der Wirtschaftstätigkeiten der Frauen [...] Rechnung tragen und eine komplette Analyse der anfallenden Arbeitsbereiche im Hinblick auf die Geschlechterverhältnisse beinhalten" (Lachenmann 2001a: 20). Der Begriff bezeichnet

> „ökonomische Beziehungen über die Haushaltsebene hinaus, d. h.: Strukturen der Zusammenarbeit, Allianzen, kollektiver Ressourcenzugang und vor allem auch die soziale Organisation des Marktes" (Lachenmann 1998: 316).

Zentral für den Ansatz der Frauenökonomie ist, dass er zunächst den Blick auf bisher „,verborgene', nicht der Mainstream-Ökonomie zuzurechnende Felder" (Lachenmann 2001a: 17) und damit auf die Subsistenzproduktion, auf den sogenannten informellen Sektor und die ‚reproduktiven' Arbeiten lenkt. Doch mehr noch als um das Sichtbarmachen der „Schattenwirtschaft" (ebd.) geht es den Vertreter_innen der Frauenökonomie um eine Betrachtung der ‚reproduktiven' Ökonomie im *Verhältnis* zur produktiven Ökonomie, um eine genaue Analyse der *Interaktion* von Subsistenz- und Marktwirtschaft sowie der *Verflechtung* von informellem und formellem Sektor (vgl. Lachenmann 1998: 314ff.). Mit anderen Worten: Bei dem Konzept der Frauenökonomie handelt es sich um einen Analyseansatz, dessen Fokus auf Prozessen, Relationen, Interaktionen und Machtverhältnissen liegt (vgl. Lachenmann 2001a: 27) und dessen Ziel die Überwindung von dichotomen Denk- und Handlungsmustern ist (vgl. ebd.: 17) – jenen Denkmustern, die bisher einen konzeptionellen und praktischen Ansatz der Zusam-

---

[277] Mark Granovetter (1985) wendet sich nicht nur gegen die Vorstellung von Ökonomie als autonomer Sphäre ohne Einbettung. Er grenzt sich gleichzeitig auch von der substantivistischen Schule der Anthropologie, die mit dem Namen Karl Polanyi verbunden ist, und auch von Vorstellungen der „Moralökonomie" (z. B. Scott 1976) insofern ab, als er nicht von einer völligen Einbettung der Wirtschaft in soziale Beziehungen ausgeht, sondern das Niveau der Einbettung ökonomischen Handelns in Nicht-Markt-Gesellschaften niedriger einstuft als Substantivist_innen und Entwicklungstheoretiker_innen (vgl. dazu auch Lachenmann/Dannecker 2001b: 2).

3. Frauenökonomie

menführung von formellen und informellen, produktiven und ‚reproduktiven', subsistenz- und marktorientierten Arbeiten verhindert haben.

Mit dem Ansatz der Frauenökonomie schlägt Gudrun Lachenmann eine neue methodologische Konzeptualisierung vor, die die Verzahnung und die Konstruktion sozialer Welten und Räume – und insbesondere geschlechtsspezifisch strukturierter *Frauenräume* – auch für den „modernen Wirtschaftssektor" (ebd.: 23) aufzeigt.

Zwar ist die geschlechtsspezifische Betrachtung der Einbettung der Wirtschaft für den Ansatz der Frauenökonomie entscheidend, doch beim Konzept der Frauenökonomie handelt es sich mitnichten um eine reine Genderanalyse oder lediglich um eine geschlechtsspezifische Analyse der Auswirkungen von spezifischer Entwicklungspolitik. Lachenmanns Vorstellungen zielen vielmehr auf einen transformativen Ansatz, der die Kluft zwischen informellem und formellem Sektor überwindet und eine Aufwertung und Ausweitung von ökonomischen Handlungsfeldern für Frauen erreicht. Beispiele aus der Praxis zeigen die bereits bestehenden Verflechtungen, die es abzusichern und zu intensivieren gelte (vgl. Lachenmann 1998: 316). Die Theoriebildung der Frauenökonomie ist dezidiert empiriegeleitet, sie beruht auf intensiver Feldforschung in Afrika, Asien und Lateinamerika.[278] Zudem werden Erkenntnisse und Perspektiven aus verschiedenen Theoriesträngen „mittlerer Reichweite" zueinander in Beziehung gesetzt (Lachenmann/Dannecker 2001b: 5f.): Relevante theoretische Konzepte, auf die Lachenmann und andere zugreifen, sind neben der neuen ökonomischen Soziologie (in der Prägung nach Granovetter 1985; Granovetter/Swedberg 1992) das Schnittstellenkonzept („interface") von Norman Long (1992), das zur Analyse des Zusammentreffens und Aushandelns verschiedener Handlungslogiken dient, die feministische (Makro-)Ökonomik (z. B. Elson/McGee 1995; Çağatay/Elson/Grown 1995; Elson 1999), die Arbeiten der Vertreter_innen des Bielefelder Subsistenzansatzes (Bennholdt-Thomsen/Mies/von Werlhof 1992), die Institutionenanalyse, die es ermöglicht, Märkte als sozial organisiert und strukturiert zu deuten, sowie kulturelle Globalisierungstheorien, die das Verhältnis und die wechselseitige Durchdringung von Globalem und Lokalem thematisieren und als Phänomene der „Glokalisierung" (Robertson 1995: 21) bzw. der „Hybridisierung" (Nederveen-Pieterse 1995: 50ff.) theoretisieren. Ebenfalls werden Arbeiten zu „Translokalität" und „Transnationalität" aufgegriffen (z. B. von Appadurai 1991, 1998).

Das entwicklungspolitische Konzept der Frauenökonomie versteht sich nicht explizit als Nachhaltigkeitsansatz, gleichwohl stellt Lachenmann über die Arbeit von Harcourt (1994a) einen Bezug zum feministischen Diskurs über nachhaltige Entwicklung her und argumentiert, dass zur Weiterentwicklung der Frauenöko-

---

278 Lachenmann selbst hat vor allem zum frankophonen Afrika gearbeitet.

nomie „die Nutzung solcher Konzepte wie nachhaltige Entwicklung [...] folgen [könnte]" (Lachenmann 2001a: 19). Anknüpfungspunkte gibt es ebenfalls zum Livelihoods-Konzept und zu den Forderungen von DAWN, auf die ich im Verlauf der weiteren Analyse eingehen werde.

3.2 Ökonomieverständnis

Die Vertreter_innen der Frauenökonomie teilen den weiten Ökonomie- und Arbeitsbegriff der feministischen Makroökonomie (a), betonen aber stärker die Verflochtenheit der verschiedenen Wirtschaftsbereiche, die es wahrzunehmen und zu gestalten gelte (b). Das Konzept der Frauenökonomie ermöglicht damit auf einer analytischen Ebene eine kritische Intervention in den Diskurs um Programme der Entwicklungsarbeit, die das Ziel der Integration von Frauen in die Marktwirtschaft verfolgen (c).

(a) Die Vertreter_innen der Frauenökonomie teilen die Kritik der feministischen Makroökonominnen an der Geschlechterblindheit von (makro)ökonomischen Theorien und Statistiken: Die Leistungen, die täglich notwendig sind, um die Subsistenz bzw. das Überleben zu sichern, werden in Wirtschaft und Wissenschaft größtenteils nicht wahrgenommen. Die Integration der vorwiegend unbezahlt, meist von Frauen erbrachten ‚reproduktiven' Tätigkeiten in das makroökonomische Denken erfordert eine Analyse der nationalen Produktionskreisläufe. Feministische Makroökonominnen wie Isabella Bakker und Diane Elson (1998) haben gezeigt, dass der nationale Wohlstand einer Gesellschaft das Resultat einer Interaktion von vier Wirtschaftsbereichen ist: Einen Beitrag zur Volkswirtschaft leisten erstens die Warenwirtschaft des formellen und des informellen Privatsektors, zweitens die staatliche Dienstleistungsökonomie, drittens die unbezahlte Care Economy, die familien- und gemeinwesenorientierte Güter erzeugt, und viertens der Sektor der (bezahlten und unbezahlten) ‚ehrenamtlichen' Tätigkeiten (z. B. NGO-Arbeit). Die Einbeziehung der unbezahlten Versorgungswirtschaft (Care Economy) und des Non-Profit-Bereichs und die Betonung ihres Beitrags zum Gesamtreichtum einer Gesellschaft werden von Lachenmann (2001a: 29) als „fortschrittlich" bewertet. Auch wenn in den Arbeiten von Bakker und Elson (1998) sowie zuvor von Çağatay, Elson und Grown (1995) der Begriff der Subsistenzproduktion als theoretischer Begriff nicht eingeführt wird, so sieht es Gudrun Lachenmann als Verdienst der feministischen Makroökonomie an, das Modell der formalen Ökonomie erweitert und das Verständnis von Wirtschaft als geschlechtsspezifisch strukturiert etabliert zu haben. Lachenmann kritisiert allerdings dreierlei: Erstens argumentierten die feministischen Makroökonominnen zwar richtiger Weise, dass die ‚reproduktive' Ökonomie in der Wirtschaftspolitik als selbstverständlich vorausgesetzt werde, allerdings verbleibe auch ihre neue makroökonomische Modellierung, die die unterschiedlichen Wirtschaftsbereiche sichtbar mache, im Modus der Trennung. Nach Lachenmanns Auffassung wäre aber gerade eine „Modellierung im Sinne der Schnittstellen" (Lachenmann 2001a: 30) nötig, für die auf bestehende sozialwissenschaftliche Ansätze der Verflechtung (z. B. Evers 1987) zurückgegriffen werde könne. Hinterfragt werden müsse zweitens die von den feministischen Makroökonominnen vorgenommene Konzeptualisierung des Subsistenzsektors, der als wenig effizient angenommen werde, obwohl er vor allem für die Dimensionen der Ernährungssicherheit eine zentrale Rolle spiele. Dekonstruiert werden müsse in diesem Zusammenhang auch das theoretische Konzept der durch die Strukturanpassungsmaßnahmen gesetzten Anreize, das die feministischen Ökonominnen unhinterfragt übernähmen und dabei soziale Beziehungen, zeitliche Strukturen sowie geschlechtsspezifische Institutionen ausblendeten (vgl. Lachenmann 2001a: 29f.).

Neben der konzeptionellen Nichtbearbeitung der Interaktion zwischen den verschiedenen Bereichen gilt Lachenmanns dritter Kritikpunkt der als zu starr empfundenen, „grundsätzlichen Forderung nach Gleichstellung der ökonomischen Tätigkeiten der Geschlechter" (ebd.: 19), von der die kritischen Makroökonominnen ausgehen, die „hinsichtlich der empirischen Realität [...] von Differenz und Vielfalt reflektiert werden müsste" (ebd.). Lachenmann (1998: 309) wendet sich gegen einen „undifferenzierte[n] Gleichheitsanspruch". Besondere frauenspezifische ökonomische Tätigkeiten bedeuten für sie „nicht automatisch eine Unterdrückungssituation", sondern ein Nutzen von vorhandenen Möglichkeiten. Relevant sei vor allem die Gestaltung der jeweiligen Überschneidungs- und Kooperationsbereiche (zwischen den Geschlechtern, zwischen den Sektoren etc.) (vgl. Lachenmann 2001a: 32).

(b) Die Vorstellung der geschlechtsspezifischen Strukturierung der Wirtschaft führt für die Vertreter_innen der Frauenökonomie zur Betrachtung und Theoretisierung der Verbindung von produktivem und ‚reproduktivem' Sektor und des Zusammenhangs von Subsistenz- und Marktwirtschaft. Dass der relationale und dynamische Ansatz der Frauenökonomie die Analyse der Interaktionen in den Vordergrund rückt, hat auch mit dem Verständnis von Ökonomie als „Handlungsfeld" (Lachenmann 2001a: 19) zu tun. Über den Ansatz des Raumes wird nach weiteren Handlungsfeldern gefragt, in denen sich Frauen als ökonomisch Tätige bewegen. Der eurozentrische Begriff der Erwerbsarbeit würde hier nur verdunkeln, statt die Zusammenhänge zu erhellen. In ihrem Alltag arbeiteten Frauen täglich abwechselnd in verschiedenen Handlungsfeldern und sozialen Gruppen. Dabei würden sie Ressourcen wie Arbeitskraft und Geld aus verschiedenen Einkommensquellen nutzen sowie Produkte aus verschiedenen Wirtschaftssektoren von Subsistenz- bis Marktproduktion transferieren. Frauen kombinierten soziale und ökonomische Handlungsorientierungen aus den verschiedenen Handlungskontexten. Gerlind Schneider (2001: 114) beispielsweise identifiziert in ihren Untersuchungen in Simbabwes Hauptstadt Harare Verflechtungen von der Frauenarbeit im Haushalt zu den Handlungsfeldern „Verwandtschaft", „Nachbarschaft und Neue Soziale Netzwerke", „Ländliche und Urbane Subsistenzproduktion", „Marktproduktion Kleingewerbegruppe" sowie „Marktproduktion Individuelles Gewerbe".

Ausgehend von einem dynamischen Ineinandergreifen dieser Wirtschaftsbereiche geht es der Frauenökonomie um eine exakte Analyse der Schnittflächen zwischen Handlungsräumen und ihrer Ausstattung mit Ressourcenzugang, Organisationsformen und regionaler wie geschlechtsspezifischer Segregierung. Eine solche realistische Einschätzung, das betont auch Martina Padmanabhan (2003: 64) in ihrem Vergleich der Frauenökonomie mit dem Vorsorgenden Wirtschaften, mehrt die Chancen, den weiblichen ökonomischen Feldern, die gekennzeichnet sind durch die Übergänge von informell zu formell, von ‚reproduktiv' zu produktiv, in der Politikentwicklung angemessen Rechnung zu tragen.

Mit „dualistische[n] Konzepte[n] wie informeller Sektor, endogene Ökonomie, Haushalte als handelnde Einheiten" können laut Lachenmann (2001a: 27) die Probleme der Entwicklungspolitik nicht gelöst werden. Alle diese Ansätze setzen als Maßstab die Marktökonomie, den formalen Sektor, die Steigerung der Produktivität durch neue Technologien und Investitionen ins Humankapital; sie blenden die handelnden Akteure als Selbstzwecke aus bzw. differenzieren im Fall des Haushalts als handelnder Einheit nicht die Binnenstruktur; sie nehmen die Schnittstellen und Übergänge nicht in den Blick, und sie vernachlässigen laut Lachenmann die mittlere Ebene des ökonomischen Handelns – die Mesoebene der Institutionen wie Kommunen, konkrete Märkte (vgl. ebd.: 28). Hilfreich zur Überwindung dieser konzeptionellen Probleme und Analysedefizite ist für Lachenmann die Arbeit mit ihrem geschlechtsspezifischen Einbettungsansatz, der Einbettung sozial und ökonomisch, nicht aber ökologisch-physisch versteht:

> „Wenn weibliche und/oder lokale Ökonomie empirisch von der Alltagsrealität her untersucht wird, kommen die verschiedensten Felder und Aktivitäten in das Blickfeld, einschließlich der entsprechenden interfaces – zwischen Frauen und Männern, städtischer und ländlicher Ökonomie etc. [...]. Das Konzept Frauenökonomie ist gerichtet auf *Bezüge* informell/formell, Schatten-, Parallelökonomie, Alltagshandeln mit Subsistenz- und Marktorientierung, weibliche Räume von Marktfrauen, Nachbarn, weibliche Familienlinien und sonstige Netzwerke. D. h., mit dem Ansatz Raum, interface, Netzwerk, Wissen, kann der dualistische Ansatz überkommen werden" (ebd.; Herv. D. G.).

(c) Wenn aber eine strikte Trennung der Produktionsbereiche nicht vorhanden, sondern vielmehr von einer Verflechtung auszugehen ist, dann muss das nach Meinung der Vertreter_innen der Frauenökonomie in mehrerlei Hinsicht Konsequenzen für die Konzeption entwicklungspolitischer Projekte haben. Lachenmann wendet sich sowohl gegen Strukturanpassungsmaßnahmen, die ehemals staatliche Aufgaben in die Haushalte hineinverlagern und damit die Last an ‚reproduktiven' Aufgaben erhöhen und die zudem durch die Neubildung und Um-

3. Frauenökonomie

strukturierung von Märkten Verdrängungsprozesse in bisher geschlechtlich bestimmten Zuständigkeitsbereichen in Gang setzen (i), als auch gegen instrumentalisierende Potenzialansätze wie den von der Weltbank in den 1980er-Jahren vertretenen Effizienzansatz (*efficiency approach*) (ii):

(i) Zum einen kritisieren Vertreter_innen der Frauenökonomie eine Veränderung der verordneten Strukturanpassungsmaßen, die zu einer feststellbaren Verschlechterung des Zugangs zu Gesundheitseinrichtungen, Einkommen und Bildung für Frauen (aber auch für Männer) führen. Insbesondere in Afrika verschlechterte sich der Zugang von Frauen zu Produktionsmitteln. Frauen wurden und werden laut Lachenmann (1998: 301) vermehrt „aus Wirtschaftsbereichen verdrängt, die zuvor ‚Frauendomänen'" waren – wie etwa dem Gemüseanbau, der nun verstärkt von jungen Männer betrieben wird, oder dem Getreidehandel, den Genossenschaften mit praktisch nur männlichen Mitgliedern übernommen hätten, nachdem die staatlichen Vermarktungssysteme aufgelöst wurden (vgl. ebd.). Die meisten Programme wie etwa die Beschäftigungsfonds würden vorrangig „für ‚dynamische' junge Männer konzipiert" (ebd.) – nicht zuletzt als Präventivmaßnahme, da gerade in jungen Männern „das höchste Protestpotential" (ebd.) gesehen werde. Frauen würden hingegen meist nicht die entsprechenden formalen Voraussetzungen bei Startkapital oder Qualifikationsniveau erfüllen, die für die Aufnahme in Projekte zur Förderung von Privatunternehmen gelten (vgl. ebd.). Diese Zerstörung „selbstregulierte[r] und -verantwortete[r] Bereiche" der Frauenökonomie führe damit auch zu „eine[r] Veränderung der Geschlechterverhältnisse" (ebd.).[279]

(ii) Zum anderen lassen Ergebnisse und Perspektiven der Frauenökonomie sich zu einer Kritik am Effizienzansatz der Weltbank verdichten, der ebenfalls vor dem Hintergrund von Strukturanpassungsprogrammen entwickelt wurde. Der Effizienzansatz geht davon aus, dass die zunehmende Partizipation von Frauen an Erwerbsarbeit automatisch zur Gleichberechtigung der Geschlechter führe. Das „‚brachliegende' ökonomische Entwicklungspotential der Frauen" (Bliss et al. 1994: 33) sollte effizienter in die jeweilige Volkswirtschaft integriert werden. Während Frauen vor allem über die Vergabe von Kleinkrediten in den Markt eingebunden und als Entwicklungsressource zur Produktivitätssteigerung funktionalisiert würden (vgl. Wichterich 1987), bliebe die Vielfalt der Arbeitsfelder von Frauen und deren Verflechtung nach wie vor ausgeblendet, so die Kritik (vgl. Schneider 2001: 115).

Die Herausforderung stecke, so Winnie Wanzala, darin,

---

[279] Andere Forschungen im Bereich der feministischen Makroökonomik zeigen: Die Substituierung von Frauenarbeit findet nicht nur durch Männer statt, sondern auch zwischen Frauen: Jüngere ersetzen Ältere, Arbeiterinnen in gesicherten, regulären Erwerbsarbeitsplätzen weichen Arbeiterinnen in prekären Jobs, so ein Ergebnis von Brigitte Young (2002: 42f.) aus ihrer Untersuchung der Genderdimension der Finanzkrise in Asien.

„die Modalitäten der weiblichen informellen Ökonomie zu verstehen, anstatt sie entweder zu ignorieren oder in die Mainstream-Ökonomie einzubinden. Politiken, Programme und Projekte sollten die ökonomischen Konzepte, die die weiblichen Aktivitäten als wirtschaftlich wertlos und unbrauchbar ablehnen, hinterfragen und stattdessen die informellen Einkommen schaffenden Strategien der Frauen unterstützen und stärken" (Wanzala 2001: 153f.).

3.3 Politikverständnis

Wenngleich das Konzept der Frauenökonomie zuvorderst ein sozio-ökonomischer Analyseansatz ist, so ist es gleichzeitig für die bereits erwähnte „machtstrukturierte Einbettung der Wirtschaft" (Lachenmann 2001a: 33) sensibel. Die krisenhafte ökonomische Situation, die auftretenden sozialen Differenzierungsprozesse werden insbesondere in Afrika im Kontext der Strukturanpassungsmaßnahmen analysiert, deren Liberalisierungs- und Privatisierungsmaßnahmen wiederum Auswirkungen auf die Rolle des Staates und den Umfang seiner Aufgaben (a) haben. Für das Politikverständnis der Frauenökonomie sind Kooperation und soziale Netzwerke (b) ebenso zentral wie Empowerment-Prozesse (c) und die transnationale Zivilgesellschaft (d).

(a) Den Arbeiten aus dem Kontext der Frauenökonomie liegt weder ein einheitliches Staatsverständnis zugrunde, noch existiert eine abgestimmte Systematisierung von Forderungen, welche staatlichen Rahmenbedingungen zu erfüllen sind, um Strukturen der Frauenökonomie zu unterstützen und damit letztlich eine Gestaltung des Zusammenhangs von Subsistenz- und Marktwirtschaft institutionell abzusichern. Allerdings gehört es zum Kern der Kritik der Vertreter_innen der Frauenökonomie, dass staatliche bzw. entwicklungspolitische Steuerung zwangsläufig fehlschlagen müsse, wenn die Relationalität der verschiedenen Handlungsfelder, in denen sich Frauen als ökonomisch Handelnde bewegen, nicht in den Blick genommen und damit nicht zum Ausgangspunkt politischer Maßnahmen gemacht werde (vgl. Lachenmann 2001b: 83).

Der entwicklungspolitische, postkoloniale Kontext ist für das Staatsverständnis der Frauenökonomie prägend – und zwar sowohl in der Theorie als auch in der Praxis. Nach Lachenmann bedarf die Analyse des Verhältnisses von Staat und Gesellschaft immer auch einer Berücksichtigung der Geschlechterverhältnisse. Für Afrika zeigt sie die „Staatsferne" von Frauen: Diese hätten „zweifellos [...] weniger Beziehungen zum postkolonialen Staat", seien „weniger in das patrimoniale Geflecht verstrickt". Seit der Kolonialzeit hätten Frauen sich ferngehalten von einem „oft feindseligen, männerdominierten, bürokratischen Staat" und wären entsprechend auch kaum „in das System der Vergünstigungen und Klientelbeziehungen einbezogen" (ebd.: 86). Vielmehr seien in Abgrenzung und Reaktion auf staatliche Maßnahmen der Frauenförderung, die von falschen Prämissen über die sozio-ökonomische Lage von Frauen ausgegangen seien und deren autoritär-technokratische Maßnahmen daher keine strukturelle Wirkung gezeigt hätten, oft kaum wahrgenommene, eigenständige Frauenräume entstanden, deren Autonomie es zu wahren und zu erweitern gelte.

Bei aller Zustimmung zur Kritik an neoliberaler Globalisierungspolitik im Einzelnen, die vor allem von internationalen Finanzinstitutionen verbreitet wird, distanziert sich Lachenmann (1998: 307) zugleich von jeder Form der Pauschalkritik, die ihrer Meinung nach „Aktionen gegenüber den eigenen Regierungen" verhindert, und verweist auf die grundsätzlichen Gestaltungsmöglichkeiten, die jedem Staat bleiben. Hier spiegelt sich ein Verständnis von Staat, das diesen in die Pflicht nimmt und ihm nicht per se eine gemeinwohlorientierte Politik unterstellt. Sehr kritisch äußert sich Lachenmann in der Auseinandersetzung mit den Forderungen und Arbeiten von Vandana Shiva (z. B. 1989, 1995) über ein „Festhalten an einem sozialen Nationalstaatsideal [...], dessen Bürokratismus, Autoritarismus und Repression" (Lachenmann 1998: 308) sie ablehnt. Ihre Staatskritik und -skepsis ähneln dabei zum Teil den Argumenten aus dem Kreis der BUKO (siehe Diskursstrang B.II). Lachenmanns Plädoyer gilt neuen Modellen der produktionsorientierten „Selbstorganisation sozialer Sicherheit" (Lachenmann 1997) und „der internationalen Stärkung von Netzwerken unterhalb der nationalstaatlichen Ebene" (Lachenmann 1998: 308). Ihr Eintreten für eine „realistische Betrachtung der Chancen und Möglichkeiten von Liberalisierung" (ebd.: 315) grenzt sie hingegen (zumindest auf den ersten Blick) sowohl von Ansätzen der BUKO als auch von den feministischen Ansätzen des Vorsorgenden Wirtschaftens und DAWN deutlich ab. Es steht jedoch in unmittelbarem Zusammenhang mit dem von ihr geforderten „Abbau bürokratischer und autoritärer staatlicher Steuerungsmuster" (ebd.). Ausgehend von einer menschenrechtlichen und damit auch rechtsstaatlichen Perspektive wendet Lachenmann sich gegen „patriarchale Bevorzugungsstrukturen, die sich durch Klientelismus und die Personalisierung von Machtbeziehungen auszeichnen" (ebd.).

(b) Soziale Netzwerke können als die generelle Struktur angesehen werden, in der sich das ökonomische Handeln von Frauen in Ländern des Südens vollzieht. Sie dienen der sozialen Sicherheit und übernehmen damit Funktionen, die in anderen Ländern vom (Wohlfahrts-)Staat geleistet werden. Die Beispiele für die sozialen Netzwerke in der Frauenökonomie reichen von Nachbarschaftsnetzen bis hin zu Reisen von Händlerinnen über Staatsgrenzen hinweg.

Welche Bedeutung soziale Netzwerke, Kooperation, Vertrauen, gegenseitige Unterstützung und generalisierte Reziprozität in der Frauenökonomie haben, soll im Folgenden am Beispiel von Frauen-Spar- und Kreditgruppen[280] gezeigt werden. Die sogenannten *rotating savings and credit associations* (ROSCAs), die im

---

280 Es existieren auch männliche Sparclubs. In seiner Untersuchung geschlechtsspezifischer Unterschiede kommt Michael Rowlands (1995) für Kamerun zu dem Ergebnis, dass Männer sich ROSCAs an-

lokalen Sprachgebrauch und je nach Land so unterschiedliche Namen wie *Itega*, *Maround* und *Sandug* haben, sind ein gut untersuchter Bestandteil der Frauenökonomie, an dem das Zusammenwirken von ökonomischen und sozialen Ebenen verdeutlicht werden kann (vgl. z. B. Ardener/Burman 1995; Schneider 2001; Schultz 2005). In einer ROSCA geben alle Mitglieder feste Summen in einen „Pool", die von allen Mitgliedern in wöchentlichen oder monatlichen Abständen eingezahlte Summe wird bei den regelmäßig stattfindenden Treffen jeweils einem Mitglied übergeben. Die Reihenfolge der Auszahlung wird von den Frauen gemeinsam festgelegt und kann, wenn ein Notfall vorliegt und eine der Frauen dringend Geld braucht, geändert werden. Frauen entziehen bei der Einzahlung in eine ROSCA einen Teil ihres Geldes dem Zugriff ihrer Männer und ihrer Familien. Als einzelne Frau allein über erworbenes Geld zu verfügen, erweist sich in einigen Ländern des globalen Südens vielfach (noch) als schwierig. Aber der hohe soziale Druck, sich an die Gruppenvereinbarungen zu halten und in der verabredeten Weise das Geld in die ROSCA einzuzahlen oder andernfalls an sozialem Ansehen in der Gemeinschaft, in der Nachbarschaft zu verlieren, schützt die Ressourcen der Frauen vor z. B. möglichen Forderungen der Verwandtschaft und ermöglicht individuelle Kapitalbildung durch ein Kollektiv.[281] Damit wird kurzfristig Geld einerseits der „Moralökonomie"[282] entzogen, andererseits wird die Moralökonomie in verschiedener Hinsicht gestärkt, da die Frauen das Geld zurückführen (als Investition in ein eigenes Geschäft, für ein neues Dach oder als Schulgeld für die Kinder), das wirtschaftliche Handeln eingebettet in die lokale Organisation bleibt und zudem die Handlungsrationalitäten der Moralökonomie die Grundlage für die ROSCAs bilden (vgl. Schultz 2005: 266). Denn „[n]ur indem die Frauen in ihren Gruppen soziale Beziehungen pflegen, können sie das Vertrauen schaffen, das notwendig ist, damit Frauen ihr Geld der Gruppe anvertrauen" (ebd.: 261). Verinnerlichte Normen der Moralökonomie machen Betrug nahezu undenkbar. Anders als in rein ökonomischen Institutionen geht es in den

---

schließen würden, um männlich dominierte Netzwerke zu stützen, während Frauen, von Rowlands als „weibliche Hausarbeiterinnen" bezeichnet, dies täten, um Geld für die Familie zu sparen. Schultz (2005: 266) weist darauf hin, dass es relativ wenig Untersuchungen gibt, die sich explizit mit der Kategorie Geschlecht im Zusammenhang mit Sparclubs auseinandersetzen.

281 Ulrike Schultz (2005: 261ff.) hat in ihrer vergleichenden Studie über Spar- und Kreditgruppen in Kenia und Sudan festgestellt, dass ROSCAs je nach der lokalen Geschlechterordnung auf unterschiedliche Weise genutzt werden: Während in Kenia – ähnlich wie etwa in Simbabwe, Ghana und Kamerun (vgl. dazu Ardener/Burman 1995; Schneider 2001) – Frauen versuchen, die Ressourcen der Frauenökonomie vor dem Zugriff der Männer zu schützen, eignen sich Frauen im Sudan durch ihre Beteiligung an ROSCAs das Geld ihrer Männer an und führen bisweilen neben eigenem Geld auch Geld aus der Haushaltskasse, für die in sudanesischen Familien traditionell Männer verantwortlich sind, einer Frauenökonomie zu – für Prestigegüter, für die Gründung eines eigenen Geschäfts oder für Schulgebühren für die Kinder.

282 Der Begriff der Moralökonomie ist als Gegenbegriff zur Marktökonomie und zu formalen Finanzinstitutionen definiert. Die ökonomischen Beziehungen basieren auf sozialen Beziehungen, Vertrauen, Normen und Sanktionen (vgl. Schultz 2005: 265), wobei nach Rössler (2005: 240) die Institutionen der generalisierten Reziprozität besonders wichtig sind.

3. Frauenökonomie

ROSCAs um das Verhältnis von individuellem Nutzen und gegenseitiger Verpflichtung, das immer wieder neu ausgehandelt wird (vgl. ebd.: 280). Die ROSCAs sind in vielen Fällen mehr als ein Netzwerk sozialer Sicherheit, das Frauen durch das gemeinsame Sparen finanzielle Spielräume bewahrt bzw. teilweise sogar neue Handlungsräume erschließen hilft. Die gemeinsamen Treffen gehen weit über den Zugang zu Kapital hinaus, sie sind die Grundlage für andere Aktivitäten, da auf den Treffen nicht nur Geld eingesammelt und verteilt wird, sondern auch Informationen ausgetauscht und gemeinsame Aktivitäten geplant werden (vgl. ebd.: 268). Soziale Netzwerke wie die ROSCAs stellen einen Beitrag zum Empowerment von Frauen dar.

(c) Zum Verständnis von Empowerment gehört für Gudrun Lachenmann und andere Vertreter_innen der Frauenökonomie, die Konstruktion von Frauen als verletzliche Gruppe aufzugeben. Eine solche Etikettierung mache Frauen erst zur Zielgruppe verschiedenster wohlmeinender Armutsbekämpfungs- und Sozialhilfemaßnahmen. Dabei seien es doch gerade Frauen, die in hohem Maße das Überleben sicherten. Die einseitige Betonung des Mangels mache Frauen dann zu Adressatinnen von umstrittenen Kleinprojekten zum Nutzen der Gemeinschaft, von sogenannten einkommensschaffenden Maßnahmen, bei denen Krisenerscheinungen wie Inflation, Preisverfall am deutlichsten durchschlügen (vgl. Lachenmann 1998: 300). Notwendig wäre nach Lachenmann stattdessen, einen stärker integrierten Ansatz zu entwickeln, der Subsistenz- und ‚Reproduktionsarbeiten' mit marktorientieren Tätigkeiten zusammenführt, auch um zu verhindern, dass im Zuge von Transformationsprozessen Frauenökonomien weiter zerstört würden (vgl. ebd.).

Über eine akteursorientierte Perspektive, wie sie das Konzept der Frauenökonomie vertritt, könne das Bild von Frauen als verletzlicher Gruppe umgewandelt werden in ein Bild, das diese als in vielfältiger Weise sozial und wirtschaftlich tätig zeige. Die Anpassungsleistungen von Frauen im Kontext von Globalisierung, ihre Handlungsspielräume und ihre Lösungswege für soziale und wirtschaftliche Probleme würden so sichtbar (vgl. Schneider 2001: 116). Die Position, dem vorherrschenden Topos von Frauen als Opfer, als Leidtragende, entgegenzutreten, teilen Vertreter_innen der Frauenökonomie mit Vertreter_innen des Frauennetzwerkes DAWN. Letztere hatten Ende der 1980er-Jahre begonnen, das Potenzial von Frauen an Erfahrung und Wissen zu betonen, das diese gerade durch ihre Überlebensstrategien erworben hätten und das sie zu Expertinnen und Trägerinnen eines neuen, alternativen Entwicklungsmodells mache (vgl. Sen/Grown 1987; vgl. auch Rodenberg 1999: 40f.).

Sowohl DAWN als auch das Konzept der Frauenökonomie vertreten hier einen differenztheoretischen Ansatz, der in der feministischen (Nachhaltigkeits-)Debatte nicht unumstritten ist. Es gehört zum Ansatz der Frauenökonomie, dass die spezifischen Arbeitsfelder und Handlungsräume von Frauen „nicht grundsätzlich als diskriminierend, sondern als Handlungsspielraum und Möglichkeiten der Differenz" (Lachenmann 2001a: 22) identifiziert werden.

(d) Eine „kreative Veränderung der Ökonomie" muss nach Auffassung von Lachenmann „über die Konstruktion einer Zivilgesellschaft als Trägerin neuer Gesellschaftsvisionen und Geschlechterverhältnisse [...] erfolgen" (Lachenmann 1998: 312). Kritische Forscherinnen-Communities und Vertreter_innen der internationalen Frauenbewegung müssten neue methodologische Perspektiven zur Überwindung von dualistischen Denk- und Handlungsstrukturen, die sowohl Empowerment-Prozessen von Frauen als auch Armutsbekämpfung im Wege stünden, in die Debatten über Politikgestaltung und soziale Differenzierung einbringen. Kritikerinnen der Frauenbewegung sollten sich nicht mit Monitoring-Maßnahmen abspeisen lassen. Anstelle der Rolle des „watch-dogs" gelte es, sich verstärkt auf der Arbeits- und Politikebene einzumischen, um Perspektiven für einen transformativen Ansatz im Allgemeinen sichtbar zu machen und dabei die vorhandenen Räume für Frauen zu erhalten, auszuweiten und um neue Möglichkeiten zu ergänzen (vgl. ebd.: 313ff.). Bedenkenswert ist in diesem Zusammenhang auch die Forderung von Lachenmann, Strategien der Armutsbekämpfung und ökonomische Rechte nicht zu trennen – weder auf einer inhaltlich-analytischen noch auf einer politisch-strategischen Ebene.

3.4 Gerechtigkeitsverständnis

Es ist nicht die Frage nach dem Wesen des guten Lebens, die den zentralen ethischen Ausgangspunkt für die Frauenökonomie bietet. Ökonomie ist im Konzept der Frauenökonomie zunächst einmal Überlebensökonomie vor dem Hintergrund der ökonomischen Krise in Afrika (a). Zentral für das Ziel der Überlebenssicherung sind die sozialen Netzwerke der Frauenökonomie. Die aufbauend auf und im Wechselspiel mit empirische(n) Fallstudien entstandene Konzeptualisierung der Frauenökonomie gründet sich auf das Bild des Menschen als sozialem Wesen und lässt die Begrenztheit des methodischen Individualismus und des *homo oeconomicus* offenkundig werden (b). Gerechtigkeit wird aus entwicklungspolitischer Perspektive als globale Geschlechtergerechtigkeit konzipiert, während intergenerative Gerechtigkeit kein Thema für die Frauenökonomie ist (c).

(a) Die Zielvorstellung der Frauenökonomie ist die Sicherung des Überlebens, „die vor der Frage nach dem zum Guten Leben Notwendigen halt macht und dem tatsächlichen Mangel geschuldet ist" (Padmanabhan 2003: 61). Die Spanne von „Überleben" und „gutem Leben" verdeutlicht die unterschiedliche soziale, ökonomische und ökologische Lebenssituation in den Ländern des Südens und des Nordens und verweist gleichzeitig auch auf die Kontextgebundenheit der theoretischen Konzepte (vgl. Biesecker 2003b: 70f.). Unterschiede zum Vorsorgenden Wirtschaften (siehe B.III.2) und Gemeinsamkeiten mit dem Sustainable-

Livelihoods-Ansatz (siehe B.III.4) werden augenfällig. Die Frauenökonomie ist jedoch keine Armutsökonomie. Sie als solche zu charakterisieren, hieße, sie mit jenen ökonomischen Maßstäben wie Effizienz, Produktivität, Einkommen zu messen, die von kritischen Makroökonominnen im Allgemeinen und von Vertreter_innen des Konzepts der Frauenökonomie im Besonderen kritisiert worden sind. Genauso wie die Frauenökonomie dafür plädiert, der Konstruktion von Frauen als verletzlicher Gruppe und als defizitären Mangelwesen Einhalt zu gebieten, fordert sie auch, Subsistenzwirtschaft nicht länger als „ineffizient" und „rückständig" zu bewerten (vgl. Lachenmann 2001a: 30). Ausgangspunkt ist dabei die Erkenntnis, die mit Vertreter_innen des Bielefelder Subsistenzansatzes (siehe B.III.1.1, vgl. auch Baier/Müller/Werner 2007) geteilt wird, dass es zuvorderst die Subsistenzproduktion sei, die das Überleben der Menschen garantiere und nicht die auf beständigem Wachstum basierende kapitalistische Warenproduktion. In der Frauenökonomie wird keine eindeutige Trennung zwischen Subsistenz- und Marktsektor gemacht. Die Integration der Arbeiterinnen in den Markt benötigt „gerade die Komplementarität mit der Subsistenzproduktion und der Lebenswelt" (Lachenmann 2001b: 87). Die Anerkennung der Subsistenzproduktion als Grundlage und Ausgangspunkt für das ökonomische Handeln (nicht nur, aber derzeit vor allem von Frauen), das weitere Handlungsfelder berührt und integriert, bietet einen neuen analytischen und gestalterischen Ausgangspunkt für Entwicklungspolitik. Das Überdenken von makroökonomischen Strategien und die Revision von Begriffen – etwa des auf Einkommen basierenden Armutsverständnisses,[283] wie es die Weltbank vertritt – werden möglich, wenn die Qualitäten der Frauenökonomie als *Überlebensökonomie* anerkannt und gewürdigt werden.

(b) In ihren empirischen Fallstudien weisen Vertreter_innen der Frauenökonomie – wie Petra Dannecker (2001, 2002) in ihrer Untersuchung zu Fabrikarbeiterinnen in Bangladesh – nach, dass die Handlungslogiken der Arbeiterinnen nicht mit klassischen ökonomischen Modellen erklärt werden können. So hinge die Entscheidung, ob eine Frau als Näherin in einer Fabrik bleibe oder in einer anderen Fabrik anfange, ob sie Näherin bleibe oder die Aufstiegschance zur Aufseherin, die die Näherinnen kontrolliert, nutze, nicht nur von der Aussicht auf ein höheres Einkommen, sondern auch von den sozialen Netzwerken ab. Für einige

---

283 Stellvertretend sei hier auf die Untersuchung von Helena Norberg-Hodge verwiesen, auf die mich Cynthia Dittmar aufmerksam gemacht hat: Norberg-Hodge analysierte die Entwicklung von Ladakh im tibetischen Hochland und kam zu dem Ergebnis, dass der aus der Subsistenzproduktion resultierende Lebensstandard dort vor dem Einsetzen „herkömmlicher Entwicklung" (Norberg-Hodge 2003: 104) hoch gewesen sei. Das in Geldeinheiten gemessene Einkommen wäre allerdings entsprechend gering gewesen, qua Definition der Weltbank wären die Ladakhis als arm zu bezeichnen. Legt man jedoch eine mehrdimensionale Definition von Armut zugrunde, die Subsistenz- und Tauschwirtschaft mit einschließt, so waren die Ladakhis damals im Vergleich zu heute, wo das Growth National Product gestiegen ist, die Subsistenzproduktion jedoch marginalisiert wird und soziale Gemeinschaften auseinanderbrechen, nicht arm (vgl. ebd.: 105f.).

Arbeiterinnen seien die Netzwerke samt ihrer persönlichen Beziehungen, die andere als ökonomische Formen der Sicherheit bieten, wichtiger als eine Einkommenserhöhung durch Beförderung[284] (vgl. Dannecker 2001: 243ff.).

„We share ideas, we help each other" (zit. n. Schneider 2001: 113) war die Antwort, die Gerlind Schneider in ihrer Untersuchung von Frauenarbeit in Harare/Simbabwe auf ihre Frage bekam, warum einige Frauen immer noch zu den Treffen einer Kleingewerbegruppe kämen, obwohl sie seit einigen Monaten kein Einkommen mehr erwirtschaftet hätten (vgl. ebd.).

Die Beispiele aus Ländern des globalen Südens machen deutlich, dass das ökonomische Handeln von Frauen so gut wie nie losgelöst von sozialen Kontexten, sondern eingebettet ist in Werte und Normen der Gemeinschaft und der Familie. Die Handlungsfelder der Frauenökonomie zeigen Menschen als soziale Wesen, denen es nicht um kurzfristige Gewinnmaximierung und individuellen Vorteil, sondern um die Etablierung stabiler, vertrauensvoller Beziehungen geht, die auch – aber eben nicht nur – für ökonomisches Handeln genutzt werden können. Weder für die Praxis noch für die theoretische Konzeptualisierung der Frauenökonomie sind daher die Vorstellungen vom *homo oeconomicus* von Relevanz.

(c) Im Mittelpunkt der Frauenökonomie stehen Frauen aus den Ländern des globalen Südens und die Verbesserung ihrer Lebens- und Arbeitsbedingungen. Ziel ist es, die Autonomie von Frauen, die sie sich als aktiv ökonomisch Handelnde erworben haben,

> „zu stärken und ihnen die Möglichkeit zu geben, in ganz unterschiedlicher Form Chancen und auch Nischen wahrzunehmen, vorhandene Frauenräume auszuweiten sowie kreative Formen der Wahrnehmung der durchaus vorhandenen neuen Möglichkeiten zu finden" (Lachenmann 1998: 316).

Unter Berücksichtigung der vielfältigen politischen, ökonomischen, kulturellen und sozialen Kontexte, die die Geschlechterverhältnisse in den unterschiedlichen Ländern Afrikas, Lateinamerikas und Asiens prägen, wird damit intragenerative Gerechtigkeit in der Frauenökonomie zunächst und vor allem als Geschlechtergerechtigkeit verstanden. Im Konzept der Frauenökonomie werden Frauen als zentrale Akteurinnen der Überlebenssicherung, die auch *ökonomische Rechte* haben, sichtbar gemacht. Mit dem Konzept der geschlechtsspezifischen Einbettung der Ökonomie wird von den Vertreter_innen der Frauenökonomie ein Analyseinstrument zur Verfügung gestellt, mit dessen Hilfe die Auswirkungen von nationaler und internationaler Wirtschafts- und Finanzpolitik, Strukturanpassungsprogrammen sowie neueren politischen Programmen zum Abbau der Verschuldung (wie

---

284 „Wenn ich angefangen hätte[,] als Aufseherin zu arbeiten, hätte ich meine Freundinnen verloren. Aufseher essen zum Beispiel nicht mit den Arbeiterinnen. [...] Und mit wem sollte ich abends heimgehen? Die Arbeiterinnen verlassen normalerweise die Fabrik vor den Aufsehern. Allein kann ich bei Dunkelheit aber nicht nach Hause laufen, das gehört sich nicht und ist auch zu gefährlich" (Sahela, Näherin, zit. n. Dannecker 2001: 244).

die Poverty Reduction Strategy Papers, PRSP) auf die unterschiedlichen Handlungsfelder – nicht nur der Marktökonomie, sondern auch im Bereich der ‚Reproduktionsarbeit' und Subsistenzarbeit – gezeigt werden kann. Maßnahmen der Liberalisierung werden dabei von Vertreter_innen der Frauenökonomie nicht per se abgelehnt. Vielmehr gilt, dass, wenn Transformationsprozesse Möglichkeiten der Intensivierung der bisherigen Wirtschaftsaktivitäten von Frauen stärken, diese als zu gestaltende Handlungsspielräume genutzt werden sollten (vgl. ebd.). Allerdings fehle es nach wie vor an langfristigen und übersektoralen Strategien (vgl. Rodenberg 2004).

Die derzeitige Art der (Welt-)Marktintegration, der Versuch, das Potenzial von Frauen abzuschöpfen, fortschreitende Kommerzialisierung (z. B. durch Patentierung), Liberalisierungs- und Privatisierungsprozesse gefährdeten jedoch die Ernährungssicherheit – nicht zuletzt weil auf eine geschlechtsspezifische Analyse vonseiten (entwicklungs)politischer und/oder ökonomischer Institutionen verzichtet werde, so dass die damit verbundenen Veränderungen der Geschlechterbeziehungen, der Zugangsrechte, der Regeln der Zusammenarbeit und des Austausches zwischen den Geschlechtern, der Regeln der Reziprozität und der gegenseitigen Hilfe nicht in den Blick gerieten (vgl. Lachenmann 2001b: 89). Als Folgen hält Lachenmann „eine zunehmende Arbeitsbelastung" für Frauen bei gleichzeitigem „Verlust der ‚traditionellen' Sicherheit" (ebd.) fest. Ein Problem, das die prekäre Situation der Nahrungsmittelproduktion verdeutliche, sei das „overselling, d. h. der Verkauf selbst produzierter Nahrungsmittel ohne dass der eigene Bedarf gedeckt" (ebd.: 92) sei. Hochsubventionierte Agrarimporte aus der EU, den USA und Japan führten zudem dazu, dass Kleinbäuerinnen (und Kleinbauern) auf den lokalen Märkten unterboten würden. Um Geldeinkommen zu erwirtschaften, sähen sich viele gezwungen, die lokalen Land- und Biodiversitätsressourcen nun für den Export statt für den Binnenmarkt zu nutzen. Diese Prozesse sind in den letzten Jahrzehnten auch von anderen feministischen Ökonominnen analysiert und problematisiert worden:

> „Kleinbäuerinnen [bauen] auf ihren kleinen Parzellen als Kontraktarbeiterinnen Gemüse für den Export an [...]. Kontraktanbau ist die neue Form von Exportproduktion, die die kleinbäuerliche Landwirtschaft völlig umprogrammiert auf Weltmarkt- statt Binnenmarktbelieferung. Gleichzeitig nehmen Großgrundbesitzer oder agro-industrielle Konzerne immer mehr Land unter Monokulturen, um Cash Crops[285] chemieintensiv zu produzieren" (Wichterich 2004: 36).

Christa Wichterich bezeichnet diese Prozesse als „weltmarkt-vermittelte Landnahme" (ebd.), durch die der globale Norden Land für seine Versorgung gewinne und der globale Süden es verliere. Diese ökonomischen Zwänge der exportorien-

---

285 Als Cash Crops (zu deutsch: „Geld-Früchte") werden Feldfrüchte bezeichnet, die für den Verkauf, insbesondere für den Export, vorgesehen sind – wie z. B. Kaffee, Tee, Bananen, Palmöl, Baumwolle und Zitrusfrüchte.

tierten Strukturanpassung und Liberalisierung erschwerten bzw. verhinderten sowohl die Bekämpfung von Armut als auch die Durchsetzung und Stabilisierung von nicht-hierarchischen Geschlechterverhältnissen – so die Kritik der Frauenökonomie (vgl. Lachenmann 2001b: 89ff.).

Wenngleich im Konzept der Frauenökonomie Kritik an bestehenden Machtverhältnissen geübt und eine Parteinahme zugunsten von Frauen im Sinne ihres Empowerments sichtbar wird, ist zugleich kaum explizit von Gerechtigkeit die Rede. In Auseinandersetzung mit anderen feministischen Positionen zur Globalisierung formuliert Gudrun Lachenmann an einer Stelle, allerdings ohne dies im Anschluss näher auszuführen, dass internationale (Frauen-)Bewegungen „ihr Hauptaugenmerk auf die Kontrolle transnationaler Konzerne im Sinne einer *Gerechtigkeitsethik*" (Lachenmann 1998: 307; Herv. D. G.) richten müssten.

Noch weniger Raum nimmt intergenerative Gerechtigkeit als Thema ein. Auch ökologische Fragen, die eng mit intra- und intergenerativer Gerechtigkeit verwoben sind, werden allenfalls gestreift und vor allem in ihrer ökonomischen Dimension betrachtet (Rodenberg 2001: 203ff.). Zwar verweist Lachenmann (2001a: 30, 32) auf Nachhaltigkeit im Allgemeinen und auf den Sammelband von Wendy Harcourt im Besonderen und damit auf „feministische Perspektiven auf nachhaltige Entwicklung" (Harcourt 1994a), doch wird die ökologische Nachhaltigkeitsdimension selten explizit in die Analysen miteinbezogen. Dennoch lässt sich in der Frauenökonomie „eine Offenheit gegenüber langfristigen Überlebensstrategien" (Padmanabhan 2003: 63) konstatieren. „Dass im Konzept der Frauenökonomie die ökologische Frage so wenig reflektiert wird", hat nach Adelheid Biesecker „seine Berechtigung eben auch darin, dass die globalen ökologischen Krisen vor allem durch den Lebensstil in den Ländern des Nordens verursacht werden. Entsprechend liegt dort die Verantwortung zum Handeln" (Biesecker 2003b: 70).

4. Sustainable Livelihoods als Grundlage nachhaltiger Entwicklung: der DAWN-Ansatz

4.1 Genese und politischer Kontext

Das Akronym DAWN, dessen direkte Übersetzung „Morgendämmerung" bereits vom Anbruch von etwas Neuem kündet, steht für „Development Alternatives with Women for a New Era". Es repräsentiert eines der wichtigsten aktiven feministischen Netzwerke des globalen Südens, das sich laut eigenem Selbstverständnis mit *allen* entwicklungspolitischen Fragen „from environment to human rights, from population to poverty" (DAWN 2011a: o. S.) auseinandersetzt und dabei die Zusammenhänge der verschiedenen globalen Krisen und ihre Auswirkungen auf die Livelihoods, d. h. auf die konkreten Lebensbedingungen sowie auf die Rechte und Entwicklungsaussichten von Frauen, analysiert (vgl. ebd.).

Es ist vor allem das Konzept der Sustainable Livelihoods, welches an den lokalen Lebensbedingungen und Alltagserfahrungen von armen und marginalisierten Frauen ansetzt, das DAWN im deutschen feministischen Diskurs bekannt gemacht hat. Mit Livelihoods sind allgemein die Lebens- und Existenzgrundlagen gemeint, die DAWN umfassend definiert: Sustainable Livelihoods bezeichnen ein integriertes System von „materiellen, sozial-kulturellen, politischen, ökologischen und spirituellen Elementen[286]" (Wiltshire 1992: 24; Übers. D. G.). Ihre Sicherung und partizipative Gestaltung sind für DAWN unabdingbare *Grundlage* nachhaltiger Entwicklung: „Sustainable livelihoods must be the foundation of sustainable development" (ebd.). Und gleichzeitig sind ihre Sicherung und partizipative Gestaltung unabdingbares *Ziel* nachhaltiger Entwicklung – einer Entwicklung, die eben nicht nur das Überleben garantieren muss, sondern die auch und besonders nach Verwirklichung von „economic and gender justice" und „democratic development" strebt (DAWN 2011b: o. S.) (siehe zur spezifischen Rezeption des Livelihoods-Konzepts im deutschsprachigen feministischen Diskurs auch B.III.5.2).

Die Anfänge von DAWN reichen zurück bis in den August 1984: Im Vorfeld der Weltfrauenkonferenz in Nairobi, die 1985 den Abschluss der UN-Frauendekade markierte, schlossen sich im indischen Bangalore Wissenschaftler_innen, Aktivist_innen aus Frauengruppen und politischen Organisationen aus unterschiedlichen Ländern „from the economic South[287]" zum Netzwerk DAWN zusammen, um sich über die bisherigen Erfahrungen mit Entwicklungsstrategien, -politik und -theorie auszutauschen und diese zum Ausgangspunkt alternativer Überlegungen zu machen (vgl. ebd.).

Das gemeinsam erarbeitete erste Plattform-Dokument „Development, Crisis and Alternative Visions. Third World Women's Perspectives"[288] bündelt die Ergebnisse dieser kritischen Auseinandersetzung mit modernisierungstheoretischen

---

286 DAWN verwendet interessanterweise den Begriff „issues" und nicht den Begriff der Ressource („resource") und auch nicht den Begriff des Vermögens („asset"), der fast durchgängig von allen anderen Sustainable-Livelihoods-Ansätzen benutzt wird. Insgesamt ist festzustellen, dass die Wirtschaftswissenschaft mit ihren Begrifflichkeiten wie Humankapital oder Naturkapital, die längst Eingang in die Entwicklungspolitik und -theorie gefunden haben, nicht die ‚Leitwissenschaft' für die DAWNsche Analyse darstellt.

287 Im kritischen Diskurs über ‚Entwicklung' werden Termini wie ‚Entwicklungsländer', ‚Dritte Welt' bzw. ‚Dritte-Welt-Länder' zunehmend durch Begriffe wie ‚Länder des Südens' bzw. ‚Länder des globalen Südens' ersetzt. Der von DAWN gebrauchte Begriff des „*ökonomischen* Südens" verdeutlicht, dass es sich hier nicht (nur und nicht vorrangig) um geographische Zuordnungen handelt, sondern unterstreicht vielmehr die Bedeutung globaler politischer Ökonomie (vgl. DAWN 2011a). Zu Beginn der 1980er-Jahre benutzte auch DAWN noch Termini wie „Third World" und „Third World Women", vgl. z. B. Sen/Grown (1987).

288 Dieses Plattform-Dokument aus dem Jahr 1985 brachten Gita Sen und Caren Grown 1987 als Buch heraus. Im Folgenden beziehen sich meine Angaben auf die Buchausgabe. Bei den Zitaten aus den Plattform-Dokumenten, schreibe ich immer DAWN *vor* den Namen der verantwortlichen Verfasse-

Entwicklungsstrategien, die seit den 1950er-Jahren entstanden sind. Es wurde von Vertreter_innen von DAWN auf dem NGO-Forum der Weltfrauenkonferenz in Nairobi vorgestellt. Plattform-Dokumente, die in einem kollektiven Arbeitsprozess entstehen, sind seitdem für DAWN zu einem Werkzeug geworden, Frauen aus dem globalen Süden eine Stimme zu geben und die internationalen Debatten über Entwicklung zu beeinflussen.

Mittlerweile erstreckt sich das als „non-stock, non-profit organisation" anerkannte Netzwerk von DAWN von Afrika über Asien, Lateinamerika und die Karibik bis hin zu Pazifikstaaten. Der Sitz des DAWN-Sekretariats rotiert, derzeit ist es in Manila/Philippinen am „Women and Gender Institute" der Miriam College Foundation angesiedelt. Aktivitäten werden vom „Executive Committee" (Vorstand), das aus sechs Mitgliedern besteht, in Zusammenarbeit mit dem dreiköpfigen „Board of Trustees" (Kuratorium) bestimmt (DAWN 2011c: o. S.).

4.2 Ökonomieverständnis

Das Ökonomieverständnis von DAWN war und ist geprägt von der kritischen Auseinandersetzung mit der „main- *und* malestream"-Ökonomie in Theorie und Praxis. D. h., DAWN verbindet seine Kritik an der Herrschaftslogik der Profitmaximierung des kapitalistischen Wirtschaftssystems mit Kritik an der Herrschaftslogik des Androzentrismus (a). Ein weiterer analytischer Schwerpunkt von DAWN liegt darin, die Zusammenhänge der verschiedenen Ökonomiebereiche (Produktion und ‚Reproduktion', formeller und informeller Sektor, bezahlte und unbezahlte Arbeit), der verschiedenen Ebenen (mikro, meso und makro) und die Verwobenheit des Ökonomischen mit dem Politischen darzustellen (b). Die DAWNschen Analysen münden in einer Redefinition des herkömmlichen Entwicklungsverständnisses, in dessen Zentrum das Verhältnis von menschlicher Entwicklung und wirtschaftlichem Wachstum als Ziel-Mittel-Verhältnis neu bestimmt wird, um die Absicherung und nachhaltige Gestaltung der Livelihoods zu erreichen (c).

(a) Der Entstehungskontext von DAWN ist unmittelbar verbunden mit der Intervention von Frauen des globalen Südens in die internationale Entwicklungs- und Wirtschaftspolitik der 1980er-Jahre. DAWNs erstes Plattformdokument von 1985 skandalisierte die Auswirkungen des Konzepts einer „nachholenden Entwicklung" für Länder des Südens und die Folgen von Schuldenkrise, Strukturanpassungsmaßnahmen und Weltmarktintegration für die arme Bevölkerung. Während die Schulden durch die Verfolgung eines Entwicklungsmodells, das vorrangig die Eliten des jeweiligen Landes begünstigte, angehäuft worden waren, wur-

---

rin(nen), wenn es (eine) solche gibt, um den kollektiven Charakter der Publikationen zu betonen: also Sen/Grown (1987); Wiltshire (1992); Taylor (2000).

den die Lasten zur Bewältigung der Schuldenkrise durch die verordnete Reduktion der staatlichen Ausgaben der armen Bevölkerungsmehrheit aufgebürdet, die von den Kürzungen in Gesundheits- und Bildungsbereichen, bei der öffentlichen Infrastruktur und/oder von Subventionen für Grundnahrungsmittel am stärksten betroffen war (und ist). DAWN zeigte auf, dass diese Strukturanpassungspolitiken insbesondere die Lebenssituation von armen Frauen negativ beinträchtig(t)en. Während der UN-Frauendekade von 1975 bis 1985 habe sich – abgesehen von wenigen Ausnahmen – der relative Zugang von Frauen in Ländern des globalen Südens zu ökonomischen Ressourcen, Einkommen und Erwerbsarbeit sogar verschlechtert, während ihre Arbeitsbelastung gestiegen und ihr relativer wie absoluter Gesundheits-, Ernährungs- und Bildungsstandard gefallen seien (vgl. Sen/Grown 1987: 16; Wiltshire 1992: 8ff.).

DAWNs Ökonomiekritik war damit von Anfang an eine doppelte: Sie richtete sich sowohl gegen das herrschende Entwicklungsparadigma allgemein als auch gegen den diesem Entwicklungsparadigma eingeschriebenen Androzentrismus. Letzterer zeigt(e) sich zum einen in der Ignoranz gegenüber dem, was in der feministischen Literatur zur Entwicklungspolitik als Feminisierung der Armut und Feminisierung der Verantwortung beschrieben wird (vgl. stellvertretend Wichterich 2009: 130ff.), zum anderen in der Ausblendung, Ausbeutung und Abwertung der als sozial weiblich geltenden alltagspraktischen Sorgearbeiten.

Im Zentrum der DAWNschen Analyse und Kritik standen zunächst insbesondere die seit Anfang der 1970er-Jahre favorisierten Förderkonzepte in der bi- und multilateralen Entwicklungspolitik, die Frauen als wichtige Akteurinnen identifizierten und deren Integration in die jeweiligen Nationalökonomien zum Ziel hatten. Diese Förderkonzepte wurden als sogenannte „Women in Development (WID)-Ansätze" bekannt. Birte Rodenberg (1999: 38ff.), die sich in ihrer Dissertation u. a. mit der Ideengeschichte des Frauen-Umwelt-Entwicklung-Diskurses auseinandersetzt und die neben Christa Wichterich zu jenen Wissenschaftler_innen in Deutschland gehört, die die Arbeiten von DAWN genauer rezipiert haben, betont die große Bandbreite der WID-Ansätze und zeigt in Anlehnung an Erkenntnisse vor allem von Wissenschaftler_innen des globalen Südens auf, dass nur der „Gleichheitsansatz" tatsächlich auf die rechtliche und soziale Gleichstellung von Frauen gezielt habe. Andere – wie der „Armutsbekämpfungsansatz" sowie der vor allem von der Weltbank praktizierte „Effizienzansatz" – seien blind geblieben, so Rodenberg, sowohl in der Wahrnehmung und Wertschätzung der unbezahlt geleisteten Sorgearbeiten von Frauen als auch hinsichtlich der Tatsache, dass eine Einbindung von Frauen in den Markt beispielsweise über die Vergabe von Mikrokrediten nicht automatisch mit der Verbesserung der politischen Rechtsposition von Frauen einhergeht. Im Vordergrund dieser Ansätze standen „Produktivität, Effizienz und Marktfunktionalität, [...] [die] frauenpolitischen Forderungen nach Förderung als Ziel an und für sich lange Zeit den Boden entzogen" (ebd.: 40). Die Anfänge der Ökonomiekritik von DAWN richten sich genau gegen diesen funktionalistischen Blick auf Frauen als „Entwicklungsressource" sowie gegen das einseitig auf wirtschaftliches Wachstum ausgerichtete Entwicklungsparadigma selbst.

> „The implicit assumption behind many of these programs [women in development-programs; D. G.] was that women's main problem in the Third World was insufficient participation in an otherwise benevolent process of growth and development. [...] A critical examination of the large volume of empirical evidence amassed throughout the U.N. Decade [...] now lead us to challenge these assumptions" (Sen/Grown 1987: 15f.).

Zehn Jahre später legte DAWN, geprägt von der voranschreitenden ökonomischen und politischen Globalisierung, für die Weltfrauenkonferenz in Peking 1995 ein weiteres Plattformdokument mit dem Titel „Markers on the Way: The DAWN Debates on Alternative Development" vor, in dem das Netzwerk erneut das Verhältnis der auf Wachstum ausgerichteten kapitalistischen Ökonomie und menschlichem Wohlergehen problematisierte. DAWNs Kritik, die als Beitrag einer sich seit Mitte der 1990er-Jahre etablierenden feministischen Makroökonomik identifiziert werden kann, richtet sich gegen die geschlechtshalbierten Wahrheiten der (Makro-)Ökonomik und die Ignoranz gegenüber geschlechtsspezifischen Implikationen neoliberalen Wirtschaftens: Das Netzwerk kritisiert erstens den reduktionistischen Fokus auf Märkte und den damit einhergehenden Ausschluss aller unbezahlt sorgenden Tätigkeiten als nicht-ökonomisch. Zweitens werden die Auswirkungen von neoliberalen Globalisierungspolitiken in den Blick genommen, von denen Frauen des globalen Südens insbesondere durch Strukturanpassungsprogramme des IWF schon vor der Gründung der Welthandelsorganisation 1995 betroffen waren. DAWN hebt dabei die Kontinuität hervor: „Although we have been treading a new ground, it became clear early on that many aspects of the socioeconomic processes we are living through today are continuations from the past" (DAWN 1995a: 4).

DAWN betont in seiner Stellungnahme, dass ökonomisches Wachstum trotz höherer Produktivität und höherer durchschnittlicher Pro-Kopf-Einkommen einhergehen kann mit der Verschlechterung der sozialen und ökologischen Lebensbedingungen vieler Menschen, vor allem von armen Frauen, und dass bestehende Ungerechtigkeiten und Konflikte durch neoliberale Globalisierungsprozesse noch verschärft bzw. neue Ungleichheiten geschaffen würden (vgl. Wiltshire 1992: 5ff.; DAWN 1995a: 11f.; vgl. zur selben Thematik z. B. auch Gottschlich 2004c; Young/Hoppe 2004; Wichterich 2009).

(b) Ausgehend von der Perspektive der Ärmsten und Unterdrückten versucht DAWN, die verschiedenen Problem- und Politikfelder miteinander in Beziehung zu setzen und den Bogen von der Mikroebene zur Makroebene zu spannen: So zeigten Vertreter_innen von DAWN bereits in Nairobi mit ihrem sogenannten Plattformdokument die Zusammenhänge zwischen Militarismus, dem Erstarken religiöser und kultureller fundamentalistischer Strömungen und der wachsenden (sexuellen) Gewalt gegen Frauen und Mädchen, der Verschuldungskrise, Zinspolitik und Strukturanpassungsmaßnahmen des IWF und der Zunahme der unbezahlten, vorrangig von Frauen geleisteten Arbeit, zwischen Hunger (genauer der Nahrungsmittel-, Energie- und Wasserkrise) und der Landlosigkeit von Frauen und der Zerstörung ihrer Lebensgrundlagen auf (vgl. Sen/Grown 1987: 50ff.). Bereits *vor* dem Erscheinen des Brundtland-Berichts, dem für die Erkenntnis, dass Umwelt- und Entwicklungskrise Ausdruck einer einzigen Krise seien, weltweit Anerkennung gezollt wurde, thematisiert DAWN anhand von verschiedenen Fallbeispielen die verschiedenen Krisen als Bestandteile einer Vielfachkrise und identifiziert diese als Ausdruck einer nicht nachhaltigen Wirtschaftsweise, die Reichtum für wenige produziert – ungeachtet der Tatsache, dass dabei die ökologischen und sozialen Grundlagen zerstört werden.

Ausgangspunkt der Analyse sind für DAWN die lokalen Lebensbedingungen und Alltagserfahrungen von armen Frauen. Die Betonung der Zentralität der Mikroebene macht den Sustainable-Livelihoods-Ansatz von DAWN jedoch nicht zu einem lokalen Ansatz. Es ist der Perspektivwechsel, der hier relevant ist: Von der Mikroebene der Livelihoods blickt DAWN auf die Ökonomie als Ganzes. Das in den Livelihoods-Fallbeispielen aus Afrika, Lateinamerika, Asien und dem Pazifischen Raum (Wiltshire 1992: 7ff.) artikulierte Ökonomieverständnis ist ein kontextualisiertes, politökonomisches Verständnis. Es zeigt die Abhängigkeit jedweden Wirtschaftens von konkreten politischen Rahmenbedingungen und Entscheidungen. Sowohl inhaltlich als auch politisch-strategisch sei es wichtig, Auswirkungen von makroökonomischen Politiken auf das alltägliche Leben zu analysieren, Zusammenhänge zu benennen und auf mehreren politischen Ebenen zu agieren, wie die DAWN-Mitbegründerin und verantwortliche Koordinatorin Peggy Antrobus in einem Interview anlässlich des Weltsozialgipfels in Kopenhagen betont. Denn

„it is not enough to work only at micro or sectoral levels. We must as well enable grassroots people to make the link between their daily experiences and the macroeconomic policies and global trends behind these experiences. The need for this link is underscored by repeated examples where constructive and otherwise successful efforts of grassroots people have been undermined by the macroeconomic policies of governments and the structural adjustment programs of the IMF and World Bank" (Antrobus 1995: 1).

So wie DAWN die wechselseitigen Verbindungen und Abhängigkeiten der verschiedenen politischen Ebenen als strukturellen Rahmen in die eigenen theoretischen Reflexionen und politischen Strategien aufnimmt, so thematisiert das Netzwerk auch die Bedeutung des Zusammenhangs von produktiven und ‚reproduktiven' Prozessen:

„In order to accomplish a significant shift in thinking about these issues and formulating policies, it is important to look into the nature of reproductive and productive relations.

> By and large, societies have to come to be organized around the primacy of production, often forgetting or downplaying the interconnectedness between the spheres of reproduction and production" (DAWN 1995b: 2002).

Entsprechend plädieren die Vertreter_innen des Netzwerks für die Anerkennung und damit Wertschätzung der bisher unsichtbaren, im Schatten der Marktökonomie existierenden, diese jedoch tragenden ‚reproduktiven' Ökonomie und ihrer Akteurinnen (vgl. Sen/Grown 1987: 23f.; DAWN 1995a: 12). Die Forderung nach Anerkennung betrifft sowohl die theoretische Ebene (etwa die Reformulierung der ökonomischen Lehre), als auch die Ebene der konkret-praktischen Einbeziehung dieser unbezahlten oder schlecht bezahlten Arbeiten in die nationalen Jahreswirtschaftsbilanzen und in die sozialen Sicherungssysteme. Erst jüngst hat Anita Nayar als Mitglied von DAWN diese Forderung im Prozess der Vorbereitung auf die UN-Konferenz Rio+20 stellvertretend für die Women's Major Group wiederholt:

> „So our [...] call is to recognize the unequal and unfair burden that women carry in sustaining our collective wellbeing. We therefore need indicators of the time women spend on performing unpaid or underpaid work in order to value social reproduction and reflect it in macroeconomic policy making" (Nayar 2011: 1).

Als Resultat ihrer Kritik an der vergeschlechtlichten Arbeitsteilung und deren Naturalisierung („The sexual division of labour is [...] viewed as naturally given", Sen/Grown 1987: 26) fordert DAWN in seinem visionären Entwurf einer nachhaltigen Welt die Umverteilung von ‚reproduktiver' Arbeit zwischen den Geschlechtern bzw. zwischen Individuen und Gesellschaft: „In such a world women's reproductive role will be redefined: child care will be shared by men, women, and the society as a whole" (ebd.: 80).

DAWN (1995b: 2002f.) kritisiert also die Dichotomie zwischen produktiven und ‚reproduktiven' Tätigkeiten, verweist stattdessen auf die wechselseitige Verbundenheit der beiden Sphären, betont insbesondere den Wert von ‚Reproduktionsarbeiten', die weit mehr als Hausarbeit im engen Sinne umfassen und die einen Beitrag für den familiären wie gesamtgesellschaftlichen Zusammenhalt leisten, und drängt auf eine gerechte Verteilung dieser kollektiven Verantwortungsleistung: „Valuing, supporting and facilitating such work as a *collective responsibility* is crucial to promoting equitable gender relations. It is equally fundamental for broader social equity" (ebd.: 2003; Herv. D. G.).

Wie groß der Beitrag zur Theoriebildung ist, zeigt sich in der Kritik am Begriff der Produktivität und in der sich daran anschließenden Forderung nach einer *Rekonzeptionalisierung von Produktivität*, die DAWN bereits Mitte der 1990er-Jahre formulierte:

> „This [the recognising of the interconnectedness between the spheres of reproduction and production; D. G.] implies *a reconceptualization of productivity* in human activity, de-

fined, not only in terms of profit und accumulation of wealth, but in terms of the extent to which it satisfies social and personal needs" (DAWN 1995b: 2002; Herv. D. G.).

(c) Kritik an ökonomischem Wachstum *als Selbstzweck* gehörte von Beginn an zum Ökonomieverständnis von DAWN. Seit der Gründung des Netzwerkes zieht sich diese Kritik wie ein roter Faden durch die politische wie theoretische Arbeit und ist dabei pointiert und konkretisiert worden (vgl. z. B. Sen/Grown 1987: 23ff., 38f.; Wiltshire 1992; DAWN 1995a: 23f.; Taylor 2000: 5; Sen 2010). DAWN wendet sich, das sei an dieser Stelle betont, explizit nicht pauschal gegen jede Form ökonomischen Wachstums. Im Gegenteil: „[Growth; D. G.] *is* important given the extreme material deprivation of large numbers of people in the world and particularly in the South" (DAWN 1995a: 24; Herv. i. O.). Aber Wachstum steht für DAWN im Dienst von menschlicher Entwicklung, d. h., dass das Verhältnis von menschlicher Entwicklung und Wirtschaftswachstum politisch so gestaltet sein muss, dass Letzteres als Mittel verstanden wird, um Ersteres als Ziel zu erreichen: „At present the problem is that the economic growth of countries has become once again an end in itself, and human development [...] is viewed as a means to that end. *That needs to be reversed*" (ebd.; Herv. i. O.). Diese Umkehrung bildet einen wesentlichen Kern des DAWNschen Ökonomieverständnisses. Statt sich an der herkömmlichen Frage „What kind of human development can best promote economic competitiveness and growth?" zu orientieren, fragt DAWN „What kind of economic development can best promote human development?" (Sen, zit. n. Parpart/Connelly/Barriteau 2000: 116).

DAWNs Entwicklungskonzept rückt damit Menschen, die eingebunden sind in soziale und ökologische Kontexte, in den Mittelpunkt und benennt die ethischen Maßstäbe, an der sich jede wirtschaftliche Aktivität zu orientieren habe: Ökonomisches Wachstum als Mittel, um dem Ziel menschlicher Entwicklung zu dienen, müsse sowohl ökologisch als auch sozial nachhaltig sein (vgl. DAWN 1995a: 22f.) und entsprechend „kontrolliert" und „qualifiziert" (ebd.: 24) werden. Wachsenden Sextourismus weist DAWN ebenso zurück wie eine Politik der Ressourcenplünderung:

> „Besides better distribution of the fruits of growth, what kind of economic growth should be promoted is also important. Booming export earnings through despoliation of natural resources, or sex-tourism may lead to very high rates of economic growth for a time, but they run counter to environmental sustainability, and human values, especially gender equality" (ebd.: 24f.).

In diesem an klaren sozialen und ökologischen Werten ausgerichteten Konzept von Ökonomie hat obsessive Gier nach Kapitalakkumulation („an obsessive, even frantic search for material acquisition", ebd.: 23) keinen legitimierten Platz – vielmehr gehe es um einen grundlegenden Wandel und eine Veränderung des Denkens:

> „There is an urgent need to change mindsets and to realize that limitless economic growth does not equate with wellbeing or sustainability. New indicators and data show us that what counts for wellbeing is more equal societies and some developing countries are achieving these well-being indicators with very low carbon emissions" (Nayar 2011: 1).

Teil des Plädoyers für eine neue ökonomische Ordnung sind für Wiltshire (1992: 24f.) auch die Forderungen nach einer programmatischen Neuausrichtung sowohl des Welthandels („more equitable global economic and especially trade arrangements" einschließlich eines „insurance fund for primary commodity producers") als auch der internationalen Finanzmärkte („International financial institutions must identify human development and sustainable livelihoods as primary objectives of development").

Eng verknüpft mit der Definition dessen, was menschliche Entwicklung ausmacht, ist die Kritik von DAWN an Privatisierung und Kommerzialisierung. Stattdessen plädiert DAWN für den Erhalt und Ausbau öffentlicher Güter (sogenannter *Commons*):

> „So our [...] call is to halt the privatization and commodification of our commons and protect women's rights to land, water, energy and other resources, as well as to food, health, education and employment. This will benefit all of humankind" (Nayar 2011: 1).

4.3 Politikverständnis

Bereits in der Analyse des Ökonomieverständnisses von DAWN ist deutlich geworden, dass es DAWN als Teil der internationalen Frauenbewegung(en) nie (nur) um eine Politik des „add women and stir" ging, also um ein additives Hinzufügen frauenpolitischer Themen und Anliegen in hegemoniale entwicklungspolitische Konzepte, sondern um eine grundsätzliche Kritik an den herrschenden Konzepten und gesellschaftlichen Verhältnissen – mit dem Ziel, die bestehenden Machtverhältnisse selbst zu verändern und eigene Entwürfe von nachhaltiger Entwicklung zu entwerfen und umzusetzen (vgl. dazu stellvertretend Taylor 2000: 162). Um alternative Visionen in die notwendige Transformation von Gesellschaft münden zu lassen, bedarf es nach DAWN auch der Veränderung der Machtstrukturen zugunsten von Frauen als Individuen und Frauenorganisationen. Von besonderer Bedeutung ist dabei die Idee des Empowerments (a), die zugleich eine Anerkennung von Vielfalt voraussetzt (b) und die unmittelbar mit Forderungen nach Partizipation auf allen Ebenen des politischen Systems verknüpft ist und auf die Etablierung partizipativer Demokratie zielt (c). Das Verständnis von einer solchen Demokratie, das mit einem expansiven Politikbegriff[289] und mit einer feministischen Forderung nach einer Politisierung des bisher

---

289 Den Begriff der „expansiven Politik" benutze ich in Anlehnung an Barbara Holland-Cunz (1998: 139). Zum Begriff der „expansiven Demokratie" vgl. Warren (1992).

4. Sustainable Livelihoods als Grundlage nachhaltiger Entwicklung

„Privaten" einhergeht, wird von DAWN in Beziehung gesetzt zu der Erfahrung, dass die derzeitige Verfasstheit vieler Staaten in Ländern des globalen Südens die Forderungen nach Transformation nur teilweise einzulösen vermag (d). Neben einer kritischen Auseinandersetzung mit den Akteuren, Mechanismen und Inhalten von Global Governance (e) braucht es dafür eine starke Zivilgesellschaft (f).

(a) Der Sustainable-Livelihoods-Ansatz von DAWN verknüpft Nachhaltigkeit mit der Idee des Empowerments[290] und stärkt auch gerade dadurch seine Perspektive auf nachhaltige Entwicklung ‚von unten'. Denn Empowerment-Ansätze setzen auf Prozesse der Selbstbemächtigung. Sie zielen darauf ab, die Handlungskompetenzen marginalisierter Individuen und Gruppen zu stärken und diese zu befähigen, ihre eigenen Anliegen zu Gehör zu bringen – nicht zuletzt mit dem Ziel, bestehende Herrschafts- und Machtverhältnisse zu verändern. DAWNs feministischer Empowerment-Ansatz fokussiert die Selbstbestimmung von armen Frauen, ihre Kontrollmöglichkeiten über materielle Ressourcen und Produktionsmittel, die Aufwertung ihrer Arbeit sowie die Stärkung ihrer politischen Partizipation und gesellschaftlichen Einflussnahme (vgl. Sen/Grown 1987: 78ff.; vgl. auch Scheu 1995: 11; Wichterich 2009: 35f.). Der Empowerment-Ansatz von DAWN bezieht sich sowohl auf Individuen, als auch auf Organisationen und politische Bewegungen. Denn Macht erhalten gerade arme Frauen laut DAWN durch Organisation, durch den Aufbau von Frauen-Netzwerken, durch kollektive Handlungsstrategien und Kooperation mit anderen sozialen Bewegungen, durch aktive politische Einmischung in alle gesellschaftlichen Entscheidungsprozesse und Konfrontation mit den herrschenden Gruppen auf materieller wie ideologischer Ebene (vgl. Sen/Grown 1987: 89ff.; vgl. auch Wichterich 1987: 139f.; Scheu 1995: 269).

Empowerment wird von DAWN konzeptualisiert als ein Paket umfänglicher Maßnahmen für den sozialen und politischen Machtzuwachs: Neben umfassender Partizipation und der Durchsetzung von Menschenrechten als Frauenrechten betont DAWN die Wichtigkeit von wertorientiertem, solidarischem Handeln der Individuen sowie eine offene und demokratische Unterstützungs- und Ermöglichungsstruktur durch die Frauenorganisationen selbst:

> „Flexibility of membership requirements can also be helpful. Especially to poor working women whose time commitments and work burdens are already severe. Within organizations, open and democratic processes *are essential in empowering women to withstand the social and family pressure that result from their participation.* Thus the long-term viability of the organization, and the growing autonomy and control by poor women over

---

[290] Auf diese Verknüpfung hat bereits Dagmar Vinz (2005: 5) in ihrer Vorstellung des Sustainable-Livelihoods-Ansatzes hingewiesen, allerdings ohne dieser Verbindung weiter nachzuspüren. Auch andere Sustainable Development Ansätze (etwa von UNPD (1995) oder SID) betonen den Zusammenhang zwischen Nachhaltigkeit und individuellem und kollektivem Empowerment (vgl. dazu die Übersicht der Sustainable-Livelihoods-Ansatze bei Hussein 2002: 50f.).

their lives, are linked through the organization's own internal processes of shared responsibility and decision making" (Sen/Grown 1987: 89; Herv. D. G.).

Im Kampf gegen ein hegemoniales Entwicklungs- und Ökonomieverständnis bedeutet Empowerment immer auch Begriffskritik und Kritik an herrschenden Rationalitäten. Eine Empowerment-Methode, die Vertreter_innen von DAWN dazu anwenden, bezeichne ich als „Mythenzertrümmerung". Es handelt sich um eine Dekonstruktion solcher Positionen und nationaler wie globaler Politiken, die die Existenzgrundlagen vieler Menschen untergraben und neue ökologische Krisen hervorbringen (vgl. Wiltshire 1992: 5).[291] Zur Begriffskritik gehört auch die Reflexion in Seminaren (insbesondere mit jüngeren Frauen) über die Idee des Empowerments selbst, was es für Frauen und Männern bedeutet bzw. welche Geschlechterverständnisse und Rollenbilder damit verbunden sind. Die Vertreter_innen von DAWN treten einem urban geprägten, elitären Empowerment-Verständnis entgegen – einem Verständnis, das Empowerment von Frauen mit beruflichem Erfolg und sozialem Status gleichsetzt, und das die Vorstellungen von sozial männlichen Alphatier-Qualitäten reproduziert. DAWN lenkt den Blick hingegen weg von der „Macht (*power*)" im Weber'schen Sinne auf die Prozesse der Selbst-Ermächtigung („*em*-power-ment"), die es braucht, um über das eigene Leben, über die eigenen Livelihood-Ressourcen selbst bestimmen zu können (Karim 2009: o. S.).

(b) Der Fokus auf den spezifischen Kontext ist für DAWN genauso charakteristisch wie die Anerkennung von Vielfalt. DAWN ging und geht nicht von Frauen als einer homogenen Gruppe aus, sondern diskutierte bereits seit Mitte der 1980er-Jahre Gender im Zusammenhang mit anderen Differenzkategorien wie Klasse und ‚Rasse'/Ethnie[292] (vgl. Sen/Grown 1987: 25).

Darüber hinaus hat DAWN diese Unterschiede sowohl in den Ausprägungen der konkreten Lebensbedingungen als auch bei theoretischen Zugängen und Positionen für feministische Alternativen stets als Vielfalt geschätzt und für eine Stärke gehalten, die es für transformative Politiken zu nutzen gelte:

> „We strongly support the position in this debate that feminism cannot be monolithic in its issues, goals, and strategies, since it constitutes the political expression of the concerns and interests of women from different regions, classes, nationalities, and ethnic backgrounds. While gender subordination has universal elements, feminism cannot be based

---

[291] In ihrem Plattformdokument im Vorfeld der UN-Rio-Konferenz von 1992 wandte sich DAWN beispielsweise gegen folgende vier Mythen: „Myth 1: The Poor are destroying the environment [...]. Myth 2: Population growth is responsible for environmental degradation. Myth 3: Lack of knowledge is responsible for environmental degradation. Myth 4: Structural Adjustment will set right the problems of poverty, employment and environment" (Wiltshire 1992: 18ff.).

[292] Diese Diskussionen, die in den 1970er- bzw. 1980er-Jahren begannen, bilden die Grundlage für den mittlerweile intensiv geführten Diskurs um Intersektionalität bzw. um Gender als politische und interdependente Kategorie. Stellvertretend sei an dieser Stelle auf die Arbeiten von Crenshaw (1989); Kreisky (2004); Knapp (2005); McCall (2005); Knapp/Klinger/Sauer (2007); Walgenbach et al. (2007); Winker/Degele (2009) und Lenz (2010) verwiesen.

on a rigid concept of universality that negates the wide variation in women's experience. There is and must be a diversity of feminisms, responsive to the different needs and concerns of different women, and *defined by them for themselves*" (ebd.: 18f.; Herv. i. O.).

Gerade diese Vielfalt erlaube einen Kampf gegen alle Formen der Dominanzverhältnisse auf allen Ebenen. Die Betonung der Vielfalt der Feminismen als auch die ausdrücklich betonte Einnahme einer „Third World (Women's)"-Perspektive bei der Definition von Feminismus als Befreiungstheorie von jeglicher Art von Unterdrückung verdeutlichte in den 1980er-Jahren das neue Selbstbewusstsein der DAWN-Vertreter_innen. Dies wurde zunächst als „grundlegende Provokation [...] gegenüber etablierten politischen Gruppen in der Dritten Welt und den ‚feministischen Schwestern' in den kapitalistischen Zentren" (Satzinger 1987: 143) wahrgenommen. Was auf der Weltfrauenkonferenz in Nairobi 1985 noch zu Spannungen führte, war jedoch zehn Jahre später in Peking auf der NGO-Frauenkonferenz politisches Programm, wie das nachfolgende Zitat von Anja Ruf verdeutlicht:

> „Besser ein Wir ohne Grenzen, ein Wir ohne Abgrenzung und Umgrenzung, ein Wir der verwirrenden Vielfalt – als wiederum neue Brüche und Trennungen oder eine künstliche Homogenität. Das Nebeneinander der Vielfalt ist wichtiger als das Austragen von Konflikten, erwächst aus ihm doch die Chance zum Miteinander" (Ruf 1996: 135).

War die Anerkennung von Vielfalt zunächst eine Selbstvergewisserung innerhalb der feministischen Bewegungen, so übertrug DAWN dieses Prinzip sowohl auf einer analytischen als auch auf einer normativen Ebene auf den Nationalstaat. Die staatliche Anerkennung von gleichen Rechten für unterschiedliche Gruppen ist für DAWN ein entscheidender Bestandteil einer nachhaltigen Entwicklung. Zeigen doch die Erfahrungen im Umgang mit Differenz insbesondere aus Süd-Asien, dass die staatliche Unfähigkeit, alle Bürger_innen jenseits und unabhängig von Unterschieden in Klasse, ethnischer Zugehörigkeit, Geschlecht, Religion etc. als frei und gleich anzuerkennen, zu einem Anstieg von Gewalt in den jeweiligen Gesellschaften geführt hat, die, so DAWN, nicht nur inakzeptabel ist, sondern von der Frauen erneut besonders betroffen sind (vgl. Taylor 2000: 120f.).

(c) Die Forderung nach Partizipation zieht sich wie ein roter Faden durch die gesamte Arbeit von DAWN. Partizipation bedeutet für DAWN *Machtzuwachs durch Teilhabe*: durch die Teilhabe an Entscheidungen, die den unmittelbaren Alltag armer Frauen, ihrer Familien und/oder ihrer lokalen Gemeinschaften betreffen, sowie durch die Einbeziehung ihres Wissens, ihrer Erfahrungen, ihrer Inhalte, um der Vernichtung von Lebens- und Existenzgrundlagen Einhalt zu gebieten (vgl. Wiltshire 1992: 21f.). Die Einbeziehung der Perspektive armer Frauen für die Sicherung der Livelihoods ist für DAWN nicht nur zwingend, sie wird zudem auch als notwendiger erachtet als die Perspektive der politischen Entscheidungsträger_innen:

> „Women's [...] perspective is [...] *crucial* to planning, conceptualising and implementation of effective environmental management programmes.
> [Poor women; D. G.] *understand more clearly than policy makers*, that economics and the environment are compatible. Their experience makes this clear to them, because the soil, water, vegetation which the poor require for their basic livelihoods, necessitates specific care of good management [...].
> Because women and the poor have the biggest stake in the natural resource base and *the best knowledge* of local specific conditions, problems and needs, solutions cannot be left up to the most enlightened state, business, institution or representatives of local government" (ebd.: 21; Herv. D. G.).

D. h., erste Priorität ist für DAWN nicht eine größtmögliche Pluralität der Perspektiven, sondern die Einbeziehung der ‚Betroffenen' und ihrer Handlungskompetenzen, die sie aufgrund ihrer Verantwortungsübernahme für den Erhalt und die Pflege der Lebensbedingungen erworben haben. Im Kampf gegen die Zerstörung der Livelihoods dient Partizipation im DAWNschen Verständnis zwar immer auch der Effektivität, die es benötigt, dieses Ziel zu erreichen; Partizipation schafft aber auch und vor allem einen Raum, die Legitimität der bisherigen politischen Entscheidungen zu hinterfragen. Als Akt des Empowerments bietet sie die Möglichkeit, die jeweils verantwortlichen Autoritäten und die Inhalte ihrer Politik infrage zu stellen. Ausgehend von diesem Grundverständnis von Partizipation betreffen die DAWNschen Forderungen nach Partizipation verschiedene Ebenen sowie Akteure und sind Teil einer politischen Mehrfachstrategie, die DAWN verfolgt:

Erstens fungiert Partizipation als ein zentrales Prinzip für die Arbeit innerhalb des Netzwerkes (etwa bei der Erarbeitung von Positionspapieren) – (i) hier hat es politische Vorbildfunktion, (ii) es kommt in einer inhaltlichen Funktion der Wissensgenerierung und Wissenserhaltung zum Tragen, indem durch Partizipation das Einfließen der unterschiedlichen Perspektiven und Situationen von Frauen aus den verschiedensten Teilen der Welt in die Analysen und Positionen von DAWN gewährleistet wird, (iii) und schließlich bietet Partizipation eine emphatische, integrative Funktion und eröffnet die Erfahrung der Verbundenheit trotz Unterschiedlichkeit und macht so ein Von-einander-Lernen möglich:

> „We in the women's movement need to show by example that it is possible to bring these ethics to the centre of public life. Our own life experience of powerlessness, cooperation, and nurturance can be enriching to our organizations, and to the world in which they function. [...] In fact, we would assert that the solutions have to be worked out at the local level by the groups themselves. [...] Respect for the many voices of our movement, for their cross-fertilizing potential, for the power of dialogue, for the humility to learn from the experiences of others are crucial to our vision" (Sen/Grown 1987: 95f.).[293]

---

293 Dass dieser Blick auf Partizipation als Selbstorganisationsprinzip über die Jahre beibehalten wurde, zeigen auch die Beschreibungen zum Entstehungsprozess des Plattformpapers aus dem Jahr 2000 von Viviene Taylor: „It is difficult to express on paper the wonderful way in which the different participants worked together on this project. The process of shared analyses, visions and often rigorous de-

Zweitens gehört die Forderung nach Partizipation zur DAWNschen Strategie der Überwindung sowohl geschlechterblinder Flecken als auch vergeschlechtlichter Diskurse und Politiken im Rahmen eines integrativen Gleichstellungsansatzes, den DAWN auf allen politischen Ebenen durch intensive Lobbyarbeit und seit 2003 durch Ausbildungstrainings und Schulungen für Frauen vorantreibt (vgl. DAWN 2011d). Nicht zuletzt diesem Lobbying ist es zu verdanken, dass die Forderung nach voller und umfänglicher Partizipation von Frauen und Frauenorganisationen bei der Ausgestaltung kollektiv verbindlicher Vereinbarungen für nachhaltige Entwicklung auch Eingang gefunden hat in die verschiedensten UN-Dokumente der letzten Jahre. Gleichwohl ist sich DAWN der Grenzen von Partizipation in den nationalen und globalen Institutionen bewusst (vgl. Taylor 2000: 1).

Drittens ist die Forderung nach Partizipation auch Bestandteil einer herrschaftskritischen Vision von DAWN, die systemtransformierenden Charakter hat. Partizipation wird als Möglichkeit der Intervention verstanden – als Intervention, die so weit geht, dass die Grenzziehungen des Politischen, was als öffentlich zu verhandeln gilt und was davon als Privates ausgeschlossen bleibt, was als relevantes Wissen gilt und was als unerheblich erachtet wird, selbst zur Disposition stehen (vgl. ebd.: 16). Es sind die Stimmen der Marginalisierten, die bisher einerseits ungehört und ohne Einfluss auf die übergeordneten politökonomischen Entscheidungen blieben, die aber andererseits sorgend die Grundlagen des Überlebens für viele sicherten, die DAWN zu Gehör bringen will – einschließlich ihres Zorns und ihrer Empörung über die Ignoranz gegenüber dem von ihnen geleisteten Beitrag zu einer nachhaltigen Entwicklung als auch den Belehrungen ‚von oben', was nachhaltig sei:

> „Our capacity to sustain our livelihoods and care for our families, our link with our communities and the earth is being destroyed. Our knowledge of the earth and its care is being undermined and we are now told that we have to be taught about the environment" (DAWN 1991, zit. n. Wiltshire 1992: 4).

Ausgehend von der Notwendigkeit der Einbeziehung der bisher Exkludierten führen DAWNs Partizipationsforderungen sowohl auf einer theoretisch-konzeptionellen als auch auf einer politisch-praktischen Ebene zu einer Weiterentwicklung: „Feminists asserted the importance of developing *a participatory democracy* that would promote the possibility of full social citizenship and integration for the excluded" (Taylor 2000: 6; Herv. D. G.).

---

bate characterised the process. The wealth of information, experiences and hopes that were shared, have become a part of the long journey for women's emancipation. [...] The regional and research co-ordinators played a critical role in making sure that the research process outputs were regionally driven". Es folgen sechs Seiten mit Namen der Teilnehmerinnen aus Afrika, Lateinamerika, der Karibik, von den Pazifischen Inseln sowie aus Süd- und Südost-Asien.

DAWN selbst definiert den Begriff der partizipativen Demokratie nicht explizit. Wenngleich die Theoriekonzepte, die unter dem Dach der partizipativen Demokratie zusammengefasst werden, vielfältig sind, so eint sie doch, so Barbara Holland-Cunz (1998: 144) „als Grundkonsens die Kritik an der ‚mageren' Repräsentation und der erklärte Wille zur ‚Expansion' der Partizipation" auf jene Bereiche, die bisher noch keiner demokratischen Verfasstheit unterstehen – sei es am Arbeitsplatz in Unternehmen, in der Schule, der lokalen Gemeinschaft oder der Familie (vgl. auch Schmidt 2006: 251f.). Eine liberale Sichtweise auf Demokratie hingegen, die diesen Empowerment-Akt vernachlässigt, die sich auf eine Partizipation innerhalb der repräsentativen Demokratie ohne grundlegende Transformation beschränkt, lehnt DAWN als neues Narrativ der Exklusion ab: „The transition to democracy is a narrative of the exclusion of women. What is needed is a new geography to give women space. This new space which women seek is one where is negotiation between those with power and those without" (Diaw 1999, zit. n. Taylor 2000: 1).

Diese neuen (Aus-)Handlungsräume werden gerade nicht als reine Frauenräume konzeptualisiert, sondern mitten im Zentrum der Macht als Räume zur Transformation bestehender Strukturen. D. h., auch hier ist die DAWNsche Mehrfachstrategie deutlich zu erkennen: Es geht sowohl um *„claiming space"* als auch um *„transforming the arena"* (Taylor 2000: 147; Herv. D. G.).

(d) In den Publikationen von DAWN findet sich ein ambivalentes Staatsverständnis, das zum einen die verschiedenen Erfahrungen, die Mitglieder des Netzwerkes mit der Institution Staat gesammelt haben, widerspiegelt, das sich aber zum anderen auch aus unterschiedlichen Bezugnahmen auf den Staat im Sinne einer kritischen Ist-Analyse gegenüber einer zukunftsgerichteten Soll-Perspektive erklärt.

Dezidierter Ausgangspunkt des Plattformpapiers „Marketisation of Governance" (ebd.: 4) sind der Wandel der Staatlichkeit und die Debatten um die abnehmende Steuerungsfähigkeit von Nationalstaaten. DAWN geht darin der Frage nach, was bzw. welche Strukturen „the state's capacity to deliver social needs" (ebd.) mindern und erodieren lassen und was es braucht, um diese Staatsfunktionen zu etablieren, zu erhalten und auszubauen.

Dieser Frage liegt als normativer Annahme zunächst einmal ein emphatisches Verständnis der Institution Staat, die den materiellen wie immateriellen Bedürfnissen von Menschen zu dienen hat, zugrunde. DAWN konzeptualisiert den Staat idealiter als Garant für die Einhaltung der politischen, sozialen, ökonomischen und kulturellen Menschenrechte und damit auch für die Gewährleistung der vollen Partizipation von Frauen. Dies schließt für DAWN eine institutionalisierte Genderpolitik ein, die auf Gleichheit und soziale Gerechtigkeit zielt (vgl. ebd.: 5). Der Staat erscheint damit als Adressat zur Umsetzung der verschiedensten nachhaltigkeitspolitischen Forderungen, die von der Gesellschaft an ihn herangetragen werden. Seine ordnungspolitische Funktion bezieht sich nicht zuletzt auf die Regulierung des Ökonomischen, damit sichergestellt wird, dass auch ökonomische Institutionen in den Dienst von menschlicher Entwicklung gestellt werden und dazu beitragen, Livelihoods zu sichern (vgl. Wiltshire 1992: 24f.). Das Prinzip der Sorge um das menschliche Wohlergehen (und um das von außermenschlicher Natur) hat im DAWNschen Verständnis damit auch eine strukturelle Dimension, es ist in Form staatlicher Fürsorge institutionalisiert – wenngleich DAWN die Grenzen der Institutionalisierung selbst reflektiert (vgl. Taylor 2000: 93).

Der Staat in dieser ersten Lesart stellt auch eine Möglichkeit der kollektiven Selbstermächtigung dar, er ist Ausgangspunkt und Ziel der jeweils nationalen Selbstbestimmung. Der Nationalstaat ist für DAWN die Option gegen politische koloniale und ökonomische neokoloniale Fremdbestimmung und für Transformationsprozesse in Richtung Nachhaltigkeit:

> „Requisites for such a fundamental change in development orientation are national liberation from colonial and neocolonial domination, and national self-reliance, at least in basic requirements such as food and energy sources, health care and water provision, and education" (Sen/Grown 1987: 83).

Dass aber die nationalen Regierungen der Länder des globalen Südens in vielen Fällen diesem Auftrag der Gemeinwohlorientierung nicht entsprechen, hat DAWN bereits zum Zeitpunkt der Gründung des Netzwerkes reflektiert: „But we have learned from our experiences of the past decade that the political will for serious action by those in power is contingent on women organizing to demand and promote change" (ebd.: 20). Bei aller Kritik – und je nach zeitlichem Kontext variiert hier die DAWNsche Diktion – an der Dominanz der ehemaligen Kolonialmächte, des Westens, der Industrieländer bzw. der Länder des globalen Nordens gibt es keine Solidarisierung mit autoritären Regimen und korrupten Politiker_innen, auch nicht aus Ländern des globalen Südens (DAWN 1995a: 38). Hier zeigt sich ein anderer Aspekt des DAWNschen Staatsverständnisses, das geprägt ist von einer kritischen Auseinandersetzung mit den Erfahrungen von Staat als gesellschaftlichem Herrschaftsverhältnis, dessen repressive Seite gerade in Zeiten neoliberaler Umbauprozesse nicht abnehme, sondern zunehme: „However, the repressive capacity of the state in much of the South has not been weakened; governments have often responded quite ruthlessly to any opposition to globalization" (ebd.: 6f.).

DAWN identifiziert Staat entsprechend nicht nur als „shelter", sondern als „point of conflict" (Taylor 2000: 42), als umkämpftes Terrain, dessen Inbesitznahme zur Durchsetzung der Interessen von politischen und ökonomischen Eliten diene (ebd.: 8f.). Allerdings kritisiert DAWN in Abgrenzung zur marxistischen Lesart, die den Staat als Überbau der herrschenden Klasse versteht, vor allem die Maskulinität des Staates und seine patriarchale Verfasstheit, in der traditionelle kulturelle Formen von Frauenausschluss und -unterdrückung erhalten bleiben und reproduziert werden (vgl. DAWN 1995a: 15; Taylor 2000: 13). Die feministische Analyse des Wandels von Staatlichkeit lässt die Widersprüche sichtbar werden, die ohne die Berücksichtigung der Kategorie Geschlecht unsichtbar blieben:

> „The construction of a masculine society and state has a significant impact on the type of space for women's engagement. There are stark contradictions emerging. It has on the one hand, resulted in the push for liberal democracy and protection of individual rights within the notion of citizenship and nationhood and, on the other hand, countries continue to deny rights to women within the public and private sphere" (Taylor 2000: 13).

Insbesondere die Konzeptualisierung von „Familie" als „legitimate sub-state entity" (ebd.: 19) trage in ihrer Grenzziehung zwischen Öffentlichem und Privatem dazu bei, hierarchisierte Geschlechterbeziehungen zu verfestigen, da häusliche/familiäre Gewalt gegen Frauen ignoriert oder zur Privatangelegenheit erklärt werde (ebd.: 20). DAWN argumentiert daher, den Schutz der Familie (der vielfach als Deckmantel patriarchaler Herrschaft fungiere) durch den Schutz des Individuums zu ersetzen.

Neben der Kritik an der patriarchalen Verfasstheit des Staates und an seinem repressiven Vorgehen insbesondere gegen Oppositionelle aus der Zivilgesellschaft (ebd.: 19) gilt die Hauptkritik von DAWN den Prozessen, die Joachim Hirsch als Umbau des Sozialstaates zum Wettbewerbsstaat bezeichnet hat (siehe B.II.2.2): „[t]he power of states and the capacity of states to govern is being reorganised and redirected away from public interests to secure conditions for private interests" (Taylor 2000: 7). Diese Verlagerung von einer Gemeinwohlorientierung hin zur Interessensvertretung des Staates für private Unternehmen und transnationale Konzerne hatte DAWN bereits acht Jahre zuvor im Kontext der UNCED-Konferenz von 1992 kritisiert. In dem von Rosina Wiltshire zusammengestellten DAWN-Paper zu Umwelt und Entwicklung wird anhand von Fallbeispielen, erzählt aus der „Graswurzelperspektive" von Frauen, dokumentiert, dass die nachhaltige Sicherung der Livelihoods nicht nur nicht gelingt, weil es dafür an globaler und nationaler politischer Unterstützung mangelt. Das Versagen der politisch Verantwortlichen bestehe nicht in erster Linie im passiven Nichtstun für die arme Bevölkerung, sondern in der aktiven Prioritätensetzung für Interessen der Privatwirtschaft und der entsprechenden Ausrichtung des politischen Handelns, das einer Logik der Profitmaximierung für Wenige folge, die jedoch die Lebensgrundlagen der Mehrheit der Bevölkerung zerstöre und die insbesondere arme Frauen ihrer Fähigkeit beraube, für sich selbst zu sorgen.[294] Bei aller regionalen Unterschiedlichkeit zeigen die Fallbeispiele aus Afrika, Lateinamerika und dem Pazifi-

---

[294] Die Zerstörung von Acker- und Weideland in einem kleinen Dorf im Himalaya durch ein Unternehmen, das Mineralien für die Kosmetikindustrie abbaut, wird von DAWN mit den Worten überschrieben: „Legalised Plunder of the Productive Resources of the Poor" (Wiltshire 1992: 7).

schen Raum (Wiltshire 1992: 7ff.) als Gemeinsamkeit die Geringschätzung der Livelihoods durch politische Entscheidungsträger und eine Legalisierung einer Politik des Landgrabbing und Ressourcenextraktivismus, die transnationalen Konzernen das Recht auf Ausbeutung spezifischer Ressourcen (seien es Mineralien, sei es Tropenholz, seien es Agrarflächen) zuspricht – ungeachtet der damit einhergehenden Zerstörung der Existenzgrundlagen für die örtliche Bevölkerung.[295]

DAWN fordert daher eine politische Restrukturierung, die erstens auf die Wiederinanspruchnahme des Staates für die Mehrheit der Bevölkerung zielt („reclaiming the state [...] for the benefit of the majority" (DAWN 1995b: 2003)) und die damit zweitens die Prozesse der Ökonomisierung des Politischen, die sich insbesondere in der Privatisierung ehemals staatlicher Leistungen manifestieren, zurücknimmt (vgl. Taylor 2000: 161).

(e) Ähnlich ambivalent wie das Staatsverständnis ist auch das DAWNsche Verständnis von Global Governance. Als zentrale Akteure einer Global Governance werden von DAWN jene bestehenden Institutionen identifiziert, die die Prozesse neoliberaler Globalisierung vorantreiben: die Welthandelsorganisation, Weltbank, der Internationale Währungsfonds (vgl. Taylor 2000: 7). Die Ökonomisierung des Politischen, die sich auf nationalstaatlicher Ebene vollziehe, und die Engführung der Debatte über Governance auf internationale Wettbewerbsfragen und Welthandel werde bestärkt, forciert und diskursiv gerahmt durch ebenjene globalen ökonomischen Institutionen:

> „The international debate on governance has been reduced to what kind of governance is needed for the global market. The emphasis is on efficiency and engagement with the market forces in a competitive environment. Government's attention has been diverted from providing for its citizens to how to secure foreign investment and markets" (ebd.: 8).

Statt über Verteilung zu reden, stünden nun Effizienz- und Managementfragen als neue Mantras im Vordergrund (vgl. ebd.: 7, 13). Weder die alte Politik der Strukturanpassung noch neuere Governance-Ideen der multilateralen Wirtschaftsinstitutionen wie etwa das *Multilaterale Abkommen über Investitionen* (MAI) sind laut DAWN (vgl. ebd.: 56) angemessene Maßnahmen für eine nachhaltige Entwicklung – im Gegenteil: DAWN klassifiziert sie als „antagonistic to human development" (ebd.: 4). D. h., auch im Bereich Global Governance bedarf es laut DAWN eines Perspektiv- und Prioritätenwechsels: Die Internationale

---

295 Die Zerstörung der Livelihoods hat in den folgenden Jahrzehnten nach dieser Bestandsaufnahme von DAWN nicht ab- sondern zugenommen. Resourcen, insbesondere Ackerflächen, sind spätestens seit der Finanzkrise 2008 und der Suche nach neuen Möglichkeiten der Kapitalverwertung zu begehrten Investitionsobjekten geworden. Zur Analyse von Landnahmen, ihren Formen, Ursachen und Folgen vgl. z. B. Fritz (2011); Matondi/Havnevik/Beyene (2011); Engels/Dietz (2011); Kaphengst/Bahn (2012); Englert/Gärber (2014); zum Themenkomplex Ressourcenextraktivismus und den Dynamiken und Widersprüchen rohstoffbasierter Entwicklung vgl. z. B. Brand/Dietz (2014).

Gemeinschaft und ihre ökonomischen Institutionen müssen „human development" und „sustainable livelihoods" als vorrangige Entwicklungsziele identifizieren (Wiltshire 1992: 24f.). Nur eine solche Orientierung[296] rechtfertige die Übertragung von Handlungskompetenzen auf lokale, regionale und globale Organisationen. Statt einer Ausrichtung an Imperativen der Effizienz und internationalen Wettbewerbsfähigkeit (vgl. Taylor 2000: 7), die die Ökonomisierung des Politischen weiter vorantreibt, plädiert DAWN für die politische Re-Regulierung des Ökonomischen. Diese Art von ökonomischer Governance könne zum einen auf bereits bestehenden Verträgen und Abkommen wie denen der Internationalen Arbeitsorganisation (ILO) aufbauen, zum anderen hat DAWN bereits Mitte der 1990er-Jahre für neue Instrumente wie eine Finanztransaktionssteuer geworben, die für soziale oder ökologische Aufgaben verwendet werden könne:

> „One possible way to reduce the volatility of capital movements is through a tax on global financial transactions. Such a tax would raise the cost of speculative capital movements, and would also generate a fund that could be used for a variety of purposes, social or environmental. Although the tax is opposed by financial institutions, it is farsighted proposal whose time may still come" (DAWN 1995a: 30f.; vgl. auch DAWN 1995b: 2003).

(f) Die Stärkung der Zivilgesellschaft und ihrer Organisationen ist für DAWN sowohl ein zentraler Bestandteil der anvisierten alternativen Entwicklung als auch notwendig für den Prozess selbst, um das Ziel einer partizipatorischen Demokratie zu erreichen. Eine stärkere gesellschaftliche Politisierung und Mobilisierung, um sowohl individuelle als auch strukturelle Veränderungen in Richtung Nachhaltigkeit zu erreichen – DAWN spricht von „to convert men and the system" (Sen/Grown 1987: 79) –, braucht die Stärkung der Zivilgesellschaft als Ausgangs- und Vermittlungspunkt. Diese Stärkung wiederum ist selbst voraussetzungsvoll und nur über ein Empowerment von Individuen und Gruppen zu erreichen. DAWN setzt(e) dafür sowohl auf der theoretischen wie auch auf der praktischen Seite an:

> „Through research, analyses, advocacy and, more recently, training, DAWN seeks to support women's mobilization within civil society to challenge inequitable social, economic and political relations at global, regional and national levels, and to advance feminist alternatives" (DAWN 2011b: o. S.).

D. h., die Stärkung der Zivilgesellschaft ist zuallererst als *Self-Empowerment* zu verstehen. Zehn Jahre nach den ersten Forderungen, die Zivilgesellschaft zu stärken und Bündnisse mit anderen sozialen Bewegungen einzugehen (vgl. Sen/Grown 1987: 90ff.), erneuert DAWN die Forderung mit dem Hinweis auf die in der Praxis gesammelten Erfahrungen: „Most importantly, we have learned,

---

296 Messner und Nuscheler (1996: 20) sprechen in ähnlicher Weise von einer Orientierung am Weltgemeinwohl.

through practice, the crucial necessity of working towards a broad-based strengthening of civil society" (DAWN 1995a: 41). Und DAWN bestätigt damit die wichtige These der (feministischen) Demokratieforschung (vgl. Pateman 1974, zit. n. Holland-Cunz 1998: 148ff.), dass eine starke Zivilgesellschaft die Grundlage für eine partizipatorische Demokratie darstellt, die durch erlebte und gelernte Partizipation, durch gelungene Erfahrungen, durch gemeinsames Lernen mit Leben gefüllt und so zu einem sich selbst erhaltenden System wird. Die Verbindung zu anderen sozialen Bewegungen, zu Gewerkschaften, zu lokalen selbstorganisierten Gemeinschaften bis hin zu NGOs entspricht DAWNs Selbstverständnis als Teil der transnationalen Frauenbewegung durch Empowerment, die eigenen Positionen zu Gehör zu bringen (vgl. DAWN 1995a: 41).

Der Machtzuwachs der Zivilgesellschaft ist nicht nur Selbstzweck, er ist darüber hinaus eine notwendige Voraussetzung, um Kontrollfunktionen gegenüber Staat und Markt auszuüben. Nur eine starke Zivilgesellschaft ermöglicht die Kontrolle ‚von unten', die DAWN für zentral erachtet, um beispielsweise die Anerkennung, Implementierung und Einhaltung von Menschenrechten zu gewährleisten. Die Funktion der unabhängigen „watchdogs" (DAWN 1995a: 44) fordert DAWN von feministischen Bewegungen nicht nur gegenüber Regierungen, sondern auch gegenüber internationalen Institutionen, öffentlichen wie privaten, ein. Die Kontrolle von NGOs, die bisweilen mehr versprächen, als sie halten könnten, und die als Teil von Zivilgesellschaft beispielsweise nicht per se frei von Sexismus seien, schließt DAWN dabei ausdrücklich mit ein (ebd.: 43).

Weder ‚dem' Staat noch ‚der' Politik wird von DAWN die gesamte Verantwortung für das Ganze zugewiesen: „Legal or constitutional effectiveness is not only the State's responsibility, but also civil society's responsibility" (Taylor 2000: 41). Die Verantwortung der Zivilgesellschaft entlässt damit den Staat keineswegs aus seiner Verantwortung (vgl. DAWN 1995a: 43). Für die Gestaltung der Sustainable Livelihoods braucht es jedoch genau wie die Einbeziehung von Erfahrungen und Wissen auch die Bereitschaft zur Verantwortungsübernahme aus der Zivilgesellschaft.

4.4 Gerechtigkeitsverständnis

Eine gerechte („just") und menschliche („humane") Welt ist das erklärte visionäre Ziel von DAWN (2011e: o. S.). Gerechtigkeit wird von DAWN in einem umfassenden Sinne verstanden: Sie wird als globale Geschlechtergerechtigkeit konzeptualisiert, die jedoch – von der Kategorie Geschlecht ausgehend – auf die Überwindung auch anderer Dominanzverhältnisse zielt (a) und so zugleich Teil eines umfassenden Verständnisses von Gerechtigkeit ist, das „economic, political, ecological, social, and personal justice" (ebd.) einschließt. Diese mehrdimensionale Gerechtigkeit wird von DAWN vorrangig intragenerativ und distributiv gefasst (b). DAWN bezieht sich dabei ausdrücklich auf das Frauen-/Menschenrechtsparadigma der Vereinten Nationen und verbindet den Gerechtigkeits- mit dem Menschenrechtsdiskurs. (c) In der Forderung nach ökologischer Gerechtigkeit verbindet DAWN intra- und intergenerative Gerechtigkeit und erweitert diese durch das Aufgreifen der Idee des *Buen Vivir* um Rechte von Natur (d). Das Menschenbild von DAWN zeigt das Individuum als sorgendes Selbst im sozial-ökologischen Kontext (e).

(a) DAWN wurde gegründet mit dem erklärten Ziel, die Subordination von Frauen in ihrer jeweiligen historischen, sozialen und kulturellen Spezifik in allen Teilen der Welt zu skandalisieren, sie offenzulegen und zu überwinden. Bereits in ihrem ersten Plattformpapier formulierte DAWN die Forderung nach vollumfänglicher und gleicher Teilhabe für Frauen auf allen Ebenen des gesellschaftlichen Lebens (Sen/Grown 1987: 79). Trotz Teilerfolgen und Fortschritten insbesondere in der transnationalen FrauenMenschenrechte-Politik bleibt Geschlechtergerechtigkeit auch Jahrzehnte später als noch nicht erreichtes Ziel und beständige Aufgabe bestehen, ohne die es keine nachhaltige Entwicklung, keine gerechte Gesellschaft geben kann (vgl. DAWN 2011d: o. S.; DAWN 1995b: 2002). DAWN konzipiert Geschlechtergerechtigkeit als den gleichberechtigten Anspruch auf alle politischen, ökonomischen, sozialen und kulturellen Menschenrechte (siehe dazu auch Abschnitt (c)). Um diese angestrebte Geschlechtergleichheit sowohl bei der Setzung von Prioritäten (im Sinne von ‚wer entscheidet, was wichtig ist und über was entschieden wird') als auch bei allen Entscheidungs- und Umsetzungsprozessen im gesamten politischen Mehrebenensystem zu erreichen, bedarf es laut DAWN (1995a: 16) verstärkter, aufeinander abgestimmter Anstrengungen, um die Ursachen von Geschlechterungleichheit („gender inequality") zu beseitigen. Diese geforderten konzertierten Anstrengungen betreffen die Transformation des Gesamtsystems: die Veränderung der politischen Kultur, der sozio-ökonomischen Rahmenbedingungen und der politischen Institutionen:

> „Equality for women is impossible within the existing economic, political, and cultural processes that reserve resources, power, and control for small groups of people. But neither is development possible without greater equity for, and participation by women" (Sen/Grown 1987: 20).

Als Vision entwirft DAWN eine Welt, in der nicht nur arme Frauen zu ihrem Recht gelangen, sondern in der alle Ungleichheiten und Diskriminierungen, die auf Gender oder anderen Differenzkategorien gründen, auf allen Ebenen eliminiert sind (vgl. DAWN 2011d: o. S., vgl. auch Sen/Grown 1987: 18f.). Feminismus als Befreiungstheorie und -bewegung im DAWNschen Sinne strebt nach einer Gesellschaft „free of *all* systems of domination" (Sen/Grown 1987: 19).

Die Verwirklichung von Gerechtigkeit, die auf die Überwindung von Differenzkategorien und der damit legitimierten Herrschaftsverhältnisse zielt, erfordert nach DAWN eine neue Art zu denken, erfordert eine andere Rationalität, die

die vorherrschenden, hierarchisierten Trennungen reflektiert und aufzulösen sucht. Die Zurückweisung von krisenverursachenden Dichotomien stellt auch DAWN-Mitglied Devaki Jain in ihrer Charakterisierung des Netzwerkes heraus: Kennzeichnend für DAWN sei „the rejection of dichotomies such as those between research and action, between intellect and practice [...], between ethics and development, between economic and social categories that impinge on the human being" (Jain 2000: 299).

(b) Das Gerechtigkeitsverständnis von DAWN ist kritisch, mehrdimensional, integrativ und distributiv. Als kritisch lässt es sich insofern bezeichnen, als DAWN eine materielle, konkrete politische Umsetzung von ethischen Werten fordert, damit diese nicht Rhetorik bleiben.

> „Moreover, lofty ethical values in governance need clear policies and focused efforts in regular monitoring, predictable resource mobilization, not to mention harmonization with other parts of government policies and programs" (Francisco 2011: 1).

Mehrdimensional ist das Gerechtigkeitsverständnis, da es sowohl in Anlehnung an die verschiedenen Elemente, die es zur Sicherung von Sustainable Livelihoods braucht,[297] als auch in Anlehnung an alle Generationen der Menschenrechte zwischen „economic, political, ecological, social, and personal justice" (DAWN 2011d: o. S.) unterscheidet. Diese Ausdifferenzierung ist auch deshalb bemerkenswert, weil im Umkehrschluss ungerechte Zustände sehr genau analysiert und kritisiert werden – wie etwa ökonomische Ungerechtigkeit. Gegenstand von ökonomischer (Un-)Gerechtigkeit sind nicht nur Fragen nach internationalen Handelsbeziehungen, terms of trade oder den Bretton-Woods-Institutionen, sondern auch solche nach den zugrundliegenden Werturteilen und Zwecksetzungen des Ökonomischen selbst.

Und integrativ ist das DAWNsche Gerechtigkeitsverständnis, weil es die verschiedenen Gerechtigkeitsvorstellungen und Gerechtigkeitsdiskurse in Beziehung zueinander setzt, nach Implikationen fragt und konkrete Begegnungsräume für diese Reflexion schafft – etwa im Rahmen des seit 2010 bestehenden und damit relativ neuen *Advocacy and Networking Schwerpunktes* von DAWN zu *Geschlechtergerechtigkeit, ökonomischer und ökologischer Gerechtigkeit (Gender, Economic and Ecological Justice, GEEJ)*,[298] wie das nachfolgende Zitat stellvertretend verdeutlicht:

---

297 „The essential elements of sustainable livelihoods are material, socio-cultural, political, ecological and spiritual. While the material is the most basic, sustainability is enhanced if these elements reinforce one another" (Wiltshire 1992: 7.).

298 In Anbetracht der Notwendigkeit, effektive und konzertierte feministische Lobbyarbeit auch für und in Regionen leisten zu können, hat DAWN zur Unterstützung von Frauen, die im Bereich „Gender und Entwicklung" arbeiten, eine Reihe von regionalen Konsultationen ins Leben gerufen. Unter dem Titel „Strengthening Policy Analysis and Advocacy on Gender, Economic and Ecological Justice (GEEJ)" fanden in drei Regionen (Pazifik, Afrika, Lateinamerika) von 2010 bis 2011 zahlreiche Treffen statt.

„Finally it is important to combine economic justice debates with ecological justice and gender justice movements. It is important to discuss economic and gender implications of Latin America alternatives such as ‚Sumak Kawsay' (‚Living well').²⁹⁹ The LAC consultation on GEEJ provides a space for communication and mutual understanding among policy makers, feminists, and ecological and economic justice movements in the region" (Bidegain Ponte 2011: 4).

Die Integration der verschiedenen Gerechtigkeitsdimensionen hat als Ziel ethisch verantwortbare Entwicklungsalternativen, die nur möglich sind bei einer radikalen Umverteilung. Diese Umverteilung betrifft erstens die Ebene der inhaltlichen Umwidmung der eingesetzten Mittel – statt Militärausgaben setzt DAWN beispielsweise auf den Ausbau der sozialen Infrastruktur wie des Gesundheits- und Bildungsbereiches (vgl. DAWN 1995b: 2003). Neben der dezidierten Ausrichtung an Konversionsprojekten geht es aber auch um eine Abkehr vom Akkumulationsgedanken selbst hin zur Orientierung an Prinzipien menschlicher Entwicklung.

„We want a world where the massive resources now used to produce the means of destruction are diverted to building ethical and socially responsive development alternatives, promoting lasting peace, and justice within and outside the home" (DAWN 2011d: o. S.).

Das, was erwirtschaftet wird – und das ist die zweite Ebene, auf der das distributive Gerechtigkeitsverständnis von DAWN zutage tritt –, soll allen Menschen und Ländern zugutekommen: Sowohl die Verteilung innerhalb wie zwischen Gesellschaften ist damit adressiert. Der zentrale, in den Texten von DAWN neben „justice" durchgehend verwendete Begriff dafür ist „equity" – Gleichheit: Angestrebt werden Gesellschaften „with greater ethnic, social, and gender equity" (DAWN 1995b: 2001). Ein menschenwürdiges Leben lässt sich laut DAWN nur erreichen innerhalb eines Rahmens, „which ensures the equitable distribution of material resources" (ebd.: 2002). Um dieses Ziel distributiver Gerechtigkeit zu erreichen, schlägt DAWN verschiedene konkrete Maßnahmen vor, die von der Einführung der grenzüberschreitenden Devisentransaktionensteuer, der sogenannten Tobin Tax, bis hin zu Entschuldungsprogrammen reichen (vgl. ebd.: 2003f.).

(c) Bereits in den vorausgegangenen Abschnitten ist deutlich geworden, dass Menschenrechte für DAWN die Basis für nachhaltige Entwicklung darstellen. „We want a world [...] where human rights in their fullest and most expansive sense are the foundation of laws, public policies, and private actions" (DAWN 2011d: o. S.). Nur die Anerkennung und Umsetzung der Menschenrechte der verschiedenen Generationen mache die Verwirklichung der Vision einer nachhal-

---

299 Gemeint ist damit das Konzept des Buen Vivir, auf das ich im Abschnitt (d) eingehen werde. Unter dem nachfolgenden Begriff „LAC consultations" sind die Konsultationstreffen in Lateinamerika zusammengefasst.

tigen Entwicklung, gekennzeichnet durch Gerechtigkeit und Menschlichkeit, möglich: „We believe that respecting and realizing the human rights of all peoples [...] will affirm the ethical basis for a just and humane world" (ebd.). Die Verknüpfung von Nachhaltigkeit und Menschenrechten im Sinne einer menschenrechtsfundierten nachhaltigen Entwicklung ist somit kennzeichnend für den DAWNschen Ansatz.

Bereits 1987 formulierte DAWN: „We want a world where basic needs become basic rights" (Sen/Grown 1987: 80). Zum Entstehungszeitpunkt des Plattformpapieres, dem das Zitat entstammt, sind sowohl der *Internationale Pakt über bürgerliche und politische Rechte (Zivilpakt, ICCPR)* als auch der *Internationale Pakt über wirtschaftliche, soziale und kulturelle Rechte (Sozialpakt, ICESCR)* bereits 20 Jahre alt – beide wurden am 19. Dezember 1966 geschlossen, der Zivilpakt trat am 3. Januar, der Sozialpakt am 23. März 1976 in Kraft. Diejenigen Staaten, die den Sozialpakt ratifiziert haben, verpflichten sich, „die volle Verwirklichung der in diesem Pakt anerkannten Rechte zu erreichen" (Art. 2 Abs. 1). Zu diesen Menschenrechten zählt u. a. auch „das Recht eines jeden auf einen angemessenen Lebensstandard [...], einschließlich ausreichender Ernährung, Bekleidung und Unterbringung (Art. 11 Abs. 1). Betont wird ausdrücklich das „grundlegende Recht eines jeden, vor Hunger geschützt zu sein" (Art. 11 Abs. 2). Die Tatsache, dass DAWN bereits bestehende Menschenrechte erneut fordert, spiegelt die Kluft zwischen Menschenrechtsanspruch und Menschenrechtswirklichkeit. DAWN artikuliert Mitte der 1980er-Jahre damit zum einen die Erfahrungen, dass in Ländern des globalen Südens Vertragsstaaten ihren Verpflichtungen zur Respektierung, zum Schutz und zur Erfüllung nicht oder nicht ausreichend nachgekommen sind. Allerdings sieht DAWN die Verantwortung nicht allein bei den jeweiligen Nationalstaaten, sondern auch bei den internationalen Institutionen, die die politökonomische Ordnung bestimmen, innerhalb derer sich die Staaten bewegen (müssen). Zum anderen lässt sich das DAWNsche Zitat auch als Kritik an der Auslegungspraxis der damaligen Zeit werten, die nach dem Völkerrechtler Eibe Riedel (2004: 18) „die Bestimmungen des Sozialpakts nur als Staatenverpflichtungen, nicht als unmittelbar einforderbare Rechte für Individuen" oder Gruppen ansah. „Inzwischen", so der Völkerrechtler, „setzt sich jedoch die Auffassung durch, dass nicht nur der Zivilpakt, sondern auch der Sozialpakt einen Kanon unmittelbar verpflichtender Rechte [...] enthält" (ebd.). Der Ausschuss für wirtschaftliche, soziale und kulturelle Rechte, der Staatenberichte zum Sozialpakt überprüft, sei „zudem der Auffassung, dass weitrechend in jedem einzelnen Sozialpaktrecht eine Individualrechtskomponente enthalten ist" (ebd.: 19).[300]

---

300 In einer etwas anderen Lesart (die zwar nicht im Widerspruch zu der oben vorgenommenen Interpretation steht, jedoch quer zu dieser liegt) lässt sich das Zitat von DAWN als diskursiver Beitrag zum

DAWN hat genau die Rechte von Individuen und Gruppen zum Ausgangspunkt der eigenen politischen Arbeit genommen und dabei insbesondere das Empowerment von Frauen als verletzlicher Gruppe gefordert.[301] Mit dem Bezug auf Frauen als verletzliche Gruppe ging und geht es DAWN aber gerade nicht um ein Festschreiben eines Verständnisses, das Frauen als Opfer, als Schutzbedürftige, abhängige und passive Personen zeigt. DAWN argumentiert vielmehr, dass eine umfassende Gleichberechtigung eine doppelte Strategie erfordere, die von Frauen als gleichen *und* differenten Rechtssubjekten ausgehe, die einerseits in der Anerkennung der gleichen Rechte für Frauen und Männer („human rights are women's rights") und andererseits in der Etablierung frauenspezifischer Rechte (etwa vor patriarchaler/sexualisierter Gewalt) bestehe („women's rights are human rights"). Ausgehend von den eigenen Verletzungserfahrungen würdigt(e) DAWN die verschiedenen Generationen von Menschenrechten immer als unteilbar, interdependent und gleichwertig. DAWN selbst hat durch seine Arbeit[302] der letzten Jahre als Teil der transnationalen und globalen Frauenbewegung(en) entscheidend zur Etablierung dieses doppelt-strategischen FrauenMenschenrechtsparadigmas beigetragen, dessen Kern die Anerkennung des Rechts der Freiheit von allen Formen der Gewalt und die Achtung der körperlichen Integrität von Frauen ist – so wie es auch das Übereinkommen zur Beseitigung jeder Form von Diskriminierung der Frau (CEDAW) vom 18. Dezember 1979 fordert, das bisher 189 Länder[303] ratifiziert haben.

(d) Ein wesentlicher Bestandteil für die Fundierung und Konkretisierung der DAWNschen Vision für eine nachhaltige Welt ist die Orientierung an ökologischer Gerechtigkeit: „We want a world […] where development processes are founded on […] ecological […] justice" (DAWN 2011d: o. S.). Ökologische Gerechtigkeit ist integrativ konzeptualisiert, denn sie verbindet intra- und intergenerative Gerechtigkeitsvorstellungen gleichermaßen. Der Erhalt von Natur trägt sowohl dazu bei, Zukunftsoptionen für nachfolgende Individuen und Gesellschaften zu erhalten, als auch die Lebensgrundlagen heute lebender Menschen zu sichern. Letzteres ist vor allem für die arme Bevölkerung und arme Staaten von existenzieller Bedeutung, stellen sich Naturzerstörung und der Umgang mit ihr auch immer als Fragen der Vulnerabilität bzw. der Resilienz dar.

Paradigmenwechsel, der in den 1980er-Jahren in der Entwicklungspolitik einsetzte, fassen, der die Perspektive von *basic needs* auf *basis rights* verschob (vgl. stellvertretend Schuler 1995).
301 Am Beispiel der sich verändernden Rahmenbedingungen von informeller und formeller Erwerbsarbeit unter Bedingungen von Globalisierung hat DAWN die Auswirkungen auf Frauen, auf „women worker, especially migrants" (DAWN 1995a: 11ff.) untersucht und Regierungen als staatliche Exekutive, als *duty givers* identifiziert, die die Sicherheit und Rechte gerade für Frauen gewährleisten sollten.
302 Vgl. dazu insbesondere den Schwerpunkt zu Sexual and Reproductive Health and Rights (SRHR).
303 Stand Mai 2015; vgl. dazu
www.treaties.un.org/Pages/ViewDetails.aspx?src=TREATY&mtdsg_no=IV-8&chapter=4&lang=en.

4. Sustainable Livelihoods als Grundlage nachhaltiger Entwicklung 315

Darüber hinaus lässt sich auch die Art und Weise, wie DAWN die inhaltliche Weiterentwicklung und Ausbuchstabierung von ökologischer Gerechtigkeit betreibt, als integrativ bezeichnen, denn hier werden theoretische Reflexionen mit konkreter Bündnisarbeit am Thema verbunden. In dem analytisch-theoretisch ausgerichteten Arbeits- und Forschungsschwerpunkt *Politische Ökologie und Nachhaltigkeit (PEAS)* reflektiert DAWN Fragen ökologischer Gerechtigkeit explizit aus der Perspektive armer Frauen des globalen Südens unter Berücksichtigung krisenverursachender politökonomischer Prozesse:

> „From the outset, DAWN's analysis has included an understanding of sustainable livelihood concerns of women in the global South. More recently as the margins of ecological survival are shrinking particularly for impoverished communities, and in many places nature is already ‚answering back', we recognize the need to pay greater attention to the health of the planet alongside our human rights. However, ecological issues cannot be disassociated from women's rights, including the adverse effects on their sexual and reproductive health, or from political and economic concerns over the inequitable allocation of natural resources. Our intention therefore is to develop DAWN's political ecology analysis from a southern feminist perspective and experiences, conceptually linked to our continuing critique of global trends in the body politics, governance, and political economy arenas" (DAWN 2011e: o. S.).

In dem bereits in Abschnitt (b) erwähnten, seit 2010 etablierten Schwerpunkt Gender, Economic and Ecological Justice (GEEJ), der der Interessensvertretung und Netzwerkbildung dient, werden Standpunkte aus der Environmental-Justice-Bewegung in Beziehung zum Sustainable-Livehoods-Ansatz gesetzt – auch und gerade unter der Frage, wie sich die Ansätze und ihre Perspektiven wechselseitig befruchten könnten und welche Möglichkeiten der Vernetzung der Akteure sinnvoll ist. Während der Sustainable-Livelihoods-Ansatz den Blick auf die Befriedigung der Bedürfnisse armer und marginalisierter Gemeinschaften richtet, ohne die natürlichen Grundlagen zu zerstören, bilden die ungleich verteilten Folgen von Naturzerstörung und ihre Bedeutung für marginalisierte Gemeinschaften den Ausgangspunkt der Environmental-Justice-Bewegung (vgl. Francisco 2011: 4). Indem DAWN in seiner Terminologie an den Diskurs um Environmental Justice anschließt, bricht das Netzwerk jene im Nachhaltigkeitsdiskurs vorhandene Verknüpfung auf, die ökologische Nachhaltigkeitsfragen vorrangig mit intergenerativer Gerechtigkeit verkoppelt und intragenerative Gerechtigkeit eher vernachlässigt (siehe auch B.II.1.2, B.II.2.3, B.II.3.3.2).

Der Bezug auf ökologische Gerechtigkeit enthält zudem einen anderen Aspekt, der quer zu intra- und intergenerativer Gerechtigkeit liegt und der außerordentlich spannend für die theoretische Weiterentwicklung im Nachhaltigkeitsdiskurs ist: Ein nachhaltiger Umgang mit Natur erscheint nicht mehr nur geboten aus einer rein anthropozentrischen Perspektive, wenngleich diese Perspektive auch für DAWN zentral bleibt. Natur selbst kommt ins Spiel, sie wird konzeptualisiert als Akteur, als Partnerin, die einen „menschlichen" Umgang verdient: „We want

[...] a world where people interact with ecological systems in *humane* and sustainable ways" (DAWN 2011d: o. S.; Herv. D. G.).

Neben die ökologischen Rechte als Menschenrechte für heutige und zukünftig lebende Menschen, die im Verlauf des politisch-institutionellen Diskurses im Völkerrecht an Bedeutung gewonnen haben, treten nun die Rechte der Natur. In der ecuadorianischen Verfassung von 2008 wird Natur über die Institutionalisierung des Konzepts des Buen Vivir[304] als Rechtssubjekt bereits anerkannt (vgl. República del Ecuador 2008): „The Constitution of Ecuador recognizes the rights of nature and provides it with a territoriality dimension, which is a new and important component" (Gudynas[305] 2011: 10).

Als weltumspannendes Netzwerk ist DAWN in der Lage, solche regionalen Veränderungen, Trends, Transformationen schnell aufzunehmen, zu diskutieren und global zu verbreiten, und so hat es auch die Diskussion um das Konzept des Buen Vivir im Rahmen der Konsulationen zu GEEJ in Lateinamerika aufgegriffen:

> „The 'Good Living' concept, which has been on a widespread diffusion in recent years, allows for a discussion of development without explicitly mentioning development. It represents both the dissatisfaction with the progress of conventional development, and the search for substantive changes under new commitments to the quality of life and protection of nature" (ebd.).

Dessen ethische Prinzipien und dessen alternatives Entwicklungsverständnis würdigt DAWN explizit (Francisco 2011: 1), betont aber gleichzeitig genauso deutlich die Wichtigkeit, die ökonomischen und Gender-Implikationen des Buen-Vivir-Konzepts genauer zu analysieren (Bidegain Ponte 2011: 4).

(e) Die Vision, die DAWN in seinem allerersten Plattformpapier beschreibt, ist eine Absage an die Hobbes'sche Vorstellung, der Mensch sei des Menschen Wolf, und an die damit einhergehende kompetitive und aggressive Gesellschaftsausrichtung: „At its deepest it is not an effort to play ‚catch up' with the competitive, aggressive ‚dog-eat-dog' spirit of the dominant system" (Sen/Grown 1987: 79). DAWN setzt sowohl auf der individuellen als auch auf der strukturellen Ebene auf Transformation in Richtung Nachhaltigkeit durch Verantwortung und Verantwortlichkeit, durch Sorge[306] für sich und andere und die Natur,[307] durch Offenheit gegenüber Unterschiedlichkeiten bei gleichzeitiger Zurückweisung von hierarchischen Verhältnissen aller Art (vgl. ebd.). Dahinter steht ein Menschen-

---

304 Das Konzept hat einen indigenen Ursprung: „Sumak Kawsay" ist das Quechua-Wort, das ins Spanische übersetzt „Buen Vivir" heißt, auf Deutsch „Gutes Leben", und das im Englischen entweder mit „Living well" oder „Good Living" wiedergegeben wird. Das gute Leben gilt für alle Menschen in Gemeinschaft und Vielfalt und in Harmonie mit der Natur; vgl. dazu auch Fatheuer (2011).
305 Eduardo Gudynas ist Senior Researcher am Lateinamerikanischen Zentrum für Soziale Ökologie (*Centro Latino Americano de Ecología Social,* CLAES) in Montevideo, Uruguay.
306 DAWN verwendet sowohl das englische „care" als auch den Begriff „nurturance".
307 Für die Sorge um Natur vgl. insbesondere DAWN (1991), zit. n. Wiltshire (1992: 1 und 25).

bild, das vom Menschen als sozialem Wesen ausgeht, das fähig und willens zur Kooperation und Partizipation ist und das die Wichtigkeit des Sorgens anerkennt.

DAWN betont immer wieder, dass gerade arme Frauen um die Notwendigkeit des wechselseitigen Sorgens („to care for" und „being cared for") wissen und dass diese erlebten und gelebten Alltagsethiken andere Rationalitäten (wie „conceptions of compassion and care"; Francisco 2011: 11) als gesamtgesellschaftliche Maßstäbe begründen helfen können (vgl. ebd.; Sen/Grown 1987: 79; Wiltshire 1992: 21f.). Arme Frauen werden nicht als passive Opfer gesehen. Armut bedeute weder Ignoranz noch Unfähigkeit; vielmehr müssen entwicklungspolitische Maßnahmen mit und bei von Armut betroffenen Menschen, insbesondere Frauen ansetzen. „Poor women, no less than men, are capable, creative, and thoughtful, and [....] development needs to spring from these women" (Jain 2000: 299).

DAWN als Netzwerk und die in DAWN organisierten Frauen können und sollen dabei Vorbildfunktionen übernehmen, um durch Praxis zu belegen, dass DAWNs Vorstellungen von einem lebensbejahenden, menschenwürdigen Leben für alle erfüllbar sind:

> „To build a social order that is just, equitable, and life-affirming for all people, our methods must correspondingly be open and respectful of differences. We in the women's movement need to show by example that it is possible to bring these ethics to the center of public life. Our own life experience of powerlessness, cooperation, and nurturance can be enriching to our organizations, and to the world in which they function" (Sen/Grown 1987: 10).

Dass das von DAWN zugrunde gelegte Menschenbild zugleich immer als ein Selbst im sozialen Kontext gedacht wird, spiegelt sich nicht nur im voranstehenden Zitat, sondern u. a. auch in der fast durchgängigen Benutzung der Pluralformen in allen Veröffentlichungen von DAWN – in Begriffen wie „women", „the poor", „people", „women's groups", die nicht vom methodologischen Individualismus ausgehen. Menschen sollen im Zentrum von Entwicklung stehen und in ihrem Bestreben, kreative, nützliche und erfüllte Mitglieder einer Gesellschaft zu sein, unterstützt werden (vgl. DAWN 1995a: 23).

5. Zwischenfazit III

In meiner Analyse der feministischen Ansätze und der sie prägenden Ökonomie-, Politik- und Gerechtigkeitsverständnisse sind Gemeinsamkeiten und Unterschiede sichtbar geworden, die ich im Folgenden systematisch darstelle (siehe B.III. 5.1). Genau wie bei den Diskursinterventionist_innen handelt es sich nicht um eine in sich homogene Diskursrichtung. Gerade die Unterschiede ermöglichen eine Reflexion über die jeweils vorgeschlagenen Transformationspfade in Richtung Nachhaltigkeit und eine Auseinandersetzung mit den jeweiligen Positionen der unterschiedlichen Ansätze. Im Anschluss gehe ich auf eine diskursive Besonderheit des deutschen feministischen Nachhaltigkeitsdiskursstrangs ein: auf die Rezeption des Sustainable-Livelihoods-Konzepts (siehe B.III.5.2). Die Bausteine für ein kritisch-emanzipatorisches Konzept nachhaltiger Entwicklung, die ich den feministischen Nachhaltigkeitsansätzen entnehme, stelle ich im Anschluss vor (siehe B.III.5.3).

5.1 Gemeinsamkeiten und Unterschiede

5.1.1 ... in den Ökonomieverständnissen

Vergleicht man die Ökonomieverständnisse der Ansätze im Diskursstrang Nachhaltigkeit und Gender, dann dominieren hier die Gemeinsamkeiten. Feministische Ökonomiekritik bildet den gemeinsamen Ausgangspunkt der untersuchten Ansätze – unabhängig davon, ob sie vorrangig die Situation im globalen Norden oder globalen Süden analysieren. Kritisiert wird in allen Ansätzen die unhinterfragte Übernahme der Annahmen der neoklassischen ökonomischen Lehre in den Nachhaltigkeitsdiskurs. In den feministischen Ansätzen werden diese Annahmen und Werturteile offengelegt und hinterfragt. Die in Diskursstrang B.III vorgestellten Ansätze eint ein weites Verständnis von Ökonomie und Arbeit. Alle kritisieren den herrschenden Produktivitätsbegriff: Ökonomie umfasst mehr als nur Marktökonomie, Arbeit ist mehr als nur Erwerbsarbeit, und produktive sind nicht von ‚reproduktiven' Prozessen zu trennen. Eine Perspektive, die allenfalls nur die Hälfte der Ökonomie und die Hälfte der Arbeit betrachtet und die die sozial weiblichen Tätigkeiten und ökologischen Prozesse als nicht-produktiv ausgrenzt, kann, so die Botschaft der feministischen Ansätze an die wissenschaftliche und politische Community, keinen ausreichenden Beitrag zu einer Veränderung bisher nicht nachhaltiger Strukturen leisten. Im Gegenteil: Der Nachhaltigkeitsdiskurs selbst wird mit den in ihm vertretenen ökonomischen Positionen so zum Stabilisator und Replikator der sozial-ökologischen Krise(n) in ihren vielfältigsten Ausprägungen, wenn Sorgeökonomie, unbezahlte ‚reproduktive' Arbeiten, informelle, aber nicht marktförmig organisierte Arbeiten weiterhin entnannt werden und damit ausgegrenzt bleiben.

Gemeinsam ist allen Ansätzen aber nicht nur der Blick auf das Ganze der Ökonomie, auf das Ganze der Arbeit und auf die Zusammenhänge von Produktivität und ‚Reproduktivität', die es anders als bisher zu gestalten gilt, sondern auch der Perspektivwechsel. Die Anforderungen an die Neugestaltung von Ökonomie und Arbeit werden ausgehend von den bisher marginalisierten ökonomischen Bereichen formuliert: von den informellen Arbeiten im Fall der Frauenökonomie, von den alltäglichen (Vor-)Sorgearbeiten für Mensch und Natur beim Vorsorgenden Wirtschaften und von den ‚reproduktiven' Tätigkeiten, die zur Sicherung und der Gestaltung der Livelihoods beitragen im Ansatz von DAWN. Es ist damit die Perspektive der Lebensprozesse, die priorisiert wird. Ihnen – so die Position der feministischen Ansätze – hat Wirtschaft zu dienen: Nicht monetärer Profit und immer weiteres ökonomisches Wachstum, sondern Human Development, die Befriedigung von menschlichen Bedürfnissen und die Orientierung am guten Leben stehen im Zentrum des sozial, ökologisch und kulturell eingebetteten Ökonomischen.

Einigkeit besteht daher in der Annahme, dass die Gestaltung nachhaltiger Formen des Wirtschaftens einen neuen Maßstab braucht, dass Konzepte, Strategien und Instrumente nicht länger von Erwerbsarbeit und vom Markt aus gedacht werden können. Vielmehr muss der Blick auf die Verflechtungen, Schnittflächen und Übergänge gelenkt werden – nicht zuletzt auch um Handlungsräume von Frauen zu erhalten oder aufzubauen, wie Vertreter_innen der Frauenökonomie fordern. Während Gudrun Lachenmann hier also mit Gender als Differenzkategorie arbeitet und in spezifischen Arbeitsfeldern für Frauen auch Emanzipationspotenzial sieht, das zu sichern sei, zielt die Frage, die im Kontext des Vorsorgenden Wirtschaftens gestellt wird, auf die Überwindung von Gender als sozialer Strukturkategorie: Gefragt wird hier, welche Tätigkeiten jenseits dichotomer Zuschreibung von produktiven oder ‚reproduktiven' Arbeiten (und damit von Zuschreibungen als sozial weiblich oder männlich) nachhaltige Entwicklung braucht. Die Anerkennung der Verflechtungen und wechselseitigen Verbindungen der vom ökonomischen Mainstream als dichotom konzeptualisierten Bereiche schließt für DAWN auch eine Begriffskritik ein. Das neue Ökonomieverständnis zeigt sich nicht zuletzt in der DAWNschen Forderung nach einer Rekonzeptionalisierung des Produktivitätsbegriffs: Produktivität misst sich für DAWN nicht nur an Profit und Reichtumsanhäufung, sondern daran, inwieweit soziale und individuelle Bedürfnisse befriedigt werden können. DAWN wendet sich damit gegen zerstörerische Aspekte des vermeintlich Produktiven. Nicht nur das ‚Reproduktive' muss als produktiv aufgewertet werden. Diese Aufwertung funktioniert nur, wenn ein neuer Produktivitätsbegriff zugrunde gelegt wird und bestimmte Tätigkeiten, die bisher als produktiv gelten, aber dem Erhalt der Lebensgrundlagen abträglich sind, abgewertet werden. Die Forderung nach einem anderen Rationalitätskonzept verbindet alle Ansätze im Diskursfeld Nachhaltigkeit und Gender.

5.1.2 ... in den Politikverständnissen

Der Vergleich der Politikverständnisse der feministischen Ansätze zeigt, dass hier im Gegensatz zum Ökonomieverständnis keine politikwissenschaftliche Referenztheorie ähnlich der feministischen Ökonomik vorliegt. Die unterschiedlichen

Kontexte der Entstehung, die Konfrontation mit dem Versagen des Staates, die in Ländern des globalen Südens erlebt wurde, die Auswirkungen von Strukturanpassungsmaßnahmen als *politisch* ausgehandelten Maßnahmen führen zu unterschiedlichen Verständnissen und Schwerpunktsetzungen im Bereich des Politischen.

So werden beispielsweise in der Einschätzung von Global Governance deutliche Unterschiede zwischen den Ansätzen innerhalb des Diskursstrangs Nachhaltigkeit und Gender sichtbar: Die Positionen reichen von einem eher emphatischen Bezug, wie ihn Vertreter_innen der Frauenökonomie herstellen mit Blick auf die Möglichkeiten, die sich für eine Feminisierung und Demokratisierung internationaler Strukturen und Institutionen bieten, bis hin zu einer dezidierten Kritik an Global Governance, wie sie DAWN artikuliert. Da das Vorsorgende Wirtschaften die globalen Bezüge kaum in seine Analyse aufnimmt, lässt sich hier keine eindeutige Position für die globale Ebene bestimmen. Betrachtet man hingegen alle Ebenen der Mehrebenenarchitektur von Global Governance, dann liegt der Beitrag der Vertreter_innen des Vorsorgenden Wirtschaftens in der Betonung der Bedeutung der lokalen Ebene und dem damit eng verbundenen Subsidiaritätsprinzip.

In der Kritik an transnationalen Konzernen stellt DAWN die Frage nach der demokratischen Legitimation der Global-Governance-Akteure, insbesondere dort, wenn sie (wie im Falle von transnationalen Konzernen) so mächtig sind, Regierungen in Verhandlungen um soziale und ökologische Standards zu beeinflussen – nicht zuletzt durch die Androhung der Verlagerung von Produktionsstätten im internationalen Standortwettbewerb. In der feststellbaren Ökonomisierung von Global Governance, die auf internationaler Ebene fortsetzt, was auf nationalstaatlicher Ebene bereits die Gemeinwohlbindung bedroht und erschwert, sehen feministische Ansätze des globalen Südens wie DAWN die Gefahr, dass mit Global Governance eine Deregulierungs- und Umverteilungspolitik zulasten der Ärmsten fortgesetzt wird. DAWN artikuliert hier eine Kritik, wie sie im deutschen Diskurs selten von feministischer Seite vorgetragen wird, sondern eher von globalisierungskritischen (nicht unbedingt dezidiert feministischen) Stimmen, die Global-Governance-Konzepten als Ansätzen der Domestizierung und Regulierung des Kapitalismus misstrauen: die Kritik an der *Dichotomisierung von Ökonomie und der sie regulierenden Politik*. Mehr noch: DAWN zeigt, dass diese dichotome Konzeptionalisierung von entmachteter Politik einerseits und entfesselter Ökonomie andererseits als Mythos gewertet werden muss, mit dem tatsächliche Machtverhältnisse verschleiert werden, da lokale wie nationale Regierungen ihre Steuerungskapazitäten nicht verloren haben, sondern vielmehr gezielt in Unterstützung für transnationale Konzerne münden lassen. Nicht der Orientierung an Gemeinwohl, an der Sicherung der Livelihoods, sondern der Ra-

5. Zwischenfazit III

tionalität der Finanz- und Weltmärkte wird hier durch politische Vertreter_innen gefolgt.

Doch nicht immer und zwangsläufig schließen sich Lebens- und Marktlogik aus. Darauf verweisen Vertreter_innen der Frauenökonomie: Nicht nur Global-Governance-Ansätze, sondern auch Liberalisierungsprozesse, die oberhalb und unterhalb des Nationalstaates ansetzen, bieten die Möglichkeit, patriarchale Staatsstrukturen zu durchbrechen. Hier wird der zweite Unterschied zwischen den Ansätzen sichtbar: die kritische Auseinandersetzung mit Staat als einem patriarchalen und klassenspezifischen Herrschaftsverhältnis. Während die postkolonialen theoretischen Einflüsse als auch feministische Staatstheorien in die Konzeptionen der Ansätze des globalen Südens wie von DAWN (bzw. die sich wie im Fall der Frauenökonomie auf Länder des globalen Südens beziehen) eingeflossen sind, findet eine vergleichbare kritische Auseinandersetzung mit Staat unter Einbeziehung der Ergebnisse der umfänglichen feministischen Staatstheorie gerade auch aus dem deutschsprachigen Raum in den Diskursen um Nachhaltigkeit und Gender im globalen Norden bzw. in Ansätzen des globalen Nordens wie dem Vorsorgenden Wirtschaften, dessen Wurzeln in der feministischen Ökonomik liegen, bisher nicht statt. Stattdessen wird hier ein Staatsverständnis sichtbar, das den Staat als Adressaten von Transformationsforderungen und notwendigen Garanten der Implementierung ausweist.

‚Der' Politik wird jedoch von allen feministischen Ansätzen nicht die alleinige Verantwortung für sozial-ökologische Transformationen zugewiesen: Plädiert wird vor allem für eine starke Zivilgesellschaft und eine entsprechende Kontrolle ‚von unten', um die Idee partizipatorischer Demokratie mit Leben zu füllen.

5.1.3 ... in den Gerechtigkeitsverständnissen

Alle feministischen Ansätze gehen davon aus, dass Geschlechtergerechtigkeit sich nicht in Gleichstellungspolitik erschöpft, sondern notwendige Veränderungen in den vergeschlechtlichten Strukturen von Ökonomie und Gesellschaft erfordert. Gleichstellungsansätze werden damit nicht diskreditiert, sondern konkretisiert und als wichtige Teilstrategie eingebunden: Insbesondere DAWN betont die Zentralität der Anerkennung und Durchsetzung von gleichen Rechten.

Gleichstellungspolitik wird hier verstanden als ein Teil einer umfassenden Politik für Geschlechtergerechtigkeit. Als Politik gegen Exklusion und als Politik der Ermächtigung bildet Gleichstellungspolitik die Grundlage, von der aus eine strukturelle Transformation vorangetrieben werden kann, in der insbesondere das bisher externalisierte, abgewertete ‚Reproduktive' als zentrale Grundlage nachhaltigen Wirtschaftens und seine Erhaltung und Gestaltung als gemeinschaftliche Aufgabe ins Zentrum des jeweiligen politischen Gemeinwesens gerückt wird. Wer diese (Vor)Sorgetätigkeiten übernimmt, wie die Verantwortung dafür verteilt wird, wird auch als Frage der Gerechtigkeit artikuliert.

Intergenerative Gerechtigkeit wird im feministischen Diskurs insbesondere durch die Arbeiten von DAWN inhaltlich erweitert um den Gedanken der ökologischen Gerechtigkeit: Diese bezieht sich nicht mehr nur auf den Erhalt der ökologischen Grundlagen als Vorsetzung für die Befriedigung menschlicher Bedürfnisse. Sie beschränkt sich auch nicht mehr nur auf die Aufrechterhaltung von Zukunftsoptionen zukünftiger Generationen, die ihre Rechte nicht selbst geltend machen können und deren Stimmen um der intergenerationellen Gerechtigkeit willen stellvertretend einbezogen werden müssen. Mit dem Konzept des Buen Vivir, das vom internationalen Frauennetzwerk DAWN aufgegriffen und diskutiert wird, treten neben *die ökologischen Rechte als Menschenrechte* für heutige und zukünftig lebende Menschen, die im Verlauf des politisch-institutionellen Diskurses im Völkerrecht an Bedeutung gewonnen haben, nun auch die *Rechte der Natur*.

5.2 Diskursive Besonderheit: die Rezeption des Sustainable-Livelihoods-Ansatzes

Siegfried Timpf (2003) hat im Kontext seiner Dissertation herausgearbeitet, dass Nachhaltigkeit „nicht einfach eine ‚Rahmung' inhaltlicher Prozesse" (ebd.: 439) darstellt, sondern dass Nachhaltigkeit „ein wirkungsvolles Netz der Produktion von Wahrheiten und Subjektivierungen" (ebd.) bildet. Der Eintritt in dieses „Möglichkeitsfeld" (ebd.) vollziehe sich mit der Einhaltung spezifischer Diskursregeln wie etwa dem Bezug auf die ethische Grundaussage des Brundtland-Berichts. Wenn „das Ritual der Wiederholung" (ebd.: 433) erstmals vollzogen sei, sei eine wie auch immer geartete Positionierung innerhalb polarisierender (Be-)Deutungen möglich (vgl. ebd.).

Innerhalb des deutschsprachigen feministischen Nachhaltigkeitsdiskurses lässt sich auch ein Ritual der Wiederholung identifizieren: Hier wurde und wird immer wieder auf den Sustainable-Livelihoods-Ansatz verwiesen.[308] Charakterisiert wird er in der Regel als feministischer Ansatz aus dem globalen Süden, der für die nachhaltige Sicherung und Gestaltung der Lebensgrundlagen eintritt; bisweilen wird dabei auf das transnationale frauenpolitische Netzwerk DAWN verwiesen; häufig wird er als Ansatz rezipiert, der der 1991 in Miami verabschiedeten Women's Action Agenda 21 zugrunde liegt.

---

308 Vgl. z. B. AG Frauen im Forum Umwelt & Entwicklung (1997: 4); Weller (1999: 20, 2004: 79ff.); Stiefel (2001: 9); Katz/Müller/von Winterfeld (2004: 21); Vinz (2005: 5); Hofmeister/Mölders (2006: 28); Forschungsverbund „Blockierter Wandel?" (2007: 85f.); von Winterfeld (2007: 1f.); Bauhardt (2009); Biesecker/Gottschlich (2012: 321).

5. Zwischenfazit III

Um es vorwegzunehmen: Nicht die Bezugnahme auf Sustainable Livelihoods an sich ist problematisch, sie ergibt inhaltlich durchaus Sinn. Denn der feministischen Ausprägung des Livelihoods-Ansatzes, wie ihn das Netzwerk DAWN vertritt, liegt ein Perspektivwechsel zugrunde, der für die feministische Konzeptualisierung von Ökonomie von ebenso immenser Bedeutung ist wie die Idee des Zusammendenkens von intra- und intergenerativer Gerechtigkeit des Brundtland-Berichtes für die paradigmatische Veränderung des entwicklungspolitischen Diskurses. Ausgangspunkt sind beim DAWNschen Sustainable-Livelihoods-Konzept die konkreten Alltagserfahrungen und die lokalen Lebensbedingungen von (armen) Frauen. Der Gedanke, die nachhaltige Gestaltung von Lebensprozessen ins Zentrum von und für Nachhaltigkeit zu rücken, verbindet feministische Nachhaltigkeitskonzeptionen aus Ländern des globalen Südens mit solchen des globalen Nordens. Als universell geteilter Konzeptualisierungsansatz, der dennoch auf der analytischen Ebene die spezifischen Bedingungen in den unterschiedlichsten Regionen der Welt zu fokussieren vermag, nehme daher auch ich diesen Baustein für ein Konzept kritisch-emanzipatorischer Nachhaltigkeit auf (siehe B.III.5.3).

Problematisch ist jedoch, dass die Verweise auf Sustainable Livelihoods zumeist sehr knapp ausfallen (in der Regel weniger als eine halbe Seite) und dass fast durchweg die Rezeption nicht über die Primärquellen (insbesondere nicht über die von DAWN), sondern über Sekundärquellen (vornehmlich über die Arbeiten von Christa Wichterich 1992, 2002a, 2004) erfolgt. Um keine Missverständnisse aufkommen zu lassen: Es ist der besondere Verdienst von Christa Wichterich, die transnationalen Diskurse der globalen Frauenbewegung zu nachhaltiger Entwicklung im Allgemeinen und zu Sustainable Livelihoods im Besonderen in den deutschen Diskurs um Gender und Nachhaltigkeit eingebracht zu haben. Und es bleibt zu konstatieren, dass es vor allem Personen wie Christa Wichterich und auch Ulrike Röhr sind, die an den Schnittstellen von Wissenschaft und Journalismus, Wissenschaft und Nichtregierungsorganisationen arbeiten, die im wahrsten Sinne des Wortes als Türöffnerinnen zum globalen Diskurs fungieren. Doch die Rezeption des Sustainable-Livelihoods-Ansatzes über die personengeprägte deutsche Sekundärliteratur führt in der Folge teilweise zu inhaltlich verkürzten Wahrnehmungen und Wiedergaben. Es entsteht bisweilen der Eindruck, als ob es sich beim Sustainable-Livelihoods-Ansatz um einen konkreten feministischen Ansatz handelt, auf den zum Teil sogar als Gegenmodell zu nachhaltiger Entwicklung rekurriert wird. Damit entstehen im feministischen Diskurs Diskurskonstruktionen, die zwischen Sustainable Livelihoods und Sustainable Development als vermeintlichen Antagonismen unterscheiden. Eine kategorische Gleichsetzung von nachhaltiger Entwicklung mit ungebrochener nachholender, wenn auch ökologischer Modernisierung, die damit auch im feministischen Diskurs vorangetrieben wird, übersieht die Binnendifferenzierung des Diskurses – und rezipiert im eigenen Verweisen auf das Netzwerk DAWN damit dessen Position auch nur einseitig. Denn DAWN selbst gibt den Begriff der nachhaltigen Entwicklung nicht auf. Wie ich in B.III.4.1 ausgeführt habe, bilden Sicherung und partizipative Gestaltung der Sustainable Livelihoods für DAWN sowohl die unabdingbare Grundlage als auch ein unabdingbares Ziel nachhaltiger Entwicklung (vgl. Wiltshire 1992: 24). Die DAWNschen Analysen münden in einer Redefinition des herkömmlichen Entwicklungsverständnisses, in dessen Zentrum das Verhältnis von menschlicher Entwicklung und wirtschaftlichem Wachstum als Ziel-Mittel-Verhältnis neu bestimmt wird. DAWN erhebt überall dort Einspruch, wo Entwicklungsvorhaben als vermeintlich nachhaltig ausgegeben werden, jedoch Livelihoods zerstört werden. D. h., die Kritik von DAWN gilt einem Entwicklungsverständnis, das Profite und nicht Menschen und ihre Bedürfnisse ins Zentrum stellt. Nachhaltige Entwicklung umfasst zudem für DAWN mehr als den Erhalt und Ausbau der Livelihoods. Es geht DAWN um die Verwirklichung von „economic and gender justice" und „democratic development" auf allen weltgesellschaftlichen Ebenen (DAWN 2011b: o. S.).

Über die ritualisierte Nennung von Sustainable Livelihoods als feministischem Gegenmodell ist also bislang im deutschen Diskurs um Nachhaltigkeit und Gender erstens untergegangen, dass es sich nicht (bzw. nicht zwangsläufig) um einen Gegensatz zu nachhaltiger Entwicklung handelt. Zweitens wird leider die internationale feministische Literatur kaum rezipiert, obwohl gerade im Vorfeld der Rio+20-Konferenz im internationalen Diskurs die Bedeutung von Sustainable Livelihoods erneut analysiert wurde – wie etwa im von Wendy Harcourt (2012) herausgegebenen Sammelband „Women Reclaiming Sustainable Livelihoods. Spaces Lost, Spaces Gained". Drittens wird im deutschen Diskurs kaum thematisiert, dass es sich bei dem Sustainable-Livelihoods-Ansatz nicht um einen explizit feministischen Ansatz handelt. In der entwicklungspolitischen Arbeit ist er seit den frühen 1990er-Jahren weit verbreitet, nicht zuletzt, weil er ein neues Verständnis von Hungersnöten und Ernährungsunsicherheiten während der 1980er-Jahre etablierte. Ein Großteil der Sustainable-Livelihoods-Literatur greift in diesem Zusammenhang auf die Definition von Chambers and Conway (1991: 1) zurück:

> „A livelihood comprises the capabilities, assets (including both material and social resources) and activities required for a means of living. A livelihood is sustainable when it can cope with and recover from stresses and shocks" (ebd.).

Während CARE und Oxfam[309] sowie UNDP und das internationale Forschungsinstitut für nachhaltige Entwicklung mit Sitz in Kanada zu den ersten Anwender_innen und Ausgestalter_innen des Sustainable-Livelihoods-Ansatzes gehörten, wurde in den späten 1990er-Jahren das britische Department for International Development (DIFD) zum ausdrücklichen Förderer. Mit dem 1997 erschie-

---

[309] Bei CARE und Oxfam handelt es sich um unabhängige entwicklungspolitische Hilfsorganisationen.

nen Weißbuch zu internationaler Entwicklung machte es den Sustainable-Livelihoods-Ansatz zu seinen Kernprinzipien (vgl. DIFD 1997). Die Stärke des Sustainable-Livelihoods-Ansatzes liegt laut DIFD im Unterschied zu anderen Ansätzen darin begründet, dass er Menschen, ihre Fähigkeiten, ihre Ziele sowie ihre komplexen Alltagsstrategien der Lebenssicherung ins Zentrum rückt und dabei zwischen unterschiedlichen Zielgruppen und ihren Lebenswirklichkeiten differenziert (vgl. DIFD 1999a, 1999b; Morse/McNamara/Acholo 2009). Gleichzeitig ist von feministischer Seite Kritik geübt worden, dass der Großteil der Literatur zu Livelihoods Gender-Aspekte gerade nicht berücksichtigt, zum Teil auch deswegen, weil keine nach Geschlecht aufgeschlüsselten Daten vorliegen (vgl. Okali 2006). Autor_innen aus dem globalen Süden wie Sumi Krishna fordern deshalb eine Neudefinition, ein „redefining sustainable livelihoods" (Krishna 2012: 12), und schlagen vor, „that gender concerns be brought more explicitly into the SL [sustainable livelihoods; D. G.] approach" (ebd.).

Bislang wurde noch nicht untersucht, inwieweit sich der DAWNsche Ansatz von den nicht explizit aus dem frauenpolitischen Kontext kommenden Sustainable-Livelihoods-Ansätzen beispielsweise des DIFD unterscheidet. Allerdings ist auffällig, dass man in DAWN-Publikationen kein einziges Schaubild, keine Abbildung findet, die den Rahmen von Sustainable Livelihoods vorgibt oder das Konzept näher definiert. Zudem verwendet DAWN den Begriff „issues" und nicht den Begriff der Ressource (englisch: „resource") oder den Begriff des Vermögens („asset"), der fast durchgängig von allen anderen Sustainable-Livelihoods-Ansätzen benutzt wird. Es wäre mittels umfassender Dokumentenanalyse und/oder Interviews mit den Netzwerker_innen von DAWN zu überprüfen, ob Begrifflichkeiten wie Humankapital oder Naturkapital, die längst Eingang in die Entwicklungspolitik und -theorie gefunden haben, von DAWN bewusst vermieden werden.[310]

5.3 Bausteine für ein kritisch-emanzipatorisches Konzept nachhaltiger Entwicklung aus dem feministischen Diskursstrang

5.3.1 *Das Ganze der Ökonomie*

Den Ansätzen aus dem Diskursstrang Nachhaltigkeit und Gender entnehme ich das Verständnis von Ökonomie als sozial-kulturellem bzw. sozial-ökologischem Handlungsraum, in dem Menschen als soziale Wesen miteinander und mit Natur in Beziehung treten und dabei auf Kommunikation angewiesen sind. Nicht der Nutzenmaximierer, sondern „das sorgende Selbst im Kontext" (Biesecker/Kesting

---

310 So wie sich Martina Schäfer beispielsweise bei der Weiterentwicklung des HGF-Ansatzes (siehe B.IV. 1.2) ebenfalls bewusst gegen den Begriff des Humankapitals ausgesprochen hat.

2003: 170) bildet hier das neue Menschenbild. Beide folgenden Aspekte, die unterschiedlich in Ansätzen des globalen Südens und Nordens gelagert sind, sind weiterführend für ein kritisch-emanzipatorisches Verständnis von Ökonomie und Arbeit: Sowohl die Emanzipationsgewinne für Frauen durch das gleichberechtigte Nutzen (zum Teil sogar durch das Besetzen) ökonomischer Räume als auch das Verständnis von Ökonomie als sozial-ökologischem Vermittlungsprozess, in dem die Qualitäten der Lebensgrundlagen erhalten, erneuert und verbessert werden, wie es aus den Ausführungen des Vorsorgenden Wirtschaftens und dem DAWNschen Sustainable-Livelihoods-Ansatz abzuleiten ist.

Zukunftsweisendes Potenzial sehe ich in einem Ökonomieverständnis, das Wirtschaften grundsätzlich als eingebettet in den sozial-kulturellen bzw. sozialökologischen Kontext versteht und das die Alltagsökonomie und ihre Ausrichtung an den lebensdienlichen Prozessen ins Zentrum rückt. Transformationen in Richtung Nachhaltigkeit erfordern die Gestaltung des Ganzen der Arbeit und des Ganzen der Ökonomie. Erwerbsarbeitszeitverkürzung, die Berücksichtigung der Zeitenvielfalt rund um die Bedürfnisse der Individuen als soziale Wesen und eine Umverteilung aller gesellschaftlich notwendigen Arbeit auf mehr Menschen und zwischen den Geschlechtern sind dafür genauso wichtig wie eine Verknüpfung von Prozessen der Herstellung und Wiederherstellung, Versorgung und Entsorgung, um sozial-ökologische Qualitäten zu erhalten oder zu verbessern (vgl. dazu auch Gottschlich 2012).

5.3.2 Neue politische Partizipationskultur

Nach der neueren Partizipationsforschung im Nachhaltigkeitskontext ist der behauptete Zusammenhang zwischen mehr Partizipation und effektiver Nachhaltigkeitssteuerung ambivalent zu sehen, und partizipative und kooperative Ansätze sollten nicht unreflektiert als Allheilmittel für Nachhaltigkeit gesehen werden. Vielmehr gelte es, Diskrepanzen zwischen Legitimität und Effektivität zu erkennen. Dabei sei es wichtig, „über den stark theoretisch-konzeptionell und auch normativ ausgerichteten Fokus auf Partizipation und Kooperation im politischen Bereich hinauszugehen [...] und insgesamt stärker empirisch die Ausprägung und Wirkung auf Nachhaltigkeit ausgerichteter Partizipation und Kooperation zu untersuchen" (Kuhn/Heinrichs/Newig 2011: 220).

Die hier in Teil B.III analysierten feministischen Nachhaltigkeitsansätze bilden zu dieser Forderung einen deutlichen Kontrast, denn sie enthalten allesamt einen emphatischen Bezug auf Kooperation und Partizipation, der sich aus Erfahrungen aus der Lebenswelt und der sozialen Beziehungen speist, der mithin empirisch durch (vor)sorgende Beziehungen fundiert ist: Vor dem Hintergrund dieser Erfahrungen plädieren sie dafür, unbedingt auf der theoretisch-konzeptionellen Ebene den Wert von Partizipation zu stärken und ihn gleichzeitig im Sinne einer partizipatorischen Demokratie politisch-praktisch auszubauen. Partizipation kann dabei als ein spiralförmiger Prozess begriffen werden: Je mehr Praxis die Beteiligten haben, desto weitreichender werden die Möglichkeiten, dass sie nicht nur die ihnen angebotenen Partizipationschancen nutzen, sondern aktiv Partizipation und Teilhabe einfordern, so die Position von DAWN, das als Netzwerk Workshops zum Empowerment von Frauen in genau diesem Sinne veranstaltet. Demokratie ‚von unten' profitiert sowohl von ermöglichenden Strukturen als auch von der Eröffnung von demokratischen Experimentier- und Aushandlungsräumen, wie sie insbesondere von Vertreter_innen dess Netzwerks Vorsorgendes Wirtschaften gefordert werden (vgl. Forschungsverbund „Blockierter Wandel?" 2007: 139ff.; Mölders 2010: 285ff.). Eine starke Zivilgesellschaft, das betonen insbesondere die Ansätze, die sich auf den globalen Süden beziehen bzw. dort entwickelt wurden, stellt die Grundlage für eine partizipatorische Demokratie dar, die vom Willen nach Partizipation ihrer Mitglieder lebt. D. h., partizipatorische Demokratie kann durch erlebte und gelernte Partizipation, durch gelungene Erfahrungen, durch gemeinsames Lernen zu einem sich selbst erhaltenden und sich immer wieder neu herstellenden System werden (vgl. dazu auch Holland-Cunz 1998: 148ff.) – und damit zu einem wichtigen Baustein kommender Nachhaltigkeit. Partizipatorische Demokratie weitet damit gleichzeitig die Räume des Politischen, sie folgt einem Verständnis von Demokratie, das dem nahekommt, was Jürgen Habermas (1969) einmal „Demokratie arbeitet an der Selbstbestimmung der Menschheit" (ebd.: 15, zit. n. Schmid 2006: 258) genannt hat. Sie strebt danach, auch jene Sphären der Partizipation zu öffnen, die noch keiner demokratischen Verfasstheit unterstehen.

5.3.3 Erweiterungen von Gerechtigkeit: Ethik der Für_Sorge und Ökologische Gerechtigkeit

Die feministischen Ansätze gehen von den Erfahrungen der Lebenswelt aus. Die Anerkennung des Menschen als soziales, von anderen abhängiges Wesen, das auf die Für_Sorge anderer Menschen angewiesen ist, hat nicht zuletzt Konsequenzen für jene Gerechtigkeitsansätze, die das autonome Subjekt ins Zentrum ihrer Überlegungen rücken. Die feministischen Ansätze schließen in der Anerkennung der menschlichen Abhängigkeit und Verletzlichkeit eine Lücke: Autonomie muss als politisches Ideal nicht aufgegeben werden, wohl aber um den Aspekt der Abhängigkeit, die keinen Selbstzweck darstellt, ergänzt werden.

Denn die Möglichkeit einer selbstbestimmten Lebensplanung und -führung des Individuums wird durch die Verantwortung für andere, abhängige Personen (Kinder, Alte, Kranke) eingeschränkt. Zudem ist jeder einzelne Mensch gut die Hälfte seines Lebens nicht autonom, sondern abhängig. Gerechtigkeitsgrundsätze haben daher das Verhältnis von abhängigen zu nichtabhängigen Menschen zu regeln. Da „Autonomie und Dependenz notwendige Attribute aller Menschen sind" (Appelt 1997: 134), muss eine Nachhaltigkeitsethik und -politik nicht nur die Für_Sorge für Abhängige (und als abhängig lassen sich auch kommende Generationen verstehen) gerecht verteilen, sondern auch die Rahmenbedingungen dieser asymmetrischen Beziehungen möglichst gerecht gestalten: Welche Strukturen unterstützen Menschen in Phasen, in denen sie vor allem als Sorgende tätig sind? Welche Bedingungen führen auch für Personen, für die gesorgt wird, zu größtmöglicher Autonomie, zur Achtung ihrer Eigensinnigkeit und Eigenzeiten? Die Rationalität, die diese Für_Sorgebeziehungen leitet, ist eine Rationalität der Achtsamkeit, der Besonnenheit und der Vorsorge – das lässt sich aus dem Ansatz des Vorsorgenden Wirtschaftens entnehmen.

Das Konzept der Frauenökonomie und der Sustainable-Livelihoods-Ansatz zeigen zudem die Bedeutung von sozialen Netzwerken für die Befriedigung der individuellen Bedürfnisse. Sie offenbaren, dass das Handeln der Menschen (in den analysierten Beispielen: das Handeln von Frauen) so gut wie nie losgelöst von sozialen Kontexten ist, sondern eingebettet in Werte und Normen der Gemeinschaft und der Familie. In den Handlungsfeldern der Frauenökonomie werden Menschen als soziale Wesen sichtbar, denen es nicht um kurzfristige Gewinnmaximierung und individuellen Vorteil, sondern um die Etablierung stabiler, vertrauensvoller Beziehungen geht, die auch – aber eben nicht nur – für das eigene (ökonomische) Handeln genutzt werden können. Weder für die Praxis noch für die theoretische Konzeptualisierung der Frauenökonomie sind daher die Vorstellungen vom *homo oeconomicus* von Relevanz.

Der Respekt und die Pflege lebendiger Beziehungen gelten für die Vertreter_innen des Vorsorgenden Wirtschaftens wie von DAWN auch im Umgang mit Natur. Das Bestreben, einen nicht-herrschaftlichen, sondern (vor- bzw. für)sorgenden Umgang mit Natur zu pflegen, greife ich für die Konzeption eines Gerechtigkeitsverständnisses von kritisch-emanzipatorischer Nachhaltigkeit auf. Ökologische Gerechtigkeit wird dabei einerseits als Menschenrecht auf eine ökologisch intakte Umwelt verstanden (wobei nachzudenken sein wird, wie sich die Qualifizierung als ‚intakt' noch genauer definieren lässt) und als Baustein aufgegriffen. Zum anderen steht ökologische Gerechtigkeit, diesen Aspekt übernehme ich von DAWN, auch für die Rechte von Natur selbst, die es zu berücksichtigen gilt und die sich in Ansätzen u. a. auch im Begriff der Mitwelt, den das Vorsorgende Wirtschaften benutzt, ausdrücken.

Diskursstrang B.IV: Integrative Nachhaltigkeitsansätze – mehr als nur ökologische Modernisierung

Im Folgenden werden integrative Ansätze nachhaltiger Entwicklung analysiert, die zum Teil eine breite Rezeption erfahren haben und die insbesondere die wissenschaftliche Auseinandersetzung um Nachhaltigkeit in Deutschland bisher maßgeblich geprägt haben. Allen von mir als ‚integrativ' bezeichneten Ansätzen ist gemeinsam, dass sie über das im deutschen Nachhaltigkeitsdiskurs weit verbreitete Drei-Säulen-Modell hinausweisen und Nachhaltigkeit nicht additiv, sondern dimensionenübergreifend konzeptualisieren.

Die integrativen Nachhaltigkeitsansätze sind affirmativer Bestandteil des Nachhaltigkeitsdiskurses, entsprechend prägen sie auch selbst den Rio-Folgeprozess, der in Deutschland zunächst eher zögerlich anlief.[311] Zwar wurde bereits am 14. Februar 1992 vom 12. Deutschen Bundestag die Einsetzung der Enquete-Kommission „Schutz des Menschen und der Umwelt – Wege zum nachhaltigen Umgang mit Stoff- und Materialströmen" beschlossen, deren Ergebnisse als wichtige Meilensteine für die Konkretisierung und Operationalisierung von nachhaltiger Entwicklung in Deutschland gewertet werden können (vgl. Enquete-Kommission 1993, 1994).[312] Dennoch lieferte erst die Ende 1995 vorgestellte und 1996 veröffentlichte Studie des Wuppertal Instituts für Klima, Umwelt, Energie „Zukunftsfähiges Deutschland" (BUND/Misereor 1996) – vom SPIEGEL zur „grünen Bibel der Jahrtausendwende" erklärt – die Initialzündung für den deutschen Nachhaltigkeitsdiskurs. Das integrative Konzept nachhaltiger Entwicklung der Helmholtz-Gemeinschaft (siehe B.IV.1) beispielsweise wäre ohne den Impuls durch die Wuppertal-Studie zumindest nicht so schnell entstanden (vgl. Kopfmüller 2006a: 25); auch einige Arbeiten von Mohssen Massarrat (siehe B.IV.3) entstanden in Auseinandersetzung mit ihr. Insgesamt wurde die Wuppertal-Studie breit gewürdigt und ebenso oft kritisiert, sie wurde ablehnend und zustimmend diskutiert. Aufgrund der bereits vorliegenden Vielzahl von wissenschaftlichen Stellungnahmen[313] verzichte ich bewusst auf eine weitere Analyse der Studie „Zukunftsfähiges Deutschland". Stattdessen richtet sich mein Fokus auf

---

311 Anders verlief dieser Prozess u. a. in den Niederlanden. Bereits 1989 präsentierte die niederländische Regierung ihren am Nachhaltigkeitskonzept orientierten Nationalen Umweltplan (*Nationaal Milieubeleidsplan, NMP*), der inzwischen mehrfach fortgeschrieben wurde. Zudem entwarfen dort Wissenschaftler_innen in politischem Auftrag nationale Nachhaltigkeitspläne für ein „Sustainable Netherlands" (Buitenkamp/Venner/Warms 1992).

312 Die Arbeit der Enquete-Kommission wurde in der 13. Legislaturperiode fortgesetzt mit besonderem Fokus auf Ziele und Rahmenbedingungen einer nachhaltig zukunftsverträglichen Entwicklung. Vgl. dazu auch den Zwischenbericht der Enquete-Kommission „Schutz des Menschen und der Umwelt" (1997) sowie den Endbericht (1998).

313 Siehe dazu die kritischen Stellungnahmen aus der BUKO (siehe B.II.1.1) sowie aus feministischen Kontexten (siehe B.III.1.1). Vgl. zudem stellvertretend für die breite Debatte Altvater (1996); Linz (1998); Dingler (2003).

Ansätze, die im weiteren Verlauf des deutschen Nachhaltigkeitsdiskurses entwickelt wurden.

Ausgewählt wurden zum einen Nachhaltigkeitsansätze, die im Verbund von mehreren Wissenschaftler_innen bzw. Instituten entstanden sind – wie das integrative Nachhaltigkeitskonzept der Helmholtz-Gemeinschaft (HGF) (siehe B.IV. 1) und die Soziale Ökologie bzw. das Konzept der gesellschaftlichen Naturverhältnisse des Instituts für sozial-ökologische Forschung in Frankfurt (ISOE) (siehe B.IV.4). Zum anderen werden mit der „Theorie und Praxis starker Nachhaltigkeit" von Konrad Ott und Ralf Döring (2008; B.IV.2) und mit den Arbeiten von Mohssen Massarrat (siehe B.IV.3) Ansätze vorgestellt, die vorrangig im universitären Kontext von einzelnen Hochschullehrern entwickelt wurden.

Doch auch bei den im universitären Kontext entstandenen Nachhaltigkeitsansätzen spielten Netzwerke, Verschränkungen mit anderen Wissenschaftsinstitutionen sowie die Kooperation zwischen Wissenschaft und Praxis eine wichtige Rolle. Ott und Döring (2008: 14) verweisen in ihren Ausführungen zum Entstehungsprozess darauf, dass der entscheidende Impuls für eine tiefergehende theoretische Auseinandersetzung mit Nachhaltigkeit in den Kontroversen zwischen starker und schwacher Nachhaltigkeit zu sehen ist. Zahlreiche kontroverse Diskussion mit Kolleg_innen, die während der Arbeit am ersten Kapitel des Umweltgutachtens des Sachverständigenrates für Umweltfragen (SRU 2002)[314] geführt worden sind, bildeten den Ausgangspunkt für die Greifswalder Konzeption starker Nachhaltigkeit.

Auch wissenschaftspolitisch wurde Nachhaltigkeitsforschung ab Mitte der 1990er-Jahre gefördert: Die vom ISOE entwickelte Perspektive, Nachhaltigkeitsprobleme als Krisen gesellschaftlicher Naturverhältnisse zu begreifen, wurde vom Bundesministerium für Bildung und Forschung (BMBF) aufgegriffen. Insbesondere mit dem vom ISOE für das BMBF ausgearbeiteten Rahmenkonzept für einen neuen Förderschwerpunkt erfuhr die Sozial-ökologische Forschung (SÖF) seit 1999 außerhalb und innerhalb der Hochschulen eine strukturelle Absicherung (vgl. Becker/Jahn/Schramm 1999; BMBF 2000). Der Förderschwerpunkt SÖF als Bestandteil der Forschung für nachhaltige Entwicklung (FONA) umfasst die thematische Verbundförderung, die Infrastrukturförderung von unabhängigen, nicht grundfinanzierten Forschungsinstituten sowie die wissenschaftliche Nachwuchsförderung.[315]

---

314 Konrad Ott war im Jahr 2000 in den Sachverständigenrat berufen worden, Ralf Döring war dort bis 2002 als wissenschaftlicher Mitarbeiter tätig.
315 Vgl. dazu die Seiten des BMBF unter www.sozial-oekologische-forschung.org.

1. Das integrative Nachhaltigkeitskonzept der Helmholtz-Gemeinschaft (HGF)

1.1 Entstehungskontext und Grundzüge des HGF-Konzepts

Nach eigenem Selbstverständnis ist es der Auftrag der Helmholtz-Gemeinschaft,[316] solche Forschung zu leisten, „die wesentlich dazu beiträgt, große und drängende Fragen von Wissenschaft, Gesellschaft und Wirtschaft zu beantworten" (Helmholtz-Gemeinschaft 2012: o. S.). Der Fokus liegt

> „auf Systeme[n] von hoher Komplexität, die Mensch und Umwelt bestimmen. Dabei geht es zum Beispiel darum, Mobilität und Energieversorgung zu sichern, eine intakte Umwelt für künftige Generationen zu erhalten oder Therapien für bisher unheilbare Krankheiten zu finden. Die Arbeit der Helmholtz-Gemeinschaft zielt darauf, die Lebensgrundlagen des Menschen langfristig zu sichern und die technologische Basis für eine wettbewerbsfähige Wirtschaft zu schaffen" (ebd.).

Der Entstehungsprozess des integrativen HGF-Nachhaltigkeitskonzepts reicht zurück bis Anfang der 1990er-Jahre. Seit diesem Zeitpunkt hatte das Institut für Technikfolgenabschätzung und Systemanalyse (ITAS)[317] begonnen, sich intensiv mit dem Thema Nachhaltigkeit auseinanderzusetzen. Hintergrund dieser Forschungsaktivitäten war zum einen das Bestreben am ITAS, sich in jenen, durch den Brundtland-Bericht ausgelösten, neuen Diskurs einzubringen, der den bisherigen entwicklungspolitischen Diskurs modifizierte. Zum anderen wurden – nicht zuletzt im Zusammenhang mit der Konferenz der Vereinten Nationen über Umwelt und Entwicklung 1992 in Rio de Janeiro und dem sich daran anschließenden nationalen Folgeprozess – vom Bundesministerium für Bildung und Forschung (BMBF) verschiedene Aufgaben[318] an das ITAS herangetragen (vgl. Kopfmüller 2006a: 23).

Mit ihrem integrativen Konzept nachhaltiger Entwicklung verknüpfen die Autor_innen des HGF-Konzepts den Anspruch, ein Instrumentarium entwickelt zu haben, das eine systematische und plausibel begründbare Analyse und Bewertung der unterschiedlichsten Gegenstände und Politikfelder unter Nachhaltigkeitsgesichtspunkten ermöglicht (vgl. Jörissen et al. 1999, 2000). Im Rahmen des von

---

316 Die Helmholtz-Gemeinschaft ist mit über 30.000 Mitarbeiter_innen in ihren 18 (naturwissenschaftlich-technischen und biologisch-medizinischen) Forschungszentren und einem Jahresbudget von mehr als 3,4 Milliarden Euro die größte deutsche Wissenschaftsorganisation (vgl. Helmholtz-Gemeinschaft 2012: o. S.).
317 Das ITAS ist Teil des Forschungszentrums Karlsruhe, das wiederum zu den Zentren der Helmholtz-Gemeinschaft gehört.
318 U. a. sind hier zu erwähnen die Beratungsbeiträge des ITAS zur Enquete-Kommission „Schutz des Menschen und der Umwelt" (vgl. Kopfmüller/Coenen/Jeske 1993) sowie zum Umweltforschungsprogramm der Bundesregierung von 1994, zur Forschungsrahmenkonzeption des Forschungsministeriums zu „Globale[n] Umweltveränderungen" von 1996 oder auch zum Programm „Forschung für die Umwelt" von 1997.

1999 bis 2002 durchgeführten HGF-Verbundprojektes „Global zukunftsfähige Entwicklung – Perspektiven für Deutschland"[319], unter der Leitung des ITAS, wurde das Konzept sowohl auf die Situation in Deutschland insgesamt als auch auf einzelne gesellschaftliche Handlungsfelder angewendet – mit dem Ziel, „wissenschaftlich fundiert und normativ reflektiert die Diskussion über Nachhaltigkeitsziele, Indikatoren, Defizite und Strategien für Deutschland im globalen Kontext voranzubringen" (Coenen/Grunwald 2003: 15). Es folgten nicht nur weitere forschungspraktische Anwendungen des HGF-Konzepts, deren Ergebnisse in verschiedenen Sammelbänden veröffentlicht worden sind (z. B. Kopfmüller 2006b), sondern es entstand auch ein neues Forschungsprogramm „Nachhaltige Entwicklung und Technik", das 2004 anlief.

Intention der Verfasser_innen des integrativen Konzepts nachhaltiger Entwicklung war es, „Orientierungs- und Handlungswissen [...] zu erarbeiten" (Coenen/Grunwald 2003: 15) und dafür „nachhaltige Entwicklung als einen Begriff *mit Unterscheidungskraft* zu bestimmen" (ebd.: 55; Herv. i. O.). Die präzisierende Begriffsarbeit sollte sowohl dem Gegenstandsbezug (worauf erstreckt sich der Begriff nachhaltige Entwicklung und worauf nicht) als auch dem Kriterium der Operationalisierbarkeit dienen (vgl. ebd.: 57). Als Ausgangspunkt für ihre Definition von nachhaltiger Entwicklung wählten die Autor_innen des HGF-Konzepts nicht die Ende der 1990er-Jahre im deutschen Diskurs vorherrschende Unterscheidung der einzelnen Dimensionen (Ökologie, Ökonomie, Soziales). In Anlehnung an den Brundtland-Bericht, die Agenda 21 und die Rio-Deklaration identifizierten sie stattdessen „drei konstitutive Elemente" von Nachhaltigkeit: „das Postulat der inter- und intragenerativen Gerechtigkeit", „die globale Orientierung" und den „anthropozentrischen Ansatz" (Kopfmüller et al. 2001: 129ff.). Jürgen Kopfmüller (2006a: 27) betont, dass sich aus diesen drei konstitutiven Elementen ein ganzheitliches, integratives Verständnis von Nachhaltigkeit ableite, das ökologischen, sozialen, ökonomischen und kulturellen Aspekten gleichermaßen Rechnung trage.

---

319 Die im Projekt „Global zukunftsfähige Entwicklung – Perspektiven für Deutschland" beteiligten HGF-Zentren waren das Forschungszentrum Karlsruhe (FZK), vertreten durch das ITAS; das Deutsche Zentrum für Luft- und Raumfahrt (DLR), vertreten durch das Institut für Verkehrsforschung und die Abteilung für Technikbewertung und Systemanalyse des Instituts für Technische Thermodynamik; das Forschungszentrum Jülich (FZJ), vertreten durch die Programmgruppen Mensch-Umwelt-Technik (MUT) und Systemforschung und technologische Entwicklung (STE); die Fraunhofer-Institute für Autonome Intelligente Systeme (AIS) und Rechnerarchitektur und Softwaretechnik (FIRST).

1. Das integrative Nachhaltigkeitskonzept der Helmholtz-Gemeinschaft (HGF)

Tabelle 3: System von Nachhaltigkeitsregeln des HGF-Ansatzes

\multicolumn{3}{c}{**Substanzielle Regeln und ihre Zuordnung**}		
Sicherung der menschlichen Existenz	*Erhaltung des gesellschaftlichen Produktivpotenzials*	*Bewahrung der Entwicklungs- und Handlungsmöglichkeiten*
1.1 Schutz der menschlichen Gesundheit	2.1 Nachhaltige Nutzung erneuerbarer Ressourcen	3.1 Chancengleichheit im Hinblick auf Bildung, Beruf, Information
1.2 Gewährleistung der Grundversorgung (Nahrung, Bildung, ...)	2.2 Nachhaltige Nutzung nicht erneuerbarer Ressourcen	3.2 Partizipation an gesellschaftlichen Entscheidungsprozessen
1.3 Selbstständige Existenzsicherung	2.3 Nachhaltige Nutzung der Umwelt als Senke	3.3 Erhaltung des kulturellen Erbes und der kulturellen Vielfalt
1.4 Gerechte Verteilung der Umweltnutzungsmöglichkeiten	2.4 Vermeidung unvertretbarer technischer Risiken	3.4 Erhaltung der kulturellen Funktion der Natur
1.5 Ausgleich extremer Einkommens- und Vermögensunterschiede	2.5 Nachhaltige Entwicklung des Sach-, Human- und Wissenskapitals	3.5 Erhaltung der sozialen Ressourcen
\multicolumn{3}{c}{**Instrumentelle Regeln**}		
\multicolumn{3}{l}{– Internalisierung der externen ökologischen und sozialen Kosten}		
\multicolumn{3}{l}{– Angemessene Diskontierung}		
\multicolumn{3}{l}{– Begrenzung der Staatsverschuldung[1]}		
\multicolumn{3}{l}{– Faire weltwirtschaftliche Rahmenbedingungen}		
\multicolumn{3}{l}{– Internationale Kooperation}		
\multicolumn{3}{l}{– Resonanzfähigkeit gesellschaftlicher Institutionen}		
\multicolumn{3}{l}{– Reflexivität gesellschaftlicher Institutionen}		
\multicolumn{3}{l}{– Steuerungsfähigkeit}		
\multicolumn{3}{l}{– Selbstorganisationsfähigkeit}		
\multicolumn{3}{l}{– Machtausgleich}		

Quelle: Kopfmüller (2006a: 29)

Übersetzt – gleichsam als erster Schritt der Operationalisierung – wurden die konstitutiven Elemente in drei generelle, transdimensional konzipierte Ziele nachhaltiger Entwicklung: die „Sicherung der menschlichen Existenz", die „Erhaltung des gesellschaftlichen Produktivpotenzials" und die „Bewahrung der Entwicklungs- und Handlungsmöglichkeiten der Gesellschaft" (ebd.: 29; siehe auch Tabelle 3). In einem zweiten Schritt wurden diese Ziele durch 25 Nachhaltigkeitsregeln konkretisiert, die den Kern des integrativen HGF-Konzepts darstellen. Die Autor_innen unterscheiden dabei *substanzielle Regeln* (die 15 „Was-Regeln") von *instrumentellen Regeln* (den zehn „Wie-Regeln"). Diese Regeln[320] dienen sowohl zur Leitorientierung als auch als Prüfkriterien, mit deren Hilfe nachhaltige und nicht nachhaltige Zustände ermittelt werden können; sie sind universell gültig, beschreiben Mindestanforderungen, werden als prinzipiell gleichberechtigt und gleichzeitig (zumindest graduell) erfüllbar betrachtet und sind zudem abwägungsfähig konzipiert (vgl. ebd.: 28ff.).

1.2 Ökonomieverständnis

Wirtschaften wird im HGF-Ansatz, der stark durch die Arbeiten der Ökologischen Ökonomie geprägt ist, nicht nur in seiner monetären, sondern auch in seiner physisch-ökologischen und sozialen Dimension erfasst (a). Die Autor_innen des HGF-Ansatzes plädieren für die Internalisierung externer ökologischer und sozialer Kosten in den Wirtschaftsprozess (b). Wachstumsforderungen und -prämissen werden im HGF-Ansatz kritisch reflektiert (c). Zugleich spricht sich der HGF-Ansatz für eine Begrenzung der Staatsverschuldung aus mit dem Ziel, die Handlungs- und Gestaltungsspielräume des Staates zukünftig nicht (zu stark) einzuschränken (d). Ausgehend von der Krise der Erwerbsarbeit plädieren die Vertreter_innen des HGF-Ansatzes für eine Neuordnung des Arbeitslebens. Sie orientieren sich dabei an einem erweiterten Arbeitskonzept, das die Existenzsicherung und Teilhabe aller Gesellschaftsmitglieder an verschiedenen Arbeitsformen zum Ziel hat. Allerdings wird die Erwerbsarbeitszentrierung dabei nicht vollständig aufgehoben, die Bedingungen der ‚Reproduktionsarbeit' geraten daher nur ansatzweise in den Blick (e).

(a) Wirtschaften wird im HGF-Ansatz als Teilsystem des Gesellschaftssystems verstanden, das wiederum in das ökologische System eingebettet ist (vgl. Kopfmüller et al. 2001: 50ff., 84). Sein Zweck wird in Anlehnung an die Definition des Gabler Wirtschaftslexikons (1988: 2791, zit. n. ebd.: 84) in der Produktion von Gütern und Dienstleistungen gesehen, die zur materiellen Bedürfnisbefriedigung von Individuen dienen sowie zur „Sicherung der materiellen Existenz einer Gesellschaft" (Kopfmüller et al. 2001: 84). Abgeleitet von dem doppelten Gerechtigkeitsverständnis, das auch zukünftigen Generationen diese materielle Bedürfnisbefriedigung zuspricht, formuliert der HGF-Ansatz als eines von drei

---

[320] Kopfmüller (2006a: 28) merkt selbst an, dass der Begriff der Regel in Anlehnung an die Managementregeln, die insbesondere im internationalen Nachhaltigkeitsdiskurs eine große Rolle spielen, gewählt worden ist. Im Grunde handelt es sich hier um *Prinzipien*. Regeln und Prinzipien unterscheiden sich dadurch, dass erstere nur erfüllt oder nicht erfüllt werden können, während Prinzipien Optimierungsgebote darstellen, die in unterschiedlichem Umfang erfüllt oder eben nicht erfüllt werden können.

1. Das integrative Nachhaltigkeitskonzept der Helmholtz-Gemeinschaft (HGF) 335

übergeordneten Zielen die „Erhaltung des gesellschaftlichen Produktivpotenzials" (ebd.: 219ff.). Diese Forderung wird einerseits inhaltlich genauer bestimmt durch ökologische Managementregeln[321], die sowohl die Nutzung erneuerbarer und nicht erneuerbarer Ressourcen als auch Umwelt als Senke betreffen, ergänzt um eine Regel zur Vermeidung technischer Großrisiken. Andererseits fundieren die Vertreter_innen des HGF-Ansatzes den Erhalt des Produktivpotenzials nicht nur in ökologischer Hinsicht und in Auseinandersetzung mit Natur, sondern auch in sozial-ökonomischer Hinsicht, indem sie dafür plädieren, die ökonomische Leistungsfähigkeit durch eine entsprechende Entwicklung des Sach-, Human- und Wissenskapitals zu erhalten bzw. zu verbessern. Wirtschaften wird im HGF-Ansatz damit sowohl monetär als auch und vor allem physisch-ökologisch (i) und sozial (ii) erfasst.

(i) Über die ökologischen Managementregeln wird ökonomisches Handeln im HGF-Ansatz als ko-evolutionäres Handeln bestimmt. Hervorzuheben ist in diesem Zusammenhang zudem der reflexiv-kritische Umgang mit der eigenen Regel zur nachhaltigen Nutzung erneuerbarer Ressourcen. Die Vertreter_innen des HGF-Ansatzes fordern, dass „[d]ie Nutzungsrate sich erneuernder Ressourcen [...] deren Regenerationsrate nicht überschreiten [darf]." Kopfmüller et al. (2001: 220) merken aber kritisch an, dass der Vollzug dieser Regel gesichertes Wissen über die Regenerationsraten der jeweiligen Ressource (wie Fischpopulationen, Grundwasser, Ackerböden oder Wald) voraussetze, was unter Berücksichtigung verschiedenster Interdependenzen bisweilen schwierig sei. Eingedenk der Bedingungen von Unsicherheit und Nichtwissen geht der HGF-Ansatz daher davon aus, dass die Bestimmung eines „maximal dauerhafte[n] Ertrag[es] (maximum sustainable yield)" (ebd.) für lebende erneuerbare Ressourcen mit dem Konzept des „safe minimum standard" (SMS) verbunden werden muss, das sich am Vorsorgeprinzip orientiert[322] (vgl. ebd.: 220, 224). Die Vorstellung „fixierbare[r] Grenzen" (ebd.: 229) wird im HGF-Ansatz auch mit Blick auf die Nutzung nicht erneuerbarer Ressourcen problematisiert. Um zu erreichen, „dass die Reichweite der nachgewiesenen nicht erneuerbaren Ressourcen konstant bleibt" (ebd.: 230), setzt der HGF-Ansatz auf Mehrfachstrategien von Suffizienz (teilweiser Verzicht auf den Verbrauch von Ressourcen), Effizienz (Erhöhung der

---

321 Die ökologischen Managementregeln prägten den ökonomischen Diskurs um Nachhaltigkeit bereits in seinen Anfängen. Im deutschen Diskurs werden sie vor allem von der Enquete-Kommission „Schutz des Menschen und der Umwelt" (1994, 1998) prominent vertreten.

322 Das Konzept des SMS geht auf den Ressourcenökonom Ciricy-Wantrup zurück. Mit ihm sollen irreversible ökologische Folgewirkungen von Ressourcennutzungen, insbesondere das Aussterben von Tier- und Pflanzenarten, durch die Gewährleistung sicherer Minimalpopulationen verhindert werden. Es fand Eingang in die Ökologische Ökonomie (z. B. Hampicke 1992) sowie in die politische Praxis – z. B. in Form des totalen Fangverbots für Wale, das die Internationale Walfangkommission 1986 verhängte (zit. n. Kopfmüller et al. 2001: 220f.).

Ressourcenproduktivität) und Konsistenz (Substitution nicht erneuerbarer durch erneuerbare Ressourcen) (vgl. ebd.: 231).

Obwohl das Ziel „Erhalt des Produktivpotenzials" transdimensional angelegt ist und die Verfasser_innen des HGF-Ansatzes konzeptionell versuchen, die Trennung von Ökonomie und Ökologie so weit wie möglich zu verhindern, bleibt das Ökonomieverständnis dennoch in Teilen alten Trennungen verhaftet – etwa der Trennung zwischen Input und Output bzw. der Trennung in die Ressourcen- und Senkenfunktion von Natur. In Anlehnung an Held et al. (2000) stellt Martina Schäfer (2006b: 118f.) dieser trennenden Sichtweise ein Verständnis entgegen, das die Produktionsprozesse auf der Quellenseite und die Abbau- und Ablagerungsprozesse auf der Senkenseite als untrennbar miteinander verbundene Prozesse konzeptualisiert. Während diese Verbindung zwischen Abbau und Aufbau bei Held et al. (2000) und Schäfer (2006b) als „Reproduktivität von Natur" bezeichnet wird und Schäfer die eigene Forschungsarbeit mit dem HGF-Ansatz um eine entsprechende Regel zur „Erhaltung und Förderung der Reproduktivität der Natur" ergänzt, bezeichnen Biesecker und Hofmeister genau diese Prozesse als (re)produktiv (siehe B.III.2.2).

(ii) Ressourcennutzung ist für die Vertreter_innen des HGF-Ansatzes auch immer eine Frage von Gerechtigkeit; sie fordern „eine andere Verteilung der bisherigen Ressourcennutzung" (Kopfmüller et al. 2001: 231). Wirtschaften dient im Verständnis des HGF-Ansatzes der Sicherung der menschlichen Existenz, ist damit ein Mittel zu diesem Zweck und dafür auf den Erhalt und zugleich auf die Verbesserung bzw. Entwicklung verschiedener Kapitalien angewiesen. Für die Vertreter_innen des HGF-Ansatzes setzt sich das ökonomische Leistungspotenzial neben dem Finanzkapital und dem Naturkapital auch aus Sach-, Human- und Wissenskapital zusammen. Entsprechend betonen sie bei der Forderung nach Entwicklung des Sachkapitals insbesondere die Möglichkeit zur qualitativen Veränderung und die Relevanz politischer Entscheidung: Beides könne auch dazu führen, dass volkswirtschaftlich bedeutsame Infrastruktur nicht erhalten, sondern zurück- oder umgebaut wird, etwa wenn Atom- oder Kohlekraftwerke abgeschaltet werden, weil andere Formen der Versorgung von der Bevölkerung bevorzugt werden (vgl. ebd.: 242f., Fn. 179).

Human- und Wissenskapital werden von den Vertreter_innen des HGF-Ansatzes unter dem Begriff Wissen zusammengefasst und in Verfügungswissen (im Sinne von anwendungsfähigem Sachwissen) und in Orientierungswissen (im Sinne eines ethischen Handlungsmaßstabs, der auch die Anwendung des Verfügungswissens begrenzt) differenziert (vgl. ebd.: 243). Als Produktionsfaktor biete Wissen im Produktionsprozess flexiblere Einsatzmöglichkeiten als Sachkapital (vgl. ebd.: 244), und gegenüber den Faktoren Arbeit und natürliche Rohstoffe gewinne es zunehmend an Bedeutung (vgl. ebd.: 245). Diese Verschiebung erklären die HGV-Vertreter_innen damit, „dass in Zeiten zunehmend international mobilen

Sach- und vor allem Finanzkapitals dem an die Menschen eines Landes gebundenen Humankapital die Rolle eines Schlüsselfaktors in nach wie vor national definierten Wirtschaftsstandorten zufällt" (ebd.: 245 in Anlehnung an Gries 1999). Der Schlüsselfaktor Wissen bleibt in den Ausführungen des HGF-Ansatzes zwar nur auf die marktvermittelten Wirtschaftsprozesse bezogen, dennoch ist er nicht rein instrumentell zu verstehen und zielt auch nicht nur auf eine monetäre Zwecksetzung im Rahmen der internationalen Standortkonkurrenz ab. Vielmehr betonen die Vertreter_innen des HGF-Ansatzes, dass das wesentliche Ziel von Wissensgenerierung und Bildung für nachhaltige Entwicklung „in der Vermittlung und dem Erwerb von Gestaltungskompetenz" (Kopfmüller et al. 2001: 245) liege. Umfang, Struktur, Organisation und Qualität von Bildungsangeboten und Forschung müssten daher ihrer Ansicht nach ausgerichtet sein auf problemorientierte Interdisziplinarität, auf die Verbindung von grundlagen- und theoriebezogener mit anwendungs- und gestaltungsorientierter Forschung, auf Langfrist- und Folgenorientierung an gesellschaftlichen Bedürfnis- bzw. Aktivitätsfeldern sowie Akteursorientierung (vgl. ebd.: 246).

Betrachtet man das physisch-ökologische und soziale Ökonomieverständnis des HGF-Ansatzes, dann steht hinter den Forderungen für den Erhalt der Produktivitätsgrundlagen einerseits ein Verständnis, das tiefgreifende strukturelle Veränderungen in der Art und Weise, wie gewirtschaftet wird, impliziert. Auch die Forderung nach dem Erwerb von Gestaltungskompetenz hat emanzipatorischen Gehalt – steigert Gestaltungskompetenz doch die Möglichkeit zur individuellen Teilhabe an gesellschaftlichen Regulationsprozessen und erhöht insgesamt das gesamtgesellschaftliche Reflexionspotenzial. Andererseits verzichtet der HGF-Ansatz auf eine grundlegende Auseinandersetzung mit dem vorherrschenden Produktivitätsverständnis an sich und fokussiert vorrangig auf die Prozesse der Marktökonomie (vgl. zu dieser Kritik auch Schäfer 2003, 2006b).

Die Ambivalenz zwischen der Forderung, nachhaltig anders zu wirtschaften, und dem In-alten-Wertmaßstäben-verhaftet-Bleiben zeigt sich auch im Verhältnis zwischen der inhaltlichen Beschreibung der jeweiligen Regeln und den daraus abgeleiteten Indikatoren, die eigentlich den „in der Regel abgebildeten Sachverhalt in möglichst adäquater Weise abbilden" (Coenen/Grunwald 2003: 49) sollen. Diese Konkretisierung gelingt jedoch nicht immer bzw. transportiert andere Inhalte: Während die Vertreter_innen des HGF-Ansatzes in den Regelbestimmungen zur Erhaltung des gesellschaftlichen Produktivpotenzials versuchen, den komplexen Zusammenhängen gerecht zu werden und dabei auch das Unterlaufen von sozialen und ökologischen Standards durch globalisierte Konkurrenz kritisieren, wird die Regel der nachhaltigen Entwicklung von Sach-, Human- und Wissenskapital beispielsweise über den Indikator „Produktivität und internationale Wettbewerbsfähigkeit" gemessen und zwar in Form von RCA-Werten (also der Export-Import-Relation für bestimmte Güter im Verhältnis zur gesamten Export-Import-Relation), in Form von relativen Patenthäufigkeiten, Arbeits- und Kapitalproduktivität sowie totaler Faktorproduktivität[323] (vgl. Kopfmüller et al. 2001: 338f., zur Kritik daran vgl. Schäfer 2003). Der kritische Blick auf die derzeitige Verfasstheit des internationalen Wettbewerbs und seine Folgen geht so verloren.

(b) Angesichts der Unzulänglichkeit des klassischen wirtschaftswissenschaftlichen Effizienzkriteriums wird von den Autor_innen des HGF-Ansatzes keine eigene Effizienzregel formuliert (anders als Ott und Döring, die einen modifizierten Effizienzbegriff zu einer Nachhaltigkeitsstrategie erklären). Stattdessen plädieren sie dafür, externe Kosten, so gut es geht, in den Wirtschaftsprozess einzubeziehen, um so eine – umfassend verstandene – optimale Ressourcenallokation zu realisieren. Der HGF-Ansatz greift mit seiner Regel der „Internalisierung externer ökologischer und sozialer Kosten" (Kopfmüller et al. 2001: 273, siehe auch Tabelle 3) eine Forderung auf, die den Diskurs um Nachhaltigkeit früh geprägt hat. Berühmt geworden ist beispielsweise die Formulierung von Ernst Ulrich von Weizsäcker (1994: 143): „Die Preise müssen die [ökologische; D. G.] Wahrheit sagen". Die Vertreter_innen des HGF-Ansatzes beschränken sich jedoch nicht nur auf die Einbeziehung ökologischer Kosten, sondern fordern die Berücksichtigung auch sozialer Aspekte im Wirtschaftsprozess. Der Regel kommt zum einen eine analytische Funktion zu: Diese betrifft „die Frage, welcher Art und wie hoch die verschiedenen ‚externen Kosten' tatsächlich sind" (ebd.: 274). Zum anderen wird nach Wegen gefragt, wie diese Kosten in die Wirtschafts- und Marktprozesse einzubeziehen sind (vgl. ebd.).

(c) Die Kritik am Wachstumsparadigma durchzieht den HGF-Ansatz wie ein roter Faden. Im Zusammenhang mit der Analyse der unterschiedlichsten Krisenphänomene wie Arbeitslosigkeit oder Staatsverschuldung wird immer wieder herausgestrichen, dass starkes wirtschaftliches Wachstum keine adäquate Antwort darauf sei, sondern vielmehr „aus ökologischen Gründen höchst zweifelhaft" (Kopfmüller et al. 2001: 205) wäre. Der Nexus zwischen wirtschaftlichem Wachstum und Beschäftigung, der auch von sozialen Kräften wie den Gewerkschaften hergestellt wird, wird als Strategie für die nachhaltige Gestaltung von Wirtschaft und Arbeit im Besonderen und gesellschaftlichem Wohlstand im Allgemeinen kritisch hinterfragt. Für die Vertreter_innen des HGF-Ansatzes bilden Wachstumsstrategien einen Teil des Problems nicht nachhaltiger Verhältnisse.

---

323 Dabei handelt es sich um ein Maß für Produktivitätsentwicklung eines Landes, eines Wirtschaftszweigs oder eines Unternehmens, das angibt, welcher Teil des Wirtschaftswachstums nicht auf ein Wachstum des Einsatzes von Produktionsfaktoren, wie Arbeit und Kapital, zurückgeführt werden kann, sondern als unerklärter Rest übrig bleibt. Diese Restgröße unterliegt verschiedenen Einflüssen, wird aber häufig als ein Ausdruck des technologischen Fortschritts und der Effizienzsteigerung interpretiert (vgl. www.diw.de/de/diw_01.c.430429.de/presse_/diw_glossar/totale_faktorproduktivitaet.html).

1. Das integrative Nachhaltigkeitskonzept der Helmholtz-Gemeinschaft (HGF)

Ihren Begriff der wirtschaftlichen Leistungsfähigkeit definieren sie daher nicht über ein bestimmtes Produktionsniveau, sondern im Sinne eines verfügbaren Produktionspotenzials. Umfang und Nutzung dieses Leistungspotenzials, so bestimmen es die Vertreter_innen des HGF-Ansatzes (vgl. ebd.: 241), sollen sich einerseits an gesellschaftlichen Bedürfnissen und Entwicklungszielen orientieren, andererseits wird das Maß ihrer Realisierung abgesteckt und begrenzt durch die anderen substanziellen Regeln des Nachhaltigkeitskonzepts. Die Besonderheit dieser potenzialbezogenen Interpretation liegt nicht zuletzt in dem neuen Verständnis begründet, dass unter bestimmten Bedingungen auch auf die Ausschöpfung des jeweiligen Potenzials temporär oder sogar dauerhaft verzichtet werden kann.

Die Vertreter_innen des HGF-Ansatzes betonen auch – und in Abgrenzung zur Enquete-Kommission „Schutz des Menschen und der Umwelt" –, dass für sie Fragen der Wettbewerbsfähigkeit nur „mittelbare Bedeutung" (ebd.: 242) haben und zwar „insoweit [...] sie erforderlich sind, um die [gesellschaftlichen; D. G.] Potenziale realisieren und nutzen zu können" (ebd.). Inwieweit hier ein Widerspruch besteht zum auf der Homepage erklärten Selbstverständnis der allgemeinen Arbeit der Helmholtz-Gemeinschaft, die darauf zielt, „die Lebensgrundlagen des Menschen langfristig zu sichern und *die technologische Basis für eine wettbewerbsfähige Wirtschaft* zu schaffen"[324], kann im Rahmen dieser Arbeit nicht weiter analysiert werden.[325]

(d) Bereits in der Nachhaltigkeitsstrategie der Deutschen Bundesregierung von 2002 (siehe B.I.4.) war die Begrenzung der Staatsverschuldung[326] ein zentrales Thema – gestützt auf das Postulat der intergenerativen Gerechtigkeit, dass gegenwärtige Generationen nicht auf Kosten zukünftiger Generationen leben sollten. Orientierungspunkt in der kontrovers geführten Debatte,[327] inwieweit Staatsverschuldung eine auf die Zukunft abgewälzte Last darstellt und ob bzw. für welche Ausgaben dies zulässig sein könnte, ist für die Vertreter_innen des HGF-Ansatzes die Frage nach der Erhaltung der Handlungs- und Gestaltungsspielräume des Staates. Um diese auch zukünftig nicht einzuschränken, „müssen die laufenden

---

324 Zit. n. www.helmholtz.de/ueber_uns/profil/; Herv. D. G.
325 Auch Walter Kröll (2003: 13), Präsident der Helmholtz-Gemeinschaft, verweist in leicht abgewandelter Form in seinem Geleitwort zum Sammelband „Nachhaltigkeitsprobleme in Deutschland. Analyse und Lösungsstrategien" von Coenen/Grunwald (2003) auf die Schaffung einer technologischen Basis für eine wettbewerbsfähige Wirtschaft als Ziel der HGF.
326 Der Schuldenumfang wird bestimmt durch die Differenz zwischen Einnahmen und Ausgaben des Primärbudgets, durch die Zinsrate sowie durch die Differenz zwischen Zins- und Wachstumsrate. Sofern die reale, d. h., die inflationsbereinigte Zinsrate über der realen Wachstumsrate liegt, erfordern sowohl der Abbau als auch die Stabilisierung von Schulden entsprechende Haushaltsüberschüsse (vgl. Kopfmüller et al. 2001: 285).
327 Weiterführende Literaturhinweise zu dieser Kontroverse finden sich bei Kopfmüller et al. (2001: 285), die ihre Ausführungen zur Regel „Begrenzung der Verschuldung" mit einem kurzen Abriss zum Stand der Forschung beginnen. Die HGF-Autor_innen weisen ausdrücklich darauf hin, dass alternativ zur Verschuldung nur die Möglichkeit besteht, staatliche Ausgaben über Steuererhöhungen zu finanzieren oder sie zu reduzieren bzw. zu streichen.

konsumtiven Ausgaben des Staates im Prinzip aus den laufenden Einnahmen finanziert werden", so Kopfmüller et al. (2001: 284). Denn die Verteilung der Last zwischen den Generationen habe sich mittlerweile so sehr zuungunsten künftiger Generationen entwickelt, dass zumindest zusätzliche Belastungen dieser Art zu vermeiden seien (vgl. ebd.: 289). Die Autor_innen des HGF-Ansatzes fordern daher, „eine in Umfang und Struktur ‚optimale' Verschuldung zu realisieren" (ebd.: 291). Diese solle es ermöglichen, hinreichende Mittel für wichtige Zukunftsinvestitionen bereitzustellen, ohne zu „unakzeptablen Belastungen heutiger oder künftiger Generationen" (ebd.) zu führen. Die vorgeschlagene instrumentelle Regel „Begrenzung der Verschuldung" – ausschließlich verstanden als Staatsverschuldung – (ebd.: 284ff.) bezieht sich dabei auf den Haushalt eines Jahres und differenziert zwischen Investitions- und Konsumausgaben. Mit Blick auf die Operationalisierung wird u. a. eine Zweiteilung öffentlicher Haushalte in ein Budget für Investitionen einerseits und laufende Ausgaben andererseits vorgeschlagen. Angeregt wird auch zu prüfen, inwieweit eine Beteiligung der Steuerzahlergeneration an Investitionsfinanzierungen sinnvoll und praktikabel wäre, die in Anlehnung an die steuerliche Abschreibungspraxis über die Jahre linear, progressiv oder degressiv sinkt (vgl. ebd.: 291).

(e) Das Thema „Arbeit" ist nach Auffassung der Vertreter_innen des HGF-Ansatzes besonders relevant für Nachhaltigkeitskonzeptionen, weil es sowohl für Individuen als auch für die Gesellschaft als Ganzes eine existenzielle Bedeutung hat (vgl. Kopfmüller et al. 2001: 208). Zweitens wird die besondere Relevanz aus der „integrative[n] Funktion" (ebd.) des Themenfeldes Arbeit abgeleitet, das zahlreiche und „wichtige nachhaltigkeitsrelevante Grundfragen" (ebd.) tangiere, die im Zusammenhang erörtert werden müssten. Um Orientierungswissen für nachhaltige Entwicklung erarbeiten zu können, bedarf es nach Einschätzung der Autor_innen des HGF-Ansatzes weiterer Forschung bzw. einer noch genaueren Analyse der „Arbeitsproblematik" (ebd.) im Nachhaltigkeitskontext.

Das Verständnis von Arbeit des HGF-Ansatzes umfasst mehr als nur Erwerbsarbeit. Dies zeigt sich u. a. in der Regel zur „Selbständigen Existenzsicherung", in der gefordert wird: „Für alle Gesellschaftsmitglieder ist die Möglichkeit einer Existenzsicherung (einschließlich Kindererziehung und Altersversorgung) durch frei übernommene Tätigkeiten zu gewährleisten" (ebd.: 203). Ausdrücklich wird von „frei übernommenen Tätigkeiten" gesprochen, unter die

> „keineswegs nur Erwerbsarbeit, erst recht nicht das in Industrieländern noch weithin übliche stabile Normalarbeitsverhältnis des Arbeitnehmers subsumiert [wird]. Vielmehr sind *Kombinationen herkömmlicher Erwerbsarbeit mit neuen, aufzuwertenden Formen der Arbeit, wie Versorgungs-, Gemeinschafts- und Eigenarbeit*, in Betracht zu ziehen" (ebd.; Herv. D. G.).

Die wichtigen gesellschaftlichen Funktionen, die diese verschiedenen Tätigkeiten erfüllen, werden explizit herausgestrichen. Allerdings bedeutet die erkennbare Erweiterung des Arbeitsbegriffs noch keine vollständige Überwindung einer Erwerbsarbeitszentrierung (wie sie vor allem für die neoklassische Arbeitskonzeption charakteristisch ist). Spuren dieses engen Arbeitsverständnisses zeigen sich beispielsweise in der obigen Formulierung, dass es um Kombinationen von Erwerbsarbeit mit neuen Formen der Arbeit gehe. Kritisch anzumerken ist in diesem Zusammenhang, dass Arbeitsformen wie Versorgungs- und Eigenarbeit allesamt älter als das Phänomen der Erwerbsarbeit sind. Als neu kann an dieser Stelle lediglich gewertet werden, dass diese sorgenden Tätigkeiten für die eigene Person und andere, wenn das Thema Arbeit zur Sprache kommt, aus der Unsichtbarkeit geholt werden und dass ihre gesellschaftliche Relevanz anerkannt wird. Auch die zu dieser Regel der „Selbständigen Existenzsicherung" gewählten Schlüsselindikatoren spiegeln die nach wie vor starke Fokussierung auf Erwerbsarbeit wider. Als Schlüsselindikatoren gelten: „Zahl und Anteil der Sozialhilfeempfänger", „[o]ffizielle Arbeitslosenquote", „Anzahl Langzeitarbeitsloser (1 Jahr und länger)" (ebd.: 332). Allerdings wird als zusätzlicher Indikator der „Quotient aus Arbeitszeit für bezahlte und unbezahlte Arbeit" angegeben, der diese eindeutige Zentrierung auf Erwerbsarbeit(szeit) ein Stück weit wieder aufbricht.

Die Vision des HGF-Ansatzes ist ein Arbeitskonzept, das alle arbeitenden Menschen sozial absichert und dabei einen flexibleren Wechsel als bisher zwischen den verschiedenen Arbeitsformen (Erwerbsarbeit, Versorgungs-, Gemeinschafts- und Eigenarbeit) ermöglichen soll (vgl. ebd.: 207). Zu dieser Vision gehört für die Vertreter_innen des HGF-Ansatzes auch, „dass Arbeit, wenn auch vielleicht in anderer Art und Weise als bislang, ihre Bedeutung als Existenz sichernde [sic], Sinn gebende und integrierende Ressource erhält und zugleich die Gesellschaften als Ganze sich in Richtung Nachhaltigkeit transformieren" (ebd.: 206). Diese Neuordnung des Arbeitslebens soll Antworten auf eine Reihe von Krisenentwicklungen geben – wie Erwerbsarbeitslosigkeit einschließlich ihrer materiellen und psychosozialen Folgen, Armut, Abbau sozialer Schutzmechanismen sowie Situationen der Rechtlosigkeit, die u. a. über eine Verschiebung formaler Erwerbsarbeitsverhältnisse in den informellen Sektor entstanden sind. Die Krisenanalyse der Entwicklungen der Arbeitswelt bleibt dabei ausdrücklich nicht auf Deutschland oder „reiche Länder" (ebd.: 204) beschränkt, sondern bezieht Entwicklungs- und Schwellenländer im Kontext von sozio-ökonomischen Strukturveränderungen durch Globalisierungsprozesse mit ein. Aus Nachhaltigkeitsperspektive werden von den Vertreter_innen des HGF-Ansatzes insbesondere Menschenrechtsverletzungen wie Kinderarbeit und Zwangsarbeit kritisiert (vgl. ebd.: 204f.).

Mit der ausdrücklichen Betonung, dass die selbständige Existenzsicherung durch „*frei übernommene* Tätigkeit" (ebd.: 203; Herv. D. G.) erreicht werden soll, grenzen sich die Vertreter_innen des HGF-Ansatzes von Vorstellungen wie

Transferzahlungen ab, „die dem Individuum eine passive Rolle" (ebd.) zuweisen. Der aktive Mensch, dessen moralisches Recht es ist, seine Fähigkeiten zu entfalten und seine Existenz durch sein eigenes Tun zu sichern, steht damit im Mittelpunkt der Argumentation. Die Forderung des HGF-Ansatzes nach einem solchen Recht auf Arbeit, das zwar nicht subjektiv einklagbar ist, aber als (Selbst-)Verpflichtung für relevante gesellschaftliche Instanzen angesehen werden kann, wird durch zahlreiche völkerrechtliche Dokumente der UN fundiert – angefangen bei den Menschenrechten der zweiten Generation (vgl. ICESCR 1966) bis hin zu Bekräftigungen dieses Rechts durch die Erklärung des World Summit for Social Development (1995).

Die Vertreter_innen des HGF-Ansatzes sehen in den derzeit krisenhaften Verhältnissen, die das Themenfeld Arbeit prägen, jedoch auch eine Chance, die in Veränderung, zum Teil sogar in Auflösung begriffenen gesellschaftlichen Rahmenbedingungen nachhaltig zu gestalten. Da sie davon ausgehen, „dass die Erwerbsarbeitsgesellschaft als Vollbeschäftigungsgesellschaft mit stabilen traditionellen Normalarbeitsverhältnissen langfristig nicht überleben wird" (Kopfmüller et al. 2001: 206), wird die Frage nach Alternativen unausweichlich und zu einer Forderung einer Transformation in Richtung Nachhaltigkeit.

Gleichzeitig zeigt dieses Zitat, dass im HGF-Ansatz aus der Perspektive der Krise der Erwerbsarbeit argumentiert wird und nicht aus der Perspektive der Krise der ‚Reproduktionsarbeit' oder einem Krisenverständnis, das die Friktionen der bezahlten und unbezahlten Arbeit, der formellen und informellen Arbeit gleichermaßen umfasst. Damit geraten die Bedingungen der ‚Reproduktionsarbeit' nur ansatzweise in den Blick – wenn etwa die ungleiche Verteilung der Sorgearbeiten als Frage der Chancengleichheit zwischen den Geschlechtern thematisiert wird (vgl. ebd.: 207). Auch die Vision eines neuen Arbeitsmodells als Antwort auf diese Krise ist eine Vision, die im Anschluss an das Modell der Hans-Böckler-Stiftung ausgehend von veränderten Erwerbsarbeitsbedingungen entwickelt wurde. Die Frage, ob die gesellschaftliche Integration immer vorrangig durch Erwerbsarbeit geleistet werden soll, wird im HGF-Ansatz jedoch nicht eindeutig beantwortet. Einerseits bleibt der Fokus auf Erwerbsarbeit gerichtet, andererseits werden in dem Vorschlag für ein erweitertes Arbeitskonzept die verschiedenen Arbeitsformen als zueinander komplementär konzeptualisiert. Eine Beteiligung an ihnen soll laut HGF-Ansatz „rechtlich, ökonomisch und statusmäßig nicht hierarchisiert und nicht auf bestimmte soziale Gruppen konzentriert sein" (ebd.: 207). Doch bleibt es auch in diesem alternativen Arbeitsverständnis bei der Trennung in verschiedene Arbeitsformen. Es wird nicht die Frage aufgeworfen, welche Tätigkeiten eine Gesellschaft braucht, um sich auf nachhaltige Weise zu versorgen.

1.3 Politikverständnis

Der HGF-Ansatz ist geprägt von einem weiten Politikbegriff, der nicht auf etablierte Institutionen und Verfahren verkürzt ist. Die politische Gestaltung nachhaltiger Entwicklung ist nach Auffassung der Autor_innen angewiesen auf die Bereitschaft jedes einzelnen Individuums, sich an Prozessen demokratischer Selbstorganisation zu beteiligen (a). Laut HGF-Ansatz erfordert dies zugleich eine Veränderung der bestehenden gesellschaftlichen Institutionen und Strukturen (b). Partizipation (c) und Governance-Prozesse (d) gelten als zentrale Elemente für politische Innovationen, während in der unterschiedlichen Machtverteilung (e) eine Barriere für nachhaltige Entwicklung gesehen wird.

(a) Als politisch nachhaltig ist nach Auffassung der Autor_innen des HGF-Ansatzes eine Gesellschaft dann zu bezeichnen, wenn es ihr gelingt, den sozialen gesellschaftlichen Zusammenhalt, also „die Integration einer Gesellschaft" (Kopfmüller et al. 2001: 269), zu erhalten und dabei gleichzeitig offen für eine „qualitative Weiterentwicklung" (ebd.: 276) dieses Zusammenhalts zu sein. Die besondere Betonung der Relevanz von wirksamen sozialen Integrationsmodi und Integrationsressourcen für eine nachhaltige Gesellschaft zeichnet nicht nur den HGF-Ansatz aus. Insbesondere die Wertschätzung von Solidarität findet sich in den allermeisten der bereits vorgestellten Nachhaltigkeitsansätze. Bemerkenswert ist allerdings der explizite Fokus auf die individuelle Verantwortung für die gesellschaftliche Integration. In Anlehnung an die Position von Günter Frankenberg (1997: 32) argumentieren die HGF-Autor_innen, dass den Individuen in der Moderne nicht nur die Gestaltung ihrer eigenen, privaten Lebensverhältnisse, sondern auch die der politischen Ordnung zuzumuten sei (Kopfmüller et al. 2001: 269). Um den sozialen Zusammenhalt zu garantieren und zu befördern, braucht es nach Ansicht der Autor_innen des HGF-Ansatzes „individuelle, politisch relevante Tugenden" (ebd.), wie sie in der Regel „Erhaltung der sozialen Ressourcen" festgehalten sind:

> „Um den sozialen Zusammenhalt der Gesellschaft zu gewährleisten, sind Rechts- und Gerechtigkeitssinn, Toleranz, Solidarität und Gemeinwohlorientierung sowie Potenziale der gewaltfreien Konfliktregelung zu stärken" (ebd.: 266).

Gemeint sind damit nicht Tugenden als Entsprechungen zu moralisch begründeten weltanschaulichen Lehren, die nicht universalisierbar sind. Auch würde man die Autor_innen des HGF-Ansatzes missverstehen, würde man den geforderten individuellen Einsatz für den gesellschaftlichen Zusammenhalt als Privatisierung der Verantwortung interpretieren. Der HGF-Ansatz plädiert vielmehr für umfassende gesellschaftliche Politisierungsprozesse: Er adressiert dafür das Individuum als Bürger_in³²⁸ und rückt damit sowohl die grundlegenden Fähigkeiten als auch die Verpflichtung aller Bürger_innen, sich in öffentlichen gesellschaftlichen Diskursen und in gemeinsamer politischer Praxis an der Beantwortung und Entscheidung wesentlicher gesellschaftlicher Fragen zu beteiligen, ins Zentrum (vgl. ebd.: 269). Die von den Autor_innen des HGF-Ansatzes diskutierten Verhaltensdispositionen und Handlungen von als politisch konzeptualisierten Akteuren werden gleichzeitig im Zusammenhang mit jenen bestehenden Strukturen reflektiert, mit denen sie in Wechselwirkung verbunden sind. Individuelle Tugenden brauchen ermöglichende und im Habermas'schen Sinne entgegenkommende Institutionen, um tatsächlich wirksam zu werden – so die Botschaft des HGF-Ansatzes (vgl. ebd.).

Betrachtet man die einzelnen politischen Tugenden genauer, dann stehen sie zum einen in Beziehung zueinander und sind aufeinander angewiesen, zum anderen bilden sie das jeweils individuelle Pendant zu Nachhaltigkeitskonzeptionen auf struktureller Ebene.

So bildet beispielsweise die postulierte politische Tugend „Rechtssinn", die die HGF-Autor_innen zur „ersten Bürgerpflicht" (ebd.) erklären, die Entsprechung zur Rechtsstaatlichkeit. Rechtsstaatlichkeit ist in letzter Konsequenz nicht zu garantieren ohne die Rechtskonformität der Bürger_innen. Rechtstreue wird im HGF-Ansatz jedoch weder als vorbehaltlos verstanden noch gefordert, sondern nur dann als wertvoll betrachtet, wenn die Rechtsordnung, auf die sie sich bezieht, als gerecht bezeichnet werden kann. Hier zeigt sich die Verbindung zur zweiten politischen Tugend der obigen Regel: „‚*Gerechtigkeitssinn*' [...] erweist sich so gesehen als eine conditio sine qua non" (ebd.: 270; Herv. i. O.). Der individuelle Gerechtigkeitssinn zielt nach Auffassung der HGF-Autor_innen – und hier zeigt sich erneut die strukturelle Nachhaltigkeitsanforderung als Entsprechung zur individuellen Tugend – „auf die Errichtung eines im großen und ganzen gerechten Gemeinwesens" (ebd.). Dieses gerechte Gemeinwesen garantiert die „Gleichheit" vor dem Gesetz, die gleichen „politischen Freiheits- und Teilhaberechte" (ebd.).

Die von den HGF-Autor_innen geforderte „Gemeinwohlorientierung" wird nochmals untergliedert in die Komponenten „Staatsbürgersinn" und „Gemeinsinn" (ebd.): Beiden gemeinsam sei das Engagement und die Verantwortung der Bürger_innen sowohl für den Bestand als auch für das Wohlergehen der Gesellschaft (vgl. ebd.). Während der Gemeinsinn auch Solidarität umfasse, sich in den verschiedenen zivilgesellschaftlichen Tätigkeiten manifestiere und durch sie einer „Verstaatlichung der Gesellschaft" (ebd.) entgegenwirke, beträfe insbesondere der Staatsbürgersinn die politische Dimension von Gesellschaft. Nur wenn die

---

328 Im HGF-Ansatz wird nur die männliche Form verwendet und entsprechend nur von dem Bürger bzw. den Bürgern gesprochen.

Bürger_innen bereit seien, an Wahlen und Abstimmungen teilzunehmen, könne Demokratie (in einem formalen Sinn) überhaupt stattfinden. Über dieses enge Verständnis hinausgehend verlange Staatsbürgersinn „jedoch ein Mehr an Engagement im Sinne einer partizipatorischen Demokratie [...], das der Überbürokratisierung der Staatsverwaltung oder der Professionalisierung der Politik entgegenzuwirken vermag" (ebd.: 271). Der HGF-Ansatz verbindet hier kommunitaristische Ideen, die Anerkennung zivilgesellschaftlicher Netzwerkstrukturen für Nachhaltigkeit mit einem Plädoyer für partizpatorische Demokratie.

Für den Erhalt und die Weiterentwicklung des sozialen Zusammenhalts sind politische individuelle Tugenden eine notwendige, wenngleich keine ausreichende Bedingung. Allerdings bleibt der Begriff des Bürgers im HGF-Ansatz ähnlich exklusiv wie in der Theorie starker Nachhaltigkeit bei Ott und Döring (2008; siehe auch B.IV.2.3). Denn der Begriff des Bürgers schließt aus staatsrechtlicher Perspektive all jene Menschen von bürgerlichen Rechten wie dem aktiven und passivem Wahlrecht aus, die zwar in einer Gesellschaft leben, doch deren Staatsangehörigkeit nicht besitzen (z. B. Flüchtlinge, Asylsuchende, ‚Ausländer_innen' mit (un)befristeter Aufenthaltserlaubnis). Auch inkludiert er als formal-juristischer Begriff nur volljährige Personen, also nur diejenigen, die das 18. Lebensjahr (in einigen Staaten auch das 16. Lebensjahr) vollendet haben.

(b) Die Realisierung nachhaltiger Entwicklung bedeutet, sozial-ökologische Transformationsprozesse einzuschlagen. Diesem Verständnis folgen die Autor_innen des HGF-Ansatzes, wenn sie die Realisierungschancen einer zukunftsfähigen Entwicklung als „eine Frage der gesellschaftlichen Selbstveränderung" (Kopfmüller et al. 2001: 102) herausstellen, die dabei allerdings nicht ohne Steuerung auskommt:

> „[D]ie Lösung globaler Probleme [lässt sich] kaum anders als über geordnetes, geregeltes, auf Abkommen und Absprachen basierendes Handeln von gut organisierten und mit einem legitimen Mandat ausgestatteten Einrichtungen der Gesellschaft vorstellen" (ebd.: 110).

Gemeinhin sind es gesellschaftliche Institutionen – verstanden als „sozial normierte Verhaltensmuster" (Mayntz/Scharpf 1995), als „pazifizierende Einrichtungen" (Elias 1988), als „verfestigte Erwartungshaltungen" (Esser 2000), als „formelle (z. B. Gesetze) und informelle (z. B. Konventionen) Regeln" (Enquete-Kommission „Schutz des Menschen und der Umwelt" 1998) –, denen das Vermögen zugesprochen wird, individuelles und/oder kollektives Verhalten zu regulieren.

Zur Beschreibung und Analyse des nicht nachhaltigen Status quo gehört jedoch im Diskurs um nachhaltige Entwicklung, speziell in den Auseinandersetzungen mit der institutionell-politischen Dimension von Nachhaltigkeit, auch und vor allem die Identifizierung der Steuerungsschwäche bestehender Institutionen, die der Bewältigung der alten und neuen Herausforderungen auf globaler wie lokaler Ebene offensichtlich nicht (mehr) gewachsen sind. Die Autor_innen des HGF-Ansatzes (Kopfmüller et al. 2001: 110ff.) rücken in ihrer Zusammenschau zum Stand der Debatte diesen Aspekt ins Zentrum und verweisen auf die Forderungen der Agenda 21 sowie der Enquete-Kommission des 12. und 13. Deutschen Bundestages „Schutz des Menschen und der Umwelt" nach *institutionellen Innovationen* – insbesondere im Bereich der internationalen Zusammenarbeit bzw. auf den verschiedenen weltgesellschaftlichen Ebenen (von der supranationalen Ebene bis zu lokalen Institutionen, die es zu stärken gelte). Und sie betonen, dass von institutionellen Innovationen ähnliche Impulse für einen grundlegenden Wandel erwartet würden wie von technischen Neuerungen, wissenschaftlichen Entdeckungen oder neuen Perspektiven auf die Welt (vgl. ebd.: 112).

Auf welche Weise könnten institutionelle Arrangements einen Betrag leisten, nachhaltige Entwicklung zu realisieren? Was wären geeignete Strukturen, und wie müssten sie beschaffen sein? Nach welchen Verfahrensregeln müssten kollektive Entscheidungen gefunden werden? Wie offen oder geschlossen müsste der Kreis der an unterschiedlichen Sorten von Entscheidungen Beteiligten gestaltet werden? Wie symmetrisch bzw. hierarchisch sollten die Relationen zwischen den Akteuren festgelegt werden? Auf diese Vielzahl von Fragen gibt der HGF-Ansatz mit seiner Forderung nach umfassender Partizipation, nach einer Mehrebenenpolitik im Sinne von Global Governance und Reflexivität und einer Minderung von Machtungleichheit einige Antworten.

(c) Die Vertreter_innen des HGF-Ansatzes sind der Auffassung, dass es einer Verständigung über Ziele, Konzepte und Strategien in Politik und Gesellschaft bedarf. Die Realisierung von nachhaltiger Entwicklung „erfordert die Mitgestaltung und Verständigung aller gesellschaftlichen Akteure, sowohl was die Formulierung von grundlegenden Zielorientierungen als auch was die Wege zu ihrer Umsetzung anbelangt" (Kopfmüller 2006c: 13). Wissenschaft selbst kann dazu normative Vorschläge liefern, die dem erforderlichen Such- und Lernprozess Orientierungswissen für die Akteure bieten – Orientierungswissen, das auf theoretischen, konzeptionellen und empirischen Arbeiten basiert (vgl. ebd.).

Die Regel 3.2 „Allen Mitgliedern einer Gesellschaft muss die Teilhabe an den gesellschaftlich relevanten Entscheidungsprozessen möglich sein" (Kopfmüller et al. 2001: 251) hat sowohl eine substanzielle als auch eine prozedurale Seite. Angewandt beispielsweise auf Fragen der Technikentwicklung betont Grunwald, dass die Regel weder Form noch Verfahren der Partizipation vorgebe, dies müsse vielmehr kontextabhängig entschieden werden (Grunwald 2006: 47). Charakteristisch für den HGF-Ansatz ist, dass Partizipation neben funktionalen Gründen auch als Wert an sich, als zentral für nachhaltige Entwicklung erachtet wird. Die Vertreter_innen des integrativen HGF-Nachhaltigkeitskonzepts betonen durchgängig, dass ein gesellschaftlicher Dialog über die Frage notwendig sei, wie nachhaltige Entwicklung für eine Gesellschaft aussehen solle und wie die hierfür erforderlichen Strategien und Steuerungsprozesse in geeigneter Weise zu gestalten seien (vgl. Kopfmüller 2006a: 31).

Die Auseinandersetzung über nachhaltige Entwicklung ist also im Verständnis des HGF-Ansatzes eine genuin politische Frage. In der angestrebten Politisierung solcher Fragen, die die Gestaltung der gesellschaftlichen Naturverhältnisse betreffen, zeigt sich das oben bereits angesprochene weite Politikverständnis: Neben den politischen Repräsentanten (also den Parlamentsabgeordneten auf den verschiedenen politischen Ebenen) geht es auch immer um einen gesamtgesellschaftlichen Diskurs. Aspekte der Partizipation werden damit im Zusammenhang mit Fragen nach dem Ethos der Demokratie, nach neueren Vorstellungen von Demokratie (Zivilgesellschaft, Deliberation etc.) diskutiert. Dabei fragen die Autor_innen des HGF-Ansatzes (Kopfmüller et al. 2001: 254) auch nach den Verwirklichungsbedingungen von Partizipation und problematisieren, dass erstens „Volkssouveränität" zugunsten anderer Formen von Gewaltenteilungsmodellen zurückgedrängt werde, dass zweitens – wie bereits im Kontext der „Bürgertugenden" thematisiert – „entgegenkommende institutionelle Strukturen" nötig seien, die je nach Bereich unterschiedlich konstituiert sein müssten, und dass drittens die Möglichkeiten, durch politische Teilhabe Änderungen zu bewirken, im Zuge von Globalisierungsprozessen eingeschränkt würden, da der Nationalstaat als Referenz von Partizipation an Bedeutung verliere. Partizipation über NGOs im Mehrebenensystem als Teil von Global Governance nehme hingegen an Bedeutung zu (vgl. ebd.).

(d) Der HGF-Ansatz versteht Globalität als ein konstitutives Element von nachhaltiger Entwicklung. Die globale Perspektive wird ethisch, problemorientiert und handlungsstrategisch begründet. Da es um internationale Gerechtigkeitsfragen, die faire Gestaltung weltwirtschaftlicher Rahmenbedingungen sowie den Zugang zu und den Erhalt von globalen Ressourcen geht, liegt es nahe, dass der HGF-Ansatz seine Vorstellung, *wie* diese Fragen bearbeitet werden sollen, über die instrumentellen Regeln konkretisiert. Anhaltspunkte lassen sich in der Regel „Förderung der internationalen Zusammenarbeit" vermuten, die lautet:

> „Die verschiedenen Akteure (Regierungen, Unternehmen, Nichtregierungsorganisationen) *müssen* im Geiste globaler Partnerschaft mit dem Ziel zusammenarbeiten, die politischen, rechtlichen und faktischen Voraussetzungen für die Einleitung und Umsetzung einer nachhaltigen Entwicklung zu schaffen" (Kopfmüller et al. 2001: 298; Herv. D. G.).

Die „müssen"-Formulierung wird in den nachfolgenden Erläuterungen der HGF-Autor_innen zu dieser Regel explizit über Gerechtigkeit und Effizienz begründet. Dabei werden Bilder herangezogen, die schon im Brundtland-Bericht, in der Agenda 21 und in der Rio-Deklaration verwendet wurden: die beschworene globale Partnerschaft, um die Entwicklung der Menschheit voranzubringen, die Verletzlichkeiten, die Vernetzungen und Abhängigkeiten, die zur Zusammenarbeit zwingen, und die bereits feststellbaren Veränderungen im Bereich der internationalen Politik im Allgemeinen und der Entwicklungspolitik im Besonderen. Verwiesen wird im HGF-Ansatz nur auf die Veränderungen (von klassisch verstandener Entwicklungshilfe hin zu einem inzwischen etablierten Verständnis von Entwicklungszusammenarbeit) und auf die „strategische Neuorientierung", die durch die Konzepte von Global Governance dokumentiert sei (vgl. ebd.: 300). Was einer auf Nachhaltigkeit ausgerichteten internationalen Zusammenarbeit bisher im Wege stand, wird hingegen nicht reflektiert.

Der HGF-Ansatz reproduziert hier die Schwäche der Governance-Forschung: Es wird implizit unterstellt, dass der vorrangige Zweck und damit das gemeinsame Ziel der verschiedenen gesellschaftlichen Akteure in der Lösung sozial-ökologischer Probleme liegt. Die Governance-Theorie, der die Autor_innen folgen, fragt nicht danach, „*ob* politische Akteure wirklich primär an der Lösung gesellschaftlicher Probleme, die das Gemeinwesen insgesamt betreffen, orientiert sind" (Brunnengräber et al. 2008: 29; Herv. i. O.).

Daher ist Hartmut Aden (2004: 13) Recht zu geben, der kritisiert, dass in der Diskussion um Global Governance die Frage nach den materiellen Folgen der so bezeichneten Arrangements ausgeblendet wird:

> „Nichtstaatliche Akteure, von am Allgemeinwohl orientierten NGOs abgesehen, beteiligen sich in der Regel nicht allein deshalb an solchen Arrangements, weil sie sich davon eine effektive Steuerung und Problemlösung versprechen. Vielmehr tun sie dies, um über kurz oder lang Vorteile aus ihrem Engagement zu ziehen, sei es auch nur in Form von stabilisierten Strukturen, z. B. um Investitionen in zuvor instabilen oder unterentwickelten Teilen der Welt ‚sicherer' zu machen" (ebd.).

(e) Anders als in vielen anderen Nachhaltigkeitsansätzen wird der Frage der Macht im HGF-Ansatz eine explizite Regel gewidmet. Doch obwohl der Ansatz damit eindeutig nicht generell machtblind ist, thematisieren die Autor_innen die herrschaftstheoretisch zentrale Machtdimension nicht im Kontext der Frage nach internationaler Zusammenarbeit bzw. Global Governance. Dies liegt auch im Konzept von Governance selbst mitbegründet:

> „Governance kann sich nur auf die Kooperation, also auf die Zustimmung aller verlassen. Sie muß den Konsens aller Betroffenen erzeugen, nicht nur den der Regierungen, sondern auch den aller relevanten gesellschaftlichen Akteure, damit eine Entscheidung getroffen und umgesetzt werden kann. [...] Governance nimmt endgültig Abschied von dem traditionellen Begriff von Macht, die sich gegen Widerstand durchsetzt. Governance setzt sich durch, indem sie Zustimmung produziert. Sie muß überzeugen, nicht überwinden. Sie beteiligt alle, die an den Vorgängen beteiligt sind, an deren Kontrolle. Und steigert dadurch die Fähigkeit, diese gemeinsam ausgeübte Kontrolle in eine gewünschte Richtung zu steuern" (Czempiel 1999: 229).

Allerdings verwundert es, dass in der Begründung der Regel zur Internationalen Zusammenarbeit die Grenzen des Global-Governance-Konzepts nicht diskutiert werden – und zwar deswegen, weil die Autor_innen des HGF-Ansatzes ansonsten die verschiedenen Debatten, Dokumente, strittigen Aspekte sehr genau rezipieren. Obwohl die Regel zum Machtausgleich („Meinungsbildungs-, Aushandlungs- und Entscheidungsprozesse sind so zu gestalten, dass die Artikulation- und Einflussmöglichkeit gesellschaftlicher Akteure gerecht verteilt und die Verfahren transparent sind"; Kopfmüller et al. 2001: 313) weit gefasst ist, wird sie nicht auf das Mehrebenensystem bezogen. In Fragen der Macht, so scheint es zumindest in der Argumentation des Kapitels 6.10 zum Machtausgleich, wird der Nationalstaat zum Referenzrahmen. Diese Engführung kann daran liegen, dass sich der HGF-Ansatz ausdrücklich an den Arbeiten von Minsch et al. (1998)[329] orientiert. Minsch et al. verstehen unterschiedliche Machtverteilung als Barriere für nachhaltige Entwicklung und zwar insbesondere, was die Frage betrifft, wie die geforderte Teilhabe an Entscheidungsprozessen tatsächlich gewährleistet werden kann. Vielfach sind Partizipationsverfahren als Spielwiesen kritisiert worden, in denen Akteure schlicht auspartizipiert werden, in denen sich die Feigenblattfunktion von Partizipation zeigt. Die Frage des damit notwendigen Machtausgleichs ist also verbunden mit dem (instrumentellen) Anspruch, möglichst viele Bürger_innen in die Politik für nachhaltige Entwicklung einzubeziehen (vgl. Kopfmüller et al. 2001: 314). Das Kapitel zum Machtausgleich leistet damit auch an dieser Stelle eine Betonung (und in Ansätzen eine weitere Konkretisierung) der Partizipationsvorstellung im HGF-Ansatz: Partizipative Politik ermöglicht, die Handlungskompetenzen und das Handlungspotenzial gesellschaftlicher Akteure zu nutzen. Damit werden nicht nur die Problemerkennungsfunktion und die Legitimationsfunktion von Partizipation, sondern es wird auch ihre Effizienzfunktion betont. Die Frage des Machtausgleichs als wichtiges Thema für nachhaltige Entwicklung bleibt im HGF-Ansatz allerdings auf Partizipation beschränkt.

1.4 Gerechtigkeitsverständnis

Die Ausführungen zur Gerechtigkeitsthematik sind in mehrfacher Hinsicht wesentlich und kennzeichnend für den HGF-Ansatz: Inter- und intragenerative Gerechtigkeit sind im Verständnis der Autor_innen des integrativen HGF-Ansatzes gleichermaßen konstitutiv für Nachhaltigkeit. Sie werden als gleichrangig und zusammengehörig gedacht (a). Eine genauere Analyse der inhaltlichen Füllung von Gerechtigkeit, insbesondere von intragenerativer Gerechtigkeit, zeigt, dass im HGF-Ansatz Gerechtigkeit als soziale Gerechtigkeit konzeptualisiert wird – ‚sozial' dabei verstanden in einem sehr weiten Sinne und in Anlehnung an die Menschenrechtstradition der Vereinten Nationen (b). Der Risikobegriff, der explizit in der Regel nach Minimierung technologischer Risiken zum Ausdruck

---

329 Es handet sich hierbei um die Ergebnisse der Enquete-Kommission „Schutz des Menschen und der Umwelt" (1998), darunter findet sich diese Angabe auch im Literaturverzeichnis.

kommt, leistet eine Konkretisierung um den Fragenkomplex rund um das Vorsorgeprinzip im Hinblick auf menschliche Gesundheit und den Erhalt von Natur (c). Der HGF-Ansatz folgt insgesamt einem methodischen wie inhaltlichen Anthropozentrismus (d).

(a) Im integrativen HGF-Nachhaltigkeitsansatz werden inter- und intragenerative Gerechtigkeit „als gleichrangig und zusammengehörig" (Kopfmüller et al. 2001: 143) bestimmt. Die Verfasser_innen gehen davon aus, dass menschliches Handeln nicht nur in die Zukunft wirke, sondern diese auch präformiere. Zukünftigen Generationen müssten „analoge Lebenschancen und Entfaltungsmöglichkeiten" eingeräumt werden „wie der gegenwärtigen Generation" (ebd.). Das Gerechtigkeitsverständnis des HGF-Ansatzes beinhaltet „das Anerkennen von Rechten", das mit dem „Anerkennen von Verpflichtungen" (ebd.) einhergeht – und zwar sowohl in den Beziehungen zwischen den Generationen als auch in den Beziehungen innerhalb jeder Generation. In ihrer Begründung dafür, dass inter- und intragenerative Gerechtigkeit so miteinander verwoben seien, dass man nicht das eine tun und das andere lassen könne, grenzen sich Kopfmüller et al. zunächst von solchen Positionen ab, die die Gleichrangigkeit und Zusammengehörigkeit beider Gerechtigkeitsformen *nicht* einräumen.[330] Zur Untermauerung ihrer Position, beide Gerechtigkeitspostulate von ihrem normativen Anspruch als gleichrangig und zusammengehörig anzusehen, rekurrieren sie neben dem Brundtland-Bericht sowohl auf die Arbeiten von Edith Brown Weiss (i), als auch auf die von Gerald Acker-Widmaier (ii).[331]

(i) In ihrem Werk „In Fairness to Future Generations" hat Brown Weiss (1989: 21ff.) ihre vorangegangenen Arbeiten zu einer Theorie intergenerativer Gerechtigkeit verdichtet, in deren Zentrum die Idee eines gemeinsamen Erbes, des sogenannten *Planetary Trust*, steht. Jede Generation ist Teil des Planetary Trust, der sie zu verantwortungsvollem Handeln sowohl in räumlicher wie auch in zeitlicher Hinsicht verpflichtet (vgl. ebd.: 21ff.). Bereits fünf Jahre zuvor formulierte Brown Weiss:

> „This planetary trust obligates each generation to preserve the diversity of the resource base and to pass the planet to future generations in no worse condition than it receives it. Thus, the present generation serves both as a trustee for future generations and as a beneficiary of the trust" (Brown Weiss 1984: 499).

---

330 Der HGF-Ansatz geht zum einen kritisch auf die vom Wuppertal Institut vertretene Position ein, die auf der normativen Ebene zwar von einer Gleichrangigkeit von inter- und intragenerativer Gerechtigkeit ausgeht, ersterer jedoch in analytischer Hinsicht Priorität einräumt. Zum anderen problematisieren die Verfasser_innen des HGF-Ansatzes solche Konzeptualisierungen von Nachhaltigkeit, die diese vorrangig im Sinne intergenerativer Gerechtigkeit interpretieren, wie das beispielsweise Birnbacher (1999), Radke (1999) oder der TA-Akademie Baden-Württemberg (vgl. exemplarisch Renn/Kastenholz 1996; Knaus/Renn 1998) tun.

331 Bei der Darstellung der Positionen von Brown Weiss (1984, 1989, 1990, 1993, 1997) und Acker-Widmaier (1999) beziehe ich mich sowohl auf die Rezeption durch die Verfasser_innen des HGF-Ansatzes (Kopfmüller et al. 2001: 139ff.) als auch auf die Primärquellen der Autorin bzw. des Autors.

Diese doppelte Rolle jeder Generation als Treuhänder („trustee") und Nutznießer („beneficiary") verbindet kollektive Rechte mit kollektiven Pflichten. Anhand dreier Prinzipien konkretisiert Brown Weiss intergenerative Gerechtigkeit:[332] anhand des Prinzips „Conservation of Options", das auf den Erhalt von Wahlmöglichkeiten für zukünftige Gernationen durch den Erhalt der Diversität zielt („preserve the diversity of the resource base", ebd.), anhand des Prinzips „Conservation of Quality", das dazu verpflichtet, den Planeten in nicht schlechterem Zustand weiterzugeben als zuvor erhalten („to pass the planet to future generations in no worse condition than it receives it", ebd.) und anhand des Prinzips „Conservation of Access". Das dritte Prinzip fordert, *jede* Generation habe allen ihren Mitgliedern gerechten Zugang zu dem gemeinsamen Erbe einzuräumen und diese Zugangsmöglichkeiten auch für zukünftige Generationen zu erhalten. Brown Weiss argumentiert, dass nur dann alle Mitglieder einer Generation ihren intergenerativen Pflichten nachkommen können, wenn zunächst sichergestellt ist, dass auch alle an dem wirtschaftlichen Nutzen des Planetary Trust teilhaben. Die Realisierung von intergenerativer Gerechtigkeit ist in diesem Verständnis abhängig von der Frage, wie bereits heute Nutzen und Lasten innerhalb einer Generation verteilt sind. Denn nur diejenigen, die heute von der Nutzung der globalen Ressourcen profitieren, verfügen über einen Bestand an Werten, den sie zukünftigen Generationen hinterlassen können. Heute bestehende ungleiche Verteilungen würden in die Zukunft verlängert. Wahlmöglichkeiten für kommende Generationen zu erhalten und die Qualität der Ressourcen zu sichern, dazu wären weder die heutigen Armen noch ihre Nachkommen in der Lage (vgl. Kopfmüller et al. 2001: 140).

(ii) In seinem Plädoyer für die gleichrangige Behandlung intragenerativer und intergenerativer Gerechtigkeit argumentiert Gerald Acker-Widmaier (1999: 73), dass eine Trennung dieser beiden Gerechtigkeitsformen inhaltlich nicht plausibel begründbar sei. Im Gegenteil: „Was heute eine gerechte Verteilung ist", so Acker-Widmaier, „kann aus der Perspektive einer bestimmten Gerechtigkeitstheorie certis paribus morgen nicht als ungerecht bezeichnet werden" (ebd.). Mit anderen Worten: Eine Gerechtigkeitstheorie, die allen heute lebenden Menschen die gleichen Rechte zuerkennt, muss aus Egalitätsgründen diese Rechte auch zukünftigen Generationen zubilligen. Entsprechend hält auch Acker-Widmaier – wie Ott und Döring (siehe B.IV.2.4) – eine gedankliche Ausdehnung der Subjektmenge für nötig. D. h., auch die in 50, 100 oder 1000 Jahren lebenden Menschen müssen heute schon als Subjekte einer Theorie der Gerechtigkeit (an)erkannt werden. Dabei sei es nicht entscheidend, dass über die Präferenzen[333] der in der Zukunft

---
332 Siehe dazu auch die Ausführungen in B.I.2.4.
333 Die Argumentation von Acker-Widmaier bleibt – bei Orientierung auf einen intergenerativen Egalitarismus – in der ökonomischen Theorie der Präferenzen verhaftet. Ott und Döring (2008: 88ff.) zeigen auf, dass der Fähigkeitenansatz von Nussbaum dem Präferenzansatz überlegen ist.

lebenden Menschen nichts bekannt sei, vielmehr erfordere intergenerative Gerechtigkeit gerade die Erhaltung von Wahlmöglichkeiten: „Handlungen in der Gegenwart dürfen nicht dazu führen, dass zukünftige Menschen [...] einen bestimmten Anspruch, der aus Gerechtigkeitsmotiven jedem Menschen zuerkannt wird, nicht mehr geltend machen können" (Acker-Widmaier 1999: 73; vgl. auch Kopfmüller et al. 2001: 141).

(b) Zur Beantwortung der Frage, wie nach Ansicht der Verfasser_innen des HGF-Ansatzes (intra- und intergenerative) Gerechtigkeit definiert und erreicht werden soll, lassen sich drei Schwerpunkte identifizieren, die das Gerechtigkeitsverständnis dieses Ansatzes genauer qualifizieren: die universalistische menschenrechtliche Fundierung (i), die gerechte Verteilung sozialer Grundgüter (ii) sowie ein Menschenbild, das auf Solidarität und Kooperation fußt unter gleichzeitiger Einbeziehung des Autonomieprinzips (iii).

(i) Grundlage der HGF-Nachhaltigkeitskonzeption im Allgemeinen und der HGF-Gerechtigkeitskonzeption im Speziellen sind die Menschenrechte. Der HGF-Ansatz formuliert explizit, dass Nachhaltigkeitskonzeptionen hinter diese weltweit akzeptierten Standards nicht zurückfallen dürfen (vgl. Kopfmüller et al. 2001: 70) und verweist dabei auf internationale Bestrebungen der UNDP, die im Rahmen des Rio-Folgeprozesses auf eine stärkere Verschränkung von Menschenrechts- und Nachhaltigkeitsdiskurs drängt: „Sustainable [sic!][334] development is thus directed towards the promotion of human dignity and the realisation of all human rights, economic, social, cultural, civil and political" (UNEP 1998, zit. n. ebd.). Obwohl also im HGF-Ansatz bisweilen von Gerechtigkeit als Verteilungsgerechtigkeit[335] bzw. sozialer Gerechtigkeit gesprochen wird, geht das Gerechtigkeitsverständnis über Fragen von Verteilungsgerechtigkeit hinaus. Der Begriff der sozialen Gerechtigkeit wird in einem sehr weiten Sinne verstanden und umfasst auch politische Gerechtigkeit, wie sie in der ersten Generation der politischen Menschenrechte zum Ausdruck kommt.

(ii) Dieses umfassende Verständnis von sozialer Gerechtigkeit drückt sich ebenfalls in der Frage nach der gerechten Verteilung von *sozialen Grundgütern* aus, die für die HGF-Autor_innen im „Brennpunkt" (Kopfmüller et al. 2001: 67)

---

334 Der Fehler, der in der Zitation des HGF-Ansatzes auftaucht, verhindert, dass die besondere Formulierung der UNDP explizit zur Kenntnis genommen wird. Die UNDP (1998: o. S.; Herv. D. G.) spricht nämlich von „sustainable *human* development" – in dieser Wortkombination spiegelt sich bereits auf sprachlicher Ebene die geforderte Integration von Menschenrechten in die Konzeptionalisierung und Umsetzung nachhaltiger Entwicklung. Ich werde im letzten Teil C meiner Arbeit auf diese Diskursverschränkung zurückkommen.

335 *Distributive Gerechtigkeit* macht einen wichtigen Teil der Gerechtigkeitskonzeption des HGF-Ansatzes aus. Dieses Verständnis kommt beispielsweise deutlich zum Vorschein bei der Begründung des inhaltlichen Anthropozentrismus, für die die Argumentation von Acker-Widmaier als Referenz herangezogen wird: Nachhaltigkeit „betreffe nur einen ganz bestimmten Ausschnitt unserer Verantwortung gegenüber der Natur, nämlich die Frage einer *gerechten Verteilung knapper Umweltgüter* zwischen heutigen und künftigen Generationen" (Kopfmüller et al. 2001: 160; Herv. D. G.).

1. Das integrative Nachhaltigkeitskonzept der Helmholtz-Gemeinschaft (HGF)

der sozialen Dimension von Nachhaltigkeit steht. Unter sozialen Grundgütern verstehen die Autor_innen

> „einerseits individuelle Güter, wie das Leben selbst, Gesundheit, Grundversorgung mit Lebensmitteln, Kleidung und Wohnung und elementare politische Rechte. Andererseits zählen zu diesen Grundgütern auch soziale Ressourcen (z. B. Toleranz, Solidarität, Integrationsfähigkeit, Gemeinwohlorientierung, Rechts- und Gerechtigkeitssinn), die sich als Bedingungen eines menschenwürdigen und sicheren individuellen und gesellschaftlichen Lebens auf den Zusammenhalt gesellschaftlicher Teilsysteme oder der Gesellschaft als Ganzer beziehen" (ebd.).

Als gerecht ist eine Gesellschaft aus Sicht der HGF-Autor_innen dann zu bezeichnen, wenn sie für alle ihre Mitglieder eine „Grundversorgung mit solchen Gütern [...] gewährleistet" (ebd.).

Fragen der Verteilungsgerechtigkeit werden im HGF-Ansatz in Anlehnung an die Arbeiten von Nancy Fraser (2000) auf zwei durchaus miteinander in Beziehung stehenden Ebenen betrachtet: Eine Ebene bezieht sich auf die Forderung nach einer unmittelbar gerechten Verteilung von Gütern, Einkommen und Vermögen. Die andere Ebene erstreckt sich auf Forderungen, die es einzelnen Individuen oder unterschiedlichen gesellschaftlichen Gruppen ermöglichen, mit gleichen Chancen nach gesellschaftlicher Anerkennung zu streben. Auf dieser Ebene geht es um die Frage nach der Verteilung der notwendigen Voraussetzungen bzw. Möglichkeiten, überhaupt Einkommen oder Ähnliches zu erzielen. Beide Gerechtigkeitsperspektiven haben Eingang in unterschiedliche Regeln des HGF-Ansatzes gefunden.

Bezogen auf soziale Güter im Sinne von elementaren Lebensgütern strebt der HGF-Ansatz mit der Regel „Gewährleistung der Grundversorgung" (Kopfmüller et al. 2001: 196) *Gleichheit* bei ihrer Verteilung an: „Für alle Mitglieder der Gesellschaft muss ein Mindestmaß an Grundversorgung (Wohnung, Ernährung, Kleidung, Gesundheit) sowie die Absicherung gegen zentrale Lebensrisiken (Krankheit, Invalidität) gewährleistet sein" (ebd.). Mit der Mindestausstattung an Grundversorgung sind im HGF-Ansatz, das wird explizit betont, keinesfalls von anderen gesellschaftlichen Zusammenhängen isolierte Versorgungsmaßnahmen gemeint, sondern es geht immer um ein insgesamt menschenwürdiges Leben (vgl. ebd.: 197). Zu der ersten Ebene einer gerechten Verteilung von Gütern gehört auch das anvisierte Ziel des Ausgleichs extremer Einkommens- und Vermögensunterschiede (vgl. ebd.: 214). Die HGF-Autor_innen formulieren als Regel: „Extreme Unterschiede in der Einkommens- und Vermögensverteilung sind abzubauen" (ebd.). Das Ziel der „Chancengleichheit" (ebd.: 247) liegt hingegen auf der zweiten Ebene, die dazugehörige Regel lautet: „Alle Mitglieder einer Gesellschaft müssen gleichwertige Chancen in Bezug auf den Zugang zu Bildung, Information, beruflicher Tätigkeit, Ämtern und sozialen, politischen und ökonomischen Positionen haben" (ebd.). Beseitigt werden sollen alle Formen von sozialstruktureller, kultureller aber auch marktstruktureller Diskriminierung. Alle Gesellschaftsmitglieder sollen durch chancengleichen Zugang zu den in der obigen Regel genannten spezifischen sozialen Grundgütern die Möglichkeit haben, Vollbürger_in zu sein. „Vollbürger zu sein, bedeutet" im HGF-Ansatz „sowohl die subjektiven Freiheitsrechte und politischen Rechte wahrnehmen als auch die eigenen Talente und Lebenspläne verwirklichen zu können" (ebd.).

Im Zusammenhang mit der Frage nach einer gerechten Versorgung mit sozialen Gütern wird im HGF-Ansatz unterschieden zwischen negativen Freiheits- und Abwehrrechten (zu denen beispielsweise das Recht auf körperliche Unversehrtheit, auf Meinungsfreiheit gehört) und positiven politischen und sozialen Anspruchsrechten (z. B. Recht auf politische Teilhabe, auf Bildung und Gesundheitsfürsorge) (vgl. ebd.: 68). Letztere nähmen im Nachhaltigkeitsdiskurs eine wichtige Rolle ein: „Sie haben befähigenden Charakter, sie ermächtigen das Individuum, handelnd und produktiv ein sicheres, würdiges und selbstbestimmtes Leben zu gestalten" (ebd.). Der HGF-Ansatz argumentiert damit implizit sehr ähnlich wie Martha Nussbaum in ihrem Fähigkeitenansatz. Und er stellt neben der distributiven Funktion dieser positiven Rechte auch ihre allokative Funktion heraus: Denn die Adressaten für die Regeln, die insbesondere auf die Sicherung der menschlichen Existenz abzielen – also Schutz der menschlichen Gesundheit (vgl. ebd.: 190ff.), Gewährleistung der Grundversorgung (vgl. ebd.: 196), aber auch die gerechte Verteilung der Umweltnutzungsmöglichkeiten (vgl. ebd.: 208) – müssten dafür sorgen, dass diese Güter bereitgestellt werden. „Dies kann", so das Urteil der HGF-Autor_innen, „für materielle Güter außerordentlich schwierig und problematisch sein" (ebd.: 68, Fn. 49).

(iii) An verschiedenen Stellen problematisieren die Autor_innen des HGF-Ansatzes die Prämissen des methodologischen Individualismus sowie die Annahme, dass vor allem die Eigennutzenorientierung, also das Streben nach Nutzenmaximierung (bei Konsument_innen) bzw. nach Gewinnmaximierung (bei Produzent_innen), handlungsbestimmend sei (vgl. z. B. Kopfmüller et al. 2001: 81, 87). Insbesondere bei der Forderung nach der Internalisierung externer ökologischer und sozialer Kosten (vgl. ebd.: 273ff.) kommt die Position des HGF-Ansatzes zum Tragen, dass die bestehenden Rationalitäten zu hinterfragen sind und dass – so wie es an anderer Stelle bereits Kersting (1999) ausgehend von einem menschenrechtlich orientierten, universalistischen Paradigma gefordert hat – durch legitimierte gesellschaftliche Rahmenordnungen verhindert werden muss, dass die individuelle Interessenverfolgung die Bedingungen individueller Interessenverfolgung zerstört (vgl. dazu auch Kopfmüller et al. 2001: 81).

Das Menschenbild, das dem HGF-Ansatz zugrunde liegt, ist nicht (nur) der *homo oeconomicus*, sondern der Mensch wird als soziales Wesen begriffen, das Verantwortung für die Gemeinschaft übernehmen und gegen die eigenen Präferenzen handeln kann. Nachhaltige Gesellschaften gehen daher über reine Kooperationsgemeinschaften, die auf der wechselseitigen vorteilhaften Zusammenarbeit freier und gleicher Individuen beruhen, hinaus. Erweitert um Aspekte der Solidarität und Verantwortung auch für jene Individuen, die nicht Teilnehmer_innen der gesellschaftlichen Kooperation sein können, etwa weil sie aus Alters- oder Krankheitsgründen nichts „anbieten" können oder weil sie noch nicht geboren sind, ist eine nachhaltige Gesellschaft im Verständnis des HGF-Ansatzes immer auch als Solidargemeinschaft konzipiert (siehe hierzu auch die Position des Vorsorgenden Wirtschaftens, B.III.2.).

Gleichwohl wird mit dem Plädoyer für Solidarität und Sorge für andere sowie der Kritik an dem Konzept eines rationalen, autonom handelnden Individuums nicht das Prinzip der Autonomie selbst verworfen. Verstanden als Selbstbestimmung wird diesem Prinzip gerade bei der Beurteilung bzw. Gestaltung sozialer Prozesse hohe Relevanz beigemessen (vgl. ebd.: 70). Gleichzeitig werden noch einmal die Ambivalenz dieses Prinzips deutlich gemacht und das Spannungsfeld von Individuum und Gesellschaft, das Nachhaltigkeitskonzeptionen auszubalancieren haben, diskutiert, wenn die HGF-Autor_innen formulieren: „Die Erwartungen von Individuen (z. B. hinsichtlich Selbstverwirklichung und Autonomie) harmonieren nicht notwendigerweise mit den Anforderungen der Gesellschaft (Integration, Stabilität, Konformität)" (ebd.: 69).

(c) Zur Konkretisierung des Ziels „Erhaltung des gesellschaftlichen Produktivpotenzials" stellt der HGF-Ansatz drei Regeln zum Umgang mit Ressourcen auf (2.1 Nachhaltige Nutzung nicht erneuerbarer Ressourcen, 2.2 Nachhaltige Nutzung nicht erneuerbarer Ressourcen, 2.3 Nachhaltige Nutzung der Umwelt als Senke), fügt diesen explizit aber noch die Regel 2.4 hinzu, dass unvertretbare technische Risiken zu vermeiden sind, also solche Risiken „mit möglicherweise katastrophalen Auswirkungen auf die Umwelt" (Kopfmüller et al. 2001: 169). Damit wird die Risikokomponente im HGF-Ansatz gestärkt, die die Möglichkeit von Störfällen, Unfällen und unvorhersehbaren Nebenwirkungen und ihre Bedeutung für die Gestaltung und Realisierung von nachhaltiger Entwicklung unterstreicht. Bezugspunkte für die Begründung der Regel, die vor allem den Umgang mit dem Risikopotenzial von Technologien (etwa von Gentechnik und Atomenergie sowie Anlagen der Großchemie und Staudämme) betrifft, sind zum einen der Brundtland-Bericht, in dem ein vorsorgendes Risikomanagementsystem[336] gefordert wird (vgl. Hauff 1987a: 317ff.), zum anderen die bereits zitierte Arbeit von Edith Brown Weiss „In Fairness to Future Generations", in der die Autorin die generelle Pflicht zur Minimierung von Umweltrisiken als zentrales Element einer Nachhaltigkeitspolitik deklariert. Brown Weiss (1989: 70ff.), die von einem engeren Risikobegriff als der Brundtland-Bericht ausgeht, fordert, ers-

---

336 Allerdings geht es der Brundtland-Kommission nicht nur um technologische Risiken, sondern generell auch um „Naturkatastrophen" und vom Menschen verursachte Katastrophen.

tens die Eintrittswahrscheinlichkeit solcher Risiken zu minimieren, zweitens das Ausmaß der potenziellen Schäden zu minimieren und drittens für entsprechende internationale Notfallmaßnahmen und -einrichtungen zu sorgen. Eingetretene Schäden sollten finanziell kompensiert werden, wobei der Vorsorge eindeutig Priorität einzuräumen sei.

Der HGF-Ansatz orientiert sich an Brown Weiss und legt dem integrativen Nachhaltigkeitsansatz einen eng gefassten, drei Kategorien betreffenden Risikobegriff zugrunde, der sich auf technische Risiken beschränkt:

> „(1) Risiken mit verhältnismäßig hoher Eintrittswahrscheinlichkeit, bei denen jedoch das Ausmaß der potenziellen Schäden lokal oder regional begrenzt ist, (2) Risiken mit geringer Eintrittswahrscheinlichkeit, aber hohem Schadenspotenzial für Mensch und Umwelt sowie (3) Risiken, die mit großer Ungewissheit behaftet sind, da weder Eintrittswahrscheinlichkeit noch Schadensausmaß derzeit hinreichend genau abgeschätzt werden können" (Kopfmüller et al. 2001: 238).

Bezüglich der Verankerung eines Risikobegriffs, in dem das Vorsorgeprinzip im Hinblick auf menschliche Gesundheit und Natur zum Ausdruck kommt, leistet der HGF-Ansatz eine wichtige Konkretisierung für den Nachhaltigkeitsdiskurs und formuliert mit dieser Regel die Aufforderung, für solche Technologien, die Risiken mit zwar geringer Eintrittswahrscheinlichkeit aber hohem Schadenspotenzial bergen (etwa die Freisetzung von radioaktiver Strahlung oder von toxischen Substanzen der Großchemie), „nach behutsameren, weniger tiefgreifenden, fehlertoleranten und möglichst rückholbaren Alternativen zu suchen" (ebd.: 239).[337]

(d) Zur Architektur des integrativen Ansatzes gehört die Bestimmung des Anthropozentrismus als drittes konstitutives Element nachhaltiger Entwicklung. Kopfmüller et al. (2001: 152) meinen damit nicht nur einen methodischen („epistemischen") Anthropozentrismus, der in der Naturethik kaum bestritten, aus erkenntnistheoretischen Gründen sogar als unhintergehbar angesehen wird, ist doch die Wirklichkeitserfassung des Menschen zwangsläufig durch den menschlichen Standpunkt geprägt (vgl. ebd.), sondern auch die inhaltliche und normative Ausrichtung von Nachhaltigkeit an einem inhaltlichen („extensionalen") Anthropozentrismus, der postuliert, „dass ausschließlich Menschen einen Eigenwert besitzen und dass damit nur sie Gegenstand moralischer Verpflichtungen sein können" (ebd.: 153). Diese Unterscheidung zwischen epistemisch und extensional ist nicht zuletzt deshalb relevant, da ein methodischer Anthropozentrismus keinesfalls einen inhaltlichen implizieren muss, wie beispielsweise auch Konrad Ott und Ralf Döring argumentieren (siehe B.IV.2 sowie Ott 2006: 70).

---

337 Auch der SRU und das Umweltbundesamt haben im Zusammenhang mit den ökologischen Managementregeln jeweils eine weitere Regel aufgestellt, in der das Vorsorgeprinzip zur Vermeidung von Gefahren und unvertretbaren Risiken für den Menschen (SRU 1994) bzw. für Mensch und Natur (UBA 1997: 12) zum Ausdruck kommt.

1. Das integrative Nachhaltigkeitskonzept der Helmholtz-Gemeinschaft (HGF)   357

In ihrer Argumentation verweisen die HGF-Autor_innen auf die anthropozentrische Ausrichtung der zentralen Nachhaltigkeitsdokumente, des Brundtland-Berichts (Hauff 1987a: 45, 46, 49, 149) und der Rio-Deklaration (General Assembly 1992, insbesondere Grundsätze 1 und 2), diskutieren jedoch gleichzeitig die Frage, ob das Leitbild der Nachhaltigkeit *notwendigerweise* auf einem anthropozentrischen Ansatz beruhen müsse und welche Alternativen denkbar seien (vgl. Kopfmüller et al. 2001: 156ff.). Dem inhaltlichen Anthropozentrismus stellen sie den Physiozentrismus im weiten Sinne, der als Dach für unterschiedliche Ausprägungen (Pathozentrismus, Biozentrismus, Ökozentrismus, Holimus)[338] fungiert, gegenüber. Gemeinsam ist allen physiozentrischen Positionen, dass sie Natur nicht als Mittel zum Zweck im Rahmen menschlicher Interaktionen betrachten, sondern Natur einen Wert an sich zumessen. Doch genau hier sehen die Autor_innen des HGF-Ansatzes ein Problem: Da Naturerhalt in der physiozentrischen Perspektive zum Selbstzweck werde und damit zu menschlichen Bedürfnissen und Zielsetzungen in Konflikt geraten könne, würden sich Operationalisierungsschwierigkeiten noch potenzieren:

> „Neben den Zielkonflikten zwischen ökologisch, sozial oder ökonomisch motivierten Nachhaltigkeitsforderungen und der Frage, wie die Pflichten gegenüber heutigen Menschen mit den Pflichten gegenüber zukünftigen in Einklang gebracht werden können, müssten noch die Ansprüche des Menschen mit den Ansprüchen anderer natürlicher Entitäten zum Ausgleich gebracht werden" (ebd.: 159).

Aus pragmatischen Gründen und aufgrund der bisherigen Entstehungsgeschichte des Begriffs[339] plädieren die Autor_innen des HGF-Ansatzes daher für einen aufgeklärten, erweiterten Anthropozentrismus: Der „aufgeklärte Anthropozentrismus" (ebd.: 163) begründe weitgehende Pflichten des Menschen die Erhaltung der Natur betreffend – neben dem instrumentellen Wert der Natur für die Erfüllung essenzieller menschlicher Bedürfnisse beziehe er auch eudämonistische Werte (etwa ästhetische, sinnliche, spirituelle Naturerfahrung) mit ein; der „erweiterte Anthropozentrismus" (ebd.) billige sowohl heutigen als auch zukünftigen Menschen die gleichen Rechte zu. Daraus ergebe sich „die Verpflichtung, die be-

---

338 Der *Pathozentrismus*, der gleichzusetzen ist mit dem bei einigen Autor_innen wie Ott und Döring verwendeten Begriff des *Sentientismus*, bezeichnet eine Position, die höherentwickelte, empfindungsfähige Tiere mit in die Moralgesellschaft aufnimmt. Der *Biozentrismus* ordnet allem Lebendigen und nicht nur den höherentwickelten, empfindungsfähigen Tieren einen ethischen Eigenwert zu. Der *Ökozentrismus* schließt zusätzlich noch Ökosysteme mit ein. *Holistische Positionen* werden häufig auch als physiozentrische Positionen bezeichnet, der Begriff des Physiozentrismus wird dann im engeren Sinne verwendet (nicht als Sammelbegriff). Der *Holismus* als die Ganzheitslehre erfasst auch die unbelebte Natur als moralisch wertvoll, also jedes Atom, jede chemische Verbindung, jeden Berg.

339 In Anlehnung an Acker-Widmaier (1999: 65) halten Kopfmüller et al. (2001: 159f.) fest: Nachhaltigkeit sei keine neue ethische Theorie, sondern ein moralisches Leitbild, es betreffe nur einen ganz bestimmten Ausschnitt menschlicher Verantwortung gegenüber der Natur, daher sei es nicht sinnvoll, jedwede Naturschutzforderung aus dem Blickwinkel der Nachhaltigkeit rechtfertigen zu wollen. Zudem hätten physiozentrische Argumente bisher im Nachhaltigkeitsdiskurs keine wesentliche Rolle gespielt; vgl. kritisch dazu Ott (2006: 70).

stehende Vielfalt an Möglichkeiten menschlicher Interaktion mit der Natur für kommende Generationen zu bewahren" (ebd.). Konrad Ott (2006: 70) merkt in seiner Reflexion der anthropozentrischen Komponente des HGF-Ansatzes kritisch an, dass diese Aussage („Nachhaltigkeit müsse eine intergenerativ erweiterte anthropozentrische Ethik voraussetzen können") im Grunde redundant sei gegenüber der – ebenfalls konstitutiven – Gerechtigkeitskomponente.

2. Die Greifswalder Theorie starker Nachhaltigkeit von Konrad Ott und Ralf Döring

2.1 Entstehungskontext und Grundzüge der Theorie starker Nachhaltigkeit

Die Theorie starker Nachhaltigkeit wurde von dem Philosophen und Umweltethiker Konrad Ott und dem Wirtschaftswissenschaftler und Landschaftsökonom Ralf Döring seit Ende der 1990er-Jahre entwickelt – ausgehend von gemeinsamen Veröffentlichungen und im Kontext von internationalen Tagungen, Seminaren und Vorlesungsreihen, die an der Universität Greifswald stattfanden. 2004 legten die Autoren mit der „Theorie und Praxis starker Nachhaltigkeit" einen ersten Gesamtentwurf ihrer ethisch-philosophisch begründeten Nachhaltigkeitstheorie vor, 2008 erschien dieses Werk in überarbeiteter und erweiterter zweiter Auflage. Ausbau, Anwendung und Kritik werden in letzter Zeit auch von Nachwuchswissenschaftler_innen, die bei Konrad Ott studieren bzw. promovieren und im bundesweiten „Forum Ethik und Nachhaltigkeit" (EthNa) mitarbeiten, vorangetrieben (vgl. von Egan-Krieger et al. 2009).[340]

Den entscheidenden Impuls für die Entfaltung ihres theoretischen Rahmenkonzepts von Nachhaltigkeit sehen Ott und Döring in den Kontroversen zwischen starker und schwacher Nachhaltigkeit, wie sie sich bei der Arbeit am ersten Kapitel des Umweltgutachtens (UG) 2002 des Sachverständigenrates für Umweltfragen (SRU) entsponnen hatten. „Trotz und wegen der zunehmenden Trivialisierung des Nachhaltigkeitskonzepts und der Tendenzen, es bis zur Bedeutungslosigkeit aufzublähen, entschlossen sich die Mitglieder des SRU, das UG 2002 mit einem Theoriekapitel zu eröffnen" (Ott/Döring 2008: 14). Ott und Döring verbreiteten und vertieften die damalige Argumentation, aufgrund derer

---

340 Am Studiengang „Landschaftsökologie und Naturschutz" der Ernst-Moritz-Arndt-Universität Greifswald wurden und werden einzelne durch das Grundkonzept festgelegte Anwendungen und speziellere Fragen gesondert im Rahmen von Qualifizierungsarbeiten untersucht, vgl. u. a. zum Konzept integrativer Wald- und Forstwirtschaft von Egan-Krieger (2005), zu den Möglichkeiten der Synthese aus ‚grüner' Gentechnik und ökologischem Landbau Voget (2004). Vgl. darüber hinaus vor allem die neueren Arbeiten aus dem Sammelband von Tanja von Egan-Krieger et al. (2009): Muraca (2009); Schultz (2009); Voget (2009a, 2009b), von Egan-Krieger (2009a, 2009b).

sich der Sachverständigenrat für Umweltfragen im Umweltgutachten 2002 für eine leicht modifizierte Konzeption starker Nachhaltigkeit entschied.

Ziel von Ott und Döring war und ist es nicht, dem Nachhaltigkeitsdiskurs eine weitere Nachhaltigkeitsdefinition hinzuzufügen, sondern „einen Begriff im Rahmen einer Theorie zu bilden" (Ott/Döring 2008: 20; vgl. dazu auch Ott 2006: 64). Die Perspektive der beiden Autoren ist dabei ethisch in der Diskurstheorie praktischer Vernunft verankert. In solch einer diskurstheoretischen Perspektive wird der Begriff anhand der Qualität der Gründe gebildet, die für die Anerkennung einer spezifischen theoretischen Grundkonzeption angeführt werden können (vgl. dazu Ott/Döring 2008: 21; Döring 2009: 26). Für die Darstellung des Verhältnisses der verschiedenen Aspekte des Nachhaltigkeitsdiskurses haben Ott und Döring ein Mehrebenenmodell entworfen (siehe Tabelle 4). Auf der ersten der acht Ebenen, der Ebene der *Idee*, siedeln Ott und Döring ihre Theorie intra- und intergenerationeller Gerechtigkeit an. Auf der zweiten Ebene, der Ebene der *Konzeption*, analysieren die Autoren verschiedene Nachhaltigkeitskonzeptionen und begründen ihre Entscheidung für „starke" Nachhaltigkeit. Auf der dritten Ebene ist das *Regelwerk* des Greifswalder Ansatzes angesiedelt. Zum Theoriekern des Ansatzes gehört die entwickelte Grundregel, Naturkapital über die Zeit hinweg konstant zu halten und ggf. in Naturkapital zu investieren. Spezifiziert wird diese *Constant Natural Capital Rule* durch ein Set von Managementregeln und drei Leitlinien (Effizienz, Resilienz und Suffizienz). Für ausgewählte paradigmatische Handlungsfelder werden Spezialkonzepte eingeführt: differenzierte Landnutzung für Landwirtschaft und Naturschutz, sichere biologische Grenzen in der Fischerei und die Konzeption von „Contraction and Convergence" in der Klimapolitik. D. h., auf den Ebenen vier bis acht (*Leitlinien, Identifikation prioritärer Handlungsfelder, Zielsysteme, Spezialkonzepte und Indikatorenbildung, Implementation und Monitoring etc.*) erfolgt eine Übersetzung von Idee, Konzeption und Regeln in immer konkretere Richtvorgaben für die Praxis (vgl. Ott/Döring 2008: 41 und 344, sowie Ott 2006: 68; Egan-Krieger 2009c: 13).[341]

---

[341] In den verschiedenen Darstellungen des Mehrebenenmodells gibt es leichte Unterschiede. So geben Ott und Döring (2008: 41) bei der Einführung dieses Modells im ersten Kapitel ihres Buches nur sieben Ebenen an (hier wird die dritte Ebene des Regelwerks bzw. der Grundregeln integriert in die Ebene der Konzeption). Im Schlusskapitel beschreiben die Autoren dagegen acht Ebenen. An anderer Stelle führt Ott (2006: 68) ebenfalls nur sieben Ebenen an und fasst hier Regeln und Leitlinien zu einer Ebene zusammen. Ott und Voget (2008) geben in der Originalfassung, die der von mir verwendeten Zusammenstellung zugrunde liegt, ebenfalls nur sieben Ebenen an. Sie fassen Ebene sechs und sieben, Zielsysteme und Spezialkonzepte, zusammen. Ich orientiere mich an der Darstellung des Modells mit acht Ebenen, die unter der Überschrift „Greifswalder Ansatz starker Nachhaltigkeit" vorgestellt werden (vgl. Ott/Döring 2008: 344ff.).

Tabelle 4: Greifswalder Ansatz starker Nachhaltigkeit

Ebene	Status im Rahmen der Theorie
1. Idee (Theorie intra- und intergenerationeller Gerechtigkeit)	Theoriekern
2. Konzeption (‚starke' oder ‚schwache' Nachhaltigkeit, vermittelnde Konzeptionen)	
3. Regelwerk (Constant Natural Capital Rule, Investitionsregel, Managementregeln)	
4. Leitlinien (Resilienz, Suffizienz, Effizienz)	Brückenprinzipien
5. Handlungsdimensionen (Naturschutz, Land- und Forstwirtschaft, Fischerei, Klimawandel u. a.)	Anwendungsfälle
6. Zielsysteme	
7. Spezialkonzepte und -modelle, ggf. Indikatoren	
8. Implementierung, Institutionalisierung, Instrumentierung, Monitoring etc.	

Quelle: Ott/Voget (2008); Modifizierung von mir gemäß der Ausführungen von Ott/Döring (2008: 345f.)

Nach Ott und Döring sind jeder dieser Ebenen argumentative Prozesse zugeordnet, die eine inhaltliche Bestimmung von Nachhaltigkeit ermöglichen: „Wer jede dieser Ebenen auf diskursrationale Weise inhaltlich bestimmen kann, der [...] verfügt über eine Theorie von Nachhaltigkeit" (Ott/Döring 2008: 41f.). Die Verbindung zwischen den Ebenen ist nicht deduktiv, die Ergebnisse der je oberen Ebenen bieten zwar Orientierung für die unteren Ebenen, allerdings ohne sie zu determinieren (vgl. ebd.: 42; Döring 2009: 26).

Normative Theorien sind für Konrad Ott und Ralf Döring kein Selbstzweck. In Anlehnung an Marx vertreten die beiden Autoren die Überzeugung, dass eine gute Theorie zur materiellen, verändernden Gewalt werden und die Verhältnisse zum Tanzen bringen kann und soll:

„Eine fundierte und in sich schlüssige Gesamtkonzeption (Theorie) von Nachhaltigkeit könnte auf mittlere und lange Sicht auch in der Praxis eine ‚wirklich' nachhaltige Entwicklung befördern, indem sie den Konsens in Kernfragen befestigt, die Einführung spezieller Konzepte, Modelle und Zielsetzungen nachvollziehbar macht und die Diskussion anschließend verstärkt auf Fragen der Umsetzung in prioritären Handlungsfeldern lenkt. Umweltpolitische Zielsetzungen gewinnen an Plausibilität, wenn sie in einem in sich schlüssigen Konzept von Nachhaltigkeit fundiert sind" (Ott/Döring 2008: 21).

Mit dem Konzept „starker Nachhaltigkeit", das maßgeblich von Herman Daly inspiriert ist, sehen Ott und Döring dieses schlüssige Konzept realisiert. Bei ihm handele es sich, so die Autoren, um ein ökologisch ausgerichtetes, aber keineswegs um ein ausschließlich ökologisches Konzept. Auf den unteren Ebenen übergreife es mehrere Handlungsdimensionen und berücksichtige auf dieser Ebene sehr wohl die vielfältigen Verflechtungen zwischen ökonomischen, ökologischen, sozialen und kulturellen Faktoren (vgl. ebd.: 170).

2.2 Ökonomieverständnis

Die Greifswalder Theorie starker Nachhaltigkeit hat ihre Wurzeln im wissenschaftlichen Diskurs der Ökologischen Ökonomie und teilt deren erweitertes Ökonomieverständnis samt Kritik am Wachstumsimperativ und Substitutionsparadigma (a). Schlüsselbegriff der Theorie von Ott und Döring ist das Naturkapital. In der langfristigen und ökologisch verträglichen Nutzung kritischer Bestände von Naturkapital sehen sie die Kernbedeutung des Begriffs der Nachhaltigkeit verwirklicht (b). Auf der konzeptionellen Ebene konzentrieren sich Ott und Döring auf ökonomische Prozesse der Makro- und Mesoebene. Arbeitsprozesse, die der ökonomischen Mikro- und Mesoebene zuzuordnen sind, geraten hier eher beiläufig bzw. schließlich erst auf der Ebene der Handlungsdimensionen in den Blick. Während einerseits die Frage nach sozial-ökologischen Qualitäten von Arbeitsprozessen und Arbeitsprodukten thematisiert wird, bleibt andererseits der gesamte Bereich der unbezahlten sorgenden Tätigkeiten in der Theorie und Praxis starker Nachhaltigkeit ausgespart (c).

(a) Ott und Döring verstehen – wie andere Vertreter_innen der Ökologischen Ökonomie[342] – das ökonomische System als offenes Subsystem des endlichen und materiell geschlossenen globalen Ökosystems. Zu den zentralen Annahmen der Ökologischen Ökonomie zählen u. a. die Unmöglichkeit einer vollständigen Substitution von Naturkapital als Produktionsgrundlage (i) und das Respektieren physischer Wachstumsgrenzen („scale") (ii). Damit formuliert die Ökologische Ökonomie eine Grundsatzkritik an den Standardannahmen der Neoklassik.[343]

---

342 Zu den bekanntesten Vertreter_innen bzw. zu zentralen Werken der Ökologischen Ökonomie – ohne an dieser Stelle den Anspruch auf Vollständigkeit erheben zu wollen – gehören im englisch- und deutschsprachigen Raum u. a. Daly (1977, 1996); Boulding (1981, 1985); Immler (1989); Hampicke (1992); Norgaard (1994); Beckenbach/Diefenbacher (1994); Bartmann (1996); Busch-Lüty (2000, 2001); van den Bergh (2000); Costanza et al. (2001); Held/Nutzinger (2001); Luks (2001).
Helga Kanning (2005: 26f.) weist in Anlehnung an Junkernheinrich/Klemmer/Wagner (1995) darauf hin, dass das Sprechen von ‚der' Ökologischen Ökonomie eine theoretisch-methodische Geschlossenheit suggeriere, die es de facto so nicht gebe. Zur Bedeutung der Vielfalt in der Ökologischen Ökonomie vgl. auch Biesecker/Schmid (2001).

343 Zu diesen und weiteren wesentlichen Unterschieden zwischen der Ökologischen Ökonomie und neoklassischer Umwelt- und Ressourcenökonomie vgl. van den Bergh (2000: 9).

(i) Die Neoklassik geht davon aus, dass Naturkapital in hohem Maße durch Sach- und Humankapital substituierbar sei (vgl. dazu kritisch Costanza et al. 2001: 103ff.). Vertreter_innen schwacher Nachhaltigkeit folgen diesem Substitutionsparadigma, nach dem die Endlichkeit von natürlichen Ressourcen kein Problem darstellt: Sie gehen davon aus, dass diese idealiter in allen Fällen durch technologische Fortschritte ersetzt werden können (vgl. stellvertretend für diese Position Solow 1974). Die Suche nach Substituten würde beflügelt durch steigende Preise der knapper werdenden natürlichen Ressourcen, d. h., in den Preisen spiegelten sich die Knappheiten adäquat wider, so die Argumentation. Ott und Döring (2008: 116) äußern Skepsis gegenüber diesem Technikoptimismus[344] und begreifen in Anlehnung an Daly (1999), der eine weitgehende Komplementarität zwischen Natur- und Sachkapital unterstellt, Naturkapital heute als den begrenzenden Produktionsfaktor. Denn nicht die Zahl der Fischerboote, so ein vielzitiertes Beispiel von Daly, sondern die ‚reproduktive' Kapazität der Fischpopulation werde zum begrenzenden Faktor für die Höhe der Fischfangmengen (vgl. Costanza et al. 2001: 104).

Ott und Döring (2008: 150f.) gehen jedoch über Dalys Ansatz, insbesondere über seine Komplementaritätsthese, hinaus und differenzieren in der Frage der Substituierbarkeit von Naturkapital: Denn den beiden Autoren scheinen erstens bestimmte Substitutionen durchaus denkbar (etwa die Substitution zwischen Naturkapital und kultiviertem Naturkapital), so dass sie in ihrer Konzeption starker Nachhaltigkeit die Substitutionselastizität nicht generell gleich Null setzen.

> „Die Annahme unterschiedlicher Substitutionselastizitäten in der Produktionsdimension ist mit der Forderung nach Konstanterhaltung des Naturkapitals aber durchaus vereinbar, denn es ist zulässig, andere Argumente zugunsten der CNCR [constant natural capital rule; D. G.] vorzubringen, die sich von der Fixierung auf die Komplementaritätsthese lösen. Wir denken hierbei besonders an ökologische Leistungen von Lebewesen und an eudaimonistische Argumente in der Umweltethik" (ebd.: 151).

Zweitens gehe es daher nicht mehr nur um die Frage der Möglichkeit, sondern auch um die der Wünschbarkeit von Substitutionen, also nicht mehr nur darum, ob „wir Natur im Produktionsprozess substituieren *können*, sondern immer auch darum, ob wir Substitutionen von Natur durch Artifizielles [...] *wollen sollen*" (ebd.: 151; Herv. i. O.).

Deutlich wird hier, dass Ott und Döring die physische und nicht die monetäre Dimension des Wirtschaftens zum Ausgangspunkt ihrer Überlegungen für nachhaltiges Wirtschaften machen. Mit ihren umweltethischen Argumenten und ihrer Definition von Nutzen, die sie dem Fähigkeitenansatz von Martha Nussbaum

---

[344] Die begründete Ablehnung eines generellen Technikoptimismus auf konzeptioneller Ebene steht für Ott und Döring (2008: 117) nicht im Widerspruch zu Fragen nach der Ausschöpfung von Effizienzpotenzialen, wie sie mit Konzepten wie „Faktor 4" (z. B. von Weizsäcker/Lovins/Lovins 1995) oder „Faktor 10" (z. B. Schmidt-Bleek 1997) verfolgt werden.

entlehnen, gehen sie noch einen Schritt weiter und beziehen bereits die soziale Dimension mit ein.

(ii) Ott und Döring teilen ebenfalls die Wachstumskritik der Ökologischen Ökonomie als Gegenposition zum Verständnis prinzipiell unbegrenzten Wachstums der Neoklassik bzw. des heute vorherrschenden Mainstreams in Wissenschaft und Praxis der kapitalistischen Marktökonomie.

Diese Kritik steht *erstens* in engem Zusammenhang mit der Frage nach dem vertretbaren Maß und den Grenzen der Inanspruchnahme der Biosphäre durch das ökonomische System (vgl. Ott/Döring 2008: 145). Ott und Döring gehen davon aus, dass eine Substitution von Naturkapital nicht möglich ist, und halten zudem eine solche Substitution aus Gründen der Vorsorge sowie aus umweltethischen Gründen für nicht sinnvoll. Damit wenden sie sich explizit gegen Argumentationen, die bisweilen im Zusammenhang mit der Environmental-Kuznets-Curve[345] ein beschleunigtes Wachstum für sich entwickelnde Länder fordern, da dies der beste Weg sei, Umweltprobleme zu lösen: Die von Ott und Döring kritisierten Positionen argumentieren, dass mit einem steigenden Bruttosozialprodukt zum einen Geld für Wissenschaft und Technik und damit für verbesserte Umwelttechnologie zur Verfügung stehe, zum anderen steige mit den wachsenden Umweltbelastungen auch die Nachfrage der Verbraucher_innen bzw. der Staatsbürger_innen nach verbesserter Umweltqualität (vgl. ebd.: 136ff.).

Zweitens betonen Ott und Döring immer wieder, dass monetäres Wachstum nicht bzw. nicht ohne Weiteres mit der Steigerung von Lebensqualität gleichzusetzen ist. Aus diesem Grund lehnen sie beispielsweise das Bruttosozialprodukt als Indikator für Wohlfahrt im Sinne des Fähigkeitenansatzes ab, denn es messe letztlich nur wirtschaftliche Aktivität (vgl. ebd.: 57). Ein Maß für Gerechtigkeit und für Zukunftsverantwortung sei es nicht (vgl. ebd.: 103).[346] Umgekehrt ließen sich zudem Beeinträchtigungen von Lebensqualität nur schwer monetarisieren (vgl. ebd.: 124).

Drittens steht die Wachstumskritik von Ott und Döring im Kontext einer kritischen Reflexion der Vorstellung eines ‚optimalen' ökonomischen Pfades, in denen der Gegenwartswert zulasten von zukünftigen Generationen maximiert wird (vgl. ebd.: 45, 114f.).

(b) Ott und Döring vertreten die These, dass die Kernbedeutung des Begriffs der Nachhaltigkeit in der langfristigen und ökologisch verträglichen Nutzung kritischer Bestände von Naturkapital liegt. Entsprechend fordern sie die „Erhaltung des Naturkapitals (‚constant natural capital rule')" (Ott/Döring 2008: 104)

---

345 Zur Einführung in die Debatte vgl. Yandle/Vijayaraghavan/Bhattarai (2000).
346 Ott und Döring betonen in diesem Zusammenhang, Theoretiker starker Nachhaltigkeit forderten keineswegs Nullwachstum, sondern ihnen gehe es um die Relativierung der Aussagekraft der Messgröße namens BSP für soziale Wohlfahrt. „Man tut", so Ott und Döring (2008: 57), „der Messgröße des BSP gleichsam noch zuviel der Ehre an, wenn man Nullwachstum fordert."

und machen sich in ihrer Theorie starker Nachhaltigkeit daran, den Begriff des zu erhaltenden Naturkapitals genauer zu bestimmen. Naturkapital ist für die beiden Autoren kein „einziger homogener Bestand" (ebd.: 180). Sie fassen vielmehr von vornherein eine nicht-homogenisierende Begriffsbildung ins Auge, die Naturkapital immer als „heterogene Naturkapitalien im Plural" (ebd.: 181) denkt. Der Terminus Naturkapital umfasst für Ott und Döring in Anlehnung an Egan-Krieger (2005) nicht nur Vorräte (wie sie fossile Energieträger darstellen), sondern auch lebendige Fonds (wie z. B. Wälder, Viehherden) und nicht-lebendige (aber belebte) Fonds (zu denen Böden und Wasser gehören):

> „Naturkapital setzt sich zusammen aus all den Komponenten der belebten oder der unbelebten Natur, darunter besonders den lebendigen Fonds, die Menschen und höher entwickelten Tieren bei der Ausübung ihrer Fähigkeiten zu Gute kommen können oder die indirekte funktionale oder strukturelle Voraussetzungen für Nutzungen i.w.S. sind" (Ott/Döring 2008: 227).

Ausgehend von dieser differenzierten Definition, die auch die Lebendigkeit von Natur und ihre „Bedeutung [...] für das soziale, kulturelle und geistige Leben insgesamt" (ebd.: 151) anerkennt, präzisieren Ott und Döring die CNCR und fordern, „das Naturkapital in unterschiedlichen Beständen (Fonds) und auf unterschiedlichen Skalen über die Zeit hinweg konstant zu halten" (ebd.: 169) und diese Regel „zur Leitlinie nationaler und transnationaler Nachhaltigkeitsstrategien" (ebd.) zu machen. Damit grenzen sich Ott und Döring nicht nur von der Neoklassik im Allgemeinen und der Ressourcenökonomik im Besonderen ab, sondern auch von Vertretern der Ökologischen Ökonomie wie Costanza (1992: 90), der die Erhaltung des „gesamten Naturkapitalstocks" fordert.

In der Art und Weise, wie Ott und Döring das Naturkapital konzeptualisieren, lassen sich Aspekte erkennen, die auf Unterschiede im englisch- und deutschsprachigen Diskurs der Ökologischen Ökonomie verweisen, wie sie beispielsweise auch Helga Kanning beschreibt:

> „Während die Ökologische Ökonomie auf internationaler Ebene v.a. aus dem naturwissenschaftlichen Bereich heraus entstanden ist, spielt im deutschsprachigen Raum durch die Entwicklung aus dem ökonomischen Bereich heraus auch die sozio-ökonomische Perspektive eine stärkere Rolle" (Kanning 2005: 31).

In der Anerkennung der Lebendigkeit der Natur und ihrer Produktivität distanzieren sich Ott und Döring (2008: 213 in Anlehnung an Biesecker/Hofmeister 2001) nicht nur vom mechanistischen und atomistischen Weltbild der neoklassischen Umwelt- und Ressourcenökonomie und folgen dem Leitbild des Lebendigen, dem Leitbild der Ko-Evolution, sondern sie gehen auch über das physikalische Weltbild der Thermodynamik von Daly³⁴⁷ und anderen Vertreter_innen der Ökologischen Ökonomie hinaus.

Obwohl Ott und Döring mit der von ihnen entwickelten Kapitaltheorie die Ökologische Ökonomie weiterentwickeln, verbleiben sie doch, wie Adelheid Biesecker und Sabine Hofmeister (2009: 170) kritisieren, im kategorialen Rahmen der herkömmlichen ökonomischen Theorie, der es mit den ihr zur Verfügung stehenden Begriffen (wie dem Begriff des Naturkapitals) nicht gelinge, gesellschaftliche Naturverhältnisse als Vermittlungsverhältnisse theoretisch zu erfassen. Dies, so Biesecker und Hofmeister, sei aber erforderlich, um die Ursachen nicht nachhaltiger Lebens- und Wirtschaftsweisen analysieren zu können und um Vermittlungsprozesse zwischen Gesellschaft und Natur bewusst zu gestalten, „mit dem Ziel, in der Gestaltung von ‚Natur(en)‘ die ökologischen (und sozialen) Produktivitäten zu erhalten und zu erneuern" (ebd.: 171; siehe dazu auch B.III. 2). Dieses Verständnis werde bei Ott und Döring durch den Schlüsselbegriff Naturkapital verstellt; in ihm bleibe das Trennungsverhältnis Gesellschaft versus Natur grundsätzlich erhalten.

Anders verhalte es sich mit dem Begriff der „Naturproduktivität", für den Biesecker und Hofmeister (2006: 11) in ihrem (re)produktivitätstheoretischen Ansatz plädieren. Die Theoretisierung von Wirtschaften als Prozess der Vermittlung von Gesellschaft mit Natur sei zentral für eine Theorie und Praxis starker Nachhaltigkeit, die zu Gesellschaften führen müsse, die sich der Tatsache bewusst seien, dass Natur einerseits selbst schaffende, produktive Natur (natura naturans) sei und andererseits gleichzeitig immer auch (mit)hergestellt werde. Entsprechend gelte es, auf die Qualität dieses gesellschaftlichen Naturprodukts (natura naturata) zu achten, denn auch Letzteres könne wiederum produktiv werden (vgl. Biesecker/Hofmeister 2009: 172 sowie Gottschlich/Mölders 2011).

Biesecker und Hofmeister argumentieren,

> „dass es die Aufbau- und Abbauprozesse des Lebendigen sind, die ineinander wirkend den gesamten ökonomischen Prozess durchziehen: *Produktivität der Natur ist zugleich Reproduktivität*. Herstellende Prozesse sind in der Natur von wiederherstellenden und erneuernden Prozessen nicht zu trennen. Das Produktionssystem Natur ist also zugleich Ausgangspunkt (Produktivität) und Ergebnis (Produkt) des (Re)Produktionsprozesses. Dabei sind der physisch-materiellen (Re)Produktion als lebendigen Prozessen Veränderung und Erneuerung – in dieser Bedeutung Entwicklung – eigen" (Biesecker/Hofmeister 2009: 183; Herv. i. O.).

Anknüpfungspunkte für dieses Verständnis bei Ott und Döring sehen Biesecker und Hofmeister erstens in der Ausdifferenzierung des Begriffs Naturkapital mit-

---

347 Deutlich wird dies auch in der differenzierten Kritik von Ott und Döring (2008: 151) an Dalys oben bereits erwähnter Komplementaritätsthese. Diese beziehe sich nur auf instrumentelle Werte der Natur. Gerade mit Blick auf die Ausübung menschlicher Fähigkeiten seien aber auch andere Arten von Knappheiten denkbar, seien andere Wertkategorien anzubringen, nämlich eudaimonistische und moralische Werte.

hilfe der Theorie der Fonds, die von Tanja von Egan-Krieger (2005) präzisiert worden ist (vgl. auch von Egan-Krieger 2009a). Diese bringe mit den „lebendigen Fonds" einen Teilbegriff hervor, der Vermittlungspotenzial enthielte. „Denn hier wird Naturproduktivität offensichtlich, hier bricht sich das Lebendige Bahn – und verweist darauf, dass Natur immer beides zugleich ist: Produkt und Produktivität" (Biesecker/Hofmeister 2009: 181). Zweitens deute sich auch in dem Begriff des „kultivierten Naturkapitals" die Vermittlung von Natur und Gesellschaft an. Allerdings kritisieren Biesecker und Hofmeister, dass Ott und Döring (2008: 150) mit diesem Begriff ausschließlich eine positiv konnotierte Teilmenge von Naturkapital beschrieben wie gut bewirtschaftete Wälder, obwohl gerade zahlreiche NaturKultur-Produkte wie Klimawandel, Kontaminationen etc. negative Phänomene der in die Krise geratenen gesellschaftlichen Naturverhältnisse seien.

(c) Wenn Ott und Döring von Arbeit sprechen, dann ist fast immer monetär entlohnte Arbeit gemeint – sei es selbständige oder lohnabhängige Arbeit. So benutzen die beiden Autoren in der Auseinandersetzung mit den Gerechtigkeitsgrundlagen der Nachhaltigkeitsidee zur Illustration von Verteilungsfragen und Gleichbehandlungsansprüchen nur Beispiele aus dem Themenbereich „Arbeit", in denen sich ein enges, auf Erwerbsarbeit fokussiertes Arbeitsverständnis widerspiegelt: etwa wenn auf Forderungen nach gleichem Lohn für gleiche Arbeit und nach Mindestlöhnen (vgl. Ott/Döring 2008: 92) verwiesen wird oder darauf, dass man bei Verteilungsfragen natürlich nicht vergessen dürfe, dass viele Güter nicht einfach vorhanden seien,

> „sondern durch Arbeit erzeugt, erhalten und erneuert werden müssen. Die je *eigene Arbeitsleistung* stellt in der Tradition des liberalen possessiven Individualismus (von John Locke bis zu Robert Nozick) nicht zu Unrecht eine *hochrangige Anspruchsberechtigung* dar, über deren *Erträge als persönliches Eigentum* verfügen zu dürfen" (ebd.: 61; Herv. D. G.).

Obwohl der Blick der Greifswalder Autoren auf die Erwerbsarbeit beschränkt bleibt – und auf die damit verbundenen Probleme werde ich im Folgenden noch genauer eingehen –, findet sich hier ähnlich wie bei den anderen integrativen Ansätzen nachhaltiger Entwicklung der Helmholtz-Gemeinschaft (siehe B.IV.1) bzw. Massarrat (siehe B.IV.3) eine kritische Reflexion gesellschaftspolitischer Rahmenbedingungen bezahlter Arbeit, die eine wichtige Weiterentwicklung im deutschen Nachhaltigkeitsdiskurs darstellt: Es ist die Frage nach den Qualitäten, die Frage nach den Konditionen, nach dem „Wie-wollen-wir-Arbeiten". Ott und Döring schließen diese Fragen in die Ausgestaltung ihrer Gerechtigkeitstheorie ein (siehe B.IV.4.4), indem sie sich explizit an die neueste Version von Martha Nussbaums Fähigkeitenansatz (vgl. Nussbaum 2006: 76ff.) anlehnen. In dieser hatte Nussbaum die letzte ihrer aufgelisteten zehn Fähigkeiten dahingehend verändert, dass sie unter der Überschrift „Control over One's Environment" nun u. a. auch das

Recht auf Berufsausübung unter fairen, menschlichen Arbeitsbedingungen[348] (ebd.: 77f.) ausdrücklich in ihre „starke vage Konzeption des Guten" (Nussbaum 1999: 45) integriert hat (vgl. auch Ott/Döring 2008: 84). Die verschiedenen Beispiele im Kapitel „Die Präsumption zugunsten der Gleichverteilung" (ebd.) – etwa die egalitäre Forderung nach gleichem Lohn für gleiche Arbeit, nach Mindestlöhnen als Gegenmaßnahme zu Dumpingpreisen, durch die soziale Kosten externalisiert werden (*working poor*-Realität) – können durchaus als Beiträge zur Konkretisierung der „fairen Arbeitsbedingungen" gelesen werden. Dasselbe gilt für Otts und Dörings Auseinandersetzung mit dem Liberalismus, in der sie dem Recht, die Früchte der eigenen Arbeit zu ernten, zustimmen und auf die Marx'sche Interpretation verweisen, dies gewissermaßen als Abwehrmaßnahme gegen die (übermäßige) Ausbeutung der Arbeitskraft zu verstehen (vgl. ebd.: 61 sowie dort Fn. 38). Auch in der Betrachtung der vier Politikfelder Landwirtschaft und Naturschutz, Fischerei und Klimapolitik fragen Ott und Döring immer wieder *nach den sozial-ökologischen Qualitäten von Erwerbsarbeitsprozessen und von Arbeitsprodukten*. Im Rahmen des von den beiden Autoren angestrebten Konzepts differenzierter Landnutzung geht es beispielsweise um so verschiedene Aspekte wie den zu leistenden Prozessschutz, die Existenzsicherung und finanzielle Förderung von Land- und Forstwirten, die sich einer nachhaltigen Bewirtschaftungsweise wie dem ökologischen Landbau verschrieben haben, um die Entlohnung von Naturschutzleistungen, die von Landnutzer_innen für die Allgemeinheit erbracht werden, sowie um die aktive Einbindung der in der Land- und Fortwirtschaft Tätigen in politische Entscheidungsfindungsprozesse (vgl. ebd.: 237ff., insbesondere 241, 251, 257). Auch im Bereich Fischereimanagement machen Ott und Döring konkrete Vorschläge, die Arbeitsprozesse – auch hier ausdrücklich unter Partizipation der Fischer_innen – nicht mehr an einer kurzfristigen Rationalität auszurichten, sondern so zu gestalten, dass nicht nur die Überfischung beendet wird, sondern dass gerade auch die Arbeitsplätze erhalten bleiben und damit die soziale Absicherung der Fischer_innen gewährleistet ist (etwa durch Formen genossenschaftlicher Bewirtschaftung, in denen möglichst nur noch selektives Fanggerät, das die Zerstörungen am Meeresboden vermindert, zum Einsatz kommt) (vgl. ebd.: 292ff.). In diesen Vorschlägen tritt das Verständnis der Ökologischen Ökonomie deutlich zutage, dass Handlungsansätze für eine Ko-Evolution von Gesellschaft, Wirtschaft und Natur Verständigungsprozesse in Kooperation mit allen Betroffenen und Mitwirkenden voraussetzen (vgl. dazu vor allem die Positionen der Vereinigung Ökologische Ökonomie (VÖÖ) o. J.[349]; Busch-Lüty 2000).

---

348 Im Original heißt es: „In work, being able to work as a human being, exercising practical reason and entering into meaningful relationships of mutual recognition with other workers" (Nussbaum 2006: 78).
349 Vgl. www.voeoe.de/page/philosophie.

Bei all ihren Forderungen nach „neue[n] Wohlstandsmodelle[n]", nach „Zeitwohlstand" (Ott/Döring 2008: 171), nach der „konkrete[n] Aufhebung eines dominanten Modells von individueller Nutzenmaximierung durch [...] die Schaffung von Entschleunigungsinseln" sowie durch „die Aufhebung der Grenzen von Arbeit und Muße" (ebd.: 172) blenden Ott und Döring allerdings den Bereich der unbezahlten (re)produktiven[350] Arbeiten aus. Weder die krisenhafte Verfasstheit der derzeitigen Rahmenbedingungen unbezahlter Sorgearbeit noch ihre Bedeutung für die Gestaltung einer nachhaltigen Entwicklung können so analysiert werden.[351] Besonders deutlich wird dies, wenn Ott und Döring versuchen zu untermauern, dass eine Umsetzung einer Theorie starker Nachhaltigkeit keine Zumutungen, keine Abstriche (sondern sogar ein Mehr) an Lebensqualität mit sich bringen würde:

> „Einer durchschnittlichen Bürgerin wird nichts Unzumutbares abverlangt: Vielleicht wird sie weniger oft Fleisch und mehr Biogemüse essen, vielleicht ein 3-l-Auto fahren und im Elbsandsteingebirge wandern statt auf Sri Lanka schnorcheln. Sie wird vielleicht weniger, aber dafür schönere und dauerhafte Dinge besitzen und über mehr Zeit für Muße verfügen. [...] Es könnte sein, dass sie in anderen Hinsichten von der Umsetzung starker Nachhaltigkeit nur wenig spürt und dass am Ende dieser Umsetzung ihre gesamte Wohlfahrtsbilanz positiv ausfällt" (ebd.: 349).

Das Beispiel der „durchschnittlichen Bürgerin", das Ott und Döring hier wählen, ähnelt dem „Grünen Konsumenten" der Studie Zukunftsfähiges Deutschland, der „gut lebt, statt dass er viel besitzt" (BUND/Misereor 1996: 206ff.) und der den Zeitwohlstand dem Güterwohlstand vorzieht (vgl. ebd.). Die zugrunde liegenden Annahmen sind in mehrfacher Weise bemerkenswert: Erstens, weil Ott und Döring, die sich in ihrer Auseinandersetzung mit der Neoklassik entschieden von dem Verständnis eines nutzenmaximierenden *homo oeconomicus* abgrenzen, dennoch hier auf andere Annahmen dieser Konstruktion zurückgreifen und die Bürgerin im obigen Beispiel als *autonomes Subjekt*, das nur für sich, aber nicht für andere Sorge trägt, konzipieren.[352] Zweitens, weil die Zeit für Muße aus einer Entschleunigung der Erwerbsarbeitsverhältnisse abgeleitet wird, die weder die Rahmenbedingungen noch die derzeitig ungleiche Verteilung der geleisteten unbezahlten Sorgearbeit mitdenkt.[353]

---

350 Zum Begriff der (Re)Produktivität vgl. Biesecker/Hofmeister (2006), siehe auch B.III.2.
351 In diesem Zusammenhang ist auch die Frage nach Betreuungszeiten im Kinderhort keinesfalls ein in Bezug auf Nachhaltigkeit irrelevanter und rein individueller Aspekt, wie Ott und Döring (2008: 38f.) mit ihrer Kritik an der Inflation der Wünsche an und Vorstellungen von Nachhaltigkeit suggerieren.
352 Einen Überblick zur kontrovers geführten Debatte um den Autonomiebegriff aus feministischer Perspektive bietet z. B. Wendel (2003: 88ff.).
353 Das Beispiel irritiert auch insofern, als Frauen weltweit deutlich weniger Fleisch essen als Männer (vgl. Scherhorn/Reisch/Schrödl 1997; Bodenstein/Spiller/Elbers 1997) und weniger häufig und weniger weite Strecken mit dem Auto fahren, häufiger den öffentlichen Verkehr nutzen, häufiger zu Fuß gehen und als Autobesitzerinnen schon jetzt diejenigen sind, die eher Kleinwagen besitzen – zum Teil ist diese nachhaltigere Mobilität allerdings auch ökonomischen Notwendigkeiten geschuldet (vgl.

Wie folgenreich eine Nichtbeachtung der unbezahlten Sorgearbeiten ist, zeigt sich auch an anderer Stelle, an der Ott und Döring mit Blick auf zu verändernde Ernährungs- und Mobilitätsgewohnheiten argumentieren:

> „Ein durchschnittlicher *Haushalt* gibt derzeit nur ca. 15 Prozent seines Budgets für Nahrungsmittel aus. [...] Geht man auf der *Verbraucherseite* von Verhaltensänderungen aus (fleischarmer Ernährungsstil, diversifizierte Mobilitätsstile usw.) sind Abstriche an wirklicher Lebensqualität nicht zu befürchten" (Ott/Döring 2008: 253f.; Herv. D. G.).

Was bei dieser pauschalen Zuweisung von Umweltverantwortung an die „Haushalte"[354] fehlt, ist die Frage nach den *Akteuren der Umsetzung*. In den letzten 20 Jahren haben Wissenschaftler_innen für verschiedene Kontexte die Berücksichtigung der konkreten Alltagsgestaltung in den Haushalten angemahnt und die feststellbare Feminisierung der Umweltverantwortung kritisiert, die im Zuge neoliberaler Umstrukturierungen weiter wächst (vgl. u. a. Schultz/Weiland 1991; Schultz/Weller 1995; Spitzner 1996; Bernhard 1999; Katz 2001; Wichterich 2002a; Weller 2004: 43f., 51ff.; Gottschlich/Mölders 2008).

Während Ott und Döring nach *Anreizstrukturen* für in der Landwirtschaft und Fischerei Arbeitende suchen, schlagen sie keinen solchen Perspektivwechsel in der Diskussion über Verbraucherverhalten und nachhaltigen Konsum bzw. nachhaltiges Mobilitätsverhalten vor. Hier verpassen sie zum einen die Chance, für die Entwicklung von *Angeboten* für einen nachhaltigen Konsum zu plädieren, in denen von den unterschiedlichen Interessen, Ansprüchen und Handlungsspielräumen von Konsument_innen ausgegangen wird. Zum anderen verbleiben Ott und Döring mit dem Verweis auf die „Verbraucherseite" im dualistischen Verständnis von Produktion und Konsumtion, obwohl sie in ihrer Theorie starker Nachhaltigkeit auf Arbeiten und Schaubilder von Biesecker und Hofmeister verweisen, in denen genau diese Trennung kritisiert wird. Aspekte der Alltagsökologie können so nicht als Fragen nach der Verantwortlichkeit für die Gestaltung sozial-ökologischer Qualitäten von (re)produktiven Arbeiten gestellt und bearbeitet werden (siehe dazu ausführlich B.III.2).

2.3 Politikverständnis

Die Theorie starker Nachhaltigkeit von Ott und Döring ist maßgeblich von der Diskursethik geprägt. Vor diesem Hintergrund politischer Philosophie sind ihre Ausführungen zu dem, was Ott und Döring (2008: 105) „kluge Politik" nennen

---

Beik/Spitzner 1996; Scherhorn/Reisch/Schrödl 1997; Mäder 1999; Lorek/Spangenberg/Felten 1999; Spitzner 1996, 1999).

354 Die Argumentation ähnelt der Kritik an hochverarbeiteten Convenience-Produkten, die seit mehreren Jahren im Bedürfnisfeld Ernährung hohe Wachstumsraten erzielen. Aus ökologischer Perspektive werden diese sowohl wegen des Energieverbrauchs (zunehmende Anzahl industrieller Verarbeitungsschritte, Transport) als auch wegen der eingesetzten Zusatzstoffe problematisiert (vgl. z. B. UBA 1997; kritisch dazu aus der Genderforschung Weller/Hayn/Schultz 2002: 431ff.).

(a), und zu Partizipation (b) zu verstehen. Dagegen werden Fragen, die das Staatverständnis reflektieren und die die politische Ordnung betreffen (c), ebenso wie Fragen der Macht (d) im Greifswalder Ansatz nur knapp bzw. eher implizit angesprochen. Suffizienz wird nicht nur auf individueller Ebene als wichtige Teilstrategie nachhaltiger Entwicklung verstanden, sondern auch in ihrer politischen Dimension erfasst (e).

(a) In ihrem Mehrebenenmodell gehen Ott und Döring sowohl auf der theoretischen Ebene wie auf der Ebene der Handlungsdimensionen von einem Trennungsverhältnis von Politik und Ökonomie aus, das es im Sinne eines Primats ‚der' Politik über die Ausgestaltung ökonomischer Entwicklung zu nutzen gelte. Ausgehend von der Analyse und Reflexion der Frage, wie in der Ökonomik das Gerechtigkeitsthema behandelt werde (vgl. ebd.: 48ff.), halten sie fest, dass Verteilungsfragen normative Fragen seien, die sich nicht an die Ökonomik delegieren ließen (vgl. ebd.: 51): Die Ökonomik „in ihrer Form der neoklassischen Mikroökonomik" sei „in Verteilungsfragen unzuständig" (ebd.: 49). Aus dieser Unzuständigkeit der Ökonomik ließe sich jedoch keine inhaltliche Wertentscheidung für oder gegen einen bestimmten Status quo der Verteilung ableiten. Diese Entscheidung müsse auch unter Berücksichtigung politischer Verantwortung (im Sinne von Jonas 1978) gegenüber zukünftigen Generationen getroffen werden (vgl. Ott/Döring 2008: 306).

Fragt man jedoch danach, wer diese Entscheidung zu treffen habe, also nach Akteuren sowohl der Entscheidung als auch der Umsetzung, so offenbart eine solche Akteursperspektive eine Schwachstelle des Greifswalder Ansatzes: Ott und Döring verweisen zum einen auf ein kollektives, aber unbestimmtes „Wir"[355] bzw. auf die „Menschheit", zum anderen auf „kluge Politik". Die beiden Autoren „gehen von der Hypothese aus, wonach bei einer *klugen Politik* die Reichtümer (Güter, Ressourcen, Fonds) der Erde ausreichen dürften, um allen Menschen ein gutes Leben in Freiheit zu ermöglichen" (ebd.: 105; Herv. D. G.).

Bezogen auf die einzelnen Handlungsdimensionen stellt sich kluge Politik für Ott und Döring als „transition management" (ebd.: 349) dar, als „kluge[s] Übergangsmanagement" (Ott/Döring 2007: 38), das es sich zur Aufgabe macht, die in der Praxis zu verzeichnenden, nicht zuletzt durch Globalisierung und demographische Veränderungen angetriebenen Transformationsprozesse, die die gesellschaftlichen Naturverhältnisse formen, bewusst in einem nachhaltigen Sinne zu gestalten. Doch diese Politik bleibt abstrakt, denn auch der Hinweis von Ott und Döring, dass die Wahl bestehe, diese Veränderungen zum intendierten Ergebnis von politischer Steuerung zu machen, wird durch die Passivformulierung der Fra-

---

[355] Auch Lieske Voget (2009a: 69) reflektiert die Aussage von Ott und Döring, dass es zukünftigen Generationen nicht schlechter gehen solle als uns, kritisch und fragt, wer denn genau mit diesem „uns" gemeint sei.

2. Die Greifswalder Theorie starker Nachhaltigkeit von Konrad Ott und Ralf Döring

ge nach dem Subjekt, den Akteuren umgangen: Der „Wandel kann gestaltet oder dem Spiel der Marktkräfte überlassen werden" (Ott/Döring 2008: 260). Für diese bewusste politische Gestaltung, ob in der Fischerei oder in der Landnutzung, sei es noch nicht zu spät; dies gelte auch für den Klimawandel:

> „Es besteht (noch) kein Grund zur Resignation oder zum Fatalismus. [...] [e]ine Beherrschung eines moderaten Klimawandels durch energetische Vermeidungs- und intelligente Anpassungsstrategien ist trotz aller klimapolitischen Versäumnisse immer noch in Reichweite klimapolitischen Handels. [...] Es ist [...] immer noch möglich, durch entschlossene Klimapolitik die erforderliche Trendwende in der globalen Emissionsentwicklung jetzt einzuleiten" (ebd.: 306).

Neben einem gewachsenen Problembewusstsein in der Bevölkerung und einer verbesserten Technik im Bereich regenerativer Energien spreche für diese Einschätzung auch, dass „die politischen Instrumente [...] derzeit erprobt oder eingesetzt" (ebd.) würden,

> „so dass bei einem entsprechenden politischen Willen der Staaten- und Völkergemeinschaft eine Begrenzung in einem ‚*tolerable window*' weiterhin möglich ist. Es spricht einiges dafür, dass die Menschheit sich derzeit in dem entscheidenden ‚*window of opportunity*' befindet und es jetzt auf politischen Willen für einen Umkehrschub ankommt" (ebd.; Herv. i. O.).

Das hier zum Ausdruck kommende Politikverständnis lässt sich in zweifacher Hinsicht charakterisieren: *Erstens* vertreten Ott und Döring eine steuerungsoptimistische Position; sie gehen davon aus, dass „intelligente umweltpolitische Regulierungspraxis" (Ott/Döring 2007: 40) nicht nur möglich ist, sondern zugleich die „volkswirtschaftliche Prosperität nicht gefährdet, sondern sichert und stärkt" (ebd.). Regulierung – im Sinne politischer Steuerung – ermöglicht also die zielgerichtete und zweckorientierte, d. h. absichtsvolle Gestaltung gesellschaftlicher Bedingungen und Zustände in Richtung starker Nachhaltigkeit. Das Verständnis von nachhaltiger Entwicklung als Managementaufgabe speist sich bei Ott und Döring weniger aus einem technokratischen Verständnis (das vor allem Vertreter_innen kritischer Nachhaltigkeitsansätze ablehnen, siehe dazu Diskursstrang B.II) als vielmehr aus dem Glauben an die verändernde Kraft des besseren Arguments. Die vorgelegte Theorie versteht sich als Beratung von Politik, die vorhandenes Wissen, vorhandene Instrumente nur noch ‚richtig' einsetzen muss. Diese Einschätzung spiegelt sich auch in den folgenden Überlegungen von Ott und Döring (2008: 259) zum Konzept der differenzierten Landnutzung wider, das sie als eine praktische Konsequenz herausstellen:

> „Insofern glauben wir, dass es zu unserem Konzept [der differenzierten Landnutzung; D. G.] keine wirklich wünschenswerte Alternative gibt – und schon gar keine nachhaltige. Diese Einsicht ist inzwischen auch innerhalb der EU im Grunde nicht mehr strittig und ihr werden sich auf Dauer auch die Landschaftsverbände nicht verschließen können. Zu erwarten sind von der Agrarlobby eher ‚Rückzugsgefechte', um die Zahlungen noch so

lange wie möglich zu erhalten (zumindest bis 2013 und damit zur nächsten grundlegenden Reform)" (ebd.).

Der starke Steuerungsoptimismus von Ott und Döring wird aus der Hoffnung gespeist, dass sich aus den nachhaltigkeitsbezogenen Wissenschaften eine Theorie der Nachhaltigkeit ergeben könnte, die „von der Politik so wenig ignoriert werden [könnte] wie andere wissenschaftliche Erkenntnisse" (Ott 2006: 65).

Dass die Bedingungen von Politik für nachhaltige Entwicklung kaum in den Fokus geraten, hat *zweitens* auch mit der Konzeption von Politik als homogenem und rationalem Akteur zu tun. Fast durchgängig findet sich bei Ott und Döring (2008: 283) die Gedankenfigur von ‚der' Politik, die, gleichsam neutral bzw. auf das Allgemeinwohl bedacht, starker Nachhaltigkeit zum Durchbruch verhelfen vermag – und zwar gegen individuelle Nutzenmaximierung und radikale Liberalisierungstendenzen. Während Ott und Döring einräumen: „Es ist bekannt, dass Menschen in Notlagen kurzfristig denken und handeln (müssen)" (ebd.), präsentieren sie beispielsweise das Konzept sicherer biologischer Grenzen in Verbindung mit Wiederaufbauprogrammen (CNCR, Investition in natürliche Fonds) als Vorschlag an Politik, den diese nur noch umsetzen müsse. Politik erscheint als vom kurzfristigen Denken befreit.

Jan Peter Voß (2009: o. S.) hat darauf hingewiesen, dass eine solche Annahme von Politik als außerhalb der Gesellschaft stehendem, einheitlichem Akteur, der nach Art des Platonischen Philosophenkönigs weise (in unserem Fall „nachhaltige") Entscheidungen trifft, in einem ersten Schritt sinnvoll sein kann, um abstrakte, aus der Problemanalyse abgeleitete Anforderungen zu formulieren. In einem nächsten Schritt müsse jedoch die Eigendynamik des politischen Kontextes berücksichtigt werden. Auch andere Autoren wie Brand und Fürst (2002: 84ff.) thematisieren die institutionelle Pfadabhängigkeit[356] einer Politik der Nachhaltigkeit. Veränderungspotenziale seien im Kontext der konkreten institutionellen Strukturen zu analysieren und nicht nur vor dem Hintergrund allgemeiner politökonomischer oder systemtheoretischer Betrachtungen. Angesichts der derzeiti-

---

356 *Pfadabhängigkeit* habe ich an anderer Stelle (vgl. Gottschlich/Mölders 2011: 207) beschrieben als die Anwendung eines alltäglichen Begriffs, des Pfades, in den Wirtschafts- und Politikwissenschaften (insbesondere im Historischen Institutionalismus), um Prozesse zu charakterisieren, deren zeitlicher Verlauf strukturell einem Pfad ähnelt, der Anfänge und Kreuzungen bereit hält, an denen mehrere Alternativen oder Wege zur Auswahl stehen. Ist eine Auswahl erfolgt, ein Pfad eingeschlagen, wird ein Umschwenken auf eine der am Kreuzungspunkt noch mühelos erreichbaren Alternativen zunehmend aufwendiger, wenn auch nicht unmöglich. Pfadabhängigkeit wird häufig als Restriktion für *policy-making* konzipiert, da Ausmaß und Art von politischem Wandel begrenzt werden. Pfadabhängige Prozesse sind in der Regel nicht selbstkorrigierend, sondern im Gegenteil durchaus dazu prädestiniert, Fehler zu verfestigen, wenn es nicht eine dezidiert politische Entscheidung gibt, einen anderen Weg einzuschlagen. Das Pfadabhängigkeitskonzept betont also die institutionell-strukturelle Perspektive im Sinne von politikprägenden Normen, Regeln, Ministerien, Ämtern etc. sowie institutionelle Konfigurationen, Handlungsmuster und Leitbilder, die den Grundcharakter von Politik insgesamt und dessen ermöglichende oder restringierende Wirkungen prägen (vgl. Greener 2005; Weidner 2008). Zu der Diskussion verschiedener Pfadabhängigkeitsansätze vgl. Ebbinghaus (2005).

gen organisatorischen Gegebenheiten sei es eine offene Frage, wie der geforderten Querschnitts- und Langfristorientierung politischen Handelns hinreichend Geltung verschafft werden könne. Insbesondere das Prinzip der Langfristigkeit sei nur mangelhaft institutionell verankert und stünde dem kurzfristigen Rhythmus von Wahlperioden und Unternehmensbilanzen (inklusive einer Shareholder Value Orientierung) entgegen. Ott und Döring konzipieren die politische Ordnung und Praxis tendenziell als endogenen Bestandteil sozial-ökologischer Transformationsprozesse und umgehen damit die vertiefte Beschäftigung mit der Eigendynamik von Politikprozessen (siehe dazu auch Abschnitt (c) zum Staatsverständnis).

Über Aspekte der Externalisierung von Politik hinausgehend besteht mit der Konstruktion eines homogenen politischen Akteurs wie im Falle der „Menschheit" oder eines planetarischen „Wir" auch die Gefahr, unterschiedliche Verantwortungen und Machtfragen auszublenden und identische Interessen zu unterstellen (siehe dazu auch die ausführliche Kritik in B.I.2.4).

(b) Anknüpfungspunkte, die einem Politikverständnis, das Nachhaltigkeit auf eine reine, wenn auch „kluge" Management- und Umsetzungsaufgabe reduziert, entgegenwirken, gibt es bei Ott und Döring dort, wo sie selbst auf die wichtige Bedeutung von deliberativen Prozessen hinweisen, die sie auch auf den verschiedenen Ebenen ihres Modells ansiedeln. Auf der Ebene der Handlungsdimensionen fordern Ott und Döring die Einbeziehung der Betroffenen. Nur wenn diese partizipieren und ihre Anliegen berücksichtigt würden, könne *transition management* in Richtung Nachhaltigkeit funktionieren (unter B.IV.4.2 Abschnitt (c) habe ich dies bereits hervorgehoben). Sie regen aber auch eine öffentliche Auseinandersetzung mit Nachhaltigkeit als Theorie an:

> „Eine Nachhaltigkeitstheorie ist aber auch eine politische Theorie, die öffentlich vorgestellt und unter Staatsbürgerinnen debattiert werden sollte. Es ist daher wünschenswert, in geeigneten Arenen und Foren diskursive Verfahren durchzuführen. Hierbei könnte sich im Laufe der Zeit ein kollektiv geteiltes staatsbürgerliches Einverständnis darüber herausbilden, ‚worum es bei Nachhaltigkeit eigentlich geht'" (Ott/Döring 2008: 42).

Das in dem Zitat zum Ausdruck kommende Verständnis enthält jedoch mehrere Aspekte, die mit Blick auf ein kritisch emanzipatorisches Nachhaltigkeitsverständnis zu reflektieren sind. *Erstens* exkludiert der Begriff der Staatsbürger_innen all jene, die zwar de facto aber nicht de jure Teil eines Gemeinwesens sind (Ausländer_innen ohne deutsche Staatsangehörigkeit). Auf der Ebene der Umsetzung von lokalen Agenda 21-Prozessen wird gerade versucht, diese Exklusion nicht zu verfestigen, sondern zu überwinden.[357]

---

357 Im Rahmen von Agenda 21-Prozessen u. a. in Hannover, Osnabrück, Duisburg, Aachen und München sind zahlreiche Initiativen gegründet und Projekte gestartet worden, um die Partizipation von Menschen mit Migrationshintergrund in Prozessen der Stadtentwicklung sicherzustellen und zu unterstützen – unabhängig davon, ob sie einen deutschen Pass haben oder nicht. Vgl. stellvertretend den

Zweitens erscheinen die von Ott und Döring geforderten diskursiven Verfahren nicht als offene Foren, sondern hin und wieder als solche, an denen ein ‚richtiges' Nachhaltigkeitsverständnis angeeignet werden kann und soll. Diese Interpretation ist auch im Zusammenhang mit der Bewertung von lokalen Agenda 21-Prozessen durch die Greifswalder Autoren zu sehen. Ott und Döring polemisieren gegen Agenda 21-Prozesse und das in der Praxis häufig vorfindbare Drei-Säulen-Modell:

> „[D]ie Säulen [entwickeln sich] mittlerweile zu einer Art Wunschzettel, in die jeder Akteur eintragen kann, was er für wichtig hält. Auf der Ebene lokaler Agenden werden die Betreuungszeiten im Kinderhort und der Warmbadetag für Senioren im örtlichen Hallenbad zu Zielen nachhaltiger Entwicklung" (ebd.: 38).

Die prozeduralistische Position, Nachhaltigkeit als einen Prozess, in den sich viele Akteure einbringen können, zu verstehen, wird von Ott (2006: 64) als „Karikatur einer diskursethischen Position" charakterisiert, gehe es doch schließlich darum, „die Verwendung eines Begriffs mit Gründen zu rechtfertigen" (ebd.). Armin Grunwald (2009: 58) gibt in seiner Reflexion des Greifswalder Ansatzes Ott einerseits Recht, indem er bestätigt, dass Nachhaltigkeit als Prozess in vielerlei Hinsicht als eine bloße Phrase verwendet werde oder auch ein Ausweichen vor begrifflichen, konzeptionellen oder realpolitischen Entscheidungen bedeute. Er weist jedoch andererseits darauf hin, dass

> „prozedurale und prozesshafte Elemente der Nachhaltigkeit inhärent [sind], allein weil es nicht gelingen kann[,] Nachhaltigkeit ein für alle Mal abschließend zu definieren und zu operationalisieren und den Rest dann als eine Managementaufgabe an die Verwaltung abzugeben" (ebd.).

Eine Festlegung sei genauso notwendig (weil ansonsten keine Politik der Nachhaltigkeit umgesetzt werden könnte) wie Offenheit gegenüber neuen Entwicklungen und neuem Wissen (vgl. ebd.). Politikinnovationen und eine Veränderung der politischen Kultur in Richtung tatsächlicher Partizipation und offener Diskurse sind entsprechend auf Lernmöglichkeiten angewiesen, die im Konzept von Ott und Döring nur eine untergeordnete Rolle spielen.

(c) Konrad Ott und Ralf Döring geht es zuvorderst um die *Rechtfertigung* von distributiver intra- und intergenerativer Gerechtigkeit. Für ihre *Umsetzung* bedarf es sowohl politischer wie juridischer Gerechtigkeit[358] als Grundstruktur (Ott/Döring 2008: 65), braucht es die oben erwähnte kluge Politik als Exekutivinstanz. Dieses Verständnis steckt abgemildert auch in dem folgenden Zitat von

---

2002 gegründeten, gemeinnützigen Verein „Migranten für Agenda 21" in Hannover (www.21-kom.d e/fileadmin/user_upload/PDFs/04_Menschen_mit_Migrantionshintergrund/Vortraege_Berlin/09b_Na dja_Dorokhova_Migranten_fuer_agenda_21_Druckfreundlich.pdf).

358 Politische Gerechtigkeit habe etwas mit der Verfassung eines Gemeinwesens und Verfahrensgerechtigkeit zu tun, juridische Gerechtigkeit mit der Unparteilichkeit der Gesetze bzw. mit der Unparteilichkeit der Richter_innen, die sie anwenden (vgl. Ott/Döring 2008: 65).

Ott: Für eine „verbindliche Festlegung von Zielsetzungen ist die demokratisch ermächtigte Politik zuständig; die Wissenschaft kann aber immerhin plausible Zielkorridore und ‚Leitplanken' angeben" (Ott 2006: 80).

Die Frage nach der genauen Verfasstheit der „demokratisch ermächtigten Politik" wird von Ott und Döring ebenso wenig gestellt wie die Frage, ob Phänomene nicht nachhaltiger Entwicklungen nicht ebenso Resultate einer Krise des Politischen[359] sind und daher auch einen tiefgreifenden politischen Wandel erfordern, der sich u. a. auf ein neues Rollenverständnis des Staates beziehen müsse.[360] Das Staatsverständnis, das bei Ott und Döring durchscheint, versteht den bestehenden (deutschen) Staat als weitgehend neutrale Umsetzungs- und Ermöglichungsinstanz von Nachhaltigkeit und nicht als institutionell verdichtetes Kräfteverhältnis (vgl. kritisch dazu Hirsch 2007). Für die verschiedenen Handlungsdimensionen streben Ott und Döring keine nationalstaatliche Lösung an, sondern tragen den globalen Interdependenzen und dem politischen Mehrebenensystem Rechnung: Es geht um europaweite Reglungen im Bereich der Agrar- und Fischereipolitik inklusive der Berücksichtigung ihrer globalen Auswirkungen, um internationale Klimapolitik. Doch anstelle einer kritischen Reflexion, ob im Staat derzeit nicht nachhaltige Kräfte eher repräsentiert sind als nachhaltige Interessen, wird eine gerechte politische Ordnung hier einerseits gewissermaßen vorausgesetzt.

Andererseits – und in der Theorie starker Nachhaltigkeit wird zwischen diesem Sein und Sollen in der Argumentation gewechselt – werden neue (transnationale) Institutionen gefordert, für die Ott und Döring Qualitätsanforderungen formulieren. Deutlich wird dies bei den Ausführungen zu der Frage, wer dafür zu sorgen hat, dass ein berechtigter Anspruch auch tatsächlich erfüllt wird. In Abgrenzung zu Bittner (2001) wollen Ott und Döring den Begriff des Moralischen nicht auf den Nahbereich eingegrenzt sehen. Zwischenmenschliche Moral sei mit globalen Aufgaben wie der Bekämpfung des Welthungers nicht überfordert:

> „Die Überforderung der Alltagsmoral ist vielmehr ein guter pragmatischer Grund für die politische Einrichtung von Institutionen und Organisationen, die die Sicherstellung der Erfüllung legitimer individueller Ansprüche, deren Erfüllung außerhalb unseres Handlungsfeldes liegen, zu ‚ihrer Sache' machen (‚mediating duties'). Es geht damit um die moralische Begründung transnationaler politischer Institutionen, die ein moralisches Anliegen verfolgen" (Ott/Döring 2008: 60f.).

Damit folgt die Theorie starker Nachhaltigkeit Nussbaums Ansicht, dass es Aufgabe politischer Institutionen sei, die Entwicklung und Ausübung von Fähigkeiten zu einem guten menschlichen Leben zu ermöglichen (vgl. Nussbaum 2006: 70f.).

---

359 So sieht es etwa die Soziale Ökologie (siehe B.IV.4).
360 Ganz anders die VÖÖ, die dies ausdrücklich zu ihrem Selbstverständnis erklärt (vgl. dazu voeoe.de/page/philosophie).

(d) Die Frage nach Macht- und Herrschaftsverhältnissen wird in der Theorie starker Nachhaltigkeit nicht explizit gestellt. Dass die Theorie jedoch „mitten in die Kämpfe ihrer Zeit hinein führt" (Döring 2009: 36), sehen die Autoren sehr wohl. Sie betonen, sie seien „nicht so naiv", sich die Umsetzung ihrer Theorie „als große Win-win-Situation vorzustellen" (ebd.). Mindestens kurzfristig werde es Gewinner und Verlierer geben: „Dass sie bestimmte Personengruppen besser und andere schlechter stellt, unterscheidet die Umsetzung unserer Theorie nicht von der Fortsetzung der heutigen Praxis – nur die betroffenen Personengruppen ändern sich" (ebd.). Damit aus einer Theorie von Nachhaltigkeit, die sich aus Gerechtigkeitsforderungen ableite, keine ungerechten Umverteilungsprozesse resultierten, müsse gewährleistet sein, dass die Opportunitätskosten starker Nachhaltigkeit nicht einseitig ausfielen (vgl. ebd.).

Bei ihrer Suche nach nachhaltigen Strategien abstrahieren die Greifswalder Autoren auch in den Handlungsdimensionen häufig von den spezifischen Strukturen und Dynamiken politischer Praxis, schätzen Widerstände (zu) gering ein, so dass die entscheidende Frage, wie ausgehend von bestehenden Strukturen und Machtverhältnissen auch politische Praxis weiterentwickelt werden kann, als Forschungsdesiderat bestehen bleibt.

(e) In der ersten Ausarbeitung ihrer Theorie starker Nachhaltigkeit haben Ott und Döring (2004) die Frage gegenwärtiger und zukünftiger Lebensstile nur angedeutet und die von ihnen vorgeschlagene Suffizienzleitlinie zur Reduzierung des Verbrauchs von Naturkapital nicht präzisiert. In ihrer zweiten Fassung (Ott/Döring 2008) verweisen sie auf mittlerweile vorgelegte Arbeiten zum Thema (Ott/Döring 2007; Muraca 2008; Ott/Voget 2008; vgl. auch Voget 2009b). Ihre Definition von Suffizienz lautet:

> „*Suffizienz* bezieht sich global auf die Befriedigung der grundlegenden menschlichen Bedürfnisse aller und in Bezug auf die Industrieländer auf das Problem der Lebensqualität, auf neue Wohlstandsmodelle, postmaterielle Lebensstile, Zeitwohlstand (Reisch 2001) und nicht zuletzt Prinzipien nachhaltigen Konsums (Reisch & Scherhorn 1999)" (Ott/Döring 2008: 171; Herv. i. O.).

Ott und Döring heben zwei Aspekte hervor: Erstens gehe es bei Suffizienzstrategien nicht um „puritanistisch-asketischen Leistungssport" (ebd.: 172 und 348; vgl. auch Muraca 2008) und zweitens nicht nur um individuelles Handeln. Statt „verordneter Bescheidenheit" – wie Uta von Winterfeld (2002: 29) ein bestimmtes, zu kurz greifendes Verständnis von Suffizienz nennt – gehe es darum, „in Gemeinschaft mit anderen Menschen neue, konviviale Lebensstile zu erproben, die sich an einem hohen Maß an Lebensqualität und -freude ausrichten" (Ott/Döring 2008: 348). Lieske Voget hat die Bedeutung der politischen Dimension von Suffizienz noch einmal besonders betont und damit das enge (im Nachhaltigkeitsdiskurs durchaus verbreitete) Verständnis von Suffizienz als sich selbst begrenzendes individuelles Verhalten erweitert: Ein weiter Suffizienzbegriff frage in erster Linie nach Lebensqualität statt nach Lebensstandards. Eine solche Umorientierung sei wiederum nur dann denkbar, wenn sie durch geeinte soziale und politische Bedingungen gestützt und gefördert werde (vgl. Voget 2009b: 221f.). „Suffizienz als politische Angelegenheit" – und hier sind sich Ott/Döring und Voget mit Uta von Winterfeld (2002: 36) einig – bedürfe folglich der Ermöglichung durch Politik.

2.4 Gerechtigkeitsverständnis

Für Konrad Ott und Ralf Döring (2008: 45) geht es in „jeder Nachhaltigkeitstheorie" zentral um inter- und intragenerative Gerechtigkeit. In ihren Ausführungen zu einer Theorie der Gerechtigkeit konzeptualisieren die beiden Autoren diese als gleichwertige und gleich wichtige Teile *distributiver Gerechtigkeit* (a). Die Greifswalder Autoren verstehen Nachhaltigkeit als ein kollektives Ziel einer auch intertemporal gerechten Güterverteilung, das anzustreben eine moralische Verpflichtung darstellt. Auf der Begründung intergenerativer Verpflichtungen und der genauen Explizierung von Zukunftsverantwortung liegt der Schwerpunkt der Theorie starker Nachhaltigkeit (b). Intragenerative Gerechtigkeit wird nicht nur als innergesellschaftliche distributive Gerechtigkeit, sondern auch als Nord-Süd-Gerechtigkeit gedacht (c). Zur normativen Basis der Nachhaltigkeitsüberlegungen gehört für Ott und Döring die Orientierung am Vorsorgeprinzip (d). Anthropozentrismus wird als konstitutives Element von Nachhaltigkeit hinterfragt (e).

(a) Die Greifswalder Konzeption von Nachhaltigkeit versteht sich als explizit normativ. Ott und Döring ziehen sich nicht auf eine prozeduralistische Position von nachhaltiger Entwicklung zurück, die diese als Suchraum oder eben als reinen Prozess begreift. Ausgehend von einer diskursethischen Position, die danach strebt, die Verwendung eines Begriffs mit Gründen zu rechtfertigen, weisen Ott und Döring Gerechtigkeit und Zukunftsverantwortung als zentrale ethische Grundlagen der Nachhaltigkeit aus (vgl. Ott 2006: 63ff.; Döring 2009: 27ff.). Ihre Bestimmung von inter- und intragenerativer Gerechtigkeit nehmen sie in Anlehnung an die Arbeiten von John Rawls (1975) sowie an den Fähigkeitenansatz von Martha Nussbaum und Amartya Sen vor (siehe dazu ausführlich den folgenden Abschnitt (b)). „Gerecht" ist im Verständnis von Ott und Döring (2008: 47) „ein präskriptives Prädikat", mit dem sie gesellschaftliche Zustände im weiten Sinne anhand von Normen und Prinzipien beurteilen. Dieses Prädikat sprechen sie Handlungen, Regeln und Institutionen zu oder ab – und unter Umständen auch Personen. In ihrer Definition ist

> „Gerechtigkeit [...] der Inbegriff all der Prinzipien, Regeln und Verfahren, die die Verteilung von Rechten, Pflichten, Chancen, Kompetenzen, Gütern i.w.S. für alle hiervon direkt oder indirekt Betroffenen auf eine diskursrational annehmbare Weise regulieren" (ebd.).

Genau wie Rawls gehen sie davon aus, dass sich eine Theorie der Gerechtigkeit vor allem und besonders „auf die institutionelle Grundordnung einer Gesellschaft" (ebd.) beziehe.[361] Für Ott und Döring ist eine Ethik der Nachhaltigkeit jedoch nicht gleichzusetzen mit einer Theorie der Gerechtigkeit (wie etwa der von John Rawls), mit einer umfassenden Ethiktheorie (wie etwa der Diskursethik) oder der Umweltethik, sondern sie setzt voraus, „dass bestimmte Annahmen aus (Diskurs)Ethik, Gerechtigkeitstheorie oder dem Argumentationsraum der Umweltethik benutzt werden können, um die Idee der Nachhaltigkeit zu explizieren" (Ott/Döring 2009: 172).

Für die Ausgestaltung einer Nachhaltigkeitstheorie sei es entsprechend erforderlich, „eine allgemeine Theorie der Gerechtigkeit zu einer Theorie der gerechten Verteilung von Gütern zwischen den Generationen und zwischen Personen innerhalb einer Generation" (Ott/Döring 2008: 45) zu spezifizieren. Genau in dieser Spezifizierung, die intragenerative distributive Gerechtigkeit mit intergenerativer distributiver Gerechtigkeit verbindet, liegt die besondere Leistung des Greifswalder Ansatzes. Die Fragen der intra- und intergenerativen gerechten Verteilung betreffen dabei nach Ott und Döring aber nicht nur (Natur-)Güter im weiten Sinne, sondern auch Chancen zur Befriedigung von Bedürfnissen und zur Ausübung von Fähigkeiten sowie Zugänge zu natürlichen und kulturellen Ressourcen (vgl. ebd.).

(b) In ihrer Auseinandersetzung mit intergenerativer Gerechtigkeit weisen Ott und Döring darauf hin, dass die Annahme von Verpflichtungen gegenüber zukünftigen Generationen philosophisch keineswegs selbstverständlich ist. Im Gegensatz zu Autor_innen wie beispielsweise Parfit (1983), die solche Verpflichtungen bestreiten, erachten Ott und Döring (2008: 79) die sogenannten „No-Obligation"-Argumente bis auf weiteres als widerlegt[362] und gehen davon aus, dass heute lebende Personen sehr wohl Verpflichtungen gegenüber zukünftigen Personen haben. Diese intergenerativen Verpflichtungen beziehen sich ihrem Verständnis nach

> „im Wesentlichen auf Ansprüche, die wir Mitgliedern zukünftiger Generationen ohne Ansehung ihrer (für uns prinzipiell nicht wissbaren) Individualität zu erfüllen schuldig sind. Grob gesagt, beziehen sie sich auf Hinterlassenschaften, die Bedingungen von Möglichkeiten guten menschlichen Lebens eröffnen" (ebd.).

Den Schwerpunkt ihrer Auseinandersetzung um intergenerative Gerechtigkeit bilden für Ott und Döring daher die Fragen, ob man der Zukunftsverantwortung

---

361 Eine solche gerecht geordnete Gesellschaft entließe den Einzelnen jedoch nicht aus der Verantwortung, sich im alltäglichen Handeln von Gerechtigkeitsüberlegungen leiten zu lassen. Auch „*in einer gerechten Ordnung*" bliebe Egoismus „ein Laster", wie Ott und Döring (2008: 47, Fn. 8; Herv. i. O.) in Anlehnung an Cohen (2000: 179) festhalten.
362 Für eine ausführliche Behandlung und Entkräftung der „No-Obligation"-Argumente vgl. Ott (2004).

2. Die Greifswalder Theorie starker Nachhaltigkeit von Konrad Ott und Ralf Döring

einen egalitär-komparativen oder einen absoluten Standard zugrunde legen sollte (i) und was zu einer fairen Hinterlassenschaft zählt (ii)[363]?

(i) Die Wahl des Standards berührt die Frage, wie gut zukünftige Personen im Verhältnis zu gegenwärtigen gestellt werden sollen und ob die Zukunftsethik einem absolutem oder einem komparativen Standard folgt (vgl. Ott/Döring 2008: 79ff.; Döring 2009). In Anlehnung an Martha Nussbaums Fähigkeitensansatz begründen Ott und Döring in ihrer Theorie starker Nachhaltigkeit einen anspruchsvollen absoluten Standard als intra- und intertemporalen „Sockel". Sie schlagen vor, in einem ersten Schritt den „(basic-)needs"-Ansatz, der vielen Nachhaltigkeitskonzeptionen einschließlich der des Brundtland-Berichts zugrunde liegt, durch Nussbaums Liste der Fähigkeiten zu ersetzen:

„1. Leben: fähig sein, bin zum Ende eines menschlichen Lebens normaler Länge zu leben
2. Körperliche Gesundheit: fähig sein, eine gute Gesundheit zu haben
3. Körperliche Integrität: Vermeidung von unnötigem Schmerz und Leid
4. Sinne, Vorstellungsvermögen, Denkvermögen: fähig sein, die eigenen Sinne zu benutzen
5. Emotionen: fähig sein, Bindungen zu Dingen und Personen zu unterhalten
6. Praktische Vernunft: fähig sein, sich eine Auffassung des guten Lebens zu bilden
7. Verbundenheit: fähig sein zu sozialer Interaktion
8. Andere Arten (,Other Species'): fähig sein, in Anteilnahme für und in Beziehung mit Tieren, Pflanzen und der Welt der Natur zu leben
9. Spiel: fähig sein zu lachen, zu spielen, Erholung zu gestalten und zu genießen
10. Kontrolle über die eigene Umgebung: A) politisch: fähig sein, an politischen Entscheidungsprozessen zu partizipieren, B) materiell: fähig sein, ,property rights' und den eigenen Beruf unter fairen Arbeitsbedingungen auszuüben" (Nussbaum 2006: 76ff.).

Im Unterschied zu Anti-Egalitarist_innen sprechen für die Vertreter des Greifswalder Ansatzes zudem gewichtige Gründe dafür, die Forderung anzuerkennen, es solle zukünftigen Generationen nicht schlechter gehen als heute lebenden Generationen. Ott und Döring (2008: 101) plädieren dafür, in einem zweiten Schritt den anspruchsvollen absoluten Standard in Bezug auf Fragen intergenerativer Gerechtigkeit um einen *komparativen Standard* zu erweitern. In ihrer Begründung für den komparativen Standard greifen sie einerseits auf den Rawlsschen Schleier der Ungewissheit zurück und übertragen ihn auf intertemporale Fragen.[364] Andererseits führen sie folgende andere Argumente zur Begründung an, die ohne die Argumentationsfigur des Urzustandes auskommen:

---

363 Zur Auseinandersetzung mit intergenerativer Gerechtigkeit gehört für Ott und Döring auch die Frage, ob man zukünftige Ereignisse, wie in der Ökonomik üblich, abdiskontieren darf. Die Autoren kommen zu dem Schluss, dass eine Diskontierung, also eine Minderwertschätzung zukünftiger Ereignisse, kritisch zu bewerten ist. Vgl. zur ausführlichen Darlegung der Auffassung zur Diskontierung Ott/Döring (2008: 127ff.) sowie Ott (2003).

364 Um zu einer universellen Definition von Gerechtigkeit zu gelangen, geht Rawls (1975) in einem Gedankenexperiment davon aus, dass alle Menschen sich in einem Urzustand befinden, in dem sie keine Kenntnis über ihre spätere Lebenssituation haben (Klasse, Geschlecht, ,Rasse' etc.), sie befinden sich

- die Überzeugung, dass in der Kette der Generationen keine Generation etwas Besonderes sei und damit keine Generation ein Recht auf Sonderbehandlung habe (vgl. ebd.);
- ein Verbot primärer Diskriminierung, also der Wertunterscheidung zwischen Personen anhand kontingenter Merkmale (wie Hautfarbe, Geschlecht, Geburtsjahr) (vgl. ebd.: 72, 101);
- eine sogenannte „presumption in favour of equality" (ebd.: 101), d. h., Ott und Döring gehen davon aus, dass allgemein anerkannte egalitäre Gerechtigkeitsgrundsätze, die auf politische Gleichbehandlung zielen (wie etwa „Jeder ist vor dem Gesetz gleich", „Jede Stimme zählt bei einer Wahl gleich viel"), in die Sphäre distributiver Gerechtigkeit übertragen werden können.

(ii) Die moralische Verantwortung gegenüber zukünftigen Generationen wird von Ott und Döring ergänzt durch Annahmen, die sich auf die Beschaffenheit von Hinterlassenschaften, mithin auf unterschiedliche Güter und Optionen beziehen (vgl. Ott/Döring 2004, 2008, 2009). Genauer gesagt sind Hinterlassenschaften mit dem Aufbau, dem Erhalt und der Reproduktion von „Kapitalbeständen" verbunden. Ott und Döring, die einem weiten Kapitalbegriff folgen, nennen in diesem Zusammenhang explizit: 1. Sachkapital, 2. Naturkapital, 3. Kultiviertes Naturkapital, 4. Sozialkapital (zu dem sie auch politische Institutionen zählen), 5. Humankapital (Fertigkeiten, Bildung) sowie 6. Wissenskapital. Die Frage nach der richtigen Struktur einer fairen kollektiven Hinterlassenschaft führt mitten hinein in die Debatte um Konzepte schwacher und starker Nachhaltigkeit. Der Hauptunterschied liegt in der bereits dargelegten und diskutierten Annahme der Substituierbarkeit von Naturkapital, die Vertreter_innen starker Nachhaltigkeit kritisieren und ablehnen. Für die Positionierung zugunsten starker Nachhaltigkeit sprechen nach Ansicht der Greifswalder Autoren in diesem Zusammenhang die Multifunktionalität ökologischer Systeme, Risikobeurteilungen und das Vorsorgeprinzip (siehe dazu Abschnitt (d)), die größere Wahlfreiheit für zukünftige Generationen sowie die bessere Kompatibilität mit dem Argumentationsraum der Umweltethik (vgl. Döring 2009: 32f.). Ott und Döring betonen, dass der Erhalt von Naturkapitalien künftigen Generationen mehr Optionen lasse und in diesem Sinne das freiheitlichere Konzept sei, das sich weniger diktatorisch gegenüber zukünftigen Personen und ihren Präferenzen verhalte (vgl. ebd.: 33 sowie Ott/Döring 2009: 167).

---

hinter einem „Schleier der Ungewissheit". In dieser Situation des Nichtwissens sollen sie darüber entscheiden, wie die zu begründende Gesellschaft aussehen soll. Rawls geht davon aus, dass die Menschen hinter diesem Schleier den späteren Gesellschaftszustand für alle Beteiligten so gerecht wie möglich gestalten werden, um zu verhindern, da sie selbst nicht um ihre eigene Position wissen, Opfer von Ungerechtigkeiten zu werden. Erweitert um den Aspekt, dass man selbst nicht weiß, welcher Generation man angehören würde, würden die Menschen hinter dem Schleier nun nach Ott und Döring den komparativen Standard wählen, der sie nicht schlechter stellt – egal an welcher Stelle in der Kette der Generationen man selbst geboren wird.

(c) An der Theorie starker Nachhaltigkeit ist wiederholt kritisiert worden, dass der Aspekt der intragenerativen Gerechtigkeit zu kurz käme bzw. implizit vorausgesetzt würde und die soziale Dimension nachhaltiger Entwicklung damit zu wenig Beachtung fände. Dieser Kritik ist so nicht zuzustimmen. Denn Ott und Döring liefern sehr wohl eine Bestimmung von intragenerativer Gerechtigkeit, begründen sie doch einen absoluten Standard (interpretiert im Sinne des Fähigkeitenansatzes) an Gerechtigkeit sowohl für die Gegenwart als auch für die Zukunft. Die beiden Autoren erachten es im philosophischen Sinne als richtig und politisch geboten, in der Kategorie distributiver Gerechtigkeit einen anspruchsvollen humanitären Sockel einzuführen, der festlege, worauf jeder lebende und jeder zukünftige Mensch einen legitimen Anspruch habe (vgl. Ott/Döring 2008: 88). Der vorgeschlagene Fähigkeitenansatz geht dabei deutlich über den „(basic-)needs"-Ansatz, der in den politischen Nachhaltigkeitsdokumenten gefordert wird, hinaus.

Ott und Döring machen in ihrer Theorie starker Nachhaltigkeit egalitäre Positionen distributiver Gerechtigkeit stark, sie argumentieren mit der Präsumption zugunsten der Gleichverteilung:

> „Wenn kein Grund vorgelegt wird, der eine Ungleichverteilung einsichtig machen kann, ist es zunächst einmal richtig, auf das einfachste Verteilungsprinzip zurückzugreifen, da grundlose Ungleichverteilungen im starken Verdacht stehen, willkürlich, diskriminierend oder interessengeleitet zu sein" (ebd.: 93).

Ihre Argumentation für eine solidarische, nicht von Klassengegensätzen geprägte Bürgergesellschaft ist verwoben mit der Annahme, dass es einer Bürgerschaft ohne deutlich ausgeprägte Ungleichheiten in Einkommen und Vermögen leichter fallen würde, einen Pfad zu starker Nachhaltigkeit einzuschlagen. Sie gehen hier über das Differenzprinzip[365] von Rawls hinaus: „Folglich könnte eine strengere intragenerationelle Begrenzung sozialer und ökonomischer Ungleichheit, als sie aus dem Differenzprinzip folgt, *funktional* auf das obligatorische Ziel von (starker) Nachhaltigkeit hin begründbar sein" (Ott/Döring 2008: 78; Herv. i. O.).

Für die internationale Ebene fordern sie eine globale Erweiterung des Differenzprinzips. Ott und Döring vertreten damit explizit eine Perspektive, die die gegenwärtigen globalen Entwicklungen daran misst, ob die wachsenden globalen Disparitäten den Schlechtergestellten zugutekommen oder nicht. Den damit aufgeworfenen (empirischen) Fragen gehen Ott und Döring bisher in ihrer Theorie nicht nach, reflektieren sie aber als Forschungsdesiderat mit (vgl. ebd.: 76). So verweisen sie bei ihrem Plädoyer für starke Nachhaltigkeit an anderer Stelle selbst auf das „Zumutbarkeitsproblem" (ebd.: 166). Sie stellen die Frage – ohne allerdings auch hier näher darauf einzugehen –, „ob das Konzept starker Nach-

---

365 Das Differenzprinzip besagt: „Soziale und wirtschaftliche Ungleichheiten sind so zu regeln, daß sie [...] den am wenigsten Begünstigten die bestmöglichen Aussichten bringen" (Rawls 1975: 104).

haltigkeit für die armen Länder des Südens unzumutbare Restriktionen bei der Armutsbekämpfung mit sich bringen würde" (ebd.).

(d) Die Überlegungen zur Zukunftsverantwortung, die konstitutiv für den Greifswalder Ansatz sind, orientieren sich dezidiert am Vorsorgeprinzip. Denn für Ott und Döring gibt es bislang

> „keine einwandarmen Kriterien, die es erlauben, ‚kritisches', d. h. unersetzliches Naturkapital mit hinreichender Sicherheit als solches zu identifizieren. Trotz intensiver Forschung wird es wohl nie vollständig gelingen, alle relevanten Informationen zu erhalten, die für die einwandarme Identifikation essentiellen Naturkapitals notwendig wären. Es kann auch nicht vorausgesetzt werden, dass der tatsächliche Verbrauch von Naturkapital so vonstatten geht, dass zuerst die nicht-kritischen Bestände verbraucht werden. Auch das Umgekehrte könnte der Fall sein" (Ott/Döring 2008: 167).

Entsprechend vertreten Ott und Döring auch aus Vorsorgegesichtspunkten die Konzeption starker Nachhaltigkeit, die Naturkapital für nicht substituierbar hält. Sie teilen die kantische Intuition, dass es im Zweifel besser sei, einen Schaden zu verhindern als einen Nutzen (etwa gleichen Ausmaßes) zu stiften (vgl. ebd.: 165).

Dem Umgang mit dem Vorsorgeprinzip kommt also eine entscheidende Rolle zu, wenn es um die Bewertung von Unsicherheit, Nichtwissen und strittigem Wissen geht (vgl. Nowotny et al. 2005; Wehling 2006, 2008). Letztlich dreht es sich um Fragen der Risikobereitschaft bzw. der Risikoaversion: Wie viel Sicherheit des Wissens benötigt eine Gesellschaft, welche Unsicherheiten sind Menschen bereit zu tolerieren? (vgl. Grunwald 2009: 60). Der Umgang mit diesen Fragen, aber auch wie und von wem sie auf welcher Ebene verhandelt werden, prägt die gesellschaftlichen Naturverhältnisse. Der Greifswalder Ansatz positioniert sich hier unmissverständlich: „better err on the side of caution" (Ott 2006: 73).

(e) Anders als beispielsweise der HGF-Ansatz erachten Ott und Döring (2008: 59) eine anthropozentrische Perspektive *nicht* für konstitutiv für eine Theorie der Nachhaltigkeit. Je nachdem, ob man eine anthropozentrische oder eine physiozentrische[366] Position bezöge, ändere sich aber das „optimale Ausmaß der Ökonomie" (ebd.: 58), das für die Vertreter des Greifswalder Ansatzes gleichbedeutend mit dem „zulässige[n] Ausmaß" (ebd.) ist. Entsprechend argumentieren sie, dass jede Konzeption von Nachhaltigkeit sich zur Frage des Inklusionsproblems („Welchen Wesen kommt moralischer Selbstwert zu?") positionieren müsse. Denn die Frage nach natürlichen Grenzen der Bewirtschaftung verbinde sich, nehme man das Inklusionsproblem ernst, „mit der Frage nach mögli-

---

366 Zu den physiozentrischen Positionen zählen Ott und Döring (2008: 173) den Sentientismus (der höherentwickelte, empfindungsfähige Tiere mit in die Moralgesellschaft aufnimmt, auch als Pathozentrismus bezeichnet), die Biozentrik, die Ökozentrik und den Holismus (für Letztgenannten wird bisweilen auch der Begriff Physiozentrismus, dann aber in engerem Sinne, verwendet).

chen moralischen Verpflichtungen gegenüber Naturwesen, die dann auch *innerhalb* sicherer ökologischer Grenzen zu beachten wären" (ebd.: 59; Herv. i. O.). Ott und Döring greifen damit Fragen aus dem Bereich der Naturschutz- bzw. Tierethik auf, die bisher vorrangig und höchst kontrovers im philosophischen Kontext (vgl. z. B. Frankena 1997; Warren 1997; Schmid 2002), selten hingegen im Nachhaltigkeitsdiskurs thematisiert werden.

Mit Blick auf die Debatte um die Zuerkennung von moralischem Selbstwert von Naturwesen erachten Ott und Döring (2008: 172ff.) die Nachhaltigkeitsidee prinzipiell offen für physiozentrische Lösungen des Inklusionsproblems. Auch wenn es richtig sei, dass alle Kriterien, die für die Zuerkennung von Selbstwert und für Gradierungen eingeführt werden, von Menschen formuliert werden müssten (epistemischer Anthropozentrismus), und die meisten davon Menschen gegenüber anderen Wesen begünstigen (vgl. ebd.: 173), folge daraus nicht, „dass sie immer ‚humanchauvinistisch' sein müssen" (ebd.). Dem Greifswalder Ansatz gehe es darum, Diskurse über Nachhaltigkeit und über das Inklusionsproblem zusammenzuführen, um auch „die direkte moralische Verantwortung gegenüber einigen außermenschlichen Lebensformen intertemporal" (Ott 2006: 70) zu erweitern. Dazu unterscheiden Ott und Döring zwei Kategorien von moralischem Status, mit denen ihrer Meinung nach eine anspruchsvolle Naturschutzethik arbeiten sollte: „Selbstwert und Schutzgut" (Ott/Döring 2008: 173). In Anlehnung an Hof (2003: 353) fordern sie, erstens auf selbstwerthafte Wesen um ihrer selbst willen Rücksicht zu nehmen und zweitens von der Beeinträchtigung von Schutzgütern Abstand zu nehmen (vgl. Ott/Döring 2008: 173). Ausgehend von einer sentientistischen Position in einem gradualistischen Sinne, die einen moralischen Selbstwert empfindungsfähiger Lebewesen anerkennt und ein besonderes Augenmerk auf die spezifischen Fähigkeiten dieser Tiere richtet, argumentieren Ott und Döring, dass Lebensräume höherentwickelter Tiere nicht durch Artefakte substituiert werden dürfen, die nur Menschen einen Nutzen bringen (vgl. ebd.: 175 sowie Ott 2003: 125ff.).

3. Der Osnabrücker Ansatz von Mohssen Massarrat: Nachhaltigkeit als revolutionäre Reform

3.1 Entstehungskontext und Grundzüge des Ansatzes von Massarrat

Die inhaltliche Füllung des Nachhaltigkeitsansatzes des Politikwissenschaftlers Mohssen Massarrat steht in unmittelbarem Kontext zu seinen anderen Forschungsgebieten, zu denen vor allem „Politische Ökonomie", „Demokratietheorie", „Internationale Wirtschaftsbeziehungen/Globalisierung", „Friedens- und Konfliktforschung" sowie „Mittlerer und Naher Osten" zählen. In seinem zentralen Werk „Kapitalismus – Machtungleichheit – Nachhaltigkeit" führt Massarrat diese Forschungsstränge zusammen und konkretisiert Nachhaltigkeit und De-Globalisierung als „revolutionäre Reformen", die bei entsprechender Ausgestaltung nicht der Logik des Kapitalismus und der Machtungleichheit folgen, sondern der Logik der inter- und intragenerativen Gerechtigkeit (vgl. Massarrat 2006: 11).

Der Nachhaltigkeitsdiskurs lässt sich nach Massarrat als „Prozess der [...] Verschmelzung" von „sozial orientierter und ökologisch orientierter Systemkritik" identifizieren (ebd.: 137f.; vgl. dazu auch Becker 1992: 47ff.; Eblinghaus/ Stickler 1996: 26f.; Gottschlich 1999: 27). Um diesen Prozess tatsächlich zu einer „neuen systemkritischen Synthese" (Massarrat 2006: 138) zu verdichten, müssten allerdings „alle fundamentalen Dimensionen der gesellschaftlichen Realität, nämlich die soziale, die ökonomische, die ökologische, die politische und die kulturelle" (ebd.) zusammengeführt werden. Diese Überlegungen, die den Kern des fünfdimensionalen Osnabrücker Nachhaltigkeitsansatzes ausmachen, der das Drei-Säulen-Modell der Nachhaltigkeit explizit um die politische und kulturelle Dimension erweitert (vgl. Massarrat 1995: 4ff., 2006: 144ff.; Gottschlich 1999: 37ff., 2003: 111ff.), sind vor allem das Ergebnis intensiver Diskussionen in dem von Mohssen Massarrat an der Universität Osnabrück geleiteten Forschungsseminar „Nachhaltige Entwicklung: Strategien für Nord und Süd".[367] Dieser fünfdimensionale Nachhaltigkeitsansatz – von Gottschlich (1999: 37) „Nachhaltigkeitspentagramm[368]", von Massarrat (2006: 144) „Fünf-Säulen-Modell der Nachhaltigkeit" genannt – ermöglicht, bezogen auf die politische Dimension nachhaltiger Entwicklung, die Auseinandersetzung mit Herrschaftsverhältnissen, Fragen der Macht, direkten und strukturellen Gewaltpotenzialen, der Stiftung und Etablierung von Frieden, umfassender Demokratisierung und Partizipation. Die Berücksichtigung der Perspektive der kulturellen Nachhaltigkeitsdimension eröffnet die Möglichkeit der kritischen Beschäftigung mit den „symbolische[n] Aspekt[en] menschlicher Existenz" (Galtung 1998: 187), „mit der Radikalisierung der Betonung von kultureller, ethnischer und religiöser Differenz,

---

[367] Das Forschungsseminar wurde von Mohssen Massarrat von 1997 bis 2003 am Fachbereich Sozialwissenschaften der Universität Osnabrück geleitet. Neben dem Forschungsseminar haben auch die Diskussionen im Rahmen zweier Veranstaltungsreihen den Nachhaltigkeitsansatz geprägt: Zu nennen sind die interdisziplinäre Vorlesungsreihe Umwelt – Entwicklung – Frieden (von 1998 bis 2008) und das Colloquium Dritte Welt, das seit 1982 an der Universität Osnabrück zusammen mit außeruniversitären Einrichtungen durchgeführt wird. Bei beiden war Mohssen Massarrat bis zu seiner Emeritierung federführend. Darüber hinaus gab es zu Beginn der Initiierung und Etablierung des Osnabrücker Agenda 21-Prozesses – also jenes Prozesses, mit dem die Nachhaltigkeitsbeschlüsse aus Rio lokal umgesetzt werden sollten – eine enge Kooperation zwischen Wissenschaft und Praxis. In diesem Kontext sind einige von Mohssen Massarrat betreute Abschlussarbeiten (vgl. u. a. Leukam 1997; Vogler 1998; Gottschlich 1999) und Dissertationen (z. B. Moser 1998) verfasst worden.

[368] Der Begriff wurde in einem Gespräch mit und auf Anregung von Dieter Kinkelbur im Sommer 1999 geprägt – in Anlehnung an das „zivilisatorische Hexagon" des Friedensforschers Dieter Senghaas (1995).

ihrer Politisierung und Instrumentalisierung vor dem Hintergrund sozio-ökonomischer Modernisierungs- und Transformationsprozesse" (Gottschlich 1999: 53). In der Nicht-Hierarchisierung von Differenz und in der Dekonstruktion von Feindbildern und Rassismus sehen Gottschlich (ebd.: 54) und Massarrat (2006: 149) entscheidende Grundlagen für kulturelle Nachhaltigkeit. Die „Akzeptanz kultureller Vielfalt innerhalb als auch zwischen Gesellschaften bei gleichzeitiger Förderung eines ‚Weltbewußtseins'" (Gottschlich 1999: 56) eröffnet die Chance, unterschiedliche Welt-, Natur- und Menschenbilder und ihre Bedeutung für die Ausgestaltung nachhaltiger Zukunftspfade zu diskutieren (vgl. ebd.: 54; Massarrat 2006: 149) sowie ethische Regeln zu erarbeiten und diese gemäß sich verändernder Bedingungen weiterzuentwickeln.

In seinen Überlegungen zur Konkretisierung von Nachhaltigkeit teilt Massarrat nicht nur die in der „Potsdamer Denkschrift" geäußerte Kritik an der strukturellen Gewalt, „die von der hochzentralisierten Realwirtschaft und der weltweit eng verflochtenen Finanzwirtschaft ausgeht" (Dürr/Dahm/zur Lippe 2006: 26) und die „zum einen aus den Machtinteressen von Hegemonialmächten, zum anderen aber aus der weltweiten Hegemonie des internationalen Finanzkapitals [entsteht]" (ebd.). Er teilt auch die Forderung nach dezentralen und kooperativen Lösungen, um zu verhindern, dass das „Spielfeld des Lebens [...] durch ungezügeltes Machtstreben immer weiter [gekippt wird], so dass die Mehrheit der Menschen und ein Großteil der Kreatur auf ihm keinen Halt mehr finden" (ebd.: 58, vgl. Massarrat 2006: 155). Für die Minimierung von „struktureller Nicht-Nachhaltigkeit" (Massarrat 2004a: 71, vgl. auch Massarrat 1996a) und damit für den Abbau von Gefahrenpotenzialen für die Gegenwart und die Zukunft der Menschheit hält Massarrat grundlegende Veränderungen der herrschenden ökonomischen und politischen Strukturen für zwingend notwendig und plädiert für eine „akzeptanzfähige[...] Ethik der Nachhaltigkeit" (Massarrat 2004a: 72).

3.2 Ökonomieverständnis

Zentral für das Ökonomieverständnis von Mohssen Massarrat ist die Kritik an neoliberaler Politik als weltweiter „Strategie der Reichtumsumverteilung" (a), die mit einer Kritik an der kapitalistischen Wachstumsdynamik verknüpft wird (b). Als „realistische Alternative" schlägt Massarrat (2009a: 189) den Aufbau eines „Vollbeschäftigungskapitalismus" (ebd.: 191 sowie Massarrat 2009b: 141ff.) als Übergangsmodell vor, der nicht auf Wachstum, sondern auf radikaler Arbeitszeitverkürzung und der fairen Teilung des gesamten Arbeitsvolumens beruht (c). Ausgangspunkt von Massarrats Ansatz ist dabei die Erwerbsarbeit (d). Neben der Arbeitszeitverkürzung zählt Massarrat auch das Konzept Bedingungsloses Grundeinkommen zu den Instrumenten, mit denen in Ländern des globalen Nordens eine De-Globalisierung angestrebt werden kann (e). Die Umsetzung und Etablierung einer nachhaltigen Ökonomie beginnt für Massarrat nicht zwangsläufig und nicht zuvorderst mit der Abschaffung des Kapitalismus. Schritte der Transformation in Richtung Nachhaltigkeit können langfristig jedoch einen Systemwechsel und damit die Überwindung der kapitalistischen Ordnung bewirken (f).

(a) Die neoliberale Politik habe die Globalisierung im Interesse einer globalen Minderheit instrumentalisiert, die globale Erwerbsarbeitslosigkeit verschärft, Kriege produziert und die soziale Spaltung innerhalb wie zwischen den Gesellschaften verstärkt (vgl. Massarrat 2009a: 189). Der Neoliberalismus, der für Massarrat „nach dem Faschismus die größte Bedrohung für die Zivilisation" (ebd.) darstellt, sei nie eine ökonomische Theorie gewesen, „sondern eine machtpolitische Strategie der Reichen, der Weltelite und mächtiger Staaten" (ebd.: 190). Ihren Siegeszug verdanke die neoliberale Strategie nicht der eigenen konzeptionellen und moralischen Überlegenheit, sondern in erster Linie der Schwächen linker Parteien und Gewerkschaften, letztlich der Krise des klassischen Beschäftigungs-Keynesianismus, an dem die Linke immer noch festhalte. Auch kluge Kritiker des Neoliberalismus, so Massarrats Kritik (vgl. ebd.), zögen aus ihren eigenen Diagnosen nicht die richtigen Konsequenzen: Weder effizientere finanzpolitische Maßnahmen (wie Joseph Stieglitz 2009 sie fordert) noch umfassendere Konjunkturprogramme (à la Paul Krugman 2009) oder in sich konsistente Vorschläge zur Regulierung des Kapitalismus (wie sie Rudolf Hickel 2009 macht) seien eine angemessene und ausreichende Antwort auf eine Politik, die sich „der Finanzwelt, dem Kapital und den Maschinen" (Massarrat 2009a: 190) verpflichtet fühle, die Interessen, Grundbedürfnisse und Grundrechte der Mehrheit der Menschen jedoch ignoriere (vgl. ebd.). Vielmehr bedürfe es globaler Allianzen, um den Neoliberalismus abzuwehren (Massarrat 2006: 74ff.). Massarrat kritisiert ganz explizit den Neoliberalismus als

> „Ideologie, die bestens geeignet war, durch Privatisierung, Liberalisierung, Flexibilisierung und Deregulierung den Gewerkschaften und den Nationalstaaten einen Teil ihrer sozialen Machtpotenziale zu entreißen und kapitalistische Modelle mit menschlichem Antlitz in einen Kapitalismus pur, d. h. in einen Kapitalismus der reichen Weltelite, zurück zu transformieren" (ebd.: 72f.).

In seiner Analyse von Macht und Machtungleichheit im Kapitalismus betont Massarrat daher, dass die dogmatische Gleichsetzung von Neoliberalismus und Kapitalismus – wie es z. B. Callinicos (2003: 36) tut – politisch-strategisch kontraproduktiv sei und letztlich zur „Entpolitisierung" (Massarrat 2006: 74) beitragen könne, gerade weil „dadurch die realen sozialen Potenziale für eine politische Gegenstrategie nicht wahrgenommen und mobilisiert" (ebd.) würden. Damit blieben nicht nur die Chancen ungenutzt, den Neoliberalismus durch eine breite Allianz der verschiedensten gesellschaftlichen Akteure zurückzudrängen,

„auch dem hemmungslosen Wachstums- und Akkumulationsbetrieb des Kapitals" (ebd.) könnten so keine Schranken gesetzt werden. Statt „scheinradikalem Antikapitalismus" (ebd.) setzt Massarrat kurz- und mittelfristig auf das Zurückdrängen des Neoliberalismus, um perspektivisch auf dem Weg zu einer gerechten Weltordnung auch den Kapitalismus selbst zu überwinden.

(b) In diesem Sinne machen Kritik an zügellosem Wachstum und an einer neuen kapitalistischen Wachstumsdynamik für Massarrat den Kern eines Systemwechsels in Richtung auf globale Nachhaltigkeit aus. Denn durch die neoliberale Strategie, Wachstum nur bzw. vorrangig durch die Verbilligung von Arbeit und Natur, somit durch Überausbeutung menschlicher Arbeitskraft und natürlicher Lebensgrundlagen zu stimulieren, werde jedweder Handlungsspielraum für die Zukunftsgestaltung, für Strategien zum ökologischen Umbau, Klimaschutz und für globale Armutsbekämpfung auf Null reduziert (vgl. Massarrat 2009a: 189). Ausgehend von dieser radikalen Wachstumskritik stellt der Keynesianismus als gesellschaftlich diskutierte Alternative für Massarrat nur eine Scheinlösung dar. In den OECD-Staaten ermöglichte dieses Konzept insbesondere in der Zeit nach dem Zweiten Weltkrieg eine Eindämmung der Massenarbeitslosigkeit. Doch hohe Wachstumsraten gehören in den hoch entwickelten kapitalistischen Staaten der Vergangenheit an. Immer mehr gesellschaftlicher Reichtum wird mit immer weniger Erwerbsarbeit – Massarrat (ebd.: 191) spricht hier von „lebendiger Arbeit" – hergestellt. Konnte die erste Weltwirtschaftskrise durch einen Wechsel vom Laissez-faire-Kapitalismus hin zum Keynesianischen Kapitalismus überwunden werden, so sei die Beibehaltung dieser Strategie für die heutige Weltwirtschaftskrise weder ökonomisch vorstellbar noch ökologisch wünschenswert. Vielmehr, so Massarrat, „müsste man sich von der Illusion eines ungebändigten Wachstums verabschieden und Nullwachstum als ökonomisch wie moralisch positives Ziel anerkennen" (ebd.). Ohne sich direkt darauf zu beziehen, schließt Massarrat mit der Forderung nach Nullwachstum, verstanden als gleichbleibendes Niveau des Bruttosozialproduktes, an eine in der integrativen Nachhaltigkeitsforschung seit langem geführte Auseinandersetzung um eine „steady state economy" bzw. um „ökologischen Wohlstand" an (vgl. u. a. Daly 1996, 2009; Luks 2000, 2001, 2007). Wurde schon Mitte der 1990er-Jahre in den Toblacher Thesen das industrielle Wachstumsmodell als das Problem begriffen, das vorrangig zu lösen sei (vgl. Toblacher Thesen 1994), so wird in den letzten Jahren im Kontext der Debatte um den Klimawandel die Notwendigkeit, „die Politik des Wachstums" durch eine „Politik des Wohlbefindens" abzulösen (Sachs, zit. n. Dehmer 2009: o. S.), erneut artikuliert. Auch Massarrat (2009a: 191) betont, dass Nullwachstum keineswegs eine Stagnation des materiellen und immateriellen Wohlstandes bedeute. Auf hohem Niveau sei es ein höchst anspruchsvolles Ziel, das Raum für Gestaltungspotenziale und damit für „qualitatives Wachstum" (ebd.) biete – sei es im Ausbau von sozialen Dienstleistungen, der ökologischen Landwirtschaft oder regenerativer Energiequellen.

(c) Wirtschaftswachstum wird von Politiker_innen der unterschiedlichsten Couleur und Vertreter_innen der neoklassischen und neoliberalen Schule nicht nur als Garant für Wohlstand, sondern auch als Instrument gegen Erwerbsarbeitslosigkeit gesehen. Gleichzeitig wird – ebenfalls mit dem Hinweis, dass so Arbeitsplätze geschaffen, aber auch die Produktivität und die Wettbewerbsfähigkeit erhöht würden – die Verlängerung der Wochen- und Jahreserwerbsarbeitszeit propagiert. Mohssen Massarrat wendet sich mit seinem Nachhaltigkeitsansatz gegen beide Forderungen und plädiert für „radikale Arbeitszeitverkürzung und faire Teilung des gesamten Arbeitsvolumens" (ebd.; vgl. dazu auch Massarrat 2004b).

Durch diese politisch bestimmten Regulationsmechanismen könne ein „Vollbeschäftigungskapitalismus" (Massarrat 2009b: 141) erzielt werden, der nicht auf Wachstum beruhe. Sei eine solche „Vollbeschäftigung" erreicht, müsse zudem eine sukzessive Arbeitszeitverkürzung im langfristigen Anpassungsprozess durch die Koppelung an die steigende Produktivität folgen, um das gleichzeitige Ziel des Nullwachstums zu garantieren (vgl. Massarrat 2009a: 191).

Wenngleich sie weder dem politischen Mainstream noch der neoklassischen Ökonomik entspricht und auch die Gewerkschaften das Thema „Arbeitszeitverkürzung" kontrovers diskutier(t)en: Der Aufruf zur Verkürzung der Erwerbsarbeitszeit ist nicht neu, er wird seit Jahren – wenn auch mit sich verändernder Intensität und unterschiedlichen Vorstellungen über das Ausmaß der Verkürzung – von einem breiten gesellschaftlichen Bündnis aus u. a. kritischen Wissenschaftler_innen, Gewerkschafter_innen, Aktiven in sozialen Bewegungen, Umwelt- und Frauenorganisationen und kirchlichen Gruppen getragen, dem es um die solidarische Umverteilung von Arbeit, Zeit und Geld geht.

Massarrat selbst, der vor ein paar Jahren schon einen Vorschlag für die „30-Stunden-Woche für Europa" gemacht hat (Massarrat 2003a, 2003b, 2004b, 2006), der diskutiert (u. a. Krull 2004; Stamm 2004; Wolf 2004) und als Impuls aufgegriffen wurde (z. B. Bontrup/Niggemeyer/Melz 2007), orientiert sich in seinen neueren Artikeln (z. B. Massarrat 2009a, 2009b, 2009c) an den Forderungen der Arbeitsgruppe Alternative Wirtschaftspolitik (2008), die mit 28 Stunden in der Woche sogar noch darunterliegen.[369]

---

[369] Die Arbeitsgruppe Alternative Wirtschaftspolitik, kurz auch Memorandum-Gruppe genannt, hat vorgerechnet, dass in Deutschland das vorhandene Arbeitsvolumen von 56 Milliarden Stunden auf 44 Millionen Erwerbspersonen umverteilt werden müsste. Bei 45 Arbeitswochen könnte damit „Vollbeschäftigung" durch die Senkung auf 28 Stunden pro Woche erreicht werden (vgl. Arbeitsgruppe Alternative Wirtschaftspolitik 2008). Empirische Studien belegen, dass Menschen mit Kindern oder betreuungsbedürftigen Alten am liebsten in „kurzer Vollzeit" mit 28 bis 30 Wochenstunden erwerbstätig sein würden (vgl. Rürup/Gruescu 2005; Klenner/Pfahl 2008).

Eine solche faire Teilung der gesamten Erwerbsarbeit müsse einhergehen mit der Umverteilung der Einkommen. Massarrat argumentiert, dass ohne Einkommensausgleich die Verkürzung der Erwerbsarbeitzeit bei den unteren Einkommensgruppen zu Armut und unzumutbaren Wohlstandsverlusten führen würde.

> „Arbeitszeitverkürzung ohne Lohnausgleich [...] bedeutet Einkommenssenkung bei den unteren Einkommensgruppen gar unterhalb des Existenzminimums; mit teilweisem Lohnausgleich bedeutet sie Mehrbelastung für alle Kapitalgruppen; mit vollem Lohnausgleich eine Mehrbelastung, die Mittelstandsbetriebe mit niedriger Profitrate in den Ruin treiben könnte. Eine Erfolg versprechende Strategie der Arbeitszeitverkürzung muss auf dieses Dilemma eine Antwort geben" (Massarrat 2009c: 2).

Die Frage des Lohnausgleichs ist für Massarrat eine Frage der Kräfteverhältnisse: „In welchem Umfang [...] ein Lohnausgleich herausgeholt werden könnte, ergibt sich aus der realen Verhandlungsmacht der Gewerkschaften, die in dem Maße zu- wie die Massenarbeitslosigkeit abnimmt" (ebd.). Den von Gewerkschaften und linken Gruppen und Parteien geforderten vollen Lohnausgleich bei Arbeitszeitverkürzung hält er in seinem Modell „Vollbeschäftigung ohne Wachstum" für nicht realisierbar, ja mehr noch, seiner Meinung nach blockiere diese Forderung die Mehrheitsfähigkeit für das Modell eines neuen Kapitalismus. Er sieht den Verzicht auf diese Forderung auch als Voraussetzung, „um die Kapitalseite zu höherer Besteuerung ihres Einkommens zu drängen" (Massarrat 2009a: 192). Strategisch sinnvoll scheint Massarrat daher der Vorschlag von Werner Sauerborn nach „maximalem Lohnausgleich" (zit. n. ebd.). Als Quellen der Finanzierung eines solchen maximalen Ausgleichs bei unteren Lohn- und Einkommensgruppen zählt Massarrat (ebd.) erstens die zur Finanzierung der Erwerbsarbeitslosigkeit frei gewordenen Mittel, zweitens Steuerentlastung bzw. Steuerbefreiung für die unteren Einkommensgruppen, drittens Umschichtungen von höheren Lohn- und Gehaltsgruppen bei Tarifverhandlungen und viertens eine höhere Besteuerung von Einkommen von Selbstständigen.

(d) Ausgangspunkt von Mohssen Massarrats Überlegungen ist die Erwerbsarbeit und ihre gerechtere Verteilung. Wenngleich er in seinen Aufsätzen bisweilen darauf hinweist, dass Vollbeschäftigung durch kürzere Arbeitszeiten auch „das Ganze der Arbeit"[370] tangiert, so wird eine gerechtere Verteilung der Pflege- und Sorgearbeiten, die für jede Gesellschaft grundlegend sind, von Massarrat meistens nur indirekt thematisiert. Aus feministischer Perspektive erscheint problematisch, dass die durch weniger zu leistende Erwerbsarbeit gewonnene Zeit eins zu eins als „Freizeit", als Gewinn an „selbst bestimmter Zeit" charakterisiert wird:

> „Des Weiteren hat Arbeitszeitverkürzung durch Umverteilung nicht nur eine tarifpolitische, sondern auch eine gesellschaftspolitische Dimension. Ein *Mehr an Freizeit* eröffnet eine neue Perspektive für neue und geschlechtergerechtere Beziehungen in Familie und

---

370 Vgl. zu diesem Begriff Biesecker (1999), siehe auch B.III.3.

Gesellschaft, es bedeutet neues Nachfragepotential für Weiterbildung und Sport, mehr Zeit für ehrenamtliche und kreative Tätigkeiten" (Massarrat 2009c: 3; Herv. D. G.).

Der Mangel an selbstbestimmter Zeit, unter dem ein Großteil der Menschen zu leiden hat, ist nicht nur bedingt durch ein Zuviel an Erwerbsarbeit, sondern auch durch die ungleiche Lastenverteilung der unbezahlten Tätigkeiten, die einen Teil der Krise der ‚Reproduktionsarbeit' (siehe A.2.2) ausmacht. Dass sich diese Krise durch eine fortgesetzte neoliberale Politik noch verschärft, da die unbezahlten Arbeiten durch das bereits beschriebene Phänomen der doppelten Privatisierung zwangsweise zunehmen, kann in der Massarratschen Kritik am Neoliberalismus nicht in den Blick geraten, da er sich nicht mit ‚Reproduktionsarbeit' befasst. Eine (stärkere) Verknüpfung mit feministischer Theoriebildung würde die Neoliberalismuskritik fundieren und die Perspektive der Arbeitszeitverkürzung dezidiert mit der Perspektive der Geschlechtergerechtigkeit verbinden – wie es beispielsweise in den Vorschlägen von André Holtrup und Helmut Spitzley (2008: 120ff.) zur „Kurzen Vollzeit für alle" geschieht. Eine neue, an Gerechtigkeit orientierte Arbeitspolitik muss nach Holtrup und Spitzley das Ziel verfolgen, „Männern *und* Frauen Erwerbsarbeit in dem Umfang zu ermöglichen, der für alle *verallgemeinerungsfähig* ist" (ebd.: 123; Herv. i. O.), und Raum zu schaffen für eine neue Verteilung und Bewertung der unbezahlten Tätigkeiten, die explizit gefordert werden (vgl. ebd.: 124f.).

(e) Zu den Bestandteilen ökonomischer Reformen – als Prozesse einer De-Globalisierung in den kapitalistischen Zentren – gehören nach Massarrat (2009c: 2 sowie 2006: 196ff.) neben der Verkürzung der Erwerbsarbeit und ihrer Umverteilung sowie flächendeckenden gesetzlichen Mindestlöhnen auch die Einführung „einer repressionsfreien Grundsicherung", die bedingungslos, d. h. vom Arbeitszwang abgekoppelt, jedem Menschen zugestanden werden soll. Massarrat knüpft damit – ähnlich wie andere im Nachhaltigkeitsdiskurs (vgl. z. B. Biesecker 2008; BUND/Brot für die Welt/eed 2009, Gottschlich 2008) – an die Debatte um ein Bedingungsloses Grundeinkommen (BGE) an, führt jedoch nicht aus, welches der verschiedenen Grundeinkommensmodelle[371] er favorisiert. Massarrat (2006: 197) würdigt das Konzept des Bedingungslosen Grundeinkommens als „ein qualitativ neuartiges Sicherungssystem", das „erstmals in der Geschichte des Kapitalismus die Möglichkeit [eröffnet], ganz oder teilweise aus der Erwerbsarbeit auszustei-

---

371 Massarrat (2006) selbst bezieht sich vor allem auf die Arbeiten von Gorz (2000) und Opielka/Vobruba (1986) und verweist aber auch auf Offe (1995); Rifkin (2004); Blaschke (2005) sowie Rätz/Paternoga/Steinbach (2005). Für die Diskussion im deutschsprachigen Raum sind ferner folgende Konzepte relevant: Netzwerk Grundeinkommen (www.grundeinkommen.info), vgl. hier vor allem die Arbeiten von Blaschke (2004, 2007, 2008); BDKJ (2003); KAB (o. J.); Opielka (2004); Werner (2006, 2008); Althaus (2007); Bauman (1998, 2000); BAG-SHI (2000); Vobruba (1989, 2006). Eine kurze Einführung samt kritischer Würdigung in die unterschiedlichen Konzepte bieten u. a. Hellmeister/Perrey/Rückin (2007). Feministische und postpatriarchale Perspektiven auf das Bedingungslose Grundeinkommen bietet der Sammelband von Blaschke/Praetorius/Schrupp (2016).

gen" (ebd.). Gleichzeitig seien noch viele Fragen – insbesondere die Frage nach der Finanzierbarkeit eines solchen Grundeinkommens für alle – nicht oder nur teilweise beantwortet. So würde etwa im Modell des Bedingungslosen Grundeinkommens die Existenz von Erwerbsarbeit und Kapitalismus vorausgesetzt, um die erforderlichen Mittel zur Finanzierung zu erwirtschaften. Diese Abhängigkeit vom kapitalistischen Sektor berücksichtigend, sei das Modell des Bedingungslosen Grundeinkommens also nicht, wie von seinen Vertreter_innen propagiert, frei von jeglichem Arbeitszwang. Entsprechend könne „eine vom Arbeitszwang befreite Gesellschaft entweder erst nach der Abschaffung des Kaptalismus entstehen" (ebd.: 198) oder sie müsse „in der Übergangsperiode in einer von beiden Seiten – der Erwerbsarbeits- und der Nichterwerbsarbeitsgesellschaft – akzeptierten Balance stehen" (ebd.). Derzeit bleibt damit nach Massarrat offen, wie es möglich sei, „neben dem Kapitalismus eine nichtkapitalistische Gesellschaft aufzubauen, die sich allmählich strukturell von ihrem kapitalistischen Hintergrund löst und für immer neue und größere Kreise an Attraktivität gewinnt" (ebd.).

(f) Für Mohssen Massarrat (2006: 71) steht daher

> „die Transformation kapitalistischer Ausbeutung und Entfremdung in eine bessere Gesellschaft am Ende eines langen Prozesses von Veränderungen globaler Kräfteverhältnisse durch Überwindung von Hegemonie, Imperialismus, Kriegen, antidemokratischen Staaten und Denkweisen".

Die Lösung der verschiedensten Weltprobleme habe nicht die Abschaffung des Kapitalismus zur Voraussetzung. Vielmehr gehe es (zunächst) um einen „Systemwechsel" (Massarrat 2009a: 191) für eine sozial und ökologisch gerechtere Welt innerhalb der kapitalistischen Ordnung: So wie der Manchester-Kapitalismus in den Rheinischen Kapitalismus bzw. der Laissez-faire-Kapitalismus in den Keynesianischen Kapitalismus transferiert worden sei, gelte es, den Neoliberalismus als „hässlichste Erscheinungsform des Kapitalismus" (Massarrat 2005: 1) durch einen „neue[n] Kapitalismus" abzulösen (Massarrat 2009a: 191). So sei beispielsweise die Verkürzung der Erwerbsarbeit mit oder ohne Lohnausgleich nicht per se antikapitalistisch:

> „Vollbeschäftigung ohne Wachstum könnte den Kapitalismus in den Industrieländern durch steigende Akzeptanz sogar stabilisieren. Eine gerechtere Verteilung des Wachstums und des Einkommens in der Welt, für die dann ein deutlich größerer Spielraum entsteht, dürfte – so wie in den Industrieländern nach dem Krieg – zuallererst die globale Konsumnachfrage verbessern und damit die Voraussetzung für eine erneute Entfesselung der Kapitalakkumulation und des globalen Wirtschaftswachstums begünstigen. Über diese Perspektive sollte man sich keine Illusionen machen" (ebd.: 193).

Gleichwohl böte eine Politik, die der Ökonomie Grenzen setze und sich in den kapitalistischen Zentren an Nullwachstum, mehr Lebensqualität und Beschäftigung für alle Menschen orientiere, Potenziale für substantielle Transformationsprozesse, „um einen immer größeren Teil der materiellen Güterherstellung und

Dienstleistungen den Treibkräften der kapitalistischen Akkumulation und den diesen innewohnenden ‚Sachzwängen' zu entreißen und dem menschlichen Willen zuzuführen" (ebd.). Die von Mohssen Massarrat präferierte Reformperspektive richtet sich damit gegen zweierlei: Zum einen wendet sich Massarrat entschieden gegen eine verbalradikale Kapitalismuskritik, die bei der Suche nach Lösungen vorhandener Probleme zuallererst den Kapitalismus abschaffen wolle, aber in der praktischen Umsetzung nichts zu bieten habe und sich selbst in die „Kapitalismusfalle[372]" hineinmanövriere (Massarrat 2006: 70ff., 195). Massarrat wendet sich zum zweiten gegen einen „Kapitalismus pur" und plädiert für seine sozial-ökologische Zähmung. Nach Massarrats eigenem Bekunden blieben damit die „Grundlage[n] des Kapitalismus unangetastet" (Massarrat 2009a: 193; vgl. auch Massarrat 2006: 70ff.). In diesem Zusammenhang ist daher von Frieder Otto Wolf (2007: 196) kritisiert worden, dass Massarrat „auf die Perspektive einer Überwindung der Herrschaft der kapitalistischen Produktionsweise dabei gleich ganz verzichtet". Zu bedenken ist hier jedoch, dass Massarrat einen Umbau der Ökonomie anstrebt, der den Anteil des kapitalistisch erzeugten materiellen Wohlstands schrittweise minimiert und den Anteil der selbst bestimmten Zeit erhöht, die für Arbeiten mit neuer sozial-ökologischer Qualität genutzt werden könnte. Inwiefern substanzielle Änderungen des Kapitalismus ihn zu einem System machen, das nicht mehr kapitalistisch zu nennen ist, ist eine Frage, vor der viele Nachhaltigkeitsansätze in der Bestimmung ihres Verhältnisses zum Kapitalismus stehen.

3.3 Politikverständnis

Sowohl für die Weiterentwicklung von Kapitalismus- und Imperialismuskritik als auch für die Ausgestaltung der politischen Dimension von nachhaltiger Entwicklung ist nach Mohssen Massarrat die Analyse von Machtquellen, Machtfunktionen und Machtungleichheit unverzichtbar (a). Prozesse der Überwindung von Machtungleichheiten stehen für Massarrat in engem Zusammenhang mit Prozessen umfassender Demokratisierung. In kritischer Auseinandersetzung mit den verschiedensten Problemen von Demokratien erarbeitet Massarrat Reformvorschläge für eine auf Nachhaltigkeit basierende Demokratie (b). Auf globaler Ebene zählt für Massarrat auch eine Kritik an einer unilateralistischen Weltordnung dazu. Transnationales und nationales zivilgesellschaftliches Engagement, neue

---

372 Unter der „Kapitalismusfalle" versteht Massarrat (2006: 71) die Vorstellung, dass alle Probleme der Welt ausschließlich auf den Kapitalismus und dessen Gesetzmäßigkeiten zurückgeführt würden. Diese Vorstellung ritualisiere allerdings die Kapitalismuskritik und beraube sie ihrer aufklärerischen Kraft. Zweitens mindere sie die Bündnisfähigkeit der kapitalismuskritischen Bewegung und degradiere sie zu dogmatischen Splittergruppen, während die kapitalistische Hegemonie wachse. Damit werde drittens verhindert, die kapitalistische Transformation als Prozess zu erkennen.

globale Allianzen und eine Delegitimierung des Militärischen hält er für wichtige Bestandteile, um eine nachhaltige, multilateralistische Ausrichtung internationaler Beziehungen zu erreichen (c).

Tabelle 5: Quellen, Formen und Funktionen der Macht nach Massarrat

Quellen und Formen	Funktionen
Primäre Macht: Produktionssphäre	Produktion und Verteilung des Reichtums zwischen den Hauptklassen
1. Gesellschaftliche Macht durch Eigentum an Produktionsmitteln – In der [traditionellen; D. G.] asiatischen Produktionsweise durch kollektives Eigentum an Grund und Boden sowie Wasserquellen – Im europäischen Feudalismus durch Privateigentum an Grund und Boden und durch Leibeigene – Im Kapitalismus durch Privateigentum an Produktionsmitteln – In der sozialistischen Planwirtschaft durch kollektives Eigentum an Produktionsmitteln	– Verteilung zwischen Staatsklassen und bäuerlichen Dorfgemeinschaften – Verteilung zwischen Feudalherren und Leibeigenen – Verteilung zwischen Kapitalisten und Lohnabhängigen: relative Mehrwertproduktion – Verteilung zwischen Staatsklassen und Lohnabhängigen
Sekundäre Macht: Distributionssphäre (besonders entwickelt in kapitalistischen Gesellschaften)	Umverteilung durch Enteignung, Aneignung und Externalisierung mit Hilfe von:
2. Monopolistisches Eigentum an natürlichen Ressourcen* 3. Staatliche Macht 4. Militärische Macht 5. Kontextuelle Macht 6. Global institutionelle Macht (Internationaler Währungsfonds IWF, Welthandelsorganisation WTO) 7. Hegemonialmacht 8. Macht des Patriachats 9. Illegale Macht 10. Intergenerative Macht	– Pacht, Grundrente, Ressourcenrente – Subventionen, Zölle, Steuern, Imperialismus mittels physischer Gewalt – Monopol, Gewalt, Imperialismus – Absolute Mehrwertproduktion – Konstitution von Regeln, Normen, Programmen (z. B. Strukturanpassungsprogrammen), strukturelle Gewalt – Hegemoniale Rente – Zugriff auf gesellschaftliche Ressourcen – Steuerhinterziehung, Drogenhandel, Menschenhandel, Bestechung – Machtmonopol
Legitimierende Macht: Produktions- und Distributionssphäre	Legitimation der Verteilung und Umverteilung
11. Kulturelle Macht 12. Medienmacht	– Definitionsmacht von Werten und Normen – Ideologieproduktion und Allianzbildung

* In vorkapitalistischen Gesellschaften fallen Eigentum an Rohstoffen und Eigentum an Grund und Boden zusammen.
Quelle: Massarrat (2006: 49); eigene geringfügige Modifikationen

(a) Mohssen Massarrat (2006: 70f.) geht davon aus, dass es auch für die Bearbeitung „sozialer und ökologischer Krisen" auf einer analytischen Ebene zu einer „Neubewertung der globalisierten, kapitalistisch-imperialistisch strukturierten Welt" (ebd.: 71) kommen muss – und zwar „unter Berücksichtigung von Macht als autonome[r] gesellschaftliche[r] Sphäre" (ebd.). In Auseinandersetzung und Abgrenzung der Machtdefinition von Max Weber [1922] (2009) und insbesondere der Machttheorie von Michael Mann (1994) unternimmt Massarrat (2006: 47) den „Versuch einer erweiterten Machttheorie". Während Mann (1994: 56ff.) in seiner Machttypologie von vier gleichrangigen Grundtypen von Machtquellen ausgeht (der ökonomischen, der ideologischen, der politischen und der militärischen Macht), unterscheidet Massarrat (2006: 47ff.) zwischen primärer, sekundärer und legitimierender Macht. Diese drei *Machtquellen* sieht er durch insgesamt zwölf unterscheidbare *Machtformen* repräsentiert, die unterschiedliche *Funktionen* erfüllen (siehe Tabelle 5).

Die Ausarbeitungen von Mohssen Massarrat zu Macht und Machtungleichheit im Kapitalismus lenken den Blick auf jene Fragestellungen, die im Nachhaltigkeitsdiskurs bisher unterbelichtet geblieben sind. Die Stoßrichtung ist deutlich: Selbst eine – so das Gedankenexperiment – Abschaffung des Kapitalismus würde nicht das Ende aller Machtungleichheit bedeuten. Mit dieser Folgerung reiht Massarrat sich ein in die mannigfaltigen Analysen feministischer und postkolonialer Theorie sowie der Konflikt- und Friedensforschung, die seit Jahrzehnten die Bedeutung von Geschlecht, ‚Rasse'/Ethnie bei der Herstellung und der Reproduktion von Herrschaftsverhältnissen herausarbeiten und neben struktureller Gewalt Formen und Auswirkungen direkter (individueller wie kollektiver) sowie kultureller und symbolischer Gewalt untersuchen (vgl. stellvertretend Batscheider 1993; Wobbe 1994; Fuchs/Habinger 1996; Galtung 1996; Ashcroft/Griffiths/Tiffin 1998; Ferreira 2002; Wollrad 2005; Wolf 2007).

Gleichwohl wirft Massarrats machttheoretischer Ansatz an einigen Stellen Fragen auf, etwa wenn es um die Verhältnisbestimmung von Macht/Machtungleichheit und Kapitalismus bzw. Macht und Ökonomie geht. Denn Massarrat (2006) bezieht sich immer wieder an den verschiedensten Stellen seines Buches auf „Macht und Machtungleichgewicht als eine vom kapitalistischen Akkumulationskreislauf und vom Wertgesetz *unabhängige* gesellschaftliche Kategorie" (ebd.: 19; Herv. D. G.). Die durchgängige Betonung von „Macht und Machtungleichheit als eine selbständige Sphäre *neben* dem Kapitalismus" (ebd.: 44; Herv. D. G.) irritiert insofern, als hier der Eindruck entstehen könnte, dass Kapitalismus selbst frei von Machtungleichheit, Klassenkampf und Klassenherrschaft sei. Doch eine solche Schlussfolgerung wird dem Massarratschen Verständnis nicht gerecht: Eine Betrachtung von Massarrats gesamtem Werk führt zu der Interpretation, dass Massarrat Macht zum einen als eine *übergreifende gesellschaftliche Kategorie* begreift, die eben *nicht ausschließlich* eine Funktion kapitalistischer Produktionsverhältnisse ist, sondern darüber hinausweist. Zum anderen führt Massarrat ganz ausdrücklich aus, dass er der herausragenden Rolle der Ökonomie in der Gesellschaft, die Marx allgemein für den Kapitalismus und alle Gesellschaftsformationen, die dem Kapitalismus vorausgingen, konstatierte, zustimmt:

> „Der Macht, die aus der Ökonomie, vor allem aus dem Eigentum an Produktionsmitteln und der Kontrolle der Produzenten herauswächst, kommt daher in allen Gesellschaftsformationen eine herausragende Stellung zu, da diese Macht als Grundlage für die primäre Form der Reichtumsproduktion und -verteilung ausschlaggebend ist" (ebd.: 47).

In den oben angeführten Formulierungen (Macht als „unabhängige gesellschaftliche Kategorie") spiegelt sich dieses zweite Verständnis von ökonomischer Macht als primärer Macht aber nicht wider. Möglicherweise liegt der Wechsel in der inhaltlichen Bestimmung – einerseits Trennung von Macht und Kapitalismus bzw. Macht und Ökonomie, andererseits Identifizierung der ökonomischen Macht, die aus dem Eigentum an Produktionsmitteln erwächst, als der primären Macht – auch an einem Gedankenexperiment, dem Massarrat folgt. Er geht nämlich von der These aus, dass der Kapitalismus fortbestehen könnte, „obwohl allen Machtformen und -quellen die gesellschaftliche Grundlage entzogen ist" (ebd.: 53). Trotz der von ihm angestrebten „Beseitigung der primären Machtquelle, nämlich des Privateigentums an Produktionsmitteln, [könnte] der Kapitalismus fortexistieren" (ebd.). Hier stellt sich die Frage, ob ein System, das den Widerspruch zwischen Arbeit und Kapital (zwischen Arbeitenden und Kapitalbesitzenden) aufgelöst hat, noch sinnvollerweise als Kapitalismus zu bezeichnen ist.

(b) Angesichts der Grenzen, an die die parlamentarische Demokratie und der Parteienstaat hinsichtlich ihrer Leistungs- und Steuerungsfähigkeit stoßen, plädiert Mohssen Massarrat für eine Reform der politischen Systeme. Im Zentrum steht dabei der Anspruch, „durch partizipative Rückkopplung zivilgesellschaftlicher Potenziale einen historisch längst fälligen Prozess der *Demokratisierung der Demokratie* einzuleiten" (Massarrat 2006: 224; Herv. i. Org.). Seine Vorschläge zur Reform der politischen Systeme hin zu einer „Nachhaltigkeitsdemokratie" (ebd.: 253) entwickelt Massarrat in scharfer Abgrenzung zu dem, was er „Externalisierungsdemokratien" (ebd.: 232) nennt. Gemeint sind damit solche Demokratien, die auf der Basis eines breiten gesellschaftlichen Konsenses zum Zwecke des eigenen Wohlstands, des gesellschaftlichen Interessenausgleichs und innerer Stabilität die eigenen ökonomischen, sozialen und ökologischen Kosten und Konflikte räumlich und zeitlich externalisieren bzw. zu externalisieren versuchen (vgl. ebd.). Neben dem Zwang zur Externalisierung von Kosten und Konflikten sind nach Massarrat Externalisierungsdemokratien durch weitere substanzielle Demokratielücken wie „Machterhaltssyndrom und Gegenwartsorientierung" (i), „Komplexitäts- und Kompetenzdilemma" (ii), „Kompromissdilemma" (iii) und ein „reduktionistisches Gemeinwohlverständnis" (iv) gekennzeichnet, die bisher zu wenig wahrgenommen worden seien, für eine Reformierung der politischen Systeme in Richtung Nachhaltigkeit aber thematisiert werden müssten (vgl. ebd.: 226ff.).

(i) So zwinge das Interesse an Machterhalt die politischen Repräsentanten in der parlamentarischen Demokratie zum kurzfristigen, gegenwartsorientierten Denken und Handeln. Die Bearbeitung von Fragestellungen und Politikfeldern, die zwar zukunftsrelevant seien, jedoch dem kurzfristigen und unmittelbaren Machtinteresse zuwiderlaufen könnten, würden systematisch ausgeblendet.

(ii) Gleichzeitig wachse die Kompetenz der Abgeordneten nicht in dem gleichen Maße wie die Komplexität der modernen Gesellschaften. Die heutigen politischen Entscheidungsträger könnten sich nur auf wenigen Politikfeldern sachkundig machen, auf anderen blieben sie verständlicherweise inkompetent. Doch trotz dieser Inkompetenz seien die Parlamentarier_innen nicht nur legitimiert, sondern auch verpflichtet, bei allen zur Entscheidung anstehenden Fragen sämtlicher Politikfelder mitzuentscheiden. Diesen Widerspruch zwischen Inkompetenz in der Sache und dem formalen Mitwirkungsrecht der Volksvertreter_innen hält Massarrat für eine „für zahlreiche Fehlentwicklungen in der Gesellschaft ausschlaggebende Schwäche der parlamentarischen Demokratie" (Massarrat 2006: 228), die „Expertokratie [...], Lobbyismus und Korruption [...] Tür und Tor" (ebd.: 227f.) öffne.

(iii) Durch Kompromisse zu politischen Ergebnissen zu kommen, liege „in der Natur der pluralistischen Demokratie" (Massarrat 2006: 228). Solange die oben bereits beschriebenen Externalisierungsprozesse greifen, funktioniere dieses Modell – gerade was die sozialen Fragen angeht (also beispielsweise die gerechte Verteilung des Wohlstandes, gesetzliche Regelung des Normalarbeitstages, Einführung von sozialen Sicherungssystemen) relativ gut (vgl. ebd.: 229). Allerdings führe der Zwang zum Kompromiss bei politischen Entscheidungsfindungen unweigerlich zu substanziellen Abstrichen bei konkurrierenden Einzelanliegen. Bei Fragen mit existenziellem Charakter – sei es der Einsatz von Risikotechnologie oder die Entscheidung über militärische Interventionen – erweise sich dies aber als untauglich: „Ein Kompromiss über die Grundrechte in der Bundesrepublik Deutschland ist ein genauso untaugliches Mittel der Politik wie ein Kompromiss über existenzielle Rechte anderer Völker und Generationen" (ebd.: 230). Die Grundrechte der gegenwärtigen Generation seien vor dem Zugriff einfacher Mehrheitsentscheidungen durch die Verfassung geschützt, die Grundrechte anderer Völker und künftiger Generationen hingegen nicht (vgl. ebd.).

(iv) Nach Massarrat (2006) muss die Qualität einer Demokratie sich auch daran messen lassen, ob sie sich als Teil einer universellen Demokratie begreift und einem universellen Gemeinwohlverständnis folgt (vgl. ebd.: 231). Denn eine Demokratie sei „nur dann beständig und auf innerer Stabilität aufgebaut, wenn sie konstitutiv nicht darauf angewiesen ist, ihre Funktionsfähigkeit durch systemati-

3. Der Osnabrücker Ansatz von Mohssen Massarrat

sche Verletzung des Gemeinwohls anderer Gemeinschaften abzusichern" (ebd.). Massarrat, der dafür plädiert, die Ausrichtung an einem universellen Gemeinwohl in die Verfassung einer demokratischen Gemeinschaft zumindest als anzustrebendes Ziel aufzunehmen, kritisiert, dass die „real existierenden Demokratien" (ebd.) davon weit entfernt seien. „Schlimmer noch: Demokratische Parteien wetteifern regelrecht darum, das herrschende Gemeinwohlverständnis zulasten universeller Ziele zu verteidigen" (ebd.).

Angesichts der Problemlagen, Legitimationslücken und Entfremdungstendenzen denkt Massarrat über ein neues Verständnis von Politik nach, das die Teilhabe an politischer Macht von sozialen Bewegungen und Nichtregierungsorganisationen „gegen den monopolistischen Machtanspruch der Parteien" sichert und so „die Rehabilitierung des Politischen nach einem anhaltenden Glaubwürdigkeitsverlust angesichts virulent spürbarer Grenzen der parlamentarischen Demokratie" (ebd.: 253f.) bewirkt. Allerdings fehle es den zivilgesellschaftlichen Bewegungen und Organisationen, die über beträchtliche Expertise, Kompetenz- und Problemlösungspotenziale verfügten, bisher an „formalen Legitimationsgrundlagen" (ebd.: 253). Um jedoch eine solche „Rückkopplung der Zivilgesellschaft[373] an politische Systeme hin zur Nachhaltigkeitsdemokratie" (ebd.), wie Massarrat es nennt, zu erreichen, seien neue Formen und Verfahren nötig, die auf die jeweiligen Problemlagen zugeschnitten sein müssten und Kriterien wie gesamtgesellschaftlicher Relevanz, thematischer Reichweite, Betroffenheit, Unabhängigkeit von Sachzwängen und akzeptabler Bearbeitungszeit genügen würden (vgl. ebd.: 255). Zu den alten und neuen Instrumenten direkter Demokratie zählt Massarrat Volksbegehren[374] und Volksentscheid,[375] themenspezifische Räte, Kommissionen, Parlamente, Foren sowie die Möglichkeit der Direktwahl von (auch parteilosen) Kandidat_innen in den kommunalen Wahlkreisen und die Mitwirkung in z. B. Planungszellen und NGO-Versammlungen (vgl. ebd.).

Massarrats Ausführungen zur Weiterentwicklung der repräsentativen Demokratie in ihrem gegenwärtigen Zuschnitt liefern wichtige Elemente für eine Neu-

---

373 Massarrats Verständnis von Zivilgesellschaft (2006: 238ff.) stützt sich auf die Arbeiten von Larry Diamond (1994), Ansgar Klein (1997) und Jürgen Habermas (1998; 2001). Zur Zivilgesellschaft gehören weder der Staat noch die Privatwirtschaft oder Gruppen, die nur private Ziele verfolgen. Akteure der Zivilgesellschaft beschäftigen sich mit Fragen des allgemeinen, öffentlichen Interesses, sie sind in die Politik involviert, ohne nach politischen Ämtern zu streben.

374 Ein Volksbegehren ermöglicht es Bürger_innen, einen politischen Gegenstand oder einen Gesetzesentwurf in ein Parlament einzubringen. Um eine Behandlung im Parlament (sei es auf Bundes- oder Landesebene) zu erreichen, müssen diejenigen, die einen Volksentscheid initiieren, eine festgelegte Zahl an Unterschriften von Wahlberechtigten in einer bestimmten Frist vorlegen. Das Parlament entscheidet zwar über die Annahme oder Ablehnung, allerdings besteht für die Bürger_innen nach einer verworfenen Vorlage die Möglichkeit, einen Volksentscheid zu verlangen. Damit ist das Volksbegehren in Deutschland immer der notwendige letzte Schritt zur Herbeiführung eines von der Bevölkerung initiierten Volksentscheids (vgl. https://de.wikipedia.org/wiki/Volksbegehren_(Deutschland); http://www.bpb.de/nachschlagen/lexika/recht-a-z/23190/volksabstimmung).

375 Ein Volksentscheid ermöglicht es wahlberechtigten Bürger_innen, über eine vorgelegte Sachfrage (beispielsweise ein Gesetz) unmittelbar abzustimmen.

bestimmung des Politischen. Allerdings ist dabei zu bedenken, dass die formale Einbindung der Zivilgesellschaft in das politische System möglicherweise dazu führt, dass diese an Schlagkraft, an emanzipatorischem Potenzial verliert. Genau diese Kritik ist von jenen Autor_innen, die dem kooperativ-partizipativen Charakter beispielsweise der Agenda 21 (BMU 1992a) als Spielwiese zum Auspartizipieren ohne tatsächlichen Machtzuwachs ablehnend gegenüberstehen, hervorgebracht worden (siehe dazu B.I.2.4). Auch die Frage, wer und warum die institutionellen Formen und Verfahren zivilgesellschaftlicher Partizipation ins Leben rufen soll und kann, betrifft vorhandene Machtstrukturen. Weshalb sollen die neuen Träger_innen der Demokratisierung der Demokratie von jenen Organen gewählt werden, die selbst Ausgangspunkt und Adressaten der Kritik sind? Auch wenn Massarrat betont, dass die von ihm angestrebten Veränderungen keineswegs die Abschaffung des Parteienstaates und der parlamentarischen Demokratie zur Voraussetzung hätten (vgl. Massarrat 2006: 254), so ist dennoch gewissermaßen die ‚Seele' der parlamentarischen Demokratie betroffen: nämlich die Funktion der Mandatsträger_innen.

(c) Für Veränderungen auf globaler Ebene, die den Übergang zu einer neuen und nachhaltigen Weltordnung zum Inhalt haben, sind nach Massarrat Prozesse der De-Hegemonialisierung in zweierlei Hinsicht erforderlich: Erstens geht es um die Delegitimierung des hegemonialen Projektes der neoliberalen Globalisierung, zweitens um eine Schwächung der US-Hegemonie durch die Transformation der unilateralen in eine multilaterale Weltordnung (vgl. Massarrat 2006: 289f.). Um diese Ziele zu erreichen, bedürfe es (neuer) globaler Allianzen. Doch obwohl sich der Neoliberalismus in einer historischen Legitimationskrise befinde, deutet nach Massarrat politisch wenig auf einen Wechsel hin. Die neoliberalen Protagonisten seien vielmehr „mit aller Macht dabei, ihr System zu retten. Dies würde ihnen sogar auch gelingen, wenn die Opfer des neoliberalen Kapitalismus die Chance, die die zweite große Weltwirtschaftskrise zu einem Systemwechsel bietet, nicht nutzen" (Massarrat 2009a: 190). Ausgehend von dem gemeinsamen Nenner der Ablehnung neoliberaler Politik im Allgemeinen und des Washington Konsensus im Besonderen brauche es eine globale Allianz mit sozial-ökologischer Ausrichtung (vgl. ebd.: 192), die weit über die Allianz der globalisierungskritischen Bewegungen und linker Reformregierungen in einigen Ländern des Südens hinausgehe und Gewerkschaften, Sozialverbände sowie mittelständische Kapitalgruppen integrieren müsse (vgl. ebd.). Um dem Ziel einer multilateralen Weltordnung näherzukommen, könne „Europa als Zivilmacht" (Massarrat 2006: 290) einen Beitrag leisten, der nicht zuletzt in der Delegitimation des Militärischen liege.

3.4 Gerechtigkeitsverständnis

Intergenerative Gerechtigkeit ist für Mohssen Massarrat unmittelbar und gleichwertig mit intragenerativer Gerechtigkeit verknüpft (a). Einen zentralen Bestandteil seines Nachhaltigkeitsansatzes bilden die Ausführungen zu Chancengleichheit als Universalprinzip. Massarrats Ziel ist es, Chancengleichheit als eine handlungsorientierte Universalethik für inter- und intragenerative Gerechtigkeit zu begründen (b). Der Egoismus stellt dabei nach Auffassung von Massarrat kein Gerechtigkeitshindernis dar und steht auch solidarisch gemeinschaftlichem Handeln nicht als Gegensatz gegenüber (c).

(a) Im Zusammenhang mit der Weiterentwicklung seiner Untersuchungen von struktureller Nicht-Nachhaltigkeit (Massarrat 1993a, 1993b, 1996b), in denen Mohssen Massarrat insbesondere den Blick auf inner- und zwischenstaatliche Machtgefälle lenkte, die ökologische und soziale Kostenexternalisierung ermöglichen, hat er wiederholt kritisiert, dass die Mehrheit der Nachhaltigkeitsforschung sich auf die ökologische Dimension konzentriert und Fragen der sozialen Gerechtigkeit vernachlässigt (vgl. Massarrat 1998a: 18ff., 2004a: 71).

Massarrats Referenzpunkt ist die Definition des Brundlandt-Berichts und das dort vorfindbare Verständnis doppelter Gerechtigkeit (siehe B.I.1.4). D. h., einerseits ist intergenerative Gerechtigkeit für Massarrat konstitutiver Bestandteil von Nachhaltigkeit; ihre inhaltliche Füllung beinhaltet zuvorderst den „Schutz natürlicher Ressourcen (des Naturkapitals) durch Senkung des Ressourcenverbrauchs" (Massarrat 2001a: 302). Doch auch wenn ökologische Nachhaltigkeit „im Sinne von intergenerativer Gerechtigkeit ein unverzichtbares Ziel" (ebd.) sei, so müsse sie andererseits aber in Verbindung gebracht werden mit intragenerativer Gerechtigkeit. Letztere wird von Massarrat vor allem (aber nicht nur) als Nord-Süd-Verteilungsgerechtigkeit konzeptualisiert. In seiner Untersuchung zur Reduzierung des Ölverbrauchs verweist er beispielsweise darauf, dass das Ziel ökologischer Nachhaltigkeit durch sinkende Ölförderung in zahlreichen Ländern des Südens aller Wahrscheinlichkeit nach schwerwiegende soziale, politische und ökonomische Folgen haben könnte. Denn mit der Reduzierung durch die Nachfrageseite gingen auf der Anbieterseite Einnahmeverluste einher, die nicht nur international einen klimapolitischen Konsens erschweren, sondern auch innerstaatlich ggf. den Fortbestand von Sozialsystemen gefährden könnten (vgl. Massarrat 1998a: 158, vgl. ebenso 1998b, 2006: 199ff.). Entsprechend muss laut Massarrat (2001a: 303)

> „die Perspektive der Nachfrageseite um die Perspektive der Anbieterseite erweitert, die ökologische Dimension der Nachhaltigkeit um die sozialen und ökonomischen Dimensionen ergänzt und schließlich das Ziel der ökologischen Gerechtigkeit im Interesse künftiger Generationen, mit dem Ziel sozialer Gerechtigkeit zwischen und innerhalb der heute lebenden Generationen verknüpft werden."

Massarrat zeigt damit, dass die Implikationen der jeweils angestrebten Nachhaltigkeitsziele in den unterschiedlichen Dimensionen von Nachhaltigkeit miteinander in Beziehung gesetzt werden müssen, um Konflikte und auch Widersprüche sichtbar und schließlich auch wissenschaftlich wie politisch-strategisch bearbeitbar zu machen. Die Erkenntnisgrenzen der ökologischen Ökonomie zu überwinden, hieße daher für Massarrat, sie in Richtung einer „sozial-ökologischen Ökonomie" (ebd.) weiterzuentwickeln, in der intra- und intergenerative Gerechtigkeit gleichermaßen Berücksichtigung finden.

(b) Auf der Basis einer kritischen Bestandsaufnahme zweier wirkungsmächtiger Denkrichtungen, des Liberalismus und des Marxismus, entwickelt Massarrat einen neuen Ansatz,[376] den er „Chancengleichheit als Universalprinzip" (Massarrat 2008: 258) nennt. Hierbei bestimmt Massarrat den kontrovers diskutierten Begriff der Chancengleichheit inhaltlich neu und schreibt ihm Elemente zu, die weit über das bisherige, stark vom liberalen Denken geprägte Verständnis von Chancengleichheit hinausgehen. Ziel ist es, Chancengleichheit „als eine handlungsorientierte Universalethik für Gerechtigkeit innerhalb und zwischen den Generationen sowie für Gerechtigkeit auch zwischen reichen und armen Ländern" (ebd.: 259) zu begründen. Dafür grenzt sich Massarrat einerseits vom orthodoxen Marxismus und von neoliberalen Positionen ab, andererseits geht es ihm darum, an den egalitären Liberalismus und den unorthodoxen Marxismus anzuknüpfen und die dort gemachten „existenziell positiven Annahmen" (ebd.: 261) in einer Synthese zusammenzuführen.

Massarrats Kritik am Marxismus bezieht sich sowohl auf orthodoxe Interpretationen und staatssozialistische Anwendungen, aber auch auf manche Kernaussagen von Marx selbst, insbesondere seinen Historischen Materialismus. Als nicht zu übersehende Schwäche der Marx'schen Gesellschaftstheorie identifiziert Massarrat „die Geringschätzung der menschlichen Individualität im umfassenden Sinne" (ebd.: 271). Die Gemeinschaft werde vor das Individuum gestellt. Rolle und Rechte der Individuen würden systematisch vernachlässigt. Nach Massarrat schuf Marx damit

> „einerseits den Ideologen des real existierenden Sozialismus hinreichend Raum für die Legitimation des eigenen politischen Systems und die Unterdrückung individueller Freiheiten, die aber genau deshalb andererseits auch Apologeten des Kapitalismus die passende Handhabe bot, alle Spielarten nicht-kapitalistischer Gesellschaftsmodelle als totalitär zu diskreditieren" (ebd.).

Neben der Kritik an dem Missverhältnis zwischen „Individualität und Gemeinschaftlichkeit" (ebd.: 270) setzt sich Massarrat mit Marx' Kritik am Gothaer Programm der Sozialdemokratischen Arbeiterpartei, insbesondere mit Marx' „Kritik des Rechtsgleichheitspostulats" (ebd.: 266), auseinander und kommt zu

---

376 Zur Entwicklung dieses Ansatzes vgl. auch Massarrat (2001b, 2004a).

dem Schluss, dass Marx' Vorstellungen von Gleichheit in Gleichmacherei münden. Marx' angestrebte Gleichheit durch Rechtsungleichheit ziele darauf, „ungleiche Menschen durch ungleiche Behandlung gleichzustellen" (ebd.: 269). Dies ist für Massarrat aber nicht dasselbe wie die Herstellung von Gleichheit. Denn Marx gebe hier die Rechtsgleichheit für verschiedene Individuen zu Gunsten von materieller Gleichheit durch Rechtsungleichheit auf, ohne jedoch dafür eine moralisch plausible Begründung zu liefern (vgl. ebd.). Nach Massarrats Erachten fehlt „[e]iner Gleichheit, die durch Diskriminierung und Verletzung der Würde anderer Mitglieder der Gesellschaft erkauft wird, [...] aber die moralische Grundlage und [sie] ist [...] auch sozial grundsätzlich nicht nachhaltig" (ebd.).

Der Inhalt der Schlussfolgerung von Massarrat ist bedeutsam – gerade auch mit Blick auf die in Teil C zusammengeführten Bausteine für ein kritisch-emanzipatorisches Konzept nachhaltiger Entwicklung. Ob sich diese Position jedoch zwangsläufig aus den Ausführungen von Marx ergibt, ist fraglich. Meines Erachtens polemisiert Marx, wie das folgende Zitat verdeutlicht, nicht gegen Rechtsgleichheit, sondern plädiert für eine Veränderung der ungerechten gesellschaftlichen Verhältnisse.

> „Das gleiche Recht ist hier daher immer noch – dem Prinzip nach – das bürgerliche Recht, obgleich Prinzip und Praxis sich nicht mehr in den Haaren liegen, während der Austausch von Äquivalenten beim Warenaustausch nur im Durchschnitt, nicht für den einzelnen Fall existiert. Trotz dieses Fortschritts ist dieses gleiche Recht stets noch mit einer bürgerlichen Schranke behaftet. Das Recht der Produzenten ist ihren Arbeitslieferungen proportionell; die Gleichheit besteht darin, daß an gleichem Maßstab, der Arbeit, gemessen wird. Der eine ist aber physisch oder geistig dem andern überlegen, liefert also in derselben Zeit mehr Arbeit oder kann während mehr Zeit arbeiten; und die Arbeit, um als Maß zu dienen, muß der Ausdehnung oder der Intensität nach bestimmt werden, sonst hörte sie auf, Maßstab zu sein. Dies gleiche Recht ist ungleiches Recht für ungleiche Arbeit. Es erkennt keine Klassenunterschiede an, weil jeder nur Arbeiter ist wie der andre; aber es erkennt stillschweigend die ungleiche individuelle Begabung und daher Leistungsfähigkeit der Arbeiter als natürliche Privilegien an. Es ist daher ein Recht der Ungleichheit, seinem Inhalt nach, wie alles Recht. Das Recht kann seiner Natur [nach] nur in Anwendung von gleichem Maßstab bestehn; aber die ungleichen Individuen (und sie wären nicht verschiedene Individuen, wenn sie nicht ungleiche wären) sind nur an gleichem Maßstab meßbar, soweit man sie unter einen gleichen Gesichtspunkt bringt, sie nur von einer bestimmten Seite faßt, z. B. im gegbenen Fall sie nur als Arbeiter betrachtet und weiter nichts in ihnen sieht, von allem andern absieht. Ferner: Ein Arbeiter ist verheiratet, der andre nicht; einer hat mehr Kinder als der andre etc. Bei gleicher Arbeitsleistung und daher gleichem Anteil an dem gesellschaftlichen Konsumtionsfonds erhält also der eine faktisch mehr als der andre, ist der eine reicher als der andre etc. Um alle diese Mißstände zu vermeiden, müßte das Recht, statt gleich, vielmehr ungleich sein" (Marx [1875] 1974: 20f.).

Das Zitat von Marx verweist darauf, dass Rechtsgleichheit nicht losgelöst von den gesellschaftlichen Produktionsverhältnissen, also von den gegebenen und bestehenden Eigentumsverhältnissen und den damit verbundenen Ungleichheiten, betrachtet werden kann, wenn das Ziel die Herstellung von Egalität und Gerechtigkeit sein soll. Um zu verhindern, dass Rechtsgleichheit Ungerechtigkeit zementiert und verschleiert, bedarf es der aktiven Behebung der „Mißstände" (ebd.). Ohne deren Umwälzung kann auch gleiches Recht keinen Ausweg bieten.

Marx geht es nicht um die Einführung einer neuen Diskriminierung, sondern um die Beseitigung der alten.[377] Massarrat und Marx sind hier näher beieinander, als die scharfe Kritik von Massarrat an Marx vermuten lassen könnte. Das Prinzip der Rechtsstaatlichkeit und eine materialistische Fundierung der Menschenrechte schließen einander nicht aus – im Gegenteil, sie sind als komplementäre Bestandteile eines kritisch-emanzipatorischen Verständnisses von nachhaltiger Entwicklung zu sehen (siehe dazu auch das Zwischenfazit von Diskursstrang B.II).

In seiner Auseinandersetzung mit der zweiten großen Denkrichtung, dem Liberalismus, richtet sich Massarrats Kritik zum einen auf die nicht-egalitären liberalistischen Strömungen und ihre Vertreter wie etwa Robert Nozik, Jean-Baptiste Say, Friedrich von Hayek, Milton Friedman, die davon ausgehen, dass Menschen ihrem Wesen nach zur Ungleichheit verdammt sind. Diese Annahme samt aller darauf beruhenden gesellschaftlichen und politischen Ungleichheiten von Reichtums- und Machtverteilung halten sie nicht nur für gerechtfertigt, sondern sogar für notwendig. Gerechtigkeit wird in der nicht-egalitären liberalistischen Strömung mit dem Wachsen des Gesamtnutzens identifiziert. Fragen der Verteilung werden eher als irrelevant und hinderlich für die Gesamtentwicklung einer Gesellschaft angesehen. Wenn überhaupt wird sie nur als Funktion des Marktes betrachtet, als Resultat des freien Spiels der Marktkräfte (vgl. Massarrat 2008: 262). Massarrat problematisiert zum anderen aber auch Positionen von liberalen Egalitarist_innen (vgl. ebd.: 263ff.): So kritisiert er u. a., dass Rawls die Ungleichheit durch natürliche Benachteiligung mit der Ungleichheit durch gesellschaftliche Gegebenheiten bei der Geburt explizit gleichsetze und dadurch historisch gewachsene Eigentums- und Einkommensverhältnisse als „naturgesetzlich gegeben" und damit nicht als „Gerechtigkeitshindernis" (ebd.: 264) werte. Als unumstrittene Komponenten aus dem Theoriegebäude des egalitären Liberalismus, die er in seine eigene Gerechtigkeitstheorie einfügt, hält Massarrat die liberalen Annahmen fest, „dass jedwede humanistische Gesellschafts- und speziell

---

377 Ein Beispiel aus der jüngeren Vergangenheit gründet auf eben dieser Argumentation: In den 1990er-Jahren ist mit Gender Mainstreaming ein Instrument eingeführt worden, mit dem bestehende Ungleichheiten zwischen den Geschlechtern ggf. auch durch ungleiche Behandlung bzw. durch eine gezielte Begünstigung bisher Benachteiligter abgebaut werden sollen. Denn zur Durchsetzung des im Grundgesetz verankerten Ideals „Männer und Frauen sind gleichberechtigt" (Art. 3 Abs. 2 GG) braucht es aufgrund der bestehenden Kluft zwischen Anspruch und Wirklichkeit die staatliche Förderung der „tatsächliche[n] Durchsetzung der Gleichberechtigung" der Geschlechter und eine „Beseitigung bestehender Nachteile" (ebd.).

Gerechtigkeitstheorie den Menschen als Individuum mit allen seinen einzigartigen Eigenschaften und Rechten in den Mittelpunkt zu stellen hat" und dass „Menschen als naturgegebene Wesen mit in der Regel gänzlich unterschiedlichen Eigenschaften [...] geboren werden" (ebd.: 264f.).

Auf der Basis der kritisch diskutierten gerechtigkeitstheoretischen Annahmen und Schlussfolgerungen des Marxismus und des Liberalismus und unter Einbeziehung der Arbeiten von Amarty Sen (2000) und Martha Nussbaum (2003) plädiert Massarrat für universelle Chancengleichheit als neue Ethik, die als „Synthese aus Individualität und Egalität" (Massarrat 2008: 285) zu verstehen ist.

Mit anderen Worten: Universelle Chancengleichheit beinhaltet „eine Kombination von primären Rechten, die [...] einerseits auf die Würde des Menschen, das heißt jedes Individuums, Rücksicht nimmt und andererseits das materielle und immaterielle Umfeld und die Bedingungen berührt, die zum Schutz der Menschenwürde unerlässlich sind" (ebd.: 284).

Zu diesen Rechten gehören:

> „Das Recht auf körperliche Unversehrtheit.
> Das Recht auf Freiheit, das eigene Leben selbst zu bestimmen.
> Das Recht auf Entscheidungsfreiheit in allen Lebenslagen.
> Das Recht auf freie Bestimmung der eigenen Bedürfnisse.
> Das Recht auf Glaubensfreiheit.
> Das Recht auf eigenständige kulturelle Entwicklung.
> Das Recht auf materielle Sicherheit.
> Das Recht auf chancengleichen Zugang zu Ressourcen" (ebd.: 285).

Diese neue Ethik der Chancengleichheit sieht „den Menschen als Ausgangs- und Endpunkt ihres Gegenstandes" (ebd.) an, sie ist „grenzüberschreitend beziehungsweise raumunabhängig, generationsübergreifend beziehungsweise zeitunabhängig, sozial und kulturübergreifend" (ebd.). Es handelt sich hierbei um ein Ethikverständnis, das „menschliche Eigenschaften wie Individualität, Egoismus, Gerechtigkeits-, Gemeinschaftlichkeits- und Solidaritätsbedürfnis" (ebd.) berücksichtigt und gleichzeitig „die Grundlagen für Prinzipien und Rechtssysteme" (ebd.) liefert, um größtmögliche Akzeptanzfähigkeit weltweit zu erzielen.

Chancengleichheit nach Massarrat gründet auf den Prinzipien der Egalität, der Differenz, der Leistung und der Freiheit. Diese moralischen Grundprinzipien bzw. Annahmen stehen in keiner hierarchischen, sondern in einer komplementären Beziehung zueinander:

> „*Erstens* sind Individuen unabhängig von Rasse, Geschlecht, Hautfarbe, physischem Zustand, Alter, Sprache, Kultur, Religion, sozialer Herkunft und Generation rechtlich gleich (Egalitätsprinzip).
> *Zweitens* sind Individuen durch ihre Begabungen, Neigungen und Bedürfnisse verschieden (Differenzprinzip).
> *Drittens* haben Individuen den Anspruch auf den Ertrag ihrer eigenen Leistungen (Leistungsprinzip).

Viertens haben Individuen Anspruch auf umfassende Freiheit, die nur um der Freiheit anderer willen eingeschränkt werden darf (Freiheitsprinzip)" (Massarrat 2008: 286; Herv. i. O.).

Chancengleichheit als Universalprinzip wirkt nicht an und für sich, sondern bezieht sich auf einen Zustand, der immer wieder von neuem hergestellt werden muss, um „zu verhindern, dass erneute Eigentums- und Machtkonzentrationen die Gleichheit von Startbedingungen durchbrechen können" (ebd.: 287). Der Prozess der Herstellung weist zum einen zahlreiche Voraussetzungen auf, zu denen vor allem ein umfassender Begriff von *Autonomie* (vgl. ebd.: 286) und *Ressourcenzugangsfreiheit* (vgl. ebd.: 287) gehört. Zum anderen setzt die Verwirklichung des von Massarrat entwickelten Chancengleichheitsansatzes sowohl die Bildung politischer Allianzen (getragen insbesondere von zivilgesellschaftlichen Gruppen und Reformparteien) als auch die institutionelle Verankerung (in den nationalen Verfassungen und der Charta der Vereinten Nationen) voraus (vgl. ebd.).

Zur Gestaltung einer nachhaltigen Entwicklung ist es für Massarrat von zentraler Bedeutung, dass aus den oben genannten moralischen Grundprinzipien Handlungsmaximen politischer Art abgeleitet werden. Anders ausgedrückt: Es geht erstens darum, gleiche Startbedingungen herzustellen und solche Ungleichheiten abzubauen, die „historisch aus sozialer Herkunft, Machtungleichheit, Privilegien und aus unterschiedlicher Ausstattung mit natürlichen Ressourcen hervorgegangen sind" (ebd.); zweitens geht es darum, die größtmögliche Autonomie der Individuen zu fördern und die natürlichen und sozialen Benachteiligungen der Individuen auszugleichen; drittens gilt es, Grundrechte und Freiheiten zu schützen und abzusichern sowie viertens, jedwede Handlung zu vermeiden, die „Chancen künftiger Generationen beeinträchtigen, ihr Leben ebenfalls nach den Prinzipien der Chancengleichheit auszurichten" (ebd.).

(c) So wie Massarrat im Konzept der Chancengleichheit die Vielfalt von Interessen zugrunde legt, geht er auch davon aus, dass Menschen sich sowohl egoistisch als auch kooperativ und solidarisch verhalten (vgl. Massarrat 2004a: 82, 2008: 276ff.). Der Egoismus als „Triebkraft" könne als „schöpferische Quelle der Produktion und Kreativität" (Massarrat 2008: 280) angesehen werden", solange – und hier geht Massarrat über das liberale Verständnis hinaus – die Gesellschaft dafür sorge, „dass alle ihre Mitglieder im gleichen Umfang von ihm Gebrauch machen können" (ebd.). Mit anderen Worten, der menschliche Egoismus stellt nach Massarrat nicht per se ein Gerechtigkeitshindernis dar. Geleitet von einer Ethik der Chancengleichheit gelte es aber zu verhindern, dass

> „eine kleine privilegierte und machtpotente Minderheit sich das Recht nimmt, ihren Egoismus voll auszuleben, ihre individuellen Nutzenmaximierungsoptionen vollständig zu realisieren, die durch sie verursachten Kosten zu externalisieren und dadurch die große Mehrheit der heutigen Menschen und der künftigen Generationen daran zu hindern, ih-

rerseits ihr Ego[378] ausleben und ihren individuellen Nutzen maximieren zu können" (Massarrat 2004a: 82).

Massarrat begreift das Verhältnis von Egoismus und Solidarität analog zu dem Verhältnis zwischen Individuum und Kollektiv bzw. Individualität und Gemeinschaftlichkeit nicht als Gegensatzverhältnis. Vielmehr versucht er, den verschiedenen menschlichen Bedürfnissen und Handlungsweisen mit dem Konzept Chancengleichheit Rechnung zu tragen.

Seine Argumentation, auch vom egoistischen Verhalten des Menschen auszugehen, wobei für ihn unerheblich ist, ob es sich dabei um eine anthropologische oder erlernte Verhaltensweise handelt, weist durchaus Ähnlichkeiten mit den Ausführungen von Homann und Suchanek (2005) auf. Die beiden Ökonomen, die mit dem Konzept des *homo oeconomicus* arbeiten, erachten es in Anlehnung an Williamson für sinnvoll, bei der Erstellung und Etablierung von Regeln und Institutionen davon auszugehen, dass sich *manche* Menschen *zeitweilig* opportunistisch bzw. egoistisch verhalten. Entscheidend sei es daher, Governance-Strukturen sowohl zur Kontrolle von Kontrakten als auch zur Verhinderung bzw. zur Verminderung von Machtanhäufung und der damit einhergehenden Möglichkeit zur Kostenexternalisierung zu errichten (vgl. Williamson 1990: 73; Homann/Suchanek: 2005: 375ff.; Massarrat 2008: 280).

4. Das Institut für sozial-ökologische Forschung (ISOE): Soziale Ökologie und das Konzept der gesellschaftlichen Naturverhältnisse

4.1 Entstehungskontext und Grundzüge der Sozialen Ökologie als Wissenschaft von den gesellschaftlichen Naturverhältnissen

Mitte der 1980er-Jahre startete die Arbeit an dem Projekt Soziale Ökologie, das sich in den folgenden Jahren zu einer „neuen Wissenschaft"[379] von den gesellschaftlichen Naturverhältnissen entwickelt(e): Eine von der Hessischen Landesregierung eingesetzte „Forschungsgruppe Soziale Ökologie" erarbeitete ein umfangreiches Gutachten (1987), wie die sozial-ökologische Forschung in Hessen gefördert werden könne, und legte damit den theoretisch-konzeptionellen Grundstein für das 1989 gegründete Institut für sozial-ökologische Forschung (ISOE) in Frankfurt am Main, mit dem die Soziale Ökologie seitdem untrennbar verbunden ist.

---

378 Massarrat benutzt den Begriff „Ego" als Kurzform für „Egoismus" (= Eigennützigkeit) und nicht in der direkten Übersetzung aus dem Lateinischen bzw. Griechischen für „Ich".

379 Vgl. zur Diskussion, ob und inwieweit die Soziale Ökologie eine neue Wissenschaft darstellt, auch die Ausführungen von Becker (2003) sowie von Jahn und Schramm (2006: 109), die in dem Terminus gleichzeitig eine regulative Idee für die Forschungsarbeit sehen.

Ausgangspunkt der Wissenschaftler_innen des ISOE waren und sind die krisenhaften Beziehungen zwischen Natur und Gesellschaft, die es zu erforschen und neu zu gestalten gilt (vgl. Becker/Jahn 2006a sowie 2006c: 12ff.). Die Soziale Ökologie lässt sich in mehrfacher Hinsicht als Krisenwissenschaft charakterisieren. Sie entstand in einer Zeit, in der sich verschiedene Krisenerfahrungen und Kritikperspektiven überlagerten: „Krisenhaft geworden sind die wirtschaftlichen, politischen, kulturellen und wissenschaftlich-technischen Formen, in denen insbesondere die hochindustrialisierten Gesellschaften ihren Umgang mit der natürlichen Umwelt gestalten" (Jahn/Wehling 1998: 81). Allerdings entwickelte sich die Soziale Ökologie gleichsam in kritischer Distanz zu solchen Stimmen und Aktivitäten, die angesichts der sich in den 1970er- und 1980er-Jahren häufenden Katastrophen wie etwa in der Chemie- und Atomindustrie, für die Bhopal und Seveso, Harrisburg und Tschernobyl zum Mahnmal wurden, *Alternativen zur Wissenschaft* und theoretischem Denken forderten. Gesucht wurde von den Mitgliedern der Forschungsgruppe Soziale Ökologie vielmehr nach *Alternativen in der Wissenschaft* (die sich an einem neuen Mensch/Gesellschaft-Natur-Verhältnis orientieren sollten), nach neuen Wissensformen (die auf lebenspraktische gesellschaftliche Probleme abzielen und zu deren Bewältigung beitragen sollten) und – in Anlehnung an Donna Haraway (1988, 1995) – nach „situiertem Wissen", dessen Erarbeitung die spezifischen Lebens- und Handlungszusammenhänge zu berücksichtigen habe (vgl. Becker/Jahn 2006c: 15). D. h., die Krise der Wissenschaft, die auch für die Gründer_innen des ISOE Teil der Krise der gesellschaftlichen Naturverhältnisse ist, wurde und wird auch als eine Chance für die Entwicklung und Etablierung einer neuen Wissenschaft begriffen (vgl. Becker 2006: 53).

Die erste Forschungsprogrammatik der Sozialen Ökologie von 1987 nimmt Bezug auf drei Kritikperspektiven, die bis heute als „Traditionslinien" (ebd.: 52) der sozial-ökologischen Forschung gelten: erstens auf die Kritische Theorie der Frankfurter Schule, insbesondere auf die Arbeiten von Horkheimer und Adorno, zweitens auf die Naturwissenschafts-, Technik- und ökologische Kulturkritik und drittens auf Ansätze feministischer Theorie und Kritik (vgl. ebd.; ebenso Schultz 1995: 10). Anknüpfend und sich in Beziehung setzend zu diesem „Vorgängigen" versucht die Soziale Ökologie gleichzeitig einen „Neuanfang", um auch „die neuen Krisenerfahrungen [...] theoretisch begreifen zu können", wie Egon Becker (2006: 52) formuliert. Kern dieser Krisenerfahrungen ist die Einsicht, dass es sich bei Krisenphänomenen – beispielsweise beim Klimawandel – weder um isolierte ökologische Krisen noch um rein gesellschaftliche Krisen, sondern um sozial-ökologische Krisen handelt. Dieser Vermittlungszusammenhang wird von den Wissenschaftler_innen des ISOE im Konzept der gesellschaftlichen Naturverhältnisse gefasst, das darauf abzielt, bei der Analyse komplexer Krisenphänomene „natur- und sozialwissenschaftliche Reduktionismen [...] forschungspraktisch zu überwinden" (Jahn 1990: 80). Mit dem Konzept der gesellschaftlichen Naturverhältnisse, das als die Zentralreferenz der Sozialen Ökologie beschrieben werden kann, wird die wechselseitige Konstitution von Natur durch Gesellschaft und von Gesellschaft durch Natur in den Blick genommen.[380] In die Kritik gerät damit der lange Zeit in den Natur- und Geisteswissenschaften vorherrschende „methodische Dualismus" (Becker/Jahn/Hummel 2006: 182), jene dichotome, vermeintlich „klare Unterscheidung der *ersten Moderne* zwischen Natur und Gesellschaft" (Brunnengräber et al. 2008: 50; Herv. i. O.). Anstelle einer Sichtweise, die von einer „gesellschaftliche[n] Emanzipation der Gesellschaft von der (äußeren) Natur" (ebd.) ausgeht, wird der Fokus nun auf sozialökologische, also „hybride Krisenphänomene [gelenkt], in denen gesellschaftliche und natürliche Prozesse sich überlagern [...] und eine komplexe Krisendynamik entwickeln" (Becker/Jahn/Hummel 2006: 183f.).

Die Bearbeitung der gesellschaftlichen Naturverhältnisse erfolgt problemorientiert, d. h. bezogen auf konkrete gesellschaftliche Handlungsfelder, die sich in den Forschungsschwerpunkten (Wasser, Versorgung, Mobilität, Raumentwicklung, Lebensstile, Gender und Bevölkerungsentwicklung) des ISOE widerspiegeln. Damit bewegt sich die Soziale Ökologie, wie Egon Becker und Thomas Jahn (2006b: 7) ausführen, zwischen zwei Polen: „Als praxisbezogene Forschung sucht sie nach Lösungen für lebenspraktische gesellschaftliche Probleme; als theorieorientierte Wissenschaft versucht sie das methodisch erzeugte Wissen begrifflich zu ordnen". Die produktive Spannung zwischen diesen beiden Polen wird durch den spezifischen Forschungsansatz der Sozialen Ökologie gehalten, der problemorientierte interdisziplinäre Forschung (vgl. Jahn/Wehling 1995) mit Transdisziplinarität verbindet. Erfahrungen und Wissen von wichtigen Akteuren und Praxispartner_innen werden mit wissenschaftlichen Erkenntnissen zusammengeführt (vgl. Jahn/Keil 2006: 319ff.). Dieser neue Forschungstypus „hat eine Pionierfunktion für die Umwelt- und Nachhaltigkeitsforschung in Deutschland übernommen" (SÖF-Memorandum 2012: 3). Zu seiner inhaltlichen wie institutionellen Verbreitung hat auch der bereits erwähnte Förderschwerpunkt Sozialökologische Forschung (SÖF) des BMBF beigetragen (vgl. u. a. BMBF 2000; Balzer/Wächter 2002; Müller 2013).

4.2 Ökonomieverständnis

Die Frage, die im Zentrum der Sozialen Ökologie steht – nämlich wie sich die gesellschaftlichen Naturverhältnisse angesichts mannigfacher und sich rasch än-

---

380 Dieses wechselseitige Verhältnis thematisierte der Soziologe Ulrich Beck (1986) bereits im Rahmen seiner „Risikogesellschaft". Vgl. zum Konzept der gesellschaftlichen Naturverhältnisse und ihrer bewussten Gestaltung zudem die Arbeiten von Görg (1999, 2003) sowie Brunnengräber et al. (2008).

dernder Krisenkonstellationen denken, identifizieren und gestalten lassen (vgl. Becker/Jahn 2006c: 12, 16) –, betrifft auch die ökonomische Dimension und damit sämtliche Prozesse des Wirtschaftens und Arbeitens. In gesellschaftlichen Naturverhältnissen sind „sozioökonomische Ursachen und ökologische Wirkungen [...] mit ökologischen Ursachen und sozioökonomischen Wirkungen verwoben" (Liehr/Becker/Keil 2006: 267). Bereits im Einleitungskapitel zur Sozialen Ökologie betonen Egon Becker und Thomas Jahn (2006b: 16) daher, dass es für eine bewusste Gestaltung der Beziehungen zwischen Gesellschaft und Natur darauf ankomme, neben politischen und wissenschaftlichen auch „ökonomische [...] Innovationen" voranzutreiben.

Die inhaltlich-konzeptionelle Innovation des sozial-ökologischen Ansatzes des ISOE liegt nicht nur darin, dass ein weiter Ökonomie- und Arbeitsbegriff zugrunde gelegt wird, wie ich in den folgenden Abschnitten (a) und (d) ausführen werde, sondern auch darin, dass das Ökonomische von den Bedürfnissen und vom Alltag her gedacht wird. Damit ändern sich gleichzeitig und gleichermaßen die Begriffe, die den inhaltlich-konzeptionellen Rahmen spannen: Auffällig ist, wie wenig von Markt, von Produktion (als isoliert betrachtete Kategorie) oder von ökonomischem Wachstum die Rede ist. Stattdessen bilden ‚Reproduktion' bzw. das Kategorienpaar Produktion-‚Reproduktion' (b), Versorgungssysteme (c) und Transformationen (e) die ökonomischen Referenzbegriffe der Sozialen Ökologie. Der Blick wird auf Prozesse gerichtet, weniger auf Strukturen (f).

(a) Ökonomie wird in der Sozialen Ökologie als ein Vermittlungsverhältnis verstanden. Dieses Verständnis von der vermittelnden Funktion von Wirtschaften beinhaltet eine Neuausrichtung, die für eine nachhaltige Art zu wirtschaften von zentraler Wichtigkeit ist. Ich werde an anderer Stelle (siehe B.IV.6) noch auf die Bedeutung dieses neuen Ökonomieverständnisses zurückkommen. Allerdings wird dieses Verständnis nur an wenigen Stellen offensiv und explizit formuliert. Auf den ersten Blick mutet die Soziale Ökologie daher fast ‚ökonomiefrei' an. Dieser Eindruck entsteht erstens dadurch, dass, wie eingangs erwähnt, ökonomische Prozesse mit anderen Begriffen gefasst werden. Zweitens ist die Kritik an den etablierten ökonomischen Mechanismen zwar vorhanden, nimmt aber keinen prominenten Platz ein, sie wird nicht pointiert, sondern eher beiläufig (vgl. z. B. Becker 2006: 33; Becker/Jahn 2006d: 54) bzw. indirekt über den Bezug auf die Kapitalismuskritik der Kritischen Theorie formuliert (vgl. z. B. Becker 2006: 49ff.). Drittens wird das Ökonomische tatsächlich untergeordnet unter das Dach sozial-ökologischer Problematiken, die zu verstehen und zu bewerten unabdingbar für eine bewusste Gestaltung gesellschaftlicher Naturverhältnisse sind (vgl. Becker/Jahn 2006e: 78ff.). Die Frage nach dem Ökonomischen stellt sich in der Sozialen Ökologie daher nie als eine rein ökonomische Frage. Ökonomie ist immer nur ein – wenngleich wichtiger – Faktor in einem verschlungenen Netz verschiedener Faktoren. Ihre Verfasstheit wird beispielsweise implizit zum Gegenstand der Analyse, wenn Hummel und Kluge (2006: 248) formulieren: „Die gestaltungsorientierte sozial-ökologische Forschung konzentriert sich auf Entwicklungen, die bereits problematisch geworden sind – oder unter bestimmten Bedingungen voraussichtlich problematisch werden können." Als problematisch bezeichnen die Autor_innen sozial-ökologische Sachverhalte dann,

> „wenn die dynamisch regulierten Beziehungsmuster sich so verändern, dass entweder natürliche Zusammenhänge wie bspw. Seen und Flüsse, Landschaften oder Ökosysteme irreversibel gestört werden; oder aber die Reproduktion und Entwicklungsfähigkeit gesellschaftlicher Zusammenhänge gefährdet sind" (ebd.).

Dass auch „Arbeit und Produktion" in ihrer derzeitigen Gestalt zu solcherart sozial-ökologisch problematischen Sachverhalten zählen bzw. „sozial-ökologische Krisenfelder" kennzeichnen, wird wiederum an anderer Stelle (Hummel/Becker 2006: 198) bzw. in früheren Arbeiten konkret ausgeführt. Insbesondere in den frühen Arbeiten von Egon Becker und Thomas Jahn (z. B. 1989), die maßgeblich zur Schärfung der Programmatik der Sozialen Ökologie beigetragen haben, wird Wirtschaften als ein Prozess sozial-ökologischen Handelns gedacht, über den auf der Ebene der Gesellschaft überindividuelle Lebenszusammenhänge ausgebildet und erhalten bzw. verändert werden können. Die Orte und Arten des Wirtschaftens sowie seine verschiedenen Koordinierungsformen werden zum einen als Schlüsselstellen für die Gestaltung gesellschaftlicher Naturverhältnisse charakterisiert. Zum anderen erachten die Wissenschaftler_innen des ISOE eine Abkehr von der industriell-technischen Produktionsweise, durch die die Überlebensbedingungen sowohl der/des Einzelnen als auch der Gattung Mensch immer mehr zerstört würden, als notwendig (vgl. Becker/Jahn 1989: 56). Und auch 20 Jahre später weist Thomas Jahn (2010: o. S.) darauf hin, dass langsam klar werde, „dass die etablierten [...] marktwirtschaftlichen Mechanismen alleine keine zukunftsfähigen Lösungen bieten" würden für bestehende sozial-ökologische Probleme.

Jahn und Schramm (2006: 109) fordern für die Soziale Ökologie als neue Wissenschaft, das Ganze „im Sinne eines übergreifenden Zusammenhangs" im Blick zu behalten. Wenngleich sich diese Forderung konkret auf die Möglichkeiten und Notwendigkeiten der Erneuerung des gesellschaftlichen Wissens als Movens der Wissenschaft bezieht, so lässt sich diese Forderung auch auf das Ökonomieverständnis der Sozialen Ökologie übertragen, wie die nachfolgenden Ausführungen zeigen.

(b) Die Kategorie der ‚Reproduktion' spielte bei der Entwicklung der Sozialen Ökologie eine wichtige Rolle: Ende der 1980er-Jahre erklärten Egon Becker und Thomas Jahn (1989: 58), „dass eine sozial-ökologische Krisentheorie nur als Theorie der Reproduktionskrise zu entwickeln" sei. ‚Reproduktion' sei eine Kategorie, „die sowohl innerhalb der Sozialwissenschaft (hier in erster Linie in der Ökonomie) als auch in den Naturwissenschaften (vorwiegend in Genetik und

Ökologie) einen angestammten Platz" (ebd.) besitze. Darüber hinaus schließe die Kategorie ‚Reproduktion' sowohl an die drei Referenzkritiken (Kritische Theorie, Naturwissenschaftskritik, feministische Kritik) als auch an moderne Systemwissenschaftskonzepte und moderne Naturwissenschaft an bzw. vermittle zwischen ihnen (vgl. ebd.). Die Kategorie der ‚Reproduktion' bekommt in den Anfängen der Sozialen Ökologie die Funktion eines Brückenkonzepts zugesprochen, dessen Tragfähigkeit sich allerdings nach der Phase „programmatischer Festlegung" (ebd.) noch erweisen müsse (vgl. dazu auch Mölders 2010: 52).

Tanja Mölders (2010: 52) sowie Adelheid Biesecker und Sabine Hofmeister (2006: 21) kritisieren, dass diese vielversprechende Anlage in den späteren Arbeiten der Frankfurter Wissenschaftler_innen nicht konsequent weiterverfolgt bzw. konkretisiert wird. ‚Reproduktion' als *aktive Kategorie* der Gestaltung der Wiederherstellungs- und Erneuerungsprozesse von Gesellschaft und Natur unter Berücksichtigung ihrer wechselseitigen Verbindungen werde in der sozial-ökologischen Forschung aufgegeben. Sie finde nur noch Eingang in „reflexiver Wendung" (ebd.) in das spätere Sozial-ökologische Rahmenkonzept von 2000, in dem es heißt: „Ziel der Forschung ist es, Wissen für gesellschaftliche Handlungskonzepte zu generieren, um die zukünftige Reproduktions- und Entwicklungsfähigkeit der Gesellschaft und ihrer natürlichen Umwelt sichern zu können" (BMBF 2000: 2). Wenngleich die drei Autorinnen zu Recht anmerken, dass das Potenzial der Kategorie ‚Reproduktion' als Brückenkonzept nicht ausgeschöpft worden ist, so war dennoch mit der Verankerung des ‚Reproduktiven' in der konzeptionellen Anlage der Sozialen Ökologie die Kritik und Erweiterung des Ökonomischen von Anfang an vorhanden. Die Erhaltung der Entwicklungs- und Reproduktionsfähigkeit, die explizit als „wertvoll" (Kluge/Hummel 2006: 260) bezeichnet wird, gilt als normative Orientierung für die gesamte Soziale Ökologie. Ihre dezidierte Fundierung erfolgte dann vornehmlich durch feministische Arbeiten zur Sozialen Ökologie entlang der Kritik an der Produktion-Reproduktions-Differenz[381] im Forschungsschwerpunkt „Gender and Environment" des ISOE selbst, aber auch in sozial-ökologischen Forschungsverbundprojekten wie dem „Blockierten Wandel?", in dessen Kontext die (re)produktionstheoretischen Beiträge zur Weiterentwicklung der Sozialen Ökologie von Biesecker und Hofmeister (z. B. 2006, 2008, 2009) und Mölders (2010) entwickelt wurden[382] (siehe dazu auch B.III.2.2).

---

381 Die feministische Literatur zum Kategorienpaar Produktion und ‚Reproduktion' ist umfassend, betrifft dieses Thema doch einen der Hauptstränge der feministischen Auseinandersetzungen um geschlechterhierarchische Trennungen und Ausblendungen. Vgl. speziell zum Begriff der ‚Reproduktion' und dem Kategorienpaar Produktion und ‚Reproduktion' im Kontext der Ausbildung sozial-ökologischer Forschungsansätze ausführlich den Stand der Forschung bei Biesecker/Hofmeister (2006: 22ff.).

382 Zur Weiterentwicklung der Sozialen Ökologie in dieser Hinsicht hat auch Martina Schäfer (2003, 2006b, 2007) mit ihrer Nachwuchsgruppe „Regionaler Wohlstand neu betrachtet" beigetragen.

4. Das Institut für sozial-ökologische Forschung (ISOE)

Dass es nach wie vor zu einer zentralen Entwicklungslinie der Sozialen Ökologie gehört, Theorieansätze und Umsetzungsperspektiven für neue Formen des Wirtschaftens zu entwickeln, in denen Produktivität und ‚Reproduktivität', Produktion und Konsumtion als Zusammenhang begriffen und gestaltet werden und sich der Fokus nicht einseitig auf die Produktgestaltung oder das Konsumverhalten richtet, muss daher insbesondere als ein Verdienst feministischer Forschung angesehen werden (vgl. neben den bereits genannten u. a. Scheich 1987; Schultz 1987, 1996b, 2004; Schultz/Weiland 1991; Schultz/Weller 1995; Weller 2004; Schultz/Hummel/Hayn 2006). Ohne den Forschungsschwerpunkt „Gender and Environment" im ISOE, in dem der Blick konsequent auf Alltagskontexte und Anwendungsbezüge gerichtet wird, wäre dieses Zusammendenken, das eine integrative Nachhaltigkeitsperspektive erst eröffnet, längst nicht so stark ausgeprägt (vgl. exemplarisch Schultz/Hayn/Lux 2006: 434ff.). Diese integrative Perspektive wird auch im Konzept der Versorgungssysteme sichtbar.

(c) Versorgungssysteme bilden einen der acht zentralen Forschungszugänge der Sozialen Ökologie, die das ISOE verfolgt. Stellt doch die Versorgung der Bevölkerung mit Gütern (wie Wasser, Nahrung, Energie und Wohnraum) und Dienstleistungen (beispielsweise für Gesundheit, Bildung, Mobilität, Kommunikation) in angemessener Qualität und Quantität eine wesentliche Voraussetzung für die Entwicklungs- und Reproduktionsfähigkeit von Gesellschaften dar (vgl. Lux/Janowicz/Hummel 2006: 423). Die Art und Weise der Versorgung entscheidet darüber, ob Grundbedürfnisse angemessen befriedigt werden und natürliche Lebensgrundlagen erhalten bleiben, und bestimmt damit auch die Lebensqualität. Versorgungssysteme werden von den Wissenschaftler_innen des ISOE als „sozial-ökologische Systeme" konzeptualisiert, die „eine vermittelnde Rolle zwischen Natur und Gesellschaft ein[nehmen]" (ebd.; vgl. auch Becker/Schramm 2001) und damit einen erheblichen Einfluss auf die Gestaltung gesellschaftlicher Naturverhältnisse ausüben. Das Besondere an dieser Konzeptualisierung des ISOE ist, dass der Begriff der Versorgungssysteme weit gefasst wird. Er bezieht sich nicht nur auf die netzgebundenen Infrastruktursysteme (wie etwa für Wasser, Energie und Telekommunikation) oder auf soziale Sicherungssysteme (der Alterssicherung und Gesundheitsversorgung), sondern auch explizit auf die Nahrungsversorgung (vgl. Lux/Janowicz/Hummel 2006: 425). Zudem wird am Forschungszugang Versorgungssysteme deutlich, dass Wirtschaften in der Sozialen Ökologie weder als autonomes System noch rein monetär verstanden, sondern als Konsequenz von Bedarfssituationen in spezifischen Kontexten gedacht wird. Entgegen einer Perspektive, die Versorgung nur als technische Bereitstellung von Infrastruktur denkt, die für gleiche Entgelte Individuen gleiche Leistungen zur Verfügung stellt, gewinnen in einem sozial-ökologischen Verständnis von Versorgungssystemen Nutzungskontexte, Bewirtschaftungsformen, Akteure und Verteilungsfragen stärker an Bedeutung. Zusammengefasst heißt dies:

„Mit dem Verständnis von Versorgungssystemen als sozial-ökologischen Systemen wird [...] die Frage nach dem Zusammenwirken gesellschaftlicher und natürlicher Faktoren sowie nach den Bedingungen einer nachhaltigen Entwicklung ins Zentrum gestellt. Auf diese Weise wird die Aufmerksamkeit auf die Befriedigung elementarer menschlicher Bedürfnisse gelenkt" (ebd.).

Zu der Reflexion der Bedingungen einer nachhaltigen Entwicklung zählen die Vertreter_innen der Sozialen Ökologie auch die Analyse der als reziprok konzeptualisierten ökonomischen Makro- und Mikroebene, also die Auswirkungen des Welthandels auf die lokalen Ökonomien, die den Ausgangspunkt der Analyse bilden (vgl. ebd.: 431). Der Blick auf die Versorgungssysteme erfolgt somit aus der Perspektive der alltäglichen Lebensbedingungen von Menschen. Die Leistungen, die Versorgungssysteme zu erbringen haben, gehen vom konkreten gesellschaftlichen Bedarf aus (vgl. ebd.: 426). Dieser analytische Zugang weist Ähnlichkeiten zum Sustainable-Livelihoods-Konzept auf (siehe B.III.4), auf das die Vertreter_innen der Sozialen Ökologie, Alexandra Lux, Cedric Janowicz und Diana Hummel, auch explizit verweisen (vgl. ebd.: 432), ohne jedoch auf Details einzugehen.[383] Indem Versorgung „per se als soziale Handlung" (ebd.: 427) begriffen wird, werden neben quantitativen Aspekten auch qualitative Aspekte sichtbar, die bei der Analyse und Gestaltung der Versorgungssysteme mitberücksichtigt werden. Zu den qualitativen Aspekten zählt die Differenzierung der Bevölkerung beispielsweise „nach Alter, Haushaltsformen, sozialem Status, kulturellen Milieus und Lebensstilen" (ebd.).

(d) Auch Arbeit wird im Konzept der gesellschaftlichen Naturverhältnisse als „Vermittlungsform von Gesellschaft und Natur" (Becker/Jahn 1989: 57) begriffen. Sie zählt für die Wissenschaftler_innen des ISOE zu jenen „Formen und Praktiken [...], in und mit denen Gesellschaften ihr Verhältnis zur Natur stofflich-materiell und kulturell-symbolisch regulieren" (Hummel/Becker 2006: 198). Arbeit ist damit ein Beispiel für das, was die Soziale Ökologie als „basale[s] gesellschaftliche[s] Naturverhältnis" (Becker/Hummel/Jahn 2011: 87) bezeichnet. Misslingt seine Regulation, kann das die unterschiedlichsten Krisen auslösen. Arbeit gehört folglich mit zu den „besonders gefährdete[n] und gefährdende[n] Verhältnisse[n]" (Hummel/Becker 2006: 198) und stellt ein sozial-ökologisches Krisenfeld dar (vgl. ebd.). Sowohl die Krise der Erwerbsarbeit[384] und die damit verbundenen Krisenphänomene wie Erwerbsarbeitslosigkeit, gefährdete Existenzsicherung und Altersversorgung als auch die Krisenhaftigkeit der ‚Reproduktionsarbeit' werden thematisiert. Letzteres ist vor allem auf die Forschungsarbeit der feministischen Wissenschaftler_innen des ISOE zurückzuführen, die zudem das

---

383 Und damit bestätigt sich auch hier der analytische Befund aus B.III.4.1, dass es bei der Rezeption des Sustainable-Livelihoods-Konzepts in der deutschsprachigen Nachhaltigkeitsforschung meistens nur bei Verweisen auf dieses Konzept ohne tiefergehende Auseinandersetzung bleibt.
384 Vgl. hierzu exemplarisch die Ausführungen zur Flexibilisierung und Deregulierung der Erwerbsarbeit von Stieß/Hayn (2006: 214f.).

Augenmerk auf das Verhältnis dieser Arbeitsformen legen und die geschlechtsspezifische Arbeitsteilung kritisch analysieren (vgl. z. B. Schultz/Hayn/Lux 2006: 437).

D. h., das Themenfeld Arbeit wird in der Sozialen Ökologie im Unterschied zu den allermeisten anderen Konzepten des Diskursstrangs B.IV nicht vorrangig mit Erwerbsarbeit identifiziert, unbezahlte oder schlechtbezahlte Sorge-Arbeit wird auch nicht nur beiläufig erwähnt. Im Gegenteil: Nimmt man das von Becker und Jahn 2006 herausgegebene Werk zur Sozialen Ökologie als Referenz, wird dort die Bedeutung von Sorge-Arbeit für eine nachhaltige Gestaltung von gesellschaftlichen Naturverhältnissen konsequent immer wieder herausgestellt.[385] Interessant ist in diesem Zusammenhang die Begriffsverwendung: Wenn von jenen unbezahlten bzw. im Rahmen von personenbezogenen Dienstleistungen vollbrachten Arbeiten die Rede ist, die in der feministischen Literatur seit Anfang der 2010-Jahre häufig unter dem Begriff „Care-Arbeit[386]" zusammengefasst werden, dann werden von den Vertreter_innen der Sozialen Ökologie unterschiedliche Begriffe verwendet: „Hausarbeit", „Reproduktionsarbeit", „Versorgungsarbeit". Einerseits werden diese Begriffe – wie in vielen anderen feministischen Ansätzen auch – synonym benutzt. Andererseits wird deutlich, dass die Begriffe bisweilen doch unterschiedlich gefüllt werden und es sich nicht immer um Synonyme handelt. So wird der Begriff der Versorgungsarbeit in der Sozialen Ökologie sowohl in einem engen als auch in einem weiten Sinne verwendet – ohne dass diese Unterscheidung eingeführt und kenntlich gemacht wird. Mal wird er benutzt zur Beschreibung der sorgenden und pflegenden Tätigkeiten, die in privaten Haushalten verortet sind, mal weist er darüber hinaus und bezieht auch die Arbeiten, die im Kontext der in Abschnitt (c) angeführten Systeme zur Versorgung der Bevölkerung anfallen, mit ein, wie das nachfolgende Zitat verdeutlicht:

> „Die gesellschaftliche, historisch veränderliche Versorgungsordnung umfasst neben institutionellen, technisch-materiellen und naturalen Strukturen *die unterschiedlichen Formen und Muster der Versorgungsarbeit*. Diese manifestieren sich vor allem innerhalb der Geschlechterverhältnisse sowie in geschlechtsspezifischen Formen der Arbeitsteilung. So liegt die Nahrungszubereitung in vielen Kulturen mehrheitlich in Händen von Frauen. Sobald die Akquisition der Energie-Rohstoffe marktliche Formen annimmt und die Ebene des Haushalts verlässt (Bergbau, Erdölplattform und auch Köche in Restaurants), sind Männer stärker eingebunden. Zudem kommen geschlechtsspezifische Aspekte der Versorgung im unterschiedlichen Zugang von Frauen und Männern zu Ressourcen, Versorgungsgütern und Versorgungsdienstleistungen aufgrund von Eigentumsordnungen zum Ausdruck" (Lux/Janowicz/Hummel 2006: 427; Herv. D. G.).

---

385 Diese konzeptionellen Überlegungen und Positionen sind auch in das Rahmenprogramm für den Förderschwerpunkt Sozial-ökologische Forschung (SÖF) eingegangen. Dort heißt es u. a.: „In den geförderten Projekten sollen folgende Problemstellungen systematisch berücksichtigt werden: [...] Zukunftsfähige Gestaltung der Reproduktions- und Hausarbeit" (BMBF 2000: 19).

386 Vgl. dazu die Ausführungen im Kasten 1 in Teil A.4 dieser Arbeit.

In dieser Unschärfe der Begriffsverwendung und -füllung von Versorgungsarbeit liegt meines Erachtens eine bereits vollzogene, aber noch nicht abschließend reflektierte und dezidiert ausformulierte konzeptionelle Weiterentwicklung – eine Weiterentwicklung, die ‚Arbeit' in unmittelbarem Zusammenhang mit gesellschaftlicher Entwicklung und ‚Reproduktion' denkt und dabei alle Tätigkeiten umfasst, die dafür nötig sind. Versorgungssystemen kommt in dieser Perspektive die Funktion des „gesellschaftlichen Unterbaus" (ebd.: 426) zu. Ihre Gestaltung setzt wiederum eine analytische Erfassung der „unterschiedlichen Formen und Muster der Versorgungsarbeit" (ebd.: 427) voraus. Ein solcher Ansatz ermöglicht es, auf einer kritisch-analytischen Ebene die Verflechtungen und institutionellen Rahmenbedingungen von öffentlicher und privater, von bezahlter und unbezahlter Versorgungsarbeit als auch die Hierarchien gesellschaftlicher vergeschlechtlichter Arbeitsteilung, die Versorgungsarbeiten prägen, in den Blick zu nehmen. Damit wird nicht nur ein erweiterter Arbeitsbegriff in der Sozialen Ökologie zugrunde gelegt, sondern auch auf einer normativen und konzeptionellen Ebene thematisiert, welche Arten von Arbeiten eine nachhaltig wirtschaftende Gesellschaft braucht: nämlich vornehmlich *Versorgungsarbeiten der verschiedensten Art*.

(e) Mit dem Begriff der sozial-ökologischen Transformation wird zunächst eine Abgrenzung zu Veränderungsvorstellungen vorgenommen, die bisher den Diskurs um gesellschaftlichen Wandel prägten: nämlich zum „Begriff der Entwicklung, der soziokulturellen Evolution und der Modernisierung" (Kluge/Hummel 2006: 261). Durch die Kritik an linear-evolutionistischen Entwicklungsmodellen wird ein Denkraum geschaffen, der sich nicht an nachholender Entwicklung orientiert. Vielmehr wird der ökonomische Reduktionismus offengelegt, der diesen Entwicklungsvorstellungen zugrunde liegt: Sowohl der ökologische Kontext, aber auch die Einbindung von Entwicklungsprozessen in kulturelle Bedeutungssysteme blieben, so Kluge und Hummel (ebd.: 262), im herkömmlichen Entwicklungsbegriff, der jeweils am Stand des Industrialismus gemessen wurde, bisher außen vor. Aufgrund ihrer „ökonomischen Eindimensionalität" taugten diese Lösungsmuster des klassischen Industrialismus jedoch nicht dazu, „viele der so genannten Entwicklungsländer-Problematiken durch komplexe, angepasste Lösungen zur Reproduktion und Transformation zu überwinden" (ebd.). Gefordert werden daher stattdessen von den Vertreter_innen des ISOE sozial-ökologische Regulationen[387] im Sinne angepasster Entwicklungsstrategien, die nicht nur an ökonomischer Rationalität (Kosten-Nutzen-Analyse) orientiert sind, sondern eben auch ökologische, soziale und kulturelle Besonderheiten berücksichtigen. Mit dem Begriff der sozial-ökologischen Transformation versuchen die Vertreter_innen der Sozialen Ökologie, genau diese permanente Orga-

---

387 Siehe zum Begriff der Regulation B.IV.4.3, Abschnitt (b).

nisation von komplexen gesellschaftlichen Veränderungen zu erfassen, die mit positiven, aber auch negativen Rückkopplungen verbunden sein können (vgl. ebd.: 265). Entscheidend sei der Umgang mit den unterschiedlichen Rückkopplungseffekten, gehe es doch gerade nicht darum, nur einzelne Makrovariablen (wie etwa das Bruttosozialprodukt) so lange kontinuierlich zu verändern, bis ein angestrebter Ziel-Zustand erreicht sei (vgl. ebd.). Gänzlich verzichtet wird in der Sozialen Ökologie auf den Entwicklungsbegriff jedoch nicht, geht es doch, wie bereits erwähnt, um den Erhalt der Entwicklungs- und Reproduktionsfähigkeit. Allerdings wird Entwicklung nun über das Transformationsverständnis gefüllt und damit neu definiert.

(f) Es ist eine Stärke der Sozialen Ökologie, dass sie den Fokus auch und gerade auf Prozesse richtet. Lange eingeübte Sichtweisen werden so verändert, Altbekanntes kann auf neue Weise beschrieben werden, *driving forces* und kritische Übergänge geraten in den Blick (vgl. Becker 2003: 1; Hummel/Lux 2006: 422). Zusätzlich zur Qualität eines Produktes werden die Qualitäten der Prozesse, die zu seiner Herstellung notwendig waren, identifizierbar und regulierbar. Ebenso wird Raum geschaffen für ein Nachdenken darüber, welche Arbeiten für sozialökologische Transformationen notwendig sind, um die Reproduktionsfähigkeit von Gesellschaft und Natur zu erhalten.

Diese Prozessorientierung rückt eine kritische Reflexion der bestehenden politökonomischen Strukturen in den Arbeiten der Sozialen Ökologie gleichzeitig in den Hintergrund. Zwar versteht sich die Soziale Ökologie in der Tradition der Kritik der älteren Frankfurter Schule (vgl. Becker/Jahn/Hummel 2006: 184). Zu deren Erbe gehört ein Verständnis von gesellschaftlichen Naturverhältnissen, die begriffen werden müssen als durch historisch spezifische Herrschaftsverhältnisse konstituiert, namentlich durch „Warenförmigkeit, Verdinglichung, kapitalistische Vergesellschaftung" (ebd.; siehe auch B.IV.4.3, Abschnitt (a)). Doch mehr als dieser knappe – wenn auch eindeutige und unmissverständliche – Rekurs auf die Kritik der älteren Frankfurter Schule findet sich im zentralen Werk der Sozialen Ökologie (Becker/Jahn 2006a) nicht. Existierende ökonomische Strukturen, Ökonomieverständnisse und durch sie hervorgerufene Probleme werden kaum benannt. Die Ökonomiekritik ist vielmehr impliziter Teil des Krisenverständnisses der Sozialen Ökologie. Entsprechend werden das derzeitige ökonomische System, seine dominanten Handlungstypen und Koordinationsformen als krisenhaft gewertet, ohne genauer auf sie einzugehen, und die bereits genannten „ökonomischen Innovationen" gefordert. Mit anderen Worten: Das Neudenken von Ökonomie, das in den vergangenen Abschnitten dargestellt und analysiert wurde, erfolgt in der Sozialen Ökologie – sieht man von den feministischen Ausführungen zur Krise der ‚Reproduktionsarbeit' und Ansätzen der Neugestaltung ab – ohne *umfassende explizite Kritik* an den herkömmlichen Ökonomievorstellungen (siehe Abschnitt (a)). Während insbesondere in den frühen Arbeiten zur Sozialen

Ökologie noch die „Gefährdung der Reproduktion und Entwicklungsfähigkeit gesellschaftlicher Zusammenhänge" als „Widerspruch zwischen Ökonomie und Ökologie" thematisiert und beispielsweise in Verbindung mit dem marxistischen Diskurs über die „Schranken der Kapitalakkumulation" gebracht wurde (Becker/ Jahn 1989: 56), werden im Band Soziale Ökologie (Becker/Jahn 2006a) bestehende ökonomische Strukturen wie beispielsweise die „ökonomische Globalisierung" nur stichwortartig[388] genannt, ohne dass jeweils ihr Stellenwert für die Gestaltung gesellschaftlicher Naturverhältnisse geklärt wird.[389] In der Einleitung wird die Globalisierung sogar nicht als Teil der krisenhaften gesellschaftlichen Naturverhältnisse, sondern als ‚anderes Thema', mit dem sozial-ökologischen Krisenthemen um öffentliche Aufmerksamkeit konkurrieren müssen, eingeführt (vgl. Becker/Jahn 2006c: 17).

Anders als beispielsweise in den kapitalismuskritischen Ausführungen von Christoph Görg (2003: 10), für den insbesondere der Konkurrenzmechanismus, genauer: das stetige Streben nach verbesserter „Konkurrenzfähigkeit nationaler Gesellschaften im globalen Wettbewerb auf Kosten anderer" (durch soziale und ökologische Externalisierungsprozesse) zu den Krisenursachen zählt, werden die Auswirkungen neoliberaler Globalisierung im Hauptwerk der Sozialen Ökologie der ISOE-Autor_innen kaum analytisch gefasst.[390] Die Qualität der Versorgungssysteme hängt jedoch auch entscheidend von den makroökonomischen Strukturen ab. Jede Konzeptualisierung des Neuen – auch und gerade des ökonomisch Neuen –, die Möglichkeiten für konkrete Transformationen auslotet, hat meines Erachtens ausgehend von bestehenden Institutionen und Strukturen nach Alternativen für dieselben zu suchen. Dies setzt jedoch eine tiefergehende Analyse der Bedeutung bestehender ökonomischer Strukturen für die Gestaltung gesellschaftlicher Naturverhältnisse voraus. Bislang ist dies in der Sozialen Ökologie nur partiell geleistet worden.

4.3 Politikverständnis

Die Krise der gesellschaftlichen Naturverhältnisse wird von den Vertreter_innen der Sozialen Ökologie auch als „Krise des Politischen" (Becker 2006: 53) konzeptualisiert. Damit wird Natur auch zu einer „politischen Kategorie" (ebd.) und

---

388 Vgl. etwa die Seiten 57, 240, 293, 369.
389 In diesen Zusammenhang passt auch, dass auf einer deskriptiven Ebene beispielsweise „[d]ie zunehmende Ausdifferenzierung von Dienstleistungen" (Stieß/Hayn 2006: 215) zwar erwähnt und damit in die Analyse einbezogen wird, ebenso wie auf ihre Vergrößerung „durch Privatisierungsprozesse der ehemals staatlich organisierten Daseinsvorsorge" (ebd.) hingewiesen wird, diese Prozesse aber nicht als Prozesse der Verstärkung sozio-ökonomischer Ungleichheit theoretisiert werden, wie dies etwa vonseiten der feministischen Nachhaltigkeitsforschung geleistet wird.
390 Bzw. wenn dies erfolgt, dann über Dritte, etwa wenn auf die Positionen anderer Wissenschaftler wie Ulrich Beck (1986, 1996) verwiesen wird, der die „Gefährdungspotenziale", die „Nebenfolgen" der Globalisierung problematisiert.

die bewusste Gestaltung der gesellschaftlichen Naturverhältnisse ebenso zu einer Frage des Politischen. Die Vertreter_innen der Sozialen Ökologie sehen ihren Beitrag zur Krisenbewältigung in „einer politisch sensiblen Theoretisierung" (ebd.), die sich sowohl aus der Kritik an bestehenden politischen Strukturen und damit aus der Analyse von Macht- und Herrschaftsverhältnissen speist (a), als auch aus der Suche nach sowie konzeptionellen Vorschlägen für alternative(n), funktionierende(n) und damit nicht krisenhafte(n) Regulationsformen, um gesellschaftliche Naturverhältnisse nachhaltig zu gestalten (b). Dabei werden politische Innovationen, insbesondere „innovative Partizipationsprozesse" (Kluge/Liehr/Lux 2006: 359), als zentral erachtet (c).

(a) In der Sozialen Ökologie geht es nie um eine rein naturwissenschaftliche Beschreibung des Gegenstandes, vielmehr werden ökologische Probleme in Abhängigkeit von sozio-ökonomischen und politischen Strukturen thematisiert. Dieses Verständnis der Vermittlung von Natur und Gesellschaft ermöglicht es auch, die Verschränkung von gesellschaftlichen Herrschaftsverhältnissen einerseits und herrschaftsförmigen Naturverhältnissen andererseits in den Blick zu nehmen.[391] Nicht zuletzt weil das epistemische Objekt der Sozialen Ökologie relational verfasst ist und sich durch die Differenz von Gesellschaft und Natur als Muster von Beziehungen konstituiert (vgl. Becker/Jahn 2006f: 132), ist nach eigenem Bekunden für die Soziale Ökologie „*Herrschaftskritik* in der Tradition der Kritischen Theorie unabdingbar, um das Abgleiten in betriebsames Kleinarbeiten gesellschaftlicher Teilprobleme zu verhindern" (Becker 2006: 51; Herv. i. O.). Neben dieser übergeordneten Funktion von Herrschaftskritik, die das Selbstverständnis der Sozialen Ökologie prägt, werden Herrschafts-, Macht- und Gewaltverhältnisse[392] – ohne dass die Begriffe selbst inhaltlich klar voneinander abgegrenzt werden – insbesondere im Zusammenhang mit Wissenschaft (i) und Geschlechterverhältnissen (ii) sowie über die Akteursorientierung (iii) thematisiert.

(i) Es ist Teil der bereits beschriebenen Verortung in kritischer Wissenschaftstheorie bzw. Wissenschaftskritik, dass die Vertreter_innen der Sozialen Ökologie die Verschränkung von Wissen und Macht thematisieren und den Aufstieg der Wissenschaft zu einer „hegemonialen Unterscheidungsmacht" (Becker/Jahn/Hummel 2006: 180) problematisieren, die nicht zuletzt in der Vergangenheit und bis heute dazu beigetragen hat, lebensweltliches Wissen zu entwerten (vgl. ebd.). Die Kritik trifft insbesondere die Naturwissenschaften und ihre Tendenzen zur naturalisierenden Universalisierung. Mit ihrer Kritik an der Verfasstheit der Naturwissenschaften schließen die Vertreter_innen der Sozialen Ökologie zwar an die Technik- und Wissenschaftskritik sowohl der älteren Frankfurter Schule als

---

391 Vgl. zu diesem Themenkomplex auch die Arbeiten von Uta von Winterfeld (2006) sowie von Kristina Dietz und Markus Wissen (2009).
392 In dem Sachregister, das die Orientierung innerhalb des zentralen Werks „Soziale Ökologie" (Becker/Jahn 2006a) erleichtert, ist allerdings keiner der Begriffe aufgeführt.

auch der feministischen Theorie an, gehen jedoch über beide hinaus (vgl. ebd.: 184f.). Denn die Soziale Ökologie eröffnet mit ihrer doppelseitigen Kritik am Naturalismus einerseits sowie am Kulturalismus andererseits „einen neuen Denkraum [...], in dem sozial-ökologische Probleme überhaupt erst ernsthaft gestellt und formuliert werden können – also nicht als voneinander getrennte ökologische und soziale [Probleme]" (ebd.: 187). Dieser neue Zugang ist mit dem Anspruch verbunden, den herrschaftsförmigen Ausprägungen und Reduktionismen von Wissenschaft zu begegnen, indem anstelle der alten wissenschaftlichen Logik und ihren Tendenzen zur Universalisierung für eine Kontextualisierung von Wissen plädiert wird und indem anstelle der scheinbar klaren Entweder-oder-Logik des methodischen Dualismus eine Logik des Weder-noch und des Sowohl-als-auch gewählt wird, um Widersprüchliches und paradoxe Phänomene abbilden und beschreiben zu können (vgl. ebd.).

(ii) Machtverhältnisse werden in der Sozialen Ökologie von Anfang an explizit in Verbindung mit Genderfragen thematisiert. Es ist Elvira Scheich und Irmgard Schultz zu verdanken, dass die sozial-ökologische Forschung von der Hypothese ausgeht, dass die krisenhaften Geschlechterverhältnisse als Teil der Krise der gesellschaftlichen Naturverhältnisse zu begreifen sind und dass sich beide gegenseitig verstärken (vgl. Scheich/Schutz 1987; vgl. auch Schultz/Hummel/Hayn 2006: 225). Ausgehend von der Annahme, dass Sexualität und Geschlechterbeziehungen von Herrschafts- und Gewaltverhältnissen geformt sind (vgl. Becker/Jahn 1989: 55), geht es in den Analysen der Sozialen Ökologie immer auch darum, der Verinnerlichung dieser Machtverhältnisse auf die Spur zu kommen, wie etwa Irmgard Schultz und Konrad Götz mit Blick auf das Themenfeld Konsum beispielhaft betonen:

> „Die geschlechtsspezifische Differenzierung des Konsums sowohl in ihren organisatorischen als auch in ihren kulturellen Formen zu untersuchen, bedeutet immer auch die Berücksichtigung von Orientierungen, die Hinweise auf eine Verinnerlichung geschlechtsspezifischer Machtverhältnisse enthalten. Damit wird die Vorstellung, geschlechtsspezifische Ungleichverteilung sei quasi ‚naturgesetzlich' gesellschaftlich verfügt und Frauen oder Männer seien ihr absolut und völlig machtlos ausgeliefert, kritisch hinterfragbar" (Schultz/Götz 2006: 361).

Die inter- und transdisziplinäre Kategorie Geschlecht, die in der Sozialen Ökologie immer als relationale Kategorie im Sinne von Geschlechterverhältnissen theoretisiert wird, bleibt jedoch nicht auf geschlechtsspezifische Machtverhältnisse beschränkt. Sie dient zugleich als eine Art „Eye Opener" für Ungleichheitsverhältnisse verschiedenster Art: Sie ermöglicht es, neben geschlechtsspezifischen auch weitere soziale Differenzierungen wie ethnische Zugehörigkeit, Behinderungen, Alter, Einkommen/Klasse sozial-empirisch zu erfassen, den damit verbundenen Hierarchisierungs- und Ausgrenzungsprozessen kritisch-analytisch nachzuspüren und diese für transformierende Gestaltungsperspektiven zu operationalisieren (vgl. Schultz/Hummel/Hayn 2006: 224).

(iii) Schließlich sind in der Sozialen Ökologie Macht- und Herrschaftsfragen querschnittartig über die Akteursorientierung in den unterschiedlichen Forschungszugängen enthalten – etwa wenn im Bereich Wasser gefragt wird, „wer wie viel Wasser zu welchem Zweck verwendet" (Kluge/Liehr/Lux 2006: 356), oder wenn im Bereich Versorgungssysteme gefordert wird, der Makroperspektive die Ebene des individuellen Zugangs zu lebensnotwendigen Gütern gegenüberzustellen, um auch Machtverhältnisse in den Blick zu bekommen (vgl. Lux/Janowicz/Hummel 2006: 432). Die Integration der Akteursperspektive sowohl in Forschungsprozesse als auch in die politisch-praktische Umsetzung ermöglicht „eine Politisierung von Verteilungsfragen" (ebd.), die Forschungsaufträge und -fragen insofern prägt, als „[e]mpirisch zu erforschen ist, wo jeweils sektorale und individuelle Kompensationen entstehen können" (ebd.). Herrschafts- und Machtkritik drückt sich in der Sozialen Ökologie somit auch immer darin aus, die zugrunde liegenden ungleichen gesellschaftlichen Aneignungs- und Gestaltungsformen von Natur offenzulegen, um einer verengten Problemsicht entgegenzuwirken, die nur partielle politische Antworten nach sich ziehen würde (vgl. dazu auch Brunnengräber et al. 2008: 64).

(b) Der Begriff der Regulation ist für die Grundzüge der Sozialen Ökologie bedeutsam: Die Regulation gesellschaftlicher Naturverhältnisse umfasst „das Aufeinandertreffen heterogener sozialer Praktiken verschiedener Akteure in unterschiedlichen Handlungsbereichen" (Hummel/Kluge 2004: 95). D. h., die Soziale Ökologie geht davon aus, dass eine Regulation gesellschaftlicher Naturverhältnisse – egal ob konfliktiv oder konsensual, intendiert oder als unbeabsichtigte Nebenfolge – permanent auf den Mikro-, Meso- und Makroebenen stattfindet.

Regulation wird in doppelter Hinsicht benutzt: In ihrer *analytischen Dimension* geht es um das Darstellen und Verstehen von Regulationsmustern, die entscheidend sind für Adaptivität, Integration und Erhalt der Funktionalität von Versorgungssystemen. Fokussiert werden sowohl Fragen nach der Verfügung über Ressourcen wie der Zugriff auf sie sowie das zu ihrer weiteren Sicherung erforderliche Management (vgl. Kluge/Liehr/Schramm 2007: 7). In ihrer *normativen Dimension* zeichnet sich Regulation durch eine Orientierung an Nachhaltigkeit aus: Im Verständnis der Vertreter_innen der Sozialen Ökologie geht es bei nachhaltiger Entwicklung gerade „um *das Gelingen von Regulationen* bzw. Steuerungs- und Gestaltungsvorgängen" (Becker/Jahn 2006g: 238; Herv. D. G.). Nicht nachhaltige Zustände werden entsprechend auch als Regulationsprobleme theoretisiert.

Die Vertreter_innen der Sozialen Ökologie sind sich bewusst, dass sie mit dem Regulationsbegriff einen Begriff gewählt haben, der in den verschiedenen Fachkontexten unterschiedlich gebraucht wird und beispielsweise in den Sozialwissenschaften auf unterschiedliche Theorietraditionen verweist (vgl. Hummel/ Kluge 2006: 250f.). Zum Teil geschieht die Begriffsbildung auch unter Rückgriff auf ebendiese. So rekurriert der Regulationsbegriff der Sozialen Ökologie durchaus auf das in der politökonomischen französischen Regulationstheorie[393] vertretene Verständnis, dass Regulation nicht von einem monolithischen Akteur (wie dem Staat, dem Kapital etc.) ausgeht, sondern dass daran ein komplexes Geflecht institutioneller Konfigurationen beteiligt ist (vgl. Hummel/Kluge 2004: 97). Allerdings steht für die Vertreter_innen der Sozialen Ökologie anders als für die Vertreter_innen der Regulationstheorie nicht die Frage, wie „eine Gesellschaft zusammengehalten [wird], die aufgrund ihres ökonomischen Reproduktionsmechanismus strukturell von bestandsbedrohenden Krisen und sozialen Desintegrationsprozessen bedroht ist" (Hirsch 1990: 18), im Zentrum des Erkenntnisinteresses. Das Augenmerk liegt nach Hummel und Kluge (2004: 97) stärker auf der Erklärung des Wandels bzw. von Transformationspfaden in Richtung Nachhaltigkeit, weniger auf den „phasenspezifische[n] Stabilisierungen der Widersprüche kapitalistischer Vergesellschaftung" (Görg 2003: 119, zit. n. Hummel/Kluge 2004: 97, Fn. 4).

Der Regulationsbegriff der Sozialen Ökologie fokussiert somit zwar die Unterschiedlichkeit von gesellschaftlichen Naturverhältnissen, das Hauptaugenmerk liegt aber nicht auf der Verschiedenheit *kapitalistischer* Naturverhältnisse (wie es beispielsweise bei der Politischen Ökologie marxistischer Prägung der Fall ist). Vielmehr wird versucht, die Analyse der tatsächlichen bzw. möglichen Einflussnahme auf das komplexe und dynamische Zusammenwirken von naturalen und gesellschaftlichen Regulationsprozessen in sozial-ökologischen Systemen zu erfassen. Bewusst normativ ausgerichtete, regulierende Reaktionen auf problematische und krisenhafte Regulationen bezeichnen die Vertreter_innen der Sozialen Ökologie als sozial-ökogische Regulation. Mit ihnen wird auf Probleme zweiter Ordnung reagiert – also auf Auswirkungen und Folgen von Prozessen, die zunächst erfolgreich zur Problemlösung beigetragen (zu) haben (scheinen). Bei *sozial-ökologischen Regulationen* handelt es sich also um Regulationen von bereits erfolgten Regulationen (vgl. Hummel/Kluge 2006: 251).

Dieses Regulationsverständnis[394] gründet auf der Annahme, die von Thomas Jahn und Peter Wehling bereits 1998 formuliert wurde, dass für die Regulierung gesellschaftlicher Naturverhältnisse eine Perspektive aufgegeben und überwunden werden muss, die sich nur auf die ökonomische Kernstruktur und deren be-

---

393 Einen guten Überblick über Regulationstheorie, beginnend mit den Konzeptionen der frühen französischen Regulationsschule und ihren Vertretern (wie Aglietta, Lipietz, Boyer) als auch den neueren Kritiken der Regulationstheorie (von Autor_innen wie Hirsch, Jessop, Mahnkopf, Görg), bietet Patrick Eser (2008).

394 In ihrem Beitrag fokussierten Jahn und Wehling (1998) weniger auf den Begriff der Regulation als auf den der *Regulierung*.

ständige Wiederherstellung konzentriert. Die Unterschiede zu anderen Autor_innen, die auch mit dem Konzept der gesellschaftlichen Naturverhältnisse arbeiten wie Christoph Görg, Ulrich Brand, Markus Wissen, Achim Brunnengräber oder Kristina Dietz – wenngleich in modifizierter, kapitalismuskritischerer Form –, können am Begriff der Regulation sichtbar gemacht werden. Denn einerseits stimmt beispielsweise Ulrich Brand (2000: 139) mit Jahn und Wehling darin überein, dass Regulation über ökonomische Fragen hinausgeht. Gleichzeitig kritisiert er aber die theoretische Verengung, die er beim Konzept gesellschaftlicher Naturverhältnisse sieht. Indem von Vertreter_innen des Letzteren auf einen gehaltvollen Begriff gesellschaftlicher Dynamik und Transformation verzichtet würde, bestünde die Gefahr, die Regulation, Krise und Transformation gesellschaftlicher Naturverhältnisse nicht in eine umfassende Gesellschaftstheorie einbinden zu können: „Zugespitzt ausgedrückt fehlt", so Brand, „dem Konzept der gesellschaftlichen Naturverhältnisse die kapitalismustheoretische Fundierung" (ebd.).

(c) Bei der Suche nach politischen Innovationen schließt die Soziale Ökologie u. a. an Forderungen und Erkenntnisse der Politischen Ökologie an: Letztere betrachtet den Menschen als in Machtbeziehungen handelnd und betont vor allem die Bedeutung von neuen Partizipationsformen und zivilgesellschaftlichen Allianzen für sozial-ökologische Wandlungsprozesse (vgl. Becker/Jahn 2006d: 64). Sowohl die Kritik an „mangelnder Partizipationsoffenheit" (Kluge/Liehr/Lux 2006: 353) als auch die Forderung nach „Entwicklung innovativer Partizipationsformen in wissenschaftlichen und politischen Prozessen" (ebd.: 358) müssen als konstitutiv für die transdisziplinäre Ausrichtung der Sozialen Ökologie begriffen werden. Denn transdisziplinäre Forschung zielt, wie bereits erwähnt, „auf wissenschaftliche Lösungen für gesellschaftliche Probleme" (Jahn/Keil 2006: 322) und integriert dafür wissenschaftliche und praktische Wissensformen, um „[n]eues anschlussfähiges Wissen" (ebd.: 325) bzw. „sozial robuste[s] Wissen" (SÖF-Memorandum 2012: 4) zu erzeugen. Gerade weil dieses Wissen „partizipativ erzeugt und bewertet" (ebd.) wird, ist es bemerkenswert, dass es kein eigenständiges Kapitel bzw. keine systematisierenden Ausführungen zur *Motivation* von Partizipation in dem umfassenden Werk zur Sozialen Ökologie (Becker/Jahn 2006a) gibt. Partizipation bzw. die Einbeziehung von Wissen aus der Praxis gilt vielmehr als gesetzter Kernbestandteil von Nachhaltigkeit bzw. transdisziplinärer Nachhaltigkeitsforschung. Entsprechend ist der Fokus der Sozialen Ökologie stärker auf das „Wie" der Integration von Praxis- und Alltagswissen als auf das „Warum" gerichtet. Die Begründungen für Partizipation, die sich dennoch implizit und explizit in den Arbeiten des ISOE finden lassen, können den drei Kerndiskursen im Themenkomplex Partizipation, die Jens Newig (2011: 489ff.) als Systematisierung vorschlägt, zugeordnet werden: Effektivität (i), Legitimation (ii), Emanzipation (iii).

(i) Die Forderung nach Partizipation wird in der transdisziplinären Forschungspraxis der Sozialen Ökologie als Möglichkeit zur Effektivitätssteigerung begriffen. Charakteristisch für die sozial-ökologische transdisziplinäre Forschung ist die Annahme, dass neues Wissen für Nachhaltigkeitsprobleme neben wissenschaftlichem Wissen zwingend auf Praxiswissen angewiesen ist, um dadurch *zu besser informierten Entscheidungen* und damit nachhaltigeren Lösungen gelangen zu können:

> „Zur Lösung von Interessens- und Nutzungskonflikten sind insbesondere partizipationsoffene Methoden geeignet, da ohne die Rückkopplung mit den Nutzerinnen und Nutzern nur suboptimale Entscheidungen zu erwarten sind. Die Komplexität der Ausgangslagen macht eine Anreicherung der Entscheidungsgrundlagen durch entsprechendes Wissen notwendig" (Kluge/Liehr/Lux 2006: 359).

Partizipationsprozesse in diesem Sinne können damit auch als ein „Element [...] der Risikovorsorge" (ebd.) gewertet werden. Die Vielzahl von Perspektiven und die verschiedenen Wissensformen müssen durch Integrationsprozesse zusammengebracht werden. Partizipationsprozesse werden von Vertreter_innen der Sozialen Ökologie daher zuvorderst als Prozesse zur Wissensintegration konzeptualisiert.

(ii) Die Ermöglichung von Partizipation dient im Verständnis der Sozialen Ökologie auch der Kontrolle von politischen Entscheidungen, sie schafft Transparenz und erweitert damit repräsentativ-demokratische Willensbildungsprozesse. Die Integration von Praxisakteuren und Praxiswissen erhöht somit nicht nur die Effektivität, sondern auch die Legitimität von politischen Entscheidungen:

> „Transformationsprozesse und Krisenphänomene können identifiziert und charakterisiert werden, Entscheidungsträger ebenso wie die relevanten Akteure handlungsleitend durch den Entscheidungsprozess geführt und *transparente Beobachtungs- und Auswertungsprozesse ermöglicht werden*" (Kluge/Liehr/Lux 2006: 359; Herv. D. G.)

Partizipation wird dabei als voraussetzungsvoll konzeptualisiert. Sowohl Wissenschaft als auch Politik müssen sich nach Auffassung der Vertreter_innen der Sozialen Ökologie um innovative Partizipationsformen bemühen (vgl. ebd.: 357f.). Die jeweilige Ausformulierung solcher innovativer Partizipationsformen ist kontextabhängig.[395]

(iii) Das emanzipatorische Element von Partizipation tritt in der Sozialen Ökologie auch im Anspruch der transdisziplinären Forschung zutage, begehbare Wege der gesellschaftlichen Problemlösung oder zumindest -milderung zu entwickeln (vgl. Kluge/Liehr/Lux 2006: 359) und dabei Praxiswissen zu integrieren.

---

395 Beispielsweise werden im Projekt „KlimaAlltag" des ISOE klimafreundliche Lebensstile in den Bereichen Mobilität, Ernährung sowie Wohnen und Energie im Haushalt untersucht. Bei der Auswahl der Untersuchungsgruppe, die nicht nur analysiert, sondern auch beraten werden soll, wurden neben der Variablen ‚unterschiedliche soziale Schichten' auch die Variablen ‚Geschlecht' und ‚Migrationshintergrund' einbezogen.

Die transdisziplinäre Forschung, wie sie das ISOE vertritt, ist hier nicht nur der Effektivität und Legitimität verpflichtet. Sie dient auch und gerade der Erhöhung der Gestaltungsmacht von Gruppen, die bisher nach Auffassung der Vertreter_innen der Sozialen Ökologie zu wenig an Entscheidungs-, Planungs- und Umsetzungsprozessen beteiligt waren. Ziel des sozial-ökologischen Konzepts der Gestaltungsmacht ist insbesondere ein „gesellschaftliche[r] Machtzuwachs der Alltagshandelnden" (Stieß/Hayn 2006: 222), der sich gleichermaßen auf

> „die Einflussnahme der Produktnutzer auf die Auswahl von Stoffen und Materialien, aus denen sich ein Produkt zusammensetzt, oder auf Funktionalität und Design wie auch die Beteiligung an politischen Entscheidungen über die Rahmensetzung ihrer [bezieht]" (ebd.).

Kritisch wird analysiert, dass gerade die konsequente Aufspaltung in Konsument_innen einerseits und Produzent_innen andererseits eine „Politisierung der technisch-wissenschaftlichen Gestaltung von Dingen" (Schultz 1998: 331) blockiert. Im Konzept der Gestaltungsmacht wird der Gedanke des Empowerment-Ansatzes der internationalen Frauenbewegung aufgegriffen – nämlich als Individuum bzw. als (Frauen-)Gruppe eigenständig und selbstverantwortlich über den Zugang zu und die Nutzung von Ressourcen zu verfügen – und auf den Bereich der Produktgestaltung übertragen. Indem die Einflussnahme von privaten Konsument_innen nicht nur und nicht vorrangig auf ihre Nachfrage als Käufer_innen reduziert wird, leistet das Konzept der Gestaltungsmacht zugleich einen Beitrag, Produktion und Konsum in ihren wechselseitigen Beziehungen als Einheit zu begreifen (vgl. Weller 2012: 10).

Der normative Gehalt des Konzepts der Gestaltungsmacht aus der Sozialen Ökologie ist mit einem Perspektivwechsel verbunden, der bereits für die feministischen Nachhaltigkeitsansätze herausgearbeitet wurde: Partizipation verstanden als Machtzuwachs und Ermächtigung in und für Prozesse des Alltags und der eigenen unmittelbaren Lebensgestaltung muss gleichzeitig als Prozess verstanden werden, der Kritik an bestehenden politischen Strukturen und Verfahrensweisen vereint mit der Vision politischer Innovationen jenseits von instrumentellem Funktionalitätsdenken und dem emphatischen Verständnis, dass so ein Wandel des Politischen auch möglich ist.

4.4 Gerechtigkeitsverständnis

Der normative Rahmen der Sozialen Ökologie besteht nach erklärtem Selbstverständnis aus zwei Bestandteilen: aus der Orientierung an lebensweltlichen Problemen einerseits und an der Bindung an Nachhaltigkeit andererseits (vgl. Becker/Jahn 2006c: 24). Damit bildet das Konzept nachhaltiger Entwicklung einen unmittelbaren Bezugspunkt der normativen Dimension der Sozialen Ökologie. Nachhaltigkeit wird dabei als intra- sowie intergeneratives Gerechtigkeitskonzept verstanden. Gleichzeitig wird in der Sozialen Ökologie versucht, „mit möglichst schwacher Normativität" (ebd.) zu arbeiten (a). Die Konkretisierung des Gerechtigkeitsgedankens wird in der Sozialen Ökologie daher eher indirekt über die Konturen einer neuen Wissenschaft vollzogen, genauer über die zentralen Strukturen, die die gesellschaftlichen Naturverhältnisse prägen. Zu diesen Strukturen zählen die Vertreter_innen der Sozialen Ökologie u. a. die Bedürfnisse (b) und die Geschlechterverhältnisse (c).

(a) Die intellektuelle Schwierigkeit, die in den Grundzügen der Sozialen Ökologie als einer Wissenschaft von den gesellschaftlichen Naturverhältnissen aufscheint, besteht einerseits in der Bindung an Nachhaltigkeit als einem intra- sowie intergenerativen Gerechtigkeitskonzept, um die sozial-ökologische empirische Forschung und Theoriebildung normativ zu rahmen (vgl. z. B. Kluge/Hummel 2006: 260; Keil/Hummel 2006: 240ff.). Das Verhältnis von intra- und intergenerativer Gerechtigkeit wird dabei als gleichrangig und gleichwertig konzeptualisiert. Als Konsequenz dieses doppelten Gerechtigkeitspostulats wird abgeleitet, „die natürlichen Entwicklungspotenziale so offen und veränderbar zu halten, dass die natürlichen Lebensgrundlagen auch für zukünftige Generationen gesichert sind" (Kluge/Hummel 2006: 259). Damit zielt dieses normative Gerechtigkeitspostulat für die Vertreter_innen der Sozialen Ökologie auf die Sicherung von Zukunftsoffenheit. Der Erhalt von Entwicklungspotenzialen und -möglichkeiten erfordere entsprechend eine „Bewertung und Analyse unterschiedlicher alternativer Entwicklungspfade" (ebd.: 260).

Andererseits weisen die Autor_innen der Sozialen Ökologie darauf hin, dass genau diese Bindung an Nachhaltigkeit nicht unproblematisch sei, denn was darunter verstanden werde, sei gesellschaftlich umstritten (vgl. z. B. Becker/Jahn 2006c: 24). Entsprechend werde in der Sozialen Ökologie statt mit positiven Bestimmungen „zumeist mit negativen gearbeitet: Misslingen von Problemlösungen, unbefriedigte Grundbedürfnisse, Nicht-Nachhaltigkeit" (ebd.). Und es werde „in konkreten Situationen nach einem *ethischen Minimum gesucht und mit möglichst schwacher Normativität* gearbeitet" (ebd.; Herv. D. G.).

Doch auch diese Negativbestimmungen setzen einen Wertmaßstab voraus, den die Soziale Ökologie nicht umgehen kann – etwa: Wann lässt sich von einer gelungenen Problemlösung sprechen? Wie definiert sich Nicht-Nachhaltigkeit? Das „Denken in Möglichkeiten", bei gleichzeitiger „Freiheit der Entscheidung" (ebd.) erscheint als der Versuch der Sozialen Ökologie, Nachhaltigkeit als Diskurs zu fassen und die unterschiedlichen normativen Optionen zunächst sichtbar zu machen, um sie dann politisieren bzw. zu „einer bewussten Entscheidung zugänglich" (ebd.) machen zu können. Möglicherweise erklärt der ausdrückliche Versuch, „mit möglichst schwacher Normativität" (ebd.) zu arbeiten, auch, dass mit dem Begriff der Gerechtigkeit auffallend wenig in den über 500 Seiten des 2006 erschienenen Bandes „Soziale Ökologie", der die seit gut 20 Jahren geleistete

Forschung zusammenführt und systematisiert, gearbeitet wird. Doch ähnlich, wie ich es bereits für den Umgang mit Fragen des Ökonomischen konstatiert habe, findet hier, wie man auf den ersten Blick vermuten könnte, keine Ausblendung oder gar De-Thematisierung von Gerechtigkeit statt. Der Gerechtigkeitsgedanke wird vielmehr über die Theoretisierung von Bedürfnissen (hier eher implizit) und über die Frage nach der Verfasstheit von Geschlechterverhältnissen (dort eher explizit) konkretisiert.

(b) Der Begriff der Bedürfnisse nimmt in der Theorie der Sozialen Ökologie einen zentralen Platz ein. Er wird kritisch im Kontext des Diskurses über Bedürfnisse als normativer Begriff, der nur schwer zu definieren sei, reflektiert. Obwohl die Vertreter_innen der Sozialen Ökologie einerseits festhalten, dass Bedürfnisse sich angesichts der „Überfülle möglicher Bestimmungen als strukturell unbestimmbar [erweisen]" (Hummel/Becker 2006: 203) und dass der Bedürfnisbegriff diese Unbestimmbarkeit mit dem „Begriff des *Menschen*" (ebd.; Herv. i. O.) teile, erachten sie andererseits Bedürfnisse als „Element des Alltäglichen" (ebd.). Entsprechend werden lebensnotwendige Bedürfnisse als entscheidend angesehen, um basale gesellschaftliche Naturverhältnisse zu charakterisieren:

> „Sie werden basal genannt, weil deren Gestaltung und Regulierung sowohl für die individuelle als auch für die gesellschaftliche Reproduktion unverzichtbar sind. Es handelt sich um elementare, unverzichtbare Grundbedürfnisse, ohne deren Befriedigung menschliches Leben nicht möglich und der gesellschaftliche Lebensprozess intergenerativ nicht fortsetzbar ist" (ebd.: 198).

Das Besondere am Bedürfnisbegriff der Sozialen Ökologie ist erstens, dass der Fokus vor allem auf „Bedürfnisprozesse" (ebd.) gelenkt wird, also auf jene Prozesse, die mit der Wahrnehmung eines Bedürfnisses beginnen und bei der Bedürfnisbefriedigung an verschiedenen Orten und in verschiedenen sozial-ökologischen Kontexten enden. Anders als bei Bedürfniskonzeptionen, die Bedürfnisse als Zwecke verstehen, die durch spezifische Mittel befriedigt werden können und müssen, betont die Soziale Ökologie somit den Prozesscharakter. Der Prozess wird dabei aufgegliedert in „Bedürfnis, Bedürfnisobjekt und Aktionen der Bedürfnisbefriedigung" (ebd.: 210). Dort, wo die Prozesse der Bedürfnisbefriedigung gestört sind oder misslingen, lässt sich ein sozial-ökologisches Krisenfeld identifizieren, das der Regulation bedarf. Die Krise, die sich durch eine mangelnde oder gar eine Nichtbefriedigung der Bedürfnisse einstellt, ist im Verständnis der Sozialen Ökologie immer auch verbunden mit Fragen nach Gerechtigkeit. Welche Art von Gerechtigkeit sich dahinter verbirgt, was als gerecht verstanden wird, wie verteilt werden soll – darüber gibt die Soziale Ökologie im Kontext des Forschungszugangs „Bedürfnisse" allerdings nur in Ansätzen und indirekt Auskunft. In ihrer Nachzeichnung der verschiedenen Ansätze im insbesondere entwicklungspolitisch geprägten Diskurs um Bedürfnisse betonen Vertreter_innen der Sozialen Ökologie, dass zunehmend Vorstellungen diesen Diskurs prägen, die sich bei der Definition von Bedürfnissen ausdrücklich auf Gerechtigkeitsverständnisse beziehen. Hummel und Becker spezifizieren auch diesen Hinweis nicht weiter, doch alle als Referenzen angegebenen Konzepte wie „Quality of Life", „Human Development", „Basic Rights", „Livelihood Rights" sowie der „Capability"-Ansatz sind entweder (un)mittelbar inspiriert von der Theorie sozialer Gerechtigkeit von John Rawls bzw. verstehen sich als eine kritische Weiterentwicklung seines liberalen Kontraktualismus. Damit wird gleichzeitig indirekt sowohl eine Kritik am Utilitarismus als auch an Vorstellungen libertärer Gerechtigkeit formuliert. An einer Stelle gehen Hummel und Becker über die deskriptive Darstellung des internationalen Diskurses zu Bedürfnissen hinaus und halten – den Konzepten sozialer Gerechtigkeit folgend – auch für die Theorie der Sozialen Ökologie fest, dass eine (gerechte) Bedürfnisbefriedung mehr umfasst als „die Befriedigung körperlich verankerter Grundbedürfnisse, die auf ein bloßes Überleben und einen minimalen Lebensstandard bezogen sind" (ebd.: 201).

Die zweite Besonderheit besteht darin, dass die Soziale Ökologie den Bedürfnisbegriff nicht ausschließlich auf das Individuum bezieht, sondern ihn als Teil des Gesellschaft-Natur-Verhältnisses auf verschiedenen Ebenen konzeptualisiert: „Individuelle Bedürfnisse werden vergesellschaftet, aus den vielfältigen Bedürfnissen einzelner Menschen entstehen so gesellschaftliche Bedürfnisse" (ebd.: 206). Über diese Perspektive, die sowohl die psycho-physischen Bedürfnisse des einzelnen Menschen und seine Leiblichkeit als auch gesellschaftliche Bedürfnisse umfasst, wird erneut der Fokus auf die fundamentale Bedeutung einer nachhaltigen Gestaltung der Versorgungssysteme – und zwar sowohl in stofflich-materieller als auch in kulturell-symbolischer Hinsicht – gelenkt.

(c) Bereits in der Analyse des Ökonomie- und Politikverständnisses der Sozialen Ökologie ist deutlich geworden, dass die Soziale Ökologie eine der wenigen Ausprägungen im Nachhaltigkeitsdiskurs und in der Nachhaltigkeitsforschung darstellt, in der die Kategorie Geschlecht von Beginn an als Zentralreferenz einbezogen wurde – wenn auch anfangs begleitet von heftigen Auseinandersetzungen um ihre theoretische Relevanz (vgl. Schultz 1987: 2ff.). Doch die sozial-ökologische Forschung benutzt die Kategorie Geschlecht mittlerweile nicht nur mehr als analytische relationale Kategorie zur Identifizierung von Ungleichheitsverhältnissen, Hierarchisierungs- und Ausgrenzungsprozessen. Sie dient auch der normativen Konkretisierung der visionären Gestaltungsperspektiven mit dem Ziel von „gender equality" (Schultz/Hayn/Lux 2006: 442). Interessanterweise wird nicht von „gender justice" gesprochen. Mit dem Begriff der „gender equality" schließt die Soziale Ökologie an bereits kodifizierte Normativität in Form der frauenpolitischen Positionen der Vereinten Nationen bzw. der mittlerweile elaboriert ausgearbeiteten internationalen Antidiskriminierungsrechtsprechung an. Statt ethischem Minimum wird im Gender & Environment-Zugang der Sozialen Ökologie auf den bestehenden völkerrechtlichen Konsens rekurriert, der Gerechtigkeitsbegriff aber umgangen. Inhaltlich wird „gender equality" konkretisiert über die Forderung nach einer Aufhebung der „ungleiche[n] Verteilung von Macht und Gestaltungsmöglichkeiten von Männern und Frauen" (ebd.: 440f.), über den Bezug zu den auf der Weltfrauenkonferenz in Peking geforderten und miteinander in Beziehung stehenden *„livelihood rights, reproductive rights und environmental rights"* (zit. n. ebd.: 441; Herv. i. O.), über den Empowerment-Begriff, der insbesondere als Gestaltungsmacht gefasst wird (vgl. ebd.). Normativ unterfüttert wird das Verständnis von gender equality auch über den Bezug zur in der EU beschlossenen Strategie des Gender Mainstreaming und zum ausgearbeiteten Konzept des Gender Impact Assessment (GIA) sowie über die in den Forschungsprozess konsequent eingeschlossene Frage, wie geschlechtsspezifische Arbeitsteilung und der Zugang zu natürlichen Ressourcen verändert werden müssten, um insbesondere die Versorgungssysteme so zu verändern, dass statt geschlechtsspezifischer Ungleichheitsverhältnisse Gleichheitsverhältnisse hergestellt werden.

5. Zwischenfazit IV

5.1. Gemeinsamkeiten und Unterschiede

5.1.1 ... in den Ökonomieverständnissen

Der Ausgangspunkt der Vertreter_innen der integrativen Ansätze ist weder die Frage „Kapitalismus ja oder nein" noch die Frage „Wachstum ja oder nein". Sie alle verbindet die Suche nach Alternativen zu jener Form des Kapitalismus, der sich in den letzten dreißig Jahren herausgebildet hat. Statt des neoliberalen Modells forschen die vorgestellten Autor_innen dieses Diskursstrangs nach realistischen, anschlussfähigen, politisch praktikablen Alternativen. Ob nach einer Umsetzung ihrer Vorschläge das wirtschaftliche System noch kapitalistisch zu nennen ist, ist eine ganz andere Frage. D. h., das Überzeugtsein von der Möglichkeit einer sozial-ökologischen Zähmung des kapitalistischen Systems neoliberaler Ausprägung bedeutet für die Autor_innen nicht, dass dabei am Ende zwangsläufig ein ‚nachhaltiger Kapitalismus' etabliert wird. Entscheidend ist für die Vertreter_innen integrativer Nachhaltigkeitsansätze also nicht die Reform des Kapitalismus mit dem Zweck des Systemerhalts. Das Augenmerk liegt vielmehr auf den Prozessen der Reformierung selbst und damit auf dem pragmatischen Reformieren von bestehenden Strukturen und Institutionen, um ein System zu transformieren, das seine sozialen und ökologischen Grundlagen zerstört. Die zugrundeliegende Annahme lautet, und dies ist ein wesentlicher Unterschied zu den analysierten Positionen der Diskursinterventionist_innen (siehe B.II), dass eine solche politische Gestaltung prinzipiell möglich ist.

Die Suche nach und die Entwicklung von Alternativen beginnt für die Vertreter_innen integrativer Nachhaltigkeitsansätze zunächst mit der dezidierten Kritik an neoliberalen Dogmen der Deregulierung, Privatisierung und Liberalisierung sowie undifferenzierten Wachstumsforderungen. Sowohl der HGF-Ansatz als auch der Greifswalder und Osnabrücker Ansatz sind geprägt von der Ökologischen Ökonomie und teilen deren erweitertes Ökonomieverständnis samt Kritik am Wachstumsimperativ und Substitutionsparadigma. Entsprechend wird auch der Markt als alleinige Ordnungs- und Verteilungsinstanz abgelehnt. Es geht um einen staatlich geregelten Markt und um eine Verhinderung von sozialen und ökologischen Externalisierungsprozessen. Eine Neugestaltung der Arbeit halten sowohl Vertreter_innen des HGF-Ansatzes, die Greifswalder als auch Mohssen Massarrat für zentral, um das derzeitige, nicht nachhaltige Wirtschaftssystem umzubauen. Fragen von unbezahlten ‚Reproduktions'-/Versorgungs-/Care-Arbeiten spielen in diesen integrativen Nachhaltigkeitsansätzen entweder eine untergeordnete oder keine Rolle. Dagegen wird das Themenfeld Arbeit in der Sozialen Ökologie nicht vorrangig mit Erwerbsarbeit identifiziert. Die Bedeutung von ‚reproduktiver' Arbeit für eine nachhaltige Gestaltung von gesellschaftlichen Naturverhältnissen wird immer wieder herausgestellt.

5.1.2 ... in den Politikverständnissen

Alle Ansätze gehen von der prinzipiell möglichen politischen Steuerung von Gesellschaften, einschließlich der Ökonomie, aus.

Während die Bedingungen von Politik für nachhaltige Entwicklung bei den Greifswaldern jedoch kaum in den Fokus geraten und sich Ott und Döring bisweilen von der Gedankenfigur der neutralen, auf das Allgemeinwohl bedachten Politik leiten lassen, die dem argumentativ besseren Vorschlag für die Gestaltung gesellschaftlicher Naturverhältnisse zum Durchbruch verhelfe, reflektieren sowohl der HGF-Ansatz als auch der Osnabrücker Ansatz sowie die Soziale Ökologie bestehende Machtasymmetrien als Nachhaltigkeitshindernis. Insbesondere Mohssen Massarrat kritisiert die negativen Folgen eines hegemonialen gesellschaftlichen Konsenses der sozialen und ökologischen Externalisierung zulasten anderer Gemeinschaften und zukünftiger Generationen.

Die Vertreter_innen des HGF-Ansatzes leisten zudem einen wichtigen Beitrag zur Thematisierung der Verteilung der politischen Verantwortung für die gesellschaftlichen Integrationsleistungen. Sie betonen sowohl die grundlegenden Fähigkeiten als auch die Verpflichtung aller Bürger_innen, sich an öffentlichen gesellschaftlichen Diskursen und in gemeinsamer politischer Praxis an Beratungen und Entscheidung über wesentliche gesellschaftliche Fragen zu beteiligen. Dass diese

,Tugendpflichten' ohne ermöglichende öffentliche, kollektive, staatliche Strukturen nicht auskommen, wird dabei ebenfalls reflektiert.

Die generelle Bedeutung von Partizipation und zivilgesellschaftlichen Allianzen für sozial-ökologische Transformationsprozesse erkennen alle integrativen Ansätze an. Von den Vertreter_innen der Sozialen Ökologie wird angesichts der feststellbaren „mangelnde[n] Partizipationsoffenheit" (Kluge/Liehr/Lux 2006: 353) die Forderung erhoben, entsprechend neue Partizipationsformen zu entwickeln. Die Soziale Ökologie hat dabei nicht nur politische, sondern auch wissenschaftliche Prozesse im Sinn, für die innovative Beteiligungsformen gesucht und gefunden werden müssten. In dieser transdisziplinären Ausrichtung offenbart sich auch der Sonderstatus bzw. die Sonderrolle, die die Soziale Ökologie innerhalb der hier analysierten Nachhaltigkeitsansätze innehat: Es geht weniger um konkrete politische Gestaltungvorschläge als um grundlegende methodische und methodologische Überlegen zur Theoretisierung, aber auch Transformation gesellschaftlicher Naturverhältnisse in Richtung Nachhaltigkeit.

5.1.3 ... in den Gerechtigkeitsverständnissen

Die hier analysierten integrativen Ansätze des deutschen Nachhaltigkeitsdiskurses gehen alle von der Gleichrangigkeit und der Zusammengehörigkeit von intra- und intergenerativer Gerechtigkeit aus. Diese Perspektive ist zwar auch in den UN-Dokumenten (siehe B.I.1, B.I.2, B.I.5 sowie C.1) angelegt, wird dort aber nicht theoretisch hergeleitet. Sie zu begründen und zu konkretisieren, lässt sich daher als eine weitere Gemeinsamkeit der integrativen Nachhaltigkeitsansätze identifizieren. Allerdings bildet hierbei die Soziale Ökologie trotz der Anerkennung des doppelten Gerechtigkeitspostulates eine Ausnahme, da ihre Vertreter_innen statt mit positiven Begriffsbestimmungen „zumeist mit negativen [...] und mit möglichst schwacher Normativität" (Becker/Jahn 2006c: 24) arbeiten.[396] Die Begründungen für die Gleichrangigkeit und Zusammengehörigkeit intra- und intergenerativer Gerechtigkeit der drei anderen integrativen Ansätze sind alle von der Theorie der Gerechtigkeit von John Rawls (1975) inspiriert und orientieren sich an seiner egalitären Denkfigur des Schleiers der Ungewissheit im Naturzustand. In diesem fiktiven Zustand wissen Menschen nicht, wo (etwa in welchem Land, welcher Kultur, Kaste, ökonomischen Klasse) und mit welchen kontingenten Merkmalen (etwa welcher Hautfarbe, welchem Geschlecht, ob mit oder ohne Behinderung) sie geboren werden, sollen sich aber gerade vor diesem Hintergrund der Ungewissheit für allgemeingültige Gerechtigkeitsprinzipien entscheiden. Die Erweiterung dieser Denkfigur um den Faktor Zeit und damit um die Ungewissheit, an welcher Stelle in der Kette der Generation man geboren wird,

---

396 Zur Kritik daran siehe meine Ausführungen in B.IV.4.4.

wird explizit von Ott und Döring (2008) diskutiert, um die Gleichwertigkeit und die Berücksichtigung intergenerativer Gerechtigkeit zu begründen:

> „Keine Generation sollte (idealiter) gute Gründe dafür haben, eine andere Generation darum zu beneiden, dass sie zu einer bestimmten Zeit gelebt hat. Niemand soll sagen müssen: ‚Welches Unglück ist mir nur daraus erwachsen, dass ich zufällig anno xzy zur Welt gekommen bin.' Dann aber ist keine Generation berechtigt, die Bedingungen der Möglichkeit zukünftigen guten Lebens zu schmälern oder zu untergraben" (ebd.: 99).

Die Denkfigur steht ebenfalls implizit Pate sowohl bei der Entwicklung von Mohssen Massarrats Chancengleichheitsethik (siehe B.IV.3.4) als auch für die Idee des Planetary Trust von Edith Brown Weiss, der die Vertreter_innen des HGF-Ansatzes folgen und in der die Zusammengehörigkeit der beiden Gerechtigkeitsarten über die Konstruktion jeder Generation als Nutznießerin und Treuhänderin des gemeinsamen planetarischen Erbes besonders herausgestrichen wird (siehe B.IV.1.4).

Es gibt eine weitere Besonderheit, in der der HGF-Ansatz, der Greifswalder und der Osnabrücker Ansatz sich von der Sozialen Ökologie unterscheiden, und das ist die Auseinandersetzung mit Geschlechtergerechtigkeit. Zwar sehen alle drei Ansätze ein Verbot der primären Diskriminierung qua Geschlecht als Teil ihrer intra- und intergenerativen Gerechtigkeitskonzeption vor, ansonsten spielen Fragen, die Gerechtigkeit aus der Genderperspektive thematisieren, keine oder kaum[397] eine Rolle. Anders in der Sozialen Ökologie: Hier gilt die Kategorie Geschlecht als Zentralreferenz – und zwar sowohl als analytische relationale Kategorie zur Identifizierung von Ungleichheitsverhältnissen und Ausgrenzungsprozessen als auch als normative Kategorie zur visionären Gestaltung gesellschaftlicher Naturverhältnisse. Mit dem erklärten Ziel von „gender equality" (Schultz/Hayn/Lux 2006: 442) schließen Vertreter_innen der Sozialen Ökologie an bereits kodifizierte Normativität in Form der frauenpolitischen Positionen der Vereinten Nationen bzw. der mittlerweile elaboriert ausgearbeiteten internationalen Antidiskriminierungsrechtsprechung an.

Beide, der Greifswalder wie der Osnabrücker Ansatz, orientieren sich einerseits an John Rawls (gehen aber über ihn hinaus) und andererseits an Martha Nussbaum und ihrem Fähigkeitenansatz. Sie übernehmen damit sowohl Nussbaums „Vorstellungen von der möglichen Reichhaltigkeit des menschlichen Daseins" (Ott/Döring 2008: 85) als auch ihre „Konzeption der Person, die sich von ökonomistischen, utilitaristischen und liberalistischen Konzeptionen deutlich unterscheidet" (ebd.). Ott und Döring weisen in ihrem Bezug auf Nussbaum ausdrücklich darauf hin, dass es Nussbaum *nicht* darum gehe, die einzelnen *Fähigkeiten* zwischen allen Menschen *gleich zu verteilen* (vgl. ebd.). Die Realisierung

---

397 Der HGF-Ansatz thematisiert die ungleiche Verteilung der Sorgearbeiten als Frage der Chancengleichheit zwischen den Geschlechtern (Kopfmüller et al. 2001: 207).

der Fähigkeiten hänge vielmehr vom jeweiligen Menschen (und auch von der Kultur, in der er lebe) ab. Da Menschen verschieden seien, unterschiedliche Eigenschaften mitbringen und ausprägen, werden sie die einzelnen Fähigkeiten auch unterschiedlich realisieren. Entscheidend sei aber, dass es allen Menschen *gleichermaßen* möglich sein müsse, all diese *Fähigkeiten ausüben zu können* (und zwar gerade in den selbstgewählten Akzentuierungen), die für Nussbaum zu einem guten Leben gehören (vgl. ebd.). Die Ähnlichkeit zum Chancengleichheitsansatz von Massarrat ist deutlich sichtbar. Alle Theoretiker_innen, Nussbaum, Ott und Döring sowie Massarrat, gehen vom Menschen und von der kantischen Idee der Menschenwürde und der mit ihr verbundenen Idee des gleichen Werts jeder Person aus. Alle sind der Meinung, dass sowohl die Geltungsansprüche für die Entfaltung der genannten Fähigkeiten bzw. „primären Rechte" (Massarrat 2008: 19) „universalisierbar und konsensfähig" (Ott/Döring 2008: 86) seien, als auch dass dafür die materiellen (und immateriellen) Bedingungen geschaffen werden müssten, die zur Verwirklichung der Möglichkeit der Ausübung der Fähigkeiten bzw. primären Rechte unerlässlich sind. Es geht folglich bei allen Ansätzen auch um die Umgestaltung der politischen und ökonomischen Verhältnisse im Sinne „korrektiver Gerechtigkeit" (ebd.: 97), um der „radikale[n] Kontingenz der Natalität" (ebd.) – ein Ausdruck, den sich Ott und Döring von Hannah Arendt borgen – korrigierend zu begegnen. Diese ausgleichende Gerechtigkeit dürfe jedoch nicht zulasten der Ausbildung der individuellen Fähigkeiten (Ott/Döring 2008: 98) bzw. des Anspruchs auf den Ertrag der eigenen Leistungen (Massarrat 2008: 286) gehen. Nach Massarrats Auffassung fehlt „[e]iner Gleichheit, die durch Diskriminierung und Verletzung der Würde anderer Mitglieder der Gesellschaft erkauft wird, [...] aber die moralische Grundlage und [sie] ist [...] auch sozial grundsätzlich nicht nachhaltig" (ebd.: 269). Und Ott und Döring (2008: 98) führen aus: „Niemand darf um der Gleichheit willen daran gehindert werden, seine Fähigkeiten frei auszubilden."

An dieser Stelle kann eine vertiefende Analyse der beiden Nachhaltigkeitsansätze aus Greifswald und Osnabrück nicht weiter verfolgt werden. Es wäre jedoch sehr spannend und für die Weiterarbeit an den ethischen Grundlagen der Nachhaltigkeitsidee aufschlussreich, genauer zu untersuchen, wie das *Verhältnis von distributiver und korrektiver Gerechtigkeit* in den Ansätzen jeweils konzeptualisiert wird. Auch das Verhältnis der Gerechtigkeitsvorstellungen zu kodifiziertem Recht genauer zu bestimmen, wäre nicht zuletzt angesichts der jüngsten Bemühungen im politisch-institutionellen Diskurs, Nachhaltigkeit und Menschenrechte stärker zu verklammern, aufschlussreich: Wie verhält sich der Fähigkeitenansatz von Martha Nussbaum und damit der im Anschluss an sie entwickelte „komplexe absolute Standard", den Ott und Döring für heute und zukünftig lebende Menschen fordern, zur Erklärung der Allgemeinen Menschenrechte (1948) bzw. zum Zivilpakt sowie zum Sozialpakt (beide 1966), die die

Menschenrechte der ersten und zweiten Generation umfassen? Die gleiche Frage ließe sich an Massarrats Liste der primären Rechte (2008: 19) stellen.

5.2 Bausteine für ein kritisch-emanzipatorisches Konzept nachhaltiger Entwicklung aus dem integrativen Diskurs

5.2.1 Neugestaltung der Arbeit

Für eine nachhaltige Um- und Neugestaltung der Arbeit lassen sich in diesem Diskursstrang der integrativen Nachhaltigkeitsansätze verschiedenste Aspekte finden und zusammenführen. Ich greife zum einen das Arbeitskonzept des HGF-Ansatzes auf, das zum Ziel hat, alle arbeitenden Menschen sozial abzusichern und ihnen einen flexibleren Wechsel als bisher zwischen den verschiedenen Arbeitsformen (Erwerbsarbeit, Versorgungs-, Gemeinschafts- und Eigenarbeit) zu ermöglichen. Arbeit für den einzelnen Menschen soll Bedeutung als existenzsichernde, sinngebende und integrierende Ressource entfalten und zugleich einen Beitrag dazu leisten, dass sich die Gesellschaften als Ganze in Richtung Nachhaltigkeit transformieren. Dem Osnabrücker Ansatz von Mohssen Massarrat entnehme ich die Forderung nach radikaler Erwerbsarbeitszeitverkürzung und der fairen Teilung des gesamten Volumens der Erwerbsarbeit (die auch von Vertreter_innen des HGF-Ansatzes geteilt wird, aber nicht so detailliert ausgearbeitet worden ist) – einschließlich seiner Überlegungen zum Bedingungslosen Grundeinkommen sowie den regulativen Gedanken, über eine weitere Verkürzung der Erwerbsarbeitszeit gleichzeitig die Güterproduktion zu drosseln und dem Wachstumsimperativ kritisch zu begegnen. Aus der Sozialen Ökologie nehme ich den erweiterten Arbeitsbegriff und die nachhaltige Gestaltung der Versorgungssysteme auf. Ich tue dies gerade wegen der Unschärfe der Begriffsverwendung und -füllung von Versorgungsarbeit, die ich in der Auseinandersetzung mit dem Ansatz der Sozialen Ökologie aufgezeigt habe und in der meines Erachtens eine bereits vollzogene, aber noch nicht abschließend reflektierte und dezidiert ausformulierte konzeptionelle Weiterentwicklung eines Arbeitsverständnisses enthalten ist: Arbeit umfasst alle Tätigkeiten, die für gesellschaftliche Entwicklung und (Re)Produktion nötig sind.

5.2.2 Demokratisierung und Politisierung

Die integrativen Ansätze wenden sich gegen verschiedene Formen der Exklusion und sozial-ökologischer Externalisierungsprozesse. Ihre Vorschläge setzen auf sehr unterschiedlichen Ebenen an und fokussieren unterschiedliche inhaltliche Felder.

Als zentralen Baustein für Entwicklung eines kritisch-emanzipatorischen Nachhaltigkeitskonzepts nehme ich den Gedanken der Orientierung am universellen Gemeinwohl von Mohssen Massarrat auf, den er in Abgrenzung zu einem Demokratieverständnis entwickelt hat, das auf räumlichen und zeitlichen Externalisierungsprozessen beruht. Ich folge Massarrats Forderung nach einer Demokratisierung der Demokratie: Eine Demokratie ist nur dann nachhaltig zu nennen, wenn sie konstitutiv nicht darauf angewiesen ist, ihre Funktionsfähigkeit durch systematische Verletzung des Gemeinwohls anderer Gemeinschaften abzusichern. Der Aspekt der Notwendigkeit einer Demokratisierung lässt sich ebenfalls auf den Bereich der Wissensproduktion übertragen: Den Anspruch nach transformativer Wissenschaft durch inter- und transdisziplinäres Forschungsdesign übernehme ich von den Vertreter_innen der Sozialen Ökologie.

Als wichtigen Aspekt aus dem HGF-Ansatz greife ich die explizite Einforderung auch individueller Verantwortung für die gesellschaftliche Integration und für die politische Ordnung auf. Der Erhalt der sozialen Ressourcen wird damit nicht nur als rein staatliche Aufgabe gesehen, sondern auch als Aufgabe des Individuums als *homo politicus*. Die Übernahme dieser Verantwortung ist gekoppelt an gesellschaftliche Politisierungsprozesse und eine Ermächtigung der Indivduuen. Entwicklung von Kompetenzen, offene und kritische Diskussion unterschiedlicher Positionen, transparente Verfahren und die Ermächtigung zum Vertreten eigener Positionen sind in dieser Hinsicht zentral und zeigen die Wechselwirkung zwischen Handlung und Struktur, Individuen und übergeordneten politischen Institutionen. Wirksamkeit und Reichweite des individuellen politischen Engagements hängen in der Perspektive der integrativen Ansätze damit (zwar nicht nur, aber auch) von ermöglichenden und im Habermas'schen Sinne entgegenkommenden Institutionen ab.

5.2.3 Intra- und intergenerative Gerechtigkeit als permanent ausgleichende Gerechtigkeit

In der Analyse der Gemeinsamkeiten und Unterschiede wurde von mir bereits die besondere Konkretisierungsleistung der in diesem Diskursstrang untersuchten Nachhaltigkeitsansätze für die Gleichwertigkeit und die Zusammengehörigkeit von intra- und intergenerativer Gerechtigkeit gewürdigt. In dieser Ausbuchstabierung des doppelten Gerechtigkeitskonzepts liegt nicht nur eine Stabilisierung dieser bereits im Brundtland-Bericht erhobenen Forderung, sondern auch eine Weiterentwicklung. Die Weiterentwicklung besteht u.a. darin, dass die Vertreter_innen der integrativen Ansätze sich in ihrer Bestimmung von inter- und intragenerativer Gerechtigkeit auf den Fähigkeiten Ansatz von Martha Nussbaum beziehen. Der Fähigkeitenansatz ist laut Nussbaum ein „menschenrechtsbasierte[r] Ansatz" (2010: 390). Die zehn Fähigkeiten, die dieser Ansatz umfasst (siehe B.IV.

2.4), decken sowohl den Bereich der politischen und bürgerlichen Menschenrechte wie auch jene ökonomischen und sozialen Rechte ab (vgl. Nussbaum 2010: 391). Der Fähigkeitenansatz trägt zu einer materiellen und institutionellen Fundierung der Menschenrechte bei. Denn er betont, dass die Sicherung eines Rechts nicht darüber erfolgt, dass dieses Recht nur auf dem Papier steht (vgl. ebd.: 394). Menschen müssen in die Lage versetzt werden, ihre Fähigkeiten in den entsprechenden Bereichen auch tatsächlich ausüben zu können. In der Theorie starker Nachhaltigkeit von Ott/Döring und im Chancengleichheitsansatz von Massarrat wird diese wechselseitige Abhängigkeit zwischen den Freiheitsrechten und den ökonomischen Verhältnissen ebenfalls deutlich herausgestellt. Es geht dabei nicht um Ergebnisgleichheit, sondern um ausgleichende Gerechtigkeit hinsichtlich gleicher (Start-)Bedingungen. Die Arbeit an gleichen Startbedingungen und am Abbau von Benachteiligungen, die historisch gewachsen sind (z. B. aus sozialer Herkunft, Machtungleichheit, Privilegien), sind ein fortwährender Prozess. Hier reicht es gerade nicht, dass der Staat im Sinne negativer Freiheitsrechte auf Eingriffe verzichtet, hier braucht es einen aktiven, ausgleichenden Staat.

Die Autor_innen der integrativen Ansätze fordern wie die Diskursinterventionist_innen und wie feministische Vertreterinnen (von DAWN) die materielle Absicherung von Rechten. Die Herleitung ist aber unterschiedlich. Massarrat und Ott/Döring bauen auf Ideen des Liberalismus (insbesondere der Gerechtigkeitstheorie von Rawls) auf, modifizieren sie jedoch (etwa indem sie in ihrer Konzeption der Gerechtigkeit der Freiheit keinen Vorrang vor anderen Prinzipien einräumen). Im Zentrum dieses Gerechtigkeitsverständnisses steht der Mensch als ein würdevolles freies Wesen, das sein Leben selbst aktiv gestaltet (vgl. auch Nussbaum 2003: 18), wenn es in die Lage versetzt wird, seine Fähigkeiten in den verschiedenen Bereichen auch tatsächlich auszuüben.

Teil C: Nachhaltigkeit, quo vadis?

„Das Politische realisiert sich [...] als Aufschub, als Öffnung auf die Zukunft, die notwendig undefiniert bleiben muss. Derridas Demokratie ist jedoch nicht nur eine, die kommen *kann* (und zugleich niemals gekommen sein wird), im Begriff der *démocratie à venir* steckt vielmehr auch die Forderung, dass sie kommen *soll* (dass aber jeder Behauptung entschieden zu widersprechen ist, sie sei bereits da)" (Bröckling/Feustel 2010: 15f.; Herv. i. O.).

Im letzten Teil der Arbeit schlage ich den Bogen noch einmal zurück zum politisch-institutionellen Strang des Nachhaltigkeitsdiskurses. Um den Stand der Diskursverläufe innerhalb der letzten 25 Jahre zu bilanzieren, nehme ich die UN-Konferenz für nachhaltige Entwicklung (UNCSD) von 2012, besser bekannt unter dem Namen Rio+20-Konferenz, zum Ausgangspunkt meiner Analyse.

Die Ökonomie-, Politik- und Gerechtigkeitsverständnisse, die dem in Rio de Janeiro verabschiedeten Abschlussdokument „The future we want" zugrunde liegen, werde ich zunächst herausarbeiten (siehe C.1) und anschließend im Zusammenhang mit den Zwischenergebnissen der Analyse der Diskursstränge BI bis BIV diskutieren und dabei nach Kontinuitäten, Diskontinuitäten und Brüchen fragen (siehe C.2.).

Die von mir erarbeiteten Bausteine für ein kritisch-emanzipatorisches Konzept nachhaltiger Entwicklung (siehe C.3.) stellen einerseits eine, wenn auch vorläufige, im Sinne kommender Nachhaltigkeit notwendigerweise unabgeschlossene Antwort auf die feststellbaren Lücken, Widersprüche und Ambivalenzen der analysierten Diskursverläufe dar. Sie bestätigen andererseits bereits vorhandene, spezifische Entwicklungslinien und Ideen und setzen diese in Beziehung zueinander. Entsprechend lassen sie sich auch als Zuspitzung, Stärkung und Erweiterung für eine sozial-ökologische Transformation verstehen, für die Elemente aus den verschiedenen Diskurssträngen von Nachhaltigkeit zusammengebracht werden können – auch und gerade wenn Nachhaltigkeit in Analogie zur kommenden Demokratie unerreichbar und damit ein nie abgeschlossener Prozess bleiben muss.

1. Die UN-Konferenz für nachhaltige Entwicklung von 2012: „The future we want"

1.1 Historischer und politischer Kontext

Vom 20. bis 22. Juni 2012 fand die UN-Konferenz für nachhaltige Entwicklung (UNCSD) in Rio de Janeiro statt. Genau 20 Jahre nachdem 1992 die erste UN-Konferenz für Umwelt und Entwicklung ebenfalls in Rio de Janeiro ausgerichtet wurde, kehrte damit die dritte Nachhaltigkeitsfolgekonferenz[398] – kurz Rio+20-Konferenz genannt – in die brasilianische Metropole zurück und damit an jenen Ort, der für viele zum Sinnbild für den Anfang des Nachhaltigkeitsdiskurses geworden ist.

Neben den Bestrebungen, den institutionellen Rahmen für nachhaltige Entwicklung innerhalb der UN zu stärken, war das bestimmende Schwerpunktthema der UNCSD das Konzept der „Green economy *in the context of sustainable development and poverty eradication*" (General Assembly 2012: 10; Herv. D. G.). Schon im Vorfeld der Rio+20-Konferenz hatte die UNEP, das Umweltprogramm der Vereinten Nationen, mit ihrem über 600 Seiten starken „Green Economy Report" das Thema grünes Wirtschaften auf die internationale Tagesordnung gesetzt und umfangreiche Empfehlungen abgegeben, um menschliches Wohlbefinden und soziale Gleichheit zu erhöhen bei gleichzeitiger Verringerung der ökologischen Krisen und Knappheiten (vgl. UNEP 2011: 14). Bereits 2009 hatte die UNEP vor dem Hintergrund der Wirtschafts- und Finanzkrise für einen „Global Green New Deal" plädiert und gefordert, stärker auf grüne Investitionen zu setzen und damit den Übergang zu einer weniger kohlenstoff- und ressourcenintensiven Wirtschaftsweise zu schaffen (vgl. UNEP 2009).

Doch gerade die Anregungen für eine globale Green Economy lösten sehr unterschiedliche Reaktionen aus: Insbesondere von Vertreter_innen der Zivilgesellschaft wurde darauf hingewiesen, dass grüne Ökonomie kein abschließend definiertes Konzept darstelle, sondern dass es auf sehr unterschiedliche Weise interpretiert werde[399] und damit genauso politisch umstritten und inhaltlich umkämpft sei wie das diskursive Konzept nachhaltige Entwicklung selbst.[400] Doch nicht nur gegenüber dem neuen, die Welt scheinbar „einenden Narrativ" (Moreno 2011: o. S.) einer Green Economy wurde Kritik laut. Bereits im Vorfeld der Rio+20-Konferenz wurde der gesamte Entwurf des Abschlussdokuments „The future we want", das ich im Folgenden analysiere, vehement von umwelt-, entwicklungs- und frauenpolitischen NGOs kritisiert. Er falle hinter bestehende Abkommen zurück[401] und sei für einen von allen Staaten tragbaren Kompromiss weichgespült worden. Insbesondere wurde der Prozess seiner Entstehung kritisiert: Dass die Abschlusserklärung bereits feststünde, bevor die Rio+20-Konferenz der UN begonnen habe und es somit kaum etwas Substanzielles zu verhan-

---

398 Zur ersten kleineren Nachfolgekonferenz (Rio+5) im Jahr 1997 in New York, deren Analyse nicht Gegenstand dieser Arbeit ist, vgl. die Analyse von Di Giulio (2004); zur zweiten Nachfolgekonferenz (Rio+10) siehe B.I.5.
399 Neben der UNEP beteiligen sich auch andere UN-Organe wie UNCTAD (2010), multinationale Organisationen wie die OECD (2011), die Weltbank (2011) oder das Europäische Parlament (2011) am Diskurs um Definitionen und Interpretationen einer Green Economy.
400 Vgl. für die Kritik daran im deutschen Diskurs exemplarisch Unmüßig (2012: 3f.); Röhr (2011); Stein (2011).
401 Beispielsweise beinhalte das Abschlussdokument nicht die Millenniumsziele in Bezug auf Umwelt.

deln gäbe, hätte es so noch nie gegeben (vgl. von Stackelberg/Kühn 2012; Eckert 2012). Auf der anderen Seite wollte die Gastgeberin der Konferenz, Brasiliens Präsidentin Dilma Rousseff, ein Scheitern wie bei der Klimakonferenz in Kopenhagen 2009 vermeiden und als sichtbares Zeichen des Erfolgs ein Abschlussdokument im Konsens verabschieden – nicht zuletzt auch als Reaktion auf ökonomische Krisen. Denn, so Rousseff, die „aktuelle Wirtschaftskrise in vielen Ländern dürfe nicht verhindern, dass man verbindliche Abkommen schließe" (zit. n. von Stackelberg/Kühn 2012: o. S.).

Dass sowohl Finanz-, Wirtschafts- und Eurokrise als auch Innenpolitik und Wahlkampf für einige Regierungschefs eine höhere Priorität besaßen als die Themen der Rio+20-Konferenz, spiegelte sich auch in der Teilnahme an der UN-Konferenz wider. Zwar nahmen über 100 Staatsoberhäupter teil, allerdings gab es von einigen wichtigen High Officials Absagen. US-Präsident Obama und Großbritanniens Premier Cameron beispielsweise blieben der Konferenz fern. Auch die deutsche Kanzlerin Angela Merkel nahm selbst nicht an der UN-Konferenz teil, sondern schickte Umweltminister Peter Altmaier und Entwicklungsminister Dirk Niebel als Vertretung, was ihr Kritik aus Opposition und Medien[402] einbrachte. Merkel äußerte sich im Nachhinein auf der Jahrestagung des Rates für nachhaltige Entwicklung kritisch zum Abschlussdokument des UN-Nachhaltigkeitsgipfels: „Die Rio-Ergebnisse sind hinter dem zurückgeblieben, was angesichts der Ausgangslage notwendig gewesen wäre" (Merkel, zit. n. RNE 2012: o. S.). Schritte in die richtige Richtung sah Merkel beim Thema Green Economy oder bei der Stärkung des UN-Umweltprogramms (ebd.). Ähnlich äußerte sich Bundesumweltminister Altmaier: Auch wenn nicht alle Ziele erreicht worden seien, so hätten sich doch alle 191 Staaten der Erde auf das Konzept des grünen Wirtschaftens geeinigt (vgl. BMU 2012: o. S.).

Parallel zur UN-Konferenz fand der Gipfel der Völker (People's Summit) statt, an dem über 300.000 Menschen teilnahmen – 20 km entfernt vom offiziellen Gipfel. Anders als beim Global Forum von 1992 dominierten dieses Mal nicht NGOs, sondern soziale Bewegungen und insbesondere indigene Gruppen den Gegengipfel (vgl. Fatheuer 2012: o. S.). Im Zentrum der zivilgesellschaftlichen Gegenbewegung stand nicht Anerkennung, sondern Kritik am Konzept der Green Economy. Die Gründe für die skeptische bis ablehnende Haltung der sozialen Bewegungen gegenüber dem Konzept des grünen Wirtschaftens waren und sind vielfältig: Green Economy sei nichts mehr als der Versuch der Begrünung

---

402 Vgl. z. B. die Kritik von Renate Künast, zit. n. Diekmann (2012) sowie von Joachim Wille (2002): „Merkel hat mit der Rio-Abstinenz signalisiert, dass sie den Gipfel unwichtig findet. Motto: Kommt sowieso nichts dabei heraus. Der Meinung kann man sein, nur: Dann hätte man den Gipfel erst gar nicht organisieren dürfen. Gerade ‚Klimaretterin' Merkels Absage ist, angesichts der Menschheitsthemen, die in Rio verhandelt werden, und des Aufbruchsignals, für den der erste Rio-Erdgipfel 1992 stand, mehr als fatal" (ebd.).

des kapitalistischen Wirtschaftsmodells ohne tatsächliche Kurskorrektur; es finde keine Einbeziehung der Sorgeökonomie statt, die bei Fragen nach zukünftigen Lösungen für die Krise der gesellschaftlichen Reproduktion aber notwendig sei; stattdessen werde der Ausverkauf der Welt über die unverantwortliche Kommodifizierung und Finanzialisierung von Natur weiter vorangetrieben.

Die Analyse des Kontextes der Rio+20-Konferenz zeigt, dass sowohl Kritik aus den sozialen Bewegungen als auch die Diskussion von Alternativen für sozial-ökologischen Wandel zum immanenten Bestandteil des Nachhaltigkeitsdiskurses in den letzten Jahren geworden sind – genau wie die Strategie des Lobbying und Mainstreaming. Beide Strategietypen der Mitmacht und Partizipation einerseits und der Gegenmacht und der Arbeit an Alternativen andererseits lassen sich in der intensiven Begleitung, in der Vor- und Nachbereitung des UN-Gipfels von 2012 durch zivilgesellschaftliche Gruppen identifizieren.

1.2 Ökonomieverständnis

Im Abschlussdokument „The future we want" (General Assembly 2012) wird durchgängig der integrative und mehrdimensionale Charakter von Nachhaltigkeit betont – bestehend aus „economic, social and environmental fields". Der Bereich des Ökonomischen wird in dieser Trias, abgesehen von wenigen Ausnahmen, immer an erster Stelle genannt. Was aber versteht die Staatengemeinschaft unter der ökonomischen Dimension von Nachhaltigkeit? Den Kern des Ökonomieverständnisses, das sich im Abschlussdokument der Rio+20-Konferenz finden lässt, bildet das Konzept der Green Economy (a). Weitere Elemente, an denen sich ebenfalls zeigen lässt, welches Verständnis von Wirtschaften die UNCSD prägt, sind fast immer mit der Green Economy verbunden – wie etwa grüne Jobs oder nachhaltiges ökonomisches Wachstum (b), die wiederum verstärkt mit sozialpolitischen Ansätzen, die vor allem von der Internationalen Arbeitsorganisation (ILO) vorangetrieben werden, in Verbindung gesetzt werden. Ein Beispiel dafür ist die Forderung nach „social protection floors" (General Assembly 2012: Abs. 23) (c). Die grünen Arbeitsplätze sind wiederum Teil eines umfassenderen Konzepts der ILO, das über das Abschlussdokument nun auch Eingang in den Nachhaltigkeitsdiskurs gefunden hat: das Konzept der guten, menschenwürdigen Arbeit (Decent Work). Das Konzept fokussiert die Qualität von Arbeit und rückt Fragen nach den qualitativen Arbeitsbedingungen erneut ins Zentrum politischer Vereinbarungen. Aufgegriffen werden dabei Ideen des alten Humanisierungsdiskurses, die während des neoliberalen Umbaus von Gesellschaften in den letzten Jahren massiv zurückgedrängt wurden (d). Unbezahlte Sorge- und Pflegearbeiten hingegen bleiben auch 2012 im UN-Abschlussdokument, das die gewollte Zukunft für alle Menschen beschreiben soll, unerwähnt und werden nur indirekt, und zwar vermittelt über die erneute Bekräftigung anderer UN-Abkommen, integriert (e).

(a) Von den sechs Kapiteln des 53-Seiten langen Abschlussdokuments ist das Kapitel III vollständig dem Konzept der Green Economy gewidmet und bildet von Zuschnitt und Länge einen zentralen Schwerpunkt.[403] Auch außerhalb des Kapitels wird immer wieder auf das Konzept Green Economy hingewiesen (vgl. General Assembly 2012: Abs. 12, 102, 104, 135, 154). Bereits in der Kapitelüberschrift „Green economy in the context of sustainable development and poverty eradication" auf Seite 10 wird das grüne Wirtschaften inhaltlich gerahmt – es wird in den Kontext von nachhaltiger Entwicklung und Armutsbeseitigung gestellt. Genau diese Textzeile führte vielfach zu Kritik und Irritationen: Wieso steht Green Economy im Kontext von Nachhaltigkeit *und* Armutsbekämpfung? Ist Armutsbekämpfung nicht ein Bestandteil des Nachhaltigkeitskonzepts? Wird, wenn der Armuts- bzw. Entwicklungsaspekt herausgelöst wird, Nachhaltigkeit nicht wieder nur auf die ökologische Dimension reduziert? Und wenn Nachhaltigkeit additiv auf eine Stufe mit Armutsbekämpfung gestellt wird, was bildet dann zukünftig das Dach des Diskurses: „Green Economy" oder „Sustainability"? Löst das grüne Wirtschaften als Schlüsselbegriff nun nachhaltige Entwicklung ab? Haben sich damit die Ökonomik als Leitwissenschaft zur theoretischen Krisenbewältigung und ökonomische Maßnahmen als praktische Problemlösungen endgültig im Nachhaltigkeitsdiskurs durchgesetzt?

Liest man die Rahmung „Green economy in the context of sustainable development and poverty eradication" isoliert, dann könnte einiges für eine solche Diskursverschiebung von nachhaltiger Entwicklung zu grüner Ökonomie sprechen. Analysiert man die Textpassage, die im Abschlussdokument mehrfach wiederholt wird, jedoch im inhaltlichen Kontext, dann wird deutlich, dass es – zumindest auf der Ebene der internationalen Rhetorik – *gerade* um die soziale, politische und ökologische *Einbettung* von Ökonomie geht. Ausdrücklich wird festgehalten, dass *grünes Wirtschaften* eines der wichtigsten *Instrumente* ist, um das *Ziel nachhaltiger Entwicklung* zu erreichen.

> „We consider green economy in the context of sustainable development and poverty eradication *as one of the important tools* available for achieving sustainable development and that it could provide options for policymaking but should not be a rigid set of rules" (ebd.: Abs. 56; Herv. D. G.).

Grüne Ökonomie wird nachhaltiger Entwicklung untergeordnet, Politiken für grünes Wirtschaften sind Teil von Nachhaltigkeitspolitiken – nicht umgekehrt:

---

[403] Das Abschlussdokument „The future we want" (General Assembly 2012) besteht aus sechs Hauptkapiteln: I. Our common vision, II. Renewing political commitment, III. Green economy in the context of sustainable development and poverty eradication, IV. Institutional framework for sustainable development, V. Framework for action and follow-up, VI. Means of implementation.

„We affirm that policies for green economy in the context of sustainable development and poverty eradication should be guided by and in accordance with all the Rio Principles, Agenda 21 and the Johannesburg Plan of Implementation and contribute towards achieving relevant internationally agreed development goals, including the Millennium Development Goals" (ebd.: Abs. 57).[404]

Im folgenden Absatz 58 wird das Konzept der Green Economy durch 16 Unterpunkte noch genauer politisch und sozial gerahmt und eingepasst in eine Green Economy-Governance, die u. a. auf bestehendem internationalem Recht aufbauen und national-staatliche Souveränitätsrechte anerkennen und Menschenrechte respektieren soll. D. h., der Fokus der rahmenden Governance liegt nicht zuvorderst auf Aspekten des Ökonomischen: Neben dem Beitrag zum „nachhaltigen und inklusiven Wachstum" (ebd., Unterpunkt (d)), auf das ich im Folgenden eingehen werde, wird ausdrücklich gefordert, dass Politiken für grünes Wirtschaften den Wohlstand jener in der Agenda 21 benannten Gruppen (indigene Völker, Frauen, Kinder und Jugend, Kleinbauern und -bäuerinnen, Menschen, die von Subsistenz leben, Kleinunternehmer_innen etc.) mehren müssen, die von der bisherigen Art und Weise zu wirtschaften nicht profitiert haben. Die inhaltlichen Rahmungen erschöpfen sich jedoch nicht in der Forderung nach Armutsbekämpfung – wenngleich diese Forderung stark und konsistent mit dem Konzept der Green Economy verwoben wird: Sie zielen auch auf die Aufhebung von „inequalities" (General Assembly 2012: Abs. 58, Unterpunkte (n), (p)). Damit wird die grüne Ökonomie, deren Definition politisch umkämpft ist, durch die UNCSD mit Fragen von Verteilungsgerechtigkeit verbunden (siehe dazu auch die Diskursverläufe C.2.1).

Die weit verbreitete Definition von Green Economy als einer ressourcenleichten, emissions- und abfallarmen Wirtschaftsweise findet sich auch im Abschlussdokument der Rio+20-Konferenz, allerdings erst nachdem das Konzept politisch und sozial eingebettet worden ist:

> „We acknowledge that green economy in the context of sustainable development and poverty eradication will enhance our ability to *manage natural resources sustainably* and with *lower negative environmental impacts*, *increase resource efficiency* and *reduce waste*" (ebd.: Abs. 60; Herv. D. G.).

Management natürlicher Ressourcen sowie Fragen nach technologischen grünen Innovationen bzw. Technologietransfer (vgl. z. B. ebd.: Abs. 65, 66) sind somit enthalten, dominieren aber nicht den inhaltlichen Zuschnitt des von der Generalversammlung der Vereinten Nationen vertretenen Konzepts einer Green Economy, das nach den Vor- und Nachteilen grünen Wirtschaftens fragt, für einen Methodenmix aus regulierenden Vorgaben und freiwilligen Verpflichtungen plädiert und Politik für grüne Ökonomie mit Sozialpolitik in Beziehung setzt:

---

404 Vgl. als weitere Textstellenbelege auch die Absätze 59 und 66.

> "We acknowledge that it will be important to take into account the opportunities and challenges, as well as the costs and benefits, of green economy policies in the context of sustainable development and poverty eradication, using the best available scientific data and analysis. We acknowledge that a mix of measures, including regulatory, voluntary and others applied at the national level and consistent with obligations under international agreements, could promote green economy in the context of sustainable development and poverty eradication. We reaffirm that social policies are vital to promoting sustainable development" (ebd.: Abs. 63).

Allerdings findet sich im Abschlussdokument der UNCSD kein Hinweis auf das Verhältnis von Green Economy zu ‚brauner' Ökonomie, also jener auf dem Verbrauch von fossilen Rohstoffen basierenden Wirtschaftsweise. Auch die Grenzen von Ressourceneffizienz werden aller feststellbaren Reboundeffekte[405] zum Trotz nicht thematisiert. Ich werde auf beide Aspekte im Rahmen der Analyse der Diskursverläufe zurückkommen.

(b) Einer der Hauptkritikpunkte der sozialen Bewegungen an den Ergebnissen der Rio+20-Konferenz lautete, dass am alten Wachstumsparadigma ungebrochen festgehalten werde. Die Analyse des Abschlussdokuments bestätigt zunächst, dass die Staats- und Regierungsoberhäupter ohne ökonomisches Wachstum anscheinend nach wie vor keine nachhaltige Zukunft imaginieren können. An keiner Stelle ist von Schrumpfung (also von „shrinking", „negative growth" oder „de-growth") die Rede. Allerdings wird das alte Wachstumsparadigma nicht unverändert verwendet, sondern erfährt eine inhaltliche Rekonfigurierung durch Spezifizierung. Denn Wachstum kommt im Abschlussdokument nur noch an fünf Stellen als rein ökonomisches Wachstum („economic growth", vgl. General Assembly 2012: Abs. 19, 132, 205, 268, 281) vor und wird in der Mehrzahl der Nennungen durch drei Adjektive näher qualifiziert: „sustained", „inclusive" und „equitable". Dabei werden diese normativen Spezifizierungen einzeln oder in Kombination verwendet.[406] Am häufigsten wird – wie im nachfolgenden Zitat – dabei die Formulierung gewählt, die alle Qualifizierungen vereint:

> "We also reaffirm the need to achieve sustainable development by promoting *sustained, inclusive and equitable economic growth*, creating greater opportunities for all, reducing inequalities, raising basic standards of living, fostering equitable social development and inclusion, and promoting the integrated and sustainable management of natural resources and ecosystems that supports, inter alia, economic, social and human development while facilitating ecosystem conservation, regeneration and restoration and resilience in the face of new and emerging challenges" (ebd.: Abs. 4; Herv. D. G.).

---

405 Als Reboundeffekt bezeichnet man in der Ökonomie das Phänomen, dass die Produkte in ihrer Herstellung (und zum Teil auch in ihrem Verbrauch) effizienter (und teilweise auch billiger) werden, der Einspareffekt aber dadurch verloren geht, dass mehr Produkte nachgefragt und verkauft werden und so der Ressourcen- und Energieverbrauch insgesamt sogar ansteigen kann.
406 Zum Gebrauch von „sustained economic growth" vgl. die Abs. 11, 52, 56, 94, 158, 281; zum Gebrauch von „sustained and inclusive economic growth" vgl. die Abs. 6, 10, 58; zum Gebrauch von „sustained, inclusive and equitable economic growth" vgl. die Abs. 4, 61, 62, 106, 149, 150, 252.

Das neue ökonomische Wachstum soll die ökologischen Grundlagen nicht zerstören, es soll nicht nur einigen, sondern allen zugutekommen; es soll gerecht sein – bestehende Ungerechtigkeiten sollen gemindert werden. Die Formulierung erinnert an die Forderung aus dem Plan of Implementation des Johannesburg-Gipfels „Globalization should be fully inclusive and equitable" (PoI 2002: 47). Kritiker wie Brand und Görg (2002: 16) hatten, wie bereits erwähnt (siehe A.2.2), in diesem Zusammenhang vor dem Mythos der nachhaltigen Globalisierung gewarnt, mit dem bestehende Herrschaftsverhältnisse weichergezeichnet werden und der wachsende kritische Protest gegen neoliberale Politik entschärft werden könnte. Ist die Rede vom „sustained, inclusive and equitable economic growth" im Abschlussdokument der UNCSD auch nur als Greenwashing zu verstehen?

Meine Antwort darauf ist, dass wir es mit einem ambivalenten Wachstumsbegriff zu tun haben. Zwar findet sich die modernisierungstheoretische Position, dass (nur) mit ökonomischem Wachstum Armut bekämpft, Wohlstand und Entwicklung für alle erreicht werden könne, immer noch, sie tritt insbesondere im kurz gehaltenen Kapitel D zum Welthandel zutage (General Assembly 2012: Abs. 281). Bezeichnenderweise wird an dieser Stelle eingangs zwar noch von „sustained economic growth" (ebd.), dann aber nur noch von „economic growth" (ebd.) gesprochen, ohne weitere soziale und/oder ökologische Zusatzbestimmung. Zum bekannten modernisierungstheoretischen Inventar gehört ebenfalls, dass Welthandel und Handelsliberalisierung als Motor für Wachstum bezeichnet werden (vgl. ebd.). Von dieser Position ist der oben beschriebene Begriff des nachhaltigen, inklusiven und gerechten Wachstums jedoch abzugrenzen – wenngleich nicht in letzter Konsequenz im UNCSD-Dokument ausformuliert wird, was den jeweils inhaltlichen Kern der Nachhaltigkeit, der Inklusion und der Gerechtigkeit von Wachstum ausmacht. Diese Begriffe gilt es mit Inhalten zu füllen, so wie die inhaltliche Füllung von Nachhaltigkeit als doppeltem Gerechtigkeitskonzept nach Ott und Döring (2008) auch geleistet werden musste bzw. muss (siehe B.IV.2).

So wie das Konzept der Green Economy als Teil von Nachhaltigkeitspolitiken konzeptualisiert wird, so wird auch das grüne und inklusive Wachstum als ein Mittel für Nachhaltigkeit präsentiert (General Assembly 2012: Abs. 10). Die Umkehr der Prioritäten, Ökonomie als Mittel (und nicht als Zweck) zu begreifen, wie sie feministische und integrative Ansätze im Nachhaltigkeitsdiskurs gefordert haben, lässt sich ansatzweise im Abschlussdokument der UNCSD nachweisen; sie wird nicht zuletzt diskursiv gestärkt durch die Verbindung mit der Forderung nach Sicherung der Livelihoods, die das Ökonomieverständnis der UNCSD ebenfalls prägt:

> „We recognize that many people, especially the poor, depend directly on ecosystems for their livelihoods, their economic, social and physical well-being, and their cultural heritage. For this reason, it is essential to generate decent jobs and incomes that decrease dis-

1. Die UN-Konferenz für nachhaltige Entwicklung von 2012: „The future we want"

parities in standards of living in order to better meet people's needs and promote sustainable livelihoods and practices and the sustainable use of natural resources and ecosystems" (ebd.: Abs. 30).

(c) Ökonomisches Wachstum und ökonomische Entwicklung werden zudem mit Fragen nach sozialer Sicherheit gekoppelt. Einen neuen Aspekt, der in dieser Formulierung bisher nicht in den Dokumenten des politisch-institutionellen Nachhaltigkeitsdiskurses auftauchte, stellt die Forderung nach „social protection floors" (SPFs) dar.

> „We reaffirm the importance of supporting developing countries in their efforts to eradicate poverty [...], including [...] promoting full and productive employment and decent work for all, complemented by *effective social policies, including social protection floors*, with a view to achieving the internationally agreed development goals, including the Millennium Development Goals" (General Assembly 2012: Abs. 23; Herv. D. G.).

Bei den SPFs handelt es sich um ein Konzept, das maßgeblich vom United Nations Chief Executives Board for Coordination (UNCEB) geprägt wurde:

> „Social protection floors are nationally defined sets of basic social security guarantees that should ensure, as a minimum that, over the life cycle, all in need have access to essential health care and to basic income security which together secure effective access to goods and services defined as necessary at the national level" (GESS 2012: o. S.).

Den normativen Bezugsrahmen für die Anerkennung grundlegender sozialer Rechte wie die SPFs[407] stellen die Allgemeine Erklärung der Menschenrechte, der Internationale Pakt über wirtschaftliche, soziale und kulturelle Rechte sowie die Abkommen der Internationalen Arbeitsorganisation wie z. B. der Konvention 102 zu Mindeststandards für Soziale Sicherung dar.

Doch in der Aufnahme der Forderung nach SPF materialisiert sich nicht nur der steigende Einfluss der Internationalen Arbeitsorganisation auf den Nachhaltigkeitsdiskurs, sondern auch das wochenlange Lobbying der zivilgesellschaftlichen Gruppen, allen voran der Major Group der Frauen und innerhalb der Gruppe insbesondere der Frauenorganisationen des globalen Südens.

(d) Die Forderung nach guter, menschenwürdiger Arbeit („decent work") – einschließlich der sich daraus ableitenden Verpflichtung, entsprechend angemessene Arbeitsplätze („decent jobs") zu schaffen – zieht sich wie ein roter Faden durch das Abschlussdokument der Rio+20-Konferenz (vgl. General Assembly 2012: Abs. 23, 30, 56, 130, 135, 147, 148, 152, 153, 154, 158). Damit wird auch im Nachhaltigkeitsdiskurs ein Konzept verankert und als internationaler Konsens bestätigt, das Ende der 1990er-Jahre maßgeblich von der Internationalen Arbeitsorganisation (ILO) entwickelt worden ist: das Konzept der menschen-

---

[407] Daher hätte dieser Abschnitt auch im Kapitel zu Gerechtigkeitsverständnissen analysiert werden können. Da die Forderung nach Bedingungslosem Grundeinkommen aber auch unter dem Dach der Ökonomieverständnisse untersucht wurde, habe ich mich im Fall von SPFs ebenfalls dafür entschieden.

würdigen Arbeit für alle (vgl. ILO 1999). Bereits 1998 hatte die ILO mit den Kernarbeitsnormen einen internationalen Referenzrahmen für Mindeststandards in der Arbeitswelt geschaffen. Im Januar 2008 wurde die „Schaffung menschenwürdiger Arbeit" als Unterziel in die Millenniumsentwicklungsziele (MDGs) aufgenommen. Mit der Verabschiedung der *Decent Work Agenda* 1999 bekräftigte, schärfte und bündelte die ILO ihre eigene Programmatik und ihre bisherige Arbeit: Ziel der Agenda für menschenwürdige Arbeit ist es, dass alle Menschen unter angemessenen Bedingungen, gegen angemessene Bezahlung und zu angemessenen Zeiten arbeiten. Neben der Achtung der Kernarbeitsnormen und der Einhaltung der Arbeitsrechte formuliert die ILO in ihrer Decent Work Agenda als weitere Ziele mehr und bessere Beschäftigung, Auf- und Ausbau der sozialen Sicherung für alle sowie einen sozialen Dialog über die Gestaltung der Arbeitsbedingungen zwischen Arbeitgebern und Gewerkschaften.[408]

Im Abschlussdokument der UNCSD wird das Konzept der menschenwürdigen Arbeit der ILO nun mit dem Konzept der Green Economy der UNEP in Beziehung gesetzt:

> „We recognize that opportunities for decent work for all and job creation can be generated through [...] public works in restoring, regenerating and conserving natural resources and ecosystems, and social and community services. We are encouraged by government initiatives to create jobs for poor people in restoring and managing natural resources and ecosystems" (General Assembly 2012: Abs. 154).

Die Forderung nach menschenwürdiger, guter, angemessener Arbeit (als Qualität von Erwerbsarbeit) wird hier verbunden mit ökologischen und (weiteren) sozialen Inhalten. Eine Ökonomie, die sich an Nachhaltigkeit und Armutsbekämpfung orientiert, braucht Arbeiten im Bereich der Regeneration, des Erhaltens und Managens natürlicher Ressourcen und Ökosysteme einerseits und in sozialen und kommunalen Diensten andererseits. Gefördert werden sollen diese nachhaltigen Arbeiten als öffentliche Arbeiten („public works"; ebd.) unter besonderer Berücksichtigung gerade armer Menschen („create jobs for poor people"; ebd.).

Neben armen Menschen sind es insbesondere junge Menschen, für die angemessene, gute und sinnvolle Arbeitsmöglichkeiten laut UNCSD geschaffen werden müssen (vgl. z. B. ebd.: Abs. 24). Das Eintreten für Decent Work steht damit sowohl in enger Verbindung mit der Forderung, konzertierte Anstrengungen zur

---

[408] Die vier Ziele lauten im Original: „*1. Creating Jobs* – an economy that generates opportunities for investment, entrepreneurship, skills development, job creation and sustainable livelihoods; *2. Guaranteeing rights at work* – to obtain recognition and respect for the rights of workers. All workers, and in particular disadvantaged or poor workers, need representation, participation, and laws that work for their interests; *3. Extending social protection* – to promote both inclusion and productivity by ensuring that women and men enjoy working conditions that are safe, allow adequate free time and rest, take into account family and social values, provide for adequate compensation in case of lost or reduced income and permit access to adequate healthcare; *4. Promoting social dialogue* – involving strong and independent workers' and employers' organizations is central to increasing productivity, avoiding disputes at work, and building cohesive societies" (ILO 1999: o. S.; Herv. D. G.).

Überwindung von Armut zu unternehmen, als auch mit dem Ziel, insbesondere die Jugendarbeitslosigkeit[409] zu überwinden.

(e) Wenn im Abschlussdokument von Rio+20 von menschenwürdiger, guter Arbeit die Rede ist, dann ist Erwerbsarbeit gemeint – mit einer Ausnahme: Im Absatz 153 wird die informelle unbezahlte, meist von Frauen geleistete Arbeit als Beitrag zu menschlichem Wohlbefinden und nachhaltiger Entwicklung gewürdigt:

> „We also recognize that informal unpaid work, performed mostly by women, contributes substantially to human well-being and sustainable development" (General Assembly 2012: Abs. 153).

Die sich im gleichen Absatz daran anschließende Forderung „[i]n this regard, we commit to work towards safe and decent working conditions and access to social protection and education" enthält jedoch keine Unterstützung für eine nachhaltige Gestaltung der unbezahlten Care-Ökonomie, wie sie von der Women's Major Group in einer Intervention vom 4.6.2012 gefordert wurde.[410] In ihr lässt sich vielmehr der Gedanke, informelle, ungeschützte in formelle, geschützte Arbeitsverhältnisse umzuwandeln, ablesen – eine Strategie, die auch schon zehn Jahre zuvor im Plan of Implementation 2002 in Johannesburg verfolgt wurde.

Doch auch wenn explizit Bezüge auf „care work" oder „reproductive work", „domestic tasks" oder „child and elderly care" im Abschlussdokument der UNCSD fehlen und diese Arbeiten mit keinem Wort erwähnt werden, sind sie implizit über die Bestätigung vorangegangener internationaler Dokumente und Vereinbarungen enthalten. Hierzu zählen neben der Bezugnahme auf die Agenda 21 insbesondere die Bestätigung der Dokumente der 4. Weltfrauenkonferenz in Peking, in denen ausdrücklich ein Aufbrechen der vergeschlechtlichten Arbeitsteilung gefordert wird (vgl. General Assembly 2012: Abs. 16). Die gemeinsame Verantwortlichkeit für die Familie (inklusive der damit anfallenden Care-Arbeiten) wird in der Deklaration von Peking nicht nur als Gerechtigkeitsfrage auf der Ebene der Subjekte konzeptionalisiert, sondern auch als demokratietheoretische Frage der gesellschaftlichen Teilhabe und Verantwortung:

> „Equal rights, opportunities and access to resources, *equal sharing of responsibilities for the family by men and women*, and a harmonious partnership between them are critical to their well-being and that of their families as well as to *the consolidation of democracy*" (Peking Declaration 1995: Abs. 15; Herv. D. G.).

Dieses Verständnis ist implizit nun auch im Nachhaltigkeitsdiskurs verankert.

---

409 Jugendarbeitslosigkeit ist auch eines der drängendsten Probleme in Europa, vgl. Statista (2013).
410 „There is a deadlock/little progress on the chapter regarding the ‚green economy'. The Women's Major Group has called from the very beginning for support for the Care Economy. Moving away from the ‚care-less' economy, in which women's contributions to the economy are not valued and invisible, to an economy where all countries have ensured a social protection floor" (Sascha Gabizon in einer Email über die Liste der Women's Major Group vom 4.6.2012).

1.3 Politikverständnis

Die Staats- und Regierungschefs bekennen sich im Abschlussdokument erneut zum Multilateralismus und betonen die Wichtigkeit der Stärkung der internationalen Kooperation (a). Auch der Multi-Stakeholder-Ansatz wird bestätigt und weiter ausgebaut durch die zusätzliche Einbeziehung von Stakeholdern, die nicht zu den bereits in der Agenda 21 genannten Major Groups gehören (b). Ein Schwerpunkt liegt auf den institutionellen Reformen, die das UN-System selbst betreffen: U. a. soll das bestehende Umweltprogramm der Vereinten Nationen (UNEP) gestärkt und aufgewertet werden (c). Die Bedeutung von Demokratie für eine nachhaltige Entwicklung wird stärker als in bisherigen Dokumenten im internationalen Nachhaltigkeitsdiskurs herausgestrichen (d).

(a) Das Abschlussdokument spiegelt die Überzeugung wider, dass die Herausforderungen einer sozial-ökologischen Transformation in Richtung nachhaltiger Entwicklung verstärkte internationale Zusammenarbeit erfordern, nicht zuletzt um Entwicklungsländern bei den Transformationsprozessen zu unterstützen:

> „We reaffirm our commitment to strengthen international cooperation to address the persistent challenges related to sustainable development for all, in particular in developing countries" (General Assembly 2012: Abs. 11).

Die Stärkung internationaler Zusammenarbeit wird für die verschiedensten Handlungsfelder gefordert – angefangen von der Bereitstellung und Etablierung technischer Infrastruktur im Bereich der globalen Informations- und Kommunikationstechnologie (vgl. ebd.: Abs. 44), über Handel (vgl. ebd.: Abs. 110) bis hin zu Fragen der Finanzierung von Maßnahmen zum Capacity-Building (vgl. ebd.: Abs. 19, 58(f)). Besonders herausgehoben wird die Relevanz internationaler Kooperation noch einmal mit Blick auf die Umsetzung der Konventionen, die 20 Jahre zuvor, auf der UN-Konferenz für Umwelt und Entwicklung von 1992 in Rio de Janeiro beschlossen worden waren:

> „We recognize the importance of the three Rio conventions for advancing sustainable development, and in this regard we urge all parties to fully implement their commitments under the United Nations Framework Convention on Climate Change, the Convention on Biological Diversity and the United Nations Convention to Combat Desertification in Those Countries Experiencing Serious Drought and/or Desertification, Particularly in Africa, in accordance with their respective principles and provisions, as well as to take effective and concrete actions and measures at all levels and enhance international cooperation" (General Assembly 2012: Abs. 17).

Mit Blick auf den weiteren Prozess einigten sich die Staats- und Regierungschefs darauf, bis 2014 universell gültige Nachhaltigkeitsziele (Sustainable Development Goals, SDGs) auszuarbeiten. Als Ausdruck des gemeinsamen Gestaltungswillens lässt sich auch der Titel der Abschlusskonferenz „The future we want" lesen. Dieser fügt sich nicht nur ein in eine Reihe der emphatischen Titel von internationalen Dokumenten wie beispielsweise dem ähnlich klingenden Brundtland-Bericht Titel „Our common future". Er ist auch vom Optimismus geprägt, dass immer noch die Möglichkeit existiert, durch gemeinsame politische Entscheidungen Einfluss auf die Gestaltung gesellschaftlicher Naturverhältnisse zu nehmen.

(b) Im Kapitel II, das die Bekräftigung der bestehenden internationalen Beschlüsse im Titel trägt („Renewing political committment") werden im Unterkapitel C „Engaging major groups and other stakeholders" auch die bereits in der Agenda 21 relevanten Gruppen erneut als wichtige Akteure für eine nachhaltige Entwicklung genannt: Frauen, Kinder und Jugendliche, Indigene, Nichtregierungsorganisationen, Kommunen, Gewerkschaften, Wirtschaft und Industrie, Wissenschaft, Bauern und Bäuerinnen. Wie auch in bisherigen Nachhaltigkeitsdokumenten der UN finden sich Verweise auf diese Gruppen im gesamten Dokument – die Rechte von Frauen, von Kindern und Jugendlichen sowie von indigenen Völkern finden besonders häufig Erwähnung. Neu ist, dass neben die altbekannten, wichtigen Akteursgruppen zusätzliche Stakeholder treten: Im Abschlussdokument (General Assembly 2012: Abs. 43) wird die aktive Einbeziehung in Planungs- und Entscheidungsprozesse für eine nachhaltige Entwicklung von Freiwilligen/bürgerschaftlich engagierten Menschen, von Bürgerstiftungen, Migrant_innen und Familien, älteren Menschen und Menschen mit Behinderung explizit gefordert. Partizipation erstreckt sich im hier artikulierten inklusiven Verständnis damit auf alle Gruppen der Zivilgesellschaft. Ausdrücklich wird darauf hingewiesen, dass die Erfahrungen aller Stakeholder über die verschiedenen politischen Ebenen Berücksichtigung finden sollen (vgl. ebd.: Abs. 85(h)). Die Idee des Von-einander-Lernens findet sich ebenso wie der Verweis auf bereits gemachte positive Erfahrungen (vgl. ebd.: Abs. 64). Austausch, Verständigung und Dialog, die Einbeziehung aller Perspektiven auf allen Ebenen – die Rio+20-Konferenz treibt den Multi-Stakeholder-, Multilevel-Governance-Ansatz ein weiteres Stück voran.

(c) Bereits während der Vorbereitungen war deutlich geworden, dass neben der Green Economy (als *das* bestimmende Thema der Konferenz) der zweite wichtige Schwerpunkt der Rio+20-Konferenz auf institutionellen Reformen liegen würde, die den UN-eigenen Nachhaltigkeitsbereich betreffen. Zwar wurde das Umweltprogramm der Vereinten Nationen nicht zu einer eigenen Organisation umgebaut, allerdings wurde beschlossen, die UNEP durch die Einführung einer universellen Mitgliedschaft und durch verbesserte Finanzierung zu stärken und aufzuwerten.

Die Notwendigkeit, Effizienz und Effektivität des UN-Systems zu stärken, findet sich an verschiedenen Stellen des Abschlussdokuments:

> „We acknowledge the vital importance of an inclusive, transparent, reformed, strengthened and effective multilateral system in order to better address the urgent global chal-

lenges of sustainable development today, recognizing the universality and central role of the United Nations and reaffirming our commitment to promote and strengthen the effectiveness and efficiency of the United Nations system" (General Assembly 2012: Abs. 77).

Entsprechend wurde beschlossen, „die seit einiger Zeit ineffizient arbeitende Nachhaltigkeitskommission der Vereinten Nationen (CSD) durch ein höherrangiges UN-Nachhaltigkeitsforum zu ersetzen" (BMU 2012: o. S.; vgl. dazu General Assembly 2012: Abs. 84, 85, 86). Die Reformen des UN-Systems im Bereich Nachhaltigkeit werden kombiniert mit einer Betonung der zentralen Rolle der Generalversammlung als „chief deliberative, policymaking and representative organ of the Unite Nations" (ebd.: Abs. 81) und der expliziten Einbeziehung des Wirtschafts- und Sozialrats der Vereinten Nationen in eine Nachhaltigkeits-Governance-Architektur – zusammen mit dem neuen „high-level political forum" (ebd.).

(d) Die Bedeutung von Demokratie für nachhaltige Entwicklung erhält im Abschlussdokument der Rio+20-Konferenz mehr Gewicht als in bisherigen Dokumenten des politisch-institutionellen Nachhaltigkeitsdiskursstrangs. Demokratie wird nicht als ein Punkt unter vielen aufgezählt, sondern erhält – wie im folgenden zehnten Absatz – in der Aufzählung erste Priorität:

> „We acknowledge that *democracy*, good governance and the rule of law, at the national and international levels, as well as an enabling environment, are essential for sustainable development, including sustained and inclusive economic growth, social development, environmental protection and the eradication of poverty and hunger. We reaffirm that, to achieve our sustainable development goals, we need institutions at all levels that are effective, transparent, accountable and democratic" (General Assembly 2012: Abs. 10; Herv. D. G.).

„[D]emocratic governance" wird, ähnlich wie auch schon in der Agenda 21 (BMU 1992a: Abs. 33.14(a)(iii)), auch für den Finanzbereich gefordert (vgl. General Assembly 2012: Abs. 258).

1.4 Gerechtigkeitsverständnis

Mit Blick auf das Gerechtigkeitsverständnis der UNCSD von 2012 lässt sich feststellen, dass die Gleichrangigkeit und Zusammengehörigkeit von intra- und intergenerativer Gerechtigkeit bestätigt wird – unter Verweis auf die gemeinsame, aber differenzierte Verantwortung der Industrieländer (a). Die Anerkennung der Wichtigkeit von Geschlechtergerechtigkeit für nachhaltige Entwicklung spiegelt sich ebenfalls im Dokument wider. Allerdings sind die reproduktiven Rechte von Frauen nur implizit und nicht explizit enthalten (b). Insgesamt finden sich aber im Vergleich zu den vorherigen Nachhaltigkeitsdokumenten der UN verstärkt Bezüge auf Menschenrechte der unterschiedlichen Generationen (c). In Kontinuität mit der Johannesburg-Deklaration sind die Verweise auf den Vorsorgeansatz (d) und die Unternehmensverantwortung (e) zu sehen. Wie sehr das Abschlussdokument „The future we want" (General Assembly 2012) ein Spiegel der aktuellen Diskurse ist, zeigen die Ausführungen zu den Diskussionen um „verantwortliche Agrarinvestitionen" und Konzepten wie dem Buen Vivir, das Natur als Trägerin von Rechten begreift und damit einen Wandel hin zu einer biozentrischen Perspektive eröffnet (g).

(a) Bereits der allererste Absatz erneuert das doppelte Verständnis von intra- und intergenerativer Gerechtigkeit. Hervorzuheben ist, dass die ökonomische, die soziale und die ökologische nachhaltige Zukunft an erster Stelle dem Planeten selbst gilt – danach erst heutigen und zukünftigen Generationen:

> „We, the Heads of State and Government and high-level representatives, having met at Rio de Janeiro, Brazil, from 20 to 22 June 2012, with the full participation of civil society, renew our commitment to sustainable development and to ensuring the promotion of an economically, socially and environmentally sustainable future for our planet and for present and future generations" (General Assembly 2012: Abs. 1).

Dieser emphatische Bezug kann ggf. im Zusammenhang mit der neuen Perspektive auf die Rechte von Natur gelesen werden (siehe dazu auch Abschnitt (g)). Er verweist aber auch in der Tradition der „Raumschiff Erde"-Metapher, die die Endlichkeit des Planeten, die Begrenztheit seiner Ressourcen betont und gerade daraus die Gerechtigkeitsforderung, diese auch für kommende Generationen zu bewahren, ableitet. Die Gleichrangigkeit und Zusammengehörigkeit der beiden Gerechtigkeitsformen wird an verschiedenen Stellen des Dokuments über die immer wiederkehrende Formulierung der „present und future generations" ausgedrückt, deren Interessen und Bedürfnisse gleichermaßen berücksichtigt werden sollen.

Die Maßnahmen zum Klimaschutz, die heutigen und künftigen Generationen zugutekommen sollen, werden dabei verbunden mit dem Hinweis auf die gemeinsame, aber differenzierte Verantwortung:

> „We recall that the United Nations Framework Convention on Climate Change provides that parties should protect the climate system for the benefit of present and future generations of humankind on the basis of equity and in accordance with their common but differentiated responsibilities and respective capabilities" (ebd.: Abs. 191).

Bereits zuvor wurden nicht nur alle Prinzipien der Rio-Deklaration von 1992 bekräftigt, sondern das Prinzip der gemeinsamen, aber differenzierten Verantwortung wurde ausdrücklich hervorgehoben:

> „We reaffirm all the principles of the Rio Declaration on Environment and Development, 3 including, inter alia, the principle of common but differentiated responsibilities, as set out in principle 7 thereof" (ebd.: Abs. 15).

Damit wird auch 20 Jahre später der notwendige Ausgleich zwischen Staaten des globalen Nordens und des globalen Südens betont.

(b) Im Abschlussdokument der Rio+20-Konferenz wird nicht nur allgemein die Wichtigkeit von „gender equality" und „women's empowerment" (General Assembly 2012: Abs. 8) für die nachhaltige Entwicklung betont. Neben der Verpflichtung, für gleiche Rechte und politische Teilhabe zu sorgen, sowie Frauen „leadership in the economy, society and political decision-making" (Abs. 31) zu ermöglichen, wird insbesondere der Zugang zu Ressourcen wie Energie (Abs. 125) oder Land (Abs. 240) in seiner Bedeutung für bestehende Geschlechterverhältnisse reflektiert. Zugang zu Bildung wird als Ziel und Instrument für nachhaltige Entwicklung im Allgemeinen und für Geschlechtergerechtigkeit im Besonderen konzeptualisiert:

> „We further reaffirm that full access to quality education at all levels is an essential condition for achieving sustainable development [...], gender equality and women's empowerment, as well as human development, for the attainment of the internationally agreed development goals, including the Millennium Development Goals, and for the full participation of both women and men, in particular young people" (ebd.: Abs. 229).

Während die Aufnahme des Konzepts der „social protection floors" (siehe auch C.1.2) auch als Erfolg der Interventionen der Women's Major Group gewertet wurde, mussten die Frauenlobby-Organisationen beim Kampf um die explizite Bestätigung der Anerkennung der „Sexuellen und reproduktiven Gesundheit und Rechte (SRGR)" als spezifische Frauenrechte eine Niederlage einstecken.

1994 hatte sich die Staatengemeinschaft (mit Ausnahme des Vatikans) auf der UN-Konferenz zu Bevölkerung und Entwicklung (ICPD) in Kairo auf das Konzept der reproduktiven Gesundheit und Rechte geeinigt[411] (vgl. DGVN 1994, Kapitel 7: 46ff.). Dieses Konzept, das sexuelle Gesundheit ausdrücklich miteinschließt, stützt sich auf das Grundrecht aller Paare und Individuen, eigenverantwortlich über Anzahl, Geburtenabstand und Zeitpunkt der Geburt der Kinder zu entscheiden – frei von Diskriminierung, Zwang und Gewalt unter Berücksichtigung der Bedürfnisse ihrer bereits lebenden und zukünftigen Kinder sowie ihrer Verpflichtungen gegenüber der Gemeinschaft (vgl. ebd., 7.2 und 7.3). Die repro-

---

411 Während das Kairoer Aktionsprogramm eine Definition reproduktiver Gesundheit (einschließlich sexueller Gesundheit) und reproduktiver Rechte enthält, sind sexuelle Rechte nicht explizit enthalten. Die Deutsche Stiftung Weltbevölkerung (2014) weist darauf hin, dass eine Einigung bisher nicht zustande gekommen sei, da sexuelle Rechte Aspekte berührten, die viele Staaten nicht akzeptieren wollten, obwohl sie sich aus den Menschenrechten ableiten ließen: „Laut WHO gehört hierzu gehört das Recht, die eigene Sexualität einvernehmlich mit dem Partner oder der Partnerin frei von Diskriminierung und ohne gesundheitliche und rechtliche Risiken leben zu können – unabhängig von Geschlechtsidentität und sexueller Orientierung. Als Bestandteil sexueller Rechte sollte außerdem jeder Mensch frei darüber entscheiden können, ob, wann und mit wem er eine Ehe eingehen oder eine Familie gründen möchte – ohne bereits als Kind verheiratet zu werden. Auch die körperliche Unversehrtheit, insbesondere das Unterlassen von Genitalverstümmelung und geschlechtsbasierter Gewalt, ist Bestandteil sexueller Rechte" (ebd.).

duktiven Rechte lassen sich vom bestehenden Menschenrecht ableiten, dass jeder Mensch ein Recht auf bestmögliche Gesundheit und ein selbstbestimmtes Leben hat, das das Recht, frei über den eigenen Körper und die eigene Sexualität zu bestimmen, miteinschließt. Um explizit die Nichtverhandelbarkeit der reproduktiven und sexuellen Rechte zu betonen,[412] hatte die Independent Commission on Population and Quality of Life (ICPQL) 1998 im Anschluss an die ICPD (1994) in Kairo und die Weltfrauenkonferenz in Peking (1995) vorgeschlagen, ihnen den Status von Menschenrechten zu verleihen. Dass sie nicht von allen Staaten[413] als selbstverständliche Rechte für Frauen angesehen werden, zeigte sich in den Auseinandersetzungen 2012 auf der Rio+20-Konferenz um das Wort „rights". Zwar bekräftigt das Abschlussdokument „The future we want" die Ergebnisse und Beschlüsse der UN-Konferenzen in Kairo und Peking – implizit sind damit die reproduktiven Rechte auch in diesem Nachhaltigkeitsdokument enthalten. Als Formulierung findet sich allerdings nur der Hinweis auf „reproduktive" und „sexuelle Gesundheit":

> „We call for the full and effective implementation of the Beijing Platform for Action and the Programme of Action of the International Conference on Population and Development, and the outcomes of their review conferences, including the commitments leading to sexual and reproductive health and the promotion and protection of all human rights in this context. We emphasize the need for the provision of universal access to reproductive health, including family planning and sexual health, and the integration of reproductive health into national strategies and programmes" (General Assembly 2012: Abs. 145).

> „We commit to reduce maternal and child mortality and to improve the health of women, youth and children. We reaffirm our commitment to gender equality and to protect the rights of women, men and youth to have control over and decide freely and responsibly on matters related to their sexuality, including access to sexual and reproductive health, free from coercion, discrimination and violence. We will work actively to ensure that health systems provide the necessary information and health services addressing the sexual and reproductive health of women, including by working towards universal access to safe, effective, affordable and acceptable modern methods of family planning, as this is essential for women's health and advancing gender equality" (ebd.: Abs. 146).

Eine explizite Nennung gibt es weder von „reproduktiven Rechten" noch von „sexuellen Rechten". Dass die zitierten Abschnitte zu diesem Themenkomplex im Dokument dennoch recht ausführlich ausgefallen sind, ist der Lobbyarbeit

---

412 Die ICPQL (1998: 281) forderte dringende Maßnahmen in Bezug auf verschiedene Praktiken, die derzeit die reproduktiven Rechte von Frauen und Mädchen beschneiden und verletzen: die Tötung von weiblichen Säuglingen; die Abtreibung von weiblichen Föten nach durchgeführter vorgeburtlicher Geschlechtsbestimmung; Genitalverstümmelung von Mädchen; sexueller Missbrauch von Mädchen und Jungen; Frauen- und Mädchenhandel, häufig verbunden mit Zwangsprostitution; Missachtung der besonderen Rechte von Frauen während und nach der Menopause im Gesundheitswesen; Kinderheirat sowie erzwungener Geschlechtsverkehr mit Minderjährigen.

413 Der Widerstand wurde von einer Gruppe aus dem Vatikan, aus katholisch geprägten Ländern wie Polen, Malta und Irland, von evangelikalen Kräften aus den USA sowie aus islamisch geprägten Staaten wie dem Sudan, Iran und Somalia geleistet.

von Frauenorganisationen und all jenen Staats- und Regierungshäuptern geschuldet, die nicht hinter den ehemaligen internationalen Konsens zurückfallen wollten.

(c) Die Forderungen im Vorfeld der Konferenz, Nachhaltigkeitsfragen in den Kontext von Menschenrechten zu stellen und an diesen auszurichten, haben ihren Niederschlag im Dokument gefunden. Es wird auf Menschenrechte allgemein verwiesen, Staaten wird für ihre Anerkennung, ihren Schutz und ihre Umsetzung die Verantwortung abverlangt (Abs. 9), und es werden spezifische Menschenrechte wie das Recht auf Ernährung (Abs. 108), auf sauberes Trinkwasser und sanitäre Versorgung (Abs. 121), auf Gesundheitsversorgung (Abs. 138) und auf Bildung (Abs. 229) aufgegriffen. Damit enthält das Abschlussdokument der Rio+20-Konferenz sowohl negative Freiheitsrechte, also jene Abwehrrechte der Individuen gegen Staaten, als auch soziale Gewährleistungsrechte der zweiten Generation. Kollektivrechte für Frauen, Jugendliche/Kinder und Indigene sind ebenfalls Bestandteil des Dokuments wie auch das Recht auf Entwicklung als Recht der dritten Menschenrechtsgeneration. Auf die bemerkenswerte Weiterentwicklung, die sich mit Blick auf ökologische Rechte bzw. Rechte der Natur im Abschlussdokument finden lässt, gehe ich im letzten Abschnitt dieses Kapitels noch einmal gesondert ein.

(d) In den Zusammenhang der Weiterentwicklung des internationalen Umweltrechts gehört auch, dass der vorsorgende Umweltschutz Bestandteil des Abschlussdokuments der Rio+20-Konferenz ist. Das Vorsorge*prinzip* („precautionary principle") ist indirekt in Absatz 15 durch die Bestätigung der Prinzipien der Rio-Deklaration von 1992[414] enthalten. Explizit findet sich der Vorsorge*ansatz* („precautionary approach") in Absatz 158 zur Gestaltung der Fischerei wieder:

> „We therefore commit to protect, and restore, the health, productivity and resilience of oceans and marine ecosystems, to maintain their biodiversity, enabling their conservation and sustainable use for present and future generations, and to effectively apply an ecosystem approach and the *precautionary approach* in the management, in accordance with international law, of activities having an impact on the marine environment, to deliver on all three dimensions of sustainable development" (General Assembly 2012: Abs. 158; Herv. D. G.).

sowie in Absatz 167, in dem der Umgang mit Umwelteinflüssen auf die Ozeane thematisiert wird:

> „We stress our concern about the potential environmental impacts of ocean fertilization. In this regard, we recall the decisions related to ocean fertilization adopted by the relevant intergovernmental bodies, and resolve to continue addressing ocean fertilization with utmost caution, consistent with the *precautionary approach*" (ebd.: Abs. 167; Herv. D. G.).

---

414 Siehe zum Vorsorgeprinzip in der Rio-Deklaration B.I.2.4.

Schadensvermeidung statt Schadensbehebung soll damit explizit in diesen Bereichen zur Richtschnur von politischem und ökonomischem Handeln werden.

(e) Auch das Thema Unternehmensverantwortung (Corporate-Social-Resonsibility), das eines der wichtigen und neuen Themen des Johannesburg-Gipfels war, wurde wieder aufgegriffen und auch im Abschlussdokument der Rio+20-Konferenz verankert (vgl. General Assembly 2012: Abs. 46) und wird im Zusammenhang mit der ebenfalls erneuten Anerkennung der Relevanz der Public-Private-Partnerships für die Umsetzung einer nachhaltigen Entwicklung genannt. Neben dem allgemeinen Bezug auf Corporate-Social-Resonsibility gibt es Überlegungen für Kontrollmechanismen für verantwortungsbewusste Fischerei:

> „We urge States parties to the 1995 Agreement for the Implementation of the Provisions of the United Nations Convention on the Law of the Sea of 10 December 1982 relating to the Conservation and Management of Straddling Fish Stocks and Highly Migratory Fish Stocks to fully implement that Agreement and to give, in accordance with Part VII of the Agreement, full recognition to the special requirements of developing States. Furthermore, we call upon all States to implement the Code of Conduct for Responsible Fisheries and the international plans of action and technical guidelines of the Food and Agriculture Organization of the United Nations" (ebd.: Abs. 169).

Lode und Schaub (2012: 1) sehen in diesem Absatz positive Perspektiven für den Themenkomplex „Ozeane und Meere", da die Fortentwicklung des Seerechtsübereinkommens der Vereinten Nationen (United Nations Convention on the Law of the Sea, UNLOS) an einen konkreten Zeitplan gebunden und die Erarbeitung eines Katalogs globaler Nachhaltigkeitsziele (Sustainable Development Goals, SDGs) vorgesehen wird. Mit einem eigenen SDG zur marinen Umwelt „könnten Lücken in der völkerrechtlichen Regelung von Fragen der Hohen See beseitigt werden" (ebd.). So könnte es gelingen, die Ausbeutung der Hohen See, „an der die Länder ein gestiegenes Interesse haben, an gewisse Mindestanforderungen" zu knüpfen „und Kontrollmechanismen" zu unterwerfen (ebd.).

(f) Wie sehr die internationalen Nachhaltigkeitsdokumente die jeweils virulenten Diskurse spiegeln und selbst beeinflussen, zeigt die Aufnahme der Forderung nach „verantwortungsbewussten Investitionen im Agrarbereich" (General Assembly 2012: Abs. 115). Der Themenkomplex ist hochumstritten und die Definition dessen, was „verantwortliche Agrarinvestitionen" genau auszeichnet, ist Gegenstand diskursiver Kämpfe. Unter der Federführung der Weltbank, die dafür ein Mandat der G20 bekam, wurden sieben Prinzipien „Principles for Responsible Agricultural Investment (PRAI)" (UNCTAD 2013) formuliert, die auch für großflächige Land-Akquisitionen gelten sollen und von unabhängigen entwicklungspolitischen Organisationen wie Oxfam heftig kritisiert werden. Obwohl die Ernährungs- und Landwirtschaftsorganisation der Vereinten Nationen (FAO) auch an der Erarbeitung dieser RAI-Prinzipien beteiligt war, hat sie nach weiteren Studien und auf Kritik reagierend eine Arbeitsgruppe des Committee on

World Food Security (CFS) beauftragt, ebenfalls „Principles for Responsible Investment in Agriculture and Food Systems" zu erarbeiten. Auf diese Diskussionsprozesse nimmt der folgende Absatz des Abschlussdokumentes der Rio+20-Konferenz Bezug:

> „We reaffirm the important work and inclusive nature of the Committee on World Food Security, including through its role in facilitating country-initiated assessments on sustainable food production and food security, and we encourage countries to give due consideration to implementing the Committee on World Food Security Voluntary Guidelines on the Responsible Governance of Tenure of Land, Fisheries and Forests in the Context of National Food Security. *We take note of the ongoing discussions on responsible agricultural investment in the framework of the Committee on World Food Security, as well as the principles for responsible agricultural investment*" (General Assembly 2012: Abs. 115; Herv. D. G.).

Ich habe in der Analyse des Ökonomieverständnisses gezeigt, dass das Abschlussdokument der Rio+20-Konferenz sich zunehmend stärker an den Konzepten der ILO orientiert, während der Einfluss der WTO (anders als bei der Johannesburg-Konferenz) abnimmt. Mit Blick auf die „responsible agricultural investments (rai)" lässt sich eine vergleichbare Tendenz nachzeichnen: Unterstützung erfährt die Politik der FAO und nicht die der Weltbank.

(g) Im Rahmen der bisherigen Analyse des Politikverständnisses, das das Abschlussdokument der Rio-20-Konferenz prägt, habe ich bereits die verstärkt inklusive und auf Demokratie ausgerichtete Perspektive aufgezeigt. Diese diskursiven Veränderungen setzen sich mit Blick auf das Naturverständnis fort. Mit dem Verweis auf das Buen Vivir hat eine neue Rechtsperspektive Eingang in ein UN-Dokument gefunden: Natur wird als Trägerin von Rechten in der Verfassung von Ecuador konzeptualisiert, und diese Auffassung wird von den Staats- und Regierungsoberhäuptern als eine Art, mit Natur umzugehen, gewürdigt:

> „We recognize that planet Earth and its ecosystems are our home and that ‚Mother Earth' is a common expression in a number of countries and regions, *and we note that some countries recognize the rights of nature in the context of the promotion of sustainable development*. We are convinced that in order to achieve a just balance among the economic, social and environmental needs of present and future generations, it is necessary to promote harmony with nature" (ebd.: Abs. 39; Herv. D. G.).

Das Verhältnis von Mensch/Gesellschaft und Natur wird nicht als herrschaftliches Verhältnis entworfen. Natur erscheint hier nicht als ausbeutbare Ressource, nicht als Kapital, sondern als lebendiges Gegenüber. Ein ganzheitlicher Ansatz soll die Menschheit leiten, „in Harmonie mit Natur" zu leben:

> „We call for holistic and integrated approaches to sustainable development that will guide humanity to live in harmony with nature and lead to efforts to restore the health and integrity of the Earth's ecosystem" (ebd.: Abs. 40).

2. Diskursverläufe

2.1 ... in den Ökonomieverständnissen

Von Diskursinterventionist_innen ist der Diskurs um nachhaltige Entwicklung als Diskurs ökologischer Modernisierung analysiert und kritisiert worden. Der Anspruch, Ökologie und Ökonomie durch Effizienzrevolution, Entkopplungs- und Dematerialisierungsprozesse zu versöhnen, habe sich historisch bisher als illusorisch erwiesen.[415] Das Festhalten am ökonomischen Wachstumsimperativ stellt entsprechend aus der Perspektive der Kritiker_innen einen fundamentalen Widerspruch zu den Zielen der Politischen Ökologie (siehe B.II.1.2) bzw. der Internationalismusbewegung (siehe B.II.1.1) dar.

Tatsächlich kann festgehalten werden, dass in der Verschränkung von Umwelt- und Entwicklungsdiskursen in den 1980er-Jahren zu einem Diskurs über nachhaltige Entwicklung sich nicht jene kritischen Strömungen durchsetzten, die die kapitalistischen Strukturbedingungen grundlegend infrage stellten. Blickt man auf den politisch-institutionellen Nachhaltigkeitsdiskurs, so ist er ein Diskurs, der am Wachstumsparadigma festhält. Schaut man sich hingegen die affirmativen integrativen Nachhaltigkeitsansätze des deutschen Diskurses an, so überwiegen Skepsis und Kritik am Wachstumsimperativ.

Der Nachhaltigkeitsdiskurs stellt sich damit als ein Raum dar, in dem um das Verhältnis zwischen Ökonomie und Ökologie gerungen wird. Die Frage nach ökonomischem Wachstum war und ist eine der zentralen Streitfragen des Diskurses, an ihrer Beantwortung machten sich Kritik und Zuspruch zum Konzept nachhaltiger Entwicklung selbst fest. Im Verlauf des Diskurses blieb die Wachstumsorientierung trotz aller Kritik von Wissenschaft und NGOs, die ja bereits auf den Brundtland-Bericht folgte, bis zum WSSD 2002 in Johannesburg bestehen. Nun bestimmt 20 Jahre nach Rio die Idee der Green Economy den Nachhaltigkeitsdiskurs. Insbesondere Akteure der Zivilgesellschaft kritisieren, dass die diskursive Kontinuität der Orientierung an Wirtschaftswachstum damit ungebrochen bleibe (vgl. z. B. genanet 2011; Khor 2011; BUKO 2012). Ihre Kritik entzündet sich an Bestrebungen der Inwertsetzung von Natur und an den favorisierten umweltökonomischen Instrumenten einer Green Economy. Macht- und Herrschaftsfragen würden erneut ausgeblendet, Fragen nach Kontrolle von und Interessen an einer Green Economy vernachlässigt (vgl. Brand 2012). Angesichts der Erfahrungen aus den letzten drei Jahrzehnten ist diese Kritik einerseits sehr nachvollziehbar. Andererseits zeigt meine Analyse (siehe C.1.2), dass auch das Konzept der Green Economy diskursive Rekonfigurationsmöglichkeiten nach beiden Seiten bietet. Green Economy wird von der UNCED 2012 in Anlehnung an die

---

415 Die Reboundeffekte geben den Kritiker_innen Recht.

umfassenden Vorarbeiten der UNEP (2009, 2011) als ein Konzept präsentiert, das einen ökonomischen Paradigmenwechsel einleitet:

> „This recent traction for a green economy concept has no doubt been aided by widespread disillusionment with the prevailing economic paradigm, a sense of fatigue emanating from the many concurrent crises and market failures experienced during the very first decade of the new millennium, including especially the financial and economic crisis of 2008. But at the same time, there is increasing evidence of a way forward, *a new economic paradigm* – one in which material wealth is not delivered perforce at the expense of growing environmental risks, ecological scarcities and social disparities" (UNEP 2011: 14; Herv. D. G.).

Der Bezugsrahmen ist nicht länger nur eine Versöhnung von Ökonomie und Ökologie, in dessen Zentrum Entkopplungsideen und Effizienz stehen. Im Kontext des Konzepts einer Green Economy, wie es von UNEP und im Abschlussdokument der Rio+20-Konferenz 2012 verstanden wird, werden die Vorstellungen einer ökologischen Ökonomie des Nachhaltigkeitsdiskurses erweitert zu einer sozial-ökologischen Ökonomie. Diese Erweiterung vollzieht sich u. a. anhand der bereits nachgezeichneten Verbindungen von Umwelt- und Sozialpolitiken in einer Governance für Green Economy (siehe C.1.2). Gleichzeitig hat die Green Economy den Beweis noch nicht erbracht, dass sie eine tatsächliche Alternative zum herrschenden umweltvernutzenden Wachstumsmodell darstellt und die hehren Ziele mehr sind als nur rhetorische Absichtserklärungen. Green Economy kann mit unterschiedlichsten Inhalten gefüllt werden. Ihre genaue inhaltliche Bestimmung muss als ebenso umkämpft bewertet werden wie die Bestimmung der Inhalte des Konzepts von Nachhaltigkeit selbst. Aus kritisch-emanzipatorischer Perspektive ist daher eine Analyse ihrer jeweils konkreten Ausgestaltung und der sie antreibenden Kräfte unabdingbar (vgl. auch Brand 2012: 61).

Weitere Verläufe, die das Ökonomieverständnis des Nachhaltigkeitsdiskurses betreffen, lassen sich anhand des Themas Arbeit nachzeichnen. Im politisch-institutionellen Diskursstrang war das Thema der Arbeitsrechte, insbesondere der gesundheitliche Arbeitsschutz, von Anbeginn verankert. Es erfuhr mit der Aufnahme des ILO-Konzepts der guten, menschenwürdigen Arbeit (Decent Work) in das Abschlussdokument der Rio+20-Konferenz eine Stärkung, die – wie viele andere Aspekte auch – im Kontext des Verhältnisses von Nachhaltigkeit und Menschenrechten zu betrachten ist. Das dabei zugrunde gelegte Verständnis von Arbeit meint fast ausnahmslos Erwerbsarbeit – auch 25 Jahre nach der Veröffentlichung des Brundlandt_Berichts hat kein weites Arbeitsverständnis in die offiziellen Dokumente Eingang gefunden, und auch die integrativen Nachhaltigkeitsansätze (siehe Diskursstrang B.IV) tun sich unterschiedlich schwer, Fragen, die die unbezahlten ‚reproduktiven' Arbeiten betreffen, als gleichrangig und zusammengehörig mit Fragen der Erwerbsarbeit zu betrachten. Auch die Reflexion des herrschenden Verständnisses von Produktivität (bzw. ‚Reproduktivität') ist ein Thema, das nur von Diskursinterventionist_innen und Vertreter_innen feministischer Ansätze gefordert wird.

Es gibt kaum ein Thema, bei dem der Unterschied zwischen dem politisch-institutionellen Diskursstrang und Nachhaltigkeitsansätzen, die sich ebenfalls affirmativ auf Nachhaltigkeit beziehen, so groß ist wie bei der Strategie von Arbeitszeitverkürzung, um Arbeit, Einkommen und Zeit gerechter zu verteilen. In keinem der Dokumente der UN findet sich ein Verweis darauf, während alle von mir analysierten integrativen Ansätze diese Maßnahme entweder direkt als unverzichtbares Element und notwendige Antwort auf die Krise der Erwerbsarbeit unterstützen oder zumindest mit dieser Idee sympathisieren. Die Verkürzung der Erwerbsarbeitszeit stellt zudem eine wichtige Brücke zwischen den integrativen und feministischen Nachhaltigkeitsansätzen dar.

2.2 ... in den Politikverständnissen

Eine erste Erkenntnis aus der Analyse der Diskursverläufe mit Blick auf das Politikverständnis lautet, dass die Frage nach dem Politischen im Nachhaltigkeitsdiskurs nicht so viel Raum einnimmt wie Fragen nach dem Ökonomischen und nach Gerechtigkeit.

Die Frage beispielsweise, welche politischen Institutionen eine nachhaltige Entwicklung braucht, blieb im Diskurs insgesamt lange nachgeordnet. Ebenso erfolgte eine Erweiterung der ökologischen, ökonomischen und sozialen Dimensionen der Nachhaltigkeit um die politisch-institutionelle Dimension im (deutschen) Diskurs erst relativ spät. Machtfragen wurden in den Anfängen des Nachhaltigkeitsdiskurses in der Regel nur von Wissenschaftler_innen und NGO-Vertreter_innen, die diesen ablehnten, thematisiert (siehe Diskursstrang B.II). Auch die in dieser Arbeit analysierten feministischen Ansätze[416] fokussier(t)en vorrangig Ökonomie- und Gerechtigkeitsfragen (siehe Diskursstrang B.III). Im Zuge der UN-Nachhaltigkeitskonferenz 2012 zeichnete sich nun eine stärkere Fokussierung auf politische Institutionen ab, die Konferenz lenkte die Aufmerksamkeit auf ineffiziente Strukturen auf internationaler Ebene zur Bearbeitung von Nachhaltigkeitsfragen und beschloss die bereits dargestellten institutionellen Reformen (siehe C.1.3).

Dabei war bereits von Beginn des Nachhaltigkeitsdiskurses an unstrittig, dass die bewusste Gestaltung der gesellschaftlichen Naturverhältnisse auch eine Frage des Politischen ist. Doch statt die Krise der gesellschaftlichen Naturverhältnisse auch als schwerwiegende „Krise des Politischen" (Becker 2006: 53) zu konzep-

---

416 Eine Ausnahme im feministischen Diskursstrang bilden die Arbeiten von DAWN. Die weitreichendsten Beiträge im deutschen Diskurs liefern der HGF-Ansatz und der Osnabrücker Ansatz von Massarrat. Auf diese Arbeiten werde ich im Folgenden genauer eingehen.

tualisieren, wie es Vertreter_innen der Sozialen Ökologie tun (siehe B.IV.4.3), dominierten steuerungsoptimistische Vorstellungen den Diskurs. Mehr noch: Die Konferenz über Umwelt und Entwicklung 1992 in Rio de Janeiro stellte den Auftakt zu einer Reihe von UN-Konferenzen in den 1990er-Jahren[417] dar, die geradezu zum Sinnbild nicht nur für die Stärkung des Multilateralismus wurden, sondern für neue Formen des (Welt-)Regierens, die mit dem Begriff Global Governance bedacht wurden: Neue Formen der Kooperation, neue formelle und informelle Regelwerke, eine Vernetzung der verschiedenen politischen Handlungsebenen zu einer Mehrebenenpolitik sowie Partizipation von nichtstaatlichen Akteuren aus NGOs, Gewerkschaften und Privatwirtschaft, um die Defizite bisheriger staatlicher bzw. zwischenstaatlicher Entscheidungsverfahren auszugleichen, charakterisieren das Politikverständnis weiter Teile des Nachhaltigkeitsdiskurses.

Der Diskurs um nachhaltige Entwicklung trug und trägt damit einerseits zur Ausprägung eines neuen Politiktypus des Regierens bei, der politikwissenschaftlich betrachtet auch heute noch als „schwer fassbar" (Demirović/Walk 2011: 7) gilt. Diese Veränderungen, die zu einer Veränderung der „Architektur politischer Herrschaft" (ebd.) führ(t)en, in der demokratisch-repräsentative Formen der Willensbildung und Entscheidungsfindung eine neue Funktion erhalten und in der „der politische Prozess weit in den gesellschaftlichen Raum ausgedehnt" (ebd.: 9) wird, werden im Nachhaltigkeitsdiskurs selbst kaum reflektiert. D. h., als charakteristisch für den Diskursverlauf kann vor dem Hintergrund der in Teil B geleisteten Analyse festgehalten werden, dass Fragen nach dem Verhältnis von Governance und Demokratie im politisch-institutionellen Diskursstrang (siehe B.I) nicht explizit reflektiert werden.[418]

Die Frage nach der demokratischen Legitimation wird hingegen von Diskursinterventionist_innen und besonders deutlich von Vertreter_innen des Frauennetzwerks DAWN artikuliert (siehe daher für die nachfolgende Argumentation vor allem B.III.4.3). Ausgangspunkt der Kritik ist dabei, dass mit den neuen Governance-Formen der Politikgestaltung bestehende Machtasymmetrien nicht aufgehoben werden und dass die Annahme, dass die unterschiedlichen Akteure, die an Governance-Prozessen beteiligt sind, ihre eigenen Ziele dem Ziel eines globalen Allgemeinwohls und dem Erhalt der natürlichen Lebensgrundlagen für heutige und zukünftige Generationen unterordnen, bezweifelt werden müsse. Als zentrale Akteure einer Global Governance identifiziert DAWN nicht zuletzt jene Institutionen, die bisher neoliberale Globalisierungspolitik betrieben hätten: die

---

417 Gemeint sind die Weltkonferenz über Menschenrechte 1993 in Wien, die Weltbevölkerungskonferenz 1994 in Kairo, die Weltfrauenkonferenz 1995 in Peking und die Habitatkonferenz 1996 in Istanbul.
418 Ein Umstand, der auch weite Teile des feministischen Diskurses zu Nachhaltigkeit charakterisiert und ebenso Teile der integrativen Nachhaltigkeitsansätze – wie beispielsweise den Ansatz von Ott und Döring (2008).

2. Diskursverläufe

Welthandelsorganisation, die Weltbank, der Internationale Währungsfonds. Die Ökonomisierung des Politischen, die DAWN auf nationalstaatlicher Ebene nachzeichnet, findet damit ihre Entsprechung in der Ökonomisierung von Governance. Betrachtet man den Nachhaltigkeitsdiskurs vor dem Hintergrund dieser Kritik, so zeigen sich im diskursiven Verlauf des politisch-institutionellen Diskurses durchaus Elemente der Ökonomisierung (als Höhepunkt dieser Entwicklung kann, trotz aller Ambivalenzen im Einzelnen, die UN-Konferenz 2002 in Johannesburg gelten). Doch gerade für die Rio+20-Konferenz 2012 zeigen sich Verschiebungen, die damit zu tun haben, welche Governance-Akteure adressiert werden und wessen Politikvorschläge und Konzepte Niederschlag finden. Ich habe aufgezeigt (siehe C.1), dass die Internationale Arbeitsorganisation (ILO), ihre Decent-Work-Agenda und damit globale Arbeitsrechte an Bedeutung gewinnen und der Einfluss der WTO (zumindest auf dem Papier) relativiert wird, dass Studien der FAO (genauer: des Committee on World Food Security) und nicht jene der Weltbank zum Themenkomplex verantwortliche Agrarinvestitionen (RAI) aufgegriffen werden und dass Initiativen für Public-Private-Partnerships mit der Forderung nach Corporate-Social-Resonsibility verknüpft werden. D. h., die Engführung der Debatte um Global Governance auf internationale Wettbewerbsfragen und Welthandel wird durch die globalen ökonomischen Institutionen deutlich weniger bestärkt, forciert und diskursiv gerahmt, als es noch vor zehn Jahren der Fall war.

Ein ähnlicher Wandel lässt sich für die Thematisierung der Bedeutung von Demokratie im Nachhaltigkeitsdiskurs nachzeichnen. Denn in den Anfängen des Diskurses muss Demokratie nahezu als blinder Fleck identifiziert werden. Die Begriffe „Demokratie" oder „demokratisch" tauchen beispielsweise in der über 350 Seiten langen Agenda 21 nur an fünf Stellen überhaupt auf. Inhaltlich werden dabei kaum Demokratiedefizite adressiert oder Perspektiven für eine Demokratisierung von Demokratie eröffnet.[419] Dies gilt gleichermaßen für die Johannesburg-Deklaration und den Plan of Implementation (siehe B.I.5). Je stärker jedoch der Einfluss des Menschenrechtediskurses im Nachhaltigkeitsdiskurs wird, desto zentraler werden auch wieder Fragen danach, welchen Stellenwert Demokratie und Staat für eine nachhaltige Entwicklung haben (siehe C.1.3).

Diesen Fragen gilt es m. E. noch genauer nachzugehen. Einen wichtigen Beitrag für eine solche zukünftige wissenschaftliche wie politische Auseinander-

---

419 Vielmehr erscheinen Demokratiefragen, wenn sie thematisiert werden, Wirtschafts- und Verwaltungsfragen nachgeordnet. So taucht der Begriff der Demokratie im folgenden Zitat in der Agenda 21 (BMU 1992a, 2.6: 11) zum ersten Mal in folgendem Kontext auf: „Die Erfahrung hat gezeigt, daß nachhaltige Entwicklung der Verpflichtung zu einer vernünftigen Wirtschaftspolitik und Unternehmensführung, zu einer effizienten und berechenbaren öffentlichen Verwaltung, zur Einbeziehung von Umweltbelangen in den Entscheidungsprozeß und zur verstärkten Hinwendung zu einer demokratischen Regierungsform unter Berücksichtigung der im jeweiligen Land vorliegenden Gegebenheiten voraussetzt, wodurch eine umfassende Einbeziehung aller beteiligten Kräfte ermöglicht wird.".

setzung mit der Rolle von Demokratie für Nachhaltigkeit leistet der Osnabrücker Ansatz: In kritischer Auseinandersetzung mit den verschiedensten Problemen von Demokratien hat Mohssen Massarrat als einer der wenigen Vertreter_innen der integrativen Nachhaltigkeitsansätze Reformvorschläge für eine auf Nachhaltigkeit basierende Demokratie entwickelt, auf die ich im Baustein „Das Politische neu denken: Für eine demokratische Gestaltung gesellschaftlicher Naturverhältnisse" (siehe C.3.2.2) zurückkommen werde. Auch die Frage nach der Rolle des Staates – der im Nachhaltigkeitsdiskurs einerseits als Gegenstand von Kritik fokussiert wird, andererseits als Adressat von Nachhaltigkeitsforderungen – werde ich in diesem Zusammenhang thematisieren.

2.3 ... in den Gerechtigkeitsverständnissen

Mit Blick auf den Diskursverlauf lässt sich die Forderung nach Anerkennung der *Gleichrangigkeit* und *Zusammengehörigkeit* von inter- und intragenerativer Gerechtigkeit, die mit der Definition des Brundtland-Berichts zum Ausdruck gebracht wird, als *stabile, aber dennoch umkämpfte Diskursposition* bezeichnen. Stabil ist sie insofern, als sie im politisch-institutionellen Diskursstrang auf der UN-Ebene als Konsens gilt: Alle einschlägigen internationalen Dokumente – von der Agenda 21 und der Rio-Deklaration über den Plan of Implementation und die Johannesburg-Deklaration bis hin zum Abschlussdokument der Rio+20-Konferenz „The future we want" – bestätigen das doppelte Gerechtigkeitspostulat des Brundtland-Berichts.[420] Aber auch alle integrativen Ansätze des deutschen Nachhaltigkeitsdiskurses (siehe Diskursstrang B.IV) sehen in diesem doppelten Gerechtigkeitsverständnis das zentrale Element zur Weiterentwicklung eines ethischen Rahmens, der neue Normen für die Gestaltung von Mensch-Mensch-, Gesellschaft-Gesellschaft- bzw. Mensch/Gesellschaft-Natur-Beziehungen setzt. Mehr noch: Die integrativen Nachhaltigkeitsansätze leisten auf unterschiedliche Weise Konkretisierungsarbeit,[421] um das Verhältnis von inter- und intragenerativer Gerechtigkeit als gleichwertiges und als gleichzeitig zu berücksichtigendes genauer zu bestimmen (wie ich bereits im Zwischenfazit B.IV.5 festgehalten habe).

Vertreter_innen des HGF-Ansatzes verweisen beispielsweise auf die Idee des Planetary Trust von Edith Brown Weiss, in der jede Generation gleichermaßen

---

420 Wenn auch mit den geringfügigen Abweichungen, die ich in B.I herausgearbeitet habe – etwa fokussiert die Agenda 21 die Frage nach der Ausgestaltung der intragenerativen Gerechtigkeit stärker als die Frage nach der intergenerativen Gerechtigkeit.

421 Der Ansatz der Sozialen Ökologie bildet hier eine Ausnahme. Vertreter_innen der Sozialen Ökologie beziehen sich zwar ebenfalls positiv auf das doppelte Gerechtigkeitsprinzip und fordern die Sicherung von Zukunftsoffenheit und eine entsprechende Bewertung und Analyse unterschiedlicher alternativer Entwicklungspfade, arbeiten aber dem eigenen Selbstverständnis nach mit möglichst schwacher Normativität und konkretisieren nicht, was intra- und intergenerative Gerechtigkeit ausmacht oder konkret erfordern würde (siehe B.IV.4.4).

als Nutznießer, aber auch als Treuhänder des gemeinsamen Erbes konzeptualisiert wird und in der sich kollektive Rechte mit kollektiven Pflichten verbinden (siehe B.IV.1.4). Konrad Ott und Ralf Döring vertreten ebenfalls die Überzeugung, dass in der Kette der Generationen keine Generation ein Recht auf Sonderbehandlung habe. Sie billigen damit aus Egalitätsgründen zukünftigen wie heute lebenden Generationen die gleichen Rechte zu und plädieren für faire kollektive Hinterlassenschaften (siehe B.IV.2.4). Um einerseits dem Erhalt von Wahlmöglichkeiten für künftige Generationen durch den Schutz natürlicher Ressourcen Genüge zu tun, andererseits die sozialen Folgen einer globalen ökologischen Transformation für diejenigen Menschen und Gesellschaften abzufedern, die beispielsweise durch eine Abkehr vom fossilen Energiesystem (etwa durch sinkende Einnahmen aus der Öl- und Kohleförderung) betroffen sind, fordert Massarrat eine sozial-ökologische Ökonomie. Darüber hinaus entwirft er mit dem Konzept der Chancengleichheit eine handlungsorientierte Universalethik, um intra- und intergenerative Gerechtigkeit zu begründen (siehe B.IV.3).

Als gleichzeitig *umkämpfte Diskursposition* lässt sich das doppelte Gerechtigkeitspostulat deshalb charakterisieren, weil es unterhalb der Ebene der Vereinten Nationen in der Konkretisierung im politischen Mehrebenensystem zu einer Hierarchisierung der Gerechtigkeitsarten kommt. In der deutschen Nachhaltigkeitsstrategie (2002) konnte ich eine diskursive Engführung des Gerechtigkeitsverständnisses[422] über die Einführung des Begriffs „Generationengerechtigkeit" aufzeigen. Mit dieser Begriffsänderung geht eine Priorisierung von intergenerativer Gerechtigkeit einher. Diese dient aber nicht zuvorderst der Sicherung von Zukunftsoffenheit, sondern als Legitimationspraktik für die eingeleitete bzw. anvisierte Austeritätspolitik der deutschen Bundesregierung. Die Abnahme der gleichwertigen Betonung intragenerativer Gerechtigkeit steht im Zusammenhang mit der von mir analysierten diskursiven Verschiebung hin zu einem neoliberalen Ökonomieverständnis, das die deutsche Nachhaltigkeitsstrategie (zumindest in ihren Anfängen) prägt. Von Diskursinterventionist_innen aber auch von Vertreter_innen der feministischen Ansätze wie dem Konzept der Frauenökonomie (siehe B.III.3) oder DAWN (siehe B.III.4) wird hingegen betont, dass nur ausgehend von der Kritik an heute bestehenden Ungleichheitsverhältnissen eine Gleichwertigkeit und Zusammengehörigkeit beider Gerechtigkeitstypen gedacht werden kann.[423]

---

422 Diese Engführung ist nicht nur ein rein diskursives Phänomen des politisch-institutionellen Diskursstrangs. Auch im wissenschaftlichen Diskurs über Nachhaltigkeit lassen sich diese Prozesse nachzeichnen. Wissenschaftliche Ansätze, die einseitig intergenerativer Gerechtigkeit den Vorzug geben, wurden in meiner Arbeit allerdings nicht untersucht. Die Vertreter_innen des HGF-Ansatzes gehen kritisch auf einige von ihnen ein (siehe B.IV.1.4).

423 Vergleichbar der Argumentation im folgenden Zitat: „Die Sorge um die Luft der Kinder von morgen ist berechtigt, aber nicht besonders glaubwürdig, solange man die Babys heute verhungern lässt" (Maxeiner/Miersch 1996, zit. n. Luks 2002: 29).

Im Verlauf des Nachhaltigkeitsdiskurses ist die Relevanz, die den Menschenrechten für die Ausgestaltung von nachhaltiger Entwicklung zukommt, nicht nur erkannt, sondern auch als Referenzpunkt von der globalen Zivilgesellschaft (vor allem im Vorfeld der Rio+20-Konferenz) genutzt worden, um Lobbyarbeit in diesem Sinne zu machen. Der Nachhaltigkeitsdiskurs als Verantwortungsdiskurs wird – zumindest in Ansätzen – rekonfiguriert zum Rechtediskurs. Ich habe in meiner Analyse der unterschiedlichen Diskursstränge gezeigt, dass vielfältige Berührungs- und Anknüpfungspunkte zum Thema Menschenrechte bestehen: Erstens prägen nicht nur die Forderungen nach Verantwortungsübernahme zur Bewältigung sozial-ökologischer Krisenphänomene, sondern auch die Bezugnahme auf bestehendes Völkerrecht (insbesondere auf Menschenrechte der dritten Generation wie das Recht auf Entwicklung) und seine Weiterentwicklung die offiziellen Texte der internationalen Ebene des politisch-institutionellen Diskursstrangs (siehe B.I). Zweitens fordern feministische Ansätze wie DAWN (siehe B.III.4) explizit menschenrechtsorientierte Konzeptualisierungen und Umsetzungen von nachhaltiger Entwicklung ein, während drittens kritische Ansätze, die sich gerade nicht affirmativ auf Nachhaltigkeit beziehen, eine stärker materialistische Menschenrechtspolitik anmahnen (siehe B.II.3.3.1).

Bezogen auf Geschlechtergerechtigkeit und Frauen-Menschenrechte lässt sich als *ein* Ergebnis festhalten, dass die in Rio de Janeiro 1992 und auf der 4. Weltfrauenkonferenz in Peking 1995 geforderte Doppelstrategie – bestehend aus erstens *Empowerment* als Teilhabe an Entscheidungsmacht, als Zugang zu Ressourcen und Landrechten sowie gezielter Frauenförderung zum Ausgleich von Ungleichheiten und zweitens *Gender Mainstreaming* als systematischer Einbeziehung einer Geschlechterperspektive in alle Felder und Aufgaben von Politik – den Nachhaltigkeitsdiskurs gründlich prägt. (Dass der Nachhaltigkeitsdiskurs selbst über die Agenda 21 und das berühmte Kapitel 24 zum Motor für Frauenrechte geworden ist, ist Teil der diskursiven Verflechtungen mit dem Menschenrechtsdiskurs.)

Allerdings ist die Verankerung von Frauenrechten in den Dokumenten des politisch-institutionellen Diskurses ein Ergebnis von zähen Kämpfen, die nötig waren und sind, um nicht hinter einmal erreichtes internationales soft-law zurückzufallen. Mal wird dieser Streit wie im Fall der Bestätigung des Rechts auf reproduktive und sexuelle Gesundheit im Plan of Implementation (2002) gewonnen, und die entsprechende Formulierung findet explizit Eingang in das Dokument, mal gelingt es nicht oder nur über einen indirekten Bezug, wenn etwa im Abschlussdokument der Rio+20-Konferenz, in dem zwar die Beschlüsse von Kairo und Peking aufgeführt und bekräftigt werden und damit implizit auch das Konzept der reproduktiven Rechte bestätigt wird, die Formulierung im Text aber selbst fehlt.

Ähnliche Kämpfe sind für die Etablierung und den Erhalt des Vorsorgeprinzips in den internationalen Dokumenten des Nachhaltigkeitsdiskurses zu verzeichnen. Zum ersten Mal wurde das Vorsorgeprinzip in der Rio-Deklaration von 1992 verankert und leistete damit einen Beitrag zur Entwicklung des internationalen Umweltrechts. Im Verlauf des Nachhaltigkeitsdiskurses wurde dann das Vorsorgeprinzip („precautionary principle") leicht abgeschwächt und findet sich nun als „precautionary approach" sowohl im Plan of Implementation der Johannesburg-Konferenz als auch im Abschlussdokument „The future we want" der Rio+20-Konferenz wieder.

Der Grund für diese Schwächung, die insbesondere die USA beim WSSD 2002 vorangetrieben haben, liegt in der *potenziellen Regulierungsstärke*, die das Vorsorgeprinzip als völkerrechtliches Rechtsprinzip entfalten könnte. Als solches war es in einem Fall der WTO-Streitschlichtung erwogen worden. Was aber im Diskurs verankert bleibt, ist ein Verständnis von vorsorgendem Umweltschutz, was wiederum nicht nur von ökologischer Relevanz ist: Schadensvermeidung statt Schadensbehebung leistet auch einen Beitrag zur Realisierung von (ökologischer) Gerechtigkeit. Denn sowohl die Folgen von Umweltbeeinträchtigungen und -zerstörung, als auch die Möglichkeiten, auf diese zu reagieren, sind ungleich innerhalb der Bevölkerung eines Landes, aber auch zwischen Ländern, verteilt.

3. Kommende Nachhaltigkeit

3.1 Kommende Nachhaltigkeit als Reflexionspostulat und Mehrfachstrategie

Ist es nicht vermessen, das Neudenken von Nachhaltigkeit zu fordern, wie ich es in Teil A getan habe? Bieten die nachfolgenden Bausteine, die Aspekte und Forderungen der verschiedenen in Teil B analysierten Ansätze aufnehmen und verbinden, tatsächlich Neues? Und was heißt eigentlich neu?

Neu – d. h. im Kontext kommender Nachhaltigkeit kritisch, reflexiv und anders; neu – d. h. quergedacht und quergebürstet, Evidenzen infrage stellend. Meine Forderung, Nachhaltigkeit neu zu denken, steht in der Tradition der Einstein'schen Überzeugung, dass man Probleme nicht mit derselben Denkweise lösen kann, durch die sie entstanden sind,[424] und dass entsprechend eine neue, andere Art von Denken notwendig ist, will die Menschheit die Reproduktions- und Entwicklungsfähigkeit ihrer sozialen und ökologischen Grundlagen erhalten. Dieses neue Denken ist auf Fantasie angewiesen und auf gedankliche Innovatio-

---

424 Das Zitat „Probleme kann man niemals mit derselben Denkweise lösen, durch die sie entstanden sind" prägte Einstein mit Blick auf die Weltwirtschaftskrise in den 1920er-Jahren (vgl. www.zitate-online.de/sprueche/wissenschaftler/265/probleme-kann-man-niemals-mit-derselben-denkweise.html).

nen, es entsteht jedoch nicht ohne Kontext und Geschichte, es verweist gleichsam auf die Notwendigkeit und Möglichkeit der (Re-)Aktivierung vorhandener Wissensbestände der kritischen Wissenschaftstheorie, es kann dabei auf die Ergebnisse moderner wie postmoderner herrschaftskritischer Strömungen zurückgreifen und wird es auch müssen. Denn Paradigmenwechsel sind schwierig und umkämpft. Wie nötig Kritik ist, zeigen beispielsweise die Auseinandersetzungen über ökonomisches Wachstum (siehe C.2.1 und C.3.2.1).

Kommende Nachhaltigkeit darf angesichts dieser Schwierigkeiten jedoch gerade nicht zu einem eschatologischen Heilsversprechen mutieren, mit dem bisher Benachteiligte und Marginalisierte mit Blick auf das Kommende vertröstet werden. Sie bedeutet auch nicht, dass bestehende konkrete Herrschaftsverhältnisse grundsätzlich nicht überwunden werden können. Sie ist vielmehr als immerwährender Auftrag der kritischen Reflexion von sich wandelnden Herrschaftsverhältnissen und damit als Grundlage für heutiges und künftiges Handeln und Denken zu verstehen und erfüllt dabei drei Funktionen: *Skandalisierung, kritische Analyse* und *emanzipatorische Vision*. Der Aspekt der Skandalisierung wird in den nachfolgenden Bausteinen beispielsweise aufgegriffen, wenn nachhaltige Arbeit auch als Widerstandskonzept gegen Zwangsarbeitsverhältnisse konzeptionalisiert wird. Eine Skandalisierung gesellschaftlicher Verhältnisse durch Wissenschaft ist eng mit dem Prinzip der Parteilichkeit verbunden (siehe A.2.3). Doch das Engagement von Wissenschaft gegen eine Politik der Entpolitisierung, wie es u. a. auch Pierre Bourdieu (1998) angemahnt hat, ist seltener und unüblicher geworden. Kritische Forschung hat es in Zeiten der Ökonomisierung von Wissenschaft und der damit einhergehenden Effizienz- und Verwertungsorientierung zunehmend schwerer, sich zu behaupten. Ihr transformativer Anspruch führt bisweilen dazu, dass ihr die Wissenschaftlichkeit abgesprochen wird. Die jüngsten Auseinandersetzungen um transdisziplinäre Nachhaltigkeitswissenschaft als transformative Wissenschaft zeigen, dass Wissensproduktion selbst ein diskursiver und damit von Macht durchwirkter Prozess ist, in dem bestimmt wird, was als ‚exzellentes' Wissen gilt und was nicht (vgl. exemplarisch für diese Auseinandersetzungen Strohschneider 2014; Grunwald 2015; Schneidewind 2015). Gleichzeitig trägt bisweilen gerade der Transformationsanspruch mit dazu bei, dass sich kritische Zugänge, die die krisenhaften gesellschaftlichen Naturverhältnisse analysieren, insbesondere dann Kritik ausgesetzt sehen, „wenn sie nicht zugleich vermögen, alternative Wege aus der Krise aufzuzeigen. Kritik hat es schwer, nur für sich stehen zu dürfen – obwohl Ursachenanalyse und Reflexion unverzichtbar für demokratische Weiterentwicklungen sind" (Gottschlich/Katz 2013: 136f.). Mit anderen Worten: Damit Nachhaltigkeitsforschung transformativ in einem kritisch-emanzipatorischen Sinne wirken kann, braucht sie den Rückbezug auf die Vielfalt an kritischen Perspektiven. Nachhaltigkeitsforschung als kritische Theorie muss es sowohl als ihre Aufgabe ansehen, gesellschaftliche Missstände anzuprangern, als auch die Ursachen von sozialen und ökologischen Krisenphänomenen zu reflektieren, um überhaupt Vorschläge für Lösungen erarbeiten zu können. Diese Ursachenanalysen finden bisher im Nachhaltigkeitsdiskurs nur vereinzelt statt bzw. werden von einer starken Handlungs- und Prozessorientierung überdeckt.[425]

Das In-Beziehung-setzen von Nachhaltigkeitskonzepten, die sich affirmativ auf Nachhaltigkeit berufen, mit jenen Positionen der Diskursinterventionist_innen, die mit Skepsis und Kritik auf das Konzept reagieren, eröffnet die Möglichkeit, den Dreischritt Skandalisierung, kritische Analyse und emanzipatorische Vision zu konkretisieren. Dabei bleibt den Kritiker_innen jedoch nicht nur der Part der Skandalisierung oder der kritischen Analyse und den Befürworter_innen nicht allein der Part der Vision. Eine herrschaftskritische Perspektive als Leitorientierung kann insgesamt helfen, das emanzipatorische Potenzial von Nachhaltigkeit zu schützen, auszubauen und immer wieder neu herzustellen, indem beispielsweise Fragen an Konzepte und Maßnahmen angelegt werden wie: Welchem Zweck dient die Maßnahme? Wem nützt sie? Wem nicht? Oder wem schadet sie gar? Werden bestehende Verhältnisse erhalten, gestärkt oder transformiert – und in welche Richtung?

Kommende Nachhaltigkeit kennzeichnet aber nicht nur eine Haltung, die sich gegen die Schließung von theoretischen wie praktischen Konzepten und damit der Präsentation von vermeintlich fertigen Lösungen (oder Bausteinen) verwehrt und die daher auf permanente Reflexion und dekonstruktivistische Interventionen setzt. Sie konzentriert sich zugleich auch auf die Widersprüche innerhalb des Nachhaltigkeitsdiskurses, innerhalb eines Diskursstrangs und innerhalb eines Nachhaltigkeitsansatzes; sie erhellt die Brüche eines Dokuments; sie fokussiert die unterschiedlichen Positionen und Traditionslinien, die ein Konzept prägen. Ihr Fokus, immer auch Ambivalenzen im Diskurs zu identifizieren, ermöglicht differenzierte Kritik und ggf. partielle inhaltliche Allianzbildung. Kommende Nachhaltigkeit ist somit auch dezidiertes Plädoyer für Differenzierung.

Kommende Nachhaltigkeit baut auf Mehrfachstrategien auf: Diese Strategien unterscheiden sich in ihrer Reichweite, sie haben unterschiedliche Implikationen für das Gesamtsystem. Im von mir vertretenen Verständnis von sozial-ökologischen Transformationen gesellschaftlicher Naturverhältnisse sind diese sowohl auf Widerstand als auch auf Kooperation, sowohl auf radikale Kritik und Reformen als auch auf systemimmanente Änderungen angewiesen. Die Übergänge sind fließend. Was aus den systemimmanenten Änderungen folgt, ist vielfach ungewiss und kann nicht nur zur Systemstabilisierung führen, sondern den Boden bereiten für tatsächlichen Wandel. Notwendig erscheint das Zusammenwirken verschiedener Maßnahmen, die aus kontextualisiertem Wissen entstehen und die gerade

---

425 Siehe dazu auch den Vergleich zwischen den integrativen Ansätzen (siehe B.IV.5.1).

deshalb von Gesellschaft zu Gesellschaft, von Ort zu Ort variieren können und müssen.

Das Plädoyer für kommende Nachhaltigkeit als Reflexionspostulat (in Form von Skandalisierung, kritischer Analyse und Entwicklung emanzipatorischer Visionen) und als Mehrfachstrategie prägt auch die inhaltliche Vielfalt der herausgearbeiteten Bausteine und leitet, wenn auch in unterschiedlicher Form, ihre Darstellung im Folgenden an.

3.2 Bausteine für ein kritisch-emanzipatorisches Konzept nachhaltiger Entwicklung

Die folgenden Baustein-Abschnitte sind unterschiedlich lang. Dies hängt nicht zuletzt damit zusammen, wie viele Bezüge sich zwischen den in Teil B analysierten Ansätzen herstellen lassen. Die Bausteine sind in ihrer Summe nicht als abgeschlossener Kanon gedacht – das würde dem Verständnis kommender Nachhaltigkeit als unabgeschlossenem und nicht abzuschließendem Prozess widersprechen. Sie stellen erste normative Orientierungen zur Konkretisierung kommender Nachhaltigkeit dar, ausgewählt anhand der in Teil A dargelegten Merkmale eines kritisch-emanzipatorischen Zugangs (in Form einer herrschaftskritischen Ausrichtung, einem Infragestellen vermeintlicher Gewissheiten, einer Orientierung an intra- und intergenerationeller Gerechtigkeit, einer Analyse und Dekonstruktion krisenverursachender Trennungen und einer Erarbeitung integrativer Perspektiven als neue Bezogenheiten zwischen diesen Trennungen; vgl. Friedrich et al. 2010).

3.2.1 Das Ökonomische neu denken: für eine erhaltende Gestaltung gesellschaftlicher Naturverhältnisse

> „Wo bleibt die fundierte Kritik an der Wissenschaft der politischen Ökonomie, deren Lehrbücher doch die Drehbücher der gegenwärtigen Krise sind? Tatsächlich ist es das naturgesetzliche Gebaren dieser Wissenschaft, das es nachhaltig zu erschüttern gilt. Aber wer macht den Erschütterer?"
> (Geyer 2009: 29)

Wirtschaft neu denken

Was ist aus einer kritisch-emanzipatorischen Perspektive heraus betrachtet in einer nachhaltigen Gesellschaft Ökonomie? Diese Frage ist auch nach der Analyse der jeweiligen Ökonomieverständnisse der verschiedenen Nachhaltigkeitsansätze in den vier Diskurssträngen (siehe B.I bis B.IV) nicht leicht und schon gar nicht eindeutig zu beantworten. Vielmehr haben Adelheid Biesecker und ich sie 2013 in einem Artikel als offene Frage und Forschungsdesiderat gekennzeichnet

3. Kommende Nachhaltigkeit

(vgl. Biesecker/Gottschlich 2013: 189). Wenngleich zwar davon auszugehen ist, dass das Ökonomische „vielfältig" (ebd.) und in seinen verschiedenen Erscheinungsformen jenseits des Marktes anerkannt sein wird, so sind doch „Fragen der Bewertung der verschiedenen ökonomischen Prozesse" (ebd.) offen. Mehr noch: Während die Einsichten in die derzeitigen Finanz- und Wirtschaftskrisen als Akkumulationskrisen größer werden und die destruktive kollektive Irrationalität des kapitalistischen Wachstumsmodells in der Zerstörung von sozialen und ökologischen Lebensgrundlagen immer deutlicher zutage tritt und in Teilen des Nachhaltigkeitsdiskurses zum zentralen Gegenstand der Kritik geworden ist, so wenig ausgereiftes Transformationswissen existiert für den Weg hin zu einer menschen- wie naturfreundlichen und damit nachhaltigen Ökonomie. Und es liegt in der Natur der Sache selbst, dass über ein anderes, neues, noch nicht vorhandenes System kein gesichertes Systemwissen vorliegt.

Lessenich (2012) argumentiert, dass moderne kapitalistische Demokratien „Wachstumsgesellschaften" sind, die sich bisher nur „dynamisch" über permanente Profit- und Produktivitätssteigerungen zu stabilisieren vermochten (ebd.: 1):[426]

> „Sprich: Nur durch die beständige Steigerung ihres Outputs – im Sinne von mehr Wertprodukt, mehr Konsum, mehr Optionen – sind diese Systeme funktions- und legitimationsfähig zu halten; und nur durch eine beständige Steigerung – die fortschreitende Extensivierung und/oder Intensivierung – des Inputs aller möglichen Ressourcen ist wiederum die permanente Steigerung des Outputs möglich" (ebd.).

Wie sich nun Stabilität in einem System her- und sicherstellen lässt, das nicht ökonomisch wächst, diese Frage lässt sich derzeit noch nicht beantworten. Diese Frage beschäftigt daher sowohl Teile der Nachhaltigkeitsforschung als auch der Forschung zu Postwachstumsgesellschaften (wobei zwischen diesen Forschungszweigen ein stärkerer Austausch als bisher gerade im Nachdenken über diese Frage wünschens- und lohnenswert wäre).

Im Bereich der Neugestaltung des Ökonomischen sind die heutigen Gesellschaften mit Nichtwissen konfrontiert und damit mit der Notwendigkeit, sich auf Experimente im besten Sinne einzulassen und politökonomische Imagination zu entwickeln. In den Ansätzen des politisch-institutionellen Diskursstrangs lässt sich allerdings wenig politik-ökonomische Fantasie finden: Der Wachstumspfad wird dort nicht verlassen.[427] Allerdings werden auf dem Weg der Transformation der heutigen Wirtschaftsverhältnisse auch Übergangslösungen gebraucht. Das

---

426 Dies ist der gemeinsame Ausgangspunkt der Forschungsprogrammatik der DFG-Kollegforschergruppe „Postwachstumsgesellschaften" an der Universität Jena, der Stephan Lessenich angehört und die in ihrer Laufzeit bis 2015 genau die Frage beantworten möchte: „Lassen sich moderne Gesellschaften auch anders stabilisieren als über wirtschaftliches Wachstum?" (www.kolleg-postwachstum.de).
427 Die jüngsten Auseinandersetzungen in Deutschland um und in der Enquetekommission zu „Wachstum, Wohlstand und Lebensqualität" (Deutscher Bundestag o. J.) zeigen exemplarisch, wie schwierig es ist, zu einem Konsens zu kommen in der Frage, welchen Stellenwert Wachstum zukünftig in einer

Konzept der Green Economy, das von UNEP vorangetrieben wird und das einen prominenten Stellenwert im Abschlussdokument der Rio+20-Konferenz einnimmt (siehe C.1.2), könnte eine Rolle in und für einen solchen Übergang spielen – auch und gerade als ein alternatives Modell zum Natur verschwendenden und zerstörenden Modell einer fossilen Industrialisierung. Die Konjunktivformulierung ist hier bewusst gewählt. Denn damit komme ich zu den Voraussetzungen, die dafür entscheidend sein werden, ob Green Economy sich als Übergangsmodell, das Zeit verschafft, eignet oder eher abzulehnen ist – zumal technische Effizienzlösungen nicht erst seit der Idee einer Green Economy verfolgt werden. Um zu einer echten Übergangslösung zu werden und nicht lediglich als die ‚grüne' (emissionsärmere, ressourcenleichtere) Variante neben der (fossile Energien verbrauchenden, emissionsstarken) ‚braunen' Variante des neoliberalen Modells zu enden, kann es in einer Green Economy nicht darum gehen, die Angebotsseite zu stärken, sondern es muss darum gehen, soziale und ökologische Krisen zu bewältigen. D. h., die alte Erwartung, soziale Probleme über – nun grünes – Wirtschaftswachstum lösen zu können, muss mindestens ergänzt werden um Fragen nach einer anderen Verteilung. In letzter Konsequenz geht es um mehr, wie Ulrich Brand formuliert: „Es geht darum, wie wir die Verhältnisse der Menschen und der Gesellschaft zur Natur gestalten" (Brand 2013: 44) und dabei die heutige – allzu oft unsoziale, unsolidarische und naturzerstörrische – Weise, dies zu tun, ersetzen (vgl. ebd.).

Im Abschlussdokument der Rio+20-Konferenz wird das Konzept der Green Economy als in soziale Kontexte eingebettet konzeptualisiert. Um diese Verbindung aufrechtzuerhalten und damit der Forderung nach einer lebensdienlichen Ökonomie, wie sie insbesondere feministische Ansätze formulieren, Rechnung zu tragen, braucht es radikale Kritik. Die verschiedenen Nachhaltigkeitsansätze und ihre Perspektiven können sich dabei ergänzen. Einerseits wird durch die herrschende Produktions-, Konsum- und Lebensweise (insbesondere der Länder des globalen Nordens) zu viel von dem verbraucht, was immer knapper wird; was nicht nur sozial-ökologisch zerstörerisch ist, sondern auch ökonomisch verschwenderisch. Die Vertreter_innen der integrativen Ansätze (insbesondere Ott und Döring) sind der Auffassung, dass eine ökonomische Inwertsetzung von Natur durchaus helfen könnte, die Verschwendung sichtbar zu machen, insbesondere solange „gründlichen umweltethischen Argumenten" nicht der gleiche Wert beigemessen wird wie „den methodisch generierten monetären Werten" der Öko-

---

Gesellschaft haben soll (vgl. dazu auch Biesecker/Wichterich/von Winterfeld 2012; Bauchmüller 2013). Und sie zeigen, wie groß die Kluft zwischen den unterschiedlichen Positionen ist: zwischen jenen, die Wachstum als Grenze begreifen, und jenen, die in Wachstum das entscheidende Instrument sehen, um weltweit die „großen Ziele der Menschheit" zu erreichen und in Europa „Lebensqualität und soziale Sicherheit" zu gewährleisten und auch ökologische Probleme zu lösen, wie es Karl-Heinz Paqué, Enquete-Kommissions-Mitglied, bereits 2010 formulierte.

nomik (Ott 2012: 36), die die Gestaltung der gesellschaftlichen Naturverhältnisse derzeit maßgeblich prägen. Die monetäre Bewertung von Natur – als Übergangsprozess bis die Ökonomik ihren „Status" als Referenzwissenschaft verloren hat (ebd.) – muss also gleichzeitig mit einer grundsätzlichen Kritik dieses Prozesses einhergehen. Denn die bewusste Einbeziehung von Natur in Real- und Finanzwirtschaft führt nicht zwangsläufig zur Anerkennung der Lebendigkeit von Natur oder ihres Eigenwerts ohne Nutzen für den Menschen, wohl aber zu einer Veränderung des Verständnisses ihrer herrschaftlichen Aneignung. Wurde Natur zuvor stillschweigend und selbstverständlich ausgebeutet, vollzieht sich jetzt ihre Verwertung als „reflexive Naturbeherrschung" (Görg 2012: 178). Die Diskursinterventionist_innen haben diese Kritik in Anlehnung an die Politische Ökologie sehr früh in den Nachhaltigkeitsdiskurs hineingetragen (siehe hier stellvertretend die in B.II.1.2 dargelegte Position von Dingler) und auch von einigen feministischen Wissenschaftler_innen wurde und wird die der herrschenden Ressourcenökonomie inhärente Logik kritisiert, die besagt, Umweltprobleme kämen nur daher, dass Naturelementen im ökonomischen Prozess kein monetärer Wert zugewiesen würde. D. h., nur wenn die Prozesse der Kommodifizierung und der zunehmenden Finanzialisierung von Natur kritisch begleitet werden, kann ggf. der Gefahr begegnet werden, dass das Lebendige der Natur wieder bzw. weiterhin herrschaftlich angeeignet wird.

Die Green Economy wird sich als Übergangslösung zudem nur anbieten, wenn sie dem Zweck der menschlichen Entwicklung dient (wie es vor allem die Vertreter_innen von DAWN fordern) und wenn sie sich zusätzlich mit Produktionsverhältnissen und Eigentumsfragen auseinandersetzt (wie es neben den Diskursinterventionist_innen auch alle Vertreter_innen der integrativen Ansätze anmahnen, die bestehende soziale Ungleichheiten als Nachhaltigkeitshindernis identifiziert haben – ohne dass völlige soziale Gleichheit umgekehrt von ihnen als Ziel von Nachhaltigkeit verfolgt wird).

Außerdem – das lässt sich aus allen analysierten feministischen Ansätzen ableiten – darf im Bemühen um eine andere nachhaltige Wirtschaftsweise nicht systematisch ausgeblendet bleiben, dass auch und gerade Tätigkeiten wie Subsistenzproduktion zur ökonomischen Lebenssicherung beitragen, die jedoch in offiziellen Wirtschaftsdaten nicht wiederzufinden sind (und die auch erneut im Abschlussdokument der Rio+20-Konferenz marginalisiert wurden). „Nicht zuletzt durch den hohen Bodenverbrauch von erneuerbaren Energien – was in herrschenden Konzepten der Green Economy als Umbaumaßnahme gilt – kommt es im globalen Süden permanent zur Zerstörung der Subsistenzproduktion" (Çağlar/Gottschlich/Habermann 2012: 4). Die Forderung nach einem Menschenrecht auf die nachhaltige Sicherung der Existenzgrundlagen könnte dem Prinzip des erhaltenden Gestaltens, das Vertreter_innen des Vorsorgenden Wirtschaftens in den Nachhaltigkeitsdiskurs eingebracht haben, Nachdruck verleihen (siehe auch C.3.2.3). Die Neubewertung von dem, was als produktiv und wertvoll gilt, die Kritik an der herrschenden Rationalität der Nutzenmaximierung – all das, wäre im Sinne des Bausteins „Wirtschaft neu denken" auch weiterzuentwickeln, etwa im Zusammenhang mit Fragen zur Bedeutung von Gemeingütern (engl. *Commons*), die dem Modell von Konkurrenz und Wettbewerbsfähigkeit einen Ansatz gegenüberstellen, der die Selbstverwaltung und Selbstverwaltungsfähigkeit der Menschen stärkt (vgl. Frein 2012; Helfrich/Tuschen 2012).

Die scharfen Auseinandersetzungen um die Wachstumsfrage zeigen zugleich, wie wichtig – neben der politischen Imagination – Ideologiekritik als analytische Aufgabe bleibt, um das Paradigma vom immerwährenden ökonomischen Wachstum, als nicht nachhaltig auszuweisen, da es die Grundlagen des Wirtschaftens zerstört. Was kann an die Stelle dieses vorherrschenden Glücks- und Heilsversprechens treten?

Nicht grenzloses ökonomisches Wachstum sichert Wohlbefinden und Nachhaltigkeit. Vielmehr zeigen neue Studien, dass Gesellschaften, die sich durch größere soziale Gleichheit auszeichnen, glücklichere und nachhaltigere Gesellschaften sind (vgl. Wilkinson/Pickett 2010). Während das Nachdenken über Regulationsprinzipien für nachhaltiges Wirtschaften noch mit viel Unbekanntem und Ungewissem konfrontiert ist, gibt es zur Neugestaltung von Arbeit bereits vielfältige Ansätze, auf die ich im Folgenden eingehen werde.

Arbeit neu denken

Dass dieser Baustein umfangreicher als alle anderen Bausteine ausfällt, hängt zum einen mit der besonderen Relevanz zusammen, die insbesondere Vertreter_innen der integrativen wie feministischen Ansätze dem Thema Arbeit und seiner integrativen Funktion für Nachhaltigkeitskonzeptionen bescheinigen: Denn wie Individuen arbeiten, wie eine Gesellschaft Arbeit organisiert und gestaltet, beeinflusst maßgeblich die jeweiligen gesellschaftlichen Naturverhältnisse. Zum anderen finden sich in fast jedem Nachhaltigkeitsansatz Positionen zur Arbeitsthematik. Für Konzepte einer nachhaltigen Organisation von Arbeit bieten sich daher verschiedene Anknüpfungspunkte an die bisherigen Ergebnisse meiner Analyse an, die ich nun miteinander kombinieren werde. D. h., die Antwort auf die Frage, wie Arbeit für sozial-ökologische Transformationen und in nachhaltigen Gesellschaften aussehen könnte, werde ich ganz im Sinne meiner bisherigen Ausführungen (siehe C.3.1) als eine Mehrfachstrategie – bestehend aus den nachfolgenden Absätzen (a) bis (d) – konzipieren, um so sowohl der Komplexität der mannigfaltigen Transformationsnotwendigkeiten gerecht zu werden als auch die unterschiedlichen Ambitionsniveaus des Wandels zu adressieren und zu berücksichtigen.

In meinem Baustein „Arbeit neu denken" stellt der Widerstand gegen eklatante Menschenrechtsverletzungen im Handlungsfeld Arbeit die Grundlage dar (a), auf der Maßnahmen zur Überwindung der eng miteinander verbundenen Krisen der Erwerbsarbeit (b) und ‚Reproduktionsarbeit' (c) ansetzen. Eingedenk dieser Verwobenheit und der wechselseitigen Rückkoppelungen braucht es – neben einer kurz- und mittelfristigen Reaktion auf Krisen als Verminderung von Leid – außerdem neue visionäre Entwürfe, wie Arbeit für Nachhaltigkeit bzw. Arbeit in nachhaltig verfassten Gesellschaften organisiert, bewertet, verteilt etc. werden könnte. Auch hierfür lassen sich in den von mir untersuchten Nachhaltigkeitsansätzen Anknüpfungspunkte finden (d). Grundlegend für den Baustein „Arbeit neu denken" in all seinen Facetten ist das Kriterium der Qualität im umfassenden Sinne.

(a) Konzepte für nachhaltige Arbeit müssen sich, wenn sie sich ihrem Selbstverständnis nach an der Idee eines guten Lebens für alle orientieren, immer auch als Konzepte des Widerstands[428] gegen skandalöse, nicht nachhaltige Zustände begreifen. Diese Position vertreten implizit alle untersuchten nicht-hegemonialen Nachhaltigkeitsansätze (siehe die Diskursstränge B.II, B.III und B.IV). Sie verstehen die Frage, wie Menschen arbeiten wollen, als politische Frage, deren Beantwortung nicht (allein) Arbeitsmärkten überlassen werden kann. So geartete (Re-)Politisierungsbestrebungen für das Handlungsfeld Arbeit können dabei an vergangene soziale Kämpfe und erworbene, kodifizierte Arbeitsrechte – wie z. B. Menschenrechte, völkerrechtliche Abkommen und nationale Rechte – anknüpfen. In den UN-Dokumenten im politisch-institutionellen Nachhaltigkeitsdiskursstrang – etwa dem Plan of Implementation (2002) oder dem Abschlussdokument der Rio+20-Konferenz (2012) – sind insbesondere über die Bezugnahme auf die Kernarbeitsrechte, die sogenannten Core Labor Standards, die die ILO mit globalem Anspruch formuliert, solche Anknüpfungspunkte zum Verbot von Zwangsarbeit und Kinderarbeit enthalten. Auch von den Vertreter_innen des HGF-Ansatzes werden explizit Menschenrechtsverletzungen wie Kinderarbeit und Zwangsarbeit kritisiert (vgl. Kopfmüller et al. 2001: 204f.). Wie notwendig eine (noch stärkere) Skandalisierung von Menschenrechtsverletzungen im Bereich der Arbeit auch und gerade durch kritische Nachhaltigkeitsforschung, die sich mit der zukünftigen (und zukunftsfähigen) Gestaltung von Arbeit in einer globalisierten Ökonomie beschäftigt, ist, zeigt der große Graben zwischen Anspruch und Wirklichkeit: 2012 werden nach Angaben der Organisation Free The Slaves 27 Millionen Menschen als Sklav_innen gehalten – mehr als jemals zuvor in der Menschheitsgeschichte.[429] Sie sind Opfer von Menschenhandel und werden ge-

---

428 Die Position, den Kampf für gute Arbeit(sbedingungen) als „Widerstandskonzept" zu begreifen und sich für eine „Re-Politisierung" dieses „Handlungsfeldes" einzusetzen, wird explizit von den (deutschen) Gewerkschaften vertreten (Pickshaus 2012: 122; vgl. auch www.dgb-index-gute-arbeit.de).
429 Vgl. Free The Slaves (o. J.) sowie Gould (2012), der auf die fundierten Zahlen von Kevin Bales von Free The Slaves verweist. Die ILO geht aktuell von 21 Millionen Menschen aus, die in Sklaverei leben.

waltsam zur Arbeit gezwungen, ohne dass sie die Möglichkeit haben, aus den Gewaltverhältnissen zu fliehen, die in jedem Land der Erde offiziell geächtet und verboten sind.[430] Sie arbeiten als Kindersoldat_innen, Zwangsprostituierte und ‚Hausangestellte'. Sie arbeiten auf Fischerbooten und Feldern, in Minen und Fabriken. Sie sind Teil der globalen Produktionsketten, in denen u. a. Lebensmittel, Kleidung, Autos, Computer und Mobiltelefone für den globalen Markt hergestellt werden. So archaisch Sklaverei auf den ersten Blick für viele Menschen in Deutschland auch anmutet – Sklaverei ist nicht nur ein Problem in afrikanischen oder asiatischen Ländern, sondern betrifft auch Länder des globalen Nordens.[431] Dass Menschen als moderne Sklav_innen zur Ware werden, degradiert zum Produktionsmittel, unterworfen unter und für den Profit anderer, ist ‚nur' die zugespitzte, schlimmste Form von Ausbeutung, die sich in globalisierten kapitalistischen Produktionsketten identifizieren lässt. Täglich werden Dienstleistungen und Produkte konsumiert, deren niedrige Preise vielfach nur erreicht werden, weil Menschen unter Bedingungen arbeiten, in denen soziale und ökologische Mindeststandards nicht eingehalten werden. Selbst hohe Preise des Endprodukts garantieren nicht, dass Menschenrechte in der Produktionskette nicht doch auf eklatante Weise verletzt werden.

Forschung für nachhaltige Arbeit muss sich angesichts dieser Missstände noch stärker als bisher mit menschenrechtlicher Forschung für die Überwindung von Zwangsarbeit hin zur Etablierung menschenwürdiger Arbeit verbinden. Damit lässt sich als gemeinsames Zielwissen für beide Forschungsrichtungen, aus dem Transformationswissen abzuleiten wäre, die *Sicherung der sozialen und ökologischen Qualität von Arbeit*[432] bestimmen – bezogen sowohl auf den Arbeitsprozess als auch auf das Arbeitsprodukt: Die soziale Qualität des Prozesses zeigt sich im nachhaltigen Umgang mit der menschlichen Arbeitskraft selbst, in der Achtung der Interessen der Arbeiter_innen und in der Umsetzung ihrer Rechte zu jedem Zeitpunkt, an jedem Ort, an jeder einzelnen Station in jedweder Produktionskette. Die ökologische Qualität wird erzielt durch Produkte, die im Prozess

---

430 Das deutsche Institut für Menschenrechte (DIMR o. J.: o. S.) verweist in Anlehnung an das Verständnis des Europäischen Gerichtshofs für Menschenrechte (EGMR) darauf, dass modernen Formen der Sklaverei nicht mehr das ursprüngliche Eigentumskonstrukt zugrunde liegt. Doch die Handlungen, die mit moderner Sklaverei typischerweise zusammenhängen, haben dieselben Auswirkungen: „Kontrolle, Zwang, Gewalt und Bedrohung führen zu einer faktischen Verfügungsgewalt über eine andere Person, die in ihren Auswirkungen einer rechtlichen Verfügungsgewalt gleichstehen.".
431 Von Journalist_innen und Menschenrechtsorganisationen ist dieses Thema in den letzten Jahren öffentlich gemacht worden (vgl. exemplarisch Zander 2011).
432 Von den Vertreter_innen des Vorsorgenden Wirtschaftens hat insbesondere Adelheid Biesecker den Gedanken vom Erhalt von sozialen und ökologischen Qualitäten immer wieder betont. Durch einen menschenrechtlichen Bezug, für den ich an dieser Stelle plädiere, erfährt die Forderung nach dem Erhalt der sozialen Qualität eine Kontextualisierung in (auch global geführten) sozialen Kämpfen und eine Konkretisierung über bereits anerkannte Normen (wie die der ILO). Umgekehrt erfahren die menschenrechtlichen Positionen eine Erweiterung durch die Forderung nach der ökologischen Qualitätssicherung von Arbeitsprozessen und -produkten.

ihrer Herstellung auch die (Re)Produktionsfähigkeit von außermenschlicher Natur nicht zerstören und die Gesundheit von Menschen nicht schädigen, besser noch: sie erhalten, unterstützen bzw. wieder herstellen helfen.

(b) Die Übergänge zwischen Zwangsarbeit und (schlecht) entlohnten Arbeitsverhältnissen, in denen soziale und ökologische Standards nicht eingehalten werden, sind insbesondere im Zuge neoliberaler Globalisierungspolitiken fließend geworden. Zur Krise der Erwerbsarbeit gehören nicht nur die ungleiche Verteilung des Erwerbsarbeitszeitvolumens mit (Langzeit)Arbeitslosigkeit auf der einen und Bestrebungen zur Verlängerung der Erwerbsarbeitszeit durch Arbeitgeber_innen auf der anderen Seite, sondern auch Prozesse der Prekarisierung als Resultat weltweiter Standortkonkurrenz in Gestalt von Lohndumping, einer Zunahme von befristeten Verträgen, Leih- und Zeitarbeit, geringfügiger Beschäftigung – allesamt Erwerbsarbeitsformen, die in der Regel kaum existenzsichernd und häufig nicht auf Dauer angelegt sind. Die zunehmende Fragmentierung der Erwerbsverläufe, und damit auch der Lebensläufe, wird von einem Teil der Prekarisierten, die zumeist jung und vielfach gut ausgebildet sind, noch als Chance für Abwechslung und die Gestaltung selbstbestimmter (Erwerbs)Arbeit, wenngleich unter Verzicht auf Sicherheit, gesehen. Andere Prekarisierte – mit geringerer Qualifikation und weniger Flexibilität – fallen in Armut oder sind von ihr bedroht.

Im Nachhaltigkeitsdiskurs werden zwei Ideen diskutiert, die ich als zentral sowohl für die Bewältigung dieser Krise der Erwerbsarbeit als auch für die Neugestaltung der Arbeit insgesamt herausstellen möchte: Modelle zur Erwerbsarbeitszeitverkürzung auf der einen Seite (i) und das Konzept der guten, menschenwürdigen Arbeit (Decent Work) (ii) andererseits. Beide Ideen sind zueinander ins Verhältnis zu setzen und zusammen zu denken. Fragen der Existenzsicherung stellen ein Verbindungsglied zwischen ihnen dar, das von einigen Ansätzen bereits mitgedacht wird (iii).

(i) Die Forderung nach Erwerbsarbeitszeitverkürzung und der fairen Teilung des gesamten Erwerbsarbeitsvolumens wird von vielen integrativen und feministischen Ansätzen im Nachhaltigkeitsdiskurs implizit und explizit geteilt. Eine besonders wichtige Rolle spielt Erwerbsarbeitszeitverkürzung im Nachhaltigkeitsansatz von Massarrat, der sie auch als dynamisches Steuerungsmittel begreift, um die wirtschaftliche Produktion einschränken und damit Nullwachstum in bestimmten Produktionsfeldern und Industriezweigen erreichen zu können (siehe B.IV.3).

Die Thematisierung des Zusammenhangs von Arbeitszeit, gesamtwirtschaftlicher Produktion und ökonomischem Wachstum ist unabdingbar, um zu einer Neugestaltung dieses Verhältnisses zu gelangen. Ein ökonomischer Paradigmenwechsel, der mit dem bisherigen Wachstumsimperativ bricht, wie ich es im Baustein „Wirtschaft neu denken" (siehe C.3.2.1) ausgeführt habe, wird ohne radikale Verkürzung der Erwerbsarbeitszeit nicht gelingen. Denn während das Ziel der Vollbeschäftigung alten Typs[433] (40-Stunden-Woche und mehr) und die damit erhobene Forderung nach Schaffung neuer und weiterer Arbeitsplätze Wachstum zum Ersatz für innergesellschaftliche Umverteilung macht,[434] ermöglicht die Strategie der Verkürzung von Erwerbsarbeitszeit das Gegenteil: die solidarische Umverteilung von Erwerbsarbeit als Ersatz für Wachstum, das in der Vergangenheit sowohl durch ökologische Ressourcenausbeutung als auch durch die einseitige Ausnutzung höchst ungleicher Terms of Trade zulasten der Menschen in Ländern des globalen Südens erzielt wurde.

Eine radikale Verkürzung der Erwerbsarbeitszeit ermöglicht aber nicht nur eine gerechtere Verteilung der bezahlten Arbeit und damit zugleich eine Umverteilung von Geld, Zeit und Einfluss. Sie ist zudem die Voraussetzung dafür, dass eine andere Verteilung *aller* gesellschaftlich notwendigen Arbeiten – insbesondere der unbezahlten ‚reproduktiven' Arbeiten – realisiert werden kann. Die tägliche Verwendung von acht oder mehr Stunden Lebenszeit auf Erwerbsarbeit hingegen hält die hierarchischen Verhältnisse zwischen bezahlter und unbezahlter Arbeit aufrecht. Arbeitszeitverkürzung ist also nicht nur eine Antwort auf die Krise der Erwerbsarbeit, sondern auch eine auf die Krise der ‚Reproduktionsarbeit' (siehe dazu auch den folgenden Abschnitt (c)). Sie ist darüber hinaus eine wichtige Grundlage für das Neudenken von Arbeit in und für Nachhaltigkeit, indem Erwerbsarbeit als Norm (der Existenzsicherung, der sozialen Statuszuweisung, der individuellen Tagesstrukturierung wie der gesamtgesellschaftlichen Zeittaktung) infrage stellt wird. Den transdisziplinären Dialog der letzten Jahre zwischen Wissenschaftler_innen, Gewerkschafter_innen, Aktiven in sozialen Bewegungen, Umwelt- und Frauenorganisationen sowie in kirchlichen Gruppen gilt es auszubauen und wissenschaftlich zu begleiten.[435]

(ii) Das Konzept der guten, menschenwürdigen Arbeit (gemeint ist damit immer Erwerbsarbeit), das nicht nur von der Internationalen Arbeitsorganisation (ILO) vorangetrieben wird, sondern von den Gewerkschaften aufgegriffen und kontext- und länderspezifisch[436] weiterentwickelt wird, versucht Alternativen zu entwickeln zu den Zurichtungen und Zumutungen der neoliberalen Arbeitsverhältnisse. Zunächst geht es um die Abwehr von sozialen Unsicherheiten und um den Erhalt bzw. um den Aufbau von Erwerbsarbeitsverhältnissen, die sichere Perspektiven für die Beschäftigten bieten (z. B. durch unbefristete Verträge, Mindestlöhne, Stärkung von gewerkschaftlicher Arbeit). Auch hier rückt die Frage nach

---

433 Mohssen Massarrat (2009a: 141) spricht auch vom „Vollbeschäftigungskapitalismus", definiert Vollbeschäftigung aber auf der Grundlage einer niedrigeren Wochenarbeitszeit.
434 Denn diese Form von Umverteilung folgt ausschließlich aus Wachstum und ist auf das beständige Wachsen der Wirtschaft angewiesen, um Teile des Gewinns für den sozialstaatlichen Kompromiss umverteilen zu können.
435 Eine Initiative ist z. B. die AG „Arbeit fair teilen" (attac o. J.).
436 Vgl. für Deutschland den DGB-Index Gute Arbeit (www.dgb-index-gute-arbeit.de).

der Qualität der Arbeitsbedingungen ins Zentrum. Aus analytischer Perspektive entsteht dadurch weiterführend die Möglichkeit, die neoliberale „Programmatik, die auf die Gefolgschaft der als ‚selbstbestimmt' proklamierten Individuen setzt" (Becker-Schmidt 2011: 17), zu dekonstruieren und genauer zu untersuchen, wie die Maxime, das Individuum möge sein eigenes Glück in der Gesellschaft verfolgen, als „verordnete Freiheit" (ebd.) wirkt – eine Freiheit, deren Wirkmächtigkeit sich dennoch erst vollends durch die individuelle Identifizierung mit ihr in Form „freiwilliger Unterwerfung" (ebd.) entfalten kann. Becker-Schmidt bezieht sich in ihrer Argumentation auf die Foucault'sche Erkenntnis der Ambivalenz von Selbsttechnologien und den Doppelcharakter von Gouvernementalität. Hier eröffnen sich Forschungsperspektiven für Konzepte nachhaltiger (Erwerbs)Arbeit: Im Rahmen der Weiterentwicklung des Konzepts der guten Arbeit wären beispielsweise Untersuchungen zu den Legitimierungspraktiken der Selbstausbeutung von Individuen zu verbinden mit der Dekonstruktion des herrschenden Leistungsbegriffs. Die BUKO-Autor_innen der AG „Danke für den Fisch" haben bereits in den 1990er-Jahren auf die zerstörerische Kraft des fest in den Köpfen der meisten Menschen verankerten Entwicklungsversprechens und dem damit einhergehenden verinnerlichten Selbstentwurf von ‚uns' als „autonome, von allen Bindungen emanzipierte, mobile Individuen" (Stolz 1996: 11) hingewiesen – einen Selbstentwurf, den es zu dekonstruieren gelte (siehe B.II.2.1). Arbeitnehmer_innen, die unter der wachsenden Verdichtung der Erwerbsarbeitszeit und damit der Verdichtung der zu erbringenden Leistung leiden, die physisch und psychisch krank werden durch Zeit- und Termindruck, wären nicht mehr als vermeintlich ‚leistungsschwach' zu deklassieren. Sie wären vielmehr Teil eines gesellschaften Gegenentwurfs, in dem Glück und Zufriedenheit nicht länger an wirtschaftlichen ‚Erfolg' gekoppelt sind und in dem Menschen nicht länger als vollständig autonom, unbegrenzt flexibel und belastbar sowie von potenziellen sozialen Unsicherheiten nicht zu beeindrucken gefasst werden.

Mit dieser kritischen Perspektive könnte gleichzeitig der emanzipatorische Anteil an guter und angemessener Erwerbsarbeit gestärkt werden. Denn auf der individuellen Ebene wird die Berufstätigkeit von vielen Menschen auch als identitätsstiftend empfunden – wenn die Rahmenbedingungen stimmen. D. h., es geht um die Stärkung der sinnstiftenden, als sinnvoll empfundenen Elemente von Erwerbsarbeit, die für die Arbeitenden immaterielle Befriedigung und Bestätigung jenseits der konkreten materiellen Entlohnung schaffen. Ohne allgemeingültig bestimmen zu wollen und dies im Einzelnen zu können, was wertvolle und sinnstiftende Erwerbsarbeit ausmacht, so wichtig erscheint es, genau über diese Fragen dazu, was sinnvolle Arbeit ist, (wieder) in eine gesellschaftliche Debatte einzutreten. Die Losungen ‚Sozial ist, was Arbeit schafft – egal welche' oder ‚Hauptsache Arbeit' stehen hingegen für eine Richtung, die keinen nachhaltigen Transformationsweg beschreibt, weil das Kriterium der sozial-ökologischen Qualität von Arbeit dabei ausgeblendet wird. In der Auseinandersetzung um gute Erwerbsarbeit steckt als Keim bereits eine andere Frage, nämlich die Frage nach sinnvollem, sinnstiftendem Tätigkeitsein aus Lust und Notwendigkeit jenseits von Erwerbsarbeit (vgl. Kratzwald 2014; siehe dazu auch den folgenden Abschnitt (d)). Auch wenn es Zukunftsmusik ist: Im Konzept zukünftiger Arbeit auf dem Weg in Richtung Nachhaltigkeit stellt Erwerbsarbeit keine notwendige Konstante dar. Im Gegenteil: Die Kritik an Herrschaftsverhältnissen (wie dem Kapitalismus in all seinen Ausprägungen) ist verbunden mit der Vision der Befreiung (von Arbeitszwängen, gewaltvollen Zurichtungen und entfremdeter Arbeit). Die Kämpfe für gute Erwerbsarbeit sind damit den Kämpfen für eine Welt ohne Lohnarbeit keineswegs nur entgegengesetzt. Verbindende Elemente sind die Analyse der Paradoxien der Arbeitsgesellschaft und die Frage nach Tätigkeiten, die für ein gutes Leben notwendig sind und wie diese organisiert und verteilt werden können (vgl. ebd.: 18ff.).

(iii) Bis dahin fungieren gewissermaßen als Bindeglied zwischen den Konzepten radikaler Arbeitszeitverkürzung und guter Arbeit jene Fragen, die die Existenzsicherung fokussieren: Wie lässt sich heute mit (noch) weniger Erwerbsarbeit auskommen, wenn es für viele schon bei einer 40-Stunden-Woche nicht zum (guten) Leben reicht, wenn nach Jahrzehnten der Erwerbsarbeit die Rente deutlich unter 1.000 Euro liegt? Die verschiedenen Maßnahmen, die als Antworten darauf in den kritischen, feministischen und integrativen Nachhaltigkeitsansätzen zu finden sind, möchte ich in Kombination für meinen Baustein aufgreifen: D. h., auch die Existenzsicherung kann nicht allein über die nun reduzierte Erwerbsarbeit gedacht und realisiert werden. Sie ist vielmehr auf einen Maßnahmenmix aus maximalem Lohnausgleich,[437] Einführung von gesetzlichen Mindestlöhnen, der Einführung von (Bedingungslosem) Grundeinkommen und der Schaffung einer umfassenden Infrastruktur für selbstbestimmtes Tätigsein und Selbermachen, Teilen und Schenken angewiesen. Bezogen auf die infrastrukturellen Maßnahmen und Mitmachprojekte lässt sich an bereits Vorhandenes – wenngleich dem Mainstream nicht unbedingt Bekanntes, aber zunehmend bekannter Werdendes – anschließen wie etwa an die Offenen Werkstätten, Häuser der Eigenarbeit, Fabrikationsstätten mit Hightechausstattung (sogenannte FabLabs), aber auch an Gemeinschaftsgärten, Repair Cafés, Umsonstläden, freie Software. Aus kritisch-emanzipatorischer Perspektive braucht es dafür auch öffentliche und wissenschaftliche Aufmerksamkeit, braucht es materielle wie immaterielle Unter-

---

437 Dieser Vorschlag geht auf Werner Sauerborn (2009) zurück. An dieser Stelle sei noch einmal auf mögliche Quellen für die Finanzierung eines solchen maximalen Ausgleichs bei unteren Lohn- und Einkommensgruppen in Anlehnung an Massarrat (2009a) verwiesen: erstens die zur Finanzierung der Erwerbsarbeitslosigkeit frei gewordenen Mittel, zweitens Steuerentlastung bzw. Steuerbefreiung für die unteren Einkommensgruppen, drittens Umschichtungen von höheren Lohn- und Gehaltsgruppen bei Tarifverhandlungen und viertens eine höhere Besteuerung der Einkommen von Selbstständigen.

3. Kommende Nachhaltigkeit

stützung und nicht zuletzt Forschung, um das Neue und Andere zu verstehen, zu begleiten, aufzubereiten und zu kommunizieren.[438]

(c) In meiner Analyse des Diskurses um Nachhaltigkeit und Gender habe ich herausgearbeitet, dass die Kritik an der Ausblendung und Abwertung der ‚reproduktiven' Arbeiten und der Versorgungsökonomie die verschiedenen feministischen Ansätze eint (siehe dazu auch die Ergebnisse im Zwischenfazit B.III.5). Um zu Formen nachhaltigen Arbeitens zu gelangen, bedarf es daher unabdingbar der theoretischen wie praktischen Bearbeitung der Krise der ‚Reproduktionsarbeit', die zunächst einmal mit der kritischen Analyse und dem Widerstand gegen die kapitalistische Verwertungslogik und Ökonomisierung dieser ‚reproduktiven' Arbeiten[439] beginnt (i) und sich in der kritischen Analyse und dem praktischen Widerstand gegen Prozesse der Naturalisierung (ii), der Privatisierung bzw. Familialisierung (iii) und der Feminisierung (iv) fortsetzt, um davon ausgehend Alternativen vorzuschlagen (siehe auch den nachfolgenden Abschnitt (d)).

(i) Die Forderung nach Steigerung der Erwerbstätigkeit – insbesondere als Steigerung der Frauenerwerbstätigkeit – findet sich durchgängig im politisch-institutionellen Nachhaltigkeitsdiskursstrang (siehe insbesondere B.I.3 und B.I.4). Das „Verdikt der Employability" (Jurczyk et al. 2009: o. S.) ist als Teil der neoliberalen Agenda jedoch schon seit Jahren wirkmächtig. Längst ist das Leben für die allermeisten Menschen erwerbsarbeitszentriert – mit ambivalenten Folgen, zu denen einerseits die bereits thematisierten Erfahrungen von Prekarisierung und Auflösung des Normalarbeitsverhältnisses gehören, die sich andererseits aber auch als individuelle Emanzipationsgewinne gerade für Frauen darstellen (können). Längst wird die lebensweltliche Praxis dem Zeitregime der Erwerbsarbeit untergeordnet: „Effizienzprinzipien, Zeitersparnis oder Parzellierung von Zeit in kleine Einheiten sind zunehmend charakteristisch für den familialen Alltag" (König/Jäger 2011: 150). Dadurch wird nicht nur die Bewältigung alltäglicher Aufgaben wie Haus- und Putzarbeiten schwieriger, sondern die Durchtaktung der Lebenswelt steht vor allem im Widerspruch zu den Bedürfnissen von Kindern, älteren Menschen und Kranken, ist aber auch für alle anderen Menschen dauerhaft nicht mit einem guten Leben vereinbar (vgl. ebd.). Die Dominanz eines tayloristischen Zeitregimes übt nicht nur Druck auf die Organisation der unbezahlten ‚reproduktiven' Arbeit in den Familien aus. Noch stärker gerät die bezahlte Care-Arbeit im marktförmig organisierten Gesundheits- und Pflegebereich in den Widerspruch zwischen Verwertungslogik der Marktökonomie und Für- und Vorsorgeorientierung der Versorgungsökonomie. Denn hier wird nun Effizienz im be-

---

438 Im oekom Verlag sind in den letzten Jahren eine Reihe von Publikationen erschienen, die Konzepten für anderes Arbeiten und gemeinschaftliches Nutzen nachspüren: vgl. exemplarisch das Themenheft „Anders arbeiten" der Politischen Ökologie (2011) – darin vor allem die Beiträge von Biesecker/Baier (2011); Schlemm (2011) – sowie Bonas et al. (2006).
439 Siehe zur Begriffsbestimmung die Ausführung in A.4 dieser Arbeit.

triebswirtschaftlichen Sinne zum Maßstab der Arbeitsorganisation, ohne aber zu einer qualitativen Verbesserung in der Versorgung der Kranken und Pflegebedürftigen zu führen (vgl. Gottschlich 2012: 3).

> „Vielmehr geht es darum, möglichst zügig viele Patient_innen ‚abzuwickeln', sei es weil durch sogenannte Fallpauschalen für jede Behandlung nur ein fester Betrag zur Verfügung steht, sei es weil nicht fürs ‚Reden', sondern nur für bestimmte mit zeitlichen Vorgaben versehene Pflegeleistungen gezahlt wird. Mit Menschenwürde und Lebensqualität hat diese kurzfristige Rationalität der (Geld)Nutzenmaximierung nichts zu tun. Denn auch bezahlte Care-Arbeit in Gestalt personenbezogener Dienstleistungen hat die Zielsetzung, Hilfsbedürftige, Alte und Kranke in ihrer eigenen Lebensbewältigung zu unterstützen. Gefordert sind [...] sorgende Subjekte in ihrer ganzen Lebendig- und Menschlichkeit" (ebd.).

Da eine Übertragung von kapitalistischen Wirtschaftsprinzipien in diesem Feld zerstörerisch auf die Beziehung zwischen der zu pflegenden Person und derjenigen Person, die ihre Für_Sorge/Care-Arbeit[440] ernst nimmt, wirkt, muss eine nachhaltige Organisation dieser Arbeit gerade eine unterstützende Infrastruktur bereitstellen, die ausreichend Zeit für die Entwicklung der Sorgebeziehung lässt.

(ii) Diese besondere emotionale Qualität, die bezahlte wie unbezahlte Für_Sorge/Care-Arbeit kennzeichnet, wurde und wird argumentativ eingesetzt, um ihr den Arbeitscharakter abzusprechen.[441] Kritik an so gearteten Naturalisierungsprozessen zu üben, heißt u. a. an die Bedeutung zu erinnern, die die unbezahlte ‚reproduktive' Arbeit und deren Zuweisung an Frauen für die Entstehung und Aufrechterhaltung der bürgerlich-kapitalistischen Gesellschaftsordnung hat(te). Die Trennung in eine öffentliche-produktive und eine private-‚reproduktive' Sphäre war nur möglich über Legitimierungspraktiken, die auf die vermeintliche ‚Natur' von ‚Männern' und ‚Frauen' rekurrierten. Dabei geht es bei Für_Sorge/Care-Arbeiten nicht nur um die Lebensgestaltung und -erhaltung auf individueller Ebene, sondern immer auch um die Aufrechterhaltung des Sozialgefüges als Ganzes, um die (Wieder)Herstellung von Gesellschaft (vgl. Gottschlich 2012: 4). Gemeinsam mit Natur bilden soziale und ökologische Für_Sorge/Care-Arbeiten damit die Grundlage allen Wirtschaftens. Nur wenn die Bedeutung dieser Grundlage anerkannt wird, wie Vertreter_innen des Vorsorgenden Wirtschaftens, der Frauenökonomie und DAWN fordern (siehe Diskursstrang B.III), lässt sich ein neues nachhaltiges Arbeitsmodell überhaupt etablieren.

---

440 Die besondere Schreibweise Für_Sorge geht auf die bereits beschriebene Schwierigkeit zurück, Care ins Deutsche zu übersetzen (siehe A.4). Der Begriff Care, wie ich ihn verwende, geht meines Erachtens weder zur Gänze im Begriff der Sorge, noch dem der Fürsorge auf. Mit der Unterstrichschreibweise möchte ich ausdrücken, dass es um mehr als um Fürsorge und Sorge geht, mit ihr hole ich auch Aspekte der Zeitlichkeit, der Berücksichtigung von Eigenentwicklung und Eigensinn, deren Wichtigkeit Biesecker und Hofmeister (2013) betonen, ein Stück weit symbolisch in die deutsche Schreibweise hinein, ohne den Begriff Care mit dem Begriff der Vorsorge gleichzusetzen.

441 Vgl. exemplarisch zur feministischen Auseinandersetzung über die Frage, wo Arbeit endet und Liebe beginnt Bock/Duden (1977).

(iii) Damit komme ich zum Widerstand gegen jene Ansätze, die Für_Sorge/Care-Arbeit zur Privatsache deklarieren, obwohl es sich um gesellschaftlich notwendige Arbeit handelt. Auch hier ergeben sich Querverbindungen zu dem Baustein „Gerechtigkeit neu denken" (siehe C.3.2.3), die erneut deutlich werden lassen, dass eine Veränderung des Ökonomischen mit einer Veränderung der Rationalitäten und der Ethik einhergehen muss. Eine strukturelle Verfestigung der „Verhäuslichung von Mutterschaft" (Wolf 2012: 22) – etwa durch Maßnahmen wie das in Deutschland im November 2012 verabschiedete Betreuungsgeld – gilt es daher zu kritisieren und als Gegenmodell ein *Care-Netz*, ein Netz der Für- und Vorsorge, zu entwickeln, geknüpft und getragen von verschiedenen Akteuren und Institutionen über die bisher trennenden Sphären hinweg, in dem die relationale Qualität von Care-Arbeit erhalten bleibt und in ihrer Für- und Vorsorgelogik gestärkt wird. Ein solches Netz würde in geteilter privater und öffentlicher Verantwortung für Für_Sorge/Care-Arbeit bestehen, es müsste die Rahmenbedingungen auf die Bedürfnisse sowohl der zu versorgenden als auch der sorgenden Person abstimmen. Nicht aus einer strukturell starren Institutionenlogik heraus dürfte dabei gedacht werden, die die bestehenden Grenzziehungen lediglich reproduziert (also entweder Kitaplatz oder familiäre/private Betreuung, entweder Heimpflegeplatz oder häusliche Pflege), sondern ausgehend von einer Idee ineinandergreifender, freier und individueller zu gestaltenden Für_Sorge/Care-Arbeiten (also indem häusliche Pflege mit guter, nicht auf ökonomische Effizienz ausgerichteter Tagespflege durch öffentliche und private Träger kombiniert werden kann, was Freiräume für die pflegenden Angehörigen schafft. Auch zivilgesellschaftliches Engagement wie beispielsweise von ‚Wahl'-Omas und -Opas für ‚soziale' Enkelkinder hätte in so einem lebendigen Care-Netz seinen Platz.).

Ein solches Netz würde zur Entlastung derjenigen führen, die Für_Sorge/Care-Arbeit leisten. Die aktuellen Strategien zur Bewältigung der Mehrfachbelastung setzen bisher fast nur auf der individuellen Ebene an, werden privat gefunden und verfolgt: Zum einen wird Für_Sorge/Care-Arbeit an Dritte abgegeben – beispielsweise familienintern in unbezahlter Form durch die Übernahme von Kinderbetreuung etwa durch Großeltern oder in (häufig schlecht) bezahlter Form an externe Putz- und Pflegekräfte. Zum andern gehen insbesondere Frauen Teilzeitarbeitsverhältnisse ein, um Zeit für unbezahlte Für_Sorge/Care-Arbeit zu haben. Doch auch die Folgen dieser individuellen Strategien wie der Erwerbsarbeitszeitverkürzung werden bisher individuell getragen – weniger Geld, weniger Karrierechancen, damit häufig weniger verantwortungsvolle, selbstbestimmte Arbeitsbereiche und weniger Gestaltungsmöglichkeiten bei einer oft gleichzeitig damit einhergehenden Intensivierung der Arbeit. Zusätzlich zum Ausbau von Care-Netzen könnte der strukturelle gesamtgesellschaftliche Umbau zu einer „Halbtagsgesellschaft" (Stahmer 2007) oder zu einer „Vollzeitbeschäftigungsgesellschaft neuen Typs" (Massarrat, B.IV.3.2) mit einer reduzierten Wochenarbeitsstundenzahl als

Norm Auswege aus den Prozessen der Privatisierung und Familialisierung bieten. Denn Sorgen braucht Zeit, es setzt aktives Engagement voraus. Schon jetzt übersteigt nach Messungen des Statistischen Bundesamts die für unbezahlte Für_Sorge/Care-Arbeit aufgewendete Zeit jene für Erwerbsarbeit in Deutschland um mehr als das Anderthalbfache. Und eine nachhaltige Gesellschaft auf dem Weg zur kommenden Nachhaltigkeit wird mehr Vor- und Für_Sorgearbeit als bisher brauchen.

(iv) Zeit zu haben ist zwar eine notwendige, aber noch keine hinreichende Bedingung für eine gerechte Verteilung der Für_Sorge/Care-Arbeit zwischen den Geschlechtern – eine Forderung, die die feministischen Diskussionen der letzten 25 Jahre prägt. Es geht bei dieser Verteilungsfrage einerseits um einen demokratiepolitischen Aspekt: Allen Menschen soll – gewissermaßen als ihr Recht – eine Teilhabe an allen Formen der Arbeit, einschließlich politischer Arbeit,[442] ermöglicht werden. Diese Vision teilt beispielsweise auch der HGF-Ansatz (siehe B.IV. 1). Ausdrücklich erklärt das Plattformdokument der Weltfrauenkonferenz (1995) die gerechte Arbeitsverteilung zwischen Männern und Frauen als Beitrag zur Fundierung der Demokratie.[443] Adelheid Biesecker, als Theoretikerin und Vertreterin des Vorsorgenden Wirtschaftens (siehe B.III.3), hat in diesem Zusammenhang noch auf einen anderen Aspekt hingewiesen, der mit Blick auf die nachhaltige Gestaltung von Arbeit und Ökonomie immens wichtig wird: auf die unterschiedlichen Erfahrungen, die Menschen in den verschiedenen Arbeitsbereichen sammeln können. Nur wenn Menschen in verschiedenen Arbeitsbereichen tätig sind, „können sie den Gesamtzusammenhang des gesellschaftlichen Produktionsprozesses verstehen, sich darüber austauschen, ihn weiterentwickeln. Und nur so können alle ein Gespür für die Bedeutung des ‚Reproduktiven' für Wiederherstellen, Erhalten und Erneuern bekommen" (Biesecker 2008: 70).

Wenn auch Für_Sorge/Care-Arbeit derzeit noch als sozial weibliche Arbeit bezeichnet werden kann, weil sie immer noch in der Mehrzahl von Frauen geleistet wird und Erfahrungen mit männlicher Für_Sorge/Care-Arbeit und ihre wissenschaftliche Aufbereitung erst am Anfang stehen,[444] so zeigt sich gerade in neuen Studien „als allgemeine Tendenz, dass die geschlechtsspezifische Arbeitsteilung mit ihrer eindeutigen Zuweisung der ‚Reproduktionsarbeit' an Frauen in keiner Schicht mehr als ungebrochen gültig bezeichnet werden kann" (König/Jäger

---

442 Dass ein alternatives Modell von Arbeit neben Zeit für Erwerbsarbeit und Versorgungsarbeit auch noch Zeit für Eigenarbeit und politische Arbeit vorsehen muss, dafür plädiert Frigga Haug (2008) in ihrer 4-in-1-Perspektive.
443 „Equal rights, opportunities and access to resources, equal sharing of responsibilities for the family by men and women, and a harmonious partnership between them are critical to their well-being and that of their families as well as to the consolidation of democracy" (Fourth World Conference on Women 1995: Abs. 15).
444 Vgl. z. B. für den deutschsprachigen Raum Lehner (2012); Langehennig (2010); vgl. für den angelsächsischen Raum u. a. Allen/Daly (2007); Kramer/Thompson (2002).

2011: 152). Aushandlungen auf individueller Ebene, in denen die Paare klären, wer wann welche Arbeiten im Haushalt übernimmt oder wer sich wann um die Kinder kümmert, werden immer selbstverständlicher. Die neuen Selbstverständlichkeiten können zu einem Wandel der politischen Kultur beitragen und damit zu einem veränderten gesamtgesellschaftlichen Umgang mit Für_Sorge/Care-Arbeiten. Die Autorinnen König und Jäger sind überzeugt, dass „Veränderungen in den Geschlechterverhältnissen als Motor für eine gesamtgesellschaftliche Transformation des Ökonomischen wirken können" (ebd.: 148). Auch diese Veränderungen brauchen Zeit: Auf der strukturellen und symbolischen Ebene (etwa in Form der bis heute abgewerteten und schlecht bezahlten ‚Frauenberufe' im Sozial-, Bildungs- und Gesundheitsbereich der Wohlfahrtstaaten des 20 Jahrhunderts) wirken Feminisierungsprozesse im Bereich der Für_Sorge/Care-Arbeit hingegen immer noch nahezu ungebrochen und müssen ebenfalls Gegenstand theoretischer Reflexion wie praktischer Auseinandersetzung werden.

(d) Nachhaltige Arbeitskonzepte als visionäre Konzepte reflektieren die möglichen und notwendigen Tätigkeiten für ein gutes Leben. Im Kern geht es um die Aufhebung bestehender Trennungen von bezahlter und unbezahlter Arbeit, von Beruflichem und Privatem, von Produktivem und ‚Reproduktivem', von körperlicher und geistiger Arbeit. Es geht bei Entwürfen zur Neugestaltung der Arbeit in nachhaltigen Gesellschaften bzw. für diese nicht länger prioritär um die Frage nach der Vereinbarkeit und damit auch um die Vereinbarkeit von sich widersprechenden Rationalitäten, von Marktlogik versus Vor- und Für_Sorgelogik. Perspektivisch, das nehme ich aus den feministischen Nachhaltigkeitsansätzen für diesen Baustein auf, geht es um eine Transformation des Ökonomischen und der Ökonomie insgesamt (vgl. dazu auch Biesecker/Gottschlich 2013: 186f.). Denn Für_Sorge/Care-Arbeiten sind davon geprägt, dass sie dazu beitragen, soziale und ökologische Qualitäten zu erhalten. D. h., es handelt sich bei Für_Sorge/Care-Arbeiten um solche Arbeiten, auf die eine Gesellschaft in keinem Fall verzichten kann. Je weniger Für_Sorge/Care-Arbeit geleistet wird, desto größer ist die sozial-ökologische Krise. Es braucht als neue gesellschaftliche Norm für einen Transformationsprozess in Richtung Nachhaltigkeit also nicht nur (als ersten Schritt) weniger Erwerbsarbeit, sondern auch mehr Für_Sorge/Care-Arbeit für Menschen und Natur als bisher.

So wie nicht jede beliebige Erwerbsarbeit, sondern nur ‚gute' Erwerbsarbeit Teil einer transformativen Konzeption von Arbeit sein kann, in der perspektivisch eben auch die bereits angesprochene Überwindung von Erwerbsarbeit selbst angelegt ist, so geht es mit Blick auf die Gestaltung des Ganzen der Arbeit und der Verbindung der einzelnen Arbeitsformen nicht (allein) um die Frage nach Anerkennung aller Bereiche in enthierarchisierter Form. Zweck und Qualität der verschiedenen Arbeiten werden vielmehr zum entscheidenden Maßstab für nachhaltiges Arbeiten. Erhebt man zur Maxime, dass nachhaltiges Arbeiten das Zerstörerische zurückdrängen und das Lebendige erhalten und stärken soll, dann können sich beispielsweise spannende Allianzen aus der Forderung des politisch-institutionellen Nachhaltigkeitsstrangs nach ‚Greenjobs' und Vorstellungen von neuer Arbeit aus der feministischen sozial-ökologischen Ökonomie, wie etwa im (Re)Produktivitätsmodell von Biesecker und Hofmeister (2006), ergeben: Es sind Arbeiten, die sich um den Erhalt und die Wertschätzung der Produktivität der Natur drehen – in der ökologischen Land- und Forstwirtschaft, in der nachhaltigen Fischerei, in Biosphärenreservaten, aber auch in der Gartenarbeit oder im nachhaltigen Naturtourismus oder in Konversionsprojekten. Und es sind Arbeiten, die den natürlichen Reduktionsprozess begleiten – etwa im Bereich der Abfallwirtschaft (vgl. Biesecker 2008: 62). Auch in der Sozialen Ökologie habe ich – über das Konzept der nachhaltigen Ausgestaltung von Versorgungssystemen – normative wie konzeptionelle Ansatzpunkte für ein Verständnis von Arbeit als sozial-ökologisch komplexem Vermittlungsverhältnis gefunden, die es fruchtbar zu machen gilt (siehe B.IV.4.2).

Eine solche umfassende Transformation der Organisation von Arbeit wird nicht funktionieren ohne einen Wandel in den sozio-ökonomischen Verhältnissen, speziell den Eigentumsverhältnissen, wie ihn die Diskursinterventionist_innen fordern, deren emanzipatorische Perspektiven ich in Diskursstrang B.II vorgestellt habe. Eine solche neue Perspektive auf Arbeit beinhaltet, tätig zu sein in einer Ökonomie des Beitragens und des Teilens, in der der benutzende Besitz das Eigentum ablöst: „Nicht abstraktes Eigentum zählt, sondern wer welche Dinge tatsächlich braucht und gebraucht (Habermann 2011: 19). Existenzsicherung in einem Arbeitsmodell, in dem die Bedeutung und Organisation von Erwerbsarbeit transformiert wird und Erwerbsarbeitszeit in einem ersten Schritt für alle deutlich schrumpft, kann und muss vielfältig gedacht werden – angefangen von Umsonstläden[445] über Nutzungsgemeinschaften bis beispielsweise hin zu kostenlos zu nutzender gemeinschaftlicher Infrastruktur (z. B. Wohnen, Mobilität/ÖPNV). Ein Teil des Einkommens wird ersetzt durch die Zeit, die nun zum Selberherstellen bleibt. Dieser Vorschlag, der besonders von Vertreter_innen der Postwachstumsökonomie bzw. der Commonsbewegung stark gemacht wird und der gleichsam die von mir untersuchten Positionen aller nicht-hegemonialen Nachhaltigkeitsansätze (siehe B.II, B.III, B.IV) ergänzt, braucht jedoch spezifische Infrastruktur, etwa Häuser der Eigenarbeit, in denen auch unter Anleitung Möbel, Kleidung etc. hergestellt werden können. Die Neuerfindung der Arbeit wird ohne einen Wandel in der politischen Kultur nicht funktionieren (siehe C.3.2.2). Denn eine Ökonomie des gemeinsamen Besitzens und Nutzens erfordert Vertrauen und Kommunikation, erfordert ein Einüben in Konfliktlösung. Und sie benötigt einen

---

445 Vgl. www.umsonstladen.de/.

Wandel in den institutionellen Rahmenbedingungen, die diese Übergänge absichern.

3.2.2 Das Politische neu denken: für eine demokratische Gestaltung gesellschaftlicher Naturverhältnisse

> „Menschlichkeit erlangt Platz in wirklich ermöglichter Demokratie; so wie diese selber nur den ersten humanen Wohnort darstellt. Also ist das Humanum, gerade auch als Fernziel in der gesellschaftlichen Tendenz, hier schlechthin regierend."
> (Bloch 1985: 1608)

Staatskritik und Konturen einer nachhaltigen demokratischen Staatsgestaltung

Ich habe in meiner Analyse der Verläufe im Nachhaltigkeitsdiskurs mit Blick auf Veränderungen im Politikverständnis darauf hingewiesen, dass (Global) Governance als neuer Typus des Regierens den Nachhaltigkeitsdiskurs bestimmt (siehe C.2.2). Obwohl Governance dabei in der Regel aus der Perspektive des Staates konzipiert wird, der sich bei Prozessen der Willensbildung, der Entscheidung und ihrer Umsetzung auf Akteure der sogenannten Major Groups – also auf zivilgesellschaftliche und ökonomische Akteure – stützt und mit ihnen kooperiert, gerät der Staat dabei selbst oftmals aus dem Blick bzw. erscheint lediglich als Adressat von Vorschlägen für sozial-ökologische Transformationen. Die Analyse der Positionen insbesondere der Diskursinterventionist_innen, aber auch des Sustainable-Livelihoods-Ansatzes von DAWN, hat jedoch gezeigt, dass es notwendig ist, nicht nur die neuen Handlungsräume, die so entstehen, zu fokussieren, sondern auch die Ambivalenz von staatlicher Verfasstheit und ihre Bedeutung für nachhaltige Entwicklung in den Blick zu nehmen und dabei nicht von ‚der' Politik als homogenem und rationalem Akteur auszugehen. Ich werde daher die verschiedenen Kritiken zum Themenkomplex Staat kurz zusammenführen (a), um ausgehend von dieser kritischen Sichtweise auf Staat die Überlegungen aus den von mir untersuchten Ansätzen zu diskutieren, die einen Beitrag zu einer Staatsreformpolitik leisten können (b). D. h., es geht mir für ein kritisch-emanzipatorisches Verständnis von Nachhaltigkeit in diesem Baustein sowohl um eine kritische Ist-Analyse als auch um eine zukunftsgerichtete Soll-Perspektive.

(a) Eine staatskritische Perspektive ermöglicht es, der Falle einer Markt-Staat-Dichotomie zu entgehen, die sich, wie gezeigt, in Teilen des Nachhaltigkeitsdiskurses finden lässt – etwa wenn (ohne kritische Analyse der Wechselbeziehungen von Politik und Ökonomie) das Primat der Politik über die Ökonomie angenommen bzw. gefordert wird und mittels einer (stärkeren) staatlichen Regulierung durchgesetzt werden soll oder wenn staatliche Politik nur als neutrale Vollstreckungsinstitution verstanden wird.

Dagegen setzen die Diskursinterventionist_innen und die Vertreter_innen von DAWN (und auch in Ansätzen die Vertreter_innen der Frauenökonomie) ein Verständnis von Staat als gesellschaftlichem Herrschaftsverhältnis. Zu den zentralen Kritikpunkten aus den feministischen Ansätzen und den Arbeiten der Diskursinterventionist_innen gehören die Kritik an der patriarchalen Verfasstheit des Staates[446], die Kritik an Staat als Instrument der politischen und ökonomischen Eliten zur Durchsetzung ihrer Interessen sowie die Kritik an repressivem staatlichen Vorgehen und damit der Verletzung von Menschenrechten. Zudem nehme die repressive Seite von Staatlichkeit gerade in Zeiten neoliberaler Umbauprozesse hin zum Wettbewerbsstaat nicht ab, sondern zu. Die staatliche Vertretung privater Interessen (lokaler Unternehmen wie transnationaler Konzerne) hatte DAWN – als eine der wenigen Stimmen, die dieses Thema im Nachhaltigkeitsdiskurs überhaupt adressieren – bereits im Kontext der UNCED von 1992 kritisiert. Staat wird in dieser Kritikperspektive als umkämpftes Terrain sichtbar. Für den zu gestaltenden Prozess einer Demokratisierung gesellschaftlicher Naturverhältnisse und die damit verbundene Frage, welche Akteure diesen vorantreiben könnten (siehe dazu auch den Baustein „Demokratisierung der Demokratie: Externalisierung überwinden, politische Teilhabe neu denken"), folgt daraus, dass der Staat gerade nicht als neutraler Akteur zu verstehen ist, sondern selbst der Transformation bedarf.

Ausgehend von dieser Kritik übernehme ich daher von den Vertreter_innen feministischer Ansätze und den Diskursinterventionist_innen die Forderung nach einer politischen Restrukturierung von Staatlichkeit. Damit geht es nicht um den Verzicht auf institutionelle Politik, sondern um die (Wieder-)Inanspruchnahme des Staates für die gesamte Gesellschaft, um die Überwindung der „geschlechtsspezifischen Gewaltstruktur moderner Staatlichkeit" (Sauer 2009a: 65) und um das Zurückdrängen jener Formen der Ökonomisierung des Politischen, die sich insbesondere in der Privatisierung staatlicher Leistungen manifestieren. Die Nachhaltigkeit staatlicher Politik ließe sich, so die Position von DAWN und von den Diskursinterventionist_innen, der ich hier folge und die ich mit den feministischen staatstheoretischen Arbeiten von Birgit Sauer untermauern werde, im Einsatz für den Erhalt der Livelihood, also der Lebensgrundlagen für die Bevölkerung messen. Dafür braucht es vielfach eine Umkehr der bestehenden staatlichen Prioritätensetzung. Wenn Prozesse nachhaltiger Entwicklung nicht nur auf den Abbau von direkter und symbolisch-kultureller Gewalt, sondern auch von

---

446 Die feministische Analyse des Wandels von Staatlichkeit ist bisher vor allem in Nachhaltigkeitsansätzen aus der Perspektive des globalen Südens erfolgt. Obwohl auch im deutschen Diskurs vielfältige feministische Analysen zum Staat vorliegen, sind diese Arbeiten innerhalb des (feministischen) Nachhaltigkeitsdiskurses relativ wenig rezipiert worden. Stärkere Verbindungen zwischen feministischer Forschung zu Staatlichkeit und solcher zu Nachhaltigkeit herzustellen, wäre lohnend und kann in diesem Abschnitt nur in Ansätzen geleistet werden.

3. Kommende Nachhaltigkeit

struktureller Gewalt zielen, wie ich in Teil A dargelegt habe, dann gilt für eine ‚nachhaltige' Staatsgestaltung aus kritisch-emanzipativer Perspektive, auch auf die „Formen der Verhinderung von Lebenschancen in kapitalistischen Demokratien aufmerksam zu machen" (Sauer 2009a: 63) und staatliche Gewaltverhältnisse zu transformieren. Gemeint sind damit „solche Benachteiligungs-, Ausschließungs- und Marginalisierungszusammenhänge, die eine staatlich-rechtliche Absicherung erhalten haben" (ebd.). Die geschlechtsspezifische Gewaltförmigkeit des modernen Staates, die Birgit Sauer nachzeichnet und die auch DAWN kritisiert, ist nur ein Beispiel dafür.

Die Auseinandersetzung mit Staat im Nachhaltigkeitsdiskurs steht allerdings noch am Anfang. Die Konturen eines linken Staatsprojekts, wie es beispielsweise Ulrich Brand fordert (siehe B.II.2.3), bleiben im sozial-ökologischen Transformationsdiskurs bisher noch vage. Stattdessen bilden Strategien des Widerstands und der Gegenmachtbildung durch Selbstorganisation wichtige Ansatzpunkte für Veränderung (siehe B.II.3.1.1). Hier lassen sich Ähnlichkeiten mit der zweiten Frauenbewegung, die den Staat zunächst zur „Anti-Institution" (Sauer 2004: 113) erklärte und sich auf Handlungsräume jenseits des Staates konzentrierte, identifizieren, erscheint doch vielen Aktivist_innen aus dem Umfeld der Diskursinterventionist_innen eine Staatsgestaltung aus kritisch-emanzipativer Perspektive als Widerspruch in sich. Doch die Kritik staatlicher Politiken und eine Transformation von Staatlichkeit schließen sich nicht aus. Eine kritische Perspektive auf den Staat bildet vielmehr die Voraussetzung dafür, eine solche Restrukturierung ohne Herrschaftsblindheit zu fordern und dafür zu kämpfen, das emanzipatorische Anliegen rechtlich kodifiziert sowie finanziell, diskursiv und physisch abgesichert werden. Denn dass eine Veränderung von institutionalisierten Gewaltverhältnissen möglich ist, zeigen die Kämpfe sozialer Bewegungen in der Vergangenheit:

> „Nicht nur die Arbeiterbewegung veränderte den Staatskompromiss als Wohlfahrtsstaatskompromiss, auch der Frauenbewegung gelang es, staatliche Geschlechter- und Sexualitätsverhältnisse zu verändern. Trotz aller Kritik am männlichen Staat waren es staatliche Maßnahmen, die in den vergangenen 35 Jahren die Gleichstellung der Geschlechter in westlichen Demokratien vorantrieben" (Sauer 2009b: 109f.).

Staatlichkeit und Demokratie werden von Menschen hergestellt, sie sind soziale Praxen, die Ungleichheitsverhältnisse erhalten oder verändern. Von diesem Verständnis ausgehend wäre zu untersuchen, welche Praxen institutionalisierte Gewaltverhältnisse transformieren und welche Prozesse und Strukturen das staatliche Leistungsvermögen im Einsatz für die Befriedigung der individuellen und gesellschaftlichen Bedürfnisse mindern und erodieren lassen und was es braucht, um diese Staatsfunktionen zu etablieren, zu erhalten und auszubauen oder ggf. durch andere Strukturen zu ersetzen.

Im Nachhaltigkeitsdiskurs, genauer: in den von mir untersuchten Diskurssträngen, sind diese Fragen, die die Veränderung von Staatlichkeit selbst betreffen, kaum diskutiert worden. Neben der Staatskritik finden sich in einigen der analysierten Ansätze allerdings Vorstellungen von Funktionen und Aufgaben, die ein Staat idealerweise übernehmen sollte: So beziehen sich beispielsweise alle integrativen Nachhaltigkeitsansätze, die auf Martha Nussbaums Fähigkeitenansatz aufbauen, zumindest implizit auf das aktive, ausgleichende Staatsverständnis, das Nussbaums Ansatz zugrunde liegt (siehe auch B.IV.5.2.3) Für Nussbaum ist es Aufgabe des Staates, allen Bürger_innen die sozialen Bedingungen zu gewährleisten, die sie brauchen, um ein menschenwürdiges, gutes Leben gemäß dem Fähigkeitenansatz führen zu können. Bei strittigen Fragen der Regulierung empfiehlt Nussbaum (2010: 250f.):

> „angemessene und exakte Bestimmungen am besten schrittweise zu erarbeiten, wobei Legislative, Gerichte und Regierungsbehörden alle eine Rolle spielten sollten, die dem jeweiligen staatlichen Institutionengefüge und ihrer institutionellen Leistunsfähigkeit entspricht."

Was aber passieren muss, wenn das staatliche Institutionengefüge selbst dazu beiträgt, Verhältnisse zu stabilisieren, die den elementaren Ansprüchen einer gerechten Gesellschaft, wie sie Nussbaum vorschwebt, widersprechen, ist nicht Gegenstand ihrer Ausführungen.

Auch bei den feministischen Ansätzen finden wir zwar Ansätze von Zielwissen, aber ebenfalls wenig Transformationswissen in Sachen Veränderung von Staatlichkeit: Das Netzwerk DAWN etwa sieht eine zentrale ordnungspolitische Funktion des Staates darin, daraufhin zu wirken, dass auch ökonomische Institutionen in den Dienst von menschlicher Entwicklung (Human Development) gestellt werden und dazu beitragen, Sustainable Livelihoods zu sichern (siehe B.III. 4.3). Das Prinzip der Für_Sorge/Care für das menschliche Wohlergehen (und für das von außermenschlicher Natur) hat im Verständnis von DAWN auch eine strukturelle Dimension, die in Form staatlicher Für_Sorge/Care-Leistung institutionalisiert sein sollte – wenngleich DAWN die Grenzen der Institutionalisierung selbst reflektiert (siehe dazu auch den Baustein „Für_Sorgeethik und Gerechtigkeitsethik verbinden"). Und im Konzept des Vorsorgenden Wirtschaftens findet sich das formulierte Verständnis eines zugleich ermöglichenden bzw. aktivierenden Staates, der Optionen für Selbstorganisationsprozesse eröffnet und als Förderer gemeinschaftlicher Eigeninitiative erscheint, möglichst dezentral organisiert, damit lokale Probleme auch lokal angegangen werden können (siehe B.III. 2.2; vgl. Lang 2000; Biesecker/Kesting 2003). Die Vertreter_innen des Vorsorgenden Wirtschaftens betonen, dass das Prinzip der Subsidiarität eine neue, „an Nachhaltigkeit und Existenzsicherung orientierte Qualität des Politischen" (Biesecker/von Winterfeld 2005a: 77) besitzt. Gleichzeitig werden hier aber auch die Voraussetzungen für Subsidiarität sichtbar: Staatliche Aufgaben können nur dann von einer untergeordneten Ebene übernommen werden, „wenn die für deren Erfüllung notwendigen Mittel zusätzlich bereitgestellt werden" (ebd.).

Demokratisierung der Demokratie: Externalisierung überwinden, politische Teilhabe neu denken

Die sozial-ökologischen Krisenphänomene offenbaren grundlegende Strukturprobleme des Politischen: Sie zeigen, dass nationalstaatliche, repräsentative Demokratien an die Grenzen ihrer Problemlösungs-, Leistungs- und Steuerungsfähigkeit stoßen. Denn diese geraten von zwei Seiten unter Druck: Während einerseits (neoliberale) Globalisierungspolitik Demokratie, wie wir sie bisher kannten, radikal infrage stellt, wächst andererseits die Kritik und der Protest gegen die nicht nachhaltige Gestaltung gesellschaftlicher Naturverhältnisse, die nationalstaatliche Regierungen selbst zu verantworten haben. Die Krise der gesellschaftlichen Naturverhältnisse wird daher von mir in Anlehnung an das bereits mehrfach zitierte Verständnis der Vertreter_innen der Sozialen Ökologie explizit auch als „Krise des Politischen" (Becker 2006: 53) konzeptualisiert, deren Bekämpfung mit einer Reform der politischen Systeme einhergehen muss, wie es auch Vertreter_innen des HGF-Ansatzes (siehe B.IV.1.2) und Massarrat (siehe B.IV.3.2) fordern.

Als Heilmittel gegen die Defizite der Demokratie und zur Bewältigung der sozial-ökologischen Krisen ist mehr, nicht weniger Demokratie erforderlich – sowohl in räumlicher Hinsicht (über die Grenzen des Nationalstaates hinaus) wie auch in zeitlicher Hinsicht (unter Berücksichtigung der Bedürfnisse zukünftiger Generationen). Demokratie im Allgemeinen und politische Teilhabe/Inklusion im Besonderen werden von mir nicht als statische Größen verstanden, sondern als ein voraussetzungsvoller gesellschaftlicher Prozess, dessen jeweils aktuelle Ist-Zustände stets als zu erneuernde und zu reflektierende anzusehen sind. Demokratie ist immer auch kommende Demokratie, wie Derrida (2004: 96) es formulierte. Sie bleibt zwangsläufig unvollendet.

Die Forderungen nach mehr Demokratie, die von Vertreter_innen der integrativen Ansätze (insbesondere von Massarrat), aber auch von den Diskursinterventionist_innen (insbesondere von Brand) erhoben werden, zielen auf die Stärkung und Ausweitung politischer Teilhabe, die über die Teilnahme an politischen Wahlen hinausgeht. In einem emanzipatorischen Verständnis von Demokratie werden „die formale Verfahren und Institutionen der Demokratie" selbst zum „Gegenstand von Auseinandersetzungen" (Brand et al. 2000: 168): Wer hat welche Möglichkeiten, sich wie in politische Prozesse einzubringen? Was soll überhaupt verhandelt verhandelt und ggf. institutionalisiert werden? Wer definiert die Krisen und Probleme, die es zu gestalten und zu lösen gilt?

Eng damit verknüpft umfasst die Demokratisierung der Demokratie auch eine Ausweitung von demokratischen Strukturen und Prozessen auf das Ökonomische und bedeutet eine Demokratisierung kapitalistischer Eigentums- und Verfügungsverhältnisse (vgl. ebd. sowie Demirović 2012). Feministische Staats- und

Demokratiekritik, die, wie bereits erwähnt, bislang wenig im deutschen Nachhaltigkeitsdiskurs rezipiert wird (sieht man von den Diskursinterventionist_innen ab), verweist auf die Notwendigkeit, dabei auch den Zusammenhang von Demokratie, Geschlechterverhältnissen und Arbeit in den Blick zu nehmen und zu fragen: „Welche ökonomischen Ressourcen, welche Formen der Verteilung sozialer Güter, welche Organisation von Erwerbs- und Sorgearbeit braucht demokratische Teilhabe?" (Sauer 2016: 157). Daraus folgt, dass ein kritisch-emanzipatorisches Demokratiekonzept nicht nur nach „geschlechtergerechter Partizipation, Artikulation und Repräsentation" (Sauer 2009b: 116) verlangt. Für eine Transformation von Demokratie müssen auch „Formen des Arbeitens und Tätigseins sowie politische Entscheidungsprozesse über Arbeiten und Leben als Gesamtzusammenhang betrachtet werden" (Sauer 2016: 158). Denn nicht nur die kapitalistisch organisierte Ökonomie beruht auf Externalisierung als Prinzip (vgl. Biesecker et al. 2012), sondern auch der moderne Wohlfahrtsstaat lagert im Zuge neoliberaler Umbaumaßnahmen ‚reproduktive' Tätigkeiten in die private Sphäre aus. Es sind vor allem Frauen, die unentgeltlich „den versorgenden Part des ‚unsichtbaren Wohlfahrtsstaates' [konstituieren]" (Neyer 1998: 94).[447] Zur Beendigung dieser Externalisierungsarrangements würde gehören, Für_Sorge/Care als Angelegenheit gemeinsamer öffentlicher Verantwortung zu begreifen und ihre Organisation zu einer zentralen Aufgabe des politischen Gemeinwesens zu machen. Eine Orientierung an einer solchen „Caring Democracy" (Tronto 2013) wäre ein wichtiger Schritt, um die bestehenden „Externalisierungsdemokratien" (Massarrat 2006: 232) zu überwinden – jene Demokratien, die nicht nur über ihre eigenen Verhältnisse leben, sondern auch über die Verhältnisse anderer (und zwar sowohl zeitlich als auch räumlich), und die zudem durch Externalisierungsarrangements nach innen geprägt sind, wie beispielsweise die zuvor genannte bisherige Organisation und Verteilung von Für_Sorge/Care-Arbeit.

Die Kritik von Massarrat an diesen Externalisierungsdemokratien (siehe B.IV. 3.2) lässt sich mit der Kritik an der imperialen Lebensweise, wie sie von Brand und Wissen formuliert wird (siehe B.II.2.3), zusammenführen. Denn auch diese beiden Autoren heben die tiefe Verankerung von krisenverursachenden Produktions-, Distributions- und Konsummustern in den Alltagspraktiken der Ober- und Mittelklassen im globalen Norden und zunehmend auch in den Schwellenländern

---

447 In den letzten Jahren kommt es hier zu Verschiebungen: In Deutschland beispielsweise leisten immer mehr Frauen Erwerbsarbeit, während es bedingt durch den demographischen Wandel wachsende Pflegebedarfe gibt. Die Zahl der Frauen, die unbezahlt die komplette Pflege von älteren, kranken Angehörigen übernehmen und damit privat auch die sozialstaatlichen Standards aufrechterhalten helfen, sinkt. Hier entsteht nun eine Lücke, die nicht in gleichem Maße von pflegenden Männern geschlossen wird. Der Bedarf wird u.a. auf dem globalen Markt durch Migrantinnen gedeckt. Für_Sorge/Care-Arbeiten sind damit nicht nur entlang der Kategorie Geschlecht organisiert, sondern auch zunehmend entlang der Kategorie Ethnie. Wir haben es hier in weiten Teilen mit einer „externalisierte[n] informelle[n] Dienstleistungsökonomie" (Lessenich 2015: 28) zu tun, mit einer Reservearmee aus billigen Care-Arbeitskräften, die häufig arbeits- und sozialrechtlich ungeschützt sind.

des globalen Südens hervor. Ungeachtet der mit ihnen einhergehenden sozialen und ökologischen Externalisierungsprozesse scheinen sie sich – nicht zuletzt mit politischer Unterstützung der jeweiligen nationalen Regierungen – zu verfestigen und global auszubreiten (vgl. Brand/Wissen 2011: 80). Ein Wandel der politischen Institutionen, herbeigeführt, um diese Externalisierungsprozesse zu beenden, ist – so kann man aus dieser Kritik ableiten – daher immer auch mit Veränderungen der politischen Kultur selbst verbunden. Diese politische Kultur bleibt nicht auf eine nationalstaatliche Kultur beschränkt. Massarrat (2006: 231) betont vielmehr, dass sich die Qualität einer Demokratie daran messen lassen muss, ob sie sich als Teil einer universellen Demokratie begreift und einem universellen Gemeinwohlverständnis folgt. Das Prinzip, dass die individuelle Freiheit ihre Grenzen dort hat, wo sie die Freiheit eines anderen Individuums beschneidet, wird von Massarrat auf die Ebene der demokratischen Gemeinschaft übertragen: Auch Demokratien dürften nicht darauf angewiesen sein, ihre Funktionsfähigkeit durch systematische Verletzung des Gemeinwohls anderer Gemeinschaften abzusichern (vgl. ebd.). Die Orientierung an einem universellen Gemeinwohl, wie es Massarrat anmahnt, fordert die herkömmliche auf den Nationalstaat und damit auf ein enges Konzept des nationalen Gemeinwohls und der auf Nationalinteressen gründenden Demokratieauffassung heraus und wirft neue Fragen auf.

Als wichtiges Element für eine Neubestimmung des Politischen lässt sich aus diesen Vorschlägen u. a. von Massarrat entnehmen, dass die Demokratisierung der Demokratie bestehende Grenzen kritisch hinterfragen, transzendieren und damit Prozesse der Inklusion vorantreiben muss. Aus dem Greifswalder Ansatz lässt sich für das Vorantreiben der Inklusionsprozesse der Vorschlag nach intertemporaler Erweiterung der „Verantwortung gegenüber einigen außermenschlichen Lebensformen" (Ott 2006: 70) aufnehmen (siehe B.IV.2.4). Wie sich die Inklusion von Natur gestalten lässt, ist eine offene Frage (siehe dazu auch die Ausführungen in C.3.2.3). Die von Ott und Döring vorgeschlagenen Kategorien „Selbstwert und Schutzgut" bieten erste Ansatzpunkte für die Weiterentwicklung einer Naturschutzethik als Grundlage einer Inklusionspolitik, die erstens auf selbstwerthafte Wesen um ihrer selbst willen Rücksicht nimmt und zweitens von der Beeinträchtigung von Schutzgütern Abstand nimmt. Auch die Überwindung der Grenze zwischen Wissenschaft und Praxis, wie sie die Soziale Ökologie in Form von transdisziplinärer Forschung und innovativen Partizipationsprozessen verfolgt, wäre ein Beitrag zu einer solchen politischen Innovation, wenn auch auf anderer Ebene (siehe B.IV.4.3).

Radikale Demokratie, die auf die Inklusion all derer zielt, die bisher ausgeschlossen waren, und in diesem Sinne eine Überwindung von Grenzen fordert, würdigt dann auch Governance in kritisch-emanzipatorischer Weise als neue Form politischer Steuerung, mit der traditionelle Grenzziehungen etwa zwischen Staat und Gesellschaft, aber auch zwischen Politik und Ökonomie überwunden und neuartige Kooperationsformen zwischen Akteuren für Transformationsprozesse etabliert werden können, um so zu größerer Problemlösungsfähigkeit zu gelangen. Denn Demokratie meint auch „die Bereitschaft und Fähigkeit zur Anerkennung der Anderen als Gleiche, [...] zur Revision eigener Positionen im Lichte besserer Argumente oder zu einer Haltung, die sich den kooperativen Suchprozessen zur Lösung von Problemen überlässt" (Demirović 2007: 179).

3.2.3 Gerechtigkeit neu denken: für eine gerechte und für_sorgende Gestaltung gesellschaftlicher Naturverhältnisse

> „Jede historische Epoche steht im Einfluss einer oder zweier wichtiger Ideen. Ich glaube, dass die Idee von *care* (,Sorge/Fürsorge') die essenzielle Idee unserer historischen Epoche ist. Mehr und mehr beziehen sich die Menschen auf die Bedeutung von *care*, um zu erklären, wer sie psychologisch, spirituell, sozial und politisch sind. Daher sollte es nicht verwundern, wenn in den letzten Jahren eine neue Schöpfung in der intellektuellen Szene geboren wurde; sie nennt sich ,*Care*-Ethik' und verändert in einigen signifikanten Aspekten das Gesicht der Ethik" (Reich 2003, zit. n. Schnabl 2005: 16; Herv. i. O.).

Nachhaltigkeit und Menschenrechte zusammendenken

Gerechtigkeit handelt von gültigen Ansprüchen. Sie „ist der beständige und dauerhafte Versuch, jedem sein Recht zukommen zu lassen" (Ladwig 2011: 16). Fragen der Gerechtigkeit stehen in engem Zusammenhang zu Menschenrechten (vgl. Pogge 2002). Menschenrechte gelten als Grundlage von Gerechtigkeit – nicht nur im Grundgesetz für die Bundesrepublik Deutschland (Art. 1 Abs 2 GG).

Umso erstaunlicher ist es, wie wenig Forschung zum Zusammenhang von Nachhaltigkeit und Menschenrechten existiert. Das Verhältnis zwischen Menschenrechten und Nachhaltigkeit scheint einigermaßen ungeklärt (vgl. Fritzsche 2008). Noch 2011 erklärte Hans Jörg Sandkühler (2011: 18), es werde „viel zu selten thematisiert", dass das Konzept nachhaltiger Entwicklung in den Menschenrechtskontext eingebettet sei. Gleichzeitig mehrten sich insbesondere im Vorfeld der Rio+20-Konferenz die Stimmen, die eine stärkere menschenrechtliche Fundierung von Nachhaltigkeit forderten.[448] Deutlich wird an dieser Stelle ein Forschungsdesiderat: Über die Untersuchung des Verhältnisses von Nachhaltigkeit und Menschenrechten hinausgehend wären in zukünftigen Forschungen auch die diskursiven Kämpfe, die es prägen, kritisch in den Blick zu nehmen. Forschungen zu Nachhaltigkeit und Menschenrechten hätten hiernach nicht nur die unterschiedlichen Entstehungskontexte zu berücksichtigen (Menschenrechte als eine Antwort auf Unrechtserfahrungen von staatlicher Fremdbestimmung und Diskriminierung, nachhaltige Entwicklung als eine Antwort auf Armut und Um-

---

[448] Vgl. exemplarisch das Abschlussdokument der Vorbereitungskonferenz von NGOs vom 5.9.2011: www.un.org/wcm/webdav/site/ngoconference/shared/Documents/Final%20Declaration/Chair%27s%20Text.pdf.

weltzerstörung) sowie Gemeinsamkeiten und Unterschiede in der Fokussierung der Themen und Perspektiven herauszuarbeiten, sondern sollten sie gleichzeitig und gleichermaßen hegemonietheoretisch durchdringen. Denn dass beide Diskurse – der zu Nachhaltigkeit wie der zu Menschenrechten – nicht per se zusammengedacht und auf die politische Agenda gesetzt werden, ist kein Zufall, sondern Ergebnis politisch widersprüchlicher und ambivalenter Prozesse. So gibt es einerseits seit den 1990er-Jahren ausgehend von der Rio-Konferenz 1992 ambitionierte Bestrebungen vonseiten der Vereinten Nationen, Menschenrechte und nachhaltige Entwicklung zu verbinden und konkret einen „human rights approach to sustainable human development" (OHCHR 2008; Boyle 2010; OHCHR/UNEP 2012; UNAC 2013) zu entwickeln, dessen Unabdingbarkeit die damalige Hohe Kommissarin der Vereinten Nationen für Menschenrechte, Mary Robinson, wie folgt auf den Punkt bringt:

> „Poverty eradication without empowerment is unsustainable. Social integration without minority rights is unimaginable. Gender equality without women's rights is illusory. Full employment without workers' rights may be no more than a promise of sweatshops, exploitation and slavery. The logic of human rights in development is inescapable" (Robinson, zit. n. UNAC 2013: o. S.).

Andererseits haben die aktuellen Auseinandersetzungen in der Vorbereitung der Rio+20-Konferenz gezeigt, dass die Bezugnahme auf bestehendes Völkerrecht im Allgemeinen und auf FrauenMenschenrechte im Besonderen im offiziellen Entwurfstext sukzessive gestrichen wurden, wogegen wiederum Stakeholder (allen voran die Women's Major Group) auf das Schärfste protestierten. Es wurden zudem verschiedene Side Events veranstalteten, um das Thema „Rights for Sustainability" voranzubringen.

Wenngleich das Verhältnis von Nachhaltigkeit und Menschenrechten – mit dem zugleich Fragen nach dem Verhältnis von Recht und Gerechtigkeit, von Menschenrechten und Menschenpflichten, von Nachhaltigkeit als Diskurs um Ansprüche/Rechte einerseits und Nachhaltigkeit als Verantwortungsdiskurs andererseits verbunden sind –, wenngleich also dieses Verhältnis bisher wenig wissenschaftlich untersucht und analytisch durchdrungen wurde, so hat es doch den politischen Diskurs um nachhaltige Entwicklung von Anfang an dezidert mitgeprägt.

In seiner wenig sichtbaren, wenig ausgeprägten Form der Verflechtung der beiden Diskurse Anfang der 1990er-Jahre hat dieses (Nicht-)Verhältnis vor allem Kritik hervorgerufen, wie in der Analyse der Positionen des Diskursstrangs B.II deutlich geworden ist: Kritik an dem im Nachhaltigkeitsdiskurs unterstellten gemeinsamen Menschheitsinteresse, das verdecke, wie asymmetrisch Menschenrechte weltweit gesichert seien; Kritik an dem unterstellten gemeinsamen Problemverständnis, das Bevölkerungswachstum und Armut gleichermaßen verantwortlich für die sozial-ökologischen Krisen mache, die imperiale Lebensweise des globalen Nordens aber in ihrer zerstörerischen Kraft nicht thematisiere. Gerade die erfahrbare Kluft zwischen Menschenrechtsanspruch und der Zerstörung der Lebensgrundlagen hat dazu geführt, dass explizit bereits im Vorfeld der UN-Konferenz über Umwelt und Entwicklung 1992 Vertreter_innen von DAWN menschenrechtsorientierte Konzeptualisierungen und Umsetzungen von nachhaltiger Entwicklung eingefordert haben, um Rechte für den Erhalt ihrer Lebensgrundlagen zu erlangen bzw. zu stärken (siehe B.III.4).

Ich habe in meiner Analyse der unterschiedlichen Stränge im Diskursfeld Nachhaltigkeit gezeigt, dass vielfältige Berührungs- und Anknüpfungspunkte zum Thema Menschenrechte bestehen, auch wenn die Verbindung dieser Diskurse bisher wenig thematisiert wurde. Im Zuge der Rio+20-Konferenz scheint das visionäre Potenzial dieses Verhältnisses in seiner Wechselseitigkeit jedoch zunehmend erkannt zu werden. Diesem Potenzial für ein kritisch-emanzipatorisches Nachhaltigkeitskonzept – speziell dafür, *Verantwortung für Nachhaltigkeit und Menschenrechte zusammenzudenken* – möchte ich im Folgenden nachspüren.

Der Menschenrechtsdiskurs hat das Potenzial, die Transformation der gesellschaftlichen Naturverhältnisse abzuleiten von den Rechten jedes einzelnen Individuums und die bestehenden Unterschiede im Hinblick auf die Wahrnehmung dieser Rechte abzubilden (und damit gerade die eingangs erwähnte asymmetrische Gewährleistung der Menschenrechte zu skandalisieren und kritisch zu analysieren). Im und über den Nachhaltigkeitsdiskurs werden insbesondere die Rechte der dritten Generation der kollektiven Menschenrechte vorangebracht (wie das Recht auf Entwicklung, das Recht auf eine gesunde, intakte Umwelt etc.). Wenngleich diese kollektiven Rechte eine sehr wichtige Entwicklung im Völkerrecht darstellen, so geboten erscheint es gleichzeitig, Menschenrechte als Abwehr-, Schutz- und Gewährleistungsrechte für jeden einzelnen Menschen nicht aus dem Blick zu verlieren. Denn die Frage, inwieweit die Kollektivrechte in diesem Prozess der völkerrechtlichen (Weiter)Entwicklung zulasten der Individualrechte gestärkt werden, wird im Menschenrechtsdiskurs bereits problematisiert (vgl. z. B. Sandkühler 2011: 19). Wissenschaftlich umfassend aufgearbeitet ist das Verhältnis von Individual- und Kollektivrechten allerdings noch nicht. Aus dem Nachhaltigkeitsdiskurs selbst, vor allem aus den integrativen Nachhaltigkeitsansätzen, die ich in meiner Arbeit analysiert habe, ist für diesen Baustein mitzunehmen, dass analog zur Betrachtung von intra- und intergenerativer Gerechtigkeit auch individuelle und kollektive Bedürfnisse, Rechte und Pflichten als gleichwertig und zusammengehörig bestimmt werden müssen. Die Vertreter_innen der integrativen Ansätze haben hier bereits wertvolle Konkretisierungen geliefert, die als Ausgangspunkte dienen können. Dies hat nicht zuletzt damit zu tun, dass in diesen Ansätzen bereits Syntheseleistungen vollzogen werden: Ein Beispiel dafür ist die Synthese in Mohssen Massarrats (2008) Chancengleichheitsethik aus „Individualität und Egalität" (ebd.: 285), die „den Menschen als Ausgangs- und Endpunkt ihres Gegenstandes" (ebd.) ansieht, gleichzeitig die strukturellen Lebensbedingungen der Individuen hinterfragt und egalitär gestalten will, um den Schutz der Menschenwürde und die „primären Rechte" (ebd.: 284) zu gewährleisten (siehe B.IV.3.4). Ein anderes Beispiel dafür ist die Erweiterung des Bedürfnisbegriffs in der Sozialen Ökologie (siehe B.IV.4.2), wo Bedürfnisse nicht ausschließlich mehr nur auf das Individuum bezogen werden, sondern als Teil des Gesellschaft-Natur-Verhältnisses auf verschiedenen Ebenen konzeptualisiert sind: „Individuelle Bedürfnisse werden vergesellschaftet, aus den vielfältigen Bedürfnissen einzelner Menschen entstehen so gesellschaftliche Bedürfnisse" (Hummel/Becker 2006: 206). Über diese Perspektive, die sowohl die physischen und psycho-sozialen Bedürfnisse des einzelnen Menschen als auch gesellschaftliche Bedürfnisse umfasst, wird der Fokus auf die fundamentale Bedeutung einer nachhaltigen Gestaltung der Versorgungssysteme und damit (ähnlich wie bei Massarrat) auf die Strukturen gelenkt – und zwar sowohl in stofflich-materieller als auch in kulturell-symbolischer Hinsicht. Schließlich wird von DAWN die Bedeutung der Kontextualisierung des Lebens von Individuen betont, die sich als ein Selbst im sozialen Kontext und damit auch als Teil von Gruppen verstehen – von Gruppen, die helfen können, die jeweils individuellen Rechte durchzusetzen (vgl. DAWN 1995a: 23; B.III.4.4).

Der Nachhaltigkeitsdiskurs bietet darüber hinaus das Potenzial, sowohl zur Verstetigung und Verfestigung als auch zur Weiterentwicklung des Völkerrechts im Allgemeinen und der Menschenrechte (als Bestandteil des Völkerrechts) im Besonderen beizutragen. So bezieht er sich an verschiedenen Stellen immer wieder auf die Menschenrechte der ersten und zweiten Generation und ihren universell anerkannten Kern, die Menschenwürde. Auch das Recht auf Entwicklung als Menschenrecht der dritten Generation, das als Ergebnis der Auseinandersetzungen um eine gerechtere Ausgestaltung der Weltwirtschaftsordnung in den 1970er-/80er-Jahren entstanden ist und 1986 von der Generalversammlung der Vereinten Nationen mit der Resolution 41/128 anerkannt wurde, hat Eingang in den Nachhaltigkeitsdiskurs gefunden und wird über ihn immer wieder neu artikuliert: in der Rio-Deklaration (1992), im Plan of Implementation (2002) und im Abschlussdokument der UNCSD (2012). D. h., das Menschenrechterecht in seinen drei Generationen, „das über nationale und kulturelle Grenzen hinweg den weitest gehenden Konsens auf sich vereinigt" (Sandkühler 2011: 18), wird damit einerseits im Nachhaltigkeitsdiskurs als juristisch kodifizierte Berechtigung adressiert und als Referenzrahmen, in dem Nachhaltigkeit sich bewegt, bestätigt. Gleichzeitig ist der Nachhaltigkeitsdiskurs Ort des Kampfes um Menschenrechte und ihre Wirkmächtigkeit. Im Fall der nicht expliziten Aufnahme der reproduktiven Rechte in das Abschlussdokument der Konferenz in Rio de Janeiro 2012 wurden beispielsweise Menschenrechte geschwächt (siehe C.1.4). Neben den parallel verlaufenden Prozessen der Stärkung und Schwächung des Menschenrechterechts durch den Nachhaltigkeitsdiskurs lassen sich zudem Prozesse zur Weiterentwicklung des Völkerrechts und der Menschenrechte identifizieren, auf die ich im Folgenden eingehen werde.

Zur Weiterentwicklung des Völkerrechts hat der Nachhaltigkeitsdiskurs erstens über das internationale Umweltrecht beigetragen: Festgelegt wurden in den Dokumenten der UNCED 1992, in der Rio-Deklaration und in der Agenda 21 das Vorsorgeprinzip einschließlich der Risikovorsorge, das Verursacherprinzip, das die Kostenübernahme durch Verursacher_innen von Umweltverschmutzungen vorsieht, sowie Informations- und Konsultationspflichten. Wenngleich es sich hier ‚nur' um das sogenannte Soft Law, das weiche Völkerrecht, handelt, wie häufig angemerkt wird, und es immer noch strittig ist, ob einzelne Punkte bereits Völkergewohnheitsrecht darstellen,[449] so wird hier eine neue Rechtsüberzeugung sichtbar, die nicht gering geschätzt werden darf, da sie gewissermaßen die erste Stufe einer Weiterentwicklung bildet. Denn Menschenrechte sind dynamisch,[450] sie existieren in unterschiedlich abgesicherter Form: „als moralische Ansprüche, als politische Forderung und als juristisch kodifizierte Berechtigung" (Fritzsche 2008: 206).

Hier zeigt sich der zweite Beitrag des Nachhaltigkeitsdiskurses zur Weiterentwicklung des Völkerrechts: Er eröffnet einen diskursiven Raum dafür, die Perspektive der Verantwortung für den Erhalt von Natur mit der Perspektive der Berechtigung auf nachhaltige Existenzgrundlagen zu verbinden[451] und um diese Ansprüche moralisch und politisch geltend zu machen und in kodifiziertes Recht münden zu lassen – etwa in Form eines Menschenrechts auf eine intakte gesunde Umwelt, das sowohl intragenerative wie intergenerative Aspekte der Gerechtigkeit in sich vereinen und somit auch Rechte für kommende Generationen sichern würde. Derzeit existiert ein solches individuelles Menschenrecht auf eine angemessene Umwelt nicht in rechtlich institutionalisierter Form.[452] Es ist im Menschenrechtsdiskurs auch nicht unumstritten, ob es ein solches Menschenrecht geben sollte oder ob nicht besser eine umwelt- bzw. nachhaltigkeitsorientierte Interpretation bzw. Ergänzung der bestehenden Menschenrechte angestrebt werden sollte. Nimmt man das Abschlussdokument „The future we want" der Rio+20-Konferenz 2012 als derzeitig letzten Stand dieser Auseinandersetzung, dann bietet es Anknüpfungspunkte für beide Entwicklungspfade. So enthält das Dokument einerseits beispielsweise Formulierungen zum Mensch-Natur-Verhältnis, die in ähnlicher Form auch von solchen NGOs verwendet werden, die für ein expli-

---

449 Vgl. dazu die kritischen Ausführungen von Angelika Nußberger (2009: 119).
450 Fritzsche bezeichnet sie als „work in progress" (2008: 206).
451 Vgl. dazu z. B. die Forderungen im Abschlussdokument der Konferenz der Hauptabteilung für Presse und Information der Vereinten Nationen mit Nichtregierungsorganisationen am 5. September 2011 in Bonn.
452 Nußberger (2009: 120) weist aber darauf hin, dass der Europäische Gerichtshof für Menschenrechte dieses Recht bereits aus dem Schutz der Privatsphäre abgeleitet hat.

3. Kommende Nachhaltigkeit

zites Recht auf nachhaltige Existenzgrundlagen eintreten.[453] Andererseits werden im Dokument verschiedene Menschenrechte wie das Menschenrecht auf Nahrung und auf sauberes Trinkwasser in den Kontext von nachhaltiger Entwicklung gestellt (vgl. z. B. General Assembly 2012: Abs. 108, 121).

Der dritte Beitrag des Nachhaltigkeitsdiskurses zur Weiterentwicklung des Völkerrechts ist in der Öffnung gegenüber dem Diskurs um das Konzept Buen Vivir in Lateinamerika, speziell in den verfassungspolitischen Reformen in Bolivien und Ecuador, zu sehen.[454] In der ecuadorianischen Verfassung von 2008 wird Natur als Rechtssubjekt anerkannt (vgl. República del Ecuador 2008). Diese Konzeption von Natur als Rechtsträgerin ist im Abschlussdokument der Rio+20-Konferenz erwähnt, allerdings ohne alle Staats- und Regierungsoberhäupter auf die Übernahme eines solchen Verständnisses in die jeweiligen nationalen Verfassungen zu verpflichten. Damit wurde diese Konzeption jedoch immerhin in den globalen Diskurs getragen und dort verbreitet und eröffnet seither Möglichkeiten für eine biozentrische Perspektive, in der Respekt vor allem Lebendigen sowie das Bestreben, einen nicht herrschaftlichen Umgang mit Natur zu pflegen, seinen Platz finden kann. Die Rechte von Natur anzuerkennen wird vom ehemaligen ecuadorianischen Energieminister und Wirtschaftswissenschaftler Alberto Acosta in eine Reihe gestellt mit der historischen Anerkennung der Rechte von Frauen oder der Rechte von Afroamerikaner_innen in den Vereinigten Staaten von Amerika. Auch diese Schritte seien vorher undenkbar gewesen (vgl. Acosta 2010a: 18, 2010b).

Doch ein solch essenzieller Wandel wirft vielfältige Fragen auf: Fragen der rechtlichen Repräsentation (wer vertritt Tiere und Pflanzen, Flüsse und Berge?), Fragen nach dem Verhältnis von Rechten der Natur und Rechten des Menschen. Die Diskussion steht hier erst am Anfang. Der Nachhaltigkeitsdiskurs kann dazu beitragen, sie voranzutreiben und nach Verbindungen zwischen dem Erhalt von Natur für menschliche Zwecke – verstanden als kollektives Recht auf eine gesunde Umwelt für heutige und zukünftig lebende Menschen sowie für jedes einzelne Individuum (abgeleiteter Wert der Natur) – und der Anerkennung der Lebendigkeit von Natur und ihres Erhalts als Wert an sich (Eigenwert der Natur) zu suchen.

---

453 Im Abschlussdokument der Rio+20-Konferenz heißt es in Absatz 40: „We call for holistic and integrated approaches to sustainable development that will guide *humanity to live in harmony with nature* and lead to efforts to restore the health and integrity of the earth's ecosystem" (Herv. D. G.). Im Vergleich dazu wird im Abschlussdokument der Vorbereitungskonferenz der Nichtregierungsorganisationen (2011) festgehalten: „Recognizing that *human beings are entitled to a healthy and productive life in harmony with nature*" (dort Zeile 65; Herv. D. G.).

454 Zu den Unterschieden, wie Natur in den Verfassungen Boliviens und Ecuadors konzeptualisiert wird, vgl. Gudynas (2009: 214ff.).

Dass Rechte der Natur Erwähnung finden in einem UN-Dokument, das von „der Zukunft, die wir wollen", handelt, weist den Weg für ein Konzept kommender Nachhaltigkeit.

Für_Sorgeethik und Gerechtigkeitsethik verbinden

Welche spezifischen Rationalitäten, welche ethischen Normen und Prinzipien habe ich in den analysierten Ansätzen gefunden, auf die eine Ethik kommender Nachhaltigkeit aufbauen kann?

Die Antworten, die ich in den analysierten Nachhaltigkeitsansätzen auf die Frage gefunden habe, wie sich Individuen und Kollektive verhalten sollen, um einen Beitrag zur Gestaltung nachhaltiger gesellschaftlicher Naturverhältnisse zu leisten, verweisen auf den Zusammenhang von Für_Sorge/Care-[455] und Gerechtigkeitsethik, den es für eine Ethik kommender Nachhaltigkeit zu bestimmen und auszugestalten gilt.

Ausgangspunkt meiner Überlegungen und Zusammenführungen ist der bemerkenswerte zweite Absatz der Johannesburg-Deklaration: „We commit ourselves to building a humane, equitable and caring global society, cognizant of the need for human dignity for all" (JD 2002: Abs. 2). Die Staats- und Regierungschefs verpflichten sich also, „eine humane, *gerechte und fürsorgende globale Gesellschaft* aufzubauen, die der Wahrung der Würde aller Menschen stets eingedenk ist" (JD 2002: Abs. 2; Herv. D. G.). Diese Selbstverpflichtung besteht aus zwei Teilen: Sie adressiert einerseits die Menschenwürde – und damit das universale ethische Grundprinzip, von dem die Menschenrechte abgeleitet werden – als zentralen Kern von nachhaltiger Entwicklung. Andererseits bezieht sie sich gleichermaßen auf eine gerechte wie fürsorgende Gesellschaft und bietet damit Anknüpfungspunkte sowohl für eine Ethik der Gerechtigkeit als auch für eine Ethik der Für_Sorge. Geht man davon aus, dass es sich hier nicht nur um schöne Worte handelt, dann lautet die Botschaft der Deklaration des Johannesburg-Gipfels, dass eine nachhaltige Gesellschaft beides braucht: Gerechtigkeit und Für_Sorge/Care. Hervorzuheben und zu würdigen ist an dieser Stelle, dass Für_Sorge/Care nicht nur als ethisches Prinzip des privaten Raums und Gerechtigkeit nicht allein als ethisches Prinzip des öffentlichen Raums konzeptualisiert wird.[456] Gerechtigkeit und Für_Sorge/Care werden beide als sozialethische Kategorien begriffen, sie stellen damit sowohl Handlungsorientierungen als auch Praxisformen für Gesellschaften dar, um dem Ziel einer „gerechten und fürsorgenden globalen Gesellschaft" (ebd.) näherzukommen.

Die Besonderheit der in der Johannesburg-Deklaration artikulierten Relevanz von zusammengedachter Gerechtigkeit *und* Für_Sorge/Care für globale Nachhal-

---

455 Zur Begriffsbestimmung vgl. A.4. sowie Fn. 441.
456 Zur Kritik an Positionen, die Für_Sorge/Care in die Sphäre des Privaten und Gerechtigkeit in die Sphäre des Öffentlichen verweisen, vgl. Tronto (1994: 9).

3. Kommende Nachhaltigkeit

tigkeit steht allerdings im Gegensatz zur erfahrbaren Marginalisierung von Für_Sorge/Care als gesellschaftlichem Wert und als Arbeitsform – auch im Nachhaltigkeitsdiskurs selbst.

Hier waren und sind es vor allem die Vertreter_innen der feministischen Nachhaltigkeitsansätze, die Für_Sorge/Care als eine Kategorie in den Diskurs eingebracht haben, die sowohl für die individuelle als auch für die gesamtgesellschaftliche Ebene Relevanz besitzt. Ihren Ausgangspunkt bildet(e) die Kritik, dass, obwohl Für_Sorge/Care unverzichtbar für das menschliche Zusammenleben sei, es kaum einen so wichtigen Bereich gebe, der gleichzeitig so elementar von Aneignung, Abwertung und Ausgrenzung betroffen sei, dass aber diese Prozesse der Externalisierung im Nachhaltigkeitsdiskurs nicht aufgehoben, sondern reproduziert würden (siehe Diskursstrang B.III). Weder die ökonomische noch die gesamtgesellschaftliche Bedeutung von Für_Sorge/Care gerate so in den Blick.

Ausgehend von den Erfahrungen der Lebenswelt und des versorgungsökonomischen Bereichs ist von den feministischen Ansätzen wie dem Vorsorgenden Wirtschaften (siehe B.III.2) die besondere Qualität von Für_Sorge/Care(-Arbeiten) beschrieben worden, die sich ausdrückt im Verantwortung-für-andere-Übernehmen und in einem Sich-bewusst-in-Beziehung-Setzen zu anderen Menschen und Natur. Für_Sorge/Care adressiert die Bedürftigkeit des Menschen, sie erkennt seine Verletzlichkeit und sein Angewiesensein auf andere an und mahnt zur Achtsamkeit in den sowohl von Wechselseitigkeit als auch von Asymmetrien geprägten Beziehungen.

Die Vertreter_innen der feministischen Nachhaltigkeitsansätze fordern die *Anerkennung* der grundlegenden Bedeutung, die Für_Sorge/Care für das Leben des einzelnen Menschen wie für die Aufrechterhaltung der gesamten Gesellschaft hat. Gleichzeitig kritisieren sie die weltweit herrschende derzeitige ungleiche Verteilung der Für_Sorge/Care-Verantwortung als Gerechtigkeitsproblem: Sie fordern daher – statt Delegation von Für_Sorge/Care als Aufgabe (fast ausschließlich) an Frauen – eine *gerechte Verteilung* zwischen den Geschlechtern und – anstelle einer Privatisierung – eine andere Balance in der Übernahme von privater und öffentlicher Für_Sorge/Care-Verantwortung.[457]

Für_Sorge/Care ist für die Vertreter_innen der feministischen Nachhaltigkeitsansätze nicht nur ein Prinzip der Individualethik, sondern auch eines der Sozialethik. Die Orientierung an einer Rationalität, die das Für-, Ver- und Vorsorgen ins Zentrum rückt, stellt für sie auch eine Möglichkeit dar, der sozial-ökologi-

---

457 Diese Forderungen werden in den letzten Jahren im deutschsprachigen Raum von einer Care-Bewegung in die Öffentlichkeit und auf die Straße getragen. Im März 2014 trafen sich etwa 500 Menschen, die in verschiedenen Feldern sozialer Reproduktion aktiv sind, zu einer ersten Aktionskonferenz Care Revolution in Berlin. Dort tauschten sie Erfahrungen aus, diskutieren, wie eine bedürfnisorientierte Care-Ökonomie als Grundlage für ein gutes Leben für alle Menschen organisiert sein müsste und gründeten das Netzwerk Care Revolution. Vgl. zur Care Revolution als Konzept, Transformationsstrategie und konkrete Utopie die Veröffentlichungen von Gabriele Winker (2009, 2015).

schen Krise mit ihren verschiedenen Manifestationen zu begegnen, deren Ursache sie nicht zuletzt in der Rationalität der (kurzfristigen) ökonomischen Nutzenmaximierung sehen (siehe vor allem B.III.2). Eine Orientierung an ökonomischer Nutzenmaximierung als Handlungsmaxime führe dazu, dass sich kurzfristige ökonomische und politische Partialinteressen zulasten des Erhalts von Natur durchsetzten und damit die Lebensgrundlage der (ärmeren) Bevölkerung zerstörten (siehe vor allem B.III.4).[458] Diese Krisendiagnose teilen die Vertreter_innen der feministischen Nachhaltigkeitsansätze mit einigen Diskursinterventionist_innen (siehe z. B. Positionen der BUKO, von Dingler und Brand in Diskursstrang B.II). Statt des zerstörerischen Transfers von kapitalistischen Wirtschaftsprinzipien wie Effizienz und Kapitalakkumulation in die Care-Ökonomie (z. B. in Gesundheits- und Pflegebereiche)[459] fordern sie den Umbau der kapitalistischen Ökonomie anhand von Prinzipien der Für_Sorge/Care bzw. Vorsorge. Es ist ein besonderer Verdienst der Vertreter_innen des Vorsorgenden Wirtschaftens im deutschsprachigen Diskurs, die Relevanz des Vorsorgeprinzips, das das Sorgen als Kern enthält, in ihrer theoretischen wie praktischen Reichweite immer wieder zu verdeutlichen. Um Wirtschaften (wieder) in den Dienst von menschlicher Entwicklung und der Sicherung der Lebensgrundlagen zu stellen, brauche es die Orientierung an genau diesem Prinzip, d. h. eine Orientierung an Rückholbarkeit, Umkehrbarkeit, Bedachtsamkeit, Langsamkeit, Überschaubarkeit in räumlicher und zeitlicher Hinsicht, an der Antizipation langfristiger Handlungsfolgen sowie an Rückwirkungen und an Rücksichtnahme, die sich auch in Begrenzung eigener Ansprüche ausdrücke (vgl. Theoriegruppe Vorsorgendes Wirtschaften 2000: 50). Die Relevanz des Vorsorgeprinzips wird von den gerechtigkeitsorientierten integrativen Ansätzen (siehe Diskursstrang B.IV) durchaus geteilt, allerdings ohne den für_sorge/care-orientierten Kern davon.

Gerechtigkeitstheoretiker_innen[460] haben immer wieder darauf verwiesen, dass alles, was über die Frage nach politischer Gerechtigkeit, die sich darauf beschränkt, „was die Menschen einander schulden" (Höffe 2004: 118), hinausgeht, keinen Anspruch auf universelle Gültigkeit haben könne: Freundschaft, Solidarität, Hilfsbereitschaft, Mitleid und das Sich-in-Beziehung-Setzen ließen sich nicht als soziale Tugendpflichten einfordern – gerechtes Verhalten schon, wenngleich

---

458 Vertreter_innen von DAWN (1995a: 23) verweisen dabei immer wieder auf den Zusammenhang der „obsessiven Gier nach Kapitalakkumulation" (Übersetzung D. G.) und der Ermöglichung der Kapitalinteressen durch politische Institutionen und beziehen so den Aspekt der Macht mit ein.
459 Die u. a. dazu führen, dass Krankenhäuser mehr Operationen durchführen als nötig, weil dadurch die Einnahmen steigen; oder dazu, dass Patient_innen eher entlassen werden, als dies sinnvoll wäre, da die vorgesehenen Fallpauschalen bereits ausgeschöpft sind; oder auch dazu, dass die Pflege von Kranken und älteren Menschen nach zeitlichen Vorgaben getaktet wird und keine Zeit mehr fürs Reden und liebevolle Zuwendung bleibt.
460 Vgl. exemplarisch für diejenigen Theoretiker, die den Wert von Für_Sorge/Care zwar explizit anerkennen, ihm letztlich aber doch nur einen untergeordneten Status zuerkennen, Honneth (2000), zur Kritik daran Schnabl (2005: 323ff.).

3. Kommende Nachhaltigkeit 499

auch intuitiv einsichtig sei, dass es für menschliches Wohlergeben mehr als nur Gerechtigkeit brauche (vgl. u. a. ebd.). Diesem Gedanken der vermeintlichen Nichtbegründbarkeit[461] möchte ich an dieser Stelle nachgehen.

Die Notwendigkeit von Für_Sorge – sowohl bezogen auf die individuelle wie auf die gesellschaftliche Ebene – lässt sich sehr wohl universell begründen, denn die Anerkennung des Menschen als soziales Wesen, das verletzlich und abhängig von anderen ist, das gleichzeitig aber auch für Abhängige sorgen kann, gehört zu den „universell relevanten Minimalbedingungen des guten Lebens" (Pauer-Studer 1996: 268). Ähnlich wie Edith Brown Weiss jede Generation zugleich als Nutznießerin und Treuhänderin des planetarischen Erbes ansieht, lässt sich argumentieren, dass jeder Mensch sowohl einen Anspruch darauf hat, Für_Sorge/Care zu empfangen (insbesondere in Kindheit, bei Krankheit, im Alter...), als auch im Laufe des Lebens in die Lage und willens sein sollte, Für_Sorge/Care für andere zu leisten (vgl. dazu Gottschlich 2012) und dass es dafür unterstützend gesellschaftliche Rahmenbedingungen für Care-Tätigkeiten braucht (vgl. Tronto 2013).

Für das Fernziel kommende Nachhaltigkeit leistet die Für_Sorgerationalität einen unverzichtbaren Beitrag, denn eine Gesellschaft kann sich „gegenüber der Frage, ob Menschen einander [...] Fürsorge entgegenbringen, nicht neutral verhalten" (Schnabl 2005: 462f.). Ich möchte daher in diesem Baustein in Anlehnung an Christa Schnabl die Begründung, die sich in den feministischen Nachhaltigkeitsansätzen bereits implizit findet, auf expliziter Ebene vertiefen. Schnabl argumentiert in ihrer herausragenden (bisher im deutschen Diskurs jedoch wenig beachteten) Habilitation „Gerecht Sorgen. Grundlagen einer sozialethischen Theorie der Fürsorge", dass es eine Beeinträchtigung der sozialen Lebensqualität mit sich bringe, wenn Menschen nicht aufeinander bezogen leben. Insofern versteht Schnabl auch sogenannte positive soziale Tugenden wie Für_Sorge/Care und Hilfsbereitschaft als zu einer Theorie des Guten zugehörig. Als Voraussetzung nimmt Schnabl in Anlehnung an Herlinde Pauer-Studer ein Zwei-Stufen-Konzept einer Theorie des Guten an. Auf der ersten Stufe gehe es um die Suche nach der eigenen glücklichen Lebensgestaltung auf der Basis individueller Werte und Charaktereigenschaften, Vorstellungen und Ziele. Die zweite Stufe markiere darüber hinaus „allgemein verbindliche Elemente guten Lebens, denen aufgrund ihrer Allgemeinheit moralische Dignität und allgemeine Verbindlichkeit zugesprochen werden muss" (ebd.: 462). Für Schnabl gehört die Anerkennung der allgemeinen Abhängigkeit und Verletzlichkeit von Menschen und die daraus resultierende Für_Sorge/Care-Verantwortung zu den „universell relevanten Minimalbedingungen des guten Lebens" (ebd.) der zweiten Stufe. In Anbetracht der

---

461 Dieser Gedanke liegt implizit auch der Kritik an der Ausrichtung am ‚Gutmenschentum' im Falle des Vorsorgenden Wirtschaftens zugrunde, siehe dazu auch B.III.2.3 dieser Arbeit.

Tatsache, dass Menschen abhängig und verletzbar seien, werde deutlich, dass sich eine Gesellschaft „gegenüber der Frage, ob Menschen einander Anteilnahme, Mitgefühl, Sympathie, Solidarität oder Fürsorge entgegenbringen, nicht neutral verhalten" (ebd.: 462f.) könne. Schnabl folgert daraus, „dass Desinteresse und Gleichgültigkeit keine universalisierungsfähigen Prinzipien" seien, wenngleich es zulässig sei, „in bestimmten Situationen unbeteiligt und desinteressiert zu sein" (ebd.: 463), wie sie betont. „Die Ablehnung der systematischen Verallgemeinerung von Gleichgültigkeit und gegenseitigem Desinteresse auf der Basis anerkannter Abhängigkeit" verändere jedoch „den Stellenwert von sozialen Tugenden wie Fürsorge, Anteilnahme, Hilfsbereitschaft oder Solidarität, zumal es zu den Pflichten aller gehört, Desinteresse und Gleichgültigkeit abzulehnen und durch bestimmte Haltungen und Handlungen (soziale Tugenden) zur Stützung des sozialen Geflechts beizutragen" (ebd.).

Neben den feministischen Beiträgen zur Ethik der Für_Sorge/Care gibt es im Nachhaltigkeitsdiskurs – über die bereits zitierte Johannesburg-Deklaration hinaus – weitere Verweise darauf, dass Für_Sorge/Care als soziale Tugendpflicht nicht nur innergesellschaftlich, sondern auch zwischen Gesellschaften gilt. Denn das Verständnis der sozialen Verbundenheit und Abhängigkeit, aus dem Für_Sorge als Haltung und Handlungsnorm erwächst, findet sich auch in der Konzeption der Menschenfamilie und in dem ‚menschenfamiliären Wir', das insbesondere dem Brundtland-Bericht (1987) zugrunde liegt – „*Our* common future" (Herv. D. G.) –, das aber auch alle anderen untersuchten UN-Dokumente bis hin zur Deklaration der Rio+20-Konferenz 2012 – „The future *we* want" (Herv. D. G.) prägt.

> „Die Dauerhaftigkeit des Fortschritts der Menschheit hängt zu einem ganz wesentlichen Teil davon ab, dass wir erkennen, dass wir *Nachbarn* sind auf einem kleinen und verwundbaren Planeten, und dass *unsere Pflicht, füreinander zu sorgen, eine Verpflichtung auf Gegenseitigkeit ist*" (Hauff 1987b: XVII; Herv. D. G.).

Indem Staaten als Familie, als Nachbarn, als Partner angerufen werden, wird die Ebene der internationalen Diplomatie und der strategischen Partnerschaften verlassen. Stattdessen rücken Bindungen, Verantwortung und Sorge füreinander in den Mittelpunkt. Die Orientierung an einem umfassenden Menschheitsinteresse verweist auf die menschliche Fähigkeit zur Empathie und zur gegenseitigen Für_Sorge als entscheidende Grundlage auch für eine nachhaltige Entwicklung sowie als Fundament für die Vereinten Nationen und das Völkerrecht[462] (siehe dazu auch B.I.1.4(g), B.I.2.3, B.I.2.4). Nicht nur in den in dieser Arbeit analysierten Nachhaltigkeitsdokumenten, sondern auch in anderen für den Nachhaltigkeitsdiskurs zentralen Dokumenten wird die Bedeutung von Für_Sorge/Care an-

---

462 So wird etwa bereits in der Präambel der Charta der Vereinten Nationen vom 24.10.1945 die Entschlossenheit der Völker bekräftigt, „als gute Nachbarn in Frieden miteinander zu leben."

3. Kommende Nachhaltigkeit

erkannt. So würdigt etwa die Commission on Global Governance (1995) die Bereitschaft für andere zu sorgen, als einen der „höchsten Werte zwischenmenschlichen Verhaltens" (SEF 1995: 47) und führt aus, dass „Gefühle der Fürsorge und des Mitgefühls [...] den Antrieb bilden für humanitäre Aktionen und für das Teilen mit den Benachteiligten. Dieser Handlungsweisen bedürfen alle Gesellschaften. [...] In der Einen Welt muß das Gefühl der Anteilnahme [engl.: the instinct of care; Erg. D. G.] globale Dimension haben" (ebd.: 61).[463]

Diesem emphatischen Bezug auf Für_Sorge/Care als ethischem Prinzip für die Gestaltung der internationalen Beziehungen ist bislang wenig wissenschaftliche Aufmerksamkeit zuteilgeworden. Ich sehe hier vielfältigen Forschungsbedarf. Stattdessen wurde bisher das universalistische ‚Wir' einer sich um ihre einzelnen Mitglieder sorgenden Menschheit als „Partnerschaftsideologie" und als „abstrakter Normativismus" (Wissen/Brand 2008: 79, siehe auch B.II.3) kritisiert. Denn, so die Vertreter_innen dieser Position, sozial-ökologische Probleme beträfen gerade nicht ‚die' Menschheit, sondern seien verbunden mit Macht- und Verteilungsfragen. Das unterstellte gemeinsame Interesse nehme Staaten wie Individuen die Möglichkeit einer selbstbestimmten Artikulation des eigenen Interesses, differenziere nicht zwischen den extrem ungleichen ökonomischen Bedingungen der Akteure und lenke in der Betonung gemeinsamer Interessen und der Forderung nach für_sorgender und partnerschaftlicher Zusammenarbeit schließlich von bestehenden Privilegien und Interessenkonflikten ab (vgl. Ziai 2006: 129).

Ich habe diese Kritik an verschiedenen Stellen meiner Arbeit immer wieder miteinbezogen und möchte sie hier erneut unterstreichen – ohne jedoch mein Plädoyer für die Bedeutung von Für_Sorge/Care als sozialethischem Prinzip auch in den internationalen Beziehungen aufzugeben.

Die Kritik zeigt m. E. vielmehr, dass Für_Sorge/Care und Gerechtigkeit zusammengedacht werden müssen. Ohne eine gerechtigkeitstheoretische wie -praktische Fundierung, ohne eine genaue Analyse, wer von den nicht nachhaltigen Ist-Zuständen und den diese stabilisierenden Strukturen profitiert, wer ein Interesse an deren Aufrechterhaltung hat, wer wie betroffen ist, wessen Anspruch auf Freiheit und Gestaltung des eigenen Lebens, der eigenen Gesellschaft darüber wie eingeschränkt wird, läuft eine für_sorge/care-orientierte Position Gefahr, machtpolitische Asymmetrien aus dem Blick zu verlieren.[464] Die Forderung nach der Übernahme der Verantwortung und des Sorgens für andere – auf individueller, gesellschaftlicher und weltgesellschaftlicher Ebene – darf daher nicht die Frage

---

463 Ein anderes Beispiel stellt der Bericht über die menschliche Entwicklung (UNDP 1995: 93) dar, in dem Für_Sorge als wesentlicher Faktor für Nachhaltigkeit anerkannt wird.
464 Und das, obwohl Für_Sorge/Care-Beziehungen im zwischenmenschlichen Bereich häufig genau an Asymmetrien ansetzen. Entsprechend müsste Für_Sorge/Care als sozialethisches Prinzip in den internationalen Beziehungen besonders kritisch gegenüber Momenten des Paternalismus sein. Hier besteht weiterer Forschungsbedarf. Postkoloniale und kritische Entwicklungstheorie haben wichtige Ergebnisse hervorgebracht, die dabei zu berücksichtigen wären.

nach den Ursachen und damit nach der Verantwortung für nicht nachhaltige Zustände überdecken. Das Prinzip der gemeinsamen, aber unterschiedlichen Verantwortung, das in der Rio-Deklaration von 1992 verankert ist, setzt genau hier an. Seine Verwirklichung würde einen Beitrag zu intragenerativer Gerechtigkeit leisten, denn es differenziert die Verantwortung für faire Hinterlassenschaften für nachfolgende Generationen und für den Erhalt der natürlichen Grundlagen, und es verhindert eine Homogenisierung der Interessen der jetzt lebenden Generationen zu Menschheitsinteressen, die damit bestehende Ungleichheitsverhältnisse (etwa im Nord-Süd-Verhältnis) überdecken.

Bei der Verhältnisbestimmung zwischen Für_Sorge/Care und Gerechtigkeit muss ein weiterer Aspekt berücksichtigt werden: die Verbindung von Für_Sorge/Care, Gerechtigkeit und Recht. In den Forderungen von Massarrat (2008: 285), „das materielle und immaterielle Umfeld" sowie „die Bedingungen [...], die zum Schutz der Menschenwürde unerlässlich sind", zu reflektieren und einer Gerechtigkeitsprüfung zu unterziehen, wird dieser Zusammenhang deutlich. Massarrats Forderungen nach Chancengleichheit („Herstellung von gleichen Startbedingungen [...], Ausgleich von natürlichen und sozialen Benachteiligungen [...], Herstellung und andauernder Schutz umfangreicher individueller formaler und materieller Freiheiten und Grundrechte [sowie die] Vermeidung von Handlungen, welche die Chancen künftiger Generationen beeinträchtigen, ihr Leben ebenfalls nach den Prinzipien der Chancengleichheit auszurichten", ebd.: 287; Erg. D. G.) sind als moralische Ansprüche, die durch strukturbildende Rechte kodifiziert werden sollen, zu verstehen. Auch in der Forderung nach einem materialistischen Menschenrechtsverständnis (siehe B.II.3.3) spiegelt sich dieses Verständnis der Angewiesenheit von Gerechtigkeit (und Für_Sorge/Care) auf ihre Durchsetzung als Strukturnorm wider. Es geht also auch immer um eine institutionell-rechtliche Verankerung von für_sorge-/caregeleiteter Gerechtigkeit und gerechtigkeitsbestimmter Für_Sorge/Care in den jeweiligen (welt)gesellschaftlichen Strukturen, um sich der kommenden Nachhaltigkeit anzunähern.

Bibliographie

Acker-Widmaier, Gerald (1999): Intertemporale Gerechtigkeit und nachhaltiges Wirtschaften. Zur normativen Begründung eines Leitbildes, Marburg.

Acosta, Alberto (2010a): El Buen Vivir en el camino del post-desarollo. Una lectura desde la Constitución de Montecristi, Quito.

Acosta, Alberto (2010b): Toward the Universal Declaration of Rights of Nature. Thoughts for action, www.therightsofnature.org/wp-content/uploads/pdfs/Toward-the-Universal-Declaration-of-Rights-of-Nature-Alberto-Acosta.pdf (Zugriff: 14.5.2015).

Acselrad, Henri (2002): Die ökologische Herausforderung zwischen Markt, Sicherheit und Gerechtigkeit, in: Görg, Christoph/ Brand, Ulrich (Hrsg.): Mythen globalen Umweltmanagements. Rio + 10 und die Sackgassen „nachhaltiger Entwicklung", Münster, S. 48-71.

Aden, Hartmut (2004): Herrschaftstheorien und Herrschaftsphänomene – Governance und Herrschaftskritik, in: Aden, Hartmut (Hrsg.): Herrschaftstheorien und Herrschaftsphänomene, Wiesbaden, S. 9-22.

Adler, Frank/ Schachtschneider, Ulrich (2010): Green New Deal, Suffizienz oder Ökosozialismus? Konzepte für gesellschaftliche Wege aus der Ökokrise, München.

AG Frauen im Forum Umwelt & Entwicklung (1997): Zukunftsfähiges Deutschland – Zukunft für Frauen? Faltblatt mit einer Kurzkritik sowie ein Memorandum mit der ausführlichen Kritik an der Studie „Zukunftsfähiges Deutschland", Bonn.

AG Frauen im Forum Umwelt & Entwicklung (2001): Arbeit auf dem Prüfstand der Nachhaltigkeit, Bonn.

AG Frauen im Forum Umwelt & Entwicklung/ genanet/ WECF – Women in Europe for a Common Future (2006): EU-Nachhaltigkeitsstrategie ohne Gender-Perspektive. Stellungnahme von genanet, WECF und AG Frauen im Forum Umwelt & Entwicklung, erarbeitet von Christine Katz, in: EU-Rundschreiben. Sonderheft 05.06, hrsg. v. DNR – Deutschen Naturschutzring, S. 21-23, www.eu-koordination.de/PDF/eur0605-sh.pdf (Zugriff: 19.9.2012).

AG Nachhaltigkeit im Verein Frauen in Naturwissenschaft und Technik (NUT) (1996): „Ein Mann hat eine Vision...". Stellungnahme zur Studie „Zukunftsfähiges Deutschland", Berlin/ Frankfurt a. M.

Agarwal, Bina (1992): The Gender and Environment Debate: Lessons from India, in: Feminist Studies, Vol. 18, No. 1, pp. 119-158.

Agenda 2010 – siehe Deutscher Bundestag (2003).

Agenda 21 – siehe BMU – Bundesumweltministerium [o. J.] (1992a).

Aktionsplattform von Peking – siehe BMFSFJ – Bundesministerium für Familie, Senioren, Frauen und Jugend [1995] (1996).

Albert, Mathias (1998): Entgrenzung und Formierung neuer politischer Räume, in: Kohler-Koch, Beate (Hrsg.): Regieren in entgrenzten Räumen, in: Politische Vierteljahresschrift, 39. Jg., Sonderheft 29, S. 49-75.

Allen, Judith (1996): Our town: Foucault and knowledge-based politics in London, in: Mandelbaum, Seymour J./ Mazza, Luigi/ Bruchell, Robert W. (Eds.): Explorations in planning theory, New Brunswick, pp. 328-344.

Allen, Sarah/ Daly, Kerri (2007): The Effects of Father Involvement. An Updated Research Summary of the Evidence, www.fira.ca/cms/documents/29/Effects_of_Father_Involvement.pdf (Zugriff: 6.2.2013).

Allgemeine Erklärung der Menschenrechte vom 10. Dezember 1948, Resolution A/RES/217 A (III), www.un.org/depts/german/menschenrechte/aemr.pdf (Zugriff: 20.2.2013), auch abgedruckt in: Bundeszentrale für politische Bildung (Hrsg.): Menschenrechte. Dokumente und Deklarationen, Bonn, S. 54-59.

Althaus, Dieter (2007): Das Solidarische Bürgergeld, in: Borchard, Michael (Hrsg.): Das Solidarische Bürgergeld – Analysen einer Reformidee, Stuttgart, www.kas.de/upload/dokumente/2007/Borchard/Buergergeld_Althaus.pdf (Zugriff: 29.2.2012).

Altvater, Elmar (1991): Die Zukunft des Marktes. Ein Essay über die Regulation von Geld und Natur nach dem Scheitern des „real existierenden Sozialismus", Münster.

Altvater, Elmar (1996): Der Traum vom Umweltraum. Zur Studie des Wuppertal Instituts über ein „zukunftsfähiges Deutschland", in: Blätter für deutsche und internationale Politik, 41. Jg., Heft 1, S. 82-91.

Altvater, Elmar (1998): Das Wieselwort „Sustainability", Vortrag auf der Festveranstaltung zur Verleihung des Dr. Victor-Wendland-Ehrenringes der Stiftung Naturschutz Berlin an Prof. Dr. Martin Jänicke, in: Grünstift, Heft 11/12 (Nov./Dez. 1998), S. 28-33.

Altvater, Elmar/ Mahnkopf, Birgit [1996] (1999): Grenzen der Globalisierung. Ökonomie, Ökologie und Politik in der Weltgesellschaft, Münster.

Annan, Kofi (2001): Implementing Agenda 21. Report from the Secretary General to the ECOSOC, www.johannesburgsummit.org/ (Zugriff: 2.4.2012).

Annan, Kofi (2002): Address to the World Summit on Sustainable Development, Johannesburg, 2.9.2002, www.un.org/events/wssd/statements/sgE.htm (Zugriff: 27.8.2012).

Annan, Kofi (2003): Foreword, in: United Nations (Hrsg.): Johannesburg Declaration on Sustainable Development and Plan of Implementation of the World Summit on Sustainable Development, ohne Ort [booklet], p. 4.

Antrobus, Peggy (1995): Third World Women Challenge the Given, in: PCD-Forum Column, No. 75, pp. 1-2, www.davidkorten.org/1995/75Anthrobus (Zugriff: 9.4.2015).

Appadurai, Arjun (1991): Global ethnoscapes: notes and queries for a transnational anthropology, in: Fox, Richard (Hrsg.): Recapturing anthropology. Working in the present, Santa Fe (New Mexico), pp. 191-210.

Appadurai, Arjun (1998): Modernity at large. Cultural dimensions of globalization, Minneapolis.

Appelt, Erna (1997): Familialismus. Eine verdeckte Struktur im Gesellschaftsvertrag, in: Kreisky, Eva/ Sauer, Birgit (Hrsg.): Das geheime Glossar der Politikwissenschaft. Geschlechtskritische Inspektion der Kategorien einer Disziplin, Frankfurt a. M./ New York, S. 114-136.

Arbeitsgruppe Alternative Wirtschaftspolitik (2008): Memorandum 2008. Neuverteilung von Einkommen, Arbeit und Macht – Alternativen zur Bedienung der Oberschicht, Köln.

Ardener, Shirley/ Burman, Sandra (1995): Money go rounds. The importance of rotating savings and credit associations for women, Oxford/ Herndon.

Arendt, Hannah [1970] (2005): Macht und Gewalt, München.

Arts, Bas (1994): Nachhaltige Entwicklung. Eine begriffliche Abgrenzung, in: Peripherie. Zeitschrift für Politik und Ökonomie in der Dritten Welt, 14. Jg., Nr. 54, S. 6-27.

Ashcroft, Bill/ Griffiths, Gareth/ Tiffin, Helen (1998): Key Concepts in Post-Colonial Studies, London/ New York.

attac (o. J.): AG ArbeitFairTeilen, www.attac-netzwerk.de/ag-arbeitfairteilen/ (Zugriff: 22.2.2013).

Attac AG „Globalisierung und Ökologie" (Hrsg.) in Kooperation mit der Heinrich-Böll-Stiftung (2003): Machtspiel Globalisierung. Pokern um Ökologie und Gerechtigkeit, Politische Ökologie, 21. Jg., Nr. 85, München.

Aulenbacher, Brigitte (2009): Arbeit und Geschlecht und soziale Ungleichheiten. Perspektiven auf die Krise der Reproduktion und den Wandel von Herrschaft in der postfordistischen Arbeitsgesellschaft, in: Arbeits- und Industriesoziologische Studien, 2. Jg., Heft 2 (Dezember 2009), S. 61-78.

Axelrod, Robert/ Keohane, Robert O. (1986): Achieving Cooperation under Anarchy. Strategies and Institutions, in: Oye, Kenneth (Ed.) (1986): Cooperation under Anarchy, Princeton, pp. 226-254.

Backhouse, Maria (2013): Grüne Landnahmen in Brasilien. Das Beispiel der Palmöl-Expansion im Amazonasbecken, in: Backhouse, Maria/ Gerlach, Olaf/ Stefan Kalmring/ Nowak, Andreas (Hrsg.): Die globale Einhegung. Krise, ursprüngliche Akkumulation und Landnahmen im Kapitalismus, Münster, S. 263-283.

BAG-SHI – Bundesarbeitsgemeinschaft der Sozialhilfe-, Erwerbslosen- und JoberInneninitiativen (2000): Existenzgeld für alle, in: Krebs, Hans-Peter/ Rein, Harald (Hrsg.): Existenzgeld. Kontroversen und Positionen, Münster, S. 139-152.

Baier, Andrea (2004): Subsistenzansatz: Von der Hausarbeitsperspektive zur „Bielefelder Subsistenzperspektive", in: Becker, Ruth/ Kortendiek, Beate (Hrsg.): Handbuch Frauen- und Geschlechterforschung. Theorie, Methoden, Empirie, Wiesbaden, S. 72-77.

Baier, Andrea/ Bennholdt-Thomsen, Veronika/ Holzer, Brigitte (2005): Ohne Menschen keine Wirtschaft. Oder: Wie gesellschaftlicher Reichtum entsteht, München.

Baier, Andrea/ Müller, Christa/ Werner, Karin (2007): Wovon Menschen leben. Arbeit, Engagement und Muße jenseits des Marktes, München.

Baier, Andrea/ Redler, Elisabeth (2006): Eigenarbeit in Zeiten wirtschaftlicher Globalisierung, in: Jochimsen, Maren A./ Knobloch, Ulrike (Hrsg.): Lebensweltökonomie in Zeiten wirtschaftlicher Globalisierung, Bielefeld, S. 89-111.

Baker, Susan (1997): The evolution of European Union environmental policy: from growth to sustainable development?, in: Baker, Susan/ Kousis, Maria/ Richardson, Dick/ Young, Stephen (Eds.): The politics of sustainable development: theory and practice within the European Union, London/ New York, pp. 91-106.

Bakker, Isabella (1994): The strategic silence. Gender and economic policy, London.

Bakker, Isabella/ Elson, Diane (1998): Für ein Budget, das mit Frauen rechnet. Ansätze zu einer makroökonomischen Analyse von Staatsbudgets aus Frauensicht, in: Olympe Feministische Arbeitshefte zur Politik, Heft 9/1998, Zürich, S. 50-61.

Balzer, Ingrid/ Wächter, Monika (Hrsg.) (2002): Sozial-ökologische Forschung. Ergebnisse der Sondierungsprojekte aus dem BMBF-Förderschwerpunkt, München.

Baranek, Elke/ Walk, Heike (2005): Partizipation und Nachhaltigkeit – zwei Seiten ein und derselben Medaille, in: Feindt, Peter H./ Newig, Jens (Hrsg.): Partizipation, Öffentlichkeitsbeteiligung, Nachhaltigkeit. Perspektiven der Politischen Ökonomie, Marburg, S. 65-86.

Barnett, Harold C./ Morse, Chandler (1963): Scarcity and Growth: The Economics of Natural Resource Availability, Baltimore.

Barral, Virginie (2003): Quoi de neuf pour le devéloppement durable?, in: Revue générale de droit international public, Vol. 107, No. 2, pp. 415-432.

Barroso, José Manuel (2005) – zit. n. Steigenberger, Markus (2009): Internationale und Europäische Umweltpolitik, www.bpb.de/gesellschaft/umwelt/dossier-umwelt/61179/eu-umweltpolitik?p=all (Zugriff: 15.5.2015).

Bartmann, Hans (1996): Umweltökonomie – ökologische Ökonomie, Stuttgart.

Batscheider, Tordis (1993): Friedensforschung und Geschlechterverhältnis. Zur Begründung feministischer Fragestellungen in der kritischen Friedensforschung, Marburg.
Bauchmüller, Michael (2013): Wohlstand der Deutschen soll neu bemessen werden. Bundestagskommission empfiehlt, Lebensstandard nach anderen Werten als nur dem Bruttoinlandsprodukt zu ermitteln, in: Süddeutsche Zeitung vom 28.1.2013, S. 1.
Bauhardt, Christine (2004): Ökologiekritik: Das Mensch-Natur-Verhältnis aus der Geschlechterperspektive, in: Becker, Ruth/ Kortendiek, Beate (Hrsg.): Handbuch Frauen- und Geschlechterforschung. Theorie, Methoden, Empirie, Wiesbaden, S. 277-282.
Bauhardt, Christine (2009): Ressourcenpolitik und Geschlechtergerechtigkeit. Probleme lokaler und globaler Governance am Beispiel Wasser, in: PROKLA. Zeitschrift für kritische Sozialwissenschaft, 39. Jg., Heft 156, S. 391-405.
Bauhardt, Christine (2011): Gesellschaftliche Naturverhältnisse von der Materialität aus denken. Feministische Ökonomik, Queer Ecologies und das Konzept Ressourcenpolitik, in: GENDER. Zeitschrift für Geschlecht, Kultur und Gesellschaft, 3. Jg., Heft 3, S. 89-103.
Bauman, Zygmunt (1998): Work, Consumerism and the New Poor, Buckingham.
Bauman, Zygmunt (2000): Die Krise der Politik. Fluch und Chance einer neuen Öffentlichkeit, Hamburg.
Baumol, William (1986): On the Possibility of Continuing Expansion of Finite Resources, in: Kyklos, Vol. 39, No. 2, pp. 167-179.
Bauriedl, Sybille/ Höhler, Sabine (2004): Konstruktivistische Perspektiven und diskurstheoretische Ansätze zur Weiterentwicklung der Konzeptionalisierung einer sozioökologischen Forschung, www.neds-projekt.de/Download/NEDS_Skizze_QGTheorie.pdf (Zugriff: 6.2.2013).
Bayerisches Landesamt für Umweltschutz (2001): Die Kommunale Agenda 21 in Bayern auf dem Weg ins Jahr 2001, in: KommA21 Aktuell 01/01, Augsburg.
BDKJ – Bundesvorstand des Bundes der Deutschen Katholischen Jugend (2003): Solidarität – Chance für die Zukunft. Vision für eine gerechte Gesellschaft, Düsseldorf.
Beaucamp, Guy (2002): Das Konzept der zukunftsfähigen Entwicklung im Recht: Untersuchungen zur völkerrechtlichen, europarechtlichen, verfassungsrechtlichen und verwaltungsrechtlichen Relevanz eines neuen politischen Leitbildes, Tübingen.
Beck, Ulrich (1986): Risikogesellschaft. Auf dem Weg in eine andere Moderne, Frankfurt a. M.
Beck, Ulrich (1996): Das Zeitalter der Nebenfolgen und die Politisierung der Moderne, in: Beck, Ulrich/ Giddens, Anthony/ Lash, Scott (Hrsg.): Reflexive Modernisierung. Eine Kontroverse, Frankfurt a. M.
Beckenbach, Frank/ Diefenbacher, Hans (Hrsg.) (1994): Zwischen Entropie und Selbstorganisation. Perspektiven einer ökologischen Ökonomie, Marburg.
Becker, Anja (2003): „Environmental Justice". Die sozial ungleiche Verteilung von Umweltbelastungen in der BRD und den USA, unveröffentlichte Magisterarbeit, Göttingen.
Becker, Egon (1992): Ökologische Modernisierung der Entwicklungspolitik?, in: PROKLA. Zeitschrift für kritische Sozialwissenschaft, 22. Jg., Heft 86, S. 47-60.
Becker, Egon (2006): Soziale Ökologie – Konstitution und Kontext, in: Becker, Egon/ Jahn, Thomas (Hrsg.): Soziale Ökologie. Grundzüge einer Wissenschaft von den gesellschaftlichen Naturverhältnissen, Frankfurt a. M./ New York, S. 32-53.
Becker, Egon/ Hummel, Diana/ Jahn, Thomas (2011): Gesellschaftliche Naturverhältnisse als Rahmenkonzept, in: Matthias Groß (Hrsg.): Handbuch Umweltsoziologie, Wiesbaden S. 75-96.

Becker, Egon/ Jahn, Thomas (1989): Soziale Ökologie als Krisenwissenschaft, Sozialökologische Arbeitspapiere Nr. 1, Frankfurt a. M.

Becker, Egon/ Jahn, Thomas (2006a) (Hrsg.): Soziale Ökologie. Grundzüge einer Wissenschaft von den gesellschaftlichen Naturverhältnissen, Frankfurt a. M./ New York.

Becker, Egon/ Jahn, Thomas (2006b): Vorwort, in: Becker, Egon/ Jahn, Thomas (Hrsg.): Soziale Ökologie. Grundzüge einer Wissenschaft von den gesellschaftlichen Naturverhältnissen, Frankfurt a. M./ New York, S. 7-10.

Becker, Egon/ Jahn, Thomas (2006c): Einleitung, in: Becker, Egon/ Jahn, Thomas (Hrsg.): Soziale Ökologie. Grundzüge einer Wissenschaft von den gesellschaftlichen Naturverhältnissen, Frankfurt a. M./ New York, S. 11-26.

Becker, Egon/ Jahn, Thomas (2006d): Krisendiskurse, in: Becker, Egon/ Jahn, Thomas (Hrsg.): Soziale Ökologie. Grundzüge einer Wissenschaft von den gesellschaftlichen Naturverhältnissen, Frankfurt a. M./ New York, S. 54-69.

Becker, Egon/ Jahn, Thomas (2006e): Konturen und Gegenstand, in: Becker, Egon/ Jahn, Thomas (Hrsg.): Soziale Ökologie. Grundzüge einer Wissenschaft von den gesellschaftlichen Naturverhältnissen, Frankfurt a. M./ New York, S. 70-89.

Becker, Egon/ Jahn, Thomas (2006f): Horizonte und Nachbarschaften, in: Becker, Egon/ Jahn, Thomas (Hrsg.): Soziale Ökologie. Grundzüge einer Wissenschaft von den gesellschaftlichen Naturverhältnissen, Frankfurt a. M./ New York, S. 110-139.

Becker, Egon/ Jahn, Thomas (2006g): Dynamik gesellschaftlicher Naturverhältnisse, in: Becker, Egon/ Jahn, Thomas (Hrsg.): Soziale Ökologie. Grundzüge einer Wissenschaft von den gesellschaftlichen Naturverhältnissen, Frankfurt a. M./ New York, S. 237-239.

Becker, Egon/ Jahn, Thomas (2006h): Transdisziplinäre Integration, in: Becker, Egon/ Jahn, Thomas (Hrsg.): Soziale Ökologie. Grundzüge einer Wissenschaft von den gesellschaftlichen Naturverhältnissen, Frankfurt a. M./ New York, S. 287-291.

Becker, Egon/ Jahn, Thomas/ Hummel, Diana (2006): Gesellschaftliche Naturverhältnisse, in: Becker, Egon/ Jahn, Thomas (Hrsg.): Soziale Ökologie. Grundzüge einer Wissenschaft von den gesellschaftlichen Naturverhältnissen, Frankfurt a. M./ New York, S. 174-197.

Becker, Egon/ Jahn, Thomas/ Schramm, Engelbert (1999): Sozial-ökologische Forschung – Rahmenkonzept für einen neuen Förderschwerpunkt, Frankfurt a. M.

Becker, Egon/ Keil, Florian (2006): Transdisziplinäre Integration, in: Becker, Egon/ Jahn, Thomas (Hrsg.): Soziale Ökologie. Grundzüge einer Wissenschaft von den gesellschaftlichen Naturverhältnissen, Frankfurt a. M./ New York, S. 287-291.

Becker, Egon/ Schramm, Engelbert (2001): Zur Modellierbarkeit sozial-ökologischer Transformationen. Zentrale Ergebnisse einer Sondierungsstudie, ISOE-Materialien Soziale Ökologie, Nr. 16, Frankfurt a. M.

Beckerman, Wilfred (1994): „Sustainable Development": Is it a Useful Concept?, in: Environmental Values, Vol. 3, No. 3, pp. 191-209.

Becker-Schmidt, Regina (1987): Die doppelte Vergesellschaftung – die doppelte Unterdrückung: Besonderheiten der Frauenforschung in den Sozialwissenschaften. Soziologische Befunde zu geschlechtsspezifischen Formen der Lebensbewältigung, in: Unterkircher, Lili/ Wagner, Ina (Hrsg.): Die andere Hälfte der Gesellschaft. Österreichischer Soziologentag 1985, Wien, S. 10-25.

Becker-Schmidt, Regina (2006): Die Bedeutung des Klassifizierens für die Abstützung symmetrischer oder asymmetrischer Geschlechterelationen, in: Aulenbacher, Brigitte/ Bereswill, Mechthild/ Löw, Martina/ Meuser, Michael/ Mordt, Gabriele/ Schäfer, Reinhild/ Scholz, Sylka (Hrsg.): FrauenMännerGeschlechterforschung. State of the Art, Münster, S. 116-121.

Becker-Schmidt, Regina (2011): „Verwahrloste Fürsorge" – ein Krisenherd gesellschaftlicher Reproduktion. Zivilisationskritische Anmerkungen zu ökonomischen, sozialstaatlichen und sozialkulturellen Vernachlässigung von Praxen im Feld „care work", in: GENDER. Zeitschrift für Geschlecht, Kultur und Gesellschaft, 3. Jg., Heft 3, S. 9-23.

Behrendt, Maria/ Scurrell, Babette (2000): Vorsorgendes Wirtschaften lernen, in: Biesecker, Adelheid/ Mathes, Maite/ Schön, Susanne/ Scurrell, Babette (Hrsg.): Vorsorgendes Wirtschaften. Auf dem Weg zu einer Ökonomie des Guten Lebens, Bielefeld, S. 185-190.

Beijing Declaration (1995) – siehe Fourth World Conference on Women (1995).

Beik, Ute/ Spitzner, Meike (1996): Flexibel, mobil und unbezahlt. Eine feministische Studie zur Mobilität der Reproduktionsarbeit, in: FORUM entwicklungspolitischer Aktionsgruppen, Nr. 201, S. 14-17.

Benhabib, Seyla (2009): Unterwegs zu einer kosmopolitischen Demokratie? Die Kontroverse um internationales Recht und demokratische Souveränität, in: Neue Zürcher Zeitung vom 13.6.2009, www.nzz.ch/nachrichten/kultur/literatur_und_kunst/unterw egs_zu_einer_kosmopolitischen_demokratie_1.2730516.html (Zugriff: 29.2.2012).

Bennholdt-Thomsen, Veronika (1979): Marginalität in Lateinamerika. Eine Theoriekritik, in: Bennholdt-Thomsen, Veronika/ Evers, Tilman/ Meschkat, Klaus (Hrsg.): Lateinamerika. Analysen und Berichte III. Verelendungsprozesse und Widerstandsformen, Berlin, S. 45-85.

Bennholdt-Thomsen, Veronika (1992a): Vorwort zur Neuauflage 1992, in: Bennholdt-Thomsen, Veronika/ Mies, Maria/ Werlhof, Claudia von (Hrsg.): Frauen, die letzte Kolonie. Zur Hausfrauisierung der Arbeit, Zürich [o. S.].

Bennholdt-Thomsen, Veronika (1992b): Die stumme Auflehnung der Bauersfrauen. Bericht aus einem Dorf im Süden Mexikos, in: Bennholdt-Thomsen, Veronika/ Mies, Maria/ Werlhof, Claudia von (Hrsg.): Frauen, die letzte Kolonie. Zur Hausfrauisierung der Arbeit, Zürich, S. 47-61.

Bennholdt-Thomsen, Veronika (2003): Wovon leben unsere Städte wirklich? Subsistenzorientierung statt Geldorientierung, in: Werlhof, Claudia von/ Bennholdt-Thomsen, Veronika/ Faraclas, Nicholas (Hrsg.): Subsistenz und Widerstand. Alternativen zur Globalisierung, Wien, S. 242-254.

Bennholdt-Thomsen, Veronika/ Mies, Maria/ Werlhof, Claudia von [1983] (1992): Frauen, die letzte Kolonie. Zur Hausfrauisierung der Arbeit, Zürich.

Bergh, Jeroen van den (2000): Ecological Economics: Themes, Approaches, and Differences with Environmental Economics, Tinbergen Institute Discussion Paper 2000-080/3, Amsterdam.

Bergstedt, Jörg (1998a): Agenda, Expo, Sponsoring, Recherchen im Naturschutzfilz, Bd. 1. Daten, Fakten, historische und aktuelle Hintergründe, Frankfurt a. M.

Bergstedt, Jörg (1998b): Die „Merkel-Truppen". Wer die Agenda unterstützt, stärkt die Herrschenden, in: Ö-Punkte, Frühjahr 1998, hrsg. v. Institut für Ökologie e.V., Reiskirchen-Saasen, S. 24-25.

Bernhard, Claudia (1995): Der Igel ist immer schon da. Wie man/frau dem Herrschaftsdiskurs hinterherläuft, in: FORUM entwicklungspolitischer Aktionsgruppen, Nr. 199, S. 35-37.

Bernhard, Claudia (1996): Good girls go sustainable, bad girls go everywhere. Über die Unvereinbarkeit von Feminismus und Nachhaltigkeit, in: FORUM entwicklungspolitischer Aktionsgruppen 1/1996, S. 7-10.
Bernhard, Claudia (1997a): Der nachhaltige Antifeminismus, in: Schwertfisch (Hrsg.): Zeitgeist mit Gräten. Politische Perspektiven zwischen Ökologie und Autonomie, Bremen, S. 153-159.
Bernhard, Claudia (1997b): Kritik der historischen Demokratie, in: Schwertfisch (Hrsg.): Zeitgeist mit Gräten. Politische Perspektiven zwischen Ökologie und Autonomie, Bremen, S. 201-224.
Bernhard, Claudia (1999): Die neue Bescheidenheit – Wie antifeministisch ist die Nachhaltigkeit?, in: Weller, Ines/ Hoffmann, Esther/ Hofmeister, Sabine (Hrsg.): Nachhaltigkeit und Feminismus: Neue Perspektiven – Alte Blockaden, Bielefeld, S. 111-120.
Bernhard, Claudia/ Fedler, Bernhard/ Peters, Ulla/ Spehr, Christoph/ Stolz, Heinz-Jürgen (1997): Bausteine für Perspektiven, in: Schwertfisch (Hrsg.): Zeitgeist mit Gräten. Politische Perspektiven zwischen Ökologie und Autonomie, Bremen, S. 193-226.
Bidegain Ponte, Nicole (2011): Growth and Persistent Inequality under Latin American Progressive Governments. DAWN GEEJ Latin America Training Institute Alumna, p. 4, www.dawnnet.org/uploads/newsletters/2011-July.pdf (Zugriff: 29.2.2012).
Biesecker, Adelheid (1993): Ökonomische Theorie und weibliche Lebenswelt – Die Entdeckung des Reichtums der Frauen, in: Krüger, Marlies (Hrsg.): Was heißt hier eigentlich feministisch? Zur theoretischen Diskussion in den Geistes- und Sozialwissenschaften, Bremen, S. 251-266.
Biesecker, Adelheid (1994): Wir sind nicht zur Konkurrenz verdammt. Auf der Suche nach alten und neuen Formen kooperativen Wirtschaftens, in: Busch-Lüty, Christiane/ Jochimsen, Maren/ Knobloch, Ulrike/ Seidl, Irmi (Hrsg.): Vorsorgendes Wirtschaften. Frauen auf dem Weg zu einer Ökonomie der Nachhaltigkeit, in: Politische Ökologie, Sonderheft 6, S. 28-31.
Biesecker, Adelheid (1997): Neue institutionelle Arrangements für vorsorgendes Wirtschaften. 12 Thesen, in: Grenzdörffer, Klaus/ Biesecker, Adelheid/ Vocke, Christina (Hrsg.): Neue, institutionelle Arrangements für eine zeitgemäße Wohlfahrt, Pfaffenweiler, S. 181-198.
Biesecker, Adelheid (1999): Kooperative Vielfalt und das „Ganze der Arbeit". Überlegungen zu einem erweiterten Arbeitsbegriff, Wissenschaftszentrum Berlin für Sozialforschung (WZB), Paper P00504 der Querschnittsgruppe „Arbeit und Ökologie", Berlin.
Biesecker, Adelheid (2000): Arbeiten als vielfältiges Mit-Gestalten. Zum Verständnis von Arbeit und Produktivität im Konzept des Vorsorgenden Wirtschaftens, in: Biesecker, Adelheid/ Mathes, Maite/ Schön, Susanne/ Scurrell, Babette (Hrsg.): Vorsorgendes Wirtschaften. Auf dem Weg zu einer Ökonomie des Guten Lebens, Bielefeld, S. 259-264.
Biesecker, Adelheid (2003a): Synthese: Umsetzungsvorschläge zu den Ergebnissen der Arbeitsgruppen oder die Frage: Was können wir für eine Verbesserung der Beziehungen zwischen Vater Staat und Mutter Natur tun?, in: Lang, Eva (Hrsg.): „Mutter Natur und Vater Staat". Zukunftsperspektiven und Gestaltungsansätze einer schwierigen Beziehung im Zeichen der Nachhaltigkeit, Karlsruhe, S. 51-53.
Biesecker, Adelheid (2003b): (Re)Produktivität als Grundkonzept geschlechterbewusster Analyse ökonomischen Handelns, in: zfwu – Zeitschrift für Wirtschafts- und Unternehmensethik, Themenschwerpunkt Feministische Wirtschaftsethik, 4. Jg., Heft 1, S. 67-72.

Biesecker, Adelheid (2004): „Das Ganze der Arbeit" im Konzept „Vorsorgendes Wirtschaften", in: Gottschlich, Daniela/ Meyer, Katrin (Red.) (2004): Leben ist nicht nur Erwerbsarbeit. Zur Neudefinition und Umverteilung aller vorhandener Arbeit, Dokumentation der Tagungsreihe Januar 2003 – Januar 2004 des Frauen EUREGIO-Projektes, hrsg. v. Agenda 21 Frauen Arbeitskreis/ Bildungswerk ver.di, Osnabrück, S. 45-54.

Biesecker, Adelheid (2006a): Menschenwürde in der Arbeitswelt – Lebenselixier einer nachhaltigen Entwicklung, in: Scholz, Dieter/ Glawe, Heiko/ Martens, Helmut/ Paust-Lassen, Pia/ Peter, Gerd/ Reizig, Jörg/ Wolf, Frieder O. (Hrsg.): Turnaround? Strategien für eine neue Politik der Arbeit, Münster, S. 165-169.

Biesecker, Adelheid (2006b): Bürgerschaftliches Engagement – produktive Kraft im gesellschaftlichen Lebensalltag, in: Jochimsen, Maren A./ Knobloch, Ulrike (Hrsg.): Lebensweltökonomie in Zeiten wirtschaftlicher Globalisierung, Bielefeld, S. 113-135.

Biesecker, Adelheid (2008): Kürzer arbeiten – besser für die Umwelt. Arbeitszeitverkürzung und Ökologie, in: Zimpelmann, Beate/ Endl, Hans-L. (Hrsg.): Zeit ist Geld. Ökonomische, ökologische und soziale Grundlagen von Arbeitszeitverkürzung, Hamburg, S. 55-76.

Biesecker, Adelheid/ Baier, Andrea (2011): Gutes Leben braucht andere Arbeit. Alternative Konzepte in der Diskussion, in: Politische Ökologie, 29. Jg., Nr. 125, S. 54-62.

Biesecker, Adelheid/ Braunmühl, Claudia von/ Wichterich, Christa/ Winterfeld, Uta von (2007): Die Privatisierung des Politischen. Zu den Auswirkungen der doppelten Privatisierung, in: Femina Politica. Zeitschrift für feministische Politikwissenschaft, 16. Jg., Heft 2, S. 28-40.

Biesecker, Adelheid/ Elsner, Wolfram (2004): Vorwort der Herausgeber, in: Biesecker, Adelheid/ Elsner, Wolfram (Hrsg.): Erhalten durch Gestalten. Nachdenken über eine (re)produktive Ökonomie, Frankfurt, S. 5-8.

Biesecker, Adelheid/ Gottschlich, Daniela (2005a): Effizienz, in: ABC der Globalisierung. Von „Alterssicherung" bis „Zivilgesellschaft", hrsg. vom Wissenschaftlichen Beirat von Attac, Hamburg, S. 34-35.

Biesecker, Adelheid/ Gottschlich, Daniela (2005b): Arbeit, in: ABC der Globalisierung. Von „Alterssicherung" bis „Zivilgesellschaft", hrsg. vom Wissenschaftlichen Beirat von Attac, Hamburg, S. 12-13.

Biesecker, Adelheid/ Gottschlich, Daniela (2012): Vorsorgendes Wirtschaften, in: Brand, Ulrich/ Lösch, Bettina/ Opratko, Benjamin/ Thimmel, Stefan (Hrsg.) in Kooperation mit dem Wissenschaftlichem Beirat von Attac, taz. die Tageszeitung, Rosa-Luxemburg-Stiftung: ABC der Alternativen 2.0. Von Alltagskultur bis Zivilgesellschaft, Hamburg, S. 320-321.

Biesecker, Adelheid/ Gottschlich, Daniela (2013): Wirtschaften und Arbeiten in feministischer Perspektive – geschlechtergerecht und nachhaltig?, in: Hofmeister, Sabine/ Katz, Christine/ Tanja Mölders (Hrsg.): Geschlechterverhältnisse und Nachhaltigkeit. Die Kategorie ‚Geschlecht' in den Nachhaltigkeitswissenschaften, Opladen, S. 178-189.

Biesecker, Adelheid/ Hofmeister, Sabine (2001): Vom nachhaltigen Naturkapital zur Einheit von Produktivität und Reproduktivität, in: Held, Martin/ Nutzinger, Hans G. (Hrsg.): Nachhaltiges Naturkapital, Frankfurt, S. 154-178.

Biesecker, Adelheid/ Hofmeister, Sabine (2003): (Re)Produktivität: Der „blinde Fleck" im Diskurs zu Nachhaltiger Entwicklung, in: Hofmeister, Sabine/ Mölders, Tanja/ Karsten, Marie-Eleonora (Hrsg.): Zwischentöne gestalten: Dialoge zur Verbindung von Geschlechterverhältnissen und Nachhaltigkeit, Bielefeld, S. 38-56.

Biesecker, Adelheid/ Hofmeister, Sabine (2006): Die Neuerfindung des Ökonomischen. Ein (re)produktionstheoretischer Beitrag zur Sozial-ökologischen Forschung, München.

Biesecker, Adelheid/ Hofmeister, Sabine (2008): (Re)Produktivität. Nachhaltige Natur- und Geschlechterverhältnisse, in: WIDERSPRUCH, 28. Jg., Heft 54, S. 111-125.

Biesecker, Adelheid/ Hofmeister, Sabine (2009): Starke Nachhaltigkeit fordert eine Ökonomie der (Re)Produktivität: in: Egan-Krieger, Tanja von / Schultz, Julia/ Thapa, Philip Pratap/ Voget, Lieske (Hrsg.): Die Greifswalder Theorie starker Nachhaltigkeit. Ausbau, Anwendung und Kritik, Marburg, S. 169-192.

Biesecker, Adelheid/ Hofmeister, Sabine (2010): Focus: (Re)Productivity. Sustainable relations both between society and nature and between the genders, in: Ecological Economics, Vol. 69, No. 8, pp. 1703-1711.

Biesecker, Adelheid/ Hofmeister, Sabine (2013): Zur Produktivität des „Reproduktiven". Fürsorgliche Praxis als Element einer Ökonomie der Vorsorge, in: Feministische Studien, 31. Jg., Heft 2, S. 240-252.

Biesecker, Adelheid/ Hofmeister, Sabine/ Seidl, Irmi/ Winterfeld, Uta von (o. J.): Weshalb der Nachhaltigkeitsdiskurs in Deutschland eine „Mutter" hat. Ein festliches Essay für Christiane Busch-Lüty, München, www.voeoe.de/wp-content/uploads/2011/07/276ecf e4a752efa1a3eee08324eae8cc09847333_CBL_Essay.pdf (Zugriff: 21.2.2013).

Biesecker, Adelheid/ Jochimsen, Maren/ Knobloch, Ulrike (1997): Vorsorgendes Wirtschaften. Ein Ansatz zur Überwindung der Defizite in der Nachhaltigkeitsdiskussion, in: Ökologisches Wirtschaften, Spezial: Nachhaltiges Wirtschaften aus feministischer Sicht, Heft 3/4, S. 7-9.

Biesecker, Adelheid/ Kesting, Stefan (2003): Mikroökonomik. Eine Einführung aus sozial-ökologischer Perspektive, München/ Wien.

Biesecker, Adelheid/ Mathes, Maite/ Schön, Susanne/ Scurrell, Babette (Hrsg.) (2000a): Vorsorgendes Wirtschaften. Auf dem Weg zu einer Ökonomie des Guten Lebens, Bielefeld.

Biesecker, Adelheid/ Mathes, Maite/ Schön, Susanne/ Scurrell, Babette (2000b): Begrüßung, in: Biesecker, Adelheid/ Mathes, Maite/ Schön, Susanne/ Scurrell, Babette (Hrsg.): Vorsorgendes Wirtschaften. Auf dem Weg zu einer Ökonomie des Guten Lebens, Bielefeld, S. 9-12.

Biesecker, Adelheid/ Schmid, Bernhard (2001): Vom Wert der Vielfalt – Folgerungen für den Umgang mit Vielfalt in Ökonomie und Ökologie, in: Zeitschrift für angewandte Umweltforschung, Sonderheft 13, hrsg. v. Martin Held und Martin Spehl: Vom Wert der Vielfalt, Berlin, S. 263-273.

Biesecker, Adelheid/ Wichterich, Christa/ Winterfeld, Uta von (2012): Feministische Perspektiven zum Themenbereich Wachstum, Wohlstand und Lebensqualität. Hintergrundpapier, www.rosalux.de/fileadmin/rls_uploads/pdfs/sonst_publikationen/Biesecker_Wichterich_Winterfeld_2012_FeministischePerspe.pdf (Zugriff: 14.5.2015).

Biesecker, Adelheid/ Winterfeld, Uta von (2005a): Es gibt keine ‚richtige' Nachhaltigkeit im ‚falschen' Denken. Nachhaltigkeit und Existenzsicherung, in: Politische Ökologie, 23. Jg., Nr. 94, S. 75-77.

Biesecker, Adelheid/ Winterfeld, Uta von (2005b): Möglichkeitsräume und neue Gesellschaftsverträge, in: Politische Ökologie, 23. Jg., Nr. 95, S. 70-72.

Biester, Elke/ Sauer, Birgit/ Young, Brigitte (1992): „... das Büro, das Kontor, die Kanzlei, das Atelier... lauter Särge der Männlichkeit". Ad-hoc-Gruppe Staat aus feministischer Sicht, in: Kohler-Koch, Beate (Hrsg.): Staat und Demokratie in Europa. 18. Wissenschaftlicher Kongreß der Deutschen Vereinigung für Politische Wissenschaft, Opladen, S. 419-423.

Birnbacher, Dieter (1999): Kommentargutachten, beauftragt im Rahmen des HGF-Projekts „Untersuchung zu einem integrativen Konzept nachhaltiger Entwicklung. Bestandaufnahme, Problemanalyse, Weiterentwicklung", Düsseldorf.

Bischoff, Joachim/ Lieber, Christoph (2001): Epochenbegriff „Soziale Gerechtigkeit", Supplement der Zeitschrift Sozialismus 5/2001, Hamburg, S. 1-30.

Bittner, Rüdiger (2001): Morality and world hunger, in: Pogge, Thomas (Ed.): Global justice, Oxford, pp. 24-31.

Blair, Tony (2001): Dritter Weg, Zweiter Akt, in: Süddeutsche Zeitung vom 23.3.2001, S. 11.

Blaschke, Ronald (2004): Garantiertes Grundeinkommen. Entwürfe und Begründungen aus den letzten 20 Jahren. Frage- und Problemstellungen (Fassung vom 14.8.2004), www.labournet.de/diskussion/arbeit/existenz/blaschke (Zugriff: 2.4.2012).

Blaschke, Ronald (2005): Garantierte Mindesteinkommen. Modelle von Grundsicherungen und Einkommen im Vergleich, www.archiv-grundeinkommen.de/blaschke/synopse.pdf (Zugriff: 2.4.2012).

Blaschke, Ronald (2007): Grundeinkommen zwischen Mindest- und Lebensstandardsicherung. Eine Orientierungshilfe im Zahlenlabyrinth, in: Exner, Andreas/ Rätz, Werner/ Zenker, Birgit (Hrsg.): Grundeinkommen. Soziale Sicherheit ohne Arbeit, Wien, S. 156-164.

Blaschke, Ronald (2008): Solidarische Ökonomie und Bedingungsloses Grundeinkommen, in: Gottschlich, Daniela/ Rolf, Uwe/ Werning, Rainer/ Wollek, Elisabeth (Hrsg.): Reale Utopien. Perspektiven für eine friedliche und gerechte Welt, Köln, S. 82-95.

Blaschke, Ronald/ Praetorius, Ina/ Schrupp, Antje (Hrsg.) (2016): Das Bedingungslose Grundeinkommen. Feministische und postpatriarchale Perspektiven, Königstein/ Taunus.

Bliss, Frank/ Gaesing, Karin/ Häusler, Sabine/ Neumann, Stefan (1994): Ansätze der Frauenförderung im internationalen Vergleich. Empfehlungen für die deutsche Entwicklungszusammenarbeit. Forschungsberichte des BMZ, Bd. 114, Köln.

Bloch, Ernst (1985): Das Prinzip Hoffnung, Frankfurt a. M.

Blumer, Herbert (1954): What is wrong with Social Theory?, in: American Sociological Review, Vol. 19, No. 1, pp. 3-10.

BMBau – Bundesministerium für Raumordnung, Bauwesen und Städtebau (1996): Nationaler Aktionsplan zur nachhaltigen Siedlungsentwicklung. Deutsches Nationalkomitee Habitat II, Bonn.

BMBF – Bundesministerium für Bildung und Forschung (2000): Rahmenkonzept Sozialökologische Forschung, Bonn, www.isoe.de/ftp/rahmenkonzept.pdf (Zugriff: 12.2.2013).

BMBF – Bundesministerium für Bildung und Forschung (2006): Die Hightech-Strategie für Deutschland, Bonn/ Berlin, www.fona.de/pdf/publikationen/die_hightech_strategie_fuer_deutschland.pdf (Zugriff: 12.2.2013).

BMBF – Bundesministerium für Bildung und Forschung (2008): Netzwerk Lebenszyklusdaten. Daten für die Innovation von morgen, Bonn/ Berlin, www.netzwerk-lebenszyklusdaten.de/cms/webdav/site/lca/shared/Materialien/21420%20Lebenszyklusdaten%20BMBF%20RZ_Internet.pdf (Zugriff: 12.2.2013).

BMFSFJ – Bundesministerium für Familie, Senioren, Frauen und Jugend/ Statistisches Bundesamt (2003): Wo bleibt die Zeit? Die Zeitverwendung der Bevölkerung in Deutschland 2001/02, www.bmfsfj.de/RedaktionBMFSFJ/Abteilung2/Pdf-Anlagen/wo-bleibt-zeit,property=pdf.pdf (Zugriff: 9.4.2015).

BMFSFJ – Bundesministerium für Familie, Senioren, Frauen und Jugend (2004): Gemeinsam gegen häusliche Gewalt. Kooperation, Intervention, Begleitforschung. Forschungsergebnisse der Wissenschaftlichen Begleitung der Interventionsprojekte gegen häusliche Gewalt (WiBIG), Berlin.

BMFSFJ – Bundesministerium für Familie, Senioren, Frauen und Jugend (Hrsg.) [1995] (1996): Dokumentation der Erklärung und Aktionsplattform der 4. Weltfrauenkonferenz 1995. Gleichberechtigung – Entwicklung – Frieden, Bonn.

BMU – Bundesumweltministerium (2012): Rio plus 20 – Alle Informationen, Berlin, www.bmu.de/themen/europa-international/int-umweltpolitik/rio-plus-20/rio-plus-20-alle-informationen/ (Zugriff: 19.1.2013).

BMU – Bundesumweltministerium (Hrsg.) [o. J.] (1992a): Umweltpolitik. Konferenz der Vereinten Nationen für Umwelt und Entwicklung im Juni 1992 in Rio de Janeiro. Dokumente. Agenda 21, Bonn.

BMU – Bundesumweltministerium (Hrsg.) [o. J.] (1992b): Bericht der Bundesregierung über die Konferenz der Vereinten Nationen für Umwelt und Entwicklung im Juni 1992 in Rio de Janeiro, Bonn.

BMU/UBA – Bundesumweltministerium/ Umweltbundesamt (1998): Handbuch Lokale Agenda 21. Wege zur nachhaltigen Entwicklung in den Kommunen, Berlin.

BMZ – Bundesministerium für wirtschaftliche Zusammenarbeit und Entwicklung) (2002): Synthesebericht über die Evaluierung Public-Private-Partnership in der deutschen Entwicklungszusammenarbeit, Bonn.

Bock, Gisela/ Duden, Barbara (1977): Arbeit aus Liebe – Liebe als Arbeit: Zur Entstehung der Hausarbeit im Kapitalismus, in: Frauen und Wissenschaft. Beiträge zur Berliner Sommeruniversität für Frauen, Juli 1976, Berlin, S. 118-199.

Bock, Stefanie/ Heeg, Susanne/ Rodenstein, Marianne (1993): Reproduktionsarbeitskrise und Stadtstruktur: Eine feministische Betrachtung von Agglomerationsräumen, in: Frei-Raume. Streitschrift der feministischen Organisationen von Planerinnen und Architektinnen. FOPA e.V., Heft 6, S. 12-23.

Bock-Landweer, Hilge (1994): Frauenforschungsprofessuren, in: Feministische Studien, 12. Jg., Heft 1, S. 99-109.

Bodenstein, Gerhard/ Spiller, Achim/ Elbers, Helmut (1997): Strategische Konsumentscheidungen: Langfristige Weichenstellungen für das Umwelthandeln – Ergebnisse einer empirischen Studie, Duisburg.

Bonas, Ingrid/ Büttner, Thomas/ Leeb, Annette/ Piek, Marion/ Schuhmacher, Ulrike/ Schwarz, Claudia/ Tisch, Angelika (Hrsg.) (2006): Gemeinschaftsnutzungsstrategien für eine nachhaltige lokale Entwicklung, München.

Bonin, Holger (2001): Generational Accounting: Theory and Application, Berlin.

Bontrup, Heinz-J./ Niggemeyer, Lars/ Melz, Jörg (2007): Arbeit fair teilen, Massenarbeitslosigkeit überwinden, Hamburg.

Born, Manfred/ Kreuzer, Klaus (2002): Nachhaltigkeit Lokal. Lokale Agenda 21 in Deutschland. Eine Zwischenbilanz 10 Jahre nach Rio, hrsg. v. Forum Umwelt & Entwicklung/ Servicestelle Kommunen in der Einen Welt, Bonn.

Boserup, Ester [1970] (1982): Die ökonomische Rolle der Frau in Afrika, Asien, Lateinamerika, Stuttgart.

Boulding, Kenneth E. (1981): Evolutionary Economics, Beverly Hills (CA).

Boulding, Kenneth E. (1985): The world as a total system, Beverly Hills (CA).

Bourdieu, Pierre (1998): Gegenfeuer. Wortmeldungen im Dienste des Widerstandes gegen die neoliberale Invasion, Konstanz.

Boyle, Alan (2010): Human Rights and the Environment: A Reassessment, www.unep.or g/environmentalgovernance/Portals/8/documents/Events/HumanRightsEnvironmentR ev.pdf (Zugriff: 15.5.2015).

Braidotti, Rosi/ Charkiewicz, Ewa/ Häusler, Sabine/ Wierings, Saskia (Eds.) (1994): Women, the Environment and Sustainable Development. Towards a Theoretical Synthesis, London/ New Jersey.

Brand, Fridolin (2005): Ecological Resilience and its Relevance within a Theory of Sustainable Development, Diplomarbeit Greifswald (veröffentlicht durch das Helmholtz-Zentrum für Umweltforschung – UFZ, Leipzig).

Brand, Karl-Werner (1997): Probleme und Potentiale einer Neubestimmung des Projekts der Moderne unter dem Leitbild „nachhaltige Entwicklung". Zur Einführung, in: Brand, Karl-Werner (Hrsg.): Nachhaltige Entwicklung: Eine Herausforderung an die Soziologie, Opladen, S. 9-32.

Brand, Karl-Werner (2000): Nachhaltigkeitsforschung – Besonderheiten, Probleme und Erfordernisse eines neuen Forschungstyps, in: Brand, Karl-Werner (Hrsg.): Nachhaltige Entwicklung und Transdisziplinarität. Wissenschaftliche Herausforderung, forschungsmethodische Erfahrungen und forschungspolitische Erfordernisse, Berlin, S. 9-28.

Brand, Karl-Werner/ Fürst, Volker (2002): Sondierungsstudie. Voraussetzungen und Probleme einer Politik der Nachhaltigkeit – eine Exploration des Forschungsfelds, in: Brand, Karl-Werner (Hrsg.): Politik der Nachhaltigkeit. Voraussetzungen, Probleme, Chancen – eine kritische Diskussion, Berlin, S. 15-109.

Brand, Karl-Werner/ Fürst, Volker/ Lange, Hellmuth/ Warsewa, Günther (2002): Bedingungen einer Politik für Nachhaltige Entwicklung, in: Balzer, Ingrid/ Wächter, Monika (Hrsg.): Sozial-ökologische Forschung. Ergebnisse der Sondierungsprojekte aus dem BMBF-Förderschwerpunkt, München, S. 91-110.

Brand, Karl-Werner/ Jochum, Georg (2000): Der deutsche Diskurs zu nachhaltiger Entwicklung. Abschlussbericht eines DFG-Projekts zum Thema „Sustainable Development/ Nachhaltige Entwicklung. Zur sozialen Konstruktion globaler Handlungskonzepte im Umweltdiskurs", MPS-Texte 1/2000, München.

Brand, Ulrich (1994): Weichspüler auf dem Vormarsch. Lohnt der Kampf um den Begriff Sustainable Development?, in: iz3w – Informationszentrum 3. Welt, Nr. 200, S. 34-37.

Brand, Ulrich (1996): Ein politisches Chamäleon. Die Vieldeutigkeit der Nachhaltigkeit, in: FORUM entwicklungspolitischer Aktionsgruppen: Nachhaltige Herrschaft – herrschende Nachhaltigkeit. 20. BUKO in Heidelberg, Nr. 202/203, S. 7-8.

Brand, Ulrich (2000): Nichtregierungsorganisationen, Staat und ökologische Krise. Konturen kritischer NRO-Forschung. Das Beispiel der biologischen Vielfalt, Münster.

Brand, Ulrich (2002): Warum die Forderung „Rio+10 boykottieren"?, www.links-netz.d e/K_texte/K_joburg.html#text1 (Zugriff: 8.2.2013).

Brand, Ulrich (2004): Nachhaltigkeit in der neoliberal-neoimperialen Globalisierung. Nicht nur der „Rio-Prozess" fördert die Kommerzialisierung der Natur, in: Wissenschaftlicher Beirat Attac (Hrsg.), Koordination Jörg Huffschmid: Die Privatisierung der Welt. Hintergründe, Folgen, Gegenstrategien, Hamburg, S. 119-129.

Brand, Ulrich (2005a) (Hrsg.): Gegen-Hegemonie. Perspektiven globalisierungskritischer Strategien, Hamburg.

Brand, Ulrich (2005b): Einleitung: Gegen-Hegemonie als strategische Perspektive, in: Brand, Ulrich (Hrsg.): Gegen-Hegemonie. Perspektiven globalisierungskritischer Strategien, Hamburg, S. 7-14.

Brand, Ulrich (2005c): Unilaterale oder multilaterale Weltordnung? Die Debatte um Global Governance, in: Brand, Ulrich (Hrsg.): Gegen-Hegemonie. Perspektiven globalisierungskritischer Strategien, Hamburg, S. 150-162.

Brand, Ulrich (2005d): Theorie als „Strukturwissen" emanzipativen Handelns: in: Brand, Ulrich (Hrsg.): Gegen-Hegemonie. Perspektiven globalisierungskritischer Strategien, Hamburg, S. 24-29.

Brand, Ulrich (2007): Gegen-Hegemonie, in: Brand, Ulrich/ Lösch, Bettina/ Thimmel, Stefan (Hrsg.) in Kooperation mit dem Wissenschaftlichen Beirat von Attac, taz. die Tageszeitung, Rosa-Luxemburg-Stiftung: ABC der Alternativen. Von „Ästhetik des Widerstands" bis „Ziviler Ungehorsam", Hamburg, S. 66-67.

Brand, Ulrich (2008): Postneoliberale Antworten auf die ökologische Krise, in: Das Argument, 50. Jg., Nr. 279, S. 858-866.

Brand, Ulrich (2009a): Postneoliberale Antworten auf die ökologische Krise, in: Sonderbeilage zu ak – Analyse & Kritik, Sommer 2009, S. 54-55.

Brand, Ulrich (2009b): Environmental crises and the ambigous postneoliberalising of nature, in: Brand, Ulrich/ Sekler, Nicola (Eds.): Postneoliberalism. A beginning debate. Development Dialogue No. 51, Dag-Hammarskjöld-Foundation, Uppsala, pp. 103-117.

Brand, Ulrich (2011a): Emanzipation in Zeiten der multiplen Krise. Einleitung, in: Brand, Ulrich: Post-Neoliberalismus? Aktuelle Konflikte. Gegen-hegemoniale Strategien, Hamburg, S. 7-22.

Brand, Ulrich (2011b): Postneoliberale Antworten auf die ökologische Krise, in: Brand, Ulrich: Post-Neoliberalismus? Aktuelle Konflikte. Gegen-hegemoniale Strategien, Hamburg, S. 107-116.

Brand, Ulrich (2011c): Wie grün muss die Linke sein? Zur Frage der Gerechtigkeit: Verkürzungen der aktuellen Klimadebatte und herrschender Nachhaltigkeit, in: Brand, Ulrich: Post-Neoliberalismus? Aktuelle Konflikte. Gegen-hegemoniale Strategien, Hamburg, S. 107-116.

Brand, Ulrich [2012] (2013): Schöne Grüne Welt. Über die Mythen der Green Economy. Unter Mitarbeit von Jana Flemming, hrsg. v. der Rosa-Luxemburg-Stiftung, Berlin.

Brand, Ulrich/ Brunnengräber, Achim (2005): Global Governance, in: ABC der Globalisierung. Von „Alterssicherung" bis „Zivilgesellschaft", hrsg. vom Wissenschaftlichen Beirat von Attac, Hamburg, S. 70-71.

Brand, Ulrich/ Brunnengräber, Achim/ Schrader, Lutz/ Stock, Christian/ Wahl, Peter (2000): Global Governance. Alternative zur neoliberalen Globalisierung?, Münster.

Brand, Ulrich/ Dietz, Kristina (2014): (Neo-)Extraktivismus als Entwicklungsoption? Zu den aktuellen Dynamiken und Widersprüchen rohstoffbasierter Entwicklung in Lateinamerika, in: Müller, Franziska/ Sondermann, Elena/ Wehr, Ingrid/ Jakobeit, Cord/ Aram Ziai, Aram (Hrsg.): Entwicklungstheorien: weltgesellschaftliche Transformationen, entwicklungspolitische Herausforderungen, theoretische Innovationen. PVS Sonderheft 48. Baden-Baden, S. 128-165.

Brand, Ulrich/ Görg, Christoph (2002): „Nachhaltige Globalisierung"? Sustainable development als Kitt des neoliberalen Scherbenhaufens, in: Görg, Christoph/ Brand, Ulrich (Hrsg.): Mythen globalen Umweltmanagements. Rio + 10 und die Sackgassen „nachhaltiger Entwicklung", Münster, S. 12-47.

Brand, Ulrich/ Wissen, Markus (2011): Sozial-ökologische Krise und imperiale Lebensweise. Zu Krise und Kontinuität kapitalistischer Naturverhältnisse, in: Demirović, Alex/ Dück, Julia/ Becker, Florian/ Bader, Pauline (Hrsg.): VielfachKrise. Im finanzdominierten Kapitalismus, Hamburg, S. 79-94.

Braunmühl, Claudia von/ Winterfeld, Uta von (2003): Global Governance. Eine begriffliche Erkundung im Spannungsfeld von Nachhaltigkeit, Globalisierung und Demokratie, Wuppertal Paper Nr. 135, Wuppertal.

Bröckling, Ulrich/ Feustel, Robert (2010): Einleitung: Das Politische denken, in: Bröckling, Ulrich/ Feustel, Robert (Hrsg.): Das Politische denken. Zeitgenössische Positionen, Bielefeld, S. 7-18.

Brown Weiss, Edith (1984): The Planetary Trust: Conservation and Intergenerational Equity, Georgetown Law Faculty Publications and Other Works, Paper 334, www.scholarship.law.georgetown.edu/facpub/334 (Zugriff: 20.2.2013).

Brown Weiss, Edith (1984): The Planetary Trust: Conservation and Intergenerational Equity, in: Ecology Law Quarterly, Vol. 11, No. 4, pp. 495-582.

Brown Weiss, Edith (1989): In Fairness to Future Generations. International Law, Common Patrimony and Intergenerational Equity, New York.

Brown Weiss, Edith (1990): Our Rights and Obligations to Future Generations for the Environment, in: AJIL – The American Journal of International Law, Vol. 84, No. 1 (January1990), pp. 198-207.

Brown Weiss, Edith (1993): Plädoyer für einen ökologischen Generationenvertrag, in: Altner, Günther/ Mettler-von Meibom, Barbara/ Simonis, Udo/ Weizsäcker, Ernst Ullrich von (Hrsg.): Jahrbuch Ökologie 1994, München, S. 31-36.

Brown Weiss, Edith (1997): Treating Future Generations Fairly, in: Biermann, Frank/ Büttner, Sebastian/ Helm, Carsten (Hrsg.): Zukunftsfähige Entwicklung. Festschrift für Udo E. Simonis, Berlin, S. 126-141.

Brück, Brigitte/ Kahlert, Heike/ Krüll, Marianne/ Milz, Helga/ Osterland, Astrid/ Wegehaupt-Schneider, Ingeborg (1992): Feministische Soziologie. Eine Einführung, Frankfurt a. M./ New York.

Brumlik, Micha (1999): Freiheit, Gleichheit, Nachhaltigkeit. Zur Kritik eines neuen Grundwerts, in: Blätter für deutsche und internationale Politik, 44. Jg., Heft 12, S. 1460-1466.

Brundtland, Gro Harlem (1987): Vorwort, in: Hauff, Volker (Hrsg.): Unsere gemeinsame Zukunft. Bericht der Weltkommission für Umwelt und Entwicklung, Greven, S. XVIII-XXV.

Brundtland-Bericht – siehe sowohl Hauff (1987a) als auch WCED – World Commission on Environment and Development (1987).

Brunnengräber, Achim/ Dietz, Kristina/ Hirschl, Bernd/ Walk, Heike/ Weber, Melanie (2008): Das Klima neu denken. Eine sozial-ökologische Perspektive auf die lokale, nationale und internationale Klimapolitik, Münster.

Brunnengräber, Achim/ Hirschl, Bernd (2004): Global Governance und Klimawandel. Eine Mehrebenenanalyse zu den Bedingungen, Risiken und Chancen sozial-ökologischer Transformationen, in: Steuerung und Transformation. Überblick über theoretische Konzepte in den Projekten der sozial-ökologischen Forschung, Diskussionspapier 01, hrsg. v. Querschnittsarbeitsgruppe Steuerung und Transformation im Förderschwerpunkt Sozial-ökologische Forschung des Bundesministeriums für Bildung und Forschung (BMBF), S. 25-30.

Bryant, Bunyan (1995): Environmental Advocacy, Justice, and Sustainability, Washington (D.C.).

Bryant, Raymond L./ Bailey, Sinéad (1997): Third World Political Ecology, London.

Bublitz, Hannelore/ Bührmann, Andrea D./ Hanke, Christine/ Seier, Andrea (Hrsg.) (1999): Das Wuchern der Diskurse. Perspektiven der Diskursanalyse Foucaults, Frankfurt a. M.

Buchen, Judith/ Buchholz, Kathrin/ Hoffmann, Esther/ Hofmeister, Sabine/ Kutzner, Ralf/ Olbrich, Rüdiger/ Rüth, Petra van (Hrsg.) (1994): Das Umweltproblem ist nicht geschlechtsneutral. Feministische Perspektiven, Bielefeld.

Buchholz-Will, Wiebke (2002): Haushaltpolitik zu Lasten des Sozialen – durch die Geseschlechterbrille gesehen, www.rosalux.de/publication/14763/haushaltspolitik-zu-lasten-des-sozialen-durch-die-geschlechterbrille-gesehen.html (Zugriff: 21.2.2013).

Buitenkamp, Maria/ Venner, Henk/ Warms, Teo (1992): Sustainable Netherlands, Amsterdam.

BUKO – Bundeskongress entwicklungspolitischer Aktionsgruppen (1996): Technokratenmärchen – Fit, schlank und gesund ins 21. Jahrhundert, in: Eblinghaus, Helga/ Stickler, Armin (Hrsg.): Nachhaltigkeit und Macht. Zur Kritik von Sustainable Development, Frankfurt a. M., S. 207-221.

BUKO – Bundeskongress entwicklungspolitischer Aktionsgruppen (1999): kölngehen. Erkundungen zu Globalisierung und Internatioalismus. Broschüre des BUKO-Arbeitschwerpunktes Weltwirtschaft, auch abrufbar unter www.buko.info/buko-projekte/as-weltwirtschaft-ruhend/internationalismus/ (Zugriff: 21.2.2013).

BUKO – Bundeskoordination Internationalismus (o. J.): nachhaltigkeit, macht und globalisierung. buko positionen zur nachhaltigkeitskritik, Flyer aus dem Jahr 2002, auch abrufbar unter www.buko.info/wer-wir-sind/buko-positionen/nachhaltigkeitskritik/ (Zugriff: 21.2.2013).

BUKO – Bundeskoordination Internationalismus (2009a) – siehe www.linksnet.de/de/organisation/bundeskoordination_internationalismus (Zugriff: 21.5.2015).

BUKO – Bundeskoordination Internationalismus (2009b): Vergesst Kopenhagen, die Katastrophe ist schon da. Positionspapier des BUKO-Arbeitsschwerpunktes Soziale Ökologie (ASSÖ), www.buko.info/fileadmin/user_upload/gesnat/klima_document.pdf (Zugriff: 21.5.2015).

BUKO – Bundeskoordination Internationalismus (2012): Nach dem Scheitern der Green Economy. 10 Thesen des BUKO-Arbeitsschwerpunktes GesNat online, www.buko.info/aktuelles/news/datum/2012/05/19/nach-dem-scheitern-der-green-economy/ (Zugriff: 15.10.2015).

BUKO – Bundeskoordination Internationalismus (2015): Still not loving COPs. Positionspapier des BUKO-Arbeitsschwerpunktes Gesellschaftliche Naturverhältnisse (GesNat), www.buko.info/fileadmin/upload/klima_no_COP.pdf (Zugriff: 15.10.2015).

BUKO-Kampagne „Stoppt den Rüstungsexport!", www.bremen.de/333668 (Zugriff: 5.4.2012).

BUKO-Pharma-Brief der BUKO Pharma-Kampagne, www.bukopharma.de/index.php?page=pharma-brief (Zugriff: 29.2.2012).

Bullard, Robert D. (2009): Race, Place, and Environmental Justice After Hurricane Katrina: Struggles to Reclaim, Rebuild, and Revitalize New Orleans and the Gulf Coast, Boulder.

Bullard, Robert D. [1990] (2000): Dumping in Dixie: Race, Class, and Environmental Quality, Boulder.

Bullard, Robert D./ Johnson, Glenn S./ Torres, Angel O. (2011): Environmental health and racial equity in the United States. Building environmentally just, sustainable, and livable communities, Washington (D.C.).

BUND – Bund Umwelt und Naturschutz Deutschland/ Misereor (Hrsg.) (1996): Zukunftsfähiges Deutschland. Ein Beitrag zu einer global nachhaltigen Entwicklung, Basel (Studie des Wuppertal Institutes für Klima, Umwelt, Energie).

BUND/ Brot für die Welt/ Evangelischer Entwicklungsdienst (Hrsg.) [2008] (2009): Zukunftsfähiges Deutschland in einer globalisierten Welt. Ein Anstoß zur gesellschaftlichen Debatte. Eine Studie des Wuppertal Instituts für Klima, Umwelt, Energie, Frankfurt a. M.

Bundesregierung (1971, 2002, 2012a, 2012b, 2015) – siehe Die Bundesregierung (1971, 2002, 2012a, 2012b, 2015).

Büscher, Martin (2004): Wirtschaft ist Lebenswelt – Brückenbau für eine menschennahe und lebensdienliche Marktwirtschaft, in: Jochimsen, Maren/ Kesting, Stefan/ Knobloch, Ulrike (Hrsg.): Lebensweltökonomie, Bielefeld, S. 43-54.

Busch-Lüty, Christiane (1994): Ökonomie als „Lebenswissenschaft". Der Paradigmenwechsel zum Nachhaltigkeitsprinzip als wissenschaftstheoretische Herausforderung, in: Politische Ökologie, Sonderheft 6, S. 12-17.

Busch-Lüty, Christiane (2000): Natur und Ökonomie aus Sicht der Ökologischen Ökonomie, in: Bartmann, Hans/ John, Klaus Dieter (Hrsg.): Natur und Umwelt – Beiträge zum 9. und 10. Mainzer Umweltsymposium, Aachen, S. 55-82.

Busch-Lüty, Christiane (2001): Das Leben spielt anders. Interview mit Christiane Busch-Lüty, in: gsf/ bmb+f (Hrsg.): Was für eine Wirtschaft? Nachhaltig, regional, beispielhaft, Bonn, S. 4-6.

Busch-Lüty, Christiane (2004): Nachhaltigkeit und Nachwuchs – Notwendige Blickerweiterungen einer als Lebenswissenschaft verstandenen Ökologischen Ökonomie, in: Jochimsen, Maren A./ Kesting, Stefan/ Knobloch, Ulrike (Hrsg.): Lebensweltökonomie, Bielefeld, S. 129-147.

Busch-Lüty, Christiane/ Jochimsen, Maren/ Knobloch, Ulrike/ Seidl, Irmi (Hrsg.) (1994): Vorsorgendes Wirtschaften. Frauen auf dem Weg zu einer Ökonomie der Nachhaltigkeit, Politische Ökologie, Sonderheft 6, München.

Butterwegge, Christoph (2002): Neokorporatismus oder Neoliberalismus in Rot-Grün? Bilanz der Sozialpolitik seit 1998 in: Zeitschrift Marxistische Erneuerung, 13. Jg., Heft 49, www.archiv.zme-net.de/archiv/xxinfo/h049s8.html (Zugriff: 20.2.2013).

Çağatay, Nilüfer/ Elson, Diane/ Grown, Caren A. (1995): Gender, Adjustment and Macroeconomics, in: World development, Vol. 23, No. 11, pp. 1825-2017.

Çağlar, Gülay/ Gottschlich, Daniela/ Habermann, Friederike (2012): Zum Verhältnis von Gender, Green Economy und Finanzmärkten. Warum nachhaltiges, geschlechter_gerechtes Wirtschaften eine andere Gestaltung der Finanzmärkte braucht. Hintergrundpapier im Rahmen des Projektes „G 3 – Green Economy: Geschlechter_Gerecht" im Auftrag von genanet – Leitstelle für Gender, Umwelt und Nachhaltigkeit, Berlin, www.genanet.de (Zugriff: 11.2.2013).

Callinicos, Alex (2003): Ein Anti-Kapitalistisches Manifest, Hamburg.

Cassen, Bernard (2000): Neoliberale Zwangsjacke für Europa. Scheitert Fischers europäische Föderation an der Wirklichkeit?, in: Le Monde Diplomatique, Heft 6168 (Juni 2000), S. 18-19.

Chambers, Robert/ Conway, Gordon R (1991): Sustainable rural livelihoods: practical concepts for the 21st century, December 1991, IDS Discussion Paper 296, Brighton, www.opendocs.ids.ac.uk/opendocs/bitstream/handle/123456789/775/Dp296.pdf (Zugriff: 19.2.2013).

Chimaira – Arbeitskreis für Human Animal Studies (Hrsg.) (2011): Human-Animal Studies. Über die gesellschaftliche Natur von Mensch-Tier-Verhältnissen, Bielefeld.

Coenen, Reinhard/ Grunwald, Armin (Hrsg.) (2003): Nachhaltigkeitsprobleme in Deutschland. Analyse und Lösungsstrategien, Berlin.

Cohen, Gerald A. (2000): Gleichheit ohne Gleichgültigkeit, Berlin.

Cohen, Leonard (1992): There is a crack in everything – that's how the light gets in, Liedzeile aus dem Song „Anthem" des Albums „The Future".

Collins, Patricia Hill (1993): Die gesellschaftliche Konstruktion Schwarzen feministischen Denkens; in: Joseph, Gloria I. (Hrsg.): Schwarzer Feminismus: Theorie und Politik afroamerikanischer Frauen, Berlin, S. 17-52.

Commission on Global Governance (1995): Our Global Neighbourhood. The Report of the Commission on Global Governance, Oxford.

Conrad, Jobst (1993): Sustainable Development. Bedeutung und Instrumentalisierung, Voraussetzung und Umsetzbarkeit, in: Massarrat, Mohssen/ Wenzel, Hans-Joachim/ Sommer, Birgit/ Szell, György (Hrsg.): Die Dritte Welt und wir. Bilanz und Perspektiven für Wissenschaft und Praxis, Freiburg, S. 112-138.

Costanza, Robert (1992): Ökologisch tragfähiges Wirtschaften: Investieren in natürliches Kapital, in: Goodland, Robert/ Daly, Herman/ El Serafy, Salah/ von Droste, Bernd (Hrsg.): Nach dem Brundtland-Bericht. Umweltverträgliche wirtschaftliche Entwicklung, Bonn, S. 85-93.

Costanza, Robert/ Cumberland, John/ Daly, Herman/ Goodland, Robert/ Norgaard, Richard (2001): Einführung in die Ökologische Ökonomik, Stuttgart.

Cramer, Stefan (2002): Vom „Summit Fever" zum „Summit Blues". Was hat der Gipfel in Südafrika bewirkt?, in: Forum Umwelt & Entwicklung (Hrsg.): Das war der Gipfel, Rundbrief Nr. 3, S. 24-25.

Crenshaw, Kimberlé (1989): Demarginalizing the Intersection of Race and Sex: A Black Feminist Critique of Antidiscrimination Doctrine, in: The University of Chicago Legal Forum, Volume: Feminism in the Law: Theory, Practice and Criticism, pp. 139-167.

Czempiel, Ernst-Otto (1999): Kluge Macht. Außenpolitik für das 21. Jahrhundert, München.

Dalla Costa, Mariarosa/ Jones, Selma (1973): Die Macht der Frauen und der Umsturz der Gesellschaft, Berlin.

Daly, Herman E. (1977): Steady state economics, San Francisco.

Daly, Herman E. (1996): Beyond Growth: The Economics of Sustainable Development, Boston.

Daly, Herman E. (1999): Wirtschaft jenseits von Wachstum: die Volkswirtschaftslehre nachhaltiger Entwicklung, Salzburg.

Daly, Herman E. (2009): Steady-State-Ökonomie – Ein Wirtschaftssystem des langfristigen Gleichgewichts, in: ZfSÖ – Zeitschrift für Sozialökonomie, 46. Jg., Heft 162/163 (November 2009), S. 39-42.

Daly, Mary (1981): Gyn/Ökologie. Eine Meta-Ethik des radikalen Feminismus, München.

Dankelman, Irene/ Davidson, Joan (1990): Frauen und Umwelt in den südlichen Kontinenten, Wuppertal.

Dannecker, Petra (2001): Arbeitsmärkte und ihre geschlechtsspezifische Einbettung: Fabrikarbeiterinnen in Bangladesch, in: Lachenmann, Gudrun/ Dannecker, Petra (Hrsg.): Die geschlechtsspezifische Einbettung der Ökonomie. Empirische Untersuchungen über Entwicklungs- und Transformationsprozesse, Hamburg, S. 229-250.

Dannecker, Petra (2002): Between Conformity and Resistance: Women Garment Workers in Bangladesh, Dhaka.

Daschkeit, Achim/ Bechmann, Gotthard/ Hayn, Doris/ Schramm, bert/ Simon, Karl-Heinz (2002): Auswertung der Sondierungsstudien, in: Balzer, Ingrid/ Wächter, Monika (Hrsg.): Sozial-ökologische Forschung. Ergebnisse der Sondierungsprojekte aus dem BMBF-Förderschwerpunkt, München, S. 551-570.

DAWN – Development Alternatives for Women for a New Era (1995a): Markers on the Way: The DAWN Debates on Alternative Development. DAWN's Platform for the Fourth World Conference on Women, Beijing, September 1995, Barbados.

DAWN – Development Alternatives for Women for a New Era (1995b): Rethinking Social Development: DAWN's Vision, in: World Development, Vol. 23, No. 11, pp. 2001-2004.

DAWN – Development Alternatives for Women for a New Era (2011a): Research and analyses, www.dawnnet.org/research-analyses.php (Zugriff: 20.12.2011).

DAWN – Development Alternatives for Women for a New Era (2011b): About us. History, www.dawnnet.org/about.php?page=history (Zugriff: 20.12.2011).

DAWN – Development Alternatives for Women for a New Era (2011c): About us. Organizational structure, www.dawnnet.org/about.php?page=structure (Zugriff: 20.12.2011).

DAWN – Development Alternatives for Women for a New Era (2011d): Advocacy & Networking, www.dawnnet.org/advocacy-networking.php (Zugriff: 20.12.2011).

DAWN – Development Alternatives for Women for a New Era (2011e): Vision, www.dawnnet.org/feminist-resources/about/vision (Zugriff: 20.12.2011).

Declaration on the Right to Development, adopted by General Assembly resolution 41/128 of 4 December 1986, www2.ohchr.org/english/law/pdf/rtd.pdf (Zugriff: 29.2.2012).

Dehmer, Dagmar (2009): Klimawandel. „Wachstum hat religiösen Charakter", in: ZEIT online vom 12.6.2009, www.zeit.de/online/2009/25/wachstum-hat-religioesen-char (Zugriff: 29.2.2012).

Dembinski, Matthias (2002): Unilateralismus versus Multilateralismus: die USA und das spannungsreiche Verhältnis zwischen Demokratie und internationaler Organisation, HSFK-Report 4/2002, Frankfurt a. M.

Demirović, Alex (2007): Demokratie in der Wirtschaft. Positionen – Probleme – Perspektiven, Münster.

Demirović, Alex (2012): Marx Grün. Die gesellschaftlichen Naturverhältnisse demokratisieren, in: Grüner Sozialismus. Luxemburg 3/2012, S. 60-71.

Demirović, Alex/ Walk, Heike (2011): Einleitung, in: Demirović, Alex/ Walk, Heike (Hrsg.): Demokratie und Governance. Kritische Perspektiven auf neue Formen politischer Herrschaft, Münster, S. 7-17.

Der Standard (2002): Streitthema Energie. Hauptfrage erneuerbare Energien – wie „alternativ" ist ein Mammut-Staudamm?, 29. August 2002, www.derstandard.at/1054468/Streitthema-Energie (Zugriff: 20.2.2013).

Derrida, Jacques [1991] (1992): Das andere Kap. Die vertagte Demokratie, Frankfurt a. M.

Derrida, Jacques [1993] (2004): Marx' Gespenster: Der verschuldete Staat, die Trauerarbeit und die neue Internationale, Frankfurt a. M.

Derrida, Jacques [1994] (2002): Politik der Freundschaft, Frankfurt a. M.

Derrida, Jacques (1999): Bemerkungen zu Dekonstruktion und Pragmatismus, in: Mouffe, Chantal (Hrsg.): Dekonstruktion und Pragmatismus. Demokratie, Wahrheit und Vernunft, Wien, S. 171-195.

Derrida, Jacques [2003] (2006): Schurken. Zwei Essays über die Vernunft, Frankfurt a. M.

Deutsche Stiftung Weltbevölkerung (2014): Sexuelle und reproduktive Gesundheit und Rechte. Potenzial für Entwicklung, http://www.weltbevoelkerung.de/uploads/tx_aedswpublication/SRGR_Factsheet.pdf (Zugriff: 27.12.2014).

Deutscher Bundestag (2003): Regierungserklärung „Mut zum Frieden und Mut zur Veränderung" (Agenda 2010) von Bundeskanzler Gerhard Schröder am 14.3.2003 vor dem Deutschen Bundestag, Plenarprotokoll 15/32, Berlin, www.dip21.bundestag.de/dip21/btp/15/15032.pdf (Zugriff: 27.8.2012).

Deutscher Bundestag (o. J.): Projektgruppen Enquete-Kommission „Wachstum, Wohlstand, Lebensqualität", www.bundestag.de/bundestag/gremien/enquete/wachstum/projekt/index.html (Zugriff: 23.2.2013).

Deutscher Städtetag (1995): Städte für eine umweltgerechte Entwicklung Materialien für eine „Lokale Agenda 21", Heft 24, Köln.

DGB-Index Gute Arbeit GmbH (o. J.), www.dgb-index-gute-arbeit.de (Zugriff: 22.2.2013).

DGVN – Deutsche Gesellschaft für die Vereinten Nationen (Hrsg.) (1994): Aktionsprogramm der Konferenz der Vereinten Nationen über Bevölkerung und Entwicklung (ICPD), Kairo, 5.-13. September 1994, Bonn.

Di Giulio, Antonietta (2004): Die Idee der Nachhaltigkeit im Verständnis der Vereinten Nationen. Anspruch, Bedeutung und Schwierigkeiten, Münster.

Diamantopoulou, Anna (2004): Vollbeschäftigung und soziale Integration als Teil einer neuen europäischen Wachstumsstrategie, in: Christa Randzio-Plath (Hrsg.): Wege aus der Krise. Plädoyer für eine Europäische Wachstums- und Investitionsoffensive, Baden-Baden, S. 77-95.

Diamond, Irene/ Orenstein, Gloria Feman (Eds.) (1990): Reweaving the World. The Emergence of Ecofeminism, San Francisco.

Diamond, Larry (1994): Towards Democratic Consolidation, in: Journal of Democracy, Vol. 5, No. 3 (July 1994), pp. 4-17.

Die Bundesregierung (1971): Umweltprogramm, Bonn.

Die Bundesregierung (2002): Perspektiven für Deutschland. Unsere Strategie für eine nachhaltige Entwicklung, Berlin.

Die Bundesregierung (2012a): Nationale Nachhaltigkeitsstrategie. Fortschrittsbericht 2012, Berlin.

Die Bundesregierung (2012b): Presseerklärung zum Erscheinen des Fortschrittsberichts 2012, Berlin.

Die Bundesregierung (2015): Nachhaltigkeit. Ein politisches Leitprinzip, www.bundesregierung.de/Content/DE/StatischeSeiten/Breg/Nachhaltigkeit/0-Buehne/2014-01-03-ein-politisches-leitprinzip.html (Zugriff: 20.2.2015).

Die Gruppe von Lissabon [1995] (1997): Grenzen des Wettbewerbs. Die Globalisierung der Wirtschaft und die Zukunft der Menschheit, Bonn.

Diefenbacher, Hans (2001): Gerechtigkeit und Nachhaltigkeit. Zum Verhältnis von Ethik und Ökonomie, Darmstadt.

Diekmann, Florian (2012): Umweltgipfel Rio+20: Künast kritisiert Merkels Absage, in: spiegel.online vom 20.6.2012, www.spiegel.de/politik/deutschland/umweltgipfel-in-rio-renate-kuenast-kritisiert-absage-von-angela-merkel-a-839975.html (Zugriff: 19.1.2013).

Dieren, Wouter van (Hrsg.) (1995): Mit der Natur rechnen. Der neue Club-of-Rome-Bericht, Basel.

Dietz, Kristina/ Wissen, Markus (2009): Kapitalismus und „natürliche Grenzen", in: Zeitschrift für kritische Sozialwissenschaft, 39. Jahrgang, Heft 156, Nr. 3, S. 351-369.

DIFD – Department for International Development (1997): Eliminating World Poverty: A Challenge for the 21st Century. White Paper on International Development, www.dfid.gov.uk/Pubs/files/whitepaper1997.pdf (Zugriff: 20.2.2013).

DIFD – Department for International Development (1999a): Sustainable Livelihoods Guidance Sheets, www.eldis.org/vfile/upload/1/document/0901/section2.pdf (Zugriff: 20.2.2013).
DIFD – Department for International Development (1999b): Sustainable Livelihoods and Poverty Elimination, London.
DIFU – Deutsches Institut für Urbanistik (1997): Städte auf dem Weg zur Lokalen Agenda 21 – Dokumentation des 2. Erfahrungsaustauschs, Berlin.
DIFU – Deutsches Institut für Urbanistik (1999): Lokale Agenda 21 auf Erfolgskurs – Dokumentation des 4. Erfahrungsaustauschs, Berlin.
Dingler, Johannes (2003): Postmoderne und Nachhaltigkeit. Eine diskurstheoretische Analyse der sozialen Konstruktionen von nachhaltiger Entwicklung, München.
DIMR – Deutsches Institut für Menschenrechte (o. J.): Menschenhandel heute – eine Einführung, www.dimr.eu/questions.php?questionid=333 (Zugriff: 22.2.2013).
DNR – Deutscher Naturschutzring (2006): Die Zukunft der Europäischen Union. Europa nachhaltig entwickeln! Zum Stand der Europäischen Nachhaltigkeitsstrategie, DNR EU-Rundschreiben, Sonderheft 05.06, 15. Jg., Heft 5.
Donaldson, Sue/ Kymlicka, Will (2011): Zoopolis. A Political Theory of Animal Rights, New York.
Döppe, Tobias/ Giljum, Stefan/ Hammer, Mark/ Hinterberger, Friedrich/ Luks, Fred/ Schnepf, Doris/ Spangenberg, Joachim (2002): Freier Handel, Nachhaltiger Handel – Ein Widerspruch? Hintergrundpapier für die Debatte um Handel und nachhaltige Entwicklung nach Johannesburg. Eine Studie des Sustainable Europe Research Institute im Auftrag der Heinrich-Böll-Stiftung, World Summit Papers der Heinrich-Böll-Stiftung, Nr. 21, www.worldsummit2002.org/download/wsp21.pdf (Zugriff: 16.2.2013).
Döring, Ralf (2009): Einleitung: Theorie und Praxis starker Nachhaltigkeit, in: Egan-Krieger, Tanja von/ Schultz, Julia/ Thapa, Philip Pratap/ Voget, Lieske (Hrsg.): Die Greifswalder Theorie starker Nachhaltigkeit. Ausbau, Anwendung und Kritik, Marburg, S. 25-40.
Dörr, Gisela (1993): Die Ökologisierung des Oikos, in: Schultz, Irmgard (Hrsg.): Global-Haushalt. Globalisierung von Stoffströmen – Feminisierung von Verantwortung, Frankfurt a. M., S. 65-80.
Dörr, Gisela (1995): Der Begriff der Haushaltsproduktion in der Umweltdebatte, in: Schultz, Irmgard/ Weller, Ines (Hrsg.): Gender & Environment: Ökologie und die Gestaltungsmacht der Frauen. Forschungstexte des Instituts für sozial-ökologische Forschung, Frankfurt a. M., S. 133-152.
Dräger, Klaus (2005): Alternativen zur Lissabon-Strategie der EU. Europa braucht eine integrierte Nachhaltigkeitsstrategie, in: WIDERSPRUCH, 25. Jg., Heft 48, S. 17-30.
Duden (2013): Versorgungsarbeit, www.duden.de/rechtschreibung/Versorgungsarbeit (Zugriff: 12.2.2013).
Dürr, Hans-Peter/ Dahm, J. Daniel/ Lippe, Rudolf zur (2006): Potsdamer Manifest 2005. „We have to learn to think in a new way". Potsdamer Denkschrift 2005, München.
Dyllick, Thomas (2003): Nachhaltigkeitsorientierte Wettbewerbsstrategien, in: Linne, Gudrun/ Schwarz, Michael. (Hrsg.): Handbuch Nachhaltige Entwicklung, Opladen, S. 267-271.
Dyllick, Thomas/ Belz, Frank/ Schneidewind, Uwe (1997): Ökologie und Wettbewerbsfähigkeit, Zürich/ München.
Eaubonne, Francoise de (1975): Feminismus oder Tod, München.

Ebbinghaus, Bernhard (2005): Can Path Dependence Explain Institutional Change? Two Approaches Applied to Welfare State Reform, Max Planck Institut für Gesellschaftsforschung, Discussion Paper 05/2, Köln.
Eblinghaus, Helga (1996): Die Debatte im BUKO, in: FORUM entwicklungspolitischer Aktionsgruppen: Nachhaltige Herrschaft – herrschende Nachhaltigkeit. 20. BUKO in Heidelberg, Nr. 202/203, S. 9-10.
Eblinghaus, Helga (1997): Macht's gut und danke für den Fisch!, in: Schwertfisch (Hrsg.): Zeitgeist mit Gräten. Politische Perspektiven zwischen Ökologie und Autonomie, Bremen, S. 6-16.
Eblinghaus, Helga/ Stickler, Armin (1996): Nachhaltigkeit und Macht. Zur Kritik von Sustainable Development, Frankfurt a. M.
Eckert, Werner (2012): Abschlusserklärung zum Rio+20-Gipfel. Der Gipfel beginnt – und hat schon ein fertiges Ergebnis, tagesschau.de, 20.6.2012, www.tagesschau.de/ausland/rio190.html (Zugriff: 19.2.2013).
Egan-Krieger, Tanja von (2005): Theorie der Nachhaltigkeit und die deutsche Waldwirtschaft der Zukunft, Diplomarbeit, Greifswald.
Egan-Krieger, Tanja von (2009a): Naturkapital als Schlüsselkonzept einer Theorie der Nachhaltigkeit, in: Egan-Krieger, Tanja von/ Schultz, Julia/ Thapa, Philip Pratap/ Voget, Lieske (Hrsg.): Die Greifswalder Theorie starker Nachhaltigkeit. Ausbau, Anwendung und Kritik, Marburg, S. 159-168.
Egan-Krieger, Tanja von (2009b): Nachhaltige Waldwirtschaft in Deutschland, in: Egan-Krieger, Tanja von/ Schultz, Julia/ Thapa, Philip Pratap/ Voget, Lieske (Hrsg.): Die Greifswalder Theorie starker Nachhaltigkeit. Ausbau, Anwendung und Kritik, Marburg, S. 315-332.
Egan-Krieger, Tanja von (2009c): Einführung, in: Egan-Krieger, Tanja von/ Schultz, Julia/ Thapa, Philip Pratap/ Voget, Lieske (Hrsg.): Die Greifswalder Theorie starker Nachhaltigkeit. Ausbau, Anwendung und Kritik, Marburg, S. 13-24.
Egan-Krieger, Tanja von/ Schultz, Julia/ Thapa, Philip Pratap/ Voget, Lieske (Hrsg.) (2009): Die Greifswalder Theorie starker Nachhaltigkeit. Ausbau, Anwendung und Kritik, Marburg.
Egziabher, Tewolde Berhan Gebre (2002): Bedrohte Ernährungs-souveränität, internationales Recht und Farmers' Rights in Afrika, in: Görg, Christoph/ Brand, Ulrich (Hrsg.): Mythen globalen Umweltmanagements. Rio +10 und die Sackgassen „nachhaltiger Entwicklung", Münster, S. 154-191.
Eichhorst, Werner/ Zimmermann, Klaus F. (2008): Die Agenda 2010 als Teil der rot-grünen Regierungspolitik, in: Vierteljahrshefte zur Wirtschaftsforschung, Vol. 77, No. 1, pp. 8-19.
Eicker-Wolf, Kai/ Kindler, Holger/ Schäfer, Ingo/ Wehrheim, Melanie/ Wolf, Dorothee (2002): „Deutschland auf den Weg gebracht": Rot-grüne Wirtschafts- und Sozialpolitik zwischen Anspruch und Wirklichkeit, Marburg.
Einstein, Albert (o. J.): www.zitate-online.de/sprueche/wissenschaftler/265/probleme-kann-man-niemals-mit-derselben-denkweise.html (Zugriff: 23.2.2013).
Ekardt, Felix (2005): Das Prinzip Nachhaltigkeit. Generationengerechtigkeit und globale Gerechtigkeit, München.
Ekins, Paul (1993): Making Development Sustainable, in: Sachs, Wolfgang (1993): Global Ecology: A New Arena of Political Conflict, London, pp. 91-103.
Elias, Norbert (1988): Über den Prozeß der Zivilisation. Soziogenetische und psychogenetische Untersuchungen, Frankfurt a. M.

Elson, Diane (1994): Micro, Meso, Macro: Gender and the Economic Analysis in the Context of Policy Reform, in: Bakker, Isabella (Ed.): The Strategic Silence: Gender and Economic Policy, London, pp. 33-45.

Elson, Diane (1999): Labor markets as gendered institutions. Equality, efficiency and empowerment issues, in: World Development, Vol. 27, No. 8, pp. 611-627.

Elson, Diane (2002): International Financial Architecture: A View from the Kitchen, in: Femina Politica. Zeitschrift für feministische Politikwissenschaft, Jg. 11, Heft 1, S. 26-37.

Elson, Diane/ McGee, Rosemary (1995): Gender Awareness in Modeling Structural Adjustment, in: Çağatay, Nilüfer/ Elson, Diane/ Grown, Caren (Hrsg.): Gender, Adjustment and Macroeconomics, Schwerpunktheft in: World Development, Vol. 23, No. 11, pp. 1987-1994.

Elvers, Horst-Dietrich (2011): Umweltgerechtigkeit, in: Groß, Matthias (Hrsg.): Handbuch Umweltsoziologie, Wiesbaden, S. 464-484.

Engels, Bettina/ Dietz, Kristina (2011): Land Grabbing analysieren: Ansatzpunkte für eine politisch-ökologische Perspektive am Beispiel Äthiopiens, in: Peripherie. Zeitschrift für Politik und Ökonomie in der Dritten Welt, 31. Jg., Nr. 124, S. 399-420.

Englert, Birgit/ Gärber, Barbara (Hrsg.) (2014): Landgrabbing. Landnahmen in historischer und globaler Perspektive, Wien.

Enquete-Kommission „Schutz des Menschen und der Umwelt" des 12. Deutschen Bundestages (1993): Verantwortung für die Zukunft – Wege zum nachhaltigen Umgang mit Stoff- und Materialströmen, Zwischenbericht, Bonn.

Enquete-Kommission „Schutz des Menschen und der Umwelt" des 12. Deutschen Bundestages (1994): Die Industriegesellschaft gestalten – Perspektiven für einen nachhaltigen Umgang mit Stoff- und Materialströmen, Abschlussbericht, Bonn.

Enquete-Kommission „Schutz des Menschen und der Umwelt" des 13. Deutschen Bundestages (1997): Konzept Nachhaltigkeit. Fundamente für die Gesellschaft von morgen, Zwischenbericht, Bonn.

Enquete-Kommission „Schutz des Menschen und der Umwelt" des 13. Deutschen Bundestages (1998): Konzept Nachhaltigkeit: Vom Leitbild zur Umsetzung, Abschlussbericht, Bonn.

ER – Europäischer Rat (1992): Vertrag über die Europäische Union, Amtsblatt Nr. C 191 vom 29.7.1992 (Vertrag von Maastricht), www.eur-lex.europa.eu/de/treaties/dat/11992M/htm/11992M.html (Zugriff: 14.8.2012).

ER – Europäischer Rat (1997a): Vertrag von Amsterdam zur Änderung des Vertrags über die Europäische Union, der Verträge zur Gründung der Europäischen Gemeinschaften sowie einiger damit zusammenhängender Rechtsakte, Amtsblatt Nr. C 340 vom 10.11.1997, www.eur-lex.europa.eu/de/treaties/dat/11997D/htm/11997D.html (Zugriff: 14.8.2012).

ER – Europäischer Rat (1997b): EG-Vertrag (Vertrag zur Gründung der Europäischen Gemeinschaft), in der Fassung des Amsterdamer Vertrages vom 2.10.1997. Zuletzt geändert durch den Vertrag über den Beitritt der Republik Bulgarien und Rumäniens zur Europäischen Union vom 25.4.2005 (ABl. EG Nr. L 57/11), www.dejure.org/gesetze/EG (Zugriff: 14.8.2012).

ER – Europäischer Rat Cardiff (1998): Schlussfolgerungen des Vorsitzes, www.europarl.europa.eu/summits/car1_de.htm (Zugriff: 2.4.2012).

ER – Europäischer Rat Göteborg (2001): EU-Nachhaltigkeitsstrategie, 15./16.6.2001, www.nachhaltigkeit.at/filemanager/download/39471/ (Zugriff: 2.4.2012).

Bibliographie

ER – Europäischer Rat Lissabon (2006): Die erneuerte EU-Strategie für Nachhaltige Entwicklung, 10917/06 2006, www.bmu.de/files/europa_und_umwelt/eu-nachhaltigkeitsstrategie/application/pdf/eu_nachhaltigkeitsstrategie_neu.pdf (Zugriff: 2.4.2012).

Escobar, Arturo (1995): Encountering Development. The Making and the Unmaking of the Third World, Princeton.

Eser, Patrick (2008): Perspektiven der Regulationstheorie: Sozialtheoretische Reformulierungsversuche, Hamburg.

Esping-Andersen, Gøsta (1990): The Three Worlds of Welfare Capitalism, Cambridge.

Esser, Hartmut (2000): Soziologie. Spezielle Grundlagen. Band 5: Institutionen, Frankfurt a. M.

Esser, Josef/ Görg, Christoph/ Hirsch, Joachim (1994): Von den „Krisen der Regulation" zum „radikalen Reformismus", in: Esser, Josef (Hrsg.): Politik, Institutionen und Staat: Zur Kritik der Regulationstheorie, Hamburg, S. 213-228.

EU (Europäisches Parlament/ Europäischer Rat) (2006): EU-REACH-Verordnung. Verordnung (EG) Nr. 1907/2006 des Europäischen Parlaments und des Rates vom 18. Dezember 2006 zur Registrierung, Bewertung und Zulassung chemischer Stoffe (REACH) zur Schaffung einer Europäischen Agentur für chemische Stoffe, zur Änderung der Richtlinie 1999/45/EG und zur Aufhebung der Verordnung (EWG) Nr. 793/93 des Rates, der Verordnung (EG) Nr. 1488/94 der Kommission, der Richtlinie 76/769/EWG des Rates sowie der Richtlinien 91/155/EWG, 93/67/EWG, 93/105/EG und 2000/21/EG der Kommission.- Amtsblatt der Europäischen Union, L 396, 1-851, www.eur-lex.europa.eu/LexUriServ/LexUriServ.do?uri=OJ:L:2006:396:0001:0851:DE:PDF (Zugriff: 11.2.2013).

Europäisches Parlament (2005): Entschließung des Europäischen Parlaments zur Halbzeitüberprüfung der Lissabon-Strategie, Amtsblatt Nr. 320 E vom 15/12/2005, S. 0164-0168, www.eur-lex.europa.eu/LexUriServ/LexUriServ.do?uri=CELEX:52005IP0069:DE:HTML (Zugriff: 29.2.2012).

Europäisches Parlament (2011): MEPs call for global green economy targets. Plenary sessions, www.europarl.europa.eu/pdfs/news/expert/infopress/20110929IPR27849/20110929IPR27849_en.pdf (Zugriff: 19.1.2013).

Evers, Hans-Dieter (1987): Schattenwirtschaft, Subsistenzproduktion und informeller Sektor, in: Heinemann, Klaus (Hrsg.): Soziologie wirtschaftlichen Handelns, Kölner Zeitschrift für Soziologie und Sozialpsychologie (KzfSS), Sonderheft 28, Opladen, S. 353-366.

Fatheuer, Thomas (2011): Buen Vivir. Eine kurze Einführung in Lateinamerikas neue Konzepte zum guten Leben und zu den Rechten der Natur, hrsg. v. der Heinrich-Böll-Stiftung, Ökologie Bd. 17, Berlin.

Fatheuer, Thomas (2012): Hoffnung beim Gipfel der Völker? Gastbeitrag von Thomas Fatheuer, 30.6.2012, www.klima-der-gerechtigkeit.boellblog.org/2012/06/30/hoffnung-beim-gipfel-der-voelker/ (Zugriff: 19.2.2013).

Feindt, Peter H. (2001): Regierung durch Diskussion. Diskurs- und Verhandlungsverfahren im Kontext von Demokratietheorie und Steuerungsdiskussion, Frankfurt a. M./ Berlin/ Bern/ Bruxelles/ New York/ Oxford/ Wien.

Feindt, Peter H. (2008): Nachhaltigkeit, Reflexivität und Verständigungsaufgaben. Konzeptionelle Ausgangsüberlegungen, in: Feindt, Peter H./ Gottschick, Manuel/ Mölders, Tanja/ Müller, Franziska/ Sodtke, Rainer/ Weiland, Sabine (Hrsg.): Nachhaltige Agrarpolitik als reflexive Politik. Plädoyer für einen neuen Diskurs zwischen Politik und Wissenschaft, Berlin, S. 41-66.

Feindt, Peter H./ Gottschick, Manuel/ Mölders, Tanja/ Müller, Franziska/ Sodtke, Rainer/ Weiland, Sabine (Hrsg.) (2008): Nachhaltige Agrarpolitik als reflexive Politik. Plädoyer für einen neuen Diskurs zwischen Politik und Wissenschaft, Berlin.

Ferenschild, Sabine (2003): Von Seattle bis Porto Alegre. Neue Wege, neue Hoffnung nach Johannesburg?, in: Massarrat, Mohssen/ Rolf, Uwe/ Wenzel, Hans-Joachim (Hrsg.): Bilanz nach den Weltgipfeln Rio de Janeiro 1992 – Johannesburg 2002. Perspektiven für Umwelt und Entwicklung, München, S. 53-63.

Ferreira, Grada (2002): „Die Farbe unseres Geschlechts". Gedanken über „Rasse", Transgender und Marginalisierung, in: polymorph (Hrsg.): (K)ein Geschlecht oder viele? Transgender in politischer Perspektive, Berlin, S. 117-128.

Flasbarth, Jochen (2002): Weltgemeinschaft hat globale Herausforderung für Umwelt und Entwicklung noch nicht angenommen. „Gipfel der Schadensbegrenzung", in: Forum Umwelt & Entwicklung (Hrsg.): Das war der Gipfel, Rundbrief Nr. 3, S. 7-8.

Forester, John (1996): Argument, power, and passion in planning practice, in: Mandelbaum, Seymour J./ Mazza, Luigi/ Bruchell, Robert W. (Eds.): Explorations in planning theory. Center for Urban Policy Research, The State University of New Jersey, New Brunswick, pp. 241-262.

Forschungsgruppe „Soziale Ökologie" (1987): Gutachten, Frankfurt a. M.

Forschungsverbund „Blockierter Wandel?" (2007): Blockierter Wandel? Denk- und Handlungsräume für eine nachhaltige Regionalentwicklung, München.

FORUM entwicklungspolitischer Aktionsgruppen (1996): Nachhaltige Herrschaft – herrschende Nachhaltigkeit. 20. BUKO in Heidelberg, Nr. 202/203.

Forum Umwelt & Entwicklung (2002): Aufruf zur Kampagne: Globale Gerechtigkeit ökologisch gestalten. Neuer Schwung für Nachhaltige Entwicklung, www.rio-10.de/pdfs/kampagnenaufruf.pdf (Zugriff: 16.2.2013).

Forum Umwelt & Entwicklung (Hrsg.) (1997): Wie zukunftsfähig ist Deutschland? Entwurf eines alternativen Indikatorensystems. Werkstattbericht des AK Indikatoren des Forums Umwelt & Entwicklung, Bonn.

Forum Umwelt & Entwicklung (Hrsg.) (2007): Veränderung von Staatlichkeit und öffentliche Güter – Voraussetzungen für Nachhaltigkeit, Geschlechtergerechtigkeit und Sicherung der Lebensgrundlagen (livelihood). Dokumentation der AG Frauen des Forums Umwelt & Entwicklung, Bonn, www.forumue.de/fileadmin/userupload/publikationen/fr_2007_oeffentlichegueter.pdf (Zugriff: 19.6.2012).

Foucault, Michel (1974): Die Ordnung des Diskurses. Inauguralvorlesung am Collège de France – 2. Dezember 1970, München.

Foucault, Michel (1978): Dispositive der Macht. Über Sexualität, Wissen und Wahrheit, Berlin.

Foucault, Michel [1969] (1981): Archäologie des Wissens, Frankfurt a. M.

Foucault, Michel [1982] (1994): Das Subjekt und die Macht, in: Dreyfus, Hubert L./ Rabinow, Paul (Hrsg.): Michel Foucault. Jenseits von Strukturalismus und Hermeneutik, Weinheim, S. 241-261.

Foucault, Michel (1993): Wahrheit, Macht und Selbst. Ein Gespräch zwischen Rux Martin und Michel Foucault (25. Oktober 1982), in: Foucault, Michel/ Martin, Rux/ Martin, Luther H./ Paden, William E./ Rothwell, Kenneth S./ Gutman, Huck/ Hutton, Patrick H. (Hrsg.): Technologien des Selbst, Frankfurt a. M., S. 15-23.

Fourth World Conference on Women (1995): Beijing Declaration and Platform for Action, Fourth World Conference on Women, 4 to 15 September 1995 in Beijing, www.un.org/womenwatch/daw/beijing/pdf/BDPfA%20E.pdf (Zugriff: 22.2.2013).

Francisco, Gigi (2011): Sustainable Livelihoods and Economic Justice, PowerPoint-Präsentation, www.dawnnet.org/uploads/documents/PRESENTATION_GIGI_Sustainable%20Livelihoods%20and%20Economic%20Justice_PEAS.pdf (Zugriff: 2.4.2012).

Frankena, William K. (1997): Ethik und die Umwelt, in: Krebs, Angelika (Hrsg.): Gleichheit oder Gerechtigkeit, Frankfurt a. M., S. 271-295.

Frankenberg, Günter (1997): Die Verfassung der Republik. Autorität und Solidarität in der Zivilgesellschaft, Frankfurt a. M.

Fraser, Nancy (2000): Redistribution, recognition, and participation: towards an integrated concept of justice, in: World Culture Report. Cultural Diversity, Conflict and Pluralism, Paris, pp. 48-57, www.unesdoc.unesco.org/images/0012/001210/121058e.pdf#121068 (Zugriff: 23.2.2013).

Frauen aus der AG „Danke für den Fisch" des Bundeskongresses entwicklungspolitischer Gruppen (BUKO) (1996): Zwischen Sparstrümpfen und Gigabytes – der Ökologen Lust, der Frauen Frust. Kritik an der Nachhaltigkeit und der Studie „Zukunftsfähiges Deutschland", in: FORUM entwicklungspolitischer Aktionsgruppen, Nr. 201, S. 4-6.

Free the Slaves (o. J.): About Slavery, www.freetheslaves.net/SSLPage.aspx?pid=348 (Zugriff: 23.2.2013).

Frein, Michael (2002): Handel und nachhaltige Entwicklung in Johannesburg. Den Bock zum Gärtner gemacht, in: Forum Umwelt & Entwicklung, Rundbrief Nr. 3, S. 11-12.

Frein, Michael (2012): Green Economy? – Nein Danke! Das Sozialforum in Porto Alegre und die Vorbereitung auf Rio+20, in: Forum Umwelt & Entwicklung, Rundbrief Nr. 1, S. 28.

Friedrich, Beate/ Gottschlich, Daniela/ Lindner, Annemarie/ Mölders, Tanja/ Szumelda, Anna/ Sulmowski, Jedrzej (2010): PoNa-Paper 1. Normative Verortungen und Vorgehen im Forschungsprozess: Das Nachhaltigkeitsverständnis im Forschungsprojekt PoNa, in: Gottschlich, Daniela/ Mölders, Tanja (Hrsg.): Reihe PoNa-Paper, Lüneburg, www.pona.eu (Zugriff: 15.5.2015).

Fritz, Thomas (2011): Brot oder Trog. Futtermittel, Flächenkonkurrenz und Ernährungssicherheit, hrsg. v. Brot für die Welt/ Forschungs- und Dokumentationszentrum Chile-Lateinamerika (FDC), Berlin.

Fritzsche, Karl-Peter (2008): Menschenrechtsbildung als Wegbereiter eines Menschenrechts auf Umwelt – 10 Thesen, in: Kirchschläger, Peter G./ Kirchschläger, Thomas (Hrsg.): Menschenrechte und Umwelt. 5. Internationales Menschenrechtsforum Luzern (IHRF), Bern, S. 205-207.

Fuchs, Brigitte/ Habinger, Gabriele (Hrsg.) (1996): Rassismen & Feminismen. Differenzen, Machtverhältnisse und Solidarität zwischen Frauen, Wien.

FUN – FrauenUmweltNetz/ Life e.V. (Hrsg.) (1996): Frauenblicke auf die Lokale Agenda 21: Dokumentation der Fachtagung vom 24. – 26. März 1996 in Eschwege, Frankfurt a. M.

FUN – FrauenUmweltNetz/ Life e.V. (Hrsg.) (1997): WHO IS WHO. Initiativen und Expertinnen zu „Frauen und Umwelt", Frankfurt a. M.

FUN – FrauenUmweltNetz/ Life e.V. (Hrsg.) (1998): Frauen – Lokale-Agenda 21. Ein Wegweiser zum Einmischen, Mitmischen, Aufmischen, Frankfurt a. M.

Galtung, Johan (1985): Development theory: Notes for an alternative approach, Berlin.

Galtung, Johan (1996): Peace Studies. Peace with peaceful means, London.

Galtung, Johan (1998): Die andere Globalisierung. Perspektiven für eine zivilisierte Weltgesellschaft im 21. Jahrhundert, Münster.

Geden, Oliver (1998): Nachhaltigkeit – eine Kritik, in: Ö-Punkte, Frühjahr 1998, Gießen, S. 20-21.

Gehne, Katja (2011): Nachhaltige Entwicklung als Rechtsprinzip, Tübingen.

Gehrs, Heinrich (2006): Defizite des politischen Systems und Alternativen auf dem Weg zur Nachhaltigen Entwicklung am Beispiel der Bundesrepublik Deutschland, Dissertation am Fachbereich Sozialwissenschaften der Universität Osnabrück, www.repositorium.uni-osnabrueck.de/bitstream/urn:nbn:de:gbv:700-2008070213/2/E-Diss793_thesis.pdf (Zugriff: 29.2.2012).

genanet – Leitstelle für Gender, Umwelt und Nachhaltigkeit (Hrsg.) (2004): Positionen zur nationalen Nachhaltigkeitsstrategie aus der Geschlechterperspektive, genaStudien 1, Frankfurt a. M., http://www.genanet.de/fileadmin/user_upload/dokumente/Infopool_Publikationen/genaS_1_NHS.pdf (Zugriff: 15.2.2012).

genanet – Leitstelle für Gender, Umwelt und Nachhaltigkeit (Hrsg.) (2011): Green Economy: Gender_Gerecht! Auf dem Weg in eine ressourcenschonende und gerechte Gesellschaft. Diskussionspapier von genanet – Leitstelle Gender, Umwelt, Nachhaltigkeit, Deutscher Frauenrat, Katholische Frauengemeinschaft Deutschlands (kfd), Frauenpolitischer Rat des Landes Brandenburg e.V., Verband deutscher Unternehmerinnen. Unter Mitarbeit von Uta Meyer-Gräwe, Ines Weller, Gülay Çağlar, Friederike Habermann und Daniela Gottschlich, Berlin, http://www.genanet.de/fileadmin/user_upload/dokumente/Care_Gender_Green_Economy/G3_Diskussionspapier_alle.pdf (Zugriff: 15.2.2012).

General Assembly (1983): Process of preparation of the Environmental Perspective to the Year 2000 and Beyond, Resolution 38/161, 19 December 1983, www.un.org/documents/ga/res/38/a38r161.htm (Zugriff: 18.2.2013).

General Assembly (1987a): Report of the World Commission on Environment and Development, Resolution 42/187, 11 December 1987, www.un.org/documents/ga/res/42/ares42-187.htm (Zugriff: 2.4.2012).

General Assembly (1987b): Environmental Perspective to the Year 2000 and Beyond, Resolution 42/186, 11 December 1987, www.un.org/documents/ga/res/42/a42r186.htm (Zugriff: 18.2.2013).

General Assembly (1988): United Nations conference on environment and development, Resolution 43/186, 20 December 1988, www.un.org/documents/ga/res/43/a43r196.htm (Zugriff: 18.2.2013).

General Assembly (1989): United Nations Conference on Environment and Development, Resolution A/RES/44/228, 22 December 1989, www.un.org/documents/ga/res/44/ares44-228.htm (Zugriff: 11.2.2013).

General Assembly (1992): Rio Declaration on Environment and Development, A/CONF. 151/26 (Vol. I), 12 August 1992, www.un.org/documents/ga/conf151/aconf15126-1annex1.htm (Zugriff: 11.2.2013).

General Assembly (1993): Institutional arrangements to follow up the United Nations Conference on Environment and Development. Resolution adopted by the General Assembly on the report of the second Committee (A/47/719), Resolution 47/191, 29 January 1993, www.un.org/documents/ga/res/47/ares47-191.htm (Zugriff: 18.2.2013).

General Assembly (2000a): United Nations Millennium Declaration. Resolution A/55/L. 2, 18 September 2000, www.un.org/millennium/declaration/ares552e.pdf (Zugriff: 11.2.2013).

General Assembly (2000b): Ten-year review of progress achieved in the implementation of the outcome of the United Nations Conference on Environment and Development. Resolution A/RES/55/199, 20 December 2000, www.eclac.cl/cgi-bin/getProd.asp?xml=/dmaah/noticias/paginas/5/7475/p7475.xml&xsl=/dmaah/tpl/p18f.xsl&base=/dmaah/tpl/top-bottom.xsl (Zugriff: 11.2.2013).

General Assembly (2001): Ten-year review of progress achieved in the implementation of the outcome of the United Nations Conference on Environment and Development, A/RES/55/199, 2 February 2001, www.worldlii.org/int/other/UNGARsn/2000/265.pdf (Zugriff: 11.2.2013).

General Assembly (2012): The future we want, Resolution 66/288, 11 September 2012, www.daccess-dds-ny.un.org/doc/UNDOC/GEN/N11/476/10/PDF/N1147610.pdf?OpenElement (Zugriff: 19.1.2013).

Gesnat – Arbeitsschwerpunkt Gesellschaftliche Naturverhältnisse (2012): Green Economy http://www.buko.info/fileadmin/user_upload/gesnat/BUKO34-Gesnat-Thesen-DE-Langfassung-A4-V2.pdf (Zugriff: 15.5.2015).

GESS – Global Extension of Social Security (2012): Why a Social Protection Floor?, www.socialsecurityextension.org/gimi/gess/ShowTheme.do?tid=2485 (Zugriff: 22.2.2013).

Geyer, Christian (2009): Null Wachstum. Rot stellt sich tot: Wie die Linke ihre Chance vertut, in: Frankfurter Allgemeine Zeitung vom 8.4.2009, Nr. 83, S. 29.

GG – Grundgesetz für die Bundesrepublik Deutschland, Ausfertigungsdatum: 23.05.1949, http://www.gesetze-im-internet.de/bundesrecht/gg/gesamt.pdf (Zugang: 15.5.2015).

Giegold, Sven/ Embshoff, Dagmar (Hrsg.) (2008): Solidarische Ökonomie im globalisierten Kapitalismus, hrsg. in Kooperation mit taz. die Tageszeitung und der Bewegungsakademie, Hamburg.

Giljum, Stefan/ Rocholl, Martin (2005): Europas globale Verantwortung. Umweltraum, internationaler Handel und Faktor X, hrsg. v. SERI und Friends of the Earth Europe, Wien, www.web205.vbox-01.inode.at/Data/personendaten/sg/SERI_FoEE_2005_Europas_globale_Verantwortung.pdf (Zugriff: 13.2.2013).

Gilligan, Carol (1984): Die andere Stimme. Lebenskonflikte und Moral der Frau, München.

Glaeser, Bernard/ Vyasulu, Vinod (1979): The Obsolescence of Ecodevelopment?, in: Human Futures, Vol. 2, No 3, pp. 230-240.

Glaeser, Bernhard/ Vyasula, Vinod (1984): The Obsolence of Ecodevelopment, in: Glaeser, Bernhard (Ed.): Ecodevelopment: Concepts, Projects, Strategies, Oxford/ New York, S. 23-36.

Göpel, Maja (2007): Solidarität, in: Brand, Ulrich/ Lösch, Bettina/ Thimmel, Stefan (Hrsg.) in Kooperation mit dem Wissenschaftlichen Beirat von Attac, taz. die Tageszeitung, Rosa-Luxemburg-Stiftung: ABC der Alternativen. Von „Ästhetik des Widerstands" bis „Ziviler Ungehorsam", Hamburg, S. 208-209.

Görg, Christoph (1996): Sustainable Development – Blaupause für einen ökologischen Kapitalismus?, in: Brentel, Helmut (Hrsg.): Gegensätze: Elemente kritischer Theorie; Festschrift für Jürgen Ritsert, Frankfurt a. M./ New York, S. 178-193.

Görg, Christoph (1999): Gesellschaftliche Naturverhältnisse, Münster.

Görg, Christoph (2002): Institutionalisierte Sorgenfalten. Weltkonferenzen und die Widersprüche globaler Herrschaft, www.links-netz.de/K_texte/K_joburg.html#text1 (Zugriff: 8.2.2013).

Görg, Christoph (2003): Regulation der Naturverhältnisse. Zu einer kritischen Theorie der ökologischen Krise, Münster.
Görg, Christoph (2012): Naturverhältnisse, in: Brand, Ulrich/ Lösch, Bettina/ Opratko, Benjamin/ Thimmel, Stefan (Hrsg.) in Kooperation mit dem Wissenschaftlichen Beirat von Attac, taz. die Tageszeitung, Rosa-Luxemburg-Stiftung: ABC der Alternativen 2.0. Von Alltagskultur bis Zivilgesellschaft, Hamburg, S. 178-179.
Görg, Christoph/ Brand, Ulrich (Hrsg.) (2002): Mythen globalen Umweltmanagements. Rio+10 und die Sackgassen „nachhaltiger Entwicklung", Münster.
Gorz, André (2000): Arbeit zwischen Misere und Utopie, Frankfurt a. M.
Gottschlich, Daniela (1999): Nachhaltigkeit und Gender: Frauenpolitische Anforderungen an den Prozeß Lokale Agenda 21 – dargestellt am Beispiel Osnabrück, unveröffentlichte Magisterarbeit, Osnabrück.
Gottschlich, Daniela (2001): Jede Arbeit zählt! Chancen zur Neugestaltung der Arbeit im 21. Jahrhundert, Dokumentation der Tagung 26.-27.1.2001, hrsg. v. Agenda 21 Frauen Arbeitskreis, Osnabrück.
Gottschlich, Daniela (2003): Gender Impact Assessment und Gender Budgets. Instrumente für eine geschlechtergerechte nachhaltige Entwicklung?, in: Massarrat, Mohssen/ Rolf, Uwe/ Wenzel, Hans-Joachim (Hrsg.): Bilanz nach den Weltgipfeln. Rio de Janeiro 1992 – Johannesburg 2002. Perspektiven für Umwelt und Entwicklung, München, S. 108-128.
Gottschlich, Daniela (2004a): Demographischer Wandel und Nachhaltigkeit II – Potentiale älterer Menschen in Wirtschaft und Gesellschaft. Positionspapiere zum Fortschrittsbericht der Nationalen Nachhaltigkeitsstrategie aus der Geschlechterperspektive, hrsg. von der Leitstelle Geschlechtergerechtigkeit und Nachhaltigkeit, www.genanet.de/fileadmin/downloads/Positionspapiere/Potenziale_aelterer_Menschen.pdf (Zugriff: 2.4.2012).
Gottschlich, Daniela (2004b): „Leben ist nicht nur Erwerbsarbeit..." – Ergebnisse eines transnationalen Frauenprojektes im Kontext von lokalen Nachhaltigkeits- und Agenda 21-Prozessen, in: Biesecker, Adelheid/ Elsner, Wolfram (Hrsg.): Erhalten durch Gestalten – Nachdenken über eine (re)produktive Ökonomie, Jahresband der 10. Tagung des Instituts für Institutionelle und Sozial-Ökonomie (iiso), Frankfurt a. M., S. 173-188.
Gottschlich, Daniela (2004c): Wege für alternative Wirtschaftsordnungen weltweit: Erweiterung von Kategorien aus feministischer Perspektive, in: Biesecker, Adelheid/ Büscher, Martin/ Sauer, Thomas/ Stratmann-Mertens, Eckhard (Hrsg.): Alternative Weltwirtschaftsordnung. Perspektiven nach Cancún, Hamburg, S. 19-36.
Gottschlich, Daniela (2008): Care Economy. Nachhaltiges Wirtschaften aus feministischer Perspektive, in: Gottschlich, Daniela/ Rolf, Uwe/ Werning, Rainer/ Wollek, Elisabeth (Hrsg.): Reale Utopien. Perspektiven für eine friedliche und gerechte Welt, Köln, S. 123-134.
Gottschlich, Daniela (2012): Nachhaltiges Wirtschaften: Zum Verhältnis von Care und Green Economy. Hintergrundpapier im Rahmen des Projektes „G 3 – Green Economy: Geschlechter_Gerecht" im Auftrag von genanet – Leitstelle für Gender, Umwelt und Nachhaltigkeit, Berlin, www.genanet.de (Zugriff: 11.2.2013).
Gottschlich, Daniela/ Katz, Christine (2013): Wie viel Kritik darf's denn sein? Die Kategorie Geschlecht in der Nachhaltigkeitsforschung, in: Politische Ökologie, 31. Jg., Nr. 135, S. 136-139.

Gottschlich, Daniela/ Meyer, Katrin (Red.) (2004): Leben ist nicht nur Erwerbsarbeit. Zur Neudefinition und Umverteilung aller vorhandener Arbeit, Dokumentation der Tagungsreihe Januar 2003 – Januar 2004 des Frauen EUREGIO-Projektes, hrsg. v. Agenda 21 Frauen Arbeitskreis/ Bildungswerk ver.di, Osnabrück.

Gottschlich, Daniela/ Mölders, Tanja (2006): Damit Nachhaltigkeit drin ist, wo Nachhaltigkeit drauf steht: Zur Krise der Krisenwahrnehmung und zur Notwendigkeit eines inhaltlich-konzeptionellen Geschlechterzugangs in sozial-ökologischen Forschungen, in: Aulenbacher, Brigitte/ Bereswill, Mechthild/ Löw, Martina/ Meuser, Michael/ Mordt, Gabriele/ Schäfer, Reinhild/ Scholz, Sylka (Hrsg.): FrauenMännerGeschlechterforschung. State of the Art, Münster, S. 334-346.

Gottschlich, Daniela/ Mölders, Tanja (2008): Feministischer Nachhaltigkeitsdiskurs zwischen Kritik und Visionen – Who cares?, in: Technik, Naturwissenschaft und Mathematik nachhaltig in Frauenhand e. V. (Hrsg.): Nachhaltig Vorsorgen. Dokumentation des 33. Kongresses von Frauen in Naturwissenschaft und Technik, Lüneburg, S. 80-85.

Gottschlich, Daniela/ Mölders, Tanja (2011): Möglichkeiten und Grenzen der Steuerung gesellschaftlicher Naturverhältnisse. Über die Bedeutung von Natur-, Ökonomie-, und Politikverständnissen für nachhaltige Entwicklung, in: Kruse, Sylvia/ Baerlocher, Bianca (Hrsg.): Natur und Gesellschaft. Sozialwissenschaftliche Perspektiven auf die Regulation und Gestaltung einer Wechselbeziehung, Basel, S. 189-225.

Gottschlich, Daniela/ Roth, Stephanie/ Härtel, Annika/ Röhr, Ulrike/ Hackfort, Sarah/ Segebart, Dörte/ König, Claudia (2014): Nachhaltiges Wirtschaften im Spannungsfeld von Gender, Care und Green Economy. Debatten – Schnittstellen – blinde Flecken. CaGE Texte Nr. 1/2014, Berlin, Lüneburg, http://www.cage-online.de (Zugriff: 15.5.2015).

Gould, J. J.[465] (2012): Slavery's Global Comeback, in: The Atlantic, 19 December 2012, www.theatlantic.com/international/archive/2012/12/slaverys-global-comeback/266354/ (Zugriff: 19.2.2013).

Gramsci, Antonio (1991): Gefängnishefte, Hamburg.

Granovetter, Mark (1985): Economic action and social structure: the problem of embeddedness, in: American Journal of Sociology, Vol. 91, No. 3, pp. 481-510.

Granovetter, Mark/ Swedberg, Richard (Eds.) (1992): The sociology of economic life, Boulder.

Greener, Ian (2005): The Potential of Path Dependence in Political Studies, in: Politics, Vol. 25, No. 1, pp. 62-72.

Greiner, Sandra (2002): Lokale Agenda für globale Probleme? Zur Entwicklung und Umsetzung von Nachhaltigkeitsstrategien aus institutionenökonomischer Sicht, Hamburg.

Gries, Thomas (1999): Deutschland zehrt von der Substanz. Zu geringe Investitionen in Forschung und Entwicklung, in: Handelsblatt v. 24.6.1999.

Grober, Ulrich (2001): Die Idee der Nachhaltigkeit als zivilisatorischer Entwurf, in: Aus Politik und Zeitgeschichte, 51. Jg., Nr. 24/ 2001, S. 3-5.

Grober, Ulrich (2010): Die Entdeckung der Nachhaltigkeit. Kulturgeschichte eines Begriffs, München.

---

465 Der Vorname des Autors wird in dieser Publikation nicht genannt und konnte nicht ermittelt werden.

Grunwald, Armin (2006): Technikfolgenabschätzung als Nachhaltigkeitsbewertung. Konzeptionelle Herausforderungen und methodische Probleme, in: Kopfmüller, Jürgen (Hrsg.): Ein Konzept auf dem Prüfstand. Das integrative Nachhaltigkeitskonzept in der Forschungspraxis, Berlin, S. 39-62.

Grunwald, Armin (2009): Konzepte nachhaltiger Entwicklung vergleichen – aber wie? Diskursebenen und Vergleichsmaßstäbe, in: Egan-Krieger, Tanja von/ Schultz, Julia/ Thapa, Philip Pratap/ Voget, Lieske (Hrsg.): Die Greifswalder Theorie starker Nachhaltigkeit. Ausbau, Anwendung und Kritik, Marburg, S. 41-64.

Grunwald, Armin (2015): Transformative Wissenschaft –eine neue Ordnung im Wissenschaftsbetrieb?, in: GAIA, Jg. 24, Heft 1, S. 17-20.

Gruppe von Lissabon (1997) – siehe Die Gruppe von Lissabon (1997).

GTZ – Gesellschaft für technische Zusammenarbeit (2002): Rio-Konventionen: Vor einer neuen Dekade, in: Akzente Spezial, Sonderausgabe März/2002, www.fize.de/pdf /f.ize_schipulle_akzentespezial.pdf (Zugriff: 16.2.2013).

Gudynas, Eduardo (2009): Politische Ökologie: Natur in den Verfassungen von Bolivien und Ecuador, in: juridikum, 2009/4, S. 214-218, www.gudynas.com/publicaciones/Gu dynasPolitischeEcuadorBolivie09.pdf (Zugriff: 29.2.2012).

Gudynas, Eduardo (2011): The „Good Living" as an alternative to development, DAWN GEEJ Consultation in Latin America, 18-21 March 2011, Montevideo, pp. 9-10, www.dawnnet.org/uploads/newsletters/2011-July.pdf (Zugriff: 29.2.2012).

Habermann, Friederike (2008): Der homo oeconomicus und das Andere. Hegemonie, Identität und Emanzipation, Baden-Baden.

Habermann, Friederike (2011): Ecommony statt Economy. Wir werden nicht als Egoist_innen geboren, in: FrauenRat, 60. Jg., Heft 5, S. 17-19.

Habermas, Jürgen (1973): Legitimationsprobleme im Spätkapitalismus, Frankfurt a. M.

Habermas, Jürgen (1981a): Theorie des kommunikativen Handelns, Bd. 1: Handlungsrationalität und gesellschaftliche Rationalisierung, Frankfurt a. M.

Habermas, Jürgen (1981b): Theorie des kommunikativen Handelns, Bd. 2: Zur Kritik der funktionalistischen Vernunft, Frankfurt a. M.

Habermas, Jürgen (1983): Diskursethik – Notizen zu einem Begründungsprogramm, in: Habermas, Jürgen: Moralbewußtsein und kommunikatives Handeln, Frankfurt a. M., S. 53-126.

Habermas, Jürgen (1998): Die postnationale Konstellation und die Zukunft der Demokratie, in: Blätter für deutsche und internationale Politik, 43. Jg., Heft 7, S. 804-817.

Habermas, Jürgen (2001): Diskursive Politik und Zivilgesellschaft. Über die Rolle der Bürger-Assoziationen in der Demokratie, in: E+Z Entwicklung und Zusammenarbeit, 42. Jg., Heft 12 (Dezember 2001), S. 356-357.

Hagemann-White, Carol/ Bohne, Sabine (2004): Gewalt und Interventionsforschung: Neue Wege durch europäische Vernetzung, in: Becker, Ruth/ Kortendiek, Beate (Hrsg.): Handbuch Frauen- und Geschlechterforschung. Theorie, Methoden, Empirie, Wiesbaden, S. 555-563.

Hajer, Maarten (1995): The Politics of Environmental Discourse, Ecological Modernization and the Policy Process, Oxford.

Hamm, Brigitte (2004): Wie kommen die Armen zu ihren Rechten? Armutsbekämpfung und Menschenrechte, in: VENRO – Perspektive 2015 – Armutsbekämpfung braucht Beteiligung, Bonn.

Hampicke, Ulrich (1992): Ökologische Ökonomie, Opladen.

Hans-Böckler-Stiftung (Hrsg.) (2000): Wege in eine nachhaltige Zukunft. Ergebnisse aus dem Verbundprojekt Arbeit + Ökologie, Düsseldorf.

Haraway, Donna (1988): Situated Knowledges: The Science Question in Feminism as a Site of Discourse on the Privilege of Partial perspective, in: Feminist Studies, Vol. 14, No. 3, pp. 575-599.

Haraway, Donna (1995): Situiertes Wissen, in: Haraway, Donna: Die Neuerfindung der Natur. Primaten, Cyborgs und Frauen, Frankfurt a. M./ New York, S. 73-97.

Harborth, Hans-Jürgen [1991] (1993): Dauerhafte Entwicklung statt globaler Selbstzerstörung. Eine Einführung in das Konzept des „Sustainable Development", Berlin.

Harcourt, Wendy (Ed.) (1994a): Feminist perspectives on Sustainable Development, London/ Rome.

Harcourt, Wendy (1994b): Introduction: Negotiating positions in the Sustainable Development debate – Situating the Feminist Perspective, in: Harcourt, Wendy (Ed.): Feminist perspectives on Sustainable Development, London/ Rome, pp. 1-8.

Harcourt, Wendy (Ed.) (2012): Women Reclaiming Sustainable Livelihoods. Spaces Lost, Spaces Gained, New York.

Harding, Sandra (1990): Feministische Wissenschaftstheorie: Zum Verhältnis von Wissenschaft und sozialem Geschlecht, Hamburg/ Berlin.

Harris, Rebecca Lee (2006): Foreword, in: Harris, Rebecca Lee (Ed.): Globalization and Sustainable Development: Issues and Applications, Tampa, pp. 1-10.

Harvey, David (1996): Justice, Nature and the Geography of Difference, Oxford/ Cambridge.

Hauchler, Ingomar/ Messner, Dirk/ Nuscheler, Franz (Hrsg.) (1997): Globale Trends 1998. Fakten, Analysen, Prognosen. Stiftung Entwicklung und Frieden, Frankfurt a. M.

Hauff, Volker (Hrsg.) (1987a): Unsere gemeinsame Zukunft. Bericht der Weltkommission für Umwelt und Entwicklung, Greven.

Hauff, Volker (1987b): Vorwort, in: Hauff, Volker (Hrsg.): Unsere gemeinsame Zukunft. Bericht der Weltkommission für Umwelt und Entwicklung, Greven, S. X-XVII.

Hauff, Volker (2003): Nachhaltigkeit und „Great Transition". Kommentar zu Paul Raskin These einer Great Transition – Umbrüche und Übergänge auf dem Weg zu einer planetarischen Gesellschaft, im Rahmen der Veranstaltung des Instituts für sozialökologische Forschung (ISOE), am 3. 4. 2003, Frankfurt a. M., www.nachhaltigkeit-neu-denken.de/doku/kommf.htm (Zugriff: 29.2.2012).

Haug, Frigga (2008): Die Vier-in-einem-Perspektive. Eine Utopie von Frauen, die eine Utopie für alle ist, Hamburg.

Haug, Frigga (2011): Das Care-Syndrom. Ohne Geschichte hat die Frauenbewegung keine Perspektive, in: Das Argument, 53. Jg., Heft 3, S. 345-364.

Hausen, Karin (1976): Die Polarisierung der ‚Geschlechtscharaktere' – eine Spiegelung der Dissoziation von Erwerbs- und Familienleben, in: Conze, Werner (Hrsg.): Sozialgeschichte der Familie in der Neuzeit Europas, Stuttgart, S. 363-393.

Hausknost, Daniel (2005): Weg ist das Ziel. Zur Dekonstruktion der Ökologiebewegung, Wien.

Hayn, Doris/ Hummel, Diana (2002): Transdisziplinäre Forschung im Feld Gender & Environment. Beitrag anlässlich des 28. Kongresses von Frauen in Naturwissenschaft und Technik (FiNuT) vom 09.-12.5.2002 in Kassel, S. 1-6, www.isoe.de/ftp/finut200 2.pdf (Zugriff: 29.2.2012).

Heins, Bernd (1997): Die Rolle des Staates für eine nachhaltige Entwicklung der Industriegesellschaft, Berlin.

Heins, Bernd (1998): Soziale Nachhaltigkeit, Berlin.

Heintze, Cornelia (2002): Die Zukunfts-Blockade. Klimawandel, BSE, Armut, Terrorismus – Warum in der Gesellschaft kollektives Vorsorgelernen misslingt, Berlin.

Held, David (1995): Democracy and the Global Order. From the Modern State to Cosmopolitan Governance, Cambridge.

Held, Martin/ Hofmeister, Sabine/ Kümmerer, Klaus/ Schmid, Bernhard (2000): Auf dem Weg von der Durchflußökonomie zur nachhaltigen Stoffwirtschaft: Ein Vorschlag zur Weiterentwicklung der grundlegenden Regeln, in: GAIA 9, 9. Jg., Heft 4, S. 257-266.

Held, Martin/ Nutzinger, Hans G. (Hrsg.) (2001): Nachhaltiges Naturkapital, Frankfurt a. M.

Helfrich, Silke/ Tuschen, Stefan (2012): Von wegen alternativlos! Die Commons funktionieren jenseits von Markt und Staat, in: Böll. Thema: Grüne Ökonomie. Was uns die Natur wert ist, Heft 1, S. 30-32.

Hellmeister, Heike/ Perrey, Olaf/ Rückin, Ulrich (2007): Bedingungsfreies Grundeinkommen. Ideen, Konzepte, Streitpunkte, Belm-Vehrte.

Helmholtz-Gemeinschaft (2012): Mission der Helmholtz-Gemeinschaft, www.helmholtz.de/ueber_uns/mission/ (Zugriff: 27.8.2012).

Hengsbach, Friedhelm (1999): Demokratische Verteilungsgerechtigkeit, in: Bundesvorstand des DGB (Hrsg.): Gewerkschaftliche Monatshefte, Wiesbaden, S. 34-42.

Hengsbach, Friedhelm (2007): Gerechtigkeit und Solidarität im Schatten der Globalisierung. Handlungsoptionen reifer Volkswirtschaften, Policy Paper 26 der Stiftung Entwicklung und Frieden (SEF), Bonn.

Hens, Luc/ Nath, Bhaskar (2005): The Johannesburg Conference, in: Hens, Luc/ Nath, Bhaskar (Eds.): The World Summit on Sustainable Development. The Johannesburg Conference, Dordrecht, pp. 1-33.

Herrera, Amílcar O./ Scolnic, Hugo D./ Chichilnisky, Graciela/ Gallopin, Gilberto C./ Hardoy, Jorge E./ Mosovich, Diana/ Oteiza, Enrique/ Romero Brest, Gilda L. de/ Suárez, Carlos E./ Talavera, Luis (1977): Grenzen des Elends. Das Bariloche Modell: So kann die Menscheit überleben, Frankfurt a. M.

Hey, Christian (2005): Strategien der EU, in: Europäische Kommission – Vertretung in der Bundesrepublik Deutschland/ DNR – EU-Koordination/ GRÜNE LIGA – Netzwerk Ökologischer Bewegungen/ PerGlobal – Perspektiven Globaler Politik (Hrsg.): Wie nachhaltig ist die EU? Überprüfung der EU-Strategie für Nachhaltige Entwicklung – Abschlussdokumentation, Berlin, S. 23-24.

Hey, Christian (2006): Diskussionszirkel ohne Steuerungskraft?, in: DNR – Deutscher Naturschutzring: Die Zukunft der Europäischen Union. Europa nachhaltig entwickeln! Zum Stand der Europäischen Nachhaltigkeitsstrategie, DNR EU-Rundschreiben, Sonderheft 05.06, 15. Jg., Heft 5, S. 10-11.

Hickel, Rudolf (2009): Plädoyer für einen regulierten Kapitalismus, in: Aus Politik und Zeitgeschichte, Nr. 20, www.bundestag.de/dasparlament/2009/20/Beilage/003.html (Zugriff: 29.2.2012).

Hirsch, Joachim (1990): Kapitalismus ohne Alternative? Materialistische Gesellschaftstheorie und Möglichkeiten einer sozialistischen Politik heute, Hamburg.

Hirsch, Joachim (2003): Eine philosophische Grundlage für den radikalen Reformismus, in: Spehr, Christoph (Hrsg.): Gleicher als andere. Eine Grundlegung der freien Kooperation, Texte Rosa-Luxemburg-Stiftung, Bd. 9, S. 277-278.

Hirsch, Joachim (2005): Materialistische Staatstheorie, Hamburg.

Hirsch, Joachim (2007): Radikaler Reformismus, in: Brand, Ulrich/ Lösch, Bettina/ Thimmel, Stefan (Hrsg.): ABC der Alternativen: Von „Ästhetik des Widerstands" bis „Ziviler Ungehorsam", Hamburg, S. 182-183.

Hirsch, Joachim (2008): Über Reform und Revolution, links.net, März 2008, www.links-netz.de/pdf/T_hirsch_alternativen.pdf (Zugriff: 21.2.2013).

Hirsch, Joachim (2009): Die Krise des neoliberalen Kapitalismus: welche Alternativen?, links.net, Februar 2009, www.links-netz.de/pdf/T_hirsch_alternativen.pdf (Zugriff: 21.2.2013).

Hochfeld, Christian/ Schmitt, Katharina/ Wolff, Franziska (2006): Wettbewerb für Nachhaltigkeit – Positionen und Perspektiven. Ein Diskussionsbeitrag zur Jahrestagung 2006 des Öko-Instituts e.V., Berlin.

Hoecker, Beate (1998a): Frauen, Männer und die Politik. Ein Lern- und Arbeitsbuch, Bonn.

Hoecker, Beate (Hrsg.) (1998b): Handbuch Politische Partizipation von Frauen in Europa. Bd. I: Die Mitgliedstaaten, Opladen.

Hoecker, Beate/ Fuchs, Gesine (Hrsg.) (2004): Handbuch Politische Partizipation von Frauen in Europa. Bd. II: Die Beitrittsstaaten, Wiesbaden.

Hoering, Uwe (2003): „Zauberformel PPP". „Entwicklungspartnerschaften" mit der Privatwirtschaft. Ausmaß – Risiken – Konsequenzen, WEED Arbeitspapier, Bonn/ Berlin.

Hof, Hagen (2003): Umweltrecht und Umweltethik – Wegweiser zu nachhaltigem Umweltverhalten, in: Dölling, Dieter (Hrsg.): Jus humanum, Berlin, S. 339-370.

Höffe, Ottfried (2004): Gerechtigkeit. Eine philosophische Einführung, München.

Hoffmann, Esther/ Weiland, Ulrike (1999): Das Konzept Nachhaltigkeit in der feministischen Kritik: Vom Ausleuchten blinder Flecke zum Blick auf das Ganze. Zusammenfassung der Diskussion, in: Weller, Ines/ Hoffmann, Ines/ Hofmeister, Sabine (Hrsg.): Nachhaltigkeit und Feminismus: Neue Perspektiven – Alte Blockaden, Bielefeld, S. 207-218.

Hofmann, Werner [1964] (1971): Wert- und Preislehre, Berlin.

Hofmeister, Sabine (1998): Von der Abfallwirtschaft zur Ökologischen Stoffwirtschaft. Wege zu einer Ökonomie der Reproduktion, Opladen/ Wiesbaden.

Hofmeister, Sabine (2003): Grenzgänge: Geschlechter- und Nachhaltigkeitsforschung, in: Heinz, Kathrin/ Thiessen, Barbara (Hrsg.): Feministische Forschung – Nachhaltige Einsprüche, Opladen, S. 371-388.

Hofmeister, Sabine (2004): Erhalten durch Gestalten – Plädoyer für eine Neuerfindung des Ökonomischen, in: Biesecker, Adelheid/ Elsner, Wolfram (Hrsg.): Erhalten durch Gestalten. Nachdenken über eine (re)produktive Ökonomie, Frankfurt a. M., S. 13-34.

Hofmeister, Sabine/ Karsten, Maria-Eleonora/ Weller, Ines/ Brinkmann, Verena/ Kägi, Sylvia/ Katz, Christine/ Mölders, Tanja/ Thiem, Anja (2002): Geschlechterverhältnisse und Nachhaltigkeit. Dokumentation zum aktuellen Stand von Forschung und Diskussion zum Thema „Geschlechterverhältnisse und Nachhaltigkeit", Abschlussbericht für das Umweltbundesamt 2002, www.bmu.de/files/pdfs/allgemein/application/pdf/endbericht_gender.pdf (Zugriff: 29.2.2012).

Hofmeister, Sabine/ Katz, Christine (2011): Naturverhältnisse. Geschlechterverhältnisse. Nachhaltigkeit, in: Groß, Matthias (Hrsg.): Handbuch Umweltsoziologie, Wiesbaden, S. 365-398.

Hofmeister, Sabine/ Katz, Christine/ Tanja Mölders (Hrsg.) (2013): Geschlechterverhältnisse und Nachhaltigkeit. Die Kategorie ‚Geschlecht' in den Nachhaltigkeitswissenschaften, Opladen.

Hofmeister, Sabine/ Mölders, Tanja (2006): Geschlecht als Basiskategorie der Nachhaltigkeitsforschung, in: Schäfer, Martina/ Schultz, Irmgard/ Wendorf, Gabriele (Hrsg.): Gender-Perspektiven in der Sozial-ökologischen Forschung. Herausforderungen und Erfahrungen aus inter- und transdisziplinären Projekten, München, S. 17-37.

Hofmeister, Sabine/ Mölders, Tanja (2013): Caring for Natures? Naturschutz aus der Perspektive des Vorsorgenden Wirtschaftens, in: Netzwerk Vorsorgenden Wirtschaftens (Hrsg.): Wege Vorsorgenden Wirtschaftens, Marburg, S. 85-114.

Hofmeister, Sabine/ Mölders, Tanja/ Karsten, Maria-Eleonora (Hrsg.) (2003): Zwischentöne gestalten: Dialoge zur Verbindung von Geschlechterverhältnissen und Nachhaltigkeit, Bielefeld.

Hofmeister, Sabine/ Spitzner, Meike (1999): Zeitlandschaften. Perspektiven öko-sozialer Zeitpolitik, Stuttgart.

Hofmeister, Sabine/ Weller, Ines (2004): Nationale Nachhaltigkeitsstrategien – „blinde Flecken" aus und für Genderperspektiven, Nr. 55 der Bremer Diskussionspapiere zur Institutionellen Ökonomie und Sozial-Ökonomie, Bremen.

Höhler, Sabine/ Luks, Fred (2004): Die ökonomische Konstruktion ökologischer Wirklichkeit: Vorarbeiten, Thesen und Konkretisierungen zum Expertendiskurs der „Nachhaltigen Entwicklung", NEDS-Working Paper 5, 08/2004, Hamburg.

Holland-Cunz, Barbara (1994): Soziales Subjekt Natur. Natur- und Geschlechterverhältnis in emanzipatorischen politischen Theorien, Frankfurt a. M./ New York.

Holland-Cunz, Barbara (1998): Feministische Demokratietheorie. Thesen zu einem Projekt, Opladen.

Holland-Cunz, Barbara (2000): Politiktheoretische Überlegungen zu Global Governance, in: Holland-Cunz, Barbara/ Ruppert, Uta (Hrsg.): Frauenpolitische Chancen globaler Politik. Verhandlungsverfahren im internationalen Kontext, Opladen, S. 25-44.

Holland-Cunz, Barbara (2014): Die Natur der Neuzeit. Eine feministische Einführung, Opladen/ Berlin/ Toronto.

Holtkamp, Lars/ Bogumil, Jörg (2007): Die Bürgerkommune – Das Konzept in Theorie und Praxis, in: Neues Verwaltungsmanagement, Heft 2, S. 1-29.

Holtrup, Andre/ Spitzley, Helmut (2008): Kürzer arbeiten – besser für alle. „Kurze Vollzeit" und „Vollbeschäftigung neuen Typs" – ökonomische Grundlagen und soziale Chancen, in: Zimpelmann, Beate/ Endl, Hans-L. (Hrsg.): Zeit ist Geld. Ökonomische, ökologische und soziale Grundlagen von Arbeitszeitverkürzung, Hamburg, S. 111-139.

Homann, Karl/ Suchanek, Andreas [2000] (2005): Ökonomik. Eine Einführung, Tübingen.

Honneth, Axel (2000): Das Andere der Gerechtigkeit. Aufsätze zur praktischen Philosophie, Frankfurt a. M.

Hoppe, Hella (2002): Feministische Ökonomik, Gender in Wirtschaftstheorien und ihren Methoden, Berlin.

Hornberg, Claudia (Hrsg.) (2009): Umweltgerechtigkeit. Die soziale Verteilung von gesundheitsrelevanten Umweltbelastungen, Bielefeld.

Hornberg, Claudia/ Bunge, Christiane/ Pauli, Andrea (2011): Strategien für mehr Umweltgerechtigkeit. Handlungsfelder für Forschung, Politik und Praxis, Bielefeld.

Huber, Joseph (1982): Die verlorene Unschuld der Ökologie. Neue Technologien und superindustrielle Entwicklung, Frankfurt a. M.

Huber, Joseph (1985): Die Regenbogen-Gesellschaft. Ökologie und Sozialpolitik, Frankfurt a. M.

Huber, Joseph (1995): Nachhaltige Entwicklung. Strategien für eine ökologische und soziale Erdpolitik, Berlin.

Hufschmid, Anne/ Jung, Andrea/ Azzellini, Dario/ Hirsch, Joachim/ Sachs, Herby/ Brand, Ulrich (2003): „Preguntando caminamos" – „Fragend gehen wir voran" – Ein Gespräch über den Zapatismus und seine Resonanzen, in: BUKO (Hrsg.): radikal global. Bausteine für eine internationalistische Linke, Göttingen, S. 19-42.

Human Development Report (1990): Concept and Measurement of Human Development, published for the United Nations Development Programme (UNDP), New York.

Human Development Report (1991): Financing Human Development, published for the United Nations Development Programme (UNDP), New York.

Human Development Report (1992): Global Dimensions of Human Development, published for the United Nations Development Programme (UNDP), New York.

Human Development Report (1993): People's Participation, published for the United Nations Development Programme (UNDP), New York.

Human Development Report (1994): New Dimensions of Human Security, published for the United Nations Development Programme (UNDP), New York.

Human Development Report (1995): Gender and Human Development, published for the United Nations Development Programme (UNDP), New York.

Human Development Report (1996): Economic Growth and Human Development, published for the United Nations Development Programme (UNDP), New York.

Human Development Report (1997): Human Development to Eradicate Poverty, published for the United Nations Development Programme (UNDP), New York.

Human Development Report (1998): Consumption for Human Development, published for the United Nations Development Programme (UNDP), New York.

Human Development Report (1999): Globalization with a Human Face, published for the United Nations Development Programme (UNDP), New York.

Human Development Report (2000): Human Rights and Human Development, published for the United Nations Development Programme (UNDP), New York.

Human Development Report (2001): Making New Technologies Work for Human Development, published for the United Nations Development Programme (UNDP), New York.

Human Development Report (2002): Deepening democracy in a fragmented world, published for the United Nations Development Programme (UNDP), New York.

Human Development Report (2003): Millennium Development Goals: A Compact Among Nations to End Human Poverty, published for the United Nations Development Programme (UNDP), New York.

Human Development Report (2004): Cultural Liberty in Today's Diverse World, published for the United Nations Development Programme (UNDP), New York.

Human Development Report (2005): International cooperation at a crossroads: Aid, trade and security in an unequal world, published for the United Nations Development Programme (UNDP), New York.

Human Development Report (2006): Beyond scarcity: Power, poverty and the global water crisis, published for the United Nations Development Programme (UNDP), New York.

Human Development Report (2007/2008): Fighting climate change: Human solidarity in a divided world, published for the United Nations Development Programme (UNDP), New York.

Human Development Report (2009): Overcoming barriers: Human mobility and development, published for the United Nations Development Programme (UNDP), New York.

Human Development Report (2010): The Real Wealth of Nations: Pathways to Human Development, published for the United Nations Development Programme (UNDP), New York.

Human Development Report (2011): Sustainability and Equity: A Better Future for All, published for the United Nations Development Programme (UNDP), New York.

Human Development Report (2013): The Rise of the South: Human Progress in a Diverse World, published for the United Nations Development Programme (UNDP), New York.

Hummel, Diana (1998): Feministische Debatten über Bevölkerungspolitik und reproduktive Rechte: Einmischungen und Abgrenzungen, in: Klingebiel, Ruth/ Randeria, Shalini (Hrsg.): Globalisierung aus Frauensicht. Bilanzen und Visionen, Bonn, S. 186-213.

Hummel, Diana/ Becker, Egon (2006): Bedürfnisse, in: Becker, Egon/ Jahn, Thomas (Hrsg.): Soziale Ökologie. Grundzüge einer Wissenschaft von den gesellschaftlichen Naturverhältnissen, Frankfurt a. M./ New York, S. 198-210.

Hummel, Diana/ Kluge, Thomas (2004): Das Konzept Gesellschaftliche Naturverhältnisse, in: Querschnittsarbeitsgruppe Steuerung und Transformation im Förderschwerpunkt Sozial-ökologische Forschung des Bundesministeriums für Bildung und Forschung (BMBF) (Hrsg.): Steuerung und Transformation. Überblick über theoretische Konzepte in den Projekten der sozial-ökologischen Forschung. Diskussionspapier 01, Berlin, S. 93-100.

Hummel, Diana/ Kluge, Thomas (2006): Regulationen, in: Becker, Egon/ Jahn, Thomas (Hrsg.): Soziale Ökologie. Grundzüge einer Wissenschaft von den gesellschaftlichen Naturverhältnissen, Frankfurt a. M./ New York, S. 248-258.

Hummel, Diana/ Lux, Alexandra (2006): Bevölkerungsentwicklung, in: Becker, Egon/ Jahn, Thomas (Hrsg.): Soziale Ökologie. Grundzüge einer Wissenschaft von den gesellschaftlichen Naturverhältnissen, Frankfurt a. M./ New York, S. 409-422.

Hunecke, Marcel (2006): Eine forschungsmethodologische Heuristik zur Sozialen Ökologie, München.

Hussein, Karim (2002): Livelihood approaches compared: A multi-agency review of current practice. Commissioned by the UK Department for International Development's (DFID's), London.

Hüttner, Bernd (1997): Von Fröschen und Schlangen – Abwicklung des Nordens statt Öko-Korporatismus, in: Schwertfisch (Hrsg.): Zeitgeist mit Gräten. Politische Perspektiven zwischen Ökologie und Autonomie, Bremen, S. 139-152.

ICCPR (1966) – siehe Internationaler Pakt über bürgerliche und politische Rechte.

ICESCR (1966) – siehe Internationaler Pakt über wirtschaftliche, soziale und kulturelle Rechte.

ICPQL – Independent Commission on Population and Quality of Life (Hrsg.) (1998): Visionen für eine bessere Lebensqualität, Basel.

ILO – International Labour Organization (1999): Decent work agenda, www.ilo.org/global/about-the-ilo/decent-work-agenda/lang--en/index.htm (Zugriff: 19.2.2013).

Immler, Hans (1985): Natur in der ökonomischen Theorie. Teil 1: Vorklassik – Klassik – Marx. Teil 2: Physiokratie – Herrschaft der Natur, Opladen.

Immler, Hans (1989): Vom Wert der Natur. Zur ökologischen Reform von Wirtschaft und Gesellschaft, Opladen.

Immler, Hans/ Hofmeister, Sabine (1998): Natur als Grundlage und Ziel der Wirtschaft. Grundzüge einer Ökonomie der Reproduktion, Opladen.

Informationsbüro Nicaragua e.V. (1996): Einleitung zur Dokumentation: Die Debatte um die Studie „Zukunftsfähiges Deutschland", in: Eblinghaus, Helga/ Stickler, Armin (Hrsg.): Nachhaltigkeit und Macht. Zur Kritik von Sustainable Development, Frankfurt a. M., S. 203-206.

Inhetveen, Katharina (2008): Macht, in: Baur, Nina/ Korte, Hermann/ Löw, Martina/ Schroer, Markus (Hrsg.): Handbuch Soziologie, Wiesbaden, S. 253-272.

Institut für sozial-ökologische Forschung/ Hessische Landesstiftung der Heinrich-Böll-Stiftung e.V. (Hrsg. der dt. Ausgabe) (2003): Great Transition. Umbrüche und Übergänge auf dem Weg zu einer planetarischen Gesellschaft, Autoren: Paul Raskin, Tariq Banuri, Gilberto Gallopín, Pablo Gutman, Al Hammond, Robert Kats, Rob Swart. Ein Bericht der Global Scenario Group, Stockholm Environment Institute (SEI), Boston/ Frankfurt a. M.

Internationaler Pakt über bürgerliche und politische Rechte (Zivilpakt) vom 19. Dezember 1966, BGBl. 1973 II 1553, www.auswaertiges-amt.de/cae/servlet/contentblob/360794/publicationFile/3613/IntZivilpakt.pdf (Zugriff: 20.2.2013), auch abgedruckt in: Bundeszentrale für politische Bildung (Hrsg.): Menschenrechte. Dokumente und Deklarationen, Bonn, S. 69-85.

Internationaler Pakt über wirtschaftliche, soziale und kulturelle Rechte (Sozialpakt) vom 19. Dezember 1966, BGBl. 1973 II 1569, www.ohchr.org/Documents/ProfessionalInterest/cescr.pdf (Zugriff: 20.2.2013), in deutscher Übersetzung auch abgedruckt in: Bundeszentrale für politische Bildung (Hrsg.): Menschenrechte. Dokumente und Deklarationen, Bonn, S. 59-68.

ISOE/ HGDÖ (Hrsg.) – siehe Institut für sozial-ökologische Forschung/ Hessische Landesstiftung der Heinrich-Böll-Stiftung e.V. (2003).

IUCN – International Union for Conservation of Nature and Natural Resources (1980): World Conservation Strategy. Living Resource Conservation for Sustainable Development, Gland.

Jäger, Margarete (2004): Diskursanalyse: Ein Verfahren zur kritischen Rekonstruktion von Machtbeziehungen, in: Becker, Ruth/ Kortendiek, Beate (Hrsg.): Handbuch Frauen- und Geschlechterforschung. Theorie, Methoden, Empirie, Wiesbaden, S. 336-341.

Jäger, Siegfried (1993): Kritische Diskursanalyse. Eine Einführung, Duisburg.

Jäger, Siegfried (2001): Diskurs und Wissen. Theoretische und methodische Aspekte einer kritischen Diskurs- und Dispositivanalyse, in: Keller, Reiner/ Hirseland, Andreas/ Schneider, Werner/ Viehöver, Willy (Hrsg.): Handbuch Sozialwissenschaftliche Diskursanalyse. Bd. 1: Theorien und Methoden, Opladen, S. 81-112.

Jahn, Thomas (1990): Die ökologische Krise der gesellschaftlichen Naturverhältnisse – zum Problemverständnis von Sozialer Ökologie, in: Forschungsjournal Neue Soziale Bewegungen, 3. Jg., Heft 3, S. 76-82.

Jahn, Thomas/ Keil, Florian (2006): Transdisziplinärer Forschungsprozess, in: Becker, Egon/ Jahn, Thomas (Hrsg.): Soziale Ökologie. Grundzüge einer Wissenschaft von den gesellschaftlichen Naturverhältnissen, Frankfurt a. M./ New York, S. 319-329.

Jahn, Thomas/ Schramm, Engelbert (2006): Wissenschaft und Gesellschaft, in: Becker, Egon/ Jahn, Thomas (Hrsg.): Soziale Ökologie. Grundzüge einer Wissenschaft von den gesellschaftlichen Naturverhältnissen, Frankfurt a. M./ New York, S. 96-109.

Jahn, Thomas/ Wehling, Peter (1995): Sozial-ökologische Zukunftsforschung, in: Politische Ökologie, Sonderheft 7: Zukunft neu denken. Für eine sozial-ökologische Innovation der Forschung, S. 30-33.

Jahn, Thomas/ Wehling, Peter (1998): Gesellschaftliche Naturverhältnisse – Konturen eines theoretischen Konzepts, in: Brand, Karl-Werner (Hrsg.): Soziologie und Natur. Theoretische Perspektiven, Opladen, S. 75-93.

Jain, Devaki (2000): DAWN, in: Kramarae, Cheris/ Spencer, Dale (Eds.): Routledge International Encyclopedia of Women. Global Women's Issues and Knowledge, New York, pp. 298-299.

Jänicke, Martin (1982): Arbeitsplätze durch umweltgerechtes Wirtschaften, oder: Die Krise der Ausbeutung von Natur, Mensch und Gesellschaft, in: Berger, Johannes/ Müller, Joachim/ Pfriem, Reinhard (Hrsg.): Kongress Zukunft der Arbeit. Wege aus Massenarbeitslosigkeit und Umweltzerstörung, Bielefeld, S. 294-301.

Jänicke, Martin (1993): Über ökologische und politische Modernisierungen, in: Zeitschrift für Umweltpolitik und Umweltrecht, 16. Jg., Heft 2, S. 159-175.

Jänicke, Martin (2003): Lehren aus dem Rio-Prozess. Das Governancemodell der Agenda 21, in: Ökologisches Wirtschaften, Heft 3/4, S. 4-5.

Jansen, Mechtild (1997): Arbeit neu verteilen, bewerten, schaffen. Frauen für eine andere Ökonomie, in: Agenda-Büro Hannover/ Amt für Umweltschutz (Hrsg.): Protokoll des Workshops am 6.9.1997. Arbeit neu verteilen, bewerten, schaffen. Frauen für eine demokratische Neugestaltung der Arbeit, Hannover, S. 5-28.

Jochimsen, Maren (2003a): Careful Economics. Integrating Caring Activities and Economic Science, Boston/ Dordrecht/ London.

Jochimsen, Maren (2003b): Die Gestaltungskraft des Asymmetrischen – Kennzeichen klassischer Sorgesituationen und ihre theoretische Erfassung in der Ökonomik, in: zfwu – Zeitschrift für Wirtschafts- und Unternehmensethik, 4. Jg., Heft 1, S. 38-51.

Jochimsen, Maren/ Kesting, Stefan/ Knobloch, Ulrike (Hrsg.) (2004): Lebensweltökonomie, Bielefeld.

Jochimsen, Maren/ Knobloch, Ulrike (2000): Eine Idee wächst, in: Biesecker, Adelheid/ Mathes, Maite/ Schön, Susanne/ Scurrell, Babette (Hrsg.): Vorsorgendes Wirtschaften. Auf dem Weg zu einer Ökonomie des Guten Lebens, Bielefeld, S. 15-16.

Jochimsen, Maren/ Knobloch, Ulrike/ Seidl, Irmi (1994): Vorsorgendes Wirtschaften. Konturenskizze zu Inhalt und Methode einer ökologischen und sozialverträglichen Ökonomie, in: Busch-Lüty, Christiane/ Jochimsen, Maren/ Knobloch, Ulrike/ Seidl, Irmi (Hrsg.): Vorsorgendes Wirtschaften. Frauen auf dem Weg zu einer Ökonomie der Nachhaltigkeit. Politische Ökologie, Sonderheft 6, S. 6-11.

Jochimsen, Maren/ Knobloch, Ulrike/ Seidl, Irmi/ Busch-Lüty, Christiane (1994): Editorial, in: Busch-Lüty, Christiane/ Jochimsen, Maren/ Knobloch, Ulrike/ Seidl, Irmi (Hrsg.): Vorsorgendes Wirtschaften. Frauen auf dem Weg zu einer Ökonomie der Nachhaltigkeit. Politische Ökologie, Sonderheft 6, S. 3.

Johannesburg-Deklaration (2002) – siehe United Nations (2002a).

Johnson, Stanley P. (1993): The Earth Summit: The United Nations Conference on Environment and Development (UNCED), London/ Dordrecht/ Boston.

Jonas, Hans (1978): Das Prinzip Verantwortung, Frankfurt a. M.

Jörissen, Juliane/ Brandl, Volker/ Kopfmüller, Jürgen/ Paetau, Michael (2000): Ein integratives Konzept nachhaltiger Entwicklung: Der theoretisch-konzeptionelle Ansatz des F-Verbundprojekts, in: TA-Datenbank-Nachrichten, 9. Jg., Nr. 2 (Juni 2000); S. 35-42.

Jörissen, Juliane/ Kopfmüller, Jürgen/ Brandl, Volker/ Paetau, Michael (1999): Ein integratives Konzept nachhaltiger Entwicklung, Forschungszentrum Karlsruhe, Technik und Umwelt, Wissenschaftliche Berichte FZKA 6393, Karlsruhe.

Jüdes, Ulrich (1997): Nachhaltige Sprachverwirrung. Auf der Suche nach einer Theorie des Sustainable Development, in: Politische Ökologie, 15. Jg., Nr. 52, München, S. 33.

Jungkeit, Renate/ Katz, Christine/ Weber, Ivana/ Winterfeld, Uta von (2001): Natur – Wissenschaft – Nachhaltigkeit. Die Bedeutung ökologischer Wissenschaften im Nachhaltigkeitsdiskurs sowie deren Zusammenhang mit gesellschaftlichen Natur- und Geschlechtervorstellungen. Endbericht (Sondierungsprojekt 07SOE17), www.soef.org/intern/upload/literatur/winterfeld_natur_wissensch_nachhaltigk_2001.pdf (Zugriff: 29.2.2012).

Jungkeit, Renate/ Katz, Christine/ Weber, Ivana/ Winterfeld, Uta von (2002): Natur – Wissenschaft – Nachhaltigkeit. Die Bedeutung ökologischer Wissenschaften im Nachhaltigkeitsdiskurs sowie deren Zusammenhang mit gesellschaftlichen Natur- und Geschlechtervorstellungen, in: Balzer, Ingrid/ Wächter, Monika (Hrsg.): Sozial-ökologische Forschung. Ergebnisse der Sondierungsprojekte aus dem BMBF-Förderschwerpunkt, München, S. 475-494.

Junkernheinrich, Martin/ Klemmer, Paul/ Wagner, Gerd R. (Hrsg.) (1995): Handbuch zur Umweltökonomie, Berlin.

Jurczyk, Karin/ Schier, Manuela/ Szymenderski, Peggy/ Lange, Andreas/ Voß, Günter G. (2009): Entgrenzte Arbeit – entgrenzte Familie. Grenzmanagement im Alltag als neue Herausforderung, Berlin.

KAB – Katholische Arbeitnehmer-Bewegung (o. J.): Ohne Grund Einkommen! Ohne Grundeinkommen? Existenz sichern heißt. Teilhabe ermöglichen! Statement der KAB-Berlin, www.kab-dv-berlin.de/infobox/grundsicherung.htm (Zugriff: 29.2.2012).

Kahlert, Heike (2005): Wissenschaftsentwicklung durch Inter- und Transdisziplinarität: Positionen der Frauen- und Geschlechterforschung, in: Kahlert, Heike/ Thiessen, Barbara/ Weller, Ines (Hrsg.): Quer denken – Strukturen verändern. Gender Studies zwischen Disziplinen, Wiesbaden, S. 23-60.

Kahlert, Heike/ Thiessen, Barbara/ Weller, Ines (Hrsg.) (2005): Quer denken – Strukturen verändern. Gender Studies zwischen Disziplinen, Wiesbaden.

Kämpf, Andrea (2008): Apropos Menschenrechte: Entwicklung. Ein einklagbarer Anspruch?, in: Böll. Thema: Menschenrechte sind nicht teilbar, Heft 3, S. 22-23.

Kanning, Helga (2005): Brücken zwischen Ökologie und Ökonomie, München.

Kaphengst, Timo/ Bahn, Evelyn (2012): Land Grabbing. Der globale Wettlauf um Agrarland, Hamburg.

Karhoff, Brigitte/ Ring, Rosemarie/ Steinmaier, Helga (1993): Frauen verändern ihre Stadt. Selbstorganisierte Projekte der sozialen und ökologischen Stadterneuerung. Vom Frauenstadthaus bis zur Umplanung einer Großsiedlung, Göttingen.

Karim, Shuchi (2009): Our Voices, Our Aspirations: Creating our Future – Who is an Empowered Woman in an Uncertain World?, www.dawnnet.org/training-institutes-in action.php?id=14 (Zugriff: 2.4.2012).

Katz, Christine (2001): Feministische Auseinandersetzung mit dem Jahresgutachten „Welt im Wandel. Erhaltung und nachhaltige Nutzung der Biosphäre" des Wissenschaftlichen Beirates der Bundesregierung „Globale Umweltveränderungen" (WBGU) von 1999, Wuppertal.

Katz, Christine/ Mölders, Tanja (2004): Kritische Einschätzung der Nachhaltigkeitsstrategie aus Geschlechterperspektive. Gemeinsames Positionspapier der AG Frauen im Forum Umwelt & Entwicklung und genanet – Leitstelle für Gender, Umwelt und Nachhaltigkeit zum Fortschrittsbericht der Nationalen Nachhaltigkeitsstrategie, Berlin.

Katz, Christine/ Müller, Christa/ Winterfeld, Uta von (2004): Globalisierung und gesellschaftliche Naturverhältnisse: Mit südafrikanischen Geschichten, erzählt von Juliane Grüning, Verena Brinkmann und Tanja Mölders, Wuppertal Paper Nr. 143, Wuppertal.

Katz, Christine/ Vinz, Dagmar (2005): Nachhaltigkeit, in: ABC der Globalisierung. Von „Alterssicherung" bis „Zivilgesellschaft", hrsg. vom Wissenschaftlichen Beirat von Attac, Hamburg, S. 126-127.

Katz, Christine/ Heilmann, Sebastian/ Thiem, Anja/ Moths, Katharina/ Koch, Lea/ Hofmeister, Sabine (Hrsg.) (2015): Nachhaltigkeit anders denken. Veränderungspotenziale durch Geschlechterperspektiven. Wiesbaden.

Kavemann, Barbara/ Kreyssig, Ulrike (Hrsg.) (2007): Handbuch Kinder und häusliche Gewalt, Wiesbaden.

Keil, Florian/ Hummel, Diana (2006): Nachhaltigkeit und kritische Übergänge, in: Becker, Egon/ Jahn, Thomas (Hrsg.): Soziale Ökologie. Grundzüge einer Wissenschaft von den gesellschaftlichen Naturverhältnissen, Frankfurt a. M./ New York, S. 240-247.

Kelle, Udo/ Kluge, Susann (1999): Vom Einzelfall zum Typus. Fallvergleich und Fallkontrastierung in der qualitativen Sozialforschung, Opladen.

Kelle, Udo/ Marx, Janine/ Pengel, Sandra/ Uhlhorn, Kai/ Witt, Ingmar (2003): Die Rolle theoretischer Heuristiken im qualitativen Forschungsprozess. Ein Werkstattbericht, in: Otto, Hans-Uwe/ Oelerich, Gertrud/ Micheel, Heinz-Günter (Hrsg.): Empirische Forschung und Soziale Arbeit. Ein Lehr- und Arbeitsbuch, München, S. 239-257.

Keller, Evelyn Fox (1989): Feminismus und Wissenschaft, in: List, Elisabeth/ Studer, Herlinde (Hrsg.): Denkverhältnisse. Feminismus als Kritik, Frankfurt a. M., S. 281-300.

Keller, Reiner (2004): Diskursforschung. Eine Einführung für SozialwissenschaftlerInnen, Wiesbaden.

Keller, Reiner (2005): Wissenssoziologische Diskursanalyse. Grundlegung eines Forschungsprogramms, Wiesbaden.

Keller, Reiner/ Hirseland, Andreas/ Schneider, Werner/ Viehöher, Willy (Hrsg.) (2001): Handbuch Sozialwissenschaftliche Diskursanalyse. Bd. 1: Theorien und Methoden, Opladen.

Keller, Reiner/ Hirseland, Andreas/ Schneider, Werner/ Viehöher, Willy (Hrsg.) [2003] (2004): Handbuch Sozialwissenschaftliche Diskursanalyse. Bd. 2: Forschungspraxis, Opladen.

Keohane, Robert O. (1984): After Hegemony. Cooperation and Discord in the World Political Economy, Princeton.

Keohane, Robert O./ Nye, Joseph S. (1977): Power and Interdependence. World Politics in Transition, Boston/ Toronto.

Kersting, Wolfgang (1999): Theoriekonzeptionen der Politischen Philosophie der Gegenwart, in: Greve, Michael Thomas/ Schmalz-Bruns, Rainer (Hrsg.): Politische Theorie – heute, Baden-Baden, S. 41-80.

Khor, Martin (2011): Risks and Uses of the Green Economy Concept in the Context of Sustainable Development, Poverty and Equity, South Centre, Research Paper 40, July 2011, www.southcentre.int/wp-content/uploads/2013/05/RP40_Green-Economy-Concept-Sustainable-Development-Poverty-and-Equity_EN.pdf (Zugriff: 20.12.2012).

King, Ynestra (1989): The Ecology of Feminism and the Feminism of Ecology, in: Plant, Judith (Ed.): Healing the Wounds: The Promise of Ecofeminism, Philadelphia/ Santa Cruz, pp. 18-28.

Kjellén, Rudolf (1917): Der Staat als Lebensform, Leipzig.

Klasing, Anneke/ Meyer-Ohlendorf, Nils/ Homeyer, Ingmar von (2004): Über Lissabon zu einem nachhaltigen Europa?, in: Politische Ökologie, 22. Jg., Nr. 90, S. 74-75.

Klein, Ansgar (1997): Die NGOs als Bestandteil der Zivilgesellschaft und Träger einer partizipativen und demokratischen gesellschaftlichen Entwicklung, in: Altvater, Elmar/ Brunnengräber, Achim/ Haake, Markus/ Walk, Heike (Hrsg.): Vernetzt und verstrickt, Münster.

Kleinheins, Christina/ Klinkhart, Stefanie (1993): Regionalentwicklung – feministische Perspektiven, in: Frei-Räume. Streitschrift der feministischen Organisationen von Planerinnen und Architektinnen. FOPA e.V., Heft 6, S. 7-13.

Klenner, Christiana/ Pfahl, Svenja (2008): Jenseits von Zeitnot und Karriereverzicht – Wege aus dem Arbeitszeitdilemma. WSI-Diskussionspapier Nr. 158, Düsseldorf.

Klingebiel, Ruth/ Randeria, Shalini (Hrsg.) (1998): Globalisierung aus Frauensicht. Bilanzen und Visionen, Bonn.

Kluge, Friedrich (1995): Etymologisches Wörterbuch der deutschen Sprache, Berlin/ New York.

Kluge, Thomas/ Hummel, Diana (2006): Transformationen, in: Becker, Egon/ Jahn, Thomas (Hrsg.): Soziale Ökologie. Grundzüge einer Wissenschaft von den gesellschaftlichen Naturverhältnissen, Frankfurt a. M./ New York, S. 259-266.

Kluge, Thomas/ Liehr, Stefan/ Lux, Alexandra (2006): Wasser, in: Becker, Egon/ Jahn, Thomas (Hrsg.): Soziale Ökologie. Grundzüge einer Wissenschaft von den gesellschaftlichen Naturverhältnissen, Frankfurt a. M./ New York, S. 344-359.

Kluge, Thomas/ Liehr, Stefan/ Schramm, Engelbert (2007): Strukturveränderungen und neue Verfahren in der Ressourcenregulation, ISOE-Diskussionspapiere Nr. 27, Frankfurt a. M.

Knapp, Gudrun-Axeli (2005): „Intersectionality" – ein neues Paradigma feministischer Theorie? Zur transatlantischen Reise von „Race, Class, Gender", in: Feministische Studien, 23. Jg., Heft 1, S. 68-81.

Knapp, Gudrun-Axeli/ Klinger, Cornelia/ Sauer, Birgit (2007): Einführung, in: Klinger, Cornelia/ Knapp, Gudrun-Axeli/ Sauer, Birgit (Hrsg.): Achsen der Ungleichheit. Zum Verhältnis von Klasse, Geschlecht und Ethnizität, Frankfurt a. M./ New York., S. 7-18.

Knaus, Anja/ Renn, Ortwin (1998): Den Gipfel vor Augen. Unterwegs in eine nachhaltige Zukunft, Marburg.

Knobloch, Ulrike (2003): Der Fähigkeitsansatz als Orientierung für eine feministische Wirtschaftsethik, in: zfwu – Zeitschrift für Wirtschafts- und Unternehmensethik, Themenschwerpunkt Feministische Wirtschaftsethik, 4. Jg., Heft 1, S. 32-37.

Knobloch, Ulrike (2013): Versorgen – Fürsorgen – Vorsorgen. Normative Grundlagen einer Sorgeökonomie als allgemeine Wirtschaftstheorie und die Ethik des Vorsorgenden Wirtschaftens, in: Netzwerk Vorsorgenden Wirtschaftens (Hrsg.): Wege Vorsorgenden Wirtschaftens, Marburg, S. 21-42.

Kok, Wim (2004): Die Herausforderung annehmen. Die Lissabon-Strategie für Wachstum und Beschäftigung. Bericht der Hochrangigen Sachverständigengruppe unter Vorsitz von Wim Kok.

Kolleg „Postwachstumsgesellschaften" (o. J.): Kolleg Postwachstumsgesellschaften, www.kolleg-postwachstum.de/ (Zugriff: 23.2.2013).

KOM/ Europäische Kommission (2005): Zusammenarbeit für Wachstum und Arbeitsplätze. Ein Neubeginn für die Strategie von Lissabon, KOM(2005)24, 2.2.2005, Brüssel, www.eur-lex.europa.eu/LexUriServ/LexUriServ.do?uri=COM:2005:0024:FIN:DE:PDF (Zugriff: 11.2.2013).

König, Tomke/ Jäger, Ulle (2011): Reproduktionsarbeit in der Krise und neue Momente der Geschlechterordnung. Alle nach ihren Fähigkeiten, alle nach ihren Bedürfnissen!, in: Demirović, Alex/ Dück, Julia/ Becker, Florian/ Bader, Pauline (Hrsg.): VielfachKrise. Im finanzdominierten Kapitalismus, Hamburg, S. 147-164.

Kopfmüller, Jürgen (2006a): Das integrative Konzept nachhaltiger Entwicklung: Motivation, Architektur, Perspektiven, in: Kopfmüller, Jürgen (Hrsg.): Ein Konzept auf dem Prüfstand. Das integrative Nachhaltigkeitskonzept in der Forschungspraxis, Berlin, S. 23-38.

Kopfmüller, Jürgen (2006b): Einführung, in: Kopfmüller, Jürgen (Hrsg.): Ein Konzept auf dem Prüfstand. Das integrative Nachhaltigkeitskonzept in der Forschungspraxis, Berlin, S. 13-22.

Kopfmüller, Jürgen (Hrsg.) (2006c): Ein Konzept auf dem Prüfstand. Das integrative Nachhaltigkeitskonzept in der Forschungspraxis, Berlin.

Kopfmüller, Jürgen/ Brandl, Volker/ Jörissen, Juliane/ Paetau, Michael/ Banse, Gerhard/ Coenen, Reinhard/ Grunwald, Armin (2001): Nachhaltige Entwicklung integrativ betrachtet. Konstitutive Elemente, Regeln, Indikatoren, Berlin.

Kopfmüller, Jürgen/ Coenen, Reinhard/ Jeske, Udo (1993): Leitbilder einer Stoffpolitik. Beantwortung des Fragenkatalogs für eine öffentliche Anhörung der Enquete-Kommission „Schutz des Menschen und der Umwelt" – Bewertungskriterien und Perspektiven für umweltverträgliche Stoffkreisläufe in der Industriegesellschaft, Karlsruhe.

Kramer, Betty J./ Thompson, Edward H. (2002): Men as Caregivers. Theory, Research and Service Implications, New York.

Krätke, Michael R. (2001): Die Kosten des Sparzwangs, in: Loccumer Initiative kritischer Wissenschaftlerinnen und Wissenschaftler (Hrsg.): Rot-Grün – noch ein Projekt? Versuch einer ersten Bilanz, Hannover, S. 23-69.

Krebs, Angelika (1997a): Naturethik im Überblick, in: Krebs, Angelika (Hrsg.): Naturethik. Grundtexte der gegenwärtigen tier- und ökoethischen Diskussion, Frankfurt a. M., S. 337-379.

Krebs, Angelika (Hrsg.) (1997b): Naturethik. Grundtexte der gegenwärtigen tier- und ökoethischen Diskussion, Frankfurt a. M.

Kreisky, Eva (1994): Aspekte der Dialektik von Politik und Geschlecht. Plädoyer gegen „geschlechtshalbierte Wahrheiten und Blickrichtungen" in der Politikwissenschaft, in: Appelt, Erna/ Neyer, Gerda (Hrsg.): Feministische Politikwissenschaft, Wien, S. 13-35

Kreisky, Eva (2004): Geschlecht als politische und politikwissenschaftliche Kategorie, in: Rosenberger, Sieglinde K./ Sauer, Birgit (Hrsg.): Politikwissenschaft und Geschlecht, Wien, S. 23-44.

Krishna, Sumi (2012): Redefining Sustainable Livelihoods, in: Harcourt, Wendy (Ed.): Women Reclaiming Sustainable Livelihoods. Spaces Lost, Spaces Gained, New York, p. 12-18.

Kröll, Walter (2003): Geleitwort, in: Coenen, Reinhard/ Grunwald, Armin (Hrsg.): Nachhaltigkeitsprobleme in Deutschland. Analyse und Lösungsstrategien, Berlin, S. 13-14.

Kropp, Cordula (2002): „Natur". Soziologische Konzepte. Politische Konsequenzen, Opladen.

Krugman, Paul (2009): Das Konjunkturprogramm, in: Frankfurter Rundschau vom 8.4.2009, www.fr-online.de/debatte/paul-krugman-das-konjunkturprogramm,14733 40,2873750.html (Zugriff: 4.4.2012).

Krull, Stefan (2004): 30 Stunden sind schon lange genug, in: Sand im Getriebe, Nr. 34, S. 16.

Kruse, Jan (2014): Qualitative Interviewforschung. Ein integrativer Ansatz, Weinheim/ Basel.

Kruse, Jan (2012): Strukturierung versus Offenheit: Theoretische Sensibilisierung als Ausgangsbasis des rekonstruktiven Paradigmas, in: Gredig, Daniel/Schnurr, Stefan (Hrsg.): Forschen in der Sozialen Arbeit. Exemplarische Antworten auf typische methodische Herausforderungen, Baltmannsweiler, S. 158-203.

Kuhn, Katina/ Heinrichs, Harald/ Newig, Jens (2011): Ausblick, in: Kuhn, Katina/ Heinrichs, Harald/ Newig, Jens (Hrsg.): Nachhaltige Gesellschaft. Welche Rolle für Partizipation und Kooperation, Wiesbaden, S. 219-220.

Künast, Renate (2012) – siehe Diekmann, Florian (2012).

Kurz-Scherf, Ingrid (1994): Arbeit für alle?! Plädoyer für eine andere Arbeitsgesellschaft, in: Dettling, Warnfried (Hrsg.): Perspektiven für Deutschland, München, S. 138-174.

Kurz-Scherf, Ingrid (1995): Vom guten Leben: feministische Perspektiven diesseits und jenseits der Arbeitsgesellschaft, in: Belitz, Wolfgang (Hrsg.): Wege aus der Arbeitslosigkeit, Reinbek bei Hamburg, S. 181-206.

Lachenmann, Gudrun (1997): Selbstorganisation sozialer Sicherheit von Frauen in Entwicklungsländern, Working Paper 191, Forschungsschwerpunkt Entwicklungssoziologie, Bielefeld.

Lachenmann, Gudrun (1998): Strukturanpassung aus Frauensicht: Entwicklungskonzepte und Transformationsprozesse, in: Klingebiel, Ruth/ Randeria, Shalini (Hrsg.): Globalisierung aus Frauensicht, Bonn, S. 294-319.

Lachenmann, Gudrun (2001a): Geschlechtsspezifische Einbettung der Wirtschaft, in: Lachenmann, Gudrun/ Dannecker, Petra (Hrsg.): Die geschlechtsspezifische Einbettung der Ökonomie. Empirische Untersuchungen über Entwicklungs- und Transformationsprozesse, Hamburg, S. 15-47.

Lachenmann, Gudrun (2001b): Transformation der Frauenökonomie und Dimensionen der Einbettung in Afrika, in: Lachenmann, Gudrun/ Dannecker, Petra (Hrsg.): Die geschlechtsspezifische Einbettung der Ökonomie. Empirische Untersuchungen über Entwicklungs- und Transformationsprozesse, Hamburg, S. 83-110.

Lachenmann, Gudrun/ Dannecker, Petra (2001b): Einführung: Die geschlechtsspezifische Einbettung der Ökonomie – Engendering Embeddedness, in: Lachenmann, Gudrun/ Dannecker, Petra (Hrsg.): Die geschlechtsspezifische Einbettung der Ökonomie. Empirische Untersuchungen über Entwicklungs- und Transformationsprozesse, Hamburg, S. 1-14.

Lachenmann, Gudrun/ Dannecker, Petra (Hrsg.) (2001a): Die geschlechtsspezifische Einbettung der Ökonomie. Empirische Untersuchungen über Entwicklungs- und Transformationsprozesse, Hamburg.

Laclau, Ernesto/ Mouffe, Chantal [1985; 1991 dt. Ausgabe] (2006): Hegemonie und radikale Demokratie. Zur Dekonstruktion des Marxismus, Wien.

Ladwig, Bernd (2011): Gerechtigkeitstheorien zur Einführung, Hamburg.

Lang, Eva (2000): Entwurf einer Politik des Vorsorgenden Wirtschaftens, in: Biesecker, Adelheid/ Mathes, Maite/ Schön, Susanne/ Scurrell, Babette (Hrsg.): Vorsorgendes Wirtschaften. Auf dem Weg zu einer Ökonomie des Guten Lebens, Bielefeld, S. 215-224.

Lang, Eva (2003a): „Mutter Natur und Vater Staat". Zukunftsperspektiven und Gestaltungsansätze einer schwierigen Beziehung im Zeichen der Nachhaltigkeit, in: Lang, Eva (Hrsg.): „Mutter Natur und Vater Staat". Zukunftsperspektiven und Gestaltungsansätze einer schwierigen Beziehung im Zeichen der Nachhaltigkeit, Karlsruhe, S. 5-10.[466]

Lang, Eva (2003b): Finanzpolitik des Staates auf dem Prüfstand einer nachhaltigen Entwicklung, in: Lang, Eva (Hrsg.): „Mutter Natur und Vater Staat". Zukunftsperspektiven und Gestaltungsansätze einer schwierigen Beziehung im Zeichen der Nachhaltigkeit, Karlsruhe, S. 32-44.

Lang, Eva (2004): Vorsorgendes Wirtschaften und aktivierender Staat, in: Jochimsen, Maren/ Kesting, Stefan/ Knobloch, Ulrike (Hrsg.): Lebensweltökonomie, Bielefeld, S. 327-341.

Langehennig, Manfred (2010): In der Angehörigenpflege ein richtiger „Mann" bleiben. Anmerkungen zur genderkonstruierten Angehörigenpflege, in: Beyer, Sigrid/ Reitinger, Elisabeth (Hrsg.): Geschlechtersensible Hospiz- und Palliativkultur in der Altenhilfe, Frankfurt a. M., S. 197-209.

Latour, Bruno (2001): Das Parlament der Dinge. Für eine politische Ökologie, Frankfurt a. M.

Laugstien, Thomas (1995): Diskursanalyse, in: Haug, Wolfgang Fritz (Hrsg.): Historisch-kritisches Wörterbuch des Marxismus, Bd. 2: Bank bis Dummheit in der Musik, Hamburg, S. 727-743.

Lehner, Erich (2012): Männliche Care Arbeit. Ein Beitrag zur Geschlechtergerechtigkeit, in: AEP Informationen. Feministische Zeitschrift für Politik und Gesellschaft, 39. Jg., Heft 4, S. 17-20.

Lélé, Sharachchandra (1991): Sustainable Development. A Critical Review, in: World development, Vol. 19, No. 6, pp. 607-621.

Lenz, Ilse (2006): Machtmenschen, Marginalisierte, Schattenmenschen und moderne Gleichheit. Wie werden Ungleichheiten und Egalisierungen in der Moderne strukturiert?, in: Aulenbacher, Brigitte/ Bereswill, Mechthild/ Löw, Martina/ Meuser, Michael/ Mordt, Gabriele/ Schäfer, Reinhild/ Scholz, Sylka (Hrsg.): FrauenMännerGeschlechterforschung. State of the Art, Münster, S. 100-115.

Lenz, Ilse (2010): Intersektionalität: Zum Wechselverhältnis von Geschlecht und sozialer Ungleichheit, in: Becker, Ruth/ Kortendiek, Beate (Hrsg.): Handbuch Frauen- und Geschlechterforschung: Theorie, Methoden, 3., erweiterte und durchgesehene Auflage, Wiesbaden, S. 158-165.

Lessenich, Stephan (2012): Die „soziale Frage" revisited: Umverteilung nach dem Wachstum, Vortrag auf der Dritten Konferenz des „Denkwerk Zukunft" am 1.12.2012 in Berlin, www.kolleg-postwachstum.de/sozwgmedia/dokumente/Thesenpapiere+und+Materialien/Vortrag+_+Stephan+Lessenich+Denkwerk+Zukunft.pdf (Zugriff: 23.2.2013).

Lessenich, Stephan (2015): Externalisierungsgesellschaften, in: Soziologie, 44. Jg., Heft 1, S. 22-32.

Leukam, Michael (1997): Nachhaltige kommunale Entwicklung im Zeichen der Lokalen Agenda 21 – unter besonderer Berücksichtigung der Stadt Osnabrück, unveröffentlichte Diplomarbeit im Fachbereich Sozialwissenschaften der Universität Osnabrück.

---

[466] Der Artikel trägt genau den gleichen Namen wie die gesamte Broschüre, die von der Autorin herausgegeben wird.

Liehr, Stefan/ Becker, Egon/ Keil, Florian (2006): Systemdynamiken, in: Becker, Egon/ Jahn, Thomas (Hrsg.): Soziale Ökologie. Grundzüge einer Wissenschaft von den gesellschaftlichen Naturverhältnissen, Frankfurt a. M./ New York, S. 267-283.

Linne, Gudrun/ Schwarz, Michael (2003): Handbuch nachhaltige Entwicklung. Wie ist nachhaltiges Wirtschaften machbar?, Opladen.

Linz, Manfred (1998): Spannungsbogen: „Zukunftsfähiges Deutschland" in der Kritik, Berlin.

List, Elisabeth (1989): Denkverhältnisse. Feminismus als Kritik, in: List, Elisabeth/ Studer, Herlinde (Hrsg.): Denkverhältnisse. Feminismus als Kritik, Frankfurt a. M., S. 7-36.

Lode, Birgit/ Schaub, Jonathan (2012): Rio+20: Hoffnung für Schutz und nachhaltige Nutzung der Hohen See, Gipfelerklärung könnte Ergänzung der VN-Seerechtskonvention beschleunigen, in: SWP-Aktuell, Nr. 59, Oktober 2012, www.swp-berlin.org/fileadmin/contents/products/aktuell/2012A59_lod_schaub.pdf (Zugriff: 22.2.2013).

Löffler, Marion (2011): Feministische Staatstheorien. Eine Einführung, Frankfurt a. M./ New York.

Looß, Anneliese (1993): Abfallexport – Betroffenheit und Verantwortung der Frauen, in: Schultz, Irmgard (Hrsg.): GlobalHaushalt. Globalisierung von Stoffströmen – Feminisierung von Verantwortung, Frankfurt a. M., S. 81-101.

Lorek, Sylvia/ Spangenberg, Joachim/ Felten, Christoph (1999): Prioritäten, Tendenzen und Indikatoren umweltrelevanten Konsumverhaltens. Teilprojekt 3 des Demonstrationsvorhabens zur Fundierung und Evaluierung nachhaltiger Konsummuster und Verhaltensstile, Wuppertal.

Ludwig, Gundula (2014): Geschlecht, Macht, Staat. Feministische staatstheoretische Interventionen, Opladen/ Berlin/ Toronto.

Ludwig, Gundula/ Sauer, Birgit/ Wöhl, Stefanie (Hrsg.) (2009): Staat und Geschlecht. Grundlagen und aktuelle Herausforderungen feministischer Staatstheorie, Baden-Baden.

Lukas, Karin (2002): Wirtschaftliche Globalisierung und sozio-ökonomische Menschenrechte: eine Entdeckungsfahrt, in: Arnim, Gabriele von/ Deile, Volkmar/ Hutter, Franz-Josef/ Kurtenbach, Sabine/ Tessmer, Carsten/ Deutsche Sektion von Amnesty International/ Ludwig-Boltzmann-Institut für Menschenrechte/ Institut für Entwicklung und Frieden/ Deutsches Institut für Menschenrechte (Hrsg.): Jahrbuch Menschenrechte 2003. Schwerpunkt Terrorismusbekämpfung, Frankfurt a. M., S. 159-166.

Luke, Timothy W. (1999): MegaMetaphorics. Re-Reading Globalization, Sustainability, and Virtualization as Rhetorics of World Politics. Presented at the Symposium on Politics and Metaphors, International Society for Political Psychology, www.cddc.vt.edu/tim/tims/Tim684.htm (Zugriff: 8.2.2013).

Luks, Fred (2000): Postmoderne Umweltpolitik? Sustainable Development. Steady-State und die „Entmachtung der Ökonomik", Marburg.

Luks, Fred (2001): Die Zukunft des Wachstums. Theoriegeschichte, Nachhaltigkeit und die Perspektiven einer neuen Wirtschaft, Marburg.

Luks, Fred (2002): Nachhaltigkeit, Hamburg.

Luks, Fred (2005): Innovationen, Wachstum und Nachhaltigkeit. Eine ökologisch-ökonomische Betrachtung, in: Jahrbuch Ökologische Ökonomik 4, Marburg, S. 41-62.

Luks, Fred (2007): Gutes Leben durch Wirtschaftswachstum?, in: Lang, Eva/ Busch-Lüty, Christiane/ Kopfmüller, Jürgen (Hrsg.): Wiedervorlage dringend: Ansätze für eine Ökonomie der Nachhaltigkeit, München, S. 121-132.

Luks, Fred/ Höhler, Sabine/ Bauriedl, Sybille/ Schindler, Delia/ Winkler, Matthias (2003): Nachhaltige Entwicklung zwischen Durchsatz und Symbolik: Analyse wissenschaftlicher Evidenzproduktion und regionale Bezüge, NEDS Working-Paper 3, www.nedsprojekt.de/Download/download.html (Zugriff: 8.2.2013).

Lux, Alexandra/ Janowicz, Cedric/ Hummel, Diana (2006): Versorgungssysteme, in: Becker, Egon/ Jahn, Thomas (Hrsg.): Soziale Ökologie. Grundzüge einer Wissenschaft von den gesellschaftlichen Naturverhältnissen, Frankfurt a. M./ New York, S. 423-433.

Mäder, Heike (1999): Grunddaten zur Mobilität, in: Flade, Antje/ Limbourg; Maria (Hrsg.): Frauen und Männer in der mobilen Gesellschaft, Opladen, S. 93-109.

Maier, Jürgen (2002): Johannesburg-Gipfel: Mehr war nicht drin, in: Forum Umwelt & Entwicklung, Rundbrief Nr. 3, S. 3-5.

Mann, Michael (1994): Geschichte der Macht. Bd. 1: Von den Anfängen bis zur Griechischen Antike, Frankfurt a. M.

Märkte, Erika (1995): Frauen erheben ihre Stimme. Geschlechterfrage, Ökologie und Entwicklung, Frankfurt a. M.

Mármora, Leopoldo (1990a): Ökologie als Leitbild der Nord-Süd-Beziehungen: Club of Rome – Brundtlandkommission – „Erdpolitik", in: Peripherie, 10. Jg., Heft 39/40, S. 100-126.

Mármora, Leopoldo (1990b): Sustainable Development im Nord-Süd-Konflikt: Vom Konzept der Umverteilung des Reichtums zu den Erfordernissen einer globalen Gerechtigkeit, in: PROKLA. Zeitschrift für kritische Sozialwissenschaft, 22. Jg., Heft 86, S. 34-46.

Mármora, Leopoldo/ Messner, Dirk (1991): Zur Kritik eindimensionaler Entwicklungskonzepte. Die Entwicklungsländer im Spannungsfeld zwischen aktiver Weltmarktintegration und globaler Umweltkrise, in: PROKLA. Zeitschrift für kritische Sozialwissenschaft, 21. Jg., Heft 82, S. 90-111.

Martens, Jens (2004): Globale „Partnerschaften" und Politiknetzwerke. Hoffnungsträger des Multilateralismus oder Einfallstor für „Big Business", in: Vereinte Nationen. Zeitschrift für die Vereinten Nationen und ihre Sonderorganisationen, 52. Jg., Nr. 4, August 2004, S. 150-155.

Martens, Jens/ Sterk, Wolfgang (2002): Multilateralismus zwischen Blockadepolitik und Partnerschaftsrhetorik. Der Gipfel von Johannesburg – Eine Bilanz. WEED-Arbeitspapier 2002, www.weed-online.org/publikationen/67903.html (Zugriff: 29.2.2012).

Marx, Karl [1875] (1974): Kritik des Gothaer Programms, in: MEW, Bd. 19, Berlin.

Maset, Michael (2002): Diskurs, Macht und Geschichte. Foucaults Analysetechniken und die historische Forschung, Frankfurt a. M./ New York.

Massarrat, Mohssen (1993a): Süd-Nord Einkommenstransfer durch Dumping-Preise und der Mythos vom Freihandel, in: Massarrat, Mohssen/ Wenzel, Hans-Joachim/ Sommer, Birgit/ Szell, György (Hrsg.): Die Dritte Welt und wir. Bilanz und Perspektiven für Wissenschaft und Praxis, Freiburg, S. 17-31.

Massarrat, Mohssen (1993b): Endlichkeit der Natur und Überfluß in der Marktökonomie. Schritte zum Gleichgewicht, Marburg.

Massarrat, Mohssen (1995): Global nachhaltige Entwicklung. Zur Notwendigkeit einer Forschungskooperation und gemeinsamen wissenschaftlichen Aktivitäten. Arbeitspapier Nr. 15 der Arbeitsgruppe Dritte Welt – Umwelt & Entwicklung, Osnabrück.

Massarrat, Mohssen (1996a): Nachhaltigkeit durch Kosteninternalisierung. Zur Analyse und Reform globaler Strukturen, in: Wissenschaft und Frieden, Nr. 3/ 1996, S. 27-33.

Massarrat, Mohssen (1996b): „Wohlstand" durch globale Kostenexternalisierung, in: WIDERSPRUCH. Beiträge zu sozialistischer Politik, 16. Jg., Heft 31, S. 5-18.

Massarrat, Mohssen (1998a): Das Dilemma einer ökologischen Steuerreform. Plädoyer für eine nachhaltige Klimaschutzpolitik durch Mengenregulierung, Marburg.

Massarrat, Mohssen (1998b): Nachhaltigkeit, Nord-Süd-Verteilungskonflikte und Lösungsstrategien im internationalen Klimaschutz, in: Die Friedenswarte, Heft 1, S. 45-62.

Massarrat, Mohssen (2001a): Nord-Süd-Verteilungskonflikte und das Konzept ökologischer Nachhaltigkeit, in: Constanza, Robert/ Cumberland, John/ Daly, Herman/ Goodland, Robert/ Norgaad, Richard: Einführung in die Ökologische Ökonomik, Stuttgart (Deutsche Ausgabe hrsg. von Eser, Thiemo W./ Schwaab, Jan A./ Seidl, Irmi/ Stewen, Marcus), S. 302-303.

Massarrat, Mohssen (2001b): Chancengleichheit als Ethik der Nachhaltigkeit, in: WIDERSPRUCH. Beiträge zu sozialistischer Politik, 21. Jg., Heft 40/41, S. 55-69.

Massarrat, Mohssen (2003a): Agenda 2010: 30 Stunden-Woche für Europa. Die Alternative zu neoliberalen Rückwärtsstrategien, in: Sand im Getriebe, Nr. 26, S. 9-12.

Massarrat, Mohssen (2003b): Die 30-Stunden-Woche für Europa. Im 21. Jahrhundert stehen Nachhaltigkeit und gerechte Verteilung von Arbeit und Einkommen auf dem Plan, in: Frankfurter Rundschau (Dokumentation) vom 17.12.2003.

Massarrat, Mohssen (2004a): Chancengleichheit als Leitethik der Nachhaltigkeit und einer alternativen Weltwirtschaftsordnung, in: Biesecker, Adelheid/ Büscher, Martin/ Sauer, Thomas/ Stratmann-Mertens, Eckhard (Hrsg.): Alternative Weltwirtschaftsordnung. Perspektiven nach Cancún, Hamburg, S. 70-83.

Massarrat, Mohssen (2004b): Weniger Erwerbsarbeit und mehr Lebensqualität als Alternative zu Massenarbeitslosigkeit und neoliberaler Diktatur: 30 Stunden-Woche für Europa, in: Sand im Getriebe, Nr. 34, S. 4-9.

Massarrat, Mohssen (2005): Die Arbeitszeit neu denken: 30-Stunden-Woche jetzt, 2. Entwurf vom 3.6.2005, unveröffentlichtes Manuskript, Osnabrück.

Massarrat, Mohssen (2006): Kapitalismus – Machtungleichheit – Nachhaltigkeit. Perspektiven Revolutionärer Reformen, Hamburg.

Massarrat, Mohssen (2008): Chancengleichheit als Universalprinzip, in: Gottschlich, Daniela/ Rolf, Uwe/ Werning, Rainer/ Wollek, Elisabeth (Hrsg.): Reale Utopien. Perspektiven für eine friedliche und gerechte Welt, Köln, S. 258-290.

Massarrat, Mohssen (2009a): Weniger wachsen – weniger arbeiten. Eine realistische Alternative, in: Wissenschaft & Umwelt interdisziplinär, Bd. 13, S. 189-194.

Massarrat, Mohssen (2009b): Vollbeschäftigungskapitalismus. Plädoyer für einen Systemwechsel, in: WIDERSPRUCH. Beiträge zu sozialistischer Politik, 29. Jg., Heft 56, S. 141-153.

Massarrat, Mohssen (2009c): Gesamtgesellschaftlicher Gewinn? Mohssen Massarrat zur Kontroverse um Arbeitszeitverkürzung, in: Express. Zeitung für sozialistische Betriebs- und Gewerkschaftsarbeit, 47. Jg., Heft 9/10, S. 2-3.

Massarrat, Mohssen/ Karrer, Wolfgang/ Becker, Gerhard/ Biesecker, Adelheid/ Kriz, Jürgen/ Lumer, Christoph/ Malchow, Horst/ Mokrosch, Reinhold (2001): Antrag auf Einrichtung eines trans- und interdisziplinären Graduiertenkollegs an der Universität Osnabrück an die Deutsche Forschungsgemeinschaft zum Thema: Nachhaltigkeit – Gerechtigkeit und Chancengleichheit, Universität Osnabrück.

Matondi, Prosper B./ Havnevik, Kjell/ Beyene, Atakilte (2011) (Eds.): Biofuels, land grabbing and food security in Africa, London.

Matthews, Daniel (2013): The Democracy To Come: Notes on the Thought of Jacques Derrida, http://criticallegalthinking.com/2013/04/16/the-democracy-to-come-notes-on-the-thought-of-jacques-derrida/ (Zugriff: 16.1.2015).

Mayer, Claudia/ Frein, Michael/ Reichert, Tobias (2002): Globale Handelspolitik – Motor oder Bremse nachhaltiger Entwicklung? Eine Zwischenbilanz zehn Jahre nach Rio, hrsg. v. Forum Umwelt & Entwicklung/ Evangelischer Entwicklungsdienst, Bonn.

Mayer-Tasch, Peter Cornelius (Hrsg.) (1999): Politische Ökologie: eine Einführung, Opladen.

Mayntz, Renate/ Scharpf, Fritz W. (Hrsg.) (1995): Gesellschaftliche Selbstregulierung und politische Steuerung, Frankfurt a. M./ New York.

Mayring, Philipp (2010): Qualitative Inhaltsanalyse. Grundlagen und Techniken, 11. Auflage, Weinheim.

Mbeki, Thabo (2002): Statement of the President of South Africa and President of the Summit at the opening session of the meeting of Heads of State and Government at the World Summit for Sustainable Development, Johannesburg, 2 September 2002, www.un.org/events/wssd/statements/saE.htm (Zugriff: 13.2.2013).

McCall, Leslie (2005): The Complexity of Intersectionality, in: Signs. Journal of Women in Culture and Society, Vol. 30, No. 3, pp. 1771-1800.

Meadows, Donella H./ Meadows, Dennis L./ Randers, Jørgen/ Behrens III, William W. (1972): The Limits to Growth, New York (deutsch: Meadows, Donella H./ Meadows, Dennis L./ Randers, Jørgen/ Behrens III, William W. (1972): Die Grenzen des Wachstums. Bericht des Club of Rome zur Lage der Menschheit, Stuttgart).

Mellor, Mary [1982] (1994a): Wann, wenn nicht jetzt! Für einen ökosozialistischen Feminismus, Hamburg.

Mellor, Mary (1994b): Für einen ökosozialistischen Feminismus, in: Das Argument, Nr. 205, 36. Jg., Heft 3, (Mai/Juni 1994), S. 377-388.

Merchant, Carolyn (1987): Der Tod der Natur. Ökologie, Frauen und neuzeitliche Naturwissenschaft, München.

Merkel, Angela (2012) – siehe Rat für Nachhaltige Entwicklung (2012).

Messner, Dirk (1998): Die Netzwerkgesellschaft: wirtschaftliche Entwicklung und internationale Wettbewerbsfähigkeit als Probleme gesellschaftlicher Steuerung, Köln.

Messner, Dirk/ Nuscheler, Franz (1996): Die Weltkonferenzen der 90er Jahre: eine „Gipfelei" ohne neue Perspektiven?, in: Messner, Dirk/ Nuscheler, Franz (Hrsg.): Weltkonferenzen und Weltberichte: ein Wegweiser durch die internationale Diskussion, Bonn, S. 160-169.

Messner, Dirk/ Nuscheler, Franz (2003): Das Konzept global governance: Stand und Perspektiven, INEF-Report, Heft 67, Duisburg.

Mies, Maria (1978): Methodische Postulate zu Frauenforschung – dargestellt am Beispiel der Gewalt gegen Frauen, in: beiträge zur feministischen theorie und praxis, 1. Jg. Heft 1, S. 41-63.

Mies, Maria (1983): Subsistenzproduktion, Hausfrauisierung, Kolonialisierung, in: beiträge zur feministischen theorie und praxis, Nr. 9/10, S. 115-124.

Mies, Maria (1988): Patriarchat und Kapital. Frauen in der internationalen Arbeitsteilung, Zürich.

Mies, Maria (1992a): Wer das Land besitzt, besitzt die Frauen des Landes. Klassenkämpfe und Frauenkämpfe auf dem Land. Das Beispiel Indien, in: Bennholdt-Thomsen, Veronika/ Mies, Maria/ Werlhof, Claudia von (Hrsg.): Frauen, die letzte Kolonie. Zur Hausfrauisierung der Arbeit, Zürich, S. 18-46.

Mies, Maria (1992b): Kapitalistische Entwicklung und Subsistenzproduktion: Landfrauen in Indien, in: Bennholdt-Thomsen, Veronika/ Mies, Maria/ Werlhof, Claudia von (Hrsg.): Frauen, die letzte Kolonie. Zur Hausfrauisierung der Arbeit, Zürich, S. 86-112.

Mies, Maria (1994): Brauchen wir eine neue „ Moral Economy?" in: Busch-Lüty, Christiane/ Jochimsen, Maren/ Knobloch, Ulrike/ Seidl, Irmi (Hrsg.): Vorsorgendes Wirtschaften. Frauen auf dem Weg zu einer Ökonomie der Nachhaltigkeit, in: Politische Ökologie, Sonderheft 6, 1994, S. 18-21.

Mies, Maria (1995): Die Notwendigkeit einer neuen Vision: die Subsistenzperspektive, in: Mies, Maria/ Shiva, Vadana (1995): Ökofeminismus. Beiträge zur Praxis und Theorie, Zürich, S. 388-420.

Mies, Maria/ Shiva, Vadana (1995): Ökofeminismus. Beiträge zur Praxis und Theorie, Zürich.

Migranten für Agenda 21 e.V. (Hrsg.) (2002): MigrantInnen für Nachhaltigkeit, Agenda 21 Hannover, www.21-kom.de/fileadmin/user_upload/PDFs/04_Menschen_mit_Migrantionshintergrund/Vortraege_Berlin/09b_Nadja_Dorokhova_Migranten_fuer_agenda_21_Druckfreundlich.pdf (Zugriff: 29.2.2012).

Mittler, Daniel (2002): Einen Fuß in der Tür? Globale Unternehmensverantwortung war das Überraschungsthema von Johannesburg, in: Forum Umwelt & Entwicklung, Rundbrief Nr. 3, S. 21-22.

Mölders, Tanja (2010): Gesellschaftliche Naturverhältnisse zwischen Krise und Vision. Eine Fallstudie im Biosphärenreservat Mittelelbe, München.

Moreno, Camila (2011): Green Economy, Financialisation of Nature and Rio+20, Input to the HBS Fair Global Deal meeting, COP17, Durban, South Africa, pp. 1-11.

Morse, Stephen/ McNamara, Nora/ Acholo, Moses (2009): Sustainable Livelihood Approach: A critical analysis of theory and practice, Geographical Paper No. 189, www.reading.ac.uk/web/FILES/geographyandenvironmentalscience/GP189.pdf (Zugriff: 20.2.2013).

Moser, Peter (1998): Klimaschutz vor Ort. Handlungen gesellschaftlicher Akteure im kommunalen Klimaschutzprozeß. Eine Struktur- und Politikfeldanalyse, Osnabrück.

Müller, Christa (1996): Frauen, die letzte Kolonie – Ein ökofeministischer Ansatz, in: Frauen für Frieden und Ökologie (Hrsg.): Solidarität im Treibhaus. Dokumentation. Internationales Frauenforum zum UN-Klimagipfel, 1./2.04.1995, Berlin.

Müller, Claudia (2013): Bilanzierung der Fördermaßnahme Nachwuchsgruppen in der Sozial-ökologischen Forschung Förderphasen I & II (2002 – 2014), www.fona.de/mediathek/pdf/Bilanzierungsbericht_SOEF_Nachwuchsgruppen_2013.pdf (Zugriff: 9.4.2015).

Müller, Johannes/ Reder, Michael (Hrsg.) (2003a): Der Mensch vor der Herausforderung nachhaltiger Solidarität, Stuttgart.

Müller, Johannes/ Reder, Michael (2003b): Nachhaltige Solidarität. Von Rousseau zum aktuellen interdisziplinären Dialog, in: Müller, Johannes/ Reder, Michael (Hrsg.): Der Mensch vor der Herausforderung nachhaltiger Solidarität, Stuttgart, S. IX-XVIII.

Muraca, Barbara (2008): Denken im Grenzgebiet. Prozessphilosophische Grundlage einer Theorie starker Nachhaltigkeit, Freiburg/ München.

Muraca, Barbara (2009): Nachhaltigkeit ohne Wachstum? Auf dem Weg zur Decroissance. Theoretische Ansätze für eine konviviale Post-Wachstum-Gesellschaft, in: Egan-Krieger, Tanja von/ Schultz, Julia/ Thapa, Philip Pratap/ Voget, Lieske (Hrsg.): Die Greifswalder Theorie starker Nachhaltigkeit. Ausbau, Anwendung und Kritik, Marburg, S. 241-262.

Muraca, Barbara/ Egan-Krieger, Tanja von (2010): Gerechtigkeit jenseits von Wachstum. Die Degrowth-Bewegung und die Herausforderung einer gerechten Post-Wachstums-Gesellschaft, in: Forum Umwelt & Entwicklung, Rundbrief Nr. 2, S. 16-17.

MURL – Ministerium für Umwelt, Raumordnung und Landwirtschaft des Landes Nordrhein-Westfalen (Hrsg.) (1997a): Nachhaltigkeit und Zukunftsfähigkeit aus Frauensicht. Dokumentation des gegenwärtigen Diskussionsstandes und Handlungsbedarfs, Düsseldorf.

MURL – Ministerium für Umwelt, Raumordnung und Landwirtschaft des Landes Nordrhein-Westfalen (Hrsg.) (1997b): Lokale Agenda 21. Frauen gestalten Umwelt und Zukunft, Düsseldorf.

MURL – Ministerium für Umwelt, Raumordnung und Landwirtschaft des Landes Nordrhein-Westfalen (Hrsg.) (1998): Frauenaktivitäten zur lokalen Agenda, Düsseldorf.

Nachhaltigkeitsstrategie (2002) – siehe Die Bundesregierung Deutschland (2002).

Najam, Adil/ Robins, Nick (2001): Seizing the future: the South, sustainable development and international trade, in: International affairs, Vol. 77, No. 1, pp. 49-68.

Nayar, Anita (2011): Rio+20 Intersessional, 15-16 December 2011, Development Alternatives with Women for a New Era on behalf of the Women's Major Group, www.dawnnet.org/uploads/documents/WEBSITE_RIO20_Anita_Intervention%20at%20Rio+20%20Intersessional_2011-Dec-16.PDF (Zugriff: 29.2.2012).

Nebelung, Andreas/ Poferl, Angelika/ Schultz, Imgard (Hrsg.) (2001): Geschlechterverhältnisse – Naturverhältnisse. Feministische Auseinandersetzung und Perspektiven der Umweltsoziologie, Opladen.

Nederveen-Pieterse, Jan (1995): Globalization as hybridization, in: Featherstone, Mike/ Lash, Scott/ Robertson, Roland (Eds.): Global modernities, London, pp. 45-68.

Network of Heads of European Environment Protection Agencies (2005): The Prague Statement: The Contribution of Good Environmental Regulation to Competitiveness, www.inece.org/praguestatement/ (Zugriff: 29.2.2012).

Newig, Jens (2011): Partizipation und neue Formen der Governance, in: Groß, Michael (Hrsg.): Handbuch Umweltsoziologie, Wiesbaden, S. 485-502.

Neyer, Gerda (1998): Dilemmas der Sozialpolitik, in: Kreisky, Eva/ Sauer, Birgit (Hrsg.): Geschlecht und Eigensinn. Feministische Recherchen in der Politikwissenschaft, Wien, S. 90-100.

Niechoj, Torsten/ Tullney, Marco (2006): Ökonomie – ein geschlechterloser Gegenstandsbereich?, in: Niechoj, Torsten/ Tullney, Marco (Hrsg.): Geschlechterverhältnisse in der Ökonomie, Marburg, S. 13-33.

Norberg-Hodge, Helena (2003): Lokale Lebensadern: Gegen Globalisierung – für Lokalisierung, in: Werlhof, Claudia von/ Bennholdt-Thomsen, Veronika/ Faraclas, Nicholas (Hrsg.): Subsistenz und Widerstand. Alternativen zur Globalisierung, Wien, S. 202-212.

Nord-Süd-Kommission (1980): Das Überleben sichern. Gemeinsame Interessen der Industrie- und Entwicklungsländer (Brand-Bericht), Köln.

Nord-Süd-Kommission (1983): Hilfe in der Weltkrise. Ein Sofortprogramm – Der 2. Bericht der Nord-Süd-Kommission, Reinbek bei Hamburg.

Norgaard, Richard (1994): Development Betrayed. The end of progress and a coevolutionary revisioning of the future, London/ New York.

Notz, Gisela (2003): Nachhaltiges Wirtschaften und die Bedeutung für ein zukunftsfähiges Geschlechterverhältnis, in: Linne, Gudrun/ Schwarz, Michael (2003): Handbuch Nachhaltige Entwicklung. Wie ist nachhaltiges Wirtschaften machbar? Opladen, S. 423-432.

Nowak, Iris (2005): Selbstbestimmung braucht öffentliche Güter. Linke feministische Perspektiven, Manuskripte der Rosa-Luxemburg-Stiftung, Bd. 55, Berlin.

Nowotny, Helga (1999): Es ist so – es könnte auch anders sein. Über das veränderte Verhältnis von Wissenschaft und Gesellschaft, Frankfurt a. M.

Nowotny, Helga/ Scott, Peter/ Gibbons, Michael/ Opolka, Uwe (2005): Wissenschaft neu denken: Wissen und Öffentlichkeit in einem Zeitalter der Ungewißheit, Weilerswist.

NRO-Frauenforum/ AG Frauen im Forum Umwelt & Entwicklung (2002): Soziale, ökonomische und ökologische Nachhaltigkeit aus Geschlechterperspektive. 14 Punkte zum Anpacken, www.rio-10.de/rioprozess/bilanzpapiere/bilanz_frauen_kf.html (Zugriff: 29.2.2012).

Nuscheler, Franz (2001): Multilateralismus versus Unilateralismus. Policy Paper 16/2001 der Stiftung Entwicklung und Frieden, Bonn.

Nussbaum, Martha (1999): Gerechtigkeit oder Das Gute Leben, Frankfurt a. M.

Nussbaum, Martha (2003): Frauen und Arbeit – Der Fähigkeitsansatz, in: zfwu – Zeitschrift für Wirtschafts- und Unternehmensethik, Themenschwerpunkt Feministische Wirtschaftsethik, 4. Jg., Heft 1, S. 8-31.

Nussbaum, Martha (2006): Frontiers of justice. Disability, Nationality, Species Membership, Cambridge/ London (dt.: (2010): Die Grenzen der Gerechtigkeit. Behinderung, Nationalität und Spezieszugehörigkeit, Berlin).

Nußberger, Angelika (2009): Das Völkerrecht, München.

OECD – Organisation for Economic Co-operation and Development (2011): Auf dem Weg zu umweltverträglichem Wachstum. Zusammenfassung für politische Entscheidungsträger, Mai 2011, Paris, www.oecd.org/greengrowth/48634136.pdf (Zugriff: 19.1.2013).

Oels, Angela (2000): „Let's get together and feel alright!" Eine kritische Untersuchung von „Agenda 21"-Prozessen in England und Deutschland, in: Mühlich, Eberhard/ Heinelt, Hubert (Hrsg.): Lokale „Agenda 21"-Prozesse. Erklärungsansätze, Konzepte und Ergebnisse, Opladen, S. 182-200.

Oels, Angela (2003): Evaluating stakeholder participation in the transition to sustainable development. Methodology, case studies and implications for policy making, Münster.

Oels, Angela (2007): Nachhaltigkeit, Partizipation und Macht – oder: Warum Partizipation nicht unbedingt zu Nachhaltigkeit führt, in: Jonuschat; Helge/ Baranek, Elke/ Behrendt, Maria/ Dietz, Kristina/ Schlußmeier, Bianca/ Walk, Heike/ Zehm, Andreas (Hrsg.): Partizipation und Nachhaltigkeit. Vom Leitbild zur Umsetzung, München, S. 28-43.

Offe, Claus (1995): Freiwillig auf die Teilnahme am Arbeitsmarkt verzichten, in: Frankfurter Rundschau vom 4.7.1995, S. 10.

Offe, Claus (2003): Demokratisierung der Demokratie. Diagnosen und Reformvorschläge, Frankfurt a. M./ New York.

OHCHR – Office of the United Nations High Commissioner for Human Rights/ UNEP – United Nations Environment Programme (2012): Human Rights and the Environment. Rio+20: Joint Report OHCHR and UNEP, www.unep.org/environmentalgovernance/Portals/8/publications/JointReport_OHCHR_HRE.pdf (Zugriff: 20.2.2013).

OHCHR – Office of the United Nations High Commissioner for Human Rights (2008): Claiming the Millennium Development Goals: A Human Rights Approach, New York/ Geneva, www.ohchr.org/Documents/Publications/Claiming_MDGs_en.pdf (Zugriff: 15.5.2015).

Okali, Christine (2006): Linking Livelihoods and Gender Analysis for Achieving Gender Transformative Change, LSP Working Paper 41, Livelihood Support Programme2, Rome, http://www.fao.org/3/a-ah623e.pdf (Zugriff: 30.9.2013).

Okin, Susan Moller (1998): Gender, the Public and the Private, in: Philips, Anne (Ed.): Feminism and Politics, Oxford, pp. 116-141.

Ökoreferat Allgemeiner Studierendenausschuss (ASta) Universität Lüneburg (2009): Uni, Nachhaltigkeit und du. Ein Leitfaden für Lüneburger Studierende, Lüneburg.

Opielka, Michael (2000): Zur sozialen und sozialpolitischen Dimension der Nachhaltigkeit. Offene Fragen und neue Herausforderungen, in: Kommune. Forum für Politik, Ökonomie, Kultur, 18. Jg., Heft 11 (November 2000), www.oeko-net.de/kommune/kommune11-00/dopielka.html (Zugriff: 12.2.2013).

Opielka, Michael (2004): Was kostet ein Grundeinkommen, in: Leviathan, 32. Jg., Nr. 4, S. 440-447.

Opielka, Michael/ Vobruba, Georg (Hrsg.) (1986): Das garantierte Grundeinkommen, Frankfurt a. M.

Orland, Barbara/ Rössler, Mechthild (1995): Women in Science – Gender in Science. Ansätze feministischer Naturwissenschaftskritik im Überblick, in: Orland, Barbara/ Scheich, Elvira (Hrsg.): Das Geschlecht der Natur, Frankfurt a. M., S. 13-63.

Ott, Konrad (2003): Zum Verhältnis von Tier- und Naturschutz, in: Brenner, Andreas (Hrsg.): Tiere beschreiben, Erlangen, S. 124-152.

Ott, Konrad (2004): Essential components of future ethics, in: Döring, Ralf/ Rühs, Michael (Hrsg.): Ökonomische Rationalität und praktische Vernunft, Festschrift für Ulrich Hampicke, Würzburg, S. 83-108.

Ott, Konrad (2006): Friendly fire, in: Kopfmüller, Jürgen (Hrsg.): Ein Konzept auf dem Prüfstand, Berlin, S. 63-81.

Ott, Konrad (2012): Ein wenig Bescheidenheit, bitte! Über die Verführung, Kosten-Nutzen-Kalküle zur höchsten menschlichen Weisheit zu erklären, in: Böll. Thema: Grüne Ökonomie. Was uns die Natur wert ist, Heft 1, S. 33-36.

Ott, Konrad/ Döring, Ralf (2004): Theorie und Praxis starker Nachhaltigkeit, Marburg.

Ott, Konrad/ Döring, Ralf (2007): Soziale Nachhaltigkeit: Suffizienz zwischen Lebensstilen und politischer Ökonomie, in: Jahrbuch Ökologische Ökonomik Bd. 5, Marburg, S. 35-71.

Ott, Konrad/ Döring, Ralf (2008): Theorie und Praxis starker Nachhaltigkeit, 2. Auflage, Marburg.

Ott, Konrad/ Döring, Ralf (2009): Grundlinien einer Theorie „starker" Nachhaltigkeit, in: Henkel, Marianne/ Gebauer, Jana/ Lodemann, Justus/ Mohaupt, Franziska/ Partzsch, Lena/ Wascher, Eva/ Ziegler, Rafael (Hrsg.): Social Entrepreneurship – Status Quo 2009. (Selbst)Bild, Wirkung und Zukunftsverantwortung: Tagungsband, Berlin HUB, 16./17.6.2009, Greifswald/ Berlin.

Ott, Konrad/ Voget, Lieske (2008): Suffizienz: Umweltethik und Lebensstilfragen, in: Heinrich-Böll-Stiftung (Hrsg.): Vordenken in Ökologie und Gesellschaft, Berlin, S. 1-42.

Oye, Kenneth A. (1986): Explaining Cooperation under Anarchy. Hypotheses and Strategies, in: Oye, Kenneth A. (Ed.): Cooperation under Anarchy, Princeton, pp. 1-25.

Padmanabhan, Martina Aruna (2003): Frauenökonomie und Vorsorgendes Wirtschaften. Konzepte zur geschlechtsspezifischen Analyse ökonomischen Handelns, in: zfwu – Zeitschrift für Wirtschafts- und Unternehmensethik, Themenschwerpunkt Feministische Wirtschaftsethik, 4. Jg., Heft 1, S. 56-66.

Pallemaerts, Marc (1996): International Environmental Law in the Age of Sustainable development: A Critical Assessment of the UNCED Process, in: Journal of Law and Commerce, No. 15, pp. 623-676.

Paqué, Karl-Heinz (2010): Wachstum! Die Zukunft des globalen Kapitalismus, München.

Parfit, Derek (1983): Energy policy and the further future. The identity problem, in: McLean, Douglas/ Brown, Peter G. (Eds.): Energy and the future, Totowa, pp. 166-179.

Parpart, Jane L./ Connelly, M. Patricia/ Barriteau, V. Eudine (2000): Theoretical Perspectives on Gender and Development, Ottawa.

Partzsch, Lena (2003): Johannesburg 2002 – ein Prüfstein für den Multilateralismus, unveröffentlichte Diplomarbeit, Berlin.

Partzsch, Lena (2007): Global Governance in Partnerschaft. Die EU-Intiative „Water for Life", Baden-Baden.

Pateman, Carole (1988): The Sexual Contract, Cambridge.

Pateman, Carole (1994): Der Geschlechtervertrag, in: Appelt, Erna/ Neyer, Gerda (Hrsg.): Feministische Politikwissenschaft, Wien, S. 73-96.

Pauer-Studer, Herlinde (1996): Das Andere der Gerechtigkeit: Moraltheorie im Kontext der Geschlechterdifferenz, Berlin.

Paul, James A. (2001): Der Weg zum Global Compact. Zur Annäherung von UNO und multinationalen Unternehmen, in: Brühl, Tanja/ Debiel, Tobias/ Hamm, Brigitte/ Hummel, Hartwig/ Martens, Jens (Hrsg.): Die Privatisierung der Weltpolitik. Entstaatlichung und Kommerzialisierung im Globalisierungsprozess, Bonn, S. 104-129.

Paust-Lassen, Pia (2006): Intervention Paper from a Gender Perspective: The Review of the European Union Sustainable Development Strategy, www.genanet.de/fileadmin/d ownloads/themen/Themen_en/GENDER-EU-SDS.pdf (Zugriff: 19.9.2012).

Perreault, Tom/ Bridge, Gavin/ McCarthy, James (Eds.) (2015): The Routledge Handbook of Political Ecology, London/ New York.

Petschow, Ulrich/ Hübner, Kurt/ Dröge, Susanne/ Meyerhoff, Jürgen (Hrsg.) (1998): Nachhaltigkeit und Globalisierung. Herausforderungen und Handlungsansätze, Berlin/ Heidelberg/ New York.

Pickshaus, Klaus (2012): Gute Arbeit, in: Brand, Ulrich/ Lösch, Bettina/ Opratko, Benjamin/ Thimmel, Stefan (Hrsg.) in Kooperation mit dem Wissenschaftlichem Beirat von Attac, taz. die Tageszeitung, Rosa-Luxemburg-Stiftung: ABC der Alternativen 2.0. Von Alltagskultur bis Zivilgesellschaft, Hamburg, S. 122-123.

Plan of Implementation (2002) – siehe UN – United Nations (2002b).

Plant, Judith (Ed.) (1989): Healing the Wounds: The Promise of Ecofeminism, Philadelphia/ Santa Cruz.

Poferl, Angelika (2001): Doing Gender, Doing Nature?, in: Nebelung, Andreas/ Poferl, Angelika/ Schultz, Irmgard (Hrsg.): Geschlechterverhältnisse – Naturverhältnisse. Feministische Auseinandersetzungen und Perspektiven der Umweltsoziologie, Opladen, S. 9-17.

Polanyi, Karl (1977): The Great Transformation. Politische und ökonomische Ursprünge von Gesellschaften und Wirtschaftssystemen, Wien.

Politische Ökologie (2011): Anders arbeiten, 29. Jg., Nr. 125.

Pogge, Thomas (2002): World Poverty and Human Rights. Cosmopolitan Responsibilities and Reforms, Malden (Massachusetts).

Priewe, Jan/ Sauer, Thomas (1999): Grüne Wirtschaftspolitik ohne Reformprojekt, in: PROKLA. Zeitschrift für kritische Sozialwissenschaft, 29. Jg., Heft 116, S. 395-410.

Ptak, Ralf (2008): Grundlagen des Neoliberalismus, in: Butterwegge, Christoph/ Ptak, Ralf/ Lösch, Bettina (Hrsg.): Kritik des Neoliberalismus, Wiesbaden, S. 13-86.

Quistorp, Eva (1981): Handbuch Leben. Frauen wehren sich gegen Umweltzerstörung, Gelnhausen.

Quistorp, Eva (1982): Frauen für den Frieden. Analysen, Dokumente und Aktionen aus der Frauenfriedensbewegung, Frankfurt a. M.

Quistorp, Eva (Hrsg.) (1993): Frauen – Umwelt – Entwicklung. 1001 Frauenprojekte. Von Nairobi 1985 über Rio 1992 bis nach Peking 1995, Bonn.

Radke, Volker (1999): Nachhaltige Entwicklung. Konzept und Indikatoren aus wirtschaftstheoretischer Sicht, Heidelberg.

Randzio-Plath, Christa (Hrsg.) (2004): Frauen und Globalisierung. Zur Geschlechtergerechtigkeit in der Dritten Welt, Bonn.

Rätz, Werner/ Paternoga, Dagmar/ Steinbach, Werner (2005): Grundeinkommen: bedingungslos, AttacBasisTexte, Hamburg.

Rätz, Werner/ von Egan-Krieger, Tanja/ Muraca, Barbara/ Passadakis, Alexis/ Schmelzer, Matthias/ Vetter, Andrea (Hrsg.) (2011): Ausgewachsen! Ökologische Gerechtigkeit, Soziale Rechte. Gutes Leben, Hamburg.

Rawls, John [1971] (1975): Eine Theorie der Gerechtigkeit, Frankfurt a. M.

Redclift, Michael (1987): Sustainable Development. Exploring the contradictions, London/ New York.

Redler, Elisabeth (2000): Gesund bleiben, gesund werden. Ein Brückenschlag zwischen Gesundheitsforschung und Vorsorgendem Wirtschaften, in: Biesecker, Adelheid/ Mathes, Maite/ Schön, Susanne/ Scurrell, Babette (Hrsg.): Vorsorgendes Wirtschaften. Auf dem Weg zu einer Ökonomie des Guten Lebens, Bielefeld, S. 165-170.

Reed, David (1996): Sustainable Development, in: Reed, David (Ed.): Structural Adjustment, the Environment, and Sustainable Development, London, pp. 25-45.

Renn, Ortwin/ Kastenholz, Hans (1996): Ein regionales Konzept nachhaltiger Entwicklung, in: GAIA, 5. Jg., Heft 2, S. 86-102.

República del Ecuador (2008): Constitución de la República del Ecuador, Quito.

Richardson, Tim (1996): Foucauldian discourse: power and truth in urban and regional policy making, in: European Planning Studies, Vol. 4, No. 3, pp. 279-292.

Rid, Urban (2003): Perspektiven für Deutschland: Die nationale Nachhaltigkeitsstrategie, in: Linne, Gudrun/ Schwarz, Michael (Hrsg.): Handbuch nachhaltige Entwicklung. Wie ist nachhaltiges Wirtschaften machbar?, Opladen, S. 23-29.

Riedel, Eibe (2004): Der internationale Menschenrechtsschutz. Eine Einführung, in: Bundeszentrale für politische Bildung (Hrsg.): Menschenrechte. Dokumente und Deklarationen, Bonn, S. 11-40.

Rifkin, Jeremy (2004): Das Ende der Arbeit und ihre Zukunft. Neue Konzepte für das 21. Jahrhundert, Frankfurt a. M.

Rivera, Manuel (2006): Wegweiser zum ökologischen Wirtschaften?, in: DNR – Deutscher Naturschutzring: Die Zukunft der Europäischen Union. Europa nachhaltig entwickeln! Zum Stand der Europäischen Nachhaltigkeitsstrategie, DNR EU-Rundschreiben, Sonderheft 05.06, 15. Jg., Heft 5, S. 8-9.

RNE – Rat für Nachhaltige Entwicklung (2006): Wichtig, überfällig und zu bearbeiten. Stellungnahme des Rates für Nachhaltige Entwicklung zur Überprüfung der Europäischen Nachhaltigkeitsstrategie (Zur Mitteilung der Europäischen Kommission vom 13.12.2005. KOM (2005) 658 end), www.nachhaltigkeitsrat.de/uploads/media/RNE_Stellungnahme_EU_NH-Strategie_German-English_02.pdf (Zugriff: 20.2.2013).

RNE – Rat für Nachhaltige Entwicklung (2012): Rio-Gipfel: Bundeskanzlerin sieht Schritte in die richtige Richtung. Nachhaltigkeitsrat schlägt Angela Merkel Nachhaltigkeitsbericht für Bundeshaushalt vor, Pressemitteilung vom 25. Juni 2012, Berlin, www.nachhaltigkeitsrat.de/presseinformationen/pressemitteilungen/jahreskonferenz-25-06-2012/ (Zugriff: 23.2.2013).

Robbins, Paul (2012): Political Ecology, Malden (Massachusetts).

Robertson, Roland (1995): Glocalization: time – space and homogeneity – heterogeneity, in: Featherstone, Mike/ Lash, Scott/ Robertson, Roland (Eds.): Global modernities, London, pp. 25-44.

Rocheleau, Dianne E./ Thomas-Slayter, Barbara P./ Wangari, Esteher (1996): Feminist Political Ecology: Global Issues and Local Experience, International Studies of Women and Place, London/ New York.

Rodenberg, Birte (1999): Lokale Selbstorganisation und globale Vernetzung. Handlungsfelder von Frauen in der Ökologiebewegung Mexikos, Bielefeld.

Rodenberg, Birte (2001): Zur ökonomischen Dimension ökologischen Handelns: Frauenumweltengagement, Überlebenssicherung und Machtgewinn in Mexiko, in: Lachenmann, Gudrun/ Dannecker, Petra (Hrsg.): Market, Culture, Society. Die geschlechtsspezifische Einbettung der Ökonomie. Empirische Untersuchungen über Entwicklungs- und Transformationsprozesse, Hamburg, S. 203-226.

Rodenberg, Birte (2004): Das Recht auf Gleichheit in der Armutsbekämpfung der Entwicklungsinstitutionen. Ansätze für ein neues entwicklungspolitisches Paradigma?, in: Femina Politica. Zeitschrift für feministische Politikwissenschaft, 13. Jg., Heft 2, S. 76-86.

Rodenstein, Marianne (1992): Feministische Stadt- und Regionalforschung – Zum Stand der Diskussion städtischer Lebensverhältnisse, in: Frei-Räume. Streitschrift der feministischen Organisationen von Planerinnen und Architektinnen. FOPA e.V., Sonderheft 1992/93, S. 20-35.

Rodenstein, Marianne/ Bock, Stephanie/ Heeg, Susanne (1996): Reproduktionsarbeitskrise und Stadtstruktur. Zur Entwicklung von Agglomerationsräumen aus feministischer Sicht, in: Akademie für Raumforschung und Landesplanung (ARL) (Hrsg.): Agglomerationsräume in Deutschland. Ansichten, Einsichten, Aussichten, Hannover, S. 26-50.

Röhr, Ulrike (1999): Aufmischen, Einmischen, Mitmischen. Strategien von Frauen zur Zukunftsgestaltung im Rahmen der Lokalen Agenda, in: Weller, Ines/ Hoffmann, Ines/ Hofmeister, Sabine (Hrsg.): Nachhaltigkeit und Feminismus: Neue Perspektiven – Alte Blockaden, Bielefeld, S. 169-182.

Röhr, Ulrike (2011): Green Economy. Die Wirtschaft soll grüner werden – aber wird sie damit auch gerechter?, in: FrauenRat. Informationen für die frau, Green Economy. Gerechtigkeit oder Begrünung des Kapitalismus? 60. Jg., Heft 5, S. 2-4.

Rolf, Uwe (1993): Süd-Nord Einkommenstransfer am Beispiel Uganda, in: Massarrat, Mohssen/ Wenzel, Hans-Joachim/ Sommer, Birgit/ Szell, György (Hrsg.): Die Dritte Welt und wir. Bilanz und Perspektiven für Wissenschaft und Praxis, Freiburg, S. 32-35.

Rosenau, James N. (1997): Along the Domestic Foreign Frontier. Exploring Governance in a Turbulent World, Cambridge/ New York/ Melbourne.

Rosenau, James N./ Czempiel, Ernst-Otto (Eds.) [1992] (1998): Governance Without Government. Order and Change in World Politics, Cambridge.

Rösler, Cornelia (2000): Lokale Agenda 21 in deutschen Städten, in: Mühlich, Eberhard/ Heinelt, Hubert (Hrsg.): Lokale „Agenda 21"-Prozesse. Erklärungsansätze, Konzepte und Ergebnisse, Opladen, S. 13-28.

Rösler, Cornelia (Hrsg.) (1996): Lokale Agenda 21. Dokumentation eines Erfahrungsaustausches beim Deutschen Städtetag am 29.4.1996 in Köln. Deutsches Institut für Urbanistik, Berlin.

Rössler, Martin (2005): Wirtschaftsethnologie: Eine Einführung, Berlin.

Rousseff, Dilma (2012) – siehe Stackelberg, Filippa von/ Kühn, Jan (2012).

Ruf, Anja (1996): Weltwärts Schwestern! Von der Weltfrauenkonferenz in die globale Zukunft, Bonn.

Ruf, Anja (2000): Kritische Anmerkungen zu Global Governance, in: Holland-Cunz, Barbara/ Ruppert, Uta (Hrsg.): Frauenpolitische Chancen globaler Politik. Verhandlungsverfahren im internationalen Kontext, Opladen, S. 169-177.

Ruppert, Uta (Hrsg.) (1998): Lokal bewegen, global verhandeln. Internationale Politik und Geschlecht, Frankfurt a. M./ New York.

Rürup, Bert/ Gruescu, Sandra (2005): Familienorientierte Arbeitszeitmuster – Neue Wege zu Wachstum und Beschäftigung. Gutachten im Auftrag des Bundesministeriums für Familie, Senioren, Frauen und Jugend, Berlin.

Sachs, Ignacy (1984): Developing in Harmony with Nature: Consumption Patterns, Time and Space Uses, Resources Profiles, and Technological Choices, in: Glaeser, Bernhard (Ed.): Eco-development, New York, pp. 209-227.

Sachs, Wolfgang (1992): Wessen Umwelt?, in: Politische Ökologie, 10. Jg., Nr. 27, S. 61-64.

Sachs, Wolfgang (1997): Sustainable Development. Zur politischen Anatomie eines internationalen Leitbildes, in: Brand, Karl-Werner (Hrsg.): Nachhaltige Entwicklung: Eine Herausforderung an die Soziologie, Opladen, S. 93-110.

Sachs, Wolfgang/ Acselrad, Henri/ Akhter, Farida/ Amon, Ada/ Egziabher, Tewolde Berhan Gebre/ French, Hilary/ Haavisto, Pekka/ Hawken, Paul/ Henderson, Hazel/ Khosla, Ashok/ Larrain, Sara/ Loske, Reinhard/ Roddick, Anita/ Taylor, Viviene/ Weizsäcker, Christine von (2002): Das Jo'burg Memo. Ökologie – die neue Farbe der Gerechtigkeit. Ein Memorandum zum Weltgipfel für Nachhaltige Entwicklung; hrsg. v. Heinrich-Böll-Stiftung, Berlin.

Sandkühler, Hans Jörg (2011): Keine nachhaltige Entwicklung ohne Menschenrechte, in: Unesco heute, Magazin der deutschen Unesco Kommission, Nr. 2/2011, S. 17-19.

SAPRIN – Structural Adjustment Participatory Review International Network (2002): The Policy Roots of Economic Crisis and Poverty. A Multi-Country Participatory Assessment of Structural Adjustment, Based on Results of the Joint World Bank/Civil Society/Government Structural Adjustment Participatory Review Initiative (SAPRI) and the Citizens' Assessment of Structural Adjustment (CASA), www.saprin.org/ SAPRIN_Findings.pdf (Zugriff: 16.2.2013).

Satzinger, Helga (1987): Das DAWN-Papier: Morgenrot für die Feminisierung der Entwicklung?, in: Peripherie. Zeitschrift für Politik und Ökonomie in der Dritten Welt, 7. Jg., Nr. 25/26, S. 143-163.

Sauer, Birgit (2001): Die Asche des Souveräns. Staat und Demokratie in der Geschlechterdebatte, Frankfurt a. M.

Sauer, Birgit (2009a): Staatlichkeit und Geschlechtergewalt, in: Ludwig, Gundula/ Sauer, Birgit/ Wöhl, Stefanie (Hrsg.): Staat und Geschlecht. Grundlagen und aktuelle Herausforderungen feministischer Staatstheorie, Baden-Baden, S. 61-74.

Sauer, Birgit (2009b): Transformation von Staatlichkeit: Chancen für Geschlechterdemokratie?, in: Ludwig, Gundula/ Sauer, Birgit/ Wöhl, Stefanie (Hrsg.): Staat und Geschlecht. Grundlagen und aktuelle Herausforderungen feministischer Staatstheorie, Baden-Baden, S. 105-118.

Sauer, Birgit (2016): Demokratie, Geschlecht und Arbeitsteilung, in: Demirović, Alex (Hrsg.): Transformation der Demokratie – demokratische Transformation, Münster, S. 156-173.

Sauerborn, Werner (2009): Neustart Arbeitszeit. Ein Versuch, die Arbeitszeitfrage aus der Wettbewerbslogik zu befreien, in: Express, Nr. 7-8/2009, S. 4-8, http://express-afp.info/wp-content/uploads/2016/01/express_07-08-2009_S. 1-8.pdf (Zugriff: 19.2.2013).

Sautter, Hermann (2004): Weltwirtschaftsordnung. Die Institutionen der globalen Ökonomie, München.

Saxer, Marc (2009): The comeback of global governance: ways out of the crisis of multilateral structures, FES briefing paper, Berlin.

Schachtner, Christina (1998): Bilder sind poröse Gebilde. Frauenprojekte im Rahmen der Agenda 21, in: Frankfurter Rundschau vom 25.7.1998, S. 7.

Schachtschneider, Ulrich (2005): Nachhaltigkeit als geänderte Moderne? Spielräume nicht-technischer Strategien nachhaltiger Entwicklung, Frankfurt a. M.

Schäfer, Hanne (1993): Marksteine zur frauengerechten Stadt- und Regionalplanung, in: Frei-Räume. Streitschrift der feministischen Organisationen von Planerinnen und Architektinnen. FOPA e.V., Heft 6, S. 105-114.

Schäfer, Martina (2003): Mehr Gewicht für Reproduktion und Kultur – Anregungen zur Erweiterung des HGF-Ansatzes, in: Technikfolgenabschätzung, 12. Jg., Nr. 3/4, S. 25-32, www.sozial-oekologische-forschung.org/intern/upload/literatur/Schaefer_Reproduktion_und_Kultur_Erweiterung_des_HGF_Ansatzes.pdf (Zugriff: 19.2.2013).

Schäfer, Martina (2006a): Geschlechtsspezifische Problemlagen, Ziele und Zugänge: Gender Issues in der SÖF, in: Schäfer, Martina/ Schultz, Irmgard/ Wendorf, Gabriele (Hrsg.): Gender-Perspektiven in der Sozial-ökologischen Forschung: Herausforderungen und Erfahrungen aus inter- und transdisziplinären Projekten, München, S. 57-76.

Schäfer, Martina (2006b): Der Beitrag wirtschaftlicher Akteure zu nachhaltiger Entwicklung und Lebensqualität. Erfahrungen mit dem (modifizierten) HGF-Ansatz für die Untersuchung einer regionalen Branche, in: Kopfmüller, Jürgen (Hrsg.): Ein Konzept auf dem Prüfstand. Das integrative Nachhaltigkeitskonzept in der Forschungspraxis, Berlin, S. 115-137.

Schäfer, Martina (Hrsg.) (2007): Zukunftsfähiger Wohlstand. Der Beitrag der ökologischen Land- und Ernährungswirtschaft zu Lebensqualität und nachhaltiger Entwicklung, Marburg.

Schäfer, Martina/ Schultz, Irmgard/ Wendorf, Gabriele (Hrsg.) (2006): Gender-Perspektiven in der Sozial-ökologischen Forschung: Herausforderungen und Erfahrungen aus inter- und transdisziplinären Projekten, München.

Scheich, Elvira (1987): „Größer als alle Fenster" – Zur Kritik des Geschlechterverhältnisses und der Naturwissenschaften, in: Scheich, Elvira/ Schultz, Irmgard: Soziale Ökologie und Feminismus, Sozial-ökologische Arbeitspapiere Nr. 2, Frankfurt a. M., S. 1-57.

Scheich, Elvira/ Schultz, Irmgard (1987): Soziale Ökologie und Feminismus, Sozial-ökologische Arbeitspapiere Nr. 2, Frankfurt a. M.

Scherhorn, Gerhard/ Reisch, Lucia/ Schrödl, Sabine (1997): Wege zu nachhaltigen Konsummustern. Überblick zum Stand der Forschung und vorrangige Forschungsthemen. Ergebnisbericht über den Expertenworkshop „Wege zu nachhaltigen Konsummustern" des BMBF, Hohenheim.

Scheu, Hildegard (1995): Entwicklungsziel: Frauenmacht! Frauenarbeit und Frauenorganisationen in Indien, Frankfurt a. M.

Schiebinger, Londa (1993): Schöne Geister: Frauen in den Anfängen der modernen Wissenschaft, Stuttgart.

Schiebinger, Londa (1995): Das private Leben der Pflanzen: Geschlechterpolitik bei Carl von Linné und Erasmus von Darwin, in: Orland, Barbara/ Scheich, Elvira (Hrsg.): Das Geschlecht der Natur. Feministische Beiträge zur Geschichte und Theorie der Naturwissenschaften, Frankfurt a. M., S. 245-269.

Schlebusch, Cornelia (1994): Bevölkerungspolitik als Entwicklungsstrategie. Historisches und Aktuelles zu einem fragwürdigen Argument, Frankfurt a. M.

Schleicher-Tappeser, Ruggero/ Hey, Christian (1997): Regionalisierung, Europäisierung, Globalisierung – Welcher Trend setzt den Handlungsrahmen für die Nachhaltigkeitspolitik?, in: Rennings, Klaus/ Hohmeyer, Olav (Hrsg.): Nachhaltigkeit, Baden-Baden, S. 73-108.

Schlemm, Annette (2011): Den Kaiser Kapitalismus entkleiden, in: Politische Ökologie, 29. Jg., Nr. 125, S. 88-94.

Schlosberg, David (2007): Defining Environmental Justice. Theories, movements, and nature, Oxford/ New York.

Schlüns, Julia (2007): Umweltbezogene Gerechtigkeit in Deutschland, in: Aus Politik und Zeitgeschichte. ApuZ, Nr. 24/2007, www.bpb.de/apuz/30437/umweltbezogene-gerechtigkeit-in-deutschland (Zugriff: 5.4.2012).

Schlüns, Julia (2008): Die ökologische Zweiklassengesellschaft, in: Blätter für deutsche und internationale Politik, 53. Jg., Heft 3, S. 95-101.

Schmid, Allan (2002): All environmental policy instruments require a moral choice as to whose interests count, in: Bromley, Daniel/ Paavola, Jouni (Eds.): Economics, Ethics and Environmental Policy, Oxford, pp. 133-147.

Schmidt, Manfred G. (2006): Demokratietheorien. Eine Einführung, Wiesbaden.

Schmidt-Bleek, Friedrich (1997): Wieviel Umwelt braucht der Mensch? Faktor 10 – das Maß für ökologisches Wirtschaften, München.

Schmitz, Angela (1996): Sustainable Development: Paradigma oder Leerformel?, in: Messner, Dirk/ Nuscheler, Franz (Hrsg.): Weltkonferenzen und Weltberichte: ein Wegweiser durch die internationale Diskussion, Bonn, S. 103-119.

Schmitz, Angela/ Stephan, Petra (1996): Die Weltkonferenz zu Umwelt und Entwicklung in Rio de Janeiro 1992, in: Messner, Dirk/ Nuscheler, Franz (Hrsg.): Weltkonferenzen und Weltberichte: ein Wegweiser durch die internationale Diskussion, Bonn, S. 175-185.

Schnabl, Christa (2005): Gerecht sorgen. Grundlagen einer sozialethischen Theorie der Fürsorge, Fribourg.

Schneider, Gerlind (2001): Zur sozialen Einbettung von Frauenarbeit in Harare, in: Lachenmann, Gudrun/ Dannecker, Petra (Hrsg.): Die geschlechtsspezifische Einbettung der Ökonomie. Empirische Untersuchungen über Entwicklungs- und Transformationsprozesse, Hamburg, S. 113-132.

Schneider, Sonya (2000): Bevölkerungspolitik: Vom Zwang zum Konsens. Eine Analyse des bevölkerungsökonomischen und bevölkerungspolitischen Diskurses sowie des Diskurses der Frauen(gesundheits)bewegung, Bremen.

Schneidewind, Uwe (2009): Nachhaltige Wissenschaft. Plädoyer für einen Klimawandel im deutschen Wissenschafts- und Hochschulsystem, Marburg.

Schneidewind, Uwe (2015): Für eine erweiterte Governance von Wissenschaft. Ein wissenschaftspolitischer Rückblick auf das Jahr 2014, in: GAIA, Jg. 24, Heft 1, S. 59-61.

Schneidewind, Uwe/ Singer-Brodowski, Mandy (2013): Transformative Wissenschaft. Klimawandel im deutschen Wissenschafts- und Hochschulsystem, Marburg.

Scholz, Olaf (2003): Gerechtigkeit und Solidarische Mitte im 21. Jahrhundert, 16.7.2003, www.olafscholz.de/1/pages/index/p/5/813/year/2003/print/1 (Zugriff: 19.9.2012).

Schön, Susanne (2000): In Zukunft: Vorsorgendes Bauen und Wohnen, in: Biesecker, Adelheid/ Mathes, Maite/ Schön, Susanne/ Scurrell, Babette (Hrsg.): Vorsorgendes Wirtschaften. Auf dem Weg zu einer Ökonomie des Guten Lebens, Bielefeld, S. 140-147.

Schön, Susanne (2005): Gender in der Sozial-ökologischen Forschung: Ja! Aber wie? Orientierende Hinweise aus dem Forschungsverbund „Blockierter Wandel?", in: Zeitschrift für Frauenforschung & Geschlechterstudien, 23. Jg., Heft 1/2, S. 78-84.

Schön, Susanne/ Keppler, Dorothee/ Geißel, Brigitte (2002): Gender und Nachhaltigkeit. Sondierung eines unübersichtlichen Forschungsfeldes. Discussion Paper Nr. 01/02, September 2002, hrsg. v. Zentrum Technik und Gesellschaft, Berlin.

Schöttler, Peter (1997): Wer hat Angst vor dem „linguistic turn"?, in: Geschichte und Gesellschaft, 23. Jg., Heft 1, S. 134-151.

Schröder, Gerhard (2003): Rede von Bundeskanzler Gerhard Schröder auf der Jahresveranstaltung des Rates für Nachhaltige Entwicklung am 1. Oktober 2003 in Berlin. Bulletin der Bundesregierung, Nr. 82-4 (4.10.2003), www.nachhaltigkeitsrat.de/filead min/user_upload/dokumente/pdf/Rede_Schroeder_Jahreskonferenz_01-10-03.pdf (Zugriff: 27.8.2012).

Schuler, Margaret A. (Ed.) (1995): From Basic Needs to Basic Rights: Women's Claim to Human Rights, Washington (D.C.).

Schultz, Irmgard (1987): Feministische Stimme in einer Forschungsprogrammatik Soziale Ökologie. Überlegungen zu einer Forschungskonzeption ‚Soziale Ökologie' in 7 Thesen, in: Scheich, Elvira/ Schultz, Irmgard (Hrsg.): Soziale Ökologie und Feminismus. Sozial-ökologische Arbeitspapiere Nr. 2, Frankfurt a. M., S. 1-50.

Schultz, Irmgard (1995): Forschungen zu „Gender and Environment" im Institut für sozial-ökologische Forschung, in: Schultz, Irmgard/ Weller, Ines (Hrsg.): Gender & Environment: Ökologie und die Gestaltungsmacht der Frauen. Forschungstexte des Instituts für sozial-ökologische Forschung, Frankfurt a. M., S. 10-19.

Schultz, Irmgard (1996a): Die Liebe der Männer zu nachhaltigen Zahlen. Eine Betrachtung der Studie „Zukunftsfähiges Deutschland" aus feministischer Sicht, in: Wechselwirkung, 18. Jg., Nr. 78, S. 59-63.

Schultz, Irmgard (1996b): Keine Frage guten Willens. Interview mit Irmgard Schultz über „Zukunftsfähiges Deutschland", Krise der Reproduktion und weibliche Gestaltungsmacht, in: FORUM entwicklungspolitischer Aktionsgruppen, Nr. 201, S. 10-13.

Schultz, Irmgard (1998): Veränderungen im Denken von Raum und Zeit. Nachhaltige Entwicklung als neue Form der Politisierung des Raums, in: Frei-Räume. Streitschrift der feministischen Organisationen von Planerinnen und Architektinnen. FOPA e.V., 1998, Bd. 10, S. 123-132.

Schultz, Irmgard (1999): Eine feministische Kritik an der Studie Zukunftsfähiges Deutschland. Statt einer ausschließlich zielorientierten Konzeptualisierung erfordert nachhaltige Entwicklung eine prozeßorientierte Konzeptualisierung, in: Weller, Ines/ Hoffmann, Ines/ Hofmeister, Sabine (Hrsg.): Nachhaltigkeit und Feminismus: Neue Perspektiven – Alte Blockaden, Bielefeld, S. 99-109.

Schultz, Irmgard (2004): Gender-Dimensionen in der sozial-ökologischen Forschung, in: Röhr, Ulrike/ Schultz, Irmgard/ Seltmann, Gudrun/ Stieß, Immanuel (Hrsg.): Klimapolitik und Gender. Eine Sondierung möglicher Gender Impacts des EU-Emissionshandelssystems, ISOE-Diskussionspapiere Nr. 21, Frankfurt a. M., S. 10-26.

Schultz, Irmgard (Hrsg.) (1993): GlobalHaushalt. Globalisierung von Stoffströmen – Feminisierung von Verantwortung, Frankfurt a. M.

Schultz, Irmgard/ Götz, Konrad (2006): Konsum, in: Becker, Egon/ Jahn, Thomas (Hrsg.): Soziale Ökologie. Grundzüge einer Wissenschaft von den gesellschaftlichen Naturverhältnissen, Frankfurt a. M./ New York, S. 360-370.

Schultz, Irmgard/ Hayn, Doris/ Lux, Alexandra (2006): Gender & Environment, in: Becker, Egon/ Jahn, Thomas (Hrsg.): Soziale Ökologie. Grundzüge einer Wissenschaft von den gesellschaftlichen Naturverhältnissen, Frankfurt a. M./ New York, S. 434-446.

Schultz, Irmgard/ Hummel, Diana/ Hayn, Doris (2006): Geschlechterverhältnisse, in: Becker, Egon/ Jahn, Thomas (Hrsg.): Soziale Ökologie. Grundzüge einer Wissenschaft von den gesellschaftlichen Naturverhältnissen, Frankfurt a. M./ New York, S. 224-235.

Schultz, Irmgard/ Hummel, Diana/ Padmanabhan, Martina (2010): Feministische Perspektiven auf Nachhaltigkeitspolitik, in: Femina Politica. Zeitschrift für feministische Politikwissenschaft, 19. Jg., Heft 1, S. 9-21.

Schultz, Irmgard/ Weiland, Monika (1991): „Frauen und Müll". Frauen als Handelnde in der kommunalen Abfallwirtschaft, Köln.

Schultz, Irmgard/ Weller, Ines (Hrsg.) (1995): Gender & Environment: Ökologie und die Gestaltungsmacht der Frauen. Forschungstexte des Instituts für sozial-ökologische Forschung, Frankfurt a. M.

Schultz, Irmgard/ Wendorf, Gabriele (2006): Gender im Förderschwerpunkt der SÖF, in: Schäfer, Martina/ Schultz, Irmgard/ Wendorf, Gabriele (Hrsg.): Gender-Perspektiven in der Sozial-ökologischen Forschung. Herausforderungen und Erfahrungen aus inter- und transdisziplinären Projekten, München, S. 39-56.

Schultz, Julia (2009): Umwelt und Gerechtigkeit – Eine Konkretisierung der intragenerationellen Dimensionen, in: Egan-Krieger, Tanja von/ Schultz, Julia/ Thapa, Philip Pratap/ Voget, Lieske (Hrsg.): Die Greifswalder Theorie starker Nachhaltigkeit. Ausbau, Anwendung und Kritik, Marburg, S. 113-124.

Schultz, Susanne (2003): Neoliberale Transformationen internationaler Bevölkerungspolitik: Die Politik Post-Kairo aus der Perspektive der Gouvernementalität, in: Peripherie. Zeitschrift für Politik und Ökonomie in der Dritten Welt, 23. Jg., Nr. 92, Münster, S. 452-480.

Schultz, Ulrike (2005): Itega und Sandug: Spar- und Kreditgruppen als Teil der Frauenökonomie in Kenia und Sudan, in: Wippel, Steffen (Hrsg.): Wirtschaft im Vorderen Orient. Interdisziplinäre Perspektiven, Berlin, S. 261-282.

Schultze, Rainer-Olaf (1998a): Volksabstimmung, in: Nohlen, Dieter/ Schultze, Rainer-Olaf/ Schüttemeyer, Suzanne S. (Hrsg.): Lexikon der Politik. Politisch Begriffe. Bd. 7, Frankfurt a. M., S. 693-694.

Schultze, Rainer-Olaf (1998b): Volksbegehren, in: Nohlen, Dieter/ Schultze, Rainer-Olaf/ Schüttemeyer, Suzanne S. (Hrsg.): Lexikon der Politik. Politisch Begriffe. Bd. 7, Frankfurt a. M., S. 694-695.

Schulz, Daniel (2012): Kritik der Souveränität und die Grenzen politischer Einheit. Zu postmodernen Demokratietheorien, in: Lembcke, Oliver W./ Ritzi, Claudia/ Schaal, Gary S. (Hrsg.): Zeitgenössische Demokratietheorie. Bd. 1: Normative Demokratietheorien, Wiesbaden, S. 97-126.

Schulze, Kai O./ AG Globale Soziale Rechte (2007): G8 versenken! Globale Soziale Rechte weltweit!, in: Attac Deutschland (Hrsg.): Globalisierung geht ganz anders. Alternativen und Kritik zur Politik der G8, S. 8-10, www.attac.de/archive/G8%20Heilig endamm/www.attac.de/heiligendamm07/media/text_dl/material/G8-Reader-Online-e Book.pdf (Zugriff: 29.2.2012).

Schwertfisch (1997) (Hrsg.): Zeitgeist mit Gräten. Politische Perspektiven zwischen Ökologie und Autonomie, Bremen.

Scott, James (1976): The moral economy of the peasant: rebellion and subsistence in Southeast Asia, New Haven.

Scurrell, Babette (1997): Der blinde Fleck der Arbeit. Arbeitslosigkeit als Folge einer Teilung der Arbeit, in: Politische Ökologie, 15. Jg., Nr. 50, München, S. 44-47.

Scurrell, Babette (2004): Vorsorgendes Wirtschaften als konkrete Utopie, in: Kirschner, Lutz/ Spehr, Christoph (Hrsg.): Out of this world! reloaded. Neue Beiträge zu Science Fiction, Politik & Utopie, Berlin, S. 135-151.

Seemann, Birgit (1996): Feministische Staatstheorie. Der Staat in der deutschen Frauen- und Patriarchatsforschung, Opladen.

SEF – Stiftung Entwicklung und Frieden (Hrsg.) (1995): Nachbarn in Einer Welt. Der Bericht der Kommission für Weltordnungspolitik. The Commission on Global Governance, Bonn.

Sello, Benjamin (2005): Europa über Alles! Die „Lissabon-Strategie" der Europäischen Union, in: Utopie kreativ. Diskussion sozialistischer Alternativen, hrsg. v. Rosa-Luxemburg Stiftung, Heft 181 (November 2005), S. 1017-1026, www.rosalux.de/filead min/rls_uploads/pdfs/181k.pdf (Zugriff: 8.2.2013).

Sen, Amartya (1980): Equality of What?, in: McMurrin, Sterling M. (Ed.): Tanner Lectures on Human Values I, Cambridge (wiederabgedruckt in: Sen, Amartya (1982): Choice, Welfare, and Measurement, Cambridge, pp. 353-369).

Sen, Amartya [1999] (2000): Ökonomie für den Menschen. Wege zu Gerechtigkeit und Solidarität in der Marktwirtschaft, Frankfurt a. M./ Wien.

Sen, Gita (2010): Sustainability, Human Development and Growth: A Gendered Look, www.dawnnet.org/resources-multimedia.php?id=71&med_id (Zugriff: 29.2.2012).

Sen, Gita/ Grown, Caren (1987): Development, Crises and Alternative Visions. Third World Women's Perspectives, New York.

Senghaas, Dieter (1995): Frieden als Zivilisierungsprozeß, in: Senghaas, Dieter (Hrsg.): Den Frieden denken, Frankfurt a. M., S. 196-223.

Shiva, Vandana (1989): Das Geschlecht des Lebens. Frauen, Ökologie und Dritte Welt, Berlin.

Shiva, Vandana (Hrsg.) (1995): ... schließlich ist es unser Leben. Ökofeministische Beiträge von Frauen aus aller Welt, Göttingen.

Shiva, Vandana (2002): Johannesburger Erdgipfel zu Ende: Neue Energie für den Widerstand? Interview mit der Jungen Welt, in: Junge Welt vom 6.9.2002, S. 2.

Siemonsen, Kerstin/ Zauke, Gabriele (1991): Sicherheit im öffentlichen Raum. Städtebauliche und planerische Maßnahmen zur Verminderung von Gewalt, Göttingen.

Simonis, Georg (1993): Der Erdgipfel von Rio – Versuch einer kritischen Verortung, in: Peripherie. Zeitschrift für Politik und Ökonomie in der Dritten Welt, 13. Jg., Nr. 51/52, S. 12-37.

Simonis, Udo E. (1996): Steuern, Joint Implementation, Zertifikate. Zum Instrumentarium der Weltpolitik, in: Simonis, Udo E. (Hrsg.): Weltumweltpolitik. Grundriß und Bausteine eines neuen Politikfeldes, Berlin, S. 102-118.

Sinn, Hans-Werner (2004): Ist Deutschland noch zu retten? München.

Smith, Adam [1759] (1994): Theorie der ethischen Gefühle, Hamburg.

Smith, Adam [1776] (2003): The Wealth of Nations, New York.

SÖF-Memorandum (2012): Verstehen – Bewerten – Gestalten. Transdisziplinäres Wissen für eine nachhaltige Gesellschaft. Memorandum zur Weiterentwicklung der sozial-ökologischen Forschung in Deutschland, www.sozial-oekologische-forschung.org/_media/SOEF_Memorandum.pdf (Zugriff: 8.2.2013).

Solow, Robert M. (1974): The economics of resources or the resources of economics, in: American Economic Review, Vol. 64, pp. 1-14.

Spangenberg, Joachim (2000): Nachhaltigkeit: Eine sozial-ökologische Perspektive für Deutschland, in: Perspektiven DS. Zeitschrift für Gesellschaftsanalyse und Reformpolitik, 17. Jg., Heft 2, S. 5-20.

Spehr, Christoph (1996a): Die Ökofalle. Nachhaltigkeit und Krise, Wien.

Spehr, Christoph (1996b): Schluß, Aus, Danke! Plädoyer für eine Politik der Abwicklung, in: FORUM entwicklungspolitischer Aktionsgruppen: Nachhaltige Herrschaft – herrschende Nachhaltigkeit. 20. BUKO in Heidelberg, Nr. 202/203, S. 14-17.

Spehr, Christoph (2003): Gleicher als andere. Eine Grundlegung der freien Kooperation, in: Spehr, Christoph (Hrsg.): Gleicher als andere. Eine Grundlegung der freien Kooperation, Texte Rosa-Luxemburg-Stiftung, Bd. 9, S. 19-116.

Spehr, Christoph (2007): Gegenöffentlichkeit, in: Brand, Ulrich/ Lösch, Bettina/ Thimmel, Stefan (Hrsg.) in Kooperation mit dem Wissenschaftlichen Beirat von Attac, taz. die Tageszeitung, Rosa-Luxemburg-Stiftung: ABC der Alternativen. Von „Ästhetik des Widerstands" bis „Ziviler Ungehorsam", Hamburg, S. 68-69.

Spehr, Christoph/ Stickler, Armin (1997): Morphing Zone. Nachhaltigkeit und postmodernes Ordnungsdenken, in: Foitzik, Andreas/ Marvakis, Athanasios (Hrsg.): Tarzan – was nun? Internationale Solidarität im Dschungel der Widersprüche, Hamburg, S. 211-225.

Spitzner, Meike (1996): Die Krise der Reproduktionsarbeit: Herausforderung an eine öko-soziale Stadtplanung, in: Deutscher Städtetag (Hrsg.): Frauen verändern ihre Stadt. Arbeitshilfe 3: Stadtentwicklung, Köln, S. 72-82.

Spitzner, Meike (1999): Krise der Reproduktionsarbeit – Kerndimension der Herausforderungen des öko-sozialen Strukturwandels. Ein feministisch-ökologischer Theorieansatz aus dem Handlungsfeld Mobilität, in: Weller, Ines/ Hoffmann, Ines/ Hofmeister, Sabine (Hrsg.): Nachhaltigkeit und Feminismus: Neue Perspektiven – Alte Blockaden, Bielefeld, S. 151-165.

SRU – Der Rat von Sachverständigen für Umweltfragen (2002): Umweltgutachten 2002. Für eine neue Vorreiterrolle, Stuttgart.

SRU – Rat von Sachverständigen für Umweltfragen (Hrsg.) (1994): Umweltgutachten 1994. Für eine dauerhaft umweltgerechte Entwicklung, Stuttgart.

Stackelberg, Filippa von/ Kühn, Jan (2012): Nachhaltigkeitskonferenz in Rio eröffnet. Staats- und Regierungschefs einigen sich auf Abschlussdokument. Kritik und Proteste von Umweltschützern und NGOs, in: Portal amerika21.de, 21.6.2012, www.amerika21.de/nachrichten/2012/06/52823/rio-20-eroeffnung (Zugriff: 19.1.2013).

Stagl, Sigrid (2000): Vorsorgendes Wirtschaften – Beginnen wir bei Lebensmitteln ..., in: Biesecker, Adelheid/ Mathes, Maite/ Schön, Susanne/ Scurrell, Babette (Hrsg.): Vorsorgendes Wirtschaften. Auf dem Weg zu einer Ökonomie des Guten Lebens, Bielefeld, S. 133-140.

Stäheli, Urs (2000): Poststrukturalistische Soziologien, Bielefeld.

Stahl, Karin (1993): Die UN-Konferenz über Umwelt und Entwicklung: Probleme, Ergebnisse und Perspektiven, in: Massarrat, Mohssen/ Wenzel, Hans-Joachim/ Sommer, Birgit/ Széll, György (Hrsg.): Die Dritte Welt und Wir. Bilanz und Perspektiven für Wissenschaft und Praxis, Freiburg, S. 299-316.

Stahmer, Carsten (2007): Die Halbtagsgesellschaft – Vision eines sozial nachhaltigen Deutschland, in: ernährung im fokus, Jg. 7, Heft 12, S. 366-372, http://www.carsten-stahmer.de/downloads/HP.2007-12a.%20Halbtagsgesellschaft%20-%20Vision%20eines%20sozial%20nachhaltigen%20Deutschlands.pdf (Zugriff: 7.2.2015).

Stamm, Sybille (2004): Hegemonie über die Zeitfrage, in: Sand im Getriebe, Nr. 34, S. 14-15.

Stark, Susanne (2000): Lokale „Agenda 21"-Prozesse in den vier Städten Duisburg, Leverkusen, Hamm und Wuppertal. Eine Prozeßanalyse, in: Mühlich, Eberhard/ Heinelt, Hubert (Hrsg.): Lokale „Agenda 21"-Prozesse. Erklärungsansätze, Konzepte und Ergebnisse, Opladen, S. 201-216.

Statista (2013): Jugendarbeitslosenquote in den Mitgliedstaaten der Europäischen Union im Dezember 2012 (saisonbereinigt), www.de.statista.com/statistik/daten/studie/74795/umfrage/jugendarbeitslosigkeit-in-europa/ (Zugriff: 22.2.2013).

Steigenberger, Markus (2009): Internationale und Europäische Umweltpolitik, www.bpb.de/gesellschaft/umwelt/dossier-umwelt/61179/eu-umweltpolitik?p=all (Zugriff: 15.5.2015).

Stein, Kira (2011): Editorial, in: FrauenRat. Informationen für die frau, Green Economy. Gerechtigkeit oder Begrünung des Kapitalismus?, 60. Jg., Heft 5, S. 1.

Sternberg, Manfred (1998): Lokale Agenda 21 als neuer Politikansatz, in: Sozialdemokratische Gemeinschaft für Kommunalpolitik in der Bundesrepublik Deutschland e.V., Sondernummer im Mai 1998.

Stiefel, Elisabeth (2001): Was ist Arbeit? Bemerkungen zu einem schweren Thema, in: Forum Umwelt & Entwicklung (Hrsg.): Arbeit auf dem Prüfstand der Nachhaltigkeit. Dokumentation, Bonn, S. 7-9.

Stieß, Immanuel/ Hayn, Doris (2006): Alltag, in: Becker, Egon/ Jahn, Thomas (Hrsg.): Soziale Ökologie. Grundzüge einer Wissenschaft von den gesellschaftlichen Naturverhältnissen, Frankfurt a. M./ New York, S. 211-223.

Stiglitz, Joseph E. (2009): Obamas Ersatzkapitalismus, in: Frankfurter Rundschau vom 8.4.2009.

Stock, Christian (1998): Lokal handeln? Wider das Agenda – Fieber, in: Blätter des iz3w, Nr. 230 (Juli/August 1998), S. 7.

Strohschneider, Peter (2014): Zur Politik der Transformativen Wissenschaft, in: Brodocz, André/ Herrmann, Dietrich/ Schmidt, Reiner/ Schulz, Daniel/ Schulze Wessel, Julia (Hrsg.): Die Verfassung des Politischen. Festschrift für Hans Vorländer, Wiesbaden, S. 175-192.

Take, Ingo (2006): Weltgesellschaft und Globalisierung, in: Schieder, Siegfried/ Spindler, Manuela (Hrsg.): Theorien der Internationalen Politik, Opladen, S. 269-294.

Taylor, Viviene (2000): Marketisation of Governance: Critical Feminist Perspectives from the South, Cape Town.

Theoriegruppe Vorsorgendes Wirtschaften (2000): Zur theoretisch-wissenschaftlichen Fundierung Vorsorgenden Wirtschaftens, in: Biesecker, Adelheid/ Mathes, Maite/ Schön, Susanne/ Scurrell, Babette (Hrsg.): Vorsorgendes Wirtschaften. Auf dem Weg zu einer Ökonomie des Guten Lebens, Bielefeld, S. 27-69.

Thürmer-Rohr, Christa (1984): Der Chor der Opfer ist verstummt, in: beiträge zur feministischen theorie und praxis, 7. Jg., Heft 11, S. 71-84.

Thürmer-Rohr, Christa (1995): Denken der Differenz. Feminismus und Postmoderne, in: beiträge zur feministischen theorie und praxis, 18. Jg., Heft 39, S. 87-97.

Timpf, Siegfried (2000): Das Dispositiv der zukunftsfähigen Entwicklung, Dissertationsschrift, Hamburg.

Timpf, Siegfried (2003): Im Fadenkreuz. Dispositiv und Gouvernementalität, in: Peripherie. Zeitschrift für Politik und Ökonomie in der Dritten Welt, 23. Jg., Nr. 92 (Dezember 2003), S. 430-451.

Tobin, James (2001): Die missbrauchen meinen Namen. Interview mit James Tobin geführt von Christian Reiermann und Michaela Schießl, in: SPIEGEL vom 3.9.2001, S. 122-125, www.wissen.spiegel.de/wissen/image/show.html?did=20017795&aref=image026/E0135/SCSP200103601220125.pdf&thumb=false (Zugriff: 4.9.2012).

Toblacher Thesen (1994): Ökologischer Wohlstand statt Wachstumsträume, www.vorort.bund.net/suedlicher-oberrhein/toblacher-thesen.html (Zugriff: 6.4.2012).

Trainer, Ted (1990): A Rejection of the Brundtland-Report, in: IFDA-Dossier, No. 77 (May/ June 1990), pp. 72-84.

Treibel, Annette (1995): Einführung in soziologische Theorien der Gegenwart, Opladen.

Tremmel, Jörg (2003): Nachhaltigkeit als politische und analytische Kategorie. Der deutsche Diskurs um nachhaltige Entwicklung im Spiegel der Interessen der Akteure, München.

Tronto, Joan (1994): Moral Boundaries. A Political Argument for an Ethic of Care, New York.

Tronto, Joan (2013): Caring Democracy: Markets, Equality, and Justice, New York.

UBA – Umweltbundesamt (1997): Nachhaltiges Deutschland. Wege zu einer dauerhaft-umweltgerechten Entwicklung, Berlin.

UBA – Umweltbundesamt (2002): Nachhaltige Entwicklung in Deutschland. Die Zukunft dauerhaft umweltgerecht gestalten, Berlin.

UBA/ BMU – Umweltbundesamt/ Bundesumweltministerium (2002): Nachhaltigkeit und Geschlechtergerechtigkeit im Rio + 10 Kontext, Berlin.

Ulrich, Peter [1986] (1993): Transformation der ökonomischen Vernunft. Fortschrittsperspektiven der modernen Industriegesellschaft, Bern/ Stuttgart/ Wien.

Ulrich, Peter [1997] (2001): Integrative Wirtschaftsethik. Grundlagen einer lebensdienlichen Ökonomie, Bern/ Stuttgart/ Wien.

UN – United Nations (2002): Report of the World Summit on Sustainable Development Johannesburg, South Africa, 26 August-4 September 2002, A/CONF.199/20, New York, www.unmillenniumproject.org/documents/131302_wssd_report_reissued.pdf (Zugriff: 19.1.2013).

UN – United Nations (2002a): Johannesburg Declaration on Sustainable Development. A/CONF.199/20, 4 September 2002, www.un-documents.net/jburgdec.htm (Zugriff: 11.2.2013).

UN – United Nations (2002b): Plan of Implementation of the World Summit on Sustainable Development. A/CONF.199/20, 4 September 2002, www.un-documents.net/jburgpln.htm (Zugriff: 11.2.2013).

UN – United Nations (2011): Sustainable Societies; Responsive Citizens, Declaration of the 64th Annual UN DPI/NGO Conference, Chair's Text, 15 September 2011, Bonn, www.un.org/wcm/webdav/site/ngoconference/shared/Documents/Final%20Declaration/Chair%27s%20Text.pdf (Zugriff: 22.2.2013).

Unabhängige Kommission für Abrüstung und Sicherheit (1982): Der Palme-Bericht „Die gemeinsame Sicherheit" („Common Security"), Berlin.

UNAC – United Nations Association in Canada (2013): The Human Rights Approach to Sustainable Development: Environmental Rights, Public Participation and Human Security, Insights Series 2, www.unac.org/wp-content/uploads/2013/07/HRandSD-EN-PDF.pdf (Zugriff: 20.6.2013).

UNCTAD – United Nations Conference on Trade and Development (2010): The Green Economy: Trade and Sustainable Development Implications, New York/ Genf, www.unctad.org/en/docs/ditcted20102_en.pdf (Zugriff: 19.1.2013).

UNCTAD – United Nations Conference on Trade and Development (2013): The Principles for Responsible Agricultural Investment (PRAI), www.unctad.org/en/Pages/DIAE/G-20/PRAI.aspx (Zugriff: 9.7.2013).

UNDP – United Nations Development Programme (1995): Bericht über die menschliche Entwicklung 1995 des Entwicklungsprogramms der Vereinten Nationen, Schwerpunkt: Gleichstellung der Geschlechter, Bonn.

UNDP – United Nations Development Programme (1998): Integrating Human Rights With Sustainable Human Development. AUNDP Policy Document, New York.

UNDP – United Nations Development Programme (1999): UN-Bericht über die menschliche Entwicklung 1999.

UNEP – United Nations Environment Programme (2009): Global Green New Deal. Policy Brief, March 2009, www.unep.ch/etb/publications/Green%20Economy/UNEP%20Policy%20Brief%20Eng.pdf (Zugriff: 19.1.2013).

UNEP – United Nations Environment Programme (2011): Towards a Green Economy – Pathways to Sustainable Development and Poverty Eradication, Nairobi, www.uneo.org/greeneconomy/ (Zugriff: 19.1.2013).

Unger, Knut (2002): No More Summits. Weltgipfel verprellt Basis, in: Forum Umwelt & Entwicklung (Hrsg.): Das war der Gipfel, Rundbrief Nr. 3, S. 20.

Unmüßig, Barbara (2001): Globaler Umweltfonds braucht mehr Geld, in: Forum Umwelt & Entwicklung, Rundbrief Nr. 3, S. 6-7.

Unmüßig, Barbara (2012): Grüne Ökonomie – die neue Zauberformel? Erwartungen an die Rio+20-Konferenz, in: Zeitschrift Vereinte Nationen, 60. Jg., Heft 1/2012, 60. Jahrgang, S. 3-9.

Unmüßig, Barbara/ Wahl, Peter (1992): UNCED. Zwischen Hoffnung und Enttäuschung. Die Ergebnisse von Rio – Überblick und Auswertung, Bonn, in: Informationsbrief Weltwirtschaft & Entwicklung, Nr. 2, S. 8.

Vertrag von Amsterdam (1997) – siehe Europäischer Rat (1997a).

Vertrag von Maastricht (1992) – siehe Europäischer Rat (1992).

Vertrag zur Gründung der Europäischen Gemeinschaft (1992) – siehe ebenfalls Europäischer Rat (1992).

Vinz, Dagmar (2005): Zeiten der Nachhaltigkeit: Perspektiven für eine ökologische und geschlechtergerechte Zeitpolitik, Münster.

Vobruba, Georg (1989): Arbeiten und Essen. Politik an den Grenzen des Arbeitsmarktes, Wien.

Vobruba, Georg (2006): Entkoppelung von Arbeit und Einkommen. Das Grundeinkommen in der Arbeitsgesellschaft, Hamburg.

Voget, Lieske (2004): Faktische Ablehnung und Möglichkeiten einer Synthese: Eine Diskursrekonstruktion des Verhältnisses von Grüner Gentechnik und Ökologischem Landbau, Diplomarbeit, Greifswald.

Voget, Lieske (2009a): Was bedeutet es für eine Theorie starker Nachhaltigkeit, den Fähigkeitenansatz ernst zu nehmen?, in: Egan-Krieger, Tanja von/ Schultz, Julia/ Thapa, Philip Pratap/ Voget, Lieske (Hrsg.): Die Greifswalder Theorie starker Nachhaltigkeit. Ausbau, Anwendung und Kritik, Marburg, S. 65-80.

Voget, Lieske (2009b): Suffizienz als politische Frage, in: Egan-Krieger, Tanja von/ Schultz, Julia/ Thapa, Philip Pratap/ Voget, Lieske (Hrsg.): Die Greifswalder Theorie starker Nachhaltigkeit. Ausbau, Anwendung und Kritik, Marburg, S. 209-224.

Vogler, Mathias (1998): Evaluation des Beitrags des Osnabrücker Verkehrsentwicklungsplans (VEP) zur Lokalen Agenda 21, unveröffentlichte Diplomarbeit im Fachbereich Sozialwissenschaften der Universität Osnabrück, Osnabrück.

Vogt, Markus (2003): Kann Politik globale Solidarität mit künftigen Generationen organisieren?, in: Sommer, Volker/ Grom, Bernhard/ Engels, Eve-Marie/ Vogt, Markus (Hrsg.): Der Mensch vor der Herausforderung nachhaltiger Solidarität, Stuttgart, S. 127-165.

Voß, Jan Peter (2009): Politikinnovationen. Neue Politikformen für Nachhaltigkeit, Politikregime und sozial-ökologische Transformation, www.sozial-oekologische-forschun g.org/de/1429.php (Zugriff: 29.2.2012).

Wagner, Thomas (2013): Die Mitmachfalle. Bürgerbeteiligung als Herrschaftsinstrument, Köln.

Wahl, Peter (2007): Multilateralismus, in: Brand, Ulrich/ Lösch, Bettina/ Thimmel, Stefan (Hrsg.): ABC der Alternativen: Von „Ästhetik des Widerstands" bis „Ziviler Ungehorsam", Hamburg, S. 128-129.

Walgenbach, Katharina/ Dietze, Gabriele/ Hornscheidt, Antje/ Palm, Kerstin (Hrsg.) (2007): Gender als interdependente Kategorie. Neue Perspektiven auf Intersektionalität, Diversität und Heterogenität, Opladen/ Farmington Hills.

Walk, Heike (2008): Partizipative Governance. Beteiligungsformen und Beteiligungsrechte im Mehrebenensystem der Klimapolitik, Wiesbaden.

Wallerstein, Immanuel (1979): The Capitalist World-Economy, Cambridge.

Wallström, Margot (2005): From words to deeds, in: Europäische Kommission – Vertretung in der Bundesrepublik Deutschland/ DNR – EU-Koordination/ GRÜNE LIGA – Netzwerk Ökologischer Bewegungen/ PerGlobal – Perspektiven Globaler Politik (Hrsg.): Wie nachhaltig ist die EU? Überprüfung der EU-Strategie für Nachhaltige Entwicklung – Abschlussdokumentation, Berlin, S. 10-11.

Wanzala, Winnie (2001): Einbettung weiblicher Ökonomie im urbanen Namibia, in: Lachenmann, Gudrun/ Dannecker, Petra (Hrsg.): Die geschlechtsspezifische Einbettung der Ökonomie. Empirische Untersuchungen über Entwicklungs- und Transformationsprozesse, Hamburg, S. 133-158.

Warren, Mark (1992): Democratic Theory and Self-Transformation, in: American Political Science Review, Vol. 86, pp. 8-23.

Warren, Mary Anne (1997): Moral Status, Oxford.

WBGU – Wissenschaftlicher Beirat der Bundesregierung Globale Umweltveränderungen (2011): Welt im Wandel. Gesellschaftsvertrag für eine Große Transformation, Hauptgutachten, 2. Aufl., www.wbgu.de/fileadmin/templates/dateien/veroeffentlichungen/ha uptgutachten/jg2011/wbgu_jg2011.pdf (Zugriff: 22.2.2013).

WCED – World Commission on Environment and Development (Ed.) (1987): Our Common Future, Oxford.

Weber, Max [1922] (2009): Wirtschaft und Gesellschaft. Entstehungsgeschichte und Dokumente, Tübingen.
WEDO – Women's Environment and Development Organization (2002): Women's Action Agenda for a Healthy and Peaceful Planet 2015. A Decade of Women's Advocacy for Sustainable Development, www.wedo.org/wp-content/uploads/agenda2015_eng.pdf (Zugriff: 12.2.2013).
Wehling, Peter (1997): Sustainable development – eine Provokation für die Soziologie?, in: Brand, Karl-Werner (Hrsg.): Nachhaltige Entwicklung. Eine Herausforderung an die Soziologie, Opladen, S. 35-50.
Wehling, Peter (2006): Im Schatten des Wissens? Perspektiven der Soziologie des Nichtwissens, Konstanz.
Wehling, Peter (2008): Wissen und seine Schattenseite: Die wachsende Bedeutung des Nichtwissens in (vermeintlichen) Wissensgesellschaften, in: Brüsemeister, Thomas/ Eubel, Klaus-Dieter (Hrsg.): Evaluation, Wissen und Nichtwissen, Wiesbaden, S. 17-24.
Weidner, Helmut (2008): Discussion Paper WZB. Klimaschutzpolitik: Warum ist Deutschland ein Vorreiter im internationalen Vergleich? Zur Rolle von Handlungskapazitäten und Pfadabhängigkeit, Berlin.
Weiland, Sabine (2007): Politik der Ideen. Nachhaltige Entwicklung in Deutschland, Großbritannien und den USA, Wiesbaden.
Weizsäcker, Christine von/ Weizsäcker, Ernst Ulrich von (1984): Fehlerfreundlichkeit, in: Kornwachs, Klaus (Hrsg.): Offenheit – Zeitlichkeit – Komplexität. Zur Theorie der Offenen Systeme, Frankfurt a. M./ New York, S. 167-201.
Weizsäcker, Ernst Ulrich von (1994): Erdpolitik: Ökologische Realpolitik an der Schwelle zum Jahrhundert der Umwelt, Darmstadt.
Weizsäcker, Ernst Ulrich von/ Lovins, Amory B./ Lovins, L. Hunter (1995): Faktor Vier. Doppelter Wohlstand – halbierter Naturverbrauch. Der neue Bericht an den Club of Rome, München.
Weller, Ines (1999): Einführung in die feministische Auseinandersetzung mit dem Konzept Nachhaltigkeit. Neue Perspektiven – Alte Blockarden, in: Weller, Ines/ Hoffmann, Ines/ Hofmeister, Sabine (Hrsg.): Nachhaltigkeit und Feminismus: Neue Perspektiven – Alte Blockaden, Bielefeld, S. 9-32.
Weller, Ines (2004): Nachhaltigkeit und Gender. Neue Perspektiven für die Gestaltung und Nutzung von Produkten, München.
Weller, Ines (2005): Inter- und Transdisziplinarität in der Umweltforschung: Gender als Integrationsperspektive?, in: Kahlert, Heike/ Thiessen, Barbara/ Weller, Ines (Hrsg.): Quer denken – Strukturen verändern. Gender Studies zwischen Disziplinen, Wiesbaden, S. 163-181.
Weller, Ines (2012): Green Economy und Konsum: Gender_gerecht? Hintergrundpapier im Rahmen des Projektes „G 3 – Green Economy: Geschlechter_Gerecht" im Auftrag von genanet – Leitstelle für Gender, Umwelt und Nachhaltigkeit, Berlin, www.genanet.de (Zugriff: 11.2.2013).
Weller, Ines/ Hayn, Doris/ Schultz, Irmgard (2002): Geschlechterverhältnisse, nachhaltige Konsummuster und Umweltbelastungen, in: Balzer, Ingrid/ Wächter, Monika (Hrsg.): Sozial-ökologische Forschung. Ergebnisse der Sondierungsprojekte aus dem BMBF-Förderschwerpunkt, München, S. 432-452.
Weller, Ines/ Hoffmann, Ines/ Hofmeister, Sabine (Hrsg.) (1999): Nachhaltigkeit und Feminismus: Neue Perspektiven – Alte Blockaden, Bielefeld.
Weltbank (2011) – siehe Worldbank (2011).

Wendel, Saskia (2003): Feministische Ethik, Hamburg.

Werlhof, Claudia von (1991): Männliche Natur und Künstliches Geschlecht. Texte zur Erkenntniskrise der Moderne, Wien.

Werlhof, Claudia von (1992a): Der Proletarier ist tot. Es lebe die Hausfrau?, in: Bennholdt-Thomsen, Veronika/ Mies, Maria/ Werlhof, Claudia von: Frauen, die letzte Kolonie. Zur Hausfrauisierung der Arbeit, Zürich, S. 113-136.

Werlhof, Claudia von (1992b): Neue Formen genossenschaftlicher Agrarproduktion und staatlich verordneter Geschlechterproletarisierung. Das Modell-Kollektiv von Cumaripa, Venezuela, in: Bennholdt-Thomsen, Veronika/ Mies, Maria/ Werlhof, Claudia von (Hrsg.): Frauen, die letzte Kolonie. Zur Hausfrauisierung der Arbeit, Zürich, S. 62-82.

Werlhof, Claudia von (1994): Frauenforschung. Überwindung der Politikwissenschaft?, in: Prabitz, Gerald/ Schopper, Wolfgang (Hrsg.): Uni 2000. Zukunftsperspektiven universitärer Forschung und Lehre am Beispiel der Universität Innsbruck, Innsbruck, S. 170-178.

Werlhof, Claudia von (2003): Frauen gegen GATS, www.attac-typo.heinlein-support.de/attac-typo3/archive/GATS/www.attac.de/gats/texte/werlhof62f3.html?print=yes&id= (Zugriff: 6.4.2012).

Werner, Götz W. (2006): Ein Grund für die Zukunft: Das Grundeinkommen. Interviews und Reaktionen, Stuttgart.

Werner, Götz W. (2008): Bedingungsloses Grundeinkommen als soziale Basisinnovation, in: Hosang, Maik (Hrsg.): Klimawandel und Grundeinkommen. Die nicht zufällige Gleichzeitigkeit beider Themen und ein sozialökologisches Experiment, München, S. 57-71.

Westra, Laura/ Wenz, Peter S. (Eds.) (1995): Faces of Environmental Racism: Confronting Issues of Global Justice, Lanham.

Wetterer, Angelika (1995): Das Geschlecht bei der Arbeit. Zur Logik der Vergeschlechtlichung von Berufsarbeit, in: Pasero, Ursula/ Braun, Frederike (Hrsg.): Konstruktion von Geschlecht, Pfaffenweiler, S. 199-224.

Wichterich, Christa (1987): Paradigmenwechsel: Von der „Integration in die Entwicklung" zur „Feminisierung der Entwicklung", in: Peripherie. Zeitschrift für Politik und Ökonomie in der Dritten Welt, 7. Jg., Nr. 25/26, S. 122-142.

Wichterich, Christa (1992): Die Erde bemuttern. Frauen und Ökologie nach dem Erdgipfel in Rio, Köln.

Wichterich, Christa (1994): Menschen nach Maß – Bevölkerungspolitik in Nord und Süd, Göttingen.

Wichterich, Christa (1995): Die Rückkehr der weisen Frauen, in: Schultz, Irmgard/ Weller, Ines (Hrsg.): Gender & Environment. Ökologie und die Gestaltungsmacht der Frauen, Frankfurt a. M., S. 106-130.

Wichterich, Christa (2002a): Sichere Lebensgrundlagen statt effizienterer Naturbeherrschung – das Konzept nachhaltige Entwicklung aus feministischer Sicht, in: Görg, Christoph/ Brand, Ulrich (Hrsg.): Mythen globalen Umweltmanagements. Rio + 10 und die Sackgassen „nachhaltiger Entwicklung", Münster, S. 72-91.

Wichterich, Christa (2002b): Viel Markt, wenig Frauenpower und wenig Frauenrechte, in: Forum Umwelt & Entwicklung, Rundbrief Nr. 3, S. 18-19.

Wichterich, Christa (2003): Femme global. Globalisierung ist nicht geschlechtsneutral. Attac-BasisTexte 7, Hamburg.

Wichterich, Christa (2004): Überlebenssicherung, Gender und Globalisierung. Soziale Reproduktion und Livelihood-Rechte in der neoliberalen Globalisierung. Wuppertal Paper Nr. 141 (Februar 2004), Wuppertal, www.wupperinst.org/globalisierung/pdf_global/wichterich_paper.pdf (Zugriff: 6.4.2012).

Wichterich, Christa (2009): gleich, gleicher, ungleich. Paradoxien und Perspektiven von Frauenrechten in der Globalisierung, Sulzbach i. Taunus.

Wilkinson, Richard/ Pickett, Kate (2010): Gleichheit ist Glück – Warum gerechte Gesellschaften für alle besser sind, Berlin.

Wille, Joachim (2012): Merkels Zuckerhut, in: Frankfurter Rundschau vom 16.6.2012, www.fr-online.de/rio-20/rio-20-merkels-zuckerhut,16359556,16399238.html (Zugriff: 19.1.2013).

Willenborg, Hubert (1993): Süd-Nord Einkommenstransfer am Beispiel Kenia, in: Massarrat, Mohssen/ Wenzel, Hans-Joachim/ Sommer, Birgit/ Szell, György (Hrsg.): Die Dritte Welt und wir. Bilanz und Perspektiven für Wissenschaft und Praxis, Freiburg, S. 36-39.

Williamson, Oliver E. [1985] (1990): Die ökonomischen Institutionen des Kapitalismus, Tübingen.

Wiltshire, Rosina (1992): Environment and Development: Grass Roots Women's Perspective, Barbados.

Winker, Gabriele (2009): Care Revolution – ein Weg aus der Reproduktionskrise, www.feministisches-Institut.de/carerevolution (Zugriff: 29.2.2012).

Winker, Gabriele (2015): Care Revolution. Schritte in eine solidarische Gesellschaft, Bielefeld.

Winker, Gabriele/ Degele, Nina (2009): Intersektionalität. Zur Analyse sozialer Ungleichheiten, Bielefeld.

Winterfeld, Uta von (2002): Reflexionen zur Suffizienz als politischer Angelegenheit in sieben Etappen, in: Linz, Manfred/ Bartelmus, Peter/ Hennicke, Peter/ Jungkeit, Renate/ Sachs, Wolfgang/ Scherhorn, Gerhard/ Wilke, Georg/ Winterfeld, Uta von: Von Nichts zu viel. Suffizienz gehört zur Zukunftsfähigkeit. Über ein Vorhaben des Wuppertal Instituts, Wuppertal Papers Nr. 125, Wuppertal, S. 27-37.

Winterfeld, Uta von (2006): Naturpatriarchen. Geburt und Dilemma der Naturbeherrschung bei geistigen Vätern der Neuzeit, München.

Winterfeld, Uta von (2007): Keine Nachhaltigkeit ohne Suffizienz. Fünf Thesen und Folgerungen, in: Vorgänge, 179. Jg., Heft 3, S. 46-54.

Winterfeld, Uta von/ Wächter, Monika/ Weber, Ivana/ Katz, Christine (2001): Jenseits von Natur, Herrschaft und Geschlecht? Vier kritische Thesen zu Politik, Nachhaltigkeit und Wissenschaft, in: GAIA, 10. Jg., Heft 3, S. 174-181.

Wirth, David (1995): The Rio Declaration on Environment and Development: Two Steps Forward and One Back or Vice Versa?, in: Georgia Law Review, No. 29, pp. 599-634.

Wissen, Markus (2004): Der Regulationsansatz, in: Steuerung und Transformation. Überblick über theoretische Konzepte in den Projekten der sozial-ökologischen Forschung, Diskussionspapier 01, hrsg. v. Querschnittsarbeitsgruppe Steuerung und Transformation im Förderschwerpunkt Sozial-ökologische Forschung des Bundesministeriums für Bildung und Forschung (BMBF), S. 31-40.

Wissen, Markus/ Brand, Ulrich (2008): Globale soziale Bewegungen und materialistische Menschenrechtspolitik. Einsichten aus Konflikten um die Gestaltung der gesellschaftlichen Naturverhältnisse, in: Komitee für Grundrechte und Demokratie (Hrsg.): Jahrbuch 2008. Die globale Transformation menschenrechtlicher Demokratie, Münster, S. 71-83.

Wissen, Markus/ Habermann, Friederike/ Brand, Ulrich (2003): Vom Gebrauchswert radikaler Kritik. Perspektiven für eine gesellschaftsverändernde Praxis, in: BUKO (Hrsg.): radikal global. Bausteine für eine internationalistische Linke, Göttingen, S. 43-56.

Wobbe, Theresa (1994): Welten der Gewalt: Sexismus und Rassismus, in: Tillner, Christiane (Hrsg.): Frauen. Feministische Beiträge. Rechtsextremismus, Rassismus, Gewalt, Münster, S. 27-36.

Wohlrab-Sahr, Monika (1993): Empathie als methodisches Prinzip? Entdifferenzierung und Reflexivitätsverlust als problematisches Erbe der „methodischen Postulate zur Frauenforschung", in Feministische Studien, 11. Jg., Heft 2, S. 128-139.

Wolf, Frieder Otto (2007): Nachhaltigkeit und soziale Gerechtigkeit global denken. Zu Mohssen Massarrats Reformperspektiven, in: WIDERSPRUCH, 27. Jg., Nr. 52, S. 191-196.

Wolf, Maria A. (2012): Kommentar zu Erich Lehner: Männliche Care Arbeit, in: AEP Informationen. Feministische Zeitschrift für Politik und Gesellschaft, 39. Jg., Heft 4, S. 21-24.

Wolf, Winfried (2004): Ein historischer Kampf, in: Sand im Getriebe, Nr. 34, S. 10-13.

Wolff, Franziska (2003): Staatlichkeit im Wandel. Aspekte kooperativer Umweltpolitik, München.

Wolff, Franziska/ Schmidt, Katharina (2006): Sand im Getriebe? Mitnichten!, in: Politische Ökologie, 24. Jg., Nr. 102/103, Grünbuch Europa. Von nachhaltigen Visionen und umweltpolitischen Realitäten, S. 38-41.

Wollrad, Eske (2005): Weißsein im Widerspruch. Feministische Perspektiven auf Rassismus, Kultur und Religion, Königstein i. Taunus.

Women's Action Agenda 21 (1991), www.iisd.org/women/action21.htm (Zugriff: 12.2.2013), deutsche Übersetzung, abgedruckt in: Quistorp, Eva (Hrsg.) (1993): Frauen – Umwelt – Entwicklung. 1001 Frauenprojekte, Bonn, S. 155-170.

Women's Action Agenda for a Healthy and Peaceful Planet (2002) – siehe WEDO (2002).

Worldbank (2011): Moving to a Green Growth Approach to Development, www.web.worldbank.org/WBSITE/EXTERNAL/TOPICS/EXTSDNET/0,,contentMDK:22865936~menuPK:64885113~pagePK:7278667~piPK:64911824~theSitePK:5929282,00.html (Zugriff: 19.1.2013).

WTO – World Trade Organization (2001): Ministerial Declaration of Doha. WT/MIN(01)/DEC/1, 20 November 2001, www.worldtradelaw.net/doha/mindec.pdf (Zugriff: 12.2.2013).

Wullweber, Joscha (2010): Hegemonie, Diskurs und Politische Ökonomie. Das Nanotechnologie-Projekt, Baden-Baden.

Yandle, Bruce/ Vijayaraghavan, Maya/ Bhattarai, Madhusudan (2000): The Environmental Kuznets Curve: A Primer, published by The Property and Environment Research Center (PERC) Research Study 02-1 May 2002, S. 1-24, www.perc.org/articles/article688.php (Zugriff: 29.2.2012).

Young, Brigitte (2002). Entwicklungsfinanzierung, Finanzkrisen in Asien und die „Feminisierung der Menschlichen Sicherheit" (human security), in: Femina Politica. Zeitschrift für feministische Politikwissenschaft, 11. Jg., Heft 1, S. 38-47.

Young, Brigitte/ Hoppe, Hella (2004): Globalisierung: Aus Sicht der feministischen Makroökonomie, in: Becker, Ruth/ Kortendiek, Beate (Hrsg.): Handbuch Frauen- und Geschlechterforschung. Theorie, Methoden, Empirie, Wiesbaden, S. 485-493.

Zander, Harald (2011): Vollkommen fremdbestimmt – Sklaverei bedeutet vor allem Rechtlosigkeit, 3sat.de, www.3sat.de/page/?source=/scobel/156568/index.html (Zugriff: 22.2.2013).

Zangl, Bernhard (2006): Regimetheorie, in: Schieder, Siegfried/ Spindler, Manuela (Hrsg.): Theorien der Internationalen Beziehungen, Opladen, S. 121-144.

Ziai, Aram (2006): Zwischen Global Governance und Post-Development. Entwicklungspolitik aus diskursanalytischer Perspektive, Münster.

Zillmann, Kerstin (1996): HABITAT II: Perspektiven für die Siedlungsentwicklung im 21. Jahrhundert, in: Frei-Räume. Streitschrift der feministischen Organisationen von Planerinnen und Architektinnen, FOPA e.V., Bd. 9, S. 139-142.

Zima, Peter V. (1994): Die Dekonstruktion. Einführung und Kritik, Tübingen/ Basel.

Zürn, Michael (1992): Jenseits der Staatlichkeit: Über die Folgen der ungleichzeitigen Denationalisierung, in: Leviathan, 20. Jg., Heft 4, S. 490-513.

Zürn, Michael (1998): Regieren jenseits des Nationalstaats, Frankfurt a. M.

Internetquellen ohne Autor_innenangabe

http://www.bpb.de/nachschlagen/lexika/recht-a-z/23190/volksabstimmung (Zugriff: 15.5.2015).
https://de.wikipedia.org/wiki/Eudaimonie (Zugriff: 15.5.2015).
https://de.wikipedia.org/wiki/Volksbegehren_(Deutschland) (Zugriff: 15.5.2015).
www.21-kom.de/fileadmin/user_upload/PDFs/04_Menschen_mit_Migrantionshintergrund/Vortraege_Berlin/09b_Nadja_Dorokhova_Migranten_fuer_agenda_21_Druckfreundlich.pdf (Zugriff: 15.5.2015).
www.agenda-service.de (Zugriff: 15.5.2015).
www.agrarkoordination.de/publikationen.html#c326 (Zugriff: 2.4.2012).
www.archiv.greenpeace.de/wssd/was_laeuft.html (Zugriff: 2.4.2012).
www.biopiraterie.de/index.php?id=300 (Zugriff: 29.2.2012).
www.blockierter-wandel.de (Zugriff: 20.2.2013).
www.bmu.de/europa_und_umwelt/cardiff-prozess/doc/2246.php (Zugriff: 20.2.2013).
www.buko.info (Zugriff: 15.5.2015).
www.buko.info/buko-projekte/as-ges-naturverhaeltnisse/gesnat-positionen/ (Zugriff: 15.10.2015).
www.consilium.europa.eu/ueDocs/cms_Data/docs/pressData/de/ec/85350.pdf (Zugriff: 15.5.2015).
www.dgb-index-gute-arbeit.de (Zugriff: 20.2.2013).
www.diw.de/de/diw_01.c.430429.de/presse_/diw_glossar/totale_faktorproduktivitaet.html (Zugriff: 15.5.2015).
www.europa.eu/about-eu/institutions-bodies/council-eu/index_de.htm (Zugriff: 20.2.2013).
www.europa.eu/legislation_summaries/consumers/consumer_safety/l32042_de.htm (Zugriff: 20.2.2013).
www.europarl.europa.eu/summits/car1_de.htm (Zugriff: 20.2.2013).
www.european-council.europa.eu/home-page.aspx?lang=en (Zugriff: 20.2.2013).
www.grundeinkommen.info (Zugriff: 29.2.2012).
www.helmholtz.de/ueber_uns/profil/ (Zugriff: 15.5.2015).
www.insm.de (Zugriff: 15.5.2015).
www.juraforum.de/lexikon/vorsorgeprinzip (Zugriff: 15.5.2015).
www.kolleg-postwachstum.de (Zugriff: 15.5.2015).
www.linksnet.de/de/organisation/bundeskoordination_internationalismus (Zugriff: 15.5.2015).
www.mexiko-mexico.de/mexlex/EZLN.html (Zugriff: 15.5.2015).
www.nachhaltigkeitsrat.de (Zugriff: 2.2.2013).
www.neds-projekt.de/Team/Fred_Luks/fred_luks.html (Zugriff: 2.2.2013).

www.projektwerkstatt.de/gen/filz/lesefenster/bergstedt.html (Zugriff: 2.2.2013).
www.rio-10.de/pdfs/kampagnenaufruf.pdf (Zugriff: 4.11.2012).
www.sozial-oekologische-forschung.org (Zugriff: 2.2.2013).
www.treaties.un.org/Pages/ViewDetails.aspx?src=TREATY&mtdsg_no=IV-8&chapter= 4&lang=en (Zugriff: 29.2.2012).
www.un.org/events/wssd/statements/womenE.htm (Zugriff: 15.5.2015).
www.un.org/millenniumgoals (Zugriff: 15.5.2015).
www.un.org/wcm/webdav/site/ngoconference/shared/Documents/Final%20Declaration/ Chair%27s%20Text.pdf (Zugriff: 15.5.2015).
www.umsonstladen.de/ (Zugriff: 15.5.2015).
www.voeoe.de/page/philosophie (Zugriff: 2.2.2013).
www.vorsorgendeswirtschaften.de/frauen.html (Zugriff: 2.2.2013).
www.wiso.uni-hamburg.de/professuren/the-cgg/research/research-programme/ (Zugriff: 15.5.2015).
www.zitate-online.de/sprueche/wissenschaftler/265/probleme-kann-man-niemals-mit-der selben-denkweise.html (Zugriff: 2.2.2013).